Michael Richter / Erich Sobeslavsky

Die Gruppe der 20
Gesellschaftlicher Aufbruch und politische Opposition in Dresden 1989/90

Schriften des Hannah-Arendt-Instituts für Totalitarismusforschung

Herausgegeben von Klaus-Dietmar Henke und Clemens Vollnhals

Band 12

Quellen und Forschungen zur friedlichen Revolution in Sachsen

Michael Richter / Erich Sobeslavsky

Die Gruppe der 20

Gesellschaftlicher Aufbruch und politische Opposition in Dresden 1989/90

Unter Mitarbeit von Karin Urich

Gefördert durch ein Stipendium der
Deutschen Nationalstiftung

1999

BÖHLAU VERLAG KÖLN WEIMAR WIEN

Die Deutsche Bibliothek - CIP-Einheitsaufnahme

Richter, Michael:
Die Gruppe der 20 : gesellschaftlicher Aufbruch und
politische Opposition in Dresden 1989/90 /
Michael Richter/Erich Sobeslavsky. Unter Mitarb. von Karin Urich. -
Köln ; Weimar : Böhlau, 1999
(Schriften des Hannah-Arendt-Instituts für Totalitarismusforschung ; Bd. 12)
ISBN 3-412-06499-8

Umschlagabbildung:
Konstituierung der Gruppe der 20 auf der Prager Straße
Foto: Rigo Pohl, Dresden

Gedruckt auf chlorfrei gebleichtem, säurefreiem Papier
Satz: Hannah-Arendt-Institut für Totalitarismusforschung e.V., Dresden
Druck und Bindearbeiten: WB-Druck, Rieden
Printed in Germany
ISBN 3-412-06499-8

Vorbemerkung

Mit dem vorliegenden Band wird im Rahmen der „Schriften des Hannah-Arendt-Instituts für Totalitarismusforschung" die Unterreihe „Forschungen und Quellen zur friedlichen Revolution in Sachsen" eröffnet. Die Bände werden jeweils Darstellung und Dokumente vereinen und wesentliche Arbeitsergebnisse des Forschungsbereichs „Friedliche Revolution in Sachsen" des Hannah-Arendt-Instituts präsentieren.

Die Darstellung von Entstehung und Entwicklung der Gruppe der 20 wurde durch die Hilfe vieler möglich. Allen voran sei Frau Karin Urich gedankt, die zahlreiche Interviews führte und für die Arbeit zur Verfügung stellte. Auf ihrer Vorarbeit basiert die Darstellung der Sektionen der Gruppe der 20 und der Zeitweiligen Arbeitsgruppen der Dresdner Stadtverordnetenversammlung. Auch Helmut Flach erlaubte uns freundlicherweise die Auswertung eines Manuskriptes zum Thema. Viele seiner Bewertungen sind in unsere Arbeit eingeflossen. Ihm sei ebenso gedankt wie den zahlreichen Zeitzeugen, die uns für Interviews zur Verfügung standen oder uns die Auswertung ihrer Unterlagen aus der damaligen Zeit ermöglichten.

Dank sagen wir auch unseren Ansprechpartnern in den Archiven, die sich nach Kräften um die schnelle und umfassende Bereitstellung von Unterlagen bemühten. Stellvertretend möchten wir in diesem Zusammenhang Frau Martina Walther von der Dresdner Außenstelle des Bundesbeauftragen für die Unterlagen des Staatssicherheitsdienstes der ehemaligen DDR hervorheben, die uns schnell und kompetent zuarbeitete. Bei der Bearbeitung der Dokumente halfen uns Frau Gudrun Grau und Frau Erika Schult tatkräftig, die Drucklegung erfolgte in gewohnter Zuverlässigkeit und Präzision durch Herrn Dipl.-Ing. Walter Heidenreich, Frau Sigrid Boden und Frau Christine Lehmann. Wichtige inhaltliche und stilistische Anregungen verdanken wir unseren Kollegen im Institut. Die Drucklegung erfolgte mit finanzieller Unterstützung der Dresdner Stadtverwaltung. Auch hier sei den Verantwortlichen gedankt.

Dresden, im Juni 1999 Michael Richter/Erich Sobeslavsky

Inhalt

Vorwort

Am 8. Oktober 1989 bildete sich auf der Prager Straße in Dresden die Gruppe der 20. Von den Demonstranten erhielt sie ein direktdemokratisches Mandat, das Gespräch mit Vertretern des Staates zu suchen. Einen Tag vor der befürchteten „chinesischen Lösung" in Leipzig und wenige Tage nach den gewaltsamen Auseinandersetzungen am Dresdner Hauptbahnhof symbolisierte ihr Entstehen den Willen der Bevölkerung zum friedlichen Dialog über die Zukunft der DDR, aber auch die Bereitschaft der Dresdner SED-Führung, die eskalierende Entwicklung vor und während des 40. Jahrestages der DDR durch eine Politik des kontrollierten Dialoges zu ersetzen. Schon angesichts der Umstände ihrer Genese reicht die Bedeutung der Gruppe weit über die Grenzen Dresdens hinaus. Bis in die Zeit der Kommunalwahlen im Mai 1990 spielte sie aber auch eine zentrale Rolle in der Dresdner Kommunalpolitik. Mit ihren Arbeitsgruppen und der Art ihrer Einbindung in die Stadtverordnetenversammlung stellte sie ein Modell dar, das sich von den sonst üblichen Runden Tischen unterschied. Die Gruppe stand damit zugleich für einen alternativen Weg der Demokratisierung der Gesellschaft auf kommunaler Ebene.

Anhand umfangreichen Aktenmaterials und zahlreicher Zeitzeugeninterviews wurde die Entstehung und Entwicklung der Gruppe der 20 nachgezeichnet. Genauer untersucht wurden dabei die Haltung der Vertreter des Partei- und Staatsapparates im Bezirk und in der Stadt Dresden, die Frage nach der Legitimierung, der politischen wie fachlichen Kompetenz der Gruppe, die Tragfähigkeit des Konzepts der Arbeitsgruppen, das Wirken ihrer Sektionen, die Haltung der Gruppe gegenüber der nicht aus freien Wahlen hervorgegangenen Stadtverordnetenversammlung, die Bedeutung der Berater der Gruppe, ihr Verhältnis zu den neuen politischen Kräften und Strukturen, ihre Profilierung zur politischen Opposition gegen die etablierten Parteien, die politische Polarisierung der Gruppe, ihre Arbeit im Rahmen der Basisdemokratischen Fraktion der Dresdner Stadtverordnetenversammlung und die Gründe für ihre Auflösung 1990.

Neben dem Darstellungsteil bieten die Dokumente im Anhang die Möglichkeit, sich ein Bild von den damaligen Geschehnissen zu machen. Aufgenommen wurden sowohl Dokumente der Gruppe der 20 als auch Unterlagen des Partei- und Staatsapparates, die die sich von Monat zu Monat verändernde Sichtweise der SED- und Staatsführung veranschaulichen.

Über die Gruppe der 20 liegen bislang erste kleinere Untersuchungen vor. Erstmals beschrieben Eckhard Bahr und Hans Kromer 1990 in journalistischen Dokumentationen die Entwicklung in Dresden 1989 und gingen dabei auch auf die Bildung der Gruppe der 20 ein. 1994 veröffentlichten Detlef Wehnert und Andreas Graff eine Chronologie der Ereignisse in Dresden. Im selben Jahr legte Helmut Flach eine erste genauere Untersuchung über die Gruppe der 20 vor, die Grundlage einer ein Jahr später eingereichten Hausarbeit an der TU Dresden wurde. Ein Jahr darauf folgte eine Magisterarbeit von Karin Urich über den Herbst 1989 in Dresden. 1997 beschäftigte sich Uwe Thaysen mit den Unterschieden des Berliner und des Dresdner Pfades der Demokratiefindung und ging dabei auch auf die Bedeutung der Gruppe der 20 ein. 1999 sind Beiträge von Karin Urich und Erich Sobeslavsky erschienen, die wesentliche Aspekte der Entwicklung der Gruppe der 20 erhellen. Walter Süß ging im selben Jahr in seinem Band über die „Staatssicherheit am Ende" ausführlicher auf die militärischen Aspekte der Dresdner Entwicklung ein.[1]

Ausgewertet wurden auch bereits veröffentlichte Quellen. Schon 1990 äußerten sich der Dresdner Superintendent Christof Ziemer,[2] Wolfgang Berghofer[3] und Herbert Wagner[4] über die Gruppe der 20. Ein Jahr später legte die damalige Mitarbeiterin des Rathauses, Heike Liebsch, ihre Erinnerungen über den Herbst 1989 in Dresden vor, und Christof Ziemer meldete sich erneut zu Wort. Verschiedene Dresdner Zeitzeugen berichteten in einem 1993 von Werner Kaulfuß und Johannes Schulz herausgegeben Band. Herbert Wagner informierte seit 1992 mehrfach über die Gruppe der 20. 1997 beschrieb Pfarrer Frank Richter[5] die Ereignisse am 8. Oktober aus eigenem Erleben, und 1998 erschienen in zweiter Auflage Erinnerungen Hans Modrows,[6] die Aufschlüsse über dessen Haltung und Motivationen beim Übergang zu gewaltfreien Formen der Machtsicherung und beim Umgang mit der Gruppe der 20 geben. Wichtige Hintergrundinformationen sind einer Darstellung von Maria Jacobi über den Ökologischen Arbeitskreis der drei Dresdner Kirchenbezirke zu entnehmen.[7] Als Quellen dienten auch die Dresdner Tageszeitungen „Die

1 Bahr, Sieben Tage im Oktober; Kromer, Dresden; Wehnert/Graff, Stürmischer Herbst; Flach, Die Gruppe der 20; Flach, Der Demokratisierungsprozeß; Urich, Der Umbruch in Dresden; Thaysen, Wege des politischen Umbruchs; Urich, Die Besonderheiten der Bürgerbewegung in Dresden; Sobeslavsky, Der Wirtschafts- und Finanzausschuß; Süß, Staatssicherheit am Ende.

2 Zur Person siehe Kurzbiographie im Anhang.

3 Berghofer, Wolfgang (geb. 25.2.1943 in Bautzen): Dipl.-Hist.; Januar 1986 bis Mai 1990 Dresdner Oberbürgermeister, 8.12.1989 stellv. Vorsitzender der SED-PDS; danach Austritt aus der SED-PDS; 1990 Unternehmensberater.

4 Zur Person siehe Kurzbiographie im Anhang.

5 Zur Person siehe Kurzbiographie im Anhang.

6 Modrow, Hans (geb. 27.1.1928 in Jasenitz, Krs. Ueckermünde): Maschinenschlosser, Dipl.-Gesellschaftswissenschaftler und Dr. oec.; 1951–52 FDJ-Landesvors. in Mecklenburg; 1952–61 Mitgl. des Zentralrates der FDJ; 1953–61 Komsomol-Hochschule Moskau; 1967–89 Mitglied des ZK der SED; 1961–67 1. Sekr. der SED-KL Berlin-Köpenick; 1967–71 Sekr. für Agitation und Propaganda der SED-BL Berlin; 1971–73 Leiter der Abt. Agitation im ZK; ab 1973 1. Sekretär SED-BL Dresden; ab 8.11.1989 Mitgl. des Politbüros; 13.11.1989–März 1990 Ministerpräsident der DDR; 9.12.1989 stellv. Parteivors. der SED/PDS; PDS-Spitzenkandidat bei den Volkskammerwahlen am 18.3.1990; ab 3.10.1990 MdB; Ehrenvors. der PDS.

7 Ziemer, Wachen und Beten; Ders. in: Rein, Die protestantische Revolution, S. 228–237; Berghofer, Nicht die Fragen bereiten Ärger; Liebsch, Dresdner Stundenbuch; Ziemer, Man ging einfach nicht den Weg aller mit; Kaulfuß/Schulz; Wagner, Gruppe der 20; Ders., Zwanzig gegen SED-Willkür; Ders., Die Novemberrevolution 1989 in Dresden; Richter, Worte wachsen; Modrow, Ich wollte ein neues Deutschland; Jacobi, Der Ökologische Arbeitskreis.

Union“ und „Sächsische Zeitung“ sowie das SED-Zentralorgan „Neues Deutschland“.

In erster Linie stützt sich die vorliegende Arbeit allerdings auf bislang unveröffentlichte Dokumente aus Privatbeständen von Mitgliedern und Beratern der Gruppe der 20 bzw. der Basisdemokratischen Fraktion der Dresdner Stadtverordnetenversammlung.[8] Weitere wichtige Quellen sind offizielle MfS-Dokumente und IM-Berichte im Zentralarchiv sowie in der Außenstelle Dresden des Bundesbeauftragten für die Unterlagen des Staatssicherheitsdienstes der ehemaligen DDR, Akten im Stadtarchiv Dresden, im Sächsischen Hauptstaatsarchiv (Bestände Bezirksleitung Dresden der SED und Rat des Bezirkes Dresden), im Bundesarchiv Berlin (MdI/MfIA), des Polizeipräsidiums Dresden sowie die Unterlagen des Sonderausschusses des Sächsischen Landtags (1. Wahlperiode) zur Untersuchung von Amts- und Machtmißbrauch infolge SED-Herrschaft. Weitere Unterlagen befinden sich im Archiv der Bürgerbewegung Leipzig und im Matthias Domaschk-Archiv Berlin.

Neben den schriftlich überlieferten Dokumenten stützt sich die Darstellung ausführlich auf Zeitzeugen, wodurch ein umfasendes Bild der damaligen Ereignisse gezeichnet werden konnte.[9] Vor allem die Aussagen von Mitgliedern der Gruppe der 20 haben geholfen, die Unterlagen von SED und MfS zu ergänzen oder historisch zu korrigieren.

8 Eine Liste der ausgewerteten Privatbestände findet sich im Anhang.
9 Eine Liste der ausgewerteten unveröffentlichten Interviews findet sich im Anhang.

Vorgeschichte

1. Massenflucht, Botschaftsbesetzungen und erste Ausreiseaktion

Während ungarische Grenzsoldaten am Morgen des 2. Mai 1989 mit dem Abbau der Stacheldrähte an der österreichisch-ungarischen Grenze begannen, beschloß die SED-Führung, die innerdeutsche Grenze weiter zu perfektionieren. Die im Mai 1989 vom Politbüro des ZK der SED festgelegten Maßnahmen zur „Vervollkommnung des Schutzes der Staatsgrenze der DDR zur BRD“[1] nützten dem Regime freilich nicht mehr viel, da der Damm bereits an anderer Stelle gebrochen war. In der DDR erkannten Tausende sofort die Möglichkeit, die sich ihnen für eine Flucht in Richtung Westen bot und machten sich auf den Weg nach Ungarn. Hier sammelten sie sich in Flüchtlingslagern, bevor ihnen die ungarische Regierung am 10. September gestattete, in „ein Land ihrer Wahl“ auszureisen.[2] Am 11. September überschritten ca. 8 000 Personen die Grenze nach Österreich, drei Tage später waren es bereits 18 000. Die Bilder der Autokolonnen, die die Grenze passierten, gingen um die ganze Welt. Die SED-Führung bezeichnete die Normalisierung der Reisebestimmungen durch die ungarische Regierung als Teil eines „Kreuzzuges des Imperialismus gegen den Sozialismus“[3] und reagierte auf den beginnenden Massenexodus, der die DDR bis in ihre Grundfesten erschütterte, mit einer weiteren Verschärfung des Grenzregimes. Obwohl die Unzufriedenheit der Bevölkerung längst einen kritischen Punkt erreicht hatte, beschloß das Politbüro am 12. September, „gefährdeten Bürgern“, die nach Ungarn, Rumänien oder Bulgarien reisen wollten, „nach interner Kontrolle durch die zuständigen Organe die Ausreise nicht zu genehmigen“. Die Minister für Staatssicherheit, Erich Mielke, und für Inneres, Friedrich Dickel, wurden beauftragt, entsprechende Schritte einzuleiten.[4] Nach dem Verbot von Reisen nach Ungarn sammelten sich nun zahlreiche Flüchtlinge in den bundesdeutschen Botschaften in Prag und Warschau. Am 19. September mußte die diplomatische Mission in Warschau wegen Überfüllung schließen. Während sich dort zu diesem Zeitpunkt ca. 120 Zufluchtsuchende aufhielten, waren es in Prag bereits rund 400. Von nun an stieg hier die Zahl der Flüchtlinge kontinuierlich an. Die meisten von ihnen waren von tschechoslowakischen Grenzsoldaten an der Weiterreise nach Ungarn gehindert worden oder dort am illegalen Grenzübertritt gescheitert. Ende September warteten bereits rund 3 500 Personen in der bundesdeutschen Botschaft in Prag auf ihre Ausreise, weitere Tausende hielten sich vor dem Botschaftsgelände auf. Die sanitären Verhältnisse waren katastrophal, das Essen knapp, nur Frauen und Kinder erhielten Nahrung. Am Zaun der Botschaft ver-

1 Beschluß des Nationalen Verteidigungsrates der DDR, Bl. 3 (BStU, ZA, SdM 30, Bl. 14-19).
2 Vgl. Kurz, Ungarn 89, S. 162f.
3 Neues Deutschland vom 12.9.1989.
4 Protokoll der Sitzung des SED-Politbüros vom 12.9.1989 (SAPMO BArch, ZPA, J IV 2/2/2345).

suchten tschechoslowakische Polizisten und Mitarbeiter des DDR-MfS Flüchtlinge am Überklettern des Zaunes zu hindern. Es kam zu dramatischen Szenen. Im Umkreis von fünf Kilometern blockierten zurückgelassene Autos die Straßen.

Auf Druck der sowjetischen Regierung beschloß Erich Honecker am 29. September, die Ausreisewilligen in der Prager und Warschauer Botschaft via DDR in die Bundesrepublik ausreisen zu lassen.[5] Am Abend dieses Tages rief er das Politbüro zusammen, um die Mitglieder über seinen Beschluß zu unterrichten.[6] Nachdem auch die Bundesregierung darüber in Kenntnis gesetzt worden war, daß eine Ausreise innerhalb von 24 Stunden erfolgen werde, begab sich Außenminister Hans-Dietrich Genscher am Abend des 30. September in die Prager Botschaft. Vom Balkon des barocken „Palais Lobkowicz" verkündete er die bevorstehende Ausreise.[7] Die Nachricht löste Jubel aus.

Am 1. Oktober reisten die Flüchtlinge in die Bundesrepublik aus. Bei der von Mielke geleiteten Aktion wurden die Flüchtlinge in sechs Sonderzügen der Deutschen Reichsbahn in Abständen von zwei Stunden über das Gebiet der DDR - via Dresden - nach Hof transportiert.[8] Die DDR-Regierung bestand aus Prestigegründen darauf, ihnen im Zug eine offizielle Ausreisegenehmigung auszuhändigen. Dabei wurden die Daten erfaßt und intern die Anweisung gegeben, Ehepartnern oder minderjährigen Kindern, die einen entsprechenden Antrag stellten, ebenfalls unverzüglich die Ausreise zu gestatten.[9] Jeder der vier Züge wurde von hochrangigen Vertretern des Auswärtigen Amtes, des Bundeskanzleramtes und des Bundesministeriums für innerdeutsche Beziehungen begleitet, da die Angst vor Übergriffen groß war.

Der erste Sonderzug fuhr am Sonnabend gegen 22.00 Uhr mit erheblicher Verspätung vom Prager Hauptbahnhof ab. Einheiten des MfS, der Volkspolizei und der NVA säumten die Strecke durch Dresden, Karl-Marx-Stadt und Plauen. Auf den Bahnstationen, die die Züge passierten, sorgten MfS- und NVA-Angehörige sowie Transport-Polizisten dafür, daß die Bahnhöfe nahezu menschenleer waren. Dennoch sprangen weitere Personen, teils unter Lebensgefahr, auf die Züge auf.[10] Der Dresdner Hauptbahnhof stellte auf der Route einen neuralgischen Punkt dar, weil er wegen baulicher Gegebenheiten nur langsam passiert werden konnte. Im DDR-Fernsehen und im „Neuen Deutschland" erklärte die SED-Führung zu den Flüchtlingen zynisch: „Sie alle haben durch ihr Verhalten die moralischen Werte mit Füßen getreten und sich

5 Protokoll der Sitzung des SED-Politbüros vom 29.9.1989 (SAPMO-BArch, SED, ZK, J IV 2/2A/3243).
6 Vgl. Schabowski, Das Politbüro, S. 69; Ders., Der Absturz, S. 234f.
7 Vgl. John, Seiters, S. 92.
8 Vgl. Mittag, Um jeden Preis, S. 47f.
9 Vgl. Liste der „Zug-Ausreisenden" des Bezirkes Erfurt (ThHSTA 036681); vgl. RdB Erfurt, Innere Angelegenheiten, an Räte der Kreise, Städte und Stadtbezirke Erfurt und Weimar, 6. Oktober 1989 (ThHSTA 036681).
10 Vgl. MdI-Lagefilm Oktober 1989, lfd. Nr. 19 (BArch B, MdI 52461 Stab Operative Grundsatzarbeit).

selbst aus unserer Gesellschaft ausgegrenzt. Man sollte ihnen deshalb keine Träne nachweinen."[11]

Hatte die Führung geglaubt, das Problem habe sich mit der Ausreise erledigt, so sah sie sich noch am gleichen Tag getäuscht. Obwohl die Polizei das Botschaftsgelände in Prag nach der Abreise der letzten Flüchtlinge abriegelte und die Botschaft offiziell wegen Renovierungsarbeiten schloß, wurden bis zum Abend bereits 300 neue Zufluchtsuchende in die Mission aufgenommen. Auch vor der Botschaft in Warschau warteten am Sonntagabend bereits siebzig neue Ausreisewillige auf Einlaß. Am Nachmittag des 2. Oktober hielten sich bereits wieder etwa 1 000 Personen auf dem Prager Botschaftsgelände auf. Den neuen Zufluchtsuchenden bot die DDR-Regierung an, innerhalb von sechs Monaten in den Westen auszureisen, wenn sie sich in die DDR begäben. Da jedoch kaum jemand dem Vorschlag folgte, schlug die Bundesregierung eine „Nachzüglerregelung" vor, bei der die neuen Ausreisewilligen wie das erste Kontingent behandelt werden sollten.[12] Bundesminister Rudolf Seiters appellierte am 2. Oktober an die SED-Führung, erneut eine humanitäre Lösung zu finden. Der Leiter der Ständigen Vertretung der DDR in Bonn, Horst Neubauer, legte zwar Verwahrung dagegen ein, „daß von BRD-Seite Absprachen und Zusagen im Zusammenhang mit der Ausweisung ehemaliger DDR-Bürger nicht eingehalten werden"[13], und verlangte, die Flüchtlinge aus den Botschaften zu verweisen. Seiters lehnte dies jedoch wegen der bundesdeutschen Rechtsauffassung einer einheitlichen deutschen Staatsbürgerschaft strikt ab.[14]

Am 3. Oktober spitzte sich die Situation in der Prager Botschaft erneut zu. Da sich inzwischen wieder ca. 4 500 Fluchtwillige im Garten des Palais Lobkowicz aufhielten, errichtete das Rote Kreuz Zelte, in denen die Menschen in drei Schichten schlafen konnten. Der Dauerregen verwandelte den Boden des Botschaftsgartens in Morast. Nachts sanken die Temperaturen auf den Gefrierpunkt. Vor dem Zaun warteten etwa 2 000 Menschen, weitere 3 000 bis 4 000 waren unterwegs zur Botschaft. Am Abend des 3. Oktober war die gesamte Vlašská bis zur Karmelitská - zwei Straßen in unmittelbarer Nähe der Botschaft - voll von Zufluchtsuchenden. Am Zaun der Botschaft kam es erneut zu dramatischen Szenen, als ČSSR- und DDR-Sicherheitskräfte versuchten, die Menschen am Überklettern zu hindern. Da die Polizei mit Gummiknüppeln gegen die Menschen vorging, entstand Panik, und es gab zahlreiche Verletzte. Trotzdem gelangten noch einmal ca. 300 Menschen auf das Botschaftsgelände.

Im Bonner Kanzleramt kamen Vertreter der Bundesregierung unter der Leitung Genschers zu einer Sondersitzung zusammen. Bundeskanzler Kohl versuchte vergeblich, mit Honecker zu telefonieren, der erklären ließ, wegen der Vorbereitungen zum 40. Jahrestag der DDR-Gründung keine Zeit für ein Gespräch zu haben. Ohne Rücksprache mit dem Bundeskanzleramt entschied

---

11 Neues Deutschland vom 2.10.1989.
12 Vgl. Frankfurter Rundschau vom 3.10.1989.
13 Neues Deutschland vom 3.10.1989.
14 Vgl. John, Seiters, S. 95-97.

das Politbüro jedoch am Dienstag, allen in der Prager Botschaft befindlichen Zufluchtsuchenden die Ausreise zu gestatten. Die Bundesregierung wurde am Nachmittag darüber informiert, daß die ca. 11 000 DDR-Bewohner, die sich auf dem Gebiet der ČSSR aufhielten, in die Bundesrepublik ausreisen könnten, gleichzeitig aber die Grenze zur ČSSR für den Reiseverkehr geschlossen werde. Ergänzend wurde mitgeteilt, daß es bei der Abreise Verzögerungen technischer Art gebe.[15] Der avisierte Transport verzögerte sich, weil die SED-Führung die Bahnstrecke sichern und entlang der Streckenführung durch die DDR Bahnhöfe und Gleise von 1 000 Menschen räumen ließ, die auf die Züge aufspringen bzw. die Züge stoppen wollten.[16] Wegen des Aufschubs geriet die SED-Führung unter Druck der ČSSR-Regierung, die am 3. Oktober verlangte, den Abtransport der neuen Flüchtlinge noch am gleichen Tag durchzuführen. Die DDR-Regierung teilte daraufhin mit, daß der Beginn der Aktion für den nächsten Tag zu erwarten sei.[17]

2. Schließung der Grenze zur ČSSR und zweite Zugdurchfahrt

Ihren Beschluß, sämtliche Botschaftsflüchtlinge ausreisen zu lassen, hatte die SED-Führung mit der Entscheidung gekoppelt, die Grenze zur ČSSR für den Reiseverkehr zu schließen. Damit erhoffte sie im Vorfeld des 40. Jahrestages der DDR, das imageschädigende Problem der Massenausreise endgültig aus der Welt zu schaffen. Am 3. Oktober ordnete Innenminister Dickel entsprechende Maßnahmen an der Staatsgrenze zur ČSSR an,[18] und noch am gleichen Tag wurde der visafreie Reiseverkehr ins Nachbarland eingestellt. DDR-Grenztruppen begannen, die Grenzen zur Volksrepublik Polen und zur ČSSR weiträumig zu kontrollieren. Mielke und Dickel ordneten zudem an, Anträge auf Privatreisen durch die Dienststellen der Volkspolizei nicht mehr entgegenzunehmen und Auskünfte zu den Reiseregelungen nur mündlich zu erteilen, damit „der zentrale Charakter dieser Entscheidung nicht öffentlich bekannt" werde.[19] Am Vormittag des 4. Oktober weitete das Politbüro die Aussetzung des paß- und visafreien Verkehr auch auf den Transitverkehr nach Bulgarien und Rumänien aus und ließ die Grenze zur ČSSR und zur Volksrepublik Polen durch Einheiten des MfS, des MdI und der NVA „in ihrer Gesamtlänge unter

15 Vgl. ebd., S. 98.
16 ZAIG-Information 438/89 vom 4.10.1989. In: Mitter/Wolle, Ich liebe euch doch alle, S. 194.
17 Vgl. Strafsache gegen Honecker u. a. Zit. bei Przybylski, Tatort Politbüro 2, S. 112f.
18 Fernschreiben Dickels an Chefs der BDVP vom 1.11.1989 (BArch B, MdI 52461 Stab Operative Grundsatzarbeit).
19 Mielke an Leiter der Diensteinheiten vom 5.10.1989. In: Mitter/Wolle, Ich liebe euch doch alle, S. 197; Fernschreiben Nr. 176 vom 3.10.1989 an alle BDVP, VPKÄ. In: Klemens, Geheime Verschlußsache, S. 196–198.

Kontrolle" nehmen.[20] Da bereits 1980 der visafreie Reiseverkehr nach Polen „vorübergehend" ausgesetzt und bis dato nicht wieder erlaubt worden war, rechnete die Bevölkerung mit einem Ende aller Reisen in die sozialistischen Nachbarstaaten. Daher ließ die Aussetzung des Reiseverkehrs kurz vor den Herbstferien die Unzufriedenheit der Bevölkerung weiter anwachsen; die Maßnahmen wurden allgemein als Bankrotterklärung der Regierung angesehen. In Diskussionen, über die das MfS der SED-Führung Meldung erstattete, hieß es, die Bevölkerung fühle sich nun endgültig und völlig eingesperrt; viele meinten, es bleibe nur noch die Ausreise.[21] Noch am 3. Oktober machte das Regime klar, daß es ihm mit seiner Regelung ernst war. An diesem Tag wurde 2 063 Personen die Einreise in die ČSSR verweigert. Nachdem an der Grenzübergangsstelle Bad Schandau etwa 100 aus dem Zug geworfene Fahrgäste dessen Weiterfahrt in Richtung Budapest durch Sitzstreiks behinderten, ging die Volkspolizei gewaltsam gegen sie vor.[22] Die Reisenden wurden schließlich mit Zügen und Bussen in das Hinterland abtransportiert. Da ein zum Rücktransport von der Grenze eingesetzter Nahverkehrszug weder am Hauptbahnhof noch in Dresden-Neustadt hielt, zogen einige Ausreisewillige die Notbremse. 32 von ihnen besetzten die Drei-Königs-Kirche im Stadtteil Neustadt, 31 weitere Personen begaben sich in die katholische Hofkirche und 54 in die Kreuzkirche. Am 6. Oktober erhielten alle eine Ausreisegenehmigung und verließen daraufhin die Kirchen.[23]

Nach Bekanntwerden der Schließung der Grenze zur ČSSR versammelten sich bis zum Abend des 3. Oktober ca. 2 000 Menschen am Dresdner Hauptbahnhof. Zum großen Teil handelte es sich um Personen, die nach Prag fahren oder auf die in Richtung Bundesrepublik fahrenden Züge aufspringen wollten. Die Ausreisewilligen, die aus allen Teilen der DDR kamen, verschmolzen mit dem Protestpotential aus der Region Dresden, in der es besonders viele Ausreisewillige gab. Gegen Ende des Jahres 1988 hatten etwa 30 000 Dresdner einen Antrag auf ständige Ausreise aus der DDR gestellt. In den Monaten vor der friedlichen Revolution entfielen auf den Bezirk Dresden bei einem Bevölkerungsanteil der DDR von elf Prozent ein Viertel aller Ausreiseanträge. Im Jahre 1989 verließen ca. 18 000 Dresdner die DDR. Der größte Teil von ihnen war im Handel und im Gesundheitswesen beschäftigt.[24]

---

20 Protokoll der Sitzung des SED-Politbüros vom 4.10.1989 (SAPMO BArch, ZPA, J IV 2/2/2350 und J IV 2/2A/3245).

21 Vgl. ZAIG-Information 438/89 vom 4.10.1989. In: Mitter/Wolle, Ich liebe euch doch alle, S. 192f.; SED-Kreisleitung Berlin-Mitte, Stimmungen und Meinungen zur Entscheidung der Regierung der DDR vom 3.10.1989. In: Klemens, Geheime Verschlußsache, S. 198.

22 Vgl. ZAIG-Information 438/89 vom 4.10.1989. In: Mitter/Wolle, Ich liebe euch doch alle, S. 194; MdI-Lagefilm Oktober 1989, Nr. 77–102 (BArch B, MdI 52461 Stab Operative Grundsatzarbeit).

23 Vgl. Liebsch, Dresdner Stundenbuch, S. 8f.; Modrow, Ich wollte ein neues Deutschland, S. 270.

24 Nach einem Bericht der Stadtplankommission vom 8.1.1990 waren es 17 518 Bürger. Vgl. Eckdaten der ökonomischen und sozialen Situation in der Stadt Dresden (ausgewählte Daten), S. 11. Der Bericht des RdS vom 25.1.1990 spricht von 18 182 Dresd-

Die Demonstranten in und vor dem Bahnhof riefen „Wir wollen raus“, sangen die „Internationale“ und beschimpften die Sicherheitskräfte.[25] Als gegen 21.45 Uhr ein Leerzug in den Hauptbahnhof einfuhr, der zum Abtransport der Flüchtlinge aus Prag gedacht war, wurde er von Ausreisewilligen gestürmt. Gegen 23.30 Uhr wurde der Bahnhof das erste Mal von Einsatzkräften der Volkspolizei, unterstützt durch Einheiten aus dem Bezirk Halle, geräumt.[26] Volkspolizei, Mitglieder der Kampfgruppen und Mitarbeiter des MfS vertrieben die Demonstranten gewaltsam aus dem Gebäude. Vor dem Bahnhof kamen Wasserwerfer und Gummiknüppel zum Einsatz. Etwa 400 Personen bewegten sich daraufhin entlang der Gleise in Richtung Bad Schandau. Gegen 0.30 Uhr wurde das Bahnhofsgelände zum zweiten Mal durch „konzentrierten Kräfteeinsatz mit Anwendung des Schlagstockes“ von je zwei Kompanien der Offiziershochschule der Bereitschaftspolizei Dresden und der 8. VP-Bereitschaft gewaltsam geräumt.[27] Wegen der Ereignisse kam der Dresdner Superintendent Christof Ziemer zum Bahnhof und versuchte vergeblich zur Einsatzleitung der Volkspolizei vorzudringen, um durch Vermittlung eine Eskalation der Gewalt zu verhindern. Diese verweigerte jedoch ein Gespräch und verwies ihn statt dessen vom Gelände des Hauptbahnhofs.[28] Da er die dort befindlichen Ausreisewilligen zu Gesprächen in der Kreuzkirche einlud, wurde ihm seitens des MfS vorgeworfen, daß er „mit dieser Aktion bereits versuchte, die Lage in der Stadt zu eskalieren“.[29] Am Hauptbahnhof kamen ab 2.00 Uhr Einheiten der inzwischen herangeführten Transport-Polizei aus Neubrandenburg und Rostock zum Einsatz.[30] Trotz polizeilicher Absperrmaßnahmen bewegten sich gegen 2.45 Uhr erneut etwa 200 Personen zu Fuß auf den Gleisen in Richtung Bad Schandau.[31]

Nicht nur in Dresden führte die Grenzschließung zu Protesten. Am Vormittag des 4. Oktober registrierte das MfS Unmutsäußerungen der Bevölkerung in verschiedenen Orten.[32] In einigen Städten, so zum Beispiel in Eise-

---

nern, die die DDR verließen, vgl. Bericht des RdS an die 6. Tagung der StVV am 25.1.1990, S. 1 (Stadtarchiv Dresden, StVV, Protokolle, Bl. 157). Vgl. Kaulfuß/Schulz, Dresdner Lebensläufe, S. 194 und 212.

25 MdI-Bericht Bezirk Dresden (BArch B, MdI 54024 GLKA). Vgl. Augenzeugenberichte (ABL Hefter I).

26 Vgl. MdI-Lagefilm Oktober 1989, lfd. Nr. 103 (BArch B, MdI 52461 Stab Operative Grundsatzarbeit); Abschlußbericht der Unabhängigen Untersuchungskommission, S. 38-44.

27 MdI-Bericht Bezirk Dresden (BArch B, MdI 54024 GLKA). Vgl. Vernehmungsprotokoll des Zeugen Willi Nyffenegger vom 7.12.1989 (BArch B, MdI 54023 GLKA). MdI-Lagefilm Oktober 1989, Nr. 105 (BArch B, MdI 52461 Stab Operative Grundsatzarbeit).

28 Vgl. Lagefilm der BDVP Dresden vom 3.-9.10.1989, Nr. 101 (SächsHStA, BDVP, 3187, unpag.); Interview mit Christof Ziemer. In: Rein, Die protestantische Revolution, S. 230; Modrow, Ich wollte ein neues Deutschland, S. 270.

29 Dok. 75.

30 Vgl. MdI-Lagefilm Oktober 1989, Nr. 97 (BArch B, MdI 52461 Stab Operative Grundsatzarbeit).

31 Vgl. MdI-Lagefilm Oktober 1989, Nr. 107 (Ebd.).

32 Vgl. MdI-Lagefilm Oktober 1989, Nr. 122 (Ebd.).

nach, Seebach und Ruhla, kam es sogar zu ersten Arbeitsniederlegungen.[33] Im VEB Zinnerz Altenberg im Erzgebirge forderte die Belegschaft durch einen Bummelstreik die Wiederöffnung der Grenze. Sie erzwang, daß die Bewohner von Altenberg und den umliegenden Orten Sondergenehmigungen für Reisen in die ČSSR erhielten.[34]

Auch in Prag spitzte sich die Lage am 4. Oktober weiter zu. Wegen des großen Andrangs wurden nur noch Frauen mit Kleinkindern in das Botschaftsgebäude oder in die Zelte aufgenommen. Nur in einigen Wohnräumen des Botschafters, im Büro des Miltärattachés und in der Telefonzentrale hielten sich keine Flüchtlinge auf. In den Stunden vor der Abfahrt war selbst im völlig verschmutzten Garten kaum noch ein Platz frei. Da die ČSSR-Behörden sich weigerten, Unterkünfte für die wartenden Menschen zur Verfügung zu stellen,[35] verbrachten viele von ihnen die Nacht auf der Straße. Hilfsbereit zeigten sich in dieser Situation viele Bewohner der umliegenden Häuser, die Tee, Milch, Suppe und Decken auf die Straße reichten.[36]

Am Morgen des 4. Oktober wurde das DDR-Außenministerium darüber informiert, daß die Führung der ČSSR eine eigene Lösung des Problems erwäge. Ministerpräsident Ladislav Adamec ließ Honecker mitteilen, die ČSSR werde selbst Maßnahmen ergreifen, wenn die DDR nicht in der Lage sei, ihre Bürger abzutransportieren. Man sei bereit und vorbereitet, „die DDR-Bürger direkt in die BRD zu transportieren".[37] Unter dem Druck der Ereignisse beschloß das Politbüro am Vormittag, die Ausreiseaktion um 17.00 Uhr zu starten. Gegen 18.00 Uhr fuhr schließlich der erste Zug der Deutschen Reichsbahn von einem Prager Vorortbahnhof ab. Von nun an wurden mehr als 7 600 DDR-Bewohner mit acht Sonderzügen der Deutschen Reichsbahn über das Gebiet der DDR ins fränkische Hof transportiert. Den 1. Sekretären der SED-Bezirksleitungen Dresden und Karl-Marx-Stadt, Modrow und Lorenz, wurde mitgeteilt, daß in der Nacht zum 5. Oktober mehrere Züge mit Ausreisewilligen durch ihre Bezirke fahren würden. Die erforderlichen Sicherheitsmaßnahmen würden vom MfS zentral geleitet.[38] Da Modrow neue Krawalle befürchtete, schlug er dem DDR-Verkehrsminister, Otto Arndt, vor, die Züge über Bad Brambach in die Bundesrepublik zu leiten, der ihm jedoch erklärte, daß an Honeckers Beschluß nichts zu ändern sei, da die Züge bereits an der Grenze zur DDR vor Bad Schandau stünden.[39]

---

33 Zimmerling, Neue Chronik DDR 1, S. 67.

34 Aktuelle Information der SED-BL Dresden an das ZK der SED über die politische Lage und das Stimmungsbild im Bezirk in unmittelbarer Vorbereitung des 40. Jahrestages der DDR vom 7.10.1989 (SächHStA, SED-BL Dresden, 13218, unpag.)

35 Vgl. Neue Zürcher Zeitung vom 6.10.1989.

36 Vgl. Die Welt vom 6.10.1989.

37 Günther Kleiber an E. Honecker vom 4.10.1989. In: Przybylski, Tatort Politbüro 2, S. 366. Vgl. S. 113.

38 Vgl. Strafsache gegen Honecker und andere. In: Przybylski, Tatort Politbüro 2, S. 114f.

39 Vgl. Hans Modrow: „Bilanz nach 150 Tagen. Rückblick auf meine Regierungszeit (I) – Ein Dokument der Zeitgeschichte". In: Die Zeit vom 13.4.1990; Ders., Ich wollte ein neues Deutschland, S. 261f.

3. Gewalteskalation am Dresdner Hauptbahnhof am 4./5. Oktober 1989

Mit seinen Befürchtungen behielt Modrow Recht. Angesichts der erwarteten Zugdurchfahrt und nach der Schließung der DDR-Grenzen spitzte sich die Situation am Dresdner Hauptbahnhof im Laufe des 4. Oktober zu. Bereits gegen 17.30 Uhr versuchte die Volkspolizei vergeblich, den Hauptbahnhof von etwa 500 Menschen zu räumen, die auf die Durchfahrt der Sonderzüge warteten. Um 18.45 Uhr befahl das Innenministerium erhöhte Einsatzbereitschaft, und um 19.15 Uhr wurde der Hauptbahnhof erneut von etwa 1 000 Menschen geräumt. Bereits eine Stunde später hielten sich erneut etwa 2 500 Menschen in der Kuppelhalle des Bahnhofs auf. Die Volkspolizei verbarrikadierte sich im Bereich der Bahnsteige, auf denen die Züge erwartet wurden und setzte trotz des kalten Wetters Wasserschläuche gegen die Demonstranten ein. Um 20.25 Uhr wurde eine zusätzliche Einheit der Offiziershochschule der Bereitschaftspolizei Dresden herangeführt, mit deren Hilfe der Bahnhof gegen 20.45 Uhr erneut geräumt wurde.[40] Vor dem Bahnhof hielten sich zu diesem Zeitpunkt rund 5 000 Personen auf. Die Ansammlung im Umfeld des Bahnhofes wuchs im Laufe des Abends auf ca. 20 000 Demonstranten an. Viele riefen „Wir wollen raus“, „Wir wollen Gorbatschow“ sowie „Freiheit“ und beschimpften die Sicherheitskräfte als „Faschisten“ und „Knüppelpolizei“.[41] Vor dem Hauptbahnhof kam es zu gewalttätigen Auseinandersetzungen zwischen militanten Demonstranten, die mit Steinen und Fahrradketten bewaffnet waren, und Uniformierten. Dabei gab es auf beiden Seiten Verletzte. Einige Demonstranten bewarfen das Bahnhofsgebäude mit Brandflaschen und Pflastersteinen. Ein Funkstreifenwagen der Volkspolizei wurde umgekippt und geriet in Brand.[42] Wehrpflichtige Bereitschaftspolizisten erhielten den Befehl, in Fünfergruppen in die Menge der Demonstranten vorzudringen, um Steinewerfer festzunehmen. Obwohl ihnen im Falle einer Befehlsverweigerung eine Haftstrafe drohte, verweigerten einige den Befehl, legten ihre Waffen nieder und wurden sofort abgeführt.[43] Um 21.00 Uhr wurde der Bahnverkehr eingestellt.[44] Der Stellvertreter des Innenministers und Chef des Stabes des MdI, Generaloberst Wagner, erteilte dem Chef der BDVP, Willi Nyffenegger,[45] die Genehmigung zum Einsatz von Wasserwerfern und Tränengas. Die Bestätigung für den Einsatz von Wasserwerfern, den nur der Innenminister selbst befehlen konnte,

40 Vgl. MdI-Lagefilm Oktober 1989, 138, 140, 145, 148, 150 (BArch B, MdI 52461, Stab Operative Grundsatzarbeit).

41 MdI-Bericht Bezirk Dresden (BArch B, MdI 54024 GLKA).

42 Vgl. Ziemer. In: Rein, Die Opposition, S. 188f.

43 Vgl. Brief eines Bereitschaftspolizisten an seinen Seelsorger. In: Wir sind das Volk. Teil 1. Aufbruch ’89, S. 61f.; Bahrmann/Links, Wir sind ein Volk, S. 14f.

44 Vgl. MdI-Lagefilm Oktober 1989, Nr. 154 (BArch B, MdI Stab Operative Grundsatzarbeit).

45 Nyffenegger, Willi (geb. 9.6.1924 in Klein-Schwarzsee/Pomm.): Elektrotechniker, Dipl.-Staatswissenschaftler; GenLtn der VP; nach 1945 VP; 1971-1989 Chef der BDVP Dresden und Mitglied der BEL; 31.12.1989 aus dem Dienst entlassen.

erhielt Dickel von Krenz, der seinerseits die Erlaubnis von Honecker einholte.[46] Das gewaltsame Vorgehen der Sicherheitskräfte führte zur weiteren Eskalation. Gegen 21.45 Uhr gelangte ein Teil der Demonstranten über die Gleisanlagen erneut in das Bahnhofsgelände. Die aufgebrachten Menschen zerschlugen im Eingangsbereich des Bahnhofs Scheiben und Schaukästen, demolierten ein Intershop-Geschäft, einen Verkaufskiosk und rissen Pflastersteine heraus.[47] Nach Angaben Modrows wurden 320 Quadratmeter Fensterglas, 200 Scheiben in der Nordhalle, 88 große Scheiben und 44 kleine in den Erdgeschoß-Büroräumen am Leninplatz, alle Innentüren der Mittelhalle, alle Außentüren einschließlich der Alu-Rahmen, alle Schaukästen, 35 Quadratmeter Leuchtstofflampen, sämtliche Fahrkartenautomaten einschließlich Drukker, Uhren und vieles andere mehr zerstört.[48] Um 22.10 Uhr setzten sich drei weitere Einsatzkompanien der VP-Bereitschaft Halle nach Dresden in Marsch.[49] Um die Lage zu beruhigen, verkündete die Volkspolizei gegen 22.30 Uhr über Lautsprecher, Ausreisewillige sollten sich zur Abteilung Inneres der Stadtbezirke oder Heimatkreise begeben, wo ihre Ausreiseanträge binnen dreier Tage bearbeitet würden. Die Mitteilung basierte auf einer Anweisung von Generaloberst Wagner. Die Folge war, daß die Ausreisewilligen zwar tatsächlich Anträge erhielten, diese wurden aber keineswegs alle zügig bearbeitet.[50] Gegen 23.15 Uhr setzte die Volkspolizei Tränengas gegen die Demonstranten im Bahnhof ein und löste bis 2.30 Uhr die Demonstration auf. Nach Angaben der Volkspolizei wurden 57 Volkspolizei-Angehörige und 35 Demonstranten verletzt, ein Funkstreifenwagen zerstört und etliche andere Fahrzeuge beschädigt. Von den Demonstranten wurden insgesamt 225 Personen festgenommen.[51]

Angesichts der Gewalteskalation forderte Horst Böhm, Leiter der BVfS Dresden,[52] Modrow am Abend des 4. Oktober auf, beim Verteidigungsminister den Einsatz von Armeeverbänden anzufordern. Dabei, so Modrow, handelte es sich um die „Abdeckung längst getroffener Schritte". Bereits vorher gab es in Absprache von Keßler und Mielke Entscheidungen zum Einsatz von Kräften der Armee.[53] Mit dem Befehl Nr. 125/89 des Ministers für Nationale Verteidigung, Armeegeneral Heinz Keßler, war die Grundlage für den Einsatz von Kräften der NVA für einen Polizeieinsatz zur Unterstützung der Ordnungs- und Sicherheitskräfte der DDR geschaffen worden. Der Befehl enthielt Struk-

46 Vgl. Innenminister Lothar Ahrendt an Generalstaatsanwalt Harri Harrland vom 27.12. 1989 (BArch B, MdI 52461 Stab Operative Grundsatzarbeit). Vgl. Wagner. In: Und diese verdammte Ohnmacht S. 188.

47 Vgl. MdI-Bericht Bezirk Dresden (BArch B, MdI 54024 GLKA).

48 Vgl. Modrow, Ich wollte ein neues Deutschland, S. 270.

49 Vgl. MdI-Lagefilm Oktober 1989, Nr. 147 (BArch B, MdI Stab Operative Grundsatzarbeit).

50 Vgl. Abschlußbericht der Unabhängigen Untersuchungskommission, S. 38–44.

51 Vgl. MdI-Bericht Bezirk Dresden (BArch B, MdI 54024 GLKA).

52 Böhm, Horst (11.5.1937 in Zwickau): ab 1982 Generalmajor; 1981–89 Leiter der Bezirksverwaltung Dresden des MfS; ab November 1989 Leiter des Bezirksamtes Dresden des AfNS; 1989 Entlassung; Mitglied der SED-BL Dresden; 21.2.1990 Selbstmord.

53 Vgl. Interview mit Hans Modrow. In: Kaulfuß/Schulz, Dresdner Lebensläufe, S. 190.

turfestlegungen für „armeeuntypische Hundertmann-Einsatz-Kommandos", die an verschiedenen Orten in Bereitschaft gesetzt wurden.[54] Der spätere Verteidigungsminister in der Regierung Modrow und letzte NVA-Chef, Admiral Theodor Hoffmann, bestätigte später, daß für den 40. Jahrestag der DDR nichtstrukturmäßige „Einsatz-Hundertschaften" der NVA zur Unterstützung des Vorgehens von MfS und Volkspolizei gegen die Bevölkerung aufgestellt wurden, die besonders für die Räume Dresden (24), Leipzig (30) und Berlin (30) in Bereitschaft gehalten wurden.[55]

Bereits seit Mitte des Jahres 1989 war der Einsatz von NVA-Einheiten gegen die eigene Bevölkerung vorbereitet und trainiert worden. Das Verteidigungsministerium hatte dazu spezielle Unteroffiziers- und Offizierskompanien aufstellen lassen, die auch in der Uniform der Kampfgruppen eingesetzt werden sollten. So stellte man zum Beispiel aus Unteroffiziersschülern in Delitzsch und Bad Düben Hundertschaften zusammen, die dazu ausgebildet wurden, Objekte wie Hauptbahnhöfe, Hauptpostämter und Sender zu sichern. Außerdem trainierten die NVA-Einheiten Absperrmaßnahmen und Einsätze gegen die demonstrierende Bevölkerung.[56] Kurz vor dem Jahrestag standen in Berlin zeitweilig alle dreißig für derartige Einsätze vorbereiteten Hundertschaften der NVA in Bereitschaft.[57] Die Zusammensetzung der Kommandos war personell festgelegt, die Hundertschaften kamen in der Regel aus einem Bataillon und wurden von Offizieren des Divisionsstabes geführt. Fahrzeuge standen bereit, Waffen und Munition lagerten ausgabebereit in den Waffenkammern. Alle Vorkehrungen waren getroffen, schnell eine größere Menge Soldaten einsetzen zu können.[58]

Während eines Trainings für die Militärparade zum 40. Jahrestag hatte Keßler auch dem Chef der Dresdner Militärakademie, Generalleutnant Manfred Gehmert,[59] den Autrag erteilt, im Raum Dresden stationierte Armeekräfte für einen möglichen Einsatz zu formieren. Gehmerts Kommando wurden neben den Angehörigen der Militärakademie auch Einheiten der Land- und Luftstreitkräfte unterstellt.[60] In den Standorten Dresden und Pirna bildete die 7. Panzerdivision 14 Einsatzkommandos zu je 100 Soldaten, von denen

54 Untersuchungsausschuß des MfNV, Information, o.D. (BArch VA-01/37601 Bl. 271 und 274).

55 Vgl. Hoffmann, Das letzte Kommando, S. 23.

56 Vgl. Untersuchungsausschuß des MfNV, Information, o.D. (BArch VA-01/37601 Bl. 272f.); Aussagen von NVA-Generalmajor Engelmann und VP-Generalmajor Gerhard Straßenburg. In: „Tage der Entscheidung", Bayerischer Rundfunk vom 7.10.1991. Vgl. Schneider, Oktoberrevolution, S. 8; R.-G. Reuth: „Legenden verklären die Rolle der früheren NVA." In: FAZ vom 10.11.1990; Weber, Gläubigkeit, S. 59.

57 Vgl. Untersuchungsausschuß des MfNV, Information, o.D. (BArch VA-01/37601 Bl. 274); Ablaß, Zapfenstreich, S. 20f.

58 Vgl. von Kirchbach, Was wäre gewesen, wenn. In: Abenteuer Einheit, S. 138f.

59 Gehmert, Manfred (geb 1.11.1931 in Demnin): Generalleutnant der NVA; 1989 Chef der Militärakademie Friedrich-Engels in Dresden; nach 1990 Rentner.

60 Vgl. Interview mit Raimund Kokott. In: Kaulfuß/Schulz, Dresdner Lebensläufe, S. 91f.; Ders. In: Dichtung und Wahrheit über die Einsatzleitungen, S. 15f.

später tatsächlich elf Hundertschaften in Dresden, Karl-Marx-Stadt und Plauen zum Einsatz kamen.[61] Trotz dieser Tatsachen bestritten verantwortliche NVA-Generäle im Nachhinein, daß es Vorbereitungen gab, die NVA gegen die eigene Bevölkerung einzusetzen. So erklärte Generalmajor Raimund Kokott,[62] „bis zum letzten Tag hatten wir uns als Nationale Volksarmee auf ein Eingreifen für die innere Sicherheit nicht vorbereitet. Ich möchte hier eindeutig betonen, es gab bei uns weder theoretische Ausarbeitungen noch Dienstvorschriften für eine solche Situation."[63] Der damalige Sekretär des Nationalen Verteidigungsrates und Chef des Hauptstabes der NVA, Generaloberst Fritz Streletz, erklärte, „zu keinem Zeitpunkt" habe sich „die politische oder militärische Führung während der Wendc 1989 mit militärischen Planspielen über die Zerschlagung der Demonstrationen befaßt".[64]

Als Vorsitzender der Bezirkseinsatzleitung[65] war Modrow ebenso über die Einsatzplanungen der NVA informiert, wie über die entsprechenden gesetzlichen Grundlagen. Neben der Aufgabe, die Vorbereitungen auf den Kriegsfall bzw. den Verteidigungszustand zu realisieren und die Mobilmachung im Territorium zu koordinieren, hatten die Einsatzleitungen laut Statut auch Funktionen bei inneren Spannungen zu erfüllen. Unter der Überschrift „Erhöhung der Verteidigungsbereitschaft des Territoriums aufgrund einer besonderen Lage" besaßen die Vorsitzenden der Bezirkseinsatzleitungen nicht nur „bei überraschendem Einbruch gegnerischer Kräfte in das Territorium des Bezirkes" Sonderbefugnisse, sondern auch bei „plötzlicher ernsthafter Gefährdung der staatlichen Sicherheit im Bezirk".[66] Sie hatten das Recht, die kurzfristige Erhöhung der Führungsbereitschaft für die Einsatzleitungen ihres Bezirkes anzuweisen und die volle Gefechts- bzw. Einsatzbereitschaft für die leitenden Parteiorgane und gesellschaftlichen Organisationen sowie über die Mitglieder der Bezirkseinsatzleitungen für deren nachgeordnete Führungsorgane und Kräfte der Bezirke und Kreise auszulösen. Im Anhang 1 des Statuts war geregelt, daß die Einsatzleitungen über die Zuständigkeit auf militärpolitischem und militärischem Gebiet hinaus zuständig waren für die „ständige Gewähr-

---

61 Vgl. Sektor NVA, Information über den Einsatz des MB-III [Militärbezirks] zur Herstellung von öffentlicher Sicherheit, Ruhe und Ordnung vom 13.10.1989 (ABL, BA Dresden 4 Bl. 450f.).

62 Kokott, Raimund (geb. 1930 bei Neiße/Schlesien): 1955–59 Militärpolitische Akademie „W.I. Lenin" in Moskau; 1964 Lehrstuhl an der Militärakademie „Friedrich Engels" Dresden; 1968 Dr. rer. pol.; 1974 Leiter der Abteilung Kontrolle und Inspektion, später Chef der Verwaltung operative Arbeit in der Politischen Hauptverwaltung der NVA; Anfang der achtziger Jahre Generalmajor der NVA, Beauftragter des Ministers der Nationalen Verteidigung der DDR während der Oktobertage 1989 in Dresden.

63 Interview mit Raimund Kokott. In: Dichtung und Wahrheit über die Einsatzleitungen, S. 15.

64 Leserbrief von Fritz Streletz. In: Neues Deutschland vom 17.11.1998.

65 Vgl. Wenzel, Kriegsbereit, S. 152f.

66 Nationaler Verteidigungsrat, Statut der Einsatzleitungen der DDR vom 27.10.1981 (mit Wirkung vom 1.1.1982), Kap. IV,38 (ABL BA Dresden 6, Drucksache 1/4897). Text bei Wenzel, Kriegsbereit, S. 271–288.

leistung der staatlichen Sicherheit auf dem Territorium der Bezirke/Kreise", die „Verhinderung und Bekämpfung von Staats- und anderen Verbrechen, die auf die Lähmung der Verteidigungsfähigkeit gerichtet sind", die „Aufrechterhaltung der inneren Sicherheit in den Schwerpunktobjekten der Volkswirtschaft sowie in anderen verteidigungswichtigen und lebensnotwendigen Bereichen und Einrichtungen". In Anhang 4 war für die Arbeitsweise der Einsatzleitungen nach kurzfristiger Erhöhung der Führungsbereitschaft die „Übernahme der Führung durch die Vorsitzenden der Einsatzleitungen nach dem Prinzip der Einzelleitung bei Wahrung der Eigenverantwortung der Mitglieder der Einsatzleitungen" vorgesehen. Der letzte Passus bedeutete praktisch eine doppelte Führungshierarchie. Im Falle einer Aktivierung unterstanden die Mitglieder der Bezirkseinsatzleitungen ihren jeweiligen Ministern und zugleich den Vorsitzenden der Bezirkseinsatzleitungen.[67] Die Formulierungen des Statuts lassen keinen Zweifel daran, daß die Einsatzleitungen hauptsächlich Aufgaben der Landesverteidigung zu erfüllen hatten. Daneben war jedoch auch vorgesehen, die Bezirkseinsatzleitungen bei inneren Spannungen zu aktivieren, ohne daß Kriegshandlungen erfolgten. Dazu hieß es im Statut, daß „bei Auslösung der vollen Gefechts-/Einsatzbereitschaft" im Falle einer plötzlichen ernsthaften Gefährdung der staatlichen Sicherheit im Bezirk „keine Maßnahmen der militärischen und wirtschaftlichen Mobilmachung sowie anderer Umstellungsmaßnahmen auf den Verteidigungszustand durchzuführen sind".[68] Das bedeutete praktisch eine mögliche Aussetzung von Maßnahmen der Mobilmachung bei einer inneren Spannungsperiode.

Durch das Statut der Einsatzleitungen waren jedoch lediglich die Maßnahmen zur kurzfristigen Erhöhung der Führungsbereitschaft vorgegeben. Die verschiedenen Stufen der Einsatzbereitschaft regelten die betreffenden Ministerien (MfS, MdI, MfNV) gesondert für ihren Verantwortungsbereich. Allerdings zog die Erhöhung der Gefechts- bzw. Einsatzbereitschaft in einem der militärischen Organe der DDR nach Anweisung des Statuts der Einsatzleitungen zwangsläufig die Erhöhung der Führungsbereitschaft in den Führungsorganen der anderen Militärorgane sowie die Aktivierung der Einsatzleitungen nach sich.[69] So waren zum Beispiel in der Ordnung über die Einsatzbereitschaft des MfS drei Grade der Einsatzbereitschaft vorgesehen: die „Erhöhte Einsatzbereitschaft" (EE), die „Einsatzbereitschaft bei Kriegsgefahr" (EK) und die „Volle Einsatzbereitschaft" (VE). Die erhöhte Einsatzbereitschaft galt, „wenn der Gegner Handlungen vornimmt, die zu einer Zuspitzung der internationalen Lage und möglichen Entfesselung von Kriegshandlungen führen oder wenn aus anderen Ursachen heraus die Gefährdung der staatli-

67 Siegfried Lorenz bestätigte als Zeuge vor Gericht die im Statut verankerte Doppelunterstellung unter Minister und Leiter BEL im Verteidigungsfall. Vgl. Modrow-Prozeß vor der 4. Strafkammer des Landgerichts Dresden am 9.12.1996 (Mitschrift M. Richter, S. 33, HAIT DS FRS, Modrow-Prozeß).

68 Nationaler Verteidigungsrat, Statut der Einsatzleitungen der DDR vom 27.10.1981 (mit Wirkung vom 1.1.1982), Kap. IV, 39 (ABL BA Dresden 6, Drucksache 1/4897).

69 Vgl. ebd., Kap. III, 33,2.

chen Sicherheit der Deutschen Demokratischen Republik zu erkennen ist". Die Stufen der Einsatzbereitschaft mußten in den Diensteinheiten „gedeckt und unter Wahrung strengster Geheimhaltung" realisiert werden.[70] Auch ein Maßnahmeplan des Stellvertreters des Vorsitzenden des Rates des Bezirkes Erfurt für Inneres vom 7. Juli 1989 gibt Auskunft über die verschiedenen Stufen der Einsatzbereitschaft im Spannungsfall. Danach sah die Kategorie „Erhöhte Einsatzbereitschaft" unter anderem die „Sicherung ständig aktueller u. abrufbereiter Übersichten über Personen" vor, „von denen besondere Gefahren ausgehen können", sowie die „Aktivierung der politisch-ideologischen Differenzierungsarbeit mit kirchlichen Amtsträgern, Synodalen und Laien (Kirchengemeinderäte)". Wie beim MfS waren während der „erhöhten Einsatzbereitschaft" Dienstreisen eingeschränkt sowie Urlaubssperre und Hausbereitschaft angewiesen.[71]

Die Situation vor dem 40. Jahrestag der DDR wurde nach Aussage des späteren Ministers für Innere Angelegenheiten der Regierung Modrow, Lothar Arendt, von der SED-Führung als Beginn einer Spannungsperiode bewertet.[72] Auch ein Sonderausschuß des sächsischen Landtages kam zu dem Schluß, daß die Bezirkseinsatzleitungen „die Unruhen im Herbst 1989 als Spannungsperiode einschätzten und damit ihren Handlungsbedarf sahen".[73]

Mit dem Befehl Nr. 105/89 des Ministers für Nationale Verteidigung über Maßnahmen zur Gewährleistung der Sicherheit und Ordnung anläßlich des 40. Jahrestages der DDR vom 27. September 1989[74] wurde für die NVA der Übergang zu einer höheren Stufe der Gefechtsbereitschaft befohlen. Die diensthabenden Systeme mußten im vollen Umfang aufrechterhalten werden. Auch im Bereich des Innenministeriums wurden umfangreiche Vorkehrungen für den Jahrestag getroffen. Am 29. September übermittelte der Minister des Innern und Chef der Volkspolizei, Dickel, an die Chefs der BDVP fernschriftlich die Befehle 051/85 und 0120/89. Sie basierten auf dem Befehl 8/89 des Vorsitzenden des Nationalen Verteidigungsrates[75] und enthielten die Weisung, zum Staatsfeiertag in enger Kooperation mit dem MfS keinerlei Störungen zuzulassen. Dickel wies darauf hin, daß am 7. Oktober „langfristig und gezielt imperialistische Kräfte der BRD und Westberlins sowie von ihnen inspirierte

70 Ordnung über die Einsatzbereitschaft der Organe des MfS vom 9.10.1980 (BStU, ZA, RS 677 Bl. 203-213).

71 RdB Erfurt, Stellvertreter für Inneres, Plan der Maßnahmen zur Erhöhung der Einsatzbereitschaft und Überführung des Fachorgans des Stellvertreters des Vorsitzenden für Inneres - Maßnahmeplan Überführung vom 7.7.1989 (ThHSTA 039164).

72 Vgl. Innenminister Lothar Ahrendt an Generalstaatsanwalt Harri Harrland vom 27.12. 1989 (BArch B, MdI 52461 Stab Operative Grundsatzarbeit).

73 Sächsischer Landtag, 1. Wahlperiode, Drucksache 1/4773, Zwischenbericht des Sonderausschusses zur Untersuchung von Amts- und Machtmißbrauch infolge SED-Herrschaft, S. 24.

74 Befehl Nr. 105/89 des Ministers für Nationale Verteidigung über Maßnahmen zur Gewährleistung der Sicherheit und Ordnung anläßlich des 40. Jahrestages der DDR vom 27.9.1989 (BStU, ZA, Neiber 181 Bl. 253-257).

75 Vgl. Erläuterung der Befehle des NVR (BArch B, MdI 52461 Stab Operative Grundsatzarbeit).

feindliche und andere negative Kräfte die Situation nutzen wollen, um eine außergewöhnliche Hetzkampagne, die sich gegen die sozialistische Gesellschaftsordnung und die Störung des normalen Lebens richtet, zu organisieren".[76]

Wie im Statut der Einsatzleitungen vorgesehen, lief die Erhöhung der Führungsbereitschaft parallel zur Aktivierung der Einsatzleitungen. Nach Aussage des damaligen Leiters für Sicherheitsfragen im ZK der SED, Wolfgang Herger, wurden die Bezirks- und Kreiseinsatzleitungen Ende September in Krisenstäbe umgewandelt und mußten, basierend auf der politischen Lageeinschätzung der SED-Führung, die Einsatzbefehle für die bewaffneten Einheiten ausarbeiteten und bestätigten.[77] Jedes Vorgehen gegen die Bevölkerung wurde dabei im Detail mit der SED-Führung abgestimmt, ohne deren Einwilligung selbst die Leiter der Bezirksverwaltungen für Staatssicherheit nicht handlungsbefugt waren.[78] Honecker forderte alle 1. Sekretäre der SED-Bezirksleitungen auf, dafür zu sorgen, daß alle „feindlichen Aktionen im Keime erstickt werden" und „daß die Organisatoren der konterrevolutionären Tätigkeit isoliert werden".[79] BEL-Chef Modrow wies daraufhin die SED-Kreisleitungen des Bezirkes Dresden ebenfalls auf entsprechende Aktivitäten „unserer Feinde" hin und forderte „die konsequente Isolierung aller konterrevolutionären Kräfte".[80]

Die Bezirkseinsatzleitung Leipzig tagte seit ihrer Alarmierung Ende September fast täglich,[81] die von Modrow geleitete Bezirkseinsatzleitung Dresden kam bis zum 40. Jahrestag der DDR ebenfalls fünfmal zusammen. Modrows Stellvertreter war der Chef des Wehrbezirkskommandos. Weitere Mitglieder der Bezirkseinsatzleitung waren der Vorsitzende des Rates des Bezirkes, der Leiter der BVfS, der Chef der BDVP und als Sekretär der Abteilungsleiter Sicherheit der SED-Bezirksleitung.[82]

Kraft seines Amtes als BEL-Chef forderte Modrow, wie bereits erwähnt, am Abend des 4. Oktober beim Minister für Nationale Verteidigung Armeeeinheiten an.[83] Damit folgte er dem Rat des Leiters der BVfS Dresden, Horst

76 Befehl Nr. 120/89 des Ministers des Innern und Chefs der DVP über weitere Maßnahmen zur Gewährleistung einer hohen öffentlichen Ordnung und Sicherheit anläßlich des 40. Jahrestages der Gründung der DDR (BArch B, MdI). Vgl. Vernehmungsprotokoll des Zeugen Willi Nyffenegger vom 7.12.1989 (BArch B, MdI 54023 GLKA).

77 Vgl. Interview mit Wolfgang Herger im Mai 1990. In: Riecker/Schwarz/Schneider, Stasi intim, S. 118f.

78 Vgl. Aussage eines MfS-Abwehroffiziers im Bereich Hochschulwesen vom Mai 1990. In: Ebd., S. 238f.

79 Fernschreiben Honeckers an 1. Sekretäre der SED-BL vom 22.9.1989 (BStU, ZA, SdM, 664 Bl. 61).

80 Fernschreiben Modrows an die 1. Sekretäre der Kreisleitungen, Stadtleitung und Stadtbezirksleitungen Dresden (einschl. TU Dresden) vom 22.9.1989 (ABL BA Dresden 4, Bl. 24). Der Begriff „Isolierung" wird uneinheitlich gebraucht.

81 Vgl. anonymisiertes Interview mit Manfred Hummitzsch im Juli 1990. In: Riecker/Schwarz/Schneider, Stasi intim, S. 218.

82 Vgl. Abschlußbericht der Unabhängigen Untersuchungskommission, S. 38–44.

83 Vgl. Keßler, Zur Sache und zur Person, S. 264f.

Böhm,[84] und trug das von den zentralen Stäben befohlene Vorgehen mit, um, nach eigenem Bekunden, eine Untergrabung der politischen Stabilität des SED-Regimes zu verhindern.[85] Gegenüber dem Zentralkomitee der SED erklärte er später: „Keiner kann daran Zweifel haben, ich habe die Verantwortung als Vorsitzender der Bezirkseinsatzleitung getragen, zu jeder Zeit, in jeder Phase, und habe auch in diesen Kämpfen versucht, gemeinsam mit den Genossen der Nationalen Volksarmee, den Streitkräften und unseren Sicherheitsorganen für unsere Arbeiter-und-Bauern-Macht mit all dem, was erforderlich ist, einzustehen."[86] Auch das ZK betonte in einem Bericht über den NVA-Einsatz in Dresden, daß die Führungsorgane des Militärbezirks III und der 7. Panzerdivision „die konkrete, zielklare Führung der Einsätze durch die Bezirkseinsatzleitungen" im Militärbezirk lobten.[87]

Auslöser der Entscheidung, NVA-Einheiten anzufordern, waren die gewalttätigen Auseinandersetzungen am Dresdner Hauptbahnhof. In einer Einschätzung für Egon Krenz hieß es, man habe „die Schärfe der gegnerischen Angriffe und Auseinandersetzungen" nicht in dieser Massivität erwartet. „Feindliche Elemente" seien entgegen vorheriger Erwartung „mit äußerster Brutalität" vorgegangen.[88]

Nach Modrows Anforderung beschlossen Keßler und Mielke gegen 22.30 Uhr den Einsatz der in Bereitschaft stehenden Armee-Einheiten.[89] Nach einer Beratung mit führenden Generälen aller Waffengattungen wurde mit der Auslösung des Signals „Erhöhte Gefechtsbereitschaft"[90] für den Dresden betreffenden Militärbezirk III der NVA (Leipzig) durch den Befehl zur Unterstellung von Teilen der 7. Panzerdivision unter das Kommando des Chefs der Militärakademie „Friedrich Engels", Generalleutnant Gehmert, für Dresden eine Gruppierung zur Unterstützung von Volkspolizei und MfS aktiviert, zu der Kräfte der Offiziershochschulen Löbau, Kamenz und Bautzen sowie der Militärakademie „Friedrich Engels" gehörten.[91] Für den Einsatz in Dresden

---

84 Vgl. Konzept der SED-BL Dresden für eine Lagemeldung an Krenz vom 9.10.1989 (ABL BA Dresden 4, Bl. 278–280).

85 Vgl. Modrow, Aufbruch und Ende, S. 14.

86 Zit. in: Der Spiegel vom 12.2.1990.

87 Vgl. Sektor NVA, Information über den Einsatz des MB-III [Militärbezirks] zur Herstellung von öffentlicher Sicherheit, Ruhe und Ordnung vom 13.10.1989 (ABL, BA Dresden 4 Bl. 450f.). Zwar geht aus dem Dokument seine organisatorische Zuordnung nicht eindeutig hervor, plausibel ist aber die Zuordnung zur Abteilung Sicherheit des ZK der SED durch Süß, Staatssicherheit am Ende, S. 248.

88 Konzept der SED-BL Dresden für eine Lagemeldung an Krenz vom 9.10.1989 (ABL BA Dresden 4, Bl. 278–280).

89 Nach Erkenntnissen der Unabhängigen Untersuchungskommission über die Ausschreitungen in Dresden. Vgl. Der Spiegel vom 12.2.1990. Die Meldung, in Dresden hätten Panzer bereit gestanden, bezeichnete der Minister für Nationale Verteidigung als „Gerüchte". Erklärung vom 6.2.1990: Zu den Einsatzhundertschaften der NVA im Herbst 1989 (BArch VA-01/37619 Bl. 103).

90 Stellvertreter des Ministers für Nationale Verteidigung, Streletz, an Leiter der Arbeitsgruppe des Ministers für Staatssicherheit, Rümmler, vom 11.10.1989 (BStU, ZA, Neiber 181 Bl. 248f.).

91 Vgl. Keßler, Zur Sache und zur Person, S. 264f.

wurden, wie vorgesehen, Hundertschaften aus kleineren Einheiten gebildet.[92] Es kennzeichnet die Lageeinschätzung, daß zum selben Zeitpunkt auch für die 6. Grenzbrigade Küste „volle Gefechtsbereitschaft“ befohlen wurde. Nach dessen eigener Darstellung lag es am verantwortlichen Admiral Hoffmann, daß der Befehl nicht vollständig ausgeführt wurde.[93]

Am 4. Oktober wurde Generalmajor Raimund Kokott um 23.10 Uhr im Verteidigungsministerium vom Stellvertreter des Ministers und Chef der Politischen Hauptverwaltung, Generaloberst Horst Brünner, darüber informierte, daß „die Lage in Dresden nicht unter Kontrolle“ sei. Kokott erhielt den Befehl, mit Generalleutnant Gehmert nach Dresden zu fliegen und dafür zu sorgen, „daß Kräfte der NVA unter dem Kommando von Generalleutnant Gehmert die Volkspolizei bei der Wiederherstellung von Ordnung und Sicherheit unterstützen“. Eine Stunde später flogen beide mit einem NVA-Hubschrauber von Straußberg nach Dresden.[94] Hier hatte um 23.15 Uhr eine BEL-Beratung begonnen, bei der Modrow darüber informierte, daß Keßler seiner Bitte entsprochen habe, zwei Bataillone der 7. Panzerdivision Dresden, zwei Bataillone der Offiziershochschule der NVA in Löbau, 100 Absolventen der Militärakademie „Friedrich Engels“ Dresden und sieben Hundertschaften der Kampfgruppen für den Einsatz in Dresden bereitzustellen.[95] In der Nacht zum 5. Oktober kamen unter Führung des Chefs der BDVP, Nyffenegger, am Dresdner Hauptbahnhof „1757 kraefte der dvp und des organs feuerwehr, 5 kompanien der 8. vpb, ein zug und 2 gruppen der 5. kompanie t, 2 zuege unterstellte kräfte kompanien (t), 5 kompanien der ohs (b) 6 zuege der schule vd bautzen, 4 zuege der sv-schule radebeul, 3 zuege formationen aus dem bestand der bdvp, 3 kompanien der 6. vpb und eine kompanie der 16. vpb“ zum Einsatz. Die fünf Bataillone der NVA wurden aufgrund der Lageentwicklung nicht in Marschbereitschaft versetzt. 200 Absolventen der Militärakademie „Friedrich Engels“ und 229 Soldaten der 7. Panzerdivision waren „in der Reserve eingesetzt“.[96]

Nachdem Kokott und Gehmert in Dresden eingetroffen waren, fand am Morgen des 5. Oktober gegen 2.30 Uhr eine weitere Lagebesprechung mit der Bezirkseinsatzleitung statt,[97] bei der die Bereitsstellung der 7. Panzerdivision

---

92 Vgl. Untersuchungsausschuß des MfNV, Information, o.D. (BArch VA-01/37601 Bl. 271); Erklärung des Minister für Nationale Verteidigung vom 6.2.1990: Zu den „Einsatzhundertschaften“ der NVA im Herbst 1989 (BArch VA-01/37619 Bl. 103).

93 Vgl. Hoffmann, Das letzte Kommando, S. 11f.

94 Interview mit Raimund Kokott. In: Dichtung und Wahrheit über die Einsatzleitungen, S. 15f.; Ders. In: Kaulfuß/Schulz, Dresdner Lebensläufe, S. 90f.

95 Vgl. Aktenvermerk der AKG/Kontrollgruppe, Dresden, 5.10.1989 (ABL BA Dresden 4, Bl. 130.

96 Fernschreiben Dickels an BDVP Dresden vom 5.10.1989 (ABL BA Dresden 4, Bl. 137–144). Vgl. Zuarbeit für den Chef der BDVP Dresden vom 17.10.1989 über die Zusammenstellung der Einsatzkräfte am 4.10.1989 (SächsHStA, BDVP, 1665, unpag.); Arbeitskarten der Einsatztage (Ebd. 3187, unpag.).

97 Vgl. Konzept der SED-BL für eine Lagemeldung an E. Krenz vom 5.10.1989 (ABL BA Dresden 4, Bl. 278–280); Interview mit Raimund Kokott. In: Kaulfuß/Schulz, Dresdner Lebensläufe, S. 92. Modrow bestreitet, daß es sich um eine Sitzung der BEL Dres-

der NVA in den Kasernen und im Stadtgebiet beschlossen wurde.[98] Am 5. Oktober kamen die NVA-Einheiten erstmals zum Einsatz. Jeder Soldat erhielt dreißig Schuß Munition für Maschinenpistolen und zwölf für Pistolen,[99] es galt jedoch Schießverbot.[100] Von der Bevölkerung wurden sie beschimpft und ausgebuht. So war es nicht verwunderlich, daß die bei Soldaten und Unteroffizieren ohnehin vorhandenen Zweifel an der Richtigkeit ihres Einsatzes zunahmen.[101] Operativ waren die Armeeeinheiten dem Chef der BDVP, bzw. den zuständigen Kommandeuren der Volkspolizei unterstellt. Gehmert bestand jedoch darauf, daß jeglicher Einsatz der NVA, sei es das Ausrücken in Reserveräume oder andere Verlegungen, nur mit seiner Zustimmung erfolgen durfte.[102]

Während die Bezirkseinsatzleitung bei der Anforderung der Armeeeinheiten noch davon ausging, daß „gegen unseren Staat gerichtete aggressive Kräfte, Rowdys und Kriminelle" die staatliche Sicherheit gefährdeten,[103] begann sich der Charakter der Demonstrationen in Dresden vom 4. zum 5. Oktober bereits zu wandeln. Am Hauptbahnhof versammelten sich am 5. Oktober nicht nur Ausreisewillige, sondern auch immer mehr Dresdner und Einwohner umliegender Orte, die sich selbst ein Bild von den Ausschreitungen machen wollten. Sie bildeten nun den Grundstock der Demonstranten.[104] Bevor man in der Bezirkseinsatzleitung registrierte, daß sich die Lage veränderte, gingen die Sicherheitskräfte undifferenziert gewaltsam gegen militante Demonstranten wie gegen Passanten und Neugierigen vor. Erst am Abend wurde registriert, daß es zwar „einen harten Kern von Gewalttätern" gebe, aber die absolute Mehrheit der Demonstranten für Gewaltlosigkeit eintrete. Aufgrund dieser Lageanalyse wurde Minister Keßler vorgeschlagen, den Befehl zur Bewaffnung der Armeeangehörigen aufzuheben, der daraufhin den Verbleib von Waffen und Munition in den Kasernen befahl.[105] Statt mit automatischen Gewehren

---

den gehandelt habe. In seinem Beratungszimmer habe nur eine Sitzung „mit einem vergleichbaren Teilnehmerkreis" stattgefunden. Interview mit Hans Modrow. In: Ebd., S. 191.

98 Vgl. Protokoll der 7. Beratung des Runden Tisches des Bezirkes Dresden am 1.2.1990, Anlage: Auszug aus dem Bericht über den Einsatz von Kräften der 7. Panzerdivision der NVA vom 4.-8.10.1989 in Dresden (Privatbestand Matthias Rößler).

99 Vgl. Untersuchungsausschuß des MfNV, Information, o.D. (BArch VA-01/37601 Bl. 271); Erklärung des Minister für Nationale Verteidigung vom 6.2.1990: Zu den „Einsatzhundertschaften" der NVA im Herbst 1989 (BArch VA-01/37619 Bl. 103).

100 Vgl. Interview mit Raimund Kokott. In: Dichtung und Wahrheit über die Einsatzleitungen S. 17; Ders. In: Kaulfuß/Schulz, Dresdner Lebensläufe, S. 93f.

101 Vgl. Einschätzung der PHV-Gruppe unter Leitung von Generalmajor Kokott, die im Einsatzstab gearbeitet hat: Erkenntnisse, Erfahrungen, Schlußfolgerungen des Einsatzes in Dresden, 5.-10.10.1989) (ABL BA Dresden 4, Bl. 425-433).

102 Vgl. Interview mit Raimund Kokott. In: Dichtung und Wahrheit über die Einsatzleitungen, S. 18.

103 Ebd., S. 16.

104 Vgl. 1. Interview mit Frank Richter; Liebsch, Dresdner Stundenbuch, S. 15; Urich, Der Umbruch in Dresden, S. 16f.

105 Vgl. Interview mit Raimund Kokott. In: Dichtung und Wahrheit über die Einsatzleitungen, S. 17; Ders. In: Kaulfuß/Schulz, Dresdner Lebensläufe, S. 93f.

wurden die Soldaten am 6. Oktober um 10.25 Uhr mit Schlagstöcken ausgerüstet.[106]

Der Einsatz der Armee mit militärischen Mitteln gegen die eigene Bevölkerung war ein Novum und widersprach dem offiziellen Verfassungsauftrag der NVA.[107] Trotzdem hielt sich der Protest dagegen in engen Grenzen. Gerade einmal sechzehn NVA-Angehörige lehnten den Einsatz ab, darunter ein Oberleutnant.[108] Der mit Abstand größte Teil des Offizierskorps war nach Einschätzung Berghofers „motiviert, die Panzer rollen zu lassen".[109] Wegen ihrer Bereitschaft, Volkspolizei und MfS zu unterstützen, erhielten die beteiligten Armee-Einheiten von den BEL-Vorsitzenden Modrow und Lorenz nachträglich eine Prämie von 20 000 Mark.[110]

4. Massenfestnahmen und Übergriffe in den „Zuführungspunkten"

Zunächst ging das Regime nicht nur mit Gewalt gegen die unzufriedene Bevölkerung vor, es reagierte auch mit Massenverhaftungen auf die Proteste. Nachdem man bereits am Abend des 3. Oktober zahlreiche Personen „zugeführt" hatte, wurde um 0.13 Uhr des 4. Oktober durch die BDVP Dresden die Festnahmeaktion „Filter II" ausgelöst und gegen 1.00 Uhr in der Kaserne der 8. VP-Bereitschaft auf der Kurt-Fischer-Allee ein „Zentraler Zuführungspunkt" eingerichtet. Neben den Bewachungskräften waren hier auch Vernehmergruppen des MfS, der Kriminalpolizei und Staatsanwälte tätig, die Anklagen vorbereiteten.[111] Verantwortlich für die Massenfestnahmen war der Leiter der BEL Modrow, der die SED-Kreisleitungen des Bezirkes Dresden bereits am 22. September auf die Aktivitäten „unserer Feinde" zur Bildung „konterrevolutionärer Gruppen" hingewiesen und „die konsequente Isolierung aller konterrevolutionären Kräfte" gefordert hatte.[112]

Im Zeitraum vom 3. bis 9. Oktober 1989 wurden in Dresden 1 303 Personen festgenommen, von denen 615 Personen in die Strafvollzugsanstalt

---

106 Vgl. Untersuchungsausschuß des MfNV, Information, o.D. (BArch VA-01/37601 Bl. 272); Ablaß, Zapfenstreich, S. 20.

107 Vgl. Protokoll der 7. Beratung des Runden Tisches des Bezirkes Dresden vom 1.2.1990, Anlage: Auszug aus dem Bericht über den Einsatz von Kräften der 7. Panzerdivision der NVA vom 4.-8.10.1989 in Dresden (Privatbestand Matthias Rößler).

108 Vgl. Sektor NVA. Information über den Einsatz des MB-III zur Herstellung von öffentlicher Sicherheit, Ruhe und Ordnung. 13.10.1989 (ABL BA Dresden 4, Bl. 450f.).

109 Interview mit Wolfgang Berghofer.

110 Vgl. Sektor NVA, Information über den Einsatz des MB-III zur Herstellung von öffentlicher Sicherheit, Ruhe und Ordnung, 13.10.1989 (ABL BA Dresden 4, Bl. 450f.).

111 Vgl. Vernehmungsprotokoll Willi Nyffenegger vom 7.12.1989 (BArch B, MdI 54023 GLKA); Abschlußbericht der Unabhängigen Untersuchungskommission, S. 38-44.

112 Fernschreiben Modrows an die 1. Sekretäre der Kreisleitungen, Stadtleitung und Stadtbezirksleitungen Dresden (einschl. TU Dresden) vom 22.9.1989 (ABL BA Dresden 4, Bl. 24).

Bautzen eingeliefert wurden.[113] Gegen die Inhaftierten, unter ihnen etliche Verletzte, gingen die Strafvollzugsmitarbeiter mit offener Gewalt vor.[114] Die Gefangenen mußten stundenlang mit gespreizten Armen und Beinen schräg an der Wand stehen. Zahlreiche Personen wurden mißhandelt. Ein Betroffener berichtete: „Überall hagelte es Schläge. Es ging zu wie beim Viehtreiben. Ich bekam im Laufen Fußtritte, Knüppelschläge auf das Gesäß und einen gezielten Knüppelschlag auf den Hinterkopf."[115] Ein später eingesetzter Untersuchungsausschuß registrierte in dieser Zeit allein für den Bezirk Dresden insgesamt 181 Gewaltanwendungen bei Festnahmen, 199 im „Zentralen Zuführungspunkt", 136 in der Strafvollzugsanstalt Bautzen und sechs in Görlitz.[116] Mielke ordnete an, die gesetzlich festgelegte 24-Stundenfrist bei Zuführungen nicht einzuhalten, um eine Teilnahme der Ausreisewilligen an weiteren Protestaktionen zu verhindern.[117] Als einige der Festgenommenen darauf hinwiesen, daß eine Zuführung laut Strafgesetzbuch nach spätestens 24 Stunden entweder mit Freilassung oder Vorstellung vor dem Haftrichter abgeschlossen sein müsse, bekamen sie als Antwort, „daß es bei Gericht Recht gäbe. Wir wären hier aber woanders. Sie könnten uns auch 3 Tage festhalten".[118] Die Betroffenen wußten nicht, daß ihre Zuführung im Rahmen der Stufe „Erhöhte Einsatzbereitschaft" des Statuts der Einsatzleitungen erfolgt war. Nur im Spannungsfall konnten „Zuführungen" in der erfolgten Weise durchgeführt werden.

Selbst das MfS konstatierte, daß im „Zentralen Zuführungspunkt" in der 8. VP-Bereitschaft am Morgen des 5. Oktober „Hektik und im einzelnen Aggressivität unter den eingesetzten Sicherungskräften" auftraten. Da die Räumlichkeiten nicht reichten, wurden die Festgenommenen im Kinosaal der Bereitschaft und in einer ungeheizten Garage untergebracht. Es erfolgte „grundsätzlich das Aufstellen der zugeführten Personen mit ausgebreiteten Armen sowie Beinen an der Wand". In der Garage kam es zu Unterkühlungen, die ärztlich behandelt werden mußten. Mit der Bereitstellung von Kräften der Strafvollzugs-Fachschule Radebeul „verschärfte sich der Einsatz von polizeili-

---

113 Vgl. Abschlußbericht der Unabhängigen Untersuchungskommission, S. 38-44; Schnauze!, S. 158-248.

114 Vgl. MdI-Bericht Bezirk Dresden (BArch B, MdI 54024 GLKA). Kommentar eines BePo-Wehrpflichtigen: „Besonders erschütternd ist, wie von diesen ‚Leuten' (es können keine Menschen mehr sein) Frauen, Mädchen und ältere Menschen geschlagen werden." In: Bahrmann/Links, Wir sind ein Volk, S. 15. Vgl. Anzeigen und Berichte Betroffener. In: Dokumentation zur politischen Justiz V, S. 45-47. Modrow bestreitet, von der Gewaltanwendung gegen Inhaftierte gewußt zu haben. Hans Modrow: „Bilanz nach 150 Tagen. Rückblick auf meine Regierungszeit (I) - Ein Dokument der Zeitgeschichte". In: Die Zeit vom 13.4.1990.

115 Bahrmann/Links, Wir sind ein Volk, S. 13.

116 Vgl. Abschlußbericht der Unabhängigen Untersuchungskommission, S. 38-44; Schnauze!, S. 158-248; Rainer Schedlinski. In: taz vom 1.11.1989; Schüddekopf, Wir sind das Volk, S. 116f.

117 Vgl. Innenminister Lothar Ahrendt an Generalstaatsanwalt Harri Harrland vom 27.12. 1989 (BArch B, MdI 52461 Stab Operative Grundsatzarbeit).

118 Gedächtnisprotokoll über die Zuführungen am Fetscherplatz (Privatarchiv Beate Mihály).

chen Hilfsmitteln (Schlagstock) gegenüber den zur Klärung eines Sachverhaltes zugeführten Personen. Die Verschärfung zeigte sich u. a. auch in der lauten Ansprache und der grundsätzlichen Fortbewegung im Laufschritt". Einige der Festgenommenen wurden „über einen längeren Zeitraum auf dem Hof der 8. VPB mit angelegten Hand- bzw. Fußfesseln an der Hauswand aufgestellt". Die Verantwortlichen schätzten intern ein, daß es zu „unkontrollierten Übergriffen von Bewachungskräften" und zu Verletzungen durch den Einsatz von Schlagstöcken kam.[119] Auch der Kommandeur der zuständigen VP-Bereitschaft berichtete später, daß die Festgenommenen im Zentralen Zuführungspunkt Dresden bis zu sieben Stunden stehen mußten. Es wurde Gewalt angewandt, „wenn zugeführte Personen sich den Anweisungen widersetzten und in der Garage versuchten Stimmung zu machen. Dann wurde auch mal der Schlagstock eingesetzt, und diese Personen nahmen außerhalb der Garage mit dem Kopf am Garagentor und Hände im Nacken Aufstellung bis sie sich wieder beruhigt hatten". Die Gewalt sei weniger von den Angehörigen der VP-Bereitschaft - „diese brüllten nur extrem laut" - sondern meist von den Offiziersschülern des Strafvollzugs und den Schülern der VP-Schule Bautzen angewandt worden.[120] Am 6. Oktober um 17.13 Uhr erhielt die Strafvollzugsanstalt Bautzen von der Führung der BDVP Dresden die Aufgabe, „Maßnahmen zur Durchführung von Sondertransporten von vorläufig festgenommenen Personen und deren Aufnahme" zu veranlassen. Obwohl die Verlegung „Zugeführter", gegen die noch kein Ermittlungsverfahren eingeleitet worden war, in eine Strafvollzugsanstalt nach DDR-Kriterien ungesetzlich war,[121] wurde am 7. Oktober entschieden, den gesamten Zuführungspunkt von Dresden in die Strafvollzugsanstalt Bautzen zu verlegen, da die Kapazität in der 8. VP-Bereitschaft angesichts der Massenfestnahmen nicht mehr ausreichte. Bei der Verlegung ging BDVP-Chef Nyffenegger nach eigenem Bekunden von der „Notwendigkeit weiterer Zuführungen" in „zumindest gleichen Größenordnungen wie vorher" aus.[122] In der Nacht zum 7. Oktober wurden 280 Personen aufgenommen. Damit war das Gefängnis bereits zu diesem Zeitpunkt überfüllt.[123] In Abstimmung zwischen der BVfS und dem Leiter des Strafvoll-

119 BVfS Dresden, Abteilung VII, Einschätzung zum Zentralen Zuführungspunkt 8. VP-Bereitschaft vom 12.10.1989 (ABL BA Dresden 4, Bl. 442f.).

120 Kommandeur der 8. VP-Bereitschaft Dresden, Ablauf im Zentralen Zuführungspunkt, 13.10.1989 (ABL BA Dresden 4, Bl. 448f.). Zum Schlagstockeinsatz in der 8. VP-Bereitschaft vgl. BVfS Dresden, Abteilung VII, an den 1. Stellvertreter des Leiters, Oberst Anders, Ergebnisse der disziplinaren Untersuchungen gegen 7 Angehörige der 8. VP-Bereitschaft sowie Stand der Anzeigen- und Beschwerdebearbeitung in der BDVP Dresden im Zusammenhang mit den durchgeführten Ordnungseinsätzen im Zeitraum vom 3. bis 8.10.1989, 26.10.1989 (Ebd., Bl. 518f.).

121 Vgl. Bericht des Bezirksstaatsanwaltes vom 22.11.1989 (Stadtarchiv Dresden, StVV, Protokolle, 154, unpag.).

122 Vgl. Vernehmungsprotokoll Willi Nyffenegger vom 7.12.1989 (BArch B, MdI 54023 GLKA).

123 Vgl. BVfS Dresden, Abteilung VII, Sachstandsbericht zur Aufnahme von vorläufig festgenommenen Personen im Zusammenhang mit Vorkommnissen in der Bezirksstadt Dresden, Bautzen, 12.10.1989 (ABL BA Dresden 4, Bl. 444–447).

zuges des MdI, Generalmajor Lustig, wurde entschieden, „daß weitere Zuführungen in der Haftanstalt Bautzen eingeliefert und vernehmungsmäßig bearbeitet werden". Man beschloß, „die Zuführungen aus dem Stadtgebiet zur 8. VP-Bereitschaft zu bringen, dort zu erfassen und die körperliche Durchsuchung vorzunehmen und sie anschließend sofort mit einem Großmannschaftstransportwagen nach Bautzen zu transportieren".[124] Dort nahmen in der Nacht zum 8. Oktober Einsatzgruppen der Kriminalpolizei, des MfS und der Staatsanwaltschaft ihre Arbeit auf.[125] In der Strafvollzugsanstalt Bautzen I wurde nicht nur ein „Zentraler Zuführungspunkt", sondern auch eine zeitweilige U-Haft-Abteilung eingerichtet, in der die Personen festgehalten wurden, bei denen bereits feststand, daß sie den Tatbestand der „Zusammenrottung" erfüllt hatten.[126] Nachdem bereits 615 festgenommene Personen aufgenommen worden waren, wurde der Zuführungspunkt Bautzen am 9. Oktober wieder aufgelöst. Der schnelle Abbruch der Aktion verdeutlicht die Unsicherheit und Uneinigkeit der SED-Führung über die Einschätzung der Gesamtlage als „Spannungsperiode".

Die Personen, gegen die ein Ermittlungsverfahren eingeleitet worden war, blieben jedoch inhaftiert. Noch am 11. Oktober war ein Teil von ihnen weder vernommen, noch war ihnen ein Haftbefehl vorgelegt worden.[127] 428 der insgesamt 1303 zwischen dem 4. und 11. Oktober 1989 in Dresden zugeführten Personen, gegen die ein Ermittlungsverfahren eingeleitet worden war, kamen erst im Dezember 1989 wieder frei.[128] Da die Angehörigen der Inhaftierten zunächst nicht wußten, wo sich ihre Eltern, Ehepartner oder Kinder aufhielten, richtete die Kirche eine Anlaufstelle ein, in der vermißte Angehörige gemeldet werden konnten.

Nach Darstellung von Edmund Geppert[129] wußte Modrow von den Zuführungen. Allerdings habe er zunächst kaum Kenntnisse über die Vorgänge im Zuführungspunkt gehabt: „Ich war dabei, als ihm Ungesetzlichkeiten bekannt wurden. Er hat sehr entschieden und eindeutig gefordert, daß die Gesetzlichkeit streng eingehalten wird."[130] Ungeachtet seines Kenntnisstandes trug

124 Aktenvermerk des 1. Stellvertreters des Leiters der BVfS Dresden, Oberst Anders, vom 7.10.1989 (BStU ASt. Dresden, BV, 1. SdL, 1, Bl. 24).

125 Vgl. BVfS Dresden, Abteilung VII, Sachstandsbericht zur Aufnahme von vorläufig festgenommenen Personen im Zusammenhang mit Vorkommnissen in der Bezirksstadt Dresden, Bautzen, 12.10.1989 (ABL BA Dresden 4, Bl. 444-447).

126 Vgl. Vernehmungsprotokoll Willi Nyffenegger vom 7.12.1989 (BArch B, MdI 54023 GLKA).

127 Vgl. BVfS Dresden, Abteilung VII, Sachstandsbericht zur Aufnahme von vorläufig festgenommenen Personen im Zusammenhang mit Vorkommnissen in der Bezirksstadt Dresden, Bautzen, 12.10.1989 (ABL BA Dresden 4, Bl. 444-447).

128 Vgl. Albert Funk, Wahlfälschung ist das geringste Delikt. Die Rolle Modrows bei der Wende/Vor dem Prozeßbeginn. In: FAZ vom 19.4.1993.

129 Geppert, Edmund (geb. 20.7.1932 in Rauden/Niederschlesien): 1949 BePo, 1964-1980 Militärakademie „Friedrich Engels" in Dresden, 1974 Promotion, Oberst der NVA; 1.4.1980-1989 Sekretär der BEL Dresden und Leiter der Abteilung Sicherheitsfragen der SED-BL Dresden, 1.10.1990 Entlassung aus der NVA.

130 Interview mit Edmund Geppert. In: Dichtung und Wahrheit über die Einsatzleitungen, S. 11.

Modrow als BEL-Chef die Verantwortung für die Übergriffe, die er später damit erklärte, daß „die Angst unseres Apparates [...] zur Entgleisung geführt" habe. Durch die Massenfestnahmen sei „vielerorts ein Haß gewachsen, von dem ich heute weiß, daß er ein letzter entscheidender Grund für tausendfache Abkehr vom Sozialismus wurde."[131] Seine eigene Haltung sei „von einer Überforderung der Gefühle und Handlungsfähigkeiten" geprägt gewesen: „Ehe ich begriff, daß es sich bei den tatsächlich als ‚zugeführt' Gemeldeten um Hunderte von Verhafteten handelte und also etwas nicht stimmen konnte - es brauchte leider Tage!"[132] Der Bevölkerung, der Kirche und den neuen Bürgerrechtsgruppen dienten die Übergriffe im weiteren Verlauf dazu, sich offensiv mit dem Regime auseinanderzusetzen. Über die Zuführungen, Verhaftungen und Übergriffe in Dresden wurden bis zum Frühjahr 1990 rund 350 Gedächtnisprotokolle gesammelt.[133]

5. Entwicklung am 40. Jahrestag der DDR

Während es am 6. Oktober in Berlin und Leipzig relativ ruhig blieb, kam es am Abend in Dresden erneut zu gewaltsamen Auseinandersetzungen und zu zahlreichen Festnahmen.[134] Nach einem Friedensgebet in der Dresdner Kreuzkirche mit etwa 3 000 Menschen, bei dem der Dresdner Superintendent Christof Ziemer erneut zu Gewaltlosigkeit aufgerufen hatte,[135] bildete sich auf der Prager Straße ein Demonstrationszug mit etwa 5 000 Menschen. Sie riefen „Wir bleiben hier, Reformen wollen wir", „Gorbi", „Wir wollen Forum", „Wir wollen raus" sowie „Menschenrechte und Freiheit" und sangen „Die Internationale". Der Zug, der bald auf etwa 10 000 Menschen anwuchs, bewegte sich über die Leningrader Straße, den Pirnaischen Platz, durch die Ernst-Thälmann-Straße zum Postplatz und über die Georgi-Dimitroff-Brücke zurück zum Pirnaischen Platz, wo bereits mit Schilden und Schlagstöcken bewaffnete Volkspolizei-Einheiten warteten.[136] Im Einsatz waren zwei Kompanien der Offiziers-Hochschule der Bereitschaftspolizei, zwei Kom-

131 Modrow, Ich wollte ein neues Deutschland, S. 295.

132 Ebd., S. 307.

133 Vgl. Bahr, Sieben Tage im Oktober, S. 61-63, 68-74, 77-88; Die Union vom 28./29.10.1989; Schnauze!, S. 158-248. Zu den Sorgen der Angehörigen vgl. 1. Interview mit Frank Richter; Sächsische Zeitung vom 3.10.1994; Ziemer, Wachen und Beten, S. 105.

134 Vgl. Telefonate des Leiters der BVfS Dresden vom 6./7.10.1989 (ABL BA Dresden 4, Bl. 145-147). Vgl. Lagefilm 6.10.1989 (Ebd. 148-156); Rosenlöcher, Die verkauften Pflastersteine, S. 20. Zum Ablauf vgl. Lagefilm der BVfS Dresden, Aktion Jubiläum, vom 6./7.10.89 (Privatbestand Frank Richter); MdI-Information vom 7.10.1989 an Honecker, Krenz, Mielke, Stoph, Herger, Störungen der öffentlichen Ordnung und Sicherheit in der Stadt Dresden am 6.10.1989 (BStU, ZA, Neiber, 72, Bl. 72-74).

135 Vgl. Interview mit Lilli Ulbrich; Interview mit Christof Ziemer.

136 Vgl. Vernehmungsprotokoll Willi Nyffenegger vom 7.12.1989 (BArch B, MdI 54023 GLKA). NVA-General Werner Hübner spricht von 30 000 Personen. Gysi/Falkner, Sturm aufs große Haus, S. 36.

panien der 8. und drei Kompanien der 6. VP-Bereitschaft.[137] Gegen 21.00 Uhr verließen außerdem fünf Hundertschaften der NVA ihre Objekte, um den Hauptbahnhof in Dresden abzuriegeln. Sie wurden aber auch als Räumketten gegen die Bevölkerung und bei der Festnahme von Demonstranten eingesetzt.[138] Aus einer Hundertschaft löste man zwanzig Angehörige eines Fernaufklärungszuges heraus, die unter Leitung ihres Zugführers, aber auf Weisung eines VP-Offiziers, gewaltsam Personen aus der Menge der demonstrierenden Bevölkerung hinter die Sperrlinie von Armee, Volkspolizei und MfS brachten.[139] Eine Zuführung in Kasernen der NVA erfolgte nicht, vielmehr wurden die Festgenommen der Volkspolizei bzw. dem MfS überstellt.[140]

Gegen 21.00 und 23.00 Uhr gingen die Sicherheitskräfte mit Sonderausrüstung, Tränengas und Schlagstöcken gegen die Demonstranten vor und verhafteten 367 Personen.[141] Gegen 21.35 Uhr befanden sich nach Polizeiangaben vor dem Hauptbahnhof unter den Demonstranten 300 Personen mit Sturzhelmen, Spraydosen und Knüppeln. Auch vor dem Rundkino auf der Prager Straße warfen einige der 2 000 Demonstranten mit Steinen nach den Uniformierten.[142] Gegen 0.30 Uhr des 7. Oktober löste die Volkspolizei die Menschenmenge am Hauptbahnhof auf und zwang dabei auch unbeteiligte Passanten, sich mit dem Gesicht nach unten auf die Erde zu legen.[143]

Trotz der Gewalttätigkeiten auf beiden Seiten war es unverkennbar, daß sich der Charakter der Demonstration zu ändern begann. Schritt für Schritt gingen die Auseinandersetzungen in friedliche Massenaktionen der Dresdner Bevölkerung über, die von den politischen Postulaten des Neuen Forums dominiert wurden.[144] An erster Stelle stand dabei die Forderung nach einem Dialog des Staates mit der Bevölkerung. In einem Anfang Oktober in großer Anzahl verbreiteten Gründungsaufruf des Neuen Forums, der von Anfang September datierte, wurde ein demokratischer Dialog über die Aufgaben des Rechtsstaates, der Wirtschaft und Kultur gefordert.[145] „Wir haben ein Recht auf Dialog“ war auch eine der Forderungen des Staatsschauspiels Dresden, die am 6. Oktober 1989 und an den Folgetagen bei allen Auftritten vorgetragen wur-

137 Vgl. MdI-Lagefilm Oktober 1989, Nr. 247 (BArch B, MdI 52461 Stab Operative Grundsatzarbeit).

138 Vgl. Untersuchungsausschuß des MfNV, Information, o.D. (BArch VA-01/37601 Bl. 272f).

139 Vgl. Ablaß, Zapfenstreich, S. 20.

140 Vgl. Protokoll der 7. Beratung des Runden Tisches des Bezirkes Dresden vom 1.2.1990, Anlage: Auszug aus dem Bericht über den Einsatz von Kräften der 7. Panzerdivision der NVA vom 4.–8.10.1989 in Dresden (Privatbestand Matthias Rößler).

141 Vgl. MdI-Bericht Bezirk Dresden (BArch B, MdI 54024 GLKA).

142 Vgl. MdI-Lagefilm Oktober 1989, Nr. 251 (BArch B, MdI 52461 Stab Operative Grundsatzarbeit).

143 Vgl. Abschlußbericht der Unabhängigen Untersuchungskommission, S. 38–44.

144 Vgl. Einschätzung der PHV-Gruppe unter Leitung Generalmajor Kokott, die im Einsatzstab gearbeitet hat. Erkenntnisse, Erfahrungen, Schlußfolgerungen des Einsatzes in Dresden 5.–10.10.1989 (ABL BA Dresden 4, Bl. 428). Vgl. Rein, Die Opposition, S. 189.

145 Vgl. Rein, Die Opposition, S. 13.

den. Schon am 4. Oktober hatten die Schauspieler erklärt: „Wir treten aus unseren Rollen heraus“. Verlangt wurden unter anderem das Recht auf Information, Dialog, Reisefreiheit und eine Überprüfung der staatlichen Leitungen.[146] Nach Darstellung Kokotts vertraten Modrow und er bereits auf der BEL-Sitzung am 6. Oktober die Meinung, angesichts des friedlichen Charakters der Demonstrationen müsse ein Weg gefunden werden, den Konflikt mit politischen Mitteln zu lösen.[147] Bereits an diesem Tag sei festgelegt worden, „im Gegensatz zu dem von der Partei- und Staatsführung verordneten Tabus“ in den bezirklichen Presseorganen und im Sender Dresden offen über die Ereignisse zu berichten.[148]

Der 40. Jahrestag der DDR-Gründung am 7. Oktober wurde, neben einer großen Militärparade in Berlin, überall in der DDR mit Festveranstaltungen begangen. Ungeachtet der Massenausreise und der Demonstrationen in verschiedenen Städten ließ die SED-Führung sich und ihren Staat feiern. Auch im Bezirk Dresden war der 40. Jahrestag „in einer Weise vorbereitet worden, als gebe es keine inneren Probleme im Land“. Modrow redete sich nach eigenem Bekunden ein, „mit vielfältigen Kulturveranstaltungen und einem großen Volksfest an diesem Tage könne tatsächlich als überwiegendes Wirkungsmoment die Verbundenheit der Bürger mit ihrem Land zum Ausdruck kommen“.[149] Die Verlogenheit der inszenierten Jubelveranstaltungen angesichts der allgemeinen gesellschaftlichen, politischen und wirtschaftlichen Stagnation auf niedrigem Niveau stieß selbst in der SED auf erheblichen Widerspruch. Auch in Dresden kam es wieder zu Demonstrationen für einen gesellschaftlichen Neuanfang. Die BVfS registrierte in der Stadt und im Bezirk Dresden aber auch andere Protestformen, so zum Beispiel eine Zunahme von „Vorkommnissen in Form der Anbringung von Losungen mit gegen die Partei und Regierung gerichteten Textaussagen in der Stadt Dresden und in der Mehrzahl der Kreisstädte des Bezirkes“.[150]

Selbst auf den offiziellen Veranstaltungen zum 40. Jahrestag verweigerten viele „Werktätige“ die Entgegennahme von Auszeichnungen oder lehnten es von vornherein ab, an den Feierstunden und Festumzügen teilzunehmen. In Dresden erklärten fünfzehn Künstlergruppen und Ensembles sowie weitere Einzelpersonen, ihr Auftreten im Rahmen des Volksfestes am 7. Oktober sei angesichts der gesellschaftlichen Probleme unpassend. Dazu gehörten u.a. die Kabaretts „Die Distel“ und „Die Herkuleskeule“ sowie mehrere Chöre.[151]

146 Wortmeldung des Ensembles der Staatstheater Dresden vom 6.10.1989 (Privatbestand Frank Richter). Vgl. Kromer, Die friedliche Revolution; Bahr, Sieben Tage im Oktober, S. 76; Kaulfuß/Schulz, Dresdner Lebensläufe, S. 213.

147 Vgl. Interview mit Raimund Kokott. In: Kaulfuß/Schulz, Dresdner Lebensläufe, S. 94.

148 Interview mit Raimund Kokott. In: Dichtung und Wahrheit über die Einsatzleitungen, S. 17.

149 Modrow, Ich wollte ein neues Deutschland, S. 265.

150 Telegramm Böhms an das MfS Berlin, Tagesbericht zur Aktion „Jubiläum 40“, o.D. (BStU, ASt. Dresden, BV 1. SdL, 1, Bl. 27–34).

151 Vgl. Telegramm Böhms an Leiter ZOS und HA XX, Tagesbericht zur Aktion „Jubiläum 40“, o.D. (ABL BA Dresden 4, Bl. 162–169); Information der SED-Bezirksleitungen

Nach Abschluß der Vorführung des Stückes „Übergangsgesellschaft" im Kleinen Haus des Staatsschauspiels Dresden versammelten sich alle Schauspieler und die Angestellten auf der Bühne. Die etwa 400 Besucher folgten ihrer Aufforderung, sich zu einer Schweigeminute für die Opfer des Polizeieinsatzes von den Plätzen zu erheben.[152]

Für den Abend hatte die Partei- und Staatsführung des Bezirkes bzw. der Stadt Dresden zu einem Empfang im Rathaus gebeten, dem ca. 400 Personen folgten. Darunter waren, so Modrow, „viele Ausländer, aber, so ich die Szene überblicken konnte, kaum ein Künstler, kaum ein Geistesschaffender".[153] „Es war", so auch Berghofer, „wie bei Kafka".[154]

Die Absurdität der realitätsfernen Feier wurde deutlich, als vor dem Rathaus die Bevölkerung Dresdens vorbeidemonstrierte und Rufe zu hören waren wie „Wir sind das Volk!"[155] und „Schämt euch!" Vom Rathaus aus beobachteten auch die zahlreichen ausländischen Gäste die Demonstration, die sich trotz Aufforderungen nicht auflöste. Modrow kommentierte das Geschehen später wie folgt: „Peinlichkeit. Wachsende Unruhe. Entsetzen. Der Empfang war quasi zu Ende."[156]

Begonnen hatte die Demonstration gegen 19.30 Uhr am Hauptbahnhof. Die Polizei löste sie zunächst auf und drängte ihre Teilnehmer über die Prager Straße zum Pirnaischen Platz ab. Dabei wurde erneut ein NVA-Kommando zur Absperrung auf der Prager Straße eingesetzt.[157] Hier und auf der Ernst-Thälmann-Straße formierte sich gegen 20.00 Uhr erstmals ein nicht an einer Stelle verharrender Demonstrationszug. Als wäre es abgesprochen, setzten sich die Menschen in Bewegung und schwenkten auf die Leningrader Straße ein. Mit dem Übergang zum bewegten Demonstrationszug erhielten die Proteste eine neue Qualität. „Das war", so Ziemer, „der erste Schritt weg aus dieser statischen Konfrontation zwischen Polizei und Demonstranten".[158] Beate Mihály von der Gruppe der 20 meinte später, daß es am 7. Oktober erstmals zu einer „richtigen Demonstration" kam: „Sie war nicht organisiert, war wirklich spontan. Aber sie lief ab wie eine total organisierte Demonstration".[159]

Nach anderen Berichten bewegte sich der Demonstrationszug von der Ernst-Thälmann-Straße über den Postplatz, den Theaterplatz und die Georgi-

---

Dresden an das ZK über die Lage und die eingeleiteten Maßnahmen vom 9.10.1989, 4.00 Uhr (BStU, ZAIG 7834 Bl. 69).

152 Vgl. Telegramm des Leiters OES der BVfS Dresden an Leiter ZOS, HA XX, Tagesbericht Aktion „Jubiläum 40". Dresden vom 7.10.1989 (ABL BA Dresden 4, Bl. 184–189).

153 Modrow, Ich wollte ein neues Deutschland, S. 272.

154 Wolfgang Berghofer beim Podiumsgespräch im Hotel Newa Dresden am 18.1.1999 (Mitschr. M. Richter, HAIT DS, Gruppe der 20).

155 Frank Richter nennt diesen Ruf den „Urschrei der Demokratie". Ebd.

156 Modrow, Ich wollte ein neues Deutschland, S. 273.

157 Vgl. Protokoll der 7. Beratung des Runden Tisches des Bezirkes Dresden vom 1.2.1990, Anlage: Auszug aus dem Bericht über den Einsatz von Kräften der 7. Panzerdivision der NVA vom 4.–8.10.1989 in Dresden (Privatbestand Matthias Rößler).

158 Interview mit Christof Ziemer.

159 Interview mit Beate Mihály.

Dimitroff-Brücke zur Straße der Befreiung und von dort über den Platz der Einheit, die Rothenburger Straße, den Sachsenplatz und die Güntzstraße zum Fučikplatz.[160] An der Demonstration waren nur noch wenige Ausreisewillige beteiligt, da die Behörden den meisten von ihnen kurzfristig die Ausreise erlaubt hatte.[161] Die Tatsache, daß sich die 5 000 bis 6 000 Teilnehmer konsequent friedfertig verhielten, war vor allem ein Verdienst der Kirchen, die zur Beendigung der Gewalt und zu einem „Dialog der kompromißlosen Wahrhaftigkeit"[162] über die gesellschaftlichen Probleme aufriefen. So hieß es in einem Flugblatt, das in etwa 1 000 Exemplaren in der katholischen Pfarrei Dresden-Zschachwitz hergestellt und unter die Demonstranten verteilt wurde: „Strategie der Gewaltlosigkeit nach M. L. King: Mit gewaltlosen Aktionen verschiedenster Art so lange fortfahren, bis ein definitiv greifbares Resultat in bezug auf mehr Menschlichkeit erreicht ist! Während einer Demonstration auf der Straße niemals Alkohol oder andere Rauschmittel zu sich nehmen und die Mitnahme und Einnahme durch andere verhindern! Nüchtern und in Absprache mögliche Gewalttäter und Provokateure erwarten und aussondern! Jede Aktion durch begleitendes Gebet untermauern!"[163] Augenzeugen berichteten, daß die Demonstranten Störenfriede als mutmaßliche Provokateure des MfS einkreisten und zur Ruhe mahnten. Aus dem Zug heraus erklangen Sprechchöre wie „Wir bleiben hier" und „Keine Gewalt".[164] Zuvor hatte es am Hauptbahnhof geheißen „Wir wollen raus". Mit den neuen Forderungen grenzten sich die Demonstrierenden eindeutig von den Ereignissen der letzten Tage ab. Sie wollten nicht ausreisen, sondern bleiben und Veränderungen erreichen. Teilnehmerstruktur und Forderungen begannen sich zu ändern. Es dominierten nicht mehr die Ausreisewilligen aus allen Teilen der Republik, sondern die Dresdner, die den Kern der Demonstrationen bildeten. Ihr Ruf „Keine Gewalt" war motiviert durch die Ausschreitungen der letzten Tage und bezog sich sowohl auf den Willen der Demonstranten, sich friedlich zu verhalten, als auch auf die Polizeikräfte, die besonnen agieren sollten. Die Demonstranten verhielten sich während des ganzen Zuges ausgesprochen diszipliniert, ja es wurde sogar darauf geachtet, daß der Blumenschmuck und die Festbühnen für den 40. Jahrestages nicht beschädigt wurden. Aus dem Demonstrationszug entstanden spontan Sprechchöre, doch nicht alle gerufenen Forderungen wurden von der Masse übernommen. Die Forderung nach Gewaltlosigkeit wurde ergänzt durch Bibelworte wie „Bruder, schlag nicht" und „Vater, schlag nicht". Ebenso schallte der Ruf „Schließt euch an, wir brauchen jeden Mann" durch die Straßen. Der erste Sekretär der SED-Stadtleitung, Werner Moke, der den

160 MdI-Lagebericht vom 8.10.1989, S. 1f. (Archiv des Polizeipräsidiums Dresden, I/3186); BDVP Dresden, Lagefilm 3.-9.10.89, Nr. 563-585 (SächsHStA, BDVP Dresden, 3187). Vgl. Bahr, Sieben Tage im Oktober, S. 91-98;

161 Vgl. Frankfurter Rundschau vom 9.10.1989.

162 Wort des Bischofs von Dresden-Meißen, Joachim Reinelt, vom 6.10.1989 zum 27. Sonntag im Jahreskreis 1989 (Privatarchiv Frank Richter). Vgl. Liebsch, Dresdner Stundenbuch, S. 29.

163 Privatbestand Wolfgang Leonhardt.

164 Vgl. Bahr, Sieben Tage im Oktober, S. 91; Interview mit Herbert Wagner.

Demonstrationszug beobachtete, betonte in einer Mitteilung an den Führungsstab der Bezirksdirektion der VP den nicht aggressiven Charakter.[165] Nachdem Modrow entsprechende Informationen erhielt, kamen er und der Führungsstab der Bezirksbehörde der Deutschen Volkspolizei überein, die Demonstration lediglich „zu begleiten und zu beobachten, um Konfrontationen zu vermeiden".[166] Gegen 21.15 Uhr befahl Nyffenegger, daß es seitens der Polizei zu keiner Konfrontation mit den Demonstranten kommen dürfe.[167] Offenbar drangen die Anweisungen jedoch nicht bis zu den Einsatzkräften durch und galten auch nicht für Zuführungen, denn allein am 7. Oktober wurden in Dresden 129 Personen festgenommen.[168] Am Pirnaischen Platz griffen die Sicherheitskräfte wahllos Demonstranten heraus und schlugen sie zusammen. Ein Teil der Menschen floh, ein anderer Teil setzte sich ganz bewußt auf die Erde und ließ sich verprügeln. Die gewaltsame Auflösung[169] der Demonstration wurde später mit ihrem anti-sozialistischen Charakter begründet.[170] Die am 7. Oktober Zugeführten wurden zunächst ebenfalls in den „Zentralen Zuführungspunkt" auf der Dr.-Kurt-Fischer-Allee und später in die Strafvollzugsanstalt Bautzen gebracht.[171] Am Hauptbahnhof, wo sich wieder Tausende versammelt hatten, kam es in der Nacht zum 8. Oktober ebenfalls wieder zu schweren Auseinandersetzungen mit der Volkspolizei, mit Einheiten des MfS und fünf Hundertschaften der Volksarmee. Auch hier gingen die Sicherheitskräfte mit Schilden und Schlagstöcken gegen die Demonstranten vor und lösten die Kundgebung gegen 24.00 Uhr auf.[172] Den beteiligten Volkspolizisten wurde erklärt, es gehe um die Bekämpfung der „Konterrevolution".[173] In der Bezirksverwaltung des MfS befürchtete man sogar, daß sich der Demonstrationszug von ca. 10000 Personen aus Verbitterung über die Massenfestnahmen in Richtung Objekt der 8. Volkspolizei-Bereitschaft bewege, „um das Objekt zu stürmen und die zugeführten Personen zu befreien". In der Bezirksverwaltung für Staatssicherheit auf der Bautzener Straße gab es deswegen Einsatzalarm, und es wurden scharfe Munition sowie Handgranaten aus-

165 Dok. 32.

166 MdI-Lagebericht vom 8.10.1989, S. 2 (SächsHStA, BDVP Dresden, 3186).

167 BDVP Dresden, Lagefilm 3.-9.10.1989, Nr. 581 (SächsHStA, BDVP Dresden, 3187).

168 Vgl. BVfS Dresden an Modrow, Information über die aktionsbezogene Lage am 7.10.1989 im Bezirk Dresden (BStU, ASt. Dresden, 1. SdL, 1, Bl. 69 und 72).

169 Vgl. Andreas Horn. In: Bahr, Sieben Tage im Oktober, S. 91, 96-98; Interview mit Andreas Horn; Darstellung Wagners (Privatbestand Herbert Wagner, Bl. 14f.); Christof Ziemer. In Rein, Die Opposition, S. 189f. Zur Auflösung der Demonstration vgl. Interview mit Frank Richter; Wehnert/Graff, Stürmischer Herbst, S. 22f.; „Beifall der Demonstranten war unsere Legitimation". In: Sächsische Zeitung vom 6.10.1994.

170 Bericht des Bezirksstaatsanwaltes vor der StVV Dresden am 22.11.1989 (Stadtarchiv Dresden, StVV, Protokolle, Bl. 154, unpag.).

171 Vgl. Bahr, Sieben Tage im Oktober, S. 108-114.

172 Vgl. Untersuchungsausschuß des MfNV, Information, o.D. (BArch VA-01/37601 Bl. 272f); Lagebericht des Chefs der BDVP, Nyffenegger, vom 8.10.1989, S. 2 (Archiv des Polizeipräsidiums Dresden); Bahr, Sieben Tage im Oktober, S. 108-114; taz vom 10.10.1989.

173 Gedächtnisprotokolle von VP-Angehörigen. In: Und diese verdammte Ohnmacht, S. 240f.

gegeben.[174] Gleichzeitig wurde die Schußwaffengebrauchsbestimmung für MfS-Mitarbeiter „heruntergesetzt", das heißt, sie durften bei Angriffen auf „Fortschrittliche" und „eindeutig nach außen gekennzeichnete Parteimitglieder der SED" die Schußwaffe einsetzen.[175] Von einer Entspannung der Situation konnte demnach am 7. Oktober noch keine Rede sein.

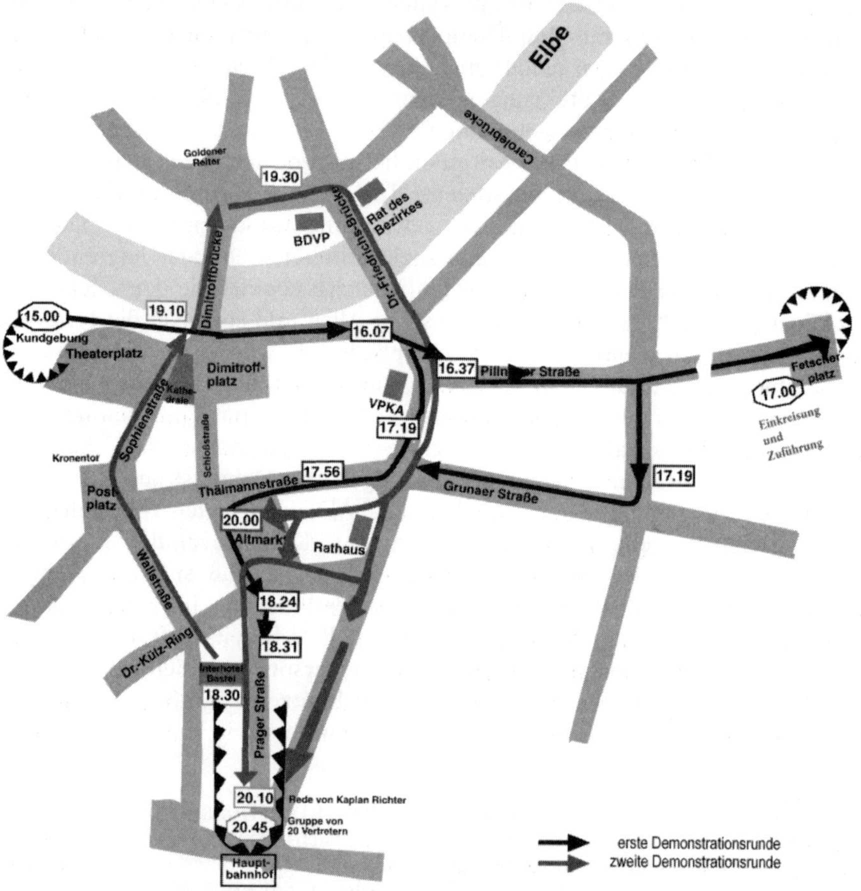

Bild 1: Verlauf der Demonstration am 8. Oktober 1989.[176]

174 BVfS Dresden, Abteilung VII, an 1. Stellvertreter des Leiters, Genossen Oberst Anders, Information über Verhaltensweisen von Führungskadern der BDVP Dresden sowie der 8. VP-Bereitschaft im Zusammenhang mit den durchgeführten Ordnungseinsätzen in der Stadt Dresden im Zeitraum vom 3.–9.10.1989 vom 13.10.1989 (ABL BA Dresden 4, Bl. 452–454).

175 Aussage von drei MfS-Offizieren am 4.12.1989 gegenüber dem Untersuchungsausschuß für Korruption und Amtsmißbrauch. In: Klemm, Korruption, S. 40f.

176 Zur heutigen Benennung umbenannter Straßen, Plätze und Brücken siehe Anhang, Punkt 5.

Entstehung

1. Demonstrationen in Dresden am 8. Oktober 1989

Unter dem Eindruck der Demonstrationen am 7. Oktober wies Honecker als Vorsitzender des Nationalen Verteidigungsrates am Vormittag des 8. Oktober in einem Fernschreiben an alle 1. Sekretäre der Bezirksleitungen der SED erneut die sofortige Zusammenkunft der Bezirkseinsatzleitungen an. Partei-, Gewerkschafts- und FDJ-Funktionäre sowie Mitarbeiter staatlicher Organe sollten unmittelbar vor Ort offensiv an der „Unterbindung der Krawalle“ teilnehmen.[1] Auf Grund dieser Anweisung fanden noch am selben Tag Zusammenkünfte der Bezirkseinsatzleitungen statt, die im engen Zusammenwirken mit den „örtlichen Partei-, Staats-, Schutz- und Sicherheitsorganen“ ein einheitliches Vorgehen bei den erwarteten Protestaktionen der Bevölkerung gegen die SED-Politik sichern sollten.[2] Bereits am 6. Oktober hatten die Leitungen der BVfS und der BDVP Dresden ihr gemeinsames Vorgehen am 8. Oktober beraten.[3]

Dresden galt an diesem Tag die besondere Aufmerksamkeit des Regimes, denn seit den gewalttätigen Auseinandersetzungen am Hauptbahnhof am 4. und 5. Oktober war für diesen Sonntag um 15.00 Uhr zu einer Demonstration auf dem Theaterplatz aufgerufen worden.[4] Auf Flugblättern hieß es: „An alle Dresdner! Demonstration So. 8.10. 15.00 Uhr. Für: Presse-, Versammlungs- und Organisationsfreiheit. Gegen: Sperrung unserer Ländergrenzen und Polizeiwillkür (Ausführlicheres, Meinungen, Informationen vor Ort). Bei massivem Knüppeleinsatz können wir trotzdem in den umliegenden Straßen und Gassen miteinander reden. Engagierte Dresdner.“[5] SED und Volkspolizei nahmen an, daß das Neue Forum die Demonstration geplant habe.[6] Die BVfS

---

1 Fernschreiben Honeckers an alle 1. Sekretäre der SED-Bezirksleitungen einschließlich GL Wismut, MfNV Bruenner, MfS Felber, MdI Primpke vom 8.10.1989 (BStU, ZA, SdM 664, Bl. 67f.).

2 Information der SED-Bezirksleitungen am das ZK über die Lage und die eingeleiteten Maßnahmen vom 9.10.1989, 4.00 Uhr (BStU, ZAIG 7834, Bl. 62).

3 Vgl. Dok. 7.

4 Fernschreiben der SED-Bezirksleitung Dresden an das ZK der SED vom 9.10.1989, Aktuelle Information über die politische Lage und das Stimmungsbild im Bezirk am 8.10.1989 (SächsHStA, SED-BL Dresden, 13218); Dok. 7.

5 BVfS Dresden, Lagefilm 6.–9.10.1989, Nr. 258, 8.10.1989, 11.50 Uhr (Privatbestand Frank Richter). Vgl. Telegramm Modrows zur Abstimmung politisch-operativer Maßnahmen vom 8.10.1989 (ABL BA Dresden 4, Bl. 239–240); Notiz: „Gegen 11.30 Uhr wurde durch einen Angehörigen des MfS im Hbf. Dresden, Eingang Mitropa, Saal ‚Meißen‘ ein Zettel an der Wand festgestellt. Aufschrift: ‚Theaterplatz – Treffen ‚Neues Forum‘ 8.10.89, 15.00 Uhr‘“. BDVP Dresden, Lagefilm 3.–9.10.1989, Nr. 517 (Archiv des Polizeipräsidiums Dresden, I/3187); BDVP Dresden, Information zur Lage auf dem Gebiet der öffentlichen Ordnung und Sicherheit am 8.10.1989 (Ebd., I/3186).

6 Fernschreiben der SED-Bezirksleitung an das ZK der SED vom 9.10.1989, Aktuelle Information über die politische Lage und das Stimmungsbild im Bezirk am 8.10.1989, S. 4 (ABL BA Dresden 6, Minderheitsvotum Linke Liste/PDS, Anhang I zu Anlage 1, Dokument 5). Ein Polizeioffizier gab im Frühjahr 1990 an, daß „nicht das Neue

Dresden verdächtigte außerdem das „Autonome Forum“ für den Aufruf zur Kundgebung auf dem Theaterplatz mitverantwortlich zu sein.[7] Bei der Gruppierung handelte es sich nach MfS-Darstellung „um einen losen Zusammenschluß von Personen, die spontan zu bestimmten Anlässen Aktivitäten entwickeln“.[8] In Dresden-Gorbitz waren zudem Handzettel gefunden worden, auf denen für den 8. Oktober zu einer Demonstration vor dem Armeemuseum aufgerufen wurde.[9] Am Vormittag des 8. Oktober verhaftete das MfS gezielt Personen, die sich an der Vorbereitung der Demonstration beteiligt hatten.[10]

Die Bezirksverwaltung für Staatssicherheit bereitete sich auf einen „operativen Einsatz im Zusammenwirken mit der VP“ vor,[11] bei der auf der Grundlage eines Befehls des Chefs der BDVP Dresden an alle Kreisämter, wonach mit Handlungen und „Zusammenrottungen politisch motivierter Antragsteller, Rowdys, Asozialer und vorbestrafter Personen“ zu rechnen sei, ab 13.00 Uhr operative Kräfte zusammengezogen wurden. Die Volkspolizei hatte den Befehl, ungesetzliche Personenansammlungen im Zentrum auf jeden Fall zu verhindern.[12] Insgesamt befanden sich sechs Kompanien des MfS[13] und 16 Kompanien der Volkspolizei zur Sperrung bzw. Räumung des Theaterplatzes in Bereitschaft. Dazu gehörten fünf Kompanien der Offiziershochschule (B),[14] drei Kompanien der 8. VP-Bereitschaft (Dresden) und drei Kompanien der 6. VP-Bereitschaft (Halle).[15] Erneut wurden Einheiten der Militärakademie der NVA in Dresden eingesetzt. Mehrere Hundertschaften bezogen bis zum Abend des 8. Oktober in ihren Bereitschaftsräumen Stellung. Ein Teil von ihnen kam bei der Absperrung der Leningrader Straße zum Einsatz.[16]

Forum, sondern eine Privatperson, Name war bekannt“ zu der Demonstration aufgerufen habe. Zit. nach Bahr, Sieben Tage, S. 134; Kaulfuß/Schulz, Dresdner Lebensläufe, S. 66.

7 Vgl. Dok. 7.

8 BVfS Dresden an Modrow, Information über die aktionsbezogene Lage am 7.10.1989 im Bezirk Dresden (BStU, ASt. Dresden, 1. SdL, 1, S. 69 und 72). Vgl. Dok. 7; Telegramm Modrows zur Abstimmung der politisch-operativen Maßnahmen vom 8.10. 1989 (ABL BA Dresden 4, Bl. 240). Die Gruppe „Autonomes Forum“ hatte im Sommer 1989 in der Kreuzkirche ein Protesttrommeln für China organisiert.

9 Vgl. BVfS Dresden an Modrow, Information über die aktionsbezogene Lage am 7.10. 1989 im Bezirk Dresden (BStU, ASt. Dresden, 1. SdL, 1, S. 69 und 72).

10 Vgl. Dok. 7.

11 Dok. 7.

12 Vgl. Abschlußbericht der Unabhängigen Untersuchungskommission, S. 38–44.

13 Vgl. Bericht des 1. Stellvertreters des Leiters der BVfS Dresden, Hardi Anders, vom 8.10.1989 (BStU, ASt. Dresden, BV, 1. SdL 1, Bl. 89).

14 Hier Bereitschaftspolizei.

15 Befragungsprotokoll des Behördenangestellten D. B. Dresden vom 9.11.1989 (SAPMO, MdI, 54023 GLKA). Vgl. Dok. 8.

16 Vgl. Untersuchungsausschuß des MfNV, Information, o. D. (BArch MA, VA-01/37601 Bl. 272f.); Interview mit Generalmajor Heinz Bilan, Stellv. Chef der Militärakademie „Friedrich Engels“ in Dresden. In: Kaulfuß/Schulz, Dresdner Lebensläufe, S. 26f.; Protokoll der 7. Beratung des Runden Tisches des Bezirkes Dresden am 1.2.1990, Anlage: Auszug aus dem Bericht über den Einsatz von Kräften der 7. Panzerdivision in der Zeit vom 4.–8.10.1989 in Dresden (Privatbestand Matthias Rößler).

Als sich trotz des in der Stadt kursierenden Gerüchtes, für den 8. Oktober sei ein Schießbefehl ausgegeben worden,[17] gegen 15.00 Uhr mehr als 1000 Personen am Theaterplatz versammelten, fanden sie diesen bereits weiträumig abgesperrt vor. Nach MfS-Angaben handelte es sich um 500 Demonstranten und ca. ebensoviele „gesellschaftliche Kräfte", vor allem Mitglieder der Bezirksparteischule und anderer Parteiorganisationen, die die Demonstranten durch Gespräche von ihren Protesten abbringen sollten.[18] Der genau geplante Einsatz der von den SED-Kreisleitungen ausgesuchten und vom MfS bestätigten Anhänger des Regimes wurde „als permanente Form des Zurückdrängens feindlich-negativer Personen durch politische Gespräche" verstanden.[19] Für Volkspolizei und Staatssicherheit war es freilich schwierig, beide in Diskussionen verwickelte Gruppierungen auseinanderzuhalten. Da der Einsatz „gesellschaftlicher Kräfte" ohne Ergebnis blieb,[20] wies die Volkspolizei gegen 15.30 Uhr über Lautsprecher darauf hin, daß eine verbotene Veranstaltung aufgelöst werde und sich jedermann zu entfernen habe. Die „gesellschaftlichen Kräfte" entfernten sich daraufhin vom Areal. Da die Demonstranten den Platz vor der Semperoper[21] nicht verließen, wurde er gegen 15.20 Uhr abgeriegelt und durch fünf Kompanien der Volkspolizei in Richtung Terrassenufer geräumt.[22] Aus der ungeordneten Versammlung formierte sich wie am Vortag ein Demonstrationszug, der sich zunächst auf der Uferstraße der Altstädter Elbseite bis zur Einmündung der Pillnitzer in die Leningrader Straße bewegte. Bereits auf dem Terrassenufer erfolgten erste Festnahmen. Den Sicherheitskräften gelang es, das Überqueren der Georgi-Dimitroff-Brücke zu verhindern.[23] In der Nähe des Volkspolizei-Kreisamtes teilte sich der Demonstrationszug gegen 16.00 Uhr.[24] Wahrscheinlich war dies das Ergebnis einer gezielten Steuerung durch MfS-Mitarbeiter, die sich in den Marschkolonnen mitbewegten.[25] Etwa

---

17 Vgl. Urich, Der Umbruch in Dresden, S. 18.

18 Vgl. Dok. 4.

19 Leiter BVfS an Leiter Strukureinheiten am 29.9.1989, Maßnahmeplan zur Organisierung der politisch-operativen Arbeit in Auswertung der Beratung beim Stellvertreter des Ministers, Generalmajor Mittig, 26.9.1989 in Berlin (BStU, ASt. Dresden, BV, BdL, Dok. 758, Bl. 1-6).

20 Vgl. Bericht des 1. Stellvertreters des Leiters der BVfS Dresden, Hardi Anders, vom 8.10.1989 (BStU, ASt. Dresden, BV, 1. SdL 1, Bl. 89).

21 Auch das Orchester der Semperoper unter Leitung von Kai Vogler verabschiedete am Abend des 8.10.1989 eine an Modrow und das ZK der SED gerichtete Resolution, in der die Einhaltung der UN-Charta der Menschenrechte gefordert wurde. In: BVfS Dresden, Lagefilm vom 6.-9.10.1989, Nr. 309 und 313, 8.10.1989, 21.00 Uhr (Privatbestand Frank Richter).

22 BDVP Dresden, Information zur Lage auf dem Gebiet der öffentlichen Ordnung und Sicherheit am 8.10.1989 (Archiv des Polizeipräsidiums Dresden, 3186). Vgl. MdI-Lagefilm Oktober 1989, 321 (BArch MdI, 52461 Stab Operative Grundsatzarbeit); Dok. 8.

23 Vgl. Bericht des 1. Stellvertreters des Leiters der BVfS Dresden, Hardi Anders, vom 8.10.1989 (BStU, ASt. Dresden, BV, 1. SdL 1, Bl. 89).

24 Vgl. Dok. 2; Dok. 4.

25 Dok. 2, 17.10 Uhr.

500 Demonstranten zogen auf der Pillnitzer Straße weiter zum Fetscherplatz, ein größerer Teil strebte Richtung Zentrum.[26]

Nach einem IM-Bericht wurde die jeweilige Richtung dadurch beeinflußt, daß die Demonstranten vermeiden wollten, in von der Volkspolizei abgesperrte Richtungen zu marschieren oder in eine Sackgasse abgedrängt zu werden. Vor allem versuchten sie, im Bereich der Innenstadt zu bleiben. Einige aktive Demonstranten bestimmten die Richtung und initiierten Sprechchöre wie: „Wir bleiben hier - Reformen wollen wir!", „Gorbi - Gorbi!", „Schließt Euch an - Wir brauchen jeden Mann!", „Wir wollen Perestroika!", „Ohne Gewalt". Während diese Forderungen von den meisten Teilnehmern aufgegriffen wurden, gab es zum Slogan „Dresden erwache!" keine Übereinstimmung. Einige kritisierten, daß der Spruch an „Deutschland erwache" erinnere.[27] Auch andere Losungen mit zweifelhaftem Inhalt wurden von der Masse nicht akzeptiert.[28] Andreas Horn berichtet: „Einer rief etwas, der wurde korrigiert: Das paßt hier nicht her! Er wäre auf der falschen Demo und so etwas."[29] Nach einem IM-Bericht gab es keine Handlungen, die gegen „das Motto der Gewaltlosigkeit" verstießen. Es gab keine Versuche, zu provozieren, zu Gewalttätigkeit zu animieren und „keine Bestrebungen, bestimmte Gebäude oder staatliche Einrichtungen zielgerichtet aufzusuchen". Der Konfrontation mit Ordnungskräften wurde prinzipiell ausgewichen. Der IM „Bernhard" berichtete, daß die große Mehrzahl der Teilnehmer sich mit der Forderung nach Perestroika und Reformen identifizierte. Außerdem sei auch von einem Teil der Passanten „ein Symphatisieren mehr oder weniger offen zu erkennen" gewesen.[30]

Die Koordinierung des Einsatzes der militärischen Kräfte erfolgte durch die zu diesem Zeitpunkt tagende Bezirkseinsatzleitung.[31] Als deren Leiter wurde Modrow laufend über die Entwicklung informiert.[32] Aber auch die SED-Führung in Berlin verfolgte die Vorgänge in Dresden genau. Wegen der kritischen Situation, aber auch angesichts der Unruhen am Vortag in Berlin, Dresden und in anderen Städten sowie mit Blick auf den bevorstehenden Demonstrations-Montag in Leipzig ordnete Mielke gegen 16.00 Uhr für alle Diensteinheiten des MfS gemäß der „Anweisung Nr. 1/89, Ziffer 11" volle Dienstbereitschaft an.[33] Waffenträgern wurde befohlen, ihre Dienstwaffe „entsprechend den gegebenen Erfordernissen" ständig bei sich zu führen. Angeord-

26 Bericht des Bezirksstaatsanwaltes vor der Stadtverordnetenversammlung am 22.11.1989 (Stadtarchiv Dresden, StVV, Protokolle, 154, unpag.).

27 Dok. 6.

28 Vgl. Notizen von der Nacht vom 8. zum 9.10.1989 (Privatbestand Beate Mihály).

29 Bahr, Sieben Tage, S. 97.

30 Dok. 6.

31 BDVP Dresden, Lagefilm 3.-9.10.1989, Nr. 625 (Archiv des Polizeipräsidiums Dresden, I/3187).

32 Vgl. Dok. 2; Dok. 3.

33 Mielke an Leiter Diensteinheiten vom 8.10.1989, Nr.: 71/89 (BStU, ZA, RS 678 Bl. 90-95). Vgl. Aussage Aufklärer/Kompaniechef Wachregiment vom Mai 1990. In: Riecker/Schwarz/Schneider, Stasi intim, S. 102.

net wurde, „ausreichende Reservekräfte bereitzuhalten, deren kurzfristiger Einsatz auch zu offensiven Maßnahmen zur Unterbindung und Auflösung von Zusammenrottungen zu gewährleisten“ war und „alle geeigneten und verfügbaren IM/GMS“ zum Einsatz zu bringen.[34] Um 17.10 Uhr meldete Böhm an Mielke, daß dessen „Minister-Weisung umgesetzt“ sei.[35] Parallel zu den MfS-Aktivitäten befahl Innenminister Dickel, „im engen Zusammenwirken mit den zuständigen Diensteinheiten des MfS“ alle notwendigen Maßnahmen einzuleiten, um ein erneutes Auftreten der „feindlich-negativen Kräfte zu verhindern bzw. konsequent zu beseitigen“.[36] Außerdem wurden die Kreisdienststellen gemäß Punkt 4 der Anweisung 71/89 Mielkes am Mittag des 9. Oktober „in Durchsetzung der angewiesenen Maßnahmen“ angewiesen, „unverzüglich eine differenzierte Neubewertung der laut Kennziffer 4.1. sowie der in OV/OPK und anderen operativen Materialien erfaßten bzw. bearbeiteten Personen vorzunehmen“. Es gehe darum, „alle Personen, von denen gegenwärtig eine besondere Gefährdung der staatlichen Sicherheit und Ordnung ausgehen könnte, herauszuarbeiten“ und listenmäßig zu erfassen. Zur Vorbereitung einer damit intendierten Massenzuführung sollten dabei besonders potentielle Führungskräfte bestimmt werden.[37]

Die Befehle waren bereits in Kraft, als der Demonstrationszug am Fetscherplatz eintraf. Hier sammelten sich gegen 17.00 Uhr vorwiegend jüngere Leute, „die antisozialistische Losungen riefen und äußerst aggressiv in Erscheinung traten“.[38] Die Volkspolizei umzingelte sie und löste die Ansammlung unter Schlagstock-Einsatz auf. Über Polizeifunk hieß es: „Zur Liquidierung übergehen, Festnahmen durchführen, dann aufspalten. Handlungen jetzt fortsetzen, abgestimmt mit Genossen Modrow.“[39] Die Volkspolizei hatte zu diesem Zeitpunkt noch den ausdrücklichen Befehl, möglichst viele Festnahmen durchzuführen.[40] Am Fetscherplatz war auch die Antiterroreinheit, die sogenannte „Diensteinheit IX“ der Volkspolizei, im Einsatz, zu der Leutnant Detlef Pappermann gehörte, der wenig später auf der Prager Straße den Wunsch der Demonstranten weitermeldete, mit dem Oberbürgermeister zu sprechen. Pappermanns Befehl lautete zu diesem Zeitpunkt „noch eindeutig, die Fahrzeuge sind unterwegs, die Leute sind festzunehmen, ausnahmslos.“[41] Am Fetscherplatz wurden ca. 150 Personen „zugeführt“ und in den „Zentralen

34 Leiter BVfS Magdeburg, Müller, an Leiter Diensteinheiten vom 8.10.1989. In: Pechmann/Vogel, Abgesang, S. 250–253.
35 Dok. 2.
36 Fernschreiben von Innenminister Dickel an Chefs der BDVP vom 8.10.1989 (SAPMO, MdI, 52461 Stab Operative Grundsatzarbeit).
37 Fernschreiben Mielkes vom 9.10.1989, 14.50 Uhr an die Leiter aller Kreisdienststellen (außer Rostock) (ABL, BA 6, Bl. 1645).
38 Dok. 8.
39 Protokoll des Polizeifunks der VP Dresden vom 8.10.1989 (Privatbestand Herbert Wagner).
40 Vgl. Aussage des VP-Majors Gerd-Uwe Malchow. In: Der Spiegel vom 12.2.1990.
41 Detlef Pappermann beim Podiumsgespräch im Hotel Newa Dresden am 18.1.1999 (Mitschr. M. Richter, HAIT DS, Gruppe der 20).

Zuführungspunkt" auf der Dr.-Kurt-Fischer-Allee gebracht.[42] Modrow erklärte dazu später, daß das Vorgehen der Sicherheitskräfte ein „Untergraben der politischen Stabilität des Landes verhindern" sollte. Das sei der Grund gewesen, so Modrow, warum „ich zunächst nicht alles mir Mögliche unternahm, um mich den von zentralen Stäben befohlenen Eingriffen der Sicherheitskräfte entgegenzustellen, und das damit verbundene Provozieren der Demonstranten zu beenden".[43]

2. Bezirkseinsatzleitung geht auf Deeskalationskurs

Offensichtlich führten die Massenfestnahmen bei Modrow aber doch zu einem Umdenken, denn nach der gewaltsamen Auflösung der friedlichen Demonstration am Fetscherplatz kam es zu einer überraschenden Entwicklung in der Dresdner BEL- und SED-Führung, deren Verlauf und Ausgang maßgeblichen Einfluß auf die weitere Entwicklung in der gesamten DDR haben sollte. Angesichts der verschärften Befehlslage durch Mielke nach einer Besprechung mit Krenz und der MfS-Spitze versuchte Modrow einen abweichenden Deeskalationskurs durchzusetzen. Hatte bereits die Aktivierung der Einsatzleitungen durch Honecker sein Mißfallen erregt, so stießen auch die weiteren Anweisungen aus Berlin, die einen Spannungszuwachs provozierten, auf seinen Widerwillen. Modrow sah durch die unflexible Politik Honeckers den Bestand der SED-Herrschaft gefährdet. Nach seiner Überzeugung konnte „Ruhe nur ohne Anwendung von Gewalt wiederhergestellt werden". „Da", so Modrow, „die Demonstranten Gewaltlosigkeit zum Prinzip ihrer Aktionen erhoben hatten, konnte und mußte ein Weg gesucht und gefunden werden, um die Gewaltlosigkeit zwischen Demonstranten und Sicherheitskräften herzustellen."[44] Nach Aussage Kokotts sprach sich Modrow während der BEL-Sitzung am späten Nachmittag des 8. Oktober[45] „offen gegen die Einschätzung der Partei- und Staatsführung" aus und erklärte, für ihn komme künftig nur noch eine politische Lösung des Konflikts in Frage. Die Sicherheitskräfte sollten die Demonstrationen durch ihre Präsenz begleiten und absichern, aber jegliches

---

42 Vgl. Bericht des Bezirksstaatsanwaltes vor der StVV Dresden am 22.11.1989 (Stadtarchiv Dresden, StVV, Protokolle, 154, unpag.); MdI-Bericht Bezirk Dresden (SAPMO, MdI, 54024 GLKA). Zur rechtlichen Grundlage des Vorgehens der VP vgl. Vernehmungsprotokoll Willi Nyffenegger vom 7.12.1989 (SAPMO, MdI, 54023 GLKA). Vgl. Rosenlöcher, Die verkauften Pflastersteine, S. 24; Befragungsprotokoll des Behördenangestellten D.B. Dresden, 9.11.1989 (SAPMO, MdI, 54023 GLKA); Michael Dulig: Zuführung. Ein Bericht zu den Ereignissen am 8. Oktober 1989 in Dresden. In: Die Union vom 28./29.10.1989; Abschlußbericht der Unabhängigen Untersuchungskommission, S. 38–44; Bahr, Sieben Tage, S. 116–123; Telefonate mit der MfS-Zentrale (Privatbestand Frank Richter); Interview mit Andreas Horn; 1. Interview mit Beate Mihály; Dok. 7.

43 Modrow, Aufbruch und Ende, S.14.

44 Ebd., S. 15.

45 BDVP Dresden, Lagefilm 3.–9.10.89, Nr. 625 (Archiv des Polizeipräsidiums Dresden, I/3187).

Eingreifen vermeiden. Kokott gab, weil er die Lage nach eigenem Bekunden ähnlich einschätzte, im Bewußtsein der „Tragweite dieser Wertung" dazu seine Zustimmung. Über eine interne Telefonverbindung informierte er Generaloberst Brünner im Verteidigungsministerium. Von diesem wurde er zwar zur Bedachtsamkeit gegenüber den Einschätzungen der Partei- und Staatsführung ermahnt, der Drei-Sterne-General gab ihm jedoch gleichzeitig „das Recht, an Ort und Stelle die Ereignisse einzuschätzen und entsprechende Schlußfolgerungen zu ziehen". Kokott berichtet, er sei bereits vor seiner Abkommandierung nach Dresden darüber informiert worden, daß Modrow zu einigen Grundfragen der Politik der Partei- und Staatsführung „prinzipielle Vorbehalte" habe. Deshalb sei er über dessen Auffassungen, die „erheblich von denen der DDR-Oberen abwichen", nicht sonderlich überrascht gewesen.[46] In dieselbe Richtung deuten auch Aussagen Berghofers, der berichtet, daß er mit Modrow schon vor den Ereignissen im Herbst 1989 über Möglichkeiten gesprochen habe, Strategien gegen den Kurs Honeckers durchzusetzen. Bei einer gemeinsamen Reise nach Florenz habe Modrow ihm sinngemäß erklärt: „Wir nähern uns jetzt immer mehr dem Punkt, wo man sich entscheiden muß, wo der Krieg mit der Zentrale offen wird. Es ist die Frage: Wann errichten wir die Barrikaden, die geistigen? Wollen wir so lange wie möglich nach oben Loyalität signalisieren und unten erst einmal die Basis organisieren oder wollen wir sofort offen kritisch antreten?"[47]

Zwischen der Berliner SED-Führung und Modrow gab es seit längerem Spannungen. Im Februar 1989 hatte das ZK eine über hundertköpfige „Arbeitsgruppe" unter Leitung von Günter Mittag nach Dresden geschickt, um „Punkte gegen die dortige Bezirksleitung zu sammeln".[48] Hatte Modrow schon dies verärgert, so wurde ein Treffen mit Honecker und Mielke nach seiner Rückkehr von einer Reise in die Bundesrepublik Ende August 1989, bei dem diese ihm vorwarfen, der DDR politischen Schaden zugefügt zu haben, zum letzten Auslöser für sein offenes Opponieren. „Als ich derart heruntergeputzt wurde", so Modrow, „verlosch mein letztes Fünkchen Dienstpflicht".[49]

Mit Rückendeckung Kokotts forderte Modrow auch den Chef der Bezirksbehörde der Volkspolizei, Generalleutnant Nyffenegger, auf, den Demonstrationen ab sofort nur noch friedlich zu begegnen.[50] Daraufhin kam es „in einer dramatischen Situation" zur Diskussion der Linie Modrows, die Befehlslage „politisch zu überwinden".[51] Die Vertreter der NVA-Führung, Gehmert und

46 Interview mit Raimund Kokott. In: Dichtung und Wahrheit über die Einsatzleitungen, S. 18f.; vgl. Kaulfuß/Schulz, Dresdner Lebensläufe, S. 95. Die BEL-Sitzung nannte Kokott „operative Lagebesprechung".

47 Interview mit Wolfgang Berghofer.

48 Süß, Staatssicherheit am Ende, S. 261.

49 Modrow, Ich wollte ein neues Deutschland, S. 262.

50 Vgl. Modrow, Aufbruch und Ende, S. 15.

51 Hans Modrow beim Podiumsgespräch im Hotel Newa Dresden am 18. Januar 1999 (Mitschr. M. Richter, HAIT DS, Gruppe der 20).

Kokott, bestärkten Nyffenegger darin, keine Gewalt anzuwenden.[52] Der VP-General folgte schließlich dem Votum Modrows ebenfalls und beschloß, „entgegen auch zentraler Festlegungen, keine Personenansammlungen bzw. Demonstrationen durch Zuführung mehr aufzulösen".[53] Damit handelten NVA und Volkspolizei in Abstimmung mit ihren Berliner Vorgesetzten abweichend von der zentralen, vom Berliner Hauptstab unter Leitung Mielkes vorgegebenen Linie.[54]

Modrow nutzte seine Position als BEL-Chef am 8. Oktober dazu, eine Eskalation des Konfliktes zu vermeiden. Statt den zentralen Konfrontationskurs eigenverantwortlich auszufüllen, verwandte er seine Entscheidungskompetenz und Autonomie im Status der Aktivierung der Einsatzleitungen dazu, den international geächteten Kurs der Berliner Führung zu konterkarieren. Seine distanzierte Haltung zur Politik der Aktivierung der Einsatzleitungen veranlaßte ihn später in einem gegen ihn geführten Meineidprozeß, zu behaupten, die letzte ordentliche und planmäßige Sitzung der Bezirkseinsatzleitung Dresden habe im September 1989 stattgefunden. Zwar habe es bis November Beratungen zur aktuellen Entwicklung unter seiner Leitung gegeben, dabei habe es sich jedoch nicht um Sitzungen der BEL gehandelt, wenngleich in einigen Informationsberichten an das ZK der SED von solchen Beratungen die Rede gewesen sei. Diese Informationen dienten, so auch Edmund Geppert, angeblich nur dazu, „formal auf Weisungen und Erwartungen zu reagieren und die ‚Zentrale' zufriedenzustellen".[55] Immer wieder bestritt Modrow im Nachhinein, daß in Dresden BEL-Sitzungen stattgefunden hätten: „Auch wenn Hardliner von damals heute noch meinen, die BEL hätte gemäß dem Statut oder - wie ich es nannte - ‚im engeren Sinne' tagen müssen, war das gerade nicht mein Verständnis."[56] „Wenn nun die Oktoberberatungen mit den Militärs kraft eines Gerichtsspruches dennoch zu Tagungen der Bezirkseinsatzleitung gemacht wurden, dann darf dieses Organ auch nicht aus dem herausgelöst werden, was im Ergebnis der von mir geleiteten politischen Beratungen geschah und beschlossen wurde; dann muß also in der Logik dieser Unterstellung akzeptiert werden, daß niemand anders als ausgerechnet die Bezirkseinsatzleitung wesentlich dazu beigetragen hat, einen politischen Dialog zu initiieren, den es so wie in Dresden in keiner anderen DDR-Stadt gab." Das „ließe dann auch den Schluß zu, just diese Bezirkseinsatzleitung habe das Konzept einer Konfliktlösung mit Hilfe jener auf der Straße entstandenen Bürgergruppe der 20 beschlossen, ihr also den Auftrag erteilt, den politischen Dialog auf den Großveranstaltungen im Oktober zu führen. Dem sächsischen Landtagsausschuß im April 1992 eine solche Version über die gleichsam wohltätige Arbeit

52 Vgl. Interview mit Raimund Kokott. In: Kaulfuß/Schulz, Dresdner Lebensläufe, S. 95; Ders. In: Dichtung und Wahrheit über die Einsatzleitungen, S. 18.
53 Dok. 86.
54 Vgl. Modrow, Aufbruch und Ende, S. 16.
55 Interview mit Edmund Geppert. In: Kaulfuß/Schulz, Dresdner Lebensläufe, S. 64f.
56 Letztes Wort Dr. Hans Modrows vor der 4. Strafkammer Dresden am 11.12.1996 (HAIT DS FRS, Modrow-Prozeß 1996).

einer Bezirkseinsatzleitung anzubieten, wäre wohl zu Recht als Provokation aufgefaßt worden."[57] Die Motive, aus denen heraus Modrow bis heute bestreitet, es hätten BEL-Sitzungen stattgefunden, sind wohl am ehesten aus den Zwängen des gegen ihn geführten Meineidprozesses verständlich. Es ehrt ihn, daß er sich nicht mit der Politik der Aktivierung der Einsatzleitungen identifizierte, gleichwohl läßt sich aus der Tatsache, daß er die BEL-Sitzungen nicht als solche akzeptieren wollte und sie statt dessen zur Durchsetzung seines Deeskalationskurses nutzte, keinesfalls schlußfolgern, daß es sich aus Sicht des Nationalen Verteidigungsrates nicht doch um Sitzungen der BEL handelte. Im übrigen läßt auch Berghofer keinen Zweifel daran, daß die BEL Dresden Anfang Oktober 1989 wiederholt getagt hat.[58]

Mit seiner couragierten Haltung kommt Modrow das historische Verdienst zu, den Kurs der Berliner SED-Führung durchbrochen zu haben. Er schuf einen Präzedenzfall, auf den sich zum Beispiel die Leipziger SED-Funktionäre am 9. Oktober stützen konnten. Der Sinneswandel des seit langem als Reformkommunist geltenden SED-Funktionärs vollzog sich letztendlich angesichts der machtvollen und friedlichen Demonstrationen auf den Straßen Dresdens. Noch am 4. Oktober hatte er mit der Berliner Führung auf eine Lösung der Probleme durch den Einsatz militärischer Mittel gesetzt, bereits am 8. Oktober nutzte er seine herausgehobene Position als BEL-Chef jedoch dazu, in seinem Verantwortungsbereich einen Deeskalationskurs durchzusetzen.

Modrows Kurswechsel blieb nicht lange ohne praktische Folgen. Durch die an die „operativen Kräfte" durchgestellte Weisung, „keine offenen Konfrontationen mit den Demonstranten" durch die Volkspolizei zuzulassen, gelang es der Volkspolizei nicht mehr, den Protestzug wie geplant am Pirnaischen Platz zu stoppen. Hatte es noch für 17.26 Uhr im Lagefilm der BVfS geheißen: „Blockierung Pirnaischer Platz vorgesehen - diese Personen müssen liquidiert werden",[59] so passierten nun etwa 1 500 Demonstranten den Platz.[60] Sie hatten sich nach der gewaltsamen Auflösung der Demonstration am Fetscherplatz in der Nähe des Botanischen Gartens erneut gesammelt und waren von dort zum Pirnaischen Platz marschiert. Da sie hier nicht gestoppt wurden, ging es weiter zum Postplatz, wo es der Volkspolizei kurzfristig gelang, den Demonstrationszug zu blockieren. Die Demonstranten wichen jedoch der Volkspolizei aus und bewegten sich durch Nebenstraßen über die Ernst-Thälmann-Straße und den Altmarkt in die Prager Straße. Auf dem Vorplatz des Hauptbahnhofes waren Militäreinheiten konzentriert, die die Demonstration zum Stehen bringen und auflösen sollten. Der Zug setzte sich jedoch bereits nach zehn Minuten wieder über die Prager Straße in Richtung Altmarkt in Bewegung. Von dort ging es erneut über den Postplatz, die Georgi-Dimitroff-Brücke und den Karl-Marx-Platz zur „Straße der Befreiung". Am Interhotel „Bellevue"

57 Modrow, Ich wollte ein neues Deutschland, S. 269.
58 Vgl. Interview mit Wolfgang Berghofer.
59 Dok. 2; Dok. 3.
60 Vgl. Vernehmungsprotokoll Willi Nyffenegger vom 7.12.1989 (SAPMO, MdI, 54023 GLKA).

registrierte das MfS ein Plakat mit der Aufschrift „Vernunft wird siegen".[61] Vom Denkmal „Goldener Reiter" setzte sich der Zug um 19.35 Uhr erneut in Bewegung und marschierte am Gebäude der BDVP vorbei über die Dr.-Rudolf-Friedrichs-Brücke, die Leningrader Straße, die Ernst-Thälmann-Straße und den Altmarkt, zum Teil durch Ketten von Sicherheitskräften hindurch, erneut zur Prager Straße.[62] Einige Demonstranten trugen Kerzen, die Menge klatschte und skandierte: „Wir bleiben hier, schließt euch an" und „Neues Forum".[63]

Modrows neuer Kurs, den Demonstrationszug zwar zu kanalisieren, aber nicht gewaltsam aufzulösen, stieß durchaus nicht auf ungeteilte Zustimmung. Während die Führungen von Volkspolizei und Volksarmee die Vorgehensweise Modrows unterstützten oder zumindest billigten, verhielt sich der Leiter der BVfS Dresden zurückhaltend bis ablehnend. Es gab in der Führung des Bezirkes Dresden Gegensätze zwischen Modrow und Generalmajor Horst Böhm, „der die Linie der herrschenden Hardliner in Berlin noch immer vertrat".[64] Berghofer berichtet sogar, daß Modrow und Böhm „Erzfeinde" gewesen seien. Der Leiter der BVfS Dresden habe Mielke ausführlich über alle Aktivitäten Modrows auf dem laufenden gehalten und sei daran interessiert gewesen, Modrow „ins offene Messer" rennen zu lassen.[65] Bereits um 17.10 Uhr hatte er Mielke darüber in Kenntnis gesetzt, daß Modrow der Volkspolizei empfohlen habe, Konfrontationen zu vermeiden. Um 17.41 Uhr meldete er: „VP muß umgehend liqudieren". Um 18.07 Uhr beschwerte er sich beim Leiter der Abteilung Sicherheitsfragen der SED-Bezirksleitung und Sekretär der Bezirkseinsatzleitung, Edmund Geppert, telefonisch über den weiteren ungestörten Verlauf der Demonstrationen: „Daß wir diese Dinge zulassen, ist unverantwortlich. Es muß gravierende Organisationsprobleme bei der DVP geben."[66] Kurz nach 18.00 Uhr wandte sich Böhm erneut an Nyffenegger, wies ihn „auf den Ernst der Lage" hin und forderte eindringlich, die Demonstration endlich aufzulösen. Um 18.42 Uhr warnte er Mielke: „Linie von heute nachmittag führte in Endkonsequenz zum Anwachsen des Demo-Zuges." Nachdem sich auf der Prager Straße eine zweite, wesentlich energischere Demonstrationsrunde formiert hatte, wandte er sich gegen 19.00 Uhr erneut an Mielkes Stellvertreter, Gerhard Neiber, und forderte „eine politische Entscheidung". Mit Blick auf die Haltung Modrows erklärte er, es gehe um Grundfragen der weiteren Entwicklung. Gegen 19.15 Uhr forderte Böhm auch Nyffenegger auf, bei der Bezirksleitung der SED darauf zu drängen, „daß schnell eine politische Entscheidung getroffen wird, wie weiter zu handeln ist." Da Modrow zu diesem

61 Vgl. Dok. 2.
62 Vgl. Dok. 7.
63 Vgl. BDVP Dresden, Lagefilm 3.-9.10.1989, Nr. 640/641 (Archiv des Polizeipräsidiums Dresden, I/3187).
64 Letztes Wort Dr. Hans Modrows vor der 4. Strafkammer Dresden am 11.12.96 (HAIT DS FRS, Modrow-Prozeß 1996).
65 Interview mit Wolfgang Berghofer.
66 Dok. 2; Dok. 3.

Zeitpunkt die Oper „Fidelio“ besuchte, teilte Lothar Stamnitz,[67] der zweite Sekretär der SED-Bezirksleitung, Böhm daraufhin um 19.18 Uhr im Auftrag Modrows mit: „Keine direkte Auseinandersetzung mit VP provozieren, an günstigen Stellen Demonstration auflösen und zum Auseinandergehen auffordern.“

Schließlich fügte sich auch das MfS der Linie Modrows. Um 19.44 Uhr instruierte Neiber die BVfS entsprechend: „Politische Entscheidung getroffen, an einer günstigen Stelle soll der Marschblock aufgehalten und blockiert werden ohne offene Konfrontation.“[68] Damit hatte Modrow sein Konzept kraft seines Amtes als BEL-Vorsitzender auch gegenüber der militärischen Führungsebene in Berlin erfolgreich vertreten. Dies war nur möglich, weil es inzwischen auch hier Meinungsverschiedenheiten über den Umgang mit der Protestbewegung und den Kurs Honeckers gab. Vor dem Hintergrund der sowjetischen Reformpolitik gab es bereits auf allen SED-Ebenen eine Differenzierung in Befürworter und Gegner der Gewaltanwendung und der Notwendigkeit gesellschaftlicher Reformen. Teile der SED und des Staatsapparates, einschließlich der „bewaffneten Organe“, waren an Veränderungen interessiert und ohne sowjetische Rückendeckung nicht mehr bereit, Gewalt zur Aufrechterhaltung des Regimes anzuwenden. Das schwächte die Handlungs- und Durchsetzungsfähigkeit der gewaltbereiten Teile der SED-Führung.[69] Die reservierte Haltung zahlreicher Funktionäre gegenüber einer möglichen Gewaltanwendung nahm latenter Gewaltbereitschaft Wind aus den Segeln und trug dazu bei, den Umbruchprozeß nach den Ereignissen am Dresdner Hauptbahnhof ohne Blutvergießen ablaufen zu lassen. Die Polarisierung innerhalb der SED-Führung aber stellte bereits die gesamte Funktionsweise der SED-Diktatur in Frage.[70] Bei allen Gegensätzen zur SED-Führung war Modrow aber die Gewißheit wichtig, mit seiner Deeskalationspolitik sowjetischen Wünschen und Vorstellungen zu entsprechen und im Trend der internationalen Entspannungspolitik zu liegen.[71] Die Politik von Glasnost und Perestroika war die Grundlage für den gesamten Umwandlungsprozeß in der DDR und dies, obwohl das Ergebnis der Entwicklung später ebensowenig den sowjetischen Vorstellungen entsprach, wie in der UdSSR selbst. Die Haltung der sowjetischen Regierung war auch deshalb wichtig, weil nach dem Warschauer Vertrag die oberste Gewalt im Notstandsfall bei den sowjetischen Truppen lag. In der DDR, so der ehemalige Botschafter in Berlin, Pjotr Abrassimow, „befand sich

67 Stamnitz, Lothar (geb. 1.11.1927 in Görlitz): 1964 bis Nov. 1989 2. Sekretär der SED-BL Dresden; nach 1990 Rentner.

68 Dok. 2; Dok. 3.

69 Döhnert/Rummel, Die Leipziger Montagsdemonstrationen, S. 153 sprechen von einer Rebellion der Bezirksverantwortlichen gegenüber Berlin.

70 Vgl. Runge/Stellbrink, Markus Wolf, S. 107.

71 Unklar ist, ob Modrow mit direkter sowjetischer Unterstützung handelte. Schabowski spricht vom „Freundeskreis um Wolf“, zu dem Modrow und Berghofer gehört haben sollen. Bei der „Dresdner Runde“ habe es sich keinesfalls um ein „provinzielles Politkränzchen“ gehandelt, vielmehr verfügte sie „frühzeitig über eine mächtige Rückendeckung“. In: Schabowski, Der Absturz, S. 285.

die Stoßspitze der Sowjetarmee. Die Berater auf KGB-Ebene, von ihnen gab es mehr als genug, paßten auf die Kollegen auf. Ein wachsames Auge hatte man auch auf die NVA - bis hin zum Divisionskommandeur saßen überall Berater aus der UdSSR [...] Rein formal wurden sie nur konsultiert. Faktisch mußten die Ratschläge unserer Emissäre erfüllt werden."[72] In allen höheren Stäben der NVA saßen sowjetische Offiziere, an denen sich keine Operation der NVA vorbei entwickeln konnte. Aus der Zurückhaltung der sowjetischen Truppen und der Tatsache, daß die NVA unmittelbar dem Oberbefehlshaber des Warschauer Vertrages unterstellt war, ergab sich nach Meinung Falins und Daschitschews die Konsequenz, daß sich in der DDR die Vertreter eines Deeskalationskurses durchsetzen konnten.[73] Vor diesem Hintergrund wird verständlich, warum die NVA-Führung bereits am 6. Oktober darauf gedrängt hatte, auf einen Waffeneinsatz zu verzichten und General Kokott am 8. Oktober Modrows Haltung in der Dresdner Bezirkseinsatzleitung als erster und mit Rückendeckung der NVA-Führung unterstützte.

3. Bildung einer Vertretergruppe der Demonstranten

Binnen kürzester Zeit ergaben sich aus der Konstellation des Veränderungswillens der demonstrierenden Bevölkerung einerseits und der veränderten Haltung Modrows gegenüber den Demonstranten andererseits weitere gravierende Folgen, die den Beginn der rasanten Veränderungen der nächsten Tage und Wochen markierten. Dazu gehörte die Bildung einer Sprechergruppe der Demonstranten am Abend des 8. Oktober. Ihre Entstehung war eine unmittelbare Folge der Entscheidung der Dresdner Führung, politische statt militärische Lösungen zu finden.

Am Abend des 8. Oktober hatte sich das Geschehen immer mehr auf die Prager Straße konzentriert, waren doch inzwischen alle Nebenstraßen und auch der Weg zum Hauptbahnhof abgeriegelt.[74] Dieter Brandes, später Mitglied der Gruppe der 20, erinnert sich, daß die Möglichkeit bestand, entweder draußen zu bleiben oder in den Kessel hineinzugehen: „Ich habe mir dann ganz klar überlegt, ich gehe rein. Ganz gleich, was jetzt passiert."[75] Die Volkspolizei versuchte, die Demonstranten auseinanderzutreiben, indem sie die Demonstrationszüge teilte und alle Zugänge zur Mitte der Straße absperrte. Am Centrum-Warenhaus wurde die Spitze des Zuges Richtung Postplatz abgedrängt, die Nachfolgenden bewegten sich in Richtung Prager Straße. In der Höhe des Interhotels „Newa" sperrte die Polizei die Straße. Ein „harter Kern" von ca. 300 Demonstranten wurde von Sicherheitskräften eingekreist, die Spitze des Zuges eingekesselt, andere Gruppen von ihnen abgetrennt.

72 Interview mit Pjotr Abrassimow. In: Der Spiegel vom 17.8.1992.
73 Vgl. Valentin Falin und Wjatscheslaw Daschitschew. Zit. nach Kuhn, Der Tag der Entscheidung, S. 30.
74 1. Interview mit Frank Richter; 1. Interview mit Beate Mihály.
75 Interview mit Dieter Brandes.

Demonstrantengruppen befanden sich dadurch auch hinter den Postenketten am Lenin-Denkmal und hinter dem „Newa". Insgesamt entstand der Eindruck, als seien auch die Sicherheitskräfte von Demonstranten, die um die Prager Straße herum standen, „eingekesselt". Nach VP-Darstellung wurde durch die Einsatzkräfte eine Gasse zum ungehinderten Verlassen unbeteiligter Personen geöffnet.[76] Die Demonstranten suchten die Nähe der Interhotels auf der Prager Straße, da sie sich dort wegen der Präsenz der Öffentlichkeit sicherer vor Gewaltanwendung fühlten. Zahlreiche Bewohner der Dresdner Innenstadt öffneten ihnen während der Demonstrationen zum Schutz die Hauseingänge.[77] Die Angaben über die Anzahl der Eingekesselten schwanken zwischen 800,[78] über 900,[79] 1 500[80] bis 2 000 Personen.[81] Insgesamt waren nach Polizeiangaben 5 000 bis 10 000 Personen auf den Beinen,[82] denen vier Kompanien der NVA, zwei Kompanien der Transportpolizei, fünf Kompanien der Volkspolizei, Mitglieder von Kampfgruppen, sowie hunderte Mitarbeiter des MfS und „gesellschaftliche Kräfte" gegenüberstanden. In der unübersichtlichen Situation setzte sich ein großer Teil der umzingelten Demonstranten mit brennenden Kerzen in den Händen auf den Boden und bekundete so friedliche Absichten. In Sprechchören hieß es „Keine Gewalt!", „Bruder, schlag mich nicht!", „Schließt Euch an, wir brauchen jeden Mann!", „Wir bleiben hier, Reformen wollen wir!", „Gorbi, Gorbi!" und „Wen wollt ihr schützen? - Wir sind das Volk!"[83] Lieder wie „Dona nobis pacem", „We shall overcome", „Die Gedanken sind frei" und die „Internationale" wurden angestimmt.[84] Die Situation schien bedrohlich, standen den friedlichen Demonstranten doch Polizeikräfte gegenüber, die Hunde mit sich führten und mit Schlagstöcken auf ihre Schilde trommelten.[85]

Da die Demonstranten nicht über die veränderte Haltung der Bezirkseinsatzleitung informiert waren, mußten sie angesichts der martialischen Kulisse davon ausgehen, daß die Volkspolizei die Ansammlung erneut gewaltsam auflösen würde.[86] Um dies zu vermeiden, wandte sich Kaplan Frank Richter, der die Demonstration von Anfang an begleitet hatte, gemeinsam mit Kaplan Andreas Leuschner[87] an die Sicherheitskräfte und setzte sich für eine friedliche

---

76 Vgl. Dok. 5; Dok. 8; Bericht des 1. Stellvertreters des Leiters der BVfS Dresden, Hardi Anders, vom 8.10.1989 (BStU, ASt. Dresden, BV, 1. SdL 1, Bl. 89); Urich, Der Umbruch in Dresden, S. 19.

77 Vgl. 2. Interview mit Beate Mihály.

78 Vgl Kaulfuß/Schulz, Dresdner Lebensläufe, S. 31.

79 Vgl. Dok. 2.

80 Aktuelle Information über die politische Lage und das Stimmungsbild im Bezirk am 8.10.1989 (SächsHStA, SED-BL Dresden, 13218).

81 Vgl. BDVP Dresden, Lagefilm 3.-9.10.1989, Nr. 640/641 (Archiv des Polizeipräsidiums Dresden, I/3187).

82 Vgl. Bericht des bischöflichen Ordinariats Dresden-Meißen vom 8./9.10.1989 (Privatbestand Frank Richter, unpag.); Dok. 5.

83 Vgl. Dok. 2.

84 Vgl. Interview mit Friedrich Boltz. In: Kaulfuß/Schulz, Dresdner Lebensläufe, S. 31.

85 Vgl. Urich, Der Umbruch in Dresden, S. 19f.

86 Vgl. Dok. 4.

87 Zur Person vgl. Kurzbiographie im Anhang.

Lösung ein.[88] Die Teilnahme katholischer Geistlicher an den Demonstrationen war kein Zufall, sondern resultierte aus dem Bestreben der katholischen Kirche, gesellschaftliche Veränderungen in der DDR zu befördern. Richter hatte bereits seit dem 4. Oktober die Idee der Bildung einer „Gruppe von der Straße", die nicht von der Kirche gelenkt war und die mit den Vertretern des Staates verhandeln sollte.[89] Am 8. Oktober ging er „mit dem festen Vorsatz" auf die Prager Straße, eine entsprechende Gruppe zu gründen.[90] Zunächst lehnte die Volkspolizei ein Gespräch ab, schließlich bat ein Offizier die Kapläne durch die Postenkette hindurch und verwies sie an einen Verantwortlichen in Zivil. Es handelte sich um Leutnant Detlef Pappermann, dem sie ihr Anliegen vortrugen, die Polizei möge von Gewaltanwendungen absehen, da auch von den Demonstranten keine Gewalt ausgehe.[91] Pappermann gehörte zur „Diensteinheit IX", einem speziellen Einsatzkommando der Volkspolizei, von dessen Existenz die Bevölkerung nichts wußte.[92] Richter forderte ihn auf, sich um einen kompetenten Gesprächspartner von staatlicher Seite zu bemühen und erklärte, unterdessen mit den Demonstranten zu reden und ihre Gesprächsbereitschaft auszuloten. Außerdem schlug er vor, Berghofer sollte den Demonstranten vor Ort Rede und Antwort stehen und damit einen gewaltfreien Ausgang des Abends garantieren. Nach kurzer Bedenkzeit willigte Pappermann ein, sich mit seinen Vorgesetzten in Verbindung zu setzen.[93] Richter wurde aufgefordert, unterdessen eine Abordnung auszuwählen. Dabei handelte es sich offensichtlich um eine eigenmächtige Entscheidung Pappermanns, die nicht mit seinen Vorgesetzten abgesprochen war. Eine erste Vorentscheidung für den Dialog war somit zunächst zwischen Richter und Pappermann als Vertretern der Demonstranten und der Einsatzkräfte vor Ort getroffen worden.

Beim Vorschlag, Oberbürgermeister Berghofer auf die Prager Straße zu bitten, war sich Richter nach eigenem Bekunden im klaren darüber, daß dieser als Kommunalpolitiker für viele Probleme nicht der richtige Ansprechpartner war. Da ein Gespräch mit Honecker oder Modrow jedoch unrealistisch schien, schlug er den Oberbürgermeister vor, um überhaupt einen Dialog in Gang zu setzen.[94] Pappermann wandte sich gegen 21.00 Uhr über Funk an die BDVP und teilte mit, daß die Vertreter der Demonstranten dem Oberbürgermeister Forderungen übergeben wollten.[95] Hier wartete man mit einer Entscheidung

88 Vgl. Ziemer, Wachen und Beten, S. 102; Wagner, Gruppe der 20, S. 13; ders., Die Novemberrevolution in Dresden, S. 11.

89 2. Interview mit Frank Richter.

90 Interview mit Frank Richter. In: Seifert, Durch Umkehr, S. 154.

91 Vgl. Dok. 5; Frank Richter. In: Bahr, Sieben Tage, S. 125; 2. Interview mit Beate Mihály; 2. Interview mit Frank Richter.

92 Detlef Pappermann beim Podiumsgespräch im Hotel Newa Dresden am 18.1.1999 (Mitschr. M. Richter, HAIT DS, Gruppe der 20).

93 Vgl. Frank Richter. In: Bahr, Sieben Tage, S. 125; Urich, Der Umbruch in Dresden, S. 20;. Privatbestand Herbert Wagner, Bl. 36; Ziemer, Wachen und Beten, S. 102.

94 Vgl. 1. Interview mit Frank Richter.

95 Vgl. Kaulfuß/Schulz, Dresdner Lebensläufe, S. 95.

auf die Rückkehr Modrows. Auch Berghofer versuchte vergeblich, Modrow anzurufen, und entschied schließlich „im Vertrauen, wir kannten uns ja gut, auf seine Position, allein".[96] Als man ihn nach dessen Rückkehr vom Opernbesuch informierte, gab er sofort seine Zustimmung zur Haltung Berghofers, sah er doch eine Gelegenheit, seiner reform- und dialogorientierten Politik zum Durchbruch zu verhelfen.[97] Da Modrow ein direkter Einfluß auf das Politbüro als dem eigentlichen Machtzentrum verwehrt war, mußte er auf andere Weise agieren. Die Gelegenheit schien günstig, den Weg in Richtung Dialog einzuschlagen und das Herrschaftssystem durch Reformen sowjetischen Musters langfristig zu stabilisieren. Durchaus glaubwürdig ist seine spätere Erklärung gegenüber dem Politbüro, er sei nur unter der Bedingung zum Gespräch mit der demonstrierenden Bevölkerung bereit gewesen, daß es „um die Stärkung und weitere Ausgestaltung der DDR und des Sozialismus" ging.[98] Nach der positiven Antwort Modrows gingen Richter und Leuschner zurück zu den Demonstranten, die bis dahin ruhig abgewartet hatten. Um sie über das Gespräch zu unterrichten, stieg Richter auf den Rand eines Springbrunnens. Die laut rauschende Fontäne wurde in dem Moment ausgeschaltet, als er zu sprechen begann.[99] Das gab, so Richter, den ersten Applaus und war „für die Psychologie des Vorgangs ein befreiender Moment".[100] Er erklärte den Anwesenden die Lage. Um sich besser verständlich machen zu können, erhielt er ein Megaphon, um auch die Demonstranten zu erreichen, die durch die Polizeikräfte vom Kessel abgeschnitten waren.[101] Um 21.05 Uhr erging deswegen eine Anfrage an den Chef der BDVP, wer entschieden habe, daß „Kirchfritzen" mit Megaphon zu den Versammelten sprechen können.[102] Richter erinnert sich, daß es für die Volkspolizisten ein enormes Problem war, ihm ein Megaphon zu geben: „Das hat ein Weilchen gedauert, und dann hat man das genehmigt. Es ist aber ein Polizist mitgegangen. Der behielt das Megaphon um seinen Hals gebunden, und ich durfte durch dieses Megaphon sprechen."[103] Auf dem Brunnen, so Richter „spulte ich meinen Plan ab, wie er mir schon seit Tagen durch den Kopf ging."[104] Zunächst bat Richter darum, zehn Vertreter für ein mögliches Gespräch zu bestimmen. Zahlreiche Menschen standen spontan auf. Zunächst meldeten sich rund fünfzig Personen, darunter vor allem Jugendliche. Nachdem es Rufe gab, nicht nur Junge sondern auch Ältere zu beteiligen, forderte Richter, daß möglichst viele Alters- und Berufsschichten vertreten sein

96 Wolfgang Berghofer beim Podiumsgespräch im Hotel Newa Dresden am 18.1.1999 (Mitschr. M. Richter, HAIT DS, Gruppe der 20).

97 Vgl. Modrow, Aufbruch und Ende, S. 17; Interview mit Hans Modrow.

98 Fernschreiben Modrows an Honecker zur Beratung am 10.10.1989 (ABL BA Dresden 4, Bl. 230–232).

99 Vgl. Frank Richter. In: Bahr, Sieben Tage, S. 125.

100 1. Interview mit Frank Richter; vgl. Bahr, Sieben Tage, S. 125 und 128.

101 Vgl. 2. Interview mit Frank Richter; Bericht des Bezirksstaatsanwaltes vor der StVV Dresden am 22.10.1989 (Stadtarchiv Dresden, StVV, Protokolle 154); Urich, Der Umbruch in Dresden, S. 20f.

102 Dok. 2.

103 1. Interview mit Frank Richter; vgl. Bahr, Sieben Tage, S. 128.

104 Serie „Gruppe der 20. Wo sind die stillen Helden?" In: Bild vom 9. Oktober 1997.

sollten.[105] Der Entschluß, sich für die Gruppe zu melden, wurde teils spontan, teils sehr bewußt getroffen. Wichtigstes Motiv war es, der Gewalt der letzten Tage ein Ende zu setzen. Friedrich Boltz erinnert sich, daß es sein Anliegen war, „erst einmal zu verhindern, daß es an dem Abend knallt“ und „irgendwie ein Gespräch zu finden, damit nicht wieder so eine Situation entsteht wie in den vorhergegangenen Tagen“.[106] Beate Mihaly berichtet, wie sie zur Gruppe kam. Nach der Aufforderung, nach vorn zu treten, sagten die Leute um sie herum: „‚Nu gehnse vor, gehnse vor, machen se‘, und ich hab dann gleich den Herrn Neubert mitgenommen, der wollte gar nicht. ‚Komm komm‘, hab ich gesagt. Und so hat sich die Gruppe dann gebildet, so spontan.“[107] Frank Neubert schildert den Vorgang aus seiner Sicht: „Ich wollte ja gar nicht. Und zwar hat mich eine Frau vorgezogen, die mich vom vorhergehenden Tag kannte, die ich überhaupt am 7. Oktober zum ersten Mal gesehen habe. Die Frau hat mich vorgezogen und hat gesagt: Komm mit vor, Du hast doch was zu sagen, und Du warst doch die andere Zeit schon aktiv. Du mußt mit vor und mit ihnen reden. Ja, und dann bin ich vorgegangen, aber nicht aus eigenem Antrieb.“[108]

Da sich zu viele Personen gemeldet hatten, bestimmten die Demonstranten nach einer Aufforderung Richters durch Beifall spontan zwanzig Personen, die mit der Volkspolizei und den Vertretern der Stadt verhandeln sollten. Nachdem Richter deren Namen für sich notiert hatte, wurde er aufgefordert, die Personalien den Sicherheitskräften zu übergeben.[109] Leutnant Pappermann erhielt daraufhin die zwanzig Personalausweise und notierte die Personalien.[110] Eine zweite Liste wurde zum Schutz der Beteiligten in kirchlichen Amtsräumen deponiert. Richter war klar, „daß diese Leute ab sofort unter einer ganz extremen Beobachtung stehen würden“.[111] Auch den Gruppenmitgliedern war der Ernst der Lage bewußt. Dieter Brandes erinnert sich, daß eine gewisse Ernüchterung einsetzte, als seine Personalien verlangt wurden: „Da machte es bei mir natürlich ‚Klick‘, und ich wußte, von jetzt ab mußt du ganz besonders vorsichtig sein.“[112] Nach geltendem Recht war er wie die anderen nun ein „Rädelsführer“ und mußte mit Festnahme und Haft rechnen. Tatsächlich begann das MfS unmittelbar nach Erhalt der Personenangaben mit einer genauen Untersuchung der Gruppenmitglieder. Alle Beteiligten wurden durch den Leiter der

105 Vgl. Dok. 5; Interview mit Friedrich Boltz. In: Flach, Der Demokratisierungsprozeß, S. 36.
106 Interview mit Friedrich Boltz.
107 „Helden a. D.“ MDR-Fernsehen vom 16.12.1992.
108 Interview mit Frank Neubert.
109 Telegramm des Leiters der BVfS Dresden an Mielke, Mittig, Neiber, Irmler, Sommer vom 9.10.1989 (ABL BA Dresden 6, Minderheitsvotum Linke Liste/PDS im Sonderausschuß, Anlage 3, S. 5). Vgl. Privatbestand Frank Richter; Urich, Der Umbruch in Dresden, S. 22f.
110 Detlef Pappermann beim Podiumsgespräch im Hotel Newa Dresden am 18.1.1999 (Mitschr. M. Richter, HAIT DS, Gruppe der 20).
111 1. Interview mit Frank Richter.
112 Interviews mit Dieter Brandes, Friedrich Boltz und Eberhard Ohst; 1. Interview mit Beate Mihály.

Abteilung M[113] der BVfS Dresden „zeitweilig unter Kontrolle“ gestellt.[114] Bei einigen Beteiligten leitete das MfS „operative Personenkontrollen“ ein.[115] Im Ergebnis der Untersuchung stellte das MfS fest, daß die Mitglieder der Gruppe „spontan aus der Situation heraus gewählt wurden, ohne vorherige gegenseitige Abstimmung und ohne, daß sie von irgendjemand bestimmt wurden. Die Mehrzahl der Personen kannte sich vorher nicht und hatte auch keine Verbindung zu Gruppen des politischen Untergrundes bzw. zu Personen, die das ‚Neue Forum‘ organisieren“.[116]

Die Sprechergruppe am 8. Oktober 1989[117]
René Bachmann, Andreas Bartzsch, Ullrich Baumgart, Friedrich Boltz, Dieter Brandes, Karl-Heinz Denkert, Uwe Glosinski, René Grüttner, Markus Kinscher, Andreas Leuschner, Sabine Linke, Beate Mihály, Maik Miersch, Henry Mattheß, Klaus Münch, Frank Neubert, Kerstin Nikolaus, Eberhard Ohst, Heiko Pstrong, Mario Petry, Frank Richter, Steffen Richter, Peter Rosenberg, Olivia Schwarz, Maria Steudner, Burgi Trommer.

Sozial und von ihrem Alter her repräsentierte die Gruppe in etwa die Dresdner Demonstranten.[118] Vier Mitglieder waren bis zu zwanzig Jahre alt, sechs zwischen zwanzig und dreißig, fünf zwischen dreißig und vierzig, vier zwischen vierzig und fünzig und ein Mitglied war älter als fünzig Jahre.[119] Den größeren Teil der Gruppenmitglieder stellten somit Zwanzig- bis Vierzigjährige, das Durchschnittsalter lag bei 31 Jahren. Die Palette der Berufe reichte vom Ingenieur über Studenten, einen Handwerker bis zur Sozialarbeit. Arbeiter bildeten den größten Teil, gefolgt von Jüngeren, die sich noch in der Ausbildung befanden, vier Gruppenmitglieder hatten einen Hoch- oder Fachschulabschluß, drei waren Angestellte. Zur Gruppe gehörten fünf Frauen. Die beiden ältesten Mitglieder waren der Katechet Dieter Brandes mit 58 und der Diplom-Chemiker Eberhard Ohst mit 49, jüngstes der Lehrling Steffen Richter mit 17 Jahren. Friedrich Boltz war SED-Mitglied und Ulrich Baumgart Vorsitzender eines CDU-Ortsverbandes. Weil die Entwicklung überraschend und zügig ablief, gelang es dem MfS nicht, gezielt Inoffizielle Mitarbeiter einzuschleusen.[120] Die Gruppe setzte sich völlig anders zusammen als die Basisgrup-

113 Kontrolle des Brief-, Paket- und Telegrammverkehrs.
114 Dok. 18.
115 BStU, ASt. Dresden, BV, XII, 786/89.
116 Dok. 30.
117 Vgl. BVfS Dresden an Modrow vom 10.10.1989, Information über die personelle Zusammensetzung der Personengruppe, die sich zum „Sprecher“ der Teilnehmer an der Zusammenrottung des 8.10.1989 machten (BStU, ASt. Dresden, BV, XX, 9195, Bl. 168–172). Die Mitglieder der Sprechergruppe wurden später als „Urmitglieder“ der Gruppe der 20 bezeichnet. Es handelte sich nicht genau um zwanzig Mitglieder.
118 Vgl. Wagner, Die Novemberrevolution, S. 11f; ders., Zwanzig gegen SED-Willkür, S. 91f.; Interviews mit Frank Neubert und Eberhard Ohst; Privatbestand Frank Neubert, Bl. 5; Privatbestand Dieter Brandes, Bl. 8f.
119 Stand vom 15.10.1989. Vgl. Bahr, Sieben Tage, S. 178.
120 1. Interview mit Frank Richter. Baumgart war in den siebziger Jahren kurzzeitig als IM verpflichtet gewesen, hatte den Kontakt jedoch von sich aus beendet. Mattheß hatte

pen der Bürgerbewegung, die hauptsächlich aus Angehörigen der wissenschaftlich-technischen, medizinischen und pädagogischen, sowie der künstlerischen Intelligenz bestanden. Sie war auch völlig anders strukturiert als kirchliche Gruppen[121] und setzte sich durchweg aus protest- und veränderungsbereiten Bürgern zusammen. Durch Zuruf von der Straße hatte sich spontan und direktdemokratisch eine Bürgervertretung gebildet, „gerade so wie Rousseau sich Demokratie im Stadtstaat Genf vorstellte".[122]

Nachdem die Gruppenmitglieder festgelegt und ihre Personalien aufgenommen worden waren, forderten diese die Sicherheitskräfte auf, als Zeichen der Verständigung ihre Schilde niederzulegen und die Hunde zurückzunehmen. Beate Mihály berichtet: „Ich kann mich noch gut daran erinnern, wie wir forderten, daß die Schilde abgelegt werden. Das war so eine drohende Gebärde. Frank Richter und ich standen ganz vorn, Gesicht an Gesicht mit den Einsatzkräften. Und da haben wir Kaplan Leuschner gebeten, zu veranlassen, daß die Schilde heruntergenommen werden, daß die Hunde ein Stück zurückgehen, denn die Hunde kläfften. Das war richtig bedrohend. Wir sagten, wir sind nicht bedrohend, also möchten wir auch nicht bedroht werden." In der Tat legten die Uniformierten daraufhin ihre Schilde nieder und nahmen die Hunde zurück, was mit viel Beifall honoriert wurde.[123] In der nun entspannteren Situation bat Richter, ihm Themen und Forderungen für das Gespräch mit Berghofer zuzurufen. Nach MfS-Darstellung legte er den Demonstranten dabei „die Antworten in den Mund".[124] Folgende Punkte wurden genannt und durch den Beifall der Menge bestätigt:

- Freilassung der politischen Gefangen, besonders jener, die in den letzten Tagen in Dresden inhaftiert wurden,
- Offener und gewaltfreier Dialog in der Gesellschaft,[125]
- Reisefreiheit,
- Pressefreiheit,
- Wahlfreiheit,
- Recht auf friedliche Demonstrationen,
- Einführung eines Zivildienstes,
- Legalisierung des Neuen Forums.[126]

---

mündlich seine Bereitschaft zur Zusammenarbeit erklärt (zuletzt im September 1989), eine schriftliche Verpflichtung jedoch abgelehnt. Seit seiner Mitarbeit in der Gruppe der 20 verweigerte er weitere Kontakte zum MfS (BStU, ASt. Dresden, BV, AIM-VL „Frank Schuster" 3499/89).

121 Vgl. Interview mit Christof Ziemer. In: Rein, Die protestantische Revolution, S. 193 und 234; 1. Interview mit Frank Richter; Ziemer, Wachen und Beten, S. 103; Jarausch, Die unverhoffte Einheit, S. 72.

122 Thaysen, Wege des politischen Umbruchs, S. 21.

123 Vgl. Bericht des bischöflichen Ordinariats Dresden-Meißen vom 8./9.10.1989 (Privatbestand Frank Richter, unpag.); Dok. 5; 1. Interview mit Frank Richter; 1. Interview mit Beate Mihály.

124 Dok. 7.

125 Dieser Punkt wurde von Frank Richter hinzugefügt.

126 Vgl. Bahr, Sieben Tage, S. 128.

Der zunächst fehlende Themenkomplex Ökologie wurde bald ergänzt. Sein Fehlen läßt sich aus der Spontaneität der Situation erklären.[127] Mit der Themenauswahl war „der erste Forderungskatalog des Volkes"[128] entstanden, der nahezu alle Bereiche des gesellschaftlichen Lebens der DDR umfaßte, sich an den Spielräumen sowjetischer Reformpolitik orientierte und sich weitgehend mit den Forderungen anderer Oppositionsgruppen deckte.

Nach Festlegung der Themen erhielt die Gruppe der zwanzig Demonstrantenvertreter aus der Menge per Akklamation die Vollmacht, Berghofer die Forderungen der Demonstranten zu überbringen.[129] Richter erhielt die Erlaubnis, durch die Postenketten hindurch zwei weitere Demonstrantengruppen am Lenindenkmal und hinter dem Hotel Newa zu informieren, die die Forderungen ebenfalls durch Beifall bestätigten.[130] Vor allen Dingen sah die Gruppe ihren wichtigsten Auftrag darin, überhaupt erst einmal einen Dialog zwischen der Bevölkerung und den Staats- und Parteiorganen in Gang zu setzen.[131] Dabei sollte es sich ausdrücklich um einen offenen und gewaltfreien Dialog handeln, eine Forderung, die von Richter eingebracht wurde und mit der er unterstreichen wollte, daß sich die nichtkirchliche Gruppe nicht als Opposition verstand, die von den Vertretern des Apparates schon aus rechtlichen Gründen hätte abgelehnt werden müssen.[132] Die Vertreter der Gruppe forderten, die Ergebnisse des Gesprächs am Montagabend auf der Prager Straße bekanntzugeben, bei Erfüllung dieser Forderung seien die Demonstranten bereit, nach Hause zu gehen. Nach einigen Telefonaten wurde ihnen mitgeteilt, Berghofer werde nicht auf die Prager Straße kommen, sei aber bereit, sie am nächsten Morgen um 9.00 Uhr im Rathaus zu empfangen.[133] Pappermann erklärte Richter, daß die Bekanntgabe in der Kirche erfolgen müsse.[134]

---

127 1. Interview mit Frank Richter.

128 Ziemer, Wachen und Beten, S. 102. Vgl. Die Union vom 10.10.1989; Interview mit Friedrich Boltz. In: Kaulfuß/Schulz, Dresdner Lebensläufe, S. 32.

129 Vgl. Notizen von der Nacht des 8. zum 9.10.1989 und Blaues Notizbuch (Privatbestand Beate Mihály); Leiter BVfS Dresden, 9.10.1989 (ABL BA Dresden 4, Bl. 254); Bahr, Sieben Tage, S. 128 und 141f.; Uta Dittmann: „Es ist möglich, miteinander zu reden". In: Die Union vom 10.10.1989; Abschrift eines in einem Betrieb in Radebeul gefundenen Flugblattes vom 9.10.1989: Kreuzkirche, 8.10.89, Fragen, die beim Oberbürgermeister vorgetragen wurden (SächsHStA, SED-BL Dresden, 13217).

130 Vgl. Dok. 5.

131 Vgl. Bericht von Andreas Horn. In: Bahr, Sieben Tage, S. 141; Uta Dittmann: „Es ist möglich, miteinander zu reden". In: Die Union vom 10.10.1989.

132 Vgl. Bahr, Sieben Tage, S. 128; Ziemer, Wachen und Beten, S. 102; Interview mit Frank Neubert; Bericht von Frank Richter an Stadtjugendpfarrer Henker vom 9.10.1989, 7.30 Uhr (Privatbestand Frank Richter); Bericht des Bischöflichen Ordinariats (Ebd.); Privatbestand Herbert Wagner, Bl. 16f.

133 Vgl. Dok. 5.

134 Frank Richter beim Podiumsgespräch im Hotel Newa Dresden am 18.1.1999 (Mitschr. M. Richter, HAIT DS, Gruppe der 20).

4. Evangelische Kirchenleitung im Gespräch mit dem Rathaus

Der Initiative Richters war es zu verdanken, daß es zu Gesprächen mit Vertretern des Staates kam. Seine „Strategie von unten“ wurde jedoch, ohne sein Wissen und zeitlich parallel, durch eine „Strategie von oben“ der evangelischen Kirchenleitung ergänzt.[135] Sie drückte sich in der Initiative des Dresdner Superintendenten, Christof Ziemer, aus, der bereits in den vorangegangenen Tagen vergeblich das Gespräch mit Berghofer gesucht hatte. Bei einer letzten Unterredung im Juni 1989 waren sich beide über die Notwendigkeit gesellschaftlicher Veränderungen einig gewesen.[136] Ziemer, dessen oppositionelle Aktivitäten der Dresdner MfS-Führung bereits seit längerem ein Dorn im Auge waren, hatte gemeinsam mit Landesbischof Johannes Hempel[137] die Fälschungen der Kommunalwahlen kritisiert,[138] gesellschaftliche Veränderungen gefordert und dem Oberbürgermeister ein Gespräch mit den unter dem Dach der Kirche agierenden Basisgruppen nahegelegt. Berghofer hatte damals grundsätzlich seine Bereitschaft zu einem Treffen erklärt. Die Einlösung dieser Zusage stand aus, als Ziemer Berghofer am 8. Oktober um eine Gespräch bat. Für diesen Tag hatten Ziemer und Jörg Naumann Anfang Oktober die Gründung einer „Bürgerinitiative Dresden“ innerhalb des Neuen Forums geplant, dies aber nach einer Aussprache Ziemers mit der Abteilung Inneres des Rates der Stadt Dresden von Seiten der Kirchenleitung wieder fallengelassen.[139] Ungeachtet dessen trafen sich etliche Akteure am Abend des 8. Oktober in der St. Petrikirche, die Pfarrer Lothar Kuczera kurzfristig zur Verfügung stellte.[140]

Der Superintendent hatte sich den ganzen Tag in der Kreuzkirche aufgehalten. Hin und wieder beteiligte er sich an den Demonstrationen, kehrte aber immer wieder in die Kirche zurück, um ansprechbar zu bleiben. Stündlich wurde eine Andacht gehalten. Mit den Mitarbeitern war außerdem abgesprochen, die Türen zu öffnen, „wenn die Leute zusammengeschlagen würden, damit sie sich in die Kirche flüchten könnten“.[141] Als Ziemer erfuhr, daß es auf der Prager Straße zu einer Konfliktsituation gekommen war, versuchten er

---

135 Flach, Die Gruppe der 20, S. 41.

136 Vgl. Interview mit Wolfgang Berghofer.

137 Hempel, Johannes (geb. 23.3.1929 in Zittau): 1960 Dr. theol.; 1963–71 Studentenpfarrer in Leipzig; ab 1972 Landesbischof der Ev.-Luth. Kirche Sa.; 1981–86 Leitender Bischof der Vereinigten Lutherischen Kirchen in der DDR; 1983–1991 einer von 7 Präsidenten des Ökumenischen Rates der Kirchen; 1991 Stellv. Ratsvors. d. EKD.

138 Vgl. Dok. 75.

139 Vgl. Lagemeldung des Stabes der Zivilverteidigung im Bezirk Dresden im Verantwortungsbereich des Vorsitzenden des Rates des Bezirkes (BStU, ASt. Dresden, BV, 1. SdL, 1, S. 20-21); Telegramm Leiter BVfS Dresden an MfS, Tagesbericht zur Aktion „Jubiläum 40“ (BStU, ASt. Dresden, BV, 1. SdL, 1, Bl. 27–34); Leiter BVfS Dresden an Leiter Struktureinheiten vom 5.10.1989, Maßnahmeplan zur vorbeugenden Verhinderung feindlich-negativer Aktivitäten anläßlich der geplanten Gründungsveranstaltung „Bürgerinitiative Dresden innerhalb des Neuens Forums“ in der Kirche Leubnitz-Neuostra am 8.10.89, 19.00 Uhr (BStU, ASt. Dresden, BV, Leiter BV, 10128, Bl. 1).

140 Interview Lothar Kuczera.

141 Interview mit Manfred Artur Fellisch.

bzw. sein enger Vertrauter, Manfred Artur Fellisch,[142] vergeblich das Rathaus anzurufen. Da keine Verbindung zustande kam, riefen sie im Büro Modrows an. Modrow selbst war nicht anwesend, seine Sekretärin vermittelte aber einen Anruf bei Berghofer, der zurückrief und direkt mit dem ebenfalls anwesenden Landesbischof Hempel vereinbarte, daß Vertreter der Kirchenleitung zu ihm ins benachbarte Rathaus kommen könnten.[143] Nach der etwas abweichenden Darstellung Ziemers rief er unabhängig von der Initiative Richters um 20.40 Uhr im Dresdner Rathaus an, bat dringlich um ein Gespräch mit dem Oberbürgermeister oder dem Stellvertreter für Inneres und mußte lange auf eine Antwort warten. Nachdem inzwischen auch Landesbischof Hempel und Oberlandeskirchenrat Fritz in die Kreuzkirche gekommen waren, rief er demnach ein zweites Mal im Rathaus an und erklärte, daß auch der Landesbischof um ein Gespräch bitte.[144]

Auf Weisung des Vorsitzenden des Ministerrates galt im Rathaus erhöhte Alarmbereitschaft. Rund um die Uhr mußte es durch den Bürgermeister oder einen Stellvertreter mit einer operativen Einsatzgruppe besetzt gehalten werden. An diesem Tag herrschte hier „absolute Verunsicherung". „Alle", so Berghofer, „waren in tiefer Sorge, hatten Peking vor Augen." Er selbst habe Tag und Nacht überlegt, was man machen könne: „Wie kann man diesen Druck ablassen und wie kann man das alles in konstruktive Bahnen Gorbatschows lenken? Aber ich hatte keine Idee. Ich wußte, ich müßte etwas machen und es sollte etwas passieren, aber wie denn?"[145] Gegen 21.00 Uhr wurde er nach eigener Darstellung über Ziemers Anruf informiert und beschloß, ihn zu empfangen.[146] Nachdem Ziemer und in seiner Begleitung Landesbischof Hempel und Oberlandeskirchenrat Fritz zunächst vergeblich versucht hatten, ins Rathaus zu gelangen, betraten sie nach weiteren Telefonaten das Rathaus daraufhin durch einen von Kampfgruppen bewachten Hintereingang.[147]

Nun verging eine längere Wartezeit. Als die Mitarbeiterin des Rathauses, Heike Liebsch, die die Kirchenvertreter in Empfang genommen hatte, sie beim Oberbürgermeister anmeldete, erhielt sie mehrfach die Antwort: „Die sollen warten, sie wollen doch etwas von uns."[148] Schließlich empfing Berghofer die drei allein in einem Empfangsraum des Rathauses. Der für Kirchenfragen

---

142 Manfred Artur Fellisch, geb. 1947 als Sohn des ehem. sächsischen Ministerpräsidenten Alfred Fellisch (SPD/SED). Inhaber einer christlichen Buchhandlung und verschiedener kirchlicher Ämter (u.a. Mitglied des Facharbeitskreises Verlage und Buchhandel beim Bundes der Evangelischen Kirchen in der DDR).

143 Vgl. ebd.

144 Vgl. Ziemer, Wachen und Beten, S. 102; Interview mit Christof Ziemer; Dok. 9.

145 Interview mit Wolfgang Berghofer.

146 Während Ziemer die lange Wartezeit so interpretiert, „daß, während wir telefonierten, die schon verhandelten, ob sie das Gespräch annehmen" (Interview mit Christof Ziemer), hing die Verzögerung laut Berghofer damit zusammen, daß er als Diensthabender laufend telefonierte und vom Anruf Ziemers erst mit Verzögerung erfuhr (Interview mit Wolfgang Berghofer).

147 Vgl. Interview mit Manfred Artur Fellisch.

148 Liebsch, Dresdner Stundenbuch, S. 34f.

zuständige Stellvertreter für Inneres, Hans Jörke,[149] und der diensthabende Stadtrat, Klotzsche (Verkehr und Nachrichtenwesen), wurden an dieser ersten Gesprächsrunde nicht beteiligt, weil Berghofer vermeiden wollte, daß Jörke das MfS unmittelbar informierte. Der Oberbürgermeister war nach eigenem Bekunden zu diesem Zeitpunkt noch nicht genau über die einzelnen Vorgänge auf der Prager Straße informiert und wußte auch nicht, daß die Demonstranten bereits eine Sprechergruppe gewählt hatten.[150] Ziemers Eindruck war hingegen, daß bereits zu Beginn des Gesprächs „da ein Draht gelaufen war, daß die Demonstranten ein Gespräch wollten". Sie seien mit der Zusage empfangen worden, daß eine Unterredung mit den Demonstranten stattfinden werde. Ziemer wußte zu diesem Zeitpunkt nichts von entsprechenden Forderungen und war „natürlich froh, daß das schon so weit war".[151] Berghofer forderte die Kirchenvertreter auf, gemeinsam mit ihm eine Erklärung zu erarbeiten und sie den Demonstranten auf der Prager Straße vorzutragen. Ziemer verlas daraufhin den Text einer von ihm bereits vorbereiteten Ansprache, die von Berghofer mit Modifizierungen akzeptiert wurde. Allerdings lehnte er es ab, wie von den Demonstranten gefordert, sich noch am selben Abend einem Gespräch auf der Straße zu stellen, statt dessen erklärte er sich bereit, Vertreter der Demonstranten am nächsten Tag um 9.00 Uhr im Rathaus zu empfangen. Bedingung dafür sei die sofortige Beendigung der Demonstration.[152] Mit seiner Weigerung, sich zu den Demonstranten zu begeben, machte Berghofer deutlich, daß er nicht auf der Straße mit sich reden ließ.[153] Durch seinen Vorschlag war er der Gastgeber und lud die Gruppe zu einem Gespräch ein. Dies konnte er als ein Zugeständnis darstellen und den Eindruck eines durch die Demonstranten erzwungenen Dialoges abschwächen. Sein Vorschlag wurde akzeptiert.[154]

Nachdem Einigkeit über den durch Ziemer zu verlesenden Text erreicht war, versuchte Berghofer zunächst vergeblich, Modrow über eine Sonderleitung zu erreichen. Da dieser zu diesem Zeitpunkt noch nicht von seinem Opernbesuch zurückgekehrt war, beschloß Berghofer „in der Hoffnung und in dem Wissen, daß er das billigen wird", eigenmächtig zu entscheiden.[155] Modrow kehrte jedoch bereits wenig später aus dem Theater ins Gebäude der BDVP, dem Sitz der Bezirkseinsatzleitung, zurück, wo ihm mitgeteilt wurde, daß auf der Prager Straße eine „Patt-Situation" entstanden sei und Berghofer dringlich seinen Anruf erwarte. Daraufhin setzte er sich mit ihm in Verbindung und stimmte zu, die Kirchenvertreter zu den Demonstranten reden zu lassen.[156] Außerdem erhielt Berghofer grünes Licht, sich im Interesse der Auflö-

149 Hans Jörke war seit 1974 Erster Stellvertreter des Oberbürgermeisters für Inneres und seit dem 25.5.1989 SED-Abgeordneter der Dresdner Stadtverordnetenversammlung.
150 Vgl. Interview mit Wolfgang Berghofer.
151 Interview mit Christof Ziemer.
152 Vgl. Dok. 9; Dok. 2; Flach, Der Demokratisierungsprozeß, S. 41.
153 Vgl. Interview mit Dieter Brandes.
154 Interview mit Christof Ziemer.
155 Interview mit Wolfgang Berghofer.
156 Interview mit Hans Modrow. Vgl. Ders. In: Kaulfuß/Schulz, Dresdner Lebensläufe, S. 191-193; Interview mit Roswitha Kerbus.

sung der Demonstration einem Gespräch zu stellen.[157] „Entgegen der zentralen Linie“, so der Sekretär der BEL und Leiter der Abteilung Sicherheitsfragen der SED-Bezirksleitung, Geppert, „daß die Opposition durch Gespräche keine offizielle Anerkennung erfahren dürfe“, entschied Modrow erneut anders.[158] Wie Modrow, so hoffte auch Berghofer als Befürworter der Gorbatschowschen Reformpolitik, durch die Ingangsetzung eines Dialoges die gesellschaftliche Stagnation in der DDR zu überwinden und neue Formen der Legitimierung der SED-Herrschaft zu finden.[159] Deshalb entschloß er sich nach seiner Konsultation mit Modrow, wohl „wissend, welche Verantwortung ich persönlich übernehme“,[160] zu dem „damals sehr mutigen Schritt“,[161] mit Vertretern der demonstrierenden Bevölkerung zu sprechen. Auch er ging ein erhebliches Risiko ein, denn die parteiinternen Folgen seines Verhaltens waren für ihn keinesfalls absehbar. In der Tat wurde er deswegen „von Staatsfunktionären weit über mir“ scharf angegriffen.[162] Die Reaktion der Berliner Führung sei, so Berghofer, „ganz schlimm“ gewesen. „Verräter“ war noch „das harmloseste Wort“, das ihm gegenüber verwendet wurde.[163] Nach Informationen, die er intern aus dem Zentralkomitee erhielt, gab es ernsthafte Überlegungen, Modrow und ihn „von der Bildfläche verschwinden zu lassen, sprich, zu verhaften und einzusperren“.[164] Da die Entwicklung einen anderen Verlauf nahm und die Situation sich so veränderte, „daß man eine Maßregelung im Prinzip auch nicht mehr durchsetzen“ konnte, blieb es bei allerdings heftigen Auseinandersetzungen.[165]

Nachdem die Gespräche im Rathaus gegen 21.30 Uhr beendet waren, fuhren Ziemer, Hempel und Fritz in einem Pkw der Volkspolizei mit Blaulicht zur Prager Straße.[166] Jörke begleitete die Kirchenführer und vermittelte ein Gespräch mit dem Einsatzleiter der Volkspolizei, Major Prager. Von nun an war Ziemer der Wortführer. Richter erinnerte sich: „Ich durfte dann nicht mehr sprechen. Er war dann offenbar der von der Polizei oder von Berghofer legitimierte Mann.“[167] Von den Demonstranten wurden die Kirchenvertreter mit Beifall empfangen. Ziemer erklärte über ein Megaphon: „Ich bin Superintendent Ziemer von der Kreuzkirche. An meiner Seite steht unser Landesbischof, Bruder Hempel. Der Oberbürgermeister, Herr Berghofer, hat es mir

157 Vgl. Dok. 9; Dok. 32; Telegramm des 2. Sekretärs der SED-Bezirksleitung Dresden an Heinz Mirtschin, Mitglied des ZK und Leiter der Abteilung Parteiorgane vom 9.10. 1989 (SächsHStA, AR, 13, Bl. 218).
158 Interview mit Edmund Geppert. In: Kaulfuß/Schulz, Dresdner Lebensläufe, S. 65f.
159 Vgl. Berghofer, Nicht die Fragen, S. 42–56.
160 SächsHStA, Bestand RdB Dresden, 47116, Bl. 58.
161 Wagner, Gruppe der 20, S. 13.
162 Diskussionsbeitrag Berghofers auf der 15. Tagung des Bezirkstages Dresden am 20.11. 1989 (SächsHStA RdB Dresden, 47116, Bl. 58).
163 Interview mit Wolfgang Berghofer. In: Sächsische Zeitung vom 29.12.1989.
164 Interview mit Wolfgang Berghofer.
165 Interview mit Hans Modrow.
166 Vgl. Dok. 3.
167 Interview mit Frank Richter. Zur Rolle Ziemers vgl. Liebsch, Dresdner Stundenbuch, S. 39.

im Ergebnis eines Gespräches ermöglicht, zu Ihnen zu sprechen. Das ist ein Neubeginn (Beifall). Er hat uns erklärt, daß er morgen um 9.00 Uhr mit den von Ihnen bestimmten 20 Bürgern im Rathaus sprechen wird (Beifall). Ich habe die Zusicherung erhalten, daß, wenn Sie friedlich nach Hause gehen, die VP Ihnen dazu den Weg frei gibt. Ich bitte Sie deshalb, daß Sie jetzt nach Hause gehen. Über das Ergebnis des morgigen Gespräches werden wir Sie nicht hier, aber in der Kreuzkirche, Kathedrale, Versöhnungskirche und Christuskirche morgen um 20.00 Uhr informieren (Beifall; Rufe aus der Menge: „Wann steht das in der Zeitung?" - Antwort: „Der Oberbürgermeister hat zugesagt, daß morgen die Presse über das, was in den letzten Tagen geschah, berichten wird." Beifall). Es ist schon spät, laßt uns den heutigen Tag beenden, gehen wir friedlich nach Hause."[168] Um 22.10 Uhr meldete Böhm an Neiber, daß die „Pfaffen" gesprochen hätten.[169] Nachdem sich die Demonstration gegen 22.30 Uhr innerhalb weniger Minuten friedlich aufgelöst und sich auch das Militär in seine Bereitschaftsräume zurückgezogen hatte, wich die Spannung, und die Menschen auf der Straße jubelten.[170] Einzelne Bürger stellten Ziemer und Hempel noch Fragen. Auf Drängen Jörkes, die Vereinbarung einzuhalten und keine Verzögerung der Auflösung zu verursachen, drängten die Kirchenvertreter auf Abbruch. Hempel verließ mit Jörke im Dienstwagen des Oberbürgermeisters den Platz. Ziemer und Fritz verabschiedeten sich mit dem Hinweis, die letzten Teilnehmer der Demonstration bewegen zu wollen, ebenfalls nach Hause zu gehen.[171] Aus Sicht Modrows war wieder „eine Entscheidung von weitreichender Bedeutung" getroffen worden: „Sie erfolgte im Widerspruch zur politischen Lageeinschätzung und den praktischen Schlußfolgerungen der SED-Zentrale, die für uns noch Gültigkeit besaßen und von denen wir mit der Zustimmung für das Auftreten der Kirchenleute schon abgerückt waren."[172]

Im allgemeinen Bewußtsein sowohl der Bevölkerung als auch der politischen Führung galt der bevorstehende 9. Oktober, an dem in Leipzig im Anschluß an das Friedensgebet wieder eine Montagsdemonstration stattfinden würde, als Tag der Entscheidung.[173] In dieser Situation beeinflußte der Verzicht des Hoffnungsträgers Modrow auf Gewaltanwendung und die in Dresden entstandene neue Lage auch die äußerst komplexen Vorgänge im Politbüro, bei den Sicherheitskräften und die Haltung der SED-Bezirksleitung in Leipzig. Nicht nur SED und MfS ahnten die Tragweite der Dresdner Entwicklung, auch Ziemer sprach noch in der Nacht von einem ersten großen Sieg über den

168 Dok. 9.
169 Dok. 2.
170 Vgl. MdI-Lagefilm Oktober 1989, Nr. 338 (SAPMO, MdI, 52461 Stab Operative Grundsatzarbeit). Vgl. Menge, Ohne uns, S. 157f.
171 Vgl. Telegramm des 2. Sekretärs der SED-Bezirksleitung Dresden an Heinz Mirtschin, Mitglied des ZK und Leiter der Abteilung Parteiorgane vom 9.10.1989 (SächsHStA, AR, 13, Bl. 218); 1. Interview mit Frank Richter; Interview mit Dieter Brandes.
172 Modrow, Ich wollte ein neues Deutschland, S. 273.
173 Vgl. Kuhn, Der Tag der Entscheidung.

Machtapparat.[174] Das MfS konstatierte, daß unter kirchenleitenden Amtsträgern Dresdens die Auffassung vorherrsche, „daß mit dem Erzwingen des Gespräches mit Oberbürgermeister Berghofer eine Lage eingetreten sei, die unvergleichlich weiter als in anderen Bezirken gediehen wäre".[175] In der Tat war aus Ziemers Sicht an diesem Abend „unwiderruflich eine Wendung eingeleitet" worden.[176]

Modrow und Berghofer besprachen noch in der Nacht die Lage. Berghofer informierte über die Ereignisse des Tages, und Modrow sagte ihm seine volle Unterstützung zu, obwohl dies, so Modrow ausdrücklich, ihr gemeinsames politisches Ende bedeuten könne. Wichtig sei, so der 1. Sekretär, daß man, um sich nicht unnötig zu gefährden, einen Kurs fahre, der gegenüber der SED-Führung in Berlin einigermaßen vertretbar sei. Deswegen müsse Berghofer beim bevorstehenden Gespräch im Rathaus unmißverständlich klar machen, daß der Sozialismus nicht zur Disposition stehe. Das, so Modrow, sei die einzige „Chance, daß wir in Berlin Zustimmung finden und damit für das Land etwas in Gang setzen". Aus demselbem Grund und mit Blick auf die Ablehnung des Zulassungsantrages des Neuen Forums instruierte er Berghofer: „Du redest mit deinen Bürgern, niemals mit einer organisierten Opposition."[177] Nach dem nächtlichen Gespräch wurde ein Redenschreiber damit beauftragt, für Berghofer bis zum nächsten Morgen ein entsprechendes Gesprächskonzept vorzubereiten. Berghofer wurde aufgefordert, am nächsten Morgen zu einer Sitzung mit den Sekretären der Bezirksleitung zu erscheinen, auf der man zu seiner Entscheidung Stellung nehmen und ihm das Konzept für das Rathausgespräch übergeben werde.[178]

Parallel zum Treffen Modrows und Berghofers versammelten sich auch die Mitglieder der Gruppe mit Pfarrer Andreas Horn, der auf Anregung Ziemers zur Gruppe gestoßen war, im Dompfarramt, um ein Positionspapier für den kommenden Morgen vorzubereiten und sich kennenzulernen.[179] Die Gruppe, die sich zunächst auch „Bürgerkomitee Dresden" nannte,[180] verständigte sich über die wichtigsten Themen und legte eine Gesprächstaktik fest. In einer Erklärung, in der erstmals Selbstverständnis und weitere Arbeitsschritte fixiert wurden, hieß es ausdrücklich, daß man sich nicht als neue Partei verstehe und den Begriff „Opposition" ablehne. Wörtlich hieß es: „Wir wollen den gewaltlosen Dialog und wir wollen Veränderungen. Wir betrachten uns bis auf weiteres als Mittler des Dialogs zwischen den Staats- und Parteiorganen und der

174 Leiter BVfS Dresden, 9.10.1989 (ABL BA Dresden 4, Bl. 254).
175 Telegrafischer Tagesbericht vom 9.10.1989 (BStU, ASt. Dresden, BV, 1. SdL, 1, Bl. 109).
176 Interview mit Christof Ziemer.
177 Interview mit Wolfgang Berghofer.
178 Wolfgang Berghofer beim Podiumsgespräch im Hotel Newa Dresden am 18.1.1999 (Mitschr. M. Richter, HAIT DS, Gruppe der 20).
179 Vgl. Interview mit Andreas Horn; Leiter BVfS Dresden. 9.10.1989 (ABL BA Dresden 4, Bl. 254); Flach, Die Gruppe der 20, Teil 1, S. 6 spricht von der „Gründungssitzung" der Gruppe der 20.
180 Dok. 10.

Bevölkerung in der Stadt Dresden. Wir wollen mit dafür sorgen, daß die Erwartungen und Vorstellungen der Bürger in den Dialog einfließen und zu für alle erkennbaren Veränderungen führen". Den Auftrag dafür leitete die Gruppe aus der spezifischen Gründungssituation ab. Sie vertrete die Forderungen, die von den Demonstranten vorgebracht und durch ihren Applaus legitimiert worden seien. Es wurde beschlossen, thematische Arbeitsgruppen zu bilden, die allen Bürgern offen stehen sollten. Als Voraussetzung für einen gewaltfreien Dialog verlangte die Beteiligten unter anderem eine „uneingeschränkte, sachliche, wahrheitsgetreue und umfassende Berichterstattung in den Medien", die Genehmigung friedlicher Demonstrationen und Kundgebungen sowie die Anerkennung der durch die Gruppe initiierten Arbeitsgruppen als kompetente Gesprächspartner.[181] Als vordringlichste Themen wurden die Forderung nach künftigem Gewaltverzicht und das Problem der festgenommenen Personen genannt. Zuallererst wollte man vom Oberbürgermeiser eine Auskunft über die festgenommenen Mitbürger, über deren Verbleib selbst nächste Angehörige nichts wußten. Um sich in rechtlichen Fragen abzusichern, folgte die Gruppe am Vormittag des 9. Oktober dem Rat Ziemers, den Kirchenjuristen Steffen Heitmann zu bitten, als Vertrauensmann und Berater zu wirken.[182] Heitmann sagte spontan zu und hatte bereits am Abend in der Kreuzkirche eine erste Begegnung mit der Gruppe.[183]

5. Erstes Rathausgespräch am 9. Oktober 1989

Ungeachtet der Tatsache, daß die Bezirkseinsatzleitung Dresden unter Leitung Modrows am 8. Oktober auf einen Deeskalations- und Dialogkurs umgeschaltet hatte, interpretierten die zentralen politischen Entscheidungsträger um Honecker und Mielke die Lage weiterhin als „Spannungsperiode" und favorisierten eine militärische Vorgehensweise. Noch immer galt „Erhöhte Einsatzbereitschaft". Da Modrow, obwohl er keine militärische Lösung der Probleme wünschte, nach eigenem Bekunden mit einer Befehlsverweigerung „wohl keine Chance" gehabt hätte, seine „gegen die Führung gerichtete Position" Honecker gegenüber zu vertreten,[184] führte auch die Bezirkseinsatzleitung Dresden wei-

---

181 Privatbestand Dieter Brandes, Bl. 1f. Vgl. die Presseerklärung der Gruppe der 20 vom 15.10.1989, in der wesentliche Bestandteile dieser Erklärung aufgegriffen wurden (Ebd.).

182 Vgl. handschriftliche Notizen von Beate Mihály „Wie diese Gruppe zusammengekommen ist" (Privatbestand Beate Mihály). Zur Person vgl. die Kurzbiographie im Anhang.

183 Vgl. Steffen Heitmann: Der Herbst 1989 in Dresden und die „Gruppe der 20". Vortrag auf dem Seminar „Von der Diktatur zur Demokratie - Chancen und Schwierigkeiten des Wechsels in Sachsen", Dresden, 25.6.1998 (Mitschrift E. Sobeslavsky).

184 Letztes Wort Dr. Hans Modrows vor der 4. Strafkammer Dresden am 11.12.1996 (HAIT DS FRS, Modrow-Prozeß 1996).

terhin operative Lagebesprechungen durch.[185] DDR-weit wurden die bewaffneten Einheiten gemäß den Regeln des Statuts der Einsatzleitungen für Spannungsperioden instruiert, „daß die Sicherung der staatlichen und öffentlichen Ordnung und Sicherheit gegenwärtig eine erstrangige Frage der Landesverteidigung" sei.[186] Honecker bezeichnete beim demonstrativen Empfang einer chinesischen Delegation am 9. Oktober das unbedingte Festhalten am Sozialismus noch einmal als „grundlegende Lehre aus dem konterrevolutionären Aufruhr in Peking".[187] Das war, so Berghofer, „eine klare Kampfansage der Führung".[188] In und um Leipzig standen umfangreiche militärische Kräfte in Bereitschaft, und Mielke ging davon aus, daß es dort zu bürgerkriegsähnlichen Zuständen und Blutvergießen kommen würde.[189] Der politische Kreis um Honecker und Mielke zog eine blutige Niederschlagung der Bürgerproteste, die sogenannte „chinesische Lösung", nicht nur in Betracht, sondern bereitete sie vor.[190] Für den 9. Oktober galt ein Komplexbefehl Mielkes, der sämtliche bewaffnete Einheiten betraf.[191] Alle wesentlichen Absprachen erfolgten zwischen Krenz, Mielke, Dickel und Keßler.[192] Auf der Grundlage eines Befehls des Verteidigungsministers über „Maßnahmen zu einer höheren Stufe der Gefechtsbereitschaft"[193] wurde unter anderem die Fallschirmjägerkompanie des 40. Luftsturmregiments aus Lehnin in die Nähe Leipzigs verlegt und auf einen Einsatz vorbereitet.[194]

In Dresden bezogen am 9. Oktober wieder mehrere NVA-Hundertschaften in ihren Bereitschaftsräumen Stellung.[195] Auch VP-Chef Dickel forderte seine Mitarbeiter auf, weiterhin allen, die sich „an der Arbeiter-und-Bauern-Macht vergreifen", eine Abfuhr zu erteilen. Bei den Demonstranten handele es sich um „sozialismusfeindliche Kräfte, Randalierer und Rowdys"; viele seien „Vorbestrafte, kriminell Gefährdete und Asoziale", deren Absicht „in einem Zurück in die kapitalistische Vergangenheit, in einem Sturz unserer sozialistischen

---

185 Vgl. Protokoll über die Dienstbesprechung des Leiters der BVfS Dresden mit den Leitern und Parteisekretären der Struktureinheiten am 10.10.1989 (ABL, BA Dresden 4, Bl. 494f.).

186 Fernschreiben des 2. Sekretär der SED-BL Leipzig, H. Hackenberg, an das ZK der SED vom 10.10.1989 (AB Leipzig, Hefter XV SED, FDJ).

187 Neues Deutschland vom 10.10.1989.

188 Wolfgang Berghofer beim Podiumsgespräch im Hotel Newa Dresden am 18.1.1999 (Mitschr. M. Richter, HAIT DS, Gruppe der 20).

189 Vgl. anonymisiertes Interview mit Manfred Hummitzsch im Juli 1990. In: Riecker/Schwarz/Schneider, Stasi intim, S. 217.

190 Vgl. Pirker/Hertle u.a., FDGB, S. 19; Hein, Die fünfte Grundrechenart, S. 209; Niethammer, Das Volk, S. 253; Behrend/Meier, Der schwere Weg, S. 7.

191 Vgl. Aussage von Wolfgang Herger vor dem Ausschuß zur Untersuchung von Korruption und Amtsmißbrauch am 18.1.1990. In: Klemm, Korruption, S. 202.

192 Vgl. Aussage von Fritz Streletz. In: Ebd., S. 196f.

193 Befehl Nr. 105/89. Zit. b.: Schell/Kalinka, S. 312f. Die relevanten Akten im Bundesarchiv-Militärarchiv befinden sich nach Auskunft des Bundesarchivs vom 8. August 1997 in „amtlicher Fernleihe". Der Befehl konnte daher nicht eingesehen werden.

194 Vgl. Fritz Streletz. In: Und diese verdammte Ohnmacht, S. 128.

195 Vgl. Untersuchungsausschuß des MfNV, Information, o.D. (BArch MA, VA-01/37601 Bl. 272f.).

Staatsmacht" bestehe und die ein „Werkzeug jener Politiker in der BRD" seien, „die zum Großangriff auf den Sozialismus, von Berlin bis Peking, und insbesondere zur Beseitigung der DDR geblasen" hätten.[196]

Auch die MfS-Führung glaubte sich weiterhin mit dem Ernstfall konfrontiert. Gemäß Anweisung 71/89 wurden am 9. Oktober alle Bezirksverwaltungen und Kreisdienststellen angewiesen, „unverzüglich eine differenzierte Neubewertung der laut Kennziffer 4.1. sowie der in OV/OPK und anderen operativen Materialien erfaßten bzw. bearbeiteten Personen vorzunehmen". Es gehe darum, „alle Personen, von denen gegenwärtig eine besondere Gefährdung der staatlichen Sicherheit und Ordnung ausgehen könnte, herauszuarbeiten" und einschließlich potentieller Führungskräfte listenmäßig zu erfassen.[197] Mielke ordnete die Vorbereitung der Festnahme und der Einlieferung in Isolierungslager für alle Personen an, von denen „in Verbindung mit der möglichen Lageentwicklung antisozialistische und andere feindlich negative Handlungen und Aktivitäten zu erwarten bzw. nicht auszuschließen sind". Das betraf vor allem „potentielle Führungskräfte" der Oppositionsgruppen.[198] Er befahl volle Dienstbereitschaft und wies an, „alle geeigneten IM lageentscheidend zum Einsatz zu bringen". Schwerpunkt der Arbeit müsse es sein, alle feindlichen Aktionen im Ansatz zu zerschlagen.[199]

Vor dem Hintergrund dieses Gewaltszenarios gewann das „1. Rathausgespräch" am Vormittag des 9. Oktober in Dresden schon durch sein bloßes Zustandekommen eine enorme Bedeutung. Wenn die Herrschenden in Dresden damit zwar selbst nicht vom Ziel der Sicherung der SED-Herrschaft abwichen, lag die Bedeutung des Treffens für die weitere Entwicklung in der DDR doch auf der Hand. Es handelte sich um den ersten Versuch, Konflikte zwischen Systemgegnern und Vertretern des SED-Staates durch Gespräche und nicht, wie bislang üblich, durch politische Repression zu lösen. Der nur vor dem Hintergrund der sowjetischen Reformpolitik und der internationalen Entwicklung verständliche Verzicht auf Gewaltanwendung aber läutete, ohne daß sich die Akteure bereits darüber Rechenschaft ablegten, das Ende der auf direkter wie struktureller Gewalt basierenden kommunistischen Herrschaft ein.

Vor Beginn des Gesprächs fand in Modrows Beratungszimmer um 7.30 Uhr eine Sondersitzung mit den Sekretären der Bezirksleitung statt.[200] Modrow und Berghofer hatten beschlossen, ihr Vorgehen nicht mit der SED-Führung abzustimmen: „Es gab", so Modrow, „keine Rücksprachen mit Berlin, wie man

196 Fernschreiben von Innenministers Dickel an die Chefs der BDVP, Schulen des MdI 31 bis 50, Ltr./Kdr. vom 9.10.1089 (ThSTAM, BDVP, 630, unpag.).

197 Fernschreiben vom 9.10.89, 14.50 Uhr an die Leiter aller Kreisdienststellen des MfS (außer Rostock) (ABL BA Dresden 5, Bl. 1645).

198 Fernschreiben Mielkes an die Leiter der BVfS und Kreisdienstellen vom 9.10.1989, 14.50 Uhr. In: Arbeitsberichte über die Auflösung, S. 232f. Vgl. Leiter BVfS Magdeburg, Müller, an die Leiter der Diensteinheiten vom 8.10.1989. In: Pechmann/Vogel, Abgesang, S. 250–253.

199 Arbeitsbuch des Leiters der HA XX, P. Kienberg (BStU, HA XX 987, Bl. 121).

200 Vgl. Interview mit Wolfgang Berghofer.

damit umgeht, sondern es war unser Umgehen mit der Sache. Und damit lag auch die Verantwortung bei uns beiden."[201] Auch Neiber konstatierte, daß Modrow die Entscheidung über die Aufnahme des Dialogs eigenverantwortlich getroffen habe und die alleinige Verantwortung dafür trage.[202] Kurz vor der Sitzung verständigten sich beide darüber, „daß wir nun auf eigene Faust handeln müßten, um die ‚Gruppe der 20' in die Arbeit der Stadtverordneten einzubeziehen und die eigenen Spielräume voll auszuschöpfen".[203] Bei der Sekretariatssitzung erläuterte Modrow seine Vorstellungen und stellte klar, daß er die staatliche Struktur durch die Entwicklung auf keinen Fall in Frage gestellt sehen wolle, er es aber für sinnvoll halte, Vertreter der Demonstranten als Einzelpersonen in die Arbeit der Stadtverordnetenversammlung einzubeziehen.[204] Er forderte die anwesenden Sekretäre auf, sich zu entscheiden. Wer seinen Kurs nicht mittragen wolle, könne gehen. Wer ihn unterstütze, solle dies deutlich sagen. „Das ging", so Berghofer, „vielleicht zehn Minuten, dann war entschieden, wir tragen das."[205] Von seiten des Vorsitzenden des Rates des Bezirkes war kein Widerstand zu erwarten, da sich Modrow mit Günter Witteck[206] einig war, „daß in bestimmten Fragen dieser Art, die ja mehr politischen Charakter trugen als administrativen, Berghofer und ich das direkt machen."[207] Ohnehin war der Ratsvorsitzende, so Berhofer, infolge seiner der Partei nachgeordneten staatlichen Funktion lediglich eine „Marionette" der SED-Bezirksleitung und somit politisch „unfähig, selbständig zu handeln".[208] Ein Mitarbeiter Modrows übergab ihm das Konzept für das Rathausgespräch. Diese Vorlage veränderte Berghofer jedoch während der folgenden Besprechung eigenmächtig.[209]

An dem von 9.00 bis 11.00 Uhr dauernden „1. Rathausgespräch" nahmen seitens des Rates der Stadt Oberbürgermeister Berghofer, dessen Stellvertreter für Inneres, Hans Jörke (SED), für Handel und Versorgung, Horst Bärsch (NDPD), sowie die Stadträte für Verkehrs- und Nachrichtenwesen, Peter Klotzsche (SED), Erholungswesen und Stadtgrün, Werner Gängler (CDU), und Energie, Axel Viehweger (LDPD), teil.[210] Bewußt waren Funktionsträger

201 Interview mit Hans Modrow.
202 Vgl. Dok. 2; Dok. 3.
203 Modrow, Ich wollte ein neues Deutschland, S. 274.
204 Vgl. Interview mit Hans Modrow.
205 Interview mit Wolfgang Berghofer.
206 Witteck, Günther (geb. 5.4.1928 in Dresden): Elektromaschinenbauer, 1963-66 Studium Parteihochschule der KPdSU, 1967-69 stellv. Minister für die Anleitung und Kontrolle der Kreis- und Bezirksräte, 1969-82 stellv. Leiter der Abt. Staats- und Rechtsfragen bei ZK der SED; 1982-14.12.1989 Vorsitzender des Rates des Bezirkes Dresden.
207 Interview mit Hans Modrow.
208 Interview mit Wolfgang Berghofer.
209 Wolfgang Berghofer beim Podiumsgespräch im Hotel Newa Dresden am 18.1.1999 (Mitschr. M. Richter, HAIT DS, Gruppe der 20).
210 Vgl. Dok. 9; Dok. 6; Dok. 13; Dok. 15; Dok. 16; Internes Fernschreiben der Nachrichtenagentur ADN an die SED-Bezirksleitung Dresden vom 8.10.1989 (SächsHStA, SED-BL Dresden, 13218, unpag.). Viehweger berichtete auch als IM über das Gespräch (BStU, ASt. Dresden, BV XII 1923/88 AIM „Jens Grabowski" 617/91).

aus den Blockparteien zugezogen worden, um politische Vielfalt zu simulieren. Die Vertreter der Demonstranten, die von Berghofer eine Freistellung von der Arbeit erhielten, wurden von Superintendent Ziemer, den Kaplänen Richter und Leuschner sowie von Pfarrer Horn begleitet. Letzterer war von Ziemer hinzugebeten worden. Berghofer war die Situation sichtlich unangenehm. Boltz meinte, der Oberbürgermeister habe „Blut und Wasser geschwitzt".[211] Während umgekehrt auch die Vertreter der Demonstranten auf Berghofer unsicher und beklemmt wirkten, schien allein Ziemer guter Dinge zu sein. Er wußte, so Berghofer, er hatte „einen großen Sieg errungen und das sah man ihm an".[212]

Die Demonstranten wiederholten während der Begegnung die am Abend zuvor auf der Prager Straße aufgestellten Forderungen. Sie unterstrichen noch einmal ihren Willen zur Gewaltlosigkeit und betonten, daß sie nicht mit denjenigen identifiziert werden wollten, die für die Zerstörungen am Hauptbahnhof verantwortlich wären. Wie mit Modrow besprochen und in einem Konzeptpapier für das Gespräch festgehalten, betonte Berghofer, daß eine Infragestellung des Sozialismus und der Verfassung für ihn nicht diskutabel sei. Er zeigte sich gegenüber den Forderungen äußerst zurückhaltend und erklärte sich für Fragen, die die Politik der DDR insgesamt beträfen, als nicht zuständig.[213] Im übrigen sei die Gruppe durch nichts legitimiert und repräsentiere keinesfalls die Bürger der Stadt. Es handele sich um ein normales Gespräch mit Einwohnern Dresdens, wie er sie häufiger führe. Daher verdiene die Unterhaltung auch keine besondere öffentliche Aufmerksamkeit. Hintergrund der Äußerung war eine Vereinbarung mit Modrow, für die vorgesehene öffentliche Information über das Gespräch im Rathaus keine staatlichen Räume zur Verfügung zu stellen. Am Rande des Rathausgesprächs erklärte er Ziemer, Modrow habe „eindeutig definiert", daß eine Auswertung nur in Kirchen erfolgen könne, auch wenn man damit „die Kirche in eine unmögliche Situation" bringe. Die Stadt verfüge nicht über ausreichend große Räume, in denen die Information erfolgen könnte.[214]

Den Vertretern der Demonstranten erklärte Berghofer, schon allein durch seine Gesprächsbereitschaft gehe er ein großes Risiko ein, ihre Forderungen nach Demokratie und Bürgerrechten könne und wolle er keinesfalls teilen.[215] Richter erinnert sich: „Er hat uns einen halbstündigen Vortrag gehalten mit einer einzigen Aussage: Was wir hier machen, ist etwas Neues. Und ich lasse

211 Interview mit Friedrich Boltz.
212 Interview mit Wolfgang Berghofer.
213 Vgl. Andreas Horn. In: Bahr, Sieben Tage, S. 141; Dok. 11; Dok. 14; 1. Interview mit Beate Mihály; Dok. 16; Privatbestand Herbert Wagner, Bl. 17f.; Wehnert/Graff, Stürmischer Herbst, S. 25; Flach, Die Gruppe der 20, Teil 1, S. 7f. Beate Mihály notierte: „N.F. ist nicht zugelassen, Freiheit Demokratie Reformen sind kein Thema, Kern der Frage zur Weiterentwicklung: innerer Frieden ohne Gewalt." (Privatbestand Beate Mihály).
214 Interview mit Wolfgang Berghofer.
215 Vgl. Andreas Horn. In: Bahr, Sieben Tage, S. 141.

mich auf ganz schön etwas ein."[216] Für Berghofer war es in der Tat „keine einfache Entscheidung. Da die Wende noch nicht vollzogen war, spielte ich schon mit der Existenz dieses Stuhls, an den ich nicht gebunden bin, der mir nichts einbringt, außer das Privileg auf Arbeit."[217] Der Blickwinkel der Gruppe war freilich ein anderer. Die Demonstranten interessierten sich weniger für die Probleme, die Berghofers Haltung ihm innerhalb des Apparates einbrachte. Aus ihrer Sicht ließ er die Bürgervertreter spüren, daß sie „Konterrevolutionäre" wären und daß er „nur freundlicherweise bereit" war, sie anzuhören.[218] Ähnlich unterschiedlich waren die Perspektiven in fast allen Fragen. So wurde Berghofers Entgegenkommen, dafür zu sorgen, daß alle inhaftierten Personen, denen keine Gewalttätigkeit nachgewiesen werden konnte, innerhalb eines Tages freigelassen werden, von den Demonstranten als unzureichend empfunden. Für Berghofer ergaben sich durch diese Konzession hingegen harte Auseinandersetzungen im Apparat. Seine Handlungsmöglichkeiten waren durch seine Einbindung in den SED-Apparat und seine politischen Zielvorstellungen begrenzt. Während die von ihm zurückgewiesenen Forderungen der Demonstranten bereits in Richtung einer Überwindung der SED-Diktatur wiesen, konnte er nur Ausflüchte und Scheinargumente anbieten. Als die Bürgervertreter die bisherige einseitige Darstellung der Ereignisse und die Gleichstellung aller Demonstrationen mit rowdyhaften Ausschreitungen kritisierten, bezeichnete sich Berghofer als für Pressefragen nicht zuständig und verwies an die Chefredakteure der Zeitungen. Auf die Forderung nach freien Wahlen konterte er, das Wahlgesetz reiche aus, es müsse nur konsequent angewandt werden.[219] Eine Erweiterung des Kreises der Kandidaten, wie vor allem vom CDU-Ortsverbandsvorsitzenden Baumgart gefordert, hielt Berghofer hingegen für diskutabel.[220] Eine Legalisierung des Neuen Forums war für den Oberbürgermeister wiederum kein Gesprächsthema, da diese Frage durch übergeordnete staatliche Stellen bereits entschieden worden sei. Berghofer erklärte, er sei Kommunalpolitiker und „nicht der Herr Gorbatschow".[221] Zu weiteren öffentlichen Meinungsäußerungen und Kundgebungen erklärte er, daß „ungesetzliche Demonstrationen, die das öffentliche Leben stören und gesellschaftliche Konflikte heraufbeschwören, einen konstruktiven Dialog nicht fördern, sondern unmöglich machen". Veranstaltungen im öffentlichen Raum seien auch weiterhin meldepflichtig, illegale Ansammlungen würden von der Volkspolizei aufgelöst, auch wenn sie friedlich verliefen.[222]

216 1. Interview mit Frank Richter.
217 Dok. 73.
218 Interview mit Dieter Brandes.
219 Vgl. Oberbürgermeister, Aktennotiz vom 9.10.1989 (ABL BA Dresden 4, Bl. 281-285); Urich, Der Umbruch in Dresden, S. 26. Modrow und Berghofer wurden später wegen Wahlfälschung verurteilt.
220 Vgl. Dok. 15.
221 Dok. 22.
222 SED-Bezirksleitung Dresden, Aktuelle Fragen, Probleme und Tendenzen in der politischen Massenarbeit vom 9.10.1989 (SächsHStA, SED-BL Dresden, 13305). Vgl. Ablaufplan für die Sprecher (Privatbestand Helmut Flach); Flach, Der Demokratisierungsprozeß, S. 44f.

Es war unverkennbar, daß die Dresdner Machthaber weitere Demonstrationen auf jeden Fall verhindern wollten. Aus demselben Grund, aus dem die Herrschenden Demonstrationen zu unterbinden trachteten, dachten die Vertreter der Demonstranten jedoch nicht daran, darauf zu verzichten. Sie wußten, daß sie sich auf die Demonstrationsbereitschaft der Dresdner Bevölkerung stützen konnten und stellten selbstbewußt fest, daß unabhängig vom Gespräch mit dem Oberbürgermeister weiter demonstriert werde. „Wir können", so notierte Beate Mihály, „nicht dazu aufrufen, daß keine Demos stattfinden - nur, daß sie friedlich sind."[223] So blieben die Massendemonstrationen auch in Dresden ein wirksames Mittel der Auseinandersetzung mit dem implodierenden System und entwickelten sich im Laufe des revolutionären Prozesses zu einem zentralen Instrumentarium beim Sturz der Diktatur.

Es wurde vereinbart, das Gespräch am 16. Oktober in gleicher Runde fortzusetzen. Bis dahin sollten Einzelberatungen zu ausgewählten Problemen möglich sein. Insgesamt verlief die Besprechung in einer höflichen, aber distanzierten Atmosphäre und wirkte auf die Bürgervertreter ernüchternd. Boltz empfand das Treffen als „absolut unbefriedigend". Berghofer sei es nur darum gegangen, abzuwiegeln. Zwar hatte niemand mit einem Einlenken gerechnet, aber daß es ein Gespräch geben würde „mit einem Ergebnis, das fast noch weniger als Null war", enttäuschte und verstärkte zugleich den Willen zum Weitermachen.[224]

6. Bedeutung der Dresdner Entwicklung für Leipzig und die DDR

So drückte sich die Bedeutung des Treffens denn auch weniger in den eher mageren Ergebnissen aus, sondern lag in der überwundenen Sprachlosigkeit zwischen Bevölkerung und Herrschenden. Jahrzehnte hatte die SED auf Forderungen nach Demokratie und Menschenrechten mit politischer Verfolgung reagiert. Nun waren einzelne Vertreter der Macht erstmals bereit, mit Personen zu reden, die mit der SED-Herrschaft „prinzipiell nicht mehr einverstanden" waren.[225] Der Erfolg bestand im bloßen Zustandekommen und in der Entscheidung zur Fortsetzung der Gespräche auf der Grundlage wechselseitigen Gewaltverzichts.[226] Nicht die Forderungen nach gesellschaftlichen Reformen, nach Demokratie und Menschenrechten, die es auch zuvor immer wieder gegeben hatte, machten das Besondere an der Situation aus, sondern die Bereitschaft von Vertretern des SED-Apparates, sich trotz anderslautender zentraler Anweisungen dem Gespräch über politische Grundfragen zu stellen. Daher wurde das Treffen von der Vertretergruppe mehrheitlich, trotz aller Unzufriedenheit wegen fehlender konkreter Resultate, als wichtiger Durchbruch gewertet.

223 Blaues Notizbuch (Privatbestand Beate Mihály).
224 Interview mit Friedrich Boltz.
225 Dok. 12.
226 Vgl. Wagner, Gruppe der 20, S. 13; Andreas Horn. In: Bahr, Sieben Tage, S. 141.

Was den Demonstranten als zurückhaltendes Lavieren und Taktieren erschien, stellte für die Vertreter des Apparates eine enorme Herausforderung dar, verband sich doch damit eine Gefährdung ihrer Positionen im Partei- und Staatsapparat. Die entscheidende, von der Vertretergruppe kaum registrierte Veränderung war das Aufbrechen des bislang durch Parteidisziplin zusammengehaltenen monolithischen Blocks des Parteiapparates. Die Bedeutung dieses Prozesses wurde von den in diese Strukturen eingebundenen und in ihnen politisch sozialisierten SED-Reformern besser, als von den Vertretern der Demonstranten erfaßt, deren Blick sich weniger auf die Friktionen in der SED richtete als auf weitergehende Veränderungen in Politik und Gesellschaft. Abhängig von den divergierenden politischen Zielvorstellungen wurde dieselbe Situation daher von beiden Seiten unterschiedlich wahrgenommen. Während die Vertretergruppe sich eher unzufrieden zeigte, war für Berghofer nach dem ersten Rathausgespräch „alles bis dato Gängige, Funktionierende im System, in der Staats- und Parteimaschinerie nicht mehr existent“. Plötzlich war er als Inhaber des obersten staatlichen Amtes in der Stadt der aktiv Handelnde und nicht mehr der erste Sekretär der Stadtleitung, Werner Moke. Der mußte später gegenüber Berghofer zugeben, „hinter dem mutigen, klugen und wirkungsvollen Auftreten der Genossen Modrow und Berghofer“ nur „in zweiter Reihe“ gestanden zu haben.[227] „Völlig neue Positionen untereinander waren entstanden. Die mußten erst einmal verkraftet und geordnet werden.“[228]

Einig waren sich beide Seiten jedoch darin, daß es galt, den erreichten Neuanfang im Miteinander nicht auf Dresden zu begrenzen. Modrow sah in der Ausweitung des Reformprozesses die einzige Chance, einer drohenden politischen Isolierung und politischen Ächtung zu entgehen,[229] und Ziemer drängte, das Dresdner Modell zum Maßstab für die Entwicklung in Leipzig zu machen. Auch ein externer Beobachter wie Rainer Eppelmann forderte noch am selben Tag im Deutschlandfunk, der „Dresdner Dialog“ solle zum Vorbild für die gesamte DDR werden.[230] Hier deutete sich eine vorübergehende Gemeinsamkeit im Interesse an gesellschaftlichen Reformen an, die die politische Entwicklung der nächsten Wochen und Monate entscheidend beeinflußte.

Bereits unmittelbar nach dem Gespräch berichteten westliche Medien wie der RIAS über die Zusammenkunft. Im Kreis Dippoldiswalde wurde am 9. Oktober in den Kirchenschaukästen darüber informiert.[231] Auch in anderen Kirchen und am Meißener Hauptbahnhof wiesen schriftliche Aushänge auf die Ergebnisse hin.[232]

Angesichts der bevorstehenden Montagsdemonstration in Leipzig war Eile geboten, drohte in der Messestadt doch ein gewaltsames Vorgehen des Staates

227 Dok. 101.
228 Interview mit Wolfgang Berghofer.
229 Vgl. Interview mit Hans Modrow.
230 SED-Bezirksleitung Dresden, Abteilung Agitation/Propaganda, Deutschlandfunk vom 9.10.1989, 8.00 Uhr (SächsHStA, SED-BL Dresden, 13218).
231 Vgl. Dok. 17.
232 Vgl. Dok. 21.

gegen die demonstrierende Bevölkerung. Die internationale Öffentlichkeit schaute an diesem Tag nach Leipzig, und die Bevölkerung der DDR erwartete eine Entscheidung über den künftigen Kurs der SED-Führung. Die Frage, ob die Regierung die Montagsdemonstration blutig niederschlagen oder wie in Dresden auf die Forderungen nach einem Dialog eingehen würde, stand in Leipzig stellvertretend für die gesamte DDR im Raum. Es ging um die Frage, ob die Entwicklung in Dresden zum Präzedenzfall für die weitere Entwicklung werden würde. „Wenn das in Dresden gekracht hätte", so auch Berghofer, „hätte man gleich den Auftrag für Großmaßnahmen geben können, dann wäre klar gewesen, was am 9. in Leipzig passiert".[233] Es bestand jedoch Hoffnung, daß der von Modrow verantwortete Durchbruch weitere SED-Funktionäre veranlaßte, dem zentralen, von Honecker und Mielke bestimmten Kurs zu widerstreben. Um keine Zeit zu verlieren, forderte Ziemer Berghofer auf, sich mit dem Leipziger Oberbürgermeister, Bernd Seidel, in Verbindung zu setzen. Im Gespräch mit Berghofer zeigte sich dieser jedoch pessimistisch, da er es mit Achim Prag und Horst Schumann als Stadt- und Bezirkschef der SED mit zwei Hardlinern im Sinne Honeckers zu tun hatte.[234] Außerdem regte Ziemer unmittelbar nach dem Rathausgespräch an, zwei Vertreter der Demonstranten nach Leipzig zu schicken und im Friedensgebet in der Nikolaikirche aus erster Hand über die Lage in Dresden zu berichten.[235] In der Gruppe, so Neubert, war allen klar, „daß wir noch am Abend in der Leipziger Nikolaikirche über Dresden berichten und Wege zeigen mußten, wie Gewalt vermieden wird. Ich erklärte mich bereit, mit dem Trabbi nach Leipzig zu düsen." Ihm schloß sich René Bachmann an. Auf halber Strecke brannte der Zündkerzenstecker durch. Neubert war nicht der einzige, der vermutete, daß dies auf eine Manipulation des MfS zurückging. Bachmann verließ, wahrscheinlich angesichts dieser Erfahrung, aber auch auf Veranlassung der Eltern, die Gruppe bereits am 10. Oktober. Mehrere Mitglieder der Gruppe berichteten später von ähnlichen Schikanen, von Durchsuchungen durch das MfS sowie von Drohbriefen und -anrufen bis hin zu Morddrohungen.[236]

Noch vor Beginn der großen Demonstrationrunde in der Nikolaikirche gaben beide einen Situationsbericht über die Lage in Dresden. Sie appellierten an alle Beteiligten, sich ebenfalls in Zurückhaltung und Gewaltlosigkeit zu üben und auf einen Dialog einzulassen. Besonders positiv wurde die Nachricht aufgenommen, daß Berghofer bereit war, mit Vertretern der Demonstranten zu sprechen.[237] Die Aufforderungen richteten sich natürlich in erster Linie an die verantwortlichen SED-Funktionäre und wurden mit viel Beifall bedacht.[238] Zu

233 Interview mit Wolfgang Berghofer.
234 Vgl. ebd.
235 Vgl. Interview mit Burgi Trommer.
236 Markus Kinscher. René Grüttner, Eberhard Ohst, Frank Neubert, Beate Mihály. Vgl. Serie „Wo sind die stillen Helden". In: Bild vom 8./11./18./23./24.10.1997.
237 Vgl. Dok. 20; SED-Stadtleitung Leipzig, Bericht über die Einschätzung zum Gottesdienst am 9.10.1989 in der Nikolaikirche (StAL, SED Stadt Leipzig 884, unpag.).
238 Vgl. Interview mit Frank Neubert; Friedensgebet am 9.10.1989 in der Nikolaikirche, Aufzeichnung von Pfarrer C. Führer (Privatbestand Christian Führer); Bahr, Sieben

diesem Zeitpunkt konnte noch niemand mit Bestimmtheit sagen, ob es zur befürchteten „chinesischen Lösung“ kommen würde. Die Entwicklung in Dresden hatte jedoch bereits Maßstäbe gesetzt und allen Seiten einen Ausweg aus der Konfliktsituation gezeigt. In einer internen ADN-Information hieß es: „Die Ergebnisse der ersten Gesprächsrunde in Dresden waren von einer kleinen Delegation aus der Elbestadt am Montag nachmittag in Leipzig mitgeteilt worden und hatten dort nach Angaben aus Kirchenkreisen auch zur Beruhigung beigetragen“.[239]

7. Erste Volksversammlung in Dresdner Kirchen

Freilich war auch in Dresden noch kein endgültiger Durchbruch erreicht. Wie in Leipzig galt auch nach dem morgendlichen Gespräch im Rathaus am 9. Oktober unverändert „Erhöhte Einsatzbereitschaft“. Volksarmee, Volkspolizei und Staatssicherheit bezogen im Laufe des Tages erneut Stellung in ihren Bereitschaftsräumen. Der gesamte SED-Apparat verharrte in nervöser Anspannung. Hundertschaften der Kampfgruppen, Mitarbeiter des MfS und „gesellschaftliche Kräfte“ der SED standen bereit, um gegebenfalls einzugreifen. Anders als in Leipzig war es jedoch bereits das unter Beweis gestellte Ziel der Dresdner SED-Führung, eine gewaltsame Konfrontation zu vermeiden. In Absprache mit Modrow wandte sich der Leiter der Abteilung Inneres beim Rat der Stadt Dresden, Fuchs, in diesem Sinne am Nachmittag an den Bischof des Bistums Dresden-Meißen, Joachim Reinelt, und bat ihn darum, in den Kirchen bekanntzugeben, daß „1. die SED Fehler gemacht habe, 2. sie bereit sei, diese Fehler einzugestehen, 3. nicht nur Worte gemacht, sondern auch Taten folgen würden“. Fuchs bat darum, die Versammelten von weiteren Demonstrationen abzuhalten, damit ein friedlicher Ausgang gesichert sei und so „das Modell Dresden-Leipzig“ Signalwirkung für Berlin habe. Dort gebe es ebenfalls Kräfte, die an einem friedlichen Ausgang interessiert seien. Reichelt sagte dies zu, bat aber seinerseits darum, während der Informationsveranstalungen im Umfeld der Kirchen nicht unnötig viele Uniformierte zu postieren, was auch eingehalten wurde.[240]

Auch die evangelische Kirche versprach, dafür zu sorgen, daß es weder in den Kirchen noch davor zu „Demonstrativhandlungen“ kommen werde.[241] Vorsorglich bildete das Landeskirchenamt zur Absicherung der Veranstaltungen einen Krisenstab. Im Laufe des Tages war die Lage in Dresden, so die

---

Tage, S. 140–147; Uta Dittmann: „Es ist möglich, miteinander zu reden.“ In: Die Union vom 10.10.1989; Urich, Der Umbruch in Dresden, S. 26.

239 ADN-Information, Interne Dienstmeldung vom 10.10.1989, In Dresden neue gemeinsame Gespräche angekündigt (BStU, ZA, Neiber, 72, Bl. 17).

240 Vgl. Bericht des Bischöflichen Ordinariats Dresden-Meißen vom Oktober 1989 (Privatbestand Frank Richter); Die Union vom 11.10.1989; Urich, Der Umbruch in Dresden, S. 31f.

241 Dok. 24; Dok. 17.

Beschreibung im hölzernen SED-Jargon, von „vielfältigen Aktivitäten bestimmter Kräfte“ gekennzeichnet, „um unter Nutzung unterschiedlichster Übermittlungsformen breite Kreise der Bevölkerung zur Teilnahme an den ab 20.00 Uhr in den vier Dresdner Kirchen beginnenden ‚Aussprachen‘ zu gewinnen“. Der Staat registrierte, daß vor allem in Lehreinrichtungen wie der Technischen Universität, der Hochschule für Verkehrstechnik und der Kommunalen Berufsschule durch nicht genehmigte Aushänge wie auf mündlichem Wege auf die Abendveranstaltungen aufmerksam gemacht wurde. Vereinzelt fand das MfS in Hausbriefkästen und Betrieben Flugblätter.[242]

Am Abend fanden in der Kreuz-, Hof-, Versöhnungs- und Christuskirche parallel und in je zwei Durchgängen emotionsgeladene Informationsveranstaltungen statt.[243] Während die Dresdner in die Kirchen strömten, lief auf dem Leipziger Ring die mit Spannung erwartete Montagsdemonstration, bei der die Sicherheitskräfte schließlich nicht eingriffen und das befürchtete Blutvergießen ausblieb. In Dresden war man sich über den eigenen Beitrag zur dortigen Deeskalation durchaus im klaren. Nun erhofften sich viele umgekehrt ein positives Signal der Leipziger auf die Dresdner Entwicklung und schließlich auf den Fortgang der Ereignisse in der gesamten DDR. Insgesamt 23 600 Personen wollten sich direkt über die Ergebnisse der Aussprache mit dem Oberbürgermeister informieren. Das MfS hatte in unmittelbarer Nähe der Kirchen „operative Stützpunkte“ für „Aufklärungs- und Beobachtungsmaßnahmen“ eingerichtet.[244]

Teilnahme an kirchlichen Veranstaltungen am Abend des 9. Oktober 1989[245]

Kreuzkirche	6 000 Personen	1. Veranstaltung
	3 000 Personen	2. Veranstaltung
Christuskirche	2 000 Personen	je Veranstaltung
Versöhnungskirche	1 500 Personen	1. Veranstaltung
	600 Personen	2. Veranstaltung
Kathedrale	5 500 Personen	1. Veranstaltung
(Kath. Hofkirche)	3 000 Personen	2. Veranstaltung

Die Kirchen waren überfüllt. Seit Jahrzehnten hatte Dresden keine solche spontanen und nichtinszenierten, „Volksversammlungen“ erlebt.[246] Es kamen Menschen in die Kirchen, die nichts mit der Kirche zu tun hatten, aber, so Wagner, „wer damals die Wahrheit erfahren wollte, mußte, ob er wollte oder

242 Vgl. BVfS Dresden, Tagesbericht Dresden vom 9.10.1989 (ABL BA Dresden 4, Bl. 260-261); Information über eine Demonstration und Zusammenkünfte oppositioneller Kräfte in Leipzig, Dresden und Magdeburg. Text in: Mitter/Wolle, Ich liebe euch doch alle, S. 216-219; Abschrift eines in einem Betrieb in Radebeul gefundenen Flugblattes vom 9.10.1989: Kreuzkirche, 8.10.89, Fragen, die beim Oberbürgermeister vorgetragen wurden (SächsHStA, SED-BL Dresden, 13217).

243 Vgl. Interview mit Lilli Ulbrich.

244 Dok. 18.

245 Vgl. BVfS Dresden, Tagesbericht vom 9.10.1989 (ABL BA Dresden 4, Bl. 260-261). Die Union vom 11.10.1989 sprach von 11 000 Teilnehmern in der Kathedrale.

246 Rosenlöcher, Die verkauften Pflastersteine, S. 25.

nicht, in die Kirche gehen. Woanders hat er es nicht erfahren."[247] In den Kirchen wiesen leitende Amtsträger darauf hin, daß die Räumlichkeiten auf Bitten staatlicher Organe zur Verfügung gestellt wurden, da die Stadt angeblich über keine entsprechend großen Räume verfüge.[248] Ziemer betonte ausdrücklich, daß es sich nicht um eine Veranstaltung der Kirchen, sondern um eine „Versammlung des Volkes" handele.[249]

In allen vier Kirchen referierten die Gruppenvertreter über die Entstehung der Gruppe und wiederholten die Forderungen, die sie dem Oberbürgermeister vorgetragen hatten.[250] Sie forderten noch einmal ausdrücklich, künftig Gewalt zu vermeiden, sich von Randalierern und Rowdys zu distanzieren und kündigten an, energisch im Sinne ihrer Forderungen zu wirken und die Herrschenden weiter zur Dialogbereitschaft zu zwingen.[251]

In der Kreuzkirche, in der Beate Mihály und Friedrich Boltz über das Rathausgespräch informierten, war kein einziger Platz mehr frei. Selbst vor der Kirche standen mehrere tausend Menschen. Sie verhielten sich, wie vor den anderen Kirchen, ruhig. Auf zwei Transparenten wurden Reiseerleichterungen und eine Zulassung des Neuen Forums gefordert. Für eine Beschallung des Platzes vor dem Gebäude hatte die Stadt keine Genehmigung erteilt.[252] Als Superintendent Ziemer eigenmächtig Kabel für Lautsprecher legen ließ, wurden sie von MfS-Mitarbeitern durchschnitten. Ziemer bestand gegenüber den Gruppenmitgliedern darauf, daß sie die Versammlungen selbst leiteten, um deren neue Qualität als „Volksversammlung" zu unterstreichen. „Und", so der Superintendent, „es war eine Volksversammlung, so chaotisch wie eine Volksversammlung nur sein kann."[253] Für die Gruppenmitglieder stellte es eine völlig neue Erfahrung dar, sich vor tausenden Menschen frei zu politischen Themen zu äußern. Obwohl sie kaum inhaltliche Ergebnisse präsentieren konnten, fanden ihre Ausführungen großen Anklang. Schon die Tatsache, sich versammeln und über Forderungen nach Demokratie und Freiheitsrechten sprechen zu können, bedeutete für alle Beteiligten einen zuvor kaum für möglich gehaltenen Erfolg und einen wichtigen Schritt auf dem Weg zur lange verweigerten Bürgerkultur. Beate Mihály beschreibt ihre damalige Stimmung: „Ich habe das erste Mal in meinem Leben vor so vielen Menschen gesprochen.

247 Rede Wagners (Privatbestand Herbert Wagner, Bl. 18); vgl. ders., Die Novemberrevolution, S. 12; Bahr, Sieben Tage, S. 148f.; Die Union vom 11.10.1989; Interview mit Andreas Horn; Ziemer, Wachen und Beten, S. 107.

248 Vgl. Information über eine Demonstration und Zusammkünfte oppositioneller Kräfte in Leipzig, Dresden und Magdeburg. Text in: Mitter/Wolle, Ich liebe euch doch alle, S. 216-219.

249 Interview mit Christof Ziemer; vgl. Dok. 21.

250 Vgl. Dok. 19; Dok. 21.

251 Vgl. Information über eine Demonstration und Zusammkünfte oppositioneller Kräfte in Leipzig, Dresden und Magdeburg. Text in: Mitter/Wolle, Ich liebe euch doch alle, S. 216-219.

252 Vgl. Dok. 25; Dok. 21; Bericht der BVfS Dresden über die Veranstaltungen in der Kreuzkirche und in der Kathedrale am 9.10.1989 (BStU, ASt. Dresden, BV, 1. SdL 1, Bl. 169f.).

253 Interview mit Christof Ziemer.

Mir haben die Knie gezittert und ich habe auch klipp und klar gesagt, daß ich nicht weiß, ob ich dem gewachsen bin. Das war für mich Neuland, und ich war nervös."[254] In der Kreuzkirche bekam die Gruppe für das am 16. Oktober stattfindende Gespräch mit Berghofer den Auftrag, folgenden Katalog zu behandeln: „Änderung der Verfassung Artikel 1, Passus über absolute Vorherrschaft der SED, damit die Blockparteien keine Wurmfortsätze mehr zu sein brauchen; FDGB sollte doch wieder die Interessen der Werktätigen vertreten und nicht die der Führung; ökonomische Reformen, damit wir aus der Bleistiftmisere herauskommen; massive Reko[255] von Altbausubstanz, da der Verfall bald die gleichen Ausmaße hat wie die Zerstörung von 1945; Zurückbeorderung der Bauarbeiter aus Berlin; bürgernäheres Arbeiten der Kommunalpolitiker; rechtzeitiges Vorstellen der Politiker, die zur Wahl antreten".[256] Die Teilnehmer drückten ihre Zustimmung durch Beifall aus, aber es gab auch Pfiffe und Rufe gegen den Staat. Das Mißtrauen war groß, und viele befürchteten, bei der Entwicklung könnte es sich um ein geschicktes Täuschungsmanöver der SED-Führung handeln, durch das Kritiker eingebunden und mundtot gemacht werden sollten.

Pfarrer Horn, der in seiner Begrüßung in der Versöhnungskirche ebenfalls ausdrücklich darauf hinwies, daß es sich nicht um eine kirchliche Veranstaltung handle,[257] schildert die dortige Atmosphäre: „Eine ungeheure Aufbruchsstimmung in einer Mischung aus Unruhe, großer Erwartung, aber auch bangen Fragen, was daraus werden wird. Es war eine eigentümliche Mischung: Auf der Orgelempore der Versöhnungskirche spielte der Posaunenchor spontan, ohne daß irgendjemand vorher etwas besprochen hatte, ‚Die Gedanken sind frei'. Es gab viele spontane Fragen von Einzelnen." Die Mitglieder der Gruppe der 20 verhielten sich, so Horn, angesichts der ungewohnten Herausforderung äußerst couragiert. Es sei erstaunlich gewesen, wie sie, „an sich einfache Leute, sich wacker und tapfer geschlagen haben, die da vorn saßen und als Hoffnungsträger gesehen wurden. In sie wurden aber auch Erwartungen gesetzt. Und darauf haben sie meiner Meinung nach in einer guten Weise reagiert und auch zum Teil Erwartungen begrenzt mit ihren Äußerungen."[258]

In der Hofkirche, der Kathedrale des Bistums Dresden-Meißen, begrüßte Bischof Reinelt die Anwesenden. Auch er wies darauf hin, daß dies kein Gottesdienst sei, sondern eine Versammlung, für die die Kirche gern das Gastrecht gewähre, weil sie den Augenblick für bedeutsam halte und eine gewaltlose Lösung der Probleme unterstütze. Ein „schonungsloser offener Dialog" könne dazu beitragen, „in diesem Land einen neuen Anfang zu machen". Reinelt informierte über die Mitteilung, die ihm am Nachmittag von der SED überge-

254 1. Interview mit Beate Mihály.
255 Rekonstruktion.
256 Abschrift eines in einem Betrieb in Radebeul gefundenen Flugblattes vom 9.10.1989: Kreuzkirche, 8.10.89, Fragen, die beim Oberbürgermeister vorgetragen wurden (Sächs HStA, SED-BL Dresden, 13217).
257 Vgl. Dok. 23; Privatbestand Andreas Horn, Bl. 35f.
258 Interview mit Andreas Horn.

ben worden war.[259] Andreas Schmidt berichtete über das Rathausgespräch und die dort vorgetragenen Forderungen der Demonstranten. Anschließend stellten sich weitere Vertreter der Gruppe vor. Schmidt verwies darauf, daß Dresden die erste Stadt sei, in der ein Dialog in Gang gesetzt wurde. Damit sei ein Zeichen gesetzt worden, und es gelte nun, die Aktivitäten auf andere Städte zu übertragen.[260] Herbert Wagner, der sich unter der Zuhörern in der Hofkirche befand, berichtet: „Dieses Erlebnis in der Kathedrale hat einen tiefen Eindruck bei mir hinterlassen. So voll habe ich die Kathedrale noch nie erlebt. Vorne im Altarraum saß und stand man. Und es war mucksmäuschenstill, als von dem Gespräch berichtet wurde. Als solche Sätze gesagt wurden ‚Freilassung der Inhaftierten' dann tosender Beifall, wieder Ruhe, man hörte eine Stecknadel fallen, dann ‚Reisefreiheit in sozialistische und kapitalistische Länder', wieder tosender Beifall und Ruhe, der nächste Punkt dann ‚Demonstrationsfreiheit', ‚Pressefreiheit', ‚Redefreiheit'. Und besonders großer Beifall kam, als gesagt wurde ‚Wahlfreiheit' und der Satz dann dort fiel ‚Wahlen müssen wieder Wahlen werden', dann wieder tosender Beifall, dann wieder die Ruhe. Die Leute sogen jedes Wort auf, was dort von den Vertretern der ‚Gruppe der 20' gesagt wurde. In einem öffentlichen Raum, unter der Anwesenheit von tausenden Menschen, wurde so etwas zuvor nie gesagt."[261]

Die Anwesenden kamen auch selbst zu Wort. Zettel kursierten durch die Bankreihen, auf denen jeder Fragen und Forderungen aufschreiben konnte, die dann durch einen „Anwalt des Publikums" gesichtet, sortiert und vorgetragen wurden. Die Fragen lauteten unter anderem: Wie gehen die Gespräche weiter? Was wird mit den Inhaftierten? Mein Mann ist seit drei Tagen verschwunden, was soll ich tun? Was wollt ihr erreichen? Laßt ihr euch vom Oberbürgermeister nicht nur hinhalten?[262] In der Christuskirche verabschiedeten die Teilnehmer eine Resolution, in der der „Vertretergruppe" für ihre Arbeit gedankt und ihr Forderungskatalog bestätigt und angenommen wurde. Die Gruppe erhielt von den Anwesenden ausdrücklich das Mandat, weiterzuarbeiten.[263]

Die Stimmung in den Kirchen schwankte zwischen Skepsis gegenüber der Führung, Bedrückung über die offensichtliche Beschattung durch die allgegen-

259 Vgl. Bericht des bischöflichen Ordinariats Dresden-Meißen vom 8./9.10.1989 (Privatbestand Frank Richter, unpag.); Bericht der BVfS Dresden über die Veranstaltungen in der Kreuzkirche und in der Kathedrale am 9.10.1989 (BStU, ASt. Dresden, BV, 1. SdL 1, Bl. 169f.); Dok. 22.

260 Vgl. Dok. 22.

261 Herbert Wagner. In: Flach, Der Demokratisierungsprozeß, S. 44.

262 Ca. 90 Zettel mit Forderungen und Anfragen, die die Gruppe während der Informationsveranstaltungen am 9. und 16.10.1989 erhielt, befinden sich im Privatbestand Beate Mihály.

263 Vgl. Bericht der BVfS Dresden über die Veranstaltung in der Christuskirche Dresden am 9.10.1989 (BStU, ASt. Dresden, BV, 1. SdL 1, Bl. 171); Information über eine Demonstration und Zusammkünfte oppositioneller Kräfte in Leipzig, Dresden und Magdeburg. Text in: Mitter/Wolle, Ich liebe euch doch alle, S. 217; Die Union vom 11.10.1989.

wärtige Staatssicherheit[264] und Euphorie darüber, daß endlich Gespräche begonnen und die Ausschreitungen und Übergriffe zumindest vorläufig ein Ende hatten. Insgesamt überwog jedoch deutlich die Zustimmung zum eingeschlagenen Weg. Für die Vertreter der Demonstranten lag die Bedeutung der Veranstaltungen vor allem darin, daß sie durch die Resonanz in den Kirchen oder durch direkte Mandatserteilung einen nachweisbaren Handlungsauftrag zum Weitermachen erhielten.[265] Ihre demokratische Legitimation wurde auf eine breitere Grundlage gestellt, was ihre Autorität gegenüber den Vertretern des Staates stärkte. In einer Situation, in der keine demokratisch gewählte Vertretung der Bevölkerung existierte, avancierte die aus der Menge der Demonstranten spontan und direktdemokratisch gebildete Gruppe zur revolutionär-demokratischen, mit einem symbolischen Mandat ausgestatteten Vertretung großer Teile der Bevölkerung gegenüber der Staatsmacht. Als Keimzelle demokratischer Strukturen in Dresden stellte sie das politische System schon durch ihr bloßes Vorhandensein radikal in Frage.

Die Ereignisse des 8. und 9. Oktober in Dresden und Leipzig hatten als Impulse für den sich nun sprunghaft beschleunigenden revolutionären Prozeß enorme Bedeutung. Täglich änderten sich nun Verhältnisse, an denen seit Jahrzehnten nicht gerüttelt worden war. Am Morgen des 10. Oktober erschien im CDU-Blatt „Die Union" unter dem Titel „Es ist möglich, miteinander zu reden" ein Artikel von Uta Dittmann,[266] in dem die Journalistin offen über die lokalen Ereignisse der letzten Tage berichtete. Ihr Beitrag ging als erster „Glasnost-Artikel" in die Geschichte der friedlichen Revolution ein. Am 11. Oktober folgte ein Beitrag über die Informationsveranstaltungen in den Kirchen.[267] Die Verfasserin hatte bereits seit einiger Zeit versucht, mehr Offenheit in der Zeitung durchzusetzen. Mit den Oktoberereignissen bot sich nun eine Gelegenheit dazu. Uta Dittmann schildert, wie es ihr gelang, den Artikel drucken zu lassen: „Ich bin mitgegangen ins Rathaus und habe auch versucht, mit reinzukommen, das war nicht möglich. Daraufhin habe ich jemandem ein Aufnahmegerät gegeben, so daß alles dokumentiert wurde. Hinterher sind wir ins Dompfarramt gegangen und haben ausgewertet und beraten, wie es weitergeht. Dann bin ich in die Redaktion und habe darüber geschrieben. An diesem Tag war aber eine peinliche Situation für den Chefredakteur, daß man unbedingt etwas bringen mußte und nicht wußte, was. Der Redaktionsschluß rückte immer näher. Und der Chefredakteur wurde immer nervöser, dann hat er in Berlin angerufen bei der Parteileitung. Die haben gesagt, rette sich wer kann, jetzt mußt du selbst wissen, was richtig ist, da hatte er so panische Angst, daß ich ihn überreden konnte, meinen Artikel zu bringen."[268]

---

264 Vgl. Liebsch, Dresdner Stundenbuch, S. 39–41 und 70–73; Kopie eines MfS-Berichts (Privatbestand Klaus Gaber); Interview mit Andreas Horn.
265 Vgl. Interview mit Friedrich Boltz. In: Flach, Der Demokratisierungsprozeß, S. 51.
266 Dok. 26.
267 Dok. 27. Zur Person vgl. die Kurzbiographie im Anhang.
268 Interview mit Uta Dittmann.

8. Die SED-Führung schaltet auf Dialog

Nicht nur die Presselandschaft geriet seit dem 10. Oktober in Bewegung. Entscheidend für die politische Entwicklung war vor allem, daß die Gegensätze innerhalb der SED-Führung zunahmen und Honecker und Mielke die Kontrolle über die Situation mehr und mehr verloren. Modrow unterstützte diesen Prozeß. Am Vormittag des 10. Oktober verlas er bei der Sitzung der Bezirkseinsatzleitung ein Schreiben des Sekretariats der SED-Bezirksleitung an das Politbüro, in dem sich das Sekretariat offen gegen die Einschätzung der SED-Führung wandte. Modrow wies Honecker auf die Erwartung der Mitglieder hin, „daß die Partei- und Staatsführung der DDR eine Erklärung zur Lage gibt und damit sichtbar macht, daß der Ernst der Lage gesehen wird". In den Parteiorganisationen erwarte man zum frühestmöglichen Zeitpunkt eine Tagung des ZK der SED zur Lage.[269] Er sprach auf der BEL-Sitzung unter anderem von der Unzufriedenheit breiter Massen über Mißstände und kritisierte die zentralen Medien, die sich darauf beschränkten, die Meinung der Partei- und Staatsführung wiederzugeben. Generalmajor Kokott hatte den Eindruck, daß bei Modrow „das Faß zum Überlaufen voll" war. Mit seiner Haltung stand Modrow inzwischen nicht mehr allein. Sein Beschlußentwurf wurde mit mehr oder weniger Überzeugung von allen Mitgliedern der Bezirkseinsatzleitung unterstützt.[270] Im Sinne Modrows war inzwischen selbst eine Information der BVfS Dresden an Modrow formuliert, in der von Unzufriedenheit angesichts der Sprachlosigkeit führender Funktionäre und einer sich abzeichnenden „Popularität oppositioneller Aktivitäten und diesbezüglicher personeller Gruppierungen in der Vielfalt ihrer formulierten Zielstellungen" die Rede war.[271]

Aber auch im Zentralkomitee selbst wuchs die Unzufriedenheit. Hier schätzte man ein, daß „die Kampfkraft vieler Grundorganisationen gelähmt" sei und sich Resignation und Ratlosigkeit breitmachten. Es gebe wenig Verständnis für die abwartende Haltung der Parteiführung. Viele SED-Mitglieder meinten, „man könne das Volk nicht auf den Parteitag vertrösten". Die Einberufung einer ZK-Tagung sei daher unbedingt notwendig.[272] In einer von Krenz gegen den Willen Honeckers erarbeiteten und im Politbüro durchgesetzten Erklärung bekannte sich dieses schließlich am 11. Oktober zu einem „breiten Dialog im ganzen Land". Ziel der Aktion war es, die gesellschaftlichen Proteste zu kanalisieren, öffentliche Demonstrationen zu vermeiden und sich an die Spitze einer staatlich inszenierten und kontrollierten Dialog-Bewegung zu stellen.

269 Fernschreiben Modrows an Honecker zur Beratung am 10.10.1989 (ABL BA Dresden 4, Bl. 230–232).

270 Interview mit Raimund Kokott. In: Dichtung und Wahrheit über die Einsatzleitungen S. 19; vgl. Ders. In: Kaulfuß/Schulz, Dresdner Lebensläufe, S. 96.

271 Bericht der BVfS an Hans Modrow über die Stimmung der Bevölkerung vom 11.10. 1989 (BStU, ASt. Dresden, BV Dresden, Abt. XX, 9181, Bl. 226–229).

272 Information der SED-Bezirksleitungen Dresden an das ZK über die Lage und die Wirkung der eingeleiteten Maßnahmen vom 11.10.1989, 4.00 Uhr (BStU, ZAIG 7834, Bl. 52).

Der Forderung der Bevölkerung nach einer offenen Aussprache über alle die Gesellschaft betreffenden Fragen setzte die Führung einen von oben gelenkten und verordneten Pseudo-Dialog entgegen, der zunächst völlig in den vorgestanzten Formen verlief und bei dem selbst geringe substantielle Änderungen der SED-Diktatur nicht vorgesehen waren. Zwar begrüßte auch die SED-Bezirksleitung Dresden die leichte Kurskorrektur, wies jedoch noch am 11. Oktober kritisch darauf hin, daß der Dialog bislang nur von der Bevölkerung gesucht worden sei und Initiativen seitens der SED-Führung völlig gefehlt hätten.[273] Modrow befürchtete, daß Honecker das bisherige politische System durch seine starre Haltung gefährden könnte. In dieser Frage kam es bei einer Beratung Honeckers mit den 1. Sekretären der SED-Bezirksleitungen am 12. Oktober zwischen ihm und dem SED-Generalsekretär zum Affront. Nachdem Honecker in gewohnter Manier die NATO und feindselige Kräfte im Ausland als Ursache der Probleme in der DDR bezeichnet und vorgeschlagen hatte, die Beschlüsse des 11. Parteitages der SED unverändert umzusetzen, äußerten mehrere SED-Bezirkssekretäre Bedenken. Die KGB-Filiale in Berlin-Karlshorst deutete den offenen Konflikt der Bezirkssekretäre mit Honecker am 12. Oktober bereits als Zeichen des bevorstehenden Sturzes und berichtete entsprechend nach Moskau.[274] Modrow kritisierte, daß die SED-Sekretäre in der letzten Zeit ohne erkennbare Führung hätten arbeiten müssen. Er bezweifelte, daß das Politbüro über die Vorgänge in der DDR informiert sei und attestierte der SED-Führung völliges Versagen. Honecker warf ihm daraufhin vor, mit einer Plattform gegen die Parteiführung aufzutreten.[275] Trotz aller Differenzen war der Unterschied zwischen Honeckers und Modrows Haltung mehr taktischer Natur. In ungebrochenem Glauben an die kommunistische Ideologie sah Modrow im Gegensatz zu Honecker in einer flexibleren Handhabung der Mechanismen der Diktatur eine bessere Gewähr für ihren künftigen Erhalt. So erklärte er am 12. Oktober, was „niemals über Bord gehen“ dürfe, sei „der Sozialismus, die führende Rolle der Partei und die sozialistische Ideologie“. Allerdings müsse von der SED eine Erneuerung ausgehen, „und nicht von denen auf der Straße oder in der Kirche“. Es gehe nicht „um ein bißchen mehr sozialistische Demokratie“, sondern „um eine neue Qualität ihrer Entwicklung im Leninschen Sinne“. Modrow zeigte sich „überzeugt, daß uns keine Zeit mehr bleibt, daß schnell gehandelt werden muß, wenn wir nicht alles, was wir geschaffen haben, aufs Spiel setzen wollen“.[276] Am Beispiel der Dresdner

273 SED-Bezirksleitung Dresden an das ZK der SED, Aktuelle Information über die politische Lage und das Stimmungsbild im Bezirk am 10.10.1989 (SächsHStA, SED-BL Dresden, 13218).

274 Vgl. Iwan Kusmin. In: Bierman, Zwischen Kreml und Kanzleramt, S. 211, Fn. 217.

275 Vgl. Modrow, Aufstieg und Ende, S. 19; Schabowski, Das Politbüro, S. 94; ders., Der Absturz, S. 256; Krenz, Wenn Mauern fallen, S. 37. Honecker bezeichnete es als „vollkommen falsch“, daß ihm gegenüber bei dieser Sitzung Mißtrauen aufgekommen sei. Andert/Herzberg, Der Sturz, S. 28.

276 Redemanuskript Modrows für die Beratung der 1. Bezirkssekretäre der SED mit Honecker am 12.10.1989 (SächsHStA Dresden, SED 13218). Text auch in: Stephan, Vorwärts immer, S. 157–161.

Gruppe der 20 sah er, daß die gegen den Herrschaftsanspruch der SED gerichteten Aktionen eine Eigendynamik bekamen und unterschiedliche Kräfte intensiv an gesellschaftlichen Konzepten arbeiteten, die sich teilweise bereits offen gegen die Diktatur richteten. Gegenüber der SED-Bezirksleitung Dresden äußerte er die Befürchtung, daß die SED die Initiative des Handelns verlieren könnte: „Das Leben zeigt: Wir Kommunisten stehen heute unter dem stärksten Druck. Das Wichtigste ist, wir müssen die Initiative in die Hand bekommen." Er konstatierte, daß die Gegner der SED dabei seien, das Vertrauen des Volkes zur Partei mit Erfolg zu untergraben. Noch seien zwar die Fragen und Erwartungen weitgehend auf die Politik der SED und auf deren Führung gerichtet, die Zeit dränge jedoch. Als Indiz für den Machtverfall der SED sah Modrow die Tendenz an, daß die Kirche allmählich zur Seite trete, „um anderen Kräften Raum für politisches Wirken frei zu machen".[277] In einem Schreiben an das ZK der SED betonte die SED-Bezirksleitung Dresden, „daß mit den Wortführern und Organisatoren solcher Handlungen kein Konsens gefunden werden kann".[278] Derartige Äußerungen lassen keinen Zweifel daran, daß Modrows Deeskalationspolitik wie die vom Politbüro dekretierte Dialogpolitik oder die Erhöhung der Einsatzbereitschaft der militärischen Organe des SED-Staates letztendlich dem Krisenmanagement mit dem Ziel des Erhalts der Diktatur dienten. Tatsächliche Systemveränderungen waren weder von Honecker, noch von Mielke, Krenz, Modrow oder Berghofer intendiert.

So erschließt sich auch der Charakter der offiziell inszenierten Dialogpolitik nur vor dem Hintergrund der parallel laufenden, von Modrow freilich seit dem 8. Oktober nur noch bedingt mitgetragenen, militärischen Aktivitäten. Ungeachtet der Bedenken der Dresdner Bezirkseinsatzleitung wies Streletz am 11. Oktober erneut an, den möglichen „Einsatz von Hundertschaften in Schwerpunktgebieten entsprechend der in den letzten Tagen geübten Praxis stabsmäßig vorzubereiten".[279] Am 12. Oktober befanden sich erneut 14 Einsatzkommandos der NVA in Bereitschaft.[280] Unter dem Deckwort „Badeofen" konnten sie jederzeit nach Dresden verlegt werden. Es handelte sich um Einheiten der Offiziershochschulen „Ernst Thälmann" aus Löbau, „Otto Lilienthal" aus Bautzen, „Franz Mehring" aus Kamenz und „Ernst Thälmann" aus Zittau, sowie des 16. Panzer-Regiments Großenhain und des 7. Pionier-Bataillons Pirna.[281] Aus der Erklärung des Politbüros vom 11. Oktober leitete

277 Dok. 21.
278 Dok. 24.
279 Stellv. Minister für Nationale Verteidigung, Streletz, an den Leiter der Arbeitsgruppe des Ministers für Staatssicherheit, Rümmler, vom 11.10.1989 (BStU, ZA, Neiber, 181 Bl. 248f.).
280 Vgl. Sektor NVA, Information über den Einsatz des MB-III zur Herstellung von öffentlicher Sicherheit, Ruhe und Ordnung vom 13.10.1989 (ABL BA Dresden 4, Bl. 450f.). Org. Zuordnung unklar, wahrscheinlich BDVP.
281 Vgl. Schreiben des Chefs der BDVP Dresden, Nyffenegger, an Leiter der VPKÄ Brz, Ghn, Kmz, Lba, Pia, Zta vom 13.10.1989, Aufgabenstellung zur Unterstützung von Einheiten der NVA bei der Heranführung in die Bezirksstadt Dresden (ABL BA Dresden 4, Bl. 465–467).

die BVfS Dresden den Auftrag ab, „unter Führung der Partei in enger Kampfbereitschaft mit den anderen Schutz- und Sicherheitsorganen zu gewährleisten, daß es im Bezirk und besonders in der Stadt Dresden zu keinen weiteren, nichtgenehmigten Demonstrationen und anderen öffentlichkeitswirksamen feindlich-negativen Handlungen kommt". Die Lageentwicklung seit dem 1. Rathausgespräch habe „bei diesen Kräften nicht nur zu Erwartungshaltungen geführt, sondern auch Aktivitäten ausgelöst, die von ihnen erreichte Position zu festigen und auszubauen. Sie fühlen sich offenbar ermutigt, mit ständig neuen und weitergehenden Forderungen gegenüber den staatlichen Vertretern aufzutreten."[282] Nach der Sitzung der Bezirkseinsatzleitung Dresden am 13. Oktober[283] befahl Nyffenegger, das Territorium der Stadt „unter Beachtung der jüngsten Erfahrungen durch ein wirksames Informations- und Kontrollsystem ständig unter Kontrolle zu halten" und in fünf Sicherungsbereiche einzuteilen. Bei erneuten Protesten sollten „große Gruppen von Störern" im Dynamo-Stadion, im Hans-Steyer-Stadion und in der Rennbahn Dresden-Reick festgehalten, „kleinere Störungsgruppen" im Bereich des Volkspolizei-Kreisamtes, des Hauptbahnhofs und des Bahnhofs Dresden-Neustadt inhaftiert werden.[284] Diese Maßnahmen galten vor allem den Demonstranten, aber auch den neuen politischen Gruppierungen, deren offizielle Einbindung in den Dialog abgelehnt wurde. Wie die Demokratiebewegung zu diesem Zeitpunkt seitens der SED-Führung eingeschätzt wurde, zeigt eine am 13. Oktober bekannt gewordene Parteiinformation, in der das Neue Forum als staatsfeindliche Gruppierung firmierte. Die SED-Mitglieder wurden vor der Gefahr gewarnt, „daß aus einer Sammlung von kritischen Bürgern, Andersdenkenden, Enttäuschten" und „offenen und verdeckten Gegnern der sozialistischen Ordnung in der DDR heraus eine Bewegung gegen den Sozialismus in der DDR mit Massencharakter fomiert werden" könne. Das Neue Forum betreibe offen „das Geschäft der Feinde des Sozialismus". Angegriffen wurden auch der Demokratische Aufbruch, die SDP und Demokratie Jetzt, die nicht zufällig genau zu der Zeit entstünden, „da maßgebliche imperialistische Kräfte mit einer haßerfüllten Kampagne gegen die DDR den Sozialismus diffamieren und Zweifel an seiner Perspektive" wecken wollten.[285]

Angesichts der kaum modifizierten Haltung der SED-Führung stieß die neue, vom Politbüro dekretierte Diaologpolitik in der Bevölkerung bald auf Skepsis und Ablehnung. Das Neue Forum forderte einen „echten Dialog", bei dem die juristischen Rahmenbedingungen geschaffen werden müßten, damit „Meinungsäußerungen, Bürgerinitiativen, Selbsthilfegruppen und Parteien

282 Dok. 32.
283 Vgl. Leiter BVfS Dresden, Böhm, an Modrow vom 14.10.1989 (ABL BA Dresden 4, Bl. 468f.).
284 Chef BDVP Dresden, Aufgabenstellung zur Vorbeugung, Aufklärung und Verhinderung von Handlungen feindlich-negativer Kräfte auf dem Territorium der Bezirksstadt Dresden vom 13.10.1989 (ABL BA Dresden 4, Bl. 455-464).
285 Informationen 1989/7 Nr. 261: Zum „Neuen Forum" und zu anderen illegalen oppositionellen Gruppierungen in der DDR (SächsHStA BT/RdB Dresden 46159 Bl. 77f.). Vgl. Bahrmann/Links, Wir sind das Volk, S. 26.

nicht mit der Anschuldigung der Staats- und Verfassungsfeindlichkeit von vornherein zum Schweigen gebracht werden" könnten. Ebenso sei ein tatsächlicher Dialog unvollstellbar, „solange Menschen unter politischen Strafvorwürfen in Haft" seien. Echter Dialog bedeute: „1. Zulassung des Neuen Forums und aller anderen Basisgruppen, Parteien und Bürgerinitiativen, die sich für die Demokratisierung der Gesellschaft einsetzen, 2. Zugang zu den Massenmedien, 3. Pressefreiheit und Abschaffung der Zensur, 4. Versammlungs- und Demonstrationsfreiheit."[286]

Auch in der Gruppe der Vertreter der Dresdner Demonstranten stieß die staatlich verordnete Dialogpolitik auf Ablehnung. Um sich davon zu distanzieren, wurde der Begriff „Dialog" im Laufe des Oktober immer weniger verwendet. Dieter Brandes berichtet: „Als dann überall umgeschaltet wurde auf Dialog, ‚wir machen jetzt Dialog', da haben die Dialoge geführt, Monologe, in Betrieben, mit Leuten, mit Arbeitern, die alle zustimmend ja sagten. [...] Da haben wir gesagt, so eine Dialoggruppe sind wir nicht und wollten wir auch nicht sein."[287] Bereits bei einer Zusammenkunft der Gruppe am 12. Oktober war neben der Bezeichnung „Dialoggruppe" erstmals auch der Name „Gruppe der 20" verwendet worden.[288] Den Namen hatte Kaplan Richter in der nächtlichen Besprechung am 8. Oktober im Dompfarramt eingeführt.[289] Allerdings stimmte zu diesem Zeitpunkt intern noch eine Mehrheit für den Namen „Dialoggruppe". Der Name „Gruppe der 20" wurde anfänglich mit der Begründung abgelehnt, daß die Zahl der Mitglieder nicht stabil bei zwanzig liege. Vor allem Boltz zeichnete Flugblätter und Erklärungen dennoch mit der Bezeichnung „Gruppe der 20". Ein Artikel der Redakteuerin Uta Dittmann in der „Union" führte den Namen dann endgültig ein.[290] Schon am 15. Oktober wurden Bezeichnungen wie „Dialoggruppe", „Dialoggruppe ‚20'" oder „Dialoggruppe des Oberbürgermeisters" weitgehend abgelehnt und zum Zweck der Abgrenzung bald nur noch die Bezeichnung „Gruppe der 20" benutzt.[291]

286 Stellungnahme des Neuen Forums Berlin vom 12.10.1989 (Privatbestand Erich Sobeslavsky).
287 Zit. in: Flach, Der Demokratisierungsprozeß, S. 51.
288 Blaues Notizbuch (Privatbestand Beate Mihály).
289 Vgl. 2. Interview mit Frank Richter.
290 Vgl. Interview mit Friedrich Boltz. In: Kaulfuß/Schulz, Dresdner Lebensläufe, S. 33.
291 Vgl. Oberbürgermeister, Information für das ZK der SED vom 16.10.1989 (SächsHStA, SED-BL Dresden, 13218); Flach, Der Demokratisierungsprozeß, S. 51.

Profilierung und Legitimierung im Dialog

1. Profilierung, Beratung, Fluktuation – die ersten Tage der Gruppe der 20

Die Gruppe sah zu Anfang ihrer Tätigkeit eine wichtige Aufgaben darin, alle in den letzten Tagen „Zugeführten" aus der Haft zu befreien. Zu diesem Zweck fanden am 11. Oktober zwei Gespräche im Rathaus statt. Hintergrund war die nicht eingehaltene Zusage Berghofers, alle zu Unrecht Inhaftierten innerhalb von vierundzwanzig Stunden freizulassen.[1] Die Gespräche gingen auf eine Initiative Heiko Pstrongs zurück, der am 10. Oktober beim Rat der Stadt um einen Gesprächstermin gebeten hatte, da die vom Oberbürgermeister gegebenen Zusicherungen von Volkspolizei und Staatsanwaltschaft nicht eingehalten worden seien.[2] Die Staatsmacht war durch den Stellvertreter für Inneres, Stadtrat Jörke, den Leiter der Kriminalpolizei im VP-Kreisamt Dresden, Oberstleutnant Kassielke, sowie den Stellvertreter des Staatsanwaltes der Stadt Dresden, Damaske, vertreten. Am Gespräch nahmen auch DDR-Pressevertreter teil. Von seiten der Demonstranten waren Brandes, Baumgart, Steffen Richter und als Berater Heitmann anwesend. Dessen Konsequenz war es zu verdanken, daß die Gruppe in den Verhandlungen in keinem Augenblick ihre Dominanz gegenüber den Vertretern der SED-Macht verlor. Energisch wurde die sofortige Freilassung der Inhaftierten gefordert und neue Demonstrationen angekündigt, sollten Berghofers Versprechungen nicht bald erfüllt werden. Den Staatsvertretern wurden schriftliche Forderungen übergeben:

- sofortige Freilassung der Inhaftierten gemäß der Zusage vom 9.10. durch den Oberbürgermeister,
- sofortige Einstellung der beschleunigten Strafverfahren,
- Überprüfung der bisher durchgeführten beschleunigten Verfahren unter strikter Beachtung des Rechts auf Verteidigung,
- eine klare Definition, was als Gewaltanwendung eines Demonstranten anzusehen ist,
- Überprüfung, wo die Sicherheitskräfte unverantwortlich Gewalt angewendet haben,
- Benennung einer kompetenten Person im VPKA und bei der Staatsanwaltschaft, die Auskunft über Inhaftierte geben kann,
- öffentliche Bekanntgabe der Gesprächsergebnisse nach dem 16.10.1989,

---

1 Vgl. Bericht des Leiters der MfS-KD Dresden, Schubert, an den Leiter der BVfS, Böhm, über ein Gespräch der Gruppe der 20 mit dem Stadtrat für Inneres, Jörke, am 11.10.1989 (BStU, Ast Dresden, BV, XX 9181, Bl. 224–225); Dok. 12; Dok. 28; Fernschreiben des Leiters der BVfV Dresden, Böhm, an das MfS vom 11.10.1989 (BStU, ZA, Neiber, 72, Bl. 69f.). Mihály notiert dazu am 10.10.1989: „Glaubwürdigkeit ist in Frage gestellt [...] Versch. nicht gehalten oder nicht können" (Privatbestand Beate Mihály).

2 Vgl. Dok. 32.

- Berichterstattung auf einem öffentlichen Platz oder in öffentlichen Einrichtungen genügender Größe,
- Bekanntgabe von Ort und Zeit über den Sender Dresden, durch die Tagespresse und durch Anschläge,
- Anberaumung einer Pressekonferenz nach dem Gespräch vom 16.10.1989,
- Arbeitsmöglichkeiten in der Gruppe,
- Zurverfügungstellung von Räumen in öffentlichen oder gesellschaftlichen Einrichtungen.[3]

Die Gruppenvertreter machten vor allem die sofortige Freilassung der Zugeführten zu einer Vertrauensfrage. Heitmann übergab Damaske das Gedächtnisprotokoll einer Zuführung und erklärte, daß noch mehr solche Protokolle im Umlauf seien.[4] Laut Polizeiprotokoll versuchten die Beteiligten die Staatsvertreter zu erpressen, indem sie erklärten: „Wenn zu diesen Problemen keine eindeutigen Aussagen kommen, sie es nicht verhindern können, wenn die Bürger wieder auf die Straße gehen."[5] Dank ihrer konsequenten Haltung erreichte die Gruppe der 20 bei den Gesprächen die Zusage der Freilassung der Inhaftierten und eine Einstellung der Ermittlungsverfahren gegen die „Teilnehmer von Demonstrationen, die sich friedlich verhalten haben, keine Gewalt angewendet haben gegen Personen und Sachgegenständen und keine Beleidigungen und Beschimpfungen durchgeführt haben".[6]

Am Abend des 11. Oktober informierte die Gruppe der 20 auf einer speziellen Veranstaltung in der Versöhnungskirche über die Ergebnisse ihrer Verhandlungen. Vor über 1 000 Teilnehmern wurden die übergebenen Forderungen wiederholt und Gegenmaßnahmen für den Fall angekündigt, daß das Rathausgespräch am 16. Oktober keine Ergebnisse bringe. Heitmann informierte über rechtliche Möglichkeiten, Forderungen durchzusetzen, und forderte Betroffene auf, sich zwecks juristischem Beistand an Rechtsanwälte zu wenden. Ein Vertreter des Jugendpfarramtes regte an, Angaben über „Zugeführte" zu machen und Gedächtnisprotokolle über Zuführungen zu erstellen. Angestrebt wurde eine Klage gegen die Einsatzkräfte der Deutschen Volkspolizei. Es wurde bekanntgegeben, daß ab sofort täglich um 18.00 Uhr Fürbittandachten für die Inhaftierten in der Kreuzkirche stattfinden würden.

Neben dem Problem der Inhaftierten ging es an diesem Abend auch um die Bildung von Arbeitsgruppen. Die Mitglieder der Gruppe der 20 waren sich von Beginn an einig gewesen, die Gruppe nach Arbeitsbereichen zu untergliedern. Kompetente Bürger aus diesen Arbeitsgruppen sollten „dann in einer neuen Organisationsform über diese Gruppe hinaus oder aber im Rahmen von Organisationen, die im Land bereits vorhanden sind, die weiteren Dialoge bzw.

---

3 Vgl. ebd.
4 Vgl. Dok. 36.
5 Bericht der Kriminalpolizei Dresden über ein Gespräch von Vertretern der Gruppe der 20 mit dem Stadtrat für Inneres, Hans Jörke, am 11.10.1989 (Archiv des Polizeipräsidiums Dresden, I/3186).
6 Bericht der Gruppe der 20 über Gespräche mit dem Stadtrat für Inneres, Hans Jörke, am 11.10.1989 (Privatbestand Beate Mihály, unpag.).

gemeinsamen Gespräche zur Klärung der Situation führen".[7] Die Teilnehmer wurden aufgefordert, sich auf vorbereiteten Listen zur Mitarbeit in Arbeitsgruppen zu den Themenfeldern Volksbildung, Wahlrecht, Zivil- und Ersatzdienst, Rechtswesen bzw. Rechtsberatung einzutragen. Ohne eine derartige Unterstützung sei die Gruppe nicht in der Lage, die anstehende Arbeit zu erledigen. Mit ihrer Initiative zur Bildung von Arbeitsgruppen, die später in Abgrenzung zu den „Zeitweiligen Arbeitsgruppen" der Stadtverordnetenversammlung (ZAG) „Sektionen" genannt wurden, begann die Gruppe frühzeitig, der Politik der SED konkrete inhaltliche Konzepte entgegenzustellen.

Während der Veranstaltung in der Versöhnungskirche wurde außerdem zum Zusammenschluß der Arbeitsgruppen „Neuer Aufbruch" und „Neues Forum" aufgerufen.[8] In der Kreuzkirche hielten am selben Abend ca. 300 Menschen Fürbitte für die Ablösung des Rates der Stadt Dresden, die Inhaftierten in Bautzen und die Beteiligten des Dialoges.[9]

Nach den Gesprächen reagierte die SED-Macht recht schnell. Modrow drängte am 12. Oktober nach Kenntnisnahme der Zahl der noch immer Festgehaltenen auf eine sofortige Lösung.[10] Berghofer war zuvor im Apparat auf ein Maß an Widerstand gestoßen, von dem sich die Demonstranten und ihre Vertreter, so auch Berghofer, keine Vorstellungen machten. Das lag unter anderem an Bewertungen wie der, daß die „Aktivitäten und Maßnahmen kirchlicher Kräfte" nur darauf abzielten, „den Staatsapparat pausenlos mit Forderungen zu konfrontieren und mit Gesprächen von der Realisierung anstehender Aufgaben abzuhalten, um dann zu gegebener Zeit öffentlich bekanntzugeben, daß dieser Staatsapparat nicht in der Lage ist, die Geschicke des Landes und seiner Bevölkerung zu lenken und zu leiten".[11] Im Widerstand gegen jede gesellschaftliche Neuerung lehnte der Staatsanwalt eine Freilassung strikt ab, und auch der Polizeichef, „der damit ja zugeben mußte, daß er widerrechtlich gehandelt hat",[12] stimmte erst nach Intervention Modrows zu. Der größte Widerstand aber kam aus Berlin. Der Minister des Innern teilte nach Absprache mit Mielke und Generalstaatsanwalt Wendland BDVP-Chef Nyffenegger mit, daß alle verhafteten Personen, bei denen die Tatbestandsmerkmale § 217 des StGB (Zusammenrottung)[13] und § 5 des OWG[14] erfüllt sind, zu verurteilen seien.[15] Trotz der rigiden Haltung von SED-Führung und Staatsanwaltschaft

7 Dok. 34.

8 Vgl. BVfS Dresden an Modrow, Information über weitere Erkenntnisse zu Aktivitäten negativ-feindlicher Kräfte in Ergänzung der Information vom 12.10.1989 (BStU, ASt. Dresden, BV, XX, 9186, Bl. 80–84); Interview mit Dieter Brandes; Privatbestand Dieter Brandes, Bl. 3–5; Dok. 29; Dok. 22; Dok. 34.

9 Vgl. Dok. 32.

10 Vgl. Letztes Wort Dr. Hans Modrows vor der 4. Strafkammer Dresden am 11.12.1996, S. 2f. (HAIT DS FRS, Modrow-Prozeß 1996).

11 Dok. 32.

12 Interview mit Wolfgang Berghofer.

13 StGB der DDR vom 12. Januar 1968, § 217. In: Strafgesetzbuch, S. 81.

14 Gesetz zur Bekämpfung von Ordnungswidrigkeiten vom 12. Januar 1968, § 5. In: Strafgesetzbuch, S. 103.

15 Vgl. Dok. 31.

kam es am 13. Oktober neben einem Gespräch Jörkes mit Heitmann, Baumgart, Boltz, Mattheß, Pstrong[16] auch zu einem Treffen zwischen Bezirksstaatsanwalt Lindner und Oberkirchenrat Kreß vom Landeskirchenamt Sachsen. Dabei kritisierte Lindner die „Aktion Gedächtnisprotokolle" als für die Dialogpolitik zwischen Staat und Kirche schädlich, kündigte aber zugleich an, die verbliebenen Fälle gründlich zu prüfen. Er gab zu, daß es bei den Zuführungen nicht immer korrekt und entsprechend den Gesetzen zugegangen sei, behauptete in diesem Zusammenhang jedoch zugleich, die DDR habe angeblich „gesetzliche Möglichkeiten für jeden Bürger geschaffen, sich über falsche Behandlungen und erlittene Schäden bei den Zuführungen zu beschweren. Das können im Extremfall sogar Anzeigen sein." Entsprechende Beschwerden und Anzeigen würden „geprüft wie in allen anderen Fällen auch". Gedächtnisprotokolle nützten hingegen nichts. Daher empfahl er, die Sammelstelle für Gedächtnisprotokolle im Jugendpfarramt Dresden aufzulösen und die Bürger an die zuständigen staatlichen Organe zu verweisen.[17]

Nach dem Gespräch wurden die Inhaftierten bis zum 16. Oktober 1989 mehrheitlich aus der Untersuchungshaft entlassen.[18] Lediglich drei Jugendliche verurteilte das Kreisgericht Dresden-Ost als angebliche „Rädelsführer" und wegen „verbrecherischen Rowdytums" zu Freiheitsstrafen zwischen zwei und vier Jahren. Sie kamen erst nach Protesten der Kirchen und der Gruppe der 20 gegen das Verfahren wieder auf freien Fuß. Das Bezirksgericht Dresden urteilte unter dem Druck der revolutionären Entwicklung, „daß auch das gewalttätige Vorgehen von Bürgern letztlich Widerspiegelung des revolutionären Aufbegehrens des Volkes gegen die verfehlte stalinistische Politik der damaligen SED- und Staatsführung war". Deswegen erkannten die SED-Richter auf „Freispruch vom Vorwurf strafbaren Handelns oder auf Abstandnahme von Maßnahmen strafrechtlicher Verantwortlichkeit".[19] Die Gruppe der 20 richtete mit Hilfe des Dresdner Jugendpfarrers, Henker, vorübergehend ein Büro als Anlaufstation für Inhaftierte und deren Angehörige ein. Eine weitere Kontaktstelle befand sich in der Kreuzkirche. Auch beim Staatsanwalt gab es ein Büro, in dem über Vermißte Auskunft gegeben wurde.[20]

Insgesamt stellten die ersten Tage nach dem 8. Oktober für die Mitglieder der Gruppe eine enorme Herausforderung dar. Schwierigkeiten bereiteten vor allem die innere Organisation der Gruppe, die Abstimmung notwendiger Termine und das Fehlen geeigneter Räume.[21] Neubert nennt die organisatori-

16 Vgl. Dok. 35.
17 Dok. 36.
18 Vgl. Bericht des Bezirksstaatsanwaltes vor der Stadtverordnetenversammlung am 22.11.1989 (Stadtarchiv Dresden, StVV, Protokolle, 154, unpag.).
19 Zit. in: Abschlußbericht der Unabhängigen Untersuchungskommission der StVV zu den Ereignissen vom 3.-10.10.1989 vom Juli 1990. In: Bahr, Sieben Tage, S. 161. Vgl. Flach, Der Demokratisierungsprozeß, S. 45.
20 Vgl. Privatbestand Beate Mihály, Bl. 10; 1. Interview mit Beate Mihály; 1. Interview mit Frank Richter.
21 Vgl. Dok. 34.

sche Entwicklung eine „Odyssee".[22] Außerdem waren die Mitglieder meist berufstätig, und es fehlten ihnen Erfahrungen im Umgang mit der Staatsmacht. Der Status der Gruppe wie der einzelnen Mitglieder war ungeklärt. Binnen kürzester Zeit mußten sich alle Beteiligten ihrer Aufgabe bewußt werden und über ihre Ziele verständigen. Was sie bislang vor allem verband, war, daß sie am Abend des 8. Oktober „zufällig an derselben Stelle waren, zu demselben Zeitpunkt."[23] Nach Meinung von Boltz war es sehr schwer, die Arbeit „auf einem einheitlichen Niveau" zu gestalten, „weil aufgrund des unterschiedlichen Alters, der unterschiedlichen Qualifikation es sehr zeitaufwendig" war, einen gemeinsamen Standpunkt zu Grundpositionen zu erarbeiten. Eine gewisse Leitungsrolle übernahm in der Startphase der Student Heiko Pstrong, ohne daß er tatsächlich als Leiter galt. Vielmehr wurde im Sinne einer Aufgabenteilung festgelegt, daß er die Koordinierung der Gruppe übernimmt.[24] Um die Verhandlungen mit dem Oberbürgermeister effektiv weiterführen zu können, war es angesichts der Fülle an Problemen zunächst unerläßlich, sich zunächst einmal als eigenständige Gruppe zu konstituieren. Das gelang nur in einem „schwierigen gruppendynamischen Prozeß".[25]

Bei einem Treffen am 12. Oktober, das der Vorbereitung des Gesprächs am 16. Oktober diente,[26] waren sich die Teilnehmer weitgehend einig, daß sich die Gruppe nicht als Partei oder als Opposition bezeichnen sollte. Beate Mihály notierte: „Keine neue Partei, keine Oppositionsrolle, Vermittler Veränderungen, provisorisches Kontollorg., bis Grundforderung realisiert ist, Arbeitsgruppen, sofortig sachl. Darlegung in den Medien, Demonstrationsrecht, friedliche Demonstr. zur Verfassung, Anerkannte Gruppe-Dial., Absicherung der Gruppe."[27] Auch erste Satzungsentwürfe zeigten, daß die Gruppe sich nur als „Übergangslösung" verstand, nicht aber als Partner eines längeren Dialogs über notwendige gesellschaftliche Veränderungen.[28] In einem ersten Positionspapier vom 15. Oktober nahm die Gruppe den Begriff der „Opposition" ebenfalls nicht für sich in Anspruch. Das lag unter anderem daran, daß Opposition zugleich Staatsfeindlichkeit bedeutete und strafbar war. Ein entsprechendes Verdikt seitens der SED galt es zu vermeiden. Auf Anregung Ziemers und Heitmanns wurde in Vorbereitung auf das zweite Rathausgespräch eine Statuserklärung erarbeitet, bei der sich die Gruppe auf ein in wesentlichen Teilen von Boltz verfaßtes Papier einigte. Darin hieß es: „Wir verstehen uns nicht als neue Partei und lehnen den Begriff Opposition für uns ab. [...] Wir betrachten uns bis auf weiteres als Mittler des Dialoges zwischen den Staats- und Partei-

---

22 Frank Neubert beim Podiumsgespräch im Hotel Newa Dresden am 18.1.1999 (Mitschr. M. Richter, HAIT DS, Gruppe der 20).

23 Interview mit Friedrich Boltz. In: Flach, Der Demokratisierungsprozeß, S. 51.

24 Dok. 34.

25 Steffen Heitmann: Der Herbst 1989 in Dresden und die „Gruppe der 20". Vortrag auf dem Seminar „Von der Diktatur zur Demokratie – Chancen und Schwierigkeiten des Wechsels in Sachsen", Dresden, 25.6.1998 (Mitschrift E. Sobeslavsky).

26 Vgl. Vorschlag für die Tagesordnung vom 12.10.89 (Privatbestand Beate Mihály).

27 Blaues Notizbuch (Ebd.).

28 Vgl. Dok. 34.

organen und der Bevölkerung in der Stadt Dresden."[29] Die Formulierung „auf der Basis der sozialistischen Gesellschaft" wurde auf ausdrücklichen Wunsch Ziemers in die Erklärung aufgenommen.[30] Zwar wollte dieser damit aus naheliegenden Gründen die Rolle der Gruppe im Dialog und auf der Grundlage bestehender sozialistischer Gesetzlichkeit betonen, aber die Einschätzung des Leiters der BVfS Dresden, Böhm, daß es Ziemer und „seinen Kräften" in Wirklichkeit darum gehe, in den nächsten Tagen „tatsächliche Oppositionsstrukturen zu etablieren", traf dennoch deren eigentliche Intentionen.[31] Auf Ziemers Initiative wurden Fürbittgottesdienste für die Inhaftierten organisiert, Erlebnisprotokolle gefertigt und „Kräfte des Untergrundes aktiviert, um Aufgaben der Vertretergruppe zu übernehmen".[32] Nach Meinung Maria Jacobis sah Ziemer in der Gruppe der 20 vor allem „eine Möglichkeit, das zu verwirklichen, was ihm vorschwebte", nämlich „ein ähnliches Modell wie die Ökumenische Versammlung" bzw. „so eine Art Forum, wo sich die verschiedenen Leute engagierten und Politiker dazukommen und aus ihrer unterschiedlichen Wahrnehmungsfähigkeit eine Struktur schaffen, die das Programm bestimmt."[33] Heitmann wies Mitte Oktober darauf hin, daß eine zweite Generation auf den Plan treten müsse, um den weiteren Verlauf des revolutionären Prozesses in Dresden zu sichern.[34]

Das MfS registrierte, daß sich verschiedene „Aktivisten des politischen Untergrundes" und des „Neuen Forums" darum bemühten, „Verbindung zu den Personen der ‚Vertretergruppe' aufzubauen, sie persönlich zu beeinflussen und durch sogenannte ‚Berater' in der Gesprächsführung mit dem Oberbürgermeister zu unterstützen." Es werde versucht, eine „zweite Reihe" der Gruppe der 20 aufzubauen und ihre Zusammensetzung „im Sinne feindlich-negativer Kräfte" zu verändern.[35] So bemühe sich Pfarrer Hanno Schmidt aus Coswig bei Dresden, einer der führenden Personen des Neuen Forums, um Unterstützung der Gruppe der 20. In der Gruppe wurde hingegen betont, daß man nicht mit dem Neuen Forum zu vergleichen sei, da sich dieses als Opposition verstehe. Schmidt beklagte sich daher, so ein IM-Bericht, „daß die politischen Gruppierungen in ihren Anschauungen zu sehr auseinanderdriften. Also die

29 Dok. 33.
30 Vgl. Interview mit Friedrich Boltz. In: Kaulfuß/Schulz, Dresdner Lebensläufe, S. 35; Presseerklärung der Gruppe vom 15.10.1989 (Privatbestand Dieter Brandes).
31 Leiter BVfS Dresden an Modrow vom 14.10.1989 (ABL BA Dresden 4, Bl. 468f.).
32 Dok. 32.
33 Interview mit Maria Jacobi. Die „Ökumenische Versammlung für Gerechtigkeit, Frieden, und Bewahrung der Schöpfung" (Konziliarer Prozeß) 1988–1989 war für die Herausbildung und Arbeit der kirchlichen Gruppen in Dresden sowie in der gesamten DDR ein wichtiger Schritt gewesen. Im Rahmen dieses Prozesses hatte innerhalb der Kirchen ein breite gesellschaftliche Diskussion stattgefunden. Vgl. Seifert, Durch Umkehr zur Wende; Schmid, Kirchen, Staat und Politik in Dresden, S. 382–400; Schäfer, Staat und katholische Kirche, S. 422–435.
34 Interview mit Ulrich Böhme.
35 Dok. 30.

20 der Demonstranten wollen nicht so, wie das Neue Forum."[36] Auf die allerdings nur anfänglichen Animositäten, die wohl vor allem aus Konkurrenzdenken resultierten, sind auch Vorwürfe von Vertretern des Neuen Forums bei den kirchlichen Veranstaltungen zu verstehen. Diese warfen den Mitgliedern der Gruppe der 20 vor, „sie wären nicht kompetent, sie wären nicht gewählt, sie hätten keine Spezialisten und demzufolge könnte bei dem Dialog nichts herauskommen". Es bestehe die Gefahr, daß sie sich von Staatsvertretern „niederreden" und „einlullen" ließen.[37] Besser war, dank der Rolle Ziemers in beiden Gremien, das Verhältnis zwischen dem Ökologischen Arbeitskreis der drei Dresdner Kirchenbezirke und der Gruppe der 20. Unter der Leitung Ziemers hatte der Ökologische Arbeitskreis seit seiner Gründung immer wieder versucht, „durch immer breiter angelegte Öffentlichkeitswirksamkeit eine ‚Alternativbewegung' zu formieren und Druck auf staatliche Organe auszuüben".[38] Nun registrierte das MfS einen Beschluß der Führung des Ökologischen Arbeitskreises, die Gruppe der 20 „dahingehend zu beeinflussen, unter Ausnutzung der gegenwärtig ‚überkritischen Situation' so lange Druck auf die staatlichen Organe auszuüben, bis die grundlegenden Forderungen und Ziele der ‚Vertreter' durchgesetzt seien." Die Führung des Ökologischen Arbeitskreises beschloß auch, der Gruppe Arbeitsräume außerhalb kirchlicher Einrichtungen zur Verfügung zu stellen, denn mit „kirchlichem Anstrich" sei „die Sache nur halb so viel wert". Als günstig wurde zudem die Schaffung eines „Kontaktbüros", möglicherweise mit Unterstützung von Künstlern oder Theaterschaffenden angesehen, die den Forderungen der „Vertretergruppe" aufgeschlossen gegenüberstünden.[39] Zwar gehörten nach Erkenntnissen des MfS drei Mitglieder der Gruppe der 20 zugleich einer zwanzigköpfigen Arbeitsgruppe „Interessenten des Neues Forums"[40] an, von einer engen personellen Verknüpfung konnte jedoch keine Rede sein. Allerdings wurde in der Gruppe nicht ausgeschlossen, sich später einer der neuen politischen Gruppierungen anzuschließen, wenn diese einen offiziellen Status erlangt hätten. Nach Meinung von Boltz lief eine solche Einordnung zum jetzigen Zeitpunkt jedoch eher darauf hinaus, „den praktischen Dialog zu disqualifizieren". Nach Darstellung seines dienstlichen Vorgesetzten im VEB ZFTM Dresden, der ihn als IM „Lindner" für das MfS bespitzelte, schloß Boltz für die Zukunft nicht völlig aus, daß innerhalb des FDGB oder der SED „zu einem Zeitpunkt, da die Dialoggruppe ihre Arbeit in der Übergangsphase beendet, Voraussetzungen geschaffen werden, um die weitere Arbeit innerhalb dieser Organisationen zu führen".[41] Das aber

---

36 Vgl. IM-Bericht über Pfarrer Hanno Schmidt vom 16.10.1989 (BStU, ASt. Dresden, BV, XII 2173/84 AIM „Steffen Schuster", Bl. 305).

37 Dok. 62.

38 Dok. 75. Vgl. Jacobi, Der Ökologische Arbeitskreis.

39 Dok. 37.

40 BVfV Dresden an Modrow, Information über weitere Erkenntnisse zu Aktivitäten negativ-feindlicher Kräfte in Ergänzung der Information vom 12.10.1989 (BStU, ASt. Dresden, BV, XX, 9186, Bl. 80–84).

41 Dok. 34.

war aus Sicht der meisten Mitglieder der Gruppe genauso unrealistisch wie Pläne des MfS, die Gruppe der 20 „in einer geeigneten Form in bestehende gesellschaftliche Organisationen, z. B. die Nationale Front, einzubeziehen".[42]

Weil die Mitglieder der Gruppe der 20 durchweg berufstätig waren bzw. sich in der Ausbildung befanden und über keine ausreichenden Erfahrungen im Umgang mit staatlichen Stellen verfügten, erfüllten die Berater, die die Gruppe seit ihrer Entstehung begleiteten, eine wichtige Funktion. Als sich zeigte, daß einige Mitglieder überfordert waren, übernahmen sie in stiller Regie die Zuordnung weiterer Berater und veranlaßten personelle Umbesetzungen.[43] So traten zum Beispiel die Beiköchin Kerstin Nikolaus und der Lehrling Steffen Richter in der Gruppe kaum in Erscheinung. Obwohl die Berater ihre politischen Ansichten deutlich formulierten, sahen sie sich nur als Begleiter der Gruppe und nicht als deren Wortführer. Dennoch ist ihr Einfluß auf die inhaltliche Profilierung und das taktische Vorgehen kaum zu überschätzen. Vor allem die Vertreter der Kirche verfügten sowohl über Erfahrungen im Umgang mit staatlichen Stellen als auch in dem bei Synoden praktizierten Streit unterschiedlicher Meinungen.[44] Neben den Theologen Christof Ziemer, Andreas Horn und Frank Richter wirkten der von Ziemer eingeführte Steffen Heitmann als Rechtsberater und Uta Dittmann als journalistische Beraterin. Heitmann und Ziemer waren bei den ersten Sitzungen der Gruppe grundsätzlich anwesend. Am 15. Oktober beschloß die Gruppe die Zusammenstellung eines Kreises von Beratern, die allerdings über kein Stimmrecht verfügten.[45]

Vor allem Ziemer spielte als Berater bis zu seinem Rückzug Ende November[46] eine entscheidende Rolle. Die Abteilung XX der BVfS, die ihn im „Operativen Vorgang" „Organisator" observierte, schätzte Anfang November ein, Ziemer entwickele sich „immer mehr zur Zentralfigur". Er werde „zu den vielfältigsten Fragen konsultiert" und mit ihm erfolge die Abstimmung aller Aktivitäten.[47] Auch für seinen damaligen Mitstreiter, Manfred Artur Fellisch, war Ziemer in dem gesamte Prozeß die „entscheidende Person" und hatte zeitweilig „eine größere Bedeutung als der Bischof", der sich in politischen Fragen eher im Hintergrund hielt.[48] Maria Jacobi, führende Aktivistin des Ökologischen Arbeitskreises, urteilte, daß in der Gruppe der 20 durch Ziemer und

42 Dok. 32.

43 Vgl. Interview mit Christof Ziemer. In: Rein, Die protestantische Revolution, S. 234f.

44 Vgl. Interview mit Frank Neubert. Zur Rolle der Berater vgl. Interviews mit Dieter Brandes und Steffen Heitmann; Privatbestand Herbert Wagner, Bl. 37.

45 Vgl. Blaues Notizbuch, 15./16.10.1989 (Privatbestand Beate Mihály); 2. Interview mit Beate Mihály.

46 Vgl. BVfS Dresden, Lagefilm zur Gruppe der 20, Nr. 19 (BStU, ASt. Dresden, BV, XX, 9180, Bl. 1-5). Nach Jansen-de Graaf, Eine protestantische Revolution, S. 269f. wirkte die Kirche „keineswegs als Motor des gesellschaftlichen Umbruchs". Der Umbruch vollzog sich demnach „ohne kirchliche Steuerung". Die Kirche sei „eher gegen ihren Willen in die Revolution verwickelt" worden. Für Dresden stimmt das nicht. Hier griffen führende Vertreter der Kirche aktiv in den Prozeß ein und steuerten ihn maßgeblich.

47 BVfS Dresden, Lagefilm zur Gruppe der 20, Nr. 18 (Ebd.).

48 Interview mit Manfred Artur Fellisch.

Heitmann „eine regelrechte Erziehung im Umgang mit der Staatsmacht" stattfand, „um sie immer wieder als Gruppe der 20 präsentieren zu können".[49] Auch für Berghofer war Ziemer „der wichtigste Mann, der Kopf dieser Revolution".[50] Ohne Ziemer, so der Oberbürgermeister, „hätte ich meine Rolle nicht spielen können. Ziemer war lange vor dem 8. Oktober mein Gesprächspartner in ganz diffizilen Überlegungen und vorsichtigen Schritten hinsichtlich Veränderungen. Ziemer war der ruhende Pol, der der Gruppe der 20 überhaupt Ziel und Richtung und Methode verliehen hat. Und Ziemer war für mich der Mann, der das Ganze ertragbar gemacht hat." Er war „als Geistlicher Strohhalm und Integrationsfigur für Zigtausende in der Stadt und damit für das Land. Was in Leipzig passiert ist und was in anderen Konzentrationspunkten passiert ist, da hat Ziemer überall Einfluß genommen. Über ihn ist auch Einfluß ausgeübt worden. Er war ein unbequemer Mann." Ihm habe er „schonungslos seine Wahrheit" gesagt. Zwar habe sie kein freundschaftliches Verhältnis verbunden, aber der Superintendent sei „ein Mann mit großen Idealen, ein ehrlicher Mensch" gewesen.[51]

Als juristischer Berater war Heitmann unersetzlich. Auch unter den Vertretern der kirchlichen Basisgruppen, die seine wertkonservative Haltung ablehnten, wurde er akzeptiert, weil er „immer zu denen gehörte, die ganz mutig in der ersten Reihe standen" und vielen Menschen in der schwierigen Zeit direkt helfen konnte.[52]

Dank der couragierten Haltung Uta Dittmanns wurde die CDU-Tageszeitung „Die Union" bald zu einem wichtigen Sprachrohr der Gruppe der 20, anderer neuer politischer Kräfte und somit zu einem Instrument der revolutionären Entwicklung in Dresden.[53] Die CDU-Journalisten avancierten zu kritischen Begleitern der Gruppe, die ihrerseits die Möglichkeit der öffentlichen Information gern nutzte. Da die Auflage der „Union" im Vergleich zur allgegenwärtigen SED-Presse mit 60 800 Exemplaren für alle drei sächsischen Bezirke außerordentlich gering war,[54] wurde sie unter den Dresdnern weitergereicht und an den Wandzeitungen der Betriebe und anderer Einrichtungen ausgehängt.[55] Das Blatt wurde zur wichtigen Informationsquelle, verstand sich aber auch als Plattform für den Dialog der Bevölkerung untereinander, als ein Forum für neu entstehende Gruppen und Bürgerbewegungen.[56] Leserbriefe nahmen einen immer größeren Stellenwert ein, wobei durchaus auch kritische

49 Interview mit Maria Jacobi.
50 Wolfgang Berghofer beim Podiumsgespräch im Hotel Newa Dresden am 18.1.1999 (Mitschr. M. Richter, HAIT DS, Gruppe der 20).
51 Interview mit Wolfgang Berghofer.
52 Interview mit Manfred Artur Fellisch.
53 Vgl. Kluger, Der Selbstfindungsprozeß des Blockparteiorgans „Die Union"; 1. Interview mit Peter Zacher; 1. Interview mit Beate Mihály.
54 Auflagen der SED-Zeitungen: Sächsische Zeitung (Dresden) 570 000, Freie Presse (Karl-Marx-Stadt) 680 000, Leipziger Volkszeitung 500 000. Vgl. Holzweißig, Massenmedien, S. 76f.
55 Vgl. Flach, Der Demokratisierungsprozeß, S. 52 und 58.
56 Vgl. Interview mit Uta Dittmann.

Auseinandersetzungen ausgetragen wurden, etwa über die Rolle der SED/PDS.[57] Uta Dittmann wirkte als journalistische Beraterin und Sprachrohr der Gruppe der 20. Sie trug wesentlich dazu bei, die Gruppe mit ihren Forderungen in Dresden bekannt zu machen und leistete so persönlich einen wichtigen Beitrag zur Demokratisierung der Dresdner Kommunalpolitik.

Von den Kirchen erhielt die Gruppe der 20 in der Anfangszeit deutliche programmatische Rückendeckung. Die evangelische Kirchenleitung griff in Erklärungen die von der Gruppe formulierten Forderungen der Bevölkerung auf und machte so deutlich, daß die Gruppe nicht isoliert dastand. Der sächsische Landesbischof, Johannes Hempel, forderte zum Beispiel in einer Kanzelabkündigung am 15. Oktober Gespräche zwischen Bürgern und Staat und rief die Menschen zum Bleiben in der DDR sowie zur Gewaltlosigkeit auf.[58] In einer Erklärung der Dresdner Kirchenbezirke und des Landeskirchenamtes, die im Anschluß an die Kanzelabkündigung verlesen wurde, kritisierten Ziemer, Heitmann und andere Kirchenvertreter das brutale Vorgehen der Sicherheitskräfte und forderten die Einrichtung einer unabhängigen Untersuchungskommission.[59] Bereits am 10. Oktober hatte Hempel den Vorsitzenden des Rates des Bezirkes, Witteck, aufgefordert, sich für die Freilassung der bei den Demonstrationen Festgenommenen einzusetzen.[60]

In einem Hirtenbrief wandte sich auch der katholische Bischof von Dresden-Meißen, Joachim Reinelt, am 16. Oktober an die Gläubigen im Bistum Dresden-Meißen und forderte einen „wahren Dialog und wirkliche Veränderungen". Dialog könne nur bedeuten, daß beide Seiten gleichberechtigt seien. Für Christen sei es an der Zeit, grundlegende Veränderungen zu verlangen. Dazu gehörten die Öffnung der Grenzen, gesellschaftliche Pluralität, freie Wahlen, objektive Information in den Medien, effektivere Wirtschaftsstrukturen und das Recht der Eltern, darüber zu bestimmen, wie ihre Kinder erzogen werden.[61] Der Brief wurde am 22. Oktober bei den Gottesdiensten verlesen. Gleichzeitig forderten die Geistlichen dazu auf, sich an den Demonstrationen der Gruppe der 20 zu beteiligen. Pfarrer Kuczera von der St. Petri-Kirche for-

---

57 Vgl. z. B. die Beiträge von Gerhard Barkleit: „Sind Marxisten demokratiefähig?" und „Die Genossen und die Toleranz". In: Die Union vom 18.1. und 19.6.1990. Zur Reaktion der PDS vgl. „Nachdenkenswert", Leserbrief der PDS Chemnitz (Privatbestand Gerhard Barkleit). Zur Bedeutung der Leserbriefe vgl. Wehnert/Graff, Stürmischer Herbst, S. 29.

58 Vgl. Wort des Landesbischofs an die Gemeinden der Evangelisch-Lutherischen Landeskirche Sachsens mit der Bitte an alle Pfarrer und Pfarrerinnen, es am 21. Sonntag nach Trinitatis (15.10.1989) im Gottesdienst von den Kanzeln zu verlesen (Privatbestand Beate Mihály); Kanzelabkündigung am Sonntag, den 15.10.1989, gez. Johannes Hempel (SLB Flugblattsammlung „Flugblätter der Wendezeit").

59 Vgl. Dok. 14.

60 Vgl. Einschreiben von Landesbischof Hempel an den Vorsitzenden des Rates des Bezirkes Dresden, Witteck vom 10.10.1989 (BStU, ASt. Dresden, Leiter BV, 10003, 3, Bl. 91).

61 Hoffnung auf wirkliche Veränderungen. Hirtenbrief des Bischofs von Dresden-Meißen, Joachim Reinelt, vom 16.10.1989. Verlesen am 22.10.1989. In: St. Hedwigsblatt vom 29.10.1989.

derte sogar öffentlich eine Entscheidungsmöglichkeit darüber, „ob wir die Partei überhaupt haben wollen". Auf diese Äußerung, so Böhm, hätten die Gottesdienstbesucher mit lautstarkem Beifall und Klopfen auf die Kirchenbänke reagiert. „Ein verstärktes Engagement der kath. Kirche in politischen Fragen" stand für das MfS außer Zweifel.[62] Die Kirchen spielten in der ersten Zeit aber auch deswegen eine wichtige Rolle, weil sich die Gruppe in ihren Räumen treffen und Veranstaltungen abhalten konnte. Die Geistlichen übernahmen zudem eine seelsorgerische Betreuung, wenn sich für die Beteiligten im privaten Bereich Schwierigkeiten ergaben.[63]

Neben der Notwendigkeit inhaltlicher und taktischer Beratung war die Fluktuation ein weiteres Problem der Gruppe. Ein Zusammenarbeiten bis zur Auflösung der Gruppe[64] war sowohl angesichts der beruflichen Verpflichtungen als auch aus Zeitgründen nicht realisierbar. Da einige Mitglieder überfordert waren, beschloß man bereits bei der Zusammenkunft am 12. Oktober die Bildung eines engeren Kreises von drei bis vier Personen zur Entlastung der anderen Gruppenmitglieder sowie die Einsetzung eines Pressesprechers und eines Chronisten. Damit trug die Gruppe den Realitäten Rechnung und schuf sich frühzeitig ein Repräsentativgremium.[65]

Eine erste personelle Veränderung in der Gruppe erfolgte, als sich Frank Richter nach dem Rathausgespräch am 9. Oktober und einer Aussprache mit Bischof Reinelt aus dem aktiven Kern der Gruppe in eine Beraterfunktion zurückzog. Dies resultierte aus seinem Amtsverständnis als katholischer Seelsorger und der Auffassung der katholischen Kirche, wonach politische Anliegen vor allem Laien überlassen und kirchliches und politisches Amt nicht miteinander verknüpft werden sollten. An seine Stelle trat Herbert Wagner, den Richter aus der kirchlichen Arbeit als einen „von jenen Leuten" kannte, „die weniger durch eigene Zuarbeit, sondern mehr durch gründliche Koordinierung und Verfassung von Texten hervorragten".[66] Richter erklärte ihm, daß die Gruppenmitglieder erst zu einer Gruppe geformt werden müßten und sich seine Erfahrungen mit kirchlicher Gruppenarbeit dabei positiv auf die Gruppe auswirken könnten.[67] Da er nicht zu den Ursprungsmitgliedern des 8. Oktober zählte, stieß er beim ersten Treffen im Dompfarramt zunächst auf Skepsis und Mißtrauen. Als er den Vorschlag machte, eine Tagesordnung festzulegen, „versteinerten die Blicke" und alle schauten ihn „wie einen Stasi-Spitzel" an. Erst nachdem Richter und Baumgart für Wagner gebürgt und Richter ihn genau vor-

---

62 Dok. 57.

63 Vgl. Urich, Der Umbruch in Dresden, S. 29f.; Bahr, Sieben Tage, S. 140f.; Ziemer, Wachen und Beten, S. 107–110; Interview mit Dieter Brandes; Aufzeichnungen Mihálys zum 1. Rathausgespräch (Privatbestand Beate Mihály); Artikel über Pfarrer Andreas Horn. In: Der Sonntag vom 10.12.1989.

64 So eine Anregung von Friedrich Boltz. Dresdner Neueste Nachrichten vom 8.10.1993.

65 Vgl. Vorschlag für die Tagesordnung am 12.10.1989 (angenommen) (Privatbestand Beate Mihály).

66 Interview mit Frank Richter. In: Seifert, Durch Umkehr, S. 149; 1. Interview mit Frank Richter.

67 Vgl. Interview mit Herbert Wagner.

gestellt hatte, wurde er am 10. Oktober einstimmig aufgenommen.[68] Richter informierte auch Berghofer, der den personellen Wechsel auf Empfehlung des MfS mit Hinweis auf die ursprüngliche Liste zunächst kategorisch ablehnte.[69] Grund war die Befürchtung, daß an Stelle Richters „profilierte negativ-feindliche Elemente in die Gesprächsrunde lanciert" werden könnten.[70]

In der Folgezeit nahm die Zahl der aktiv Mitwirkenden aus der ursprünglichen Gruppe immer mehr ab. Beim Rathausgespräch am 9. Oktober bestand die Gruppe mit Beratern noch aus sechsundzwanzig Mitgliedern. Am 13. Oktober waren nur noch vierzehn Mitglieder anwesend. Am 15. Oktober arbeiteten zwanzig Mitglieder in der Gruppe mit. Zum dritten Rathausgespräch am 30. Oktober[71] waren von der ursprünglichen Gruppe achtzehn Mitglieder erschienen.[72] Auf der Dresdner Stadtverordnetenversammlung am 22./23. November[73] sprach Wagner von zwölf bzw. vierzehn Mitgliedern der ursprünglichen Kerngruppe, die noch aktiv mitarbeiteten. Unter den dreißig Mitgliedern der Basisdemokratischen Fraktion der Dresdner Stadtverordnetenversammlung endlich vertrat am 25. Januar 1990 nur noch Frank Neubert die Gruppe in der Zusammensetzung vom Abend des 8. Oktober 1989.[74] Die Fluktuation unter den Mitgliedern war freilich kein Nachteil. Während zum Beispiel die Berliner Oppositionellen kaum bereit waren, ihren Kreis zu erweitern, nutzte die Gruppe der 20 verschiedenste Organisationsformen, einschließlich neuer Mitgliedschaften, um auf diese Weise ihre Legitimationsbasis der Dynamik jener Tage anzupassen.[75]

68 Vgl. Interview mit Herbert Wagner; Privatbestand Herbert Wagner, Bl. 19 und 37f.; Vortrag Wagners „Die Gruppe der Zwanzig und die politische Wende in Dresden" am 4.11.1997 (Mitschrift M. Richter, HAIT DS, Gruppe der 20); Serie „Gruppe der 20. Wo sind die stillen Helden?" In: Bild vom 14.10.1997.

69 Vgl. Dok. 30; Schreiben von Frank Richter an Berghofer vom 11.10.1989 (Privatbestand Frank Richter); vgl. Flach, Die Gruppe der 20, Teil 1, S. 10.

70 BVfS Dresden an Modrow, Information über weitere Erkenntnisse zu Aktivitäten negativ-feindlicher Kräfte in Ergänzung der Information vom 12.10.1989 (BStU, ASt. Dresden, BV, XX, 9186, Bl. 80–84).

71 Vgl. Dok. 74.

72 Vgl. Anwesenheitsliste vom 13.10.1989 (Privatbestand Beate Mihály); Anwesenheitsliste vom 30.10.1989 (Ebd.); Bahr, Sieben Tage, S. 178.

73 Vgl. Dok. 28.

74 Vgl. Beschluß Nr. 53 der StVV Dresden vom 25.1.1990 über die Berufung der Mitglieder der Basisdemokratischen Fraktion der Stadtverordnetenversammlung Dresden (Stadtarchiv Dresden, StVV, Protokolle 157, unpag.); Beschluß Nr. 69 der StVV Dresden vom 5.2.1990 über die Nachnominierung von Mitgliedern der Basisdemokratischen Fraktion der StVV Dresden (Ebd.).

75 Vgl. Thaysen, Wege des politischen Umbruchs, S. 22.

2. Zweites Rathausgespräch am 16. Oktober 1989

Das 2. Rathausgespräch fand statt, als die Richtungskämpfe in der SED-Führung zwischen den Befürwortern eines militärischen Vorgehens und den Anhängern einer friedlichen Sicherung der SED-Herrschaft noch nicht endgültig ausgetragen waren. Als trotz aller Dialogangebote und zahlreicher Appelle, nicht mehr zu demonstrieren, am 16. Oktober in Leipzig und anderswo wieder Hunderttausende auf die Straße gingen, erwog Honecker erneut den Aufmarsch von Panzern und versuchte in diesem Sinne auch Krenz zu beeinflussen. Nach dessen Darstellung hätte es nach dem Willen Honeckers „mit großer Wahrscheinlichkeit einen Bürgerkrieg gegeben“.[76] Für die SED-Führung, so auch Politbüromitglied Schabowski, lag ein Waffeneinsatz auch zu diesem Zeitpunkt noch durchaus „im Bereich des Vorstellbaren“.[77] Nach den kontroversen Auseinandersetzungen mit einigen 1. Sekretären von SED-Bezirksleitungen, allen voran mit Modrow, suchte Honecker nach Wegen, die Chefs der Bezirkseinsatzleitungen auf die Linie des Zentralstabes beim Nationalen Verteidigungsrat festzulegen. In diesem Sinn ist seine Anweisung vom 13. Oktober zu verstehen, daß „nach Auswertung des taktischen Vorgehens bei Ausschreitungen“ ausdrücklich darauf hingewiesen werden müsse, „daß alle Entscheidungen, die durch den Vorsitzenden der Bezirkseinsatzleitung getroffen werden, in engster Abstimmung mit den zuständigen Schutz- und Sicherheitskräften zu erfolgen haben, damit das einheitliche Vorgehen in jeder Situation gewährleistet“ sei.[78] Ungeachtet des Deeskalationskurses Modrows bereitete sich die Staatsmacht in Dresden daher ebenfalls weiterhin auf alle Eventualitäten vor. Bereits am 12. Oktober hatten BVfS und BDVP beschlossen, am 16. und 17. Oktober die Präsenz der Volkspolizei in Dresden zu erhöhen, neue Führungspunkte in der Nähe von Kirchen und wichtigen staatlichen Gebäuden einzurichten und den Hauptbahnhof zu sichern.[79]

Zwecks Vorbereitung des Gesprächs hatte am 14. Oktober eine Zusammenkunft zwischen Modrow und Hempel staatgefunden, bei der Modrow dem Landesbischof klarzumachen versuchte, daß die Gespräche ein Ende finden müßten. Auf einer gemeinsamen Pressekonferenz von Berghofer und Ziemer sollte dies bekanntgegeben werden. Ziemer lehnte dies jedoch bei einem Vier-Augen-Gespräch mit Berghofer unmittelbar nach dem Treffen mit Hempel ab, da es nach seinem Verständnis nicht um die Art der Kontakte zwischen Kirche und Staat, sondern um Ausgleichsmechanismen der angestauten gesellschaftlichen Konflikte ging.[80] Nach Einschätzung Böhms versuchten er und Heitmann, sich selbst „im Hintergrund haltend aber inspirierend“, dem Dialog mit Berghofer einen „zunehmend oppositionell-feindlichen Charakter“ zu geben und „weiterführende Forderungen eindeutig staatsfeindlichen Inhalts zu stellen“.

76 Brief von Krenz an Honecker. In: Der Spiegel vom 4.2.1991.
77 Schabowski, Der Absturz, S. 23.
78 Fernschreiben Honeckers an die BEL-Vorsitzenden vom 13.10.1989 (StAL, SED, 893).
79 Vgl. Dok. 31.
80 Vgl. Interview mit Christof Ziemer.

Ziemer dränge auf die Bildung einer „echten Oppositionsstruktur", und es zeichne sich ab, „daß die Hauptakteure der ‚Vertretergruppe' zunehmend von den politisch-negativen Kräften der Dresdner Kirchenleitung inspiriert" würden, „noch nicht genau ausgearbeitete Forderungen oppositionellen Charakters" zu stellen.[81] Böhms Einschätzung stützte sich unter anderem auf den Forderungskatalog der Gruppe der 20, den Ziemer Berghofer ohne Kenntnis der Gruppe „im Vier-Augen-Gespräch" am 14. Oktober „vertraulich" übergeben hatte.[82] Der Oberbürgermeister hatte ihn zwecks Abstimmung der gemeinsamen Linie unmittelbar an die BVfS und an Modrow weitergeleitet. Am 15. Oktober besprach Modrow auf dieser Grundlage das Vorgehen mit Krenz, und am Mittag des 16. Oktober schlug Böhm Modrow vor, den Forderungskatalog dem ZK der SED zu übermitteln und sein Vorgehen mit der Zentrale abzustimmen. Modrow reagierte zögerlich und erklärte Böhm gegenüber, daß „er ja die ersten Forderungen in der vergangenen Woche bei Genossen Krenz und Honecker mit hatte und dem Vorgehen in Dresden zugestimmt wurde. Ich habe Genossen Modrow nochmals gebeten, da nunmehr ja Forderungen gestellt werden, die die Machverhältnisse betreffen, dies auch die Zentrale wissen zu lassen." Auch Berghofer erhielt von Böhm die Empfehlung, „den gesamten Forderungskatalog bis an den Vorsitzenden des Ministerrates heranzutragen".[83]

Es war inzwischen unverkennbar, daß die Partei- und Staatsführung in Berlin versuchte, in ihrem Sinne lenkend in den Verlauf der Dresdner Ereignisse einzugreifen und den dortigen Dialog an Form und Inhalt der vom Politbüro verkündeten offiziellen Dialogpolitik anzugleichen. Mit Hilfe Modrows und Berghofers ging es darum, dem Dresdner Dialog seinen systemfeindlichen Charakter zu nehmen und keine Schritte in Richtung einer Demokratisierung des politischen Systems zuzulassen. Die Tatsache, daß Modrow nach der Verkündung der offiziellen Dialogpolitik durch das Politbüro ohne erkennbare Kritik auf dessen Kurs einschwenkte, zeigt, daß seine Aktivitäten nicht in Richtung einer Demokratisierung, sondern einer Modifizierung der Herrschaftsausübung zum Zweck der Sicherung der Diktatur zielten. In diesem Sinne erteilte er unmittelbar vor dem 2. Rathausgespräch auch Berghofer klare Instruktionen, die dessen Handlungsspielraum deutlich begrenzten. Dazu gehörte an erster Stelle der Grundsatz: „Du redest mit Bürgern und nicht mit einer organisierten Opposition."[84] Ebenso verbindlich war die Vorgabe Modrows, daß das Zusammentreffen als Gespräch mit der Kirche zu betrachten sei und deren Vertretern „im Sinne der Erklärung des Politbüros vom 11.10.89 Antwort zu erteilen und die Feststellung zu treffen" sei, „daß damit diese Begegnung ihren Abschluß findet". Es gehe darum, „keine Form legalisierter Oppo-

81 Fernschreiben Böhms an das MfS, o. D. (BStU, ZA, Neiber, 72, Bl. 63).
82 Dok. 40. Vgl. Fernschreiben Böhms an Mielke, Mittig, Neiber, ZAIG, HA XX (BStU, ZA, Neiber, 72, Bl. 53).
83 Dok. 39.
84 Interview mit Wolfgang Berghofer.

sition oder halblegaler Formen ständiger Gespräche zuzulassen".[85] Vom MfS, das damit rechnete, „daß der Druck auf Partei und Staat im Gespräch am 16.10.1989 beim OB und in dem anschließenden Pressegespräch weiter zunimmt", wurde die Linie schriftlich fixiert: „Kern: Staat und Gesellschaftsordnung stehen nicht zur Disposition; alles wird eingearbeitet in die weitere Arbeit, so wie es auch die PB[86]-Erklärung betont. In Dresden werden die bestehenden Strukturen im Rahmen der sozialistischen Demokratie, in Volksvertretungen, ständigen Kommissionen, Fachgruppen mit kompetenten Fachleuten genutzt und erweitert und noch lebendiger gestaltet, um vor allem viele anstehender Probleme in der Stadt, Wirtschaft, im Gesundheitswesen, der Ökologie usw. schrittweise zu lösen und sichtbare Verbesserungen zu erreichen. Der OB wird auch andeuten, daß mit einer Reihe zentral zu lösender Probleme begonnen wurde, siehe Reiseverkehr ČSSR."[87]

Vor diesem Hintergrund fand unter westlicher Pressebeobachtung[88] am 16. Oktober um 17.00 Uhr im Großen Sitzungssaal das 2. Rathausgespräch zwischen Berghofer und der Gruppe der 20 statt.[89] Eine Teilnahme Wagners war verweigert worden.[90] Seitens der Stadt nahmen Hans Jörke, Horst Bärsch, Peter Klotzsche, Axel Viehweger und Werner Gängler teil. Beim Gespräch mit der Gruppe der 20 hielt sich Berghofer strikt an die Vorgaben und bezeichnete die von Krenz initiierte Politbüroerklärung als „das von der Bevölkerung erwartete Zeichen".[91] Die SED stelle sich der Diskussion und eröffne eine „umfassende Volksaussprache zu allen grundlegenden Fragen unserer gesellschaftlichen Entwicklung". Damit trete auch der in Dresden am 9. Oktober begonnene Dialog in eine neue Phase. Berghofer versuchte, den singulären Charakter der Dresdner Gesprächsrunde zu verwischen und die Gespräche in den allgemeinen Dialog nach den Regeln des Staates einmünden zu lassen. Er ließ keinen Zweifel daran, daß das sozialistische System durch den Dialog nicht in Frage gestellt werden dürfe, lehnte jede Form oppositioneller Tätigkeit ab und sprach sich dagegen aus, die Bereitschaft zum Dialog von der Errichtung einer organisierten Opposition abhängig zu machen.[92] Opposition lähme die Gesellschaft und behindere eine gedeihliche Entwicklung in der DDR. Die Bürger sollten sich statt dessen wie bisher in Arbeitskollektiven, Parteien, Massenorganisationen, Jugendclubs oder im Wohngebiet am Dialog über den Sozialismus beteiligen. Überall könne man „auf einem bereits erreichten hohen Niveau der Demokratie aufbauen". Später sei eventuell zu prüfen, ob eine

85 Einschätzung der Entwicklung vom 8.–11.10.1989 durch die SED-Bezirksleitung (SächsHStA, SED-BL Dresden, 13218, unpag.).
86 Politbüro.
87 Dok. 40.
88 Vgl. Dok. 47.
89 Vgl. Dok. 44; Dok. 42; Notizen Frank Richters vom 2. Rathausgespräch am 16.10.1989 (Privatbestand Frank Richter, unpag.).
90 Vgl. Vortrag Herbert Wagners „Die Gruppe der Zwanzig und die politische Wende in Dresden" vom 4.11.1997 (Mitschrift. M. Richter, HAIT DS, Gruppe der 20).
91 Dok. 44.
92 Dok. 46.

„weiter entfaltete Demokratie“ auch „neue Organisationsformen des Mitregierens der Bürger“ benötige.[93] Deutlicher als beim 1. Rathausgespräch formulierten die Dresdner Machthaber diesmal ihre Dialog-Vorstellungen. Die Parteidiktatur durfte nicht in Frage gestellt werden, die Vorgaben der SED blieben bindend und jede Form von Opposition untersagt. Der Unterschied zur Linie der SED-Zentrale erwies sich als marginal. Mit dem Führungswechsel, der sich im Aufbegehren von Krenz gegen Honecker abzeichnete, schienen alle wesentlichen Meinungsverschiedenheiten zwischen Dresden und Berlin ausgeräumt. Der vom 8. Oktober ausgehende Impuls eines offenen Dialogs über alle anstehenden gesellschaftlichen Fragen sollte nach dem Willen Modrows und Berghofers in die vom Politbüro staatlich verordneten Dialogpolitik mit dem Ziel der Stabilisierung der SED-Herrschaft einfließen.

Im Gespräch prallte das Krenz-Modrow-Konzept auf die Vorstellungen der Mitglieder der Gruppe der 20. Heitmann hatte in Vorbereitung des 2. Rathausgesprächs ein Themenpapier zur „Weiterführung des Dialoges“ zusammengestellt, das die Forderungen der Demonstranten von der Prager Straße aufnahm und inhaltlich präzisierte. Die Gruppe der 20 hatte dieses Papier als Diskussionsgrundlage übernommen und übergab Berghofer eine entsprechende „Erklärung der Gruppe der 20 in der Stadt Dresden“.[94] Dieser war darüber bereits durch Ziemer wie durch das MfS informiert.[95] In der Erklärung hieß es, daß sich die Gruppe nicht als Partei oder Opposition verstehe und „Veränderungen auf der Basis der sozialistischen Gesellschaft“ anstrebe. Als Mittler im Dialog sei man an der Bildung von Arbeitsgruppen zu verschiedenen gesellschaftlichen Themen interessiert. Die gewünschten Themen des Dialogs bezogen sich sowohl auf kommunale Belange als auch auf allgemeine politische Fragen. Die Dialogergebnisse sollten in unabhängigen, durch die Gruppe der 20 gebildeten und von den staatlichen Instanzen als Gesprächspartner akzeptierten Arbeitsgruppen erfolgen.[96] Anders als bei Berghofer oder Modrow entsprach das Bekenntnis zum sozialistischen System vor allem taktischem Kalkül und hatte im Vorfeld des 2. Rathausgesprächs zu erheblichen Diskussionen innerhalb der Gruppe geführt. Die Meinungen gingen weit auseinander: „Das reichte von manchen, die sofort alles wollten, andere sagten, wir müssen diplomatisch vorgehen.“[97] Mit der Anerkennung der sozialistischen Grundlagen und der Ablehnung einer eigenen Oppositionsrolle wurden zwar die verfassungsmäßigen Grundlagen des SED-Staates formal nicht in Frage gestellt, andererseits zeigte die Palette der im Gespräch vorgebrachten Forderungen und Vorschläge, daß das Ziel der Gruppe der 20, anders als bei der Dresdner SED-Spitze, eine tatsächliche Demokratisierung der Gesellschaft war. Wie fast alle Oppositionsgruppen[98] bekannte sich die Gruppe zwar formal zum soziali-

93 Dok. 42.
94 Dok. 38.
95 Vgl. Dok. 37.
96 Dok. 41.
97 Interview mit Andreas Horn.
98 Eine Ausnahme stellte die SDP dar, die sich von Anfang an für parlamentarische Demokratie aussprach.

stischen System, forderte de facto aber eine Beseitigung der Diktatur und eine freiheitlich-demokratisch verfaßte Gesellschaft. Revolutionäre Ziele verbargen sich aus taktischem Kalkül hinter den Forderungen nach einer Reform der Gesellschaft, war doch zu diesem Zeitpunkt nicht einmal klar, ob überhaupt und in welchem Maße eine Reform des Systems möglich sein würde.[99] Konkret wurde unter anderem eine sachliche Berichterstattung, das Recht auf freie Meinungsäußerung, Versammlungs- und Demonstrationsfreiheit, eine Beendigung der Observierung durch das MfS, eine öffentliche Unterrichtung der Bevölkerung und die Untersuchung von Übergriffen der Sicherheitskräfte gefordert.[100]

Berghofer wies nahezu alle Forderungen der Gruppe der 20 kategorisch zurück. Vor allem lehnte er eine Anerkennung der Gruppe ab. Wenn diese einen eigenen Status einfordere, müsse er das Gespräch beenden, da dies seinen Spielraum sprenge und mögliche Folgen unbeherrschbar seien. Der Gruppe einen unabhängigen Status zu gewähren überschreite „die Grenze der legalen Möglichkeiten". Das lasse weder die Verfassung noch das Gesetz über die örtlichen Volksvertretungen zu. Er sei nur zu dem Mandat legitimiert, mit Bürgern der Stadt zu sprechen: „Eine Gruppe", so Berghofer, „die nicht entsprechend der legalen Gesetzlichkeiten entstand, ist für mich nicht Gesprächspartner". Deswegen könne er auch keine besonderen Arbeitsmöglichkeiten einräumen. Statt dessen bot er die Möglichkeiten an, „die im Rahmen der legitimen Volksvertreter für alle vorhanden sind. Wenn Sie in einer Arbeitsgruppe mitwirken, gibt es selbstverständlich auch eine Sekretärin, Papier und einen Sitzungsraum."[101]

Entgegenkommen zeigte er zunächst nur in der Frage der bei den Demonstrationen Inhaftierten und der Einrichtung einer Untersuchungskommission. Ziemer forderte die Offenlegung der Übergriffe durch die Sicherheitskräfte seit dem 4. Oktober durch einen entsprechende Untersuchungsausschuß. Brandes verlas Erlebnisberichte zugeführter Personen.[102] Berghofer informierte seinerseits darüber, daß noch einige Personen in Haft seien, und erklärte die Bereitschaft, die ständige Kommission für Inneres beim Rat der Stadt mit der Untersuchung und Bewertung der Ereignisse vom 3. bis 8. Oktober zu beauftragen.[103] Diese könne durch von der Gruppe der 20 vorgeschlagene, prominente Bürger der Stadt Dresden erweitert werden. Die Kommission werde sich auf der Grundlage der von der Gruppe vorgelegten Informationen mit eventuellen Übergriffen durch die „Schutz- und Sicherheitsorgane" beschäftigen.[104]

99 Vgl. Richter, Die Revolution, S. 16.

100 Vgl. Bericht des IMS „Jens Grabowski" über das 2. Rathausgespräch am 16.10.1989 (BStU, ASt. Dresden, BV, XII 1293/88 „Jens Grabowski", 617/91, Band I, Bl. 20-23); Wagner, Gruppe der 20, S. 13.

101 Dok. 43.

102 Vgl. Bericht des IMS „Jens Grabowski" über das 2. Rathausgespräch am 16.10.1989 (BStU, ASt. Dresden, BV, XII 1293/88 „Jens Grabowski", 617/91, Band I, Bl. 20-23).

103 Vgl. Notizen Frank Richters vom 2. Rathausgespräch am 16.10.1989 (Privatbestand Frank Richter, unpag.).

104 Dok. 44.

Damit war seine Kompromißbereitschaft in inhaltlichen Fragen aber auch schon erschöpft. Er ließ keinen Zweifel daran, daß die SED Demonstrationen und Kundgebungen auch weiterhin nicht genehmigen würde und erklärte, die Nichtanwendung des § 217 des Strafgesetzbuches und des § 5 der OWVO[105] gegen friedliche Demonstranten könne nicht garantiert werden.[106] Die Forderung nach Versammlungsfreiheit parierte Berghofer mit der Bemerkung, Kundgebungen und Demonstrationen seien nicht sinnvoll.[107] Ungeachtet der von ihm mitgetragenen Wahlfälschungen bei der Kommunalwahl im Mai 1989 behauptete er, Änderungen des Wahlsystems seien nicht notwendig, da es in der DDR bereits ein demokratisches Wahlgesetz gebe, das viel mehr Möglichkeiten enthalte, als bislang genutzt würden. Zwar sei es durchaus möglich, die Palette der sich einer Wahl stellenden Kandidaten zu erweitern, er sehe dafür aber keine Notwendigkeit, da „alle Klassen und Schichten im Bisherigen vertreten sind, Parteifreunde doch ebenso wie parteilose". Das Argument ungenügender Reisefreiheit konterte Berghofer, wie in der offiziellen SED-Argumentation üblich, mit Hinweis auf völkerrechtliche, juristische und volkswirtschaftliche Probleme. Ausweichend war auch seine Antwort auf die Frage nach einer Zulassung des Neues Forums. Da zentral keine Genehmigung erteilt worden sei, stelle dies für ihn keinen Gesprächsgegenstand dar.[108] Zwar war den Teilnehmern der Gruppe der 20 klar, daß Probleme wie die DDR-weite Zulassung neuer politischer Gruppierungen die Kompetenzen eines Oberbürgermeisters überschritten, dennoch hoffte man bei den über die Stadt und den Bezirk hinausreichenden Problemen, „daß man dann in einem gemeinsamen Standpunkt möglicherweise über die SED-Bezirksparteileitung, Oberbürgermeister und ‚Gruppe der 20' an die Staatsführung bzw. Parteiführung unseres Landes herantritt".[109] Das aber erwies sich angesichts der Haltung Modrows und Berghofers als völlig illusorisch. Da Modrow kein Interesse hatte, sich auf die Seite der durch die Gruppe der 20 repräsentierten Demokratiebewegung zu stellen, lehnte er alle Versuche der Gruppe, mit ihm ins Gespräch zu kommen, kategorisch ab.[110]

Seit ihrem Entstehen waren ein freier Medienzugang und die Möglichkeit der öffentlichen Berichterstattung über die Gespräche in einem Saal oder Stadion der Stadt wesentliche Forderungen der Gruppe der 20. Im 2. Rathausgespräch war dies der zentrale Punkt der Auseinandersetzung. Berghofer drohte deswegen mit dem Abbruch der Gespräche und betonte, daß er keine Zugeständnisse machen könne, da er bereits bis an den Rand seiner Kompetenzen gegangen sei. Im Interesse von Ordnung und Sicherheit werde es keine öffent-

105 Verordnung zur Bekämpfung von Ordnungswidrigkeiten (OWVO) vom 22.3.1984. In: GBl. DDR I 1984, Nr. 14, S. 173.
106 Vgl. Dok. 45; Dok. 43.
107 Vgl. Notizen Frank Richters vom 2. Rathausgespräch am 16.10.1989 (Privatbestand Frank Richter, unpag.).
108 Dok. 42.
109 Dok. 55.
110 Vgl. Dok. 49.

liche Information der Bevölkerung geben.[111] Für die SED-Führung gab es vor allem zwei Gründe, keine öffentliche Information auf Straßen oder Plätzen zuzulassen. Der Leiter der BDVP Dresden, Nyffenegger, hatte Modrow vor der Bereitstellung eines öffentlichen Kundgebungsplatzes gewarnt, „weil damit nicht genehmigten Kundgebungen in der Öffentlichkeit Vorschub geleistet“ würde.[112] Da die SED-Bezirksleitung bei entsprechenden Kundgebungen mit 30000 bis 40000 Demonstranten rechnete,[113] wollte sie unbedingt eine öffentliche Ansammlung unzufriedener Bürger verhindern.

Dem Ziel, keine außerhalb des SED-Systems stehende gesellschaftliche Kraft zuzulassen, war auch der Versuch geschuldet, die Gruppe der 20 zu einer kirchlichen Vereinigung zu stilisieren, die keinesfalls von breiten gesellschaftlichen Schichten getragen werde. Der Kirche wäre in diesem Fall wie bislang die Aufgabe zugefallen, die Gruppe zu bändigen und „kleinzuarbeiten“.[114] Übergriffe hätten der Kirche angelastet werden können. Auch der Kirchenleitung war klar, daß es die Absicht des Staates war, die „Konflikte möglichst der Kirche zuzudrücken und die Kirche zu nutzen und zu mißbrauchen als Vermittler, als Domestizierungsinstrument der ganzen Bewegung“. Deswegen war sich die Kirchenleitung mit der Gruppe der 20 einig, aus dem kirchlichen Bereich heraus und in die Gesellschaft hineinzukommen.[115] In ihrer Argumentation stützte sich die SED auf die Tatsache, daß es mit den Kaplänen Richter und Leuschner zwei Männer der Kirche gewesen waren, die den Anstoß zur Gründung der Gruppe gegeben hatten. Mit Superintendent Ziemer, Pfarrer Horn und Kirchenamtsrat Heitmann gehörten zum Beraterkreis zudem Männer der Kirche, die bereits durch oppositionelle Tätigkeiten und als Vermittler in Konfliktsituationen zwischen Kirche und Staat in Erscheinung getreten waren. Die kirchlichen Berater der Gruppe betonten von Anfang an, daß sie die Arbeit lediglich begleitet, nicht aber steuerten. Um dem kirchlichem Image zu begegnen, war Kaplan Richter nach dem ersten Rathausgespräch aus dem aktiven Kreis der Gruppenmitglieder ausgeschieden und hatte sich durch den katholischen Laien Wagner ersetzen lassen.[116] Auch die Beratungen der Gruppe wurden deswegen aus kirchlichen Räumen in einen Arbeitsraum im Jugendclub „Scheune“ in der Alaunstraße verlegt.[117] Dies war auf Vermittlung von Boltz möglich gewesen, durch dessen Bemühungen die Gruppe auch ihr

---

111 Vgl. Dok. 45; Interview mit Dieter Brandes.

112 Vorschläge an den 1. Sekretär der SED-Bezirksleitung Modrow [Handschriftlich von Nyffenegger: bestätigt BEL 8.10.89] (ABL, BA, Dresden 4, Bl. 233). Das Dokument entstand nach dem 16.10.1989, da auf „Maßnahmen wie 16.10.1989“ als Handlungsrichtlinie der Sicherungskräfte hingewiesen wurde.

113 Vgl. Referat Hans Modrows auf der 21. Sitzung der SED-Bezirksleitung am 19.10.1989 (SächsHStA, BL SED Dresden, 13233, unpag.).

114 Thaysen, Wege des politischen Umbruchs, S. 22.

115 Interview mit Steffen Heitmann. In: Flach: Der Demokratisierungsprzeß S. 54. Vgl. Interview mit Andreas Horn.

116 Vgl. Interview mit Steffen Heitmann.

117 Vgl. BVfS Dresden, Lagefilm zur Gruppe der 20, Nr. 6 (BStU, ASt. Dresden, BV, XX, 9180, Bl. 1-5).

erstes Büro in der Neustadt erhielt.[118] Dieser Raum war wie eine erste andere Unterkunft in der Alaunstraße eine „Bruchbude".[119]

Für die Dresdner SED-Führung war der Versuch der Verkirchlichung der gesellschaftlichen Proteste aber auch ein ambivalentes Unterfangen, hob man damit doch die Trennung zwischen kirchlichem und öffentlichem Raum auf und gab der Kirche ein politisches Mandat, das man ihr sonst immer abgesprochen hatte.[120] Bisher, so Richter, hatte die DDR „immer, bei allen möglichen Gelegenheiten, darauf Wert gelegt, ein säkularer Staat zu sein, in dem es eine Trennung zwischen Staat und Kirche gibt, daß also die politische, gesellschaftliche Seite und die kirchliche Seite voneinander getrennt sind. An dieser Stelle hat der Oberbürgermeister oder der, der das entschieden hat, genau das, wovon man immer sprach, außer Kraft gesetzt und sozusagen ein politisches Gespräch in den inneren Raum der Kirche verlagert. Natürlich, weil sie Angst hatten, weil sie sagten, gut das schieben wir in die Kirchen ab und in der Kirche selbst passiert nichts, da werden sie sich ruhig verhalten."[121]

Im Gespräch am 16. Oktober waren die Fronten in der Frage der öffentlichen oder innerkirchlichen Information noch so verhärtet, daß die Gruppe in Erwägung zog, das Gespräch abzubrechen und wieder zum Mittel der Demonstration zu greifen. „Für mich", so Brandes, „war klar, wir sind von der Straße delegiert worden, wenn es nicht klappt, gehen wir wieder auf die Straße". Zusätzlich drohte das Gespräch zu scheitern, weil „der Oberbürgermeister weder uns in das Stadtparlament reinnehmen wollte, um Gespräche in Gang zu bringen, noch die von uns vorgeschlagenen Arbeitsgruppen so akzeptieren wollte, und sich immer wieder darauf berief, das wäre nicht möglich, es gebe gewählte Vertreter und wir wären keine gewählten Vertreter."[122] Auf Vorschlag Ziemers wurde das Gespräch angesichts der unversöhnlichen Standpunkte unterbrochen, um intern Möglichkeiten einer Weiterführung zu beraten. Während der Pause empfahl Ziemer beiden Seiten, das Gespräch nicht voreilig zu beenden. Ihm war klar, daß Berghofer kaum Entscheidungsspielraum hatte, da „im ganzen Land noch nichts lief". Es gab in der DDR noch kein einziges vergleichbares Gespräch, und deswegen war es für ihn von entscheidender Bedeutung, daß in dieser Phase der Dialog nicht abgebrochen wurde. Ziemer sah den enormen Druck des SED-Führung auf Modrow und Berghofer und die von dort ausgehende „Tendenz, das jetzt auch wieder zurückzudrängen".[123] Der hohen Akzeptanz Ziemers in der Gruppe der 20 und dem Vertrauensverhältnis zwischen Ziemer und Berghofer[124] war es schließlich zu verdanken,

118 Vgl. Interviews mit Dieter Brandes und Steffen Heitmann.
119 Frank Neubert beim Podiumsgespräch im Hotel Newa Dresden am 18.1.1999 (Mitschr. M. Richter, HAIT DS, Gruppe der 20).
120 Vgl. Liebsch, Dresdner Stundenbuch, S. 39; Die Union vom 19.10.1989.
121 1. Interview mit Frank Richter.
122 Bericht von Brandes über das 2. Rathausgespräch am 16.10.1989. In: Flach, Der Demokratisierungsprozeß, S. 45.
123 Interview mit Christof Ziemer.
124 Vgl. Interview mit Andreas Horn; 1. Interview mit Frank Richter. Ziemer über Berghofer: „Berghofer hat ja Charisma. Das ist so eine Ausstrahlung, das ist eigentlich ein

daß das Gespräch fortgesetzt wurde. Die Gruppe nahm den von Ziemer und Horn vorgetragenen Kompromißvorschlag an, die Information über den Fortgang der Gespräche ein letztes Mal in kirchlichen Räumen abzuhalten. Es wurde beschlossen, die Verhandlung fortzusetzen, aber abzubrechen, wenn keine Zugeständnisse erreicht würden. Da für den Abend eine Pressekonferenz angekündigt war, die im DDR-Fernsehen direkt übertragen werden sollte und zu der Journalisten überregionaler Zeitungen und Zeitschriften der DDR eingeladen worden waren, lag es im Interesse beider Seiten, Ergebnisse im jeweils eigenen Sinne zu präsentieren.

Kurz nach Wiederaufnahme der Verhandlungen wurde die Runde darüber informiert, daß sich vor dem Rathaus zirka 10 000 Menschen versammelten, die zum Teil aus der Kreuzkirche kamen und lautstark eine sofortige Information über die Ergebnisse der Unterredung im Rathaus, eine öffentliche Diskussion über Reformen und ein Gespräch mit dem Oberbürgermeister forderten. Die Demonstration war nicht zufällig zustande gekommen, sondern ging auf die Initiative des Führungszirkels des Ökologischen Arbeitskreises der drei Dresdner Kirchenbezirke zurück, der die Gruppe der 20 regelmäßig beriet.[125] Hier war man bereits einige Tage zuvor zu der Auffassung gelangt, wegen der „objektiv fehlenden Möglichkeiten" Berghofers, allen Forderungen der Gruppe der 20 nachzukommen, bestehe die Gefahr, daß die Gruppe „lediglich hingehalten werde". Daher beschloß man, mittels Flugblättern eine Massendemonstration zu initiieren, durch die die Gruppe der 20 in ihren Forderungen unterstützt werden sollte. Außerdem wurde angeregt, in den Betrieben Informationen über die Forderungen der Gruppe der 20 zu verbreiten, um dem gesellschaftlichen „Druck auf die staatlichen Organe eine breitere Basis zu geben".[126] Die Bedeutung des Ökologischen Arbeitskreises, der vor allem durch seine Aktionen gegen den Bau des Reinstsiliziumwerkes in Dresden-Gittersee von sich reden machte, ging weit über Umweltfragen hinaus. Hinter dem ökologischen Gedankengut, so Ziemer, steckte noch eine andere „Schubkraft". Die Arbeit verband sich mit einer „emanzipatorischen Bewegung" zur „Erneuerung der DDR-Gesellschaft".[127] Der Arbeitskreis stellte während des gesamten Herbstes 1989 und auch noch Anfang 1990 eines der Steuerungszentren des gesellschaftlichen Emanzipationsprozesses im Raum Dresden dar.

Im Vorfeld der Demonstration hatte, wie jeden Montag, ab 18.00 Uhr in der Kreuzkirche ein Fürbittgebet stattgefunden, an dem ca. 1500 Personen teilnahmen. Bischof Hempel hielt, analog zum Inhalt seines Bischofswortes vom 15. Oktober an die Gliedkirchen im Land Sachsen, Fürbitte unter dem Thema „Gebet für die Verhandlungsführenden". Nach Beendigung des Bittgottesdienstes vereinigten sich die Teilnehmer mit den ca. 1 000 vor der Kreuzkirche wartenden Personen. Gemeinsam gingen sie zum Dresdner Rathaus, wo sich

politisches Talent. Er hat schon so eine Aura. [...] Ich habe ihn gemocht, trotz alledem." Interview mit Christof Ziemer.

125 Vgl. Interview mit Maria Jacobi.

126 Dok. 37.

127 Interview mit Christof Ziemer.

ab 20.00 Uhr rund 8 000 Personen versammelten, um sich über die Ergebnisse des Rathausgesprächs informieren zu lassen. Die Demonstranten klatschten rhythmisch und riefen: „Wir bleiben hier, wir wollen Antworten, wir sind das Volk, wir bleiben hier, das ‚Neue Forum' wollen wir." Ab und zu wurden Versteile der „Internationale" gesungen. Ausschreitungen und Gewaltakte gab es nicht.[128]

Berghofer war, obwohl er vom MfS über die Aktivitäten des Ökologischen Arbeitskreises unterrichtet worden war, durch die Demonstration sichtlich überrascht und verunsichert. Er erklärte, „die Straße, die Straße diktiert die Gewalt, sehen Sie sich das an",[129] er fühle sich unter Druck gesetzt und wolle sich durch die Menge nicht erpressen lassen. Wenn die Gegenseite sich nicht an getroffene Vereinbarungen halte, dann stelle er seinen Stuhl zur Verfügung. Er empfand die Situation „als Erpressung, weil wir ja die Pressekonferenz hätten machen können und dann hätten wir danach mit den Leuten auf der Straße reden können. Davor habe ich ja keine Angst gehabt." Erneut klärte Ziemer die Situation. „Er hat", so Berghofer, „die Seiten beruhigt, er hat mich beruhigt. Er sagte, Berghofer, komm, das lohnt sich nicht. Wir kriegen das schon in die Reihe. Reden wir eben erst zu den Demonstranten und dann machen wir die Pressekonferenz."[130]

Berghofer ließ das Licht im Rathaus löschen, damit die Demonstranten sie auf dem Balkon erkennen konnten. Auf der Straße wurde dies jedoch mißverstanden und führte zur Verunsicherung. Ein Teilnehmer berichtet: „Wir sahen im Rathaus hin und wieder Licht angehen und haben erwartet, daß etwas passiert. Es passierte natürlich nichts. Es war eine merkwürdige Situation. Wir kamen uns gefährdet vor, weil wir dachten, möglicherweise steckt das ganze Haus voller Polizei und die kommen alle rausgestürzt."[131] Endlich trat Berghofer auf den Balkon, um zu den aufgebrachten Menschen zu sprechen. Er kündigte eine Fortsetzung des gewaltfreien Dialogs an. Da er das Megaphon nicht richtig bediente, verstanden die Demonstranten seine Worte kaum, und es entstand der Eindruck, daß Berghofer nicht gewillt war, zu ihnen sprechen. Das war auch nicht ganz falsch, denn Berghofer, der sich in einer für ihn „unmöglichen Lage" sah, stellte sich der Situation äußerst widerwillig. „Normalerweise", so Berghofer, „war eine Position ausgehandelt, für meine Begriffe weit über das bisher Übliche in der DDR hinausgehend, gegen die Verfassung verstoßend, gegen das Kommunalgesetz verstoßend, mit der ich mich nach DDR-Gesetzen des Hochverrats schuldig machte. Und das sollte ich jetzt, ohne noch mal mit Modrow zu reden, über das Megaphon in die Öffentlichkeit pusten. Man muß sich ja auch immer in meine Lage versetzen. Das haben die dann nicht verstanden. Das hat sie auch nicht interessiert."[132]

128 Vgl. Dok. 47.
129 Interview mit Dieter Brandes. In: Flach, Der Demokratisierungsprozeß, S. 46.
130 Interview mit Wolfgang Berghofer.
131 Interview mit Walter Siegemund.
132 Interview mit Wolfgang Berghofer. Nach Darstellung Böhms ging dies auf einen entsprechenden Vorschlag zurück, den er Modrow unterbreitete: „Ob der großen An-

Nach Berghofers verunglückten Auftritt wandten sich gegen 21.00 Uhr Ziemer, Richter und Boltz, der inzwischen als Pressesprecher der Gruppe fungierte, an die Demonstranten. Ziemer, der zunächst auch nicht zu den Demonstranten sprechen wollte, „damit nicht der Eindruck erweckt wird, es wären nur Gespräche zwischen Staat und Kirche",[133] bat schließlich, im Interesse der bevorstehenden Pressekonferenz die Demonstration zu beenden und wies auf die Abendveranstaltungen am nächsten Abend in den Kirchen hin.[134] Die Tatsache, daß die Bevölkerung wiederum nicht öffentlich, sondern in kirchlichen Räumen informiert werden sollte, stieß auf deutlich artikulierten Unmut. Es gab Pfiffe und Rufe wie: „Die Kirchen sind zu klein, wir passen da nicht rein".[135] Nachdem Ziemer daraufhin erklärte, daß die Kirchen definitiv das letzte Mal zur Verfügung stünden, gab es hingegen tosenden Beifall. Nachdem alle Personen zur Ansammlung gesprochen hatten, löste sich die Demonstration gegen 22.00 Uhr auf.[136]

Die im Führungszirkel des Ökologischen Arbeitskreises konzipierte und von Berghofer aus gutem Grund scharf kritisierte Doppelstrategie von Gespräch und Demonstration verfehlte ihre Wirkung nicht. Die Situation führte dem Oberbürgermeister unmittelbar vor Augen, daß die Gruppe der 20 keinesfalls, wie von ihm immer wieder behauptet, nur für sich selbst, sondern durchaus für einen erheblichen Teil der Dresdner Bevölkerung sprach. Daher zeigte er sich nun kompromißbereiter und erklärte, der Stadtverordnetenversammlung die Bildung thematischer Arbeitsgruppen vorschlagen zu wollen, die unter Leitung politisch und fachlich kompetenter Abgeordneter stehen und in deren Arbeit „Vertreter und Persönlichkeiten des öffentlichen Lebens aus Politik und Wirtschaft, Kunst und Kultur, aus allen sozialen Schichten und aller Altersgruppen" einbezogen werden sollten. Der Vorschlag basierte auf der Empfehlung des MfS, einzelnen Mitgliedern der Gruppe für die einzelnen Problemkreise „hochqualifizierte gesellschaftliche Kräfte als Gesprächspartner zuzuordnen", um so die Bedeutung der Gruppenmitglieder zu verringern und SED-Positionen zum Tragen kommen zu lassen.[137] Die Arbeitsgruppen sollten sich mit den Themen Recht und Sicherheit, Medienpolitik, Struktur der Bürgermitverantwortung, Ziele der Gesellschaft in der DDR, Reise- und Ausreiseangelegen-

---

sammlung habe ich den 1. Sekretär der SED-Bezirksleitung informiert mit dem Vorschlag, einen kompetenten Vertreter des Rates der Stadt in Abstimmung mit der ‚Vertretergruppe' zur großen Menschenansammlung sprechen zu lassen und sie zu beruhigen." (Dok. 47).

133 IM-Bericht über die Informationsrunde am 20.10.1989 zu aktuellen Ereignissen in der Kreuzkirche (BStU, ASt. Dresden, BV, XII 2173/84 AIM „Steffen Schuster", Bl. 308–312).

134 Vgl. Notizen Frank Richters vom 2. Rathausgespräch am 16.10.1989 (Privatbestand Frank Richter, unpag.).

135 Vgl. 1. Interview mit Frank Richter; Interview mit Beate Mihály; Ziemer, Wachen und Beten, S. 108; Ulrich, Holde B.: Ein schwerer Anfang für den Dialog in Dresden (Privatbestand Beate Mihály); Interview mit Uta Dittmann; Die Union vom 18.10.1989; Flach: Die Gruppe der 20, Teil 1, S. 10.

136 Vgl. Dok. 47; Interview mit Christof Ziemer.

137 Dok. 30.

heiten, Bildung und Kultur, Stadtentwicklung, Ökologie und Ökonomie sowie Wirtschaft, Handel und Versorgung befassen.[138] Berghofer bot der Gruppe an, in diesen Arbeitsgruppen aktiv mitzuwirken. Außerdem räumte er den Mitgliedern der Gruppe der 20 die Möglichkeit ein, auf der nächsten Stadtverordnetenversammlung ihre Ziele und Absichten zu erläutern und sagte zu, der Gruppe innerhalb von drei Tagen einen detaillierten Vorschlag über die Mitwirkung von Bürgern im Rahmen bestehender Strukturen der Stadtverordnetenversammlung zu unterbreiten. Mit diesem Vorstoß unternahm er den Versuch, die vorhandenen Organisationsformen wie Nationale Front, Rat der Stadt und Stadtverordnetenversammlungen zu nutzen, um die Aktivitäten der Gruppe der 20 zu kanalisieren. Zwar hatte sich der Oberbürgermeister in einigen Punkten bewegt, dennoch wurden seine Vorschläge als „Versuch, die Gruppe durch Integration zu neutralisieren" zurückgewiesen.[139] Hier wußte man, daß das Vertrauen der Bevölkerung in die Aktivitäten der vorhandenen Einrichtungen so gering war, daß eine Mitarbeit in diesen Gremien zu einer Abwendung großer Teile der Bevölkerung führen könnte.[140] Boltz erklärte, man akzeptiere die Einordnung in die Arbeitsgruppen der Stadtverordnetenversammlung nicht, sondern wolle eigene Gruppen mit den entsprechenden Arbeitsmöglichkeiten bilden.[141] Auch andere Mitglieder erklärten, sie hätten kein Vertrauen in die staatlichen Institutionen, forderten eigene personelle und organisatorische Strukturen und erklärten ihre Absicht, ein eigenes Sekretariat sowie von der Stadtverordnetenversammlung unabhängige Arbeitsgruppen zu bilden. Berghofer wies den Vorschlag zurück und erklärte, er werde in dieser Sache um eine Stellungnahme der Dresdner Bevölkerung bitten.[142] Kern der hartnäckigen Auseinandersetzung waren der ungeklärte Status der Gruppe der 20 und die Frage ihrer Legitimation. Da die Mitglieder als „Dialoggruppe" vom Oberbürgermeister anerkannt werden wollten, brachte somit auch das zweite Rathausgespräch aus Sicht der Gruppe der 20 kein befriedigendes Ergebnis.[143]

Gegen 21.30 Uhr begann mit ca. zweistündiger Verspätung die vorgesehene Pressekonferenz, die freilich vom DDR-Fernsehen nicht mehr direkt übertragen wurde. Modrow hatte sich zuvor mit der Begründung, daß „dort sozialistische Positionen verteidigt werden",[144] von Politbüromitglied Joachim Hermann grünes Licht geben lassen. In Fernschreiben an Krenz und Hermann bat er ausdrücklich um Zustimmung für die Pressekonferenz. Ziel sei die „Verstärkung der politischen Offensive der SED und des sozialistischen Staates im Sinne der Erklärung des Politbüros" und die „Festigung des Vertrauens in die Dialog-

---

138 Vgl. Privatbestand Klaus Gaber, Bl. 45-47.
139 Interview mit Friedrich Boltz. In: Kaulfuß/Schulz, Dresdner Lebensläufe, S. 34.
140 Vgl. Dok. 55.
141 Vgl. Bericht des IMS „Jens Grabowski" über das 2. Rathausgespräch am 16.10.1989 (BStU, ASt. Dresden, BV, XII 1293/88 „Jens Grabowski", 617/91, Band I, Bl. 20-23).
142 Vgl. Dok. 85; Dok. 46; Dok. 44; Notizen Frank Richters vom 2. Rathausgespräch am 16.10.1989 (Privatbestand Frank Richter, unpag.).
143 Dok. 45.
144 Interview mit Wolfgang Berghofer.

bereitschaft und Dialogfähigkeit der SED und der sozialistischen Staatsmacht".[145] Modrow folgte damit einer Empfehlung Böhms, der hoffte, durch eine Pressekonferenz öffentliche Informationsveranstaltungen verhindern zu können.[146]

Die Pressekonferenz spiegelte die Konfrontation und die Unsicherheiten während des vorangegangenen Gesprächs sehr genau wider. Berghofer informierte die Journalisten darüber, daß er beabsichtige, den Dialog mit der Dresdner Bevölkerung „im Sinne der Erklärung des Politbüros" vom 11. Oktober fortzusetzen. Die Gruppe lehne seine Vorschläge jedoch ab und mache die Fortsetzung des Dialogs von der Schaffung eigener organisatorischer Strukturen abhängig.[147] Er schlug vor, die Stadtverordnetenversammlung und die Nationale Front bei der künftigen Auswertung der Gespräche zu nutzen und wandte sich gegen die Schaffung oppositioneller Strukturen.

Die Gruppe der 20 trug der Presse ihren Forderungskatalog[148] vor und verlangte eine uneingeschränkte, sachliche Berichterstattung in den Medien, die Garantie einer freien Meinungsäußerung ohne persönliche Nachteile, das Recht der Durchführung friedlicher Demonstrationen und einen rechtlich anerkannten Status für die Gruppe. Gleichzeitig erklärten sie sich zur Fortführung des Dialogs mit Berghofer bereit.[149] Ziemer machte deutlich, daß es sich aus seiner Sicht keinesfalls um Gespräche zwischen Staat und Kirche handele. Außerdem forderte er, der Dialog müsse frei von Angst sein, auch von Angst vor Beobachtungen und Verfolgungen durch die Sicherheitskräfte. Dieser Passus führte innerhalb der Redaktion der „Union" zu heftigen Auseinandersetzungen. Nachdem sich der Chefredakteur und die Druckerei zunächst weigerten, Ziemers Erklärung unzensiert abzudrucken, wurde schließlich entschieden, sie authentisch wiederzugeben. Damit, so Ziemer, „war in Dresden zum ersten Mal die Berichterstattung offen gemacht worden".[150]

Am nächsten Morgen informierte Berghofer den Stadtausschuß der Nationalen Front über das Gespräch mit „Vertretern der evangelischen und katholischen Kirche sowie weiteren Bürgern", das er als „Teil der umfassenden Volksaussprache" bezeichnete, die auf Initiative des Politbüros in der DDR begonnen habe.[151] In der Bundesrepublik fand Berghofers Haltung eine weitgehend positive Resonanz. So bestätigte ihm Kurt Biedenkopf am 17. Oktober in einem Schreiben, daß er in einer für Dresden und die DDR bedeutsamen

145 Fernschreiben Modrows an Egon Krenz und Joachim Hermann. Textauszug in: Modrow, Ich wollte ein neues Deutschland, S. 275f.
146 Vgl. Dok. 32.
147 Dok. 46.
148 Vgl. Dok. 40.
149 Vgl. Dok. 47.
150 Interview mit Christof Ziemer.
151 Sächsische Zeitung vom 18.10.1989. Die Union sprach am 18.10.1989 bereits von der „Gruppe der 20".

Stunde bewundernswert handele und ein Politiker sei, der einen wichtigen Beitrag zur weiteren Entwicklung der DDR leiste.[152]

3. Zweite Volksversammlung in Dresdner Kirchen

Bei den Informationsveranstaltungen, die am Abend des 17. Oktober in fünf völlig überfüllten Kirchen stattfanden, kam es erneut zu einer offenen Volksaussprache.[153] Obwohl das Konsistorium zusätzlich die Auferstehungskirche zur Verfügung gestellt hatte, mußten die Veranstaltungen auf Grund des Andrangs in einigen Kirchen wiederholt werden.[154] Etwa 20 000 Dresdner Bürger kamen, um sich zu informieren. In allen Kirchen lagen Listen aus, in die sich Interessenten für die Mitwirkung in Arbeitsgruppen eintragen konnten. Das MfS hatte einen ähnlichen Andrang erwartet und gemäß den Richtlinien der Bezirkseinsatzleitung vom 8. Oktober „Maßnahmen zur operativen Sicherung" eingeleitet, „um Provokationen und Gewaltakte vorbeugend zu verhindern und den Schutz wichtiger strategischer Objekte zu gewährleisten".[155] Am Morgen des 17. Oktober wurden in den Bezirks- und Kreiseinsatzleitungen alle „erforderlichen sicherheitspolitischen Maßnahmen" festgelegt. Böhm schlug erneut den Einsatz „gesellschaftlicher Kräfte" vor.[156] Noch immer galt „Erhöhte Einsatzbereitschaft". Durch die Bezirkseinsatzleitung wurden sechs Abschnitte bzw. „Handlungsräume" (Rat der Stadt, Kreuzkirche, Kathedrale, Versöhnungskirche, Christuskirche, Prager Straße) festgelegt, die jeweils einem verantwortlichen Offizier unterstanden. Beschlossen wurde die Bereitstellung von bewaffneten Reservekräften der Polizei (drei Kompanien der Offiziershochschule, zwei Kompanien der 8. VP-Bereitschaft), der NVA (vier Kompanien der 7. Panzerdivision, zwei Kompanien der Militärakademie), sowie ein „durchgängiges Zusammenwirken" mit den Kräften der Staatssicherheit zur „Aufklärung des gesamten Stadtgebietes, insbesondere selektierter Schwerpunkte".[157] Im Sinne des Modrowschen Deeskalationskurses wurde jedoch ausdrücklich angewiesen, keine Gewaltanwendungen zu planen und den Einsatz volkspolizeilicher oder anderer bewaffneter Kräfte nur im dringendsten Notfall „auf Weisung Chef und Leiter VPKA" vorzunehmen.[158]

152 Biedenkopf an Berghofer vom 17.10.1989 (Stadtarchiv Dresden, Sekretariat OB, 1902/13).

153 Kreuzkirche, Hofkirche, Christuskirche, Versöhnungskirche und Martin-Luther-Kirche. Vgl. Die Union vom 10.10.1989.

154 Vgl. Interview mit Uta Dittmann; 1. Interview mit Beate Mihály.

155 Dok. 40.

156 Dok. 47.

157 SED-Bezirksleitung Dresden an ZK der SED, Aktuelle Information über die politische Lage und das Stimmungsbild im Bezirk am 16.10.1989, (SächsHStA, SED-BL Dresden, 13218).

158 Vorschläge an den 1. Sekretär der SED-Bezirksleitung Modrow [Handschriftlich von Nyffenegger: bestätigt BEL 8.10.89] (ABL, BA, Dresden 4, Bl. 236).

Nachdem am 8. Oktober vom MfS in der Kreuzkirche sämtliche Kabel zu den Lautsprechern vor dem Gebäude durchgeschnitten worden waren, hatte sich Ziemer in der folgenden Woche beschwert und angekündigt, im Wiederholungsfall per Lautsprecher in der Kirche über dieses Vorgehen des Staates zu informieren. Daraufhin funktionierte die Übertragung nach außen problemlos.[159]

In der Kreuzkirche begrüßte Ziemer die Versammelten und erklärte, es sei durchaus nicht selbstverständlich, daß die Versammlung noch einmal in den Kirchen stattfinde. Die Demonstranten vor dem Rathaus hätten diesen Kompromiß zurecht abgelehnt und gefordert, öffentlich informiert zu werden. Viele hätten nicht verstanden, warum er noch einmal die Kirchen angeboten hätte. Die Kirchen seien aber noch immer die einzige Möglichkeit einer direkten Information. In Zukunft würden sie dafür allerdings nicht mehr zur Verfügung stehen. Es gehe in dem begonnenen Dialog um einen neuen Stil im Umgang zwischen Regierung und Volk, und dazu gehöre eben auch Öffentlichkeit.[160] Nach Ziemer legte Boltz als Sprecher der Gruppe der 20 die Ergebnisse des Rathausgespräches dar und erklärte, daß das Gespräch für die Gruppe nicht befriedigend verlaufen sei, da Berghofer wesentliche Forderungen zurückgewiesen habe. Er verwies noch einmal auf die wichtigsten Forderungen der Gruppe wie Anerkennung als offizielles Gremium und die Forderung der Untersuchung von gewaltsamen Übergriffen der Polizei bzw. Sicherheitsorgane. Ein anderer Vertreter der Gruppe verlas Augenzeugenberichte von mißhandelten Personen und forderte auf, über ähnliche Erlebnisse schriftliche Berichte an das Jugendpfarramt Barlachstraße zu schicken.[161]

Auch in der Versöhnungskirche stellten die Übergriffe und Mißhandlungen der Sicherheitskräfte einen Schwerpunkt zweier aufeinanderfolgender Veranstaltungen dar. Die Gruppe der 20 informierte über das Rathausgespräch und stellte ihre Forderungen vor.[162]

Auch in den anderen drei Kirchen informierten die Mitglieder der Gruppe der 20 über Verlauf und Ergebnisse des Gesprächs mit Berghofer. Sie wiesen darauf hin, daß der Oberbürgermeister die Gruppenmitglieder weiterhin nur als Einzelpersonen ansehe und eine öffentliche Information der Bevölkerung ablehne. Die Gruppe der 20 messe einer öffentlichen Kundgebung jedoch größte Bedeutung bei, weil sie nur auf diesem Weg die Legitimierung erhalte, die sie zu einer Weiterführung des Dialogs im Namen der Demonstranten berechtige. Die Gruppe machte keinen Hehl daraus, daß sie mit dem Ausgang des Gesprächs unzufrieden und skeptisch in Hinblick auf die Fortführung des Dialogs sei, „da grundlegende Voraussetzungen für die Weiterarbeit der Gruppe" bislang nicht geschaffen wurden.[163]

159 Vgl. Interview mit Christof Ziemer.
160 Vgl. Die Union vom 19.10.1989; Ziemer, Wachen und Beten, S. 108.
161 Vgl. Dok. 49.
162 Vgl. Dok. 50.
163 Dok. 48.

Ungeachtet dieser eher skeptischen Einschätzung befand sich die Dresdner Bürgerbewegung jedoch insgesamt deutlich im Aufwind, und die gesellschaftliche Erstarrung in der ganzen DDR begann sich langsam zu lösen. Auch die SED-Bezirksleitung mußte nach der zweiten Volksversammlung feststellen, daß Einfluß und Organisationsgrad der Opposition schnell wuchsen. Modrow konstatierte, daß die DDR „in einem raschen Tempo in eine absolut instabile Lage" kommen könnte. Die SED-Führung räume der Kontinuität einen zu hohen Stellenwert ein. Es müßte deutlicher erkennbar werden, daß die SED bereit sei, Programm und Statut zu verändern und gravierende Personalveränderungen vorzunehmen. Die Lage der Partei sei kritischer als vermutet. Die „Bündnispartner" spürten die Schwächen der SED und nutzten deren Vertrauensverlust bereits zur eigenen Profilierung. Problematisch sei vor allem, daß „die feindlichen Kräfte" weiterhin über einen großen Spielraum verfügten.[164] Auch vom Westen aus werde versucht, eine oppositionelle Bewegung und eine Diskussion über die Grundlagen des DDR-Systems in Gang zu bringen. Man könne schnell in eine Lage geraten, „wo es um mehr, ja, wo es um alles gehen kann".[165]

4. „Eine-Mark-Aktion"

Die Frage der Legitimierung von Gruppierungen, die nicht im Sinne der SED agierten, wurde Mitte Oktober 1989 zu einem zentralen Punkt der politischen Auseinandersetzung der neuen politischen Kräfte mit dem SED-Staat. Der Lebenslüge des Ancien régime, es werde von rund 99 Prozent der Bevölkerung getragen, stellten die neuen politischen Kräfte ihren Anspruch entgegen, von großen Teilen der Bevölkerung legitimierte Gruppierungen darzustellen. Auch in Dresden kollidierte die Behauptung der Gruppe der 20, einen erheblichen Teil der Dresdner Bevölkerung zu repräsentieren, mit dem Alleinherrschaftsanspruch der SED. Das war auch der Grund, weshalb Berghofer immer wieder betonte, die Gruppe repräsentiere maximal einen Teil der Demonstranten auf der Prager Straße, keinesfalls aber die Einwohner Dresdens.[166] Die Gruppenmitglieder verwiesen ihrerseits auf die Akklamation durch die Demonstranten auf der Prager Straße und die Zustimmung in den Kirchen. Doch beide Legitimationsformen reichten für eine Anerkennung als Interessenvertreter durch den Oberbürgermeister nicht aus, ging es dabei doch um eine Grundsatzauseinandersetzung, durch die wesentliche Fundamente der kommunistischen Diktatur in Frage gestellt wurden. In der Gruppe und mit Unterstützung der Berater wurde daher intensiv über Formen demokratischer Legitimierung im

164 Einschätzung der Lage durch die SED-Bezirksleitung Dresden nach der 9. Tagung des ZK der SED vom 18.10.1989 (SächsHStA, BL SED Dresden, 13218, unpag.).

165 Referat Hans Modrows auf der 21. Sitzung der SED-Bezirksleitung am 19.10.1989 (SächsHStA, BL SED Dresden, 13233, unpag.).

166 Vgl. Interviews mit Dieter Brandes und Friedrich Boltz. In: Flach, Der Demokratisierungsprozeß, S. 60.

Rahmen des politischen Systems bzw. am Rande der von der SED geschaffenen Legalität nachgedacht und diskutiert, „wie man sich zum Mandatsträger für offenbar mehr als nur die am Demonstrationszug beteiligte Menge offiziell macht“.[167]

Als Hauptinstrument galt weiterhin das Mittel der Demonstration. So organisierte Ziemer für den Abend des 23. Oktober erneut eine friedliche Kundgebung. Auf dem Theaterplatz fanden sich dazu etwa 50 000 Menschen ein.[168] Kurzfristig waren auch Modrow und Berghofer durch Vermittlung eines Mitarbeiters der Kreuzkirche eingeladen worden, dort zu sprechen und sich den Fragen der Bevölkerung zu stellen. Redner der Gruppe der 20 wandten sich gegen eine Beteiligung an den von Modrow und Berghofer vorgeschlagenen Gesprächen in mehreren hundert Räumen der Stadt am 26. Oktober und forderten statt dessen dazu auf, sich an diesem Tag erneut vor dem Rathaus zu versammeln.[169] Damit wurde der Versuch der SED-Führung zurückgewiesen, die Bevölkerungsproteste in kontrollierbare Räume zu verbannen, sie damit aufzuspalten und in vorhandene Strukturen einzubinden. Auch am folgenden Tag kam es auf dem Theaterplatz wieder zu einer Kundgebung, bei der zur Unterstützung der Gruppe der 20 aufgerufen wurde. Teilnehmer eines anschließenden Demonstrationszuges von ca. 1 000 Personen skandierten: „Auch wenn die 20 nicht hier sind, wir sind trotzdem nicht ohne Führung.“[170]

Neben dem Mittel der Demonstration wurden auch andere Möglichkeiten erwogen, die demokratische Legitimierung der Gruppe der 20 unter Beweis zu stellen. So erhielt Berghofer allein in den Tagen nach dem 9. Oktober etwa 10 000 schriftliche Meinungsäußerungen zugeschickt. Nach eigenem Bekunden handelte es sich dabei um „sehr differenzierte, konkrete Vorschläge, bei vielen merkt man, daß sie mit in der Kirche waren“.[171] Daneben kursierten seit dem 18. Oktober zahlreiche Aufrufe, die Gruppe der 20 schriftlich zu bevollmächtigen, die Interessen der Bevölkerung „offiziell und öffentlich zu vertreten“ und „Gespräche und Verhandlungen mit staatlichen Stellen, Vereinigungen, Organisationen und Parteien der DDR zu führen, um damit eine umfassende und gewaltfreie Veränderung der Gesellschaft zum Guten hin in Dresden und Umgebung zu bewirken“.[172] In der Dresdner Außenstelle des VEB Hoch- und Tiefbau Pirna stellte das MfS am 25. Oktober mehrere „Vollmachten“ sicher, die der Ermächtigung der Gruppe der 20 zu Verhandlungen

---

167 Dok. 55.
168 Vgl. Dok. 57; Tagesinformation der BVfS Dresden vom 24.10.1989 (BStU, ASt. Dresden, BV, XX, 9180, Bl. 10).
169 Vgl. Tagesinformation der BVfS Dresden vom 24.10.1989 (Ebd., Bl. 14–22).
170 SED-Bezirksleitung Dresden an ZK der SED, Aktuelle Information über die politische Lage und das Stimmungsbild im Bezirk am 24.10.1989 (BStU, ASt. Dresden, AKG, 7001, Bl. 160).
171 Dok. 73.
172 Dok. 51.

mit staatlichen Stellen dienten.[173] Auf Handzetteln, die in den Kirchen auslagen, wurde aufgerufen, durch Unterschrift mit Namen und Adresse der Gruppe der 20 die Vollmacht zur legitimen öffentlichen Vertretung der Interessen der Unterzeichner zu erteilen. Als Stützpunkte zur Weiterleitung der Vollmachten wurde das Jugendpfarramt in der Barlachstraße und das Freizeitzentrum „Scheune" in der Alaunstraße genannt,[174] wo die Vollmachten mit Hilfe von Computern erfaßt wurden.[175] Die Möglichkeit, Vollmachten für die Gruppe der 20 auszustellen, wurde in der Öffentlichkeit allerdings nicht so bekannt wie die sogenannte „Eine-Mark-Aktion" und hatte deswegen auch eine geringere Resonanz.[176] Nicht in Frage kam eine auch in Erwägung gezogene Unterschriftensammlung, weil diese genehmigungspflichtig war.

Boltz schlug vor, die Deutsche Post als Abstimmungsinstrument zu nutzen. Nach dem Vorbild der Aktion „Eine Mark für Espenhain"[177] sollte jeder, der die Gruppe der 20 unterstützen wollte, in einer gleichzeitigen Legitimierungs- und Spendenaktion den symbolischen Betrag von einer Mark zugunsten der Gruppe der 20 auf das Privatkonto von Boltz zahlen. Auf diese Weise sollte „der Massenzuspruch der Bevölkerung für das Auftreten der ‚Gruppe der 20' dokumentiert und damit Bestrebungen der staatlichen Organe zur Auflösung der Gruppe entgegengewirkt werden".[178] Voraussetzung für das Gelingen war eine breite Information der Bevölkerung über das Vorhaben und die genaue Kenntnis der Kontonummer. Die Legitimierung sollte sich darin ausdrücken, „daß der Gesamtkontostand gleich ist der Stimme der Mandate für die Gruppe". Diese Kampagne, so ein IM-Bericht, betrachtete Boltz als „einzigste und notwendigste Möglichkeit, um vor dem Oberbürgermeister eine Aussage machen zu können, für welche Interessenmenge die Gruppe Interessenvertreter ist".[179] Sein Vorschlag fand zunächst Zustimmung, bis Heitmann mit Rücksicht auf das strenge Sammlungsgesetz der DDR abriet.[180] Daraufhin sprachen sich die meisten gegen die Aktion aus und setzten mehr auf die Wirkung von Massendemonstrationen. Boltz entwarf daraufhin auf eigene Faust einen Spendenaufruf und druckte nachts fünfzig Exemplare in seinem Betrieb auf dem Computer aus.[181] Am 19. Oktober begann er eigenmächtig, den Aufruf zu verteilen. Ausdrücklich wies er darauf hin, daß mit dem Einzahlungsbeleg das Mandat der Gruppe der 20 bestätigt, die Arbeit der Gruppe finanziert und die

---

173 Vgl. Tagesinformation der BVfS Dresden vom 26.10.1989 (BStU, ASt. Dresden, BV, XX, 9180, Bl. 23-28).

174 Vgl. Tagesinformation der BVfS Dresden vom 30.10.1989 (Ebd., Bl. 41-43).

175 Vgl. BVfS Dresden Lagefilm zur Gruppe der 20, Nr. 17 (Ebd., Bl. 1-5).

176 Vgl. Flach, Der Demokratisierungsprozeß, S. 48f.

177 Vgl. Eine Mark für Espenhain (HAIT DS ÖAK VI, Dok. 1-25); vgl. Jacobi, Das Grüne Kreuz, S. 58-63.

178 Tagesinformation der BVfS Dresden vom 26.10.1989 (BStU, ASt. Dresden, BV, XX, 9180, Bl. 23-28). Vgl. Die Union vom 25.10.1989.

179 Dok. 55.

180 Vgl. Serie „Gruppe der 20. Wo sind die stillen Helden?" In: Bild vom 15. Oktober 1997.

181 Vgl. Interview mit Friedrich Boltz; Ders. In: Kaulfuß/Schulz, Dresdner Lebensläufe, S. 34.

Bildung von Arbeitsgruppen unterstützt werde.[182] Bereits am 22. Oktober erschienen daraufhin an vielen Stellen, unter anderem in der Dresdner Kathedrale und am Gebäude der „Herkuleskeule“[183] Aufforderungen, der Gruppe der 20 eine Mark zu überweisen.[184] Es gab auch Aufrufe, wonach Kollektive geschlossen einzahlen konnten.[185] Der von Boltz verfaßte Aufruf verbreitete sich wie ein Lauffeuer. Zur Verbreitung trug wesentlich die CDU-Tageszeitung „Die Union“ bei, die den Aufruf am 24. Oktober in ihrer Lokalseite abdruckte. Am selben Tag registrierte die Staatssicherheit allein am Schalter des Postamtes in 8019 Dresden ca. 200 Einzahlungen, davon allein von einem Vertreter des „Joseph-Stifts“ rund 100 Zahlkarten mit einer Mark auf das angegebene Konto.[186] Durch Postwurfsendungen wurde ebenso für die Aktion geworben wie durch Hinweise in Betrieben und Einrichtungen, wie zum Beispiel an der TU Dresden, der Hochschule für Verkehrswesen und der HNO-Klinik der Medizinischen Akademie.[187] Am 27. Oktober registrierte das MfS, daß in der Rundfunkabteilung des Centrum-Warenhauses über mehrere Fernsehgeräte fortlaufend mittels Video-Kassette zur Spende für die Gruppe der 20 und für einen Beitritt zum Neuen Forum geworben wurde.[188] Einen Tag später fanden MfS-Mitarbeiter an öffentlichen Einrichtungen wie dem Rat des Bezirkes, an Verkaufsstellen, auf dem Theaterplatz sowie in Kirchenschaukästen und Hausbriefkästen zahlreiche Aufforderungen zu Geldspenden für die Unterstützung der Gruppe der 20.[189] Die Aktion beschränkte sich nicht nur auf Dresden, auch aus benachbarten Kreisen kamen Einzahlungen. So registrierte das VPKA Brand-Erbisdorf Überweisungen aus mehreren Orten des Kreises Freiberg.[190]

Nach Bekanntwerden der Aktion wurde im Rathaus sofort überlegt, welche rechtliche Schritte dagegen möglich seien.[191] Boltz erhielt schließlich eine Aufforderung des Postscheckamtes, sich unverzüglich zu melden, da die Einzahlungsscheine den gesamten Postbetrieb lahmlegten.[192] Zuvor hatte das Ministerium für Post- und Fernmeldewesen in Abstimmung mit dem Generalstaatsanwalt am 26. Oktober entschieden, die Einzahlungen für die Gruppe der 20 nicht auf das überall angegebene Girokonto zu verbuchen, sondern auf ein internes Konto beim Postscheckamt Dresden, für das Boltz keine Verfügungsberechti-

182 Vgl. Dok. 52.
183 Vgl. Dok. 57.
184 Vgl. Böhm an Modrow vom 23.10.1989 (Privatbestand Frank Richter).
185 Vortrag Herbert Wagners „Die Gruppe der Zwanzig und die politische Wende in Dresden“ am 4.11.1997 (Mitschrift. M. Richter, HAIT DS, Gruppe der 20).
186 Vgl. BVfS Dresden an Modrow, Information über bedeutsame Ereignisse und bekanntgewordene Pläne und Absichten 25.10 und 26.10.1989 (BStU, ASt. Dresden, BV, XX, 9180, Bl. 107-109).
187 Vgl. Tagesinformation der BVfS Dresden vom 26.10.1989 (Ebd., Bl. 23-28).
188 Vgl. Tagesinformation der BVfS Dresden vom 29.10.1989 (Ebd., Bl. 37-40).
189 Vgl. Tagesinformation der BVfS Dresden vom 28.10.1989 (Ebd., Bl. 33-36).
190 Vgl. MfS-Kreisdienststelle Brand-Erbisdorf, 1.11.1989 (BStU, ASt. Dresden, BV, AKG, 7002, 1, Bl. 187).
191 Vgl. Liebsch, Dresdner Stundenbuch, S.97.
192 Vgl. Interview mit Friedrich Boltz.

gung besaß. Die Entscheidung wurde als Verstoß gegen die „Sammlungs- und Lotterieverordnung“ vom 18. Februar 1965 gewertet.[193] Nach Sperrung des Kontos verhörte die Volkspolizei Einzahler und setzte sie unter Druck. Ein Betroffener, der für sich und fünfzehn seiner Kollegen Geld auf das Konto der Gruppe der 20 eingezahlt hatte, berichtete, daß sich ein Volkspolizist seine Personalien notierte und ihn nach Beweggründen fragte.[194] Nachdem Boltz drohte, öffentlich über das Verbot der Sammlung zu berichten, wurde die Kontensperrung Ende Oktober durch das Ministerium für Post- und Fernmeldewesen aufgehoben.[195] Eine offizielle Sammlungsgenehmigung erteilte das Innenministeriums am 6. November.[196]

Trotz der anfänglichen Schwierigkeiten war der Erfolg der sogenannten „Eine-Mark-Aktion“ überwältigend. Bis Mitte November sammelten sich 100 000 Mark auf dem Konto. Auch wenn nicht alle Einzahlungen aus Dresden kamen und Mehrfachzahlungen im Auftrag Dritter fragwürdig waren, blieb doch kein Zweifel, daß etwa jeder fünfte Dresdner die Gruppe der 20 unterstützte. Nachdem die Aktion sich als Erfolg herausgestellt hatte, fand sie auch die Akzeptanz der Gruppe. Ein kleiner Teil des Geldes wurde für die Arbeit verwendet, den Rest spendeten die Mitglieder später einem Altersheim.[197] Herbert Wagner urteilte: „In ganz kurzer Zeit schafften wir, vielleicht sogar nur zufällig, was das Neue Forum damals in Berlin vorhatte: eine Bürgerbewegung für alle Gruppierungen zu werden und ein legitimes Sprachrohr für die Forderungen der Bürger nach Recht und Demokratie.“[198] Ohne Frage war die „Eine-Mark-Aktion“ damit „eine der eindrucksvollsten Aktionen der deutschen Demokratiegeschichte“. Durch sie erhielt die Gruppe der 20 „eine Legitimationsbasis, die nur noch durch freie Wahl zu übertreffen war“.[199] Nach Meinung Wagners wurden durch die Aktion „praktisch Wahlen durchgeführt“, die Gruppe der 20 erhielt ein klares Mandat.[200] Nach dem erfolgreichen Ausgang der Aktion bestand „im Umfeld Ziemers“ kein Zweifel, daß es an der Zeit war, mit Hilfe der Gruppe der 20 den „öffentlichen Druck auf die bestehenden Machtstrukturen zu erhöhen“.[201]

193 GBl. DDR II, 32 vom 17.3.1965. Vgl. Dok. 70.
194 Vgl. Privatbestand Andreas Horn, Bl. 56–58.
195 Dok. 74.
196 Vgl. SächsHStA, RdB Dresden, 46149, Bl. 123.
197 Vgl. Interviews mit Friedrich Boltz, Dieter Brandes, Frank Neubert und Eberhard Ohst.
198 Herbert Wagner. In: Dresdner Morgenpost vom 9.11.1990.
199 Thaysen, Wege des politischen Umbruchs, S. 23.
200 Vortrag Herbert Wagners „Die Gruppe der Zwanzig und die politische Wende in Dresden“ am 4.11.1997 (Mitschrift. M. Richter, HAIT DS, Gruppe der 20).
201 Tagesinformation der BVfS Dresden vom 27.10.1989 (BStU, ASt. Dresden, BV, XX, 9180, Bl. 29–32).

Sektionen und Arbeitsgruppen

1. Bildung von Sektionen der Gruppe der 20

Die Auseinandersetzung um Struktur und Arbeitsweise der Arbeitsgruppen stellte in der zweiten Oktoberhälfte den zentralen Punkt des Machtkampfes zwischen der Gruppe der 20 und den alten Machtorganen dar. Erneut ging es vor allem um die Frage der demokratischen Legitimierung und inhaltlichen Kompetenz der Gruppe. Nach der spontanen Wahl der Mitglieder durch Akklamation am 8. Oktober hatte sie ihre Legitimationsgrundlage durch Demonstrationen, Kundgebungen, Vollmachtserklärungen und die „Eine-Mark-Aktion" schrittweise erweitert. Nun galt es, die Strukturen an die zu bewältigenden Aufgaben anzupassen. Die SED-Machthaber versuchten diesen Prozeß zu beeinflussen und den gesellschaftlichen Impuls in überkommenen Formen diktatorischer Machtausübung zu kanalisieren. Diesem Ziel der Integration in staatliche Strukturen bei Reduzierung auf kommunalpolitische Belange setzte die Gruppe das Konzept eigenständiger Arbeitsgruppen (Sektionen) entgegen, die sich neben städtischen Problemen auch mit übergeordneten politischen Fragen auseinandersetzen sollten.[1]

Nach dem 2. Rathausgespräch konkretisierte die Gruppe der 20 angesichts der staatlichen Avancen binnen weniger Tage ein Gegenkonzept. Berater und Mitglieder waren sich einig, daß die Gruppe die Vielzahl der anstehenden Aufgaben in ihrer ursprünglichen Zusammensetzung nicht allein lösen konnte. Nur durch Urlaub oder vorübergehende Freistellung von der Arbeit zur „Wahrnehmung gesellschaftlicher Tätigkeit" konnten die Aufgaben überhaupt angepackt werden.[2] Daher herrschte Einigkeit, über den Beraterkreis hinaus kompetente Mitstreiter zu gewinnen, um „mittels dieser Vertreter in den Kommissionen der Stadtverordnetenversammlung Dresden eine breite Basis zu schaffen".[3] Bereits eine Woche nach der Bildung der Gruppe auf der Prager Straße war die Gründung von Arbeitsgruppen öffentlich angekündigt worden. In zwei entsprechenden Papieren aus diesen Tagen der Entwicklung hieß es zu den bislang benannten Themen des Dialogs: „Behandlung auf zwei Ebenen: allgemein und lokal; Transformation auf Stadtebene, ohne Grundsatzfragen aus dem Auge zu verlieren; Gruppen bilden zur Konkretisierung", sowie „Weiterarbeit an den Dialogergebnissen in unabhängigen, durch die Gruppe gebildeten Arbeitsgruppen, die als Anlaufpunkte bei den entsprechenden Instanzen akzeptiert werden".[4] Mit der Schaffung von Arbeitsgruppen verband

1 Vgl. Arbeitspapier zum 2. Rathausgespräch von Dieter Brandes (Privatbestand Dieter Brandes).
2 Dok. 61.
3 Tagesinformation der BVfS Dresden vom 24.10.1989 (BStU, ASt. Dresden, BV, XX, 9180, Bl. 10).
4 Dok. 38. Vgl. Zum Gespräch am 16.10.1989 (Privatbestand Beate Mihály).

sich langfristig das Ziel, „Möglichkeiten zu kombinieren und zu schaffen, damit Dresden eine wirklich demokratische Stadt wird“.[5]

Das 2. Rathausgespräch bot Anlaß, die ersten Überlegungen zu konkretisieren. Wagner erklärte: „Wenn Berghofer für alles nicht zuständig ist, dann bilden wir Arbeitsgruppen zu allen Dingen. Wir beschicken sie paritätisch, sechs von unserer Seite, sechs soll der Bürgermeister schicken. Die können miteinander abstimmen.“[6] Wichtig, so Brandes, war es, nicht in Abhängigkeit von staatlichen Stellen zu geraten, sondern selbst über „ein großes Hinterland“ zu verfügen. Unmittelbar nach dem Gespräch mit Berghofer beschloß die Gruppe daher, die avisierten Informationsveranstaltungen am 17. Oktober in den Kirchen zu nutzen, um die Bevölkerung zur Mitarbeit aufzufordern. Interessenten konnten sich an diesem Abend mit Namen und Beruf für bestimmte Gruppen eintragen.[7] Das Interesse zur Mitarbeit war vorhanden, allerdings überwogen zunächst Mitglieder der Gruppen des Konziliaren Prozesses und aus dem Umfeld der Proteste gegen das Reinstsiliziumwerk. Die „Ökumenische Versammlung für Gerechtigkeit, Frieden, und Bewahrung der Schöpfung“ (Konziliarer Prozeß) 1988/89 war für die Herausbildung und Arbeit der basisdemokratischen Gruppen in Dresden, sowie der gesamten DDR, ein wichtiger Schritt gewesen. Im Rahmen dieses Prozesses hatte innerhalb der Kirchen ein breite gesellschaftliche Diskussion stattgefunden. Der geplante Bau eines Reinstsiliziumwerkes in Dresden-Gittersee war unter anderem deswegen auf den Widerstand einer größeren Zahl von Dresdner Bürgern gestoßen, weil der Transport des hochexplosiven und giftigen Tetrachlorsilan zur Produktion von Reinstsilizium durch Wohngebiete führen sollte. Durch den Protest gegen den Bau des Reinstsiliziumwerkes hatten sich feste Strukturen entwickelt. Seit April 1989 gab es eine Gruppe, die den Protest organisierte und regelmäßig Protestandachten durchführte.[8]

Auch die „technische Intelligenz“ war überdurchschnittlich in den Sektionen vertreten. Arnold Vaatz, selbst Diplom-Mathematiker, nennt Gründe für seine Mitarbeit: „Ich bin dann zu den Berichtsterminen in die großen Kirchen und habe dabei den Eindruck gewonnen, daß die Gruppe es ehrlich meint, allerdings den wirklichen Problemen hilflos gegenübersteht, weil sie im Grunde ein Fragenspektrum abdecken und eine Kompetenz in diesen Fragen aufweisen muß, die sie in ihrer bunten zufälligen Zusammensetzung nicht haben kann. Und deshalb bin ich dort auch mal vorstellig geworden und habe meine Mitarbeit angeboten.“[9] Trotz solcher Angebote fehlten Spezialisten für die Sacharbeit, weswegen Ziemer am 17. Oktober noch einmal dazu aufrief, kompetente Leuten anzusprechen.[10]

---

5 Interview mit Dieter Brandes. In: Flach, Der Demokratisierungsprozeß, S. 67.
6 Privatbestand Herbert Wagner, Bl. 21.
7 Vgl. Interview mit Dieter Brandes. In: Flach, Der Demokratisierungsprozeß, S. 67.
8 Vgl. Baum, Von resignativer Duldung.
9 Interview mit Arnold Vaatz. In: Flach, Der Demokratisierungsprozeß, S. 67.
10 Vgl. Dok. 56.

Vor dem Hintergrund der Rekrutierungsbemühungen, durch die weitere SED-Mitglieder, aber auch etliche Inoffizielle Mitarbeiter des MfS in die Arbeitsgruppen gelangten, fand am Morgen des 20. Oktober im Rathaus ein Gespräch über die Bildung der Arbeitsgruppen statt. Die Gruppe der 20 war durch Boltz und Pstrong sowie durch Ziemer als Berater vertreten. Für die Vertreter der Stadt hatte sich die Geschäftsgrundlage insofern verändert, als hier interne Hinweise vorlagen, wonach die Gruppe der 20 demnächst legalisiert werden könnte, da in Berlin gerade „generelle Regelungen zur Legalisierung derartiger Gruppen soweit sie keine oppositionellen Ziele verfolgen" getroffen wurden. Boltz und Pstrong erklärten, daß die Gruppe der 20 mit der Bildung „Zeitweiliger Arbeitsgruppen" (ZAG) im Rahmen der Stadtverordnetenversammlung einverstanden sei. Beide Seiten waren sich einig, die Bildung der Arbeitsgruppen als Versuch anzusehen und einzelne von ihnen bei Wirkungslosigkeit wieder aufzulösen.[11] Berghofer erklärte nochmals, daß er nicht der „Landesvater" sei und seine Kompetenz nicht überschreiten könne.[12] Konkret verständigte man sich darauf, die themenbezogenen ZAG mit je sechs bis zehn Personen zu besetzen und die genauere personelle Zusammensetzung am 24. Oktober zu besprechen.[13] Es schwächte die Verhandlungsposition der Gruppe der 20, daß ihre Vertreter einräumen mußten, daß ihnen kaum Fachleute zur Verfügung standen und sie sich „in diesem Punkt auf den Rat der Stadt" verlassen mußten, „da dort die entsprechenden Fachkräfte zu finden" waren.[14] Dem Geschick Ziemers war es in dieser Situation zu verdanken, daß die Gruppe der 20 ihre Autonomie nicht verlor. Vor dem Leitungszirkel des Ökologischen Arbeitskreises, in dem neben Ziemer vor allem Maria Jacobi eine maßgebliche Rolle spielte,[15] betonte er nach dem Treffen im Rathaus die Notwendigkeit, die Gruppe nicht zu stark in staatliche Strukturen einbinden zu lassen. Zur Wahrung der Selbständigkeit müsse der Ökologische Arbeitskreis die Gruppe unterstützen. Zwei Mitglieder des Leitungskreises sollten künftig direkt mit ihr zusammenarbeiten. Es gelte nun, die Gruppe mit breitgefächerten Sachinformationen zu unterstützen, „damit der Druck auf staatliche Stellen bzw. die Volksvertretung praktisch unterlegt und massiver gestaltet werden" könne. Ziemer wertete die Gruppe der 20 als ein „für die gesamte Republik beispielloses Experiment". Über „deren Agieren und auf der Basis des permanenten Drucks auf den Staat in Form von Massendemonstrationen" sei es gelungen, „das politische Kräfteverhältnis in der Stadt wesentlich zu verschieben". Damit, so der Superintendent nach Auskunft eines der Inoffiziellen Mitarbeiter des MfS im Führungskreis, habe die Gruppe der 20 „bereits jetzt erreicht, was durch andere Gruppen, wie beispielsweise das ‚Neue Forum',

---

11 Dok. 54.
12 IM-Bericht über die Informationsrunde am 20.10.1989 zu aktuellen Ereignissen in der Kreuzkirche (BStU, ASt. Dresden, BV, XII 2173/84 AIM „Steffen Schuster", Bl. 308–312).
13 Vgl. Dok. 53.
14 Dok. 54.
15 Vgl. Jacobi, Der Ökologische Arbeitskreis.

erst angestrebt werde". Die Gruppe habe bereits mehr politische Macht als die Abgeordneten der Stadtverordnetenversammlung. Das MfS sprach vom Versuch Ziemers, zunächst „eine Angliederung von PUT im Sinne einer legalen oppositionellen Plattform zu errichten", um später eine „Etablierung von Vertretern kirchlicher Basisgruppen in entscheidungskompetente Institutionen bzw. Organe" zu erreichen. Bis dahin, so Ziemer, müsse man „verdeckt" agieren.[16] Im internen Gespräch mit Vertretern der Gruppe erklärte er nach MfS-Informationen, daß „jetzt nicht die Zeit für Ruhe und Besonnenheit sei, sondern es gelte, weiterzukämpfen und zu schüren".[17]

Bereits am 23. Oktober besprachen Mitglieder der Gruppe der 20 mit Vertretern des Ökologischen Arbeitskreises und anderer kirchlicher Basisgruppen im Jugendclub „Scheune" in der Alaunstraße die künftige Organisationsstruktur. „Mit oder ohne Genehmigung" und „auch unter dem Risiko", daß Berghofer sie nicht toleriert,[18] wurde beschlossen, neun unabhängig von den ZAG der Stadtverordnetenversammlung wirkende Sektionen der Gruppe der 20 zu bilden, für die jeweils ein Verantwortlicher aus der Gruppe formal zuständig wurde.[19] Der hier zur Abgrenzung eingeführte Begriff „Sektion" wurde später nicht immer einheitlich gebraucht, oft wurde auch von Arbeitsgruppen gesprochen.[20] Am nächsten Tag traf sich Ziemer nochmals mit der Gruppe, um auf der Grundlage der von ihm beeinflußten Vereinbarungen vom Vortag die Stadtverordnetenversammlung am 26. Oktober vorzubereiten.[21]

Am Abend des 24. Oktober kam es in der Kreuzkirche unter Beteiligung von etwa 150 Personen[22] zur Bildung der Sektionen der Gruppe der 20. Zum Treffen wurde nur eingelassen, wer entweder eine computergedruckte Einladung vorweisen konnte oder persönlich bekannt war.[23] Die Mehrzahl aller Versammelten war aufgrund erklärter Bereitschaft zur Mitarbeit eingeladen worden. Zu den Teilnehmern gehörten Persönlichkeiten wie der Bezirksvorsitzende des Verbandes Bildender Künstler, Dieter Bock, der Regisseur des Staatsschauspiels, Wolfgang Engel, der Musikkritiker Peter Zacher und Prof. Schubert von der Medizinischen Akademie. Journalisten der „Union" beobachteten die Versammlung. Ziemer begrüßte die Teilnehmer, konzentrierte sich aber ansonsten auf seine Rolle als „Hausherr".[24] Wagner informierte über die Themenfelder der Sektionen und erklärte, daß künftig jeweils ein vorbe-

16 Dok. 75. Vgl. Dok. 57; BVfS Dresden, Lagefilm zur Gruppe der 20, Nr. 8 (BStU, ASt. Dresden, BV, XX, 9180, Bl. 1-5).
17 Dok. 70.
18 Privatbestand Beate Mihály, Bl. 22.
19 Vgl. Flach, Die Gruppe der 20, Teil 1, S. 12f.
20 Hier wird durchweg der Begriff der „Sektion" benutzt, um eine Verwechslung mit den Zeitweiligen Arbeitsgruppen der StVV (ZAG) zu vermeiden. Vgl. Flach, Die Gruppe der 20, Teil 1, S. 12.
21 Vgl. Dok. 57.
22 Die Angaben schwanken zwischen 120-150 (Tagesinformation der BVfS Dresden vom 25.10.1989 [BStU, ASt. Dresden, BV, XX, 9180, Bl. 14-22]) und 170-180 Personen (Dok. 62; Dok. 60).
23 Vgl. Dok. 64.
24 Dok. 61.

stimmtes Mitglied der Gruppe 20 für eine Sektion verantwortlich sein würde. Die Gruppenmitglieder sammelten dann die Teilnehmer um sich, und die Gruppen zogen sich in verschiedene Bereiche der Kirche zurück. Hier formulierten sie erste Arbeitsziele, legten Schritte zur Realisierung fest und bestimmten Vertreter für die Teilnahme an der Stadtverordnetenversammlung. Es wurde beschlossen, daß sich die Mitglieder der Gruppe der 20 selbst aus der Kommissionsarbeit heraushalten, da ihnen in Fachfragen die Kompetenz fehlte. Insgesamt wurden in Übereinstimmung mit dem Themenpapier vom zweiten Rathausgespräch neun Sektionen gebildet:

1. Recht und Sicherheit,
2. Medienpolitik,
3. Struktur der Bürgermitverantwortung,
4. Ziele der Gesellschaft der DDR,
5. Reise und Ausreise.
6. Bildung und Kultur,
7. Ökologie und Ökonomie,
8. Handel und Versorgung/Wirtschaft,
9. Stadtentwicklung.

Die Sektionen bestanden im Schnitt aus zehn bis dreißig Personen, es gab aber auch kleinere Gruppen. Aus jeder wurden, sofern vorhanden, sechs Mitglieder für die Arbeit in den ZAG bestimmt, die anderen Mitglieder sollten diese Delegierten unterstützen. Nach den bisherigen Absprachen mit Berghofer sollten sich die ZAG aus je fünf oder sechs Delegierten der Sektionen und ebensovielen Stadtverordneten zusammensetzen. Da die Sektionen aber zum Teil, wie etwa die Gruppe „Handel und Versorgung", zunächst nur aus drei Personen bestanden (davon zwei IM des MfS bzw. der Kriminalpolizei), wurde dazu aufgerufen, weitere Bürger mit Fachkenntnissen zu gewinnen. Da noch unklar war, wie sich die gemeinsame inhaltliche Arbeit in den ZAG gestalten würde, erklärte Ziemer, daß es zunächst darum gehe, die Arbeitsfähigkeit der gemischten Arbeitsgruppen herzustellen. Über den weiteren Arbeitsmodus sei man sich noch nicht völlig im klaren. Nach der Bildung der Sektionen wurde die Bildung einer zehnten, intern arbeitenden Sektion beschlossen, die zunächst unter Leitung von Boltz stand und die Arbeit der Sektionen organisieren und koordinieren sollte. Die Gruppe der 20 sollte künftig eine zentrale Leitungs- und Symbolfunktion einnehmen, während inhaltliche Fragen in den Sektionen bearbeitet würden.[25]

Der „ruhige und ausgeglichene Grundtenor"[26] des Treffens konnte nicht über die zugespitzte Lage in der DDR hinwegtäuschen. Den in der Kreuz-

25 Vgl. Dok. 64; Dok. 62; Dok. 60; Dok. 61; Bericht der BVfS Dresden über die Bildung der Arbeitsgruppen der Gruppe der 20 in der Kreuzkirche vom 24./25.10.1989 (BStU, ASt. Dresden, BV, XX, 9181, Bl. 90 und 94); BVfS Dresden an Modrow/Moke vom 25.10.89, Information über die Entwicklung der Lage und bekanntgewordene Pläne und Absichten oppositioneller Kräfte vom 24.10 bis 25.10.1989 (BStU, ASt. Dresden, BV, XX, 9180, Bl. 100-106); Tagesinformation der BVfS Dresden vom 25.10.1989 (Ebd., Bl. 14-22).

26 Dok. 61.

kirche manifesten Formen eines neuen politischen Umgangs stand weiterhin der hybride Machtanspruch des SED-Apparates gegenüber, dem es um den Erhalt der Diktatur als Grundlage seiner politischen Existenz ging. Verbunden mit der Forderung nach einer schnellen Reform des sozialistischen Systems hatte Berghofer in diesem Sinne am 23. Oktober auf einer Sitzung des Rates der Stadt konstatiert, daß der derzeitige Kampf keinesfalls nur um Reisefreiheit und ähnliche Probleme gehe, sondern um die Machtfrage.[27] Krenz rief am 24. Oktober dazu auf, „die gesamte Partei in die Offensive zu führen", bei der „Wende der Erneuerung und Kontinuität unserer sozialistischen Entwicklung" nicht zurückzuweichen und „gegnerischen Kräften keinen Spielraum" zu geben.[28] Wie dies gemeint war, zeigten die nach wie vor im Raum Dresden bereit stehenden 24 nichtstrukturmäßigen „Einsatz-Hundertschaften" der NVA,[29] deren Einsatz noch immer auch nach der Einsatzvariante 2, das heißt, unter möglicher Anwendung von Schußwaffen erfolgte.[30] Insgesamt stand das SED-Regime, bei aller Gesprächsbereitschaft einzelner Reformkommunisten, den neuen demokratischen Kräften feindlich gegenüber. Ziel blieb es, oppositionelle Bestrebungen zu beseitigen oder zumindest politisch zu neutralisieren. Die BVfS Dresden hatte Modrow bereits am 10. Oktober vorgeschlagen, „vorhandene politische Möglichkeiten zur positiven Einflußnahme auf diesen Personenkreis zu aktivieren".[31] Damit waren Möglichkeiten gemeint, die Gruppe der 20 zu infiltrieren und längerfristig zu paralysieren. Nicht ohne Grund beschwerte sich Ziemer am 20. Oktober vor einem Ephoralkonvent von Dresdner Pfarrern in der Kreuzkirche darüber, daß die Staatssicherheit versuche, die Gruppe der 20 „zu begleiten" und „auf sie Einfluß zu üben". Das MfS bediene sich unlauterer Mittel und verbreite gezielt Fehlinformationen. Kameras würden auf den Eingang der Kreuzkirche gerichtet, um Mitglieder zu fotografieren.[32] Ziemer trug seine Bedenken auch Berghofer vor, was an der Zersetzungsstrategie des Staates freilich nichts änderte.

Da bislang kein Mitglied der Gruppe bzw. des Beraterkreises im Sinne einer Observierung und Beeinflussung der Gruppe aktiv für das MfS tätig war, bot die Bildung der Sektionen Gelegenheit, hier entsprechende Inoffizielle Mitarbeiter zu plazieren, um diese Schritt für Schritt in Leitungsfunktionen zu lancieren. Bereits seit Bildung der Gruppe waren bei einzelnen Gruppenmitglie-

---

27 Vgl. Dok. 59.
28 Fernschreiben von Egon Krenz an die 1. Sekretäre der SED-Bezirks- und Kreisleitungen vom 24.10.1989 (SächsHStA, SED-BL Dresden, 14101, unpag.).
29 Vgl. Hoffmann, Das letzte Kommando, S. 23.
30 Vgl. Information der HA I über das Stimmungs- und Meinungsbild der Angehörigen und Zivilbeschäftigten der NVA und der Grenztruppen vom 23.10.1989 (BStU, ZA, Neiber, 181, Bl. 94-98).
31 BVfS Dresden an Modrow vom 10.10.1989, Information über die personelle Zusammensetzung der Personengruppe, die sich zum „Sprecher" der Teilnehmer an der Zusammenrottung des 8.10.1989 machten (BStU, ASt. Dresden, BV, XX, 9195, Bl. 168-172).
32 Vgl. Dok. 56; IM-Bericht über die Informationsrunde am 20.10.1989 zu aktuellen Ereignissen in der Kreuzkirche (BStU, ASt. Dresden, BV, XII 2173/84 AIM „Steffen Schuster", Bl. 308-312).

dern im Betrieb oder im Wohnbereich durch das MfS Recherchen angestellt worden.[33] Nun wurden gezielt Inoffizielle Mitarbeiter auf Gruppenmitglieder angesetzt. So bemühte sich z. B. der IMS „Lindner“ um Kontakt zu Eberhard Ohst und Friedrich Boltz.[34] Bei der Kontaktaufnahme wurde dem IMS erklärt, daß „seine Aktivitäten umgehend erfolgen müssen, bevor sich die Strukturen verfestigen“.[35] Am 24. Oktober ließ sich „Lindner“ in die Sektion „Handel und Versorgung“ eingliedern, die vom IKMO „Scholz“ der Kriminalpolizei Dresden geleitet wurde.[36] Seine Aufgaben waren die „exakte Aufklärung der Pläne, Maßnahmen, Absichten zum weiteren Vorgehen der Gruppe“, die „Erarbeitung von Hinweisen zu Organisatoren, Inspiratoren sowie zu Personen, die in den Gruppen mitarbeiten“ und das „Herausarbeiten derjeniger Personen, die auf die Fortführung von Demohandlungen setzen“. Der Auftrag der „Einflußnahme auf die Fortführung eines sachlichen Dialogs“ zeigte, daß es dem MfS nicht nur um Observierung, sondern um die langfristige Beeinflussung der Gruppe der 20 ging.[37] IM-Vorlauf „Bernhard“ erhielt die Aufgabe, Kontakte zu Ohst für das MfS zu nutzen,[38] und „Erich Wagner“ trat in Kontakt mit Ulrich Baumgart.[39] Der IMS „Jan Müller“ wurde auf Heiko Pstrong angesetzt, über den das MfS bereits am 12. Oktober 1989 eine „operative Personenkontrolle“ unter dem Stichwort „Schwarzenberg“ einleitete.[40] In der Sektion „Strukturen der Bürgermitverantwortung“ wurde der IMS „Peter Klaus“ tätig, der die Sektion auch in der entsprechenden ZAG vertrat.[41] Neben den genannten Personen, die für die Abteilungen XVIII und XX tätig waren, bearbeiteten für die Abteilung XIX die IMS „Jan Müller“ und „Klaus Benz“ sowie für das Dezernat I der Kriminalpolizei Dresden der eben erwähnte IKMO „Scholz“ die Gruppe der 20.[42] Die Observierung, Zersetzung und Beeinflussung der Gruppe war Teil eines Gesamtkonzeptes des IM-Einsatzes in allen neuen politischen Gruppierungen,[43] das Böhm nach einer Besprechung bei General-

33 Vgl. Dok. 43.
34 Vgl. BVfS Dresden, Abt. XVIII/1, Treffbericht IMS „Lindner“ vom 19.10.1989 (BStU, ASt. Dresden, 8767/90, I, Bl. 98 und 121).
35 BVfS Dresden, Abt. XVIII/1, Treffbericht IMS „Lindner“ vom 20.10.1989 (BStU, ASt. Dresden, 2847/91, III, S. 392).
36 Vgl. Dok. 62; BVfS Dresden, Abt. XVIII an Leiter XX vom 25.10.1989 (BStU, ASt. Dresden, BV, XX, 9180, Bl. 137).
37 Dok. 58.
38 Vgl. BVfS Dresden, Abt. XVIII an Leiter XX vom 25.10.1989 (BStU, ASt. Dresden, BV, XX, 9180, Bl. 137).
39 Vgl. BVfS Dresden, Abt. XX/3 vom 25.10.1989, IM-Einsatz zur operativen Bearbeitung des politischen Untergrundes (BStU, ASt. Dresden, BV, XX, 9180, Bl. 141).
40 BStU, ASt. Dresden, BV, XII, 786/89.
41 Vgl. BVfS Dresden, Abt. XVIII, Aktenvermerk zum Treffbericht IMS „Peter Klaus“ vom 26.10.1989 (BStU, ASt. Dresden, 968/90, II, S. 77).
42 Vgl. BVfS Dresden, Abt. XIX an Leiter XX vom 25.10.1989, IM-Einsatz (BStU, ASt. Dresden, BV, XX, 9180, Bl. 142); BVfS Dresden, Abt. XX, Übersicht über den Stand der inoffiziellen Durchdringung erkannter oppositioneller Gruppierungen vom 26.10.1989 (BStU, ASt. Dresden, BV, XX, 9180, Bl. 156–159).
43 Vgl. BVfS Dresden, Abt. XX/7, Vorschlag zum Einsatz der IM des Referates 7 zum „Neuen Forum“ und der Gruppe der „20“ vom 19.10.1989 (BStU, ASt. Dresden, BV,

oberst Mittig in Berlin ausgearbeitet hatte. Danach ging es unter Nutzung des Umstandes, „daß sich gegenwärtig Vereinigungen/Zusammenschlüsse etablieren und damit günstige Bedingungen für ein Einschleusen von IM vorhanden" seien, um einen „zielgerichteten und perspektivisch ausgelegten Einsatz von IM zum Eindringen und zur Bearbeitung" oppositioneller Gruppierungen, insbesondere um eine Plazierung von „IM in Führungskreisen des politischen Untergrundes".[44]

2. Bildung Zeitweiliger Arbeitsgruppen der Stadtverordnetenversammlung

Am 26. Oktober fand eine außerordentliche Sitzung der Stadtverordnetenversammlung statt, auf der die Zeitweiligen Arbeitsgruppen (ZAG) ins Leben gerufen wurden. Das Dresdner Stadtparlament, das aus den manipulierten Kommunalwahlen vom 7. Mai 1989 hervorgegangen war, definierte sich als „das von den wahlberechtigten Bürgern gewählte Organ der sozialistischen Staatsmacht der Arbeiter und Bauern für die Stadt Dresden". Nach der Geschäftsordnung verwirklichte die Versammlung „unter Führung der Arbeiterklasse auf der Grundlage der Beschlüsse der SED, der Verfassung der DDR, der Gesetze und anderer Rechtsvorschriften im Territorium die Staatspolitik der Arbeiter- und Bauernmacht".[45] Die Stadtverordnetenversammlung verfügte über siebzehn ständige Kommissionen, die weitgehend den Ressorts des Rates der Stadt entsprachen: 1. Territoriale Rationalisierung und Konsumgüterproduktion, 2. Finanzen und Preise, 3. Bauwesen, 4. Wohnungspolitik und Wohnungswirtschaft, 5. Handel und Versorgung/Nahrungsgüterwirtschaft, 6. Dienstleistungen, Reparaturen und Sekundärrohstoffe, 7. Verkehr, 8. Bildungswesen, 9. Jugendfragen, Körperkultur und Sport, 10. Internationale Arbeit und Tourismus, 11. Kultur, 12. Gesundheits- und Sozialwesen, 13. Inneres, 14. Umweltschutz, Wasserwirtschaft und Landwirtschaft, 15. Energie, 16. Arbeit und Berufsbildung, 17. Erholungswesen und Stadtgrün. Von den Vorsitzenden dieser Ständigen Kommissionen besaßen je sechs das Mandat der SED und des FDGB, je ein Vorsitzender hatte das Mandat der CDU, der FDJ, des Kulturbundes, der LDPD und der NDPD.[46]

XX, 9180, Bl. 139); BVfS Dresden, Abt. XX/3, IM-Einsatz zur operativen Bearbeitung des politischen Untergrundes vom 25.10.1989 (BStU, ASt. Dresden, BV, XX, 9180, Bl. 141).

44 Leiter BVfS Dresden an Leiter Struktureinheiten vom 29.9.1989, Maßnahmeplan zur Organisierung der politisch-operativen Arbeit in Auswertung der Beratung beim Stellvertreter des Ministers, Genossen Generalmajor Mittig, am 26.9.1989 in Berlin (BStU, ASt. Dresden, BV, BdL, Dok. 758, Bl. 1-6).

45 Geschäftsordnung der StVV Dresden. Beschluß der 1. Tagung der StVV am 25.5.1989. (Stadtarchiv Dresden, StVV, Protokolle, 164, unpag.). Die staatliche Verwaltung war nach dem Territorialprinzip aufgebaut; „Territorium" meint hier die Stadt Dresden.

46 Vgl. Beschluß der StVV am 25.5.1989 (Stadtarchiv Dresden, StVV, Protokolle, 151, unpag.); Die ständigen Kommissionen der StVV Dresden, Beschluß der 1. Tagung der StVV am 25.5.1989 (Ebd., 164, unpag.).

Wie vereinbart konnten die Mitglieder der Gruppe der 20 an der Tagung teilnehmen und einige von ihnen zu den Abgeordneten sprechen. Sie nahmen auf dem Balkon des Plenarsaales Platz, wo auch die Pressevertreter und geladene Besucher saßen. In seiner Rede bezeichnete Berghofer die „ca. 7 500 Meinungsäußerungen von Bürgern unserer Stadt", die ihn seit Beginn der Umwälzungen erreicht hätten, als Teil des Dialogs zur Vorbereitung des nächsten ZK-Plenums und des 12. Parteitags der SED. Er betonte zwar nach wie vor die führende Rolle der SED, wies jedoch auf Widersprüche in der Partei und auf die Beteiligung von Teilen der SED am gesellschaftlichen Aufbruch hin: „Die Wahrheit ist, daß wir mit großem Verantwortungsbewußtsein die Wende nicht nur schlechthin begrüßt, sondern mit herbeigeführt haben." Sein eigenes Verdienst sah Berghofer darin, daß er sich an wichtigen Etappen der Oktoberereignisse in Dresden beteiligt hatte. Dazu zählte er den Beginn des Dialogs am Morgen des 9. Oktober, die Gespräche mit Demonstranten an den darauf folgenden Tagen, die Teilnahme der „Dialoggruppe des Oberbürgermeisters" an der Stadtverordnetenversammlung und das für den 30. Oktober geplante 3. Rathausgespräch. Modrow und er hätten am 8. Oktober „begriffen und akzeptiert", daß die Menschen aus dem Gefühl heraus, nicht mehr angehört zu werden, auf die Straße gegangen seien. Deshalb habe in Dresden mit dem Rathausdialog „eine neue Art des Miteinanderumgehens, ein Lernprozeß für alle" begonnen, „weil wir lernen müssen, uns nicht gegenseitig zu belehren". Niemand habe ein Monopol auf die Wahrheit: „Fragen ja - Antworten ja - falsche Versprechungen nein. Des Volkes Weisheit ist die Wahrheit."[47] Seine Ausführungen zeigten eine inhaltliche Parallelität zur Rede, die Modrow am gleichen Tag vor dem Bezirkstag hielt und in der er den Dialog als Sache aller „Volksvertretungen" und „Volksvertreter" bezeichnete.[48] Es sei die Aufgabe aller Abgeordneten, den Dialog „zur konstruktiven Wirkung zu führen". Dialog solle und müsse sein, aber „fleißige Arbeit, erfülltes Ziel für den Betrieb oder Plan" gehörten ebenfalls dazu. Im übrigen sei eine Opposition im Sozialismus überflüssig, wenn Parteien und Kommissionen ihre Aufgaben richtig erfüllten.[49]

Im Gegensatz zur „offensiven Rede Berghofers",[50] mit der dieser erneut seine Rolle als Vorreiter politischer Reformen unterstrich, gingen die Abgeordneten und Nachfolgekandidaten[51] kaum über das Niveau „sozialistischer Selbstkritik" hinaus. So stellte zum Beispiel die LDPD-Abgeordnete Dorothee Göbel lediglich fest, „daß der demokratische Block ein wesentliches Element

47 Rede Berghofers auf der Außerordentlichen StVV am 26.10.1989 (Stadtarchiv Dresden, StVV, Protokolle, 153, unpag.). Vgl. SächsHStA, RdB Dresden, 47116, Bl. 58.

48 „Volksvertretungen" hießen die parlamentarischen Einrichtungen des SED-Staates auf allen Ebenen.

49 Referat Modrows auf der Außerordentlichen Tagung des Bezirkstages am 26.10.1989 (SächsHStA, RdB Dresden, 46149, Bl. 203-206).

50 Flach, Der Demokratisierungsprozeß, S. 59-61.

51 Nachfolgekandidaten waren Abgeordnete ohne Mandat. Sie wurden in die Tätigkeit der „Volksvertretungen" einbezogen und hatten, mit Ausnahme des Stimm- und Antragsrechts, gleiche Rechte und Pflichten wie Abgeordnete.

funktionierender sozialistischer Demokratie" sei, dessen Beratungen „unter Beachtung der Blockgrundsätze" durchgeführt werden müßten.[52] Im Einklang mit den Wünschen der SED nach Beendigung der Demonstrationen formulierte der DBD-Abgeordnete Peter Gelfert, daß „die Erarbeitung konstruktiver Lösungen natürlich schlecht auf Straßen und Plätzen erfolgen kann, weil dazu eine sehr konzentrierte, anstrengende Arbeit, eine offene und sachkundige Beratung notwendig" sei. Diese Formulierung fand sich nahezu gleichlautend in der Rede des FDJ-Abgeordneten Scherpe wieder. In Verkennung der politischen Bedeutung der Gruppe der 20 forderte der Erste Sekretär der Stadtleitung des Kulturbundes, Dietrich Wiesner, die Gruppe der 20 auf, das Demonstrieren aufzugeben und sich „in den Kulturbund einzubringen".[53]

Mit Spannung waren die Reden der drei Sprecher der Gruppe, Mattheß, Neubert und Wagner, sowie von Superintendent Ziemer erwartet worden. Neubert appellierte an die Abgeordneten, die Probleme Dresdens gemeinsam mit der Gruppe der 20 anzugehen und dazu beizutragen, die DDR aus ihrer aussichtslosen Lage herauszuführen. Die Stadtverordnetenversammlung sei aus einer ungültigen Wahl hervorgegangen und ihre Gruppe durch spontanen Zuruf von Demonstranten bestimmt worden. Gemeinsam sei ihnen somit, daß ihre Mandate nur vorläufig sein könnten.[54] Wagner postulierte deutlicher eine demokratische Legitimität der Gruppe der 20, führte Unsicherheiten in der Arbeit auf einen fehlenden Organisationsapparat, mangelnde juristische Kenntnisse sowie auf das Herrschaftswissen zurück, das die Vertreter der Macht der Gruppe vorenthielten. Aber auch er rief die Abgeordneten des Stadtparlaments zu gemeinsamer Arbeit auf.[55] Mattheß stellte die Themen vor, zu denen gemeinsame Arbeitsgruppen tätig werden sollten.[56] Ziemer betonte ebenfalls den undemokratischen Charakter der Stadtverordnetenversammlung und wies auf die Notwendigkeit eines mit weitgehenden Vollmachten ausgestatteten Ausschusses zur Untersuchung der Übergriffe und Gewaltanwendungen durch die Sicherheitsorgane gegenüber Demonstranten und Unbeteiligten in der Zeit vom 3. bis zum 8. Oktober hin. Er kritisierte das offizielle Dialogkonzept der SED, das der Gruppe der 20 kaum Chancen einräume: „Auf der einen Seite steht doch auch in dem Dialog der Apparat des Staates und der Partei zur Verfügung mit allen Möglichkeiten der Initiative und der Organisation und auf der anderen Seite eine Gruppe von Vertretern von Bürgerinteressen, die sich noch gar nicht organisieren konnten und gar keine Arbeitsmöglichkeiten haben." Er forderte die Anerkennung der Gruppe der 20 als Testfall dafür, ob der Staat den Dialog ernst meine.[57]

---

52 Abgeordnete Dorothee Göbel auf der 3. Tagung der StVV am 26.10.1989 (Stadtarchiv Dresden, StVV, Protokolle, 153, unpag.).
53 Ebd.
54 Vgl. Dok. 66; Privatbestand Frank Neubert, Bl. 100–102.
55 Vgl. Dok. 68; Privatbestand Herbert Wagner, Bl. 54f.
56 Vgl. Dok. 67.
57 Dok. 69.

Die Abgeordneten begleiteten die Reden durch gelegentliche Unmutsbekundungen, vor allem, wenn ihnen ihre fehlende demokratische Legitimation vorgehalten wurde. Die Darstellung der Ereignisse von Anfang Oktober wurden als westliche Übertreibungen zurückgewiesen, was wiederum von der Tribüne mit Pfiffen und Buhrufen quittiert wurde. Als der Sender Dresden bei den Reden der Mitglieder der Gruppe der 20 die Direktübertragung von der Stadtverordnetenversammlung unterbrach, gingen dort etwa sechzig Protestanrufe ein. Das MfS notierte Äußerungen wie: „Wir stürmen den Sender", „Da habt ihr gekonnt ausgeblendet" und „Auch der Sender Dresden muß frei vom Einfluß der SED sein".[58]

Die Versammlung beschloß schließlich die „Bildung zeitweiliger Arbeitsgruppen der Stadtverordnetenversammlung für die Ausarbeitung von Vorschlägen zur Weiterentwicklung und Erneuerung des Sozialismus".[59] Grundlage des Beschlusses waren Berghofers Ausführungen zu den ZAG. Das entsprach der üblichen Vorgehensweise, Schlüsselreferate per Akklamation zum Beschluß zu erheben.[60] Die Zahl der ZAG hatte sich demnach von den verabredeten neun auf vierzehn erhöht, und die Namen der Arbeitsgruppen sowie die inhaltlichen Schwerpunkte waren ohne Rücksprache verändert worden. Das war ein Bruch der im 2. Rathausgespräch getroffenen Vereinbarungen. Folgende ZAG waren nun vorgesehen:

1. Gesellschaftsstrategie des Sozialismus und Wirtschaftsentwicklung,
2. Komplexe ökonomische und soziale Entwicklung der Stadt Dresden, bis zum Jahre 2006,
3. Bauen und Wohnen,
4. Warenangebot, Handel und Dienstleistungen,
5. Gesundheit und soziale Fürsorge,
6. Bürgerverantwortung, Bürgermitbestimmung und Bürgervertretung,
7. Entwicklung des sozialistischen Rechts,
8. Selbstverwirklichung der Jugend,
9. Bildung und Erziehung,
10. Kunst und Kultur,
11. Erholung und Tourismus,
12. Kommunikation und Information,
13. Natur und Umwelt,
14. Eigenverantwortung, Rechte und Pflichten der Stadtverordnetenversammlung und der Stadtbezirksversammlung.

Im Beschluß hieß es, daß eine „Erneuerung und Weiterentwicklung des Sozialismus dringend erforderlich" sei. „Ausgehend vom Verfassungsgrundsatz, daß

58 BVfS Dresden an Modrow, Information über bedeutsame Ereignisse und über Inhalt bekanntgewordene Pläne und Absichten vom 26.-27.10.1989 (BStU, ASt. Dresden, BV Archiv Nr.: XX, 9181, Bl. 48, 52f.).

59 Dok. 65.

60 Vgl. Bericht der Redaktionskommission der StVV vom 26.10.1989 (Stadtarchiv Dresden, StVV, Protokolle, 153, unpag.); Herbst/Ranke/Winkler, So funktionierte die DDR, S. 767.

die Bürger der DDR ihre politische Macht durch demokratisch gewählte Volksvertretungen ausüben (Artikel 5) und dem Gesetz über die örtlichen Volksvertretungen (§ 13 und § 39) sowie resultierend aus tausenden Gesprächen am Arbeitsplatz, im Rathaus und auf der Straße, aus den Vorschlägen und Hinweisen in tausenden Zuschriften von Bürgern, aus den Forderungen der Dialoggruppe des Oberbürgermeisters sowie aus den Gesprächen mit kirchlichen Würdenträgern und aus Erklärungen von Persönlichkeiten der Stadt Dresden auf den Gebieten Politik, Wirtschaft, Wissenschaft, Bildung, Kunst und Kultur" sei der Beschluß zur Bildung der ZAG gefaßt worden. Diese wurden den ständigen Kommissionen der Stadtverordnetenversammlung zugeordnet und waren somit gegenüber den Stadtverordneten rechenschaftspflichtig. Alle ZAG sollten von einem Abgeordneten oder Nachfolgekandidaten geleitet werden und sich aus „Vertretern aller in der Nationalen Front vereinten Parteien und Massenorganisationen, Fachleuten der jeweiligen Sachgebiete und an einer Mitarbeit interessierten Bürgern" zusammensetzen. Bereits am 27. Oktober sollten sie damit beginnen, „Entscheidungsvorschläge für die Vorbereitung des XII. Parteitages der SED, die Stadtverordnetenverammlung und übergeordneten Organe" zu erarbeiten. Für die Tagung der Stadtverordneten am 23. November wurde eine erste Rechenschaftslegung vorgesehen. Die Vorgehensweise bei der Bildung der ZAG war mit Modrow abgestimmt, der dem Dresdner Bezirkstag am gleichen Tag analoge Vorschläge unterbreitete.[61] Offensichtlich versuchte der Rat der Stadt nach der „Strategie der zentralistischen Vereinnahmung" die „überfordert scheinenden Vertreter der Gruppe der 20 durch seine fachliche Kompetenz für sich einzunehmen, um dadurch die Richtung der Entwicklung bestimmen zu können".[62] Berghofers Ziel war es, die Initiative in die Hand zu bekommen und die bereits von der Gruppe angeregten Strukturen sowohl inhaltlich als auch personell unter seine Kontrolle zu stellen. Mit der Regelung, daß die ZAG gegenüber der Stadtverordnetenversammlung rechenschaftspflichtig waren, wollte er die Gruppe der 20 in die Verantwortung für das politische Handeln der staatlichen Organe einbinden.

Die Gruppe der 20 fühlte sich von der Vorgehensweise den Stadtverordneten übergangen und getäuscht. Die im 2. Rathausgespräch vereinbarte Parität in den ZAG war nicht gewährleistet. Das „entscheidende Prinzip der Gleichberechtigung", so Mattheß, sei durch die Modalitäten der Stadtverordnetenversammlung verletzt worden. Obwohl die Gruppe der 20 dem Oberbürgermeister rechtzeitig einen Themenkatalog über ihre Ansichten und die Forderungen der Demonstranten vorgelegt habe, seien ihre Vorschläge kaum berücksichtigt worden. Auf die Erstellung der Beschlußvorlage über die Bildung der ZAG habe sie überhaupt keinen Einfluß nehmen können. In der Versammlung sei „über den Kopf des Dialogpartners, also über unseren Kopf hinweg, entschieden" worden. Die Gruppenmitglieder fühlten sich „an den

61 SächsHStA, RdB Dresden, 46149, Bl. 207.
62 Flach, Der Demokratisierungsprozeß, S. 69–71.

Rand gedrückt" und „überrollt".[63] Widerstand mußten auch die politischen Zielvorgaben hervorrufen. So stellte sich die ZAG „Gesellschaftsstrategien des Sozialismus und Wirtschaftsentwicklung" den Arbeitsauftrag, in Vorbereitung des XII. Parteitages der SED und im Sinne der „Ausgestaltung der sozialistischen Gesellschaft" Vorschläge zur „weiteren Entwicklung unseres sozialistischen Gesellschaftssystems" zu unterbreiten. Ähnlich doktrinär war das vorbereitende Papier der ZAG „Bildung und Erziehung", in dem gefordert wurde, die schulische Erziehung „auf die Zukunft des sozialistischen Vaterlandes" auszurichten.[64] Mehrere Abgeordnete forderten in gewohnter Manier dazu auf, „Arbeiter für die aktive Mitarbeit" in den ZAG zu gewinnen.[65]

Zwar konnte die Gruppe der 20 den Beschluß zur Bildung der Zeitweiligen Arbeitsgruppen nicht beeinflussen,[66] ihre auf die Tribüne verbannten Mitglieder artikulierten jedoch bereits während der Versammlung deutlich ihren Unmut. Neben der ideologischen Ausrichtung der ZAG lösten vor allem die Ausführungen von Staatsanwalt Braun Proteste und Betroffenheit aus. Die Rede, so Heitmann, „hat uns kalte Schauer über den Rücken geschickt. Kein Wort des Bedauerns, kein Anflug eines Selbstvorwurfs". Ungeheuerlich sei die Behauptung, „die Zuführung von 1303 Personen sei gemäß § 15 des VP-Gesetzes zulässig gewesen, denn es sind völlig Unbeteiligte zugeführt, geschlagen und unwürdig behandelt worden. Das kann nicht zulässig sein. Am schlimmsten der selbstgerechte, belehrende und drohende Ton dieser Rede, der an schlimme Zeiten gemahnte. Ich kann das nur als eine Diffamierung der Betroffenen bewerten, ein Vertrauen in die Untersuchung der Einzelfälle durch die Staatsanwaltschaft ist damit nicht begründet worden. Es handelt sich nicht um einzelne Übergriffe sondern um einen erschütternden Gesamtvorgang, der als solcher der Aufarbeitung und der öffentlichen Beleuchtung bedarf." Als enttäuschend bezeichnete Heitmann wenig später auch die Behandlung des Antrages von Superintendent Ziemer und der Gruppe der 20 auf Bildung einer unabhängigen Untersuchungskommission. Eine Diskussion über den Vorschlag habe nicht stattgefunden, und dieser sei kurzerhand an die Volkskammer weitergeleitet worden.[67] Angesichts der Haltung Brauns unterstrich die Gruppe der 20 auf Initiative Heitmanns in einem offenen Brief an den Staatsanwalt der Stadt Dresden nochmals ihre Forderung nach rückhaltloser Aufklärung der Ereignisse.[68]

---

63 Dok. 73. Vgl. Dok. 67.

64 Arbeitsgruppe Bildung und Erziehung, 23.10.1989 (Stadtarchiv Dresden, StVV, Protokolle, 153, unpag.).

65 Bericht der Redaktionskommission der StVV vom 26.10.1989 (Stadtarchiv Dresden, StVV, Protokolle, 153, unpag.). Vgl. Aufgaben, die sich aus dem Bericht der Redaktionskommission ergeben, o. D. (Ebd.).

66 Vgl. Heitmann, Zur Entstehung des „Gohrischer Entwurfs", S. 20.

67 Dok. 73.

68 Vgl. Privatbestand Frank Neubert, Bl. 24f.; Die Union vom 3.11.1989; Telegramm des Staatsanwalts des Bezirkes Dresden an Generalstaatsanwalt der DDR, Wendland vom 9.11.1989. (Archiv des Polizeipräsidiums Dresden, I/3186).

Wieder war es Ziemer, der in der Frage der Art der Einbindung der Gruppe der 20 in die Tätigkeit der Stadtverordnetenversammlung entscheidenden Einfluß ausübte. Bereits am 25. Oktober hatte die BVfS Dresden notiert, daß sich die Gruppe der 20 „auf Weisung des Superintendenten Ziemer" nicht in die Ständigen Kommissionen der Stadtverordnetenversammlung einbinden lassen werde. Ziemer habe die Mitglieder „vor die Wahl gestellt, entweder in den Kommissionen oder aber mit ihm mitzuarbeiten".[69]

Im Anschluß an die Stadtverordnetenversammlung vom 26. Oktober fand auf der Cockerwiese[70] eine „Kundgebung mit Aussprache" statt. Sie war Teil des für diesen Tag offiziell organisierten Massendialogs unter dem Motto „Miteinander sprechen - Der einzige Weg zur Vernunft". An diesem Tag fanden in Dresden über 100 Podiumsdiskussionen mit Vertretern des Staates statt.[71] Auf einer Sitzung der Bezirkseinsatzleitung hatte Modrow am Vortag das Konzept Böhms zur Absicherung der Veranstaltungen bestätigt, wonach 450 Absolventen und Mitarbeiter der Bezirksparteischule als „gesellschaftliche Kräfte" sowie „gedeckte Kräfte" der VP und des MfS zum Einsatz kamen. Insgesamt 62 Journalisten, darunter das ZDF, berichteten direkt aus Dresden.[72]

Berghofer berichtete auf der Kundgebung vor über 100 000 Teilnehmern über die Stadtverordnetenversammlung und benutzte dabei erstmals den Begriff „Gruppe der 20".[73] Zusammen mit Modrow stellte er sich den Fragen der Versammelten. Die Demonstranten quittierten viele Antworten mit lautstarken Pfiffen, aber auch Sprecher der Gruppe der 20 wurden zum Beispiel dann ausgepfiffen, wenn sie zur Besonnenheit, zum Gewaltverzicht und zum Schutz von Bauwerken vor Kerzenwachs aufriefen. Es war erkennbar, daß ihr Versuch, mit den staatlichen Organen ins Gespräch zu kommen, vielen Menschen nicht paßte oder bereits zu lange andauerte. Mit den schnell wechselnden politischen Rahmenbedingungen wuchsen auch die Ansprüche der Bevölkerung an gesellschaftliche und politische Veränderungen. Vor diesem Hintergrund machte die Veranstaltung deutlich, daß sich auch das Konzept der Gruppe der 20 seitens der Bevölkerung auf dem Prüfstand befand und keinesfalls ein Selbstläufer war. Auch die Gruppe der 20 mußte sich der Dynamik der revolutionären Entwicklung anpassen, wollte sie ihrem Mandat, Vertreter der demonstrierenden Bevölkerung zu sein, gerecht werden. Deutlicher als die Unterstützung der Gruppe der 20 fielen am Abend des 26. Oktober, an dem auch Arnold Vaatz das Wort ergriff, die „massenweise Hinwendung" zum „Neuen Forum" und die Forderung nach dessen staatlicher Anerkennung als Partei auf.[74] Das Konzept der Dresden-spezifischen Gruppe der 20 konkur-

---

69 Tagesinformation der BVfS Dresden vom 25.10.1989 (BStU, ASt. Dresden, BV, XX, 9180, Bl. 14-22). Hier „Gruppe der 19" genannt.

70 Die Wiese vor dem Hygienemuseum wurde seit einem Rockkonzert von Joe Cocker im Juni 1988 selbst im offiziellen Sprachgebrauch so genannt.

71 Dok. 70. Die Union vom 27.10.1989 spricht von 500 Veranstaltungen.

72 Dok. 70.

73 Dok. 73.

74 Bericht des FIM „Wagner" vom 29.10.1989 (BStU, ASt. Dresden, BV, 2360/91, I, Bl. 340f.).

rierte mit dem DDR-weiten Konzept des Neuen Forums, das über die Stadtgrenzen hinaus zum Symbol des gesellschaftlichen Aufbruchs wurde. Auch Ziemer, der nach Meinung des MfS „besonders provokativ“ auftrat, erntete viel Beifall wurde aber wie Vaatz und andere Sprecher der neuen politischen Kräfte durch die „anwesenden progr. Kräfte“ durch ständige Pfiffe und Zwischenrufe gestört.[75] Nach der Kundgebung formierte sich ein Demonstrationszug, der einige aktuelle Forderungen erkennen ließ. Auf Plakaten war u.a. zu lesen: „Egon ist nicht unser Mann!“, „Neues Forum jetzt“, „Demokratisieren Dezentralisieren Reformieren“, „Zivildienst“, „Schnitzler weg“,[76] „Das Volk ist kein Bittsteller“, „Jetzt erst recht demonstrieren - gesetzliche Zulassung der Opposition - Grundlage der demokratischen Umgestaltung des Sozialismus“ und „Die Macht nicht in eine Hand, das schadet unserem Land“.[77]

3. Drittes Rathausgespräch am 30. Oktober 1989

Nachdem Gruppenvertreter in einer Besprechung mit Berghofer am Morgen des 27. Oktober bereits durchgesetzt hatten, über die Besetzung der ZAG mitzuentscheiden,[78] fand am 30. Oktober das 3. Rathausgespräch statt, zu dem erstmals Herbert Wagner zugelassen war, der seitens der Gruppe auch gleich das Gespräch leitete.[79] Von den Beratern waren Heitmann und Ziemer zugegen. Für Berghofer hatte sich die Verhandlungsgrundlage durch die politischen Entwicklungen in der DDR verändert. Am 16. Oktober waren Honecker, Mittag und Hermann abgesetzt worden. Haltung und Vorgehensweise der SED-Gremien des Bezirkes und der Stadt Dresden wurden nun durch die Dialogpolitik geprägt, wie sie Krenz seit seiner Amtsübernahme am 24. Oktober propagierte. Die sozialistische Diktatur sollte demnach künftig so beschaffen sein, daß die SED ihren „Führungsanspruch durch größtmöglichen Anspruch an sich selbst vertritt“. Dazu gehörte für Krenz „eine überzeugende Gesellschaftskooperation“ und die „Lernfähigkeit im Dialog mit allen gesellschaftlichen Kräften“.[80] Indem Berghofer am 30. Oktober betonte, daß es ihm im Dialog „um Erneuerung, Reform und Fortschritt im Sinne des Sozialismus auf der Grundlage der Verfassung“ gehe,[81] entsprach er dem Krenzschen Dialogkonzept zur Sicherung der in der Verfassung verankerten SED-Alleinherrschaft. Die Praxis aber machte die Unvereinbarkeit eines offen geführten Dialogs mit dem fortgesetzten Herrschaftsanspruch der SED deutlich.

75 Dok. 70.
76 Bericht des IM-VL „Bernhardt“ vom 27.10.1989 (BStU, ASt. Dresden, BV, 8767/90, I, Bl. 141f.).
77 Zu weiteren Losungen vgl. Dok. 70.
78 Vgl. Handschriftliche Notizen vom 27.10.1989 (Privatbestand Beate Mihály).
79 Vgl. Vortrag von Herbert Wagner „Die Gruppe der Zwanzig und die politische Wende in Dresden“ vom 4.11.1997 (Mitschrift. M. Richter, HAIT DS, Gruppe der 20).
80 Sächsische Zeitung vom 9.11.1989.
81 Dok. 73.

Modrow hatte hinsichtlich der Dialogpolitik schon am 19. Oktober konstatieren müssen, daß es „das Harte an dem blöden Ding" sei, „daß es nicht damit abgetan ist, erst sagst Du Deine Meinung, dann sage ich meine Meinung, und dann stehen zwei Meinungen im Raum, und dann sind wir alle zusammen zufrieden."[82] Ihm war klar, daß der Dialog die Gefahr einer tatsächlichen Demokratisierung der Gesellschaft und damit einer Beseitigung des SED-Regimes barg, hatte die SED-Bezirksleitung doch bereits Ende Oktober konstatieren müssen, daß „der Dialog kontrovers und mit zunehmender Schärfe geführt" wurde, der Einfluß der SED in den Massenmedien zu schwinden begann und oppositionelle Positionen in der Darstellung überwogen.[83] Da die Dialogveranstaltungen sich immer mehr zu Foren der Anklage gegen die SED entwickelten, erklärte auch Krenz, Massendialog dürfe nicht heißen, „einzelne Funktionäre durch emotionsgeladene Massen aufreiben zu lassen". Sein neues Konzept hieß daher, „möglichst nicht zu wenigen großen, sondern in erster Linie zu vielen kleineren Gesprächen - gleichzeitig an vielen Orten" einzuladen.[84] Am 26. Oktober sollten überall im Bezirk Veranstaltungen unter dem Motto „Dialog der 1000 Foren" stattfinden. Die Dresdner SED-Bezirksleitung wies daraufhin im Sinne dieser Divergierungspolitik an, vom „breit angelegten Dialog in eine konstruktive Parteitagsdiskussion in Vorbereitung des XII. Parteitags" überzugehen und über die „Diskussion und Aktion im Betrieb den Straßendialog zu überwinden".[85] In einem nächsten Schritt sollten „unter Führung und mit Hilfe der Partei" die Ausschüsse der Nationalen Front „operativ befähigt" werden, Form und Inhalt des Dialogs mehr und mehr zu beeinflussen.[86] Auch das modifizierte, dezentralisierte Dialogkonzept diente aus Sicht der SED der Abwehr von Forderungen nach Demokratie und der Sicherung des sozialistischen Regimes. Das zeigte auch der Befehl Nr. 10 der Dresdner Bezirkseinsatzleitung vom 4. November, wonach es zwar galt, den Dialog weiterzuführen, dabei aber zu sichern, „daß durch sachliche und offensive Diskussion sozialismusfeindlichen Auffassungen entschieden entgegengewirkt" werde.[87] Damit lag Modrow voll auf der Linie des Politbüros, dessen

82 Protokoll der 21. Tagung der SED-Bezirksleitung Dresden am 19.10.1989, S. 22/1 (SächsHStA, SED-BL Dresden, 13233).

83 SED-Bezirksleitung Dresden an ZK der SED, Aktuelle Information über die politische Lage und das Stimmungsbild im Bezirk vom 27.-29.10.1989 (SächsHStA, SED-BL Dresden, 14101).

84 Fernschreiben Krenz' an die 1. Sekretäre der SED-Bezirksleitungen und der GL Wismut, an Brünner - MfNV, Felber - MfS, Primpke - MdI, Margarethe Müller, Keßler - MfNV vom 30.10.1989 (SächsHStA, SED-BL Dresden, 14101).

85 SED-Bezirksleitung Dresden, Gliederung für das Referat zur Tagung der SED-Bezirksleitung zur Auswertung der 10. Tagung des ZK der SED vom 30.10.1989 (SächsHStA, SED-BL Dresden, 13337).

86 SED-Bezirksleitung, Sekretariat Böhme, Maßnahmen zur weiteren Führung der politisch-ideologischen und massenpolitischen Arbeit vom 2.11.1989, S. 3, Entwurf (SächsHStA, SED-BL Dresden, 14101).

87 Befehl Nr. 10/89 des Vorsitzenden der BEL Dresden über Maßnahmen zur Gewährleistung der Sicherheit und Ordnung in den Kreisen des Bezirkes Dresden vom 4.11.89 (ABL, BA Dresden 4, Bl. 527).

Mitglied Werner Krolikowski zur selben Zeit erklärte, daß die „inneren wie äußeren Feinde“ ihren „Hauptschlag gegen die führende Rolle der SED“ richten, weil diese „der Garant unserer Arbeiter- und Bauern-Macht und für die Erneuerung des Sozialismus“ sei. Es gelte daher, „dem Klassenfeind die gebührende Antwort“ zu erteilen.[88] Diese Zielrichtung erklärt auch, warum Ende Oktober für die Einsatzleitungen weiterhin „Erhöhte Einsatzbereitschaft“ galt, in Dresden noch immer umfangreiche VP-Kräfte zum Einsatz kamen und Kompanien der VP-Bereitschaften als Reserve in der Nähe der Dialogveranstaltungen stationiert wurden.[89] Die Demonstranten konterkarierten den Versuch, die Diktatur durch einen inszenierten und von der SED gesteuerten „Dialog“ zu stabilisieren, auf ihre Weise. Auf Transparenten war zu lesen: „Ulbricht log, Honecker log, Krenz log, Dialog!“[90]

Beim 3. Rathausgespräch standen ein Rückblick auf die Stadtverordnetenversammlung, die Untersuchung der Ereignisse vom 3. bis 8. Oktober, die Anzahl, Zusammensetzung, Leitung, Zielstellung und Arbeitsweise der ZAG, der Status und die Arbeitsmöglichkeiten der Gruppe der 20, die Sperrung des Postscheckkontos, die Bestimmung von Kontaktpersonen zur Vorbereitung der nächsten Gesprächsrunde, das Thema Öffentlichkeitsarbeit und die Problematik des Reinstsiliziumwerkes in Dresden-Gittersee auf der Tagesordnung. Boltz charakterisierte die Gruppe noch einmal als „zeitweilige Vereinigung“, die sich nach Erfüllung ihrer Zielstellung wieder auflösen werde, forderte aber bis dahin eine klare Festlegung ihres Status. Die Gruppenmitglieder dürften nicht länger als Einzelpersonen behandelt und in ihrer Arbeit behindert werden. Sie benötigten ein eigenes Büro sowie einen Telefonanschluß und verlangten die Freigabe der beschlagnahmten Gelder aus der „Eine-Mark-Aktion“.[91] Weniger wegen dieser Forderungen als wegen der „Mischung aus Bedrohlichkeit der allgemeinen Lage, aus Druck der Bevölkerung und zunehmender Verbreiterung der widerständigen Legitimationsbasis“[92] wurde die Gruppe am 30. Oktober von Berghofer, wenn auch nicht als Alleinvertretung der Dresdner Bevölkerung, so doch immerhin als eine Bürgervertretung anerkannt. Die Veranstaltung auf der Cockerwiese, so begründete der Oberbürgermeister seine Meinung, habe gezeigt, „daß es sehr differenzierte Meinungen und Standpunkte“ zur Gruppe der 20 gebe, von offener Konfrontation über Billigung bis hin zu deutlicher Unterstützung. Nicht alle Ausführungen der Gruppe hätten Zustimmung gefunden. Deshalb werde er die Gruppe „richtig einordnen, gleichberechtigt im Sinne, daß es noch andere neben Ihnen gibt“. Die Sperrung des Postscheckkontos werde aufgehoben und die Gruppe könne, beginnend mit dem 6. November, jeden Montag Demonstrationen mit

88 Neues Deutschland vom 7.11.1989.
89 Absprache des 1. Stellvertreter, Oberst Anders, mit dem Chef der BDVP Dresden, Böhm, vom 25.10.1989 (ABL, BA Dresden 4, Bl. 507f.).
90 Maaz, Der Gefühlsstau, S. 148.
91 Vgl. Dok. 73.
92 Thaysen, Wege des politischen Umbruchs, S. 24f.

anschließenden Kundgebungen veranstalten.[93] Einigung wurde auch hinsichtlich der Forderung der Gruppe nach Foren zum Thema „Reinstsiliziumwerk Dresden-Gittersee" und zu den am 26. Oktober in der Stadtverordnetenversammlung durch Ziemer übergebenen „Gedächtnisprotokollen" erreicht, zu denen Vertreter der Staatsanwaltschaft und der Volkspolizei öffentlich Stellung nehmen sollten.[94]

Verbunden mit der faktischen, wenn auch noch immer inoffiziellen Anerkennung der Gruppe der 20 standen Arbeitsweise und Struktur der ZAG im Zentrum des Gesprächs. Wagner erklärte, die Gruppe der 20 werde dem Beschluß der Stadtverordneten nur zustimmen, wenn zwei zusätzliche Arbeitsgruppen gebildet würden, eine zum Thema „Entmilitarisierung der Gesellschaft", in der vor allem Fragen des Zivildienstes und des Wehrkundeunterrichts behandelt werden sollten, und eine zum Thema „Reisen und Ausreisen". Außerdem müßten die ZAG so strukturiert werden, daß eine „gleichgewichtige partnerschaftliche Arbeit" möglich sei. Jede ZAG sollte aus einer paritätisch besetzten Kerngruppe aus Bürgervertretern und Vertretern der Stadt bestehen, die allein stimmberechtigt sei und ihren Leiter selbst wählt. Zur Kerngruppe könnten dann beliebig viele Fachleute, interessierte Bürger und Persönlichkeiten der Stadt hinzugezogen werden, die die Funktion von Beratern haben und kein Stimmrecht besitzen sollten. Voraussetzung einer gemeinsamen Arbeit sei außerdem „eine gewisse Unabhängigkeit und Selbständigkeit" der ZAG hinsichtlich der Themenformulierung und der Zielstellung. So sollte zum Beispiel die ZAG „Gesellschaftsstrategie des Sozialismus und Wirtschaftsentwicklung" allgemeiner „Grundfragen der Erneuerung in Gesellschaft und Wirtschaft" genannt werden, die ZAG „Entwicklung des sozialistischen Rechts" künftig „Recht und Sicherheit" heißen. Die Arbeitsgruppen sollten ihre Arbeit erst aufnehmen, wenn sie von beiden Seiten paritätisch besetzt seien. Es sei unakzeptabel, daß sie sich bereits ohne Vertreter der Gruppe der 20 konstituiert und Vorsitzende benannt hätten. Berghofer zeigte sich kompromißbereit, schlug aber vor, mit Ausnahme der beiden neuen ZAG die Vorsitzenden aus den Reihen der Abgeordneten zu bestimmen. Ihnen sollte jeweils ein Stellvertreter aus den Sektionen der Gruppe der 20 zur Seite gestellt werden. Das war ein Erfolg, war es der Gruppe damit doch gelungen, wesentliche Elemente der Struktur und Arbeitsweise der ZAG, wie paritätische Besetzung und selbständige Festlegung der Themen, selbst zu bestimmen. Der Beschluß der Stadtverordneten vom 26. Oktober war praktisch außer Kraft gesetzt. Heitmann und Wagner wurden als offizielle Kontaktpersonen anerkannt, ihnen standen Jörke, Vieweger und die Büroleiterin

93 Vgl. Dok. 73; Fernschreiben der SED-Bezirksleitung Dresden an das ZK der SED, Aktuelle Information über die politische Lage und das Stimmungsbild im Bezirk vom 30.10.1989 (BStU, ASt. Dresden, AKG, 7001, Bl. 132); BVfS Dresden an Modrow, Information über bedeutsame Ereignisse und bekanntgewordene Pläne und Absichten vom 29.-30.10.1989 (BStU, ASt. Dresden, BV, XX, 9181, Bl. 21-23).

94 Tagesinformation der BVfS Dresden vom 31.10.1989 (BStU, ASt. Dresden, BV, XX, 9180, Bl. 46-53).

Berghofers, Roswitha Kerbus, gegenüber.[95] Der Gruppe wurde eingeräumt, beliebig viele Personen zur Mitarbeit in den ZAG zu gewinnen. Nach Erkenntnissen des Rates der Stadt gab es zu diesem Zeitpunkt etwa 130 Interessenten. Durch die ebenfalls getroffene Vereinbarung, den gefundenen Kompromiß durch die Stadtverordneten am 22./23. November absegnen zu lassen,[96] erreichte Berghofer, daß die Stadtverordnetenversammlung de facto akzeptiert war, wenn auch weiterhin ihre Neuwahl gefordert wurde.[97] Er hatte zuvor keinen Zweifel daran gelassen, daß es ohne Akzeptanz der Stadtverordnetenversammlung, die „von der Mehrheit der Dresdner gewählt" worden sei, keine Basis für Kompromisse gebe. Die Behauptung, die Abgeordneten seien keine gewählten Vertreter des Volkes, wies Berghofer als „ungerechtfertigt, auch auf meine Person bezogen, kränkend" zurück, weil ein großer Teil der Stadtbevölkerung zu ihm stehe und er von vielen als „Hoffnungsträger" angesehen werde. Mit dieser Tatsache, so der Reformkommunist, sollten beide Seiten „ganz behutsam umgehen".[98]

Mit dem 3. Rathausgespräch waren in Dresden Verhältnisse geschaffen worden, „die es erlauben, von einem für Demokratien konstitutiven Schritt, nämlich der Anerkennung der Opposition - im Unterschied zu Widerstand - zu sprechen".[99] Das Modell fand auch in einigen anderen Städten Nachahmung. Neben einer schon länger wirkenden Plauener Gruppe der 20 bildete sich in Freital eine Gruppe der 25,[100] und auch in Meißen fand am 24. Oktober im Anschluß an eine Demonstration ein Gespräch des Bürgermeisters mit etwa dreißig Personen statt, bei dem der Bürgermeister anbot, sie als Gruppe in die Arbeit der Stadtverordnetenversammlung einzubeziehen.[101] Auch außerhalb Sachsens bildeten sich vergleichbare Gruppierungen wie etwa die Gruppe der „Stralsunder 20".[102]

95 Vgl. Dok. 74; Dok. 73.

96 Vgl. Tagesinformation der BVfS Dresden vom 31.10.1989 (BStU, ASt. Dresden, BV, XX, 9180, Bl. 46-53).

97 Vgl. BVfS Dresden, Lagefilm zur Gruppe der 20, Nr. 14 (Ebd., Bl. 001-005).

98 Dok. 73.

99 Thaysen, Wege des politischen Umbruchs, S. 25. Thaysen stellt die „weitgehende Verweigerung ihrer Einbindung" in staatliche Strukturen durch die Gruppe der 20 dem Modell der „Runden Tische" und der „Regierung der Nationalen Verantwortung" gegenüber. Wie die Gruppe der 20 schickten aber auch andere neue politische Gruppierungen lediglich Abordnungen in die genannten Gremien, behielten jedoch ihre Unabhängigkeit. Es handelt sich somit eher um unterschiedliche Formen der Kooperation mit Vertretern des Staates, die sich im Grad ihrer Einbindung nicht wesentlich unterschieden.

100 Fernschreiben KAfNS Freital an BAfNS Dresden, o. D. (BStU, ASt. Dresden, BV, AKG, 7002, 2, Bl. 48f.).

101 SED-Bezirksleitung Dresden an das ZK der SED, Aktuelle Information über die politische Lage und das Stimmungsbild im Bezirk am 24.10.1989 (BStU, ASt. Dresden, BV, AKG, 7001, Bl. 159).

102 Der Grad der Verbreitung des Modells bedarf noch genauerer Untersuchungen.

4. Unabhängige Untersuchungskommission

Ein wichtiges Ergebnis des 3. Rathausgesprächs war es neben den Vereinbarungen über die ZAG, daß Berghofer der Bildung einer Unabhängigen Untersuchungskommission über die Vorgänge Anfang Oktober in Dresden zustimmte. Schon Mitte Oktober hatte die evangelische Kirche eine unabhängige Untersuchungskommission zur Klärung des Vorgehens von Volkspolizei und NVA gefordert.[103] Ihr sollten Vertreter der Rechtsausschüsse der Dresdner Stadtverordnetenversammlung, des Bezirkstages und der Volkskammer sowie Persönlichkeiten des öffentlichen Lebens angehören. Beim zweiten Rathausgespräch am 16. Oktober hatte die Gruppe der 20 gefordert, daß es sich um eine Unabhängige Untersuchungskommission zum Vorgehen der „Schutz- und Sicherheitsorgane“ in der Zeit vom 4. bis 7. Oktober handeln müßte. Zu diesem Zeitpunkt konnte die SED noch durchsetzen, daß die Leitung einer solchen Kommission in den Händen der Abteilung Inneres des Rates der Stadt liegen sollte,[104] die bislang unter anderem die Gesuche um Ausreisen in die Bundesrepublik bearbeitet hatte, in engem Kontakt mit dem MfS stand[105] und dieses bei der Observierung der Kommission unterstützte.[106] Mattheß und Ziemer hatten vor der Stadtverordnetenversammlung am 26. Oktober die Forderung nach Bildung einer Untersuchungskommission wiederholt, und die Gruppe der 20 gleichzeitig zu Spendensammlungen für die Inhaftierten aufgerufen.[107] Berghofer beantragte daraufhin beim zuständigen Verfassungs- und Rechtsausschuß der Volkskammer eine Entscheidung bezüglich einer solchen Kommissionen für die gesamte DDR,[108] was von Bezirksstaatsanwalt Wolfgang Lindner begrüßt wurde.[109] Nach Protesten Heitmanns gegen die Rede von Staatsanwalt Braun vor der Stadtverordnetenversammlung und die Art der Behandlung des Antrages von Ziemer und der Gruppe der 20 auf Bildung einer Untersuchungskommission wiederholte die Gruppe der 20 Anfang November in einem offenen Brief ihre Forderung und verlangte ein Podiumsgespräch mit Staatsanwaltschaft, Volkspolizei, NVA und MfS.[110] Die BVfS meldete Modrow daraufhin, daß sich Mitglieder der Gruppe um eine Teilnahme an den Gerichtsverhandlungen zu den „Übergriffen/Ausschrei-

103 Vgl. Erklärung der Evangelischen Kirche zur Notwendigkeit einer unabhängigen Untersuchungskommission vom 15.10.1989 (SLB, Flugblattsammlung „Flugblätter der Wendezeit“, unpag.).

104 Vgl. Dok. 44.

105 Vgl. Verzeichnis bewaffnete Organe (Stadtarchiv Dresden, RdS Dresden, Stellvertreter OB für Inneres, 1863/3).

106 Vgl. BVfS, Brosche, Arbeitsgruppe des Leiters, an Böhm vom 17.11.1989, Information zur Mitarbeit der Genossin Wasinski, Ursula (Ehefrau meines MA Major Wasinski, Dieter) in einer Arbeitsgruppe der Gruppe der 20 (BStU, ASt. Dresden, BV, Stellv. OP. 18, Bl. 1)

107 Vgl. Dok. 67; Dok. 69; Tagesinformation der BVfS Dresden vom 24.10.1989 (BStU, ASt. Dresden, BV, XX, 9180, Bl. 10).

108 Vgl. Dok. 73.

109 Vgl. Interview mit Wolfgang Lindner. In: Sächsische Zeitung vom 4.11.1989.

110 Vgl. Dok. 79.

tungen" der Schutz- und Sicherheitsorgane bemühten, „um sich in die Verhandlungen einzuschalten".[111] Zugleich nutzten die Mitglieder der Bezirks- und Stadtleitung der SED den durch den Antrag an die Volkskammer bewirkten Zeitaufschub, ihre Aussagen vor der Untersuchungskommission abzustimmen.

Am 22./23. November schlug Berghofer auf der 4. Tagung der Stadtverordnetenversammlung die Bildung einer solchen Untersuchungskommission vor. Die Kompetenz der Kommission sollte demnach nahezu unbeschränkt sein und sich sowohl auf die „lückenlose Aufklärung der durch die Sicherheits- und Schutz- sowie Justizorgane in Zusammenhang mit den Demonstrationen vom 3.-8.10.1989 eingeleiteten und durchgeführten Maßnahmen" als auch auf die „öffentliche Anhörung aller Verantwortlichen, Einsichtnahme in alle Unterlagen, Aufbereitung der vorhandenen Gedächtnisprotokolle" erstrecken. Das Gremium sollte bereits zwei Tage später, also am 24. November 1989, zu arbeiten beginnen.[112]

Heitmann wies darauf hin, daß die alte Macht die Unabhängige Untersuchungskommission in Dresden nur sehr zögernd etablierte und solche Kommissionen in Berlin, Leipzig und Karl-Marx-Stadt bereits existierten.[113] Die Kommission wurde in Form einer zusätzlichen ZAG beschlossen,[114] was wohl ihre bislang hervorgehobene Funktion relativieren sollte. Bezirksstaatsanwalt Lindner teilte mit, daß die Bezirksstaatsanwaltschaft gemeinsam mit der Militärstaatsanwaltschaft neunzehn Ermittlungsverfahren gegen Angehörige der Schutz- und Sicherheitsorgane eingeleitet habe. Er verwies darauf, daß die Bezirksstaatsanwaltschaft die Arbeit der zu bildenden Untersuchungskommission unterstützen, alle Auskünfte geben und sämtliche Unterlagen vorlegen werde.[115] Er informierte darüber, daß es zu den Dresdner Ereignissen von Anfang Oktober Pflichtaufzeichnungen und andere Unterlagen der Sicherheitsorgane und der Volkspolizei gebe und das Bezirksgericht im Besitz eines Videos von diesen Ereignissen sei.[116]

Die Bildung der „Unabhängigen Untersuchungskommission zur Untersuchung der durch die Sicherheits- und Justizorgane durchgeführten Maßnahmen im Zusammenhang mit den Demonstrationen in der Zeit vom 3. bis 10. Oktober 1989 in Dresden" erfolgte am 26. November. Von der Gruppe der

111 Tagesinformation der BVfS Dresden vom 4.11.1989 (BStU, ASt. Dresden, BV, XX, 9180, Bl. 64-68).

112 Rede Berghofers auf der StVV am 22./23.11.1989 (Stadtarchiv Dresden, StVV, Protokolle, 154, unpag.). Vgl. Sächsische Zeitung vom 23.11.1989; Die Union vom 24.11.1989.

113 Vgl. Dok. 88.

114 Vgl. Rat der Stadt Dresden, Abgeordnetenkabinett, Übersicht über die durch die Stadtverordnetenversammlung gefaßten Beschlüsse vom 29.1.1990 (Stadtarchiv Dresden, StVV, Protokolle, 159, unpag.); Sächsische Zeitung vom 25./26.11.1989; Die Union vom 28.11.1989.

115 Vgl. Bericht des Bezirksstaatsanwaltes vor der StVV am 22.11.1989 (Stadtarchiv Dresden, StVV, Protokolle, 154, unpag.).

116 Vgl. Anfragen zum Bericht des Generalstaatsanwalts, o. D. (Ebd.).

20 nahm Baumgart an ihrer Arbeit teil.[117] Am 7. Dezember konstituierte sich die Kommission endgültig und bildete die drei Arbeitsgruppen „Sichtung der Einsatzbefehle in der Bezirksbehörde der Deutschen Volkspolizei und dem VPKA", „Untersuchung zum Einsatz von Angehörigen des ehemaligen MfS und vorliegende Befehle", sowie „Aufbereitung und Auswertung der Erlebnisberichte".[118] Einen Tag zuvor hatte die Gruppe der 20 vom Staatsrat die sofortige Freilassung und vollständige Rehabilitierung aller politischen Gefangenen gefordert.[119] Nach einigen Auseinandersetzungen sowohl um inhaltliche[120] als auch um personelle Fragen bekam die Untersuchungskommission schließlich die Vollmacht, alle Unterlagen, Ermittlungsakten, Prozeßakten sowie Protokolle einzusehen und beteiligte Personen zu hören. Die Kommission gab, wie in ihrem Arbeitsauftrag festgelegt worden war, Ende Januar einen Zwischenbericht ab,[121] den die Stadtverordneten zwar zur Kenntnis nahmen, jedoch wegen der mangelnden Unterstützung durch den Rat der Stadt mißbilligten.[122] Im Juli 1990 wurde der Abschlußbericht dem Vorstand der nunmehr frei gewählten Stadtverordnetenversammlung und ihren Fraktionen übergeben. Gegen Angehörige der BDVP Dresden, des VPKA Dresden, der VP-Bereitschaften aus Dresden und Halle, des MfS, der Strafvollzugsanstalten in Bautzen und Görlitz sowie der Strafvollzugsschule Radebeul wurden Ermittlungsverfahren eingeleitet und Disziplinarstrafen ausgesprochen.[123]

5. Entwicklung und Struktur der ZAG ab November 1989

Wie zwischen Berghofer und der Gruppe der 20 vereinbart, beschlossen die Stadtverordneten am 22./23. November die Ausarbeitung eines Statuts der Zeitweiligen Arbeitsgruppen (ZAG).[124] Auf Initiative der Gruppe der 20 wurden zudem die Arbeitsgruppen „Begrenzung des Militärischen" und „Integration der ausländischen Werktätigen in das gesellschaftliche Leben der Stadt Dresden" gebildet.[125] Wagner nutzte die Gelegenheit, nochmals zu betonen,

117 Unabhängige Untersuchungskommission zur Untersuchung der durch die Sicherheits- und Justizorgane durchgeführten Maßnahmen im Zusammenhang mit den Demonstrationen in der Zeit vom 3.–10.10.1989 in Dresden, S. 3 (Stadtarchiv Dresden, StVV, Protokolle, 154, unpag.). Vgl. Rat der Stadt Dresden, Abgeordnetenkabinett, Übersicht über die durch die Stadtverordnetenversammlung gefaßten Beschlüsse vom 29.1.1990 (Ebd., 159, unpag.).

118 Sächsische Zeitung vom 27./28.1.1990.

119 Vgl. Dok. 93.

120 Vgl. Bericht der AG Recht der DDR (Stadtarchiv Dresden, StVV, Protokolle, 154, unpag.).

121 Vgl. Sächsische Zeitung vom 27./28.1.1990.

122 Vgl. Beschluß Nr. 47 vom 25.1./5.2.1990 (Stadtarchiv Dresden, StVV, Protokolle, 159, unpag.).

123 Vgl. Bahr, Sieben Tage, S. 177.

124 Vgl. Beschluß der Dresdner StVV vom 22./23.11.1989, Entwurf (Stadtarchiv Dresden, StVV, Protokolle, 154, unpag.).

125 Rat der Stadt Dresden, Abgeordnetenkabinett, Übersicht über die durch die StVV gefaßten Beschlüsse vom 29.1.1990 (Ebd.).

daß es sich bei den von der Gruppe der 20 legitimierten stellvertretenden Leitern der ZAG zugleich um die Leiter der Sektionen der Gruppe handelte, womit er nochmals den Anspruch der Gruppe auf eigene Strukturen unterstrich. Auch andere neue politische Gruppierungen bildeten in Dresden Arbeitsgruppen. Neben der SDP faßte z. B. das Neue Forum, das auf DDR-Ebene bereits Mitte September mit der Bildung von Arbeitsgruppen begonnen hatte,[126] interessierte Bürger in vierzehn thematischen Arbeitsgruppen zusammen.[127] Wie bei der Gruppe der 20 lag die Ursache dafür in der Notwendigkeit einer programmatischen Profilierung der neuen politischen Kräfte im Prozeß der Herausbildung pluraler politischer Strukturen begründet. Die SED-Diktatur in Frage zu stellen genügte jetzt nicht mehr, vielmehr galt es nun, dem bereits modifizierten, aber weiterhin deutlich postulierten Alleinherrschaftsanspruch konkrete Politikinhalte entgegenzusetzen.

Die Gruppe der 20 bemühte sich in der Folgezeit um eine Koordinierung der Arbeit der Sektionsvertreter in den ZAG. Ihr Büro in der Alaunstraße diente als Anlaufpunkt für den Erfahrungsaustausch.[128] Während die Ansprechpartner für die Sektionen im Oktober noch ausschließlich „Urmitglieder" der Gruppe der 20 waren,[129] änderte sich dies schnell, nachdem einige Frauen und Männer der ersten Stunde ausschieden und Mitwirkende aus den Sektionen an ihre Stelle rückten.[130] Nach wie vor standen die Sektionen jedoch in ständigem Kontakt zur Gruppe der 20, die weiterhin eine übergeordnete Funktion innehatte und für organisatorische sowie allgemeinpolitische Fragen zuständig blieb. Obwohl die Sektionsleiter in regelmäßigen Abständen auf den Sitzungen der Gruppe der 20 über ihre Tätigkeit berichteten,[131] arbeiteten die Gruppen in der Praxis jedoch überwiegend vereinzelt. Die ursprünglichen Mitglieder der Gruppe der 20 wurden mehr und mehr zu „Symbolfiguren", die „selbst inhaltlich nichts transportieren", sondern „nur das Symbol ‚Gruppe der 20' aufrecht erhalten" mußten.[132] Das MfS konstatierte, daß die Mitarbeit in den ZAG durch die Mitglieder der Gruppe der 20 „unregelmäßig realisiert" werde, diese „in Kompetenzfragen überfordert" seien und einige die Meinung verträten, ihr Ziel einer Durchsetzung des Dialogs sei erreicht.[133]

In der Öffentlichkeit war nicht immer ersichtlich, in welcher Beziehung einzelne Mitwirkende in den ZAG zur Gruppe standen. Bezeichnungen wie „für

126 Vgl. Neubert, Geschichte der Opposition, S. 857.
127 Flublatt: In den folgenden thematischen Arbeitsgruppen ist die Mitarbeit erwünscht. Interessenten melden sich bitte in den Kontaktbüros der Stadtbezirke! (Privatbestand Fritz Pielenz).
128 Vgl. Kulturplast, NF will stadtbezirksautonom werden, 18.11.1989 (Privatbestand Fritz Pielenz).
129 Vgl. Privatbestand Dieter Brandes, Bl. 26; Privatbestand Herbert Wagner, Bl. 86-103.
130 Zum Wandel der Zusammensetzung und Benennung der Gruppe vgl. Mitgliederlisten (Privatbestand Dieter Brandes).
131 Vgl. Interview mit Christoff Andrich.
132 Interview mit Maria Jacobi.
133 BVfS Dresden, Lagefilm zur Gruppe der 20, Nr. 19 (BStU, ASt. Dresden, BV, XX, 9180, Bl. 1-5).

die Gruppe der 20", „von der Gruppe der 20",[134] „bei der Gruppe der 20"[135] waren üblich und bedeuteten, daß die entsprechenden Personen im Auftrag der Gruppe an der Arbeit der ZAG teilnahmen. Der Kreis der Mitwirkenden erweiterte sich erheblich und wurde dadurch schwerer überschaubar.

Während der gesamten Tätigkeit der Sektionsmitglieder in den ZAG waren Kompromisse mit den Vertretern der Stadtverordnetenversammlung notwendig, unumgänglich und schon deswegen unvermeidbar, weil die Gruppe der 20 personell zunächst außerstande war, autorisierte Vertreter in sämtliche ZAG zu delegieren. So konnten noch am 30. Oktober die ZAG „Selbstverwirklichung der Jugend", „Kunst und Kultur" sowie „Erholung und Tourismus" nicht besetzt werden, Mitte November fehlte noch immer ein Vertreter der Gruppe in der ZAG „Kunst und Kultur".[136] Kompromißbereitschaft war aber auf beiden Seiten notwendig und überwiegend vorhanden. Anfängliche Vorbehalte und Unsicherheiten wichen schnell einer sachlichen Zusammenarbeit ohne klare Abstimmungsfronten. Den Vertretern der Sektionen wurde bald klar, „daß mancher Stadtverordnete genauso unter der politisch bedingten Erfolglosigkeit seiner ehrlichen Bemühungen gelitten hatte" wie sie selbst.[137] Trotzdem gab es ständig interne Auseinandersetzungen um die Dominanz in den ZAG und bei der Suche nach Kompromissen.[138] Die größten Probleme bereitete es, die Handlungsspielräume der ZAG gegenüber den meist auf Parteilinie liegenden Leitern der Arbeitsgruppen bzw. den mehr oder weniger aufgeschlossenen Delegierten der Stadtverordnetenversammlung durchzusetzen. Peter Zacher erinnert sich: „Dann haben wir uns auch zum Teil aus dem alten Apparat, also Rat des Bezirks und Rat der Stadt, Leute dazu gebeten, bei denen schon mal festgestellt, wie sehr sie ins Wackeln gerieten. Einige, die man vielleicht als Wendehälse bezeichnen würde, sind recht schnell auf den neuen Kurs eingeschwenkt. Andere haben noch Widerstand geleistet, aber nicht so sehr aus innerer Überzeugung, sondern eher aus staatsbürgerlicher Vorsicht."[139]

Insgesamt lag die meist kontinuierliche und intensive Arbeit der ZAG dank der Fachkenntnisse einzelner Abgeordneter und der Erfahrungen einiger Sektionsvertreter, die langfristig in kirchlichen Arbeitsgruppen mitgearbeitet hatten, auf recht hohem Niveau. So wurden der Stadtverordnetenversammlung beispielsweise Maßnahmen auf dem Gebiet des Umweltschutzes,[140] der Selbst-

134 Bericht der ZAG Recht der DDR vom 23.11.1989 (Stadtarchiv Dresden, StVV, Protokolle, 154, unpag.).
135 Sektion Stadtentwicklung vom 1.12.1989 (Ebd.).
136 Vgl. Rat der Stadt Dresden, Abteilung Kultur. 1. Stellvertreter des OB, Lang, 14.11. 1989 (Stadtarchiv Dresden, StVV, Protokolle, 154, unpag.).
137 Arbeitsbericht Klaus Gabers über die Sektion Umweltschutz der Gruppe der 20 (Privatbestand Helmut Flach). Vgl. Flach, Der Demokratisierungsprozeß, S. 69.
138 Vgl. Rein, Die Opposition, S. 195.
139 1. Interview mit Peter Zacher.
140 Vgl. „Unbewältigte Umweltprobleme". In: Die Union vom 22.12.1989; Rat der Stadt an Abgeordneten Fritz Rick vom 12.12.1989 (Stadtarchiv Dresden, StVV, Protokolle, 154, unpag.); ZAG Umweltschutz, Vorschlag für eine Beschlußvorlage der StVV zur Bildung eines Umweltschutzfonds für die Stadt Dresden vom 18.11.1989 (Ebd.).

verwirklichung der Jugend,[141] der Kommunikation[142] und der Kultur[143] vorgeschlagen. Als ein Hindernis erwies sich die ursprünglich Beschränkung der ZAG auf zehn bis zwölf Mitglieder. Da wesentlich mehr Bürger mitarbeiten wollten, wurde es den ZAG bald selbst überlassen, diese in die Arbeit einzubinden. Im Lauf der Zeit zerfaserte die anfängliche feste Struktur der ZAG durch die Umgestaltung der Gruppen und die Bildung von Unterarbeitsgruppen (UAG).[144] Außerdem waren die ZAG in Form und Arbeitsweise sehr unterschiedlich, weil „keine richtige Leitung und Koordination und Zusammenfassung stattfand". „Das", so Uta Dittmann, „flatterte dann irgendwie alles auseinander."[145]

Allein die Tatsache, daß es zur gemeinsamen Arbeit von direktdemokratisch legitimierten Bürgervertretern und Pseudo-Parlamentariern des SED-Staates kam, war ein Novum in der DDR-Geschichte und stellte alle bisherigen Strukturen kommunalpolitischer Arbeit radikal in Frage. Wichtig an der Arbeit war auch, daß zum ersten Mal Mißstände offen ausgesprochen wurden. „Die Tatsache", so Andrich, „daß über solches Material überhaupt gearbeitet wurde, das war das Entscheidende, daß ‚heilige Kühe', Dogmen überhaupt in Frage gestellt wurden. Das galt ja nicht nur für unsere Gruppe, sondern auch für eine ganze Anzahl anderer Gruppen."[146] Es wurden aber nicht nur Mißstände aufgezeigt, sondern auch konkrete Lösungsvorschläge unterbreitet. In den ZAG, so Wagner, „wurde eine beachtliche Sachkompetenz erarbeitet, an der die Entscheidungsträger im Rat der Stadt nicht mehr vorbeikamen. Diese Sachkompetenz kam später in den Ausschüssen eines gänzlich neustrukturierten Stadtparlaments zum Tragen. Die Ergebnisse aus den zeitweiligen Arbeitsgruppen, die z.T. kommunalen Charakter tragen, aber auch weit darüber hinaus gehen, wie die Grundzüge zur neuen Verfassung oder dem Wahlgesetz, waren wichtige Impulse auf dem Weg zur Demokratisierung."[147] Wichtig war auch, daß die Mitglieder der ZAG den Umgang mit Politik lernten und geschult wurden, sich in komplexe Sachverhalte einzuarbeiten.[148] Es war kein Zufall, daß später viele von ihnen einen Weg in die Kommunal- und Landespolitik einschlugen, so fast alle Mitglieder der ZAG „Recht und Verfassung".[149] Wie wichtig die Zeitweiligen Arbeitsgruppen bei der Niederringung der alten Macht und der Festigung der neuen, in der Revolution entstandenen Strukturen waren,

---

141 Vgl. Rat der Stadt, Stadtrat für Jugendfragen, Körperkultur und Sport, Begründung der Beschlußfassung des Vorschlages der ZAG Selbstverwirklichung der Jugend vom 1.12.1989 (Ebd.).

142 Vgl. Vorschläge zur Beschlußfassung der StVV vom 1.12.1989 (Ebd., 155, unpag.).

143 Beschlußvorlage der ZAG Kunst und Kultur für die StVV vom 5.2.1990 (Ebd., 157, unpag.).

144 „Arbeitsgruppen werden offen sein". In: Die Union vom 28./29.10.1989. Vgl. Die Union vom 24. und 28.11.1989.

145 Interview mit Uta Dittmann.

146 Interview mit Christoff Andrich. Vgl. Wagner, Gruppe der 20, S. 14.

147 Privatbestand Herbert Wagner, Bl. 16.

148 Vgl. Wagner, Gruppe der 20, S. 14.

149 Z.B. Heitmann, Vaatz, Magerstädt, Bönninger, Kunzmann, Leuthold. Vgl. Interview mit Uta Dittmann.

brachte die Basisdemokratische Fraktion in ihrer Grundsatzerklärung am 18. Januar 1990 unmißverständlich zum Ausdruck: „Die Fraktion geht davon aus, daß Entscheidungen des Rates nicht mehr ohne Anhörung der zuständigen zeitweiligen Arbeitsgruppen getroffen werden dürfen. Auf die Kompetenz und Aussagefähigkeit dieser Arbeitsgruppen hat sich eine zukünftige Arbeit auf kommunaler Basis zu orientieren“.[150]

6. Kurzportraits der ZAG[151]

Gesellschaftsstrategie des Sozialismus und Wirtschaftsentwicklung/Ziele der Gesellschaft: Die ZAG „Gesellschaftsstrategie des Sozialismus und Wirtschaftsentwicklung“ wurde durch Beschluß der Stadtverordnetenversammlung vom 26. Oktober ins Leben gerufen. Sie erhielt den Auftrag, „Vorschläge zur weiteren Entwicklung unseres sozialistischen Gesellschaftssystems, insbesondere der Wirtschaftsstrategie aus der Sicht des Territoriums auszuarbeiten“.[152] In der ZAG, die unter der Leitung des 1. Prorektors der TU Dresden, Prof. Klaus Garich (SED) stand, sollten sich u.a. Prof. Manfred von Ardenne, Generalleutnant Manfred Gehmert, der Direktor des Kombinats Schweißtechnik, Günter Hielscher sowie der Generaldirektor des VE-Kombinates Robotron, Friedrich Wokurka, beteiligen. Zunächst wurden sowohl die Sektionen „Ziele der Gesellschaft“ als auch „Wirtschaft“ der Gruppe der 20 in die ZAG einbezogen, was später wegen des breiten Themenspektrums wieder rückgängig gemacht wurde. Die ZAG, auch „Gesellschaftsstrategie“ oder nach der Sektion der Gruppe der 20 „Ziele der Gesellschaft“ benannt, erarbeitete vor allem Grundsatzpapiere zu allgemeinen, politischen und rechtlichen Zielen. Bearbeitet wurden aber auch soziale, kulturelle sowie Bildungs- und Erziehungsziele. Die Ausarbeitungen wurden meist in Tageszeitungen veröffentlicht und an die Stadtverordnetenversammlung, die Runden Tische des Bezirkes und der DDR sowie an die Volkskammer übergeben.[153] Nachdem die Gruppe der 20 noch beim 2. Rathausgespräch die „dauerhafte Möglichkeit der Formulierung der Ziele durch alle Bürger auf der Grundlage sozialistischer Grundwerte“ und die „Herausbildung sozialistischer und humanistischer Wertvorstellungen“ als Ziele genannt hatte,[154] wurden diese später durch Forderungen nach Gewaltenteilung, Dezentralisierung der Macht sowie nach Einführung direkt-

150 Dok. 31.

151 Namen und Aufgaben der ZAG variierten teilweise. Im Text wird der Namensgebung durch die StVV am 26.10.1989 gefolgt und bei den von der Gruppe der 20 vorgeschlagenen ZAG deren Bezeichnung beibehalten. Die ZAG werden im folgenden kurz skizziert. Die Darstellung folgt weitgehend der Darstellung von Karin Urich, Der Umbruch in Dresden, S. 62–82. Eine genauere Aufarbeitung des Wirkens der Sektionen der Gruppe der 20 wie der ZAG der StVV steht noch aus.

152 Dok. 65.

153 Vgl. Dok. 117.

154 Unterlagen von Brandes zum 2. Rathausgespräch (Privatbestand Dieter Brandes); vgl. Dok. 90.

demokratischer Elemente ersetzt. Bereits im November wurde eine Entflechtung im gesellschaftlichen und politischen Bereich, strikte Gewaltenteilung, eine neue Verfassung, ein neues Wahlgesetz, die Demokratisierung des Wirtschaftslebens, Meinungs-, Vereinigungs- und Versammlungsfreiheit, Abbau der Ausländerfeindlichkeit und ein neues Mediengesetz gefordert. Streit gab es in der ZAG über die zukünftige Wirtschaftsordnung der DDR. Im Zwischenbericht der ZAG hieß es, daß es nicht gelungen sei, dem sozialistischen Staat „wirkliche Attraktivität" zu verleihen, vielmehr hätten die Menschen unter den „Entartungen" des Sozialismus zu leiden gehabt. Abgelehnt wurde von den Mitgliedern eine schnelle Vereinigung mit der Bundesrepublik und die unkritische Übernahme des dortigen Gesellschaftsmodells. Außenpolitisch galten eine „aktive Friedenspolitik", Solidarität mit den Nachbarn und der Dritten Welt sowie eine „eigenständige Haltung" der DDR zu UNO und NATO als politische Maxime.[155] Insgesamt zeigten die durch Kompromisse geprägten Positionen der ZAG die Grundtendenzen der programmatischen Entwicklung der meisten neuen politischen Gruppierungen auf DDR-Ebene, aber auch der DDR-Altparteien. Die auf die DDR bezogenen Konzepte verloren an Bedeutung, je mehr sich die Entwicklung hin zur Wiedervereinigung abzeichnete. Die Orientierung auf allgemeine politische Probleme erschwerte auch, Erkenntnisse aus der Gruppenarbeit im Rahmen der Tätigkeit der Gruppe der 20 umzusetzen. In den Vorbemerkungen eines Zwischenberichts hieß es, die ZAG wolle zwar „übergeordnete Ziele für unsere zukünftige Gesellschaft formulieren", deren „konkrete Umsetzung unter besonderer Berücksichtigung der Kommune" müsse jedoch durch die übrigen Arbeitsgruppen formuliert werden.[156] Dennoch war die Arbeit der ZAG wichtig, verdeutlichte sie doch den Anspruch der Gruppe der 20, über den kommunalen Rahmen hinaus zu allgemeinen politischen Themen Stellung zu nehmen und setzte einen programmatischen Rahmen für die kommunalpolitische Arbeit.

Wirtschaftsentwicklung: Innerhalb der ZAG „Gesellschaftsstrategie des Sozialismus und Wirtschaftsentwicklung" entwickelten sich bald zwei Strömungen. Eine setzte es sich zum Ziel, Theoreme für eine gesellschaftliche Entwicklung der DDR zu entwickeln, die andere befaßte sich mit konkreten wirtschaftlichen Problemen.[157] Die Folge war die Bildung einer eigenen ZAG „Wirtschaftsentwicklung", deren Mitglieder sich zur sozialen Marktwirtschaft bekannten.[158] Die ZAG beschränkte sich bei ihren Konzepten auf Probleme Dresdens wie die Förderung von Gewerbe und Handwerk, die Einbeziehung von Großbetrieben in die kommunale Arbeit der Stadt, die Überprüfung der Subventionsleistungen im Hinblick auf ihre Wirksamkeit und wirtschaftliche

155 Zwischenbericht (Privatbestand Herbert Wagner, Bl. 119f.).
156 Dok. 90.
157 Vgl. Interview mit Klaus-Dieter Scholz.
158 Vgl. Rede vor der Stadtverordnetenversammlung am 25.1.1990 (Privatbestand Klaus-Dieter Scholz). Vgl. „Starke Wirtschaft bringt auch Soziales". In: Die Union vom 7.2.1990.

Notwendigkeit sowie die Förderung des Mittelstands.[159] Ziele waren in diesem Zusammenhang die Zulassung privater Unternehmensberater sowie die Einrichtung einer Industrie- und Handelskammer und eines Gewerbeaufsichtsamts. Die ZAG regte die Einrichtung eines regelmäßigen Wochenmarktes an, auf dem es keine Preisbindung mehr geben sollte und schlug vor, im Flächennutzungsplan der Stadt Gewerbegebiete auszuweisen.[160]

Angestrebt wurde eine Entflechtung der unwirtschaftlichen Kombinate in Klein- und Mittelbetriebe. Die ZAG gab kleineren Betrieben aufgrund der traditionellen Wirtschaftsstruktur der Stadt mit ihrem hohen wissenschaftlichen Potential gute Chancen. Zusätzlich sollten Großbetriebe mit Markennamen das Image der Stadt prägen, weswegen die Möglichkeit der Werbung durch erfolgreiche Betriebe genutzt werden sollte, um den wirtschaftlichen Aufschwung der Stadt auf den Weg zu bringen. Eine Umstrukturierung der Industrie sahen die Vertreter der ZAG zwar als unausweichlich an, unterschätzten aber das Problem der Arbeitslosigkeit.[161]

Im Hinblick auf die hohen kommunalen Subventionen erschien es der Arbeitsgruppe unausweichlich, diese auf ihre Effektivität hin zu überprüfen. Ein genereller Subventionsabbau wurde allerdings ausgeschlossen, da dadurch im Personennahverkehr, bei der Kultur und bei den Sozialleistungen schmerzhafte Abstriche die Folge gewesen wären. Ein weiteres Arbeitsfeld war der Ausbau der Städtepartnerschaften, durch die die Stadt Dresden wirtschaftliche Hilfen erhielt und ein Informationsaustausch mit anderen Städten und Betrieben stattfand. Das Interesse ausländischer Investoren stellte die Dresdner Stadtverwaltung vor den Neuwahlen jedoch zunächst vor enorme verwaltungstechnische Probleme, auf die man im Rathaus nicht vorbereitet war.[162]

Die Mitglieder der Arbeitsgruppe gehörten den unterschiedlichsten Berufsschichten an, vom Facharbeiter bis zum Betriebsdirektor. Für einzelne Fachthemen konsultierten die Leiter der Arbeitsgruppe, Klaus-Dieter Scholz und Burkhard Riegel, weitere Vertreter und Fachleute.[163] Die ZAG arbeitete mit Wirtschaftsgruppen der in Dresden neu entstandenen Parteien und Gruppierungen zusammen. Erarbeitete Lösungsvorschläge wurden per Vorlage in die Stadtverordnetenversammlung eingebracht.[164]

Warenangebot, Handel, Dienstleistungen: Der Komplex Wirtschaft-Handel-Versorgung war schon bei der Bildung einer entsprechenden Sektion der Gruppe der 20 als zu umfangreich angesehen worden. Deswegen kam es auf Vorschlag Berghofers am 26. Oktober zur Konstituierung einer weiteren ZAG, die sich mit dem Themenfeld „Handel und Versorgung“ beschäftigte.[165] Da die

159 Kurzportrait der ZAG (Privatbestand Klaus-Dieter Scholz).
160 Rede vor der Stadtverordnetenversammlung am 25.1.1990 (Privatbestand Klaus-Dieter Scholz). Vgl. Die Wirtschaft Dresdens nach der Wende (Ebd).
161 Vgl. „Starke Wirtschaft bringt auch Soziales“. In: Die Union vom 7.2.1990.
162 Vgl. Erörterungen zu den Schwerpunktaufgaben (Privatbestand Klaus-Dieter Scholz).
163 Vgl. Interview mit Klaus-Dieter Scholz.
164 Vgl. Papier zur Arbeitsweise der ZAG Wirtschaftsentwicklung (Privatbestand Klaus-Dieter Scholz).
165 Vgl. Dok. 62; Dok. 65.

Verbesserung der Versorgung der Bevölkerung mit Waren und Dienstleistungen „größere Anstrengungen aller dafür Verantwortlichen und mehr Flexibilität zwischen den Kooperationspartnern“ erforderte, erhielt die vom DBD-Abgeordneten Röhringer geleitete ZAG unter anderem den Auftrag, Vorschläge zur Entwicklung der Produktion und Versorgung mit Frischwaren, insbesondere mit Gemüse, Obst, Brot und Backwaren und Getränken, zur Entwicklung des Handelsnetzes, insbesondere der Gastronomie bis 1995, zur Förderung der privaten Gewerbetätigkeit, zur territorialen Verteilung von Handel und Dienstleistungen sowie zur Anwendung des Leistungsprinzips und zur materiellen Stimulierung zu erarbeiten.

Komplexe ökonomische und soziale Entwicklung der Stadt Dresden bis zum Jahre 2006/Stadtentwicklung: Die unter Leitung des FDGB-Abgeordneten Prof. Helmut Trauzettel stehende ZAG „Komplexe ökonomische und soziale Entwicklung der Stadt Dresden bis zum Jahre 2006“ erhielt von den Stadtverordneten den Auftrag, „Aufgaben zur komplexen ökonomischen und sozialen Entwicklung der Stadt Dresden bis zur 800-Jahr-Feier im Jahre 2006“ zu erarbeiten. Im Mittelpunkt sollte dabei die weitere Entwicklung Dresdens als Stadt der Industrie, Wissenschaft, Kunst und Kultur, der Naherholung, des Tourismus sowie die „umfassende Entwicklung der Arbeits- und Lebensbedingungen der Bürger“ stehen. Dazu wurde folgendes zur Bearbeitung vorgegeben: Industrie- und Wissenschaftsentwicklung, Standortplanung, Entwicklung der technischen und sozialen Infrastruktur, rationelle Entwicklung der territorialen und sozialen Infrastruktur, Ökologie, Umwelt- und Naturschutz, Entwicklung rationeller, ökologischer und menschenfreundlicher Verkehrslösungen für den Transit- und Stadtverkehr sowie die Entwicklung der Arbeits- und Lebensbedingungen der Bevölkerung und des gesellschaftlichen wie kulturellen Lebens der Stadt.

Die Entwicklung Dresdens und der Zustand der Bausubstanz waren bereits in der Zeit vor der friedlichen Revolution Gegenstand der Tätigkeit des Ökumenischen Arbeitskreises der Dresdner Kirchenbezirke gewesen, der sich seit längerem um die historische Altstadt und die dicht besiedelte Äußere Neustadt gekümmert hatte. Die dortige Bausubstanz war zwar beim Bombenangriff am 13. Februar 1945 weitgehend verschont geblieben, jedoch seit Jahrzehnten kaum saniert worden.[166] Unterstützung hatte der Arbeitskreis von der „Interessengemeinschaft Äußere Neustadt“ erhalten, die unter dem Dach des Kulturbundes entstanden war. So hatte die Gruppe „Gebaute Umwelt“ innerhalb des Ökologischen Arbeitskreises in einer großen Ausstellung in der Martin-Luther-Kirche erstmals fotografisch und dokumentarisch den Verfall der Altstadt festgehalten. Dadurch sollten die Thesen der SED ad absurdum geführt werden, die in ihrem Parteiprogramm angekündigt hatte, die Wohnungsfrage bis 1990 zu lösen. Mit dieser Materialsammlung bewegten sich

166 Zur Bausubstanz Dresdens vgl. „Dresden oder: Zerstörung ohne Krieg“. In: Die Union vom 8.1.1990; Abschlußbericht der ZAG Bauen und Wohnen (Privatbestand Herbert Wagner, Bl. 125).

die Mitglieder am Rande der Legalität, da es sich bei der Veröffentlichung solcher Daten nach DDR-Recht um einen Straftatbestand handelte.[167] Aus diesem Potential speiste sich nun die ZAG Stadtentwicklung, die sich Ende Februar aus den sechs Untergruppen Verkehr, soziale Infrastruktur, allgemeine Stadtentwicklung, Bauwirtschaft und -politik, Städtische Infrastruktur sowie Umwelt/Stadtökologie zusammensetzte.[168] Nach der Vorlage eines Entwurfs im Januar 1990[169] legte die ZAG im Februar ein erstes Rahmenkonzept für die Stadt vor, das Orientierungsdaten für die Bereiche Gewerbe, Industrie, Energie und Umwelt enthielt. Darin wurde sowohl der Ist-Zustand analysiert als auch festgestellt, in welchen Bereichen der Nachholbedarf an Sanierungsmaßnahmen am größten war. Zuvor hatte die Gruppe der 20 kritisiert, daß für Dresden kein Gesamtkonzept zur Stadtentwicklung existiere, das Grundlage für die Entscheidungen des Rates und der Stadtverordneten sein könnte. Hier wurde die Gefahr punktueller Einzellösungen gesehen, die wichtige Gesichtspunkte ignorieren und schwer korrigierbare Fehler zur Folge haben könnten. Zur Erarbeitung eines solchen Konzeptes zur Stadtentwicklung sollte deshalb kurzfristig ein internationaler Wettbewerb ausgeschrieben werden. Befürchtet wurde allerdings, daß die Stadt internationaler Geschäftstätigkeit ausgesetzt werden könnte, ohne daß ihre Vertreter über adäquate Ausbildungen und Erfahrungen verfügten. Die Stadt sollte deshalb international renommierte Beratungsunternehmen beauftragen.[170] Außerdem sah man die Gefahr, daß die soziale Struktur durch eine rein marktwirtschaftlich orientierte Vergabe von Objekten verloren gehen könnte.[171] Im Bezug auf die Sanierung der Altstadt sorgte die ZAG deswegen dafür, daß sich die erste neu gewählte Stadtverordnetenversammlung im Frühsommer 1990 darauf festlegte, statt kommerzieller Interessen ästhetische, historische, funktionale und soziale Gesichtspunkte in den Mittelpunkt der Stadtentwicklung zu stellen. Schon im Dezember 1989 wurde geplant, Ende 1990 einen „Generalplan" zur Stadtentwicklung vorzulegen.[172] Das Vorhaben wurde angesichts des raschen Kurs in Richtung deutsche Einheit obsolet, da sich dadurch völlig neue Möglichkeiten und Mittel der Städteplanung ergaben.

Bauen und Wohnen: Die ZAG „Bauen und Wohnen" wurde am 26. Oktober mit dem Auftrag gebildet, Bedingungen, Möglichkeiten und rechtliche Grundlagen des Bauens, der Wohnungswirtschaft und Wohnungspolitik der DDR einer eingehenden Prüfung zu unterziehen und neu zu bestimmen. Ziel war es, eine den „Bauaufgaben zur Reproduktion der Wohnbausubstanz adä-

167 Vgl. Interview mit Christoff Andrich.
168 Dok. 117.
169 ZAG Komplexe ökonomische und soziale Entwicklung der Stadt Dresden bis zum Jahre 2006, Konzepte zur Stadtentwicklung Dresdens, Entwurf vom Januar 1990 (Privatbestand Beate Mihály).
170 Vgl. Dok. 116.
171 Vgl. Dok. 117.
172 Vgl. Aufzeichnungen einer Sitzung der Gruppe der 20 vom 6.12.1989, bei der die ZAG ihre langfristigen Pläne vorstellte (Privatbestand Erich Sobeslavsky).

quate Bauindustrie" zu entwickeln, die „Wohnungswirtschaft durch Vorschläge zur Lösung langfristiger Instandhaltungsaufgaben an Wohngebäuden und im Wohnumfeld zu fixieren" sowie die „Auslastung des Wohnraums entsprechend volkswirtschaftlichen Gesichtspunkten" zu organisieren. Leiter der Arbeitsgruppe wurde der NDPD-Abgeordnete Scholz. Die ZAG suchte in ihrer Arbeit vor allem nach Wegen, schnell und effektiv die vom Abriß bedrohten Häuser Dresdens zu sanieren. Deshalb entwickelte sie das Konzept der Wohnungsbaugenossenschaften, denen diejenigen Bürger beitreten konnten, die die von ihnen bewohnten Häuser selbst sanieren und kaufen wollten. Außerdem sollte die Bauindustrie wieder gestärkt werden, die durch die Vernichtung der Klein- und Mittelbetriebe in DDR-Zeiten stark geschrumpft war. Das „Kombinat Bau und Modernisierung" wurde durch Teilprivatisierungen aufgelöst. Ähnliches vollzog sich in den Bereichen Straßen- und Tiefbau, Innenausbau, Wassertechnik und Energiewirtschaft.[173] Ein Ziel bestand darin, die Baustoffindustrie wieder aufzubauen, damit Material für Neubauten zur Verfügung gestellt werden konnte.[174] Eine andere Aufgabe war die zügige Vergabe leerstehender Wohnungen.[175] Der Sächsische Mieterschutzbund hat seine Wurzeln in der Gruppe, da sie eine Beratung in rechtlichen und baulichen Fragen auf Dauer sicherstellen wollte.[176] Die entsprechende Sektion „Bauen und Wohnen" der Gruppe der 20 wirkte nur bis zum ersten Bericht der ZAG vor der Stadtverordnetenversammlung im Dezember. Danach erfolgte die Arbeit ausschließlich in einer Sektion mit dem Schwerpunkt „Wohnen". Diese Sektion sollte die Abteilung Wohnungspolitik des Rates der Stadt unterstützen, eine entsprechende Bürgerinitiative fördern, einen Dresdner Mieterbund gründen und sich des Problems leerstehender Wohnungen infolge der wachsenden Zahl von Übersiedlern in die Bundesrepublik annehmen.[177]

Gesundheit und soziale Fürsorge/Soziale Fürsorge und Rehabilitation: Die ZAG „Gesundheit und soziale Fürsorge" stand unter Leitung des Abgeordneten Prof. Thiele. Ihr gehörten leitende Mitarbeiter von Krankenhäusern, Pflege- und Altersheimen sowie praktizierende Mediziner an. Ende Februar 1990 beteiligten sich 28 Personen an der ZAG. Vorrangiges Ziel war die Sicherung der medizinischen Grundversorgung. Um die ambulante Pflege zu verbessern, wurde die freie Niederlassung von Ärzten, auch in Gemeinschaftspraxen, angestrebt. Dagegen sollten Ärzte in Sondereinrichtungen wie im sportmedizinischen Dienst, Kreis-, Stadtbezirks- und Schulärzte in den eigentlichen Betreuungsdienst eingegliedert werden, um die sogenannte „Verwal-

173 Vgl. Abschlußbericht der ZAG Stadtentwicklung (Privatbestand Christoff Andrich).
174 Vgl. Vorläufiger Abschlußbericht der ZAG Bauen und Wohnen vom 1.12.1989 (Privatbestand Herbert Wagner, Bl. 125–134).
175 Vgl. Vorschlag zur Einrichtung einer Arbeitsgruppe, die sich mit der Vergabe ungenutzten Wohnraums innerhalb der AG Bauen und Wohnen befaßt, 23.1.1990 (Privatbestand Herbert Wagner, Bl. 116).
176 Vgl. „Mieterverein gegründet" In: Die Union vom 5.3.1990; Interview mit Klaus-Dieter Scholz. Zur Entwicklung der beiden Arbeitsgruppen vgl. Wagner, Gruppe der 20, S. 16–18.
177 Vgl. Dok. 117.

tungsmedizin" abzubauen. Bei den Lehrern und Professoren sollten ideologische Unterweisungen durch die SED entfallen. Ein großes Problem stellte die Massenflucht von medizinischem Personal in die Bundesrepublik dar. Dringender Handlungsbedarf bestand auch bei der Bereitstellung von technischen Geräten und Medikamenten.[178] Die Apothekendichte in Dresden entsprach mit 44 öffentlichen Einrichtungen dem Vorkriegsstand. Apotheker sollten sich künftig frei niederlassen können. Technische Geräte waren in den Krankenhäusern der NVA, der Regierung, des Innenministeriums, aber, dank westlicher Hilfe, auch in denen der Kirchen konzentriert. Aber auch hinsichtlich des Verhaltens des Klinikpersonals und der Patienten wurden Empfehlungen gegeben. Fachliche und ethische Qualifikationen, nicht aber die Parteizugehörigkeit, sollten künftig über Beförderungen entscheiden.[179] Innerhalb der Basisdemokratischen Fraktion befaßten sich ab Januar 1990 mit Tilo Kramer und Peter Göbel gleich zwei Mitglieder mit Gesundheitsfragen. Göbel war vor allem mit einer Neuorganisation des Gesundheitswesens beschäftigt. Er bemühte sich um Kontakte in die Bundesrepublik, um durch Spenden die Ausrüstung in den Kliniken zu verbessern.[180] Tilo Kramer, der mit den Ergebnissen innerhalb der Stadtverordnetenversammlung nicht zufrieden war, wurde auch außerhalb der Kommunalpolitik aktiv. Er gründete die Arbeiterwohlfahrt in Dresden, die sich schwerpunktmäßig um die Altenpflege kümmert, aber auch Kindertagesstätten und eine Behindertenwerkstatt unterhielt. Ihr Kapital stammte aus Fördermitteln des Bundes, Spenden und Pflegesätzen.[181] In einem Arbeitsbericht der ZAG wurden Vorschläge zur Bildung eines Krankenhaus- bzw. Poliklinikrates, zur Öffnung des Betriebsgesundheitswesens und einer Reduzierung der Kinderkrippen gemacht.[182]

Auf Druck der demokratischen Kräfte beschloß die Stadtverordnetenversammlung am 21. Januar die Etablierung einer eigenen ZAG „Soziale Fürsorge und Rehabilitation",[183] die die Arbeit der ZAG „Gesundheit" ergänzen sollte. Hier engagierten sich vor allem Behinderte, die sich mit ihrer Lage auseinandersetzten und auf ihre Situation aufmerksam machen wollten. Die ZAG organisierte Sprechstunden für Behinderte, chronisch Kranke sowie alte pflegebedürftige Menschen und forderte eine neue Sozialgesetzgebung. Staatliche Maßnahmen sollten durch eine „Solidargemeinschaft von Behinderten und Nichtbehinderten" ergänzt werden. Das Engagement der Arbeitsgruppe führte am 5. März 1990 zur Gründung eines Behindertenverbandes, der eine dauerhafte Beratung, Versorgung und Begegnung mit Nichtbehinderten sicher-

178 Vgl. Interview mit Peter Göbel.

179 Vgl. den Abschlußbericht der ZAG, der der StVV am 29.1.1990 vorgelegt wurde (Privatbestand Thilo Kramer); Wagner, Gruppe der 20, S. 18; „Hoffnung auf Verbesserung". In: Die Union vom 25.10.1989.

180 Vgl. Interview mit Peter Göbel.

181 Vgl. Interview mit Thilo Kramer.

182 Vgl. Dok. 117.

183 Beschlußvorschlag für die StVV am 21.1.1990 (Stadtarchiv Dresden, StVV, Protokolle, 157, unpag.).

stellen und den Betroffenen eine Lobby verschaffen sollte.[184] Die ZAG wurde in ihrer Arbeit vom Wirtschafts- und Finanzausschuß der Stadtverordnetenversammlung unterstützt, der vorschlug, leerstehende Gebäude, die bisher von staatlichen Organisationen genutzt worden waren, vorrangig sozialen Einrichtungen zur Verfügung zu stellen.[185] Trotz aller Bemühungen mußte die Gruppe der 20 Ende Februar 1990 konstatieren, daß für die sozialen Bereiche, insbesondere für Fürsorge und Rehabilitation, keine ausreichenden Konzepte bestanden und unklar geblieben war, wie künftig soziale Leistungen und Marktwirtschaft verbunden werden sollten.[186]

Bürgerverantwortung, Bürgermitbestimmung, Bürgervertretung: Abgeleitet aus der Aufgabe der Bürger, „miteinander zu arbeiten, ihre Perspektiven zu planen und mit Vernunft zu regieren", sollte sich die ZAG unter Leitung des Nachfolgekandidaten Hans-Jürgen Karthaus vor allem mit der „komplexen Entwicklung der Bürgerverantwortung", der „Entwicklung einer dem kommenden Jahrzehnt entsprechenden Bürgervertretung" und der „Entwicklung weitergehender Maßnahmen für eine umfassende Bürgermitbestimmung" befassen. Bereits im Vorfeld der Bildung der ZAG kam es zu Kontroversen über die Änderung des Wahlgesetzes und die „strikte Nutzung und Ausschöpfung der vorhandenen Wahlgesetzgebung mit eventuellen Modifizierungen".[187] Der ZAG, die sich am 9. November konstituierte, gehörten zunächst zwölf, später 25 Mitglieder an. Die entsprechende Sektion der Gruppe der 20 war durch zwei Mitglieder des Neuen Forums und je ein Mitglied der SPD und des Demokratischen Aufbruchs vertreten.[188] Wagner übernahm „konsultierende Aufgaben",[189] Leiter wurde als Vertreter des Rates der Stadt, Karthaus. Letzterer schlug, völlig der alten Ideologie verhaftet, vor, sich Gedanken über Bürgervertreter in der Nationalen Front, dem FDGB, der Arbeiter- und Bauerninspektion, den Wohnbezirksausschüssen und ähnlichen überkommenen Gremien des SED-Staates zu machen. Bürgerverantwortung sollte nach seinen Vorstellungen im Rahmen einer „volkswirtschaftlichen Masseninitiative" in Organisationen wie der „Gesellschaft für Natur und Umwelt", der „Volkssolidarität" oder der „Gesellschaft für Denkmalpflege und Heimatgeschichte" praktiziert werden.[190] Nachdem seine Vorschläge abgelehnt wurden, trat Karthaus zurück, und auch die Mitarbeit der anderen staatlichen Vertreter ließ nach.[191] Nachfolger wurde der Vertreter der Gruppe der 20, Oberkirchenrat Ulrich Böhme. Mit dem Führungswechsel änderte sich die politische Ausrichtung der ZAG. „Aus der politischen Grundüberzeugung", so

184 Vgl. Wagner, Gruppe der 20, S. 21.
185 Vgl. Entscheidungsvorschläge zur Vergabe freiwerdender Objekte vom 25.1.1990 (Privatbestand Thilo Kramer); Interview mit Klaus-Dieter Scholz; Dok. 117.
186 Vgl. Dok. 116.
187 Dok. 63.
188 Vgl. Kurzbiographie der Arbeitsgruppe (Privatbestand Ulrich Böhme).
189 Dok. 63.
190 Kurzbiographie der Arbeitsgruppe (Privatbestand Ulrich Böhme).
191 Nach Darstellung Böhmes arbeitete nur die Sekretärin des Rates der Stadt, Foit, bis zur Auflösung der Gruppe der 20 mit (Privatbestand Ulrich Böhme).

Böhme, „daß die gegen das Volk gerichtete Diktatur der SED nur mittels durchgreifender Demokratisierung des gesamtgesellschaftlichen Lebens überwunden werden kann", wurde unter seiner Leitung vor allem das von der Gruppe der 20 eingebrachte Thema „Wahlrecht" behandelt, das schließlich alleiniges Arbeitsfeld der ZAG wurde.[192] Im Mittelpunkt der Arbeit stand nun die Ausarbeitung eines neuen Wahlrechts und -gesetzes für Kreise und Kommunen zwecks Wiederherstellung der kommunalen Selbstverwaltung. Dieser Punkt war von der Gruppe bereits im 2. Rathausgespräch als zentrales Anliegen genannt worden.[193] Ein Entwurf, der die Grundzüge eines neuen Wahlgesetzes beinhaltete und auf der Forderung nach freien, gleichen und geheimen Wahlen basierte, wurde am 7. Dezember dem zuständigen Ausschuß der Volkskammer zugeleitet.[194]

Des weiteren wurden auch Thesen für ein neues Wahlgesetz zur Volkskammer ausgearbeitet, die auf denselben Grundsätzen beruhten wie die Vorschläge zu den Kommunalwahlen. Betont wurde die Freiwilligkeit der Stimmabgabe, Einheitslisten sollten verboten werden und Massenorganisationen nicht mehr kandidieren dürfen. Ein fairer Wahlkampf unter Offenlegung konkurrierender Programme sollte garantiert und auf eine Sperrklausel verzichtet werden.[195] Nach Bildung der Basisdemokratischen Fraktion stellte diese noch einmal einen Antrag auf Ausarbeitung eines Kommunalwahlgesetzes,[196] nachdem die Gruppe der 20 Ende Februar am bisherigen Entwurf kritisiert hatte, daß dieser die großen Parteien begünstige und die auf kommunaler Ebene wichtige Einbeziehung von kleineren Gruppen verhindere. Befürchtet wurde auch, „daß mit einer überstürzten Verabschiedung eines Beamtengesetzes noch vor dem 6. Mai ein unvertretbar hoher Anteil bisheriger, den alten Strukturen verhafteter Staatsdiener in die neuen Exekutivorgane hinübergerettet werden soll, ohne daß eine Prüfung auf Sachkompetenz erfolgt".[197]

Entwicklung des sozialistischen Rechts/Recht der DDR: Nachdem die Gruppe der 20 gegenüber dem Oberbürgermeister beim 2. Rathausgespräch angesichts des politischen Unrechts in der DDR und der gewaltsamen Übergriffe und Massenfestnahmen Anfang Oktober „Recht und Sicherheit" als zentrales Thema eines künftigen Dialogs bezeichnet hatte, reagierte die Stadtverordnetenversammlung am 26. Oktober mit der Bildung einer ZAG „Entwicklung des sozialistischen Rechts".[198] Sie erhielt den Auftrag, Vorschläge zur Erhöhung der Rechtssicherheit der Bürger, zur öffentlichen Kontrolle der Durchsetzung bestehender Gesetze und Rechtsvorschriften

---

192 Privatbestand Helmut Flach.
193 Vgl. Aufzeichnungen zum 2. Rathausgespräch (Privatbestand Dieter Brandes).
194 Vgl. Dok. 94; Kurzbiographie der Arbeitsgruppe (Privatbestand Ulrich Böhme). Zu Entwicklung der ZAG vgl. Wagner, Gruppe der 20, S. 18; Wahlgesetzentwurf (Privatbestand Ulrich Böhme).
195 Vgl. Grundzüge eines neuen Wahlrechts vom 6.12.1989 (Privatbestand Herbert Wagner, Bl. 135-145).
196 Vgl. Beschlußvorlagen (Privatbestand Erich Sobeslavsky).
197 Dok. 116.
198 Vgl. Dok. 65.

sowie zur „Vervollkommnung des sozialistischen Rechts" zu unterbreiten. Leiter wurde der NDPD-Abgeordnete Peter Rühling. Die Gruppe der 20 vertrat vor allem deren juristischer Berater, Steffen Heitmann.[199] Die erste Zusammenkunft der ZAG fand am 2. November statt. Die Gruppe umfaßte zu diesem Zeitpunkt fünfzehn Personen. Das MfS konstatierte, daß ein „stabilisierendes und progressives Potential" in der Gruppe „in der Rückhand" sei.[200] Das Treffen verlief „nicht ohne Spannung, aber in fairer Atmosphäre".[201] Nach kontroverser Diskussion, insbesondere über den Begriff „sozialistisch" wurde als Kompromißformel die Bezeichnung „Recht der DDR" gefunden. Die ZAG gliederte sich für die Sacharbeit in die drei Untergruppen „Staats- und Verfassungsrecht", „Verwaltungsrecht" und „Strafrecht".[202] Am 23. November wurde ein erster Bericht vorgelegt, der zeigte, daß bereits zu einem sehr frühen Zeitpunkt ein breiter Konsens zu grundsätzlichen Fragen der künftigen Rechtsgestaltung gefunden und in den zentralen Meinungsbildungsprozeß eingebracht werden konnte.[203] Die Vertreter der Gruppe der 20 forderten bereits zu Beginn der Tätigkeit dieser Arbeitsgruppe, die Sacharbeit im kleinen Kreis durch Zuziehung von Experten sowie durch Öffentlichkeitsarbeit und direktdemokratische Möglichkeiten der Einflußnahme zu flankieren. So fanden mehrere öffentliche Foren und Podiumsgespräche statt. Wesentliche Teile des Berichtes sowie Beiträge einzelner Arbeitsgruppenmitglieder erschienen in der Tagespresse. Parallel zur Arbeitsgruppe tagte regelmäßig die Sektion „Recht und Sicherheit" der Gruppe der 20. Dadurch war eine Art direktdemokratischer Legitimierung der Arbeitsgruppenarbeit gegeben, nachdem anfangs die Gefahr einer Vereinnahmung der Vertreter der Gruppe der 20 durch den Apparat von Rat und Stadtverordnetenversammlung befürchtet worden war. Ende November veränderte sich das Kräfteverhältnis zugunsten der neuen Kräfte. Sechs Mitglieder - unter ihnen Arnold Vaatz vom Neuen Forum - arbeiteten mit dem Mandat der Gruppe der 20. Drei der anfangs von der SED bestimmten Mitglieder waren ausgeschieden.[204] Als Vertreter der neuen demokratischen Kräfte bestimmte der bisherige stellvertretende Leiter der ZAG, Heitmann, mehr und mehr die Arbeit der ZAG.[205]

Die ZAG sah sich ständig neuen Problemen gegenüber. So mußten die Mitglieder mit der Zeit konstatieren, daß die Intensität ihrer Arbeit nachließ und diese durch die Entwicklung überholt wurde. Es „wuchs die Einsicht, daß nahezu die gesamte Rechtsordnung der DDR neu gemacht werden muß, wenn

199 ZAG Entwicklung des sozialistischen Rechts (Stadtarchiv Dresden, StVV, Protokolle, 153, unpag.).
200 BVfS Dresden, Lagefilm zur Gruppe der 20, Nr. 16 (BStU, ASt. Dresden, BV, XX, 9180, Bl. 1-5).
201 Dok. 114.
202 Dok. 117. Vgl. Protokoll der Sitzung der ZAG vom 2.11.1989 (Privatbestand Walter Siegemund).
203 Vgl. Dok. 91; Heitmann, Geschichtliche Entwicklung, S. 42f.
204 Vgl. Bericht der ZAG Recht der DDR vom 23.11.1989 (Stadtarchiv Dresden, StVV, Protokolle, 154, unpag.).
205 Vgl. Heitmann, Zur Entstehung des „Gohrischer Entwurfs", S. 20.

ein Rechtsstaat entstehen soll" und daß „die Dynamik der Einigungsbestrebungen der beiden Teile Deutschlands möglicherweise schnell eben angestellte Überlegungen überflüssig machen" könnte.[206] Ende Februar 1990 sah die ZAG ihre Aufgabe vor allem darin, Stellungnahmen zu Gesetzentwürfen oder anderen Rechtsvorschriften abzugeben und die Funktion eines fehlenden Rechtsausschusses der Stadtverordnetenversammlung wahrzunehmen. Der Mangel an qualifizierten und zur ehrenamtlichen Mitarbeit bereiten Juristen wurde immer spürbarer.

Neben den drei bereits im November gebildeten Untergliederungen bildeten sich die Themengruppen „Arbeitsrecht" und „Datenschutz". Die Arbeit der Sektion „Recht und Sicherheit" der Gruppe der 20 ging in der Arbeit dieser Untergruppen auf.[207]

Die Untergruppe „Staats- und Verfassungsrecht" beschäftigte sich zunächst mit der Überarbeitung der DDR-Verfassung. Dabei arbeitete sie zusammen mit einer Gruppe innerhalb der Volkskammer, der sie ihre Vorschläge unterbreitete.[208] Für eine Neufassung wurde vor allem der Grundsatz der Gewaltenteilung betont. Die Aufgaben von Exekutive und Legislative sollten eindeutig voneinander getrennt und die Unabhängigkeit der Gerichte sichergestellt werden. Vorgesehen war die Einrichtung eines Verfassungsgerichts, an das die Entscheidungen von Exekutive und Legislative gebunden sein sollten. Staatsrat und Nationaler Verteidigungsrat sollten abgeschafft werden, vorgesehen war hingegen die Einrichtung eines Präsidentenamtes. Als zweiter Grundsatz einer neuen Verfassung wurde die Gleichberechtigung der politischen Kräfte genannt. Hierbei ging es in erster Linie um die verfassungsmäßige Gleichstellung der Parteien. Mandate für die Massenorganisationen sollten entfallen. Außerdem wurde eine Reform des Wahlrechts gefordert, um freie, gleiche und geheime Wahlen zu garantieren.[209] Ein dritter Grundsatz war die weitgehende Selbstverwaltung auf mittlerer und unterer Ebene. Bereits am 16. November wurde die Wiedereinführung der Länder gefordert, die mit klar abgegrenzten Kompetenzen ausgestattet werden sollten.[210] Die Ebene der Bezirke sollte entfallen, die Anzahl der Kreise verringert und die kommunale Selbstverwaltung gestärkt werden.[211] In der Konzentration auf die Länderebene drückte sich das regionale Bewußtsein aus, das die Arbeit in der Gruppe prägte.[212]

Die Mitglieder der Untergruppe „Verfassungsrecht" kamen im Laufe ihrer Arbeit immer mehr zur Erkenntnis, daß eine Neufassung der DDR-Verfassung überflüssig war, zeichnete sich doch bereits deutlich eine Entwicklung

---

206 Dok. 114.
207 Vgl. Vorläufiger Zwischenbericht vor der StVV, o. D. (Privatbestand Steffen Heitmann).
208 Vgl. Interview mit Walter Siegemund.
209 Vgl. Dok. 91.
210 Vgl. Privatbestand Walter Siegemund.
211 Vgl. Dok. 91. Zur Frage der Ortsämter vgl. Diskussionspapier zur Verwaltungsreform der Stadt Dresden vom 29.1.1990 (Privatbestand Andreas Horn).
212 So Frank Neubert vor der Enquete-Kommission des Bundestages (Privatbestand Frank Neubert).

Richtung staatliche Einheit Deutschlands ab.[213] So beschäftigte man sich bald vor allem mit dem Entwurf einer sächsischen Landesverfassung. Als der Rat des Bezirkes Anfang des Jahres einen Verfassungsentwurf vorbereitete, präsentierte Arnold Vaatz im Namen der Gruppe der 20 Ende März einen Entwurf, der in „Die Union" veröffentlicht wurde.[214] Mit dem Entwurf, der vor allem auf dem Grundgesetz und den Verfassungen von Baden-Württemberg und Nordrhein-Westfalen basierte,[215] sollte der Versuch der durch den Bezirkstag verkörperten alten Kräfte zurückgewiesen werden, die Wiedergründung des Landes Sachsen materiell und personell als erste in Angriff zu nehmen.[216] Von nun an verlagerte sich die Verfassungsdiskussion deutlich in Richtung der neuen politischen Kräfte.[217] Mitglieder der ZAG Recht arbeiteten später in einer paritätisch besetzten Arbeitsgruppe Sachsen/Baden-Württemberg mit, die sich unter dem Vorsitz von Heitmann in drei Sessionen im Kurort Gohrisch mit der Formulierung einer sächsischen Verfassung beschäftigte. In diesem Kreis entstand der am 5. August 1990 vorgestellte „Gohrischer Entwurf", mit dem der Grundstein für die heutige Verfassung Sachsens gelegt wurde[218] und der sich vom juristisch noch nicht ausgereiften Entwurf von Arnold Vaatz unterschied.[219] Ungeachtet dessen besteht aber kein Zweifel daran, daß die Wurzeln der sächsischen Verfassung bei der Gruppe der 20 liegen.[220]

Die Untergruppe „Verwaltungsrecht" setzte es sich zum Ziel, den Bürger vor willkürlichen Verwaltungsentscheidungen zu schützen. Grundlage künftiger Entscheidung sollten ausschließlich Rechtsvorschriften sein. Neu definiert wurden auch die Aufgaben und Befugnisse der Polizei, deren Arbeit transparenter gemacht und an den Verfassungsauftrag gebunden werden sollte. Gesetze, die bislang die Versammlungs- und Pressefreiheit verhindert hatten, sollten überarbeitet werden und nach dem Territorialprinzip strukturierte Verwaltungsgerichte eingerichtet werden.[221]

Die Untergruppe „Strafrecht" kam zu dem Schluß, daß das Strafrecht und die Strafprozeßordnung der DDR völlig neu gefaßt und Straftatbestände ent-

---

213 Vgl. „Zur Verfassungsdiskussion im Rahmen des deutschen Einigungsprozeßes". In: Die Union vom 23.3.1990.

214 Textentwurf vom 13.3.1990 (Privatbestand Klaus-Dieter Scholz). Text in: Die Union vom 29./30.3.1990.

215 Vgl. den Verfassungskommentar von Arnold Vaatz. In: Die Union vom 29.3.1990.

216 Vgl. Drehwald/Jestaedt, Sachsen, S. 73.

217 Vgl. Interviews mit Walter Siegemund und Steffen Heitmann.

218 Vgl. Interview mit Steffen Heitmann.; von Mangoldt, Die Verfassung des Freistaates Sachsen, S. 28; Verfassung des Freistaates Sachsen, S. 6f.; Drehwald/Jestaedt, Sachsen, S. 74.

219 Vgl. Verfassung des Freistaates Sachsen, S. 8–12; Interview mit Steffen Heitmann. Drehwald/Jestaedt, Sachsen als Verfassungsstaat, S. 71; Heitmann, Geschichtliche Entwicklung, S. 44f.

220 Vgl. Heitmann, Geschichtliche Entwicklung, S. 43f.; Ders.: Der Herbst 1989 in Dresden und die „Gruppe der 20". Vortrag auf dem Seminar „Von der Diktatur zur Demokratie – Chancen und Schwierigkeiten des Wechsels in Sachsen" am 25.6.1998 (Mitschrift E. Sobeslavsky). Vgl. Verfassung des Landes Sachsen. Textentwurf der Gruppe der 20 vom 13.3.1990 (Privatbestand Klaus-Dieter Scholz, unpag.).

221 Vgl. Dok. 91. Zur Diskussion innerhalb der ZAG vgl. Privatbestand Walter Siegemund.

ideologisiert werden mußten. Alle Aufgaben der Staatsanwälte sollten klar definiert werden, Gerichtsverhandlungen öffentlich sein, die Urteile und ihre Begründungen dem Betroffenen zugeschickt werden, um diesem die Möglichkeit zu geben, Rechtsmittel einzulegen.[222] Auch die Rechtsgrundlagen für die Untersuchungshaft sollten überprüft werden.[223] Manche der Forderungen scheinen aus heutiger Sicht banal, bedeuteten damals jedoch eine Revolutionierung der Rechtspraxis.

Selbstverwirklichung der Jugend: Mit Beschluß der Stadtverordnetenversammlung vom 26. Oktober wurde auch die ZAG „Selbstverwirklichung der Jugend" gebildet.[224] Im Beschluß hieß es, die sozialistische Gesellschaft biete der Jugend eine sozial gesicherte Zukunft. Diese bringe sich ihrerseits durch Kreativität und Leistungsbereitschaft aktiv in die sozialistische Gesellschaft ein. In diesem Sinne erhielt die ZAG den Auftrag, sich mit den „Ansprüchen der Jugend zur Entwicklung der leistungsorientierten sozialistischen Gesellschaft", mit Angeboten der Jugend zur Entwicklung der Gesellschaft, der „Erhöhung der Mitverantwortung und des Mitspracherechtes der Jugend in den Betrieben, den Bildungseinrichtungen und auf kommunaler Ebene" sowie mit den „Erwartungen der Jugend an den sozialistischen Jugendverband" auseinanderzusetzen. Leiter der Arbeitsgruppe wurde der FDJ-Abgeordnete Peter Brau. Die von der SED dominierte Gruppe erlangte infolge der revolutionären Entwicklung keine besondere Bedeutung mehr.

Bildung und Erziehung: Hinsichtlich der Bildung einer Arbeitsgruppe „Bildung und Erziehung" waren die thematischen Zielsetzungen während des 2. Rathausgesprächs noch recht allgemein gehalten gewesen. Zu diesem Zeitpunkt war es vor allem um den „Verzicht auf die Vermittlung von Feindbildern in Einrichtungen und Organisationen für Kinder und Jugendliche" und um das Schaffen größerer „Freiräume für Lernende und Lehrende zur selbständigen Meinungsbildung und Entscheidungsfindung" gegangen.[225] Die Stadtverordnetenversammlung erklärte im Beschluß über die Bildung der ZAG, daß die Bildungs- und Erziehungsarbeit „auf die Zukunft unseres sozialistischen Vaterlandes gerichtet" sein müsse. Die ZAG wurde beauftragt, sich mit der Aus- und Weiterbildung der Pädagogen, der Überprüfung der Lehrplaninhalte, besonders im gesellschaftswissenschaftlichen Bereich, der Gestaltung der Bildungs- und Erziehungsarbeit, „orientiert an den realen Entwicklungsproblemen unserer sozialistischen Gesellschaft", den Rechten und Pflichten der Eltern, einer Überprüfung der Verordnung über die Elternvertretungen und der Mitsprache der Schüler bei der Gestaltung des schulischen Lebens zu befassen. Leiter wurde der SED-Funktionär Rolf-Dieter Stark.[226] Die ZAG erarbeitete unter anderem Positionen zur Hochschulpolitik. Hier soll-

222 Vgl. Dok. 91. Zur Diskussionen um Reformvorschläge vgl. Privatbestand Walter Siegemund.
223 Vgl. „Achtung der Menschenwürde". In: Die Union vom 20.2.1990.
224 Vgl. Dok. 65.
225 Aufzeichnungen zum 2. Rathausgespräch (Privatbestand Dieter Brandes).
226 Vgl. Wagner, Gruppe der 20, S. 19.

te zum Beispiel eine Eigenverantwortlichkeit der Wissenschaftsbereiche jenseits des Einflusses der SED erreicht werden. Die Arbeit der Professoren sollte auf rein wissenschaftliche Tätigkeit begrenzt, Parteiarbeit, militärische Ausbildung und Unterricht in Marxismus-Leninismus abgeschafft werden. Das Positionspapier wurde am 31. Januar 1990 in seiner Endfassung dem Arbeitssekretariat des Zentralen Runden Tisches übersandt,[227] die Gruppe arbeitete aber auch danach noch weiter.[228]

Kunst und Kultur: Die ZAG „Kunst und Kultur" erhielt von der Stadtverordnetenversammlung den Auftrag, ein langfristiges Konzept der Entwicklung in Dresden auszuarbeiten und Vorschläge für „Perspektiven und freie Entfaltung von Kunst und Kultur" in die öffentliche Diskussion einzubringen. Geleitet wurde die ZAG vom NDPD-Abgeordneten Schubert, beteiligt waren unter anderem Vertreter von Theatern, des Instituts und des Museums für Geschichte der Stadt Dresden, des Staatsschauspiels, der Dresdner Philharmonie, des Instituts für Denkmalpflege und der Hochschule für Bildende Kunst. Der Gruppe der 20 gelang es bis Mitte November nicht, eine Stelle in der ZAG zu besetzen.[229] Eine Hauptforderung der ZAG war die freie individuelle Entfaltung und die „Widerspiegelung des gesamten Spektrums der Gesellschaft im Bereich der Kultur".[230] Die ZAG beschäftigte sich vorrangig mit der Förderung und der Finanzierung der Kulturarbeit. Dabei wurde die Rolle der Betriebe als Förderer, nicht aber als Organisatoren von Kultur betont. Das Engagement der Betriebe sollte durch kommunale Kulturarbeit ergänzt werden. Gefordert wurde die Einführung des Leistungsprinzips, wobei Kulturbetriebe verstärkt zur Eigenerwirtschaftung angehalten werden sollten. Ein zentrales Thema der ZAG war die Frage der Verteilung von Subventionen. Um Wege zu finden, den Künstlern eine Einflußnahme zu ermöglichen, wurde die Einrichtung eines Kulturinstituts gefordert, das alle Künstler zusammenführen und eine Lobby für sie darstellen sollte. Für die Förderung alternativer Kunst wurde die Einrichtung eines „Fonds für dezentrale Kulturarbeit" angeregt.[231]

Erholung und Tourismus: Am 26. Oktober beschloß die Stadtverordnetenversammlung auch die Bildung einer ZAG „Erholung und Tourismus". Unter Leitung des DBD-Abgeordneten Spannhaus sollte sie Vorschläge ausarbeiten, wie die Übernachtungskapazitäten in der Stadt Dresden für den Tourismus ausgebaut werden und die Proportionen der Nutzung zugunsten der Erwirtschaftung freier Devisen verändert werden könnten. Weitere Aufgaben waren die Erarbeitung einer Konzeption zur Entwicklung gastronomischer Leistun-

---

227 Vgl. Vorschlag für eine Arbeitskonzeption vom 6.11.1989 (Privatbestand Winfried Schirotzek). Vgl. Positionen zum Hoch- und Fachhochschulwesen sowie Entwürfe (Privatbestand Winfried Schirotzek).

228 Vgl. Dok. 116.

229 Vgl. Rat der Stadt, Abteilung Kultur, 1. Stellvertreter des OB, Lang, vom 14.11.1989 (Stadtarchiv Dresden, StVV, Protokolle, 154, unpag.).

230 Aufzeichnungen Brandes zum zweiten Rathausgespräch (Privatbestand Dieter Brandes, 13).

231 Positionspapier der ZAG Kunst und Kultur. In: Die Union vom 2. und 6.3.1990.

gen, einer Studie über die Wirkung subventionierter Preise auf die Effektivität des Tourismus, von Vorschlägen für Touristenvereinbarungen mit Partnerstädten und deren Einbeziehung in die Gestaltung von Volksfesten, von Maßnahmen zur Erhöhung der Wirksamkeit touristischer Einrichtungen und der Ausdehnung des touristischen Angebotes durch Einbeziehung des Umlandes der Stadt Dresden.

Tatsächlich befaßte sich die ZAG, die bis Ende Oktober seitens der Gruppe der 20 nicht besetzt wurde,[232] zunächst vor allem mit der Reise- und Ausreiseproblematik. Ihre wesentlichen Forderungen bezogen sich in einem Positionspapier vom 2. November auf die Wiederherstellung von Reisemöglichkeiten in die Länder des Ostblocks und die Möglichkeit von Reisen in die Bundesrepublik und ins westliche Ausland, die Veröffentlichung einer Einreisestatistik, die Möglichkeit der Einreise für ehemalige DDR-Bewohner, die Erleichterung der Einreise für Bundesbürger und der Ausbau von Städtepartnerschaften sowie die Trennung der Komplexe Ausreise und Staatsbürgerschaft in dem Sinne, daß die Ausreise nicht automatisch den Verlust der Staatsbürgerschaft nach sich zog.[233] Im Zusammenhang damit befaßte man sich auch mit dem Entwurf für ein neues Reisegesetz.[234] Diese Aufgaben erledigten sich mit der Öffnung der Grenzen am 9. November mehr oder weniger von selbst. Die Arbeitsgruppe verschob deshalb ihre Schwerpunkte in die Richtung wirtschaftlicher Fragen. Fortan gehörte es zu den Zielsetzungen, den Tourismus als eigenen Wirtschaftszweig zu entwickeln. Zu diesem Zweck wurde ein Landesamt für Tourismus eingerichtet. Ziel war es, die Infrastruktur und die Zahl von Gaststätten, Herbergen und Campingplätzen zu erhöhen. Um die Bedeutung Dresdens als Kulturstadt zu unterstreichen, war ein Kongreßzentrum im Gespräch. Außerdem regte die ZAG die Wiedereinführung der ursprünglichen Länder und Kreise an, um die Verwaltung zu erleichtern.[235]

Kommunikation und Information/Medienpolitik/Information und Medien: In den Mittelpunkt der Arbeit der ZAG „Kommunikation und Information" wurden mit Beschluß vom 26. Oktober folgende Problemkreise gestellt: Kultur des politischen Meinungsstreites im Sozialismus, Lebensverbundenheit und Konstruktivität der Medien, Zugang der Bürger zu den Medien, Auflagenhöhe der Presseerzeugnisse, Zulassung neuer Zeitschriften und ein regionales Fernsehprogramm.[236] Leiter wurde zunächst der Abgeordnete und Präsident der Stadtverordnetenversammlung, Fritz Rick, mit dem es nach Einschätzung der Gruppe der 20 „schnell Übereinstimmung" gab.[237] Die Gruppe verfügte bald über zwei gleichberechtigte Leiter. Die Gruppe der 20 vertrat der freie Journalist Peter Zacher.[238] In der ZAG Medien engagierten sich in erster Linie

232 Vgl. Dok. 74.
233 Vgl. Diskussionspapier (Privatbestand Herbert Wagner, Bl. 151f.).
234 Vgl. Stellungnahme (Ebd., Bl. 153-156).
235 Vgl. Wagner, Gruppe der 20, S. 20; Thesenpapier der UAG Erholung (Privatbestand Herbert Wagner, Bl. 157-160): Standpunkte der UAG Tourismus (Ebd., Bl. 161-165).
236 Vgl. Dok. 65.
237 Dok. 117.

Journalisten.[239] So waren am Anfang die „Stadtrundschau", die Bezirksredaktion der „Aktuellen Kamera", das Pressereferat des Oberbürgermeisters, ADN, die „Sächsischen Neuesten Nachrichten", „Zeit im Bild" und „Die Union" vertreten. Die Gruppe wurde später allein von Zacher geleitet.

In einer ersten Standortbestimmung beim 2. Rathausgespräch war es zunächst um grundsätzliche Forderungen wie die „Sicherung des Medienzugangs für jeden Bürger", die „öffentliche und offensive Auseinandersetzung mit gesellschaftlichen Problemen in den Medien" und um „Informationsfreiheit in allen öffentlichen Angelegenheiten" gegangen.[240] Geprägt vom Brechtschen Begriff der „Kommunikationspolitik" forderte die ZAG eine Dezentralisierung der Medien. Dadurch sollte jedem Bürger die Möglichkeit gegeben werden, Medien privat zu nutzen und privat für diese zu produzieren. Gefordert wurde die Einrichtung eines lokalen Radio- und Fernsehprogramms für Dresden. Private Rundfunkanstalten sollten nicht zugelassen werden, sondern nur öffentlich-rechtliche Medien, die gegenüber den Parlamenten rechenschaftspflichtig sein sollten.[241] Zu Beginn der Arbeit ging es unter anderem um die Einrichtung eines Lesecafés, in dem westliche Zeitungen und Zeitschriften ausliegen sollten und um eine Gesamtverkabelung Dresdens zum Empfang westlicher Fernsehanstalten.[242] Die Programme europäischer Sender, die über Satellit zu empfangen waren, sollten in der Tagespresse veröffentlicht werden. Außerdem sollten die DDR-Medien zukünftig auch die Berichterstattung der Westmedien referieren und bewerten.[243]

Zu den umfangreicheren Projekten der Arbeitsgruppe „Information und Medien" zählte auch die Vorbereitung eines neuen Mediengesetzes, das allerdings in den Anfängen stecken blieb. Die Gruppe wurde von den tagespolitischen Ereignissen und der Öffnung der Grenze am 9. November überrollt.[244] Insgesamt blieb ihr Einfluß gering,[245] allerdings trug sie dazu bei, Dresden zu einem Fernseh- und Hörfunkzentrum auszubauen. Auf kommunaler Ebene wurde ein Medienrat gegründet, der sich um die Koordination der Informationen des Rates der Stadt und der Stadtverordnetenversammlung und um die künftige Gestaltung der „Dresdner Stadtrundschau" als Organ der Stadtverordnetenversammlung kümmerte.[246]

---

238 Vgl. 2. Interview mit Peter Zacher.
239 Vgl. Wagner, Gruppe der 20, S. 19.
240 Aufzeichnungen zum 2. Rathausgespräch (Privatbestand Dieter Brandes).
241 Vgl. Gedanken zur Konzeption der sozialistischen Massenkommunikationspolitik von Mathias Bäumel (Privatbestand Beate Mihály).
242 Vgl. 1. Interview mit Peter Zacher.
243 Gedanken zur Konzeption der sozialistischen Massenkommunikationspolitik von Mathias Bäumel (Privatbestand Beate Mihály).
244 Vgl. 1. Interview mit Peter Zacher.
245 Vgl. Dok. 117.
246 Vgl. Wagner, Gruppe der 20, S. 19; Gedanken zur Konzeption der sozialistischen Massenkommunikationspolitik von Mathias Bäumel (Privatbestand Beate Mihály); Dok. 117.

Natur und Umwelt/Umweltschutz: Ein wichtiges Anliegen der Gruppe der 20 war, obwohl er am 8. Oktober 1989 nicht benannt worden war, der Umweltschutz. Schon beim 2. Rathausgespräch waren die Elbsanierung, das Reinstsiliziumwerk Dresden-Gittersee und das Heizkraftwerk Dresden-Mitte als Problemfälle benannt worden. Zur Sprache kam auch die Einführung eines Verursacherprinzips bei Umweltschäden. Mit der Umweltproblematik befaßte sich auch eine der Sektionen, die am 24. Oktober als interne Arbeitsgruppen in der Kreuzkirche gebildet worden waren. Die Sektionsmitglieder waren keine Experten in Sachen Umweltschutz und holten sich deswegen Rat bei einer eigens zu diesem Zwecke eingerichteten Fachberatergruppe. Am 26. Oktober beschloß die Stadtverordnetenversammlung die Bildung der ZAG „Natur und Umwelt". Sie erhielt den Auftrag, sich mit der Sicherung der lufthygienischen Situation, der Verhinderung der extensiven Erweiterung industrieller und oder anderer Anlagen mit negativen Umweltauswirkungen, der Senkung der Gewässerbelastung, einer rationellen Wasserverwendung und qualitätsgerechten Trinkwasserversorgung sowie mit der Erhaltung und Pflege von Landschaften und Tieren zu befassen. Leiter wurde der CDU-Stadtverordnete Harold Tausch-Marton. Die Vertreter der Stadt kamen aus den umweltrelevanten Bereichen und Institutionen Dresdens. In der ZAG arbeiteten auch einige Mitglieder des Ökumenischen Arbeitskreises entscheidend mit.[247] Klaus Gaber vertrat die Gruppe der 20 als stellvertretender ZAG-Leiter.[248] Tausch-Marton war sehr an einem raschen Arbeitsbeginn und einer intensiven Zusammenarbeit mit den Delegierten aus dem Kreis der Gruppe der 20 interessiert.[249] Ein zentrales Anliegen war zunächst die Offenlegung von Daten zur Umweltsituation.[250] Erst danach konnten konkrete Problembereiche angegangen werden, mit denen sich die verschiedenen Untergruppen der ZAG Umweltschutz befaßten. Dazu gehörten die Luftverschmutzung, die Trinkwasserversorgung, die Abwasserbehandlung, die Abfallwirtschaft und der Natur- und Landschaftsschutz. Das Arbeitsprogramm der ZAG, das Ende November vorgelegt wurde, umfaßte fünfzig Punkte.[251] Eine Untergruppe beschäftigte sich mit organisatorischen Fragen. Dazu gehörte die Durchsetzung der Unabhängigkeit der Kontrollinstanzen in Sachen Umweltschutz, eine effektive Koordination der Umwelt- und Naturschutzbehörden in Dresden, die Überarbeitung der Stadtordnung, der Investitionsgesetzgebung, der Verordnung über Umweltdaten und der Gesetze, die die Durchsetzung des Landeskulturgesetzes behinderten.[252] Der Dringlichkeitskatalog der Arbeitsgruppe enthielt die kurz- und

247 Vgl. Interview mit Maria Jacobi.
248 Vgl. Klaus Gaber: Die Sektion Umweltschutz der Gruppe der 20 vom 20.2.1990 (Privatbestand Klaus Gaber).
249 Vgl. Harold Tausch-Marton an Christof Ziemer vom 29.10.1989 (Privatbestand Klaus Gaber).
250 Vgl. Aufzeichnungen zum 2. Rathausgespräch (Privatbestand Dieter Brandes).
251 Vgl. „Vorläufiger Katalog". In: Die Union vom 27.11.1989
252 Vgl. Vorläufiger Forderungskatalog der Sektion Umweltschutz der Gruppe der 20 vom 17.11.1989 (Privatbestand Klaus Gaber); Arbeitsprogramm der ZAG (Privatbestand Klaus Gaber).

langfristigen Probleme beziehungsweise Maßnahmen für die Bereiche Luft, Wasser, Nahrung und natürliche Ressourcen. Dabei galt es bei den kurzfristigen Maßnahmen, die Bevölkerung über die gegenwärtige Situation aufzuklären und Verhaltensvorschläge zu unterbreiten. Die langfristigen Maßnahmen richteten sich vor allem an Staat und Industrie, um die Schadstoffe in Luft, Wasser und Nahrungsmitteln zu reduzieren und die natürlichen Ressourcen zu schützen.[253] Vor allem die Untergruppe Trinkwasser kam zu einem alarmierenden Befund: Die Qualität des Dresdner Trinkwassers war bedenklich. Hinzu kam ein akuter Wassermangel, so daß die tägliche Versorgung nicht mehr sichergestellt werden konnte. Die Erhöhung der Leistung der Wasserwerke in Dresden war aber nur durch eine umfassende Sanierung möglich, die sich die Stadt aus eigener Kraft nicht leisten konnte.[254] Ein weiterer Bereich war die Verkehrssituation, die von der Untergruppe Verkehrsökologie diskutiert wurde. Hier ging es vor allem um die konsequente Förderung des öffentlichen Nahverkehrs, gekoppelt mit einer Verlagerung des Gütertransports von der Straße auf die Schiene. Dabei wurde die Verteuerung von Kraftstoff, Parkraum, Mietwagen und Taxifahrten befürwortet.[255] Um Daten zu sammeln, aufzuarbeiten und für die konkrete Arbeit bereitzustellen, wurde in Dresden eine Umweltbehörde eingerichtet, die mit den Bürgern und Firmen der Stadt Dresden zusammenarbeiten sollte. Am 15. Dezember begann der Rat der Stadt Dresden mit der Bildung einer Informationsstelle für Umweltdaten. Verbunden damit war der Auftrag, eine Infrastruktur in Sachen Umweltschutz zu entwickeln. Erstmals wurden die Bürger der Stadt Dresden im November über die Umweltsituation unterrichtet. Von nun an veröffentlichten die örtlichen Tageszeitungen regelmäßig die aktuellen Daten. Die Gesamtanalyse der Umweltsituation in Dresden für 1989 wurde dem Rat der Stadt im ersten Quartal des Jahres 1990 vorgelegt. Außerdem wurden eine Smog-Verordnung und ein ökologisches Entwicklungskonzept durchgesetzt, das als Grundlage für die Arbeit der Stadtverordnetenversammlung dienen und einen Anstoß zur Einrichtung eines Umweltfonds geben sollte, mit dem ökologische Projekte innerhalb der Stadt finanziert werden konnten. Koordiniert wurde die Arbeit in Dresden auch über die ZAG hinaus in einem Informations- und Koordinierungsbüro für Umweltgruppen.[256] Auch für den Baustopp in Dresden-Gittersee Anfang November war die Gruppe maßgeblich mitverantwortlich.[257]

Eigenverantwortung, Rechte und Pflichten der Stadtverordnetenversammlung und der Stadtbezirksversammlung: An der mit Beschluß vom 26. Oktober ins Leben gerufenen ZAG „Eigenverantwortung, Rechte und Pflichten der

253 Vgl. Vorstellungen für die Arbeitsgruppe Umweltschutz von Adam (Ebd). Zusammenfassung der bisherigen Arbeitsergebnisse der UAG „Informationen über Umweltdaten" (Ebd.).
254 Vgl. Vortrag der UAG vor der StVV am 26.4.1990 (Ebd.).
255 Vgl. Positionspapier der UAG vom 8.12.1989 (Ebd.).
256 Vgl. Wagner, Gruppe der 20, S. 19f.; Die Union vom 3.11.1989; Interview mit Johannes Pohl.
257 Vgl. „Jubel und Blumen zum Baustopp". In: Die Union vom 7.11.1989.

Stadtverordnetenversammlung und der Stadtbezirksversammlung", kurz „Rechte und Pflichten der Abgeordneten" genannt, beteiligten sich unter Leitung von Herbert Neubecker (FDGB) vier Abgeordnete, meist Stadtbezirksbürgermeister. Im Gründungsbeschluß hieß es, die Stadtverordnetenversammlung und die Stadtbezirksversammlungen seien die höchsten Machtorgane im jeweiligen Territorium. Angeblich „gestützt auf das Vertrauen der Wähler", setzten sie sich für die Belange der Bürger ein und seien diesen gegenüber rechenschaftspflichtig. Sie seien „die Vertreter des Volkes". Ihre Tätigkeit müssen deswegen „stets auf der breitesten demokratischen Mitarbeit der Bürger beruhen". Deshalb sei es ein vorrangiges Anliegen, „die vertrauensvolle Zusammenarbeit der örtlichen Staatsorgane mit allen Abgeordneten zu gewährleisten". Die ZAG erhielt den Auftrag, sich mit einer gesetzlich gesicherten Erhöhung der Eigenverantwortung der Stadtverordnetenversammlung und der Stadtbezirksversammlungen, der „Ausschöpfung aller bisherigen Formen und Entwicklung neuer Formen der parlamentarischen Arbeit", der „Entwicklung neuer Formen breitester Diskussion von Beschlußentwürfen und Sicherung einer umfassenden Beschlußkontrolle" und mit der „Gewährleistung der breiten aktuellen und informativen Berichterstattung und Rechenschaftslegung über die Arbeit der Volksvertretung vor der Öffentlichkeit" zu befassen. Tatsächlich erarbeitete die ZAG mit Blick auf eine kommende Kommunalverfassung Vorschläge für das Verwaltungsrecht und legte ein Arbeitspapier mit Vorschlägen zur Abschaffung der Stadtbezirksversammlungen, zur Reduzierung der Anzahl der Stadtverordneten und zur Einbeziehung von Bürgerkomitees in die Arbeit vor.[258]

Entmilitarisierung der Gesellschaft: Die Bildung einer Arbeitsgruppe zu Fragen einer Entmilitarisierung der Gesellschaft war bei der Konstituierung der Sektionen der Gruppe der 20 am 24. Oktober angeregt worden,[259] hatte aber in der Stadtverordnetenversammlung am 26. Oktober keine Rolle gespielt. Beim 3. Rathausgespräch forderte Wagner eine entsprechende ZAG, woraufhin die Stadtverordneten bei ihrer Tagung am 22./23. November die Bildung unter dem Namen „Begrenzung des Militärischen" beschlossen. Trotz dieser Bezeichnung trug die ZAG später den von der Gruppe der 20 eingeführten Namen. Am 18. Dezember stellte sich die Arbeitsgruppe in der Presse vor. Sie strebte u.a. eine Entmilitarisierung von Bildung und Erziehung, die Demokratisierung und Minimierung bewaffneter Organisationen, die Abschaffung von Feindbildern und paramilitärischen Organisationen sowie die Einführung eines zivilen Wehrersatzdienstes „als Übergangslösung zur Abschaffung aller Armeen" an und stellte die Existenzberechtigung der paramilitärischen „Gesellschaft für Sport und Technik" (GST) und der „Kampfgruppen der Arbeiterklasse" in Frage.[260] Ihr Ziel war es, Muster gewaltfreier

258 Dok. 117.

259 Vgl. Dok. 61.

260 „Gruppe der 20. AG Entmilitarisierung der Gesellschaft.". In: Die Union vom 18.12.1989.

Konfliktlösung zu entwickeln, die vor allem Jugendlichen vermittelt werden sollten. Dafür wurde die Einrichtung eines Friedenshauses gefordert, in dem Gespräche und Beratung, beispielsweise für Kriegsdienstverweigerer, Platz haben sollten. Außerdem entwickelte die ZAG Vorschläge für die Kindererziehung, so einen Katalog mit „Spielen ohne Verlierer".[261]

Integration der ausländischen Werktätigen in das gesellschaftliche Leben der Stadt Dresden: Auf Verlangen von Ulrich Baumgart aus der Gruppe der 20 beschloß die Stadtverordnetenversammlung am 22./23. November die Gründung der Zeitweiligen Arbeitsgruppe „Integration der ausländischen Werktätigen in das gesellschaftliche Leben der Stadt Dresden".[262] In der Gruppe war der Wille vorhanden, die ZAG auf Dauer zu institutionalisieren. Die Arbeit der Gruppe bestand u. a. darin, die Arbeit der Ausländerinitiativen „Ring" und „Cabana" inhaltlich zu koordinieren, Umfragen durchzuführen, die Gründung eines „Clubs der Nationen" zu beantragen und zum Entwurf eines Ausländergesetzes beizutragen.[263] Die ZAG war auch nach den Märzwahlen weiter aktiv.[264]

---

261 Vgl. Wagner, Gruppe der 20, S. 20f.; Die Union vom 18.12.1989; Dok. 97.

262 Vgl. Rat der Stadt, Abgeordnetenkabinett, Übersicht über die durch die Stadtverordnetenversammlung gefaßten Beschlüsse vom 29.1.1990 (Stadtarchiv Dresden, StVV, Protokolle, 159, unpag.).

263 Beschluß Nr. 59 der StVV vom 25.1./5.2.90 (Ebd.).

264 Vgl. Dok. 117.

Wandel zum Gremium der neuen oppositionellen Gruppen

1. Koordinierungsgruppe der Dresdner Opposition

Seit ihrer Bildung hatte die Frage des Verhältnisses der Gruppe der 20 zu den anderen neuen politischen Kräften immer wieder zur Diskussion gestanden. War die Gruppe der 20 eine neben anderen Gruppierungen oder vertrat bzw. symbolisierte sie die neuen demokratischen Kräfte insgesamt? Spielte die Frage im Oktober noch keine vordringliche Rolle, so drängte sie angesichts der Profilierung und Polarisierung der neuen politischen Gruppierungen im November nach einer Antwort.[1] Im Jugendclub „Scheune" trafen sich am 4. November Vertreter der Gruppe der 20, des Demokratischen Aufbruchs, von Demokratie Jetzt, der Initiative Demokratische Erneuerung, des Neuen Forums, der SDP, der ökumenischen Friedenskreise[2] und des Ökologischen Arbeitskreises der Dresdner Kirchenbezirke.[3] Sie bildeten eine Koordinierungsgruppe zur Abstimmung ihrer politischen Arbeit sowie zur Vorbereitung gemeinsamer Demonstrationen und verfaßten eine Resolution, die als Flugblatt verteilt wurde.[4] Von nun an traf sich die „Sonnabend-Koordinierungsgruppe"[5] regelmäßig im Kulturpalast und bereitete die jeweilige Montagsdemonstration vor. Mit diesen wollte man erreichen, „daß die Konfrontationssituation zwischen Opposition und Regierung so weit verfestigt wird, daß nicht morgen oder übermorgen der Administration eine Atempause gewährt wird". Für Montagsdemonstrationen wie in Leipzig sprach, daß wegen der Zeitgleichheit weniger Sicherheitskräfte in Dresden eingesetzt werden konnten.[6]

Konsens bestand am 4. November in der Einschätzung, daß die Vertrauenskrise zwischen Regierung und Regierten fortbestehe und die Bevölkerung auf unwiderrufliche Entscheidungen dränge, die eine Restaurierung der bisherigen Machtverhältnisse unmöglich machten. Die Gruppen forderten eine Volksabstimmung über den in der DDR-Verfassung verankerten Führungsanspruch der SED, den sofortigen Rücktritt der Regierung, die Offenlegung der ökonomischen Situation des Landes, die Bekanntgabe der Ausgaben für den militärischen Bereich sowie den Sicherheitsapparat, die Offenlegung ökologischer Daten und forderten die Aufklärung in allen Fällen von Amtsanmaßung, Machtmißbrauch und Korruption. Alle Forderungen beruhten auf dem Konsens, die

---

1 Dok. 83.
2 Hierbei handelte es sich um mehrere ökumenische Friedenskreise. Vgl. Interview mit Annemarie Müller.
3 Dok. 80.
4 Vgl. Zeittafel (Privatbestand Herbert Wagner, Bl. 32); Aufzeichnungen (Ebd., Bl. 169). Zur Tätigkeit der Koordinierungsgruppe vgl. Interview mit Dieter Reinfried.
5 So Andreas Horn. Vgl. Dok. 98.
6 Interview mit Arnold Vaatz. In: Flach, Der Demokratisierungsprozeß, S. 81. Vgl. Interview mit Manfred Artur Fellisch.

gesellschaftlichen Verhältnisse im Rahmen der DDR zu ändern.[7] Das Treffen machte deutlich, daß Inhalte sowie Zielstellungen der Arbeit der Gruppen sich nicht grundsätzlich unterschieden. Nach Darstellung von Boltz gab es einen „Grundtenor auf Basis eines Sozialismus in der DDR", der darin bestand, diesen „mit unterschiedlichen Aspekten lebenswert" zu gestalten. Die inhaltliche Nähe der Gruppen machte es nach Boltz' Auffassung unwahrscheinlich, daß diese über längere Zeit nebeneinander existierten. Da es aber in jeder Gruppierung führende Einzelpersönlichkeiten gab, die einen Führungsanspruch für ihre Gruppe durchsetzen wollten, kam es zu keinen Absprachen über Zusammenschlüsse, und es wurden auch keine Vereinbarungen zur Koordinierung der Zusammenarbeit festgelegt. Angesichts der Einschätzung, daß „sehr starke Formierungen und Gruppen" wie das Neue Forum oder die SDP sich weiter formieren und die kleineren Gruppen sich mittelfristig den großen Gruppierungen anschließen werden,[8] stellte sich auch für die Gruppe der 20 die Frage nach ihrem künftigen Selbstverständnis und ihrer Funktion in der sich rasant verändernden politischen Landschaft.

2. Erste Montagsdemonstration am 6. November

Eine der Aufgaben, welche die Gruppe der 20 seit Anfang November erfüllte, bestand in der Organisierung der wöchentlichen Montagsdemonstrationen. Diese gingen auf den Vorschlag der Gruppe der 20 beim 3. Rathausgespräch zurück, „einen festen Tag in der Woche als Möglichkeit öffentlicher Willensbekundungen zu schaffen".[9] Berghofer hatte zugestimmt, aber versucht, Einfluß auf die Ereignisse zu behalten. So mußte die erste Montagsdemonstration am 6. November gemeinsam mit der Stadt veranstaltet werden, da es sonst angeblich an technischer Ausstattung und Ordnern fehlen würde. So bezahlte die Stadt die Bühne und die Lautsprecheranlage, stellte aber auch die Ordner.[10] Für die Gruppe der 20 hatte Heitmann einen offiziellen Antrag für die Demonstration und die Kundgebung am 6. November sowie für weitere Montagsdemonstrationen formuliert: „Im Einvernehmen mit dem Rat der Stadt" sollten diese jeweils um 18.00 Uhr vor der Kreuzkirche am Altmarkt beginnen. Die nächsten Stationen waren Ernst-Thälmann-Straße, Postplatz, Theaterplatz, Georgij-Dimitroff-Brücke, Köpckestraße, Dr.-Rudolf-Friedrichs-Brücke, Pirnaischer Platz und Grunaer Straße. Auf der Cockerwiese sollte eine Kundgebung die Demonstration beenden. Ziel waren „die friedliche Meinungsäußerung und der friedliche Dialog zu Veränderungen in Staat und Gesellschaft sowie

7 Vgl. Erklärung der Berliner Bischofskonferenz zur gegenwärtigen Situation in Staat und Gesellschaft vom 7.11.1989. In: St. Hedwigsblatt vom 19.11.1989.
8 Dok. 83.
9 Dok. 78.
10 Vgl. Interview mit Herbert Wagner.

die Bekanntgabe von Verlauf und Ergebnissen des begonnenen Dialogs zwischen Bürgern einerseits und Staats- und Parteiorganen andererseits".[11] Mit der Genehmigung der Demonstrationen sprang Berghofer gleichsam auf einen fahrenden Zug auf, fanden doch auch ohne Zustimmung staatlicher Stellen Demonstrationen statt bzw. gingen Anträge für öffentliche Willenskundgebungen ein. So beantragte z. B. der Intendant des Staatsschauspiels Dresden, Gerhard Wolfram, schriftlich beim VPKA Dresden die Genehmigung einer öffentlichen Demonstration am 4. November für die „Kunst- und Kulturschaffenden" der Stadt.[12] Einen Tag später kam es nach einer Bittandacht in der Kreuzkirche zum Thema „Reinstsiliziumwerk Dresden-Gittersee" zu der von Heitmann beantragten Demonstration durch die Dresdner Innenstadt.[13] Auch diese Demonstration, auf der der Baustop offiziell verkündet wurde, war bereits durch die Stadt genehmigt worden und nahm trotz schlechten Wetters den Charakter eines Volksfestes an.[14]

Die erste Montagsdemonstration mit anschließender Kundgebung fand schließlich am 6. November statt. Im Vorfeld nahmen um 17.00 Uhr etwa 2 500 Personen in der Kreuzkirche an einem Gottesdienst teil. Nach der Andacht verblieb ein Großteil der Besucher auf dem Altmarkt und versammelte sich zur Demonstration, an der trotz strömenden Regens zwischen 50 000 und 100 000 Personen teilnahmen.[15] An der Spitze des Demonstrationsblockes marschierten Mitglieder der Gruppe der 20 gemeinsam mit Modrow und Berghofer.[16] Letzterer hatte am Morgen bei Wagner und Heitmann angefragt, ob Modrow und er sich an der Demonstration beteiligen könnten und mit ihnen die Rednerliste für die Kundgebung abgestimmt.[17] Auf Plakaten und Transparenten waren Losungen wie „Wir sind das Volk", „8-9-10, SED muß gehen", „Für unsere Kinder keine Feindbilder", „Stasi in die Volkswirtschaft", „Wir sind nicht Der Doofe Rest", „Rechtssicherheit statt Staatssicherheit" und „Egon, Du bist nicht unser Mann - freie Wahlen. Wir erkennen Dich nicht an" zu

---

11 Dok. 77. Vgl. BVfS Dresden, Lagefilm zur Gruppe der 20, Nr. 15 (BStU, ASt. Dresden, BV, XX, 9180, Bl. 1-5).

12 Vgl. Dok. 78.

13 Vgl. BVfS Dresden an Modrow, Information über bedeutsame Ereignisse und bekanntgewordene Pläne und Absichten vom 4.-5.11.1989 (BStU, ASt. Dresden, BV, XX, 9186, Bl. 10-17).

14 Vgl. Flach, Die Gruppe der 20, Teil 1, S. 17.

15 Die Angaben schwanken. Laut MfS nahmen 50 000-60 000 Personen teil. Vgl BVfS Dresden an Modrow, Information über bedeutsame Ereignisse und bekanntgewordene Pläne und Absichten vom 6.-7.11.1989 (BStU, ASt. Dresden, BV, XX, 9195, Bl. 45-47). Flach, Der Demokratisierungsprozeß, S. 63f. spricht hingegen von 100 000 Personen.

16 Vgl. Bericht des IM-VL „Bernhard" über die Demonstration am 6.11.1989 (BStU, ASt. Dresden, BV, 8767/90, I, Bl. 151).

17 Vgl. Interview mit Herbert Wagner; Steffen Heitmann: Der Herbst 1989 in Dresden und die „Gruppe der 20". Vortrag auf dem Seminar „Von der Diktatur zur Demokratie - Chancen und Schwierigkeiten des Wechsels in Sachsen" am 25.6.1998 (Mitschr. E. Sobeslavsky).

lesen.[18] Die Tatsache, daß Modrow und Berghofer an der Spitze eines Demonstrationszuges mit derartigen Losungen marschierten, trug ihnen Kritik von der SED-Führung ein. „Die Strukturen", so Modrow, „funktionierten ja noch, und wir hatten bei den Oberen damit überhaupt keinen Zuspruch." Noch bei seiner Wahl zum Ministerpräsidenten sei er im ZK gefragt worden, was er bei dieser Veranstaltung zu suchen gehabt hätte und ob er angesichts seiner Teilnahme überhaupt vertrauenswürdig sei.[19] Boltz war der Ansicht, daß sich in Dresden staatliche und Parteileitung „führend vor diese Erhebung und Änderungsbestrebung der Bevölkerung gestellt" hätten, was „ein Novum in der gesamten DDR" sei.[20] Völlig entgegengesetzt beurteilte Uta Dittman die Situation. Sie regte sich „wahnsinnig darüber auf", daß „an der Spitze des Demonstrationszugs der liebe Wagner Arm in Arm mit Berghofer und Modrow schritt".[21]

Bei der abschließenden Kundgebung auf dem Vorplatz der Fučikhallen (Messegelände) sprachen nach einer Begrüßung durch Wagner Vertreter des Neuen Forums, der Gruppe der 20, der SED und der Blockparteien.[22] Im Gegensatz zur Beteiligung Modrows und Berghofers am Demonstrationszug ließ die von staatlichen Stellen organisierte Schlußkundgebung am Willen der Machthaber zweifeln, die Bewegung für tiefgreifende gesellschaftliche Veränderungen zu unterstützen. Die Kundgebung wurde massiv gestört, was die Befürchtungen bestätigte, bei der Teilnahme offizieller Vertreter handele es sich lediglich um ein Manöver, um die Entwicklung zu manipulieren und zu bremsen. In der Tat waren bereits am 2. November rund 500 „Parteiaktivisten" der SED „inhaltlich orientiert und darauf vorbereitet" worden, „im Rahmen der am 6.11.1989 stattfindenden Massendemonstration in Dresden ihren aktiven politischen Beitrag im Dialog mit der Dresdner Bevölkerung zu leisten".[23] Unterstützt wurden sie vom MfS, das sich ebenfalls gründlich vorbereitet hatte. Böhm hatte in einem Bericht an Mielke eingeschätzt, „daß der Inhalt der Ansammlungen und Demonstrationen zunehmend sich aggressiver gegen die SED und ihre führende Rolle und auch im besonderen gegen die Schutz- und Sicherheitsorgane richtet". Die daraus entstehenden „Gefahren

18 Fernschreiben der SED-Bezirksleitung an das ZK der SED, Aktuelle Information über die politische Lage und das Stimmungsbild im Bezirk vom 6.11.1989 (BStU, ASt. Dresden, AKG, 7001, Bl. 86).

19 Hans Modrow beim Podiumsgespräch im Hotel Newa Dresden am 18.1.1999 (Mitschr. M. Richter, HAIT DS, Gruppe der 20).

20 Dok. 83.

21 Interview mit Uta Dittmann.

22 Vgl. Ablaufprotokoll (Privatbestand Herbert Wagner, Bl. 172–174); Bericht des IM-VL „Bernhard" über die Demonstration am 6.11.1989 (BStU, ASt. Dresden, BV, 8767/90, I, Bl. 151); BVfS Dresden an Modrow, Information über bedeutsame Ereignisse und bekanntgewordene Pläne und Absichten (Zeitraum vom 6.–7.11.1989) (BStU, ASt. Dresden, BV, XX, 9195, Bl. 45–47)

23 Fernschreiben der SED-Bezirksleitung an das ZK der SED, Aktuelle Information über die politische Lage und das Stimmungsbild im Bezirk vom 2.11.1989 (BStU, ASt. Dresden, BV, AKG, 7001, Bl. 95).

für die staatliche Sicherheit und Ordnung" hätten zugenommen.[24] Böhm befürchtete, daß am 6. November ein „harter Kern" von Demonstrationen zur Bezirksverwaltung Dresden marschieren könnte.[25] Daher war das MfS bereits während der Demonstration überdurchschnittlich präsent und versuchte die abendliche Kundgebung zu manipulieren. Teilnehmer, die bereits vor Beginn auf den Fučikplatz gekommen waren, beobachteten, wie sich unmittelbar vor der Bühne die leicht erkennbaren MfS-Zivilisten aufstellten. Sie verschwanden später unter den Teilnehmern.[26] SED-Aktivisten und von der Stadt gestellte Ordner sorgten dafür, daß sich die Gruppen bestellter Störer in der Menge verteilen und die Redner der Opposition ausbuhen konnten. Die Ordner, so Walter Siegemund, hatten vorn „ein großes Karree freigehalten vor der Bühne, angeblich, weil das aus ordnungstechnischen Gründen wichtig ist und damit auch die Kameras des Fernsehens sich frei bewegen konnten. Ich stand dann praktisch unmittelbar dahinter und habe von Anfang an den Aufbau dieses Karrees miterlebt, wie dann die entsprechenden Leute von der Stasi Anweisung gaben, wie man sich zu stellen hatte. Und das waren dann auch die, die eben durch Zwischenrufe die Veranstaltung zu stören suchten. Sie hatten es einfach. Sie standen vorn. Da waren die Mikrophone. Dort waren die Kameras auf sie gerichtet. Und sie konnten also so tun, als wären sie die Massen. Das war eine ganz gezielte Aktion, um unsere Demonstration zu diskreditieren."[27] Nach Neuberts Darstellung wußten „die Sicherheitsleute oder die Parteigänger vor der Bühne ganz genau, wer Redebeiträge halten wird". Sie hielten zwar Schilder mit oppositionellen Losungen, pfiffen aber gleichzeitig die Vertreter der Opposition aus.[28] Heitmann berichtete, als sie an der Spitze des Zuges am Fučikplatz ankamen, „da waren um die Tribüne herum bereits die Claquere da, also die waren bestellt, und ein Cordon von Ordnern, mit roter Binde am Arm. Für uns war sofort klar: das ist die Stasi. Obwohl uns vorher gesagt worden war, keine Stasi im Einsatz. Dort hat Berghofer uns ins Gesicht gelogen."[29] Auch Wagner berichtet, daß, als er auf dem Platz ankam, „vor der Bühne Stasi-Leute die vorderen Plätze besetzt hatten".[30] In einem IM-Bericht heißt es, daß „diese jüngeren Angehörigen unserer Staatssicherheitsorgane [...] schon vor der Veranstaltung an dieser Stelle vorhanden" waren. „Ihre Beifallsbekundungen verrieten, daß sie offenbar dem Inhalt der Vortragenden nicht richtig folgen konnten. Am Ende der Veranstaltung beklagten sich Teilnehmer der Kundgebung, daß sie durch diesen Ring der Jugendlichen zurückgehalten wurden, von Diskussionsbeiträgen, indem man sie einfach nicht nach vorn zum Mikrofon oder zur Beitragsanmeldung durchdringen ließ".[31] Vor allem die Rede-

24 Dok. 78.
25 Tagesinformation der BVfS Dresden vom 4.11.1989 (BStU, ASt. Dresden, BV, XX 9180, Bl. 64-68).
26 Vgl. Interviews mit Frank Neubert und Uta Dittmann.
27 Interview mit Walter Siegemund.
28 Interview mit Frank Neubert.
29 Interview mit Steffen Heitmann. In: „Helden a. D." MDR vom 16.12.1992.
30 Interview mit Herbert Wagner.
31 Dok. 83.

beiträge Wagners[32] und Heitmanns wurden massiv gestört.[33] Modrow und Berghofer konnten hingegen ungehindert sprechen. Als besonders makaber empfanden es die Mitglieder der Gruppe der 20, daß Modrow die Gruppe für die Zwischenrufe und Pfiffe verantwortlich zu machen versuchte. Modrow, so Neubert, „ging mich auf der Bühne an“ und erklärte: „Ich mache Sie für die Reaktion verantwortlich als Leiter Ihrer Leute. Man versuchte also mit allen Mitteln, uns unter Druck zu setzen.“ Nach seinem Eindruck handelte es sich um „ein eiskaltes Spiel“.[34]

Nach der Kundgebung am 6. November zog die Gruppe Konsequenzen aus der Haltung der staatlichen Stellen und beschloß, die Demonstrationen fortan ohne die Stadt zu organisieren.[35] Der Entschluß, der auch der Bevölkerung mitgeteilt wurde,[36] kam nicht ohne Differenzen in der Gruppe zustande, hatten viele doch Angst vor entsprechenden Reaktionen aus dem Rathaus. Erst nachdem Uta Dittmann drohte, ihre Beratertätigkeit einzustellen, wenn noch eine Kundgebung mit der Stadt ausgerichtet würde, kam es zu einer Einigung.[37] Ihren Entschluß teilte die Gruppe dem Oberbürgermeister mit und forderte gleichzeitig, daß in Zukunft ein freier Zugang zur Tribüne gewährleistet und die Kundgebungen nicht durch die Staatssicherheit gestört wird. Die Bürgerinitiativen würden künftig selbst geeignete Ordner stellen. Die in der „Union“ veröffentlichte Erklärung wurde vom Rat der Stadt im gleichen Blatt erwidert.[38] „Wir halten es für bedenklich“, so die Mitglieder des Rates der Stadt, „wenn ohne sachliche Prüfung unterstellt wird, daß jeder öffentlich bekundete Widerspruch von Kundgebungsteilnehmern zu Aussagen von Diskussionsrednern der ‚Gruppe der 20‘ organisierte Störungen seien“. Derartige Interpretationen, so das SED-dominierte Gremium, seien „Ausdruck neuer Intoleranzen gegenüber Andersdenkenden“.

Beim 4. Rathausgespräch bestanden die Vertreter des Rathauses nicht weiter darauf, an der Organisation der Demonstrationen mitzuwirken. Allerdings wurde vereinbart, daß Vertreter des Staates weiterhin auf den Kundgebungen sprechen konnten. Als Zeichen des guten Willens stellte die Stadt dafür die Bühne auf dem Fučikplatz kostenlos zur Verfügung, so daß die Gruppe nur noch die Tontechnik für 7 000 Mark bezahlen mußte.[39] Insgesamt führten die Ereignisse um den 6. November den Gruppenmitgliedern noch einmal eindrücklich die Gefahr einer zu starken Einbindung in staatliche Strukturen und des Mißbrauchs ihrer Kooperationsbereitschaft vor Augen. Ohnehin war es inzwischen wichtiger, sich als Teil der politischen Opposition zu profilieren und ein einheitliches Auftreten der Oppositionsgruppen gegenüber den Regierenden zu gewährleisten, als weiterhin unter allen Umständen Kooperations-

32 Dok. 82.
33 Vgl. Interviews mit Frank Neubert und Uta Dittmann.
34 Interview mit Frank Neubert.
35 Vgl. Interview mit Herbert Wagner.
36 Vgl. Dok. 84.
37 Vgl. Interview mit Uta Dittmann.
38 Dok. 85.
39 Vgl. „Fair im Umgang, hart in der Sache“. In: Die Union vom 21.11.1989.

willen gegenüber den Organen des SED-Staates zu bekunden. Wichtigste Aufgabe der Gruppe war es zu diesem Zeitpunkt nach Überzeugung von Vaatz, einer Zersplitterung der oppositionellen Kräfte entgegenzuwirken.[40]

3. Weitere Montagsdemonstrationen

Am 13. November fand die erste Montagsdemonstration statt, zu der die basisdemokratischen Gruppen ohne Beteiligung des Rathauses aufgerufen hatten. Etwa 100 000 Menschen demonstrierten unter dem Motto „Gegen die führende Rolle der Partei". Vaatz stellte als Sprecher des Neuen Forums den Führungsanspruch der SED offen in Frage und forderte die Streichung des Artikels 1 der Verfassung.[41] Entsprechend der Vereinbarung bekamen Vertreter der Stadt und des Bezirkes auf der Kundgebung die Möglichkeit, Fragen der Bürger zu beantworten.

Von nun an hatte jeder Montag seinen festen Ablauf. Die Organisation lag in den Händen der Koordinierungsgruppe der Dresdner Oppositionsgruppen unter Federführung des Neuen Forums. Für die Vorbereitung der Demonstrationen und Kundgebungen waren vor allem Wagner und Vaatz verantwortlich. Es wurde eine für alle Teilnehmer verbindliche Demonstrationsordnung des Koordinierungsausschusses formuliert.[42] Die Demonstrationen begannen in der Regel mit einem ökumenischen Gottesdienst in der Kreuzkirche, mitunter auch in der Hofkirche. Danach schloß sich um 19.00 Uhr die Demonstration an, die um 20.00 Uhr auf dem Fučikplatz endete. Dort fanden dann jede Woche unter einem anderen Motto Kundgebungen statt. Insgesamt gab es dreizehn Montagsdemonstrationen und Kundgebungen u. a. mit folgenden Themen: „Gegen den Führungsanspruch der SED", „Rechtssicherheit ist die beste Staatssicherheit", „Neue Verfassung und Neuwahlen", „Solidarität mit unseren Nachbarn nach innen und außen" und „Umwelt".[43] Am 18. Dezember stand die Demonstration unter dem Motto „10 Wochen Wende. Was ist erreicht?"[44]

Die neuen politischen Kräfte benutzten die Demonstrationen und Kundgebungen dazu, demokratische Gepflogenheiten zu erlernen. So stellten sie z. B. die Rednerlisten zusammen. Zur Demonstration am 27. November wurden beispielsweise zehn Redner bestimmt, sechs traten offiziell im Namen der neuen politischen Kräfte auf, bei vier Rednern handelte es sich um „freie Redner".[45] Der erste Teil der Kundgebung war jeweils vorgeplant. Die Sprecher mußten

40 Vgl. Interview mit Arnold Vaatz. In: Flach, Der Demokratisierungsprozeß, S. 82.
41 Vgl. „Montag am Fučikplatz: Gegen Führungsanspruch". Die Union vom 15.11.1989.
42 Text in: Wehnert/Graff, Stürmischer Herbst, S. 74.
43 Vgl. Interview mit Herbert Wagner; Aufzeichnungen (Privatbestand Herbert Wagner, Bl. 23 und 170).
44 Protokoll der SDP-Vorstandssitzung vom 7.12.1989 (Archiv des SPD-Unterbezirks Dresden-Elbe-Röder, Vorstandsprotokolle, unpag.).
45 Neues Forum, Kulturpalast vom 25.11. 1989 (Privatbestand Fritz Pielenz).

sich im Vorfeld bei Wagner anmelden und ihn über den Inhalt ihrer Reden unterrichten.[46] Im zweiten Teil der Kundgebung konnten sich Teilnehmer spontan zu Wort melden und vor der Menge sprechen.[47] Wagner nutzte bei der Zusammenstellung der Redner seine fünfzehnjährige Arbeit in der Akademikerseelsorge und im Evangelisch-Katholischen Arbeitskreis. Von dort kannte er einige Referenten, „die reden konnten".[48] Die Gruppe der 20 sah sich in der Pflicht, für eine gemeinsame Sprache aller Oppositionsgruppen zu sorgen und sämtliche Richtungen zu Wort kommen zu lassen. Deswegen wurde vor den Kundgebungen ein Gerüst an Redebeiträgen abgesprochen. „Auch wenn das undemokratisch wirkte", so Vaatz, „das spielte keine Rolle. Die Redefolge wurde in den Sonnabendsrunden im Kulturpalast abgesprochen. Wir haben dann auch Platz gelassen für die, die sich im Laufe des Abends nicht zurückhalten lassen."[49] Für viele war es eine wichtige Erfahrung, sich erstmals offen artikulieren zu können. Ziemer wunderte und freute es, „daß bei den Kundgebungen einfache Leute aufgetreten sind und reden konnten. Sehr kritisch, aber nicht böse. Auch mit Witz. Da dachte ich, die Weisheit des Volkes ist noch nicht erloschen."[50] Peter Göbel erinnert sich an den Auftritt seiner Kollegen, bei denen er „dachte, den hast du immer als ruhigen Kollegen erlebt, jetzt steht der da auf der Bühne, nimmt sich das Mikrophon und redet sich das von der Leber runter".[51] Tilo Kramer, der vor rund 70 000 Teilnehmern auf einer Kundgebung zum Thema „Solidarität" sprach, empfand dies als „eine äußerst positive Erfahrung: Entweder man wird von den Leuten getragen, weil sie es gut finden, oder man redet gegen eine Wand."[52] Die Veranstalter waren bemüht, eine breite Diskussion anzuregen und über neue Themen wie die freie Marktwirtschaft zu informieren. Wagner sah in den Kundgebungen „große Bildungsveranstaltungen", in denen „wir uns zuerst darüber Klarheit verschafften, wogegen wir waren und dann wofür wir waren".[53] Unter den Rednern befanden sich be-

---

46 Ein Teil der Reden befindet sich im Privatbestand Herbert Wagners, so eine Erklärung des Neuen Forums vom 3.11.89 (Bl. 179), Reden vom Lothar Kuczera zum Führungsanspruch der SED vom 13.11.1989 (Bl. 182f.), zur Rechtssicherheit am 20.11.1989 (Bl. 188) und zu freien Wahlen (Bl. 192f.), ein Statement von Hans-Günther Heydrich über „Heimat in der DDR" (Bl. 191), Stellungnahmen zum Aufruf „Für unser Land" (Bl. 196f., 207), eine Standortbestimmung des Demokratischen Aufbruchs zum Verhältnis DDR-Bundesrepublik vom 1.12.1989 (Bl. 201) sowie Begrüßungen durch Mitglieder der Gruppe der 20 (Bl. 172, 181, 184, 195, 200, 203, 210, 211). Vgl. Rede von Friedrich-Wilhelm Junge zur Umbenennung der SED in SED-PDS. In: Die Union vom 17.1.1990. Reden von Lothar Kuczera sind auch abgedruckt in: Swoboda, Die Revolution der Kerzen, S. 207–211. Eine Rede von Andreas Horn gegen den Führungsanspruch der SED findet sich im Privatbestand Andreas Horn.

47 Zur Organisation der Kundgebungen vgl. Interviews mit Herbert Wagner und Frank Neubert.

48 Interview mit Herbert Wagner. In: Seifert, Durch Umkehr, S. 203.

49 Interview mit Arnold Vaatz . In: Flach, Der Demokratisierungsprozeß, S. 82.

50 Christof Ziemer. In Rein, Die Opposition, S. 195.

51 Interview mit Peter Göbel.

52 Interview mit Thilo Kramer.

53 Interview mit Herbert Wagner.

kannte Persönlichkeiten des öffentlichen Lebens wie Schauspieler und Liedermacher, Vertreter der neuen Oppositionsgruppen und des Staatsapparats. Am 4. Dezember, also einen Tag vor der Besetzung des Bezirksamtes für Nationale Sicherheit, nahm auch dessen Leiter Horst Böhm, an der Veranstaltung teil. Es kamen aber auch Arbeiter, Kombinatsleiter, Ärzte und Lehrer zu Wort, so daß ein breites Meinungsspektrum für kontroverse Diskussionen sorgte.[54]

Berghofer und Modrow nutzten weiterhin die mit der Gruppe der 20 vereinbarte Möglichkeit, auf den Kundgebungen zu sprechen und an den Demonstrationszügen teilzunehmen. Einige Mitglieder der Gruppe sahen dies zwar nicht gern, hatten aber keine Handhabe, den Vertretern des Staates das Rederecht zu entziehen. Um Distanz zu zeigen, stellte sich z. B. Brandes nie auf die Tribüne neben Modrow oder Berghofer, sondern blieb unter den Teilnehmern, weil die Teilnahme der SED-Funktionäre für ihn „nicht akzeptabel" war: „Das waren für mich Vertreter, mit denen ich im Gespräch war, aber die ich nicht als gewählte Vertreter akzeptierte. Die Wahlen waren ja manipuliert gewesen. Ich habe niemals eine zu starke Nähe zu diesen Leuten haben wollen. Eine sachliche Auseinandersetzung ja, aber eine zu enge Zusammenarbeit nicht."[55]

Im Laufe des Winters änderte sich der Charakter der Montagsdemonstrationen. So wurde die Demonstration am 12. Dezember zum Thema Umweltschutz unverkennbar von der Frage der deutschen Einheit überlagert.[56] Forderungen nach der Einheit Deutschlands und nach Wiederherstellung des Landes Sachsen gab es bereits seit November,[57] aber spätestens seit dem Besuch von Bundeskanzler Kohl in Dresden am 19. Dezember dominierten weiß-grüne Sachsen-Fahnen und Deutschlandfahnen das Bild der Demonstrationen.[58] Diese „Wende in der Wende"[59] paßte etlichen früheren Akteuren nicht, denen die Diskussion um die Deutsche Einheit als hinderlich für die Lösung der anstehenden Probleme erschien.[60] Zum Beispiel distanzierte sich Brandes nun „innerlich von den Dingen". Zwar hatte er keine Einwände gegen die Parole „Wir sind ein Volk", aber ihn störten „radikale Gruppierungen, die sich mit einschleusten, die sich einbrachten, die so eindeutig Rechtstendenzen" hatten.[61] Die Demonstrationen widerspiegelten die Differenzierungsprozesse, die in dieser Phase die DDR-Gesellschaft prägten und von denen die alten und neuen Parteien und Gruppierungen ebenso betroffen waren wie staatliche Organe. Trotz dieses Differenzierungsprozesses gingen die Teilnehmerzahlen

---

54 Vgl. Rednerlisten (Privatbestand Herbert Wagner, Bl. 173f., 180, 185f, 189, 194, 198, 212); Die Union vom 27.11.1989.

55 Interviews mit Dieter Brandes und Uta Dittmann.

56 Vgl. „Deutschland kann warten, die Umwelt nicht!". In: Die Union vom 13.12.1989.

57 Vgl. Wehnert/Graff, Stürmischer Herbst, S. 68.

58 Vgl. Interview mit Herbert Wagner.

59 Richter, Die Revolution, S. 21–29.

60 Vgl. „Miteinander streiten" In: Die Union vom 27.12.1989; M. Koch: „Vielgesichtige Demo". In: Die Union vom 24.1.1990. Koch beschreibt die neue Vielschichtigkeit, die wie der Auftritt von Prinz Albert von Sachsen auch Kopfschütteln auslöste. Vgl. Interview mit Walter Siegemund.

61 Interview mit Dieter Brandes.

im Winter jedoch kaum zurück. Allerdings trat über die Weihnachtszeit eine gewisse Ermüdung ein. Eindringlich mußte in dieser Zeit darauf hingewiesen werden, daß eine Fortführung der Dresdner Montagsdemonstrationen nach wie vor notwendig sei.[62] Im Januar stiegen die Zahlen wieder an. Wagner erinnert sich, daß die Demonstrationen „in eisiger Kälte" scherzhaft als „Lauf-Dich-Gesund-Bewegung" bezeichnet wurden.[63] 1990 verloren die Kundgebungen an Struktur, als feste Themen wurden lediglich drei formuliert: „Für Demokratie und Chancengleichheit", „Gesundes Gesundheitswesen und Wahlen" und „Soziale Aspekte beim Übergang von der Kommandowirtschaft zur sozialen Marktwirtschaft".[64] Die Montagsdemonstrationen wurden ab Januar immer mehr vom Ruf „Wir sind ein Volk", Deutschlandfahnen und Fahnen des Landes Sachsen beherrscht. Die Demonstration zum Thema „Deutsche Einheit" am 29. Januar war erstmals deutlich vom Wahlkampf geprägt. Sie blieb „wegen aggressiver Erscheinungen" ohne Abschlußkundgebung,[65] Parteien stellten sich vor und verteilten Flugblätter.[66] Je näher die Volkskammerwahl am 18. März rückte, desto mehr bestimmten die Wahlkampfparolen der Parteien die Demonstrationen. Endgültig im Zeichen des Wahlkampfes stand die letzte Demonstration am 19. Februar, auf der die Parteien mit Ständen vertreten waren und der bayrische Staatsminister Edmund Stoiber als Gastredner auftrat.[67] Angesichts des mit aller Härte geführten Wahlkampfes wurden die Demonstrationen schließlich eingestellt, um zu verhindern, daß sie für den Wahlkampf instrumentalisiert wurden.

4. Veränderung von Selbstverständnis und Rolle im revolutionären Prozeß

Im November veränderten sich mit den politischen Rahmenbedingungen Struktur, Ziele und Arbeitsweise der Gruppe der 20 weiter. Hatte noch im Oktober die Erreichung eines Dialoges mit der SED über gesellschaftliche Veränderungen im Mittelpunkt der Aktivitäten gestanden, entwickelte sich die Gruppe nun zur Plattform oppositioneller Aktivitäten. Damit verbunden wurde in der Gruppe die Frage diskutiert, ob und auf welche Weise man im revolutionären Prozeß selbst Partei ergreifen sollte. Es bestand Klärungsbedarf, ob die Gruppe der 20 künftig Vermittler oder selbst repräsentative Bürgerbewegung sein sollte. Dieser Konflikt wurde nicht expressis verbis aus-

62 Vgl. Protokoll der SDP-Stadtvorstandssitzung vom 27.12.1989 (Archiv des SPD-Unterbezirks Dresden-Elbe-Röder, Vorstandsprotokolle, unpag.).
63 Interview mit Herbert Wagner.
64 Vgl. Interview mit Herbert Wagner; Aufzeichnungen (Privatbestand Herbert Wagner, Bl. 23, 170); Sitzung des SDP-Vorstandes am 3.1.1990 (Archiv des SPD-Unterbezirks Dresden-Elbe-Röder).
65 Vgl. Die Union vom 31.12.1990/1.1.1991.
66 Vgl. „Sprechchöre forderten Deutschlands Einheit" In: Die Union vom 31.1.1990.
67 Vgl. „Bleibt das Volk hier?" In: Die Union vom 20.2.1990.

getragen, aber er war der eigentliche Grund für gruppeninterne Auseinandersetzungen.[68] Bedingt durch die Modalitäten ihrer Entstehung gab es in der politisch heterogenen Gruppe kein einheitliches politisches Selbstverständnis. Konfrontiert mit der Frage ihrer künftigen politischen Rolle kam es nun zu Auseinandersetzungen und „gruppendynamischen Klärungsprozessen über Struktur, Führung und Zusammenhalt",[69] wodurch diese nach MfS-Einschätzung an Autorität und Ansprechbarkeit verlor.[70]

Ein Flügel, repräsentiert durch Boltz und Brandes, betonte den bisherigen Dialog-Charakter der Gruppe und lehnte eine künftige Oppositionsrolle ab. Mit Bezug auf die Statuserklärung der Gruppe der 20 vom 15. Oktober, in der es hieß: „Wir verstehen uns nicht als neue Partei und lehnen den Begriff Opposition für uns ab. [...] Wir betrachten uns bis auf weiteres als Mittler des Dialogs zwischen den Staats- und Parteiorganen und der Bevölkerung in der Stadt Dresden", verstand SED-Mitglied Boltz „die Gruppe in dieser heterogenen Zusammensetzung quer durch alle Leute" als Moderator oder Mittler. Wenn sie als Partei auftrete, würde „ganz automatisch" ein Teil dieses Spektrums „untergebuttert" werden. Er habe nie jemanden vertreten wollen, wenn, „dann nur in dem Sinne, denen Gehör zu verschaffen, die eben nicht gehört werden. Reden sollte jeder für sich, und nicht mir seine Stimme geben."[71] Ähnlich wie Boltz verwies Brandes darauf, daß die Gruppenmitglieder in der Anfangsphase bewußt gesagt hatten, sie wollten Initiatoren, aber „nicht diejenigen sein, die praktisch bestimmen".[72] Dieser Position stand in der Gruppe, gefördert durch die Berater, die Mehrheitsmeinung gegenüber, die Gruppe sollte nicht unbedingt ihre Ausgangshaltung konservieren, sondern sich auf die veränderte Situation einstellen. Diese war auch dadurch geprägt, daß sich Anfang November im Zusammenhang mit den Auseinandersetzungen um die Zulassung des Neuen Forums DDR-weit ein gemeinsames Oppositionsbewußtsein der verschiedenen Gruppierungen gegenüber den bestehenden Machtverhältnissen entwickelte.[73] Dabei handelte es sich nicht um ein Oppositionsbewußtsein im Sinne eines parlamentarischen Parteiensystems als Alternative zur Regierung, sondern um eine Fundamentalopposition aus dem Bewußtsein, dem Staat - in Dresden in Form der SED-Bezirksleitung bzw. des Rates der Stadt - als politischer Gegner gegenüberzustehen. Ziel war nicht nur ein Wechsel in der Führung des Staates, sondern die Beseitigung des diktatorischen Systems insgesamt. Auf den Demonstrationen wurde der Führungsanspruch der SED mit dem Slogan „Wir sind das Volk!" konterkariert.[74] Die politische Zielrichtung des gemeinsamen Oppositionsbewußtseins drückte sich

68 Vgl. Interview mit Steffen Heitmann. In: Flach, Der Demokratisierungsprozeß, S. 77.
69 Ebd., S. 65.
70 Vgl. BVfS Dresden, Lagefilm zur Gruppe der 20, Nr. 19 (BStU, ASt. Dresden, BV, XX 9180, Bl. 1-5).
71 Interview mit Friedrich Boltz. In: Flach, Der Demokratisierungsprozeß, S. 77f.
72 Interview mit Dieter Brandes. In: Ebd., S. 78.
73 Vgl. Interview mit Steffen Heitmann. In: Ebd., S. 84.
74 Vgl. Flach, Der Demokratisierungsprozeß, S. 82-84.

dabei im Begriff „basisdemokratische Gruppen“ aus, womit seit Mitte November neben der Gruppe der 20 auch das Neue Forum, die SDP und der Demokratische Aufbruch subsumiert wurden.[75]

Trotz der gemeinsamen Oppositionsrolle bestand weiterhin ein Unterschied dadurch, daß die Gruppe der 20 anerkannter Gesprächspartner des Rates der Stadt war, wodurch die Gruppe insofern eine Doppelrolle einnahm, als sie sich zugleich als oppositionelle Gruppierung verstand, aber auch Repräsentant der neuen politischen Kräfte gegenüber den staatlichen Organen wurde. In diesem komplizierten Rollenverhältnis beeinflußten immer weniger die „Urmitglieder“ als vielmehr die Berater und Mitglieder der Sektionen Rolle und Selbstverständnis. Auch wenn einzelne Mitglieder noch immer meinten, daß die Gruppe „nur in dieser zufälligen Zusammensetzung ihre Existenzberechtigung“ habe,[76] bewirkten die neu hinzukommenden Mitglieder eine Veränderung. Sie sorgten dafür, daß sich die Auffassung durchsetzte, man müsse in den laufenden Auseinandersetzungen Partei beziehen. Immer mehr wurde so die spontane Zusammensetzung der Gruppe durch die Funktion ersetzt, die politisch oppositionellen Kräfte Dresdens zu repräsentieren. Dadurch wich die Heterogenität der Meinungen einer Homogenität im Sinne der gemeinsamen Ziele. Diese aber bestanden wiederum in der dauerhaften Etablierung pluraler, heterogener politischer Strukturen.

Aus unterschiedlichen Gründen schieden von den „Urmitgliedern“ im November u. a. Uwe Glosinski, René Grüttner und Olivia Schwarz aus.[77] „Bei einem“, so Wagner, „sagten die Eltern, du darfst nicht mitmachen, weil es zu gefährlich ist. Bei einer anderen war der Verlobte Polizist, einer hatte einen Ausreiseantrag und wollte nur raus.“[78]

Einen Einschnitt bedeutete in diesem Zusammenhang der Ausschluß von Boltz am 8. November, dem heftige Auseinandersetzungen vorausgingen. Es war, so Boltz, „ein richtiger Ausschluß mit schwarzen und weißen Kügelchen. Es waren wohl zehn oder elf Leute anwesend, und da waren dann eben zehn Schwarze und eine weiße Kugel.“[79] Erstmals wurde damit bewußt das Prinzip der zufälligen Repräsentation der Dresdner Demonstranten zugunsten einer koordinierten Zusammensetzung der Gruppe der 20 ersetzt.

Der Ausschluß hatte verschiedene Gründe. Zum einen paßte Boltz mit seinen Vorstellungen eines reinen Dialogforums nicht mehr zum veränderten Profil als Vertretung fundamentaloppositioneller Gruppierungen. Boltz war, seinem Modell einer heterogenen Gruppenstruktur folgend, immer wieder mit seinen von der Gruppe mehrheitlich nicht geteilten und abgestimmten Auffassungen öffentlich in Erscheinung getreten und hatte „bestimmte Dinge in die

75 Vgl. Aufbruch 1. Mitteilungsblatt des Neuen Forums, Dresden, S. 6–8.
76 Interview mit Friedrich Boltz. In: Flach, Der Demokratisierungsprozeß, S. 79.
77 Vgl. Flach, Die Gruppe der 20, Teil 1, S. 18.
78 Vortrag Herbert Wagners „Die Gruppe der Zwanzig und die politische Wende in Dresden“ vom 4.11.1997 (Mitschrift. M. Richter, HAIT DS, Gruppe der 20).
79 Interview mit Friedrich Boltz. In: Flach, Der Demokratisierungsprozeß, S. 65.

Öffentlichkeit" gebracht, die mit der Gruppe nicht abgesprochen waren.[80] Für Heitmann war er „eine Art bunter Vogel", mit dem es immer wieder „die heftigsten Auseinandersetzungen" gab. „Aber", so der Kirchenjurist, „seine Rolle war wichtig, auch damals. Er war eine der starken Persönlichkeiten der Gruppe."[81] Der Ausschluß wurde, so Wagner, in einer Situation beschlossen, „wo wir große Angst hatten und wo wir dann als Gruppe sagten, wir dürfen in keiner Weise angreifbar sein. Das führte dann dazu, daß wir sagten, daß Friedrich Boltz nicht mehr zu der Gruppe paßte, zumindest nicht mehr in der Öffentlichkeit auftreten soll. Weil er dann doch immer wieder in der Öffentlichkeit auftrat, da haben wir ihn dann ausgeschlossen."[82] Auch das MfS hatte registriert, daß Boltz aus Sicht der Gruppe einen „Unsicherheitsfaktor darstellte und ausgetauscht werden sollte".[83] Bei den zunehmenden Differenzen spielte seine SED-Mitgliedschaft eine Rolle. Diese hatte zwar ins Bild der Dialoggruppe gepaßt, lief jedoch dem neuen Oppositionsverständnis zuwider. Schon beim 1. Rathausgespräch hatte es einigen Gruppenmitglieder nicht gepaßt, daß Berghofer Boltz mit „Genosse" ansprach.[84] In der Gruppe war es kein Geheimnis, daß vor allem Wagner, Heitmann und Dittmann nicht begeistert waren, daß ein SED-Mitglied zur Gruppe gehörte.[85] Dabei war noch nicht einmal bekannt, daß das MfS Boltz ohne sein Wissen mittels seines betrieblichen Vorgesetzten, des IMS „Lindner", abschöpfte. Auch gegenüber seinem Abteilungsparteisekretär Czorny berichtete Boltz seit dem 9. Oktober ausführlich über die Gruppe der 20. SED, FDGB und staatliche Leitung bestellten Boltz zu sich, „um sich durch ihn über die Aktivitäten der Gruppe, über die erzielten Ergebnisse und persönliche Bewertung seiner Mitarbeit in dieser Gruppe berichten zu lassen".[86] So berichtete er zum Beispiel vor seiner Abteilungsparteiorganisation ausführlich über Arbeit und Ziele der Gruppe der 20 und wurde dafür von seiner Parteigruppe kritisiert.[87] Vor allem Dank seines Vorgesetzten wurde Boltz für das MfS zu einer zentralen Informationsquelle.[88] Da ihn das MfS nach seinem Ausscheiden aus der Gruppe nicht mehr abschöpfen konnte, erhielt Götz den Auftrag, gegenüber Ziemer seine Verwunderung über den Ausschluß mitzuteilen und sich für eine weitere Mitarbeit einzusetzen.[89] Da die Gruppe aber auch Kenntnis über persönliche Probleme und Konflikte mit

80 Interview mit Dieter Brandes. In: Ebd.
81 Interview mit Steffen Heitmann. In: Ebd.
82 Interview mit Herbert Wagner. In: Ebd., S. 65.
83 BVfS Dresden, Lagefilm zur Gruppe der 20, Nr. 19 (BStU, ASt. Dresden, BV, XX 9180, Bl. 1-5).
84 Vortrag Herbert Wagners „Die Gruppe der Zwanzig und die politische Wende in Dresden" vom 4.11.1997 (Mitschrift. M. Richter, HAIT DS, Gruppe der 20).
85 Vgl. Interview mit Dieter Brandes. In: Flach, Der Demokratisierungsprozeß, S. 65.
86 Dok. 55.
87 Vgl. Dok. 58.
88 Vgl. Dok. 25; Dok. 34.
89 Vgl. BStU Dresden, XVIII/1/51, Treffbericht IMS „Lindner" vom 8./9.11.1989 (BStU, ASt. Dresden, 2847/91, III, Bl. 442).

den Hausnachbarn von Boltz erhielt,[90] meinte Ziemer, dieser passe nicht in die Gruppe. Diese müsse in jeder Hinsicht integer und unangreifbar sein.[91] Auf Anraten Heitmanns entschloß sich die Gruppe, das Mandat von Boltz ruhen zu lassen. Boltz zog es daraufhin vor, selbst auszuscheiden.[92]

5. Viertes Rathausgespräch und Stadtverordnetenversammlung Ende November

Am 20. November fand das 4. und letzte Rathausgespräch statt. Berghofer war nur kurz anwesend. Nach eigenem Bekunden war er „geistig schon nicht mehr voll bei den Rathausgesprächen dabei", sondern befaßte sich mehr mit den zentralen Entwicklungen.[93] Sein Erster Stellvertreter, André Lang, führte die weiteren Verhandlungen mit der Gruppe der 20, die selbst nur durch einige Mitglieder vertreten war und die von Berghofer in Aussicht gestellten Gespräche mit Lang ablehnte. Zwei Tage vor dem Rathausgespräch hatte Wagner auf einer Sitzung des Koordinierungsausschusses mitgeteilt, daß die Gruppe der 20 Lücken bekommen habe. Da sie „bis zu den nächsten Wahlen" bestehe werde, wolle sie „fachkompetente, repräsentative, möglichst schon bekannte Bürger" aus den neuen Gruppierungen aufnehmen. Beim Rathausgespräch informierte er über die Entscheidung, die Gruppe für Vertreter anderer Bürgerinitiativen zu öffnen, „um auch diesen demokratischen Bewegungen einen direkten Gesprächskontakt mit dem Rathaus und der Stadtverordnetenversammlung zu ermöglichen" und die nahezu zufällige Zusammensetzung der Gruppe durch eine repräsentative Bürgervertretung zu ersetzen. Wagner schlug eine festere Anbindung dieser Bürgervertreter als eine Art ständiges Kontrollorgan der Stadtverordnetenversammlung bis zu den nächsten Wahlen vor.[94] Berghofer erklärte sein prinzipielles Einverständnis, sah aber gesetzliche Hindernisse, den Bürgervertretern vor Neuwahlen einen festen Status im Stadtparlament einzuräumen. Als Kompromiß bot er die Garantie ständiger Teilnahme und ständigen Rederechts sowie der Mitarbeit in den Ständigen Kommissionen. Die Gruppe der 20 sagte ihrerseits zu, daß Vertreter der Stadt immer Platz und Stimme bei den Kundgebungen erhalten würden.[95]

Nachdem Wagner daraufhin vorschlug, ein Kontrollgremium außerhalb der Stadtverordnetenversammlung zu bilden, bot Berghofer an, die Gruppe der 20 in die Stadtverordnetenversammlung einzubeziehen. Er schlug vor, weitere

90 Vgl. BVfS Dresden, Lagefilm zur Gruppe der 20, Nr. 24 (BStU, ASt. Dresden, BV, XX, 9180, Bl. 1-5); Interview mit Dieter Brandes.

91 Vgl. Vortrag Herbert Wagners „Die Gruppe der Zwanzig und die politische Wende in Dresden" vom 4.11.1997 (Mitschrift. M. Richter, HAIT DS, Gruppe der 20).

92 Vgl. Interview mit Dieter Brandes.

93 Interview mit Wolfgang Berghofer.

94 Neues Forum, Kulturpalast, 18.11.1989 (Privatbestand Fritz Pielenz). Vgl. Interview mit Wolfgang Berghofer. Vgl. BVfS Dresden, Lagefilm zur Gruppe der 20, Nr. 22 (BStU, ASt. Dresden, BV, XX 9180, Bl. 1-5).

95 Vgl. Dok. 124. Vgl.„Fair im Umgang, hart in der Sache". In: Die Union vom 21.11.1989.

basisdemokratische Gruppen in die Arbeit des Stadtparlaments einzubinden. Sie könnten gemeinsam mit der Gruppe der 20 eine Basisdemokratische Fraktion bilden, die mit Sitz- und Rederecht bereits an der ersten Tagung im Januar 1990 teilnehmen sollte. Ziemer empfand diesen Vorschlag als sinnvoll, denn „dadurch hatte man eine Aufwertung. Das Staatssystem war an einer markanten Stelle verschoben insofern, daß in dem legislativen System eine Gruppe war, die von den Bürgern selbst bestimmt war."[96] Den „Basisdemokraten" sollten demnach dreißig Sitze eingeräumt werden, über deren Zusammensetzung die Gruppe der 20 zu entscheiden hatte.[97] Modrow nannte später die Motive für diesen Schritt. Die Staatsmacht wollte die Gruppe der 20 in die Legislative einbinden, „weil wir davon ausgingen, daß dort ein demokratischer Ansatz liegen könnte, und wir über den Weg mit der Stadtverordnetenversammlung viel mehr und breitere Möglichkeiten haben, eine Bewegung mit einzubeziehen, die ein Rat der Stadt nicht aufgreifen kann." Die Gruppe der 20 würde in der Stadtverordnetenversammlung mitwirken, die Stadtverordneten würden aber die Verantwortung behalten und Entscheidungen treffen. Modrow schien dies „die optimale Möglichkeit" zu sein, „um nicht Chaos und Unregierbarkeit von der Kommune bis zur Zentrale" zuzulassen.[98] Als frisch ernannter Ministerpräsident der DDR betonte er am 21. November, daß die staatlichen Organe in neuer Weise Verantwortung übernehmen müssen und der Partei in neuer Weise eine Chance zu bieten haben. Auf einer Beratung mit den Vorsitzenden der Räte der Bezirke am 23. November im Ministerrat wies er an, Kaderfragen mit hoher Verantwortung zu behandeln. Freiwerdende Funktionen müßten schnell besetzt werden, um kein Vakuum entstehen zu lassen. Eine Vorabstimmung sei bei solchem Verfahren nicht mehr notwendig. Überhaupt sei die „Arbeit der staatlichen Organe jetzt entscheidend für die Gesellschaft und die Bürger", die Räte seien „als politische Gremien zu betrachten".[99] Die Räte, sowohl der Städte als auch der Bezirke, sollten nach seinen Vorstellungen zu Stützpunkten der zurückweichenden SED-Macht werden.[100]

Am 22. und 23. November tagten die Dresdner Stadtverordneten. Die Mitglieder der Gruppe der 20 nahmen, mit Gästestatus und Rederecht zu bestimmten Punkten, an der Tagung teil. Berghofer sprach sich für demokratische Wahlen aus, die allerdings, im Interesse der neuentstandenen Gruppierungen, erst im Sommer stattfinden sollten. Berghofer versuchte die Stadtverordneten mit der Feststellung aus ihrer Legitimationskrise zu befreien, daß die übergroße Mehrheit der Wähler am 7. Mai 1989 für die Kandidaten der Natio-

96 Interview mit Christof Ziemer.
97 Vgl. Aufzeichnungen zum 4. Rathausgespräch (Privatbestand Beate Mihály). Wehnert/Graff, Stürmischer Herbst, S. 61f.; Wagner, Gruppe der 20, S. 14; Entwurf des Beschlusses der StVV zur Bildung der BDF (Privatbestand Herbert Wagner, Bl. 60f.); Vorschlag der Gruppe der 20 zur Bildung der BDF (Ebd. Bl. 62f.); „Fair im Umgang, hart in der Sache". In: Die Union vom 21.11.1989.
98 Interview mit Hans Modrow.
99 SächsHStA, RdB Dresden, 46141, Bl. 1.
100 Vgl. Richter, Räte, „Volksvertretungen", Runde Tische, S. 158 und 163–165.

nalen Front gestimmt hätte und diese somit für ihr Amt legitimiert seien. Der im 4. Rathausgespräch hergestellte Kompromiß über die Teilnahme einer dreißigköpfigen „basisdemokratischen Gruppe“ an den Tagungen der Stadtverordnetenversammlung wurde bestätigt. Wagner informierte über die Aufnahme neuer Mitglieder in die Gruppe der 20. Mit Unterstützung der Leiter der ZAG und des Koordinierungsausschusses der basisdemokratischen Gruppierungen Dresdens würden Kandidaten gesucht, die die ausgeschiedenen Mitglieder ersetzen sollten.[101] Nicht nur durch die festere Einbeziehung der neuen politischen Kräfte hatte sich die Atmosphäre in der Stadtverordnetenversammlung verändert. Kontroverse Debatten, Stimmenthaltungen und Gegenstimmen zu Beschlußvorlagen bestimmten das Geschehen. Auch wenn Berghofer noch konstatierte, daß die Zeit „gegen die Stabilisierung der gesellschaftlichen und kommunalen Verhältnisse“ laufe,[102] konnte er Beschlüsse wie die Auflösung der Nationalen Front oder die Bildung von Fraktionen, die kurz zuvor noch Verfassungsbruch bedeutet hätten, nicht mehr aufhalten. Beschlossen wurde auch die Ausarbeitung einer neuen Geschäftsordnung einschließlich eines Statuts für die Arbeitsweise der Fraktionen, die mit der fünften Stadtverordnetenversammlung am 1. Dezember ihre Arbeit aufnahmen.[103]

6. Besetzung der Bezirksverwaltung für Staatssicherheit

Neben den Veränderungen auf dem parlamentarischen Parkett bestimmten nach wie vor revolutionäre Aktionen auf der Straße das Geschehen wesentlich mit. Mit ihnen wurde dem Versuch der Regierung Modrow, dem revolutionären Prozeß durch die Einbindung der neuen politischen Kräfte in staatliche Strukturen den Wind aus dem Segel zu nehmen, erfolgreich begegnet. Zu den wichtigsten Ereignissen der friedlichen Revolution gehörte in diesem Zusammenhang die Besetzung und Auflösung der „MfS-Burgen“ in den Bezirks- und Kreisstädten.[104] Nach Meinung Joachim Gaucks handelte es sich bei den Aktionen um „revolutionäre Höhepunkte„ der gesamten Entwicklung.[105] In

101 Vgl. Dok. 87; Dok. 89. Der nicht mehr auffindbare Beschluß Nr. 32/89 der StVV folgte offenbar einem Entwurf der „Gruppe der 20“. Er bezog sich auf den „Beschluß zur Sicherung der festen Einbeziehung der Mitglieder aller basisdemokratischen Gruppen und Bürgerinitiativen der Stadt Dresden in die Arbeit der Stadtverordnetenversammlung“ und ergänzte ihn in Punkt 1 und Punkt 6. Vgl. Rat der Stadt Dresden, Abgeordnetenkabinett, Übersicht über die durch die StVV gefaßten Beschlüsse vom 29.1.1990 (Stadtarchiv Dresden, StVV, Protokolle, 159, unpag.); Die Union vom 28.11.1989.

102 Rede Berghofers auf der StVV am 22./23.11.1989 (Stadtarchiv Dresden, StVV, Protokolle, 154. unpag.).

103 Neues Forum, Kulturpalast, 18.11.1989 (Privatbestand Fritz Pielenz); Beschluß der StVV vom 22./23.11.1989, Entwurf (Ebd.).

104 Vgl. Richter, Die Staatssicherheit S. 73–95, für Dresden vgl. 82f.; vgl. MfS-Bezirksverwaltung Dresden, S. 4–6.

105 Neues Forum, Kulturpalast, 18.11.1989 (Privatbestand Fritz Pielenz). Joachim Gauck. In: Am Tag, als die Stasizentrale gestürmt wurde. ORB vom 20.1.1996.

bezug auf den 5. Dezember urteilte auch Wagner, daß dieser Tag das entscheidende Datum war, an dem die Wende unumkehrbar vollzogen wurde.[106] Auch in Dresden wurde an diesem Tag das Gebäude der Bezirksverwaltung des MfS in der Bautzener Straße besetzt. Das Thema Staatssicherheit hatte die Oppositionsgruppen seit langem beschäftigt. Bei den montäglichen Demonstrationen war der Gang in die Bautzner Straße, dem Sitz der BVfS, immer wieder erwogen und unter dem Einfluß der kirchlichen Vertreter wieder verworfen worden, um eine Eskalation zu vermeiden.[107] Aber auch in Dresden verdichteten sich Ende November die Gerüchte, daß die neue Modrow-Regierung Akten in großem Stil vernichten lasse.[108] Dieter Reinfried, Kontaktperson des Neuen Forums in Dresden, erkundigte sich daraufhin bei der BDVP Dresden, ob Schritte eingeleitet worden seien, um die Aktenvernichtung zu beenden. Bei einem Gespräch zwischen der Volkspolizei und Reinfried, Vaatz sowie Johannes Pohl vom Demokratischen Aufbruch am Vormittag des 5. Dezember erwirkten die Vertreter der Opposition eine Anzeige gegen die inzwischen in Bezirksamt für Nationale Sicherheit (BAfNS) umbenannte Bezirksverwaltung des MfS. Aus ihrer Sicht war Eile geboten, da akute Verdunkelungsgefahr bestand. Deswegen wurden der Leiter der Bezirkskriminalpolizei und der Militärstaatsanwalt eingeschaltet, mit deren Hilfe um 13.00 Uhr im Beisein von Bürgervertretern die Versiegelung der Räume des BAfNS begann.[109] Da das Zutrauen in die Vertreter der Staatsmacht nicht sehr ausgeprägt war, riefen Vaatz und Wagner die Bevölkerung über den Sender Dresden auf, sich ab 17.00 Uhr zu einer gewaltfreien Aktion vor dem Gebäude des Amtes für Nationale Sicherheit einzufinden.[110] Vaatz begab sich schon vor der Demonstration zum Bezirksamt und wurde auch eingelassen. Gegen 17.00 Uhr folgte die Besetzung des Bezirksamtes durch zirka 5 000 Bürger.[111] Generalmajor Horst Böhm, der bei dieser Gelegenheit beinahe gelyncht worden wäre, wurde entwaffnet und unter „Hausarrest" gestellt. Erst nachdem Vaatz die Losung ausgegeben hatte: „Jeder, der Gewalt anwendet, ist ein Stasi", konnte ein Blutbad verhindert werden.[112] Am Nachmittag wurde auch die Funkstation der Staatssicherheit am Dachsberg besetzt. Hier war das Neue Forum aus Langebrück federführend, das allerdings aus Dresden Unterstützung erhielt.[113] Ab 22.00 Uhr wurden Kräfte der Volkspolizei herangeführt, die „in Sicherheitspartnerschaft mit den Bürgern" die weitere Sicherung des Objektes an der Bautzner Straße übernahmen. Alle Mitarbeiter des BAfNS mußten das Objekt bis zum 6. Dezember, 6.00 Uhr verlassen. Von diesem Zeitpunkt an stand das Objekt unter Kontrolle

106 Vgl. Wagner, Die Novemberrevolution in Dresden, S. 14f.
107 Vgl. Interview mit Manfred Artur Fellisch.
108 Hinweise darauf finden sich bei Liebsch, Dresdner Stundenbuch, S. 146, 148f. und 151.
109 Vgl. Interview mit Dieter Reinfried.
110 Vgl. Dok. 92.
111 Vgl. Thesen für die Dienstberatung des Ministers für Innere Angelegenheiten mit den Chefs der BDVP am 8.12.1989 (BArch MdI 52444 Stab Information).
112 Im Februar 1990 beging Böhm Selbstmord. Vgl. Interview mit Christoff Andrich.
113 Vgl. Interview mit Dieter Brandes; Die Union vom 7.12.1989.

der Volkspolizei in Zusammenarbeit mit Bürgervertretern. Am Vormittag des 6. Dezember übernahm eine Bürgerinitiative, bestehend aus Mitgliedern der Gruppe der 20, der „Gruppe der 4" und des Neuen Forums die Objektsicherung. Am Nachmittag fand eine erste Beratung der Bürgervertreter mit einer Regierungskommission aus Berlin statt, bei der es um die Bildung einer gemeinsamen Kommission als Grundlage für die weitere Arbeit ging.[114]

Die Vertreter des Dresdner BAfNS zeigten sich insgesamt wenig kooperativ. In den meisten Fällen nutzten sie die Kooperationsbereitschaft, Gutwilligkeit und Ahnungslosigkeit der Bürgervertreter im Sinne ihrer Verzögerungs- und Verschleierungstaktik aus. Das zeigte sich auch bei der Begehung des Bezirksamtes.[115] Die zuständigen Offiziere verweigerten jede Mitarbeit, und überall zeigten sich Spuren bereits vollzogener Vernichtung von Unterlagen.[116] Die Wut der Bevölkerung machte sich angesichts der Ohnmacht gegenüber dem bürgerfeindlichen Verhalten der Staatssicherheit auf andere Weise Luft. Vor der MfS-Siedlung an der Bautzner Straße belagerten aufgebrachte Bürger die Häuser von Mitarbeitern und warfen Steine in die Fensterscheiben.[117]

---

114 Vgl. 1. Bericht der gemeinsamen Kommission aus Bürgervertretern und Beauftragten der DDR-Regierung im ehemaligen AfNS Dresden vom 3.1.1990 (HAIT DS K 7).

115 Zentraler Operativstab, Bericht zur sicherheitspolitischen Lage in der Hauptstadt und in den Bezirken der DDR vom 6.-7.12.1989 (BStU, ZA, XXII 828, Bl. 17-21).

116 Vgl. „Verzögert und dummgestellt". In: Die Union vom 8.12.1989.

117 Vgl. Der Spiegel vom 18.12.1989.

Die Basisdemokratische Fraktion der Stadtverordnetenversammlung

1. Neubestimmung von Rolle und Funktion der Gruppe im Dezember 1989

Am 18. November hatte Wagner bei einer Sitzung des Koordinierungsausschusses vorgeschlagen, die Kernmannschaft der Gruppe der 20 um Vertreter der wichtigsten Dresdner Oppositionsgruppen zu erweitern. Der Vorschlag resultierte aus der Erkenntnis der Notwendigkeit, die Kräfte zu bündeln,[1] „die Stärke zwanzig zu halten und die Gruppe aufzufüllen mit Leuten, die politikfähig sind und die vorhandenen politischen Gruppen repräsentieren".[2] Es hatte sich inzwischen gezeigt, daß die Gruppe der 20 nicht identisch war mit dem an Einfluß gewinnenden Teil der Opposition, der im Gegensatz zu einigen Gruppenmitgliedern „ganz klare politische Vorstellungen" besaß.[3] Seit dem 6. Dezember arbeiteten deswegen Erich Sobeslavsky (SDP), Arnold Vaatz (Neues Forum)[4] und Jürgen Bönninger (DA)[5] in der Kernmannschaft der Gruppe der 20 mit. Die neuen Mitglieder verfügten über einen anderen Erfahrungshintergrund als die sogenannten „Urmitglieder". Er war geprägt durch ihre aktive Auseinandersetzung mit dem SED-Regime und ihren Willen, der SED aktiven Widerstand entgegenzusetzen. Die oppositionellen Gruppierungen zögerten nicht, Vertreter in die Gruppe der 20 zu entsenden, war es doch von Anfang an ihr Ziel gewesen, die Gruppe als politische Plattform gegen die Diktatur zu benutzen. In diesem Sinne hatte Vaatz bereits am Abend des 9. Oktober in der Kreuzkirche Kontakt aufgenommen. Nun trat er in der Gruppe für Forderungen ein, die über die kommunalpolitische Entscheidungsebene hinausgingen.[6] Erich Sobeslavsky wurde auf einer Vorstandssitzung der SDP-Stadtleitung aufgefordert, in der Gruppe der 20 mitzuarbeiten. Die neugewonnenen Mitglieder der Kerngruppe trugen dazu bei, daß sich das Selbstverständnis der Gruppe wandelte. Aber auch im Umfeld der Gruppe gab es Personen, die darauf Einfluß nahmen. Vaatz zählt dazu vor allem Ziemer, Heitmann, Uta Dittmann und einige Vertreter der Sektionen.[7]

Die Kooptierung der Vertreter von SDP, Neuem Forum und Demokratischem Aufbruch in den Führungskreis war ein wichtiger Schritt bei der Trans-

1 Neues Forum, Kulturpalast, 18.11.1989 (Privatbestand Fritz Pielenz). Interview mit Steffen Heitmann. In: Flach, Der Demokratisierungsprozeß, S. 79

2 Interview mit Herbert Wagner. In: Ebd., S. 77; Vortrag Herbert Wagners „Die Gruppe der Zwanzig und die politische Wende in Dresden" am 4.11.1997 (Mitschrift M. Richter, HAIT DS, Gruppe der 20).

3 Interview mit Arnold Vaatz. In: Flach, Der Demokratisierungsprozeß, S. 79.

4 Vgl. Martin Fiedler: „Ein Revolutionär an der Macht". In: Leipziger Volkszeitung vom 1./2.6.1991.

5 Für Bönninger arbeitete später Werner Ritter (DA) mit. Vgl. Dok. 107.

6 Vgl. Interview mit Arnold Vaatz. In: Flach, Der Demokratisierungsprozeß, S. 76.

7 Vgl. ebd., S. 79.

formation der Strukturen der Bürgervertretung hin zu einer breiteren Vertretung der neuen politischen Kräfte in der Kommunalpolitik. Die damit verbundene Neubestimmung von Rolle und Funktion der Gruppe stieß allerdings auf Kritik derer, die die Gruppe in ihrem Gründungszustand belassen wollten und führte dazu, daß einige Mitglieder „sich in einem unübersichtlichen Gelände nicht mehr geführt sahen, orientierungslos waren und nicht mehr richtig wußten, was sie eigentlich wollten".[8] Diese Neubestimmung bewies aber andererseits die Fähigkeit der Gruppe, sich flexibel auf die Dynamik des revolutionären Prozesses einzustellen. Im Übergang zu neuen, tragfähigen Formen legitimierter Interessenvertretung der Bevölkerungsteile, die im bisherigen System kaum eine Stimme hatten, löste sich die Gruppe der 20 in ihrer ursprünglichen Form immer mehr auf. Angesichts der avisierten Bildung einer basisdemokratischen Vertretung wurde sie seit der 5. Stadtverordnetenversammlung am 1. Dezember auch in deren Protokollen nicht mehr explizit erwähnt.[9] Andererseits spielte sie in der Periode von der 4. Tagung der Stadtverordneten am 22./23. November bis zur Bildung der Basisdemokratischen Fraktion weiterhin die Rolle eines Autoritätsorgans, und die oppositionellen Kräfte nutzten den Nimbus sowie die öffentliche Akzeptanz der Gruppe für ihre Ziele.

In ihren Dezembersitzungen beschäftigte sich die Gruppe hauptsächlich mit der Vorbereitung der Bildung der Basisdemokratischen Fraktion. Dabei wurde sie nach der Bildung des Zentralen Runden Tisches der DDR am 7. Dezember[10] und der folgenden DDR-weiten Einrichtung entsprechender Gremien auf Bezirks-, Kreis- und kommunaler Ebene mit der Frage konfrontiert, ob auch für die Stadt Dresden ein Runder Tisch sinnvoll wäre oder man beim bisherigen Modell bleiben sollte. Berghofer hatte Ziemer die Bildung eines Runden Tisches vorgeschlagen. Ziemer, die anderen Berater und die Gruppe lehnten dies aber ab, weil, so Heitmann, „wir sagten, diese Funktion nehmen in Dresden wir wahr. Wir brauchen keinen Runden Tisch, wo ja die ganzen alten Kräfte verschleiert jetzt plötzlich als selbständige Kräfte am Runden Tisch saßen. Das war ja die Taktik der SED schon nach 1945 gewesen, indem sie die Massenorganisationen hineinnahm, aber politisch unterwandert hatte. Und so war jetzt dasselbe Bemühen wieder, diesen Kräften ein eigenes Gewicht zu geben. In Wirklichkeit waren sie aber keine eigenen Kräfte, sondern es waren Teile der SED."[11] Auch Vaatz lehnte das Modell des Runden Tisches ab und empfahl statt dessen, darauf hinzuwirken, daß die Stadtverordnetenversammlung sowie der Kreis- und Bezirkstag sich zwar nicht auflösen, „aber zurücknehmen und ungefähr die Hälfte der Plätze den Oppositionsgruppierungen übergeben". Bei einer „Duplizität, Runder Tisch einerseits und Administration andererseits" befürchtete er, der Runde Tisch würde zu einer „PR-Veranstaltung der Administration" werden, während die Opposition auf Distanz

8 Interview mit Uta Dittmann.
9 Vgl. Stadtarchiv Dresden, StVV, Protokolle, 155, unpag.
10 Vgl. Herles/Rose, Vom Runden Tisch; Thaysen, Der Runde Tisch.
11 Interview mit Steffen Heitmann. In: Flach, Der Demokratisierungsprozeß, S. 93.

gehalten werde.[12] Die oppositionellen Bewegungen in Berlin waren in einer anderen Situation als die Gruppe der 20. Sie standen erst am Anfang ihrer Verhandlungen und waren als Gesprächspartner und Interessenvertreter vom Staat nicht anerkannt. Ihre Bemühungen zielten daher später als in Dresden darauf ab, mit der politischen Führung ins Gespräch zu kommen. In der formalen Struktur, der Arbeitsweise und bei den Zielen hielten sich Unterschiede und Gemeinsamkeiten im Vergleich zur Gruppe der 20 die Waage. Betrachtet man das Selbstverständnis der neuen politischen Kräfte am Zentralen Runden Tisch mit Aussagen der Gruppe der 20, so ist durchaus eine inhaltliche Nähe festzustellen. Die neuen politischen Kräfte am Runden Tisch und die Gruppe der 20 plädierten gleichermaßen dafür, eine offene gesellschaftliche Kommunikation in Gang zu setzen, Wege zur Überwindung der Verhältnisse in der DDR aufzuzeigen und die Öffentlichkeit in diesen Prozeß einzubinden. Ein wichtiges Ziel dabei waren demokratische Wahlen. Vergleicht man allerdings die formale Struktur der Runden Tische und der Dresdner Dialoggruppe,[13] so lassen sich wichtige Unterschiede erkennen. Die Gruppe der 20 saß bei ihren Verhandlungen dem Rat der Stadt gegenüber. Am Runden Tisch hingegen trafen sich Vertreter unterschiedlicher Parteien und Gruppierungen. Die Exekutive war nicht direkt, sondern nur durch die Regierungsparteien vertreten. Die Konfrontationslinie verlief zu Beginn zwischen alten und neuen Kräften.[14] Insgesamt aber prägte eine Diskurssituation den Runden Tisch. Die politischen Hauptinteressen wurden von Partikularinteressen der unterschiedlichen Parteien und Bewegungen überlagert, was im Verlauf der Entwicklung immer wieder dazu führte, daß sich die Konfrontationslinien änderten. Freilich entwickelte sich auch das Dresdner Modell. Verstand sich die Gruppe der 20 zunächst als Dialogforum, wandelte sie sich zum Zeitpunkt der Entstehung Runder Tische gerade zum Repräsentationsorgan der neuen politischen Kräfte Dresdens. Eine Annäherung beider Modelle erfolgte im Prozeß der Einbeziehung der Opposition in die sich demokratisierenden parlamentarischen Einrichtungen. Ob einzeln oder gebündelt als Basisdemokratische Fraktionen traten die oppositionellen Kräfte ab Januar 1990 in den bisherigen „Volksvertretungen" des SED-Staates politisch in Erscheinung.

In Dresden stand am 20. Dezember die Bildung einer basisdemokratischen Vertretung in der Stadtverordnetenversammlung auf dem Programm der Gruppe der 20. Einen Tag zuvor hatte Bundeskanzler Kohl Dresden besucht und war von der Dresdner Bevölkerung gefeiert worden. Rund 20 000 Bürger hatten sich an Kundgebungen beteiligt, auf denen der Wunsch nach deutscher Einheit dominierte. Neubert, Vaatz, Wagner und andere Oppositionelle waren vom Kanzler zu einem Gespräch empfangen[15] und darüber informiert worden,

12 Interview mit Arnold Vaatz. In: Ebd., S. 96.

13 Zur Dresdner Dialoggruppe gehörte neben der Gruppe der 20 auch der Rat der Stadt. Nur in dieser Konstellation ist das Dresdner Modell mit den unterschiedlichen Modellen Runder Tische vergleichbar.

14 Vgl. Thaysen, Der Runde Tisch, S. 45.

15 Vgl. Interview mit Frank Neubert und Neuberts Äußerungen vor der Enquete-Kommission des Bundestags (Privatbestand Frank Neubert); „Ein Kindheitstraum verwirklicht

daß nach seiner Kenntnis von sowjetischer Seite kein militärisches Eingreifen zu erwarten sei und er ohne Rücksprache mit der Opposition in der DDR keine Verträge mit der Regierung Modrow abschließen werde. Bei der Sitzung der Gruppe der 20, die noch ganz unter dem Eindruck des Besuchs stand, ging es um die Vorbereitung der nächsten Stadtverordnetenversammlung am 25. Januar, zu der den neuen Parteien und Gruppen am 13. Januar eine neue Geschäftsordnung zur Prüfung übergeben werden sollte. Es war vorgesehen, daß die oppositionellen Gruppen eine dreißigköpfige Fraktion bildeten. Man einigte sich auf die Struktur einer Basisdemokratischen Fraktion, die die gesamte außerparlamentarische Opposition Dresdens einschließlich der Gruppe der 20 repräsentieren sollte. Als Kriterien für die Mitarbeit verständigte man sich darauf, daß die mitarbeitenden Gruppierungen über ein eigenes Programm verfügen und bereit sein müßten, bei den kommenden Wahlen zu kandidieren.[16] Ziel, so Christoff Andrich, war die Bildung eines Daches, unter dem alle neuen politischen Parteien und Vereinigungen zusammenarbeiten konnten. Wichtig war, „daß sich die Opposition nicht in einzelne kleine Bewegungen zersplittert, sondern ihre Aufgabe, die endgültige Beseitigung der ungeliebten politischen Verhältnisse, auch gemeinsam anpackt".[17]

Weitere Themen waren die künftige Nutzung der MfS-Immobilien, die wirtschaftliche Zusammenarbeit mit der Bundesrepublik, der Tourismus, die Stadtwirtschaft, ökologische Probleme und die Rekonstruktion der Inneren Neustadt. Die Gruppe der 20 befürchtete, daß bei der verstärkt einsetzenden ökonomischen Kooperation mit der Bundesrepublik eine ausreichende Kontrolle durch die basisdemokratischen Gruppen fehlen und die SED dies zur Stärkung ihrer Position nutzen würde. Die Gruppe schlug deswegen vor, Vertreter der oppositionellen Gruppen und Parteien zu benennen, die die wirtschaftliche Zusammmenarbeit kontrollieren und bei schnellen Entscheidungen hinzugezogen werden sollten.[18] Die Befürchtungen basierten auf der Feststellung, daß das westliche Interesse in erster Linie wirtschaftlicher Zusammenarbeit galt und bundesdeutsche Politiker deswegen lieber mit SED-Funktionären wie Modrow oder Berghofer als mit Oppositionskräften verhandelten. So nahm der baden-württembergische Ministerpräsident Lothar Späth die Gruppe zunächst als politische Macht kaum wahr, sondern stattete ihr lediglich einen Anstandsbesuch ab. Nach Meinung Heitmanns setzte er, wie andere Politiker auch, zunächst auf die „Reformkräfte der alten Kräfte". Die Gruppe der 20 hielt er zunächst eher „für Chaoten, für ein ungeordnetes Revolutionshäufchen". Im Januar 1990 änderte sich das Verhältnis und die Beziehungen der Gruppe nach Baden-Württemberg intensivierten sich erheblich.[19]

---

sich". In: Die Union vom 3.10.1990; Dokumente zur Deutschlandpolitik, S. 673; Wehnert/Graff, Stürmischer Herbst, S. 91f.

16 Vgl. Dok. 98; Dok. 99. Hier ist auch die Rede von der „Fraktion der Gruppe der 20".

17 Dok. 100.

18 Dok. 99.

19 Interview mit Steffen Heitmann. In: Flach, Der Demokratisierungsprozeß, S. 85f.

Am 27. Dezember legte die Gruppe der 20 die personelle Sitzverteilung der Basisdemokratischen Fraktion fest. Die drei größeren Oppositionsgruppen Neues Forum, Demokratischer Aufbruch und SPD erhielten je fünf Sitze, Grüne Partei, Grüne Liga und die Arbeitsgruppe Frieden der Dresdner Kirchenbezirke bekamen je einen Sitz, zwölf Mandate gingen an die Vertreter der Gruppe der 20 und ihrer Arbeitsgruppen.[20] Die Zahl der Mitglieder der Fraktion änderte sich später durch Austritte und die Vergabe weiterer Mandate z.B. an Demokratie Jetzt. Nach außen trat die Gruppe am 27. Dezember mit der Forderung nach Entfernung der SED/PDS-Strukturen in den Betrieben, der Auflösung der Parteigruppen und einer Offenlegung der Finanzierung der DDR-Parteien in Erscheinung. Heitmann kritisierte öffentlich die fortdauernde Steuerung des DDR-Fernsehens durch die SED/PDS und forderte die Bildung eines Medien- bzw. Fernsehrates, Baumgart sprach sich für ein Verbot der Arbeiter- und Bauerninspektion (ABI) aus.

Am 3. Januar wandte sich Wagner in einem Schreiben an die nominierten Mitglieder der Basisdemokratischen Fraktion und erinnerte sie daran, daß ihre Mitarbeit neben Sachkenntnis und Politikfähigkeit auch die Bereitschaft zur Kandidatur bei den nächsten Wahlen einschließe. Er lud zur ersten Fraktionssitzung am 16. Januar in das Büro der Gruppe der 20 in der Alaunstraße ein, um die Strategie der gemeinsamen Arbeit zu beraten und einen Fraktionssprecher sowie ein Vorstandsmitglied für die Stadtverordnetenversammlung zu wählen.[21] Am 13. Januar nahmen die Mitglieder der Fraktion erstmals an einer Fragestunde der Stadtverordnetenversammlung und des Rates der Stadt teil, bei der die Stellvertreterin des Oberbürgermeisters, Wandel (SED/PDS), über die kommunalpolitische Lage und die „objektiven Ausgangsdaten bei der Erarbeitung des Planentwurfs 1990“ informierte.[22] Nach dem Referat Wandels beantworteten die Mitglieder des Rates Anfragen der Stadtverordneten, wobei aus Sicht der Basisdemokratischen Fraktion viele Fragen offen blieben oder nur unzureichend beantwortet wurden. Die Fraktion kritisierte daher in einer Presseerklärung Schwerpunkte, Dringlichkeit und Wichtung der vorgelegten Daten.[23] Die ebenfalls bemängelte passive Haltung der Stadtverordneten veranlaßte die Fraktion, dem Rat der Stadt am 15. Januar ihr grundsätzliches Mißtrauen auszusprechen. Wiederholte Forderungen nach einer Analyse der sozialen und wirtschaftlichen Situation der Stadt seien bislang unbeantwortet geblieben.[24]

20 Vgl. Privatbestand Erich Sobeslavsky.
21 Vgl. Dok. 102.
22 Tagesordnung der StVV vom 13.1.1990 (Privatbestand Erich Sobeslavsky).
23 Vgl. Privatbestand Christoff Andrich.
24 Vgl. Die Union vom 31.12.1990/1.1.1991.

2. Legalisierung der Gruppe der 20 im Januar 1990

Verbunden mit der Bildung der Basisdemokratischen Fraktion kam es zur Legalisierung der Gruppe der 20. Obwohl sie bereits seit über einem Vierteljahr existierte, erfolgte erst am 24. Januar ihre offizielle Gründung im Sinne der DDR-Gesetze.[25] Wagner wurde Vorsitzender, Neubert Stellvertreter sowie Pressesprecher, Brandes Finanzbeauftragter, Heitmann und Brunhilde Reim kontrollierten fortan die Kassen- und Finanzgeschäfte. Noch im Januar erfolgte die Eintragung als gemeinnützige Organisation in das Vereinsregister, was die Freistellung einiger Mitglieder von ihrer Arbeit bei voller Bezahlung ermöglichte. Nach der Anerkennung gab sich die Gruppe ein Statut, das sich eng an die Grundsatzerklärung der Basisdemokratischen Fraktion anlehnte und von Mitgliedern verschiedener ZAG entwickelt worden war. Die Gruppe bezeichnete sich darin als basisdemokratische Bürgerinitiative, die für einen freiheitlichen demokratischen Rechtsstaat, die Einführung einer sozial und ökologisch orientierten Marktwirtschaft sowie für die Einheit Deutschlands und Europas in Frieden und Freiheit eintrete. Sie wolle keine neue Partei bilden, aber ein Wahlbündnis zwischen „demokratischen Kräften der Mitte“ wie dem Neuen Forum, dem Demokratischen Aufbruch und der SPD befördern. Als Ziel nannte sie die Förderung der Kommunikation zwischen den neuen politischen Kräften. Die Gruppe erklärte, ihre Existenzberechtigung und ihre Zielstellung nach den ersten freien Wahlen zur Stadtverordnetenversammlung überprüfen zu wollen. Sie beanspruchte durch ihre Mitwirkung innerhalb der Basisdemokratischen Fraktion und in den ZAG Einfluß auf die Kommunalpolitik und den „politischen Geist in der Stadt Dresden“ und bestand laut Statut aus fünfzehn bis fünfundzwanzig Mitgliedern, die berufen wurden. Die Berufung von Mitgliedern oppositioneller Gruppierungen setzte eine Benennung durch deren entscheidungsberechtigte Organe voraus. Ausdrücklich wurde erklärt, daß die Gruppe ihre „fortgesetzte Legitimierung aus ihrem Unterstützerkreis“ herleite, zu dem zähle, wer als Bürger der Stadt Dresden eine Spende von einer Mark auf das Konto der Gruppe überwiesen habe.[26]

Am 5. Februar erfolgte die staatliche Zulassung der Gruppe der 20 als Vereinigung durch den Stellvertreter des Oberbürgermeisters für Inneres.[27] Nach ihrer Legalisierung erhielten sie sowie weitere basisdemokratische Organisationen Räume in der ehemaligen SED-Kreisleitung in der Kreuzstraße zur Verfügung gestellt, wodurch sich ihre Arbeitsbedingungen erheblich verbesserten. Bislang hatte die Gruppe provisorisch in einer von Boltz vermittelten Wohnung in der Dresdner Neustadt gehaust, wo auch die ersten Sprechstunden der Gruppe stattfanden. Für die Einrichtung des neuen Büros war wie schon zuvor Irmtraut Riethmüller zuständig, die zusammen mit Wagner zur Gruppe gestoßen war und nun für Organisation und Sekretariat zuständig

25 Vgl. Dok. 107.
26 Dok. 106; vgl. Dok. 103.
27 Vgl. Dok. 113.

zeichnete. Sie stattete den Raum mit Mobiliar und anderen Utensilien aus, die meist gespendet waren.[28] Das neue Domizil diente gleichzeitig als Büro der Basisdemokratischen Fraktion, befand sich in der Nähe des Rathauses und verfügte, was in der DDR keine Selbstverständlichkeit war, über einen Telefonanschluß. Der Basisdemokratischen Fraktion wurde ein Auto samt Fahrer zur Verfügung gestellt. Wagner und Neubert erhielten für ihre Aufgaben Freistellungen von der Arbeit. Ihre Aktivitäten in der Gruppe der 20 galten nun offiziell als „gesellschaftliche Tätigkeit".[29]

3. Bildung und erste Aktivitäten der Basisdemokratischen Fraktion

Am 18. Januar fand, noch im Büro der Gruppe der 20 in der Alaunstraße, die konstituierende Sitzung der Basisdemokratischen Fraktion statt. Bei einer Stimmenthaltung wurde Wagner zum Vorsitzenden der Fraktion gewählt. Sekretär der Fraktion und Mitglied des Präsidiums bzw. der Ständigen Tagesleitung der Stadtverordnetenversammlung wurde Christoff Andrich, der in dieser Funktion für die Koordination der Fraktionsarbeit verantwortlich war und hauptamtlich angestellt wurde. Da die Stadtverordnetenversammlung ab Anfang des Jahres alle vierzehn Tage, manchmal sogar wöchentlich zusammentrat,[30] traf sich auch die Fraktion dementsprechend oft zur Vor- und Nachbereitung der Sitzungen.[31] An den Arbeitsstil mußten sich viele erst gewöhnen, da kaum einer wußte, was Fraktionsarbeit bedeutete. Anregungen holte man sich bei einem Besuch im baden-württembergischen Landesparlament.[32] Zwischen den Fraktionssitzungen kam der Fraktionsvorstand zusammen, dem neben Wagner noch Heitmann als stellvertretender Vorsitzender, Christoff Andrich als Sekretär, Maria Jacobi als 1. Sprecherin, Frank Heltzig als 2. Sprecher, Frank Neubert als Pressesprecher der Gruppe der 20 sowie Roland Nedeleff (SDP/SPD) und Walter Siegemund angehörten.[33]

Die Fraktion verstand sich für eine Übergangszeit bis zu freien Wahlen als „Vertretung der Bürger, die sich in der Vergangenheit der diktatorischen Politik der SED verweigert haben und jetzt in offener Opposition zu ihr stehen. Sie hat gemeinsame inhaltliche Ziele, die sie in der Stadt Dresden umsetzen will." Die Fraktion setzte einen Teil der Arbeit der Gruppe der 20 fort, die weiter existierte und nun vor allem für die Durchführung der Demonstrationen und die Koordinierung der Arbeit der Sektionen sowie verschiedener anderer kommunaler Initiativen verantwortlich war.[34]

28 Vgl. Interview mit Irmtraut Riethmüller.
29 Grundlage war ein Beschluß des Ministerrates vom 21.12.1989 in Verbindung mit § 182 des Arbeitsgesetzbuches.
30 Vgl. Interview mit Christoff Andrich; Flach, Die Gruppe der 20, Teil 2, S. 6.
31 Vgl. Aufzeichnungen zur Fraktionssitzung am 3.2.1990 (Privatbestand Walter Siegemund).
32 Vgl. Interview mit Peter Göbel.
33 Vgl. Flach, Die Gruppe der 20, Teil 2, S. 4f.
34 Vgl. Flach, Der Demokratisierungsprozeß, S. 96–101.

War die Entscheidung zur Mitarbeit in der Gruppe der 20 und ihren Sektionen oft spontan erfolgt, so stellte die Mitarbeit in der Basisdemokratischen Fraktion eine bewußte Entscheidung für die Politik dar und bedeutete, nicht nur im Umbruchprozeß mitzuwirken, sondern auch Verantwortung im neuen System zu übernehmen. Dazu waren aus der Gruppe der 20 keinesfalls alle bereit. Brandes z. B. wollte sich „mit den Leuten der Macht nicht zu stark engagieren" und sich „nicht einbinden" lassen. Ähnlich sahen das auch andere Gruppenmitglieder, die deswegen und weil „sich die Leute das zeitlich gar nicht leisten konnten", verhältnismäßig wenig in der Basisdemokratischen Fraktion mitarbeiteten.[35]

Während der konstituierenden Sitzung wurden die Richtlinien der Fraktionsarbeit festgelegt, die auch als Maßstab für die Aufnahme neuer Gruppierungen dienten. Nachdem es im Vorfeld Diskussionen über die Ziele der Fraktion gegeben hatte,[36] einigten sich die Mitglieder auf einen freiheitlich-demokratischen Rechtsstaat, eine ökologisch und sozial verantwortete Marktwirtschaft und die Einheit der deutschen Nation im Rahmen einer europäischen Friedensordnung als gemeinsame Ziele.[37] Diese Ziele unterschieden sich damit erheblich von den eher reformsozialistischen Vorstellungen basisdemokratischer Gruppierungen auf DDR-Ebene. Mit der Forderung nach staatlicher Einheit hatte sich auch die Gruppe der 20 zunächst nicht befaßt, da eine Wiedervereinigung angesichts der internationalen Implikationen der deutschen Frage unrealistisch schien.[38] Die Arbeit war auf Veränderungen im Rahmen der DDR ausgerichtet, wenngleich die Bundesrepublik in vielerlei Hinsicht als Vorbild galt.[39] Das Ziel der staatlichen Einheit rückte Ende 1989 stärker ins Visier, zu einem Zeitpunkt also, als die Tätigkeit vieler Arbeitsgruppen bereits abgeschlossen war. Das Neue Forum stellte nun unter Federführung von Vaatz Thesen auf, wie die Wiedervereinigung herbeizuführen sei. Dazu zählte die Einführung der D-Mark in der DDR, die Orientierung auf föderative Strukturen, die Einführung der Marktwirtschaft und das sofortige Zusammentreten des Alliierten Kontrollrats.[40] Nicht jeder Gruppierung fiel es leicht, das Programm mitzutragen. So wurden mit dem Bekenntnis zum westlichen Wertekonsens Aufnahmeanträge der Vereinigten Linken (VL) und des Unabhängigen Frauenverbandes (UVF) hinfällig, da beide Gruppierungen sich mit entsprechenden Zielen nicht identifizieren konnten und daher von sich aus eine Mitarbeit in der Fraktion ausschlossen. Auch für die Grüne Partei bedeutete die Anerkennung des Programms der Basisdemokratischen Fraktion einen Kompromiß, orientierte sich die Partei auf DDR-Ebene doch an den bundesdeutschen Grünen, die einen einheitlichen deutschen Nationalstaat mehrheitlich ablehnten. Die Dresdner Gruppe der Grünen Partei konnte der Fraktion

35 Interview mit Dieter Brandes. In: Flach, Der Demokratisierungsprozeß, S. 97.
36 Vgl. Dok. 104.
37 Vgl. Dok. 109.
38 Vgl. Interviews mit Manfred Artur Fellisch, Johannes Pohl und Eberhard Ohst.
39 Vgl. Interview mit Johannes Pohl.
40 Vgl. Interviews mit Dieter Reinfried, Friedrich Boltz und Eberhard Ohst.

nur beitreten, weil sie sich ausdrücklich mit der Wiedervereinigung einverstanden erklärte.[41] Vereinigte Linke und Unabhängiger Frauenverband stellten Anfang Februar den Antrag, als selbständige Fraktion zu wirken, was am 22. Februar mit der Begründung abgelehnt wurde, daß die bereits bestehenden Fraktionen keine Erweiterung wünschten. Es sei die Aufgabe des „Runden Tisches", alle neu entstandenen politischen Vereinigungen und Parteien zu sammeln und Antrag auf Bildung einer neuen Fraktion zu stellen. Das Recht der Rede und der Teilnahme an der Stadtverordnetenversammlung wurde ihnen jedoch eingeräumt.[42] Am 6. April beantragte die Vereinige Linke noch einmal ihre Aufnahme in die Basisdemokratische Fraktion, erhob dabei aber zugleich schwere Vorwürfe und sprach von „Scheinparlamentarismus" sowie einer „Alibifunktion für ein (Nicht-)Weiterfunktionieren nach altem Muster".[43]

Auch für verschiedene Akteure der Gruppe der 20 stellte die Entwicklung in Richtung Wiedervereinigung durchaus keine Selbstverständlichkeit dar. In der Gruppe gab es verschiedene Strömungen.[44] Ein Flügel plädierte für einen Dritten Weg auf der Grundlage einer tiefgreifenden Reform der DDR-Gesellschaft. Vertreter dieser Richtung lehnten die deutsche Einheit ab. So dachte z.B. Andreas Horn zunächst überhaupt nicht daran, den Sozialismus abzuschaffen: „Das lag eigentlich ziemlich fern. Wenn man mich gefragt hätte, hätte man stärker darüber nachgedacht. Aber zunächst einmal war das nicht vordergründig das Ziel, geschweige denn die Wiedervereinigung." Ihm ging es um eine Verbesserung im Rahmen der DDR.[45] Ebenso betonte Boltz, die deutsche Einheit sei ihm „völlig unwichtig" gewesen, sein Ziel war „ein offenes Land". Das „Reinstürzen" in die staatliche Einheit habe er nie unterstützt.[46]

Einer anderen Richtung erschien die deutsche Einheit zwar wünschenswert, aber die Entwicklung ging ihr zu schnell oder in eine falsche Richtung. Zu ihnen zählte Christoff Andrich, der die Entwicklung im Dezember als gefährlich einschätzte, weil er befürchtete, daß der Ruf nach staatlicher Einheit die Sowjetunion zur Intervention veranlassen könnte.[47] Für Brandes stellte der Prozeß keine Wiedervereinigung dar, sondern ein „Zusammenwerfen von zwei Systemen". Beide deutsche Staaten sollten sich nach seiner Überzeugung annähern, voneinander lernen und sich dann auf Grundlage einer neuen, gemeinsam erarbeiteten Verfassung vereinigen.[48] Ähnlich hoffte auch Zacher auf „eine Art dritten Weg", der „die Positiva beider Systeme miteinander vereint und die Negativa weitgehend ausschaltet".[49] Zumindest, so auch Ziemer,

41 Vgl. Interviews mit Herbert Wagner und Friedrich Boltz.
42 Niederschrift über die Beratung der Ständigen Tagungsleitung der StVV am 22.2.1990 (Privatbestand Christoff Andrich). Mit dem „Runden Tisch" ist die Gruppe der 20 gemeint.
43 Privatbestand Lilli Ulbricht. Vgl. Flach, Die Gruppe der 20, Teil 2, S. 3.
44 Vgl. Interview mit Steffen Heitmann.
45 Interview mit Andreas Horn.
46 Interview mit Friedrich Boltz.
47 Vgl. Interview mit Christoff Andrich.
48 Interview mit Dieter Brandes.
49 1. Interview mit Peter Zacher.

sollte das Grundgesetz im Hinblick auf basisdemokratische Elemente wie eine Volksgesetzgebung modifiziert werden.[50] „Für uns", so Uta Dittmann, „kam eigentlich schon die erste Krise im November nach der Öffnung der Mauer, nach dem Gossengebrüll aus Leipzig, das dann losging und dem Fahnenschwenken und so weiter, daß wir begriffen, daß im Grunde die Sache verloren ist, daß man überhaupt einen eigenen Weg versuchen konnte. Da haben viele sich schon zurückgezogen. Da kam so die erste tiefe Depression."[51]

Eine dritte, letztlich dominante Richtung strebte die Übernahme des Systems der Bundesrepublik mit Grundgesetz und sozialer Marktwirtschaft an und wünschte sich eine schnelle Vereinigung. Deshalb erschien hier der Beitritt zur Bundesrepublik als beste Lösung. Zu ihr zählte neben Vaatz und Heitmann auch Johannes Pohl, für den „ein Weg, der ein Nebeneinander für immer konstruierte, nicht funktioniert hätte".[52]

Die Zusammenarbeit zwischen den unterschiedlichen Lagern funktionierte sowohl in der Gruppe der 20 als auch innerhalb der Basisdemokratischen Fraktion anfangs recht gut. Gemeinsam wollte man eine Restauration der alten Macht verhindern. Der Wille, das System zu beseitigen, war das einende Moment. Viele Gruppenmitglieder erkannten aber bereits im Oktober, daß sich ihre politischen Wege bald trennen würden. Einigkeit, so Andrich, bestand in der Basisdemokratischen Fraktion darüber, „was man nicht wollte, wogegen man war. Schon beim Nachdenken über Ursachen und Auswege aus der damaligen Misere stellte sich jedoch heraus, daß es völlig unterschiedliche Ansätze gibt."[53] „Uns einte", so auch Pohl, „ein gleiches Ziel und wir hatten einen Gegner". Ziel war die Schaffung einer kommunalen Selbstverwaltung durch freie Wahlen. Der Gegner war die alte, SED-gelenkte Stadtverwaltung, „diese zentralistische Struktur, die wir vorgefunden haben".[54]

Die erste ordentliche Fraktionssitzung der Basisdemokratischen Fraktion fand am 23. Januar statt. Hauptthemen waren die Vorbereitung der 6. Tagung der Stadtverordnetenversammlung am 25. Januar und die Sicherung der Arbeitsfähigkeit der Fraktion.[55] Kontrovers wurde diskutiert, ob die Fraktion das ihr zugebilligte Recht auf Abstimmung wahrnehmen sollte oder nicht. Für eine Teilnahme wurde geltend gemacht, daß der Runde Tisch ebenfalls abstimmte, eine Stimme entscheidend sein konnte, Rechte auch Pflichten einschlössen und man sich der Verantwortung nicht entziehen dürfe. Eine deutliche Mehrheit aber sprach sich gegen die Nutzung des Stimmrechts aus, weil damit der Anschein von Demokratie erzeugt werde, oft mit der PDS gestimmt werden müsse und man über kein Mandat verfüge.[56] Man wolle keine Scheindemokratie legitimieren, und die Fraktion sei parlamentarisch-demokratisch

50 Vgl. Ziemer, Man ging einfach nicht den Weg aller mit, S. 241.
51 Interview mit Uta Dittmann.
52 Interview mit Johannes Pohl.
53 Interview mit Christoff Andrich.
54 Interview mit Johannes Pohl.
55 Vgl. Antrag der BDF an die 6. Tagung der StVV vom 5.2.1990 (Stadtarchiv Dresden, StVV, Protokolle, 157, unpag.).
56 Vgl. Privatbestand Walter Siegemund, Bl. 17; Flach, Die Gruppe der 20, Teil 2, S. 4.

ebenfalls nicht legitimiert. Heitmann erinnert sich, „daß wir darüber gesprochen und entschieden gesagt haben, wir wollen kein Stimmrecht, weil wir dann in die Mitverantwortung hineingezogen werden. Das geschah aber auch ohne Stimmrecht durch die aktive Mitarbeit an Vorgängen, die wir nicht wirklich bestimmen konnten." Berghofer habe die Stadtverordnetenversammlung „zur demokratischen Absicherung seiner eigenen Absichten" benutzt. Sein Ziel sei es gewesen, die neuen politischen Kräfte zu binden und in formalen Dingen zu verbrauchen.[57] Andrich berichtet: „Man wollte uns ‚kooptieren' in die Stadtverordnetenversammlung mit Stimmrecht und mit allem drum und dran. Wir haben uns aber recht klar entschieden und es ist dann auch dabei geblieben bis zur Kommunalwahl im Mai 1990, daß wir zwar Rede- und Antragsrecht hatten, aber kein Stimmrecht. Wir wären ja sowieso in der Minderheit gewesen mit unseren 30 Stimmen."[58] Indem die Fraktion auf das Stimmrecht verzichtete, konnte sie eine neutralere Position einnehmen und den demokratischen Ablauf der Arbeit in der Stadtverordnetenversammlung besser kontrollieren. Sie stand mit einem Fuß außerhalb der Versammlung, was eine distanzierte Sicht und konstruktive Kritik ermöglichte, ohne selbst in den Geruch des demokratisch nie bestätigten Gremiums zu geraten.

4. Sechste Tagung der Stadtverordnetenversammlung und Rolle Berghofers

Die 6. Tagung der Stadtverordnetenversammlung am 25. Januar fand, wie schon die vorangegangenen Tagungen, großes öffentliches Interesse. Der Sender Dresden übertrug sie live, und weitere fünf Fernsehstationen sowie zahlreiche Journalisten aus Ost und West berichteten darüber.[59] Die Mitglieder der Basisdemokratischen Fraktion nahmen erstmals offiziell teil und sorgten für einen Eklat, als sie sich weigerten, wie vom Protokoll vorgesehen, auf der Zuschauergalerie Platz zu nehmen. Erst nach Protesten bekamen sie Plätze im Saal zugewiesen.[60]

Mitglieder der Basisdemokratischen Fraktion[61]

Gruppe der 20: Christoff Andrich (Sekretär), Klaus Gaber, Peter Göbel, Steffen Heitmann (Berater), Jörg Naumann, Frank Neubert, Werner Raschke, Klaus-Dieter Scholz (ab 5.2.90), Dieter Schubert, Walter Siegemund, Peter Zacher, Herbert Wagner (Vorsitzender)
Grüne Partei: Steffi Ulbricht

57 Interview mit Steffen Heitmann. Vgl. Interview mit Steffen Heitmann. In: Flach, Der Demokratisierungsprozeß, S. 101.
58 Interview mit Christoff Andrich. Vgl. Interview mit Klaus-Dieter Scholz.
59 Vgl. Flach, Die Gruppe der 20, Teil 2, S. 5f.
60 Vgl. Interview mit Peter Göbel; 1. Interview mit Peter Zacher.
61 Beschluß zur Berufung der Mitglieder der BDF der StVV Dresden (Stadtarchiv Dresden, StVV, Protokolle, 157, unpag.).

Grüne Liga: Maria Jacobi, Maria Leuschner
Arbeitsgemeinschaft Frieden der Dresdner Kirchenbezirke: Johannes Meusel
Demokratischer Aufbruch: Jürgen Bönninger, Dietmar Franke, Johannes Pohl, Hans-Reiner Meinel (ab 5.2.1990), Helmut Münch, Ulrike Wegner
Neues Forum: Tilo Kramer, Helmut Schmitt, Gunter Schmiady, Arnold Vaatz, Peter Voigt, Gudrun Vollmer (ab 5.2.1990)
SPD: Eberhard Lösch, Rüdiger Liebold, Frank Heltzig, Erich Sobeslavsky, Roland Nedeleff.

Die Fraktion entsandte einen Vertreter ins Präsidium der Stadtverordnetenversammlung,[62] und auch in den Ständigen Kommissionen arbeiteten von der Gruppe der 20 autorisierte Bürger mit.[63] In der von Wagner verlesenen Grundsatzerklärung wurde betont, daß die Fraktion an wichtigen kommunalen Beschlußvorlagen mitarbeiten und Einfluß auf zentrale Gesetzgebungsvorhaben nehmen wolle. Sie gehe davon aus, daß Entscheidungen des Rates nicht mehr ohne Anhörung der zuständigen ZAG getroffen werden dürften.[64]

Zu Beginn der Tagung wählten die Stadtverordneten eine Ständige Tagungsleitung, die bis zur Kommunalwahl im Amt bleiben sollte.[65] Vorsitzender des elfköpfigen Gremiums wurde der CDU-Abgeordnete Fritz Rick. In einer Situation, in der die gesamte Stadtverordnetenversammlung zur Selbstauflösung tendierte, gab auch noch die SED/PDS-Fraktion ihre Auflösung bekannt. Insgesamt legten fünfunddreißig Abgeordnete und Nachfolgekandidaten der SED/PDS, des FDGB und der FDJ ihre „Mandate" nieder.[66] Die SED/PDS steckte nach dem Scheitern der Modrowschen Restaurationsversuche in der ersten Januarhälfte[67] in einer tiefen Krise. Überall machten sich Zerfallserscheinungen breit. Bereits seit Anfang Dezember brach die bisherige Staatspartei in sich zusammen. Unterstützt wurde diese Tendenz durch die Arbeit des Anfang Januar initiierten „Zeitweiligen Ausschusses zur Überprüfung von Fällen des Amtsmißbrauchs, der Korruption, der persönlichen Bereicherung und anderer Handlungen, bei denen Verdacht auf Gesetzesverletzung besteht",[68] der sich hauptsächlich aus Stadtverordneten zusammensetzte und dem von der Gruppe der 20 Ohst angehörte.[69]

62 Vgl. Beschluß 46/90, Vorschläge für die Mitglieder des Präsidiums der StVV (Ebd.).
63 Vgl. Beschluß 55/90 des Rates der Stadt Dresden vom 24.1.1990 (Ebd.).
64 Vgl. Dok. 109.
65 Bis zu diesem Zeitpunkt war es Praxis gewesen, die Tagungsleitung zu jeder Tagung neu zu wählen. Vgl. Beschluß 45/90 StVV (Stadtarchiv Dresden, StVV, Protokolle, 157, unpag.).
66 Vgl. Rat der Stadt Dresden, Beschluß 56/90, Vorlage für die Tagung der StVV am 25.1. 1990 (Stadtarchiv Ebd.). Vgl. Erklärung der Abgeordneten der StVV Dresden mit dem Mandat der SED-PDS vom 25.1.1990 (Ebd.).
67 Vgl. Richter, Die Staatssicherheit, S. 126–152.
68 Einreicher, Stellvertreter des OB für Inneres, Sekretär des Rates, Sitzung vom 10.1. 1990 (Stadtarchiv Dresden, StVV, Protokolle, 157, unpag.).
69 Vgl. StVV, Zeitweiliger Ausschuß zur Überprüfung von Fällen des Amtsmißbrauchs, der Korruption, der persönlichen Bereicherung und anderer Handlungen, bei denen der Verdacht der Gesetzesverletzung besteht, o.D. (Ebd.).

Ausdruck der Krise war der Partei-Austritt Berghofers.[70] Vor der Stadtverordnetenversammlung begründete Berghofer, der erst im Dezember zum stellvertretenden Vorsitzenden der SED/PDS auf DDR-Ebene gewählt worden war, seinen Austritt damit, daß die Partei den Veränderungen hinterherlaufe und an einem dritten Weg festhalte, der eine Illusion sei.[71] An anderer Stelle erklärte er, ökonomisch, politisch und moralisch sei der bisherige Weg ein Irrweg gewesen. Eine falsche Politik habe falsches Wirtschaften bewirkt. Die Kommunen hatten keinen Einfluß. Es sei nur möglich gewesen, „im Rahmen festgeschriebener Strukturen nach einer Variante für die Stadt zu suchen, die die vorhandenen Grenzen soweit als gangbar ausschritt. Das haben wir mit unterschiedlichem Erfolg über den Rat für Stadtentwicklung, Gemeinschaftsarbeit und andere Flickschusterei, so muß man es heute leider nüchtern sehen, versucht." Sein politisches Denken sei „wesentlich durch die erlebten Widersprüche in dieser Stadt und durch das Eintreten Gorbatschows in die Politik bestimmt" gewesen. Er habe im Rahmen seiner Möglichkeiten und „bezogen auf das Schicksal Dresdens in meiner Partei und bei staatlichen Stellen auf Perestroika gedrängt". Dabei sei er „auf taube Ohren, politische Verdächtigungen und ideologische Schelte" gestoßen. Seine Entscheidung, aus der SED/PDS auszutreten, resultiere aus der Einsicht, „daß sich eine stalinistische Partei nicht reformieren läßt".[72] Nun sprach sich Berghofer für soziale Marktwirtschaft und deutsche Einheit aus. Als künftige Aufgaben für sich und den Rat der Stadt nannte er die Gewährleistung der täglichen Funktionsfähigkeit kommunaler Einrichtungen und die Herstellung einer neuen Mündigkeit der Stadt. Von der Volkskammer und der Regierung der DDR forderte er, sie müßten dafür die nötigen Rahmenbedingungen schaffen. Er stellte die Vertrauensfrage,[73] ein politisches Instrument, das die Geschäftsordnung eigentlich gar nicht vorsah, woraufhin alle Fraktionen den Oberbürgermeister in einer gemeinsamen Erklärung aufforderten, seine Arbeit bis zu den Kommunalwahlen fortzusetzen.[74] Berghofer erklärte sich zwar dazu bereit, zog sich aber praktisch doch Schritt für Schritt aus der Kommunalpolitik zurück.

Für die Gruppe der 20 war die gesamte bisherige Entwicklung mit der Person Berghofers verbunden gewesen. Nun, so Ziemer, „schlich er sich einfach davon. Und von da an hat er nicht mehr regiert. Er hat das Regieren einfach gelassen. Und damit hat er eigentlich auch dafür gesorgt, daß das Dresdner Modell nicht weitergelaufen ist."[75] Trotzdem war Berghofer für die Gruppe der 20 als Gesprächspartner insofern ein Glücksfall gewesen, da mit ihm auf kommunaler Ebene vieles bewegt werden konnte. Da die Gruppe als gleichberechtigter Gesprächspartner gelten wollte, mußte sie freilich auch Berghofer als

70 Zur Situation der SED-PDS vgl. Moreau, Die SED in der Wende, S. 331.
71 Vgl. „Dritter Weg ist die dritte Illusion". In: Die Union vom 23.1.1990.
72 Berghofer, Nicht die Fragen, S. 37, 40 und 43f.
73 Vgl. Beschluß 46/90, Der Oberbürgermeister hat die Vertrauensfrage gestellt (Stadtarchiv Dresden, StVV, Protokolle, 157, unpag.).
74 Sächsische Zeitung vom 26.1.1990.
75 Interview mit Christof Ziemer.

Partner anerkennen. Berghofer, wegen seiner reformkommunistischen Rolle von der Bevölkerung auch „Bergatschow“ genannt, gefiel sich je länger je mehr in der Rolle des Partners der Opposition, spürte er doch früher als andere, daß der Wind sich drehte. Hatte er durch die Einladung zum 1. Rathausgespräch innerparteilich noch auf unsicherem Boden gestanden, so erweiterte die revolutionäre Entwicklung seine Handlungsspielräume.[76] Bald konnte er Zugeständnisse machen, mit denen er seinen Posten nicht mehr aufs Spiel setzte, sondern sogar sein Ansehen steigerte.

Die Haltung der Gruppe ihm gegenüber war immer ambivalent gewesen. Für Ohst galt Berghofer „unter den Betonköpfen der DDR immer noch als eine positive Erscheinung, genau wie Modrow“. Er habe unter der Bevölkerung zunächst viel Anklang gefunden und habe „versucht, im Laufe der Gespräche konstruktiver zu werden. Das muß man sagen. Nachdem er gesehen hat, wie die Entwicklung lief, war der Durchbruch nicht mehr schwer. Am 9. Oktober hat er es sicherlich am schwersten gehabt in seiner Situation, weil er sich auf diese Diskussion eingelassen hat. Es hätte ja auch ganz anders kommen können. Es hätte ja passieren können, daß Honecker nicht zurückgetreten wäre und man hätte die Daumenschrauben noch enger angezogen. Dann wäre er sicher auch gefallen. Insofern hat er zu dem Zeitpunkt schon etwas riskiert, was sicher an seiner Grundhaltung nichts geändert hat.“[77] Baumgart betont, daß Berghofer „mit seinem Profil und persönlichem Engagement, mit Mut und Fairneß, der Gesprächspartner für uns war“.[78] Auch Wagner war „froh, auf der staatlichen Seite jemanden zu haben, der nicht auf eine gewaltsame Auseinandersetzung zusteuerte“. Das Verhältnis der Gruppe zum Oberbürgermeister habe sich im Lauf der Zeit verändert. Zuerst habe es eine Kooperation zur Verhinderung von gewaltsamen Auseinandersetzungen gegeben. Je geringer diese Gefahr wurde, um so mehr habe die Gruppe „diesen minimalen gemeinsamen Nenner“ ignoriert und eigene Vorstellungen durchgesetzt.[79] Heitmann betont, er habe Berghofer gegenüber seinen Verhandlungsstil aus DDR-Zeiten fortgesetzt: „Das heißt, ich habe nicht auf Konfrontation gesetzt, sondern ich habe versucht, auf diplomatischen Wege das Bestmögliche zu erreichen. Und ich glaube, für die Einführung der Gruppe der 20 als eine nichtkirchliche Gruppe war es ganz wichtig, daß Leute wie Ziemer und ich persönliche Beziehungen zu diesen Leuten schon vorher hatten.“[80] Ungeachtet der durchaus positiven Bewertung blieb Berghofer für viele Gruppenmitglieder bis zuletzt der politische Gegner, der zwar nicht als Person bekämpft wurde, aber die Strukturen repräsentierte, deren Beseitigung angestrebt wurde. Einige lehnten ihn deshalb kategorisch ab. So warnte Uta Dittmann immer wieder davor, ihn als Partner zu bezeichnen. Die Verhandlungen mit Berghofer empfand sie als „widerwärtig“, weil dieser immer versucht habe, „es sich mit keiner Seite zu

76 Vgl. Bahr, Sieben Tage, S. 141.
77 Interview mit Eberhard Ohst.
78 „Ziel: Umdenken auf vielen Ebenen“. In: Die Union vom 26.10.1989.
79 Interview mit Herbert Wagner.
80 Interview mit Steffen Heitmann.

verderben, aber auch nichts zuzugestehen". Sie lehnte die kooperative Haltung einiger Gruppenmitglieder ab, die, wie Ziemer, von einem „Grundvertrauen zu diesem Partner" sprachen. Für sie war Berghofer „kein Partner, sondern ein Gegner", dem die Gruppe „in ganz zähem und auch gefährlichen Ringen Schritt für Schritt alles abringen" mußte.[81]

5. Antrag auf Auflösung der Stadtverordnetenversammlung

Am 3. Februar beriet die Basisdemokratische Fraktion vor allem die Bildung eines Wirtschafts- und Finanzausschusses sowie die künftige Arbeitsweise der Stadtverordnetenversammlung. Das bisherige Wirken hatte gezeigt, daß eine konstruktive Arbeit in der personell mit 275 Abgeordneten und 95 Nachfolgekandidaten völlig überbesetzten Stadtverordnetenversammlung nicht möglich war. Der vorgezogene Wahltermin für die Kommunalwahlen am 6. Mai schloß eine grundlegende Umgestaltung von Arbeitsweise und Struktur der Stadtverordnetenversammlung jedoch aus. Die Basisdemokratische Fraktion beschloß aber, zumindest die Umwandlung der ZAG sowie der Ständigen Kommissionen und ihrer Aktivs in Ausschüsse zu fordern. Für die nächste Tagung der Stadtverordneten wurden außerdem Anträge für ein neues Kommunalwahlgesetz und eine Stadtverfassung ausgearbeitet.[82] Weitere Themen waren die Verteilung freiwerdender MfS-Immobilien, die Arbeit der Wirtschaftskommission des Rates der Stadt und die Übernahme des Wochenblattes „Dresdner Stadtrundschau" als Organ der Stadtverordnetenversammlung. In einem Aufruf an die Volkskammer wurde die Schaffung gesetzlicher Rahmenbedingungen für marktwirtschaftliche Initiativen gefordert.[83]

Am 5. Februar wurde die unterbrochene 6. Tagung der Stadtverordnetenversammlung fortgesetzt. Die Basisdemokratische Fraktion hatte seit diesem Tag volles Stimmrecht, das ihr von der CDU-Fraktion angetragen wurde,[84] von dem die Fraktion jedoch wie geplant keinen Gebrauch machte. Grundlage des Zugeständnisses waren Beschlüsse des Ministerrates vom 25. Januar und der Volkskammer vom 29. Januar, wonach bis zur Wahl örtlicher „Volksvertretungen" Vertreter aus allen Parteien und Gruppierungen der Runden Tische als Abgeordnete mit allen Rechten und Pflichten für freigewordene Mandate kooptiert werden konnten. Bis dahin hatte sich die Regierung Modrow geweigert, den neuen politischen Kräften das Stimmrecht einzuräumen.[85]

Zu den Themen, die ihren Mitgliedern wichtig waren, gehörte vor allem die Herstellung der kommunalen Selbstverwaltung mit einer Trennung von legis-

81 Interview mit Uta Dittmann.

82 Vgl. Dok. 110; Dok. 111.

83 Vgl. Anträge zur StVV vom 3.2.1990 (Privatbestand Christoff Andrich).

84 Vgl. Beschlußantrag der CDU-Fraktion auf der StVV am 5.2.1990 (Stadtarchiv Dresden, StVV, Protokolle, 157, unpag.).

85 Vgl. Richter, Räte, „Volksvertretungen", Runde Tische, S. 165f. Hier auch die parallele Entwicklung auf der Ebene des Bezirkes Dresden.

lativer und exekutiver Gewalt, wobei die repräsentative Demokratie durch direktdemokratische Elemente ergänzt werden sollte. Vor allem Heitmann setzte sich in den Fraktionssitzungen und in der Stadtverordnetenversammlung vom 5. Februar für eine klare Gewaltenteilung ein.[86] Wie am 3. Februar beschlossen, stellte die Fraktion einen Antrag zur „Vorläufigen Geschäftsordnung der Stadtverordnetenversammlung der Stadt Dresden",[87] in dem die geltende Geschäftsordnung und der vorliegende Entwurf einer neuen als unzureichend bezeichnet wurden. Eine sachorientierte und effektive Arbeit sei nur durch gravierende Eingriffe in die bisherige Struktur erreichbar.

Auf Grundlage eines Antrages der ZAG „Umweltschutz" vom 19. Januar[88] beschloß die Stadtverordnetenversammlung die Bildung eines Wirtschafts- und Finanzausschusses, wovon sich die basisdemokratischen Kräfte einen größeren Kontroll- und Entscheidungsspielraum gegenüber dem Rat der Stadt erhofften. Bereits am 25. Januar brachte die Basisdemokratische Fraktion einen Änderungsantrag ein, wonach Beschlußvorlagen, wesentliche Entscheidungen und Vertragsabschlüsse des Rates, die materielle Unterstützung sowie Hilfs- und Spendenangebote in konvertierbarer Währung betrafen, den ZAG vor Behandlung und Entscheidung zugeleitet werden mußten. Zu entsprechenden Sitzungen des Rates sollten Mitglieder aus den ZAG oder der Gruppe der 20 hinzugezogen werden.[89] Nachdem dieser Antrag am 25. Januar durch die anderen Fraktionen zurückgewiesen worden war, kam es nun am 5. Februar zu folgenden Beschlüssen:[90]

- Zuleitung von Beschlußvorlagen, Ratsbeschlüssen und Vertragsabschlüssen durch den Rat an die zuständigen ZAG,
- Bildung eines Wirtschafts- und Finanzausschusses der Stadtverordnetenversammlung, der zunächst bis zur Konstituierung der neuen Stadtverordnetenversammlung arbeitet,
- Zusammensetzung: Leitung durch ein Mitglied der ständigen Tagungsleitung der Stadtverordnetenversammlung, zwei Mitglieder aus jeder Fraktion,
- Arbeitsinhalt: Maßnahmen der Wirtschaftsreform, Finanzfragen,
- Arbeitsaufgabe: Vorbereitung von Beschlußfassungen für die Stadtverordnetenversammlung, Einbeziehung von Vertretern der zuständigen ZAG und Sektionen der Gruppe der 20, Kontrolle des Rates der Stadt.

Mit dem Wirtschafts- und Finanzausschuß bekam die Basisdemokratische Fraktion ein Kontrollinstrument in die Hand, das die Prüfung finanzpolitischer Entscheidungen, die über die laufende Legislaturperiode hinaus reichten, erlaubte.[91] Dazu zählten u. a. der Wohnungsbau und seine Finanzierung, die

86 Vgl. Privatbestand Erich Sobeslavsky; Privatbestand Walter Siegemund.
87 Dok. 112.
88 Antrag auf Beschlußfassung vom 10.1.1990 und Änderungsantrag vom 19.1.1990 (Privatbestand Klaus Gaber).
89 Vgl. Dok. 105.
90 Beschlußvorlage für die StVV vom 1.2.1990 (Privatbestand Klaus Gaber).
91 Vgl. Dok. 124; Antrag der StVV auf Bildung des Wirtschafts- und Finanzausschusses per 1.2.1990 (Privatbestand Steffi Förtsch-Ulbricht). Der erste Antrag vom 19.1.1990

Vergabe von Stiftungsgeldern und Sachspenden an soziale Einrichtungen sowie Subventionen im Bereich des öffentlichen Nahverkehrs und Straßenbaus. Obwohl Berghofer künftig das Einverständnis des Ausschusses brauchte, um weitreichende Entscheidungen zu treffen, setzte er sich über dieses Gremium hinweg. So nahm er einen Kredit in Höhe von 225 Millionen Mark bei der Österreichischen Landesbank auf, der in dieser Form vom Wirtschafts- und Finanzausschuß nicht genehmigt worden war und später zu einem Ermittlungsverfahren der Staatsanwaltschaft führte.[92]

Am 15. Februar wertete die Basisdemokratische Fraktion die letzte Stadtverordnetenversammlung aus[93] und beschloß angesichts der Unfähigkeit der Versammlung, den anstehenden Aufgaben gerecht zu werden, die Auflösung der Stadtverordnetenversammlung zu fordern. An ihre Stelle sollte eine geschäftsführende Versammlung treten, die bis zu den Kommunalwahlen im Mai alle Aufgaben eines Stadtparlaments wahrnehmen sollte. Diese Interimsversammlung sollte achtzig Mandate umfassen und je zur Hälfte aus Vertretern der etablierten Parteien und der Basisdemokratischen Fraktion bzw. der neuen Gruppen und Parteien bestehen.[94] Der Antrag ging auf einen Vorschlag Maria Jacobis zurück, das Stimmrecht anzunehmen, wenn es zu einer grundlegenden Umgestaltung der Stadtverordnetenversammlung käme.[95] Daneben wurden, gestützt auf Forderungskataloge der Bürgerinitiative Innere Neustadt[96] sowie der ZAG „Stadtentwicklung“, und angesichts nicht immer nachvollziehbarer Methoden bei der Vergabe von Nutzungs-, Miet- und Pachtverträgen für städtische Wohnungen, Gewerberäume, Gebäude und Grundstücke an Investoren aus der Bundesrepublik, vom Oberbürgermeister demokratische und transparente Entscheidungsstrukturen bei der Vergabe neuer Nutzungsverträge gefordert. Der Wirtschafts- und Finanzausschuß sowie die Basisdemokratische Fraktion und betroffene Bürgerinitiativen sollten dabei in den Entscheidungsprozeß eingebunden werden.[97] Daneben beantragte die Basisdemokratische Fraktion bei der Volkskammer, zeitgleich mit den Wahlen zur Volkskammer am 18. März einen Volksentscheid über die Einführung von Länderstrukturen

---

(Privatbestand Klaus Gaber) war geändert worden, da es innerhalb der BDF dagegen Bedenken gab, so daß man in der StVV am 25.1.1990 noch einmal darauf bestand, die Kompetenzen klar zuzuordnen und in jedem Fall die zuständigen Arbeitsgruppen mit einzubeziehen (Privatbestand Walter Siegemund). Vgl. Sobeslavsky, Der Wirtschafts- und Finanzausschuß; Flach, Die Gruppe der 20, Teil 2, S. 12f.; Interview mit Klaus-Dieter Scholz; Rechenschaftsbericht des Wirtschafts- und Finanzausschusses vor der StVV (Privatbestand Klaus-Dieter Scholz).

92 Vgl. Heidrun Hannusch: „Staatsanwalt ermittelt weiter gegen Berghofer“. In: Dresdner Neueste Nachrichten vom 28.4.1999.

93 Vgl. Flach, Die Gruppe der 20, Teil 2, S. 8-10.

94 Vgl. Standpunkt vom 22.2.1990 (Privatbestand Christoff Andrich).

95 Vgl. Privatbestand Erich Sobeslavsky.

96 Forderungskatalog Bürgerinitiative „Innere Neustadt“ (Privatbestand Christoff Andrich).

97 Vgl. Briefe an den Rat der Stadt Dresden vom 15.2.1990 (Privatbestand Christoff Andrich).

durchzuführen.[98] Auf Antrag der Grünen Partei, einen ihrer Vertreter in die Basisdemokratische Fraktion zu entsenden, der die ökologischen Belange im Wirtschafts- und Finanzausschuß vertreten sollte, wurde Karl-Heinz Neumann (Grüne Partei) für Peter Voigt (Neues Forum) in die Fraktion kooptiert.

Dem Vorschlag Jacobis folgend, beantragte die Fraktion am 16. Februar die Auflösung der Stadtverordnetenversammlung.[99] In der Begründung bezog sich Wagner auf den Antrag der CDU-Fraktion vom 5. Februar, der Fraktion das Stimmrecht zuzugestehen und erklärte, die Fraktion könne dies nur wahrnehmen, wenn zuvor eine grundsätzliche Umgestaltung des Stadtparlaments erfolge. Deshalb schlage seine Fraktion vor, die Stadtverordnetenversammlung aufzulösen und eine geschäftsführende Versammlung zu konstituieren, die bis zu den Kommunalwahlen die Aufgabe eines Stadtparlaments wahrnehmen sollte. Begründet wurde der Antrag damit, daß die letzte Kommunalwahl „wegen nachgewiesener Wahlfälschung als ungültig zu betrachten" sei und die große Anzahl der Abgeordneten eine effektive Arbeit der Stadtverordnetenversammlung im Plenum unmöglich mache. Der Antrag wurde von den Altkadern der anderen Fraktionen abgelehnt.[100] Unfähig oder unwillig, sich auf die politische Entwicklung einzustellen, wehrten sich diese gegen eine Auflösung, um so nicht den Vorwurf fehlender demokratischer Legitimierung zu bestätigen. Statt dessen folgte die nahezu arbeitsunfähige und öffentlich völlig delegitimierte Stadtverordnetenversammlung der Vogel-Strauß-Methode und trat bis Ende April einfach nicht mehr zusammen. Zwar wies die Basisdemokratische Fraktion wiederholt auf die Notwendigkeit häufiger Beratungen, Beschlußfassungen und Kontrollen unter Einbeziehung der Öffentlichkeit hin, die Verordneten, die auch in der SED-Diktatur nur selten und nur zur Absegnung von zuvor in der SED-Leitung festgelegter Beschlüsse zusammengetreten waren, machten jedoch von dieser Möglichkeit keinen Gebrauch. In ihrem Abschlußbericht merkte die Basisdemokratische Fraktion freilich selbstkritisch an, die Einberufung der Stadtverordneten selbst nicht mit der notwendigen Konsequenz gefordert zu haben. Erklärt wurde dies mit den „Schwierigkeiten innerhalb der Basisdemokratische Fraktion", angesichts der in der DDR laufenden Wahlkampagne, wirklich alle neu entstehenden Gruppierungen zu integrieren und selbst als Einheit zu wirken. Die Fraktion bedauerte, „daß die anfänglich guten Chancen für unsere Stadt nicht wirklich genutzt wurden, daß alte Strukturen gegen neues Denken erfolgreicher waren".[101]

98 Vgl. Antrag der BDF an die 6. Tagung der StVV vom 5.2.1990 (Stadtarchiv Dresden, StVV, Protokolle, 157, unpag.).

99 Vgl. Dok. 115; Privatbestand Erich Sobeslavsky, Bl. 42; Privatbestand Klaus-Dieter Scholz, Bl. 27.

100 Diskussionsbeitrag zur letzten Stadtverordnetenversammlung (Privatbestand Steffi Förtsch-Ulbricht). Vgl. Flach, Die Gruppe der 20, Teil 2, S. 8f.

101 Dok. 124.

6. CDU-Eintritt von Mitgliedern der Gruppe der 20

Für Turbulenzen sorgte in der letzten Februarwoche unter den Mitgliedern der Gruppe der 20 und der Basisdemokratischen Fraktion der CDU-Eintritt von sechs Vertretern der Dresdner Oppositionsbewegung. Aus dem Neuen Forum waren dies Andreas Lämmel, Harald Röthig und Helmut Schmitt; der Gruppe der 20 gehörten Frank Neubert, Herbert Wagner und Arnold Vaatz an, der ebenfalls vom Neuen Forum kam.[102] Vaatz ging bei seinem Schritt nach eigenem Bekunden davon aus, daß die bundesdeutschen Parteien auch in der DDR Fuß fassen und expandieren, umgekehrt aber keine Ausdehnung des Neuen Forums oder des Demokratischen Aufbruchs über das Gebiet der DDR hinaus erfolgen würde. Um sich angesichts der so prognostizierten Entwicklung „nicht das Gesetz des Handelns aus der Hand nehmen" zu lassen, suchte er die Mitgliedschaft in einer der großen Parteien. Hier aber kam für ihn, vor allem aus deutschlandpolitischen Erwägungen, nur die CDU in Frage. Seinen Eintritt verstand er ausdrücklich nicht als Beitritt zur bisherigen Blockpartei, die er als „verkappte SED" bezeichnete, vielmehr wollte er die Führungsstrukturen verändern und die Partei auf „Westkurs" bringen.[103] Dabei blies ihm aus den Reihen der ehemaligen Block-Partei ein „eisiger Wind der Ablehnung ins Gesicht".[104] Mit seinem Votum für die CDU entsprach Vaatz allerdings der Haltung einer Mehrheit der Bevölkerung und auch der CDU-Mitglieder, für die „CDU" bereits nicht mehr für die in Auflösung befindliche Blockpartei, sondern für eine sich aus den alten Strukturen entwickelnde CDU westlichen Zuschnitts und somit synonym für einen schnellen Beitritt der DDR zur Bundesrepublik stand. Die basisdemokratischen Gruppen galten in der DDR-Bevölkerung hingegen eher als Bedenkenträger und Bremser auf dem Weg zur Einheit. Auch Frank Neubert gab als ein wesentliches Motiv seines Eintrittes an, daß die CDU den Weg zur staatlichen Einheit am schnellsten verwirklichen wollte. Er sah die Aufgaben der Gruppe der 20 im wesentlichen als erfüllt an und erkannte in der CDU bessere Chancen, politische wie persönliche Ziele zu verwirklichen als in einer Bürgerbewegung.[105] Wagner baute zudem auf die Unterstützung der baden-württembergischen CDU, insbesondere auf Erwin Teufel, der Unterstützung dabei versprach, die Strukturen im sächsischen CDU-Landesverband zu ändern.[106]

---

102 Vgl. Biographische Angaben in: Die Union vom 24./25.2.1990.

103 Arnold Vaatz auf der GfD-Tagung „Die demokratische Revolution 1989/90" am 5.3.1999 in Berlin (Mitschrift M. Richter, HAIT DS, Regionen). Vgl. Interview mit Beate Mihály; Mit der Kraft einer starken Mitte zur wahren Volkspartei der Zukunft (Privatbestand Klaus Gaber).

104 Dok. 119. Zur pol. Haltung der CDU-Mitglieder vgl. Schmidt, Von der Blockpartei zur Volkspartei, S. 57-61; Richter, Rolle, Bedeutung und Wirkungsmöglichkeiten, S. 2623f.

105 Vgl. Rundfunkinterview vom Juni 1990 (Privatbestand Frank Neubert). Vgl. Aufzeichnungen (Privatbestand Herbert Wagner, Bl. 229-231).

106 Vgl. Interview mit Herbert Wagner.

Uta Dittmann berichtete am 24./25. Februar im CDU-Blatt „Die Union" ausführlich über den aus ihrer Sicht notwendigen Schritt. Die Vertreter der Opposition würden beginnen, sich von ihren „scheinbaren Gemeinsamkeiten" zu entfernen, die „vornehmlich im politischen Gegner" bestanden hätten. Mit dem Bedeutungsverlust der SED gelte es nun, neue Strukturen und ein neues Gemeinwesen aufzubauen, in dem unterschiedliche legitime Interessen gegeneinander stünden. Der Eintritt sei der Beginn eines Weges zur parlamentarischen Demokratie, denn das Auseinanderdriften bisheriger, teilweise vermeintlicher Gemeinsamkeiten und die Herauskristallisierung divergierender politischer Interessen kennzeichneten den Weg der Herausbildung demokratischer Strukturen in einer pluralistischen Gesellschaft.

In der Bürgerbewegung stieß der Eintritt auf ein geteiltes Echo. Führende Vertreter der Grünen Liga in Dresden nahmen den Eintritt „mit Erstaunen und Befremden" zur Kenntnis und warfen Wagner, Neubert und Vaatz vor, das Vertrauen der basisdemokratischen Gruppen und das „ihnen von der Bevölkerung gegebene Mandat für Ihren Eintritt in eine der alten Parteien benutzt" zu haben. Die Grüne Liga forderte sie auf, das Mandat in der Gruppe der 20 und in der Basisdemokratischen Fraktion niederzulegen.[107] Vaatz konterte verbittert, daß ein Klima der Intoleranz und des Vorurteils „hierzulande leider nichts Neues" sei.[108]

Mitgliedern der Gruppe der 20 war es laut Statut durchaus möglich, einer Partei anzugehören. Trotzdem wurde von einigen Mitgliedern die Art des Beitritts mißbilligt, der relativ kurzfristig und ohne Rücksprache mit der Gruppe erfolgt sei. Kurz vor der Volkskammerwahl, so hieß es, entstünde der Eindruck, daß es sich um eine wahltaktische Ausnutzung des Ansehens der Opposition zu Gunsten der CDU handele. Für die Kommunalwahl wurde daher mit den neuen CDU-Mitgliedern vereinbart, daß ihre Partei nicht mit dem Namen „Gruppe der 20" um Wählerstimmen werben dürfe. Klaus Gaber z.B. kritisierte zwar weniger den Eintritt in eine Partei, brachte aber sein „Befremden über den dabei praktizierten politischen Stil im Umgang mit einem überparteilichen Mandat der Bürger und mit den Mitgliedern unserer Fraktion" zum Ausdruck. Für ihn schloß die Übernahme politischer Verantwortung innerhalb „einer Partei, die bisher staatstragend war, in Dresden auch jetzt noch in der Verantwortung steht und mit einer eigenen Fraktion in der Stadtverordnetenversammlung vertreten ist", eine gleichzeitige Mitarbeit in der sich als Opposition verstehenden Basisdemokratischen Fraktion aus. Er wies die Auffassung Neuberts zurück, wonach die Gruppe der 20 ihren Auftrag bereits erfüllt habe, vielmehr reiche dieser bis zur Übernahme der Verantwortung durch ein frei gewähltes Stadtparlament.[109] Heitmann akzeptierte den Schritt zunächst ebenfalls nicht. Ihm schien es „unvorstellbar, ja geradezu absurd", einer Blockpartei beizutreten, deren Funktionäre ihm schlimmer erschienen als jene der SED,

107 Dok. 118.
108 Dok. 119.
109 Dok. 120.

weil man bei denen wenigstens gewußt habe, woran man sei. „Erst schrittweise“, so der Kirchenjurist, sei ihm klar geworden, daß es keine Alternative zum Parteiensystem im westlichen Sinne gab.[110] Brandes bezeichnete den Schritt als „völlige Entgleisung“. Zwar sah auch er einen Parteieintritt als normal an, aber ausgerechnet „für diese Partei zu kandidieren und sozusagen im Schlepptau der ‚Gruppe der 20‘ und der Bürger sich in Posten hineinzulancieren“, das war für ihn „ein Fehlgriff“. Für ihn vertrat die Gruppe der 20 bis zur Kommunalwahl „die Bürger und nicht irgendeine Partei“. Aus Protest gegen die gesamte Entwicklung erklärte er später seinen Austritt aus der Gruppe.[111] Anders als Brandes, Heitmann oder Gaber sah Klaus-Dieter Scholz im CDU-Beitritt kein Verhalten, das den Prinzipien der Gruppe widersprach.[112] Auch für Sobeslavsky handelte es sich um einen normalen Vorgang. Viele, so der Dresdner SDP-Mitbegründer, wußten damals allerdings noch nicht, welche Bedeutung Parteien künftig haben würden und daß sie eine „echte Macht“ seien.[113]

Bereits bei der Gründung der Basisdemokratischen Fraktion hatte es Auseinandersetzungen darüber gegeben, ob die Mitglieder sich neben den Zielen einer freiheitlich-demokratischen Grundordnung und einer ökologisch und sozial verantworteten Marktwirtschaft auch auf die Einheit der deutschen Nation im Rahmen einer europäischen Friedensordnung festlegen sollten.[114] Durch den CDU-Eintritt kam es nun erneut zu heftigen und kontroversen Debatten, die noch einmal die Sitzung der Basisdemokratischen Fraktion am 8. März bestimmten[115] und die bisherigen Auseinandersetzungen in der Frage zusammenfaßten. Nachdem Wagner und Neubert ihren Rücktritt angeboten hatten, sprach Heitmann beiden sein Vertrauen aus und betonte, daß jeder die Freiheit habe, einer Partei beizutreten. Er bezeichnete den Schritt inzwischen als weitsichtig.[116] Eberhard Lösch betonte zwar, daß die Fraktion bei diesem Schritt sträflich übergangen worden sei, bestand aber sogar ausdrücklich auf einer Weiterarbeit von Vaatz, Wagner und Neubert bis zur Kommunalwahl. Auch Bönninger erkannte ihnen zu, daß ihre Fraktionsmitgliedschaft nicht in strengem Gegensatz zu einer Parteimitgliedschaft stehe. Sobeslavsky schlug ihren Verbleib in der Fraktion vor, wenn sie keine Ämter in der CDU übernähmen. Nedeleff kritisierte den Zeitpunkt des Beitritts, der für die Fraktion die Gefahr des Zerfalls mit sich bringe. Zacher bezeichnete den Eintritt als „katastrophalen Irrtum“. Maria Jacobi hielt es für unverantwortlich, daß die CDU nun den Namen der Gruppe der 20 für ihren Wahlkampf benutzen könne. In dem von ihr initiierten Schreiben an Vaatz sprachen die Vertreter der Grünen Liga den dreien deutlich ihr Mißtrauen aus.[117] Für Andrich bestand das Haupt-

---

110 Interview mit Steffen Heitmann. In: Flach, Der Demokratisierungsprozeß, S. 103.
111 Interview mit Dieter Brandes. Vgl. Privatbestand Dieter Brandes, Bl. 66.
112 Leserbrief von Klaus-Dieter Scholz. In: FAZ vom 6.4.1990.
113 Interview mit Erich Sobeslavsky. In: Flach, Der Demokratisierungsprozeß, S. 105.
114 Vgl. Dok. 109.
115 Vgl. Dok. 122; Dok. 121.
116 Vgl. Interview mit Steffen Heitmann.
117 Aufzeichnungen Sobeslavskys von der Fraktionssitzung vom 8.3.1990 (Privatbestand Erich Sobeslavsky).

problem darin, daß es in der Stadtverordnetenversammlung eine Fraktion der CDU gab, Vaatz aber das Neue Forum in der Basisdemokratischen Fraktion vertrat. Da er nun der CDU angehörte, sollte jemand anderes vom Neuen Forum ihn ersetzen.[118]

Den Grad der Verunsicherung machte der Vorschlag deutlich, die Arbeit der Basisdemokratischen Fraktion ganz einzustellen. Die Abstimmung fiel jedoch mit zwei Gegenstimmen und einer Enthaltung klar für die Weiterarbeit von Wagner und Neubert aus.[119] Vaatz verließ von sich aus die Fraktion.[120] Bei der abschließenden Neuwahl des Vorstandes wurde Wagner bei zwei Gegenstimmen und sechs Enthaltungen als Vorsitzender wiedergewählt und Andrich in seinem Amt als Sekretär der Fraktion bestätigt. Steffi Ulbricht setzte sich bei der Wahl zur stellvertretenden Vorsitzenden gegen Walter Siegemund und Ulrike Wegner durch. Zu Sprechern wurden Peter Zacher und Frank Heltzig bestimmt. Freigewordene Mandate nahmen Lutz Hentschel und Jan Pulkowski von „Demokratie Jetzt" sowie Wolfgang Blümel vom Neuen Forum ein. „Demokratie Jetzt" hatte kurz zuvor einen Antrag auf Mitarbeit in der Fraktion gestellt.[121]

Der neue Vorstand verfaßte über die Umstrukturierung eine Presseerklärung, die allerdings nicht veröffentlicht wurde[122] und in der es hieß, die Vertreter der Grünen Liga, der Grünen Partei und der „AG Frieden" würden sich mit dem Beitritt nicht einverstanden erklären, da sich die Basisdemokratische Fraktion als Vertretung neuer oppositioneller Kräfte begreife. Die Mehrheit der Fraktion akzeptiere die Entscheidung, könne jedoch „die publizistische Auswertung zugunsten der CDU als einer der alten Parteien" nicht tolerieren.[123]

Der von einigen Mitgliedern der Fraktion gewünschten größeren Homogenität der Auffassungen stand aber nicht nur die Ausrichtung auf die CDU entgegen, sondern auch ein neuer Kurs der SPD, die sich in den Wochen vor der Volkskammerwahl bereits als Wahlsieger wähnte. „Die neuen Genossen" hätten, so Andrich, nur noch wenig Neigung gehabt, sich in die Basisdemokratische Fraktion integrieren zu lassen. Die Einheitlichkeit sei nicht mehr gegeben gewesen, „weil die großen politischen Ziele manchen näher lagen als das, was auf kommunalpolitischer Ebene zu lösen" war.[124] Der CDU-Beitritt wie auch der Richtungsschwenk der SPD weg vom „Bündnis 90" hin zum sozialdemokratischen Alleingang zeigte, daß und in welchem Maße sich die politische Landschaft an der bundesdeutschen Vorlage ausrichtete. Aber auch eine Fülle von Detailfragen in der kommunalpolitischen Arbeit ließ Unterschiede in den politischen Vorstellungen immer manifester werden. „Da sah man", so

118 Vgl. Interview mit Christoff Andrich.
119 Vgl. Notizen von Walter Siegemund (Privatbestand Walter Siegemund).
120 Vgl. Interview mit Christoff Andrich.
121 Vgl. Dok. 123.
122 Vgl. Privatbestand Lilli Ulbrich.
123 Dok. 123.
124 Interview mit Christoff Andrich.

Peter Göbel, schon „den grünen Flügel“, der oft Sachentscheidungen „aus dem Bauch heraus“ getroffen habe und den „konservativen Flügel“, der alles vorbereitet haben wollte, „über alles verantwortungsbewußt, vielleicht manchmal auch ein bißchen zu viel darüber nachdenken“ wollte. Ein Verfechter dieser Richtung sei der Bedenkenträger Heitmann mit seiner oft wiederholten Mahnung gewesen: „Aber Leute, so geht das nicht.“[125] Ohne Zweifel markierten der Eintritt einiger Oppositioneller in die CDU und die veränderte Haltung der SPD gegenüber einem einheitlichen Auftreten der Basisdemokratischen Fraktion den Beginn eines anhaltenden Differenzierungsprozesses der Bürgerbewegungen in Dresden. Dieser setzte sich nach der Volkskammerwahl verstärkt fort und veranschaulichte, daß und inwieweit legitime politische Differenzen durch die gemeinsame Gegnerschaft zur SED zunächst überlagert worden waren und wie sich diese artikulierten, als die SED von der Macht verdrängt war. Das Ergebnis waren unterschiedliche politische Richtungen, deren Existenz - wie in der Demokratie üblich - durch ungleiche Rollen und Interessen in Staat und Gesellschaft sowie durch unterschiedliche Prägungen, Erfahrungen und Einsichten bedingt war.

7. Arbeit von Gruppe der 20 und Basisdemokratischer Fraktion bis Mai 1990

Da die Stadtverordnetenversammlung über Wochen zu keiner Tagung zusammentrat und ihr Einfluß auf die Kommunalpolitik damit zwangsläufig gering blieb, wurde auch die Basisdemokratische Fraktion in der Öffentlichkeit kaum noch wahrgenommen.[126] Die Fraktion beschäftigte sich unterdessen mehr oder weniger erfolgreich mit der Kontrolle der Arbeit des Rates der Stadt. Dabei ging es u. a. um Fragen einer Verwaltungsreform, der Einrichtung einer Sammelstiftung für die Stadt Dresden und um die künftige Nutzung der MfS-Immobilien. Wichtige Anliegen der Fraktion wie z. B. die Auflösung der Stadtverordnetenversammlung wurden von der ständigen Tagungsleitung verschleppt. Das elfköpfige Gremium, in dem die Basisdemokratische Fraktion mit nur einem Vertreter kaum über Einfluß verfügte, tagte alle zwei Wochen. Aber weder diese Leitung noch der Rat der Stadt sahen sich veranlaßt, die Stadtverordneten zusammenzurufen, wodurch auch eine Kontrolle des Rates der Stadt kaum noch stattfand. Die einzige Ausnahme bildete der unter Leitung von Klaus-Dieter Scholz arbeitende Wirtschafts- und Finanzausschuß, der sich in dieser Situation als wirksames Instrument der Basisdemokratischen Fraktion erwies. So führte er eine öffentliche Anhörung mit dem Oberbürgermeister und dem Rat der Stadt durch, was in dieser Übergangszeit die einzige öffentliche Rechenschaftslegung über die Arbeit des Rates der Stadt darstellte. Der noch immer von der SED/PDS dominierte Rat verfügte somit im März

125 Interview mit Peter Göbel.
126 Vgl. Flach, Die Gruppe der 20, Teil 2, S. 12.

und April über einen relativ großen Entscheidungsspielraum, der von den Altkadern u. a. dazu genutzt wurde, um Beschlüsse wie den über den Standort einer BP-Großtankstelle an der Radeburger Straße und die Aufnahme eines umfangreichen Darlehens von einem Konsortium durchzusetzen, an dem die Berliner KoKo-Firma „Import und Export GmbH" beteiligt war.[127]

Auf der letzten Sitzung der Basisdemokratischen Fraktion am 23. April, an der nur noch wenige Mitglieder teilnahmen, ging es hauptsächlich um die Vorbereitung der letzten Tagung der Stadtverordnetenversammlung und die Erarbeitung eines Abschlußberichtes über die Arbeit der Basisdemokratischen Fraktion und der Gruppe der 20. Wie in den anderen Fraktionen machten sich Auflösungserscheinungen breit. Ähnlich sah es bei der letzten Sitzung der Stadtverordnetenversammlung am 26. April, also rund zehn Tage vor der Kommunalwahl, aus, zu der sich nur noch 159 von 269 Stadtverordneten versammelten. Oberbürgermeister Berghofer bekannte sich hier zu persönlicher Verantwortung und Mitschuld an den eingetretenen Verhältnissen und konstatierte das Scheitern seiner Kommunalpolitik. Hauptfehler seien die Unvereinbarkeit von bürgernaher Kommunalpolitik und zentralistischer Leitung sowie von Volkssouveränität und diktatorischem Zentralismus gewesen. Ausführlich ging er auf die angespannte wirtschaftliche Lage in Dresden ein und mahnte schnelle Entscheidungen sowie eindeutige Gesetze der Volkskammer zur Wirtschaftsreform an. Erstes politisches Gebot der neuen Stadtverordnetenversammlung müsse die Errichtung der kommunalen Selbstverwaltung sein.

Vor der letzten Stadtverordnetenversammlung resümierte auch die Basisdemokratische Fraktion ihr Wirken.[128] Die aus der Gruppe der 20 hervorgegangene Fraktion habe, so Wagner, viele Schwierigkeiten gemeistert. Aus den ZAG sei eine hohe Sachkompetenz in die Fraktionsarbeit eingeflossen. Notwendige Voraussetzung für das Gelingen der Zusammenarbeit zwischen Rat und Fraktion sei der Wille und die Bereitschaft des Oberbürgermeisters, des Rates der Stadt und der Stadtverordneten zu konstruktiver Kooperation gewesen. Das Nebeneinander alter und neuer Strukturen in einem Parlament habe ein „ähnlich konstruktives und mutiges Vorgehen wie in den ersten Oktobertagen" vorausgesetzt. Seit Jahresbeginn sei aber die Enttäuschung über ungenutzte Chancen der Zusammenarbeit in der Stadtverordnetenversammlung und mit dem Rat der Stadt gewachsen. Obwohl seitens der ZAG und der Fraktion viele Vorschläge gemacht worden seien, habe seitens der Vertreter der Stadt zunehmend das Interesse an einer Zusammenarbeit und der Umsetzung von Beschlüssen gefehlt. Während in anderen Städten durch Runde Tische administrative Entscheidungen gefällt und auch durchgesetzt worden seien, habe das „Dresdner Modell" seit Anfang des Jahres nur noch als Alibi gedient. In die Kritik geriet noch einmal, daß der Vorschlag der Basisdemokratischen Fraktion, durch Auflösung der Stadtverordnetenversammlung

127 Vgl. Darlehensvertrag (Privatbestand Klaus-Dieter Scholz).
128 Dok. 124.

vorübergehend eine arbeitsfähige Struktur zu schaffen, von der Tagungsleitung zurückgewiesen und statt dessen elf Wochen auf das Zusammentreten der Stadtverordneten verzichtet worden war. Die Stadtverordnetenversammlung sei dadurch „noch weniger ein Instrument zur Problemlösung für die Stadt" geworden als vor der „Wende". Die Notwendigkeit häufiger Beratungen, Beschlußfassungen und Kontrollen unter Einbeziehung der Öffentlichkeit seien von der Fraktion zwar benannt, aber auch von ihr nicht mit der notwendigen Konsequenz eingefordert worden. Es sei bedauerlich, „daß die anfänglich guten Chancen für unsere Stadt nicht wirklich genutzt wurden, daß alte Strukturen gegen neues Denken erfolgreicher waren". Für die künftige Stadtverordnetenversammlung habe eine Verwaltungsreform mit dem Ziel kommunaler Selbstverwaltung Priorität. Sie müsse sich eine neue Geschäftsordnung und die Stadt eine Hauptsatzung im Rahmen einer sächsischen Gemeindeordnung geben. Die Basisdemokratische Fraktion sei in der Übergangsphase ein brauchbares Demokratisierungsinstrument gewesen, das Entscheidungsvorgänge in der Stadt beeinflußt, Bewußtsein gebildet und ihre Mitglieder zu den ersten Schritten einer parlamentarischen Arbeit geführt habe.

Etwas zurückhaltender war die Bilanz, die Wagner intern zog und in der er die Fraktion als „eine Art Übungsplatz, Spielwiese für parlamentarische Spielregeln" bezeichnete, deren Bedeutung vor allem darin bestanden habe, „die Leute vorzubereiten im Umgang mit Parlamenten und auf das Wirken in Parlamenten".[129] Ähnlich nüchtern konstatierte Heitmann, daß die Basisdemokratische Fraktion kein Instrument gewesen sei, mit dem man wirklich etwas erreichen konnte.[130] Berghofer erklärte die geringe Bedeutung der Fraktion wie anderer oppositioneller Bestrebungen damit, daß sie von der gesellschaftlichen Entwicklung überholt worden seien: „Der Kanzler hatte das Wort ‚Konföderation' ausgesprochen, Modrow hatte ‚Deutschland, einig Vaterland' ausgesprochen und Berghofer hat in Davos am 7. Januar gesagt, am Ende dieses Jahres gibt es die deutsche Einheit." Danach sei es nur noch um die Chance und die Möglichkeit für die Leute gegangen, „sich zu profilieren". Die ursprünglichen Absichten seien einfach „von der Zeit überrollt" worden.[131]

Wie die Basisdemokratische Fraktion wurde auch die Gruppe der 20 in ihrer Endphase öffentlich kaum noch wahrgenommen. Das galt bereits für die Klausurberatung der Gruppe zum Thema „Zeitweilige Arbeitsgruppen" am 23. und 24. Februar in der Evangelischen Akademie Meißen, wo die Leiter der Sektionen noch einmal die Zusammenarbeit, Schwerpunkte der Arbeit und den Fortbestand der Sektionen besprachen. Mehrheitlich wandten sie sich gegen ein Ende der Arbeit und beschlossen, sich unter dem Namen „Gruppe der 20" als Freie Wählervereinigung an der Kommunalwahl zu beteiligen.[132] In

129 Interview mit Herbert Wagner. In: Flach, Der Demokratisierungsprozeß, S. 108.
130 Vgl. Interview mit Steffen Heitmann. In: Ebd., S. 101.
131 Interview mit Wolfgang Berghofer.
132 Vgl. Dok. 116. Siehe dazu das folgende Kapitel.

den Wochen von März bis Juni befaßte sich die Gruppe der 20 vor allem mit der Arbeit der Basisdemokratischen Fraktion, Kontrollen des Rates der Stadt, der Auflösung des MfS, der Koordinierung der Arbeitsgruppen und der Herausgabe einer eigenen Zeitung. Das Projekt einer Zeitung war schon länger angedacht gewesen. Mit finanzieller Hilfe des Landes Baden-Württemberg erschien schließlich am 9. März die erste Auflage des „Sachsenspiegels". Die in Böblingen gedruckte Wochenzeitung wurde von der Gruppe der 20 und dem Verlag Engelhorn & Schmiedicke GmbH Leipzig herausgegeben. Auf den Inhalt nahmen die Mitglieder der Gruppe der 20 nur indirekt durch die Mitarbeit von Irmtraut Riethmüller Einfluß. Die Wochenzeitung publizierte unterschiedliche Themen aus Politik, Kultur und Wirtschaft und wurde fast ausschließlich von Redakteuren aus der DDR gestaltet. Chefredakteur war Herbert Goliasch.

Nach der Volkskammerwahl lösten sich die ursprünglichen Strukturen der Gruppe der 20 immer mehr auf. Einige Mitglieder engagierten sich beim Aufbau des Landes Sachsen am Runden Tisch des Bezirkes und später im Sächsischen Forum,[133] andere bei der Gründung eines Sächsischen Städte- und Gemeindetages, dem Aufbau der DEKRA und anderer öffentlicher Körperschaften. Von einem einheitlichen Auftreten der Gruppe der 20 konnte keine Rede mehr sein, und die Ergebnisse ihre Arbeit wurden kaum noch mit der Gruppe in Verbindung gebracht.

8. Wahlen und Auflösung der Gruppe der 20

Die Endphase des Wirkens der Gruppe der 20 war stark durch den Wahlkampf für die ersten freien Volkskammerwahlen am 18. März und die ersten Kommunalwahlen am 5. Mai geprägt. Durch die Anerkennung der Gruppe der 20 als eigenständiger Bürgerbewegung stellte sich die Frage, ob und wie man sich an der Kommunalwahl beteiligen sollte. Noch am 20. Dezember hatte die Gruppe der 20 erklärt, sie werde sich nicht an der Wahl beteiligen.[134] Inzwischen war im Statut festgeschrieben worden, daß die Gruppe keine Partei sei und ihre Mitglieder anderen Parteien beitreten konnten. Trotzdem ergriff Klaus-Dieter Scholz die Initiative zur Bildung einer „Freien Wählergemeinschaft Gruppe der 20" nach baden-württembergischem Vorbild.[135] Sein Vorstoß wurde, wie bereits erwähnt, auf der Sektionsleitertagung der Gruppe der 20 am 28. Februar diskutiert,[136] und noch am selben Tag eine „Initiativgruppe Freie Wählergemeinschaft" ins Leben gerufen. Sie sollte denen als politische Plattform dienen, die gewillt waren, sich der Kommunalwahl zu stellen, aber keiner Partei oder anderen Bürgerbewegung angehörten. Bedingung für eine Mitarbeit war

133 Vgl. Richter, Räte, „Volksvertretungen", Runde Tische, S. 172–188.
134 Dok. 98.
135 Zum Programm der Freien Wählervereinigung vgl. Presseerklärung der Gruppe der 20 (Privatbestand Dieter Brandes).
136 Vgl. Aufzeichnungen Sobeslavskys (Privatbestand Erich Sobeslavsky).

die Mitgliedschaft in der Gruppe der 20 bzw. in einer ihrer Sektionen. Tatsächlich schlossen sich einige parteilose Akteure aus den Sektionen der Wählergemeinschaft an. Christoff Andrich, der zwei Jahre zum Vorstand der Wählergemeinschaft gehörte, erklärte zur Entstehungsgeschichte, daß es in der Freien Wählervereinigung etliche Personen aus den unterschiedlichen Sektionen gab, die „diese politische Polarisierung in sozialdemokratische, CDU-Richtung oder welche auch immer" nicht mitmachen wollten und nicht die Absicht hatten, sich parteipolitisch zu engagieren. Sie seien der Ansicht gewesen, es sei „schade, wenn diese Potenzen einfach ungenutzt bleiben. Und das wurde von allen Seiten anerkannt."[137] Auch Walter Siegemund betont, daß es einer „Wahllokomotive für die erste Kommunalwahl" gleichkam, „daß wir mit dem Namen Gruppe der 20 antreten konnten und damit immerhin einen achtbaren Wahlerfolg hatten".[138]

In einer Presseinformation hieß es, die Gruppe der 20 beteilige sich an der Kommunalwahl und habe dazu eine „Freie Wählergemeinschaft parteiloser Dresdner Bürger" gebildet, die mit allen zusammengehe, die Parteiinteressen zugunsten von Sachentscheidungen zurückstellen. Die Gruppe der 20 werde keinen Wahlkampf gegen eine Partei führen und rufe alle Parteien und Bewegungen auf, sich in der Wahlauseinandersetzung fair zu verhalten. Die inhaltlichen Ziele orientierten sich an den Ergebnissen der Arbeit in den Sektionen der Gruppe der 20 bzw. in den ZAG der Stadtverordnetenversammlung. Die Gruppe der 20 wolle als Freie Wählergemeinschaft im Sinne eines Ausgleichs im Parteienstreit wirken und trete dafür ein, daß die kommunale Selbstverwaltung nicht eingeschränkt werde.[139] Als weiteres Argument wurde ins Feld geführt, es sei wichtig, daß fähige Personen in die Stadtverordnetenversammlung kommen, „also Leute mit Vorkenntnissen und nicht Leute, die von Punkt Null anfangen in den Ausschüssen".[140]

Trotz grundsätzlicher Anerkennung der Berechtigung der Bildung einer Freien Wählergemeinschaft gingen die Meinungen über den Gebrauch des Namens „Gruppe der 20" weit auseinander. Entsprechende Auseinandersetzungen ergaben sich aus den unterschiedlichen politischen Orientierungen bzw. Parteizugehörigkeiten der Akteure. Jeder suchte zu vermeiden, daß ehemalige Mitstreiter und jetzige politische Gegner den Nimbus des Namens „Gruppe der 20" für ihre politischen Ziele nutzten. Keine frühere Strömung in der Gruppe der 20 konnte ein Interesse daran haben, daß nur eine Richtung den Namen mit dem hohen Wiedererkennungswert für sich allein reklamierte. So hatten nach Meinung von Scholz z. B. Wagner und Vaatz „Angst, daß der Name so viel bewirkt, daß sie für die CDU weniger Stimmen bekommen als wir Parteilosen".[141] Umgekehrt sah Johannes Pohl, der sich im Wahlkampf für den Demokratischen Aufbruch engagierte, in der Freien Wählervereinigung nur

137 Interview mit Christoff Andrich.
138 Interview mit Walter Siegemund. Vgl. Wagner, Gruppe der 20, S. 16.
139 Vgl. Dok. 125.
140 Interview mit Christoff Andrich.
141 Vgl. Interview mit Klaus-Dieter Scholz.

bedingt eine Nachfolgeorganisation der Gruppe der 20: „Man kann natürlich sagen, die Freien Wähler haben den Anspruch erhoben, der Sachverwalter der Gruppe der 20 und auch der Basisdemokratischen Fraktion zu sein, ich denke, mehr der Gruppe der 20. Aber das ist natürlich so nicht ganz richtig, weil ja die Gruppe der 20 nie so homogen war, wie sie durch ihr eines Ziel erschien, sondern da waren ja auch die verschiedensten Parteien und Interessenvertreter drin gewesen, genauso auch in der Basisdemokratischen Fraktion. Insofern fand man ja Leute aus der Basisdemokratischen Fraktion in der CDU, im Demokratischen Aufbruch zunächst, in der SPD wieder. Und das sind natürlich alles politische Kräfte, die an der Machtausübung teilgenommen haben, sich zur Wahl gestellt haben, obwohl sie zunächst in der Basisdemokratischen Fraktion waren, obwohl sie Mitglieder der Gruppe der 20 waren." Insofern sei die Freie Wählervereinigung „nur ein Bruchteil der Gruppe der 20. Sie meinten aber, als Wählervereinigung die Idee der Gruppe der 20 weiterzutragen".[142] Frank Richter sah im Gebrauch der Bezeichnung „Gruppe der 20" durch die „Freie Wählergemeinschaft" sogar eine Diskreditierung des Namens.[143] Andere Akteure hatten keine Schwierigkeiten damit, daß die Freie Wählergemeinschaft unter dem Namen antrat. Wieder anderen Akteuren bereitete es Schwierigkeiten, daß der ehemalige Mitstreiter und Vorsitzende der Basisdemokratischen Fraktion, Wagner, nun auf Vorschlag von Vaatz und Heitmann von der CDU als Spitzenkandidaten für die Wahl eines Oberbürgermeisters ins Rennen geschickt wurde. Freilich stand nicht nur die CDU hinter Wagner, vielmehr wurde seine Kandidatur vom Wahlbündnis „Demokratische Union" aus CDU, Demokratischem Aufbruch und Deutscher Forumpartei unterstützt.[144] Ohst meint, daß die CDU auf jeden Fall von Wagners Mitgliedschaft in der Gruppe der 20 profitierte. „Ohne das Zugpferd Herbert Wagner hätte es wahrscheinlich bitter ausgesehen für die CDU."[145] Dagegen spricht, daß die CDU in allen Teilen der DDR Wahlsieger wurde, egal ob Bürgerrechtler wie Wagner kandidierten oder nicht. Wie breit das politische Spektrum der Gruppe der 20 und der Basisdemokratischen Fraktion war, zeigte, daß zur Kommunalwahl schließlich gleich drei Mitglieder der Basisdemokratischen Fraktion als Kandidaten für das Amt des Oberbürgermeisters antraten. Es waren dies neben Herbert Wagner für die SPD Roland Nedeleff und für die Freie Wählervereinigung Klaus-Dieter Scholz.

Auf dem Weg zur Kommunalwahl bedeutete die Volkskammerwahl am 18. März noch einmal eine wesentliche Zäsur. Eine große Wählermehrheit sprach sich für einen schnellen Weg zur Einheit Deutschlands aus und steckte damit auch die künftigen Rahmenbedingungen für die Kommunalpolitik ab. Angesichts des deutlichen Wählervotums war somit bereits vor dem Urnengang zur Kommunalwahl absehbar, daß die Union auch in Dresden die meisten Stimmen erhalten und Wagner Oberbürgermeister werden würde. Angesichts

142 Interview mit Johannes Pohl.
143 Vgl. 2. Interview mit Frank Richter.
144 Vgl. Interview mit Herbert Wagner. In: Seifert, Durch Umkehr, S. 204.
145 Interview mit Eberhard Ohst. Vgl. 1. Interview mit Beate Mihály.

dieser Entwicklung trat Dieter Brandes Mitte April aus der Gruppe der 20 aus. Ihm mißfiel, daß diese „zu stark in Richtung auf die damalige Ost-CDU zuging, man dann auch schon Überlegungen anstellte über den Posten des Oberbürgermeisters, der Dezernenten und solche Dinge, die man eigentlich ja noch hätte zurückstellen können. Es war dann der Zeitpunkt gekommen, wo ich ganz einfach nicht mehr aus gutem Gewissen sagen konnte: du kannst noch dabei bleiben."[146] Wie erwartet, erhielt die CDU bei der Kommunalwahl am 6. Mai in Dresden mit 39,15 Prozent die meisten Stimmen und wurde größte Fraktion in der neuen Stadtverordnetenversammlung. Insgesamt wurden 19 Abgeordnete gewählt, die aktiv in der Gruppe der 20 oder in der Basisdemokratischen Fraktion mitgearbeitet hatten. Am 23. Mai konstituierte sich die neue Stadtverordnetenversammlung und wählte Herbert Wagner zum Oberbürgermeister.

Sitzverteilung der Dresdner Stadtverordnetenversammlung ab Mai 1990

CDU	51
PDS	20
SPD	13
DSU	11
Bündnis '90	10
Freie Wählervereinigung Gruppe der 20	6
Sonstige	9

Das Wahlergebnis sorgte noch bis zur endgültige Auflösung der Gruppe der 20 im Juni für heftige Diskussionen. Den in die CDU eingetretenen Bürgerrechtlern wurde vorgeworfen, sie hätten den Wahlsieg der CDU ermöglicht und das Image der Gruppe der 20 für die CDU in Anspruch genommen. Scholz drohte Vaatz sogar mit einem staatsanwaltlichen Ermittlungsverfahren wegen Wahlbehinderung. Vaatz warf diesem wiederum vor, er habe mit den Stimmen der PDS Oberbürgermeister werden wollen. [147] Ungeachtet solcher Meinungsdifferenzen schlossen Bündnis 90/Grüne Partei, Demokratische Union (bestehend aus CDU, Demokratischem Aufbruch und Deutscher Forumpartei), Deutsche Soziale Union (DSU), Die Liberalen, „Freie Wählervereinigung Gruppe der 20" und SPD am 25. Mai für die erste Legislaturperiode eine Koalition.[148] Die Koalitionspartner erklärten, sie seien sich der Schwierigkeiten der vor ihnen liegenden Aufgaben bewußt und gäben sich hinsichtlich der schwierigen Lage der Stadt als dem Ergebnis verfehlter SED-Politik keinen Illusionen hin. Gerade angesichts der gravierenden Probleme seien sie der Meinung, daß die Probleme zunächst gemeinsam angepackt werden müßten. Unbeschadet unterschiedlicher Grundvorstellungen und auf der Grundlage ihrer unterschiedlichen Wahl- und Parteiprogramme würden sie sich um eine faire und konstruktive Zusammenarbeit bemühen. Sie beschlossen, in der Stadtverordnetenversammlung und ihren Ausschüssen nicht mit

146 Interview mit Dieter Brandes. In: Flach, Der Demokratisierungsprozeß, S. 105.
147 Vgl. Dok. 126.
148 Vgl. Dok. 127.

wechselnden Mehrheiten abzustimmen. Im Juni folgte der bereits erfolgten Fraktionsbildung von Neuem Forum, Demokratie Jetzt, Grüner Partei und Unabhängigem Frauenverband der organisatorische Zusammenschluß zur „Alternativen Fraktion“.[149] Vorsitzender wurde Peter Zacher, Sprecher Lothar Dunsch.

Die Gruppe der 20 löste sich nach den Kommunalwahlen auf, da sie ihren Auftrag, als Übergangsgremium bis zur Schaffung neuer demokratischer Strukturen zu wirken, als erfüllt ansah. Die restlichen Geldmittel aus der „Eine-Mark-Aktion“, immerhin über 300 000 Mark, wurden der Inneren Mission gespendet.[150] Die Auflösung der Gruppe galt unter den Mitgliedern als selbstverständlich, hatte darüber doch seit Beginn der Arbeit Einigkeit bestanden.[151] Am 19. Juni fand in der Gaststätte „Am Zwinger“ im kleinen Kreis eine Abschlußfeier statt. Von nun an trennten sich die Wege. „Die ersten“, so Beate Mihaly, „waren schon in die CDU eingetreten. Naja und dann hatte schon ein jeder seine Richtung gefunden. Der eine wollte sich selbständig machen, und da es schon ein bißchen mehr dann in CDU-Arbeit ausartete, fand man eben, daß die Gruppe ihre Arbeit getan hat und sich auflösen könnte.“ Ihr habe es damals „ein bißchen leid getan, anderen auch. Manche sind verbittert raus, ich nicht.“[152] Wagner betonte, es sei „das Schicksal aller Bürgerbewegungen, daß sie Dinge bewegen können, für die die Parteien zu starr sind, um dann nicht mehr die Kraft zu haben, an der Spitze zu stehen. Sie fallen nach erfüllter Aufgabe auseinander.“[153] Bürgerbewegungen seien gut geeignet, um den Weg aus der Diktatur zur Demokratie zu gehen, auch um Einzelaktionen zum Erfolg zu verhelfen. Wenn jedoch dauerhaft Politik gemacht werden soll, seien Parteien mit Grundsatzprogramm, Strukturen und Organisation die geeignetere Form.[154] Die Gruppe der 20, so Wagner, sei in Dresden der „Türöffner der Demokratie“ gewesen. „Sie war Mittler, aber nicht nur Mittler, sondern auch Partei in Richtung der Demokratie.“[155]

149 Vgl. Die Union vom 14.6.1990.
150 Vgl. „‚Gruppe der 20‘ hat ihren Auftrag erfüllt“. In: Die Union vom 25.5.1990.
151 Vgl. Interviews mit Dieter Brandes und Frank Neubert; Notizen von Beate Mihály zur Auflösung am 9.5.1990 (Privatbestand Beate Mihály).
152 Interview mit Beate Mihály. In: „Helden a. D.“, MDR vom 16.12.1992.
153 Privatbestand Steffi Förtsch-Ulbricht, Bl. 7.
154 Interview mit Herbert Wagner.
155 Interview mit Herbert Wagner. In: Flach, Der Demokratisierungsprozeß, S. 108.

Resümee

Im Textentwurf der Gruppe der 20 für eine sächsische Verfassung vom 30. März 1990 hieß es, der 8. Oktober solle „in ganz Sachsen als Tag des nationalen Neubeginns ein gesetzlicher Feiertag" werden. Auch wenn sich der Vorschlag nicht durchsetzen konnte, ist doch die historische Bedeutung des Tages unbestritten, an dessen Abend die Bildung der Gruppe der 20 den Beginn des friedlichen Teils der Revolution der Jahre 1989/90 markierte. Die Entwicklung bis zu diesem Zeitpunkt war von tagelangen, teils gewaltsamen Auseinandersetzungen zwischen Demonstranten und der Staatsmacht bestimmt gewesen. Bis dahin verdienten allenfalls die Motive zahlreicher Bürgerbewegungen das Adjektiv „friedlich", nicht aber die Haltung des SED-Regimes und auch nicht das Vorgehen jener Bevölkerungsteile, die aus Wut und Verzweiflung über die Schließung sämtlicher DDR-Grenzen für den Reiseverkehr am 3. Oktober mit Krawallen am Dresdner Hauptbahnhof auf die restriktive Politik reagierten. Die Gewaltausbrüche Ausreisewilliger waren eine Antwort auf die gewaltsame Beendigung der Massenflucht von DDR-Bewohnern, die damit ihrerseits auf die Reformfeindlichkeit des SED-Regimes geantwortet hatten. Erstmals in der Geschichte der DDR wurden Anfang Oktober 1989 in Dresden bewaffnete Armee-Einheiten als polizeiliche Hilfstruppen gegen die Bevölkerung eingesetzt. Das Regime hatte „erhöhte Einsatzbereitschaft" befohlen sowie mit der Einrichtung „Zentraler Zuführungspunkte" und mit Massenfestnahmen begonnen. Nach Aussagen führender Funktionäre zog die SED-Führung durchaus auch eine „chinesische Lösung" des Konflikts in Betracht. Zwischen Gewaltbereitschaft der DDR-Führung und internationaler Entwicklung bzw. Haltung der Sowjetunion aber klaffte ein immer größer werdender Spalt. Die bislang zur Aufrechterhaltung einer „funktionierenden Diktatur" notwendige und dominante strukturelle Gewalt mußte angesichts des wachsenden Selbstbestimmungswillens der Menschen immer mehr um Mittel direkter staatlicher Gewalt ergänzt werden. Unter Führung Honeckers und Mielkes drohte die DDR neben Rumänien und der Tschechoslowakei zur international geächteten Hochburg reformfeindlicher Kräfte innerhalb des Ostblocks zu werden. Die damit verbundene Abkopplung von der europäischen Entwicklung eines Spannungsabbaus zwischen Ost und West stieß aber auch innerhalb des SED-Apparates auf wachsenden Widerstand. Hier waren es vor allem Teile der nachfolgenden Funktionärsgeneration, die in Abgrenzung zum Kurs der „Gerontokraten" im Politbüro nach flexibleren Methoden zur Sicherung und Fortentwicklung der Diktatur unter den sich global ändernden politischen Rahmenbedingungen suchten. Zu ihnen gehörten in Dresden Hans Modrow und Wolfgang Berghofer, die sich wie Gorbatschow die Frage stellten, wie dem sozialistischen System angesichts internationaler Konkurrenz neues Leben eingehaucht werden könnte. Eine nur mit Mitteln der Gewalt aufrechtzuerhaltene Ordnung stand für sie schon wegen des finanziellen und ökonomischen Kollapses der DDR nicht zur Debatte, ihnen ging es um Modifizierungen der sozialistischen Diktatur.

Nach einer Phase der Unentschiedenheit beschloß Modrow in seiner Funktion als Leiter der Bezirkseinsatzleitung am späten Nachmittag des 8. Oktober einen folgenreichen Kurswechsel. Die Entwicklungen der letzten Tage hatten ihm gezeigt, daß die Demonstranten in Dresden ihre Auffassungen friedlich kundtaten und von ihnen, im Gegensatz zu den verschiedenen „militärischen Organen“ des SED-Staates nach den Auseinandersetzungen am 4./5. Oktober, keine Gewalt mehr ausging. Gegen den zeitweiligen Widerstand der Bezirksverwaltung für Staatssicherheit setzte er gegenüber den Demonstranten eine Politik der Deeskalation durch, deren Folge ein Ende von Gewaltanwendungen und Massenzuführungen war. Eine genaue Analyse der damaligen Abläufe macht deutlich, daß das Besondere des 8. Oktober in Dresden nicht die stets vorhandene Bereitschaft der Bevölkerung zum Dialog über Veränderungen war, sondern die Entscheidung Modrows und Berghofers, nicht länger gewaltsam auf die Änderungswünsche der Menschen zu reagieren. Zwar waren die Demonstrationen der Bevölkerung unabdingbare Voraussetzung für eine Veränderung der Situation, das wirklich Neue aber war der Wille der verantwortlichen Funktionäre, mit den aufgebrachten Bürgern zu reden. Die couragierte Entscheidung der beiden Reformkommunisten aber hatte, analog zur Haltung Gorbatschows, ungeahnte Folgen für das System, stellte doch schon die Bereitschaft zum Gespräch über dessen Grundlagen das System selbst in Frage. Bereits der erste Schritt zur Liberalisierung, das wußte schon Machiavelli zu berichten, ist für den Erhalt von Diktaturen ein Schritt zuviel. So trug die Entscheidung auch in Dresden wesentlich dazu bei, daß sich der angestaute Druck, der bislang in Massenflucht, Botschaftsbesetzungen, Demonstrationen und der illegalen Bildung oppositioneller Gruppen und Parteien Ausdruck gefunden hatte, eine lawinenartige Entwicklung freisetzte. Erste und unmittelbare Folge war in Dresden die Bildung der Gruppe der 20 als einer Vertretergruppe der Demonstranten für ein Gespräch mit dem Oberbürgermeister. Auch hier lag die Besonderheit wiederum nicht in der Bereitschaft der Bevölkerung zum Dialog. Diskussionsforen gab es z. B. in den Kirchen reichlich, wo sich als Ausdruck gesellschaftlicher Bedürfnisse und Notwendigkeiten über Jahre hinweg eine alternative Gesprächskultur entwickelt hatte. Die hier und im Rahmen des Prozesses der „Ökumenischen Versammlung für Frieden, Gerechtigkeit und Bewahrung der Schöpfung“ gesammelten Erfahrungen wurden nun für viele Akteure zur Grundlage ihrer Forderungen nach einem die gesamte Gesellschaft umfassenden Dialog. Das Besondere lag erneut in der von Modrow und Berghofer signalisierten Gesprächsbereitschaft. In doppelter Hinsicht verletzten beide damit bisherige Tabus des Regimes. Sie beendeten das gewaltsame Vorgehen gegen friedliche politische Demonstrationen und waren bereit, mit Vertretern der Demonstranten zu sprechen. Die Entstehung der Gruppe markiert somit das Ende einer Entwicklung, die durch den Versuch des SED-Regimes gekennzeichnet war, die akute Krise des Systems mit staatlicher Gewalt zu lösen und steht zugleich am Beginn des letzten Abschnitts der DDR-Entwicklung, an dessen Ende eine demokratische DDR durch ihren Beitritt zur Bundesrepublik die deutsche Zweistaatlichkeit beendete.

Die durch einige Medien publik gemachte Entwicklung in Dresden hatte Signalcharakter für die gesamte DDR, besonders aber für Leipzig. Hier wurde am Vorabend der Montagsdemonstration am 9. Oktober angesichts der Konzentrierung militärischer Kräfte und nach entsprechenden Signalen der Partei- und Staatsführung eine „chinesische Lösung“ befürchtet. Vier Monate zuvor hatte die chinesische KP-Führung eine Demonstration für Demokratie auf dem Pekinger „Platz des himmlischen Friedens“ mit Panzern und unter Anwendung von Schußwaffen aufgelöst. Unter den meist jugendlichen Demokratieanhängern hatte es zahlreiche Tote und Verletzte gegeben. Die DDR-Führung hatte das Vorgehen der chinesischen KP-Führung als „Zerschlagung der Konterrevolution“ begrüßt. Nun gab es in der DDR eine vergleichbare Situation. In der Bevölkerung, aber auch in der die Ereignisse beobachtenden internationalen Öffentlichkeit dominierte die Gewißheit, daß sich am 9. Oktober das weitere Schicksal der DDR entscheiden werde. Entsprechend angespannt war die Lage auch in der SED und in den „militärischen Organen“. In dieser Situation kamen am Abend des 8. und Morgen des 9. Oktober aus Dresden überraschend Hoffnungszeichen für eine friedliche Lösung. Die Bedeutung der Informationen aus Dresden war für die Leipziger Demonstranten aber auch für die Vertreter von Staat und Partei in Berlin und Leipzig erheblich. Mit den für den Abend des 9. Oktober bereits angekündigten Volksversammlungen in Dresdner Kirchen, die zeitgleich zur Montagsdemonstration auf dem Leipziger Ring stattfanden, erhielt die Dresdner Entwicklung zudem erste Konturen, was die Wirkung auf die Leipziger Entwicklung noch erhöhte. Durch die in der DDR als Hoffnungsträger und Reformer geltenden Dresdner Verantwortlichen war aus Sicht vieler SED-Funktionäre ein erster Schritt getan worden, dessen Beispiel man nur noch zu folgen brauchte. Für die an strikte Parteidisziplin gewöhnten SED-Funktionäre war es in diesem Zusammenhang bedeutsam, daß das Vorgehen Modrows und Berghofers, wenn auch erst nach Widerständen, von der SED-Führung abgesegnet worden war. Es kann als sicher gelten, daß am 9. Oktober in Leipzig eine „chinesische Lösung“ auch wegen der Dresdner Entwicklung ausblieb, waren doch sowohl die Demonstranten als auch die Sicherheitskräfte und die SED-Führung über die neue Situation in der Elbestadt recht genau informiert.

Was aber veranlaßte Modrow und Berghofer zu ihrem Schritt? Bei beiden handelte es sich um erklärte Gegner einer parlamentarischen Demokratie westlichen Zuschnitts. Ohne eine entsprechende Gesinnung hätten sie im DDR-Nomenklatursystem niemals ihre Positionen erreichen oder halten können. Von daher ist auszuschließen, daß sie eine Entwicklung in Richtung Demokratie wünschten. Analysiert man die politischen Absichten Modrows und Berghofers anhand ihrer damaligen Äußerungen, so findet sich eine weitgehende Übereinstimmung mit der Erklärung des Politbüros vom 11. Oktober 1989, in der zu einem breiten gesellschaftlichen Dialog aufgerufen wurde. Prämisse dieses Dialogs aber war der Erhalt der Grundfigurationen des „real existierenden Sozialismus“. Nach dem offiziellen Beginn der Dialogpolitik am 11. Oktober deklarierten Berghofer und Modrow ihren Vorstoß als Teil dieser generellen

Linie und stellten so klar, daß auch ihr Ziel eine Dynamisierung und Flexibilisierung des diktatorischen Systems war. Kaum drei Tage nach der Initiative der Dresdner Funktionäre war damit ein Großteil des Konfliktpotentials zwischen Politbüro und Dresdner SED-Führung ausgeräumt. Das weitere Vorgehen wurde nun mit Honeckers Nachfolger, Egon Krenz, abgestimmt. Unklar muß bleiben, inwieweit die Anpassung des Kurses der Dresdner SED-Führung an die offizielle Dialog-Linie auch von taktischen Erwägungen bestimmt wurde. Eine authentische Rekonstruktion der politischen Zielvorstellungen der Dresdner Reformkommunisten in der Zeit vom 8. bis 11. Oktober ist kaum noch möglich. Damals deckten sich öffentliche Stellungnahmen und tatsächliche Überzeugung nur bedingt. Im Nachhinein aber kann nur mit Zurückhaltung aus späteren Stellungnahmen auf frühere Überzeugungen geschlossen werden. Daran haben vor allem die Prozesse gegen beide SED-Politiker vor dem Dresdner Landgericht keinen Zweifel gelassen.

Wie der Vorstoß der beiden Reformkommunisten hatte auch der deutlich demonstrierte Schulterschluß von Politbüro und Dresdner Führung Signalcharakter, stellte die Auseinandersetzung um Form und Inhalt des Dialogs zu diesem Zeitpunkt doch den zentralen Punkt des politischen Tauziehens zwischen Staatsmacht und revoltierender Bevölkerung dar. Beiden Seiten ging es um die Instrumentalisierung des Dialogs im Sinne ihrer politischen Ziele. Sahen die SED-Herrschenden in ihm ein Mittel zur Machtsicherung, so erkannte die Bevölkerung im Dialog eine entscheidende Möglichkeit, auf friedlichem Wege gesellschaftliche Veränderungen zu erreichen. In diesem Sinne definierte sich auch die Gruppe der 20 zunächst als Forum, dessen Aufgabe es sei, einen breiten und offenen Dialog über die Zukunft der Gesellschaft zu ermöglichen. Eine Oppositionsrolle wurde abgelehnt. Noch war es nicht notwendig, alternative Politikmodelle zu präsentieren, erst einmal ging es darum, den Alleinherrschaftsanspruch der SED zurückzuweisen. Dies genau geschah durch die Forderung nach einem breiten gesellschaftlichen Dialog: Er erlaubte die Diskussion abweichender politischer Meinungen und die Ausprägung einer politischen Streitkultur außerhalb der Kirchen. Die DDR-Bevölkerung verfügte nach Jahrzehnten Diktatur über genügend kollektive Erfahrung im Umgang mit dem Regime. Sie war es angesichts des gesetzlich verankerten Verbots der Äußerung oder gar Umsetzung abweichender politischer Konzepte gewöhnt, Alternativen in Form system- oder ideologieimmanenter Kritikandeutungen zu formulieren. So war es nicht unüblich, die marxistischen „Klassiker" als Zeugen gegen die Praxis in der DDR zu bemühen. Ebenso war klar, daß ein Ende der Diktatur gewaltsam nicht erreichbar war. Ein erster Schritt zur Destabilisierung des Systems konnte nur darin bestehen, den hybriden Machtanspruch der SED durch Delegitimierung seiner ideologischen Grundlagen ins Wanken zu bringen. Diesem Ziel konnte der Dialog dienen, wenn er es erlaubte, das ideologische Denkgerüst des Marxismus/Leninismus mit aktuellen, attraktiveren und weniger ideologischen Politikentwürfen oder einfach nur mit der oft frustrierenden Wirklichkeit des „real existierenden Sozialismus" zu konfrontieren.

Aus Einsicht in die immense Bedeutung des Dialogs versuchte die SED, diesen auf ein von ihr gelenktes und kontrolliertes Gespräch über gewisse Modifizierungen der praktizierten sozialistischen Diktatur zu reduzieren. Der Streit um Form und Inhalt des Dialogs war eine der ersten zentralen Auseinandersetzungen der friedlichen Revolution, die die Bevölkerung und mit ihr die Gruppe der 20 wie andere oppositionelle Gruppierungen für sich entscheiden konnten. Vor dem Hintergrund der Bedeutung inhaltlicher Dominanz im Dialog ist auch die erste Dresdner Volksversammlung am Abend des 9. Oktober in mehreren Dresdner Kirchen zu sehen, in denen die Bevölkerung nach Jahrzehnten verordneter Unmündigkeit erstmals wieder kollektiv das Wort ergriff und gesellschaftliche Veränderungen forderte, die auf ein Ende der Diktatur hinausliefen. Ähnlich gerieten die nun überall durchgeführten Dialogveranstaltungen zu Tribunalen der Anklage gegen Diktatur und ideologische Gängelei. Hierbei und bei der Entwicklung der Oppositionsbewegung in Dresden spielten Vertreter der Kirchen als Berater und Koordinatoren der Entwicklung eine zentrale und aktive Rolle. Die SED mußte zusehen, wie ihr die Initiative im revolutionären Prozeß entglitt. Schon bald spielte sie als Dialogpartner nur noch eine nachgeordnete Rolle, und es dauerte nicht lange, bis der Dialog selbst als Form politischer Auseinandersetzung ausgedient hatte.

Als ein wesentliches Ergebnis des Dialogs kristallisierte sich als nächster zentraler Punkt der Auseinandersetzung die Frage nach der Legitimierung politischer Macht heraus. Bereits im Mai 1989 hatten couragierte Bürger, oppositionelle Gruppen und Kirchenvertreter die Korrektheit der kommunalen Wahlergebnisse angezweifelt und damit den neuralgischen Punkt der SED-Diktatur, ihre fehlende demokratische Legitimierung, berührt. Spätestens seit dem Sommer 1989 bildeten sich DDR-weit Gruppen und Parteien, die – wie z. B. die SDP – die SED-Herrschaft offen in Frage stellten. Die neuen Gruppierungen, gleich ob sie sich als Opposition oder als Dialogforen deklarierten, standen vor dem Problem, daß die SED einerseits behauptete, eine absolute Mehrheit der Bevölkerung zu repräsentieren, andererseits potentiellen politischen Konkurrenten aber keine Möglichkeit einräumte, dies zu testen, sich selbst als Interessenvertreter unzufriedener Bevölkerungsteilen zu profilieren und einen Beweis eigener demokratischer Legitimierung zu erbringen. Manche Gruppen lösten einen Teil des Problems, indem sie sich über die Frage ihrer Legalität im Sinne der DDR-Gesetzlichkeit einfach hinwegsetzten. Allerdings konnten sie in einer Situation fehlender demokratischer Rechte nicht aus dem Stand nachweisen, für welche Bevölkerungsteile sie sprachen. Deswegen blieb der Grad ihrer demokratischen Legitimation zunächst unklar. Die im Herbst 1989 und Anfang des Jahres 1990 angegeben Mitgliederzahlen schwankten, und es gab erhebliche Unsicherheiten und Illusionen hinsichtlich zu erwartender Wahlergebnisse bei einer freien Abstimmung.

Die Frage der demokratischen Legitimierung von Gremien, die sich in revolutionären Umbruchzeiten herausbilden und deswegen nicht bereits durch Wahlen legitimiert sind, stellt sich generell, weswegen es durchaus berechtigt ist, die in Ausnahmesituationen behauptete Repräsentanz größerer Bevölkerungsgruppen zu hinterfragen und eine frühstmögliche demokratische Legitimierung einzufordern. Zu oft in der Geschichte traten selbsternannte Sprecher angeblich großer Bevölkerungsteile auf, die einen Nachweis durch freie Wahlen schuldig blieben. Bestes Beispiel ist die SED, die nach selbstgeschaffener Legende in einer „antifaschistisch-demokratischen Revolution" die Macht ergriff und dabei angeblich von der Bevölkerung mehrheitlich unterstützt wurde.

In der friedlichen Revolution 1989/90 zeigte das Beispiel einiger Bürgerbewegungen, die zunächst als Sprecher einer Bevölkerungsmehrheit galten, bei den Wahlen 1990 aber marginalisiert wurden, daß allein das Postulat, Vertreter erheblicher Bevölkerungsteile zu sein, noch nicht bedeutet, dies auch tatsächlich zu sein und für längere Zeit zu bleiben.

Hinsichtlich ihrer demokratischen Legitimierung befand sich die Gruppe der 20 in einer vergleichsweise komfortablen Situation. Sie entstand spontan und wurde, ähnlich wie schon bei antiken Volksversammlungen üblich, per Akklamation direktdemokratisch legitimiert. Sie bekam von den Demonstranten kein allgemeines Mandat einer Interessenvertretung, sondern die konkrete Aufgabe, Forderungen vorzutragen und stellvertretend für die Demonstranten Gespräche mit den staatlichen Repräsentanten zu führen. Die Partei- und Staatsführung setzte bereits dem minimalen Anspruch, Sprecher der auf den Demonstrationen präsenten Bevölkerungsteile zu sein, eine Strategie der Bedeutungsminimierung durch „Verkirchlichung" der Gruppe entgegen und versuchte, sie als eine unter verschiedenen Bürgerinitiativen im Rahmen der vom Politbüro am 11. Oktober 1989 verkündeten Dialogpolitik abzuklassifizieren. Dieser Linie entsprachen auch die späteren Versuche Berghofers, die Gruppe ohne klar definierten organisatorischen und programmatischen Status in die Arbeit der Stadtverordnetenversammlung einzubinden, so ihre Strukturen aufzulösen und ihre systemfeindliche Stoßrichtung zu neutralisieren. Die veränderungswilligen Bevölkerungsteile beantworteten dies mit einer Verbreiterung der demokratischen Legitimationsgrundlage ihrer Vertretergruppe. Anders als die auf DDR-Ebene agierenden Oppositionsgruppen, die sich zunächst konstituierten, um erst in einem zweiten Schritt Anhänger um sich zu scharen und Wähler zu gewinnen, entstand und entwickelte sich die Gruppe der 20 somit als eine von Anfang an legitimierte Interessenvertretung großer Teile der Dresdner Bevölkerung. Zahlreiche Einwohner der Stadt bevollmächtigten die Gruppe durch Demonstrationen, Unterstützungserklärungen und vor allem durch die legendäre „Eine-Mark-Aktion", die einen festen Platz in der deutschen Demokratiegeschichte verdient. Mehr als 100 000 Menschen überwiesen eine DDR-Mark auf ein durch Handzettel und Mundpropaganda publik gemachtes Postscheckkonto und nutzten so angesichts fehlender demokratischer Mechanismen die Deutsche Post als Ersatzabstimmungsinstrumentarium. Auch hinsichtlich des Grades und der Kontinuität ihrer Legitimierung unterschied sich die Gruppe der 20 von anderen Oppositionsgruppen, die von einer solchen Legitimierung nach den Maßstäben direkter Demokratie weit entfernt waren. Ironie der Geschichte war es dabei, daß die Gruppe der 20 ihre demokratische Legitimierung zunächst ausgerechnet denen gegenüber nachweisen mußte, die sich selbst nie einer freien und geheimen Abstimmung gestellt und statt dessen sogar die unliebsamen Ergebnisse einer ohnehin manipulierten Wahl noch gefälscht hatten.

Angesicht der breiten Zustimmung und der veränderten politischen Situation kam das Regime auf Dauer nicht umhin, die Gruppe als Bürgervertretung anzuerkennen. Ihre Legalisierung geschah erst zu einem Zeitpunkt, als diese bereits obsolet, weil Ausdruck des Zerfalls der bisherigen politischen Strukturen und der im revolutionären Prozeß durchgesetzten demokratischen Entwicklung war. Die Gruppe wurde erst anerkannt, als dies bereits keine Bedeutung mehr hatte, weil es längst nicht mehr um die Frage einer Anerkennung durch die entmachtete SED, sondern bereits um die künftige Wählergunst ging. Zu diesem Zeitpunkt war auch das direktdemokratische Mandat überholt, und es ging den Akteuren darum, den Symbolwert der Gruppe der 20 in meßbare Wahlergebnisse für die nun von ihnen bevorzugten Parteien umzumünzen. Es war Ausdruck einer neuen politischen Kultur, daß die aus der Gruppe der 20 hervorgegangene Basisdemokratische Fraktion der Dresdner Stadtverordnetenversammlung bis zur Kommunalwahl im Mai 1990 auf die Nutzung des ihnen von den Altparteien angetragenen Stimmrechts verzichtete und dies mit ihrer unzureichenden Legitimierung begründete. Die neuen politischen Akteure setzten sich damit deutlich von den bisherigen Stadtverordneten ab, die bis zum Schluß behaupteten, im Mai 1989 von der Bevölkerung demokratisch in die Verantwortung gerufen worden zu sein.

Auch in anderer Hinsicht unterschied sich die Gruppe der 20 von den auf DDR-Ebene agierenden Oppositionsgruppen und dem von ihnen ins Leben gerufenen Modell des Zentralen Runden Tisches. Bei ihr handelte es sich von vornherein um eine vor allem kommunal ausgerichtete Gruppe, die in ihrem Erfolg auch an diesem Horizont gemessen werden muß. Zwar hatten bei ihrer Bildung auf der Prager Straße noch allgemeine politische Forderungen dominiert, in der praktischen Arbeit aber konzentrierte sich die Gruppe vor allem auf kommunale, teilweise auch auf sächsische Belange. Ursprüngliche Orientierungen auf DDR-Probleme verloren angesichts der angestrebten und sich bald abzeichnenden Wiedervereinigung rasch an Bedeutung. Die Haltung resultierte aber ebenso aus der Tatsache, daß es sich bei der Gruppe um eine direkte Interessenvertretung der Dresdner Bevölkerung handelte, die neben allgemeinen politischen Veränderungen vor allem auch vor Ort Verbesserungen erreichen wollte.

Die regionale Ausrichtung der Gruppe wirft die Frage vergleichbarer Gremien in anderen Kommunen auf. Erste Untersuchungen lassen erkennen, daß es unterschiedliche Wege der Demokratisierung in den Kommunen gab. Entgegen dem durch die Medien verbreiteten Bild handelte es sich bei der friedlichen Revolution 1989/90 um einen multizentrischen Aufstand, der sich zeitversetzt auch in den meisten Kommunen Bahn brach. Meist waren die revolutionären Zentren wegen des hypertrophen Sicherheitsapparates des MfS nur schwach miteinander verbunden, weswegen Wechselwirkungen die Ausnahme blieben. Wirkung entfalteten vor allem zentrale Impulse, die sich in kommunalen Besonderheiten unterschiedlich ausformten. Noch ist unzureichend untersucht, welche Formen direktdemokratisch legitimierter Gremien wie Dialoggruppen, Runde Tische oder Bürgerinitiativen sich bildeten und wo Unterschiede und Gemeinsamkeiten lagen. Schon jetzt aber ist erkennbar, daß das Dresdner Modell weniger ein Gegenmodell zum Zentralen Runden Tisch, sondern eines unter verschiedenen Modellen war, funktionierten doch auch die Runden Tische aller Ebenen keinesfalls nach einem einheitlichen Muster. Der Vergleich zwischen der Gruppe der 20 und dem Runden Tischen ist zudem erst in jener Entwicklungsphase sinnvoll, in der bereits beide Gremien arbeiteten. Zum Zeitpunkt der Bildung Runder Tische im Dezember 1989 entwickelte sich die Gruppe der 20 bereits zur Basisdemokratischen Fraktion fort und verfügte über erste Erfahrungen in der gemeinsamen Arbeit mit den Stadtverordneten aller Fraktionen. Deutlich ist auch, daß sich die politische Grundströmung im heruntergewirtschafteten Sachsen erheblich von der in Berlin unterschied. Was, wie die Zustimmung zur staatlichen Einheit, in basisdemokratischen Kreisen Berlins Anfang Januar 1990 auf Widerstand gestoßen wäre, galt in Dresden als zwingende Voraussetzung für die Zugehörigkeit zur Basisdemokratischen Fraktion.

Die Tatsache, daß die Gruppe der 20 ein direktdemokratisches Gremium von Teilen der Dresdner Bevölkerung war, drückte sich auch in der dynamischen Anpassung ihrer Strukturen an die wechselnden politischen Notwendigkeiten im revolutionären Prozeß aus. Hatte sich die Gruppe zunächst der Durchsetzung eines friedlichen Dialogs verpflichtet gesehen, entwickelte sie sich bald zur organisatorischen Klammer verschiedener Sektionen und Arbeitsgruppen, in denen es um die künftigen Inhalte kommunaler Politik in Dresden, aber – wie z. B. in der Arbeitsgruppe „Recht" – auch um generelle Fragen der politisch-gesellschaftlichen Entwicklung ging. Die bisherigen Themen des Dialogs nahmen nun in den Sektionen der Gruppe der 20 und in den Zeitweiligen Arbeitsgruppen der Stadtverordnetenversammlug konkrete Formen an. Es genügte nicht länger, sich aus einer Antihaltung zum SED-Staat zu definieren, vielmehr wurde es notwendig, der Bevölkerung alternative, aber auch realistische politische Angebote zu unterbreiten. Die Gruppe der 20 selbst verlor in diesem Prozeß zwar hinsichtlich ihrer praktischen Wirkung an Bedeutung, entwickelte sich dafür aber mehr und mehr zum zentralen Symbol des revolutionären Veränderungswillens der Dresdner Bevölkerung. Die Organisation der Umwälzung übernahmen jetzt Gremien, die von der Gruppe ins Leben gerufen worden waren oder eng mit ihr kooperierten. Es kam zu einer organisatorisch lockeren, in der Sache jedoch effektiven Anbindung an die Gruppe, die zu einer Erweiterung des aktiv in den Veränderungsprozeß einbezogenen Personenkreises führte. Durch die breiten und inhaltlich ausdifferenzierten Strukturen der Gruppe wurden zahlreiche Bürger Dresdens in die gesellschaftliche Umwälzung einbezogen. Für viele von ihnen bedeutete dies den Einstieg in ein bis heute andauerndes kommunal-, landes- oder bundespolitisches Engagement.

Parallel zur Organisierung der gemeinsamen Arbeitsgruppen, in denen Vertreter der Gruppe der 20 mit Stadtverordneten zusammenwirkten, diente die Gruppe der 20 als Steuerungsinstrument von Aktivitäten auf der Straße. Eine Begrenzung der eigenen Aktivitäten auf die Kooperation mit den Staatsvertretern barg die Gefahr, daß der revolutionäre Prozeß versandete und in reformerischen Schritten zur Erneuerung des alten Systems steckenblieb. Modrows Kurs des Erhalts staatlicher Strukturen entsprach seinem Zielmodell einer modifizierten sozialistischen Gesellschaft, die er durch eine Reform des vorhandenen Systems erreichen wollte. Revolutionäre Entwicklungen lehnte er ab. Den Versuchen Modrows wie Berghofers, dem revolutionären Prozeß durch Kontinuität staatlicher Strukturen den Wind aus den Segeln zu nehmen, stellten die Gruppe der 20, ihre Berater und die auf sie Einfluß nehmenden oppositionellen Gruppierungen eine Doppelstrategie von begrenzter Kooperation mit staatlichen Stellen und eigenständigen, die revolutionäre Entwicklung vorantreibenden Aktionen entgegen. Dazu gehörten u. a. die Bemühungen zur Freilassung politisch Inhaftierter, die Montagsdemonstrationen und die Besetzung des Bezirksamtes für Nationale Sicherheit am 5. Dezember.

Im Laufe des Novembers kam es zu einer wesentlichen Neubestimmung von Rolle und Funktion der Gruppe der 20. Hatte sie bislang als Dialogforum, Koordinator der Arbeitsgruppen und Organisator der Montagsdemonstrationen gedient, entwickelte sie sich nun zur gemeinsamen Plattform der oppositionellen Gruppen Dresdens. Ihre bislang zufällige Zusammensetzung wurde Anfang Dezember durch eine gezielte Beteiligung der wichtigsten Oppositionsgruppen bzw. -parteien ersetzt. Gegner dieser Entwicklung, die in der Gruppe weiterhin vor allem ein Dialogforum sahen, wurden marginalisiert. Die Umfunktionierung der Gruppe zu einem Repräsentativgremium der oppositionellen Kräfte war der erste Schritt zur Bildung einer „Basisdemokratischen Fraktion" der Dresdner Stadtverordnetenversammlung. Diese Fraktion ging aus der Gruppe der 20 hervor und umfaßte alle wichtigen politischen Bürgerbewegungen Dresdens. Neben ihr gab es für neue politische Gruppen oder Parteien keine Möglichkeit einer Mitarbeit als Fraktion der Stadtverordnetenversammlung. Das räumte der Gruppe der 20 bzw. der Fraktion die Möglichkeit ein, hinsichtlich der politischen Grundausrichtung der einzelnen basisdemokratischen Gruppierungen Druck auszuüben und unfügsame Gruppen wie die Vereinigte Linke und den Unabhängigen Frauenverband von einer Mitwirkung auszuschließen. Ohne Bedenken nutzten jene Vertreter, die sich für Wiedervereinigung, parlamentarische Demokratie und Marktwirtschaft aussprachen, ihre Dominanz aus, um ein einheitliches Auftreten der Fraktion zu sichern. Angesichts der bevorstehenden Kommunalwahlen und der Sitzverteilung in der Stadtverordnetenversammlung, die die etablierten Altparteien bevorzugte, entfaltete die Basisdemokratische Fraktion allerdings kaum eine wesentliche politische Wirkung. Sie diente eher als Übungsfeld parlamentarischer Regeln, stellte aber ungeachtet dessen einen wichtigen Schritt beim Übergang zur Demokratie auf kommunaler Ebene dar.

Daß die Gruppe der 20 nur ein zeitweiliges Instrument der veränderungswilligen Bevölkerungsteile, nicht aber Organisation mit vorrangig institutionellen Eigeninteressen war, zeigte sich ein letztes Mal, als sie bzw. die Basisdemokratische Fraktion begannen, sich in unterschiedliche politische Richtungen aufzuspalten. Wichtige Aufgaben waren erfüllt, und es galt nun, sich auf die angestrebten, am Horizont erkennbaren gesamtdeutschen Verhältnisse einzustellen. Als Katalysator der weiteren Ausdifferenzierung unterschiedlicher politischer Richtungen diente der Wahlkampf zu den Volkskammer- und Kommunalwahlen. Der CDU-Beitritt einiger Mitglieder der Gruppe der 20 und der Basisdemokratischen Fraktion sowie die Loslösung der SPD aus dem Bündnis neuer oppositioneller Gruppierungen führte zu internen Auseinandersetzungen, stellte aber einen wichtigen Schritt bei der Herausbildung pluraler politischer Strukturen auf kommunaler Ebene dar. Der Weg hatte mit der Einbeziehung der maßgeblichen neuen politischen Parteien bzw. Gruppierungen Anfang Dezember 1989 begonnen und endete folgerichtig mit dem politischen Engagement in den Parteien. Die Diffusion der Gruppe der 20 und der Parteien durch Eintritt und Engagement war nach der Bildung der Basisdemokratischen Fraktion Ausdruck der Fortsetzung der flexiblen und dynamischen Anpassung an die sich schnell ändernden politischen Verhältnisse. So waren auch die Auflösung von Gruppe und Fraktion nach der Kommunalwahl im Mai 1990 schließlich die logische Schlußfolgerung aus ihren Zielen und aus ihrer inneren Struktur. Politische Polarisierung statt Konservierung vorübergehender Gemeinsamkeiten war der folgerichtige Weg vom revolutionären Aufbruch zur parlamentarischen Parteiendemokratie westlichen Zuschnitts. Dieser Dynamik konnten und wollten jene nicht folgen, die weniger in politischen Kategorien dachten und in der Gruppe eher eine Möglichkeit zur Selbstverwirklichung sahen. Von der breiten Bevölkerung aber wurde die Tatsache des Engagements in Parteien keinesfalls abgelehnt, sondern als adäquate Entwicklung respektiert und begrüßt. Dank ihrer damaligen flexiblen Entwicklung ist die Gruppe der 20 heute integraler Bestandteil der kommunalen Tradition Dresdens.

Dokumente

Editorische Anmerkungen

Bei den Dokumenten handelt es sich um eine Auswahl, mit deren Hilfe die damalige Entwicklung möglichst authentisch beschrieben werden soll. Wiedergegeben werden Unterlagen der Gruppe der 20, der Zeitweiligen Arbeitsgruppen (ZAG), der Basisdemokratischen Fraktion, persönliche Mitschriften und Notizen, aber auch Dokumente des SED- und Staatsapparates. Bedingt durch unterschiedliche Quellengattungen werden Ereignisse vereinzelt doppelt, aber aus unterschiedlichen Blickwinkeln dargestellt. Nicht immer sind die Texte (etwa bei handschriftlichen Notizen) in sich schlüssig und durchformuliert. Aus der Fülle der Unterlagen wurden nur Dokumente mit einem direkten Bezug zur Gruppe der 20 ausgesucht, andere relevante Schriftstücke, aber auch die im Anhang aufgeführten Gesprächsprotokolle werden im Text zitiert.

Die Dokumente wurden mit den im Text enthaltenen Absätzen wiedergegeben. Unterstreichungen entfielen in der Regel. Namen in Großbuchstaben sind in normaler Schriftgröße dargestellt. Orthographische Fehler und falsch geschriebene Personennamen wurden nach Möglichkeit korrigiert. Einfügungen, Streichungen, Schwärzungen, Weglassungen etc. in den Dokumenten sind kursiv und in eckige Klammern gesetzt. Sofern es sich um unvollständige Dokumente handelt, ist dies im Titel vermerkt (Auszug). Gängige Abkürzungen sind in das Abkürzungsverzeichnis aufgenommen, andere in Fußnoten erklärt.

Verzeichnis der Dokumente

7./8. Oktober 1989 Dok. 1

Lagefilm der BVfS Dresden

ABL, BA 4, Bl. 190-195. - Form: handschriftlich.

17.35 Uhr	20 Jugendliche Prager Str. grölend, „Freiheit" - VP hat sie nur vertrieben, nicht eingefangen
17.40 Uhr	BDVP informiert
18.10 Uhr	Chef BDVP, Theaterplatz/kleine Gruppe Jgdl., stehen nur, VP-Kontrolle; Opernbeginn, viel Betrieb; Prüfung Leninplatz = keine Schreier
18.30 Uhr	Hbf. entwickelt sich Ansammlung, ca. 150 Leute (einzelne Gruppen formieren sich) noch keine Handlungen/zu wenig VP-Kräfte Weiter auf Anmarsch Prager Str. u. Richtung Bhf. (einige mit Sturzhelm) lose Gruppen Jugendlicher
18.32 Uhr	Chef BDVP informiert. OHS-Kräfte bereits im Anmarsch
18.50 Uhr	Gen. Linke/ vor Rathaus keine Bewegung, keine VK.
18.52 Uhr	Gen. Geppert: Wartehaus Pl. d. Einheit. Flugblatt Maschinenschrift mit Aufforderung zur Demonstr. 8.10./15.00 Uhr Theaterplatz, für Vers. + Organisat. freiheit, gegen Sperrung Ländergrenzen, bei Knüppeleinsatz können wir trotzdem in den umliegenden Straßen diskutieren, Unterschrift „engagierte Dresdner" Edith Scheffel - Wh. Klotzsche (Finder), 8080 Dr./Theod.-Fontane-Str. 8 → Gen. Bläsche (KuS) beauftragt Flugblatt zu holen
19.15 Uhr	Gen. Strunz: Dachpappennägel verstreut vor BDVP festgestellt (2 Handvoll), Zufahrt hinter dem Dienstgebäude, beseitigen sie selbständig
19.25 Uhr	Gen. Brosche angewiesen. verstärkte Bestreifung der BV-Objekte + Rd[*B*] durch WSE (mit Hunden)
19.25 Uhr	Gen. Linke informiert. Prager Str. 150-[*durchgestrichen:* 200] Personen; Flaschen schmeißen sie/VP angewiesen einsammeln; Einige Zuführungen auf Bhf., verdächt. Personen werden einzeln rausgeführt. Verhindern, daß sie Richtung Bhf. abgedrängt werden!
19.25 Uhr	Chef BDVP informiert, hat bereits Weisung erteilt. 2 Kompanien Prager Str. eingesetzt, nicht Richtung Bhf. abdrängen; Wenn sie Flaschen werfen, dann festnehmen
19.30 Uhr	Gen. Linke/ lt. VIII ca. 400-500 Pers./Nähe Lenindenkm. „Internationale + Freiheit" grölend, „Gorbi" [*durchgestrichen:* singend]; VP setzt Lautsprecherwagen ein → Aufforderung auseinanderzugehen
19.40 Uhr	Gen. Geppert ins Bild gesetzt: Einfluß nehmen, daß Rathaus gesichert wird durch VP.
19.45 Uhr	Gen. Linke (Ifo. durch Gen. Bürger): ca. [*durchgestrichen:* 1000] 600-800 Personen/Leninplatz; Sicherung Bhf. wird verstärkt/ Sperrmittel vorbereitet; Bhf. braucht VP-Kräfte-Verstärkung
19.52 Uhr	Gen. Neiber informiert.
19.59 Uhr	Gen. Schubert informiert darüber: 350-400 Pers. /Bhf. Vorplatz; harter Kern; darüberhinaus viele Schaulustige, Sprechchöre „Gorbi, Gorbi"

20.19 Uhr Gen. Strunz angewiesen - Entwurf des Nachtberichtes mit Gen. Grellert abstimmen

20.15 Uhr Gen. Minister ruft an/ s. über Lage in's Bild gesetzt

20.22 Uhr Gen. Linke informiert! 13 Zuführungen in Bhf. gemacht (Trapo); Lage wird beherrscht.

20.30 Uhr VP drängt Ansammlung vom Bhf. in Richtung Pragerstr. Pfiffe/ Sprechchöre „Scheiß-Polizei" und „Rathaus, Rathaus"/ca. 5 000 Pers. laufen in Richtung [*unleserlich*]

20.32 Uhr Gen. Schubert/ Stadt ins Bild gesetzt; Sicherung Rathaus verstärken

20.35 Uhr Gen. Minister ruft an!

20.35 Uhr Gen. Linke informiert: Personen werden abgedrängt vor Rathaus in Richtg Bürgerwiese. Bhf. Mitte vor Unterführung Ansammlung

20.45 Uhr Gen. Theirich informiert: 500-700 P. vor Rathaus; grölend + pfeifend gegenüber Goldene Pforte, Leningrader Straße

20.50 Uhr Gen. Linke informiert: Thälmannstr. 300 Pers.
Prager Str. 5-600 Pers./Zuführungen werden gemacht

20.55 Uhr Gen. Hofrichter. Personen bewegen sich vom Postplatz Richtg. Theaterplatz.

20.55 Uhr mit Tochter des Gen. Modrow gesprochen; hinterlassen, wenn Gen. Modrow kommt, dann möchte er dringend Gen. Böhm anrufen.

21.00 Uhr [*durchgestrichen:* Gen. Modrow informiert]

21.00 Uhr Gen. Schubert. ca. 2 000 Pers. marschieren über die Dimitroffbrücke Richtung Str. der Befreiung. VP ist nicht in der Lage, Demo zu unterbinden

21.05 Uhr Gen. Schubert angewiesen, VP auf Sicherung Ehrenmal Pl. d. Einheit hinweisen

21.10 Uhr Gen. Linke informiert: ca. 3 000 über Dimotroffbrücke in Richtung Str. d. Befreiung, „Freiheit, macht alle mit"

21.12 Uhr Weisung Chef:
- MA der Abteilungen im Saal zusammenziehen
- Ltr. AGL/WSE alarmieren/Bautzner Str. absperren (LKW)

21.15 Uhr Gen. Minister informiert

21.25 Uhr Gen. Linke. Marschzug Pl. d. Einheit → eingebogen

21.27 Uhr in Bautzner Str. Gen. Nyffenegger - setzt 1 Komp. Fischerallee zur Waldschlößchenstr. zur Blockierung

21.28 Uhr Gen. Linke. Marsch → Richtung Zoll eingeschwenkt. Rothenburger Str./Brücke der Einheit

21.30 Uhr Chef Alarm ausgelöst für BV, Schlagstöcke geben

21.42 Uhr VIII hat die 2 Rädelsführer, die Marsch formiert haben

21.47 Uhr Gen. Neiber - Marschblock löst sich von selbst auf - unsere Einschätzung; „Forumleute sind Organisatoren des Marsches"; zweite Sache sind Konzentration Rowdys - 3 Organisatoren (2) -VIII zugeführt vom Marsch Fučikplatz wollen sie sich auflösen, haben sie selbst gesagt - sind ca. 4 km durch die Stadt gelaufen.

21.55 Uhr Linke - Marsch hat sich aufgelöst. 1 000 aufgelöst, 2 000 sind weitergelaufen

21.55 Uhr Gen. Geppert - Hinweis Sachsenplatz [*unleserlich*]

22.00 Uhr	Gen. Neiber: Mitteilung 2 000 marschieren ohne Sprechchöre weiter, Grunaer Str. VP soll abblocken und auflösen. Ansammlung - Leninplatz wird aufgelöst und zugeführt
22.05 Uhr	stehen Pirnaischer Platz (diskutieren). Linke: Pragerstr. Ruhe
22.15 Uhr	Gen. Schubert. Marsch wird durch 2 Kompanien VP aufgelöst, aufgespalten in Grun [*unleserlich*] und stehen am Pirnaischen Platz
22.16 Uhr	[*durchgestrichen:* Minister, Neiber] ruft, wollte wissen, ob Gen. Modrow informiert ist über Lage + Taktik der VP
22.25 Uhr	Gen. Minister ruft an zur Lage
22.35 Uhr	Gen. Linke zum Schweigemarsch. 1. Gruppe am Pirnaischen Platz durch VP aufgelöst. 2. Gruppe an Dr. R. Friedrichsbrücke, Pillnitzer Str. (ca. 1 000). Prager Str. einige Hundert Schaulustige, werden zum Verlassen aufgefordert, aber gehen nicht. Veranstaltung im Kleinen Haus zu Ende → 1 Sprecher zur Schweigeminute für die Opfer des Polizeiterrors aufgefordert.
22.45 Uhr	Gen. Minister ruft an zur Lage
22.50 Uhr	Gen. Linke. 2. Gruppe des Schweigemarsches hat sich an der Friedrichsbrücke aufgelöst; einige lose Gruppen stehen noch untätig herum. Deshalb alle VP-Kräfte auf Prager Str. konzentriert; da sich dort einige Hundert Rowdys vor dem Warenhaus [*durchgestrichen:* kon.] angesammelt haben
23.12 Uhr	Chef BDVP teilt mit, hat Befehl erteilt letztmalig Personen aufzufordern (Prager Str.) Platz zu verlassen, wenn nicht, dann polizeil. Räumung
23.15 Uhr	Gen. Linke teilt mit, daß Platz/Prager Str. geräumt wird
23.25 Uhr	626 m. + 70 weibl. MA in BV
23.45 Uhr	Gen. Linke. Handeln VP vor Bahnhof, es führt GM Verner (MdI) und Oberst Krumbiegel
0.06 Uhr	Abstimmung mit Chef BDVP
0.15 Uhr	Gen. Neiber ruft an zur Lage. Aktion VP noch nicht zu Ende
0.19 Uhr	Prager Str. + Bahnhofsvorplatz, alle Ansammlungen aufgelöst.
0.25 Uhr	Ltr. IX → nur 63 Zuführungen insgesamt
0.45 Uhr	Alarm beendet, Ifo. der Leiter der Struktureinheiten zur Lage und zum weiteren Einsatz am 08.10.89
1.35 Uhr	Abstimmung mit Chef BDVP zur Lageeinschätzung, 3 000-4 000 Personen Teilnehmer; poln. + ungarische Staatsbürger befanden sich mit im Demonstrationszug, schlossen sich an beim Losungen rufen. 200 Leute 22.00 Uhr/Prager Str.; Losungen, Gegenstände geworfen; gegen 24.00 Uhr aufgelöst; [*durchgestrichen:* 92] (zu wenig!) 110 Zuführungen

8. Oktober 1989 Dok. 2 und 3

Synopse zweier Lagefilme der BVfS Dresden

	Dok. 2 Lagefilm der BVfS vom 08.10.1089 *ABL,BA, Bl. 202-224. - Form: handschriftlich*	Dok. 3 Telefonate des Leiters der BVfS[1] *BL, BA 4, Bl. 196-201. - Form: handschriftlich*
14.00	*BV mit Chef BDVP* - Chef d. BDVP nochmals gebeten, *Leningr, Pr. Str.* u. Bhf. Vorplatz durch erhöhte poliz. Präsenz vorbeugend heute Abend sichern u. Prov v. vornherein unterbinden - Chef BDVP [*unleserlich*] mit - 6 Doppelstr. mit Diensthund im Einsatz - Fhrpkt.[2] zur ständigen Beurt. d. Lage entfaltet wird - als Verantw. Offiz. d. MfS ist OSL Mende eingesetzt	Abstimmung mit Chef BDVP • Gen. Nyffenegger nochmals gebeten, Leninplatz Prager Str. und Vorplatz Hbf. durch erhöhte polizeiliche Präsenz heute Abend vorbeugend sichern und Provokationen von vornherein unterbinden • Chef BDVP erwidert. 6 Doppelstreifen mit Diensthund im Einsatz. Führungspunkt zur ständigen Beurteilung der Lage wird entfaltet • Als Verantw. Offizier des MfS/ BV ist Gen. OSL Mende eingesetzt.
14.50	- ca. 80 Pers. diskutierend auf dem Theaterplatz, auch gesell. Kräfte darunter - wieviel gesell. Kräfte *nicht* bekannt	
14.55	- *Schubert.* ca. 250 Pers. auf dem Theaterpl. darunter G. Kräfte - Klärung gefordert Wer ist Wer? von den 250 Kräften	
15.02	*Anruf Ob. Anders* 250 Pers. auf dem Theaterpl., immer mehr Pers. kommen hinzu - VP soll aufziehen, Kordon bilden und handeln - gesell. Kr. zurückziehen	
15.07	*GL Nyff.* 350 Pers. auf dem Theaterplatz - Einkreisung durch VP erfolgt - Aufforderung zur Auflösung dieses Pers.-zusammenschlusses d. DVP	Chef BDVP informiert: • 350 Personen auf dem Theaterplatz angesammelt • Einkreisung durch VP erfolgt • Aufforderung zur Auflösung der Ansammlung durch VP per Lautsprecher erfolgt.

1 Basierend auf dem Lagefilm der BVfS vom 8.10.1989 (Dok. 2).
2 Führungspunkt.

15.19	*Schmidt-BL* - Zeitkino-Hbf wird versteckt Video -Kamera aufgebaut - Klärung über VII/XIX wer ist das → Gen. Mühlbauer wurde beauftragt und Vollzugsmeldung gefordert	
15.30	*Video* - angeregte Diskussionen - Wortführer erkennbar - gesell. Kräfte diskutieren mit - Lautsprecherwagen d. VP - es formiert sich ein Marschzug, Gesamtzahl: *500*	
15.33	*Video* - 500 Personen verlassen den Th. Pl.[3] in Rtg. Dimitroffplatz	
15.37	Theaterpl. leer	
15.40	*GM Böhm mit GL Neiber* - Situationsbericht - bis 15.00 h 150 Pers. - Einsatz von 100 gesell. Kräften - Einsatz Lautsprecherwagen - Bewegung vom Platz weg - VP hat Sperre aufgebaut Einsatz GK u. vorbereitete poliz. Maßn. war wirksam	MfS, Gen. Neiber über Lage informiert • bis 15.00 Uhr ca. 150 Personen auf dem Postplatz angesammelt • Einsatz von 100 gesellschaftlichen Kräften • Einsatz Lautsprecherwagen, Aufforderung zum Verlassen • Bewegung der Personen vom Platz weg zum Dimitr. Pl. • VP sperrt Dimitroffbrücke ab • Einsatz gesellsch. Kräfte und vorbereitete Maßnahmen waren wirksam
15.45	*Mj. Mühlbauer* - Schrift. Bericht an Oberst Anders - Kleine Videokamera- Schweizer aus dem Newa wird durch XIX gefertigt	
15.45	*Video* - 300 Personen auf dem Dimitroffpl. • VP Blockierungen Rtg. Theaterpl. u. Dim. Br. • Einsatz Lautsprecherwagen Pers.-Zusammenschlüsse lösen sich zögernd auf	

3 Theaterplatz.

16.07	*GL Nyff.* - 300–400 Pers. Rtg. Staatsbank und VPKA möglichst Schlägerei verhindern - wo wird Marschzug aufgehalten? → wie zersetzen?	Chef BDVP informiert durch Ltr. BV darüber: • 300–400 Personen bewegen sich auf dem Terrassenufer in Richtung Staatsbank und VPKA • möglichst Schlägerei verhindern • wo wird der Marschzug aufgehalten, wie soll er aufgelöst werden?
16.10	*Mitteilung f. 1. Sekr. BL* - durch Aufkl. - Erg. d. BDVP wird bekannt, daß sich die Marschf. in Rtg. Prager Str. bewegen will	[*durchgestrichen:* Mitteilung an Gen. Modrow] • durch Aufklärungsergebnis der BV wird bekannt, daß sich der Marschzug in Richtung Prager Str. bewegen will
16.33	*Gen. Fuchs, Walter* - Vor der Kreuzkirche werden Unterschriften gesammelt f. die „Opfer der Gewalt"!	Gen. Walter Fuchs/Inneres R.d.B. teilt mit, daß vor der Kreuzkirche Unterschriften für die „Opfer der Gewalt" gesammelt werden.
16.37	*GM Böhm mit GL Neiber* - Situationsbericht - Marschformation Terassenufer → Rtg. Fetscherplatz - Inf. zur Orientierung 1. Sekr. BL gegenüber der DVP - günstige Stelle d. Blockierung durch DV vorbereiten	MfS, Gen. Neiber informiert. • Situationsbericht, Marschzug bewegt sich auf Terrassenufer - Pillnitzer Str. in Richtung Fetscherplatz, vom Zentrum der Stadt weg. • Information: zur Orientierung 1. Sekretär BL gegenüber der DVP • günstige Stelle der Blockierung durch DVP vorbereiten.
16.46	*Ob. Anders* - Marschformation hat mehr Zuspruch • *ca. 1000 Pers.* - Blockierung am Fetscherplatz vorgesehen/VP - 10 Aufkl.-Kräfte u. 4 Beob. d. BVfS.	
16.55	*GM. Böhm mit Gen. Modrow* - über die Lage informiert	- Gen. Modrow über Lage in Kenntnis gesetzt • Ansammlung auf Theaterplatz aufgelöst • Marsch hat sich formiert und bewegte sich auf Terassenufer zur Pillnitzer Str. in Richtung Fetscherplatz

		• Dimitroffbrücke und Abgang zum Stadtinnern durch VP blockiert gewesen. • Blockierung der ca. 1 000 Demonstranten am Fetscherplatz vorgesehen u. vorbereitet
17.00	*Oberst Anders* - in Abstimmung mit GL Nyff. wurde Blockierung vorbereitet - Blockierung reicht noch nicht aus	
17.03	*Schwanitz* - keine Feststellung zur [*unleserlich*] d. Fuchs, Walter - keiner [*unleserlich*] u. in der Kreuzkirche	
17.07	[*unleserlich*]	
17.10	*Minister - Weisung umgesetzt!*	
17.10	[*durchgestrichen: GL. Neiber] Gen. Minister* - Inf. über die Lage - Einsatz der GK [*durchgestrichen:* mit den] 500 Pers. hat Wirkung positiv hinterlassen - Auflösung erwirkt - Schweigemarsch - mehrfach angesprochen zum Auseinandergehen - Marschformation angewachsen auf 600 Pers. - Zuführungen [*unleserlich*] - Blockierung durch DVP aufgebaut • nur noch 200 Pers. erneute Blockierung - 1. Sekr. d. BL hat gegenüber DVP Linie gegeben - keine offenen Konfrontationen mit diesen Kräften durch DVP - in der Marschkolonne - gehen MfS; weiter op. Kräfte - VIII Kräfte • diese Aufklärungsmßn. werden mit 1. Sekr. d. BL abgestimmt → kein W. auf Prager Str. - Egon Krenz wird sich von Modr., [*unleserlich*] Lage schildern lassen	MfS, Gen. Minister informiert: • Einsatz der gesellsch. Kräfte hat bei den 500 versammelten Personen positive Wirkung hinterlassen, Auflösung erwirkt. • Trotz mehrfacher Aufforderungen, auseinanderzugehen hat sich Schweigemarsch in Bewegung gesetzt • einige Personen zugeführt • Blockierungen durch VP vorbereitet • 1. Sekret. der BL hat gegenüber der DVP Hinweise gegeben, keine offenen Konfrontationen mit den Demonstranten durch DVP zuzulassen. • im Marschblock gehen Mitarbeiter der BV und op. Kräfte der Abt. VIII - diese Aufklärungsmaßnahmen wurden mit dem Gen. Modrow abgestimmt • Egon Krenz wird sich vom Gen. Modrow die Lage schildern lassen (Gen. Krenz hatte über WTSCHE mit Ltr. BV gesprochen und wollte wissen, wo Gen. Modrow ist.)

17.19	*GL Neiber* - Inf. über Anwachsen auf 600 - Blockierung → nur noch 200 Pers. bleiben übrig - erneute Blockierung vorgesehen - LBV hat VP darauf hingewiesen auf Prager Str.	- MfS, Gen. Neiber über die Lage informiert • Anwachsen Demo-Zug auf 600 • Blockierung am Fetscherplatz durchgeführt, ca. 200 Personen wichen aus in Richtung Fučikplatz • erneute Blockierung vorgesehen • DVP wurde darauf hingewiesen, Marsch zur Prager Str. zu unterbrechen
17.26	*Oberst Anders* - 200 Pers. im RH. Zentrum • Blockierung Pirnaischer Platz vorgesehen - diese Personen müssen liquidiert werden!	
17.34	*Oberst* [*unleserlich*] - Zuführung op. sofort abklopfen • brauchen Inf. über Absichten/ Pläne - mit der Abt. VIII intens. zusammenarbeiten	
17.35	*Oberst Anders* - Blockierung am Pirn. Platz nicht gelungen - sofort Blockierung angewiesen - bei Zuwiderhandlung Zuführungen	
17.39	*Oberst Linke* - von Rtg. Leningr./Bürgerw. 500 von Rtg. Rathaus *550(?)* zur Prager Str. - beide Führungspkt. in der Prager Str. zusammenführen	
17.41	*Oberst Anders* - VP muß umgehend liquidieren • kennt konkret die op. Lage durch uns	
17.43	*Oberst Linke*	

17.45	*GL Neiber* • völlig neue Situation ergeben • 200 Pers. bis 300 Pers. Rtg. Leningr. Str. • VP empfohlen erneute Blockierung → diese Blockierung bringt VP nicht zustande • Fhrg. d. DVP hat diese gravierenden Probleme • LBV wird nochmals mit Chef BVDP sprechen	MfS, Gen. Neiber informiert: • völlig neue Situation hat sich ergeben • 2. Blockierung am Pirnaischen Platz nicht gelungen, 200-300 Personen bewegen sich auf der Leningrader Str. Richtung Hbf. • Der DVP wurde erneute Blockierung empfohlen, VP schafft es nicht, die Führung der DVP hat hierbei arge Probleme • Ltr. BV wird nochmals mit Chef BDVP sprechen
17.56	*Oberst Linke* - Marschformation von 500 Pers. Rtg. Postplatz über Thälmann Str. - 150 Pers. vom Rathaus haben sich vereinigt mit den 500 Pers.	
17.59	*Oberst Anders* - neue Situation Rtg. Theaterplatz	
18.00	*Oberst Linke* - Formation geteilt 1. Rtg. Theat. Platz 2. Rtg. Kronentor (Zwinger)	
18.02	[*durchgestrichen: GL*] *Anruf Gen. 1. Sekr. d. BL* - nicht telef. erreichbar (Wtsch.)	Anruf bei Gen. Modrow (WTSCH) - nicht telefonisch erreichbar
18.07	*Gen. Geppert BL.* - Schweigemarsch mächtig angewachsen - 1 Gruppe Kronentor 1 Gruppe Theaterplatz - das wir diese Dinge zulassen ist unverantwortlich - es muß gravierende organisat. Probleme geben	SED-BL/Gen. Geppert über Lage informiert: • Schweigemarsch mächtig angewachsen • Marsch bewegte sich auf E.-Thälmann-Str. in Richtung Postplatz, dort gespalten 1 Gruppe in Richtung Kronentor 1 Gruppe in Richtung Theaterplatz weitergelaufen • das wir diese Dinge zulassen, ist unverantwortlich • es muß gravierende Organisationsprobleme bei DVP geben
18.12	*GL Nyff.* - auf den Ernst der Lage hingewiesen - Auflösung eindringlich gefordert	Chef BDVP • auf den Ernst der Lage hingewiesen • Auflösung eindringlich gefordert
18.14	*Oberst Linke* - 250 Pers. Rtg. Prager Str. - 150 Zuführungen	

18.23	*Oberst Linke* - 200 Pers. Mahnwachen	
18.24	*Geppert* - mind. *2 000* Pers. in 2 getrennten Blöcken durch die Prager Str. - Mahnwachen [*unleserlich*] d. 1. Sekr. d. SED BL mit	SED-BL, Gen. Geppert informiert: • Mindestens 2000 Personen in 2 getrennten Blöcken marschieren durch die Prager Str. • Vorschlag wird unterbreitet, den Gen. Modrow zu informieren.
18.27	*GL Neiber* - Situation geändert - 200 Zuführungen - Blockierungen nicht geklappt - Form. erweitert - nicht Rtg. Theaterpl. - diese Pers. laufen Rtg. Prager Str. und Hbf. - SED-BL wurde inf. (Geppert) - es wird vorgeschlagen, daß 1. Sekr. inf. wird - erneute Blockierung am Hbf.	MfS, Gen. Neiber informiert: • Situation hat sich verändert • Demo geht weiter; Blockierungen haben nicht geklappt; etwa 200 Personen zugeführt. • Marschrichtung Prager Str./Hbf. • SED-BL/Gen. Geppert wurde informiert • Vorschlag 1.Sekret. informieren durch BL • erneute Blockierung ist am Hbf. vorbereitet
18.30	*Oberst Linke* - wieviel Kräfte zum Blockieren vorhanden - 4 Kp. Armee - 2 Kp. Bepo - 160 Trapo Bhf.	
18.31	*Oberst Linke* - 1 000 Pers. Rtg. Wiener Str.	
18.36	Video - kommen zurück in Prager Str. - Sprechchöre „Schließt Euch an, wir brauchen jeden Mann“ - Gorbi, Gorbi - wir brauchen Reformen - Klatschen	
18.38	[*durchgestrichen:* Gen. Stamnitz]	

18.42	[*durchgestrichen:* GL Neiber] *Gen. Minister* - Lage inf. - 1000 Pers. - blockiert am Hbf. - umgekehrt - Rtg. Neumarkt - Sprechchöre „Schließt Euch an, wir brauchen jeden Mann" - es werden Anstrengungen unternommen 1. Sekr.zu bekommen - Vg. wurde zu 2. Sekr. hergestellt - es sind größtenteils die Personen von gestern - 4 Kp. Armee ┐ - 2 Kp. Trapo │ im Einsatz - 5 Kp. Vp ┘ - ca. 200 Pers. werden zugeführt - Auflösung (gewaltsam) wird sehr kompliziert - viele Passanten haben keine Notiz genommen - Linie von heute nachmittag führt in Endkonsequenz zum Anwachsen - keine Krawalle mehr - stiller Widerstand - junge Menschen; keine 14	MfS/Gen. Minister informiert: • über Lage (Marsch geht weiter, Prager Str. Richtung Hbf.) • 1000 Personen am Hbf. blockiert, kehren um und gehen auf Prager Str. Richtung Altmarkt - Sprechchöre: „Schließt euch an, wir brauchen jeden Mann" • Personenkreis der Demonstranten wie am Vortag • im Einsatz sind 4 Komp. NVA 2 Komp. Trapo 5 Komp. VP • ca. 200 Personen zugeführt • Auflösung (gewaltsam) wird sehr kompliziert • viele Passanten haben keine Notiz genommen • Linie von heute Nachmittag führte in Endkonsequenz zum Anwachsen des Demo-Zuges • keine Krawalle mehr - stiller Widerstand
18.51	*Gen. Stamnitz* - im Auftrage des Gen. Min. über Lage inf. - Lage hat sich zugespitzt, nach Blockierung Fetscherplatz 400 Pers.-Zuführungen - Demo-zug durch Prager Str. (1000 Pers.) - Blockierung Hbf. reichen Kräfte nicht, [*unleserlich*] Prager Str. zurück in das Zentrum - ist dieselbe Truppe von gestern - es ist zu entscheiden, macht man eine Krawallgeschichte od. sollen die sich auslaufen (Minister) - um die Grundfrage des polit. Spektakels geht es - gesell. Kräfte haben gut gearbeitet - es ist nochmals mit Chef-BDVP zu reden hinsichtlich Kräftekonstellation	SED/BL - Gen. Stamnitz informiert • im Auftrag des Ministers Gen. Mielke über Lage informiert • Lage hat sich zugespitzt, nach Blockierung am Fetscherplatz nur teilweise Auflösung erreicht - Reihe Zuführungen gemacht • ca. 400 Personen formieren sich erneut Nähe Fučikplatz zur Demonstration über Grunaer Str. zur bzw. durch die Prager Str. Richtung Hbf. (ca. 1000 Personen angewachsen) • Blockierung erfolgte am Hbf. → Abdrängung in Prager • es ist zu entscheiden, macht man eine Krawallgeschichte oder sollen sie sich auslaufen (Minister ges.) gesellsch. Kräfte haben gut gearbeitet. • Masse ging es um Grundfrage des polit. Spektakels • es ist nochmals mit Chef BDVP zu reden betreffs Kräftekonstellation

19.00	*GL Neiber* - 2. Sekr. d. BL wurde über Lage inf. - -"- wird mit Chef BDVP reden - es ist eine polit. Entsch. zu treffen Entsch. [*unleserlich*] der Grundf [...] sind zu treffen	MfS/Gen. Neiber informiert: • 2. Sekretär der SED-BL wurde über Lage informiert, er wird mit Chef BDVP reden • es ist eine polit. Entscheidung zu treffen, es geht um Grundfragen
19.10	*Oberst Linke* - über Theaterpl./Dimitroff-Brükke nach Neustadt → *1500 Pers.* - Bellevue - Plakat „Vernunft wird siegen"	
19.15	*GL. Nyff.* - *polit. Entsch.* muß getroffen werden!	Chef BDVP empfohlen, bei BL darauf zu drängen, daß schnell eine politische Entscheidung getroffen wird, wie weiter zu handeln ist.
19.18	[*durchgestrichen: Geppert*] *Stamnitz* - keine direkten Auseinandersetzungen mit der VP provoz. - an günstigen Stellen aufhalten u. Aufforderung zum Auseinandergehen	SED-BL/Gen. Stamnitz • keine direkte Auseinandersetzung mit DVP provozieren • an günstigen Stellen Demonstration auflösen und zum Auseinandergehen auffordern
19.22	*Oberst Anders* wurde beauftragt mit GL Nyff. zu reden	
19.29	Marschformation befindet sich am „Goldenen Reiter"[4]	
19.35	*GL Nyff.* - auf einer der Brücken erfolgt Blokkierung • mit Lautsprecher ansprechen • Einsatz der GK einbeziehen - Gesamtzahl auf *1300* abgestimmt	Chef BDVP • auf einer der Brücken erfolgt Blockierung des Demonstrationszuges; dabei werden Demonstranten mit Lautsprechern angesprochen, gesellschaftliche Kräfte werden einbezogen • Gesamtzahl der Demonstranten auf 1300 Personen abgestimmt.
19.42	*Oberst Linke* - Marschformation über Friedr.-Brücke weg	

4 Denkmal in der Dresdner Neustadt.

19.44	*GM Böhm mit GL Neiber* - polit. Entsch. getroffen → an einer günstigen Stelle soll M-Bl. aufgehalten u. blockiert werden, ohne offene Konfront. aufzulösen • Lautsprechereinsatz • Einsatz GK • Zuführungen - für die günstigsten Stellen werden alle Vorbereitungen getroffen • möglichst Leningrader Str./Hbf. - Gesamtstärke zwischen 1000–1300 - im Bericht mit VP gut abstimmen!	MfS, Gen. Neiber informiert (zur Lage): • polit. Entscheidung getroffen, an einer günst. Stelle soll der Marschblock aufgehalten und blockiert werden – ohne offene Konfrontation • es erfolgt Einsatz von Lautsprechern und gesellschaftliche Kräfte • bei Widerstand Zuführung der Person • Vorbereitung von Blockierungspunkten ist erfolgt • Zahl der Demonstranten ca. 1300 Hinweis an Ltr. BV, soll Bericht mit VP gut abstimmen
19.54	*Ob. Anders* - Th.-Str.[5]/Altmarkt/Pr.-Str.[6] - Blockierungspkt. • Eing. Pr. Str. (Dr. Külz-Ring) • Ende Pr. Str. (Hbf)	
20.00	Ankunft Marschblock in der Prager Str. (Höhe Bastei[7]) - Sprechchöre: „Haltet aus" - setzen sich hin [*durchgestrichen:* 50–60 Personen] die anderen weichen re + li aus! - *Marschblock in 3 Teile* 1. Newa[8] 250 sitzen 2. Külzring 3.	
20.10	Prager Str. Höhe/H. Newa - Zusammenschluß aller 3 Teile - Singen der „Internationale" - *Westfernsehen* soll mitten drin sein! - Sprechchöre: „Wir bleiben hier, Reformen wollen wir", „Gorbi, Gorbi", „Dresden erwache", „Wen wollt ihr schützen – wir sind das Volk" - Reden gehalten/Klatschen → Provokateur – identifizieren	

5 Ernst-Thälmann-Straße.
6 Prager Straße.
7 Hotel Bastei.
8 Hotel Newa.

20.35- 20.40	3x Aufforderung mit Lautsprecher Platz vor Newa in Rtg. Altmarkt zu verlassen	
20.45	*Oberst Linke* - Gruppe von 20 Mann stellt die Forderung Gespräch mit OB Bergh. morgen, dann Auflösung • gegenüber VP-Ang.	
20.47	Rede über Megaphon war eine gesellsch. Kraft oder Kirche?	MfS, Gen. Neiber informiert: • Maßnahmen der VP gut organisiert gewesen • Marschblock befindet sich auf der Prager Str. ca. 80 Personen haben sich auf die Straße gesetzt. Sprechchöre „Wir bleiben hier, Reformen wollen wir", „Gorbi, Gorbi", „Dresden erwache", „Wen wollt ihr schützen?", „Wir sind das Volk" • mittels Lautsprecher zum Verlassen der Prager Str. aufgefordert, ansonsten erfolgt Räumung durch DVP • Gesamtzahl 900 Personen • eine Person mit Megaphon hat zu der Ansammlung gesprochen (Mann der Kirche, Kaplan)
20.48	GL Neiber - Maßn. d. VP gut org. gewesen - Form. ist in der Prager Str. (sitzend) - 80 Pers. sitzen (Wer ist W. klären) - vor 5 Min. mit Lautsprecherwagen zum Verlassen aufgefordert • wenn in den nächsten Min., wenn sich nichts bewegt → Räumung - gesell. Kraft mit Megaphon - erfolgte soeben - Sprechchöre - Gesamtzahl: *900*	
20.51	*Fuchs*	
20.54	OBL Mende muß klären, was Kirche dort zu suchen hat!	
20.54	*Fuchs* - wer war Kirchenpers. mit Megaphon?	

21.02	*Oberst Anders* • Vermittlung erfolgte durch Kirchenleitg	
21.04	*Oberst Linke* • 20 Mann, wenn Gespräch mit OB dann Auflösung morgen an gleicher Stelle über das Ergebnis inf. → unter den 20 Pers. → 2 kath. Kaplane	
21.05	*GL Nyff.* - wer hat entschieden, daß Kirchenfritzen mit Megaphon d. VP reden durften -	Anfrage an Chef BDVP, wer hat entschieden, daß ein Mann der Kirche mit Megaphon zu den Versammelten sprechen konnte.
21.10	*Fuchs* - Bischof Hempel sitzt beim OB im Vorzimmer - 1. Sekr. d. SED-BL hat Gespr. beim OB zugestimmt	Gen. Fuchs/Stellv. Inneres RdB informiert: • Bischof Hempel sitzt im Vorzimmer des OB und will mit ihm ein Gespräch führen • der 1. Sekretär der SED-BL hat diesem Gespräch zugestimmt
21.14	*Oberst Linke* - T. Vorschl. 12. od. 13.00 h - Megaphon: ein Sold. d. VP-Bereitsch. hat eigenmächtig Megaphon übergeben	
21.17	*Schubert* Bischof Hempel; LKR Fritz Sup. Ziemer sitzen im Vorzimmer des OB - *Text*: - konkret wird gebraucht - löst Euch auf, geht nach Hause - wieder treffen im Ergebnis dieses Gespräches	
21.20	*GL Nyff.* - Techniker d. MfS ist es gelungen – Bildstrecke zur BDVP zu legen	
21.23	*Oberst Linke* - am Lenindenkmal werden vor 250 Pers. Losungen der Kirche verlesen - *Gen. Modrow* befindet sich im Zi. der BDVP	

21.28	*Oberst Linke* - alle Losungen müssen aufgeschrieben werden - Gespr. kann stattfinden - Rädelsführer müssen identifiziert werden	
21.31	*Schubert* - umgehend mit Jörke reden - Petition uns übergeben	
21.32	*Oberst Linke* - Gespr. erfolgt in kirchlichen Räumen - Petition	
21.32	[*durchgestrichen*]	
21.39	*GL Neiber* - 1. Sekr. d. BL. befindet sich beim Chef d. BDVP - VP 3x [*unleserlich*] aufgerufen → 5 min gewartet - 20 Pers. (Kirche) begeben sich zum Einsatzltr. d. VP-OBL Prager (darunter 2 kath. Kaplane) • wenn sie Gespr. beim OB bekommen, werden sie die Ansammlung auflösen - Einsatzltr. VP hat Vorgesetzte in d. Bild gesetzt → 1. Sekr. d. SED hat entsch. darauf einzugehen - danach tritt Kirchenmann vor die Massen • das Megaphon stammt von VP - Bischof Hempel/Ziemer → mit Blaulicht vom OB - OB Gespr. abgelehnt → Stellv. Inneres	MfS, Gen. Neiber informiert • Gen. Modrow befindet sich im Dienstzimmer des Chefs der BDVP • DVP hat Ansammlung 3 x mittels Lautsprecher zum Verlassen der Prager Str. aufgefordert, keine Reaktion • 20 Personen aus der Ansammlung, darunter 2 kathol. Kaplane begaben sich zum Einsatzleiter der VP OSL Prager und forderten ein Gespräch am nächsten Tag beim OB, dann werden sie dafür sorgen, daß die Ansammlung sich auflöst. • Einsatzleiter VP hat Vorgesetzten (BDVP) informiert. 1. Sekretär SED-BL hat entschieden, OB soll auf Forderung eingehen • danach trat einer der Kirchenvertreter vor die Versammelten • Bischof Hempel, Sup. Ziemer mit VP-Einsatzwagen (Blaulicht) vom OB (Rathaus) zur Prager Str. gebracht • sprechen zu den Versammelten
21.43	• Hempel/Ziemer - Ansprache zu den Massen - MfS konzentriert • sich auf [*unleserlich*] op. Fragen - Lage hat sich entspannt (keine Sprechchöre) - mit 1 $^1/_2$ Std Fernsehbild im BDVP	
21.43	*Schubert*	

21.52	*Oberst Linke* - OLKR Fritz bei Jörke/Hempel/ Ziemer mit Blaulicht zu Ansammlung	
21.53	*BDVP* • sollen nach Hause gehen, morgen ist Gespräch mit OB • GL Nyff. soll zurückrufen	
21.56	Ansammlung durch VP-Einsatzkräfte in Rtg. H. Newa abgeblockt	
22.01	*1. Sekr. d. SED-BL* - Schilderung im Detail den SV[9] dargestellt -	SED-BL/Gen. Modrow im Detail den Ablauf geschildert
22.09	*Oberst Linke* - Ziemer hat gesprochen - welche Rolle spielen diese	
22.10	*GL Neiber* - beide Pfaffen Hempel/Ziemer haben gesprochen → Auflösung - Modrow habe diese Entsch. polit. so getroffen u. trage die Verantwortung - diesen Leuten wurde mitgeteilt, daß Gespräch morgen beim OB stattfindet - Op. Nachsicherung wird organisiert	MfS, Gen. Neiber informiert • beide Pfaffen (Hempel + Sup. Ziemer) haben zur Ansammlung gesprochen, die sich danach auflöste • Gen. Modrow habe diese Entscheidung politisch so getroffen und trage die Verantwortung • den Versammelten wurde durch Ziemer mitgeteilt, daß Gespräch morgen beim OB stattfindet. • Op. Nachsicherung wird organisiert.
22.16	*Oberst Linke* - Gespräch findet statt - Auswertung in Christuskirche, Kathedrale u. a. - [*unleserlich*] unter Einsatz 500 GK	
22.24	*Schubert* - noch nicht mit Jörke telefoniert	
22.26	*Fuchs* - was wollte Kirche bei Jörke reden - was ist Kirche gesagt worden!	

9 Sachverhalt.

22.34	Personen B'werda[10] - Provok. KD • 50 Personen zugeführt im VPKA B'werda → von allen Leuten Pers. feststellen → LO d. 8. VP-Bereitschaft schafft die nach Btz. → SV aufgeschrieben - konkrete Äußerungen; Zeugen → Namen mit FS an LBV *Losungen:* „Stasi-Schweine" „Bullen-Schweine" „Freiheit" „Gorbatschow"	
22.45	*GL Nyff* - Inf. zur Provok. KD B'werda - [*unleserlich*] - Abt. zum [*unleserlich*] erforderlich!	Chef BDVP über verhinderte Provokation vor der KD Bischofswerda. Bericht zu heutigen Ereignissen noch abstimmen!
22.48	*GL Neiber* - Inf. zur Provok. KD B'werda	MfS, Gen. Neuber über Bischofswerda (erfolgreiche Verhinderung einer Provokation gegen die Staatssicherheit)
23.09	*Fuchs, Walter* - Ziemer ruft Jörke an → will Gespr. mit OB - Inh. nicht bekannt - Jörke zum OB → Moke offens. mit Modrow • Gespr. soll [*unleserlich*] werden (Empf. Moke) - OB mit Jörke [*unleserlich*] • wollen Sprechgenehmigung → Jörke • OB sogleich will prüfen → ruft 1. Sekr. BL • Modrow [*unleserlich*] → sollen sprechen, wenn sie Massen auflösen • Jörke mit VP gespr. → gemeinsam mit Auto - Blaulicht zu Pr. Str. *Ziemer hat gespr.* *Megaphon* - werden mit Beifall begrüßt [*unleserlich:* Kaplan Ulrich[11] von d.?]	Gen. Fuchs/Stellv. Inneres RdB informiert: • Ziemer rief Gen. Jörke an, will Gespräch mit OB, Inhalt nicht bekannt • Gen. Jörke spricht mit OB, OB mit Gen. Moke und jener offensichtlich mit Gen. Modrow • Gen. Modrow entschieden, auf Gesprächswunsch eingehen. OB hat Gen. Jörke damit beauftragt. • Zusage an Hempel/Ziemer gegeben, Gespräch mit OB und 20 Vertretern findet am 9.10.89 statt • Hempel/Ziemer mit Blaulichtfahrzeug der VP zur Prager Str. gefahren • Empfangen, Rede von beiden • OB ist bereit, nächsten Tag 9.00 Uhr zum Gespräch mit den „20" im Rathaus

10 Bischofswerda.
11 Gemeint ist Kaplan Frank Richter.

	- mit Bruder Hempel [*unleserlich*] mit OB gespr. → Forderung des Neubeginns (Reiseangelegenheiten) → OB ist bereit 9.00 20 gewählte Vertreter zu empfangen und stellt die Forderung n. Hause gehen, wenn sie freiw. nach Hause gehen keine Gewalt Auswertung d. Jr. - [*unleserlich*] - Ziemer hat erklärt - *Neubeginn* - Jörke wurde beauftragt einen ausführlichen Bericht zu machen	• Aufforderung durch Ziemer, Ansammlung aufzulösen und nach Hause zu gehen, dann wird es keine Gewalt geben • Auswertung des Gespräches mit OB erfolge morgen um 20.00 Uhr in 4 Dresdner Kirchen: Kreuzkirche, Kathedrale, Versöhnungskirche, Christuskirche • Ziemer erklärte, die Ereignisse des heutigen Tages wären ein Neubeginn.

8. Oktober 1989 Dok. 4
Bericht von Volker Sieber über die Demonstration in Dresden

Privatbestand Volker Sieber, unpaginiert. - Titel: Gedächtnisprotokoll zur Demonstration für Reformen in der DDR am 08.10.1989 in Dresden. - *Datiert:* 30.12.1989.

Bei der Menschenansammlung um den Dresdner Hauptbahnhof am 07.10.1989 erfuhr ich von einer Demonstration für Reformen in der DDR, die am Sonntag den 08.10.1989 gegen 14.00 Uhr auf dem Dresdner Theaterplatz stattfinden sollte. So begab ich mich am genannten Tag auf diesen Platz.
Auf dem Weg dahin wurden viele Menschen von gut gekleideten, älteren Herren mit dem Hinweis „Wissen Sie, daß das eine nicht genehmigte Demonstration ist?" angehalten. Diese Maßnahme hatte nach meiner Beobachtung aber keinerlei Wirkung. Bei meinem Eintreffen auf dem Theaterplatz 13.45 Uhr standen etwa 200 Personen vor dem Reiterstandbild und es begannen gerade in kleineren Gruppen geführte Diskussionen zwischen Parteimitgliedern und Reformwilligen. Diese Diskussionen wurden sehr offen und auch in freundlichem Ton geführt. Allerdings waren sie nutzlos, da beide Seiten von ihren Standpunkten überzeugt waren und sich die Genossen gegen unsere Beweisführung immer wieder auf ihr blindes Vertrauen zu der Parteiführung stützten. 14.15 Uhr, mittlerweile hatten sich etwa 1200 Personen auf dem Platz versammelt, wurde plötzlich mittels Megaphonen die Durchsage gemacht: „Hier spricht die deutsche Volkspolizei. Das ist eine nicht genehmigte Demonstration. Verlassen sie sofort den Theaterplatz!" Daraufhin bemerkten die Parteimitglieder, sie müßten jetzt gehen und zogen sich zurück. Nach mehrmaliger Wiederholung der Aufforderung begaben wir (etwa 800 bis 1000 Personen) uns auf den Platz zwischen Hofkirche und Brühlsche Terrasse (der Weg in die Stadt war von Polizeiwagen versperrt). Dort blieben wir etwa 20 Minuten. In einen Polizeiwagen, der mitten unter uns stand, wurde jemand aus mir unbekannten Gründen gezerrt. Der Wagen fuhr kurz darauf weg. Die Menschen verhielten sich relativ ruhig. Losungen oder ähnliches wurden nicht gerufen. Die Dimitroffbrücke sowie der Weg zum Theaterplatz wurden von Polizeikräften versperrt. Offen blieben der Weg durch den Fürstenzug und entlang des Terrassen-

ufers (Brühlsche Terrasse wegen Baumaßnahmen nicht begehbar). Nach einer erneuten Aufforderung durch die Polizei, den Theaterplatz in Richtung Terrassenufer zu verlassen, zogen wir geschlossen das Terrassenufer entlang bis zur Friedrichsbrücke. Dabei ertönten die ersten Sprechchöre, an denen wir den ganzen Tag festhielten. 1. „Schließt euch an, wir brauchen jeden Mann!" und 2. „Wir bleiben hier, Reformen wollen wir!" Vor der Brücke bogen wir rechts ab, liefen bis zur Kreuzung und überquerten dort die Europastraße. Dort folgten auch die ersten Menschen unserer Aufforderung zum Anschluß. Insgesamt blieb deren Zahl nach meinem Eindruck aber relativ gering. Beim Passieren der Kreuzung sicherte uns ein Verkehrspolizist den ungestörten Übergang. Vor und nach der Kreuzung sowie auch später (bis zum Fetscherplatz) gab es Streitigkeiten über die einzuschlagende Richtung. Einige, darunter auch ich, wollten in das Zentrum, um möglichst viele Menschen anzusprechen. Wir konnten uns trotz lauter Rufe aber nie durchsetzen. Der Zug bewegte sich also vom Zentrum weg in Richtung Striesen, entlang der Pillnitzer und später der Striesener Straße. Kurz nach der Kreuzung konnte ich zurückblickend einige Polizeitransportwagen über die Brücke kommen sehen, die uns aber nicht belästigten. Aus den Fenstern der Wohnhäuser kam uns fast nur Wohlwollen entgegen, eine Teilnahme der Leute konnten wir aber nur selten erreichen. Bis zum Fetscherplatz verlief unsere Demonstration ungestört. Kurz vor dem Fetscherplatz hieß es plötzlich „Einhaken!". Ich lief in der Mitte der dritten Reihe und folgte wie die anderen diesem Ruf. Nachdem wir so den Platz betraten, konnten wir links auf der Fetscherstraße Polizisten sehen. Diese standen in geschlossener, dichter Reihe mit Gummiknüppeln bewaffnet, aber ohne Schutzhelm und -schild ausgerüstet. Uns erblickend rannten sie auf uns los. Wir in den ersten Reihen überblickten die Lage und liefen weg. Nach ca. 50 Metern blieb ich stehen, sah zurück und stellte fest, daß die Polizisten uns nicht folgten, die Spitze des Zuges also entkommen war. Was ich nicht sah, war, daß die Polizei einen nicht geringen Teil der Mitte des Demonstrationszuges eingekesselt hatte, da die dort laufenden Leute nicht den Überblick haben konnten, um sofort zu verstehen, was vorn vor sich ging.

Inzwischen hatte sich ein großer Teil der Demonstranten wieder auf der Reißigerstraße zusammengefunden und der Zug setzte nach kurzer Stockung seine Bewegung fort. Unser Ziel war jetzt der Fučikplatz, wohin wir auch ungestört und unsere Losungen rufend gelangten. Dort stießen wir mit einem anderen Teil unseres Demonstrationszuges zusammen. Dieser hatte wahrscheinlich den hinteren Teil gebildet und war, durch die Polizei von uns abgeschnitten, einen anderen Weg gegangen.

Gegen 17.00 überquerten wir den Fučikplatz und setzten uns dort als nächstes Ziel die Kreuzkirche, die wir über den Pirnaischen Platz und das Rathaus Punkt 18.00 Uhr erreichten. Dann ging es vom Altmarkt entlang der Ernst-Thälmann-Straße zum Postplatz und wieder zurück zum Altmarkt. Über die Prager Straße gelangten wir 18.30 Uhr zum Hauptbahnhof, wo wieder Polizei zu erblicken war. Diese stand Ecke Leningrader- Sidonienstraße und auf der Wiener Straße in Höhe des Busbahnhofes. Nach einem kurzen hin und her zogen wir wieder die Prager Straße zurück. Dort konnte ich mich umschauend feststellen, daß sich unsere Zahl stark vergrößert hatte, da der Hauptbahnhof seit dem 03.10. der inoffizielle Treffpunkt für Unzufriedene aber auch Schaulustige war. So konnten sich von dort zahlreiche Menschen unserem Zug anschließen. Viele taten das aber nur kurzzeitig und kehrten dann zum Bahnhof zurück. Deshalb schätzte ich uns zeitweise auf einige tau-

send Menschen. Wir zogen dann erneut über den Altmarkt, zum Postplatz, Theaterplatz, über die Dimitroffbrücke, am Hotel Bellevue vorbei, über den Karl-Marx-Platz, die Straße der Befreiung, Friedrichsbrücke, Ernst-Thälmann-Straße und den Altmarkt auf die Prager Straße. Dort gelangten wir gegen 20.00 Uhr bis zur Höhe der Apotheke. Weiter konnten wir nicht, da eine doppelte Polizeikette zwischen dem Hotel Newa und der Spitze der Gebäudefront auf der anderen Seite der Prager Straße den Weg versperrte. Diese Bereitschaftspolizisten waren mit Schutzhelm, -schild und Gummiknüppel ausgerüstet. Aus unseren Reihen kam der Ruf „Hinsetzen!", der von den meisten befolgt wurde. Einige wenige entzogen sich der Einkesselung, da man die Prager Straße anfangs links noch verlassen konnte. Später wurden auch diese Wege geschlossen.
Da ich mich, wie zu jedem Zeitpunkt der Demonstration auch jetzt an der Spitze des Zuges befand, konnte ich die folgenden Aktionen voll mitbekommen und verstehen. Zuerst stand ein Mann aus unserer Mitte auf und verlas einen kurzen, einige unserer Forderungen enthaltenden Text, der lebhaften Beifall von den wenigen um ihn, die ihn verstehen konnten, fand. Mittlerweile wurden Rufe wie „Keine Gewalt!" und „Brüder, schlagt uns nicht!" laut. Nach kurzer Zeit übernahm ein Domkaplan der Dresdner Hofkirche, Herr Richter, die Führung in seine Hände. Er stellte sich vor uns hin und rief, er wolle mit den Polizisten reden, daß ein friedlicher Dialog aufgebaut werden könne. Darauf ging er in Richtung des Hotels Newa, wo er anfangs mit dem Einsatzleiter sprach. Nach kurzer Zeit kehrte er zurück und erklärte die grundsätzliche Bereitwilligkeit der Polizei, mit uns zu sprechen. Dazu erbat er sich aus dem Kreis der Demonstranten 20 Personen, die alle anderen vertreten sollten. (Diese bildeten später die Dresdner „Gruppe der 20"). Außerdem ließ er sich unsere Forderungen zurufen und notierte diese. Die wichtigsten davon waren 1. Freie Wahlen, 2. Reisefreiheit, 3. Entlassung der politisch Gefangenen, 4. Zulassung des Neuen Forums, 5. Zivilersatzdienst, 6. Wahrheitsgetreue Berichterstattung der Ereignisse des Tages in der Presse. Mit diesen Forderungen verschwanden die 20 in vorhin angegebener Richtung. Während der Kaplan uns zu friedlichem Gesang aufforderte („Dona nobis pacem", „Schalom" und schließlich „Die Gedanken sind frei"), konnten wir eine Lockerung der Polizeikette feststellen. Schilder wurden abgestellt und viele der Polizisten zündeten sich eine Zigarette an. Gegen 21.00 Uhr wurde uns von den ersten Ergebnissen berichtet. Demnach sollte am nächsten Tag 9.00 Uhr die „Gruppe der 20" zu einem Dialog mit dem Dresdner Oberbürgermeister Berghofer im Rathaus zusammentreffen. Die Ergebnisse dieses Dialoges sollten am Abend verkündet werden. Offen war aber noch, wo dies geschehen sollte. Wir forderten einen öffentlichen Platz dafür zu verwenden. Erfahren mußten wir, unserer Forderung nach Veröffentlichung der Ereignisse des Tages in der Tagespresse könne nicht nachgekommen werden, allein in einer kirchlichen Zeitung solle dies geschehen. Mittlerweile war der Superintendent der Dresdner Kreuzkirche Ziemer eingetroffen und griff in die Diskussionen ein. Am Ende konnte aber nur erreicht werden, daß in 4 Kirchen der Stadt am nächsten Abend die Verkündung der Ergebnisse des Gesprächs mit Berghofer stattfinden sollte. Diese Kirchen waren die Kreuzkirche, Hofkirche, Christuskirche und die Versöhnungskirche.
Die Polizeiketten öffneten sich und wir verließen gegen 22.00 Uhr einigermaßen zufrieden den Platz. Ich konnte feststellen, daß um die Polizisten herum genausoviel oder mehr Menschen standen, als wir im Kessel gewesen waren. Insgesamt schätzte ich alle zusammen auf 5 000 – 8 000 Mann.

8. Oktober 1989 Dok. 5
Bericht von Frank Richter über die Ereignisse in Dresden

Privatbestand Frank Richter, unpaginiert. - *Titel:* Niederschrift eines telefonischen Berichtes von Kaplan Frank Richter vom 9. Oktober 1989, 7.30 Uhr, an Stadtjugendpfarrer Martin Henker über die Ereignisse am 8. Oktober 1989. - *Fußvermerk:* gez. Martin Henker. - *Druck:* Frank Richter: Worte wachsen langsam, Dresden 1997, S. 24-26.

Richter hat Demonstranten am 8.10. von Anfang an begleitet. Ihm ist nicht bekannt, daß von Demonstranten Gewalt angewendet worden ist. Als der Zug (etwa 10 000 Personen lt. OLKR Fritz) etwa 20 bis 20.30 Uhr vom Stadtzentrum in die Prager Straße gelangte, versuchte die Polizei am Centrum-Warenhaus, ihn zu zerstreuen. Die Spitze wurde Richtung Postplatz abgedrängt. Die Nachfolgenden drängten in die Prager Straße. In Höhe Hotel Newa - Apotheke hatte die Polizei abgesperrt. Die Demonstranten setzten sich auf die Prager Straße und riefen „Wir bleiben hier sitzen!" Was außerhalb der sitzenden Menge geschah, konnte Richter nicht wahrnehmen. Richter und Kaplan Leuschner (Dresden-Pieschen) versuchten, mit Offizieren der Polizei in Kontakt zu kommen, diese lehnten aber Gespräche ab. Sie kamen aber mit einem verantwortlichen Zivilisten ins Gespräch und verlangten einen Dialog zwischen den Demonstranten und einem staatlichen Vertreter, nur so könne Gewalt verhindert werden. Der Zivilist sagte zu, zu versuchen, dies in die Wege zu leiten. Zu diesem Zeitpunkt wurden die Springbrunnen abgeschaltet, und es war Stille. Richter wandte sich von der Springbrunnenfassung aus an die Menge und teilte den Sachstand mit. Er forderte die Demonstranten auf, Vertreter für ein eventuelles Gespräch, etwa zehn Personen, zu bestimmen. Eine große Zahl Menschen stand spontan auf. Von den Aufgestandenen mußten viele wieder zurückgeschickt werden, da ihre große Zahl ein sinnvolles Gespräch verhindert hätte. Etwa 20 Personen blieben. Diese wurden von der Menge durch Beifall als Gesprächspartner bestätigt. Richter forderte auf, Thema und Forderungen für mögliche Gespräche zu nennen. Folgende Punkte wurden genannt und durch Beifall bestätigt: - Reisefreiheit, - Pressefreiheit, - Einführung eines Zivildienstes, - Legalisierung des „Neuen Forums", - offener, gewaltfreier Dialog in der Gesellschaft, - Wahlfreiheit, - Recht auf friedliche Demonstrationen, - Freilassung politischer Gefangener.

Der zivile Gesprächspartner erlaubte, daß durch die Postenketten hindurch zwei weitere Demonstrantengruppen am Lenindenkmal und hinter dem Hotel Newa informiert wurden, Diese bestätigten durch Beifall die genannten Anliegen. Für die Absprachen mit den Demonstranten wurde Richter zweimal ein Megaphon zur Verfügung gestellt. Während der Gespräche kam in der Gruppe der 20 Vertreter der Gedanke auf, die Polizei um ein sichtbares Zeichen zu bitten. Einer vermittelte die Bitte, die Polizisten mögen ihre Schilder ablegen. Dies geschah, es wurde mit viel Beifall aufgenommen. Dem zivilen Gesprächspartner wurde eine Liste mit den Namen und Anschriften der etwa 20 ausgewählten Vertreter übergeben. Es wurde für den nächsten Tag (Montag) ein Gespräch dieser Gruppe mit staatlichen Vertretern gefordert, dessen Ergebnis am Montagabend auf der Prager Straße. bekanntzugeben wäre. Bei Zusage der Erfüllung dieser Forderungen seien die Demonstranten bereit, nach Hause zu gehen. Nach Vermittlung des zivilen Gesprächspartners traf die Antwort der staatlichen Stellen ein: Ein Gespräch mit

Oberbürgermeister Berghofer könnte am Montag 9.00 Uhr im Rathaus stattfinden, die Bekanntgabe der Ergebnisse müsse jedoch abends in kircheneigenen Räumen erfolgen. Darauf hin bat Richter um die Möglichkeit zu telefonieren. Als er dazu das Hotel Newa betreten wollte, wurde ihm gesagt, es gäbe einen neuen Sachstand: Superintendent Ziemer käme, um mit den Demonstranten zu reden. Zu diesem Zeitpunkt hatte es bereits ein Gespräch von Landesbischof Hempel, OLKR Fritz und Sup. Ziemer mit dem Oberbürgermeister Berghofer gegeben. Diese waren etwa 21.00 Uhr ins Rathaus gegangen, um ein Gespräch staatlicher Stellen mit den Demonstranten zu erreichen. Gemeinsam wurde beschlossen, daß die drei Kirchenvertreter zu den Demonstranten gehen sollten und Sup. Ziemer die Antwort auf die Forderungen der Demonstranten, verbunden mit der Bitte um Auflösung der Demonstration, vortragen sollte. Ziemer und Richter trafen sich am Hotel Newa. Ziemer war nicht über das bisherige Geschehen auf der Prager Straße informiert. Sie verabredeten wegen der großen Menge an Demonstranten mehrere Informationsorte für den Abend, nämlich Kreuzkirche, Kathedrale, Christuskirche und Versöhnungskirche. Die Polizei bat Ziemer, die Menge zum Verlassen der Prager Straße in alle Richtungen aufzufordern. Ziemer sprach zu den Demonstranten, danach löste sich die Demonstration absolut friedlich und gewaltfrei auf. Von einem Jugendlichen wurde berichtet, daß anschließend ein Unteroffizier zu ihm kam und ihn um etwas zu essen bat, er habe seit 12 Stunden nichts gegessen.

8. Oktober 1989 Dok. 6
Bericht des IM „Bernhard" über die Demonstration in Dresden

BStU, ASt. Dresden, BV Dresden 8767/90, I, Bl. 99-101. - Titel: Mündlicher Bericht zur Demonstration heute Abend in der Dresdner Innenstadt. - *Vermerk:* Quelle: IM-VL „Bernhard". Treff: 08.10.89, 20.30-21.30 Uhr. MA: Hptm. Mittag, G. - *Fußvermerk:* f. d. R. Hptm. Mittag. - *Datiert:* 8.10.1989.

Ich schloß mich dem Demonstrationszug ca 17.40 Uhr an, als er aus Richtung Leningrader Str. kommend, das Rathaus passierte. Nachdem ich zunächst in der Mitte in den Zug eingesickert war, schob ich mich dann nach und nach nach vorn durch und marschierte dann die größte Zeit unmittelbar in den vorderen Reihen mit. Gegen 19.30 Uhr verließ ich die Demonstration im Bereich Straße der Befreiung. Der in diesem Zeitpunkt genommene Weg war meines Erachtens planlos und hatte offensichtlich auch kein konkretes Endziel. Beeinflußt wurde die jeweilige Wahl der Richtung durch folgende Faktoren:
- kein Drängen gegen von der VP abgesperrte Richtungen;
- nicht zulassen, daß die Demonstration durch die VP in eine Sackgasse gedrängt werden könnte;
- immer im Bereich der Innenstadt, d. h. in den belebtesten Zonen der Stadt bleiben.

Die jeweilige Richtung, wie auch die Sprechchöre im Zug wurden von einem kleinen „harten Kern" festgelegt. Genauer gesagt gab es mindestens drei solcher aktiven Zentren. Zum einen handelte es sich um eine Gruppe von Jugendlichen, die an der Spitze des Zuges marschierten, vielleicht 10-20 Leute, von denen vor Kreuzungen u. ä. markanten Punkten „Späher" vorausgeschickt wurden, die aufklärten, wo und in welcher Richtung die VP steht bzw. wohin sie sich bewegt. Nach Rückkehr der „Späher" wurde dann kurz beraten oder einer der Wenigen, die direkt die Führungsrolle übernommen hatten, entschied kurzerhand, wo es lang geht. Diese Führungsrolle spielten längere Zeit ein Jugendlicher und ein junges Mädchen, die zu dieser Gruppe gehörten. Zur Beschreibung:

a.) männlicher Jugendlicher von etwa 16-18 Jahren, ca, 1,75 m groß, schlank, drahtig, dunkelbraunes, kurzes Haar, kahler Nacken, Igelschnitt, weinrote Hose, auffällige Jacke aus Lederimitation; darauf vorn die Aufschrift „Paramount"; hinten selbst aufgebrachten „Marlboro"-Aufnäher/Aufkleber und darunter, noch ein Adler.

b.) eine etwa gleichaltrige weibliche Jugendliche, welche vom Eindruck her die Freundin des Erstgenannten sein könnte: ca. 1,60 m groß, durchschnittliche Figur, Haar halblang, ich glaube dunkel, weiße Hose, hellgraue Windjacke. Beide hielten sich lange Zeit in der ersten Reihe auf, bestimmten gemeinsam die Richtung. Später tauchten an der Spitze zwei, wegen ihres Alters von ca. 45-50 Jahren auffallende Männer auf. Mir fielen sie erstmals am Theaterplatz auf und ab Karl-Marx-Platz übernahmen sie dann die Führung, bezüglich des Marschweges und auch hinsichtlich der Sprechchöre. Meiner Meinung nach wurde zu diesem Zeitpunkt auch begonnen, die Losung „Neues Forum" zu rufen, wogegen zuvor andere Sprechchöre erklangen.

Zur Beschreibung:

c.) graumelierter Haarkranz und ebenfalls graumelierter, kurzgeschnittener, gepflegter Vollbart, Brillenträger: Metallgestell silber oder gold von der Form oben gerade abgeschlossene Gläser, unten halbrund; hatte eine Handgelenktasche, bekleidet mit einem hellen Mantel, insgesamt gepflegter Eindruck; Typ eines „Intellektuellen".

d.) dunkelbraunes kurzes Haar, Lederjacke im Sakkoschnitt, gepflegte Erscheinung wie der Erstgenannte. Den Zeitpunkt ihres Auftauchens an der Spitze würde ich etwa mit 19.00 Uhr benennen. Einen weiteren aktiven Kern hat es aber auch noch weiter hinten gegeben, denn von dort gingen öfters die Sprechchöre aus. Diese Leute habe ich jedoch nicht gesehen. Sprechchöre wurden folgende gerufen: „Wir bleiben hier - Reformen wollen wir!", „Gorbi - Gorbi!", Schließt Euch an - Wir brauchen jeden Mann!", „Wir wollen Perestroika!", „Ohne Gewalt". Während die genannten Sprechchöre eigentlich von allen Teilnehmern geschlossen gerufen wurden, gab es zu dem ebenfalls auftauchenden Sprechchor „Dresden erwache!" keine Übereinstimmung. Einige äußerten sich kritisch dazu, da dies an den Spruch „Deutschland erwache" erinnert. An Plakaten habe ich im Zug konkret eines erkannt. Es bestand aus weißem Stoff mit schwarzer Schrift: „Vernunft wird siegen!" Zum Charakter des Zuges ist folgendes zu sagen: Während der knapp zwei Stunden meines Mitgehens wurden es deutlich mehr Leute, wobei sie sich meiner Feststellung nach spontan anschlossen. Der Altersschnitt bewegte sich im Jugendlichenalter, von 14/15 angefangen bis 25/30 - diese Altersgruppen bildeten die Masse. Ältere traten aber auch vereinzelt auf. Einige standen unter Alkohol, aber meiner Feststellung nach nicht die Masse. Ich habe keine Handlungen festgestellt, die gegen das Motto der Gewaltlosigkeit verstoßen haben. Mir ist auch niemand aufgefallen, der diesbezüglich den Versuch unternommen hätte, zu provozieren oder zu Gewalttätigkeit zu animieren. Man wich der Konfrontation mit den Ordnungskräften aus. Wie bereits erwähnt, erschien mir der Zug ziellos zu sein, ich erkannte auch keine Bestrebungen, bestimmte Gebäude oder staatliche Einrichtungen zielgerichtet aufzusuchen. Auch die genannten Sprechchöre waren nicht von Aggressivität geprägt. Ich würde einschätzen, daß die große Mehrzahl der Teilnehmer sich echt mit der Forderung nach „Perestroika" und Reformen identifizierte. Auch von einem Teil der Passanten war ein Sympatisieren mehr oder weniger offen zu erkennen. Aus Gesprächen, die ich mit verschiedenen Leuten im Zug führte, stellte ich fest, daß einige schon mehrere Tage auch am Hauptbahnhof dabei waren, andere wiederum sich erstmalig angeschlossen hatten. Einige der Demonstranten führten Motorradhelme bei sich, wobei ich nicht sagen kann, ob sie mit Fahrzeug gekommen waren oder ob sie die Helme extra mitgebracht hatten.

8. Oktober 1989 Dok. 7
Bericht der BVfS Dresden an Hans Modrow über die Demonstration in Dresden

BStU, ASt. Dresden, BV Dresden, Abt. XX, 9186, Bl. 90-94. - Kopf: Ministerium für Staatssicherheit, Bezirksverwaltung Dresden. - *Titel:* Information über Verlauf und Inhalt der Demonstration feindlich-negativer Kräfte am 8.10.1989 in Dresden. - *Verteiler:* Genosse Modrow, Gen. Nyffenegger (Ohne Nr.). - *Vermerk:* Streng vertraulich! Um Rückgabe wird gebeten! - *Handschriftlicher Vermerk:* Stellv. Operativ 1/80/89. - *Datiert:* 9.10.1989.

Seit dem 4.10.1989 wurde im Stadtgebiet Dresden durch einzelne Flugblätter sowie durch Flüsterpropaganda dazu aufgefordert, sich am 8.10.1989, 15.00 Uhr auf dem Theaterplatz zu versammeln. Die Aufforderung war unterzeichnet mit „Gruppe Autonomes Forum". Am 6.10.1989 fand eine gemeinsame Beratung der Leitung der BDVP und der Bezirksverwaltung für Staatssicherheit statt, in der im Zusammenhang mit der Einschätzung der gegenwärtigen operativen Lage auch notwendige Maßnahmen zur vorbeugenden Verhinderung der am 8.10.1989 geplanten demonstrativen Zusammenkunft beraten wurden. Durch eingeleitete operative Maßnahmen wurde der Verfasser des Aufrufes ermittelt. Es handelt sich um den einschlägig bekannten [*geschwärzt*], der in aktiver Verbindung zur Gruppe „Wolfspelz" steht. [*geschwärzt*] wurde bei der Bekämpfung der feindlich-negativen Aktivitäten mit zugeführt und am 7.10.1989 durch die Untersuchungsabteilung der Bezirksverwaltung für Staatssicherheit intensiv vernommen. Er nannte dabei weitere Personen, die an der Herstellung und Verteilung der Flugblätter beteiligt waren, so daß am 8.10.1989 in den Vormittagsstunden weitere Zuführungen durchgeführt werden konnten. Für den 8.10.1989 15.00 Uhr wurde die Durchführung eines operativen Einsatzes im Zusammenwirken mit der VP vorbereitet. In der Bezirkseinsatzleitung wurde am 8.10.1989 die Situation noch einmal gründlich eingeschätzt und festgelegt, daß zur Verhinderung der Ansammlung und einer möglichen Demonstration - wie am Vortag - 500 gesellschaftliche Kräfte zum Einsatz kommen. Die uniformierten Kräfte wurden in Bereitschaft gebracht. Kurz vor 15.00 Uhr sammelten sich 30-40 Personen auf dem Theaterplatz an, auf die die dort befindlichen gesellschaftlichen Kräfte zugingen und eine Gesprächsführung begannen. Außerordentlich schnell wuchs die Anzahl der Personen, die offensichtlich mit dem Ziel der Ansammlung zum Theaterplatz kamen, so daß

gegen 15.05 Uhr bereits ca. 200 Personen anwesend waren. Es wurde deutlich, daß es den gesellschaftlichen Kräften nicht gelingt, die Ansammlung zu verhindern. Aufgrund ihrer Berichte und der operativen Aufklärungsmaßnahmen wurde entschieden, daß Lautsprecher die Personen zum Verlassen des Theaterplatzes auffordern. Zögernd verließen die Personen den Theaterplatz. Im Abgang zum Theaterplatz formierte sich ein Demonstrationszug, der sich entlang des Elbufers auf der Pillnitzer Straße bewegte. Die volkspolizeilichen Absperrmaßnahmen wurden darauf konzentriert, einen Weg über die Elbbrücken sowie in die Innenstadt zu verhindern. Diese Aufgabe wurde erfüllt. In der Höhe des Fetscherplatzes wurde nach ca. 3 km der Demonstrationszug zum Stehen gebracht. Er umfaßte zu diesem Zeitpunkt ca. 400 Personen, während sich zu Beginn ca. 1 000 bis 1 500 beteiligten. Die uniformierten Kräfte führten am Fetscherplatz ca. 150 Zuführungen durch. Das hatte zur Folge, daß der Zug sich kurzzeitig auflöste. Während des Demonstrationszuges wurden lautstark ständig Losungen gerufen, wie: „Wir bleiben hier", „Gorbi, Gorbi - Gorbi hilf uns", „Schließt Euch an, wir brauchen jeden Mann". Nach solchen Rufen wurde häufig rhythmisch geklatscht.
Vom Fetscherplatz aus gingen viele Personen einzeln bis zur Höhe Fučikplatz/ Eingang Botanischer Garten und sammelten sich dort erneut an. Eine Gruppe von 250 Personen lief nun von dort aus in Richtung Pirnaischer Platz und wuchs rasch wieder an. Offensichtlich schlossen sich zu diesem Zeitpunkt auch eine Reihe Studenten an, die in den dort gelegenen Studentenwohnheimen untergebracht sind. Den Kräften der VP gelang es, diesen neu formierten Demonstrationszug auf der Höhe Postplatz kurzzeitig zu blockieren, wodurch der Effekt entstand, daß sich der Zug durch Benutzung von Nebenstraßen in einer Schleife bewegte, die Thälmannstraße wieder zurückging und nunmehr sich über den Altmarkt in die Prager Straße begab: Auch hier handelte es sich um ca. 1000-1500 Personen, die Sprechchöre riefen. Neben den bereits genannten waren das „Neues Forum - wir sind dabei", „Keine Gewalt", „Wir sind das Volk", „Wen wollt ihr schützen?", „Einigkeit". Wiederholt wurden Versteile der „Internationale" gegrölt. Auf dem Vorplatz des Hauptbahnhofes wurden volkspolizeiliche Kräfte konzentriert, mit dem Ziel, den Marsch dort zum Stehen zu bringen und nach Umstellen mit Auflösungsmaßnahmen zu beginnen. Das gelang nicht, da die erforderliche Anzahl der uniformierten Einsatzkräfte nicht so schnell herangeführt werden konnte. Bereits nach 10 Minuten bewegte sich die Menschenansammlung wieder über die Prager Straße in Richtung Altmarkt. Auf diesem Weg wurde sichtbar ein Plakat „Vernunft wird siegen" getragen. Das rufen von Sprechchören ging weiter, wobei vor allem gerufen wurde „Wir brauchen jeden, schließt euch alle an!" Das rhythmische Klatschen ging weiter. Der Zug bewegte sich unter Kontrolle operativer Kräfte und von Funkstreifenwagen erneut zum Postplatz, über die Dimitroff-Brücke bis zum Karl-Marx-Platz und über eine Schleife in der Straße der Befreiung zum „Goldenen Reiter". Dort war eine besonders hohe Öffentlichkeitswirksamkeit gegeben, da sich zu diesem Zeitpunkt viele Straßenpassanten dort aufhielten. In der Ansammlung von 4-5000 Menschen wurde lautstark gegrölt. [*geschwärzt*]. Dort wurden die alten Sprechchöre und zusätzlich - „Dresden erwache" - „Haltet aus" gerufen. Um 19.35 Uhr setzte sich die Menge erneut in Bewegung und ging vorbei an der BDVP in Richtung Dr.-Rudolf-Friedrichs-Brücke/Leningrader Straße. Aufgrund der nicht voraussehbaren Bewegungsrichtung und der dadurch erschwerten Führung der uniformierten Kräfte gelang es nicht, den Zug zum Stehen zu bringen und am erneuten Einschwenken in das Zentrum zu hindern. Über die Thälmann-

straße und den Altmarkt bewegte er sich wieder in die Prager Straße. Durch die uniformierten Kräfte gelang es einen erheblichen Teil des Zuges abzuschneiden und durch Aufforderungen und weitere Zuführungen aufzulösen. Die Blockierung und volkspolizeiliche Umstellung der noch verbleibenden Restes von ca. 1000 Demonstranten gelang in der Prager Straße zwischen Hotel „Newa" und Rundkino. Es bildeten sich zwei Gruppen. Der offensichtlich harte Kern des Demonstrationszuges bestand aus 250 Personen und setzte sich vor dem Hotel „Newa" demonstrativ auf die Straße. Das Rufen der Sprechchöre ging weiter, nunmehr dominierten auch „Dresden erwache", „Wir wollen Perestroika", „Haltet aus", „Wir bleiben hier - Reformen wollen wir", „Keine Gewalt - ohne Gewalt". Die Hauptschreier waren Jugendliche, zum Teil im Alter zwischen 15 und 18 Jahren. Während des ganzen Weges wurde der Demonstrationszug offensichtlich durch mehrere Personen durch Rufen und Winken an der Spitze dirigiert und geführt. Eine Person konnte bereits ermittelt und zugeführt werden. Es handelt sich um [*geschwärzt*], geboren am: [*geschwärzt*] 1945 beschäftigt in der Produktionsplanung [*geschwärzt*]. An der Identifizierung weiterer derartiger Rädelsführer wird gegenwärtig noch gearbeitet. Es wurden weitere uniformierte Kräfte herangeführt und Festnahme- bzw. Zuführungsgruppen vorbereitet. Durch die operative Kontrolle der Ansammlung wurde festgestellt, daß einige kirchliche Amtsträger versuchten, auf die Menschen im Sinne der Verhinderung von Gewalt einzuwirken. Der Kaplan der katholischen Kirche Richter, Frank betätigte sich dabei wie folgt: In einer Rede an die Versammelten forderte er die Herausgabe der Gefangenen der letzten Tage und erläuterte die Ziele des „Neuen Forum". Er befragte die anwesenden Personen nach ihren Forderungen und legte ihnen die Antworten in den Mund. Durch lautes Klatschen gaben die Versammelten jeweils ihre Zustimmung zu den Forderungen wie: - Reisefreiheit, - Zulassung des „Neuen Forum", - Freilassung der politischen Gefangenen, - Wahlen mit freier Wahl der Kandidaten und der Programme, - inneren Frieden ohne Gewalt, - Reform der Presse, - Schulreform. Anschließend forderte er auf, daß festzulegende Vertreter diese Forderungen dem Oberbürgermeister überbringen sollten. Es meldeten sich ca. 15 Personen zwischen 30 und 50 Jahren, mit denen gemeinsam sich der Richter, Frank zur Absperrkette der Volkspolizei begab. Er übermittelte einem leitenden VP-Offizier, daß für den Fall, daß sich der Oberbürgermeister bereit erklärt, am 9.10.1989 mit 21 Vertretern ein Gespräch zu führen, sie bereit sind, auf die Versammelten Menschen einzuwirken, den Platz zu verlassen. Dieser Sachverhalt wurde durch die Genossen der Deutschen Volkspolizei weitergeleitet, und durch den 1. Sekretär der Bezirksleitung der SED entschieden, eine zustimmende Antwort zu geben. Operativ wurde veranlaßt, daß die Personalien der 21 Personen festgestellt wurden. Gegenwärtig erfolgen dazu die notwendigen Überprüfungen. Neben kirchlichen Mitarbeitern der evangelischen und katholischen Kirche sind bisher eine freischaffende Journalistin und ein Bäckermeister konkret bekannt. Zwischenzeitlich hatten sich der Bischof Hempel, Oberlandeskirchenrat Fritz und Superintendent Ziemer im Rathaus eingefunden und baten um ein Gespräch mit dem Oberbürgermeister Berghofer. Dieses Gespräch wurde vom Stellvertreter Inneres geführt und im Ergebnis wurden die kirchlichen Amtsträger mit einem Funkstreifenwagen durch die Volkspolizei zu den durch die VP umstellten Ansammlungen in der Prager Straße gebracht. Superintendent Ziemer sprach zu den Ansammlungen und erklärte, daß das geforderte Gespräch am 9.10.1989 stattfinden wird. Über die Gesprächsergebnisse würde am gleichen Tag um 20.00 Uhr in der Kreuzkirche, der Christuskirche, der Versöhnungskirche und der Kathedrale informiert. Die Versammelten sollten den Aufforderungen der Deutschen Volkspolizei unbedingt Folge leisten und jetzt friedlich nach Hause gehen. Daraufhin lösten sich die Ansammlungen innerhalb von 2-3 Minuten auf und gegen 22.15 Uhr waren im Dresdner Stadtgebiet Ruhe und Ordnung wieder hergestellt. Während der gesamten Aktion wurden insgesamt 261 Zuführungen auf der Grundlage der §§ 212, 217, 220 StGB durchgeführt.

8. Oktober 1989 Dok. 8

Bericht des Chefs der BDVP, Willi Nyffenegger, über die Demonstration in Dresden

BStU, ASt. Dresden, BV Dresden, 1. Stellv. d. Ltr., 1, Bl. 87. - Kopf: MdI ODH Berlin. - *Titel:* Lagebericht. - *Vermerk:* Ausnahme chiffriert. - *Datiert:* 8.10.1989.

Durch operative Informationen wurde bekannt, daß am 08.10.89, gegen 15.00 Uhr eine Demonstration von Angehörigen des sogenannten „Neuen Forum" auf dem Theaterplatz in Dresden geplant war.
In der BEL wurde das taktische Vorgehen und Handeln der Sicherheits- und Schutzorgane in Verbindung mit dem Handeln von Parteiaktivisten vorausschauend beraten und entsprechende Maßnahmen festgelegt.
Ab 13.00 Uhr wurde die Präsenz der operativen Kräfte der DVP auf dem Theaterplatz und in der Tiefe des Raumes verstärkt. Es erfolgte die Vorbereitung des Einsatzes von 5 Kp. der OHS (B) und 3 Kp. der 8. VPB, 3 Kp. der 6. VPB zur Sperrung bzw. Räumung des Theaterplatzes sowie von 500 Agitationskräften. [*Handschriftliche Einfügung:* Marsch nicht erst 17.00!] Gegen 15.00 Uhr versammelten sich ca. 400 Personen auf dem Theaterplatz. [*Handschriftliche Einfügung:* ges. Kräfte wurden zur entst. Ansammlung hingeführt mit dem Ziel, sie durch Gespräche von ihrem Vorhaben der Durchführung einer Kundgebung abzubringen, um diese verb. zu verh. A/s]. Sie wurden über Lautsprecher eines Rundfunk-Kino-Wagens zum Verlassen des Platzes aufgefordert. Nachdem diese Maßnahme keinen Erfolg hatte, wurde der Platz ab 15.20 Uhr abgeriegelt und in Richtung Terrassenufer geräumt. Damit wurde erreicht, daß auf dem Theaterplatz in Dresden keine Kundgebung zustande kam. Gegen 17.00 Uhr bildete sich eine Ansammlung von vorwiegend Jugendlichen bzw. Jungerwachsenen auf dem Fetscherplatz, die antisozialistische Losungen riefen und äußerst aggressiv in Erscheinung traten. Es erfolgte die Einkreisung dieser Ansammlung und die Festnahme und Zuführung von ca. 150 Personen. In der Zeit von 17.00-19.00 Uhr formierten sich an verschiedenen Stellen in der Bezirksstadt neue Personengruppen auf der Leningrader Straße, im Bereich Bürgerwiese, vor der Kreuzkirche, am Altmarkt. 19.30 Uhr marschierten ca. 1 500 Personen aus der Richtung Straße der Befreiung, über die Köpckestr., Dr.-Rudolf-Friedrichs-Brücke in Richtung Prager Straße. Es ist einzuschätzen, daß diese Bürger nicht aggressiv auftraten. Sie trugen teilweise Kerzen, klatschten in die Hände und riefen in Sprechchören „Wir bleiben hier, schließt euch an", „Neues Forum". Gegen 20.00 Uhr wurden die ca. 1 500 Personen auf der Prager Straße durch Einsatzkräfte umstellt. Dabei wurde jede Konfrontation

vermieden. Der laufenden Aufforderung zum Verlassen des Platzes über Lautsprecher kamen die Bürger nicht nach. Ein aktiver Kern von ca. 200 Personen hielt sich am Brunnen in der Nähe des Centrum-Warenhauses auf. Es wurden laufend Losungen gerufen „Wir sind das Volk", - Dresden erwache", „Wir wollen keine Gewalt". Durch die Einsatzkräfte wurde eine Gasse geöffnet zum ungehinderten Verlassen unbeteiligter Personen. Gegen 21.10 Uhr trat am Lenindenkmal der Kaplan Richter auf und sprach zu den Bürgern. Er erklärte, daß am 09.10.89 ein Gespräch mit dem Oberbürgermeister der Stadt Dresden stattfinden wird. Er übergab den Einsatzkräften der DVP eine Petition. Inhaltliche Schwerpunkte sind Forderungen wie: - Zulassung „Neues Forum", - Freilassung der Gefangenen, - Reise- und Pressefreiheit. Um 21.40 Uhr begab sich der Superintendent Ziemer auf die Prager Straße. Er sprach um 22.03 Uhr zu den Bürgern. Seine Rede wurde mit Beifall aufgenommen. Er stellte den Bürgern den Bischof Dr. Hempel vor und informierte, daß am 09.10.89 20 ausgewählte kirchliche Vertreter mit dem Oberbürgermeister der Stadt Dresden sprechen werden. Das Ergebnis wird am 09.10.89, 20.00 Uhr in einigen Kirchen der Stadt Dresden bekanntgegeben. Er forderte die Bürger auf, in Ruhe nach Hause zu gehen. Die eingeleiteten und durchgeführten Maßnahmen mit den kirchlichen Vertretern erfolgten in Konsultation und mit Zustimmung der zuständigen Bezirksorgane. Unmittelbar nach dem Gespräch wurden durch die Einsatzkräfte zweckmäßige Abgangsrichtungen geöffnet und ein kanalisierter Abgang der Personen gewährleistet. Die Bürger verließen ruhig den Bereich und um 22.20 Uhr war die Ansammlung auf der Prager Straße vollständig aufgelöst. Im Verlauf der Handlungen am 08.10.89 wurden insgesamt 259 Personen zugeführt. Alle Einsatzkräfte der DVP, der Kasernierten Einheiten und der NVA erfüllten die Einsatzaufgaben vorbildlich und diszipliniert. Bei allen Maßnahmen und Handlungen war das enge Zusammenwirken mit den Diensteinheiten des MfS durchgängig gewährleistet. Der Einsatz am 08.10.89 wurde in der Leitung und im Stab der BDVP gründlich ausgewertet und Schlußfolgerungen für die weitere konsequente Verwirklichung der Aufgabenstellung des Ministers des Innern und Chefs der DVP festgelegt.

8. Oktober 1989 Dok. 9
Aktennotiz von Hans Jörke über ein Gespräch mit Superintendent Ziemer, Landesbischof Hempel und Oberlandeskirchenrat Fritz

SächsHStA, BL SED Dresden, 13218, unpaginiert. - Kopf: Rat der Stadt Dresden, Stellvertreter des OB für Inneres, Jörke. - *Titel:* Aktennotiz. - *Verteiler:* Gen. Modrow, Gen. Moke, Gen. Witteck, Gen. Berghofer, Gen. Jörke. - *Datiert:* 8.10.1989.

Am heutigen Tag, 20.45 Uhr, erbat Superintendent Ziemer um ein dringendes Gespräch beim Oberbürgermeister oder seinem Stellvertreter für Inneres. Er wolle eine Bitte im Zusammenhang mit den Ereignissen auf der Prager Straße vortragen. Der Oberbürgermeister entschied nach einer Konsultation mit dem 1. Sekretär der Stadtleitung der SED, Gen. Moke, daß Genosse Jörke das Gespräch führt. Zur gleichen Zeit informierte Oberst Schlaak (BDVP), daß die sich auf der Prager Straße befindenden etwa 800 Personen bereit seien, die Demonstration aufzulösen, wenn der Oberbürgermeister seine Bereitschaft erkläre, am 9.10.1989 eine Abordnung von 20 Personen zu einem Gespräch zu empfangen. Gen. Berghofer konsultierte sich in dieser Frage mit den Genossen Moke und Modrow. Es wurde im Interesse der Auflösung der Demonstration Übereinstimmung erzielt, ein solches Gespräch durchzuführen. Um 21.00 Uhr erschien Superintendent Ziemer in Begleitung von Landesbischof Hempel und Oberlandeskirchenrat Fritz im Rat der Stadt Dresden. Dies führte nach Konsultationen mit Gen. Moke zu der Entscheidung des Oberbürgermeisters, das Gespräch persönlich in Anwesenheit von Gen. Jörke zu führen. Das Gespräch fand in der Zeit von 21.10–21.30 Uhr statt. Als Gesprächsführer der kirchlichen Vertreter nahm Superintendent Ziemer mit einer Vorbemerkung zur Einhaltung der Gesprächsebene das Wort. Er sprach im Namen der anwesenden Kirchenvertreter die Bitte aus, zu den auf der Prager Straße versammelten Demonstranten sprechen zu dürfen. Die Lage sei unerträglich. Er wolle die Menschen auffordern, friedlich nach Hause zu gehen, um weitere Gewalttätigkeiten auszuschließen. Dafür müsse auch die VP ein Zeichen setzen. Nach erneuter Konsultation mit Gen. Modrow (außerhalb des Gesprächszimmers) teilte Gen. Berghofer den Kirchenvertretern die Respektierung der Bitte mit. Gen. Berghofer erläuterte ihnen, daß diese Entscheidung ungewöhnlich ist und im Interesse der Beendigung der Demonstration erfolgt. Gleichzeitig informierte Gen. Berghofer vom vorgesehenen Gespräch am 9.10.1989. Superintendent Ziemer trug den Text der Ansprache vor; dazu wurde Übereinstimmung erzielt. Gen. Berghofer nutzte das Gespräch, um über das Wirken westlicher Medien, die durch rowdyhaftes Auftreten entstandenen Schäden und den staatlichen Standpunkt zu den Ausschreitungen auf der Prager Straße zu informieren. Er betonte, daß zwischen den Rowdys und den sich friedlich verhaltenden Bürgern unterschieden wird. Gen. Jörke begleitete im Anschluß an das Gespräch im Auftrag des Oberbürgermeisters die Kirchenvertreter zur Prager Straße und vermittelte ein Gespräch mit dem Einsatzleiter der VP, Major Prager. Beim Eintreffen wurden die offensichtlich bei einem Teil der Demonstranten bekannten Kirchenvertreter mit Beifall empfangen; Kaplan Ullrich[1] von der katholischen Kirche suchte sofort Kontakt zu ihnen. Die von Gen. Jörke vorgetragene Bitte, selbst ebenfalls das Wort ergreifen zu können, wurde nicht akzeptiert. Superintendent Ziemer sprach über ein Megaphon und erklärte: „Ich bin Superintendent Ziemer von der Kreuzkirche. An meiner Seite steht unser Landesbischof, Bruder Hempel. Der Oberbürgermeister, Herr Berghofer, hat es mir im Ergebnis eines Gespräches ermöglicht, zu Ihnen zu sprechen. Das ist ein Neubeginn. (Beifall) Er hat uns erklärt, daß er morgen um 9.00 Uhr mit den von Ihnen bestimmten 20 Bürgern im Rathaus sprechen wird. (Beifall) Ich habe die Zusicherung erhalten, daß, wenn Sie friedlich nach Hause gehen, die VP Ihnen dazu den Weg frei gibt. Ich bitte Sie deshalb, daß Sie jetzt nach Hause gehen. Über das Ergebnis des morgigen Gespräches werden wir Sie nicht hier, aber in der Kreuzkirche, Kathedrale, Versöhnungskirche und Christuskirche morgen um 20.00 Uhr informieren. (Beifall; Rufe aus der Menge: „Wann steht das in der Zeitung?" – Antwort: „Der Oberbürgermeister hat zugesagt, daß morgen die Presse über das, was in den letzten Tagen geschah, berichten wird." – Beifall). Es ist schon spät, laßt uns den heutigen Tag beenden, gehen wir friedlich nach Hause." (Beifall) Die Demonstration löste sich auf. Einzelne Bürger stellten Superintendent Ziemer und

1 Bei Kaulfuß/Schulz S. 215 heißt es Kaplan Leuschner, gemeint ist Kaplan Richter.

Landesbischof Hempel noch Fragen. Auf Drängen von Gen. Jörke gegenüber Superintendent Ziemer, die Vereinbarung einzuhalten und keine Verzögerung der Auflösung zu verursachen, drängten die Kirchenvertreter auf Abbruch. Landesbischof Hempel verließ mit Gen. Jörke im Dienst-PKW des Oberbürgermeisters den Platz. Superintendent Ziemer und Oberlandeskirchenrat Fritz verabschiedeten sich mit dem Hinweis, die letzten Teilnehmer der Demonstration bewegen zu wollen, ebenfalls nach Hause zu gehen. Die Kirchenvertreter brachten Gen. Jörke gegenüber den Dank für das Entgegenkommen des Staates zum Ausdruck.

8. Oktober 1989 Dok. 10

Notizen von Frank Richter vom Vorbereitungsgespräch der Gruppe der 20 am Abend des 8. Oktober im Dompfarramt für das 1. Rathausgespräch

Privatbestand Frank Richter, unpaginiert. - Titel: Gespräch OB 9.10.89 Dresden. - *Form:* Handschriftlich. - *Ohne Datum.*

Meinungsfreiheit, Reisefreiheit, Zivildienst, Pressefreiheit, Freilassung politischer Gefangener, Offener gewaltfreier Dialog, Neues Forum, Wahlfreiheit, Demonstrationsfreiheit (friedl. Demos)
Gruppe besteht z. T. aus Leuten, die direkt geschickt wurden, aber: alle durch Befragung legitimiert [*unleserlich*]
Prager Str., Demo 20 000
Gespräch:
1. Ablauf der letzten Tage aus unserer Sicht
2. Forderg.: Freilassung der Gefangengenommenen
- Einrichtg. eines zentralen Info-Büros über bisher Vermißte
- Ort?
- Jurist unseres Vertrauens
3. offener Dialog
- Akzeptanz der Gruppe „Bürgerkomitee Dresden“ als weiterer Gesprächspartner
- heutiger Abend wird neue Probleme aufwerfen
- weitere Gesprächsmöglichkeiten
4. „Pressefreiheit“
- Bericht in der Tagespresse über den Ablauf am vergangenen Tag [*unleserlich*] Neues Forum
5. Wahlfreiheit (Baumgart)
6. Recht zu friedl. Demonstrationen
- Garantie, immer wieder zu Gewaltfreiheit aufzurufen
- Plakate?
- Genehmigungsverfahren von Demonstrationen (evtl. nur für Bürgerinitiative ...?)
7. Reisefreiheit (Baumgart)
- wann Öffnung zur ČSSR

8. Zivildienst
- Forderung, nicht nur kirchlich gebundene Personen, Modellfall Dresden Friedrichst. (Krankenh.)

9. Oktober 1989 Dok. 11
Konzept der staatlichen Seite für das 1. Rathausgespräch

BStU. ASt. Dresden, BV Dresden, Ltr. BV, 10003, Bl. 107-109. - Titel: Konzept für Gespräch Oberbürgermeister am 9.10. - *Datiert:* 9.10.1989.

1. Auf der Festveranstaltung zum 40. Jahrestag der DDR wurden die Erfolge von vier Jahrzehnten DDR betont, für die Millionen aufrechte Bürger und auch die Dresdner mit Hingabe und großem Einsatz gearbeitet und auch gekämpft haben.
Der Vorsitzende des Staatsrates der DDR und Generalsekretär des ZK der SED, Erich Honecker, hob zugleich hervor, daß es jetzt mit der Sicht auf die 90er Jahre, auf die Anforderungen und Probleme, die es zu bewältigen gilt, darum geht, daß das ganze Volk der DDR seine Initiative, seinen Sachverstand und seine Vorschläge zum Nutzen der gemeinsamen sozialistischen Sache in die demokratische Aussprache zur Vorbereitung des XII. Parteitags der SED einbringt.
In Vorbereitung dieses Parteitages wird das offene und vertrauensvolle Gespräch in der Partei und mit allen Bürgern geführt, werden herangereifte Fragen der sozialistischen Entwicklung der DDR beraten.
Wir gehen davon aus, daß es für diese breite Aussprache keine Tabus gibt, unter einer Voraussetzung; daß es um die weitere Ausgestaltung unserer sozialistischen Gesellschaft zum Wohle aller ihrer Bürger geht. Den Sozialismus, der für alle da ist und Platz für alle hat, lassen wir nicht entarten.
2. In den letzten Tagen hat sich in Dresden eine sehr komplizierte und explosive Lage entwickelt. Sie kennen die Ereignisse, die Gewaltakte, Zerstörungen, Bedrohungen für das Leben und friedliche Zusammenleben der Bürger eingeschlossen haben.
Auch der gestrige Abend stand mit seinen Demonstrationen und Provokationen am Rande neuer Gewaltakte mit unabsehbaren Folgen.
Wir wollen und kämpfen um die friedliche Lösung der entstandenen Probleme und Konflikte im Rahmen der sozialistischen Ordnung, die mit allen Bürgern weiter zu entwickeln und zu gestalten ist.
Wir haben gestern Abend auch ein Zeichen der Verantwortung gesetzt, eine Verantwortung, die auch den fundamentalen Interessen Hunderttausender Dresdner Bürger Rechnung tragen muß, die darauf drängen, daß mit Gewaltakten, Verwüstungen, Rowdytum in der Stadt entschieden Schluß gemacht wird.
Dazu sind jetzt neue Zeichen und neue Taten auch Ihrer Seite notwendig. Auch Sie müssen klar zeigen, was Sie wollen.
3. Wir werden die breite demokratische Aussprache zu allen Fragen unter der genannten Voraussetzung führen. Es gibt dazu sichtbare Schritte.
Was ein Neues Forum anbetrifft, ist zentral festgelegt, daß es nicht zugelassen ist. Über Einzelheiten der Begründung will ich hier von mir aus nicht reden.

Entscheidend scheint mir, das vernünftige Gespräch über die politischen Inhalte, die diskutiert und zur weiteren Klärung gebracht werden müssen.
Freiheit, Demokratie, Reformen - das alles ist noch kein Programm.
Die letzten Tage zeigen deutlich, daß da auch die Freiheit der Gewalttätigkeit, der Zerstörung alles Guten, die Demokratie der Pflastersteine, die Reform zu Anarchie und Chaos gemeint sein kann.
Wir und Sie müssen uns mit den Inhalten, mit dem Kern der Fragen, um die es bei der weiteren gesellschaftlichen Entwicklung in unserem Lande und in unserer Stadt geht, intensiv befassen.
Unerläßlich ist dazu, was Sie mit der Aussage „Innerer Frieden ohne Gewalt" kennzeichnen. Dazu stehe ich. Es wäre ein Glück, ein Segen für alle, wenn das erreicht wird.

9. Oktober 1989 Dok. 12
Information Modrows durch Berghofer über das 1. Rathausgespräch

BStU. ASt. Dresden, BV Dresden, Ltr. BV, 10003, Bl. 106; SächsHStArch, BL SED Dresden, 13218, ohne Paginierung. - Titel: Information Oberbürgermeister. - *Fußvermerk:*/Ot.[1] - *Datiert:* 9.10.1989, 11.15 Uhr.

Außerordentlich komplizierte Gesprächsgestaltung.
Themen:
- Reisefreiheit
- Freilassung der Zugeführten und Inhaftierten von den letzten Tagen
- Kritik an Zuführung von Demonstranten, die gewaltlos demonstriert haben
- Kritik am Wahlverfahren der DDR
- Standpunkte zum Neuen Forum

Die Gesprächsrunde hat sich nicht[2] als Vertreter des Neuen Forums verstanden. Sie verlangen Presseveröffentlichung. Sie werden heute Vorschlag unterbreiten, was man machen müßte.
Wir sind übereingekommen, am 16.10., 17.00 Uhr, in gleicher Runde das Gespräch zu führen. Gegebenenfalls dazwischen in Einzelgespräche zu gehen, um es richtig vorzubereiten und haben zusammengefaßt am Ende folgendes gesagt:
Es war wichtig, ein solches Gespräch zu suchen, nur konstruktiv und im Dialog lassen sich Probleme lösen, Gewalttätigkeit ist kein Mittel. Die Beteiligten werden heute abend in den Kirchen in diesem Sinne wirken.
Anwesend waren:
Superintendent Ziemer
Kaplan Richter - Kathol. Kirche
Pfarrer Horn - Versöhnungskirche
Kaplan Leuschner - Kathol. Kirche

---

1 Das Gespräch wurde von Modrows Sekretärin, Barbara Otto, aufgenommen.
2 Handschriftliche Hervorhebung.

und fast alles junge Leute, Studenten, Arbeiter - kluge Leute, Ingenieure - die mit uns prinzipiell nicht mehr einverstanden sind.[3]
Es wird ein umfangreiches Protokoll erarbeitet und sofort übermittelt.

9. Oktober 1989 Dok. 13

Aktennotiz Berghofers für Modrow über das 1. Rathausgespräch

SächsHStArch, BL SED Dresden, 13218, unpaginiert. - Kopf: Oberbürgermeister. Aktennotiz. - *Verteiler:* Gen. Modrow [*handschriftlich unterstrichen*], Gen. Witteck, Gen. Moke, Gen. Böhm, Gen. Fuchs, Gen. Schubert, Gen. Jörke, Gen. Berghofer. - *Anlagen:* 1. Namensliste, 2. Redevorlage Berghofers. - *Datiert:* 9.10.1989.

Am 9.10.1989, 9.00-11.00 Uhr fand im Rathaus, Ratssitzungssal II-12, ein Gespräch des Oberbürgermeisters, Wolfgang Berghofer, mit Vertretern der evangelischen Landeskirche, der katholischen Kirche sowie mit Teilnehmern der ungenehmigten Demonstration auf der Prager Straße statt.

Teilnehmer:

Rat der Stadt:	Gen. Berghofer (SED)
	Gen. Jörke (SED)
	Koll. Bärsch (NDPD)
	Gen. Klotzsche (SED)
	Koll. Gängler (CDU)
	Koll. Dr. Vieweger (LDPD)
Gesprächsgruppe:	Superintendent Ziemer
	Pfarrer Horn, Versöhnungskirche
	Kaplan Leuschner, Katholische Kirche
	Kaplan Richter, Katholische Kirche
	25 Teilnehmer der Demonstration
	(siehe Anlage 1, Namensliste)

Ausgangspunkt für das Gespräch war die am 8.10.89 durch Superintendent Ziemer, Landesbischof Hempel und Oberlandeskirchenrat Fritz dem OB vorgetragene Bitte, zu den Demonstranten sprechen zu dürfen, und die Mitteilung, daß die Demonstranten sich auflösen, wenn der OB eine Abordnung am 9.10.89 zu einem Gespräch empfängt.

Das Gespräch verfolgte seitens des OB das Ziel:

a) Maßnahmen zur Gewährleistung von Ruhe und Ordnung in der Stadt zu unterstützen;
b) Standpunkte der Gesprächspartner anzuhören;
c) Vereinbarungen über die weitere Verfahrensweise abzustimmen.

Verlauf des Gesprächs

Gen. Berghofer formulierte zu Beginn seine Position (siehe Anlage 2) (siehe Dok. 14)

3 Handschriftliche Hervorhebung.

Als Sprecher der Gruppe legte Herr Pstrong, Student, 21 Jahre, folgende Auffassung dar:
- wir verstehen uns als Abordnung der friedlichen Demonstranten für Verbesserungen im Land im Rahmen des Sozialismus
- Kirche stellt für heute Abend Räume zu Verfügung, um Ergebnisse bekanntzumachen
- Kirche ist nicht Träger der Demonstrationen, Teilnehmer gehen durch alle Bevölkerungsschichten
- Wir sind für friedliche Demonstrationen ohne Gewalt und fordern deshalb Schluß mit Verhaftungen
- hoffen auf konkrete Ergebnisse des Gesprächs
- bitten Sie, uns mit Leuten in Verbindung zu bringen, die mit uns sprechen und größere Kompetenz haben als Sie
- Pressefreiheit

Im Verlauf des Gesprächs äußerten sich weitere Teilnehmer der Gruppe.

Herr Mattheß, 26 Jahre, Student:
- Darstellung in heutiger Lokalpresse stimmt nicht mit unserer Sicht der Ereignisse überein
- Gewalttätigkeiten gab es Dienstag und Mittwoch im Zusammenhang mit Ausreise
- keine Identifizierung mit denen, die Steine werfen
- Demonstrationen an darauffolgenden Tagen hatten anderen Charakter
- unangemessene Maßnahmen der VP in den letzten Tagen
- angestrebte Probleme sind kein Problem der Stadt
- es werden legale Wege gesucht zur Kanalisierung von Demonstrationen ohne Gewalt
- Sicherheitskräfte achten nicht Gewaltlosigkeit
- wollen uns äußern zu Problemen der letzten Tage

Herr Glosinski, 24 Jahre, KOM-Fahrer:
- Forderung nach Freilassung aller zugeführten Demonstranten, die sich nicht als Rowdys oder Kriminelle betätigen
- Forderung zur Schaffung eines Büros, das Auskünfte gibt über Verbleib von Inhaftierten
- öffentliche Verhandlung
- Anfrage zu arbeitsrechtlichen Konsequenzen bei Inhaftierung

Trommer, Burgi, freischaffende Journalistin:
- Widerspruch zwischen realem Leben und seiner Darstellung in unseren Medien
- so auch bei Berichterstattung über Demonstrationen
- war aus ihrer Sicht keine Demonstration, sondern eine öffentliche Meinungsäußerung
- Anfrage an OB, ob er befürwortet, daß es dazu eine Pressemeldung aus ihrer Sicht geben kann

Bartzsch, Andreas, 23 Jahre, Kfz-Schlosser (bezog Positionen zum Neuen Forum):
- gegen Ablehnung Neues Forum – Verfassungsklage eingereicht
- weitere Unterschriftensammlungen notwendig
- öffentliche Darstellung gefordert, was ist Neues Forum, wie geht es damit weiter
- öffentliche Diskussion in den Medien, was will das Neue Forum
- wir sind keine Opposition, sondern Vertreter der Leute von der Straße, die Probleme im vorhandenen Sozialismus lösen können

- wenn wir keine Legalisierung erfahren, gehen wir auf die Straße
- Gewaltlosigkeit ja, aber wir werden die Massen nicht von der Straße holen
- würden darüber auch mit Honecker sprechen
- gehen solange auf die Straße, bis Neues Forum zugelassen ist
- wir möchten in der DDR leben, die die Zeitung uns jeden Tag vorgaukelt

Pfarrer Horn, Versöhnungskirche:
- Regierung gibt keine Zeichen
- Frage: kann OB sich öffentlich äußern, um seine Dialogbereitschaft zu zeigen?
- Leute müssen empfinden, wir sind gehört worden, Dialog hat stattgefunden

Herr Neubert, Dipl.-Ing., Schichtleiter BDC[1], 36 Jahre.
- Reisemöglichkeiten für alle gefordert in sozialistische Länder und BRD
- wann werden Reisebeschränkungen aufgehoben?

Herr Baumgart, Maschinenbauingenieur, 44 Jahre, CDU, Ortsgruppenvorsitzender 15 Jahre
- freie und gerechte Wahlen gefordert
- fühlt sich als Wahlhelfer vor der Bevölkerung Dresdens schuldig
- alle Termine zur öffentlichen Vorstellung der Kandidaten sind in der Zeitung bekanntzugeben
- gab Behinderungen, besonders in Gittersee, bei Wahrnehmung der Rechte laut Wahlgesetz, z. B. zu kleine Räume
- bei nächsten Wahlen Möglichkeiten zur Aufstellung von Kandidaten prüfen von Organisationen und Parteien, die nicht der Nationalen Front angehören

Kaplan Richter, Jugendseelsorger, Katholische Kirche.
- plädiert für zivilen Wehrersatzdienst aus Gewissensnot
- es gäbe auch viele Jugendliche, die Dienst als Bausoldat ablehnen
- Gegenvorschlag: freiwilliger sozialer Hilfsdienst für geringes Entgeld in Krankenhäusern
- Anfrage: Inwieweit könnte das ein Modell sein zur Lösung des Problems?
- Anfrage: Gibt es Einverständnis des OB, daß über das Gespräch am 9.10. in der Nikolaikirche Leipzig öffentlich informiert werden kann

Superintendent Ziemer:
- Die Auswertung des Dialogs soll am 9.10. in der Kreuzkirche, Versöhnungskirche, Christuskirche und Kathedrale erfolgen
- Haben die Bitte, exakte Auskünfte zu jedem Inhaftierten zu geben
- Jurist bei komplizierten Fragen einbeziehen
- Kontaktperson zur Information der Gruppe einsetzen

Im Verlauf des Gesprächs wurde durch Gen. Jörke sachkundig Auskunft gegeben zur Anwendung des Strafgesetzbuches im Zusammenhang mit den Demonstrationen, von Gen. Klotzsche zum Arbeitsrecht und von Koll. Bärsch kam der Hinweis, daß unsere Demokratie genügend Möglichkeit hat, sich zu artikulieren. Dafür müssen nicht neue Institutionen geschaffen werden.

Folgende Erwiderungen gab der Oberbürgermeister:
- jede Demonstration wird entsprechend den gesetzlichen Möglichkeiten mit polizeilichen Mitteln aufgelöst
- Wahlgesetz bietet genügend Spielraum, müssen es nur konsequent anwenden
- Wehrdienstgesetz gilt für alle, Vorstellungen sind schriftlich darzulegen für weitere Gespräche

1 VEB Brauerei Dresden Coschütz.

Abschließender Standpunkt des OB:
- Sie haben Ihre Position vorgetragen, wir haben zugehört.
- Ich habe unsere Meinung vorgetragen, Sie haben zugehört
- nur im konstruktiven und sachlichen Dialog sind die Probleme zu lösen
- Gewalttätigkeit ist kein Mittel zur Lösung von Problemen
- wir bleiben im Dialog

Vorschlag:
Nächstes Gespräch findet am 16.10.89, 17.00 Uhr am gleichen Ort statt.
Durch die Gruppe wurde vorher übergeben:
- ein Katalog ihrer Standpunkte und Probleme
- Terminvorschläge für Einzelgespräche
- bis 9.10. 89, 16.00 Uhr, wird durch die Gesprächsgruppe eine Darstellung für die Presse zu den Demonstrationen aus ihrer Sicht übergeben.

Der OB erklärt sich bereit, in Abhängigkeit vom Inhalt des Materials die mögliche Veröffentlichung zu prüfen
- Der weitere Dialog ist nur im Rahmen meiner Kompetenzen als Oberbürgermeister möglich.

Zusammenfassung.
Die Vertreter der Kirche und die Mitglieder der Gesprächsgruppe gaben zu erkennen, daß sie heute abend für Gewaltlosigkeit plädieren.
Die Verhinderung von Demonstrationen wurde nicht eindeutig zugesichert.
Es war richtig, das Gespräch zu führen.
Das Gespräch endete mit Beifall.

Anlage 1
Namensliste[2]
01. Glosinski, Uwe, 8020 Dresden, 28.01.65
02. Kinscher, Markus, 8060 Dresden, 24.10.70
03. Denkert, Karl-Heinz, 8010 Dresden, 12.02.45
04. Neubert, Frank, 8027 Dresden, 28.08.53
05. Bartzsch, Andreas, 8039 Dresden, 01.12.56
06. Mihaly, Beate, 8210 Freital, 29.10.44
07. Pstrong, Heiko, 8010 Dresden, 22.10.67
08. Petry, Mario, 8036 Dresden, 23.08.71
09. Linke, Sabine, 8020 Dresden, 10.05.66
10. Miersch, Maik, 8020 Dresden, 10.05.66
11. Mattheß, Henry, 8010 Dresden, 03.10.63
12. Ohst, Eberhard, 8122 Radebeul, 10.01.40
13. Brandes, Dieter, 8053 Dresden, 04.11.30
14. Bachmann, René, 8028 Dresden, 26.09.71
15. Schwarz, Olivia, 8010 Dresden, 21.06.71
16. Grüttner, René, 8038 Dresden, 23.11.64
17. Münch, Klaus, 8036 Dresden, 15.10.55
18. Nikolaus Kerstin, 8029 Dresden, 25.02.67
19. Boltz, Friedrich, 8060 Dresden, 19.03.53
20. Steudner, Maria, 8036 Dresden, 05.06.54
21. Baumgart, Ullrich, 8028 Dresden, 18.11.44

2 Die privaten Wohnanschriften wurden weggelassen.

22. Richter, Steffen, Pirna
23. Rößler, Bringfriede, 8122 Radebeul
24. Kaplan Richter, Frank, 8010 Dresden
25. Kaplan Leuschner, Andreas, 8023 Dresden
26. Pfarrer Horn, Versöhnungskirche
27. Superintendent Ziemer
28. Rosenberg, Peter, 8029 Dresden
29. Freisch. Journalistin Trommer, Burgi, 8094 Dresden

Anlage 2 (siehe Dok. 14)

9. Oktober 1989 Dok. 14
Redevorlage Berghofers für das 1. Rathausgespräch

Privatbestand Wolfgang Berghofer, unpaginiert. - Titel: Ausführungen des Oberbürgermeisters. - *Vermerk:* Anlage 2. [*Anlage 2 von Dok. 13, dort ohne Veränderungen Berghofers*] - *Handschriftlicher Vermerk:* Originalvorgabe Modrow, Veränderungen (kursiv) Berghofer. - *Datiert:* 9.10.1989.

Ausführungen des Oberbürgermeisters:
Ich begrüße die Teilnehmer zu diesem Gespräch, das im Ergebnis der Unterredung zwischen mir, Herrn Superintendenten Ziemer, Herrn Bischof Hempel und Herrn Oberlandeskirchenrat Fritz stattfindet.
Ich bin mir der Verantwortung bewußt, die ich mit diesem Gespräch übernommen habe. [*durchgestrichen:* Ich hoffe, Sie auch.] *Viele Spekulationen*
Nur konstruktiv und im Dialog lassen sich Probleme lösen und Bewährtes verdient Akzeptanz und Anerkennung.
Wir wollen nicht verschweigen, was es für Fortschritte und Ergebnisse in der Stadt seit Beendigung des 2. Weltkrieges gibt.
Ich bin sehr oft im Gespräch mit Dresdnern, kenne viel konkrete Positionen und weiß, daß Sie nicht legitimiert sind, für alle Dresdner zu sprechen.
Die weitere Ausgestaltung des Sozialismus in der DDR ist eine sehr ernsthafte und anspruchsvolle Angelegenheit. Sie erfordert Mut, viel Kreativität und äußerste Sachlichkeit[1].
Dazu braucht man ein politisches Klima, daß man nicht auf der Straße findet.
Zum Dialog in Richtung Erneuerung ist fleißige Arbeit notwendig. Einige von Ihnen sitzen hier während ihrer Arbeitszeit. Sozialistische Demokratie ohne wirtschaftliche Dynamik bleibt Gerede.
Die Basis für jedes Gespräch ist unsere Verfassung.
Reden sollten wir in angemessener, kultivierter und gleichberechtigter Partnerschaft.
Ursachen für Problemfelder analysieren, im Vorwärtsgehen verändern.
Aus meiner Sicht bleibt die Hauptentwicklungsrichtung des sozialistischen Staates sozialistische Demokratie.

1 Handschriftliche Hervorhebung.

[*durchgestrichen:* Auf der Festveranstaltung zum 40. Jahrestag der DDR wurden die Erfolge von vier Jahrzehnten DDR betont, für die Millionen aufrechte Bürger und auch die Dresdner mit Hingabe und großem Einsatz gearbeitet und auch gekämpft haben.
Der Vorsitzende des Staatsrates der DDR und Generalsekretär des ZK der SED, Erich Honecker, hob zugleich hervor, daß es jetzt mit der Sicht auf die 90er Jahre, auf die Anforderungen und Probleme, die es zu bewältigen gilt, darum geht, daß das ganze Volk der DDR seine Initiative, seinen Sachverstand und seine Vorschläge zum Nutzen der gemeinsamen sozialistischen Sache in die demokratische Aussprache zur Vorbereitung des XII. Parteitages der SED einbringt.
In Vorbereitung diese Parteitages wird [...] *Dazu braucht es des* [*durchgestrichen:* das] offene*n* und vertrauensvolle*n* Gesprächs [*durchgestrichen:* in der Partei und] mit allen Bürgern [*durchgestrichen:* geführt, werden] *über* herangereifte Frage der sozialistischen Entwicklung der DDR [*durchgestrichen:* beraten].

Wir gehen davon aus, daß es für diese breite Aussprache keine Tabus gibt, unter einer Voraussetzung, daß es um die weitere Ausgestaltung unserer sozialistischen Gesellschaft zum Wohle aller ihrer Bürger geht. Den Sozialismus, der für alle da ist und Platz für alle hat, lassen wir nicht entarten.

In den letzten Tagen hat sich in Dresden eine sehr komplizierte und explosive Lage entwickelt. Sie kennen die Ereignisse, die Gewaltakte, Zerstörungen, Bedrohungen für das Leben und friedliche Zusammenleben der Bürger eingeschlossen haben. Auch der gestrige Abend stand mit seinen Demonstranten und Provokationen am Rande neuer Gewaltakte mit unabsehbaren Folgen.

Wir wollen und kämpfen um die friedliche Lösung der entstandenen Probleme und Konflikte im Rahmen der sozialistischen Ordnung, die mit allen Bürgern weiter zu entwickeln und zu gestalten ist.

Wir haben gestern Abend auch ein Zeichen der Verantwortung gesetzt, eine Verantwortung, die auch den fundamentalen Interessen Hunderttausender Dresdner Bürger Rechnung tragen muß, die darauf drängen, daß mit Gewaltakten, Verwüstungen, Rowdytum in der Stadt entschieden Schluß gemacht wird. Dazu sind jetzt neue Zeichen und neue Taten auch Ihrer Seite notwendig. Auch Sie müssen klar zeigen, was Sie wollen. Wir werden die breite demokratische Aussprache zu allen Fragen unter der genannten Voraussetzung führen. Es gibt dazu sichtbare Schritte.

Was ein Neues Forum anbetrifft, ist zentral festgelegt, daß es nicht zugelassen ist. Über Einzelheiten der Begründung will ich hier von mir aus nicht reden.

Entscheidend scheint mir, das vernünftige Gespräch über die politischen Inhalte, die diskutiert und zur weiteren Klärung gebracht werden müssen.

Freiheit, Demokratie, Reformen - das alles ist noch kein Programm.

Die letzten Tage zeigen deutlich, daß da auch die Freiheit der Gewalttätigkeit, der Zerstörung alles Guten, die Demokratie der Pflastersteine, die Reform zu Anarchie und Chaos gemeint sein kann.

Wir und Sie müssen uns mit den Inhalten, mit dem Kern der Fragen, um die es bei der weiteren gesellschaftlichen Entwicklung in unserem Lande und in unserer Stadt geht, intensiv befassen.

Unerläßlich ist dazu, was Sie mit der Aussage „Innerer Frieden ohne Gewalt" kennzeichnen. Dazu stehe ich. Es wäre ein Glück, ein Segen für alle, wenn das erreicht wird.

Ich teile Position von Hermann Kant heute in der „Jungen Welt“, daß es jetzt darauf ankommt, nicht so sehr die anderen schlecht, sondern das eigene gut zu machen.
Wir haben die Courage, unseren beträchtlichen Verdiensten als Friedensstaat und auf vielen anderen Gebieten auch einen vernünftigen Umgang mit uns selbst im Sinne eines konstruktiven Dialogs hinzuzufügen.
Dazu brauchen wir [...] und Tat des Umdenkens und gute Partnerschaft.

9. Oktober 1989 Dok. 15
Notizen Frank Richters vom 1. Rathausgespräch

Privatbestand Frank Richter, unpaginiert. - Form: handschriftlich. - *Datiert:* 9.10.1989.

Protokoll 9.00 Uhr, 9.10.1989
Berghofer:
- Spielregeln

1.) Neubeginn; sich der Verantwortung bewußt sein (- auch das Gute der Stadtgeschichte betrachten)
2.) Sachlichkeit - als Forderung für den Dialog; nicht auf der Straße
- fleißige Arbeit = Natur der Demokratie

Basis d. Gesprächs: Verfassung der DDR
- gemeinsames Arbeiten
- offenes u. vertrauensvolles Gespräch mit allen Bürgern zur Vorbereitung auf Parteitag
- keine Tabus im Gespräch, wenn es um den Aufbau des Sozialismus geht
- letzten Tage: komplizierte Situation
- Gewaltakte
- auch gestriger Abend am Rande der Gewaltakte
- Bitte, klar zeigen, was wir wollen

3) Neues Forum nicht zugelassen; Regierung hat entschieden; über Einzelheiten nicht zu sprechen
- Probleme der Perestroika!
- was wir tun wollen, bedarf Überlegung und Zeit!
- Geduld
- Besonnenheit; (Zeit bis 11 Uhr!)
- Bereitschaft zu weiteren Gesprächen; (Jörke)

Heiko Pstrong:
- Dank für gewaltfr. Mglk.[1]
- Dank an Polizei
- Bewegg. hier geht nicht von der Kirche aus! (Kirche stellt Räume zur Verfügung)
- Bitte um Gewaltfreiheit bei Demonstrationen
- Bitte um 1. konkrete Ergebnisse - um der Gewaltfreiheit willen
- Bitte um weiteren Dialog

1 Wahrscheinlich: Möglichkeit.

- Forderungen der Demonstranten
- legitimiert

H. Mattheß:
- Ablauf der vergangenen Tage aus unserer Sicht!
- Ausgangspunkt von Dresden durch Sonderzug und Leute, die Ausreise durch Zwang erreichten
- nicht identifizieren mit denen, die zerstört haben
- wir lieben unsere Stadt, wollen nichts zerstören
- Wandlung innerhalb der abendl. Veranstaltg. Dienstag/Mittwoch - darauffolgende Tage (Unterschied)
- Tendenz zur Gewaltfreiheit
- Tendenz zu Leuten, die hier bleiben wollen
- unangemessene, unnötige Maßnahmen staatl. Stellen
- Umstände kein stadtspezifisches Problem!
- viele Gruppen haben sich geäußert
- auf Straße gehen - unser (nicht idealer) Weg; Wille: kanalisieren - ohne Gewalt!

Berghofer:
- Konsens: mit Gewalt ist nichts zu lösen
- Konsens: wurde akzeptiert

Sprecher: (Gefangene)
- Freilassung
- Ordg. Eines Büros zur Information
- Juristen unseres Vertrauens bestellen (Angebot!)

Jörke:
- Arbeit d. DVP ist darauf gerichtet Rowdys festzunehmen
- 70 verletzte Polizisten
- Leiter VPKA:
- Mehrzahl der Verhafteten sind wieder freigelassen
- Gerichtsverhandlungen
- Urteile gg. solche, die
- VP-Revier Bayrische Str. (Dr. Mitte)
- stellvertretend. Revierleiter
- gibt Auskunft über Vermißte
- Diensthabenden verlangen
- Rückfrage: arbeitsrechtl. Konsequenzen

Berghofer: heute Ausnahme (Einladg. b. OB) - aber: wer gg. Arbeitsgesetzbuch der DDR verstößt, muß Konsequenzen tragen
- Bedingung des Gesprächs:
- Verständigung
- Klärung der arbeitsrechtl. Fragen

(Baumgart)
- Forderung: alle die, die (unleserlich) Demonstration freilassen!
- Jörke: -kein Betrieb hat des Recht, Zugeführte zu belasten (arbeitsrechtlich)
- Sprecher: Vertrauensmann!
- Forderung
- Frage bleibt offen
- Berhofer will sich mit VP konsultieren

Ziemer:
- Revier um die Uhr geöffnet
- Auskunftspflicht
- über alle Personen, auch über die bei Staatsanwaltschaft
- Auskünfte den Angehörigen

Prüfung: (Ergebnis)
- Leiter d. VPKA:
- Befugung sofort und umgehend
- Freilassung innerhalb von 24 Std., wenn nicht eindeutige Straftat vorliegt
- weitere Hinweise: Dresdner Staatsanwaltschaft
- Lohnausgleich

Jörke: (wer gewaltlos gegangen ist, wird nicht zugeführt)

Frau Trommer:
- gestern: öffentl. Meinungsäußerung
- beauftragt in Tagespresse über diese Meinungsäußerung zu schreiben (nicht in einem kircheneigenen Blatt)
  (OB - keine Antwort!)
- falsche Info in der Tagespresse

Ziemer:
- Darstellung mit der Gruppe abgesprochen!
- soll morgen erscheinen!
- OB bereit, unsere Darstellg.

A. Bartel: Legalisierung d. Neuen Forum
- Ziele
- Ablehnung
- erneute Ablehnung mit Begründung, daß kein Bedarf besteht
  (Entscheidg. Bei Regierung)
- Eingaben an den OB in Fragen Neues Forum
- dann muß er antworten
- OB nimmt Standpunkt entgegen

Reisefreiheit
- ČSSR
- andere soz. Länder
- nichtsoz. Länder

(OB bittet um schriftl. Katalog)
- OB ist zu weiteren Gesprächen bereit (Miteinander reden!)
- Bekundg., hier zu bleiben!

Sprecher:
- Bitte, Zeichen muß gesetzt werden, daß Leute empfinden, wir sind gehört worden!

(OB) Ergebnisse:
1) Gespräch findet statt
2) Konsens: ohne Gewalt Lösg. Späterer
3) Gespräch weiter möglich
- OB ist bereit, Gespräch am nächsten Montag fortzuführen!

Neubert: - Reisefreiheit
1) ČSSR
2) Ungarn, Polen
3) nichtsoz. Staaten

(OB) - diese Frage nächstes Mal in aller Offenheit beantworten!
Baumgart (Ortsgruppenvorsitzender der CDU): Wahlfreiheit (freie u. gerechte Wahlen)
- sämtl. Vorstellungen der Kandidaten in den Zeitungen bekannt geben
- Möglichkeit von Kandidaturen von Bürgern, die nicht in herkömmlichen Parteien organisiert sind

OB - alle Kandidaten, die vorgeschlagen werden, müssen nutzen, was wir haben!
- OB dafür, daß alle Kandidaten in Presse vorgestellt werden! (wird es weitergeben!)

OB - wird am nächsten Gesprächstermin zu diesem Modell Stellung nehmen
Jede Demonstration zwingt die VP zum Eingreifen!
- in nächsten Tagen weitere Einzelgespräche (16.10. nächstes Gespräch)

Jörke: Stadtstaatsanwalt
- verbindlich: Veranstaltung jegl. Art im öffentl. Raum sind bei der VP anmeldepflichtig
- sonst: Auflösung!
- wo Teilnehmer der Aufforderg. zur Räumung nicht nachkommen, kann geräumt werden

Jörke: - friedl. Demonstranten werden nicht bestraft (§ 217 außer Kraft o. § 55 d. Ordnungswidrigkeitsgesetzes [bei einigen!])
- wer auf VP eingeschlagen hat o. vorher als Rowdy in Blick trat
- ? auch keine Ordnungsstrafen für friedliche Demonstranten!

Empfehlung des OB:
- Dialog
- konstruktiv
- ohne Gewalt
- OB bleibt Dialog
- will Fragen in eigener Kompetenz beantworten
- will andere Fragen weitergeben
- Einzelgespräche
- weitere Gespräche in dieser Gruppe
- Änderung der Zusammensetzung bekannt geben an OB

keine Frage ist tabu
spontane Demos werden zur selben Kettenreaktion führen
OB - Demonstrationen persönl. Meinung kein Mittel zur Lösung
Montag 16.10. 17.00 Uhr nächstes Gespräch
Dienstag 10.10. 17.00 nächstes Rundengespräch!
Mittwoch 18.00-20.00 Gemeinderäume der Versöhnungskirche/Pohlandplatz (Wittenberger Str. 96) [*unleserlich*]

9. Oktober 1989 Dok. 16
Notizen Andreas Horns vom 1. Rathausgespräch

Privatbestand Andreas Horn, Bl. 23–30. – Form: handschriftlich. – *Datiert:* 9.10.1989.

OB: Verantwortung „er weiß, was er macht"; Neubeginn; Kontinuität + Verantw. aber nur im konstruktiven Dialog; „Ihren Standpunkt teilen nicht alle" 500 000 Bürger; polit. Klima finden wir nicht auf der Straße; (fleißige Arbeit!); Basis: Verfassung; abgem. Kult. Gleichberechtigter Partnerschaft; „mehr soz. Demokratie" ist ihm wichtig; für diese 40 Jahre haben viele gearbeitet; demokrat. Aussprache vor dem XII. Parteitag; keine Tabus bei dieser Aussprache unter der Voraussetzung, daß Sozialismus bleibt, der Soz. nicht entartet; außerord. Expl. Situation in der Stadt; gestriger Abend: Demonstrat. + auch Provokationen,
2. gestriges Zeichen: erwartet, daß die Gruppe klare Zeichen setzt
3. Neues Forum: Regierung hat Entsch. Vorgenommen
„er gehört nicht zur Regierung";
Freiheit, Dem. + Reform ist noch kein Programm!
Keine Anarchie! Keine Freiheit der Pflastersteine!

- das, was wir hier besprechen, ist von so fundamentaler Bedeutung, daß es in 3 Gesprächen nicht zu machen ist. Selbstkritik üben. Nicht den anderen schlecht machen.

  wir treffen uns ein 2. + ein 3. mal; Gängler, CDU; Vieweger, LDP; Jörke, Stellv.; Bärsch, NDPD; Klotzsche, SED Verkehr + Nachrichtenwesen
- Sprecher:

Abordnung der Demonstranten, im Rahmen des Soz. etwas verändern wollen,
Gewaltlosigkeit: Dank an diese Ermöglichung! es gab gestern keine Gewalt; es geht nicht von der Kirche aus! es wird Demonstrat. Geben; wir sitzen hier, daß alles friedl. verläuft, keine Gewalt, keine Verhaftungen! Wir brauchen konkrete Ergebnisse, sonst passiert etwas.
Gesprächspunkte: Forderungen

- Legitimiert für die Massen, die gestern dort auf der Prager Str. waren (Heiko Pstrong, Student); Mattheß: (Student)

1. Ereignisse aus unserer Sicht; stimmen nicht überein mit der Pressemeldung heute;
   Di: wir identifizieren uns nicht mit den Zerstörern; entsch. Strich zwischen Di/Mi und Do/Fr/Sb; klar: Tendenz eindeutig zu Gewaltfreiheit; Tendenz: „wir bleiben hier" staatl. Stellen haben diese Tendenz völlig verkannt; kein stadtspez. Problem, s. Dinge, die die ganze Republik betreffen; „uns bleibt eigentlich nur die Straße, weil wir keine Möglichkeiten haben" – Probleme, die uns schon seit Jahren bedrücken; Sicherheitskräfte haben Sorgen von Demonstrant. nicht registriert; mit Gewalt nicht, aber auf der Straße!
   1. Konsens: „Gewalt ist kein Mittel"; wir fordern, daß ein Büro eingerichtet wird, wo sind die Gefangenen (Vertrauensjuristen, Kirchenjuristen)

Jörke:

- Polizei richtet sich darauf, Rowdys festzunehmen; die übergroße Mehrzahl der Zugeführten ist wieder auf freiem Fuß. Gerichtsverhandlungen in einigen Fällen bei Nachweis von Gewalttätigkeiten; Auskünfte: Rampesche Str., Stlv. Revierleiter informiert.

2. gibt es arbeitsrechtliche Konsequenzen: OB: Ausnahmeregelung für heute; aber ohne Arbeit nicht; wenn wir im Gespräch bleiben wollen, müssen wir Zeiten suchen, in der wir nicht arbeiten;

OB: Ämter für Arbeit werden angewiesen, „kein Betrieb hat das Recht, zusätzliche diszipl. Maßnahmen zu ergreifen"

- Keine richtige Einigung in der Frage der Zugeführten
  Büro: Vorschlag Ziemer: geöffnet: u. Zugeführte, Verhaftete, Kirchenjurist!

Der in krit. Fällen als Kontaktperson ansprechbar ist; Jörke: Auskunft nur den Angehörigen.

3. Presse: „war keine Demo, s. öffentliche Meinungsäußerung"; Kaplan: „Würden sie befürworten eine sachl. Darstellung"

- OB kann es nicht sagen! Muß es erst lesen, entscheiden kann es nur der Chefredakteur

Leiter des VPKA: „Freilassung erfolgt innerhalb 24 Stunden, wenn nicht eindeutig nachgewiesen ist, daß Tätigkeit"

Staatsanwalt: „Das Stehenbleiben ist strafbar, nach Aufforderungen"

4. Legalisierung des NF: OB: „jetzt bin ich überfordert" „ich habe keinen Spielraum, diese Frage zu diskutieren"

- wir fordern öffentl. Diskussion; Horn
- Zeichen (OB: einverstanden, aber das muß mit großem Fingerspitzengefühl gemacht werden)

5. Reisefreiheit: zunächst ČSSR, Ungarn, Polen, nichtsoz. Staaten
6. Wahlproblematik: Wahlgesetz!

- Wir fordern die Kandidatur von freien Bürgern; Antwort: Wahlgesetz

7. Ziviler Ersatzdienst: OB begrüßt eine solche Bereitschaft von Jugendlichen!

- Leipzig: „Weg ist gut, aber OB von Dresden"

Montag: Es kommt in den nächsten Tagen zu Einzelgesprächen

Staatsanwalt: Veranstaltungen jegl. Art im öffentl. Raum sind anmeldepflichtig; § 217 Störung der öffentl. Sicherheit: „friedl. Demonstranten werden nicht strafrechtlich verfolgt"; § 5 Ordnungswidrigkeit; Ordnungsverfahren: wird es bei einigen geben; „keine Ordnungsstrafen für den, der friedlich demonstriert hat";

- Gewaltlosigkeit;
- wir bleiben im Dialog meine Kompetenz ist beschränkt, aber ich werde das vortragen;
- Sachlichkeit, Ruhe, Vernunft, „ich will nichts unter den Teppich kehren"

17. Uhr Montag

9. Oktober 1989 Dok. 17

Protokoll von Gesprächen des Stellvertreters des Vorsitzenden für Inneres des Rates des Bezirkes Dresden, Fuchs, mit kirchlichen Amtsträgern

BStU. ASt. Dresden, BV Dresden, Ltr. BV, 10003, Bl. 110f. - *Kopf:* Rat des Bezirkes Dresden, Stellvertreter des Vorsitzenden für Inneres. - *Titel:* Niederschrift über Gespräche mit kirchlichen Amtsträgern am 9.10.1989. - *Handschriftlicher Vermerk:* 1x Gen. Linke/XX, 1x Ltr. BV. - *Datiert:* 9.10.1989.

In Abwesenheit des Bischofs Dr. Hempel führte ich im Landeskirchenamt der Ev. Kirche Sachsens mit dem amtierenden Präsidenten Schlichter und dem OLKR Zuber am 9.10.1989, 14.00 Uhr, ein Gespräch.
Ich erläuterte eindringlich die staatliche Erwartungshaltung zum Verlauf der Veranstaltungen in Auswertung des Gesprächs beim Oberbürgermeister, Genossen Berghofer, in den festgelegten Kirchen der Stadt Dresden.
Wir erwarten Sachlichkeit und Ruhe, keine Zuspitzungen und keine aggressiven Handlungen durch Randalierer und Unruhestifter. Das Landeskirchenamt möge darauf Einfluß nehmen, daß im Ergebnis der Veranstaltungen die Besucher nicht außerhalb des kirchlichen Raumes an demonstrativen Handlungen teilnehmen oder organisieren. Sollte es erneut zu derartigen ungenehmigten und verfassungswidrigen Demonstrationen kommen, wird der Staat die erforderlichen Maßnahmen zur Unterbindung einleiten.
Darüber hinaus äußerte ich meine Enttäuschung über den Vertrauensbruch, daß unmittelbar nach dem Gespräch mit dem Oberbürgermeister darüber bereits die Westmedien berichteten. Es zeigt sich eindeutig, daß jene Kräfte es vorziehen, über die Medien der BRD mit den staatlichen Organen der DDR in den Dialog zu treten.
Auch die Propagierung des Gesprächs mit dem Oberbürgermeister in den Kirchenschaukästen im Kreis Dippoldiswalde trägt nicht zur Lokalisierung, sondern zur Erlangung einer größeren Massenbasis bei.
Der amtierende Präsident versicherte mir, daß sie alles unternehmen werden, um die Lage zu beherrschen. Es sei nicht der Stil, den Dialog mit dem Staat auf der Straße und gleich gar nicht mit Gewalt zu führen.
Mit dieser Haltung wollen sie heute in den Kirchen wirken. Sie wünschen sich mit dem Staat sachliche Gespräche und die Veränderung mancher [*durchgestrichen:* Erkenntnisse] Erschwernisse. Er machte aber auch aufmerksam, daß sich heute auch Leute in den Kirchen aufhalten könnten, die keine Christen sind und auf die sie nur schwer Einfluß nehmen können. Sie seien heute nur der „Vermieter" der Kirchen. Was evtl. an anderen Stellen außerhalb der Kirchen passiert, könnte nicht der Kirche angelastet werden. Beide Herren erklärten, daß sie mich verstanden hätten und entsprachen meiner Bitte, noch heute den Landesbischof zu informieren.
Ein weiteres Gespräch führte ich heute, 16.00 Uhr, zum gleichen Inhalt mit dem Bischof des katholischen Bistums Dresden-Meißen, Reinelt, in Anwesenheit seines Generalvikars Hanke. Bischof Reinelt erklärte, daß er selbst in der Kathedrale anwesend sein wird und die Absicht hat aufzutreten. Er wird für Ruhe und Sachlichkeit sorgen. Dabei könne er aber nicht den anwesenden Personenkreis einschätzen. Wörtlich: „Mit Chaoten ist schwer zu sprechen". Er habe das selbst am

Mittwoch vor dem Hauptbahnhof erlebt. Er will das positive Zeichen der angebotenen Gespräche mit dem Oberbürgermeister und weiteren staatlichen Vertretern hervorheben und wünscht sich nicht nur den Dialog, sondern auch einige Veränderungen, so z. B. mehr Offenheit in der Medienpolitik des Staates. Der Staat soll mehr Mut haben mit den Bürgern auch über unangenehme Dinge zu sprechen. Die Medienpolitik sollte kritischer auf die tatsächliche Lage eingehen und den Menschen müßte durch Offenheit Vertrauen entgegengebracht werden. In diesem Zusammenhang begrüßte er die heutige Darstellung in der Bezirkspresse zu den Ereignissen am Hauptbahnhof. Der Staat soll auch nicht gleich das Neue Forum als staatsfeindlich abtun, sondern den guten Kern daraus entnehmen. Manche Überlegungen in diesem Papier hätten auch von der Regierung formuliert sein können. Der Staatsratsvorsitzende hat z. B. auch von der Kontinuität und Erneuerung gesprochen.
Nach dem Gespräch zu den dargelegten Inhalten wünschte der Bischof, daß im Interesse eines ruhigen Verlaufs der heutigen Abendveranstaltungen die Polizei nicht in unmittelbarer Nähe der Kirche stationiert sein sollte, um die Massen nicht unnötig zu reizen.
Die Gespräche mit den kirchlichen Amtsträgern verliefen sachlich und vertrauensvoll.

9. Oktober 1989 Dok. 18
Anweisungen des 1. Stellvertreters des Leiters der BVfS, Hardi Anders

BStU, ASt. Dresden, BV Dresden, 1. Stellv. d. Leiters 1, Bl. 113 f. - Kopf: 1. Stellvertreter des Leiters. - *Titel:* Maßnahmen zur Vorbereitung der Abendsicherung am 9./10.1989. - *Verteiler:* Abt XX, Abt. XVIII, Abt. VIII, Abt. 26, KD Dresden-Stadt, Anders/Oberst. - *Datiert:* 9.10.1989.

Ausgehend von dem am 9.10.1989 um 9.00 Uhr festgelegten Gespräch des Genossen Oberbürgermeisters der Stadt Dresden mit 21 kirchlich gebundenen Personen in Räumen des Rathauses wurde mit den Leitern der Abteilungen XX, Gen. OSL Appelt, XVIII, Gen. OSL Kleeberg, VIII, Gen. OSL Meinhardt, Abt. 26, Gen. OSL Manke, Stellv. Leiter der KD Dresden-Stadt, Gen. OSL Theirich eine Beratung durchgeführt.

1. Die durch den OES geführten Überprüfungen zu 25 Personen liegen vor. (s. Anlage, *nicht beiliegend*). Die anwesenden Leiter haben diese Übersicht erhalten.
2. Durch die Abt. 26 werden sofort die Maßnahmen 26 A geprüft. Weiterhin werden bei laufenden Aufträgen zu Kirchenvertretern und die Abteilung XX noch festzulegenden Personen Direktkontrollen und Auswertungen vorgenommen und dem Leiter OES/Abt. XX übergeben. Der Schwerpunkt liegt im heutigen Tagesablauf.
3. Durch den Leiter der Abt. VIII werden 10.00 Uhr Beobachtungskräfte eingesetzt, welche beim Abgang aus dem Rathaus schwerpunktmäßig in erster Linie Personengruppen unter Kontrolle halten. Detailabstimmung dazu erfolgt mit Genossen OSL Theirich.

4. Durch den Leiter der KD-Stadt werden an den 4 bekannten Kirchen (Kreuzkirche, Christuskirche, Versöhnungskirche – geprüft wird noch die Trinitatiskirche) operative Stützpunkte geschaffen, welche mit je einem verantwortlichen Leiter der KD Dresden-Stadt und weiteren Mitarbeitern besetzt werden. Die Aufgabe besteht darin, Aufklärungs- und Beobachtungsmaßnahmen im Vorfeld und nach Beendigung der Veranstaltungen durchzuführen und die entsprechenden Informationsbeziehungen zu gewährleisten. Dazu werden 20 Mitarbeiter (bis 25 Jahre) durch die Abt. Kader und Schulung der KD Dresden-Stadt zur Verfügung gestellt. Die Leiter der Abt. VIII den IM-Einsatz in den Kirchen zu organisieren und zu koordinieren sowie eine sofortige Auswertung zu gewährleisten
5. Der Leiter der Abt. M erhält den Auftrag, die 25 geprüften Personen zeitweilig unter Kontrolle zu stellen.
6. Der Leiter der KD Dresden-Stadt hat zu gewährleisten, daß die Koordinierung mit dem zentralen Führungspunkt garantiert wird.

9. Oktober 1989 Dok. 19

Text, der von den Sprechern der Gruppe der zwanzig Demonstranten am Abend in den Dresdner Kirchen verlesen wurde

Privatbestand Frank Richter, unpaginiert. – Titel: Ablaufplan für den Sprecher. – *Datiert:* 9.10.1989.

Am gestrigen Tage, dem 8.10.89, trafen sich, wie am Vortag, Tausende Menschen aller Altersschichten auf der Prager Straße und dem Leninplatz zu einer friedlichen und gewaltfreien Demonstration. In Höhe der Hotels Newa und Bastei wurden die Demonstranten von Einsatzkräften der Polizei eingekreist. Daraufhin setzten sich die Demonstranten auf den Boden der Prager Straße, um damit ihre friedlichen und gewaltlosen Absichten zu bekunden. Mit der Losung wie: „Keine Gewalt" und „Bruder schlag uns nicht" unterstrichen sie dies. Die Situation spitzte sich zu, als die Sicherheitskräfte den Demonstranten näher kamen, Hundestaffeln bereitstellten und so die Angst der Demonstranten vor Übergriffen durch die Polizei erhöhten. Daraufhin faßten zwei Vertreter der Kirche den Entschluß, mit den Beamten der Polizei ein Gespräch zu führen, um Gewalttätigkeit zwischen den Bürgern und der Polizei zu vermeiden. Sie baten um ein friedliches Gespräch, was zugesagt wurde. Zeitgleich fand im Rathaus eine Unterredung zwischen LB Hempel, Superintendent Ziemer mit dem OB statt. Die Verantwortlichen der Sicherheitskräfte verlangten die Darlegung der Forderungen der Demonstranten. Daraufhin wurden 20 Leute aus den Reihen der Demonstranten teilweise spontan gebeten, die Gespräche mit den Sicherheitskräften zu führen. Um eine friedliche und gewaltlose Basis für eine Unterredung zu schaffen, konnte ein Abstellen der Schutzschilder und die Zurückführung der Hundestaffeln erreicht werden. Dank der Hilfe des LB-Superintendent konnte ein Termin für eine Unterredung mit dem OB für heute den 9.10.89 um 9.00 Uhr festgelegt werden. Nach Bekanntgabe des Termins für die Gesprächsbereitschaft, konnte eine friedliche und gewaltlose Auflösung der Demonstranten und der besonnene Abzug der Polizeikräfte erreicht werden. Von

diesem Abend geht ein Zeichen aus, das von der Gewalt zum Dialog weist. Nach dem friedlichen Auseinandergehen der Demonstranten wurden deren Forderungen durch eine ca. 20 Personen starke Gruppe zusammengefaßt und versucht, ein Dialogkonzept für den folgenden Tag zu erstellen. Die Gruppe einigte sich auf folgende Themen:
1. Sachliche Darstellung der Ereignisse der letzten Tage und deren Wertung
2. Klärung der Probleme, die im Zusammenhang mit den Inhaftierten bei Demonstrationen der letzten Tage stehen
3. Forderung einer realen, objektiven Berichterstattung in den Medien
4. Umfassende Information und Diskussion über Anliegen und Ziele des Neuen Forums
5. Fragen der Reisefreiheit in sozialistische und kapitalistische Länder
6. Wahlproblematik
7. Zivilersatzdienst
8. Demonstrationsfreiheit
9. Möglichkeiten zur Fortsetzung des Dialogs

Gegen 9.00 Uhr betraten wir einen Raum des Rathauses. Beide Seiten gestanden einander zu, daß sie den Willen haben, durch ihre Gespräche das Beste für unsere Stadt zu erreichen. Die Diskussion war durch eine sachliche und offene Atmosphäre geprägt. Als Vertreter des Stadtrates waren der Stellvertreter des OB für Inneres, Hans Jörke, der Stadtrat für Handel und Versorgung, Horst Bärsch, der Stadtrat für Verkehrs- und Nachrichtenwesen, Peter Klotzsche und ein Mandatsträger der LDPD zugegen.[1]

Mit diesem Gespräch öffnet sich ein neuer Weg in einen Dialog, der uns allen nützt und eine Möglichkeit ist, neue Erfahrungen zu gewinnen. Von vornherein waren wir uns bewußt, daß der OB ein wichtiger Gesprächspartner ist, aber nicht für alle Probleme sein kann, da es sich um Themen handelt, die die gesamte Republik betreffen.

Ein Schwerpunkt war die Freilassung der Verhafteten. Uns wurde zugesichert, daß alle Personen, denen keine Gewalttätigkeit nachgewiesen wird, innerhalb 24 Stunden freigelassen werden und nicht mit Strafen im Sinne [*der Paragraphen*] 217 und 5 (über Zusammenrottungen und nachfolgenden Ordnungsstrafen) zu rechnen haben. Außerdem wurde zugesichert, daß freigelassene Personen nicht mit arbeitsrechtlichen Konsequenzen zu rechnen haben.

Anfragen zu vermißten Personen aus dem Verwandtenkreis können an das VP Kreisamt Mitte, Rampische Straße, stellv. Revierleiter, gerichtet werden. Personen, die dort keine Auskunft erhalten haben, können sich beim Jugendpfarramt oder nach der Veranstaltung bei uns melden. Wir würden uns mit dieser Namensliste über einen Juristen noch einmal an die Rampische Straße wenden. Zum Thema Pressefreiheit kritisierten wie die einseitige Darstellung der Ereignisse und die Gleichstellung aller Demonstrationen mit rowdyhaften Ausschreitungen. Wir verfaßten einen Artikel für die Presse, den wir noch hier verlesen werden, und hoffen, daß er in unseren Zeitungen erscheint. Der OB fühlte sich konkret für Pressefragen nicht kompetent und verwies an die Chefredakteure der Parteipresse.

---

1 Anwesend waren neben den namentlich Genannten Werner Gängler und Axel Viehweger.

Zum Thema Neues Forum:
Durch den OB wurde erklärt, daß eine Legalisierung des Neuen Forums kein Gesprächsthema sein kann, da diese Frage durch staatliche Stellen bereits entschieden wurde. Aber es besteht die Möglichkeit weiterer Diskussionen und Einreichung von Eingaben, die vom Stadtrat weitergeleitet werden.
Fragen zur Reiseproblematik leitet der OB an zuständige Stellen weiter und ist mit uns einer Meinung, daß die Problematik baldigst gelöst werden muß. Er verwies und auf ein nächstes Treffen am 16.10., bei dem er uns eine Antwort zu diesem Thema geben kann.
Zur Durchführung der letzten Wahlen haben wir unsere Unzufriedenheit deutlich zum Ausdruck gebracht und auf eine ordnungsgemäße Einhaltung des Wahlgesetzes gedrungen. Auch er forderte eine strikte Einhaltung des Wahlgesetzes und eine Ausschöpfung aller Möglichkeiten. Er formulierte: „Wahlen müssen Wahlen werden". Außerdem forderten wir für die nächsten Wahlen eine rechtzeitige Bekanntgabe der Termine der öffentlichen Wahlversammlung zur Vorstellung der Kandidaten.
Für den Zivilersatzdienst fühlt sich der OB nicht zuständig, da für ihn natürlich das Wehrgesetz der DDR bindend ist. Wir schlugen vor, den Zivilersatzdienst an Brennpunkten (z. B. Krankenhäuser, Wohnungs- und Straßenbau) einzusetzen.
Alle Beteiligten waren sich ausnahmslos einig, daß eine Lösung der anstehenden Probleme durch randalierende Gruppen und Rowdys unserem Grundanliegen schaden und Zerstörung in unserer Stadt hervorrufen. Wir möchten hier noch einmal hervorheben, daß wir uns von diesen Leuten scharf distanzieren. Sollte es dennoch zu gewaltsamen Auseinandersetzungen kommen, wird die Dialogbereitschaft auf ein Minimum (mit den staatlichen Stellen) herabgesetzt. Zu weiteren öffentlichen Meinungsäußerungen und Kundgebungen sagte der OB:
„Veranstaltungen im öffentlichen Raum sind meldepflichtig, ansonsten sind sie illegal und werden von der Polizei aufgelöst." Wir haben darum den OB die Bitte vorgetragen, zu prüfen, ob eine Zusammenkunft im öffentlichen Raum möglich werden kann. Wir bemühen uns um einen öffentlichen Raum, als Anlaufpunkt für Fragen und Vorschläge, die unsere Anliegen betreffen. Dankenswerter Weise ist die Versöhnungskirche bereit, am Mittwoch, den 11.10. 18-20.00 Uhr ihren Gemeinderaum zur Verfügung zu stellen. Die Kirche befindet sich am Pohlandplatz.
Am 16.10.89 findet beim OB ein nächstes Gespräch mit der Gruppe statt. Es ist uns zugesagt worden, daß Einzelgespräche mit Vertretern der Gruppe zu dringenden Problemen stattfinden. Wir bemühen uns, nach dem Gespräch einen öffentlichen Raum zur Information zu bekommen. Wir sind der Meinung, daß die Kirche nicht der geeignete Ort ist.

9. Oktober 1989 Dok. 20
Information über Dresdner Entwicklung in der Leipziger Nikolaikirche

Stadtmuseum Dresden, Bestand Gruppe der 20. 7/3, unpaginiert. - Titel: Nikolaikirche - Leipzig, 9.10.89 17.00-18.30 Uhr. Persönliche Vorstellung: Bachmann René, Neubert, Frank. - *Datiert:* 9.10.1989.

Wir wollen einen Situationsbericht über die Ereignisse in Dresden geben, die uns seit dem 3.10. sehr betroffen machen. Vor allem am 4.10. kam es im Zusammenhang mit dem Durchfahren der Züge der aus der Prager Botschaft ausreisenden Bürger zu Gewalttätigkeiten in und vor dem Dresdner Hauptbahnhof. Wir wurden davon informiert, daß es zahlreiche zum Teil schwer Verletzte, auch unter den VP-Angehörigen gab. Weiterhin wurde beträchtlicher materieller Schaden angerichtet. An den Folgetagen kam es weiterhin zu Demonstrationen, die leider durch randalierende kleinere Gruppen gestört wurden. Der friedliche Charakter der Demonstrationen verstärkte sich an den Folgetagen. Am Sonntag kam es gegen 20.30 Uhr zu einer Sitzblockade auf der Prager Straße (einer Fußgängermagistrale). Wir wurden von Polizeieinheiten umstellt. Es erklangen Sprechchöre „Keine Gewalt, keine Gewalt" und „Bruder, schlag mich nicht". Zwei Personen von uns standen auf und gingen zum Einsatzleiter der Polizei. Ein Sicherheitsbeamter ließ uns die Frage übermitteln, was unser Anliegen sei. Spontan wurde eine Gruppe von ca. 20 Personen gebildet, die das Mandat der Demonstranten erhielten, ihre Interessen zu vertreten. Durch Verhandlungen mit staatlichen Stellen kam es zu einem Treffen beim OB der Stadt Dresden. Die Ergebnisse [*und*] Gesprächsthemen werden heute 20.00 Uhr in 4 Dresdner Kirchen [*durchgestrichen:* behandelt] bekanntgegeben. Dadurch gelang es uns, die Demonstration friedlich zu beenden. Ein positives Zeichen während der Verhandlungen auf der Prager Straße war z. B., daß die Polizei die Schilder ablegte, wir ruhig und diszipliniert sitzenblieben und die Hunde zurückgezogen wurden. Somit war ein reibungsloser Abzug unsererseits möglich. Die Gespräche mit dem OB werden regelmäßig fortgesetzt, gleichzeitig die Informationen unsererseits. Da wir uns zur Zeit in einer sehr sensiblen Phase befinden, wollen wir uns auch in Zurückhaltung üben.
Wir bitten Euch um Gewaltfreiheit bei Euren Aktionen und die Initiative zum Dialog.

9. Oktober 1989 Dok. 21

Bericht des Leiters der BVfS, Horst Böhm, an Hans Modrow über die Abendveranstaltungen in vier Dresdner Kirchen

BStU, ASt. Dresden, BV Dresden, Abt. XX, 9181, Bl. 230-236. - Kopf: Ministerium für Staatssicherheit, Bezirksverwaltung Dresden. - *Titel:* Information über die Informationsveranstaltung in den Dresdner Kirchen, Kreuzkirche, Christuskirche, Versöhnungskirche und Kathedrale am 9.10.1989. - *Verteiler:* Genossen Modrow - *Vermerk:* Streng vertraulich! Um Rückgabe wird gebeten! - *Handschr. Vermerk:* 12.10.89/39, P., XX, 1789/88, 10.1089, E 1276/89, AJ/Lage/4. - *Datiert:* 10.10.1989.

Im Laufe des 9.10.1989 wurde durch mündliche Weitergabe, aber auch vereinzelt durch schriftliche Aushänge an Kirchen und auf dem Meißner Bahnhof das Ergebnis der am Vorabend bei Beendigung der Demonstration erzielten Vereinbarung bekanntgegeben. In diesen Bekanntgaben wurden folgende Kirchen genannt, in denen über das Gespräch mit dem Oberbürgermeister der Stadt Dresden informiert werden wird:

Kreuzkirche
Christuskirche
Versöhnungskirche
Kathedrale.

In diesem Gespräch hatten 29 namentlich bekannte Personen Fragen gestellt und Forderungen erhoben wie:

„Freie und gerechte Wahlen“
„Pressefreiheit“
„Keine Ablehnung des Neuen Forums“
„Schulreform“
„Reisefreiheit“
„Keine Gewalt gegen friedliche Demonstranten“
„Größere Dialogbereitschaft des Staates“
„Wehrersatzdienst“.

Gegen 19 Uhr begann ein reger Zustrom zu allen 4 genannten Kirchen, die bereits um 19.30 Uhr überfüllt waren, so daß sich große Menschenansammlungen, besonders vor der Kreuzkirche, bildeten.

Dadurch sahen sich die Vertreter der Kirche veranlaßt, bekanntzugeben, daß die Informationsveranstaltungen um 21.30 Uhr, in der Kreuzkirche um 22.00 Uhr, wiederholt werden. Ein Ersuchen des Superintendent Ziemer, die Informationsveranstaltungen mittels Lautsprecher auf den Altmarkt zu übertragen, wurde durch den OB der Stadt Dresden nach Abstimmung abgelehnt. Insgesamt nahmen nach vorliegenden Schätzungen an der Informationsveranstaltung teil:

Kreuzkirche:	1. Veranstaltung	5 500 Personen
	2. Veranstaltung	2 500 Personen
Kathedrale:	1. Veranstaltung	5 000 Personen
	2. Veranstaltung	3 000 Personen
Christuskirche:	1. Veranstaltung	2 000 Personen
	2. Veranstaltung	2 000 Personen
Versöhnungskirche:	1. Veranstaltung	1 500 Personen
	2. Veranstaltung	600 Personen

Während der 1. Veranstaltung standen die Personen, die keinen Einlaß fanden, ruhig vor den Kirchen und zeigten keinerlei provozierende Aktivitäten. Lediglich vor der Kreuzkirche wurden 2 Plakate gezeigt mit folgenden Texten:

„Reiseerleichterung statt Massenflucht"

„Wir wollen das Neue Forum"

Gegen 23 Uhr waren alle Informationsveranstaltungen beendet, und alle Teilnehmer verstreuten sich ohne jegliche Vorkommnisse im Stadtgebiet.

Es gab im Zeitraum von 19 bis 24 Uhr im gesamten Stadtgebiet von Dresden keinerlei feindlich-negative oder provozierende Vorkommnisse.

Über den Inhalt der Informationsveranstaltungen in den Kirchen wurde bisher folgendes bekannt:

1. Kreuzkirche

Superintendent Ziemer eröffnete, indem er das Anliegen der Zusammenkunft mit einer Berichterstattung über das Gespräch mit dem OB nannte, und erklärte, daß die Kirche ihre Räumlichkeiten auf Bitten der staatlichen Organe zur Verfügung gestellt hat, da keine größeren Räumlichkeiten vorhanden seien. Danach wurden einige Teilnehmer der Gruppe, die beim Oberbürgermeister waren, vorgestellt. Die einzelnen Redner, an deren genauen Identifizierung noch gearbeitet wird stellten dort noch einmal ausführlich dar, welche Forderungen in dem Gespräch mit dem Oberbürgermeister erhoben wurden. Das wurde mit Beifall gewürdigt.

Gleichzeitig erfolgte von allen Rednern eine starke Einflußnahme auf die Versammelten in dem Sinn, daß es darauf ankäme, in ein Gespräch mit den staatlichen Organen zu kommen und alle Probleme gewaltfrei zu lösen. Sie forderten energisch dazu auf, künftig jegliche Gewaltanwendungen zu unterlassen und distanzierten sich von den Randalierern und Rowdys auf dem Dresdner Hauptbahnhof.

Diese Vorgehensweise wurde noch dadurch besonders unterstrichen, daß einem Redner, der rief: „Kampfplatz Straße, nicht reden, sondern kämpfen" und einer Person, die erklärte daß sie aus Protest nicht arbeiten würde, das Wort entzogen und Mißfallen zu diesen Äußerungen dargelegt wurden. Die große Mehrheit der Anwesenden distanzierte sich von derartigen Leuten.

Weitere Forderungen in den Reden waren eine sachliche Darstellung der Ereignisse der letzten Tage und deren Bewertung in der Presse und eine sofortige Freilassung der inhaftierten Personen. Es wurde aber auch zum Ausdruck gebracht, daß man vom Staat nicht erwarten könne, daß die angestauten Probleme der letzten 40 Jahre in einer Woche gelöst werden können.

In einer ausgelegten Liste konnten sich die Personen einschreiben, die unter ihren Angehörigen Inhaftierte haben.

In der 2. Veranstaltung der Kreuzkirche wurden darüber hinaus Forderungen nach ökonomischen Veränderungen erhoben. Ein Redner forderte dazu auf, die Dialogbereitschaft des Staates nicht überzubewerten, die Partner wollen offensichtlich nur Zeit gewinnen für neue Repressalien.

2. Kathedrale:

Die Veranstaltung wurde durch den Bischof des Bistums Dresden-Meißen, Reinelt eröffnet. Er erklärte, daß es sich um keinen Gottesdienst, sondern um eine öffentliche Veranstaltung handelt, und brachte zum Ausdruck, daß die Kirche dafür zur Verfügung gestellt werde, da der Staat keine Räumlichkeiten angeboten hat. Danach stellten sich Mitglieder der Vertretergruppe vor. Es wurden ausführlich der Verlauf des 8.10.1989 und das Gespräch beim Oberbürgermeister geschildert.

Bischof Reinelt würdigte die polizeilichen Maßnahmen, da er sich selbst davon überzeugt habe, daß in solcher Situation kein Gespräch möglich war. Alle Teilnehmer bekundeten durch Beifall, daß sie hinter den Forderungen, die dem Oberbürgermeister vorgetragen wurden, stehen.
Bischof Hempel und 2 Vertreter des LKA der ev. Kirche seien nach Leipzig gefahren, um mit den dortigen staatlichen Vertretern in einen ähnlichen Dialog zu treten, wie in Dresden.
Vom Ablauf her war die Veranstaltung in etwa so wie in der Kreuzkirche, was auch für die Veranstaltungen in der Christuskirche und Versöhnungskirche zutrifft.
Christuskirche:
In der Christuskirche sprach Pfarrer Reiche. Aus seinen Ausführungen ist besonders hervorzuheben, daß er sich für die strikte Trennung von Staat und Kirche aussprach.
Eine weibliche Person, die vorgab, am Staatsschauspiel Dresden zu arbeiten, verlas eine Resolution, welche von rund 180 Mitarbeitern der Schauspielhäuser Dresdens sowie der Semperoper unterzeichnet worden wäre. Gegenwärtig werden die notwendigen operativen Überprüfungen durchgeführt. OLKR Zweinert forderte die Anwesenden auf, Eingaben an den Oberbürgermeister wegen angeblicher Übergriffe der VP zu schreiben. Für den Oberbürgermeister sei der Dialog eine Gratwanderung, da Dresden als erste Stadt in diesen Dialog eingetreten ist.
In der 2. Veranstaltung wurde vom Bauingenieur Böhme, Ulrich eine Resolution vorgetragen, der die Anwesenden zustimmten. Darin wird der Vertretergruppe für ihre Arbeit gedankt und der Forderungskatalog unterstützt. Außerdem werden die Freilassung der Inhaftierten und die Veröffentlichung einer Resolution in der Presse gefordert. Die Vertretergruppe müsse weiter arbeiten und weiter informieren. Wahlen müssen Wahlen werden und das Vertrauen der Bürger zu ihrem Staat muß wieder hergestellt werden. Jeder der Anwesenden soll sich aus der Zuschauerrolle heraus begeben und eine Eingabe über irgendein Problem an ein staatliches Organ richten.
3. Versöhnungskirche
In der Versöhnungskirche wurde die Veranstaltung vom Pfarrer Horn eröffnet, der einleitend die bereits genannte Erklärung abgab. Pfarrer Horn war selbst Teilnehmer am Gespräch beim Oberbürgermeister. Aus diesen Veranstaltungen, die inhaltlich analog verliefen, ist besonders hervorzuheben:
Die freischaffende Journalistin Trommer (Mitglied der Vertretergruppe) verlas einen Artikel, der nach ihrer Darstellung bisher zur Veröffentlichung abgelehnt worden war. Sie forderte dessen Veröffentlichung. Von den Rednern wurde besonders hervorgehoben, daß in Dresden ein Beispiel dafür geschaffen worden wäre, wie man durch friedliche Demonstration zu einem Dialog mit dem Staat kommen könne. Das sei einmalig in der DDR. Es wurde angeregt, 2 Vertreter nach Leipzig zu schicken, um dort die Dresdner Erfahrungen zu vermitteln, da es dort immer noch zu gewalttätigen Auseinandersetzungen komme. Es wurde unterstrichen, daß die Vertretergruppe nichts mit dem Neuen Forum zu tun habe, sondern diese nur unterstützen würde. Weiterhin wurde mit Zustimmung gefordert, daß alle Übersiedlungssuchenden in der DDR bleiben sollten, um an Reformen mitzuarbeiten.
Für die inhaftierten Personen wurde eine Geldsammlung durchgeführt.
In allen Veranstaltungen wurde bekanntgegeben, daß am 11.10.1989 im Gemeindehaus der Versöhnungskirche Gelegenheit zum Stellen weiterer Fragen gegeben wird.

Überall wurde darauf verwiesen, daß das nächste Gespräch beim Oberbürgermeister am 16.10.1989 stattfindet und danach wieder informiert wird. Es ist insgesamt einzuschätzen, daß bei allen Teilnehmern in Bezug auf die Ergebnisse dieser Gesprächsführung eine außerordentlich hohe Erwartungshaltung besteht.

9. Oktober 1989 Dok. 22

Bericht der BVfS über die Abendveranstaltung in der Kathedrale

BStU, ASt. Dresden, BV Dresden, 1. Stellv. d. Ltr. 1, Bl. 153–162. – Titel: Beobachtungsbericht vom 9.10.1989 für die Zeit von 20.00 Uhr – 21.30 Uhr; *Betrifft:* Auftrag: „Fest 40". – *Form:* Handschriftlich. – *Vermerk:* Abt. VIII/7. – *Datiert:* 9.10.1989.

Am 9.10.89 20.00 Uhr begann die Veranstaltung in der Kathedrale. Sie wurde eröffnet durch den Bischof des Bistums Dresden-Meißen Reinelt. Er eröffnete die Veranstaltung mit den Worten, daß es sich um keinen Gottesdienst, sondern um eine öffentliche Veranstaltung handelt. Er brachte zum Ausdruck, daß die Kirche dafür zur Verfügung gestellt werde, da der Staat keine Räumlichkeiten angeboten hat. Danach nahm das Mitglied der Gruppe Andreas Schmidt das Wort auf. Er sagte, er wäre stolz in solch einem Gebäude sprechen zu dürfen. Er hätte nicht gedacht, daß das einmal möglich wäre. Anschließend stellten sich die Mitglieder der Gruppe vor, die mit am Gespräch beim Oberbürgermeister beteiligt waren.[1]

1. Petry, Mario, geb.: [*geschwärzt*] 1971, whft.: [*geschwärzt*] Dresden, [*geschwärzt*]
2. Bartzsch, Andreas, geb.: [*geschwärzt*] 1956, whft.: [*geschwärzt*] Dresden, [*geschwärzt*]
3. Denkert, Karl-Heinz, geb.: [*geschwärzt*] 1945, whft.: [*geschwärzt*] Dresden, [*geschwärzt*]
4. Pstrong, Heiko, geb.: [*geschwärzt*] 1967, whft.: [*geschwärzt*] Dresden, [*geschwärzt*]
5. Mattheß, Henry, geb.: [*geschwärzt*] 1963, whft.: [*geschwärzt*] Dresden, [*geschwärzt*]

Der Schmidt, Andreas sprach anschließend über das spontane Zustandekommen der Gruppe der 20 Personen aus dem Zug der Demonstranten. Diese Gruppe bestimmte anschließend 2 Mitglieder, die mit der Polizei in Verhandlung treten sollten, um eine gewaltlose Auflösung der Demonstration zu erreichen. Weiterhin baten sie um ein Gespräch mit dem Oberbürgermeister von Dresden, um ihm die Forderungen und Wünsche des größten Teiles der Demonstranten vorzutragen. Der Schmidt erzählte weiterhin, daß sich zum gleichem Zeitpunkt Landesbischof Hempel und Sup. Ziemer in das Rathaus begeben hatten. Anschließend wurde den Demonstranten mitgeteilt, daß ein Gesprächstermin für den 9.10.89, 9.00 Uhr beim Oberbürgermeister vereinbart wurde. Daraufhin löste sich der Demonstrationszug schnell auf.

---

1 Die Angaben über Geburtsdaten und Anschriften wurden weggelassen.

Danach verlas der Schmidt eine Art Gesprächsprotokoll der Runde beim Oberbürgermeister. Als erstes nannte er 9 Punkte, die dem Oberbürgermeister als Forderung der Demonstrationsteilnehmer genannt wurden.

1. Sachliche Darstellung der Ereignisse der letzten Tage und deren Wertung durch die Gruppe.
2. Klärung der Probleme, die im Zusammenhang mit den Inhaftierten der letzten Tage stehen.
3. Forderung einer realen Darstellung in den Medien.
4. Umfassende Informationen und Diskussion über Anliegen und Ziele des „Neuen Forum".
5. Reisefreiheit in sozialistische und kapitalistische Länder.
6. Wahlproblematik.
7. Forderung nach Zivilersatzdienst.
8. Demonstrationsfreiheit.
9. Möglichkeiten zur Fortführung des konstruktiven Dialogs.

Im Anschluß daran gab der Schmidt bekannt, welche Meinung der OB zu einzelnen Punkten hatte.

- Diskussion war offen und sachlich
- beide Seiten gingen davon aus, daß Beste für die Stadt Dresden zu erreichen.

Danach nannte der Schmidt die Teilnehmer des Gespräches von Seiten des OB wie Stellvertreter des OB für Inneres, Stellvertreter f. Handel und Versorgung, Stellvertreter für Verkehrs- u. Nachrichtenwesen und ein Mandatsträger der LDPD. Es konnten bei dem Gespräch neue Erfahrungen und Erkenntnisse gewonnen werden. Es wurde zum Ausdruck gebracht, daß der OB nicht für alle Probleme kompetent sein kann, da es sich nicht nur um Probleme in der Stadt Dresden, sondern in der ganzen Republik handelt. Durch den OB wurde versichert, daß alle Personen, denen keine Gewalttätigkeit nachgewiesen werden kann, auf freien Fuß gesetzt werden. Außerdem werde zugesichert, daß die Freilassung von Personen nicht mit Sanktionen in ihrem Arbeitsbereich verbunden sind. Angehörige von vermißten Personen haben die Möglichkeit, Zettel mit Angabe des Namens der vermißten Person und des eigenen Namens im Anschluß an die Veranstaltung bei den Mitgliedern der Gruppe abzugeben. Nachfragen über vermißte Personen sind ebenfalls beim Stellvertreter des VP-Reviers Mitte, Rampische Straße möglich. Wer dort keine Auskunft erhält, gibt die Angaben im Jugendpfarramt Strehlen, Barlachstr. 3 ab, wo sie von einem Juristen weitergeleitet werden. Es wurde sich dagegen verwahrt, daß alle Demonstranten in der Presse als Rowdys bezeichnet wurden, das wäre eine einseitige Darstellung, da die Demonstration friedlich verlaufen ist. In diesem Zusammenhang war man sich mit dem OB einig, daß die Anwendung von Gewalt ein untaugliches Mittel zur Durchsetzung der Forderungen ist, und dem Dialog nur Schaden zufügt. Dem OB wurde erklärt, daß sich die Demonstranten von der Anwendung von Gewalt distanzieren und nicht als Rowdys bezeichnet werden wollen, wie es in der Presse zu lesen war.

Zur Zulassung des Neuen Forum befragt, hätte der OB geantwortet: „Darüber hat der Innenminister bereits entschieden, das fällt nicht in meine Kompetenz."

„Außerdem bin ich Kommunalpolitiker und nicht der Herr Gorbatschow."

In Bezug auf die Reisemöglichkeiten angesprochen, antwortete der OB: „Damit müssen Sie sich an die zuständigen Stellen wenden." Sinngemäß äußerte er, daß er mit uns einer Meinung ist. Am 16.10.1989, zum nächsten Treffen, sollen wir darauf eine Antwort erhalten.

Zur Wahlproblematik angesprochen, hätte der OB geäußert: „Wahlen sollen richtige Wahlen werden." Es wurde vom Schmidt geäußert, daß es notwendig ist, die Termine für die öffentliche Vorstellung der Kandidaten eher bekanntzugeben.
Auf Fragen des Zivilersatzdienstes hätte der OB geäußert, daß er dafür nicht zuständig sei, da die rechtliche Grundlage im Wehrgesetz verankert ist. Der Schmidt brachte zum Ausdruck, daß Zivilersatzdienst in gesellschaftlichen Bereichen wie Krankenhäusern und Wohnungsbau dringend notwendig ist. Weiterhin wurde geäußert, daß man stolz darauf sein kann, daß Dresden die erste Stadt in unserer Republik ist, wo der Dialog zustande gekommen ist. Das muß bewahrt werden und darf nicht durch unbedachte Handlungen wie Gewaltakte und Demonstrationen zerstört werden. In Dresden wurde ein Zeichen gesetzt. Es gilt jetzt die Aktivitäten auf andere Städte, wie Leipzig und Magdeburg, zu übertragen. 2 Vertreter unserer Gruppe sind mit dem Landesbischof Hempel nach Leipzig unterwegs. In Leipzig ist man heute gegen die Demonstranten mit motorisierten Kettenfahrzeugen vorgefahren. Im weiteren Verlauf wurde dazu aufgerufen, Vorschläge, Meinungen, Hinweise und Kritiken zur weiteren Arbeit der Gruppe an folgende Personen zu richten:

Bartzsch, Andreas, [*geschwärzt*], Dresden, [*geschwärzt*] sowie
Pstrong, Heiko, [*geschwärzt*], Dresden [*geschwärzt*]

Zum Schluß der Ausführungen wurde ein durch die Trommer, Burgi sowie eine ihrer Kolleginnen verfaßter Artikel, der in der SZ abgedruckt werden sollte, verlesen. In diesem Artikel wurden nochmals die Ereignisse des vergangenen Sonntags geschildert. Es wurde bekanntgegeben, daß der Druck dieses Artikels nicht genehmigt wurde.
Anschließend wurde zur Diskussion aufgefordert. Einer der Redner brachte sinngemäß zum Ausdruck: „Wenn sich Herr Berghofer in 6 von 9 Punkten nicht kompetent fühlt, wer ist dann für das Volk kompetent."
„Dann muß sich eben das Neue Forum zur Kompetenz aufschwingen."
Ein weiterer Redner stellte sich als Erstunterzeichner des Neuen Forum vor und dankte für die erwiesene Solidarität.
Insgesamt sprachen 5 Diskussionsredner zu allgemeinen Problemen des Neuen Forum. Beendet wurde die Veranstaltung vom Bischof des Bistums Dresden-Meißen Reinelt.
21.30 Uhr. Er forderte nachdrücklich die Anwesenden zu Ruhe und Besonnenheit auf und gab bekannt, daß am 16.10.1989 ein weiteres Gespräch beim OB stattfinden wird. Er forderte die Anwesenden auf, bis zu diesem Zeitpunkt Demonstrationen zu unterlassen, da diese den Dialog gefährden können.
Anmerkung:
Der Schmidt, Andreas hatte vorher zum Ausdruck gebracht, daß am 11.10.1989, von 18.00–20.00 Uhr im Gemeindehaus der Versöhnungskirche die Möglichkeit besteht, mit Vertretern der Gruppe in Kontakt zu treten. Aufgrund der begrenzten Räumlichkeiten sollten nicht alle kommen, sondern nur Vertreter einzelner Gruppen, welche konkrete Vorschläge und Hinweise zur Arbeit unserer Gruppe haben.

9. Oktober 1989 Dok. 23

Bericht der BVfS über die Abendveranstaltung in der Versöhnungskirche

BStU, ASt. Dresden, BV Dresden, 1. Stellv. d. Ltr. 1, Bl. 167f. - Titel: Versöhnungskirche. *- Form:* Handschriftlich. *- Vermerk:* Ref. 6; *- Handschriftl. Vermerk:* 41, 43, 40, 42. *- Fußvermerk:* Oberst Inf. *- Datiert:* 9.10.1989.

19.10 Uhr	Kirche hell erleuchtet, kleine Gruppen davor, ca. 30 Personen,
19.30 Uhr	Zustrom 200,
20.00 Uhr	ca. 3 000 in Kirche, ca. 1 000 davor auf 2. Veranstaltung wartend,
20.20 Uhr	ca. 200 in kleinen Gruppen wandern ab,
21.15 Uhr	beendet in Gruppen, ruhig, es wurde darauf hingewiesen, 1 500 verlaufen
21.20 Uhr	500-800 warten auf Einlaß

Verlauf in Kirche sachlich

- keine Gewalt und nicht zuzulassen
  ca. 30-35, 45 Jahre
- 4 männliche Personen, 1 weibliche Person, keine kirchliche Veranst., nur Räuml. zur Verfügung gestellt.
- Freilassung Inhaftierte in 24 Std.; § 217, 215 nicht zur Anwendung gebracht.
- Arbeitsrechtliche Konsequenzen nach sich ziehen soll,
- vermißte Personen - zuständig VP-Mitte.
- Wer war und wo Zeuge - genau aufgeschrieben.
- Pressefreiheit - Demo. als Rowdys klassifiziert.
- OB in einigen Fragen nicht kompetent.
- OB - Neues Forum kein Thema, staatlich entschieden.
- Reise - OB leitet weiter

Wahlen - Einhaltung Wahlgesetz - Wahlen müssen Wahlen werden.
Zivilersatzdienst zu Gesundheitswesen, Straßenbau, grenzen sich von Rowdys ab, bremst Dialogbereitschaft.
Zettel auf Bänke mit Fragen. -
OB - Demo. mit staatl. Genehmigung.
Mittwoch, 11.10. - Gemeindehaus - Fragen die nicht geklärt wurden.
16.10. mit OB
Artikel von Frau Trommer wurde verlesen, Presse soll veröffentlichen
2 Vertreter Union - Artikel wurde verlesen,
2 Journalisten Union - bei OB,
2 Delegierte nach Leipzig - über Lage in Dresden

- ob Modrow am Gespräch teilnehmen kann,
- alle staatl. Stellen, daß dahinter 10 000 stehen

Sicherheit der 20 Gruppe, fühlen sich sicher
Information

- Kirchenschaukästen oder
- Flüsterpropaganda
- Gruppe Neues Forum - sollen sich selbst an den Staat wenden
  - 20 wollen Zulassung Neues Forum unterstützen
- Reise ČSSR 16.10. mit OB geklärt werden

- alle ÜE[1] sollen hier bleiben
- und an Reformen mitwirken.
- Sollen alle ruhig nach Hause gehen.

Herr Benniger - passives Verhalten, nimmt an 2. Veranstaltung teil.

22.40 Veranstaltung läuft noch, Oberst Linke

22.47 beendet alles normal - ruhig

ca. 1000 Personen wollen Ansprechbüro einrichten, dazu soll „Scheune" Jugendklubhaus „Martin-Andersen Nexö" dienen.

In beiden Veranstaltungen Sammlungen in Kollekte für Verhaftete zur Begleichung von Ordnungsstrafen.

9. Oktober 1989 Dok. 24

Bericht der SED-Bezirksleitung Dresden an das Zentralkomitee der SED

SächsHStA, BL SED Dresden, 13218, unpaginiert. - Kopf: Abteilung Parteiorgane, Sektor Parteiinformation. Fernschreiben. - *Adressat:* Zentralkomitee der SED. Abteilung Parteiorgane, Sektor Parteiinformation. - *Titel:* Aktuelle Information über die politische Lage und das Stimmungsbild im Bezirk am 9.10.1989. - *Verteiler:* alle Sekretariatsmitglieder, NVA, BV MfS, BDVP, Abteilung Sicherheit. - *Vermerk:* Dresden. 20-20 30 40 10. - *Fußvermerk:* Mit sozialistischem Gruß (Unterschrift), Leiter der Abteilung Parteiorgane. - *Datiert:* 10.10.1989.

Die in den Kreisen, insbesondere in den politischen Schwerpunkten (Dresden und Grenzkreise) am 9.10.1989 durchgeführten Kampfmeetings mit allen Genossen, sowie die in den Arbeitskollektiven stattgefundenen Diskussionen zur aktuellen Lage waren von einer großen Aufgeschlossenheit geprägt. Dabei zeigte sich, daß von der überwiegenden Mehrheit der Genossen und Werktätigen aller volkswirtschaftlichen Bereiche die Bereitschaft zum Ausdruck gebracht wurde, täglich um höchste Leistungen zu ringen.

In diesem Zusammenhang wurden Forderungen wiederholt, eine stabile Produktionskontinuität durch die Sicherung von materiellen und leistungsseitigen Voraussetzungen zu gewährleisten und das Leistungsprinzip zwingender durchzusetzen.

Das Stimmungs- und Meinungsbild zeigt sich nach wie vor differenziert. Von Bürgern aller Klassen und Schichten werden entschieden Rowdytum, mutwillige Zerstörungen und Ausschreitungen gegen Partei, Staat sowie Sicherheitsorgane verurteilt.

Zunehmend besser wird der Einfluß des Klassengegners und das Wirken antisozialistischer Kräfte erkannt.

In den Schulen Dresdens wurde darüber hinaus die erste Unterrichtsstunde genutzt, um klassenmäßige Positionen zu den Provokationen zu erarbeiten. Dabei wurde das Verständnis vertieft, daß mit solchen bis zu Mordhetze reichenden Auftreten einer größeren Gruppe von staatsfeindlichen Elementen ein Dialog nicht führbar ist.

---

1 Übersiedlungsersuchende.

Vor allem religiös gebundene Schüler halten jedoch friedliche Kundgebungen und Demonstrationen für vertretbar und verwehren sich gegen eine Gleichstellung mit diesen Elementen. Die Meinung, auf friedliche Demonstrationen mit friedlichen Mitteln zu reagieren, äußern auch eine Reihe Ärzte, Schwestern und Medizinstudenten.
Im Zusammenhang mit den Störungen der öffentlichen Ordnung und Sicherheit wird weiterhin heftige Kritik an der Berichterstattung, vor allem des Fernsehens, geübt.
Dazu wird z. B. die Meldung der „Aktuellen Kamera“ vom 8.10.1989 angeführt, die über Störungen des Volksfestes in Berlin informierte, während zu Vorgängen in anderen Städten nichts gesagt wurde. Teilweise äußern Werktätige, daß unsere Meldungen nicht umfassend genug sind und „nur Neugier wecken, sich im Westfernsehen zu informieren“.
Nicht überwunden sind Standpunkte, daß die Ausschreitungen nicht nur im Wirken des Klassengegners begründet sind, sondern innere Ursachen, wie Versorgungsprobleme, einseitige Berichterstattung über Erfolge, Fragen der Infrastruktur sowie die Preis- und Subventionspolitik wesentliche Auslöser seien.
Durch die Mehrzahl der Kreisleitungen und die Stadtleitung Dresden wird darauf aufmerksam gemacht, daß zunehmend und dringlicher von den Genossen die Forderung erhoben wird, eine außerordentliche ZK-Tagung durchzuführen, die Lage gründlich einzuschätzen und den Dialog zu den Problemen öffentlich zu führen, um das Vertrauensverhältnis zu verbessern. Vom 1.9. bis 9.10. erklärten 2 091 Genossen ihren Austritt.
Die Erwartungen an die angekündigte breite, ehrliche und offene Volksaussprache zum XII. Parteitag nehmen zu.
Anwachsend sind Fragen zu Positionen des „Neuen Forum“ und Forderungen nach einem Dialog mit diesen Kräften.
Aus dem gegenwärtigen Handeln des Landeskirchenamtes ist ersichtlich, daß kirchlicherseits ein gewaltfreier Ausweg aus den Demonstrativhandlungen in Dresden gesucht wird. Zugleich wird deutlich, daß mit den Wortführern und Organisatoren solcher Handlungen kein Konsens gefunden werden kann. Das mehrstündige Gespräch des Oberbürgermeisters der Stadt Dresden am 9.10.1989, das im Zusammenhang mit der Auflösung einer Demonstration am 8.10.1989 auf der Prager Straße zustande gekommen war, widerspiegelt diesen Zustand. Die Gesprächsgestaltung war sehr kompliziert.
Themen waren: Reisefreiheit; Freilassung der Zugeführten und Inhaftierten der letzten Tage; Kritik an Zuführung von Demonstranten, die gewaltlos demonstriert haben, Kritik am Wahlverfahren in der DDR; Standpunkte zum „Neuen Forum“.
Die Gesprächsteilnehmer verstanden sich dabei nicht als Vertreter des „Neuen Forum“.
Am Abend des 9.10.1989 wurden in 4 Dresdner Kirchen 20 000 bis 22 000 Personen über das Gespräch mit dem Oberbürgermeister informiert.
Zu ihrer Absicherung war vom Landeskirchenamt ein Krisenstab gebildet worden.
Kirchlicherseits wurde zugesichert, daß es weder in den Kirchen, noch in ihrem Umfeld zu Demonstrativhandlungen kommt. Es gelang, diese Vereinbarung durchzusetzen.
Die Teilnehmer des Gesprächs beim Oberbürgermeister traten in den 4 Kirchen sachlich auf und charakterisierten den Oberbürgermeister als freimütigen Gesprächspartner.

Gefordert wurde auch, die Diskussion in öffentlichen Sälen durchzuführen, damit auch SED- und FDJ-Mitglieder erreicht werden könnten. Es wurde davon informiert, daß man eine eigene Darstellung der Ereignisse vorbereitet, die einschließlich der Forderungen vollständig in der „Union" und gekürzt in der „SZ" erscheinen soll. „Der Union-Chef habe bereits zugestimmt."
Vereinzelte Ausrufe aus dem Publikum, den Aufruhr fortzusetzen, wurden zurückgedrängt.
Nach dem Verlassen der Kirchen verhielten sich die Teilnehmer ruhig und zerstreuten sich.
Am 9.10.1989 wurden der Bezirksleitung durch die Stadtleitung Dresden und die Kreisleitungen 14 Vorkommnisse übermittelt, wobei sich keine territorialen Konzentrationspunkte zeigen.
Davon richten sich 5 Vorkommnisse unmittelbar auf Forderungen nach „Reformen in der DDR" und die Bildung des „Neuen Forum" durch Verbreitung von Hetzschriften, Schmierereien, Resolutionen und Aufrufen. Weitere Vorkommnisse konzentrieren sich auf öffentliche Herabwürdigung, anonyme Anrufe und Briefe, die gegen die Politik von Partei und Regierung gerichtet sind sowie Gewaltandrohung zum Inhalt haben.
Am 9.10.1989 stellten insgesamt 1 900 Bürger des Bezirkes Anträge auf ständige Ausreise, davon 900 erstmalig.
In der Stadt Dresden gab es am 9.10. keine Personenkonzentrationen und Störungen der öffentlichen Ordnung und Sicherheit. Es erfolgten keine Zuführungen.
Der politisch-moralische Zustand der eingesetzten Kräfte aller Sicherheits- und Schutzorgane war gut. Die politische Motivation der Angehörigen war ausgeprägt und zeigte sich in der disziplinierten und aktiven Erfüllung aller gestellten Aufgaben, was gewürdigt wurde.
Das enge Zusammenwirken der Schutz- und Sicherheitsorgane mit den Kräften der NVA war durchgängig gewährleistet. In gründlicher Auswertung der bisherigen Einsätze wurden Schlußfolgerungen für die weitere konsequente Verwirklichung der Aufgabenstellungen festgelegt.

10. Oktober 1989 Dok. 25

Bericht des IM „Lindner" über die aktuelle Entwicklung und die Person Friedrich Boltz

BStU, ASt. Dresden, BV Dresden, XII 687/79, Archiv-Nr.: 2847/91, III, Bl. 356–359. – *Titel:* Eindrücke und Feststellungen im Zusammenhang mit den aktuellen Ereignissen in Dresden, Rolle von [*handschriftlich eingefügt:* Boltz, Friedrich].[1] – *Vermerk:* Mündlicher Bericht. Quelle: IMS „Lindner". Treff: 10.10.1989, 19.30–21.40 Uhr. IMK/K „Seemann". MA: Hptm. Bock, Hptm. Mittag. – *Datiert:* 10.10.1989.

Am Donnerstag, den 4.10.1989, begab ich mich nach Feierabend in die Stadt, da ich aus dem Kollegenkreis erfahren hatte, daß es am Vorabend im Zusammenhang mit der Ausreise von DDR-Bürgern aus der Prager Botschaft zu Auseinander-

1 Der Name „Boltz" wurde aus unbekanntem Grund im gesamten Dokument erst nachträglich handschriftlich eingefügt.

setzungen zwischen der Volkspolizei und vornehmlich jugendlichen Bürgern gekommen war. Ich bin mit dem Ziel gefahren, mich an Ort und Stelle von der Situation zu überzeugen, da der „Buschfunk" über weitere Aktivitäten von derartigen Personenkreisen berichtete. Als ich am Hauptbahnhof ankam, waren Sicherheitskräfte der DVP gerade dabei, den Bahnhof durch Sperrketten abzusichern und die angesammelte Menschenmenge in Richtung Prager Straße abzudrängen. Ich konnte feststellen, daß ein Teil der „Demonstranten" sich auf der Prager Straße niederließen, Kerzen entzündeten, während am Rand stehende mit Steinen versuchten, Lampen auszuschießen und offenbar die Absicht hatten, durch Krawall und Zerstörung die Lage zu eskalieren. Hier gingen die Sicherheitskräfte gegen diese Randalierer konsequent vor, was von mir begrüßt wird.
Am Sonntag, dem 8.10.1989 abends hielt ich mich dann ca. ab 20.00 Uhr bis etwa 21.00 Uhr auf der Prager Straße im Bereich HO-Gaststätte „Bastei" und Lenindenkmal auf. Ich konnte beobachten, wie ein Teil der „Demonstranten" sich dort versammelte. Den Charakter der Demonstration möchte ich als friedlich bezeichnen. Es kam zu keinen Ausschreitungen weder von seiten der Menge noch von seiten der Sicherheitskräfte. Es wurden Diskussionen mit der VP geführt. Eine Gruppe von etwa 200 Personen befand sich vor dem NEWA. Die Gruppen, die sich dort aufhielten, entstanden nach meiner Beobachtung spontan. Erleichterung zog ein, als bekannt wurde, daß am Montag, dem 9.10.1989 es zu einem Gespräch zwischen dem Oberbürgermeister der Stadt Dresden und einer Abordnung der versammelten Menge kommen soll. Die Auswahl der Abordnung für dieses Gespräch erfolgte offensichtlich auf freiwilliger Basis und ebenfalls spontan. Den Boltz habe ich aufgrund der Entfernung nicht ausmachen können, so daß ich bis Montag abend nicht wußte, daß er in dieser Abordnung ist. Am Montag, dem 9.10.1989 begab ich mich am Abend mit in die Kreuzkirche, nachdem mir bekannt wurde, daß in vier Dresdner Kirchen das Ergebnis des Gesprächs beim Oberbürgermeister ausgewertet werden soll. In der Kirche war ein provisorisches Präsidium eingerichtet worden. Der Superintendent Ziemer eröffnete die Veranstaltung als Hausherr und betonte, daß es sich um keine religiöse Veranstaltung handle, sondern die Kirche dem Staat mit der zur Verfügungstellung von Räumlichkeiten aufgrund der Kürze der Zeit entgegengekommen sei. An der Diskussion beteiligte er sich nur wenig und nur dann, wenn er es für notwendig erachtete als Kirchenvertreter und Hausherr etwas zu sagen. Sonst war er sehr zurückhaltend. Im Präsidium saßen vier Personen, darunter der Boltz aus meinem Betrieb, eine Kindergärtnerin, ein Lehrling und an die vierte Person erinnere ich mich nicht. Den Hauptteil der Veranstaltung bestritt der Boltz. Offensichtlich hatte man sich nach der für mich spontanen Formierung der Abordnung zusammengefunden, die Fragen oder Forderungen formuliert, die dem Oberbürgermeister gegenüber vorgebracht wurden und die Ergebnisse ausdiskutiert, also eine offensichtlich organisierte Arbeit geleistet. Aus dem Publikum kamen verschiedene Wortmeldungen, wobei das Spektrum von bestehenden Einzelproblemen (die von der Masse als nicht Gegenstand der Veranstaltung negiert wurden) bis hin zur Darstellung komplexer Probleme erreichte. Mir ist noch erinnerlich, daß durch eine Studentin ökonomische Fragen in die Diskussion geworfen wurden, indem sie erklärte, daß Ursache für politische Instabilität fehlende wirtschaftliche Stärke sei. Das Verhältnis Basis/Überbau ist gestört. Ein System mit starken ökonomischen Potenzen ist auch im Innern stabil. Ich wollte dazu meine Auffassung darlegen, wo meiner Auffassung nach in der Wirtschaft was in Ordnung gebracht werden muß, habe das dann

aber unterlassen, da ein Mitarbeiter von mir im Präsidium saß und ich als sein Leiter nicht in Erscheinung treten wollte. Es war nach meiner Meinung nicht der Rahmen gegeben. Ich nehme an, daß Boltz mich in der Zuhörermenge bemerkt hat, da ich relativ weit vorn stand.
Ich bin der Auffassung, daß die angeschnittenen grundsätzlichen Probleme nur dann durch die Einbeziehung der entsprechend kompetenten Vertreters der Partei, des Staatsapparates bis hin zu den Sicherheitsorganen gelöst werden können. Die angegangene Lösung in Dresden sehe ich als Modell für die DDR, um mit den Massen in das Gespräch zu kommen und sie zur Lösung der Probleme zu motivieren und aktivieren. Es darf nicht mehr nur geredet werden, sondern es müssen Lösungen gesucht und vor allem schnell gefunden werden, die wirksame Verbesserungen bringen und die von der Bevölkerung gespürt und angenommen werden. Ich bin aus der Kreuzkirche eigentlich erleichtert herausgegangen, weil ich den Ansatz zur Lösung der Probleme sehe und vor allem weil die Erkenntnis, daß Gewalt keine Lösung ist, sich durchgesetzt hat. Damit will ich aber sagen, daß explizit gesagt wurde, daß in der nächsten Zeit keine Demonstrationen mehr stattfinden werden. Das ist offensichtlich abhängig vom weiteren Verlauf der Gespräche.
Am heutigen Morgen gegen 9.30 Uhr kam Boltz auf der Arbeitsstelle zu mir, um mich als seinen staatlichen Leiter davon zu unterrichten, daß er in der Gruppe der 20 Demonstrantenvertreter mitarbeitet. Er sagte mir, daß er nicht verlangen kann, daß ich es für mich behalte, daß es ihm aber lieber wäre, wenn nicht in der Breite darüber gesprochen wird. Wir hatten dann eine ca. $^1/_4$-stündige Unterhaltung über diese Tatsache sowie die erlebten Ereignisse überhaupt. Boltz äußerte dabei, daß es für ihn völlig unvorbereitet kam, in eine solche Situation zu gelangen. Wenn ich ihn richtig verstanden habe, war er an jenem Sonntag das erste Mal bei einer solchen Demonstration dabei. Er erwähnte auch nichts, was darauf schließen ließ, daß er andere Mitglieder der Vertretergruppe vorher kannte. Offensichtlich entstand diese Gruppe dort spontan. Boltz teilte mir auch mit, daß er als SED-Mitglied seinen APO-Sekretär, Genosse Czorny, ebenfalls von seiner Mitwirkung in Kenntnis setzen will. Er erhoffte sich bei ihm Verständnis dafür, daß er als Parteimitglied in dieser Gruppe mitwirken kann. Er geht dabei sicher davon aus, daß Genosse Czorny zu den aktuellen Problemen bisher einen offenen Standpunkt dazu vertreten hat, welcher meiner Position nahekommt. Für den Fall, daß sich seine Mitarbeit in der Gruppe nicht mit der Mitgliedschaft in der SED vereinbaren läßt, erwägt er den Austritt aus der Partei. In dem kurzem Gespräch mit Boltz brachten wir unsere übereinstimmende Auffassung zum Ausdruck, daß dieser Dialog eine echte Chance für die Lösung brennender Probleme für die Stadt Dresden und darüber hinaus darstellt. Boltz regte mich an, eigene Gedanken und Probleme in diesen Prozeß einfließen zulassen, was ich im Gespräch dahingehend tat, daß ich ihm zwei für mich wesentliche Gesichtspunkte aufzeigte:
- die Gewalt nicht wieder aufflammen lassen;
- die Ursachen für die aufbrechenden Probleme, welch ja bekannt sind, müssen jetzt schnell durch kompetente Leute (Politiker, Fachleute, unbedingt auch Vertreter der Partei) analysiert und machbare Lösungen zu ihrer Beseitigung erarbeitet werden. Daraufhin schlug Boltz mir vor, diese Gedanken doch einmal auf Papier zu bringen. Da es sich nur um ein flüchtiges Gespräch handelte, wurde diesbezüglich jedoch nichts konkretes vereinbart. Ich bin also auf dieses Angebot nicht verbindlich eingegangen. Meiner Einschätzung nach engagierte sich

Boltz mit ganzer Kraft in dieser neuen Aufgabe und könnte darin aufgehen. Das [*mehrere Zeilen geschwärzt*].

10. Oktober 1989 Dok. 26
Bericht der CDU-Tageszeitung „Die Union" über die Entwicklung in Dresden

Die Union (Ausgabe Dresden) vom 10. Oktober 1989. - Titel: Es ist möglich miteinander zu reden.

Die Information über die Ereignisse der letzten Tage und Nächte in Dresdens Innenstadt, die auch unsere Zeitung gestern veröffentlicht hat, war einseitig und vermittelte ein falsches Bild. Das Geschehen vom Sonntagabend auf der Prager Straße konnte darin noch nicht reflektiert werden. Niemandem nutzt es, die Unruhe, Sorgen und Fragen, die Tausende Dresdner auf die Straße getrieben haben, zu kriminalisieren. Ja, es gab Randalierer, Gewalttäter und Steinewerfer: Es gab viele Verletzte. Und es gab leider auf beiden Seiten keine wirksamen Strategien zur Deeskalation von Gewalt. Aber die Mehrheit derer, die sich da am Bahnhof und auf der Prager Straße versammelten, und die Mehrheit derer, die ihnen in Uniform gegenüberstanden, wollte keine Gewalt und ist zutiefst erschrocken über die Eigendynamik einmal entfesselter Gewalt. Was gebraucht wird, was jetzt not tut, ist das offene, unvoreingenommene, unverkrampfte Gespräch. Und dafür, das stimmt wohl, ist die Straße nicht der rechte Ort.
Am Sonntagabend auf der Prager Straße ist etwas geschehen, was einen neuen Weg eröffnet hat: Viele tausend Menschen, darunter viele junge, hatten sich dort zu einer friedlichen, gewaltfreien Meinungsäußerung über die uns alle belastenden aktuellen Probleme in unserem Land zusammengefunden. Die Sicherheitskräfte standen ihnen gegenüber. Einige Dresdner, unter ihnen der katholische Kaplan Frank Richter, gingen auf die Uniformierten zu und baten um ein Gespräch mit dem Einsatzleiter. Das Gespräch kam zustande: Gewaltlosigkeit und Dialogbereitschaft sowohl bei den Sicherheitskräften wie bei den Versammelten machten es möglich. Die Demonstrationsteilnehmer beauftragten eine Gruppe von 20 Sprechern, ihre Anliegen und Fragen zu formulieren. Als solche wurden genannt: ein gewaltfreier Dialog, Antwort auf Fragen nach den in den vergangenen Tagen Festgenommenen, Klärung von Problemen zur Berichterstattung in den Medien, der Reisemöglichkeiten, des Wahlrechtes, eines zivilen Wehrersatzdienstes sowie des Neuen Forums. Die Eröffnung einer von den staatlichen Stellen eingeräumten ersten Gesprächsmöglichkeit beim Oberbürgermeister der Stadt Dresden, Wolfgang Berghofer, wurde von allen Anwesenden dankbar und mit Freude aufgenommen. Daß dieses Gesprächsangebot zustande kam, ist auch dem Einsatz von Landesbischof Dr. Hempel und Superintendent Christof Ziemer zu verdanken, einem Einsatz, der Respekt verdient. Die Polizeikräfte legten ihre Schilde nieder, Hundestaffeln wurden zurückgezogen, und friedlich, ohne einen Zwischenfall, löste sich die Demonstration auf.
Am Montagvormittag kam es zu dem vereinbarten Gespräch der Sprechergruppe und kirchlicher Persönlichkeiten mit dem Oberbürgermeister im Dresdner

Rathaus. Für diesen Dialog, der offen, sachlich und freundlich verlief, sind alle dankbar, wie die sich anschließende Auswertung eindrucksvoll zeigte. Eine Abordnung der Gesprächsteilnehmer wurde am Montagnachmittag in die Leipziger Nikolaikirche entsandt, um dort von der ermutigenden und froh machenden Erfahrung zu berichten: Es ist möglich, miteinander zu sprechen. Andere Vertreter der Gesprächsteilnehmer haben am Montagabend in der Dresdner Kathedrale, in der Kreuzkirche, der Versöhnungs- und der Christuskirche über ihre Erlebnisse auf der Prager Straße und über das Gespräch beim Oberbürgermeister berichtet. Da ein neutraler öffentlicher Versammlungsort nicht benannt werden konnte, haben die Kirchen den Dresdnern dafür Gastrecht gewährt.
Ein weiteres Gespräch im Dresdner Rathaus ist für Montag, den 16. Oktober, festgelegt worden. Viel wird nun davon abhängen, daß das Gespräch nicht mehr abreißt, daß künftig Willenskundgebungen und öffentliche Meinungsäußerungen in Dresden ebenso friedlich und gewaltlos verlaufen wie die am Sonntag, daß alle, denen es um die Zukunft der Menschen in unserem Land geht, sich klar von Randalierern und aggressiven Gewalttätern, darunter vor allem auch von den leider mehrfach „aktiv" gewordenen jungen Neonazis, distanzieren.
Und daß die Konfrontation auf der Straße konstruktiveren Möglichkeiten des Dialogs Platz macht, eines Dialogs, in den auch die Medien einbezogen sein müssen.
Mitteilen müssen wir leider auch, daß die Polizei uns über neue gewalttätige Ausschreitungen am Fetscherplatz, ebenfalls am Sonntagabend, informiert hat. Dort wurden 150 Personen zugeführt. Die Polizei appelliert an alle Dresdner, den Hinweisen der Ordnungskräfte aus der jeweiligen Situation heraus im Interesse der eigenen Sicherheit unbedingt Folge zu leisten.

11. Oktober 1989 Dok. 27

Bericht der CDU-Tageszeitung „Die Union" über die Veranstaltungen in vier Dresdner Kirchen

Die Union (Ausgabe Dresden) vom 11. Oktober 1989. – Titel: Von diesem Abend geht ein Zeichen aus.

In vier Dresdner Kirchen konnte am Montagabend die Bevölkerung über den am Morgen begonnenen Dialog zwischen Vertretern der Demonstranten und Oberbürgermeister Wolfgang Berghofer informiert werden (wir berichteten gestern über das Zustandekommen dieses ersten Gespräches).[1] Tausende Dresdner, junge und alte, strömten in die Kirchen und bewiesen damit ihr brennendes Interesse an einem aus dem Teufelskreis der Gewalt heraus führenden Dialog und an Antworten auf die sie bedrückenden Fragen. In allen Kirchen, die sich als Stätten für diese nichtkirchlichen Veranstaltungen angeboten hatten, mußten die Informationen in den späten Abendstunden wiederholt werden.
In der Kreuzkirche begrüßte Superintendent Christof Ziemer, der wesentlich am Zustandekommen des Gespräches beteiligt war, die Versammelten: „Wir als Kirchen sind heute Gastgeber, weil wir uns über diesen ersten Schritt freuen." In der

1 Vgl. Dok. 26.

Kathedrale hieß Bischof Joachim Reinelt die etwa 11 000 überwiegend jungen Zuhörer willkommen und teilte ihnen mit, daß er von einem Vertreter des Rates des Bezirkes gebeten wurde, den Anwesenden Folgendes zu sagen: Die staatlichen Vertreter wollen den Dialog. Man ist bereit, Fehler zu korrigieren. Es werden nicht nur Worte gemacht, sondern es gibt Veränderungen. „Mit allen Menschen, die guten Willens sind, hoffe ich, daß dieser Weg gut zu Ende geführt wird“, betonte der Bischof. Im gleichen Sinn äußerten sich die gastgebenden Pfarrer der Versöhnungskirche und der Christuskirche.
Vertreter der am Sonntag auf der Prager Straße spontan beauftragten Sprechergruppe informierten über die dem Oberbürgermeister vorgetragenen Gesprächsanliegen, die wir bereits in unserem gestrigen Bericht nannten. Auffallend, und für uns Journalisten besonders bewegend, war die fast zentrale Bedeutung, die in diesen Informationen und ebenso in den sich anschließenden Fragen und Meinungsäußerungen der Zuhörenden einer sachlichen und realen Darstellung der Ereignisse, einer objektiven Berichterstattung in den Medien zugemessen wurde. Überall fragten die Menschen: Wie werden wir über den Fortgang der Gespräche und über die Konsequenzen daraus umfassend informiert?
In dem Gespräch mit Oberbürgermeister Berghofer, so sagten die Sprecher, haben beide Seiten einander zugestanden, daß sie den Willen haben, das Beste ‚für unsere Stadt‘ zu erreichen. Ihnen sei klar gewesen, daß ihr Gesprächspartner für Fragen, die die ganze Republik betreffen, nicht zuständig ist. Zum Thema Reisefreiheit sei der OB mit ihnen einer Meinung gewesen, daß diese Frage baldigst gelöst werden müsse, und zum Thema Wahlen habe er eine rechtzeitige Bekanntgabe der Termine öffentlicher Kandidatenvorstellungen versprochen sowie sich für eine strikte Einhaltung der Wahlordnung eingesetzt. Außerdem habe er zugesichert, daß alle Inhaftierten, denen keine Gewalttätigkeit nachgewiesen wurde, innerhalb von 24 Stunden freigelassen werden und keine strafrechtlichen Folgen zu erwarten haben. (In diesem Zusammenhang sei erwähnt: Der Begriff Gewalttätigkeit in der unserem gestrigen Bericht angehängten Information kann nicht auf die am Fetscherplatz festgenommene Gruppe angewandt werden.)
„Von diesem Abend geht ein Zeichen aus“, hieß es gestern in den Dresdner Kirchen, „das von der Gewalt zum Dialog weist.“

11. Oktober 1989 Dok. 28

Bericht von Hans Jörke über ein Gespräch mit Vertretern der Gruppe der 20

BStU. ASt. Dresden, BV Dresden, Ltr. BV, 10003, Bl. 95-99. - Kopf: Rat der Stadt Dresden, Stellv. des Oberbürgermeister für Inneres. - *Titel:* Aktennotiz über ein Gespräch des Stellv. des OB für Inneres mit 3 Vertretern der Gesprächsgruppe, die am 9.10.89 im Rat der Stadt Dresden anwesend waren. - *Verteiler:* Gen. Modrow, Moke, Witteck, Berghofer, Böhm, Jörke. - *Fußvermerk:* gez. Jörke, protokolliert: Reiter. - *Datiert:* 11.10.1989.

Am 10.10.1989 übermittelte der Sprecher der am 9.10.1989 vom Oberbürgermeister empfangenen Gesprächsgruppe die Bitte, ein Gespräch mit Gen. Jörke zu ermöglichen. Es solle um Probleme im Zusammenhang mit durch die VP zuge-

führten Bürgern gehen. Die Zusagen des Oberbürgermeisters würden nicht exakt durch die VP und den Staatsanwalt eingehalten.
Dieses Gespräch wurde für den 11.10.1989, 10.00 Uhr, bestätigt. Daran nahmen teil:
- U. Baumgart, Vertreter der Gesprächsgruppe
- S. Richter, Vertreter der Gesprächsgruppe
- D. Brandes, Vertreter der Gesprächsgruppe
- Herr Heitmann, Kirchenamtsrat (als Berater der 3 Bürger)
- Gen. Damaske, Stellv. Stadtstaatsanwalt
- Gen. OSL Kassielke, Leiter der Kriminalpolizei

Einleitend wies Gen. Jörke darauf hin, daß das Gespräch als ein Zwischengespräch in Vorbereitung auf den 16.10.1989 zu bewerten ist. Er bezeichnete das heutige Gespräch als nützlich, um den Dialog konstruktiv fortzuführen. Er verwies darauf, daß der Wunsch besteht, zu den Problemen der Zuführungen und gerichtlichen Verfahren nochmals den staatlichen Standpunkt darzustellen und offensichtlich vorhandene Fragen zu beantworten. Hinsichtlich des Gespräches am 9.10.1989 wiederholte er nochmals zusammenfassend zu diesem Problemkreis die Hauptfragen.

Alle Veranstaltungen sind bei der VP anzumelden. Ungenehmigte Demonstrationen können und werden durch die VP aufgelöst. Wenn Aufrufe der VP nicht befolgt werden, hat diese das Recht, die Bürger zuzuführen. Es muß davon ausgegangen werden, daß wir gegen jede Gewaltanwendung sind. Eingesehen werden muß, daß gegen Gewalttätigkeiten, die von Rowdys verübt wurden, in aller Konsequenz vorgegangen wird. Friedliche Demonstrationen durch die Stadt wurden nicht gleichgesetzt mit den Ausschreitungen auf dem Dresdner Hauptbahnhof und der Prager Straße, obwohl sie auch ungesetzlich sind.

Auskünfte über den Verbleib von Personen im Zusammenhang mit der Demonstration werden an Angehörige und die Kaderleiter der Betriebe durch die VP erteilt, solange sich diese Bürger in Gewahrsam der VP befinden. Gen. Jörke habe die Information, daß dies nicht funktioniere. Darüber werde heute gesprochen.

Weiterhin haben viele Angehörige der betroffenen Bürger von der Möglichkeit Gebrauch gemacht, sich in Fällen, wo Ermittlungsverfahren eingeleitet wurden, direkt beim Stadtstaatsanwalt zu erkundigen. Auch hier werden Familienangehörige und Kaderleiter informiert.

Der Staatsanwalt hält die Fristen ein. Die Information erfolgt auf dem Schriftweg.
Das, was der Oberbürgermeister im Gespräch am 9.10.1989 kundgetan hat, wird gewissenhaft durchgeführt. Gen. Jörke bekräftigte nochmals die Bereitschaft, über die aufgeworfenen Fragen sachlich und konstruktiv im Sinne des Dialogs zu sprechen.

Die Teilnehmer des Gespräches brachten zum Ausdruck, daß sie sich als eine Gruppe der Demonstranten und nicht als Vertreter des Neuen Forums betrachten.
Die Vertreter der Gesprächsgruppe übergaben als Grundlage des Gespräches einen Problemkatalog (Anlage).

Von Herrn Heitmann wurde dargelegt, daß Verhaftete, denen keine Gewaltanwendung nachgewiesen werden konnte, freigelassen wurden. Aber es gibt auch eine Reihe von Personen, welche nicht freigelassen wurden. Die Gruppe befürchtet, daß das Vertrauen gefährdet ist. Es liegen auch Aussagen von Angehörigen vor, die bei der VP abgewiesen worden sind. Auch bei der Staatsanwaltschaft erfolgten Abweisungen.

Gen. Jörke unterstrich, daß im Gespräch mit dem Oberbürgermeister nicht die Rede von einer sofortigen Freilassung der Inhaftierten war. Der Oberbürgermeister hat erklärt, daß von der VP entschieden wird, ob ein Ermittlungsverfahren eingeleitet wird oder die Bürger entlassen werden. Der Rat der Stadt Dresden hat darauf keinen Einfluß, geht aber davon aus, daß diejenigen zur Verantwortung gezogen werden, die Gewalt angewandt haben und als Rowdys in Erscheinung getreten sind.
Durch den Leiter der Kriminalpolizei wurde deutlich gemacht, daß Angehörigen oder Betrieben in jedem Fall die Auskunft erteilt wird, ob sich die betreffende Person bei der VP befindet. Auskünfte erteilt jetzt das VPKA Dresden. Sollte es Probleme geben, besteht die Möglichkeit, sich an den Leiter des VPKA zu wenden.
Gen. Damaske erläuterte, daß, wenn durch die VP festgestellt wird, daß der Verdacht einer Straftat vorliegt, ein Ermittlungsverfahren eingeleitet und der richterliche Haftbefehl beantragt wird. Er bezog sich nochmals auf die Information in der Sächsischen Zeitung vom gestrigen Tag. Er machte darauf aufmerksam, daß die Benachrichtigung der Angehörigen und Betriebe innerhalb von 24 Stunden nach der ersten richterlichen Vernehmung erfolgen muß. Zwischen der notwendigen Zuführung und der ersten richterlichen Vernehmung können mehrere Tage liegen. Benachrichtigungen erfolgen schriftlich; in jedem Fall werden der Betrieb und die Angehörigen schriftlich in Kenntnis gesetzt, wo der Verhaftete sich befindet. Dies wird in jedem Fall erfüllt. Die Gesetze der DDR werden exakt eingehalten. Beschleunigte Verfahren wurden und werden durchgeführt. Das Recht der Verteidigung war in jedem beschleunigten Verfahren gegeben. Jeder Bürger, der Auskunft über Angehörige fordert, erhält diese vom Staatsanwalt der Stadt.
Herr Heitmann sprach von einer Ausnahmesituation. Die Zusage, Inhaftierte der Demonstration, die keine Straftat begangen haben, innerhalb von 24 Stunden freizulassen, wurde nicht eingehalten. Er nannte ein Beispiel, wo ein Bürger von Sonntag bis Dienstag festgehalten und dann freigelassen wurde mit der Auskunft, daß er nichts verbrochen habe. Die beschleunigten Verfahren müßten sofort eingestellt werden.
Gen. Jörke machte deutlich, daß hierüber ausschließlich die Justizorgane entscheiden und dazu die Strafprozeßordnung gilt.
Herr Heitmann ging nochmals auf die Anwendung des § 217 SGB und § 5 AWG ein. Die jetzige Anwendung fördere nicht den Dialog, sondern spitze die Lage zu.
Gen. Jörke brachte nochmals zum Ausdruck, daß der Dialog unbedingt fortgeführt werden muß. Der Rat der Stadt Dresden wird das in seinen Möglichkeiten liegende hierfür tun.
Herr Baumgart legte dar, daß er sich auch nach dem Gesetz strafbar gemacht hat, indem er an einer ungenehmigten Demonstration teilgenommen hat. Aber auch sein Kollektiv sieht ein, daß es notwendig war, auf die Straße zu gehen. Er stellte die Frage, ob es in dieser Situation erforderlich ist, den § 217 SGB und § 5 OWG anzuwenden. Aus Vernunftgründen sollte sich der Staatsanwalt dies überlegen.
Herr Brandes machte deutlich, daß es noch ein Gespräch geben muß. Auch eine Lösung für die beschleunigten Verfahren muß angestrebt werden.
Der Stellv. Stadtstaatsanwalt wies nochmals auf die Verwüstungen des Dresdner Hauptbahnhofes und der Prager Straße hin. Die VP hat in diesem Zusammenhang eingegriffen und notwendige Zuführungen vorgenommen. Es ist nicht möglich, § 217 für Dresden aus dem SGB zu streichen.

Herr Heitmann wiederholte seinen Standpunkt und bat den § 217 SGB gegen friedliche Bürger nicht anzuwenden. Der Stellv. Stadtstaatsanwalt informierte ihn darüber, daß dies täglich geprüft wird.
Zu der Frage der Überprüfung, wo die Sicherheitskräfte unverantwortliche Gewalt angewendet haben, wurde die Prüfung zugesagt. In den Fällen, wo dies der Fall war, wurde die Möglichkeit, sich auf dem Wege einer Eingabe an den Leiter des VPKA zu wenden, aufgezeigt.
Herr Brandes informierte darüber, daß er selbst erlebt hat, daß Angehörige der VP mit Pflastersteinen zurückgeworfen haben.
Der Leiter der Abteilung K konnte das nicht glauben. Er vertritt die Meinung, das wäre nicht das Mittel für Wiederherstellung von Ruhe und Ordnung durch die VP; der von Herrn Brandes angeführte Fakt müßte eindeutig bewiesen werden.
Gen. OSL Kassielke versicherte, daß sich keiner der zugeführten Bürger in Gewahrsam der Polizei befindet.
Die Frage, ob Personen verurteilt wurden, die Teilnehmer einer friedlichen Demonstration waren, und ob sie freigelassen werden, wird durch den Staatsanwalt geprüft und das Ergebnis dem Rat der Stadt Dresden mitgeteilt.
Gen. Jörke schlug als Kompromiß vor, daß die zuständigen Organe, die darüber zu entscheiden und zu befinden haben, dies bis 15.00 Uhr klären. Um 15.00 Uhr erhalten dann die Vertreter verbindlich darüber eine Information.
Zu diesem Zeitpunkt wurde durch Gen. Damaske mitgeteilt, daß der Bezirksstaatsanwalt entschieden hat, daß Ermittlungsverfahren gegen Personen, die im Zusammenhang mit den nicht genehmigten Demonstrationen in Untersuchungshaft genommen wurden und bei denen nicht festgestellt wurde, daß sie außer der Nichtbefolgung der polizeilichen Aufforderung auseinanderzugehen, weder Gewalt gegen Sachen und Personen, noch Beschimpfungen oder andere Provokationen begangen haben, eingestellt werden und sie aus der Untersuchungshaft entlassen werden.
Gen. Jörke informierte, daß der Direktor des Bezirksgerichtes mitgeteilt hat, daß analog der genannten Kriterien, Bürger, die bereits verurteilt wurden und Rechtsmittel eingelegt haben, freigelassen wurden.
Analog wird nach Prüfung des Urteils bei allen anderen Verurteilten verfahren.
Für die VP gelten hinsichtlich der SV gleiche Regelungen.
Die Gesprächsteilnehmer werteten diese Mitteilung als ein gutes Zeichen des begonnenen Dialogs. Sie wollen in Gesprächen die Bemühungen des Staates einschließlich seiner Kompromißbereitschaft hoch würdigen. Sie wollen dazu beitragen, die Fragen im Dialog und nicht auf der Straße zu lösen.
Zu den Problemkreisen 2 und 3 wurde eine Prüfung zugesagt. Am Freitag, dem 13.10.1989, findet hierzu ein weiteres Gespräch statt.
Die Pressekonferenz wurde zugesagt.
[*Anlage:*]

1. Probleme im Zusammenhang mit Festnahmen und Verhaftungen

1.1 Sofortige Freilassung der inhaftierten gemäß der Zusage vom 9.10. durch den Oberbürgermeister.

1.2 Sofortige Einstellung der beschleunigten Strafverfahren.

1.3 Überprüfung der bisher durchgeführten beschleunigten Verfahren unter strikter Beachtung des Rechts auf Verteidigung.

1.4 Eine klare Definition, was als Gewaltanwendung eines Demonstranten anzusehen ist.

1.5 Überprüfung, wo die Sicherheitskräfte unverantwortliche Gewalt angewendet haben.
1.6 Benennung einer kompetenten Person im VPKA und bei der Staatsanwaltschaft, die Auskunft über Inhaftierte geben kann.
2. Öffentliche Bekanntgabe der Gesprächsergebnisse nach dem 16.10.
2.1 Berichterstattung auf einem öffentlichen Platz oder in öffentlichen Einrichtungen genügender Größe.
2.2 Bekanntgabe von Ort und Zeit über den Sender Dresden, durch die Tagespresse und durch Anschläge.
2.3 Anberaumung einer Pressekonferenz nach dem Gespräch vom 16.10.
3. Arbeitsmöglichkeiten für die Gruppe
Zurverfügungstellung von Räumen in öffentlichen oder gesellschaftlichen Einrichtungen.

11. Oktober 1989 Dok. 29
Bericht des FIM „Erich Wagner" über eine Veranstaltung in der Versöhnungskirche

BStU, ASt. Dresden, BV Dresden, XII 1210/75, Archiv-Nr. 2360/91 Bd. I, S.305-313. - *Kopf:* Diensteinheit XX/3, Treffbericht, Kategorie/Deckname FIM „Wagner", Datum/Zeit 11.10.89, 12.30-13.15, Treffort Speer, Mitarbeiter Schlage [*Anlage:* IM-Bericht]. - *Titel:* Versöhnungskirche am 11.10.89. - *Form:* Handschriftlich. - *Datiert:* 12.10.89.

Allgemeiner Verlauf:
- Eröffnung erfolgte 18.15 Uhr durch einen Kirchenvertreter, der sich namentlich nicht vorstellte: Alter etwa 25-30, Größe 1,75 m, schulterlanges rotes Haar, Schnurrbart, gepflegte Sprache, sicheres Auftreten vor Mikrofon und großer Menge. Er berief sich auf Artikel in der „Union"/Chefredakteur Eismann/vom 11.10. und leitete daraus das Motto ab, daß die Ereignisse der letzten Tage die „Zeichen für die Zukunft" setzen! (starker Beifall)
- Teilnehmer etwa 1500 aller Altersgruppen vom Schüler bis zu Einzelpersonen etwa bis 60. Auffallend viele Ehepaare zwischen 25 bis 40, kaum Greise, viele Einzelpersonen.
- Gegen 18.00 Uhr rückte eine größere Gruppe junger Männer auf der linken Empore ein, denen man ansah, daß sie so etwas wie den „Kirchlichen Saalschutz" darstellen sollten.
- Während der ganzen Vorstellung herrschte Ruhe trotz vieler Zwischenrufe, trotz verspäteten Beginns, trotz Beifalls, wenn Äußerungen gegen den Staatsapparat, die Sicherheitsorgane, die SED fielen. Veranstaltungsleitung war sichtlich bemüht, diese Ruhe zu sichern und/das ist meine Meinung/ließ sich auf keinerlei Diskussion um Detailfragen ein, ja unterbrach Ansätze dazu geradezu schroff.

zum Thema
- Hauptredner war ein Dieter Baumert [*oder unleserlich*] etwa 50 Jahre, schlank,1,75 m kurzes graues Haar. Sein Thema: Das Ergebnis der Verhandlungen der 20er Gruppe am 11.10. 1989 mit dem Stellvertreter des Oberbürgermeisters, einem Vertreter der Leitung des VPKA, der Bezirksstaatsanwaltschaft und Vertretern der Presseorgane Dresdens. Er führte einen Katalog von Forderungen auf, die am 11.10.1989 aus Zeitmangel nur zum Punkt 1 abgearbeitet werden konnten. Punkt 2 und 3 soll am 13. 10.1989 fortgesetzt werden.
- Tenor Punkt 1:
- An den Ausschreitungen der letzten Tage sind nur die Staats- und Sicherheitsorgane schuld.
- Forderungen:
- sofortige Freikämpfung aller Zugeführten, Festgenommenen und bereits Verurteilten.
- Einstellung jedes weiteren in Vorbereitung befindlichen Prozesses.
- das Recht auf Versammlung auf öffentlichen Plätzen, in staatlichen Einrichtungen (Rathaus, Theater, Kulturpalast usw.) und
- die Zurverfügungstellung von Büro- und Arbeitsräumen, Telefon u. a. durch die Stadtverwaltung.

Aus all dem Gesprochen ging meiner Meinung nach auch nicht die geringste Kompromißbereitschaft hervor. Im Gegenteil: wenn das nächste Gespräch mit dem Oberbürgermeister am 16.10.1989 nicht Zugeständnisse bringt, würde mit organisierten Gegenmaßnahmen ultimativ gedroht.
Weitere Redner:
- Ein Vertreter des Jugendpfarramtes, Barlachstraße 3, Telefon 77 72 95, forderte dazu auf, alle Angaben über Festgenommene, „Zugeführte", Verurteilte dorthin zu melden.
- Des weiteren „Gedächtnisprotokolle" der Vorkommnisse am Hauptbahnhof und im Zentrum, die dazu dienen sollen, Mitarbeiter der Schutz- und Sicherheitsorgane des Machtmißbrauchs zu überführen.
- Der juristische Berater der 20er Gruppe Heitmann, der über die Rechtslage, die notwendigen juristischen und rechtlichen Schritte und Möglichkeiten informierte, um „legal und rechtlich" die Forderungen durchsetzen zu können.
- Vorgestellt wurden weitere drei Mitglieder der 20er Gruppe. Darunter auch ein Ulrich Baumgarten, ca. 35 Jahre, 1,70 m, hohe Stirn, kurzes Haar, Vollbart, den ich zufällig gegen 16 Uhr beim Essen in der HOG „Aktivist" am gleichen Tisch kennengelernt hatte, und der sich dort ohne Namensnennung als Mitglied der 20er Gruppe vorgestellt hatte und gleichzeitig für die 8.00 Uhr Veranstaltung in der „Versöhnungskirche" warb. Er schien dann in der Kirche aber trotz seiner Intelligenz nur eine untergeordnete Rolle zu spielen.

Wichtig: Am Tisch nannte er die in der „SZ" im Foto veröffentlichten Waffen der Rowdys als Witz, da jeder 2. DDR-Bürger ein Taschenmesser bei sich trüge. Dieser Mann ist kontaktfreudig, hochintelligent und zu keinen Kompromissen bereit, kann reden und zumindest im kleinen Kreis auch politisch wenig Geschulte überzeugen, obwohl er sich am 11.10. in der HOG „Aktivist" nicht an die reichlich vorhandenen „Assis" wandte, sondern sich bewußt an Männer zwischen 40 und 50.

Weitere Informationen:

- Mehrmals wurde die Bitte geäußert, daß sich Leute bereit erklären sollen, bewußt und regelmäßig die Arbeit der 20er Gruppe zu unterstützen, da die Arbeit sich häuft und sonst nicht mehr bewältigt werden kann.
- es wurde auf die Kollekte im Vorraum der Kirche verwiesen und um Spenden gebeten, deren Erlös dazu verwendet würde, die Strafgelder der Verurteilten bzw. deren Rechtsbeistände zu bezahlen (Riesenbeifall).
- Im Anschluß an die Reden wurde aufgefordert, sich an 3 Arbeitsgruppen in verschiedenen Räumen der Kirche zu beteiligen:
  1. Erfassung aller „Vermißten", Zugeführten, Verhafteten und bereits Verurteilten unter Angabe der Adresse der Betroffenen, der eigenen und der von Zeugen, die belegen können, daß der Festgenommene nur „friedlicher" Demonstrant war. Gedächtnisprotokolle!
  2. Entgegennahme von schriftlichen Vorschlägen für die weiteren Verhandlungen der 20er Gruppe mit Staat und Partei.
  3. (Hier bin ich mir allerdings nicht sicher, ob ich bei der oft schlechten Akustik alles richtig mitbekommen habe): Zuarbeit für das längerfristige Programm der sich formierenden Informationsgruppe. Hier habe ich nicht mehr teilgenommen, da unter den jeweils 300 bis 400 Personen, die stets ihr ureigenstes Problem als das Wichtigste sehen, kein Arbeiten mehr möglich war. Der Begriff „Neues Forum" wurde von keinem der Redner und in keinem Zwischenruf erwähnt.

PS: Neueste Losung im Schaukasten der Nazarethkirche Altseidnitz, Bodenbacher/Marienbergerstraße „Besser eine Kerze anzünden, als über Finsternis klagen!"

12. Oktober 1989 Dok. 30

Ergebnis der Überprüfung der Mitglieder der Gruppe der 20 durch das MfS

BStU, ASt. Dresden, BV Dresden, Abt. XX, 9180, Bl. 69-90. - Kopf: Ministerium für Staatssicherheit, Bezirksverwaltung Dresden. - *Titel:* Information über die Ergebnisse erster Überprüfungen der Personen, die am 09.10.1989 Teilnehmer des Gespräches mit dem Oberbürgermeister der Stadt Dresden, Genossen Wolfgang Berghofer waren. - *Verteiler:* Gen. Modrow [*handschriftliche Ergänzung:* Moke/Berghofer] - *Vermerke:* Streng vertraulich! Um Rückgabe wird gebeten! 22 Blatt, Die Information ist bitte innerhalb von vier Wochen an den Absender zurück zusenden. - *Stempel:* Persönlich. - *Handschriftlicher Vermerk:* Gen. Oberst Linke, 1808/83. - *Datiert:* 12.10.1989.

[*Personenangaben (20 Blatt) geschwärzt*]

Die durchgeführten Überprüfungen und die Analyse der Ereignisse am 8.10.1989 vor dem Hotel „Newa" in der Prager Straße führen zu der Einschätzung, daß die Mitglieder der „Vertretergruppe" spontan aus der Situation heraus gewählt wurden, ohne vorherige gegenseitige Abstimmung und ohne, daß sie von irgend jemand bestimmt wurden. Die Mehrzahl der Personen kannte sich vorher nicht und hatte auch keine Verbindung zu Gruppen des politischen Untergrundes bzw. zu Personen, die das „Neue Forum" organisieren. Der Forderungskatalog der „Vertretergruppe" entstand in der Form, daß Kaplan Richter die vor dem Hotel

„Newa“ Sitzenden fragte „wollt ihr Pressefreiheit, wollt ihr das ‚Neue Forum‘“ usw. Die Zustimmung wurde nach jeder Frage durch lautes Klatschen bekundet. Auf einem Zettel wurden dann die auf diese Art zustande gekommenen Forderungen schriftlich fixiert.
Ausgehend von dieser Sachlage bemühen sich gegenwärtig sowohl die Vertreter der Kirche als auch verschiedene Aktivisten des politischen Untergrundes und des „Neuen Forum“ Verbindung zu den Personen der „Vertretergruppe“ aufzubauen, sie persönlich zu beeinflussen und durch sogenannte „Berater“ in der Gesprächsführung mit dem Oberbürgermeister zu unterstützen. Nach streng vertraulichen Hinweisen wird ersucht, eine sogenannte „zweite Reihe“ für die „Vertretergruppe“ aufzubauen und ihre Zusammensetzung im Sinne feindlich-negativer Kräfte zu verändern. Dabei wird gegenwärtig noch davon ausgegangen, daß eine personelle Veränderung der Zusammensetzung der „Vertretergruppe“ der Zustimmung des Oberbürgermeisters bedarf. Einzelne Mitglieder der „Vertretergruppe“ werden in die Organisierung von Aktionen einbezogen, wie

- Sammeln von Unterschriften zur Unterstützung des Forderungskataloges,
- Sammeln von Erlebnisberichten von Demonstrationsteilnehmern und aus der Haft entlassene Personen,
- Entgegennahme weiterer Fragen und Forderungen, die im Gespräch beim Oberbürgermeister am 16.10.1989 vorgetragen werden sollen sowie
- Teilnahme an Fürbittgottesdiensten.

Entsprechend dieser Situation wird vorgeschlagen, daß Genosse Berghofer gegenwärtig einer Veränderung der „Vertretergruppe“ nicht zustimmt, sondern immer nur mit dem bisherigen Personenkreis gesprochen wird. Es sollte geprüft werden, ob es zweckmäßig ist, einzelnen Mitgliedern der „Vertretergruppe“ für einen jeweiligen Problemkreis hochqualifizierte gesellschaftliche Kräfte als Gesprächspartner zuzuordnen. Weiter sollte Einfluß darauf genommen werden, daß in den Einzelgesprächen, die vor und nach den Gesprächen beim Oberbürgermeister geführt werden, keine unabgestimmten Erklärungen abgegeben oder Zusagen gemacht werden.

12. Oktober 1989 Dok. 31

Bericht des 1. Stellvertreters des Leiters der BVfS, Hardi Anders, über eine gemeinsame Beratung von BVfS und BDVP

BStU, ASt. Dresden, BV Dresden, 1. Stellv. d. Leiters, 1, Bl. 122f. - Kopf: BV Dresden 1. Stellvertreter des Leiters. - *Titel:* Bericht über die durchgeführte gemeinsame Beratung Bezirksverwaltung für Staatssicherheit Dresden und BDVP Dresden am 12.10.1989, 13.30 bis 15.00 Uhr. - *Vermerk:* VII/str-san. - *Handschriftlicher Vermerk:* 1x Gen. Anders/vn, 1x Lt. BV/Mappe. - *Datiert:* 13.10.1989.

Teilnehmer: seitens der BDVP: Generalleutnant Nyffenegger; Oberst Krumbiegel; Oberst Grellert; Oberst Schmuck
seitens der BV: Oberst Anders; Oberstleutnant Strunz

Zu Beginn der Beratung informierte Genosse Generalleutnant Nyffenegger, daß ihm der Minister des Inneren auf seine Anfrage hin am 12.10.1989 mitgeteilt hat

- Alle verhafteten Personen sind zu verurteilen, wo die Tatbestandsmerkmale des § 217 StGB bzw. § 5 OWG erfüllt sind.

Diese Position wäre mit dem Minister für Staatssicherheit, Genossen Armeegeneral Mielke, und dem Generalstaatsanwalt der DDR, Genossen Wendland abgestimmt.

Genosse Schmuck machte auf den Widerspruch zur Festlegung des Generalstaatsanwaltes der DDR, Genossen Wendland gegenüber dem Bezirksstaatsanwalt aufmerksam, wonach alle Verhafteten, die keine Gewalt angewendet haben, freizulassen sind.

In der Beratung informierte ich davon, daß sich Angriffe auf die VP/MfS mehren, indem ihnen Rechtsverstöße und Übergriffe vorgeworfen werden. Darüber hinaus informierte ich über die Probleme

- Erarbeitung von Gedächtnisprotokollen durch Zugeführte
- Auskunft über Inhaftierte im VPKA

Dabei gab ich den Anwesenden auszugsweise die Aktennotiz des Gespräches Genossen Jörke mit den Vertretern der kirchlichen Gesprächsrunde zur Kenntnis. Genosse Generalleutnant Nyffenegger kannte den Gesprächsinhalt und hat darüber seinen Minister informiert.

Auf meine Bitte hin legte Genosse Generalleutnant Nyffenegger fest, daß unter Einbeziehung der Einheitskommandeure bis 13.10.1989 für jeden Einsatztag eine kritische Wertung des Einsatzes der VP, einschließlich des Zuführungspunktes vorgenommen wird.

Verantwortlich für diese Maßnahme ist Genosse Oberst Krumbiegel. Diese schriftlichen Einschätzungen werden durch die Abteilung VII besorgt.

Im weiteren wurde Anregungen und Vorschläge für die Gestaltung des Sicherungseinsatzes der VP am 16./17.10. 1989 gegeben, in deren Ergebnis durch Genossen Generalleutnant Nyffenegger festgelegt wurde:

1. Verstärkte Präsenz der DVP im gesamten Stadtgebiet am 16. und 17.10.1989. Schwerpunkt bilden das Stadtzentrum mit dem Rathaus, Altmarkt und Prager Straße.
2. Bereitstellung von 2 Kompanien der kasernierten Einheiten mit Lautsprecherwagen im VPKA Dresden am 16.10.1989 [*handschriftliche Ergänzung: 17.10.*].
3. Schaffung neuer Führungspunkte nach Bekanntwerden der Objekte (Kirchen, staatliche Gebäude) und gedeckte Stationierung der Einsatzkräfte der Kasernierten Einheiten in den möglichen Handlungsräumen.
4. Ansammlungen/Demonstrationen sind mittels Lautsprecherwagen mit vorbereiteten Sprechtexten aufzufordern, sich aufzulösen. Bei Nichterreichen der Auflösung sind die Demonstrationen so zu kanalisieren, daß Angriffe auf Objekte der Partei, des Staatsapparates und der Schutz- und Sicherheitsorgane ausgeschlossen werden.

Mit Nachdruck wurde auf die Notwendigkeit der Sicherung des Hauptbahnhofes und dessen Vorplatzes am 16. und 17.10.1989 aufmerksam gemacht. Es ist eine gedeckte Stationierung ausreichender Kräfte der DVP/Trapo zu gewährleisten, was zugesichert wurde.

12. Oktober 1989 Dok. 32

Bericht des Leiters der BVfS, Horst Böhm, an Hans Modrow über die Gruppe der 20

BStU, ASt. Dresden, BV Dresden, Abt. XX, 9186, Bl. 74-79. - Kopf: Ministerium für Staatssicherheit, Bezirksverwaltung Dresden. - *Titel:* Information über weitere Aktivitäten und Forderungen negativ-feindlicher Kräfte nach dem vom Oberbürgermeister, Genossen Berghofer, mit der Vertretergruppe der Demonstranten am 9.10.1989 geführten Gespräch und damit verbundene Reaktionen. - *Vermerk:* Streng vertraulich! Um Rückgabe wird gebeten! Die Information ist bitte innerhalb von vier Wochen an den Absender zurück zusenden. - *Handschriftliche Vermerke:* St.Op. /E/2079/89, 1809/89. - *Datiert:* 12.10.1989.

Aus der Erklärung des Politbüros des Zentralkomitees der SED vom 11.10.1989 leitet die Bezirksverwaltung für Staatssicherheit Dresden den Auftrag ab, unter Führung der Partei in enger Kampfbereitschaft mit den anderen Schutz- und Sicherheitsorganen zu gewährleisten, daß es im Bezirk und besonders in der Stadt Dresden zu keinen weiteren, nichtgenehmigten Demonstrationen und anderen öffentlichkeitswirksamen feindlich-negativen Handlungen kommt.
Die Lageentwicklung seit der Bereitschaftserklärung des Oberbürgermeisters mit Kirchenvertretern und einer Abordnung der Demonstranten vom 8.10.1989, am 9.10.1989 in Dialog zu treten, hat bei diesen Kräften nicht nur zu Erwartungshaltungen geführt, sondern auch Aktivitäten ausgelöst, die von ihnen erreichte Position zu festigen und auszubauen. Sie fühlen sich offenbar ermutigt, mit ständig neuen und weitergehenden Forderungen gegenüber den staatlichen Vertretern aufzutreten.
Obwohl vom Oberbürgermeister am 9.10.1989 den Vertretern als nächster Gesprächstermin der 16.10.1989, 17.00 Uhr, unterbreitet und von diesen auch angenommen wurde (Einzelgespräche im dazwischen liegenden Zeitraum wurden als möglich bezeichnet), sprach der Sprecher der Vertreter der Demonstranten, der bekannte
Pstrong, Heiko, Student [*geschwärzt*]
bereits am 10.10.1989 im Rat der Stadt Dresden vor, um einen weiteren Gesprächstermin zu erhalten, da die vom Oberbürgermeister am 9.10.1989 gegebenen Zusicherungen nicht exakt von der Deutschen Volkspolizei und der Staatsanwaltschaft eingehalten worden wären. Das Gespräch wurde für den 11.10.1989, 11.00 Uhr, zugesagt. An ihm nahmen teil:
- Genosse Jörke, Rat der Stadt Dresden/Stellv. Inneres
- Genosse Damaske, Stellv. des Staatsanwaltes der Stadt Dresden
- Genosse Oberstleutnant Kassielke, Leiter der Kriminalpolizei des VPKA Dresden

sowie die Vertreter der Gesprächsgruppe vom 9.10.1989, die Personen
- Baumgart, Ullrich und
- Brandes, Dieter.

In ihrer Begleitung befanden sich der
Heitmann, Steffen geb. am [*geschwärzt*] wohnhaft [*geschwärzt*], Dresden, [*geschwärzt*]
und der Richter, Steffen geb. am [*geschwärzt*] wohnhaft [*geschwärzt*], Pirna, [*geschwärzt*] Tätigkeit: Lehrling [*geschwärzt*],

denen die Teilnahme am Gespräch gewährt wurde, obwohl beide in keiner Weise der Abordnung vom 9.10.1989 angehörten. Von diesem Personenkreis wurden in schriftlicher Form weitere Forderungen erhoben:

1. Probleme im Zusammenhang mit Festnahmen und Verhaftungen
1.1 Sofortige Freilassung der Inhaftierten gemäß der Zusage vom 9.10. durch den Oberbürgermeister.
1.2 Sofortige Einstellung der beschleunigten Strafverfahren.
1.3 Überprüfung der bisher durchgeführten beschleunigten Verfahren unter strikter Beachtung des Rechts auf Verteidigung.
1.4 Eine klare Definition, was als Gewaltanwendung eines Demonstranten anzusehen ist.
1.5 Überprüfung, wo die Sicherheitskräfte unverantwortlich Gewalt angewendet haben.
1.6 Benennung einer kompetenten Person im VPKA und bei der Staatsanwaltschaft, die Auskunft über Inhaftierte geben kann.
2. Öffentliche Bekanntgabe der Gesprächsergebnisse nach dem 16.10.1989
2.1 Berichterstattung auf einem öffentlichen Platz oder in öffentlichen Einrichtungen genügender Größe.
2.2 Bekanntgabe von Ort und Zeit über den Sender Dresden, durch die Tagespresse und durch Anschläge.
2.3 Anberaumung einer Pressekonferenz nach dem Gespräch vom 16.10.1989.
3. Arbeitsmöglichkeiten in der Gruppe
Zurverfügungstellung von Räumen in öffentlichen oder gesellschaftlichen Einrichtungen.

Abschließend wurde vereinbart, am 13.10.1989 erneut zusammenzukommen. An diesem Gespräch nahmen Pressevertreter vom ADN, der „SZ“, dem „Sächsischen Tageblatt“, den „Sächsischen Neuesten Nachrichten“ und der „Union“ teil.
Bereits am 11.10.1989 fand von 18.00 Uhr bis 18.45 Uhr in der Kreuzkirche eine Fürbittandacht mit ca. 300 Personen statt, in deren Verlauf Fürbitten gesprochen worden sind für die
- Ablösung des Rates der Stadt Dresden,
- die Inhaftierten in Bautzen,
- diejenigen, die miteinander in Dialog stehen.

In der Versöhnungskirche fand zum gleichen Zeitpunkt eine „Nachfolgeveranstaltung“ vom 8.10.1989 vor ca. 1100 Personen statt, in deren Verlauf Gemeindepfarrer Horn seine Bewunderung für den „Union“-Chefredakteur Eismann und dessen Artikel in dieser Zeitung vom 10.10.1989 zum Ausdruck brachte. Anschließend informierte der Brandes detailliert über die Gesprächsinhalte vom 11.10.1989 im Rat der Stadt. Darauf aufbauend forderte der Mitarbeiter des Jugendpfarramtes Dresden der evangelisch-lutherischen Kirche, Stellmacher, die Anwesenden auf, Faktenberichte über Mißhandlungen von Demonstranten durch die Kräfte der Deutschen Volkspolizei in zweifacher Ausfertigung an das Jugendpfarramt Dresden, Barlachstraße 3, 8020 Dresden, zu übersenden. Gleichzeitig rief er dazu auf, Gedächtnisprotokolle über die Art und Weise erfolgter Vernehmungen durch Betroffene erstellen zu lassen und diese ebenfalls dem Jugendpfarramt zu übergeben. Angestrebt wird eine Klage gegen die Einsatzkräfte der Deutschen Volkspolizei zu erarbeiten, um damit öffentlichkeitswirksam in Erscheinung zu treten. Der ebenfalls anwesende Justitiar Heitmann forderte „Betroffene“ auf, sich zwecks juristischem Beistand an Rechtsanwälte zu wenden. Bekanntgegeben wurde, daß die

Fürbittandachten für die Inhaftierten täglich 18.00 Uhr in der Kreuzkirche stattfinden und eine derartige Andacht, für den 12.10.1989, 17.00 Uhr in der Kathedrale anberaumt ist. Diese Aktivitäten und Maßnahmen kirchlicher Kräfte zielen darauf ab, den Staatsapparat pausenlos mit Forderungen zu konfrontieren und mit Gesprächen von der Realisierung anstehender Aufgaben abzuhalten, um dann zu gegebener Zeit öffentlich bekanntzugeben, daß dieser Staatsapparat nicht in der Lage ist, die Geschicke des Landes und seiner Bevölkerung zu lenken und zu leiten. Ausgehend von diesem Sachverhalt werden folgende Vorschläge unterbreitet:

1. Von dem Verlauf und den Ergebnissen der Aussprache am 16.10.1989 hängt wesentlich ab, inwieweit es erneut zu Demonstrationen oder anderen öffentlichkeitswirksamen Handlungen in der Stadt Dresden kommt. Die Bezirksverwaltung für Staatssicherheit Dresden wird deshalb im engen Zusammenwirken mit der Deutschen Volkspolizei einen vorbeugenden Sicherungseinsatz durchführen, um nicht genehmigte Demonstrationen zu unterbinden.
2. Spätestens am 14.10.1989 sollte in der Bezirkspresse eine eindeutige Information darüber erfolgen, daß es sich bei den Ereignissen am 7. und 8.10. 1989 um nicht genehmigte Demonstrationen handelte und die Teilnehmer den Aufforderungen der Deutschen Volkspolizei nicht Folge geleistet haben. An alle sollte die Aufforderung ergehen, im Sinne der Erklärung des Politbüros des ZK der SED den Dialog im Rahmen der verfassungsmäßigen demokratischen Gesetze und Einrichtungen zuführen.
3. Noch vor dem 16.10.1989 sollte der Oberbürgermeister, Genosse Berghofer, das von Superintendent Ziemer gewünschte 4-Augen-Gespräch führen. Dabei sollte beachtet werden, daß Ziemer gegenwärtig ein Doppelspiel betreibt. Gegenüber dem Oberbürgermeister, Genossen Berghofer, versichert er, alles dafür zu tun, damit sich die Lage beruhigt, keine Aktionen stattfinden, die ein Eingreifen der Deutschen Volkspolizei erfordern und daß ein konstruktiver Dialog zustande kommt. Diese Seite seines Vorgehens wird auch dadurch unterstrichen, daß er streng vertraulichen Hinweisen zufolge in seinen regelmäßigen Verbindungen zu diversen westlichen Massenmedien auf eine objektive Berichterstattung drängt und versucht, Einfluß zu nehmen, daß von dieser Seite aus die Situation in der Stadt Dresden nicht erneut angeheizt wird. Andererseits werden von ihm Fürbittgottesdienste für die Inhaftierten organisiert, Erlebnisprotokolle auf seine Initiative hin gefertigt und Kräfte des Untergrundes aktiviert, um Aufgaben der Vertretergruppe zu übernehmen. Damit wird eine Atmosphäre geschaffen, die sich im stärkeren Maße gegen die Schutz- und Sicherheitsorgane, Staatsanwaltschaft und Gerichte richtet und den Staatsapparat bei der strikten Einhaltung der Gesetze der DDR verunsichern soll.
4. In Abstimmung mit zentralen Organen sollte die Möglichkeit geprüft werden, nach dem Gespräch am 16.10.1989 beim Oberbürgermeister, Genossen Berghofer, die Informierung der Öffentlichkeit über den Dresdner Rundfunk und die Bezirkspresse durchzuführen und auf weitere Veranstaltungen in der Kirche oder gar Straßen und Plätze zu verzichten. Dazu wäre es erforderlich, am 16.10.1989 eine Pressekonferenz durch den Oberbürgermeister, Genossen Berghofer, Superintendent Ziemer und ein Mitglied der Vertretergruppe durchzuführen. Zur Klärung von Sachfragen sollten diesen 3 Personen in der Pressekonferenz Vertreter der Staatsanwaltschaft, der Deutschen Volkspolizei und Spezialisten des Rates der Stadt zur Verfügung stehen. Streng vertraulichen Hinweisen zufolge ist Superintendent Ziemer bereit, für den Fall, daß seitens

des Staatsapparates keine geeignete Möglichkeit der Information der Öffentlichkeit gefunden wird, erneut die Kirchen für diesen Zweck zur Verfügung zu stellen.

5. Die bereits vorgeschlagene Vorgehensweise für weitere Gespräche mit der Vertretergruppe sollte konsequent umgesetzt werden. Im weiteren Prozeß der Gesprächsführung ist zu prüfen, welche Möglichkeiten bestehen, diese Gruppe in einer geeigneten Form in bestehende gesellschaftliche Organisationen, z. B. die Nationale Front, einzubeziehen.

Ca. 12. Oktober 1989 Dok. 33
Erklärung der Gruppe der 20 zu ihrem Selbstverständnis

Privatbestand Herbert Wagner, unpaginiert; Privatbestand Beate Mihály, unpaginiert. - *Titel*: Status der Gruppe. - *Form:* handschriftlich.

Wir verstehen uns nicht als neue Partei und lehnen den Begriff Opposition für uns ab. Wir wollen den gewaltlosen Dialog und wir wollen Veränderungen [*auf der Basis der soz. Ges.*].[1] Wir betrachten uns bis auf weiteres als Mittler des Dialogs zwischen den Staats- und Parteiorganen und der Bevölkerung in der Stadt Dresden. Wir wollen mit dafür sogen, daß die Erwartungen und Vorstellungen der Bürger in den Dialog einfließen und zu für alle erkennbaren Veränderungen führen. Wir wollen zu diesem Zweck Arbeitsgruppen zu verschiedenen Problemkreisen bilden, die allen Bürgern offen stehen, [*juristisch als Volksvertretung anbinden in Form einer Vereinbarung*].[2] Wir fordern als Voraussetzung für den gewaltfreien Dialog:

- Die uneingeschränkte, sachliche, wahrheitsgetreue und umfassende Berichterstattung in den Medien.
- Die Genehmigung friedlicher Demonstrationen und Kundgebungen zur Unterstützung von Forderungen einschließlich der generellen Nichtanwendung des § 217 STGB und des § 5 OWVO.[3]
- Die Anerkennung der durch die Gruppe initiierten Arbeitsgruppen als kompetente Gesprächspartner zu den entsprechenden Problemkreisen.

---

1 Einfügung in der handschriftlichen Fassung im Privatbestand Herbert Wagner.
2 Einfügung in der handschriftlichen Fassung im Privatbestand Herbert Wagner.
3 Verordnung über Ordnungswidrigkeiten.

12. Oktober 1989 Dok. 34

Bericht des IMS „Lindner" über die Gruppe der 20 und Gespräche mit Friedrich Boltz

BStU, ASt. Dresden, BV Dresden, XII 682/79, Archiv-Nr. 2847/91, III, Bl. 365–371. – Titel: Zum Gespräch mit ... am 12.10.1989.[1] – *Vermerk:* Tonbandbericht, *Quelle:* IMS „Lindner", Treff: 12.10.1989, 19.00–21.15 Uhr, MA: Hptm. Bock, Hptm. Mittag. – *Datiert:* 12.10.1989.

... suchte mich heute Vormittag aus eigenen Antrieb auf, hauptsächlich aus dem Grund, mit mir aufgrund seiner von ihm nochmals betonten Vertrauensbeziehung Richtlinien und weitere Arbeitsgrundlagen dieser 20-Mann-Gruppe für die nächste Zeit kurz vorzustellen, meine Meinung zu hören und kurz abzustimmen. Dabei informierte Koll. ... kurz über den gestrigen Ablauf in der Versöhnungskirche. Dort fanden zwei Veranstaltungen statt. Einmal traf sich diese 20-Mann-Gruppe zur Abstimmung weiterer Schritte sowie zur Auswertung zwischenzeitlich erzielter Ergebnisse in Detailaussprachen vom Fachgruppenbund, Fachkollegen vom Rat der Stadt. Im Anschluß daran fand, so entnahm ich seinen Worten, eine Zwischeninformation zu erreichten Ergebnissen in dieser Kirche vor einem Teilnehmerkreis von ca. 400 Mann statt. Über gravierend Diskussionsbeiträge oder Ergänzungen zu weiteren Problemen, die zwischen der 20-Mann-Gruppe und dem Oberbürgermeister im weiteren zu verhandeln sind, ging aus diesem Abend seiner Meinung nach nichts wesentlich neues hervor.
... äußerte sich zum Qualitätsniveau zum Spektrum dieser Gruppe, indem er ausdrückte, daß es sehr schwer ist, auf einem einheitlichen Niveau die Arbeit zu gestalten, weil aufgrund des unterschiedlichen Alters, der unterschiedlichen Qualifikation es sehr zeitaufwendig ist, einen gemeinsamen Standpunkt zur Grundposition zu erarbeiten. Die Leitung der Gruppe hat zur Zeit ein Student inne (Name unbekannt). Es wird aber nicht in diesem Sinne vom Leiter oder der Leitung gesprochen. Es ist im Sinne der Aufgabenteilung festgelegt worden, daß dieser Student die Koordinierung dieser Gruppe wahrnimmt. Weitere Namen sind nicht bekannt. In der Gruppe sind nach seinen heutigen Worten keine Kirchenvertreter mehr vorhanden. Die Aufgabe von ... ist offenbar, so entnahm ich es seinen Arbeitsvorbereitungen, sich Gedanken zu machen über die inhaltlichen wesentlichen Aufgaben, d. h. also das Aufgabenprofil in der gegenwärtigen Zeit und über einige Institutionalisierungsprobleme (Arbeitsregime) der Gruppe. Er gewährte mir Einblick in seine handschriftlichen Aufzeichnungen. Diese bestanden aus zwei Teilen, zum einen ein Entwurf zu Satzungen zur Arbeit in der Gruppe, zum zweiten ein Dokument, wo wesentliche inhaltliche Aufgaben fixiert waren.
In den Satzungen (ist meine Sprechweise) waren Punkte enthalten, derart, daß sich G. versteht als Vermittler und Anbahner zum Finden konstruktiver Lösungen aus der entstandenen Situation nach dem Sonntag, den 8.10.1989, in Dresden. Aus dem Entwurf der Satzungen ($^1/_2$ Seite) ging weiter hervor, daß die Gruppe offenbar nur eine Übergangslösung sein soll, also nur Vermittler, nicht der letztendlich politische und inhaltliche Partner eines längeren Dialogs, in dem nach Lösungen zu den bestehenden Problemen geschaffen werden müssen. Es ist vorgesehen, die

1 Der Name des Gesprächspartners wird im gesamten Dokument durch Punkte ersetzt; es ergibt sich aus dem Zusammenhang, daß es sich um Friedrich Boltz handelt.

Dialoggruppe in Fachsparten zu untergliedern. Aus diesen Fachgruppen heraus (Problem der Information, Problem der Inhaftierten, Rechtsprobleme usw.) sollen sich dann kompetente Bürger finden, die dann in einer neuen Organisationsform über diese Gruppe hinaus oder aber im Rahmen von Organisationen, die im Land bereits vorhanden sind, die weiteren Dialoge bzw. gemeinsamen Gespräche zur Klärung der Situation führen sollen. Die Gruppe versteht sich offenbar so, daß sie nicht ausschließt, in eine neue Gruppierung oder vorhandene Organisation einzufließen oder aber, daß sie sich abhängig von der Kompetenz der noch zu bindenden Mitarbeiter dann gänzlich auflöst.

... berichtete weiter, daß es offenbar große Schwierigkeiten bereitet, die innere Organisation unter diesen 20 Mann abzuwickeln, was Fragen der gegenseitigen Verständigung, von Terminvereinbarungen usw. betrifft. Besonders problematisch das Raumproblem. Bisher stehen ihnen nur Gemeinderäume innerhalb der Kirchen zur Verfügung. Aus den Gesprächen entnahm ich, daß er offenbar an Treffen von Gruppenmitgliedern in Wohnungen einzelner Mitglieder noch nicht beteiligt war. In seiner Wohnung findet aufgrund der Raumsituation kein Treffen statt. Zu den inhaltlichen Problemen:

Diese beinhalten im wesentlichen eine Wichtung, Auslese und Wertung der offenbar sehr zahlreich eingegangenen Hinweise, Vorschläge und Bemerkungen im Anschluß an die Montagabendveranstaltungen in den Kirchen. Ich versuche zu rekapitulieren:

1. Die Richtigstellung und wahre Darstellung der Ereignisse seit Sonntag in der Stadt in unseren Presseorganen. Es soll versucht werden, eine Zeitung im Dresdner Raum zu finden mit der Zustimmung des Oberbürgermeisters, in der dieser 20-Mann-Gruppe täglich ein Freiraum für Mitteilungen über die Ergebnisse der Gespräche und weitere diesbezügliche Aktivitäten zur Verfügung steht. Man ist der Meinung, sich auch dadurch aus dem Vorwurf herauszulösen, man sei eine kirchliche oder kirchlich motivierte Gruppe. Dies ist auch besonders Anliegen des .... Er erklärte mir, daß dies auch ausgehend von der Mitgliederzusammensetzung nicht den Tatsachen entspricht. In gleiche Richtung zielt auch das Bestreben, weitere Großveranstaltungen in öffentlichen Einrichtungen durchzuführen, wobei die Kirche die Bereitschaft erklärte, bei Notwendigkeit auch wieder ihre Räume zur Verfügung zu stellen.
2. Ein weiterer Punkt beinhaltet die Freilassung der nicht wegen Gewalttätigkeit Inhaftierten und die Diskussion mit dem Ziel der Änderung oder gar Entfernung des § 217 StGB.
3. Die Zulassung und Unterstützung der gegenwärtigen Phase des Dialogs und der Abbau der Verunsicherung des Dialogpartners. Dieser Punkt, so erläuterte ..., soll dazu dienen, in einem nächsten gemeinsamen Gespräch mit dem Oberbürgermeister zu prüfen, ob auch die staatliche Seite gewillt ist, sich der Fülle der Meinungsbekundungen offizieller Art/Resolutionen u. ä. sich in einer Weise zu positionieren, daß man nicht von vornherein den Diskussionspartnern Staatsfeindlichkeit oder Opposition unterstellt, sondern differenziert prüft, nach dem realen Gehalt, nach der konstruktiven Bereitschaft, aktiv an der Lösung der Probleme mitzuarbeiten.
4. Ein weiterer Punkt beschäftigte sich mit der Kritik an der Arbeit zwar vielfältig vorhandener, aber zur Erreichung der eigentlichen Zielstellung unfähig gewordener Organisationen, wie Gewerkschaft, Jugendverband. Die Partei als Organisation wurde in diesem Zusammenhang nicht erwähnt. Es wurde aber nach-

drücklich erklärt, daß von der Parteiführung im Bezirk Dresden eine deutliche Positionierung zur Situation nach den Ereignissen vom 8.10.1989 erwartet wird.
Im weiteren sind dann noch 4 oder 5 Positionen aufgeführt, die aber in den Katalog, wie er am Montag in den Kirchen vorgestellt wurde, schon vorhanden sind, die lediglich etwas ausgereifter formuliert wurden. Insbesondere ist dabei genannt die Frage der Reisefreiheit, mit Forderungen nach einer sofortigen Lösung der Probleme mit den Einschränkungen der Reisemöglichkeiten in die ČSSR, weiter Probleme der Informationsfreiheit im Sinne von Darstellung der Ereignisse und Suchen von konstruktiven Lösungen nicht nur in der Tagespresse, sondern auch im Funk und Fernsehen. Des weiteren wurde auf ausgewählte Probleme - die ersten habe ich noch in Erinnerung - eingegangen:
- Freilassung der o. g. Inhaftierten;
- Verbesserung im kommunalen Bereich Dresdner Raum bezüglich Darstellung der Aktivitäten und Ergebnisse der Gruppe und Wahrhaftigkeit der Berichterstattung.

Diese Probleme wurden genannt, um an ersten Problemen, die als schnell lösbar eingeschätzt werden, Ergebnisse in der Bevölkerung andeuten, um die offenbar hohe Erwartungshaltung der Bevölkerung bezüglich konkreter Ergebnisse zu erfüllen. Zu diesen Positionen, welche als erste einer Lösung zugeführt werden sollen, soll auch das nächste Gespräch am 16.10.1989 beim Oberbürgermeister benutzt werden. Aufgrund von Fragen meinerseits erfuhr ich, daß im Ergebnis der inzwischen geführten Gespräche mit Vertretern des Rates der Stadt inzwischen eine Lösung zur Informationswidergabe der Ereignisse nach dem Gespräch vom 16.10.1989 gefunden sei. Er versteht persönlich seine Mitarbeit so, daß sie wahrscheinlich diese Übergangsphase betrifft, er sich solange voll engagiert, daß er aber in der nächsten Phase zurückzieht oder nur in einem kleinen Fachbereich mitarbeiten wird, da er dem wachsenden Zeitaufwand nicht mehr gewachsen sein wird. Weiter berichtete ... über eine Aussprache beim APO[2]-Sekretär Czorny. Ich hatte vorher mit beiden gesprochen, um auf Czorny dahingehend einzuwirken, daß keine Konfrontation: Mitwirkung von ... in der Dialoggruppe oder SED-Mitgliedschaft. Offensichtlich hat dieses Gespräch gefruchtet. Genosse Czorny hat sich über die Ergebnisse und Ziele der Gruppe informieren lassen und hat vereinbart, daß die Ergebnisse des Dialogs von ... am 23.10.1989 in der SED-Mitgliederversammlung ausgewertet werden.
Des Weiteren erreichte mich am heutigen Nachmittag eine Einladung des Bezirksgerichtes Dresden zur Teilnahme an einer morgen beginnenden Verhandlung gegen Inhaftierte im Zusammenhang mit den Ereignissen der ersten Woche. Seine weitere Mitgliedschaft in der Partei versteht ... so, daß er erwartet, daß die Kluft, die z. Z. zwischen Parteiführung und der breiten Mitgliedschaft in der Weise überwunden wird, daß die Erneuerungsgedanken, die die Basis erfaßt haben, auch in die Parteispitze eindringen und von dieser übernommen werden. Mit dieser Erwartungshaltung sieht ... z. Z. keinen Grund, über einen eventuellen Austritt nachzudenken. Aus eben diesem Grund war er aber über die Pressemitteilung über die Ergebnisse der Politbürositzung enttäuscht und frustriert, wie er sagte. Seine persönliche Meinung dazu deckte sich mit Auffassungen, die ich heute auch von anderen Genossen und Parteilosen hörte, in denen zum Ausdruck gebracht wurde,

---

2 Abteilungsparteiorganisation.

daß die Parteiführung die Ernsthaftigkeit der entstandenen Situation und die Dringlichkeit der Lösung der ursächlichen Probleme verkennt und nicht in angemessenem Maße reagiert. Insbesondere wurde kritisiert, daß die ganzen Ergebnisse eingepackt sind in einen Mantel von rhetorischen Beteuerungen, was schon erreicht ist und das Neue, was mitgeteilt wurde, nur im Zulassen des Darüberredens besteht. Ich entnahm den Worten von ..., daß seine Meinung zur Parteispitze nicht nur seine eigene ist, sondern die Auffassung der Gruppe repräsentiert. ... teilte mit, daß die Gruppe über eine der CDU-Zeitung „Union" nahestehende Journalistin einen Weg gefunden habe, in dieser Zeitung wortgetreu ihre Auffassung zu veröffentlichen. Bei der Verfassung dieser Veröffentlichungen assistiert offenbar eine freischaffende Journalistin. Bezüglich der „Union"-Journalistin stellte ich ... die Frage, wer dies sei, da ich sowohl den Chefredakteur der „Union" als auch seine Ehefrau, welche ebenfalls bei der „Union" arbeitet, kenne (Nachzug in meine ehemalige Wohnung). ... betonte, daß er Namen aus der Gruppe sowie von Kontakten der Gruppe im Moment nicht popularisieren möchte. ... äußerte sich zur Stellung der Dialoggruppe in Beziehung zu den in letzter Zeit entstandenen illegalen Gruppierungen in der DDR. Er nannte dabei „Neues Forum", „Sozialistische Demokratische Partei" und eine sogenannte „Dresdner Bürgerinitiative". Er betonte, daß die Arbeitsrichtung der Dialoggruppe nicht so ist, daß sie sich in eine dieser Richtungen einordnet, sondern, daß es darum geht, die weitere Dialogfähigkeit hier im Raum Dresden zu erzeugen und wie o.g. zu qualifizieren.
Ob sich am Ende die Dialoggruppe in eine der o.g. Gruppierungen einordnen läßt, z. B. wenn eine davon einen offiziellen Status erlangt, ist nicht auszuschließen, aber z. Z. nicht Ziel der Gruppe. Er ist überzeugt, daß eine solche Einordnung zum jetzigen Zeitpunkt ein Schritt wäre, um den praktischen Dialog zu disqualifizieren. ... deutete an, daß es auch möglich sein kann, daß in der Weise, wie bestimmte Probleme geklärt werden, auch vorhandene Organisationsformen wie FDGB oder SED vielleicht bis zu einem Zeitpunkt, da die Dialoggruppe ihre Arbeit in der Übergangsphase beendet, Voraussetzungen geschaffen werden, um die weitere Arbeit innerhalb dieser Organisationen zu führen.

13. Oktober 1989 Dok. 35

Bericht von Hans Jörke über ein Gespräch mit Vertretern der Gruppe der 20

BStU. ASt. Dresden, BV Dresden, Ltr. BV, 10003, Bl. 84. - Titel: Aktennotiz über das am 13.10.1989, 15.00-15.45 Uhr geführte Gespräch mit Herrn Heitmann, Baumgart, Boltz, Mattheß, Pstrong. - *Handschriftlicher Vermerk:* Lt. BV/Mappe. - *Ohne Datum.*

Auf der Grundlage der abgesprochenen Gesprächskonzeption wurden von mir die Standpunkte dargelegt. Die Mitglieder der Gesprächsgruppe erklärten im Gespräch:

1. Sie möchten klarstellen, daß sie weder eine Gruppe des Neuen Forums noch einer neuen Partei, aber auch keiner kirchlichen Vereinigung sind.
2. Eine öffentliche Berichterstattung über den geführten Dialog halten sie für unverzichtbar. Kirchliche Räume sollten dafür nicht vorgesehen werden. Es wäre denkbar, daß ein Sprecher der Gruppe, der Oberbürgermeister und ggf.

2-5 andere Bürger die Möglichkeit zum Sprechen erhalten. Als Ort wird das Gelände vor der BDVP vorgeschlagen. Aber auch mit großen Sälen wie Kulturpalast, Hygienemuseum etc. wären sie einverstanden.

3. Sie würden ihre Arbeit einstellen, wenn sie feststellen, daß sie mit ihrem Wirken etwas in Gang gebracht haben. Sie möchten nicht mehrere Wochen als Gruppe zusammen bleiben.
4. Sie beschwerten sich, daß durch die Staatssicherheit Feststellungen zu den Mitgliedern der Gruppe eingeholt worden wären. Nachweisbar wäre das am Beispiel von Bartzsch, Andreas erfolgt. Sie wüßten es aber auch von 3 weiteren Mitgliedern der Gruppe.
5. Die Diffamierung der Gruppe hätte eingesetzt in einer Veranstaltung mit Reisekadern; im ZMD[1] habe ein Mitarbeiter der Staatssicherheit die Gesprächsgruppe als konterrevolutionäre Gruppierung, als eine vom Westen angeleitete und die Demonstration langfristig vorbereitete Gruppierung[2] bezeichnet. Sie bitten darum, daß solche Diffamierungen durch den Oberbürgermeister unterbunden werden.

Ich habe mich zu allen Fragen so geäußert, daß gegebene Information zur Kenntnis genommen werden und wir die Überlegungen wie die Auswertung des Gespräches am Montag erfolgt, zum Abschluß bringen. Sie baten darum, möglichst am Sonnabend Herrn Ziemer das Ergebnis mitzuteilen.

13. Oktober 1989 — Dok. 36

Protokoll von Bezirksstaatsanwalt Lindner über ein Gespräch mit Oberkirchenrat Kreß

BStU. ASt. Dresden, BV Dresden, Ltr. BV, 10003, Bl. 85-87. - Kopf: Staatsanwalt des Bezirkes Dresden. - *Titel:* Niederschrift über ein Gespräch mit einem Vertreter der evangelisch-lutherischen Landeskirche zum Thema „Aktion Gedächtnisprotokolle". - *Verteiler:* 1x Gen. Linke/XX, 1x Lt. IX, 1x Lt. BV/Mappe, 1x Gen. Anders/Ru [*unleserlich*] bez. Handlg. d. VP! - *Handschr. Vermerk von Horst Böhm:* Mir ist unverst., wenn BStA[1] seit Mittwoch d. Prot. hat, daß er uns am Freitag 15h inf. - *Datiert:* 13.10.1989.

Anwesend: Genosse Lindner, Bezirksstaatsanwalt
Genosse Saupe, Staatsanwalt b. StA[2] der Stadt Dresden
Genosse Johne, Mitarbeiter Referat Kirchenfragen beim Rat des Bezirkes
Herr Oberkirchenrat Kreß vom Landeskirchenamt Sachsen

Beginn des Gesprächs: 10.50 Uhr
Ende des Gesprächs: 11.20 Uhr

Das Gespräch fand im Dienstzimmer des Bezirksstaatsanwaltes statt, da Herr Kreß heute ohnehin als Zuhörer an der Verhandlung gegen 3 Rädelsführer aus den

1 Zentrum für Mikroelektronik Dresden.
2 Vermutlicher Sinn: „die Demonstrationen langfristig vorbereitende Gruppierung".
1 Bezirksstaatsanwalt.
2 Staatsanwaltschaft.

Vorkommnissen auf dem Dresdner Hauptbahnhof im Justizgebäude anwesend war.

Genosse Lindner trug ihm das Anliegen wie folgt vor:

1 Bei dem Gespräch, welches am Mittwoch bei Stadtrat Jörke mit 3 Vertretern der Gesprächsrunde Berghofer stattgefunden hat, wurde dem dort anwesenden Genossen Damaske durch Herrn Kirchenamtsrat Heitmann ein sogenanntes Gedächtnisprotokoll einer Zuführung übergeben mit dem Bemerken, daß nach dem Wissen des Herrn Heitmann noch mehr solche Gedächtnisprotokolle im Umlauf sind. (Anlage) [*Handschriftliche Ergänzung:* Ich habe in der BEL-Sitzung zu diesem Probl. heute gespr. + Chef BDVP wurde zur grdl.[3] Untersuchung v. 1. Sekr. BL[4] beauftragt! Böhm]

2. Inzwischen wurde der Staatsanwaltschaft bekannt, daß am Mittwoch Abend in der Versöhnungskirche Dresden wieder eine Versammlung von Bürgern stattgefunden hat - es sollen mindestens 2 000 anwesend gewesen sein - wo die vormittags bei Genossen Jörke zum Gespräch gewesenen Vertreter über das Ergebnis berichtet haben. Dabei soll erklärt worden sein, daß beim Stadtjugendpfarramt Dresden eine Sammelstelle für eine sogenannte Aktion Gedächtnisprotokolle eingerichtet wird und daß alle Bürger, die glauben, anläßlich ihrer Zuführungen und Verhaftungen aus den Ereignissen vom 4. bis 8.10.89 Beschwerden über die Volkspolizei und Justiz vorbringen zu müssen, Gedächtnisprotokolle anfertigen sollen, die sie in zweifacher Ausfertigung beim Stadtjugendpfarramt abgeben. Es sei beabsichtigt, je ein Exemplar solcher Protokolle der Staatsanwaltschaft zuzuleiten.

3. Eine solche Aktion dient nach Auffassung der Staatsanwaltschaft nicht der Dialogpolitik zwischen Staat und Kirche, in solchen Gedächtnisprotokollen sind erfahrungsgemäß eine Menge subjektiver Färbungen und Emotionen.

4. Die Justizorgane haben ihre Dialogbereitschaft unter Beweis gestellt, was nicht zuletzt aus der heute veröffentlichten Erklärung der Dresdner Justizorgane zum Ausdruck kommt. Wir werden auch die verbliebenen Fälle weiter gründlich prüfen, und es ist nicht auszuschließen, daß es im Endergebnis weniger werden.

5. Der Staatsanwaltschaft ist bekannt, daß es bei den erfolgten Zuführungen nicht immer völlig korrekt und entsprechend den Gesetzen zugegangen ist. In diesem Zusammenhang verwies Genosse Lindner auf das Interview in der „Jungen Welt“ vom 13.10.89 mit dem Berliner VP-Oberst Dietze, wo auch zu solchen Fragen Stellung genommen wird. Die DDR hat gesetzliche Möglichkeiten für jeden Bürger geschaffen, sich über falsche Behandlungen und erlittene Schäden bei den Zuführungen zu beschweren. Das können im Extremfall sogar Anzeigen sein. Konkrete Beschwerden und Anzeigen werden also von uns geprüft wie in allen anderen Fällen auch. Allgemeine Gedächtnisprotokolle nützen uns nichts. [*Handschriftliche Ergänzung Böhms zu Punkt 5:*? Diese Antwort v. BStA halte ich für falsch!]

Genosse Lindner sprach die Bitte aus, diese Sammelstelle für Gedächtnisprotokolle im Jugendpfarramt Dresden nicht weiter bestehen zu lassen. Wenn Bürger sich an kirchliche Stellen wenden, sollten sie an die zuständigen staatlichen Organe verwiesen werden. Herr Kreß kannte weder das von Herrn Heitmann übergebene Gedächtnisprotokoll noch konkrete Einzelheiten aus der Mittwochversammlung in

3 gründlichen.
4 1. Sekretär der SED-Bezirksleitung, Hans Modrow.

der Versöhnungskirche. Das generelle Thema war ihm jedoch bekannt, und er äußerte sich dazu wie folgt:
Auch die Mittwochversammlung in der Versöhnungskirche sei keine kirchliche Veranstaltung gewesen. Auch in diesem Falle habe die Kirche nur ihre Räume zur Verfügung gestellt. Die Kirche sei froh, wenn sie das nicht mehr müßte. Er gehe jedoch davon aus, daß Wege für einen echten Dialog zwischen Staatsmacht und Bürger gefunden werden müßten. In dieser Beziehung sei durch die Erklärung des Politbüros ein erster Anfang gemacht. Ihm sei nur noch nicht klar, welche Formen man finden müsse, um den Dialog zu entwickeln. Auf die Frage des Genossen Lindner, ob er der Meinung sei, daß die vorhandenen Formen nicht ausreichen, wenn sie besser genutzt würden, äußerte er sich unbestimmt. Er persönlich sei der Meinung, daß eine Art Neues Forum geeignet sei, wobei er sich nicht auf Neues Forum festlegen wollte. Er sehe z. B. auch die Möglichkeit, einen geeigneten Ort unter freiem Himmel zu finden. Die Kirche wäre froh, wenn sie diesen Druck aus ihren Räumen weg hätte.
Was die Aktion Gedächtnisprotokolle anbetrifft, so sei ihm bekannt, daß viele Bürger empört und äußerst emotionsgeladen über ihre Behandlung während der Zuführung seien. Besonders beträfe das die Behandlung in der 8. VP-Bereitschaft und in der StVE Bautzen. In der Veranstaltung in den 4 Dresdner Kirchen vom vergangenen Montag sei die Stimmung so angeheizt gewesen, daß man Mühe hatte, zu verhindern, daß diese Leute nicht Besitz von den Mikrofonen ergreifen. Davon ausgehend, habe man empfohlen: Schreibt euren Unmut lieber auf. Er sehe das auch als eine Art Ablaßventil. Damit könnten Emotionen abgebaut werden und in den erforderlichen Fällen könne man hinterher in Ruhe prüfen.
Zu der Sammelstelle im Jugendpfarramt erklärte er, daß die Gedächtnisprotokolle nicht im Jugendpfarramt gesammelt werden. Er erklärte desweiteren, daß eine sorgfältige Sichtung dieser Protokolle erfolgen wird, nicht um sie in irgendeiner Weise zu veröffentlichen. Zu einem späteren Zeitpunkt wird zum Inhalt dieser Protokolle das Gespräch mit Vertretern der Staatsanwaltschaft gesucht.

14. Oktober 1989 Dok. 37

Information der BVfS über Forderungen der Gruppe der 20 für das 2. Rathausgespräch

BStU, ASt. Dresden, BV Dresden, Abt. XX, 9180, Bl. 91-93. - Kopf: Ministerium für Staatssicherheit, Bezirksverwaltung Dresden. - *Titel:* Information über voraussichtliche Forderungen der „Vertretergruppe“ im Hinblick auf das am 16.10.1989 zu führende Gespräch mit dem Oberbürgermeister der Stadt Dresden. - *Verteiler:* Gen. Modrow/Gen. Berghofer. - *Vermerke:* Streng vertraulich! Um Rückgabe wird gebeten! Die Information ist bitte innerhalb von 4 Wochen an den Absender zurückzusenden. - *Handschr. Vermerk:* St.Op. /E/2086/89, 1823. - *Datiert:* 14.10.1989.

Der Bezirksverwaltung für Staatssicherheit Dresden wurde streng vertraulich[1] bekannt, daß die „Vertreter“ der Demonstranten in der für den 16.10.1989 um

1 Hervorhebung im Original.

17.00 Uhr vereinbarten Gesprächsführung im wesentlichen folgende Forderungen durchzusetzen beabsichtigen:

1. Korrektur der in der Presse erfolgten Darstellung der Ereignisse, die sich seit dem 8.10.1989 in der Stadt Dresden ereigneten. In dem Zusammenhang gibt es Bestrebungen mit Zustimmung des Oberbürgermeisters der Stadt Dresden eine Zeitung im Raum Dresden zu finden, die der „Vertretergruppe" täglich einen Freiraum für Mitteilungen über die Ergebnisse der Gespräche mit dem Oberbürgermeister und weitere diesbezügliche Aktivitäten zur Verfügung stellt. Damit wird zugleich das Ziel verfolgt, Vorhalte der Staatsorgane bezüglich einer kirchlichen Motivierung der „Vertreter" zurückzuweisen. In die gleiche Richtung zielen auch Absichtserklärungen, weitere „Großveranstaltungen" analog der Veranstaltungen des 9.10.1989 in 4 Dresdner Kirchen künftig in öffentlichen Einrichtungen durchzuführen.
2. Freilassung aller Inhaftierten, denen keine Gewalttätigkeit nachgewiesen werden kann, sowie Diskussion über eine Abänderung bzw. Außerkraftsetzung des § 217 (Zusammenrottung) des Strafgesetzbuchs.
3. Fortsetzung und weiterer Ausbau des Dialoges.
   In einem der nächsten Gespräche mit dem Oberbürgermeister der Stadt Dresden soll die Bereitschaft der Staatsorgane ausgelotet werden, sich der Fülle öffentlicher Meinungsbekundungen, beispielsweise in Form von Resolutionen, zu stellen, ohne den „Dialogpartnern" oppositionelles Verhalten bzw. Staatsfeindlichkeit zu unterstellen.
4. Überprüfung der Wirksamkeit gesellschaftlicher Organisationen, vor allem des FDGB und der FDJ. Von den Führungskräften der SED im Bezirk Dresden wird eine deutliche Positionierung zu der nach dem 8.10.1989 entstandenen Situation erwartet.

Weitere Forderungen sollen die bereits im Gespräch am 9.10.1989 angesprochenen Problemkreise, vor allem der Gewährung von „Reisefreiheit", einschließlich der unverzüglichen Klärung der eingeschränkten Reisemöglichkeiten nach der ČSSR, und „Informationsfreiheit" im Sinne einer realistischen Darstellung der Ereignisse und des Suchens nach konstruktiven Lösungen über den Rahmen der Tagespresse hinaus, detaillierter untersetzen.

Führungskräfte des Ökologischen Arbeitskreises der drei Dresdner Kirchenbezirke äußerten in einer internen Zusammenkunft die Absicht, die „Vertretergruppe" dahingehend zu beeinflussen, unter Ausnutzung der gegenwärtig „überkritischen Situation" so lange Druck auf die staatlichen Organe auszuüben, bis die grundlegenden Forderungen und Ziele der „Vertreter" durchgesetzt seien. Aus den objektiv fehlenden Möglichkeiten des Oberbürgermeisters der Stadt Dresden, allen Forderungen der „Vertreter" nachzukommen, leite sich die Gefahr ab, daß die „Vertretergruppe" lediglich hingehalten werde. In diesem Fall, so die Führungskräfte des Ökologischen Arbeitskreises, sollte man mittels Flugblättern eine erneute Massendemonstration initiieren. Die Stimmung unter der Bevölkerung sei gegenwärtig so, daß man ohne weiteres 20-50 000 Personen auf die Straße bringen könne. Vor allem in den Betrieben müsse man Informationen über die Forderungen der „Vertreter" verbreiten, um o. g. Druck auf die staatlichen Organe eine breitere Basis zu geben.

Als dringend erforderlich erachten auch die Führungskräfte des Ökologischen Arbeitskreises, den „Vertretern" Arbeitsräume außerhalb kirchlicher Einrichtungen zur Verfügung zu stellen, denn mit „kirchlichem Anstrich" sei „die Sache nur halb so viel wert". Günstig wäre die Schaffung eines „Kontaktbüros", möglicherweise mit Unterstützung von Künstlern oder Theaterschaffenden, die bekanntlich den Forderungen der „Vertretergruppe" aufgeschlossen gegenüberstehen.

15. Oktober 1989 Dok. 38
Erklärung der Gruppe der 20

MDA, Wende I, unpaginiert; Privatbestand Pfarrer Wolfgang Leonhardt, Katholische Pfarrei Dresden-Zschachwitz, unpaginiert; Privatbestand Beate Mihály, unpaginiert. - Kopf: Erklärung der Gruppe der 20 in der Stadt Dresden (dem Oberbürgermeister am 16.10.89 übergeben). - *Datiert:* 15.10.1989.[1]

Wir, die Gruppe der 20, haben uns aus der gewaltfreien Demonstration am 8.10.89 mit dem Ziel zusammengefunden, den drohenden Kreislauf der Gewalt zu durchbrechen und die Aufgabe übernommen, die Forderungen der Demonstranten an den Oberbürgermeister der Stadt Dresden zu überbringen.
Von uns selbst nicht erwartet, haben wir bei vielen Bürgern der Stadt Dresden große Hoffnungen geweckt, daß nun endlich die Lösung dringender Probleme beginnt.
Wir haben unsere Verantwortung erkannt und sind bereit, uns den kommenden Aufgaben zu stellen.
Wir verstehen uns nicht als neue Partei und lehnen den Begriff Opposition für uns ab.
Wir wollen den gewaltlosen Dialog, und wir wollen Veränderungen auf der Basis der sozialistischen Gesellschaft.
Wir betrachten uns bis auf weiteres als Mittler des Dialogs zwischen den Staats- und Parteiorganen und der Bevölkerung der Stadt Dresden.
Wir wollen mit dafür sorgen, daß die Erwartungen und Vorstellungen der Bürger in den Dialog einfließen und zu deutlich erkennbaren Veränderungen führen.
Wir wollen zu diesem Zweck Arbeitsgruppen zu verschiedenen Problemkreisen bilden, die allen Bürgern offenstehen.
Wir fordern als Voraussetzung für den gewaltfreien Dialog:
1. Die uneingeschränkte, sachliche, wahrheitsgetreue und umfassende Berichterstattung in den Medien.
2. Die Garantie des Rechts auf freie Meinungsäußerung ohne persönliche Nachteile.
3. Genehmigung und Schutz friedlicher Demonstrationen und Kundgebungen zur Unterstützung von Vorschlägen und Forderungen - generelle Nichtanwendung des § 217 StGB und des § 5 OWVO gegen friedliche Demonstranten.
4. Die Anerkennung der durch die Gruppe der 20 initiierten Arbeitsgruppen als kompetente Gesprächspartner zu den entsprechenden Problemkreisen.
5. Die Anerkennung der Arbeit der Gruppe als gesellschaftliche Tätigkeit.

---

1 Das Dokument war sehr verbreitet. Es entstand nach der Fixierung der Bezeichnung „Gruppe der 20". Auf den meisten Exemplaren des Dokuments stand kein Datum, vgl. jedoch ein Exemplar aus dem Privatbestand Beate Mihály, auf dem der 15. Oktober 1989 angegeben ist.

Dresden, den 15.10.89

Andreas Bartzsch	Fahrschullehrer	32 Jahre
Ulrich Baumgart	Dipl.-Ing.	45 Jahre
Friedrich Boltz	Entw.-Ing.	36 Jahre
Dieter Brandes	Katechet	58 Jahre
Karl-Heinz Denkert	Tischlermeister	44 Jahre
Uwe Glosinski	KOM-Fahrer	24 Jahre
René Grüttner	Schlosser	23 Jahre
Markus Kinscher	Lehrling	18 Jahre
Sabine Linke	Schwesternschülerin	19 Jahre
Henry Mattheß	Student	26 Jahre
Maik Miersch	Dreher	23 Jahre
Beate Mihály	Krippenerzieherin	45 Jahre
Frank Neubert	Schichtleiter	36 Jahre
Kerstin Nikolaus	Beiköchin	22 Jahre
Eberhardt Ohst	Dipl.-Chemiker	49 Jahre
Heiko Pstrong	Student	21 Jahre
Steffen Richter	Lehrling	17 Jahre
Peter Rosenberg	Bäcker	37 Jahre
Olivia Schwarz	Lehrling	18 Jahre
Herbert Wagner	Entw.-Ing.	41 Jahre

15./16. Oktober 1989 Dok. 39
Aktennotiz des Leiters der BVfS, Horst Böhm

BStU, ASt. Dresden, BV Dresden, Ltr. BV, 10003, Bl. 11 f. - *Kopf:* Bezirksverwaltung für Staatssicherheit, Leiter. - *Titel:* Aktennotiz. - *Vermerk:* bö-schi. - *Handschriftlicher Vermerk:* Mappe. - *Datiert:* 16.10.1989.

Am 15.10.1989, 09.15 Uhr telefonierte der Genosse Minister mit mir. Er fragte mich zu nachgenannten Problemen:
1. Steht die Partei noch, hat sie noch 51 Prozent?
2. Steht die Arbeiterklasse noch?
3. Wie ist die Lage in den Kampfgruppen?

Ich habe Genossen Minister geantwortet, daß die Partei steht, es aber in einigen Bereichen echte Einbrüche, vor allem im kulturell-künstlerischen Bereich gibt.
Zur Lage unter der Arbeiterklasse habe ich erklärt, daß zwar auch unter ihnen viele Diskussionen geführt werden, aber die Arbeiterklasse noch steht.
Ähnlich habe ich die Lage in den Kampfgruppen geschildert.
Ausgehend von meinem Fernschreiben zur Lage in Dresden hat mich der Genosse Minister am 16.10.1989, 8.30 Uhr gefragt, ob Genosse Modrow die Forderungen der Vertretergruppe und das staatliche Reagieren darauf mit dem ZK abstimmt.
Ich habe Genossen Minister gesagt, daß ich hierzu keine definitive Auskunft geben kann, jedoch am Sonntag Genosse Krenz mit Genossen Modrow gesprochen hat.
Aus diesem Telefonat heraus habe ich, ohne bezug auf Genossen Minister zu nehmen, am 16.10.1989, 12.15 Uhr Genossen Modrow vorgeschlagen, den gesamten Forderungskatalog dem ZK zu übermitteln und mit der Zentrale das Vorgehen

abzustimmen. Genosse Modrow antwortete, daß die SED-Bezirksleitung täglich das ZK informiert und er ja die ersten Forderungen in der vergangenen Woche bei Genossen Krenz und Honecker mit hatte und dem Vorgehen in Dresden zugestimmt wurde. Ich habe Genossen Modrow nochmals gebeten, da nunmehr ja Forderungen gestellt werden, die die Machverhältnisse betreffen, dies auch der Zentrale wissen zu lassen.
Auch dem Oberbürgermeister, Genossen Berghofer, habe ich empfohlen, den gesamten Forderungskatalog bis an den Vorsitzenden des Ministerrates heranzutragen.
Genosse Modrow teilte mir mit, daß er heute vormittag das Auftreten und die Taktik mit Genossen Berghofer besprochen hat und wir den heutigen Gesprächs- und Pressegesprächsverlauf abwarten und morgen daraus die politischen und sicherheitspolitischen Maßnahmen und Aufgaben festlegen. Er teilte mir mit, daß er jetzt in's Edelstahlwerk Freital fährt, um mit Arbeitern zu reden. Auf seine Bitte hin, im Gästehaus Prellstraße WTSch zu schalten, habe ich mitgeteilt, daß dies erfolgt ist.
Außerdem habe ich Genossen Modrow informiert, daß unser Mitarbeiterstand ab der heutigen Lage in Leipzig, Halle und Zwickau bis auf Widerruf im Dienst verbleibt.
Genosse Modrow ließ mich wissen, daß die große Demonstration vorige Woche in Leipzig auch damit zusammenhängt, daß in der Kirche 500 Genossen waren und auf der Straße sich Tausende versammelten und demonstrierten.

15. Oktober 1989 Dok. 40

Telegramm des Leiters der BVfS Dresden, Horst Böhm, an das MfS Berlin über die Forderungen der Gruppe der 20

BStU, ASt. Dresden, BV Dresden, Abt. XX, 9181, Bl. 198-201. - Kopf: Telegramm, Dringlichkeit Flugzeug, Bezirksverwaltung für Staatssicherheit Dresden, Leiter. - *Verteiler:* Gen. Minister; Stellv. Minister, GO Mittig; GL Neiber; Leiter ZAIG; Leiter HA XX; Bezirksverwaltung Dresden - 1. Stellv. Leiter BV, Stellv. Op.,Stellv. Aufklärung, Stellv.OT/S, Leiter XX, KD Stadt, AKG. - *Fußvermerk:* [*gezeichnet:*] Generalmajor Böhm, [*handschriftlich ergänzt:* i.V. *unleserlich*]. - *Datiert:* 15.10.1989.

In Ergänzung meines FS[1] vom 14.10.89, Nr. 1742 wurden zwischenzeitlich durch operative Maßnahmen weitere Hinweise und Fakten bekannt, daß sich der Hauptakteur des Neuen Forum, Pfarrer Schmidt - Coswig/Krs. Meißen, der Dresdner Kirchenamtsrat Heitmann, im Hintergrund haltend aber inspirierend, der Dresdner Superintendent Ziemer verstärkt und intensiv darum kümmern, dem am 16.10.1989 beim Oberbürgermeister, Gen. Berghofer, weiterzuführenden Dialog mit der 20köpfigen „Vertretergruppe der Demonstranten" einem zunehmend oppositionell-feindlichen Charakter zu geben, weiterführende Forderungen eindeutig staatsfeindlichen Inhalts zu stellen und auch die Forderung erheben, direkte Oppositionsstrukturen zu schaffen. (Diese Leute haben am 13. und 14.10.1989 mit einzelnen Personen der „Vertretergruppe" gesprochen.) Obwohl

1 Fernschreiben.

die „Vertretergruppe“ bis Montag an der Ausarbeitung der Formulierungen der Forderungen noch laufend arbeitet und feilt, übergab Superintendent Ziemer im 4-Augen-Gespräch am 14.10.1989 „vertraulich“ dem OB die bereits vorliegenden Forderungen, die ich übersende. Der 1. Sekretär der SED-Bezirksleitung hat Kenntnis, und mit dem OB wurde die Linie abgestimmt, wie er am Montag reagiert:

Kern: Staat und Gesellschaftsordnung stehen nicht zur Disposition; alles wird eingearbeitet in die weitere Arbeit, so wie es auch die PB-Erklärung betont. In Dresden werden die bestehenden Strukturen im Rahmen der sozialistischen Demokratie, in Volksvertretungen, ständigen Kommissionen, Fachgruppen mit kompetenten Fachleuten genutzt und erweitert und noch lebendiger gestaltet, um vor allem viele anstehender Probleme in der Stadt, Wirtschaft, im Gesundheitswesen, der Ökologie usw. schrittweise zu lösen und sichtbare Verbesserungen zu erreichen. Der OB wird auch andeuten, daß mit einer Reihe zentral zu lösender Probleme begonnen wurde, siehe Reiseverkehr ČSSR.

Insgesamt ist damit zu rechnen, daß der Druck auf Partei und Staat im Gespräch am 16.10 1989 beim OB und in dem anschließenden Pressegespräch weiter zunimmt.

Die Kirche wird am 17.10.1989 abends wieder ihr Räumlichkeiten zur Verfügung stellen, um die Bevölkerung „wahrheitsgemäß“ über die Gespräche mit dem OB zu unterrichten. Wir rechnen mit 25 000 bis 30 000 Menschen! Maßnahmen zur operativen Sicherung werden eingeleitet, um Provokationen und Gewaltakte vorbeugend zu verhindern und den Schutz wichtiger strategischer Objekte zu gewährleisten.

16. Oktober 1989 Dok. 41

Forderungen der Gruppe der 20 für das 2. Rathausgespräch (2 Fassungen)

Privatbestand Dieter Brandes, unpaginiert.[1] *- Titel beider Fassungen:* Zum Gespräch am 16. 10. 1989. *- Ohne Datum.*

Fassung 1

1. Ziele:
   - Einigung über Fortführung, Themen, Struktur und Folgen des Dialogs;
   - keinerlei Benachteiligungen und Beobachtungen durch die Staatssicherheit der Gruppenmitglieder und der sich am öffentlichen Dialog Beteiligenden;
   - Absicherung der äußeren Arbeitsmöglichkeiten der Gruppe;
   - Öffentliche Unterrichtung der Demonstranten;
   - Untersuchung der gewalttätigen Übergriffe der Sicherheitsorgane;
   - Möglichkeit friedlicher Demonstration
2. Themen des Dialogs:
   - Recht und Sicherheit;

1 Modifizierte Fassungen, die die Entstehung des Papiers dokumentieren, befinden sich im Privatbestand Beate Mihály.

- Medienpolitik;
- Strukturen der Bürgermitverantwortung (u. a. Wahlen/Demonstrationsrecht);
- Ziele der Gesellschaft in der DDR;
- Reisen und Ausreisen;
- Bildung und Kultur;
- Stadtentwicklung;
- Ökologie und Ökonomie;
- Handel und Versorgung, Wirtschaft;

(Behandlung auf zwei Ebenen, allgemein und lokal/Transformation auf Stadtebene, ohne Grundsatzfrage aus dem Auge zu verlieren/Gruppen bilden zur Konkretisierung)

3. Struktur des Dialogs:
   - Podiumsgespräche (verbindliche Zusage kompetenter Gesprächspartner);
   - Podiumsteilnehmer und Diskussionsleiter werden vereinbart;
   - Ausreichend große Räumlichkeiten (mindestens 500 Personen);
   - völlige Öffentlichkeit;
   - Terminsetzung;
   - Festhalten und Bekanntgabe der Ergebnisse.
4. Folgen des Dialogs:
   - Weiterarbeit an den Dialogergebnissen in unabhängigen, durch die Gruppe gebildeten Arbeitsgruppen, die als Anlaufpunkte bei den entsprechenden Instanzen akzeptiert werden.
5. Äußeres:
   - Festlegung der kirchlichen Berater;
   - vorherige gegenseitige Mitteilung der Gesprächsteilnehmer;
   - Sekretärin für Stenogramm;
   - Sprecher für Pressekonferenz.

Fassung 2

I. Gesprächsthemen
   1. Einigung über Fortführung, Themen, Struktur und Folgen des Dialoges
   2. Status der Gruppe und Absicherung der äußeren Arbeitsmöglichkeiten
   3. Benachteiligungen und Beobachtungen durch die Staatssicherheit der Gruppenmitglieder und der sich am öffentlichen Dialog Beteiligenden /meine Vorlage
   4. Öffentliche Unterrichtung der Demonstranten
   5. Untersuchung der gewalttätigen Übergriffe der Sicherheitsorgane
   6. Möglichkeiten friedlicher Demonstrationen

Zu 1.: 1.1. Themen des Dialoges „Recht und Sicherheit"

- Stellung des Rechts in der Gesellschaft der DDR
- Willkürliche Auslegbarkeit bestimmter Straftatbestände (bes. 2. u. 8. Kapitel des StGB, z.B. § 217) und anderer Rechtsvorschriften (z. B. OWVO, § 4, VAVO)
- Kontrolle der Sicherheitsorgane (bes. der Staatssicherheit)
- Durchführung und Rechtsmittel in Ordnungsstrafverfahren
- Recht auf Verteidigung bei polizeilichen Maßnahmen in Ermittlungs- und Strafverfahren

- fehlende Verwaltungsgerichtsbarkeit bzw. unzureichende Anfänge
- Entzug der Beweismittel des Bürgers für Übergriffe der Sicherheitsorgane (Behindern des Fotografierens und Wegnahme von Filmen)
- Kontrolle der Untersuchungshaftanstalten und der Strafvollzugsanstalten
- Datenschutz des Bürgers
- Öffentlichkeit der Rechtsprechung in politischen Verfahren
- (Wehrersatzdienst?) eigene Gruppe 10

Medienpolitik
- Sicherung des Medienzuganges für jeden Bürger
- öffentliche und offensive Auseinandersetzung mit gesellschaftlichen Problemen in den Medien
- Informationsfreiheit in allen öffentlichen Angelegenheiten (einschl. Ökologie, Kriminalität, Suchtprobleme, Ausreise u. a.)

Strukturen der Bürgermitverantwortung
- Weiterentwicklung des Wahlrechtes
- strikte Einhaltung des bestehenden Wahlgesetzes bzw. dessen Diskussion.
- Recht auf Gründung von Bürgerinitiativen und Sicherung ihrer breiten Einbeziehung in staatliche Entscheidungsprozesse
- Möglichkeit friedlicher Demonstrationen

Ziele der Gesellschaft in der DDR
- dauernde Möglichkeit der Formulierung der Ziele durch alle Bürger auf der Grundlage sozialistischer Grundwerte
- Gesundes Verhältnis zwischen Ökonomie und Ökologie
- Herausbildung sozialistischer und humanistischer Wertvorstellungen (von äußeren, materiellen zu inneren, geistigen Werten)
- Solidarität mit der „Dritten Welt“

Reise- und Ausreiseangelegenheiten
- Wiederherstellung der Reisemöglichkeiten in soz. Länder
- Reisemöglichkeiten für alle Bürger in das nichtsozialistische Ausland
- Veröffentlichung einer Ein- und Ausreisestatistik (Hauptgründe der Ausgereisten zum Zweck der Ursachenforschung)
- Besuchsweise und ständige Wiedereinreise von ehemaligen DDR-Bürgern

Bildung und Kultur
- Verzicht auf die Vermittlung von Feindbildern in Einrichtungen und Organisationen für Kinder und Jugendliche
- größere Freiräume für Lernende und Lehrende zur selbständigen Meinungsbildung und Entscheidungsfindung
- weitgehende individuelle Entfaltungsmöglichkeiten im geistig-kulturellen Bereich
- Widerspiegelung des gesamten Spektrums der Gesellschaft im Bereich der Kultur (Überprüfung der Praxis der Genehmigungsverfahren)

Stadtentwicklung
- Konzeption der Stadtentwicklung mit Erhaltung der äußeren Neustadt
- Städtischer Nahverkehr
- Situation des Gesundheitswesens (einschließlich der Betreuung älterer Bürger; durchgehende Rehabilitationsketten)

Ökologie und Ökonomie
- Freigabe von Umweltdaten
- Verantwortlichkeit bei Umweltschäden entsprechend Verursacherprinzip

- Stand der Elbsanierung, Überprüfung der Bauvorhaben Gittersee und Minol-Tanklager auf breiter gesellschaftlicher Basis
- Heizkraftwerk Dresden-Mitte

Wirtschaft, Handel, Versorgung
- Wirtschaftliche Strukturen, die zur konsequenten Durchsetzung des Leistungsprinzips führen
- Gefälle der Warenverteilung innerhalb der DDR
- Dienstleistungswesen (bes. Gaststättenwesen) in der Stadt Dresden

Entmilitarisierung der Gesellschaft

1.2 Struktur des Dialoges
- Podiumsgespräche (verbindliche Zusage kompetenter Gesprächspartner)
- Podiumsteilnehmer und Diskussionsleiter werden vereinbart
- Ausreichend große Räumlichkeiten (mindestens 500 Personen)
- völlige Öffentlichkeit
- Terminsetzung
- Festhalten und Bekanntgabe der Ergebnisse

1.3 Folgen des Dialoges
- Weiterarbeit an den Dialogergebnissen in unabhängigen, durch die Gruppe gebildeten Arbeitsgruppen, die als Anlaufpunkte bei den entsprechenden Instanzen akzeptiert werden

Zu 2.:
- Regelung des Auswechselns von Mitgliedern
- Anerkennung als kompetenter Dialogpartner
- Bezahlte Freistellung für Arbeit in der Gruppe; Anerkennung als gesellschaftliche Tätigkeit
- Büro- und Sitzungsräume, Telefonanschluß

Zu 4.:
- Bereitstellung eines öffentlichen Platzes
- Spielregeln für die öffentliche Unterrichtung und Meinungsäußerung
- Informationen darüber in Presse und Rundfunk
- Pressemitteilungen der Gruppe

Zu 5.:
- Einsetzung einer unabhängigen Untersuchungskommission aus Volksvertretern, Persönlichkeiten des öffentlichen Lebens und der Kirche sowie aus Mitgliedern der Gruppe

II. Äußeres
- Festlegung der kirchlichen Berater
- vorherige gegenseitige Mitteilung der Gesprächsteilnehmer
- Sekretärin für Stenogramm
- Sprecher für Pressekonferenz

16. Oktober 1989 Dok. 42
Redevorlage Berghofers für das 2. Rathausgespräch

Privatbestand Wolfgang Berghofer, unpaginiert. - *Titel:* Positionspapier des Oberbürgermeisters in der 2. Dialogrunde am 16.10 89, 17.00 Uhr, Ratssitzungssaal. - *Ohne Datum.*

Liebe Bürgerinnen und Bürger! Meine Damen und Herren!

- Ich begrüße Sie zu unserer 2. Gesprächsrunde. Gestatten Sie mir zu Beginn einige Gedanken zur zurückliegenden Woche und zur aktuellen Situation.
- Es war und ist richtig, miteinander zu reden. Mannigfaltiges ist in den Köpfen und der Öffentlichkeit in Gang gekommen.
- Ich danke Ihnen für Ihr Engagement, für die Auswertung und positive Wertung unseres Gespräches in den 4 Kirchen. Das hat zu einer Beruhigung der Lage beigetragen. Erste Schritte sind getan für einen ernstgemeinten und ernsthaft zu führenden Dialog.
- Was uns von Anbeginn bewußt war, hat sich im Leben bestätigt: Richtig miteinander umzugehen, ist ein langwieriger und komplizierter Lernprozeß für beide Seiten. Hier sind wir erst ganz am Anfang.
- Sie haben sicher alle sehr aufmerksam die Erklärung des Politbüros des ZK der SED vom 11.10.1989 gelesen.
- Damit ist die umfassende Volksaussprache zu allen grundlegenden Fragen unserer gesellschaftlichen Entwicklung eröffnet.
- Das von vielen Bürgerinnen und Bürgern unseres Landes, auch von Ihnen, erwartete Zeichen ist gegeben. Die SED als Ganzes stellt sich der Diskussion.
- Der von uns bereits am Montag begonnene Dialog tritt nun in eine neue, qualitative Phase. Ein jeder ist aufgefordert, seine Sorge um unser Land umzusetzen in konstruktives Mitdenken, in auf die Verbesserung des Sozialismus gerichtete konkrete Vorschläge, in aktive, vertrauensvolle Zusammenarbeit. Wir brauchen einen offensiven, freien, konstruktiven Meinungsaustausch über den Sozialismus.
- So sollten wir auch unseren Dialog fortführen. Mit ihm haben wir uns in Mitverantwortung begeben für das ganze Land. Ich erinnere an Ihre Aussage am Montag hier im Raum, daß die sie bewegenden Probleme keine stadtspezifischen Angelegenheiten sind. Sie hatten mir nicht widersprochen, als ich als Bedingung formulierte, die DDR, der Sozialismus und seine Grundlagen stehen nicht zur Disposition. Es war gemeinsame Sorge und Verantwortung, die uns zusammengeführt hat. Wir waren alle - sie und ich - von der Entwicklung betroffen und suchten nach Lösungen.
- Dialog zwischen Menschen mit sehr unterschiedlichen Auffassungen geht nicht ohne Vertrauen auf beiden Seiten. Ich habe mich mit meinen Aussagen hier in diesem Raum zu oft miß- und tendenziös gedeutet in vielen westlichen Medien wiedergefunden. Für das, was Sie und ich wollen, den Sozialismus für uns alle besser und attraktiver auszugestalten, brauchen wir keine Schützenhilfe von BRD-Medien.
  - Wir wollen beitragen, das Leben in unserem Land im Rahmen des Sozialismus zu verbessern.

Letzteres bleibt die Basis für den Dialog.

- Wenn wir es in diesem Sinne ernst meinen und davon gehe ich aus, sind nun nicht nur Anfragen geboten, sondern konstruktive Vorschläge zum Bessermachen, verantwortungsbewußte Überlegungen für Lösungen von Entwicklungsproblemen unserer Gesellschaft, die Sie, mich und viele Bürger bewegen und alle betreffen.
- Daraus ergeben sich für mich 3 Konstellationen:
  1. In dem von uns begonnenen Dialog sind Fragen aufgeworfen worden von gesamtgesellschaftlicher Brisanz. Das Politbüro des ZK der SED hat erklärt, daß alle Meinungsäußerungen und Vorschläge für einen attraktiven Sozialismus in der DDR wichtig sind und die nächste Tagung des ZK der SED Vorschläge unterbreiten wird, die sich auf Überlegungen aller gründen. Nichts hindert Sie, sich daran in ihren Arbeitskollektiven, Parteien, Massenorganisationen, in Jugendklubs, im Wohngebiet etc. zu beteiligen. Ich meine, daß Sie mich dafür nicht als Vermittler brauchen. Dennoch bin ich bereit, Vorschläge, die Sie an mich geben, weiterzuleiten. Wenn man die Palette der Fragen durchdenkt, die bereits in der Erklärung des Politbüros angerissen sind, fällt doch schon vieles, was Sie aufgeworfen haben, hinein z. B. eine lebensverbundene Presse oder Reisemöglichkeiten. Und zu vielen anderen mehr ist zum Mitdenken und Mitlösen aufgefordert worden.
  2. Ich wäre Ihnen dankbar, wenn Ihre Überlegungen zum Ganzen unsere Stadt einschließen. Denn das ist meine Verantwortungsebene und das ist für eine halbe Million Bürger konkret erlebter Sozialismus. Vieles haben wir auch auf dieser Ebene besser zu machen. Ich bin bereit, alle Möglichkeiten der sozialistischen Demokratie in unserer Stadt auszuschöpfen, um mit ihnen und den Tausenden Dresdnern über die heutigen und nächsten Aufgaben in unserer Stadt ins Gespräch zu kommen. Dafür werden wir mit den Abgeordneten, im Rat einen Problemkatalog mit Lösungsvorschlägen erarbeiten für die breite Aussprache unter dem Titel „Die Entwicklung der Stadt Dresden - Aufgabe aller Dresdner".
  3. Dialog heißt meines Erachtens, beide Seiten tragen verantwortungsbewußt ihre Ergebnisse des Mitdenkens vor. Da wird nicht die eine Seite Forderungen erheben können und die andere Seite macht Zugeständnisse, ist der Gebende.
- Ich habe Ihre Problemfragen studiert und will dazu als Beitrag im Dialog meine Meinung sagen.

a) Zugeführte und inhaftierte Teilnehmer an ungenehmigten Demonstrationen
Ich hatte ihnen zugesagt, daß diejenigen Bürger, die wegen ihrer Teilnahme an der ungenehmigten Demonstration durch die VP zugeführt wurden und keine Gewalttaten bzw. Rowdytum begangen haben, nach Prüfung des Sachverhaltes wieder freigelassen werden. Dazu wurden mit den Justizorganen erforderliche Beratungen durchgeführt. Durch sie wurde ein großes Entgegenkommen gezeigt, so daß bereits am Freitag alle Bürger freigelassen waren, für die das Zugesagte zutrifft.
Gegenwärtig befinden sich noch ... Bürger in Haft, davon sind ... rechtskräftig verurteilt. Es ist erwiesen, daß diese Bürger die Zerstörungen am Hauptbahnhof oder anderen Stellen des Stadtzentrums verursacht haben oder andere Straftaten als die Teilnahme an der ungenehmigten Demonstration begangen haben. Es bleibt dabei, Störungen der öffentlichen Ordnung, ungenehmigte

Demonstrationen und Gewalttätigkeiten werden nach den geltenden Gesetzen durch die Schutz-, Sicherheits- und Justizorgane geahndet.

b) Pressefreiheit - Dieser Begriff ist näher zu definieren. Sie haben - wie übrigens viele Bürger - Fragen nach der Presse- und Medienarbeit aufgeworfen. Ja, es stimmt, die alltäglichen Erfahrungen, die persönlich erlebten Realitäten der Bürgerinnen und Bürger stehen oftmals im Widerspruch zur gedruckten Meinung. Das ist für meine Begriffe der erste Schritt, den wir verändern werden. Seit unserem Gespräch - so meine ich - gibt es unübersehbare Signale. Aber auch das will gelernt sein - eine Sensationspresse brauchen wir nicht. Offenheit und Kritik muß letztlich in Produktivität münden, in Veränderung, in Erneuerung, in Verbesserung. Öffentliches Denken wird in diesem Sinne zur Produktivkraft.
   - Ich bin für eine lebensverbundene Berichterstattung in der Presse und den Medien, die unser Leben, den realen Sozialismus und seine Widersprüche objektiv und wahrheitsgetreu widerspiegeln. Dafür gibt es mannigfaltige Möglichkeiten. Da trägt jedes Medium Eigen- und Gesamtverantwortung.
   - Ich werde anschließend vor die Presse treten und mich im Namen des Rates der Stadt positionieren. Herr ... kann das ebenso tun.
   - Für umfassende Reisemöglichkeiten sind umfassende Reisemittel erforderlich, die müssen erarbeitet werden.
   - Also wird das ökonomisch Mögliche von der Wirtschaftskraft abhängen, sowohl für Valuta als auch in das SW.
   - Dafür alle Voraussetzungen zu schaffen, halte ich für nötig und erstrebenswert. Hier sollten konkrete Lösungsvorschläge unterbreitet werden.

c) Wahlen
   - Wir haben ein demokratisches Wahlgesetz. Es enthält meines Erachtens viel mehr Möglichkeiten als wir z. Z. genutzt haben.
   - Größere Öffentlichkeit der Vorstellung der Kandidaten ist mit diesem Wahlgesetz gegeben, das muß organisiert, realisiert werden.
   - Die Palette der Kandidaten zu erweitern halte ich für prinzipiell möglich, aber ich kann auch nicht erkennen, wieso nicht alle Klassen und Schichten im Bisherigen vertreten sind, Parteifreunde doch ebenso wie parteilose.
   - Zudem bin ich der Ansicht, daß die angestrebte Qualität der breiten Volksaussprache in Vorbereitung des XII. Parteitages gewiß Schlußfolgerungen für die weitere Ausgestaltung des Wahlrechts bringen wird.

d) Neues Forum

   Hierzu will ich nochmals sagen. Dieses Forum ist zentral nicht zugelassen worden, also für mich kein Gesprächsgegenstand.
   - Meines Erachtens mangelt es uns nicht an Foren, Organisationen, Formen für den Dialog. Davon haben wir in Hülle und Fülle, was uns übrigens von der Ausgangssituation bei der Umgestaltung und Ausgestaltung des Sozialismus in anderen sozialistischen Ländern unterscheidet.
   - Wir brauchen vorerst keine neuen Formen, wir können auf einem bereits erreichten hohen Niveau der Demokratie aufbauen. Nötig sind jetzt neue Inhalte, die Lebendigkeit, Offenheit, Ehrlichkeit der Diskussion zu Ursachen von Entwicklungsproblemen und zum weiteren Weg.
   - Es ist in meinen Augen der 2. Schritt zu prüfen, ob eine weiter entfaltete Demokratie hier im Land auch neue Organisationsformen des Mitregierens

der Bürger braucht. Vorerst hindert uns nichts, alles, was uns bewegt, im Vorhandenen auszusprechen.

- So verstehe ich u. a. die vorhandenen Bestrebungen, z. B. das „Neue Forum" schaffen zu wollen. Ihm lag doch das Bedürfnis zugrunde, sich in neuer Weise zu artikulieren, was bisher so nicht möglich schien. Deshalb bekräftige ich meine Haltung vom Montag, diskutieren wir über die politischen Inhalte und nicht über Forum ja oder nein.

- Im gegenwärtigen Stadium des Dialogs wird für mich bereits folgendes deutlich:
  a) Dialog um das Ganze braucht Zeit für gründliche Analyse, Prüfung, Nachdenken. Das ist keine Taktik. Spontane Entscheidungen nur auf die Augenblickssituation gerichtet, Veränderungen an sich ohne den Blick für das Ganze, ihre Auswirkungen auf das Ganze helfen niemandem. Neuland zu beschreiten, wird nicht ohne Mut zum Risiko gehen. Aber Mut zum Risiko darf nicht mit verantwortungslosem Experimentieren verwechselt werden. Wir riskieren nicht um der Veränderung an sich willen die Lebensqualität von Millionen Menschen und den Frieden. Also nicht aus der hohlen Hand rasch Ergebnisse anstreben. Wir brauchen ein genau durchdachtes Konzept, Antworten, die wir alle finden müssen, die uns allen nutzen. Dazu trägt der breite Dialog am besten bei. Am Ende kann nur die neue Konzeption des XII. Parteitages der SED stehen. Das ist für mich das konkrete Ergebnis, das Ziel.
  b) Die Basis des Dialogs ist der Sozialismus, seine Werte, seine Grundlagen. Die Grundfrage bleibt immer, wie und wodurch gelingt es uns, die Werte des Sozialismus für jeden Bürger erlebbar zu machen, die Macht der Arbeiter und Bauern, unsere Demokratie besser zum Funktionieren zu bringen, mit einer effektiveren sozialistischen Produktionsweise Mangelwirtschaft, Lücken im Konsum, in den Dienstleistungen, uns alle bewegenden Probleme des alltäglichen Lebens zu überwinden. Anleihen, geistig und materiell, beim Kapitalismus, rückwärtsgewandtes Denken sind nicht unser Weg - das zeigen bereits alle Erfahrungen sozialistischer Umgestaltung in unseren Bruderländern.
  c) Der nun eröffnete breiteste Dialog wird nicht ohne Auseinandersetzung gehen. Wenn millionenfach nachgedacht werden soll, wird es millionenfach Meinungen geben. Dabei darf keiner für sich von Anbeginn den Anspruch erheben, daß nur seine Sicht auf die Prozesse die einzig richtige ist. Und können wir Kultur des Dialogs unter Beweis stellen, was heißt, Toleranz, gegenseitige Achtung, Partnerschaft. Ich bin mir sehr bewußt, welcher Herausforderung wir uns stellen, welch gewaltiges Umdenken bei jedem in Gang gebracht werden muß und daß wir im Ergebnis besser voneinander wissen werden, wohin ein jeder will. Da wird es auch schmerzliche Erfahrungen geben, da werden sich Wege trennen und neue Partnerschaften herausbilden.
- In dem Geist fordere ich Sie zur weiteren Aussprache auf. Ich bleibe bei meinem Wort, meine ganze Kraft für die Führung des Dialogs und praktisch faßbare Ergebnisse einzusetzen.

16. Oktober 1989 Dok. 43
Wortprotokoll des 2. Rathausgesprächs (Auszug)

Hans Modrow: Ich wollte ein neues Deutschland. Mit Hans-Dieter Schütt, 2. Aufl. Berlin 1998, S. 276-280.

[...] *Berghofer:* Herr Ziemer, wenn wir uns jetzt nicht darüber einigen werden, daß die Gruppe keinen eigenen Status einfordern kann, dann müssen wir unser Gespräch beenden. Ich hoffe, ich habe mich deutlich ausgedrückt. Mit Ihren Forderungen sprengen Sie meinen Spielraum, Sie wissen, in welche Verantwortung Sie mich bringen, die Folgen beherrschen wir beide nicht mehr.
Opposition (nur wegen der Vereinfachung wähle ich im folgenden diesen Begriff. Am Gespräch waren mehrere Personen, Vertreter der Kirche und der Dresdner Bürgerbewegung, beteiligt): Nun, Herr Oberbürgermeister, ich denke, Sie haben sich zum Dialog bekannt, und der ist es bisher noch nicht geworden. Sie haben etwa eine Dreiviertelstunde monologisiert, jetzt muß doch erst mal Gelegenheit sein, sich zu äußern. Sie haben doch schließlich auch nur Forderungen gestellt und gesagt, bis hierher und nicht weiter.
Berghofer: Die Forderungen, die jetzt hier vorgetragen werden, kenn' ich doch schon, da haben wir uns doch schon dreimal drüber unterhalten ...
Opposition: Wir haben Zuschriften erhalten, von Bürgern der Stadt Dresden, die uns ihren Schriftwechsel zusandten, den sie in den zurückliegenden Jahren mit verschiedenen staatlichen Institutionen, der SED und auch mit gesellschaftlichen Organisationen geführt haben, ohne daß ihre sachlichen Hinweise, Vorschläge, Kritiken in deren Arbeit Berücksichtigung fanden. Eine Gewerkschaftsgruppe wollte das Gesprächsangebot von Harry Tisch wahrnehmen, das er in der BRD gegenüber Bürgern unserer Republik geäußert hatte; sie konnten das Gewerkschaftshaus in Berlin nicht einmal betreten. Und so meinen wir, daß Vertrauen nur durch erhebliche personelle, strukturelle und inhaltliche Veränderungen in den bestehenden staatlichen Organisationen wiederhergestellt werden kann. Es darf doch nicht wahr sein: Eben dieselben verantwortlichen Personen, die noch bis vor einer Woche nicht bereit waren, auch nur die Tapete zu wechseln, wollen nun die Erneuerung des gesamten Gebäudes verantwortlich leiten. Wir können es nicht akzeptieren, nur als Einzelpersonen, als Bürger der Stadt Dresden zu gelten und auf existierende oder zu bildende Arbeitsgruppen verteilt zu werden, die von Abgeordneten bestimmt werden, die seit Jahren die Möglichkeit hatten, Veränderungen einzuleiten, die das aber bis zum heutigen Tage nicht geschafft haben. Wir sind nicht bereit, diese Strukturen zu unterstützen. Wir möchten auch darauf hinweisen, im Namen der Gruppe, daß es einzelne Gruppenmitglieder gibt, bei denen Recherchen angestellt worden sind, seitens der Staatssicherheitsorgane. Ich nenne die Namen der Betreffenden: Andreas Bartzsch, Frank Neubert, Maik Miersch, Markus Kindscher, Dieter Brandes. Das ist entweder im Betrieb passiert oder im Wohnbereich. Bei Steffen Richter in Pirna hat der Heimleiter dazu aufgefordert, den Spind zu durchsuchen. Dialog aber auf der Basis der Angst ist unmöglich, und der Dialog ist zu Ende, wenn Menschen aus Angst ausscheiden aus dieser Gruppe. Und das ist passiert. Deswegen muß das Ziel sein, keinerlei Benachteiligung und Beobachtung, und es ist nötig, daß die Arbeit der Polizei und der Sicherheitsorgane einschließlich der Staatssicherheit überschaubar und überprüfbar wird - damit diese Angst rauskommt aus dem Dialog.

Berghofer: Ich will Ihnen jede Möglichkeit eröffnen, soweit meine Autorität reicht. Wenn der Punkt kommt, daß Sie kein Vertrauen in den Oberbürgermeister mehr haben, muß ich die Vertrauensfrage stellen. Ich kann den Weg nicht gehen, Ihnen einen unabhängigen Status zu gewährleisten, das überschreitet die Grenze der legalen Möglichkeiten. Wenn Sie sagen, der Weg mit mir ist für uns nicht gangbar, dann endet an dieser Stelle der gemeinsame Weg. Ihnen einen Status zu verleihen, der auf der Straße geschaffen wurde, das kann ich nicht. Das lassen weder die Verfassung noch das Gesetz über die örtlichen Volksvertretungen zu.
Opposition: Wissen Sie, wie massiv in der Bevölkerung das Mißtrauen gegenüber den bisher existierenden Strukturen ist? Das Mißtrauen ist so groß, daß wir bei der Auskunft, der Oberbürgermeister wolle Arbeitsgruppen bilden, ausgelacht werden! Die Bürger sind permanent enttäuscht worden. Sicher, wir können Ihre Angst verstehen, Ihre Bedenken teilen wir, und sicher möchte jetzt niemand Bürgermeister der Stadt Dresden oder SED-Funktionär sein ...
Berghofer: Noch einmal, ich sitze hier mit Bürgern der Stadt, das ist das einzige Mandat, zu dem ich legitimiert bin. Eine Gruppe, eine Vertretung, die nicht entsprechend der legalen Gesetzlichkeiten entstand, ist für mich nicht Gesprächspartner, verstehen Sie denn nicht meine Lage?!
Opposition: Herr Oberbürgermeister, wir verstehen Ihre Lage sehr gut. Aber hier handelt es sich um einen außergewöhnlichen Vorgang, der außergewöhnliche Mittel verlangt. Sie haben sich als SED-Mitglied darauf eingelassen, den Dialog zu beginnen, nun muß er fortgeführt werden - wenn nicht wieder alles ins Indifferente abgleiten soll. Das ist unsere eigentliche Sorge.
Berghofer: Meine Partei, die SED ist momentan auf dem Weg zu einem Plenum, bei dem ich davon ausgehe, daß prinzipielle Dinge zur Disposition stehen. Diesen Weg will ich nicht belasten, weder mit einer mißlungenen Demonstration noch mit irgend etwas, was weder Recht noch Gesetz entspricht. Das ist mein Problem.
Opposition: So, wir sollten endlich zu einer Entscheidung kommen, vor dem Rathaus stehen Leute, Tausende, sie stehen dort, weil sie erfahren haben, daß heute um 20 Uhr eine Pressekonferenz stattfindet. Die Ansicht, daß wir vor dem Rathaus etwas organisierten, ist und bleibt eine Unterstellung! Die Leute kommen, weil sie eine Information wollen und nichts anderes. Und wir haben seit Tagen gebeten, die Möglichkeit einer breiten Information zu klären.
Berghofer: Die Frage ist für mich geklärt. Da sitzt die komplette Presse der DDR.
Opposition: Ja, Herr Oberbürgermeister, für Sie ist die Frage geklärt. Aber Sie haben Dialogpartner vor sich. Sie haben das allein entschieden.
Berghofer: Das ist nicht wahr. Wir haben das heute früh vereinbart, um 8 Uhr in dem Gespräch. Der Dialog kann doch nicht so sein, daß Sie mir ständig Demonstranten vor die Nase setzen, das ist doch kein Dialog.
Opposition: Macht doch keiner. Das will die Gruppe verhindern, verhindern durch offizielle Informationen. Sie schätzen die Situation falsch ein.
Berghofer: Die schätze ich überhaupt nicht falsch ein. Im Gegenteil. Der Unterschied zu Ihnen: Ich bedenke dieKonsequenzen. Wenn Sie das ehrlich meinen, dann gehen Sie hin und sagen, heute ist vereinbarungsgemäß keine Information vorgesehen, gehen Sie bitte nach Hause.
Opposition: Kommen wir denn noch zu einem ordentlichen Ergebnis, so daß wir runtergehen und dort laut und deutlich etwas verkünden können? Wenn wir kein Ergebnis haben, sollen etwa wir runtergehen und dort sagen, also, der Herr Oberbürgermeister macht uns dafür verantwortlich, daß Sie jetzt hier sind? Wer trägt

denn die Konsequenzen für das, was dann dort unten passiert? Wir müssen vielleicht mal so fragen: Worüber haben wir uns eigentlich konkret verständigt? Wir haben uns darüber verständigt, wie die weitere Arbeit aussehen könnte, im Groben. Aber über die anderen Punkte, die uns eigentlich erst Legitimation geben würden, weiter mit den Leuten in Kontakt zu bleiben, da haben wir keine Ergebnisse. Und da verbauen Sie, Herr Oberbürgermeister, sich selbst den Weg!
Berghofer: Ich kann Ihnen und werde Ihnen eine solche Legitimation nicht geben. Wenn Sie die Kirche benutzen, um die Bürger zu informieren, das habe ich schon vorige Woche gesagt, ist das nicht meine Entscheidung, dagegen ist nichts einzuwenden. Wir sind heute und morgen nicht bereit - ich habe versucht zu erklären, warum - zu einer Kundgebung oder ähnlichen demonstrativen Handlungen. Das kann nächste Woche anders aussehen. Das gilt für jetzt. Ich habe heute konkrete Vorschläge unterbreitet in Erwiderung auf das, was Sie eingebracht haben. Wir haben vieles von Ihren Vorschlägen aufgegriffen, inhaltlich versucht, den Weg zu formulieren, den man gemeinsam gehen könnte. Darauf haben Sie mir keine Antwort gegeben. Sie machen immer das eine vom anderen abhängig, fordern alles oder nichts. So kommen wir nicht weiter. Jetzt verlangen Sie sogar eine Kundgebung, die aus meiner Sicht nicht geht.
Opposition: Wir haben keine Kundgebung organisiert. Die Leute sind aus eigenem Antrieb gekommen. Sie werden nicht nur heute dastehen, sie werden morgen, übermorgen, überübermorgen wiederkommen!
Berghofer: Also noch einmal: Demonstrationsdruck ist und bleibt für mich kein Mittel, politische Lösungen zu finden und den Dialog zu führen. Sie wollten Öffentlichkeit, das haben wir mit der Presse heute Abend realisiert. Sie wollten den Dialog, er hat stattgefunden; ich bleibe in meinem Wort, wir können ihn unter den durch mich bekanntgegebenen Bedingungen fortsetzen. Sie suchten einen Kompromiß, ich habe einen angeboten, die Stadtverordnetenversammlung wird Entscheidungen treffen, die eine breite, konsensfähige kritisch-konstruktive Mitarbeit und Entscheidungsfindung möglich macht. Ich habe Ihnen gesagt, ich biete Ihnen die Tribüne der Stadtverordnetenversammlung an. Sie können dort reden. Ich bin nicht bereit, Sie als Institution zu akzeptieren, Ihnen einen Status zu verleihen, Ihnen besondere Arbeitsmöglichkeiten zu geben, über die übrigens nicht einmal die Stadtverordneten verfügen. Ich biete die Arbeitsmöglichkeiten, die im Rahmen der legitimen Volksvertreter für alle vorhanden sind. Wenn Sie in einer Arbeitsgruppe mitwirken, gibt es selbstverständlich auch eine Sekretärin, Papier und einen Sitzungsraum. Es gibt eine große Chance, unsere gemeinsame Verantwortung für Dresden im Konsens weiter zu gestalten. Weiter will ich und kann ich nicht gehen.
Opposition: Was ist mit den 10 000, die draußen stehen? Wir müssen informieren, wir brauchen eine „Flüstertüte". Man kann doch die Leute nicht draußen stehen lassen.
Berghofer: Sollen die Steine nehmen? Sollen die das Rathaus einwerfen? Ja, man muß was machen.
Opposition: Die nehmen keine Steine.
Berghofer: Also, ich bin dabei, mich erpressen zu lassen, Entschuldigung, wenn ich das so sage. Ich schlage jetzt vor, den Leuten draußen zu sagen: Erstens wird durch die Presse informiert, und zweitens wird morgen abend in bestimmten Kirchen Dresdens ebenfalls über unser Leitungsgespräch informiert. So, und wer spricht jetzt nach draußen?

Opposition: Also, Herr Berghofer, wir fänden es nicht gut, wenn Sie das der Gruppe überließen. Sie hat die Situation nicht veranlaßt.
Berghofer: Hab' ich das gewollt? Nein. Aber wir müssen uns der Situation stellen. Wir wollen versuchen, sie im Griff zu behalten, sie nicht ausufern zu lassen. Akzeptieren Sie doch bitte mal, daß in so fundamentalen Fragen nicht in zwei Gesprächen der Sozialismus verändert werden kann. Da braucht man Zeit. Hier ist eine Demonstration zustande gekommen ...
Opposition: Herr Oberbürgermeister, so geht's nicht, wir haben sie doch nicht hergeholt, die Leute.
Berghofer: Ich auch nicht.
Opposition: Aber Sie hätten es verhindern können. Wir halten es jetzt für sinnvoll, daß ein Vertreter der Gruppe das sagt, aber richtig wäre, daß neben ihm ein Vertreter der Stadt steht.
Berghofer: Wir besorgen jetzt die entsprechende Technik, ich weiß noch nicht, wie machen wir's am besten. Wer wird denn der Sprecher sein? [...]

16. Oktober 1989 Dok. 44
Bericht von Wolfgang Berghofer an das ZK der SED über das 2. Rathausgespräch

SächsHStA, BL SED Dresden, 13218, unpaginiert. - Kopf: Oberbürgermeister. - *Titel:* Information für das ZK der SED. - *Verteiler:* Gen. Modrow [*handschr. unterstrichen*], Gen. Moke, Gen. Berghofer, Gen. Jörke. - *Fußvermerk:* NS: Das Gesprächsprotokoll wird bis zum 18.10.89 nachgereicht. - *Datiert:*16.10.1989.

Das 2. Rathausgespräch zur Fortsetzung des Dialoges mit Vertretern der Kirche und Bürgern der Stadt Dresden hat am 16.10.1989 stattgefunden.
An dem Gespräch nahmen teil:
Gen. Berghofer, Gen. Jörke, Koll. Bärsch, Gen. Klotzsche, Koll. Dr. Vieweger, Koll. Gängler, Superintendent Ziemer, Kaplan Leuschner, Kaplan Richter, 18 weitere Bürger (siehe Anlage)
Der Oberbürgermeister, Gen. Berghofer, machte seinen Standpunkt deutlich:

- Mit der Erklärung des Politbüros des ZK der SED vom 11.10.1989 ist das von vielen Bürgerinnen und Bürgern unseres Landes erwartete Zeichen gegeben. Die SED stellt sich der Diskussion.
- Der begonnene Dialog tritt in eine neue, qualitative Phase. Ein jeder ist aufgefordert, seine Sorge um unser Land umzusetzen in konstruktives Mitdenken, in auf die Verbesserung des Sozialismus gerichtete Vorschläge, in aktive, vertrauensvolle Mitarbeit.
  Wir brauchen einen offensiven, friedlichen, konstruktiven Meinungsaustausch über den Sozialismus.
- Es wurde nicht widersprochen, die DDR, der Sozialismus und seine Grundlagen stehen nicht zur Disposition.
- Dialog zwischen Menschen mit sehr unterschiedlichen Auffassungen geht nicht ohne Vertrauen auf beiden Seiten.
- Wie wollen beitragen, das Leben in unserem Land im Rahmen des Sozialismus zu verbessern.

Der Oberbürgermeister schlug folgendes vor:

1. In dem begonnenen Dialog sind Fragen aufgeworfen worden von gesamtgesellschaftlicher Brisanz.
   Das Politbüro des ZK der SED hat erklärt, daß alle Meinungsäußerungen und Vorschläge für einen attraktiven Sozialismus in der DDR wichtig sind.
   Nichts hindert die Bürger, sich in ihren Arbeitskollektiven, Parteien, Massenorganisationen, in Jugendclubs, im Wohngebiet etc. zu beteiligen.
2. Die Überlegungen zum Ganzen sollten unsere Stadt einschließen. Das ist die Verantwortungsebene für eine halbe Million Bürger konkret erlebter Sozialismus. Vieles haben wir auf dieser Ebene besser zu machen.
   Alle Möglichkeiten der sozialistischen Demokratie in unserer Stadt sind auszuschöpfen, um mit den Tausenden Dresdnern über die heutigen und nächsten Aufgaben in unserer Stadt ins Gespräch zu kommen.
   Dafür werden wir mit den Abgeordneten, im Rat einen Problemkatalog mit Lösungsvorschlägen erarbeiten für die breite Aussprache unter dem Titel „Die Entwicklung der Stadt Dresden - Aufgabe aller Dresdner".
3. Der Stadtverordnetenversammlung wird vorgeschlagen, Arbeitsgruppen zu verschiedenen Themenkomplexen zu bilden zu bilden, die sich aus den vielen Hinweisen von Bürgern der Stadt ergeben.
   Die Arbeitsgruppen sollen unter Leitung politisch und fachlich kompetenter Abgeordneter stehen. In die Arbeit werden Vertreter und Persönlichkeiten des öffentlichen Lebens aus Politik und Wirtschaft, Kunst und Kultur, aus allen sozialen Schichten und aller Altersgruppen einbezogen.
   Den Bürgern des 2. Rathausgespräches wurde angeboten, aktiv mitzuwirken.
4. In regelmäßigen Abständen sollten die Arbeitsgruppen über Podium-Gespräche und andere Formen der Öffentlichkeitsarbeit über die laufende Arbeit, konkrete Ergebnisse informieren.
   Die Bürger des Rathausgespräches werden Gelegenheit erhalten, auf einer der nächsten Stadtverordnetenversammlung zu Wort zu kommen.
5. Wir brauchen ein genau durchdachtes Konzept, Antworten, die wir alle finden müssen, die uns allen nutzen. Dazu trägt der breite Dialog am besten bei. Am Ende kann nur die neue Konzeption des XII. Parteitages der SED stehen. Das ist das konkrete Ergebnis, das Ziel.
6. Dialog um das Ganze braucht Zeit für gründliche Analyse, Prüfung, Nachdenken.
   Dialog heißt, beide Seiten tragen verantwortungsbewußt ihre Ergebnisse des Mitdenkens vor.

Die andere Seite erwiderte im Dialog:

- Die Gruppe von Bürgern sieht keine Möglichkeit, sich vor den Bürgern über ihre Ziele und Absichten zu erklären und ihre Meinung öffentlich zu äußern.
- Die „Gruppe der 20" - wie sie sich selbst bezeichnen, hat kein Vertrauen, in den vorhandenen Strukturen der Stadtverordnetenversammlung mitzuwirken. Personelle, strukturelle und inhaltliche Veränderungen werden gefordert.
- Die Gruppe hat die Absicht, ein eigenes Sekretariat und Büro zu bilden.
- Es wird eine unabhängige Untersuchungskommission gefordert zum Vorgehen der Schutz- und Sicherheitsorgane in der Zeit vom 4.-7.10.1989.
- Die Gruppe erklärt, sie kann keine Demonstrationen verhindern - die Unzufriedenheit unter den Bürgern nimmt ständig zu.

Es wurde folgendes zusammengefaßt:

1. Die „Gruppe der 20" als Institution kann nicht anerkannt werden. Der OB sagte eine Prüfung zu, ob der Gesprächsgruppe ein Platz in einer vorhandenen Organisation/Einrichtung zuerkannt werden kann.
2. Der Oberbürgermeister erklärt sich bereit, mit der Gesprächsgruppe zu einer dritten Gesprächsrunde zusammenzukommen. Der Inhalt dieses Gespräches bedarf einer gründlichen Vorbereitung.
3. Die Ständige Kommission Inneres der Stadtverordnetenversammlung wird sich mit vorgetragenen Beschwerden der Gesprächsgruppe über Vorkommnisse der Schutz- und Sicherheitsorgane beschäftigen.
   Grundlage sind die der Gruppe vorliegenden Informationen.
4. Der Oberbürgermeister übergibt bis 19.10.89 der Gesprächsgruppe einen detaillierten Vorschlag über die Mitwirkung von Bürgern im Rahmen bestehender Strukturen der Stadtverordnetenversammlung.
5. In der Tagung der Stadtverordnetenversammlung der kommenden Woche erhalten die Vertreter der Gesprächsgruppe die Möglichkeit, ihre Ziele und Absichten sowie ihre Bereitschaft zur Mitwirkung zu erläutern.
6. Im Anschluß an den Dialog fand ein Pressegespräch mit dem Oberbürgermeister und Vertretern der Gruppe statt.
7. Herr Superintendent Ziemer unterbreitete das Angebot, über den Inhalt des heutigen Gespräches am 17.10. in der Kathedrale, der Kreuzkirche, der Versöhnungskirche, der Martin-Luther-Kirche und der Auferstehungskirche zu informieren.

Das Gespräch wurde abgebrochen.

Anlage: Namensliste[1]

01. Glosinski, Uwe, Dresden, 28.01.1965
02. Denkert, Karl-Heinz, Dresden, 12.02.1945
03. Neubert, Frank, Dresden, 28.08.1953
04. Bartzsch, Andreas, Dresden, 01.12.1956
05. Pstrong, Heiko, Dresden, 22.10.1967
06. Linke, Sabine, Dresden, 10.05.1966
07. Miersch, Maik, Dresden, 10.05.1966
08. Mattheß, Henry, Dresden, 03.10.1963
09. Ohst, Eberhard, Radebeul, 10.01.1940
10. Brandes, Dieter, Dresden, 04.11.1930
11. Grüttner, René, Dresden, 23.11.1964
12. Nikolaus Kerstin, Dresden, 25.02.1967
13. Boltz, Friedrich, Dresden, 19.03.1953
14. Baumgart, Ullrich, Dresden, 18.11.1944
15. Rößler, Bringfriede, Radebeul
16. Kaplan Richter, Frank, Dresden
17. Kaplan Leuschner, Andreas, Dresden
18. Pfarrer Horn, Versöhnungskirche
19. Superintendent Ziemer
20. Rosenberg, Peter, Dresden
21. Herr Heitmann

---

1 Die genauen Anschriften wurden weggelassen.

16. Oktober 1989 Dok. 45

Bericht der Gruppe der 20 über das 2. Rathausgespräch

Privatbestand Herbert Wagner, Teil 2, unpaginiert.- Titel: In dem Gespräch beim OB. - *Ohne Datum.*

1. Das Gespräch am 16.19.89 beim OB hat aus der Sicht der Gruppe der 20 kein befriedigendes Ergebnis gebracht.
   Prinzipielle Übereinstimmung wurde in folgenden Punkten erzielt:
   der Dialog muß wieder geführt werden
   zu den von der Gruppe vorgetragenen Problemkreisen sollen Arbeitsgruppen gebildet werden
   die Ereignisse in Dresden in der Zeit vom 3.10.-8.10.89 bedürfen einer eindeutigen Klärung und Bewertung
3. Ungelöst sind folgende Fragen:
   Anerkennung der Gruppe der 20 als kompetente Gesprächspartner
   Gleichgewicht des Dialogs in Mitteln und Möglichkeiten
   Arbeitsmöglichkeiten der Gruppe und Anerkennung von deren Arbeit als gesellschaftliche Tätigkeit

Im Einzelnen wurden folgende Standpunkte vom OB vertreten:
- Die Gruppe der 20 wird als Vereinigung vom OB nicht anerkannt, er führt Gespräche mit einzelnen Bürgern der Stadt Dresden
- Die Information der Bevölkerung über Inhalt und Stand der Gespräche kann im Interesse von Ordnung und Sicherheit zum derzeitigen Zeitpunkt nicht durch eine öffentliche Bekanntgabe erfolgen.
- Demonstrationen und Kundgebungen werden nicht genehmigt.
- Die Nichtanwendung des Paragr. 217 StGB und des Paragr. 5 OWVO gegen friedliche Demonstranten kann nicht garantiert werden.
- Zur Untersuchung und Bewertung der Ereignisse vom 3.10-8.10.89 in Dresden erklärte er die Bereitschaft, die ständige Kommission für Inneres beim Rat der Stadt zu beauftragen.
  Die ständige Kommission kann durch prominente Bürger der Stadt Dresden erweitert werden, die durch die Gruppe der 20 vorgeschlagen werden können.

Zur Weiterführung des Dialoges:
Der Themenkatalog des Dialogs entsprechend des Vorschlages der Gruppe wurde durch den OB akzeptiert. Nachfolgend werden die Themen nochmals genannt:
Recht und Sicherheit
- Stellung des Rechts in der Gesellschaft der DDR
- Willkürliche Auslegbarkeit bestimmter Straftatbestände (bes. 2. und 8. Kap. des StGB z. B. Paragr. 217) und anderer Rechtsvorschriften (z. B. Paragr. 5. VAVO)
- Kontrolle der Sicherheitsorgane (bes. der Staatssicherheit)
- Durchführung und Rechtsmittel in Ordnungsstrafverfahren
- Recht auf Verteidigung bei polizeilichen Maßnahmen in Ermittlungs- und Strafverfahren
- fehlende Verwaltungsgerichtsbarkeit bzw. unzureichende Anfänge
- Entzug der Beweismittel des Bürgers für Übergriffe der Sicherheitsorgane (Behindern des Fotografierens und Wegnahme des Films)
- Kontrolle der Untersuchungshaftanstalten und der Strafvollzugsanstalten
- Datenschutz des Bürgers

- Öffentlichkeit der Rechtsprechung in politischen Verfahren

Medienpolitik

- Sicherung des Medienzustandes für jeden Bürger
- Öffentliche und offensive Auseinandersetzung mit gesellschaftlichen Problemen in den Medien
- Informationsfreiheit in allen öffentlichen Angelegenheiten (einschl. Ökologie, Kriminalität, Suchtprobleme, Ausreise u. a.)

Struktur für Bürgermitverantwortung

- Weiterentwicklung des Wahlrechts
- strikte Einhaltung des bestehenden Wahlgesetzes bzw. dessen Diskussion
- Recht auf Gründung von Bürgerinitiativen und Sicherung ihrer breiten Einbeziehung in staatliche Entscheidungsprozesse
- Möglichkeit friedlicher Demonstrationen

Ziele der Gesellschaft in der DDR

- dauernde Möglichkeit der Formulierung der Ziele durch alle Bürger auf der Grundlage sozialistischer Grundwerte
- gesundes Verhältnis zwischen Ökonomie und Ökologie
- Herausbildung sozialistischer und humanistischer Wertvorstellungen (von äußeren, materiellen zu inneren, geistigen Werten)
- Solidarität mit der „Dritten Welt"

Reise- und Ausreisemöglichkeiten

- Wiederherstellung der Reisemöglichkeiten in soz. Länder
- Reisemöglichkeiten für alle Bürger in das nichtsozialistische Ausland
- Veröffentlichung einer Ein- und Ausreisestatistik (Hauptgründe der Ausgereisten zum Zweck der Ursachenforschung)
- Besuchsweise und ständige Wiedereinreise von ehemaligen DDR-Bürgern

Bildung und Kultur

- Verzicht auf die Vermittlung von Feindbildern in Einrichtungen und Organisation für Kinder und Jugendliche
- Größere Freiraume für Lernende und Lehrende zur selbständigen Meinungsbildung und Entscheidungsfindung
- weitgehende individuelle Entfaltungsmöglichkeiten im geistig-kulturellen Bereich
- Widerspiegelung des gesamten Spektrums der Gesellschaft im Bereich der Kultur (Überprüfung der Praxis der Genehmigungsverfahren)

Stadtentwicklung

- Konzeption der Stadtentwicklung mit Erhalt der äußeren Neustadt
- Städtischer Nahverkehr
- Situation des Gesundheitswesens (einschl. der Betreuung älterer Bürger, durchgehende Rehabilitationsketten)

Ökologie und Ökonomie

- Freigabe von Umweltdaten
- Verantwortlichkeit bei Umweltschäden entsprechend Verursacherprinzip
- Stand der Elbsanierung
- Überprüfung der Bauvorhaben Gittersee und Minoltanklager auf breiter gesellschaftlicher Basis
- Heizkraftwerk Dresden-Mitte

Wirtschaft, Handel, Versorgung
- Wirtschaftliche Strukturen, die zur konsequente Durchsetzung des Leistungsprinzip führen
- Gefälle der Warenverteilung innerhalb der DDR
- Dienstleistungswesen (bes. Gaststättenwesen) in der Stadt Dresden.

16. Oktober 1989 Dok. 46

Presseerklärung von Wolfgang Berghofer nach dem 2. Rathausgespräch

Privatbestand Wolfgang Berghofer, unpaginiert. - Titel: Presseerklärung des Oberbürgermeisters von Dresden, Genossen Wolfgang Berghofer. - *Datiert:* 16.10.1989.

Am 16. Oktober 1989 fand im Dresdner Rathaus das 2. Gespräch zwischen Mitgliedern des Rates der Stadt, Vertretern der evangelisch-lutherischen Landeskirche Sachsens, der Katholischen Kirche und 25 Bürgern statt. Vom Rat der Stadt waren mit mir anwesend:
Meine Stellvertreter Hans Jörke (SED), Horst Bärsch (NDPD), die Stadträte Peter Klotzsche (SED), Dr. Axel Viehweger (LDPD) und Werner Gängler (CDU).
Das 2. Rathausgespräch bestätigte die Notwendigkeit und Nützlichkeit eines offenen und ehrlichen Dialogs. Grundlage für den Gedankenaustausch waren folgende bereits in der ersten Begegnung am 9.10.89 gemeinsam vertretene Positionen. Gewalt ist kein Mittel zur Lösung gesellschaftlicher Konflikte und Probleme. Meine Gesprächspartner verstehen sich nicht als eine Abordnung des „Neuen Forums". Meldungen westlicher Medien, wonach die Zulassung des „Neuen Forums" das eigentliche Anliegen unserer Zusammenkunft war und ist, sind falsch. Die von den Bürgern aufgeworfenen Fragen zielen nach ihrer eigenen Aussage auf eine Verbesserung des Lebens im Sozialismus der DDR, die ihnen Heimat ist und auch weiterhin bleiben soll.
Damit ist dieser Dialog ein Stück konkrete Vorbereitung des XII. Parteitages der SED. Diese Basis des Dialogs wurde im heutigen Gespräch bekräftigt. Gegenstand der erneuten Aussprache waren folgende Themenkomplexe:
Fragen zu Recht und Sicherheit, Medienpolitik, Strukturen der Bürgerverantwortung, Ziele der gesellschaftlichen Entwicklung in der DDR, Reise- und Ausreiseangelegenheiten, Fragen zu Bildung und Kultur, zu Ökologie und Ökonomie, zur Stadtentwicklung, zu Handel und Versorgung sowie zu Modalitäten der Weiterführung des Dialogs.
Die von den Bürgern aufgeworfenen Fragen berühren zum großen Teil jene Problemfelder, die auch in der Erklärung des Politbüros des ZK der SED vom 11.10.1989 für die umfassende Volksaussprache benannt wurden. Darüber hinaus haben mich eine Vielzahl von Briefen aus allen Schichten der Bevölkerung erreicht mit Vorschlägen und Hinweisen zu diesen Problemen und anderen.
Entsprechend meiner Verantwortung vor den Bürgern meiner Stadt für gesellschaftliche Lösungen, die die Interessen aller beachten und die allen ein friedliches Leben sichern, habe ich für einen ergebnisorientierten und konstruktiven Dialog folgendes vorgeschlagen:

- Der Stadtverordnetenversammlung unterbreite ich auf der Grundlage der Verfassung der DDR und des Gesetzes über die örtlichen Volksvertretungen den Vorschlag, zu den verschiedenen Themenkomplexen Arbeitsgruppen zu bilden. Sie sollen unter der Leitung politisch, sachlich und fachlich kompetenter Abgeordneter der Stadtverordnetenversammlung stehen. In die Arbeit werden herausragende Persönlichkeiten des öffentlichen Lebens, aus Politik, Wirtschaft, Kunst und Kultur, aus allen sozialen Schichten und Alterskategorien einbezogen.
- Den Bürgern des heutigen Gesprächs habe ich angeboten, in diesen Arbeitsgruppen aktiv mitzuwirken.
- Des weiteren schlage ich der Stadtverordnetenversammlung vor, dabei Ideen der Bürger aufgreifend, in regelmäßigen Abständen über Podiumsgespräche und andere Formen der Öffentlichkeitsarbeit die Bürger Dresdens über die laufenden Arbeiten, konkrete Arbeitsergebnisse bzw. den Entwurf von Beschlußdokumenten zu informieren. Auch dort ist es möglich, zu Wort zu kommen.
- Die Bürger des Rathausgesprächs werden Gelegenheit erhalten, auf einer der nächsten Stadtverordnetenversammlung zu Wort zu kommen.

Als Oberbürgermeister bleibe ich im Gespräch mit den Bürgern meiner Stadt im Sinne der Erklärung des Politbüros des ZK der SED vom 11.10.1989. Ein offener und ehrlicher Dialog zu allen grundlegenden Fragen der weiteren Ausgestaltung der sozialistischen Gesellschaft in unserem Lande ist möglich und produktiv. Er braucht jedoch politische Vernunft, gemeinschaftliches Mitdenken, Mithandeln, konstruktive Lösungen.

Für solch einen Dialog zum Nutzen aller stehen uns alle Formen sozialistischer Demokratie offen. Meine Vorschläge beweisen, daß ich bereit bin, sie in unserer Stadt zum Nutzen aller zur Wirkung zu bringen. Aber ebenso eindeutig spreche ich mich gegen neue Strukturen aus, die die Bereitschaft zum Dialog von der Errichtung einer organisierten inneren Opposition abhängig machen.

Ein neuer Umgang mit uns selbst ist erlernbar, muß stets aufs Neue erstritten und gestaltet werden. Er gedeiht nicht auf der Straße. Er braucht vor allem Zivilcourage im alltäglichen normalen Leben, Verantwortungsbewußtsein für das persönliche Tun zum Wohle des Ganzen und gute Arbeit aller.

Innerer Frieden als anspruchsvolle, spannungsreiche, geistige Produktivität für den Sozialismus und als Normalität im Sozialismus ist das tiefe Bedürfnis der Mehrheit der Bürger Dresdens. Ihn zu schaffen, gehört zur aktiven Sehnsucht der Dresdner nach äußerem Frieden. Der ist noch keineswegs gesichert. Auch die friedliche Zukunft Dresdens und seiner Bürger wird bedroht durch Abrüstungsunwillen westlich unserer Landesgrenze, durch Konfrontation, Einmischung, Revanchismus und kalten Krieg. Unsere Fähigkeit, diese existentiellen Gefahren gemeinsamen Lebens abzuwenden, potenziert sich durch ökonomische, soziale, kulturelle und geistige Entfaltung sowie Erneuerung des Sozialismus. Im Bewußtsein dieser Verantwortung stehe ich zum begonnenen Dialog und seiner breitesten, konstruktiven Ausgestaltung mit und durch alle Bürger unserer Stadt.

Die von mir im 2. Rathausgespräch unterbreiteten Vorschläge fanden keine Zustimmung. Die Bürger beharrten auf der Schaffung spezieller Strukturen. Ansonsten sind sie nicht bereit, den Dialog weiter mit zu tragen. Damit erkläre ich mich nicht einverstanden und wende mich an alle Bürger meiner Stadt um Meinungsäußerung.

17. Oktober 1989 Dok. 47

Telegramm des Leiters der BVfS Dresden, Horst Böhm, an das MfS Berlin über das 2. Rathausgespräch

BStU, ASt. Dresden, BV Dresden, Abt. XX, 9181, Bl.159-162. - *Kopf:* Telegramm, Dringlichkeit [*durchgestrichen:* Ausnahme] Flugzeug, Fu/FS-Nr. 1855, *Absender:* BV Dresden, Leiter. - *Adressat:* MfS Berlin, Minister, Genossen Armeegeneral Mielke, Stellv. d. Ministers, Genossen Generaloberst Mittig, Stellv. d. Ministers, Genossen Generalleutnant Neiber, Leiter ZAIG, Genossen Generalleutnant Irmler, Leiter ZOS, Genossen Oberst Sommer, Leiter HA XX, Genossen Generalleutnant Kienberg. - *Stempel:* SLK-erf. D 8-3 No. 7-8. - *Handschriftliche Vermerke:* A2 z. Speicherung, dann XX/4, AI/4/PS, 150/89. - *Datiert:* 17.10.1989, 01.30 Uhr.

Wie vorinformiert, fand am 16.10.1989 ab 17.00 Uhr im Rathaus von Dresden ein weiteres Gespräch zwischen Vertretern des Rates der Stadt und allen Mitgliedern der „Vertretergruppe" der Demonstranten vom 7. und 8.10.1989 und unter Teilnahme des Superintendent Ziemer statt.
Ca. 16.50 Uhr begaben sich die 20 Mitglieder der „Vertretergruppe" zum Rathaus. Auf dem Weg zum Rathaus wurde die „Vertretergruppe" vom akkreditierten ständigen Korrespondenten des „Stern", Pragal fotografiert.
Wie jeden Montag, fand ab 18.00 Uhr in der Kreuzkirche ein Abendgebet statt. An diesem nahmen ca. 1 500 Personen teil. Bischof Hempel hielt eine Fürbittandacht unter dem Thema „Gebet für die Verhandlungsführenden" analog des Inhalts seines Bischofwortes vom 15.10.1989 an die Gliedkirchen im Land Sachsen.
Während der Fürbitte in der Kreuzkirche traten ca. 20 Jugendliche auf, die jeweils auf einen Bibeltext bezogen, Gewaltfreiheit und angebliche Übergriffe der Sicherheitsorgane in den letzten Tagen verurteilten.
In der Zeit von 18.00-19.00 Uhr sammelten sich vor der Kreuzkirche ca. 1 000 Personen an, die offensichtlich auf Information aus dem am Abend geführten Gespräch zwischen dem Staatsapparat und der bekannten „Vertretergruppe" warteten.
Nach Beendigung des Bittgottesdienstes in der Kreuzkirche vereinigten sich die Gottesdienstteilnehmer und die vor der Kreuzkirche wartenden Personen, und die meisten liefen zum Dresdner Rathaus, so daß sich ab 19.30 Uhr bis 20.00 Uhr ca. 7-8 000 Personen vor dem Dresdner Rathaus ansammelten und auf Ergebnisse des Gesprächs des Staatsapparates mit der „Vertretergruppe" und kirchlichen Personen warteten.
In der Ansammlung wurden durch rhythmisches Klatschen Sprechchöre gerufen:

- „Wir bleiben hier, wir wollen Antworten, wir sind das Volk, wir bleiben hier, das ‚Neue Forum' wollen wir."

Ab und zu wurden Versteile der Internationale gesungen. Ausschreitungen und Gewaltakte gab es nicht. Ob der großen Ansammlung habe ich den 1. Sekretär der SED-Bezirksleitung informiert mit dem Vorschlag, einen kompetenten Vertreter des Rates der Stadt in Abstimmung mit der „Vertretergruppe" zur großen Menschenansammlung sprechen zu lassen und sie zu beruhigen.
Da sich die „Verhandlungen" das Staatsapparates mit der „Vertretergruppe" in die Länge zogen, wurde gegen 21.15 entschieden und festgelegt, daß der Oberbürgermeister, der Superintendent Ziemer und zwei Mitglieder der „Vertretergruppe" an die vor dem Rathaus sich Versammelten kurze Ansprachen halten mit dem Inhalt,

daß der Dialog weitergeführt wird, über die Ergebnisse des Dialogs in den Medien und am 17.10.1989 in den Dresdner Kirchen berichtet wird und die Menschen aufgefordert wurden, diszipliniert nach Hause zu gehen.
Nachdem alle Personen zur Ansammlung gesprochen hatten, löste sich gegen 21.40–22.00 Uhr die Ansammlung der großen Menschenmasse auf. Es kam zu keinen Vorkommnissen.
Zum Inhalt des vom 17.00 bis 20.30 Uhr geführten Dialogs:

- Die staatlichen Vertreter versuchten klar zu machen, daß alle Probleme in die bestehenden Strukturen der sozialistischen Demokratie eingeordnet werden und auch durch Expertengruppen weitere Untersuchungen und Lösungswege erarbeitet werden.
- Die Vertreter der Demonstranten, offensichtlich inspiriert durch Vertreter der Kirchenleitung und Mitglieder des „Neuen Forum“ beharrten darauf, als eigenständige staatlich anerkannte Gruppierung zukünftig zu agieren, weiterhin beharrten sie auf ihren Forderungskatalog.
- Diese Kräfte stellten in den Mittelpunkt eine „gründliche und unvoreingenommene Untersuchung der Gewalthandlungen der Polizei in den letzten Tagen“.
- Im Gespräch brachten sie zum Ausdruck, daß sie, außer zum Oberbürgermeister, zu keinem anderen staatlichen Vertreter in der Stadt Vertrauen haben.
- Sie forderten die Bekanntgabe des Dialogs auf einer Dresdner Großkundgebung.

Zum Inhalt der Pressekonferenz:
Das Pressegespräch begann 21.30 Uhr, daran nahmen 19 bezirkliche und zentrale Journalisten teil. Der Oberbürgermeister erläuterte den Pressevertretern den Inhalt und Verlauf des Dialogs und schlug vor, daß die Stadtverordnetenversammlung als breites Forum sowie die Nationale Front einbezogen werden bei der weiteren Auswertung der Gespräche und der unterbreiteten Vorschläge.
Der Oberbürgermeister wandte sich gegen die Schaffung neuer, eigenständiger, oppositioneller Strukturen.
Während des Pressegesprächs wurde durch die „Vertretergruppe“ erneut der Forderungskatalog vorgetragen und die Forderung nach einer uneingeschränkten, sachlichen Berichterstattung in den Medien erhoben sowie die Garantie einer freien Meinungsäußerung ohne persönliche Nachteile gefordert. Erstmalig wurde durch die „Vertretergruppe“ die Forderung öffentlich erhoben zur Durchführung „friedlicher Demonstrationen“ und Nichtanwendung des § 217 StGB sowie des § 5 der OWVO.
Im Pressegespräch betonte die „Vertretergruppe“, daß sie einen rechtlich anerkannten Status haben wollen. Gleichzeitig erklärten sie sich zur Fortführung des „Dialogs bereit. Superintendent Ziemer betonte während des „Dialogs“ und während des Pressegespräches, daß er zwar als Vertreter der Dresdner Kirchenleitung teilnehme, aber es im Grunde bei allen Problemen nicht um Probleme Kirche/Staat, sondern Staat/Bevölkerung gehe.
Der Presse wurde erläutert, daß morgen (d.h. heute) über den Inhalt in den Medien berichtet werden müsse und daß am 17.10.1989 in allen Dresdner Kirchen Mitglieder der „Vertretergruppe“ über den stattgefundenen „Dialog“ berichten.
Der 1. Sekretär der SED-Bezirksleitung und der 1. Sekretär der SED-Stadtleitung wurden fortlaufend vom Inhalt und Verlauf der Aktivitäten informiert.
Am 17.10.1989 werden in der BEL/KEL die erforderlichen sicherheitspolitischen Maßnahmen. für den 17.10.1989 beraten und festgelegt.

Ich werde erneut den Einsatz gesellschaftlicher Kräfte bei derartigen Ansammlungen vorschlagen, da es nicht richtig sein kann, da es, wenn sich solch große Menschenmassen vor dem Rathaus ansammeln, nicht möglich war, kurzfristig gute Kommunisten in der Stadt zu mobilisieren und zum Einsatz zu bringen.
Die Mitarbeiter der Bezirksverwaltung, der Kreisdienststelle Dresden-Stadt und die Angehörigen der DVP leisteten erneut eine umsichtige und politisch kluge und verantwortungsbewußte Arbeit.

17. Oktober 1989 Dok. 48
Bericht der Gruppe der 20 zur Information in den Kirchen

Privatbestand Frank Richter, unpaginiert. - Titel: Kathedrale. - *Datiert:* 17.10.1989.

1. Zu den Inhaftierten
Vom OB wurde uns zugesichert, daß sich noch 17 Dresdner in Haft befinden. Die Gruppe hat eine Liste mit 26 Namen zur Klärung übergeben (Die Differenz kann daraus resultieren, daß es sich um Nichtdresdner handelt beziehungsweise um Angehörige der NVA, die von ihren Einheiten abgeholt wurden und deren Verbleib ungeklärt ist). Die Zusicherung des OB, die Verhafteten, denen keine Gewalt nachgewiesen werden konnte, innerhalb von 24 h freizulassen, wurde nicht erfüllt. Erst am Mittwoch konnte durch Verhandlungen mit dem Stellv. des Staatsanwaltes der Stadt Dresden die Aussetzung des § 217 erzielt werden.
2. Anlage Bericht D. Brandes
Der OB schlug diesbezüglich eine Klärung in Rahmen der ständigen Kommission Inneres der Stadt Dresden unter Mitwirkung von Persönlichkeiten aus dem öffentlichen Leben und Mitgliedern der Gruppe vor. Leitungs- und Besetzungsfragen sind jedoch noch ungeklärt.
3. Zum Status der Gruppe
Anlage: Status der Gruppe
Die Gruppe wird vom OB bisher nur als 20 Einzelpersonen angesehen, in einem anderen Status sieht er die Gefahr der Bildung einer Opposition. Er bot die Möglichkeit der selbständigen Arbeit im Rahmen einer Anbindung an eine gesell. Institution an. Gegenwärtig arbeitet die Gruppe unter provisorischen Arbeitsbedingungen obwohl selbst Vorschläge unterbreitet wurden.
4. Öffentliche Unterrichtung der Demonstranten
Die Gruppe untergliederte diesen Gesprächspunkt in zwei Punkte:
   1. öffentliche Kundgebung
   2. Medien

Von der Gruppe wird einer öffentlichen Kundgebung die größte Bedeutung und Wirksamkeit beigemessen weil:
   1. Die Gruppe nur auf diesem Weg sich ihre Legitimation holen kann, welche sie zu einer Weiterführung des Dialogs im Namen der Demonstranten berechtigt.
   2. eine Grundforderung der Demonstranten darin besteht, daß das laut Verfassung der DDR in Art. 28 eindeutig fixierte Grundrecht auch praktisch realisierbar ist.

Wir haben als Gruppe dem OB unsere konkreten Vorstellungen zum Ablauf einer solchen Kundgebung dargelegt.
Wir forderten bezüglich der Medien die Möglichkeit einer kurzfristigen und ständigen Information der Bürger durch die Gruppe gem. Art. 27 der Verfassung der DDR.
Die Gruppe hat im Vorfeld des Gespräches seit Mittwoch mehrmals auf eine Entscheidung gedrängt. Der OB hält zum gegenwärtigen Zeitpunkt eine öffentliche Kundgebung nicht für sinnvoll, da z. Z. noch keine konkreten Ergebnisse vorliegen. Um die Information des Gespräches an die Bürger zu vermitteln, wurde letztmalig der Kompromiß eingegangen die kirchlichen Räume zu nutzen. Die Gruppe hält eine öffentliche Kundgebung aus genannten Gründen als die einzige Möglichkeit den Bedürfnissen der Bürger Rechnung zu tragen und den Dialog als Vertreter fortführen zu können.
5. Fortsetzung und Inhalt des Dialogs
Im Gespräch wurde der weitere Weg der Zusammenarbeit in Richtung der Bildung von neun unabhängigen Arbeitsgruppen zu Themen des Dialogs vorgeschlagen. Die Arbeitsgruppen sollen sich aus Mitgliedern der Gruppe, schon bestehenden Arbeitskreisen, bekannten Persönlichkeiten und kompetenten Abgeordneten zusammensetzen. Es müßten Arbeitsgruppen zu folgenden Themen gebildet werden, die wir zur Diskussion stellen:
Anlage: Dialogthemen
Die Tätigkeit der Arbeitsgruppen soll durch Öffentlichkeitsarbeit in Form von Podiumsgesprächen in größerem Rahmen durchschaubar und kontrollierbar gemacht werden.
6. Gesprächsverlauf
Die Verzögerung der Pressekonferenz um beinahe zwei Stunden ist Ausdruck der Kompliziertheit des Gesprächs. Der Dialog stand mehrmals vor Abbruch. Die Gruppe ist unbefriedigt mit dem Ausgang des Gespräches und skeptisch in Hinblick auf die Fortführung des Dialogs, da grundlegende Voraussetzungen für die Weiterarbeit der Gruppe an diesem Abend nicht geschaffen werden konnten.
Gruppe der 20, [*handschriftliche Anmerkung:* Frage nach Fortführung]

17. Oktober 1989 Dok. 49

Bericht des IM-VL „Bernhard" über eine Abendveranstaltung in der Kreuzkirche

BStU, ASt. Dresden, BV Dresden, XII 1507/89 „Bernhard", Archiv-Nr.: 8767/90, I, Bl.111-115. - Titel: Bericht zur Veranstaltung Kreuzkirche am Abend des 17.10.89. - *Form:* Maschinenschriftliche Wiedergabe des mündl. Berichts. - *Vermerk:* Mündlicher Bericht, Quelle: IM-VL „Bernhard", Treff: 18.10.89, MA: Hptm. Mittag G., - *Fußvermerk:* f. d. R. [*gezeichnet:*] Hptm. Mittag. - *Datiert:* 18.10.1989.

Ich traf gegen 19.45 Uhr an der Kreuzkirche ein und stellte fest, daß die Kirche schon gefüllt war. Ich verfolgte deshalb die Informationsveranstaltung vom Vorplatz aus, da sie ja per Lautsprecher übertragen wurde.
Die Veranstaltung wurde 20.00 Uhr von einem Vertreter der Kirche eröffnet und danach legte Koll. Boltz aus dem VEB ZMD als Sprecher der „Gruppe der 20" die

Ergebnisse des Gespräches der Vertretergruppe beim Oberbürgermeister vom 16.10.89 dar. Mir war bisher nicht bekannt, daß ein Vertreter unseres Betriebes in der Gruppe mitwirkt.
Die Auswertung war relativ kurz gehalten, wobei die Einschätzung getroffen wurde, daß das Gespräche für die Gruppe nicht befriedigend verlief, da auf wesentliche Forderungen keine positive Reaktion bzw. Antwort des Oberbürgermeisters erfolgte. Der Sprecher stellte auch die Kompliziertheit des Gespräches dar, daß es mehrfach kurz vor dem Abbruch stand und sich stark verzögerte. Er verwies dabei noch einmal auf die wichtigen Forderungen der Gruppe wie Anerkennung als offizielles Gremium oder die Forderung der Untersuchung von gewaltsamen Übergriffen der Polizei bzw. Sicherheitsorgane auf Unschuldige.
Dieses letztgenannte Thema wurde dann auch sehr stark in den Vordergrund und sehr emotional betont behandelt, indem ein anderer Sprecher der Gruppe 3 Augenzeugenberichte von Personen verlas die von der Polizei unschuldig angegriffen bzw. mißhandelt worden seien.
Es wurde betont, daß dies mit den betreffenden Personen abgestimmt ist und ihre Namen vorliegen.
Weiterhin wurde ein Brief eines Angehörigen der Bereitschaftspolizei, welcher kirchlich gebunden ist, verlesen, den dieser an seinen Pfarrer geschrieben hat. In dem Brief schilderte dieser seine eigenen Erlebnisse und Gedanken bei dem Einsatz gegen gewalttätige Jugendliche in Dresden.
Er stellte dort, offenbar sehr realistisch dar, wie die Angehörigen der BePo einer großen Menge aufgeputschter randalierender Jugendlichen gegenüberstanden, daß man nach den VP-Angehörigen mit Steinen und Brandflaschen geworfen habe, daß selbst Schutzvisiere durchschlagen wurden und mehrere seiner Kameraden verletzt wurden.
Weiter schilderte er, was sich in seinem Kopf abspielte als der Befehl kam in 5er-Gruppen die Steinewerfer und Gewalttäter aus der Menge herauszuholen. Dort habe er echte Todesangst empfunden und habe zwischen Befehl und klarer Notwendigkeit sowie der Angst gerungen.
Dieser bis dahin meiner Meinung nach sachliche Bericht, der auch geeignet war, die Rolle der Randalierer und die Notwendigkeit des Eingreifens klarzumachen, bekam am Ende einen etwas sonderlichen Zug, als der Briefschreiber hervorhob, daß sie, die „kleinen" BePo-Leute hinein in die Menge der Randalierer mußten, ihr Leben auf's Spiel setzten, während hinter der sicheren Absperrung die VP-Offiziere und die Leute der Staatssicherheit standen.
Insgesamt erschien mir die gesamte Darstellung der Ereignisse mit den 3 Augenzeugenberichten und dem Brief darauf abzuzielen, Stimmung gegen die Sicherheitsorgane zu machen. Die Publikumsreaktionen zeigten, daß dies auch erreicht wurde.
Es wurde auch dazu aufgefordert, daß Leute, die ebensolche Erlebnisse hatten, d. h. sich von den Sicherheitskräften ungerecht behandelt fühlten, ihre schriftlichen Berichte dazu an das Jugendpfarramt Barlachstr. (ev.) schicken. Als die Stimmung durch diese Dinge richtig angeheizt war, griff der Kirchenvertreter ein und schlug vor, die Diskussion zu diesem Punkt abzubrechen, damit die Veranstaltung in sachlicher Atmosphäre weitergeführt werden kann.
Der Sprecher der Gruppe erwähnt daraufhin noch einmal, daß man mit dem Oberbürgermeister übereingekommen sei, daß solche Vorfälle geklärt werden

müßten und daß dazu die Abteilung Inneres unter Hinzuziehung von Personen, die von der Gruppe bestimmt werden, eine Klärung herbeiführen wird.
Im weiteren Verlauf der Veranstaltung wurde dann vor allem der Diskussion von Personen aus dem Publikum Raum gegeben.
Nachfolgende einzelne Wortmeldungen sind mir dazu in Erinnerung geblieben:

- Vertreter eines Lederwarenbetriebes aus Radebeul berichteten, daß von ihren ca. 100 Beschäftigten 28 die DDR nach der BRD verlassen haben, daß sie versuchen, die Lücken im Betrieb auszugleichen, was jedoch nicht voll gelingen kann und daß dies natürlich Einfuß auf das entsprechende Angebot in den Läden haben kann. Sie hoben jedoch hervor, daß es dann nicht die richtige Schlußfolgerung ist, wegzulaufen, weil es Lücken gibt, sondern daß die Lücken entstanden sind, weil Leute weggelaufen sind. Sie traten dann mit einer Resolution auf, in der sich einige der Forderungen der Gruppe wiederfanden, darüber hinaus aber auch Gedanken, wie
  - Eigenständigkeit der Betriebe
  - Wählbarkeit der Betriebsleitungen
  - alternative Programme bei Wahlen in der DDR.
- Ein anderer Sprecher forderte Veränderungen in der Berichterstattung zur Arbeit der Volkskammer. Er äußerte, daß es im Widerspruch zur Verfassung stehe, daß Volkskammertagungen zwar formal öffentlich abgehalten würden, aber durch $^2/_3$-Beschluß die geschlossene Sitzung festgelegt werden könnte, so daß die Bürger nicht erfahren, was dort geschieht. Er forderte offene Sitzungen zu allen innenpolitischen Fragen.
- Ein weiterer Sprecher aus dem Publikum griff K. E. von Schnitzler an, insbesondere seine Kommentare zur Frage der Ausgereisten DDR-Bürger, die er als Asoziale bezeichnet habe.
- Eine andere Meinung richtete sich gegen das Auftreten von E. Honecker gegenüber einem West-Journalisten am 6.10.89 auf dem Flugplatz Schönefeld. Dort soll er gesagt haben, auf die Frage was er vom „Flüchtlingsproblem“ halte: „Wieso, gibt es ein solches Problem?“ Der Sprecher stellte die Frage ob dies für die Kompetenz spricht, einen Staat zu führen. Hier schaltete sich der Kirchenvertreter ein und bekräftigte die Zweifel, daß Politiker im Alter vom 70-80 Jahren die Kraft haben, solche Aufgaben zu lösen. Gleichzeitig verwies er darauf, daß dies auch für kirchliche Würdenträger in der DDR zähle, von denen auch viele älter als 65 seien.
- Mehrere Leute verwiesen in der Diskussion auch darauf, daß es zwar wichtig ist, den Dialog zu führen, über Probleme zu reden, daß es aber auch darauf ankommt, am eigenen Arbeitsplatz täglich sein bestes zu geben. Es wurde aufgerufen, die Anwesenden mögen mit ihrer Aktivität auch bei der Arbeit beispielgebend wirken. Dieser Beitrag wurde mit wesentlich weniger Beifall bedacht, als manche andere Ausführungen.
- Es wurde auch wieder in der Diskussion die Forderung nach Zulassung des „Neuen Forum“ geäußert, was mit Vertrauensverlust in die bestehenden Parteien und Organisationen begründet wurde.
- Ebenfalls aus dem Publikum wurde der Vorschlag einer Resolution vorgebracht, in der u. a. gefordert wurde, daß an künftige Gespräche - konkret am 27.10.89 kompetente Vertreter von höheren Partei - und Staatsgremien teilnehmen und daß diese mit dem „Bürgerkomitee“ reden. Auf meinen Vorschlag hin, daß diese Leute nicht nur mit dem Bürgerkomitee, sondern mit den Bürgern allgemein

reden sollten, wurde dies so in der Resolution geändert. In der Veranstaltung wurde der Eindruck deutlich, daß die territorialen Vertreter (OB, Modrow) durchaus bereit sein, den Dialog tiefgreifender zu führen, daß sie aber z. Zt. nicht so können, wie sie wollen. Der Sprecher der Gruppe wies eindringlich darauf hin, daß die Dialoggruppe in den letzten Tagen mehrfach Kontakt zu Hans Modrow gesucht hat, daß er aber bisher nicht bereit war mit ihnen zu reden, sondern angeblich immer nicht da war. Es wurde gefordert, daß er sich nicht länger verleugnen läßt.

In den Schlußworten, welche wieder von Vertreter der Kirche gehalten wurden, wurde auf die Fortsetzung des sachlichen gewaltlosen Dialoges verwiesen. Es wurde der 27.10.89 als Termin des nächsten OB-Gespräches genannt und aufgerufen, am kommenden Freitagabend von 18.00–19.00 Uhr mit Kerzen vor der Kreuzkirche zur Gewaltlosigkeit zu mahnen und der Opfer der Gewalt zu gedenken.

Nachdem die Veranstaltung beendet war, begab ich mich noch in die Kirche hinein, eigentlich mit dem Ziel, mit Koll. Boltz ins Gespräch zu kommen. Am Haupteingang fand ich ausliegende Listen des „Neuen Forum“ vor, mit der Aufforderung, sich einzutragen. Es handelte sich um A4-Blätter im Querformat, wo tabellenartig Name, Vorname, Tätigkeit und Adresse der Interessenten bzw. Befürworter gefragt waren. An den betreffenden Stellen (Haupteingang Richtung Altmarkt) sah ich zwei Blätter, die mit Namen gefüllt waren, d. h. es hatten sich ca. 30–40 Personen eingetragen. Ich selbst habe mich ebenfalls eingetragen. Ob an anderen Stellen der Kirche ebenfalls Listen auslagen, kann ich nicht sagen. Aus einem Gespräch zwischen einem Mitglied der Sprechergruppe (vermutlich die Kindergärtnerin, 40–50 Jahre, kräftige Statur) und einem ca. 35–40-jährigen Mann (unauffällige Erscheinung) bekam ich zufällig mit, daß dieser Mann, der offensichtlich nicht zur Gruppe gehörte, die Listen des „Neuen Forum“ aus eigener Initiative ausgelegt hat. Dies war also nicht von der Gruppe organisiert. Ich erkundigte mich dann, ob der Koll. Boltz zu sprechen ist konnte ihn jedoch nicht finden. Ein auch zur Sprechergruppe gehörender Mann, den ich fragte, gab mir die Auskunft, daß er nicht mehr da sei. Ich erklärte ihm, daß ich im gleichen Betrieb, wie Koll. Boltz arbeite und gern Kontakt zu Ihm aufgenommen hätte und bat darum die Adresse oder Telefonnummer des Koll. Boltz. Diese wußte er aber nicht und gab mir dafür seine Adresse:

Eberhard Ohst [*geschwärzt*].

Ich bedankte mich, bekundete nochmals mein Interesse und wir verabschiedeten uns unverbindlich.

Nachdem ich dann die Kirche verlassen hatte, hatten sich die Besuche schon verlaufen. Auf dem Weg zur Haltestelle Postplatz kam mir dann aber ein Zug von Menschen entgegen, dem ich mich einige Zeit anschloß. Die Anzahl ist schwer zu schätzen. Ich kann auch nicht sagen, ob es sich um Personen handelte, die aus der Kreuzkirche oder einer anderen Kirche gekommen sind. Es handelte sich vorwiegend um Jugendliche. Es wurden Sprechchöre gerufen, wie „Schließt Euch an, wir brauchen jeden Mann!“, „Wir sind das Volk!“. Es verlief alles ohne Gewalttätigkeiten oder aggressive Stimmungsmache. Alles wirkte relativ unorganisiert und spontan. Viele liefen offensichtlich nur des Abenteuers wegen mit.

Vor der Kirche hatte ich auch zwei Arbeitskollegen aus meiner Abteilung, [*geschwärzt*] und [*geschwärzt*] getroffen. [*geschwärzt*] erzählte, daß er vorher am Rathaus gewesen sei, wo sich eine Menge Leute versammelt hätten. Dort hätte eine

Art Antwortveranstaltung stattgefunden, wo allerdings keine Vertreter der Staatsorgane auftraten, sondern es habe Forderungen und Meinungen aus der Menge gegeben, die sich aber nach seinen Worten mit dem deckten was auch die Dialoggruppe will. Es wäre die Frage gestellt worden, warum man durch den Staat nicht ausreichend Devisen für Reisen ins NSW zur Verfügung stellt. Dabei habe jemand gefordert, daß man die Devisen, die für den Bau des neuen Zollgebäudes ausgegeben worden seien, auch als Reisezahlungsmittel zur Verfügung stellen könnte. Es habe auch Fragen zum „Neuen Forum" gegeben, worauf dort eine Frau als Vertreterin des „Neuen Forum" aufgetreten sei. So wie [*geschwärzt*] diese Sache vor dem Rathaus darstellt, handelte es sich offensichtlich um eine von den Veranstaltungen der Dialoggruppe abgekoppelte Maßnahme, die offensichtlich auch nicht viel Niveau besaß. [*geschwärzt*] und [*geschwärzt*] kamen gestern zum ersten Mal zu einer derartigen Veranstaltung.

17. Oktober 1989 Dok. 50

Bericht des FIM „Erich Wagner" über eine Veranstaltung in der Versöhnungskirche

BStU, ASt. Dresden, BV Dresden, XII 1210/75, Archiv-Nr.: 2360/91, I, Bl. 317-323. - Kopf: Diensteinheit XX/3, 17.10.89, Treffbericht, Kategorie/Deckname FIM „Wagner", 17.10.89, 11.00-11.30, Treffort Speer, Mitarbeiter Schlage. [*Anlage IM-Bericht:*] Bericht „Versöhnungskirche 17.10.89, gez. Wagner, Erich. - *Form:* Handschriftlich. - *Datiert:* 18.10.1989.

Pünktlicher Beginn 20 Uhr
Leitung: Peter Ronneburg, Dreher, ca. 30 bis 35 Jahre
Sabine Linke, Krankenschwester, ca. 25 bis 30 Jahre noch ein Vertreter der „Gruppe der 20", so nennen sie sich jetzt selbst offiziell und der Pfarrer, der schon als Gastgeber der Versammlung vom 11.10. wirkte und der betonte, daß er zwar bei der Besprechung beim Oberbürgermeister am 16.10. dabei war aber offiziell nicht zu der Gruppe gehört.
Schwerpunkte des Berichtes im Wechsel von R. und L. vorgetragen:

- Haftfrage, Mißhandlungen (besonders in der VIII. VP-Bereitschaft und Bautzen). Erstaunlicherweise kein Protest gegen hohe Strafen der drei aktivsten Rädelsführer „SZ" vom 17.10.1989. Forderung in diesem Zusammenhang: Alle Vertreter der Sicherheitsorgane müssen gerichtlich genau so hart bestraft werden, wie die Randalierer (Riesenbeifall).
- Die „Gruppe" hat den Verdacht, daß der Staat glaubt, daß ihr getrenntes Auftreten in 5 Kirchen sie spaltet. Deshalb diesmal letztes Auftreten in den Kirchen, in Zukunft in der Öffentlichkeit (Riesenbeifall). Der Pfarrer ergänzte, daß die Kirche bisher im Sinne des Dialogs und der Bürger gern bereit war, ihre Räume zur Verfügung zu stellen, aber auf Dauer nicht das Tun könne, was eigentlich dem Staat zu tun verpflichtet. Beim Abgang äußerten mehrere Gruppen u. a.: Na dann auf Wiedersehen demnächst im Dynamo-Stadion.
- Die Menge vor dem Rathaus hat am 16.10.1989 den Dialog mit dem Oberbürgermeister erschwert. Was die Gruppe jetzt braucht, ist nicht in erster Linie

die staatliche Anerkennung, sondern das Vertrauen der Massen, daß sie als Mandat ihres Handeln betrachten (Riesenbeifall).

- Dialog mit dem Oberbürgermeister war ein sehr ernster aber fairer Streit, der nicht mehr bringen konnte, da der Oberbürgermeister ja keine Regierungsentscheidungen treffen kann.
- Oberbürgermeister-Standpunkt zu einigen Forderungen sehr unpopulär/Protestrufe. Deshalb hält Gruppe öffentliche Kundgebungen in Zukunft als letzte und einzige Möglichkeit, den Dialog fortzusetzen. „Gruppe" will Stadium der Gewalt durchbrechen. Sie versteht sich nicht als Partei und lehnt auch die Einstufung als Opposition ab. Sie will bis auf weiteres Verhandlungen zu folgenden Themen:

Medien/Medienpolitik;

- Garantie des Rechts auf freie Meinungsäußerung;
- Recht auf Versammlungsfreiheit;
- Anerkennung der Arbeit der Gruppe als gesellschaftliche Tätigkeit;
- öffentliche Unterrichtung der Demonstranten über die Ergebnisse ihrer Arbeit ... u. a. (Jeder Punkt wurde durch Riesenbeifall bedacht).

Bildung und Mitarbeit in Arbeitsgruppen, die erreichen sollen (u. a.)

- Rechtssicherheit bis zur Kontrolle in den Strafvollzugsanstalten;
- Medienpolitik;
- neues Wahlrecht und dessen öffentliche Kontrolle;
- Recht auf Gründung von Bürgerinitiativen;
- Reisemöglichkeiten für alle in sozialistische Staaten und NSW;
- Staatliche Veröffentlichung der richtigen Ausreisestatistik als Grundlage einer notwendigen Ursachenforschung;
- Schaffung von Freiräumen für Lehrende und Lernende;
- Freigabe von Umweltdaten so u. a. Gittersee und geplantes neues Tanklager im Bezirk;
- Veränderung des Gefälles der Warenverteilung in der DDR (keine Bevorzugung Berlin).

Die Gruppe ist insgesamt unzufrieden über Ergebnisse des Gesprächs mit dem Oberbürgermeister. Frage an Versammlung: Sollen wir in Eurem Namen weitermachen? (frenetischer Beifall!). Übereinstimmung mit Oberbürgermeister in einer Frage: Wir müssen mehr und besser arbeiten! Voraussetzungen dazu muß aber der Staat schaffen.

Im Anschluß daran, wurden Briefe an die Gruppe bzw. Gedächtnisprotokolle über die Vorkommnisse der vergangenen Woche verlesen. So u. a. von der Abteilung E 33 des Robotron-Projektes Dresden (Kritik an Wirtschaftspolitik/Mißachtung des Verhältnisses von Produktivkräften und Produktionsverhältnissen), die DDR ist nicht allein auf der Welt, sie kann ihre Erfolge nicht nur an der Vergangenheit messen, jetzt muß sie sich den Tagesproblemen stellen!

- Begriff der Zusammenrottung bedarf klarer juristischer Deutung;
- Angleichung der Reisemöglichkeiten an den allgemeinen europäischen Standard;
- Verbesserung der Medienpolitik, Zulassung auch Zeitungen aus der BRD und Forderung nach Wiederzulassung sowjetischer Publikation (u. a. Sputnik).
- Verlesung eines offenen Briefes des von 45 Mann unterzeichneten Orchesters der Staatsoperette.

- Verlesung eines Briefes eines Angehörigen der VP-Bereitschaft an seinen Seelsorger (Einsatz und Methode des Eingreifens bringen ihn in Gewissenskonflikt. Frage: Was ist jetzt richtig? Befehlsverweigerung und damit Zuchthaus - oder weiter auf Befehl prügeln?).
- Die Versammlung endete mit einem Appell zur Ruhe und Gewaltlosigkeit und der Betonung, daß sich die Gruppe der Verpflichtung bewußt ist, daß die Dresdner Bevölkerung hinter ihr steht. Ende gegen 21.15 Uhr, da wegen Fehlens einer Außen-Lautsprecheranlage der großen Masse wegen eine zweite Veranstaltung an gleicher Stelle um 21.30 Uhr beginnen sollte.

Nachtrag: Nach der Veranstaltung wurden Exemplare „Aufbruch 89 - Neues Forum" verteilt.

P.S.: Genannter Pfarrer trug vor, daß sich viele Bürger an ihn gewandt hätten, welche personellen Veränderungen in der Partei- und Staatsführung für ihn notwendig wären. Er antwortete darauf: Aus verständlichen Gründen werde er sich hüten, Namen zu nennen. Nur einen möchte er nennen: Wenn sich Hager erdreistet zu sagen, er wolle sich an die Spitze der Reformbewegung in der DDR stellen, so disqualifiziere er sich wohl selber, denn bis vor kurzem wollte er nicht mal ein Zimmer in der DDR nach dem Vorbild von Perestroika und Glasnost in der DDR „tapezieren"! (Riesenbeifall).

18. Oktober 1989 Dok. 51

Aufruf zur Bevollmächtigung der Gruppe der 20 durch die Bevölkerung

BStU, ASt. Dresden, BV Dresden, Abt. XX, 9180, Bl. 44. - Form: Maschinenschriftlich.

Es besteht die Notwendigkeit durch persönliche Vollmacht jedes Einzelnen den Mitgliedern der „Gruppe der Zwanzig" die Legitimation des Volkes zu geben, unsere Interessen offiziell und öffentlich zu vertreten, sowie in unserem Namen Gespräche und Verhandlungen zu führen. Da die Sicherheit nicht gegeben ist, eine Demonstration durchzuführen, müssen andere Wege und Möglichkeiten gezeigt werden, die im Bereich des Rechts sich bewegen.

Das heißt: Jeder daran interessierte Bürger Dresdens und Umgebung erteilt auf einer Postkarte den Mitgliedern der „Gruppe der Zwanzig" eine eigene persönliche Vollmacht mit eigener Anschrift und Unterschrift. Diese Vollmacht bitte möglichst persönlich oder über eine Vertrauensperson (z.B. Kirche) an ein Mitglied der „Gruppe der Zwanzig" weiterleiten. Es besteht z.Z. auch die Möglichkeit durch Vermittlung des Jugend-Pfarramtes 8020 Dresden Barlachstr. 3 sich an die „Gruppe der Zwanzig" zu wenden. Wir sind ebenfalls bereit, Vollmachten zur Weiterleitung entgegen zu nehmen.

Es ist eines jeden Bürgers Recht, einen anderen Menschen zu bevollmächtigen ihn zu vertreten. Es liegt damit keine strafbare Handlung vor.

Wir empfehlen folgenden Wortlaut einer Vollmacht:

An die Mitglieder der „Gruppe der Zwanzig"
Vollmacht

Ich bevollmächtige - bis auf Widerruf - die Mitglieder der „Gruppe der Zwanzig" meine Interessen offiziell und öffentlich zu vertreten, sowie in meinem Namen Gespräche und Verhandlungen mit staatlichen Stellen, Vereinigungen, Organisationen und Parteien der DDR zu führen, um damit eine umfassende und gewaltfreie Veränderung der Gesellschaft zum Guten hin in Dresden und Umgebung zu bewirken.
Datum - eigene Unterschrift - eigene Anschrift

Darüber hinaus kann in einer Eingabe an den Oberbürgermeister der Stadt Dresden darum gebeten werden, die Mitglieder der „Gruppe der Zwanzig" zu akzeptieren und die Arbeit der Gruppe als gesellschaftlich notwendige Tätigkeit anzuerkennen. Begründet durch die Willensbekundung der Masse des Volkes, wodurch sie dieser Gruppe der Zwanzig ihr Vertrauen aussprechen, und dadurch die Legitimation als Volksvertreter.
Es muß auch möglich sein, neue Wege zu gehen, wenn die Mehrheit des Volkes es wünscht. Da wir ein Arbeiter+Bauern-Staat sind und das Recht in der Verfassung uns zugebilligt wurde mitzuregieren und mitzuplanen, bewegt sich das Anliegen des Volkes auch in rechtlicher Hinsicht verfassungsgemäß!
Malschendorf, den 18.10.1989 gez. Frank + Regina Hofmann
Pillnitzer Str. 13 08-07
Malschendorf
8101
Nach unserer Information ist das Jugendpfarramt bis 20 Uhr besetzt. Eine Anlaufstelle für Abgabe von schriftlichen Erklärungen, Informationen, Teilnahmeerklärungen für die Arbeitsgruppen der „Gruppe der Zwanzig", Vollmachten usw. ist zur Zeit die „Scheune", Alaunstr. 36/40.

19. Oktober 1989 Dok. 52

Aufruf der Gruppe der 20 zur „Eine-Mark-Aktion"

Privatbestand Herbert Wagner, unpaginiert. - Titel: Mitteilung der „Gruppe der 20". - *Vermerk:* Bitte vervielfältigen und weitergeben! - *Datiert:* 19.10.1989.

Das vorläufige Mandat der „Gruppe der 20" wurde auf den Großveranstaltungen am 17.10.89 durch öffentliche Bekundung Zehntausender Dresdener verlängert. Um es zu bestätigen bitten wir jeden Bürger der Anliegen, Forderungen und Ziele der „Gruppe der 20" unterstützt, um die Überweisung eines symbolischen Beitrages von einer Mark auf das Konto 0299-52-13691 beim PSCHA Dresden.
Mit den eingegangenen Mitteln soll die Arbeit der Gruppe finanziert und die Bildung von Arbeitsgruppen unterstützt werden. Über die Verwendung der Gelder wird öffentlich Rechenschaft abgelegt.
Mit der Unterschrift auf dem Einzahlungsbeleg wird gleichzeitig das Mandat der „Gruppe der 20" bestätigt.
Die bei Auflösung der Gruppe verbliebenen Restmittel werden einem Feierabendheim der Stadt Dresden zur Verfügung gestellt.
Wir bitten vorerst von weiteren Geldspenden abzusehen, da die weitere Arbeit der „Gruppe der 20" von der Bestätigung des Mandates abhängt.

20. Oktober 1989 Dok. 53

Information Hans Jörkes über ein Gespräch mit Vertretern der Gruppe der 20

Privatbestand Wolfgang Berghofer, unpaginiert. - Titel: Information. - *Datiert:* 20.10.1989.

Am 20.10.89 fand von 8.00–9.30 Uhr ein Gespräch mit Herrn Superintendenten Ziemer, Herrn Boltz und Herrn Pstrong statt. Inhalt war die Vorbereitung der Stadtverordnetenversammlung am 26.10.89. Es wurden Übereinstimmungen erzielt, daß im Rahmen der Stadtverordnetenversammlung zeitweilige Arbeitsgruppen gebildet werden, die die vorgeschlagenen Themen bearbeiten. Es sollen kleine Arbeitsgruppen in der Stärke von 6 bis 10 Mitgliedern sein.
Die Namen der Zusammensetzung, vor allem die Vorschläge der Bürger, werden am kommenden Dienstag, 16.00 Uhr, besprochen.
Am Mittwoch, 16.00 Uhr, wird den o. g. Personen die Grundstruktur der Ausführungen des OB zur StVV mitgeteilt. Zur StVV wollen sie mit 3 Diskussionsrednern auftreten. Dem wurde zugestimmt.
Eindeutig forderten sie die Bildung einer unabhängigen Untersuchungskommission im Zusammenhang mit den Problemen der „Mißhandlungen und beleidigenden Behandlungen“ während der Befragungen und Ermittlungsverfahren. Sie wurden auf die jetzigen rechtlichen Regelungen hingewiesen, ihr Standpunkt ist, diese reichen nicht aus. Sie werden das Problem in jedem Fall vor der StVV ansprechen.
Es wurde angefragt, wie das Gespräch des OB am 27.10. ausgewertet wird. Die Kirchen würden auf keinen Fall wieder zur Verfügung stehen. Eine offizielle zentrale Auswertung wäre notwendig. Darüber sollte im Vorab die Öffentlichkeit informiert werden. Bis zur StVV erwarten sie dazu die Antwort des Oberbürgermeisters. Insgesamt kann eingeschätzt werden, daß dieses Gespräch in sachlicher Atmosphäre verlief.

20. Oktober 1989 Dok. 54

Bericht des IMS „Jens Grabowski“ über ein Gespräch zwischen Vertretern der Stadt Dresden und der Gruppe der 20

BStU, ASt. Dresden, BV Dresden, IM-Vorgang, XII 1293/88, „Jens Grabowski“, Archiv-Nr. 00617/91, I, Bl. 26f. - Kopf: Kreisdienststelle Dresden-Stadt, Referat XX/1. - *Titel:* [*Anlage IM-Bericht:*] Gespräch mit Vertretern der 20 Gesprächspartner des Oberbürgermeisters im Rathaus. - *Vermerk:* mündlicher Bericht IMS „Jens Grabowski“ XII 1293/88, Treff am 20.10.1989. - *Fußvermerk:* gez. IM, f. d. R. d. A. [*gez.*] Zwiebler, Ltn. - *Datiert*: 21.10.1989.

Am 20.10.1989 fand in der Zeit von 8.00 bis 9.30 Uhr im Ratssitzungssaal (Zi. 212) ein Gespräch mit folgenden Teilnehmern statt:

Boltz	Stellvertreter des OB für Inneres Jörke
Pstrong	Sekretär des Rates Foit
Superintendent Ziemer	Stadtrat Dr. Viehweger
	Stadtrat Gängler

Vordergründiges Ziel des Gespräches war es, Verfahrensfragen über die Weiterführung des Dialogs sowie die Bildung der zeitweiligen Arbeitsgruppen innerhalb der Stadtverordnetenversammlung (StVV) zu klären.
Am Status der Gruppe der Gesprächsteilnehmer beim Oberbürgermeister hat sich z. Z. nichts geändert, wobei aber interne Hinweise des Oberbürgermeisters vorliegen, daß diese Gruppe voraussichtlich als „Gruppe der 20" legalisiert werden wird, da z. Z. in Berlin generelle Regelungen zur Legalisierung derartiger Gruppen soweit sie keine oppositionellen Ziele verfolgen, getroffen werden (entsprechend der Verfassung).
Die Vertreter Boltz und Pstrong brachten zum Ausdruck, daß sie mit der Bildung der zeitweiligen AG im Rahmen der StVV voll einverstanden sind und gehen auch soweit mit, daß diese durch die StVV ins Leben gerufen werden.
Bei beiden Seiten herrscht Klarheit darüber, daß diese Arbeitsgruppen einen Versuch darstellen, da keine diesbezüglichen Erfahrungswerte vorliegen und einzelne Arbeitsgruppen bei Wirkungslosigkeit sofort aufgelöst werden. B. und P. brachten weiter zum Ausdruck, daß sie am Dienstag den 24.10.1989 ihre Vorschläge einbringen werden, wobei sie sagten, daß es nicht viele seien, da ihnen nur wenige Fachleute zur Verfügung stehen. Sie vertrauen in diesem Punkt auf den Rat der Stadt, da dort die entsprechenden Fachkräfte zu finden sind.
Zur bevorstehenden Sitzung der Stadtverordnetenversammlung wurde der sogenannten „Gruppe der 20" eine Redezeit von 30 Minuten nach den Ausführungen des Oberbürgermeisters zugesichert.
Die Anzahl der Redner innerhalb der 30 Minuten wurde ihnen voll und ganz überlassen, wobei sie sich beim jetzigen Stand auf drei festlegten.
Im weiteren Gesprächsverlauf brachten B. und P. zum Ausdruck, daß sie ihre Forderung nach einem Untersuchungsausschuß zur Offenlegung von Ausschreitungen der Schutz- und Sicherheitsorgane weiter aufrecht erhalten, obgleich sie sicher sind, daß es dafür laut Veröffentlichungen des Generalstaatsanwaltes und des MdI keine gesetzlichen Grundlagen gibt. Ihre Forderungen gehen jetzt soweit, daß sie auch Staatsanwälte überprüfen lassen wollen, da es ihrer Meinung nach keine Person geben kann, die nicht überprüfbar ist.
Superintendent Ziemer brachte unmißverständlich zum Ausdruck, daß die Kirche eine weitere Bereitstellung ihrer Räumlichkeiten für Informationsveranstaltungen betreffs Dialog ablehnt.
Über die Art und Weise der Informierung der Bevölkerung über Gesprächsergebnisse beim Oberbürgermeister, außer über die Medien, gibt es bisher noch keine klaren Vorstellungen.
Zum gesamten Gesprächsverlauf kann eingeschätzt werden, daß eine sachliche und abgesehen von der Bekräftigung der Forderung nach genannten Untersuchungsausschuß auch konstruktive Atmosphäre vorherrschte.

20. Oktober 1989 Dok. 55

Bericht des IMS „Lindner“ über die Gruppe der 20 und Aktivitäten von Friedrich Boltz

BStU, ASt. Dresden, BV Dresden, XII 687/79, Archiv-Nr.: 2847/91, III, Bl. 393-400. - Kopf: Tonbandabschrift, Quelle: IMS „Lindner“, Treff: 20.10.89, 14.45-17.00 Uhr, Ort: IMK/KW „Seemann“, MA: Hptm. Bock, Hptm. Mittag. - *Titel:* Bewertung von Gesprächen mit Koll. [*durchgestrichen:* Siegfried Wolf *und ersetzt durch*] Friedrich Boltz, von seinen Aktvitäten bzw. Aktivitäten der „Gruppe der 20“. - *Fußvermerk:* gespr. „Lindner“. - *Datiert:* 20.10.1989.

Koll. [*durchgestrichen:* Wolf *und ersetzt durch*] Boltz war sogar mit führend beteiligt am Gespräch, mit dem Oberbürgermeister am 16.10. Es gab danach ein persönliches Gespräch zwischen ihm und mir:
Global schätzt Koll. [*durchgestrichen:* Wolf *und ersetzt durch*] Boltz ein, daß der angefangene Weg, ausgehend von der gewaltfreien Auflösung der Demonstration am 8.10., aus seiner Sicht als richtig eingeschätzt wird, daß es aber schwierig ist, sofort Ergebnisse im Rahmen der Dialogsuche zu erzielen. Diese Überschrift schwang als Gesamteinschätzung über allen Bewertungen. Koll. [*durchgestrichen:* Wolf *und ersetzt durch*] Boltz informierte darüber, daß offenbar das gemeinsame Anliegen, ursächliche Probleme, die zur gegenwärtigen innenpolitischen Situation beigetragen haben, erstens zu erkennen sind, zweitens Lösungen zu finden sind und drittens Maßnahmen einzuleiten sind, die diese Probleme lösen. Auf diesem Weg, so sei auch beim Oberbürgermeister-Gespräch am 16.10. dargelegt worden, gibt es sicher nur einen kleinen Teil von Fragen, die im Territorium Dresden zwischen Dialoggruppe und Oberbürgermeister lösbar sind. Zu über den Bezirk hinaus reichenden Problemen wird seitens der Dialoggruppe erwartet, daß man dann in einem gemeinsamen Standpunkt möglicherweise über die SED-Bezirksparteileitung, Oberbürgermeister und „Gruppe der 20“ an die Staatsführung bzw. Parteiführung unseres Landes herantritt.
Große Sorge bereitete Koll. [*durchgestrichen:* Wolf *und ersetzt durch*] Boltz einen Punkt, wo es keine Einigung gegeben hat. Dies betrifft die Anerkennung bzw. Legitimation der „Gruppe der 20“ als Organisation oder gesellschaftliche Gruppe, um überhaupt eine weitere Organisation zum Beispiel zur weiteren Gesprächsvorbereitungen, Meinungssammlungen, offizielle Darstellung der erreichten Ergebnisse zu gewährleisten. Koll. [*durchgestrichen:* Wolf *und ersetzt durch*] Boltz sieht die Notwendigkeit, daß die „Gruppe der 20“ einen offiziellen Status erhält. Diese Position ist meines Erachtens die, welche gegenwärtig am meisten Schwierigkeiten bereitet, weil die Anerkennung dieser Gruppe bzw. Zuerkennung eines Organisationsgrades dieser Gruppe auch die zeitliche Wahrnehmung für die einzelnen Aktivitäten in dieser Gruppe abhängig ist.
Ich nehme an, daß das gleiche Problem jedes einzelne Mitglied dieser 20-Mann-Gruppe in gleicher Weise betrifft. Eine weitere Gefahr bzw. im Moment Nichtübereinstimmung sieht Koll. [*durchgestrichen:* Wolf *und ersetzt durch*] Boltz und auch paar andere Mitglieder dieser Gruppe im folgendem Zustand. Der Oberbürgermeister versuchte in dem Gespräch vorhandene Organisationsformen in der Stadt Dresden, wie Nationale Front, Räte der Stadt und Stadtverordnetenversammlungen für diese Arbeit der Gruppe und die weiteren bevorstehenden Aktivitäten in Arbeitsgruppen zu nutzen. Die „Gruppe der 20“ schätzt ein, daß das Vertrauen

der Bevölkerung in die Aktivitäten der vorhandenen Einrichtungen so gering ist, daß, wenn die „Gruppe der 20“ diesem Vorschlag zustimmen würde, es zu größeren Unruhen bzw. das Abwenden des progressiven Teils der Bevölkerung von dieser „Gruppe der 20“ führt, so daß die bisherigen achtbaren Ergebnisse dieser Dialogführung, zunichte gemacht werden. Meines Erachtens ist diese Situation sehr kritisch und bedarf von beiden Seiten einer großen Sorgfalt, um die nach wie vor gespannte Situation auch im Raum Dresden nicht mit Rückfallerscheinungen zu belasten.
Ein weiterer Punkt, den Koll. [*durchgestrichen:* Wolf *und ersetzt durch*] Boltz im Sinne der Auswertung des Oberbürgermeister-Gespräches beschäftigte, war die nach seinen Worten geäußerte Unterstellung, daß es sich um eine Gruppe aus katholischen und evangelischen Kirchenvertretern und einzelnen Teilnehmern der Demonstration handelt. In dieser Formulierung sieht er die Gefahr, daß der „Gruppe der 20“ eine kirchliche Motivation unterlegt werden soll, um diese zu diskreditieren. Ich habe mich mit ihm dahingehend verständigt, daß es unter der jetzigen Situation, wenn er solche Ansätze spürt, der einzigste Ausweg nur sein kann, daß man deutlich auf eine Separation bei den Oberbürgermeister-Gesprächen zwischen der Dialoggruppe und kirchlichen Vertretern Wert legt. Er teilte mit, daß diese Separation insofern bereits vorhanden ist, daß zur „Gruppe der 20“ keine kirchlichen Würdenträger dazugehören, sondern daß Vertreter der Kirche zusätzlich an diesem Dialog auf eigenem Wunsch hin beteiligen und diesem Wunsch wurde seitens des Oberbürgermeisters weitestgehend Rechnung getragen.
Koll. [*durchgestrichen:* Wolf *und ersetzt durch*] Boltz informierte mich inzwischen auch über die Aktivitäten von 2 Mitarbeitern des Ministeriums für Staatssicherheit, die ihm gegenüber höflich und korrekt auftreten und um Klärung und Korrektur einer Darstellung baten, die im Zusammenhang mit dem Besuch des Leitungskreises des Direktorates B im Traditionskabinett des MfS zum Ausdruck kam. Koll. Boltz wertete den Besuch der 2 MA des MfS als Ausdruck einer auch neuen Orientierung in der Zusammenarbeit mit der Bevölkerung nach den Ereignissen zum 40. Jahrestag in Dresden. Er fand das Gespräch ehrlich, offen, die Art und Weise der Korrektur, die zur ursprünglichen Darstellung und Bewertung der Ereignisse „Konterrevolution“ gebracht wurde, überzeugend für ihn dargelegt, so daß er insgesamt mit einer positiven Grundhaltung auch in der Bewertung des Umstandes, daß 2 MA des MfS im Leitungskreis C zu der Darstellung beim Besuch im Traditionskabinett aufgesucht und die analog Korrektur eingebracht hatten.
Zur Bewertung der Arbeit der Sicherheitsorgane (MfS) im Zusammenhang mit der Gruppe der 20 gab es soweit mein Kenntnisstand reicht, keine direkten Anlässe zu Äußerungen durch Koll. Boltz. Es gab ein einige Tage zurückliegendes Gespräch zwischen ihm und mir, wo er ursprünglich die Meinung vertrat, daß wahrscheinlich doch durch die Auswechslung vieler Personen in bestimmten Ämtern nur bestimmte prinzipiell neue Ideen und neue Lösungen zu den verhärteten Problemen der Gegenwart durchgesetzt werden können. Ich vertrat dazu die Meinung, daß es sicherlich nicht geht - bezogen auf das Beispiel Dresdner Rathaus - alle Angestellten des Dresdner Rathauses zu entlassen, daß es sicher möglich sein kann, daß einige Führungsköpfe einen neuen Geist oder neue Initiativen in diesem Mitarbeiterstab einbringen müssen. In dem Zusammenhang kamen wir auch auf die Arbeit des Ministeriums für Staatssicherheit zu sprechen, wo ich ihm gegenüber erläuterte, daß für mich an dem Beispiel der Korrektur eines ursprünglichen Arbeitsstandes ersichtlich ist, daß offenbar auch in dieser Einrichtung Änderungen

in der Bewertung erstens möglich sind und zweitens dann auch über die kompetenten Vertreter der Öffentlichkeit oder den Einrichtungen, denen man bestimmte Bewertungen mitgeteilt hat, durchgestellt werden. Das Gespräch gipfelte darin, daß man auch Vertreter des Ministeriums für Staatssicherheit, genauso wie progressive Kräfte des MdI und der Volksarmee in diesem gesamten Prozeß, der gegenwärtig im gesamten Lande stattfindet, von Anfang mit einzubeziehen hat.
Zur öffentlichen Auswertung der Gesprächsergebnisse mit dem Oberbürgermeister am 17.10. (Darstellung der Ergebnisse in den Kirchen Dresdens) gab es zwischen Koll. Boltz und mir noch keine direkte Bewertung, zumal die Ergebnisse im Detail und nach meiner Meinung auch sachlich richtig in der Presse wiedergegeben wurden. Wiederholt teilte mir Koll. Boltz seine Einschätzung mit, daß die Zeitung [*handschriftliche Einfügung:* „Union"] im Raum Dresden nach seiner und der 20-Mann-Gruppe Meinung, die Darstellung der Aktivitäten und der Ergebnisse der Arbeit dieser 20-Mann-Gruppe im Zusammenhang mit den Gesprächen mit dem Oberbürgermeister am besten und am vollständigsten wiedergibt. Er schätzte auch dieser Tage der Ergebnisse am 17.10. der Kirchen durch die „SZ" ein und vertrat meines Erachtens eine positive Grundhaltung im Sinne einer zunehmenden Aufgeschlossenheit in der SZ-Redaktion zu den Vorgängen in der Dialogführung im Raum Dresden.
Zu weiteren Aktivitäten und Maßnahmen der Gruppe der 20:
Koll. Boltz teilte mir gestern, am 19.10. mit, daß es innerhalb der Gruppe Schwierigkeiten gibt, wie man sich zum Mandatsträger für offenbar mehr als nur die am Demonstrationszug beteiligte Menge offiziell macht. Sein Vorschlag war die Einrichtung eines Kontos und der Mitteilung an die Bevölkerung, daß der sich, der sich der politischen Zielstellung der Gruppe anschließen will, diese unterstützen will und die Weiterführung der Arbeit dieser Gruppe befürwortet, daß dieser um die Einzahlung eines symbolischen Betrages von einer Mark auf dieses Konto gebeten wird, so daß der Gesamtkontostand gleich ist der Stimme der Mandate, denen sich diese Gruppe gegenüber verpflichtet fühlen wollte. Diese Kampagne betrachtet Koll. Boltz als einzigste und notwendigste Möglichkeit, um vor dem Oberbürgermeister eine Aussage machen zu können, für welche Interessenmenge die Gruppe Interessenvertreter ist.
Heute entdeckte ich an der Wandzeitung im Haus 337 (Ausgang Kaffeeküche) sowie einem Umlauf innerhalb meiner früheren Gruppe CAR 4, daß sich offenbar der gestrige Vorschlag von ihm nach einer von gestern für gestern abend 18.00 Uhr im Jugendclub „Scheune" in Dresden nochmaligen Abstimmung zu dieser Verfahrensweise offensichtlich dieser Punkt realisiert wurde. Die Konto-Nummer beim Postscheckamt Dresden lautet 8299-52-13691. In dem Zusammenhang wurde von ihm nochmals informiert über die 5 wesentlichsten Aspekte der Arbeit dieser Gruppe, damit jeder Interessent, der sich selbst prüft, ob er die Aktivitäten dieser Gruppe stützt oder nicht, sich über die Ziele der Arbeit dieser Gruppe klar werden kann. Diese Punkte sind auch mit auf dem Aushang, der oben erwähnt wurde.
Diese ausgewiesenen, zu 5 Positionen zusammengefaßten Arbeitsziele der Gruppe der 20 bestehen, wie der Aushang ausweist in:

1. jeweils kurz zusammengefaßt: eine uneingeschränkte Medienberichterstattung über die Ereignisse am 8.10.
2. freie Meinungsäußerung, ohne Benachteiligung für die einzelnen Personen
3. Zulassung und Unterstützung friedlicher Demonstrationen

4. Anerkennung der zu bildenden Arbeitsgruppen als kompetente Gesprächspartner des Oberbürgermeisters und
5. Anerkennung der Arbeit der Gruppe als gesellschaftliche Tätigkeit.

Des weiteren erfuhr ich zwar nur indirekt, aber mit deutlichem Hinweis, daß Koll. Boltz mehrfach darauf hingewiesen hat, daß die heute abend in der Kreuzkirche und möglicherweise noch anderen Dresdner Kirchen stattfindenden Friedensmeetings nichts mit der Gruppe und der Arbeit der 20 Vertreter zu tun haben, von diesen nicht initiiert sind und von der Gruppe der 20, so die Aussagen des Koll. Boltz, auch niemand auftreten wird. Wenn, dann sind es private Aktionen einzelner Mitglieder dieser Gruppe.

Nach meinen bisherigen Kenntnisstand ist beim letzten Oberbürgermeister-Gespräch eine Situation in dieser Gruppe herangereift, wo die Weiterführung der Arbeit in dieser sogenannten Dialoggruppe wahrscheinlich nur noch koordinierende Funktion haben kann. Im wesentlichen wird die Arbeit also in Fachgruppen im weiteren wahrgenommen. Die Partner bzw. kompetenten Mitarbeiter in diesen Fachgruppen, die sich offenbar aus großen Teilen der unterschiedlichsten Schichten der Bevölkerung angeboten haben durch schriftliche Äußerungen gegenüber dieser Dialoggruppe, werden gegenwärtig offenbar auf diese vorgesehenen Arbeitsgruppen aufgeteilt. In dem Zusammenhang nannte mir Koll. Boltz, daß u. a. Prof. Manfred von Ardenne in einer dieser Arbeitsgruppen zur Untersuchung der Ereignisse ab 7.10. (Auseinandersetzungen den Sicherheitskräften und friedlichen Demonstranten) mit sich zur Verfügung gestellt hat. Dem Gespräch konnte ich im weiteren nicht entnehmen, ob die Einordnung in diese Arbeitsgruppe Sicherheit auf Wunsch von Prof. Ardenne oder auf Wunsch der Dialoggruppe erfolgt ist. Die letzten Gespräche mit Koll. Boltz zeigten mir, daß es offenbar nicht dazu kommen wird, daß Koll. Boltz die Mitarbeit in einer dieser Gruppen oder Begleitpersonen dieser Gruppe anbietet, sondern daß er sicher auf ein Angebot von mir wartet. Insofern hat er sich nur zurückhaltend im Sinne von Bestätigung des Eingangs Bewertung der Situation zu dem von mir ihm abends in die Wohnung überbrachten Schreiben (persönliche Stellungnahme zur gegenwärtigen Situation) geäußert. Er hat sich dafür bedankt, es wird mit zum Arbeitsmaterial der Gruppe dienen. Es gäbe eine Vielzahl von Stellungnahmen, die, so schätzt er ein, die Gruppe berechtigen, zu bestimmten Positionen eine Meinung zu erarbeiten und Probleme nach ihrer Wichtigkeit bzw. Priorität der Abarbeitung zu sortieren. Meines Erachtens muß ich gegenüber Koll. Boltz in der nächsten Zeit ein Angebot signalisieren meinerseits, wenn ich vorhabe, mich im weiteren aktiv mit diesen Problemen auseinanderzusetzen.

Weitere Persönlichkeit in den Gruppen sind mir namentlich bisher nicht bekannt. Ich informierte bereits schon einmal, daß man, aus meiner Sicht heraus, vermeidet, Namen zu nennen.

Das ist nicht auf meine Person bezogen, sondern generell ist sein Auftreten in seinem Arbeitskollektiv so, daß er über Personen, Namen und Aktivitäten in der Gruppe, solange wie sie noch keinen offiziellen Statuscharakter erlangt haben, nicht spricht. Meines Erachtens ist das eine verständliche Schutzreaktion (bewußt oder unbewußt) der Mitarbeiter dieser Dialoggruppe, um nicht Leute zur Mitarbeit gewinnen zu wollen, sondern Interessenten zu sammeln, die von sich aus bereit sind, mitzuarbeiten.

Ein Punkt, zu dem ich mich als HA-Leiter des Koll. Boltz verpflichtet fühle, ist, auf der Ebene mit meinem Fachdirektor, mit der APO und mit dem Bereich Arbeitsökonomie im Betrieb zu klären, ob die Aktivitäten, die Koll. Boltz gegenwärtig aufwendet, als gesellschaftliche Tätigkeit Anerkennung zu finden haben. Meines Erachtens wäre eine solche Anerkennung dieser Tätigkeit legitim und würde dem offiziell-Machen eines Statuscharakters dieser Arbeit der Gruppe dienen. Diese Grundhaltung wird insbesondere von seinem näheren Kollegenkreis, wo er sicher im Detail über seine Aktivitäten informiert hat, nachhaltig unterstützt. Seitens meines Direktor, Prof. Dr. Landgraf-Dietz, als auch des Stellvertreters, Dr. Deutsch, gibt es zu der gegenwärtigen Situation im Land, zu den Aktivitäten im Zusammenhang mit Koll. Boltz im Dresdner Raum, eine mehr abwartende und kontrollierende, als progressive Meinungsäußerung. Das Interesse des Fachdirektors sowie seines Stellvertreters beschränkte sich auf zweimaliges Nachfragen (erstmalig am Dienstag, den 17.10 und zum zweiten Male am 19.10. in der Dienstberatung), ob die Aktivitäten des Koll. Boltz auch außerhalb der Arbeitszeit liegen und wie Koll. Boltz Aktivitäten in der Arbeitszeit (z. B. Ausstrahlung über Sender Dresden, Ergebnisse des OB-Gespräches) mit der Arbeitszeit vereinbart. Darüber gibt es einen korrekten und lückenlosen Nachweis auf der Ebene Gruppenleiter, wo Koll. Boltz entweder durch Arbeitszeitverlagerung (in Form von Abfeiern von Überstunden), einzelne Urlaubstage bzw. bedingt durch sein Schichtbetrieb (3-Schichtarbeiter) sich auch zur normalen Tageszeit Freiräume für diese Aktivitäten schaffen kann.

Die Belastung des Koll. Boltz durch diese Aktivitäten dieser 20-Mann-Gruppe ist offenbar groß (nach seiner bisherigen persönlichen Bewertung), der Ziele der Gruppe und der erreichten Ergebnisse und auch nach der sehr globalen Bewertung des erreichten Standes der Gespräche mit dem OB durch diesen in der gestrigen Fernsehkonferenz des DDR-Fernsehens, bin ich der Meinung, daß die Aktivitäten des Koll. Boltz in dieser Gruppe durchaus das Recht verdienen, als gesellschaftliche Tätigkeit bezeichnet und anerkannt zu werden.

Meine Verständigung heute mit meinem Direktor war nicht nötig, die gestrige Verständigung verriet mir nur, daß er dazu einen indifferenten bzw. keinen Standpunkt hat.

Die Reaktion meines Direktors auf die Aktivitäten des Koll. Boltz, die sich offenbar auf das Nachfragen der arbeitsdisziplinischen Korrektheit beschränkten, bemängelte ich im Beisein von Kollegen Dr. Deutsch und bedauerte, daß das offenbar die einzigsten echten Interessen sind, die mein Direktor zu diesem Vorgehen hat. Er vertrat den Standpunkt, daß wir erst mal sehen müßten, wie sich die Dinge von Koll. Boltz entwickeln. Ich vertrat den Standpunkt, daß es unsere Aufgabe auch als Leiter wäre, ihn dort genügend zu stützen bei Kontrolle auch der Zielstellung und der Ergebnisse seiner Arbeit. Es tauchte für mich als Leiter des Koll. Boltz folgender Widerspruch auf: Er wird nun sowohl durch meinen Direktor als auch durch mich und den Gruppenleiter zu einer weiter gründlichen Arbeitsdisziplin und Wahrnehmung seiner Aktivitäten außerhalb der Arbeitszeit gedrängt. Bis zum Zeitpunkt kam er dem auch ohne Drängen nach (unkritische Verfahrensweise).

Die weiteren Aktivitäten des Koll. Boltz werden, sofern keine anderen Weichen gestellt sind (Anerkennung als gesellschaftliche Tätigkeit), auch außerhalb der Arbeitszeit liegen. Dazu steht im Widerspruch, daß verschiedene Organe und Einrichtungen unseres Betriebes, z. B. der C-Leitungskreis, die Gewerkschaftsgruppen innerhalb C, die Betriebsparteileitung in Form von Gen. Bilz, aber den Koll. Boltz während seiner Arbeitszeit zu sich bestellen, um sich durch ihn über die Aktivi-

täten der Gruppe, über die erzielten Ergebnisse und persönliche Bewertung seiner Mitarbeit in dieser Gruppe berichten zu lassen.
Ich kann diese Situation als Leiter nicht mehr länger [*handschriftliche Ergänzung, schwer leserlich, wahrscheinlich:* ertragen], entweder wir erkennen diese Aktivitäten als gesellschaftliche Arbeit an. Es kann aber nicht sein, daß die gesellschaftliche Arbeit darin besteht, daß sich bisherige gesellschaftliche Einrichtungen in der Arbeitszeit, insbesondere in der Arbeitszeit des Koll. Boltz von diesem informieren lassen und andererseits Wert darauf legen, daß die Aktivitäten zu diesen Informationen außerhalb der Arbeitszeit verwirkt. Dazu werde ich versuchen, ab nächsten Dienstag (Montag - ML-Weiterbildung außerhalb ZMD), eine Klärung auf der Ebene CA herbeizuführen.
Um die persönliche Stellungnahme zur gegenwärtigen Situation (von mir geschrieben am 13.10.), die ich Koll. Boltz abends in der Wohnung hinterlegen ließ (er war abwesend). Diese Stellungnahme teilte ich heute als Vorgang meinem Leitungskreis mit, um die Informationskette erst einmal zu schließen, d. h. Koll. Boltz hat die Stellungnahme von mir persönlich. Ich habe zuvor eine Stellungnahme verfaßt an Dr. Kirsten, unterschrieben von den Gewerkschaftsvertrauensmännern innerhalb CA, persönlich als unqualifiziert erachtet, daß dem [*handschriftliche Ergänzung:* Verfasser] mitgeteilt und sehe mich veranlaßt, mitzuteilen, wo die Schwerpunkte meiner persönlichen Stellung zur gegenwärtigen Situation Stand 13.10. lagen bzw. liegen. Ich wurde gebeten, diese, wenn es möglich ist, zu verlesen, dem stimmte ich zu. Aus Zeitgründen kam es heute dazu nicht. Den Vorgang schätze ich als unkritisch ein, weil ich mündlich in meinem Leitungskreis einige Tage schon vor dem 13.10. über meine persönliche Stellungnahme zu den Ereignissen, wie ich das sehe, informiert habe. Die Niederschrift erhält deshalb in der Mitteilung nichts neues für die Leitungskollegen.

20. Oktober 1989 Dok. 56

Bericht der HIM „Steffen Schuster" über den Ephoralkonvent in der Kreuzkirche

BStU, ASt, Dresden, BV Dresden, Abt. XX, 9184, Bl.16-19. - Kopf: Bezirksverwaltung für Staatssicherheit, Dresden, Diensteinheit Meißen, Leiter [*gez.*] Böhme, Oberstleutnant. - *Adressat:* Bezirksverwaltung für Staatssicherheit Abteilung XX, Leiter, Dresden. - *Titel:* Informationsrunde zu aktuellen Ereignissen am 20.10.89 in der Kreuzkirche. - *Handschr. Vermerk:* SDP! - *Stempel:* SLK-erf. D 61-3 No. 21. - *Eingangsstempel:* BVfS Ddn 20, 27.10.89, Tgb. Nr. 7409. - *Datiert:* 25.10.1989.

Als Anlage übersende ich Ihnen, wie in meinem CFS-Nr. 134 vom 24.10.1989 angekündigt, abschriftlich eine Information meines HIM „Steffen Schuster", Reg.-Nr. XII 2173/84 über den am 20.10.1989 in der Kreuzkirche Dresden durchgeführten Ephoralkonvent, an dem ca. 25 Dresdener Pfarrer teilnahmen. Der Einsatz des HIM wird weiter entsprechend der geführten Absprachen mit Gen. OSL Bendel durchgeführt.
Böhme, Oberstleutnant, Meißen, den 25.10.1989

Anlage

Kreisdienststelle Meißen
Abschrift!
HIM „Steffen Schuster"
Hauptmann Wagner
Informationsrunde zu aktuellen Ereignissen am 20.10. 89 in der Kreuzkirche
In Punkten angeordnet sprach Sup. Ziemer zur aktuellen Situation im Lande von seiner Sicht her.

1. Gewalt und Sicherheit
   Er sprach von noch 30 Inhaftierten, wobei der OB Berghofer nur von 17 Inhaftierten sprach. Die Differenz erklärt sich daraus, daß diese nicht aus dem Bezirk Dresden stammen. Des weiteren bemühen sich die öffentlichen Organe eine Trennung von wirklichen Rowdys und von friedlichen Demonstranten.
2. Gewaltanwendung durch Sicherheitskräfte
   Die Synode sollte auch dazu tagen. Die Tagung fand bekanntlich letztes Wochenende statt. Ziemer lagen 150 Berichte vor zur Gewaltanwendung der Sicherheitskräfte wobei im schlimmsten Fall „Stahlruten angewandt" wurden, während der Zuführung.
3. Staatssicherheit
   Die Staatssicherheit hätte den Versuch unternommen, die Gruppe der 20 zu begleiten und somit auf sie Einfluß zu üben. Immer noch, so Ziemer, betätigt sich die Staatssicherheit „unlauterer Mittel". So z. B. würden gezielte Fehlinformationen über die 20er Gruppe verbreitet. Ziemer hat dies bei dem OB vorgetragen und darum ersucht, daß sich endlich die Staatssicherheit raushalten solle. Dazu forderte er auch die Überprüfbarkeit der Staatssicherheit.
4. Chronik der letzten Wochen
   Gespräche zwischen Modrow und Hempel, sowie zwischen OB und Ziemer. Montags das Rathausgespräch, wobei sich Ziemer geweigert hat, zu den Massen vorm Rathaus zu sprechen, damit nicht der Eindruck erweckt wird, es wären nur Gespräche zwischen Staat und Kirche. Dabei erklärte er noch, er werde sich langsam aus dem Gespräch heraus halten und seine „Mittlerrolle" zwischen Volk und Regierung beenden, da es ein Dialog zwischen Regierung und Volk sein soll. Die kirchlichen Anliegen sollen jetzt erst einmal zurückgesteckt werden. Damit verbunden auch, die nicht mehr Bereitstellung von Gesprächsräumen, also der Kirchengebäude. Das heißt nicht, daß nun auch die Opposition aus den kirchlichen Räumen heraus gesetzt werden. In diesem Zusammenhang fordert auch Ziemer, daß die SDP, Neues Forum vorerst nicht die Menschen durch ihre Tätigkeit verrückt machen sollen. Der Dialog darf jetzt durch nichts gestört bzw. in Gefahr gebracht werden.

Weiterhin Gespräche zur Gewaltanwendung durch Sicherheitskräfte, zu Inhaftierten.

Sender Dresden sollte zum Rathausgespräch öffentlich verkünden, was besprochen wurde. Des weiteren habe der OB eine Institutionalisierung der 20er Gruppe abgelehnt, da sie sonst offiziell als Oppositionsgruppe zähle. Das Rathausgespräch wäre sehr kompliziert verlaufen, da oft an kritischen Punkten, das Gespräch abgebrochen wurde. Also von beiden Seiten. Der OB hätte nicht überzeugend gesprochen. Dienstag Abend 17.10.89. OB hätte Konzept der Arbeitsgruppe vorgelegt. Ca. 10–12 Gruppen wurden vorgeschlagen. Probleme sollen in der Stadtverordnetenversammlung geklärt werden. OB gab dazu eine Grundsatzerklärung. Ziemer rief auf, nach kompetenten Leuten Ausschau zu halten, die in den zu gründenden

Arbeitsgruppen mitarbeiten sollen. Freitag Morgen 20.10.89. OB und gesamte 20er Gruppe treffen sich zu Gesprächen. Ziemer ist dabei. Dabei wurden wichtige Probleme noch nicht angesprochen und daraus folgend, hat sich der OB nicht negativ geäußert. Der OB gab auch kund, daß er nicht der „Landesvater" ist und somit teilweise seine Kompetenz überschritten ist.
Nochmalig verwies Ziemer darauf, daß die Initiativen von Neues Forum, SPD u. a. oppositionellen Gruppen unseriös seien, da die Menschen nervös gemacht werden. Damit verbunden, es fehlt diesen Gruppen noch eine solide Konzeption. Es fehlen die geistigen Führer! [...]

23. Oktober 1989 Dok. 57
Brief von Horst Böhm an Hans Modrow zur Gruppe der 20

Privatbestand Frank Richter, unpaginiert [*Kopie*]. - *Kopf:* Bezirksverwaltung für Staatssicherheit, Leiter. - *Adressat:* SED-Bezirksleitung, 1. Sekretär, Genossen Hans Modrow, Dresden. - *Datiert:* 23.10.1989.

Lieber Hans!
Wie am Sonnabend vorinformiert, übersende ich Dir den von Bischof Reinelt verfaßten Hirtenbrief, der am 22.10.1989 in den Kirchen der röm.-kath. Kirche des Bistums Dresden-Meißen teilweise verlesen bzw. inhaltlich in den Predigten wiedergegeben wurde und z. T. auch in den Kirchen ausgelegt war.
Die Gottesdienste in Dresden, Bautzen, Kamenz und Meißen verliefen ohne öffentlichkeitswirksame Vorkommnisse.
Zu den Gottesdiensten in den kath. Kirchen St. Petri und Herz-Jesu in Dresden wurde aufgerufen, sich an den „friedlichen Demonstrationen" zu beteiligen, und dabei auf die nächste am 23.10.1989 abends verwiesen. Pfarrer Kuczera in der St. Petri-Kirche hat in der Predigt quasi eine Wahl gefordert, „ob wir die Partei überhaupt haben wollen". Auf diese Äußerung reagierten die Teilnehmer mit lautstarkem Beifall und klopften auf die Kirchenbänke. Es zeichnet sich deutlich ein verstärktes Engagement der kath. Kirche in politischen Fragen ab.
In der Dresdner Kathedrale lag eine schriftliche Aufforderung der „Gruppe der 20" aus, einen Beitrag von 1 Mark auf ein Postscheckkonto einzuzahlen, der der Finanzierung der Arbeit der Gruppe und gleichzeitig eine Bestätigung des Mandats der Vertretergruppe sein soll.
Derartige „Zettel" wurden in den letzten Tagen an mehreren Stellen im Stadtgebiet gefunden, u. a. auch am Gebäude der „Herkuleskeule" angebracht.
Am 21.10.1989 tagte unter Leitung von Sup. Ziemer der Leitungskreis des „Arbeitskreises Ökologie der 3 Dresdner Kirchenbezirke". Im Mittelpunkt der Beratung: Unterstützung der Gruppe der 20. Ziemer: Gruppe läßt sich nicht in staatliche Strukturen einbinden. Zur Wahrung der Selbständigkeit wird der Arbeitskreis der Gruppe breite Unterstützung geben, wozu 2 Mitglieder des Leitungskreises direkt mit der Gruppe zusammenarbeiten werden.
Sup. Ziemer kündigte für den Abend des 23.10.1989 eine erneute Demonstration im Dresdner Stadtzentrum an, zu der er ca. 100 000 Teilnehmer erwartet. Es sol-

len keine Transparente mitgeführt werden, jedoch Sprechchöre zur Anwendung kommen. Der „friedliche" Charakter der Demonstration soll bewahrt bleiben.
Am 24.10.1989 wird sich Sup. Ziemer in Vorbereitung der Teilnahme der Gruppe an der Stadtverordnetenversammlung mit der Gruppe treffen. Es sollen Dialogthemen und Sofortforderungen beraten werden.
Zur bis Dienstag laufenden Synode: eine starke Hinwendung zu politischen Themen; die Tendenz: Infragestellen der führenden Rolle der SED überhaupt.
Ein Sonderbericht des LKA über die Situation im Gebiet der Landeskirche in den letzten Wochen wurde abgegeben (siehe Anlage). Darüber wurde heute früh bereits in den Westmedien berichtet. In den letzten Tagen gab es einige Schmierereien - Text: „Weg mit der SED".
Wie bekannt, will „Neues Forum" Meißen am 24.10.1989, 16.30 Uhr auf dem Marktplatz in Meißen eine Demonstration durchführen.
Anlagen [...]

23. Oktober 1989 Dok. 58
Bericht des IMS „Lindner" über die Gruppe der 20 und Friedrich Boltz

BStU, ASt. Dresden, BV Dresden, XII 687/79, Archiv-Nr.: 2847/91, III, Bl. 402-407. - *Kopf:* Diensteinheit XVIII/1/51, Treffbericht, Kategorie/Deckname: IMS Lindner, Datum/Zeit: 23.10.89 19.30-20.15, Treffort: IMK/KW „Seemann", Mitarbeiter: Hptm. Bock. - *Titel:* Besuch der APO-Versammlung der APO 8 und Einschätzung der jüngsten Aktivitäten des Kollegen Boltz, Friedrich. - *Datiert*: 24.10.1989.

Treffvorbereitung:
Der Treff wurde op. festgelegt.
Treffschwerpunkt: - Abschöpfung IM zu Boltz
Vorbereitung IM zur Mitarbeit in der Dialoggruppe
Auftragserteilung/Instruierung
Treffauswertung:
Der IMS erschien pünktlich und vorbereitet zum Treff. Er hatte an der APO-Versammlung teilgenommen, auf der Boltz über seine Arbeit in der Dialoggruppe berichten sollte. Entsprechend des erteilten Auftrages hat er dem Boltz die Mitarbeit in den zu bildenden Arbeitskreise angeboten. Durch den Boltz wurde das Angebot angenommen und der IM aufgefordert am 24.10.89, 19.30 Uhr sich an der Kreuzkirche Eingang D einzufinden. Dort soll um diese Zeit eine Zusammenkunft der Dialoggruppe mit kompetenten Bürgern der Stadt erfolgen, die sich für eine Mitarbeit in der Dialoggruppe bzw. den Arbeitsgruppen bereit erklärt haben.
In welcher Gruppe der IM eingesetzt werden soll, konnte er nicht in Erfahrung bringen, da seitens des Boltz darüber keine Vorstellungen bestanden. Entweder erfolgt die Mitarbeit in freier Entscheidung durch den jeweiligen Bürger oder seitens der Dialoggruppe werden entsprechend der Qualifizierung der Bürger Vorschläge, unterbreitet.
Der IM wurde beauftragt, am 24.10.89 die Veranstaltung wahrzunehmen und entsprechend der dort praktizierten Verfahrensweise sich eingliedern zu lassen. Bei freier Wahl der Arbeitsgruppen ist durch ihn selbständig entsprechend seiner Inter-

essenlage und Kompetenz die Auswahl zu treffen. Er wurde umfassend mit dem notwendigen Informationsbedarf vertraut gemacht und entsprechend instruiert.
Während des Treffs erarbeitete der IMS einen Tonbandbericht. Die Berichterstattung kann als objektiv und ehrlich eingeschätzt werden.
Auswertung erfolgt zur aktuellen Lageeinschätzung durch Ltr. d. Abt. sowie zur weiteren Aufklärung der Person Boltz. Der IMS übergab noch eine Aufstellung benötigter Materialien für den Ausbau seiner Wohnung, wo er um Unterstützung bei der Beschaffung bittet.
Auftrag:
1. Teilnahme an Veranstaltung am 24.10.89, Kreuzkirche, Beginn aktive Mitarbeit in Dialoggruppe bzw. Arbeitsgruppe
2. Exakte Aufklärung Pläne, Maßnahmen, Absichten zum weiteren Vorgehen der Gruppe
3. Erarbeitung von Hinweisen zu Organisatoren, Inspiratoren sowie zu Personen, die in den Gruppen mitarbeiten
4. Eigene Einflußnahme auf die Fortführung eines sachl. Dialogs, Herausarbeiten derjenigen Personen, die auf die Fortführung von Demohandlungen setzen.

Bock, Hptm.
Tonbandabschrift
Quelle: IMS „Lindner"
Treff: 23.10.89, 19.30-20.15 Uhr
Mitarbeiter: Hptm. Bock
Besuch der APO-Versammlung der APO 8 und Einschätzung der jüngsten Aktivitäten des Kollegen Boltz, Friedrich:
Gemäß einer Vorabstimmung zwischen Kollegen Czorny und mir war ich zur heutigen APO-Versammlung eingeladen, um der als Programmpunkt ursprünglich vorgesehenen Berichterstattung des Kollegen Boltz zu Arbeit, Ziel und bisher erreichten Ergebnissen der „Gruppe der 20" beizuwohnen. Dieser Programmpunkt fand in der angekündigten Form nicht statt. Kollege Boltz wurde durch kritische Zwischenrufe, die sich auf Fragen nach dem Sinn seines Aushanges bezogen, wo Mitarbeiter zur Unterstützung der „Dialoggruppe" im Falle der Mandatsübertragung 1 Mark auf sein Postscheckkonto überweisen sollen, provoziert. Kollege Boltz reagierte bei Anfragen an ihn sehr gereizt und etwas energisch. Hauptsächlich kritisierte er die in der APO-Versammlung entstandene Grundhaltung in der Weise, daß nach seiner Meinung viel zu lange über Notwendigkeit oder Nichtnotwendigkeit des Verschickens der in Worte gefaßten APO-Stellungnahme diskutiert wurde und des weiteren war er maßlos verwundert über die Langwierigkeit, und den Zeitaufschub, den zu viele Mitglieder der APO den gegenwärtigen Prozessen einräumen würden, bis es zur Lösungsfindung kommen wird. Insbesondere heißt das, daß ihm daran gelegen war, in wesentlich kürzerer Zeit, nämlich sofort, Lösungen zu finden oder Reglements zu schaffen, die bewirken, daß insbesondere der täglich noch anhaltende Ausreisestrom von DDR-Bürgern in der Weise unterbrochen wird, daß diese DDR-Bürger zum Hierbleiben in der DDR motiviert werden. Da er zu diesem Aspekt aus der APO-Versammlung nichts entnehmen konnte, war er über deren Verlauf mehrfach enttäuscht und äußerte diese Enttäuschung.
Aufgrund seines emotional aufgeregten Auftretens wirkte er auf viele der Genossen nicht überzeugend, so daß die Meinung der APO zu seinen von ihm dann im Detail dargelegten Aktivitäten geteilt war. Ein Großteil der Genossen äußerte Kritik daran, daß er als Genosse in der Gruppe mitarbeitete und forderte, daß er seine

Aktivitäten in der Parteigruppe stärker einsetzt und nicht eine zusätzliche Gruppierung unterstützt. Andere äußerten ihre Unterstützung und ihr Verständnis zu seiner Arbeit in dieser Gruppe. Zu dem von mir gewünschten Ergebnis, daß es zu einer eindeutigen Bekundung seitens der APO im Sinne der Unterstützung der Arbeit des Genossen Boltz in der „Dialoggruppe" kommt, kam es nicht. Dazu hat sicher auch das Auftreten, d. h. also die Form der Meinungsäußerung durch Kollegen Boltz, beigetragen. Insgesamt entstand für ihn der Eindruck, so auch seine letzten Bemerkungen in der Parteiversammlung, daß die Parteigruppe an ihrem Führungsanspruch weiterhin festhält, indem die Parteigruppe in sich, d. h. innerhalb der Partei Arbeitsgruppen schaffen, die zu einzelnen ausgewählten Problemen im Betrieb die erforderlichen und notwendigen Änderungen bzw. Erneuerung in unserer Arbeit zusammentragen und dazu ein Konzept zu verschiedenen Gebieten erarbeiten. Da offenbar in der „Dialoggruppe" ein wesentlich größerer Zeitdruck herrscht, zumindest das Aussiedlerproblem durch Neumotivation der DDR-Bürger in den Griff zu bekommen, zeigte Kollege Boltz weitestgehend Unverständnis zu vielen Diskussionen in der Parteigruppe. Meines Erachtens ist der sachliche Teil, d. h. auch von der Wichtung her die richtige Darstellung des Anliegens, insbesondere auch, wie kam er dazu und wie hat er bisher reagiert und welche Aktivitäten gehen von ihm aus, in keiner Weise vernünftig an die APO herangetragen wurde.
Kollege Boltz bereitete heute offenbar durch das Vorbereiten und Verteilen einer großen Menge von personengebundenen Einladungen für morgen abend ein Treffen der Mitarbeiter in den einzelnen Arbeitsgruppen vor. Dieses Treffen findet morgen in der Kreuzkirche Dresden um 19.30 Uhr Eingang D statt. Zu folgenden Arbeitsgruppen konnten sich die Interessenten bisher einordnen. Ich nenne die Arbeitsgruppen: Wirtschaft, Handel, Ökologie, Stadtentwicklung, Bildung, Kultur, Reise/Ausreise, Ziele der Gesellschaft, Bürgermitverantwortung, Medien, Recht/Sicherheit.
Zu diesen Arbeitsgruppen wurden offenbar die von Kollegen Boltz benannten vielen Zuschriften einsortiert. Detaillierte Namen, die in den Arbeitsgruppen schon vorgemerkt sind, sind mir nicht bekannt Lediglich bei der Arbeitsgruppe Bürgermitverantwortung entdeckte ich den Namen [...]. Dieser Name ist mir als Stadtrat für Wohnungswesen von früher her in Erinnerung. Kollege Boltz hat mich nicht direkt befragt, ob ich nun mitarbeiten will oder nicht. Ich deutete ihm an, daß ich möglicherweise Interesse hätte an dem Verfolgen der weiteren Arbeit und begründete ihm das damit, daß ich der Meinung bin, daß die ersten Schritte die bisher von dieser „Dialoggruppe" in Wechselwirkung mit dem OB gegangen worden sind, im Lande jetzt generell Vorbildwirkung insofern erlangt haben, daß das auch Schritte sind, die jetzt Partei- und Staatsführung gehen. Dies bezieht sich insbesondere auf die Dialogführung und auf die Orientierung auch auf sofort lösbare ursächliche Probleme zur gegenwärtigen Situation. Kollege Boltz informierte mich daraufhin, daß morgen ein, eben dieses og. Treffen, der ganzen Arbeitsgruppenmitglieder stattfindet. Es ist offenbar, das entnahm ich dem Gespräch, das erste Treffen, wo diese Arbeitsgruppenmitglieder zusammenkommen. Aufgrund der Fülle der Zettel, die von ihm während der APO-Versammlung z. T. noch geschrieben wurden und an verschiedene Genossen zur Weiterleitung offenbar an die Empfänger mit verteilt wurden, nehme ich an, daß dort mindestens ca. 100 Personen zusammenkommen werden. Ich bin mit Kollegen Boltz so verblieben, daß ich mir offenbar noch eine Arbeitsgruppe raussuchen müßte, wo ich der Meinung bin, daß meine Aktivitäten richtig aufgehoben sind, wenn ich in dieser oder jener Arbeitsgruppe

mitarbeiten sollte. Kollege Boltz betonte daraufhin, daß es natürlich für keinen eine Pflichtveranstaltung ist, sondern daß sie, die „Gruppe der 20", aufgrund der Fülle der Zuschriften versucht hat, fachkompetente Bürger diesen einzelnen Arbeitsgruppen zuzuordnen bzw. wunschgemäß, wenn die Bürger das in ihren Zuschriften genannt hatten, für jede einzelne Arbeitsgruppe vorzusehen.
So wie ich persönlich den Gesprächsverlauf am heutigen abend, hauptsächlich während der APO-Versammlung, mit Kollegen Boltz einschätze, würde es ihn sicher nicht überraschen, wenn ich morgen dort bin, zumal er auch von mir heute während der APO-Versammlung deutlich als Beikommentar gehört hat, daß eigentlich die Arbeit der Gruppe und insbesondere seine Aktivitäten stärker als bisher zu unterstützen sind.
Nicht bekannt ist mir, ob Mitarbeiter seiner Gruppe CAP 4 bzw. der dazugehörigen Abteilung CAP mit zur Arbeit in diesen Arbeitsgruppen vorgesehen sind. Kollege Boltz war offenbar seit halb 6 heute abend unter Zeitdruck und wollte weg, wartete aber bis die APO-Versammlung zu Ende war und verließ dann sehr schnell den Versammlungsraum. Er bat mich noch, seinem Gruppenleiter morgen mitzuteilen, daß er morgen gern einen Tag Urlaub nehmen möchte. Er käme aber vormittags auch noch mal vorbei, worum ich ihn auch bat, um mich noch mal schlau zu machen zu den Möglichkeiten der Mitarbeit in einer dieser Arbeitsgruppen. Insbesondere deutete ich aufgrund der Problemfälle im heutigen M/L-Weiterbildungslehrgang für parteilose Leitungskader auf einige Probleme hin, die meines Erachtens durch die Überschriften der Arbeitsgruppe bisher nicht erfaßt sind. Das betraf einmal die Wechselbeziehung und Aufgabenteilung, die sich im weiteren neu zu finden ist zwischen Partei, Staat und Kirche und die Durchsetzung des bei uns in der DDR zwar bisher propagierten, aber nicht realisierten Leistungsprinzips.

23. Oktober 1989 Dok. 59

Bericht des IMS „Jens Grabowski" über Ausführungen Berghofers auf einer Sitzung des Rates der Stadt Dresden

BStU, ASt. Dresden, BV Dresden, XII 1293/88 „Jens Grabowski", Archiv-Nr. 617/91, Bd. I, Bl. 20 u. 28f. - Kopf: Diensteinheit KD Dresden-Stadt, Ref. XX/1., Treffbericht, Kategorie/Deckname IMS „Jens Grabowski", Datum/Zeit 16.10.1989 21.30-21.45, 18.10.1989 10.00-10.30, 20.10.1989 18.00-18.30, 23.10.1989 11.00-11.30, Treffort DZ d. IM, Ltn. Zwiebler. - [*Anlage 3:*] *Titel:* Ausführungen des OB in der Ratssitzung vom 23.10.89. - *Form:* Handschriftlich. - *Fußvermerk:* gez. IM, f. d. R. d. A. Zwiebler, Ltn. - *Datiert:* 23.10.1989.

Ausführungen des Oberbürgermeisters in der Ratssitzung vom 23.10.1989.
Der Oberbürgermeister machte in der Ratssitzung deutlich, daß die Partei die Offensive noch nicht erlangt hat und zum Teil auch das Vertrauen der Blockparteien verloren ging. Er stellte weiterhin klar, daß der derzeitige Kampf nicht nur um Reisefreiheit und andere Probleme geht, sondern um die Machtfrage. In diesem Zusammenhang stellte er fest, daß die Regierung und der Ministerrat bezüglich konkreter Schritte noch immer schweigt. Der Oberbürgermeister forderte auf, die bisherige Arbeitsweise fallen zu lassen, ein weißes Blatt Papier zu nehmen und vollkommen neu zu beginnen.

Bezugnehmend auf die Bezirksparteiaktivtagung bekräftigte er sein Vorhaben nochmals, seinen Verwaltungsapparat um 20 Prozent zu kürzen und die dadurch frei werdenden Lohnmittel leistungsstimulierend einzusetzen. Jedes Ratsmitglied soll seinen Verantwortungsbereich sachlich und kritisch analysieren und dabei überdenken, was über Bord zu werfen ist. Zur für Donnerstag den 26.10.1989 geplanten Sitzung der Stadtverordnetenversammlung (StVV) führte er aus, daß der geplante Zeitraum 8.00-13.00 Uhr keineswegs ausreichend ist, um die Fülle der Probleme zu bewältigen. Geplant ist jetzt eine ganztägige Sitzung, die folgende Aufgaben haben soll:

vormittag - grundsätzliche Ausführungen des Oberbürgermeisters (ca. 45 min)
- drei Redner der sogenannten „Gruppe der 20" (3x10 min)
- Diskussionsbeiträge der im demokratischen Block vereinten Parteien und Massenorganisationen

nachmittag - Standpunkte einzelner Abgeordneter (es wird mit ca. 50 Wortmeldungen gerechnet)

Alle Abgeordneten sind angehalten, ihre Verantwortung als gewählte Volksvertreter voll gerecht zu werden und zwar in allen Bereichen und Prozessen egal welcher Unterstellung (zentral-, bezirks- oder stadtgeleitet). Innerhalb der zu bildenden Arbeitsgruppen sollen die einzelnen Ratsmitglieder als Berater und Konsultanten fungieren.

24. Oktober 1989 Dok. 60

Bericht des IM „Peter Klaus" über eine Zusammenkunft von Arbeitsgruppen in der Kreuzkirche

BStU ASt. Dresden, BV Dresden, XII 733/83, Archiv-Nr. 968/90, Bd. I, Bl. 84-88. - *Kopf:* Abt: XVIII. - *Titel:* Information über eine Zusammenkunft von Arbeitsgruppen in der Kreuzkirche am 24.10.1989 19.30 Uhr. - *Vermerk:* Tonbandbericht IM „Peter Klaus" vom 24.10.1989, Hptm. Olbrich, Treff 24.10.1989 22.30 bis 23.30 Uhr. - *Fußvermerk:* F.d.R. Olbrich/Hptm., gez. IM. - *Datiert:* 25.10.1989.

Am 22.10.1989 bin ich von Frau [*geschwärzt*] Redakteurin der Zeitung „Union" angesprochen worden, inwieweit ich bereit wäre einem Wunsch von Superintendent Ziemer zu entsprechen, als sogenannte Persönlichkeit der Stadt Dresden in den zu bildenden Arbeitsgruppen der Dresdner Stadtverordnetenversammlung für die Fortsetzung des Rathausdialogs mich zur Verfügung zustellen. Ich habe zugesagt und bin bei einem persönlichen Gespräch am 23.10.1989 über Einzelheiten des Ablaufs des heutigen Abend von Frau [*geschwärzt*] in Kenntnis gesetzt worden, daß 19.30 Uhr in der Sakristei der Kreuzkirche, Eingang D eine Zusammenkunft u. a. mit den für die Mitarbeit vorgesehenen Dresdner Persönlichkeiten stattfindet. Voranstellen will ich noch, daß bei dem Ersuchen um meine Mitarbeit von mir die Frage gestellt worden ist, ob bekannt ist, welche anderen Dresdner Persönlichkeiten sich zur Mitarbeit ebenfalls bereit erklären. Erwidert wurde, das sind u. a.

[*geschwärzt*] Bezirksvorsitzender des Verbandes der Bildenden Künstler von Dresden

[*geschwärzt*] Regisseur vom Staatsschauspiel Dresden

[*geschwärzt*] Musikkritiker
u. a. zunächst nicht weiter benannte Dresdner Bürger.
Im Verlaufe des heutigen Tages bin ich von meinem Unionsfreund Prof. [*geschwärzt*] (Medizinische Akademie Dresden) ins Bild gesetzt worden, daß auch ein solches Ersuchen an ihn heran getragen wurde. Alle diese Persönlichkeiten habe ich im Verlaufe des heutigen Abends gesehen. Dabei war der Ablauf so, daß ohne wesentliche Kontrolle ein Zugang zur Sakristei bei der Kreuzkirche möglich war. Es stellte sich schnell heraus, daß die Sakristei überfüllt war und nach dem Erscheinen des Superintendent Ziemer etwa 5 Minuten vor Beginn der Veranstaltung in die Kreuzkirche übergewechselt wurde. Man muß davon ausgehen, daß etwa 150–180 Personen versammelt waren. Die Veranstaltung wurde dann eröffnet durch einen Herrn Dr. Herbert Wagner den ich persönlich kenne als Mitglied der Katholischen Sankt Joseph Gemeinde in Dresden Pieschen. Er informierte über die Themenbezüge, die in den einzelnen Arbeitsgruppen zur Disposition stehen. Dr. Wagner erklärte, daß ein Mitglied der Gruppe 20 zunächst als Verantwortlicher fungiert für das Sammeln der für die Mitarbeit in den einzelnen Gruppen vorgesehenen Personen. Ohne namentliches Aufrufen begaben sich dann mehrere Personen in den Altarraum. Es muß somit schon vorher klar gewesen sein, welche Personen in welcher Arbeitsgruppe ihre Tätigkeit aufnehmen werden. Es wurde dann durch Wagner festgelegt, daß sich die einzelnen Gruppen in die jeweiligen Bereiche der Kirche zurückziehen, um unter sich im Verlaufe des heutigen Abends folgende zwei erste Aktivitäten auszulösen:

1. Formulierung eines Arbeitszieles und Festlegung eines ersten Schritts zur Erreichung des Arbeitsziels.
2. Festlegung der Verantwortlichen, die aus der jeweiligen Gruppe an der Stadtverordnetenversammlung am Donnerstag (26.10.) teilnehmen.

Hierzu wurde erwähnt, daß 20 Plätze für die Stadtverordnetenversammlung bereitstehen.
In der Gruppe, in der ich zugeordnet wurde – AG Struktur der Bürgervertretungen/Wahlen – sagte Dr. Wagner, daß er in dieser Gruppe nicht mitarbeiten würde, jedoch konsultierende Aufgaben übernimmt. Sichtbar war dann, daß gemischte Gruppen gebildet werden sollen, d. h. 5 Personen aus der heute gebildeten Arbeitsgruppe und 5 Stadtverordnete. Diese Gruppen sollten dann nach der Auffassung des Oberbürgermeisters Berghofer unter Leitung eines Stadtverordneten stehen. Die Gruppe der 20 sollte nicht in die einzelnen Gruppen aufgeteilt werden, sondern bleibt als Gruppe bestehen.
Folgende Personen haben sich als Mitglied der AG Struktur der Bürgervertretungen/Wahlen vorgestellt:

[*geschwärzt*]	Dipl.-Ing.
Dr. Herbert Wagner	[*geschwärzt*] [*geschwärzt*]
(keine unmittelbare Mitarbeit)	Elektronikingenieur
[*geschwärzt*]	Arzt [*geschwärzt*]
[*geschwärzt*]	Dipl. Physiker [*geschwärzt*]
[*geschwärzt*]	Dipl.-Ing. [*geschwärzt*]
[*geschwärzt*]	Investbauleiter.

In den nächsten Tagen soll eine Liste zusammengestellt werden, wie die genannten Personen erreichbar sind (Tel. Nr., Wohnanschrift).

Es haben sich dann eine Reihe weiterer Personen vorgestellt, die ihr Interesse bekundeten in der AG mitzuarbeiten. Da offensichtlich in der Parität 5:5 Personen, die AG personell besetzt war, fand keine Berücksichtigung der unmittelbaren Mitarbeit mehr statt.
Die heutige AG stellte sich in Vorbereitung der Bildung der gemischten Gruppen folgende Ziele, die kontrovers gegenübergestellt wurden:
- Wahlproblematik - Änderung des Wahlgesetzes, Einbringen von Vorschlägen oder
- strikte Nutzung und Ausschöpfung der vorhanden Wahlgesetzgebung und gegebenenfalls Modifizierung.

Der zweite Gesichtspunkt wurde abgelehnt. Ich hatte nämlich den Vorschlag unterbreitet, daß das System der sozialistischen Gesetzgebung so auszugestalten sei, daß die staatlicherseits gestellten politischen Kräfte im koalierenden Wettbewerb ihre Repräsentanz in den legislativen und exekutiven staatlichen Organen durch allgemeine freie und geheime Wahlen entsprechend dem jetzigen Verfassungsgrundsatz, erwerben. Das fand bei den Anwesenden keine Zustimmung.
Die Tendenz der Ausschöpfung vorhandener Wahlgesetzgebungen war auf Änderung der künftigen Wahlgesetzgebung gerichtet und verstimmte die heutige Diskussion. Das Ziel bestand also jetzt darin, der Stadtverordnetenversammlung vorzuschlagen, eine entsprechende Gesetzesinitiative vorzubereiten.
Zur Problematik Bürgerinitiativen haben wir uns zur Formulierung verständigt, daß alle Bürgerinitiativen auf demokratischer Grundlage basieren sollen und eine Zulassung nur dann erfolgt.
Weitere Arbeitsgruppen die heute gebildet wurden sind meines Wissens:
- Recht und Sicherheit
- Medienpolitik
- Ziele der Gesellschaft in der DDR
- Reise- und Ausreiseangelegenheiten
- Bildung und Kultur
- Stadtentwicklung
- Ökologie und Ökonomie
- Wirtschaft, Handel und Versorgung
- Organisatorische Unterstützung

Die personelle Zusammensetzung dieser Arbeitsgruppen ist mir nicht bekannt, wobei sichtbar war, daß diese stärker frequentiert waren, als die Arbeitsgruppe in der ich wirkte. Nachdem die Arbeitsgruppen ca. 30-45 Minuten sich konstituierten, wurden durch Dr. Wagner alle Arbeitsgruppen in das Kirchenschiff aufgerufen und die Vertreter der Gruppe 20 (ich kannte keinen mit Namen) trugen einzeln sehr global die Zielrichtungen der Arbeitsgruppen vor. Bis zur Stadtverordnetenversammlung wolle man noch nach Möglichkeiten suchen, um exakte Ziele zu formieren. Einige mir namentlich nicht bekannte Personen stellten die Frage, wie geht denn das nun organisatorisch-technisch weiter. Ziemer erklärte, daß inhaltliche Aufgaben am Donnerstag in der Stadtverordnetenversammlung noch nicht geklärt werden können. Es gehe darum, mit dem Mandat der Dresdner Stadtverordnetenversammlung eine Arbeitsfähigkeit in den gemischten Arbeitsgruppen herzustellen. über den weiteren Arbeitsmodus ist man sich noch nicht völlig im klaren. Betrifft, wo wird man sich treffen, welche zeitliche Abstände, in wessen Verantwortlichkeit wird weiter entschieden u. a. organisatorische Fragen.

Am Schluß der Veranstaltung hat sich unsere Gruppe verständigt, daß am nächsten Dienstag (31.10.1989) eine weitere Zusammenkunft stattfindet. Ort, Versammlungsraum, Veranstaltungsbeginn wird noch mitgeteilt. Wir haben Telefonnummern, Wohnungsanschriften angegeben. Man war sich einig, daß man wenigsten aller 14 Tage in dieser und bei weitergehender Nutzung von Angeboten die an die Gruppe heran getragen werden, die Arbeit zu organisieren ist.
Bei der Stadtverordnetenversammlung werde ich am Donnerstag nicht teilnehmen. Vorerst beteilige ich mich nur als Mitglied der Arbeitsgruppe und nicht in der gemischten Gruppe 5:5.
Ein Grund ist u. a., ich war mehrere Jahre selbst Abgeordneter der Stadtverordnetenversammlung und Ratsmitglied.
Als ich mich in der Arbeitsgruppe als gewählter Volksvertreter des Bezirkes vorstellte und meine Funktion nannte, herrschte zunächst Skepsis. Erst als Wagner sagte, daß ich über Ziemer angefordert sei und das dies seine Richtigkeit habe, wurde dies zustimmend zur Kenntnis genommen.
Mein genereller Eindruck ist, daß ich nicht vorher die Tragweite des Vorgehens in dieser Schärfe kalkulierte. Mein persönlicher Wunsch einer demokratischen Veränderung in diesem Land und des Mutes zur Wahrheit besteht nach wie vor. Dafür werde ich auch wirken.
Die beabsichtigte Zielstellung der heutigen Aktivitäten lassen mich nachdenklich machen. Mit welchem Eifer und welcher Kraft hier gewirkt wird, ist unvorstellbar. Es ist Eile im Reagieren staatlicherseits geboten und dies nicht nur auf Ebene der Stadt. Es erhebt sich der Frage, wie stark sind die Abgeordneten, ihre Kommissionen und ihr qualifiziertes Wirken.

24. Oktober 1989 Dok. 61

Bericht des IMS „Lindner" über die Konstituierung von Arbeitsgruppen der Gruppe der 20 in der Kreuzkirche

BStU, ASt. Dresden, BV Dresden, XII 687/79, Archiv-Nr.: 2847/91, Bd. III, Bl. 410–421. - *Titel:* Zum ersten Treffen aller Arbeitsgruppenmitglieder der „Gruppe der 20" am 24.10.1989. - *Vermerk:* Tonbandabschrift, Quelle: IMS „Lindner", Treff: 24.10.1989, MA: Hptm. Bock [*Anlage zum Treffbericht von Hptm. Bock mit IMS „Lindner", ebd. Bl. 408f.*]. - *Datiert:* 24./25.10.1989.

1. Ablauf/Übersicht
Das Treffen begann pünktlich 19.30 Uhr in der Kreuzkirche. Zutritt erfolgte durch den Eingang D. Im Innern der Kreuzkirche, unmittelbar hinter den Eingang standen Kollege [*handschriftliche Einfügung:* Boltz] und ein anderer Bürger, die offenbar beide kontrollierten, daß nur Personen eingelassen wurden, die über die verteilten Einladungen verfügten (Rechnerausdrucke) oder aber persönlich den am Einlaß stehenden Personen bekannt waren. Bei meinem Erscheinen teilte Kollege [*handschriftliche Einfügung:* Boltz] dem anderen Bürger mit, daß alles klar sei und ich eingelassen werden könnte. Kollege [*handschriftliche Einfügung:* Boltz] teilte mir kurz den vorgesehenen Ablauf mit und war im weiteren mit der Abstimmung, offenbar mit anderen Mitgliedern der „Gruppe der 20" beschäftigt. Die Veranstaltung selbst fand im mittleren Kirchenschiff der Kreuzkirche statt. Herr Ziemer

eröffnete dieses erste Treffen der Arbeitsgruppenmitglieder kurz und begleitete nach meinem Kenntnisstand nur die Rolle „des Hausherrn", der in die Diskussionen nur zum Zwecke der zeitlichen Störung eingriff. Durch ein Mitglied der „Gruppe der 20", namentlich nicht vorgestellt, aufgrund von Gesprächen vermute ich, es handelt sich um Henry Mattheß, Student, 26 Jahre, wurde der eigentliche inhaltliche Teil des ersten Treffens der Arbeitsgruppenmitglieder eröffnet. In der Begrüßung durch dieses Mitglied der „Gruppe der 20" war zu entnehmen, daß offenbar die überwiegende Mehrzahl aller Versammelten eingeladen worden war aufgrund der Bereitschaftserklärungen der Anwesenden in einzelnen Arbeitsgruppen aktiv mitzuarbeiten zu wollen. Des weiteren waren weitere Bürger eingeladen worden, die ebenfalls Interesse an der Mitarbeit geäußert haben und sich noch nicht in Arbeitsgruppen festgelegt hätten. Es wurde nebenbei mit erwähnt, daß Vertreter der Presse anwesend sind.
Als Zielstellung für den [*Einfügung:* Abend] wurde erklärt, daß es darum gehe, die Eingeladenen in die neuen Arbeitsgruppen aufzuteilen. In den Arbeitsgruppen eine erste Sammlung und Wichtung der für die weitere Dialogführung auch in der Ebene der Stadtverordnetenversammlung notwendigen Probleme und Fragen vorzunehmen und des weiteren zwei Mitarbeiter aus jeder Arbeitsgruppe vorzuschlagen, die am Donnerstag/Freitag dieser Woche an der Stadtverordnetenversammlung teilnehmen. Speziell dazu wurde mitgeteilt, daß es seitens des Oberbürgermeisters 40 Einladungen an die „Gruppe der 20" gibt, für die Teilnahme an der Stadtverordnetenversammlung in dieser Woche. Die Aufteilung der Einladungen wurde wie folgt vorgenommen:
20 Einladungen für die „Gruppe der 20" selbst und 20 Einladungen für je 2 Vertreter der Arbeitsgruppen. Als Ablauf wurde die Erarbeitung des genannten Inhalts und am Ende ein kurzes Vorstellen der Ergebnisse in den Gruppen, bei Bedarf mit notwendigen Diskussionsbemerkungen vorgeschlagen. Die Aufteilung in die Gruppen erfolgte in folgender Weise:
Es wurde jeweils gemäß dem Grundsatzpapier der Gruppe nach dem Gespräch mit dem Oberbürgermeister am 16.10.1989 die neuen vorgesehenen Arbeitsgruppen nochmals verlesen. Danach wurden, beginnend bei Gruppe 1 - Recht und Sicherheit bis mit Gruppe 9 - Wirtschaft, Handel und Versorgung, die jeweiligen Kontaktverbindungsmänner zwischen der „Gruppe der 20" und der Arbeitsgruppe vorgestellt (im wörtlichen Sinne), aber nicht namentlich und darum gebeten, daß sich die einzelnen Interessenten bei den jeweiligen Mitgliedern der „Gruppe der 20", die den jeweiligen Arbeitsgruppen vorstehen, einfinden. Damit standen im Altarraum der Kreuzkirche 9 Personen der „Gruppe der 20" nebeneinander und hinter diesen häuften sich die gemäß der zuvor erfolgten Interessenbekundung in die jeweiligen Arbeitsgruppen eingeladenen Bürger. Es wurde mitgeteilt, daß es ratsam erschien, eine 10. Arbeitsgruppe zu bilden, die sich mit Fragen der Organisation in der weiteren Arbeit beschäftigt. Dazu wurden als Stichpunkte genannt, die Organisation zur Information zum gegenseitigen Verständigen usw. Diese 10. Arbeitsgruppe, die offenbar nur arbeitsinternen Charakter hat, wird von Kollegen [*handschriftliche Einfügung:* Boltz] geleitet. Arbeitsintern soll heißen, diese Gruppe wird nicht nach außen in Form von Kontakten zu Arbeitsgruppen der Stadtverwaltung [*handschriftliche Einfügung:* Boltz] auftreten.
Der Vollständigkeit halber sei hier bereits erwähnt, daß im weiteren Verlauf der Arbeit der Arbeitsgruppen und in den anschließenden Vorstellen der Ergebnisse der Arbeit in den Arbeitsgruppen sich herauskristallisierte, daß offenbar ein inhalt-

licher Punkt (Problem des Wehrersatzdienstes und der Entmilitarisierung, insbesondere im Bildungswesen) sich nicht richtig in die vorhandenen, nunmehr 10 Arbeitsgruppen einordnen lassen und es wurde angeregt, eine elfte Arbeitsgruppe zu bilden, die sich speziell diesen Problemen widmet. Nachdem alle eingeladenen Personen, die sich für die Arbeit in einzelnen Arbeitsgruppen bereits vorentschieden hatten und Einladungen erhalten hatten, sich auf die Arbeitsgruppe verteilt hatten, blieben ca. 15-20 Personen sitzen, die zu den Kreis gehörten, die offenbar nicht gezielt in einzelne Arbeitsgruppen eingeladen waren bzw. offenbar zu den genannten Pressevertretern gehörten.
Ich sprach dahin kurz mit der Gruppe 9 - Wirtschaft, Handel und Versorgung, daß ich an der Mitarbeit dort interessiert bin, aber bisher nicht direkt für die Gruppe vorgesehen bin und wurde von dem provisorischen Leiter dieser Gruppe, Herrn Andreas Bartzsch, Fahrschullehrer, 32 Jahre bereitwillig aufgenommen und um die Teilnahme an den weiteren Gesprächen und Diskussionen gebeten. Zur inhaltlichen Arbeit in der Gruppe später.
Am Ende der Arbeit in den Gruppen wurde offenbar nicht nur in unserer Arbeitsgruppe 9 die Adressen insofern ausgetauscht, daß ein Mitglied übernahm, die Namen und Adressen der Mitarbeiter in den Gruppen jeweils zu sammeln, in irgendeiner Weise zu vervielfältigen und den Mitarbeitern der Gruppe zum Zwecke der gegenseitigen Erreichbarkeit zuzustellen. Diese Aufgabe konnte in unserer Arbeitsgruppe ich übernehmen durch das Angebot der einfachsten und in der Qualität besten Kopiertechnik (Rechnerausdruck).
Die Veranstaltung war insgesamt gegen 21.45 Uhr beendet. Nachdem die jeweiligen Mitglieder der „Gruppe der 20" kurz die Ergebnisse vor allen Versammelten zusammengefaßt hatten.

2. Orientierung und Zielstellung in der „Gruppe der 20"
Dazu gab es am 24.10.1989 folgende Orientierung, die sowohl aus der Eröffnung durch das o. g. Mitglied der „Gruppe der 20" als auch aus weiteren Gesprächen in der Arbeitsgruppe hervorging:
Diese insgesamt 10, in ihren Inhalten verschiedenen Arbeitsgruppen (die Gruppe Organisation/F [*handschriftliche Einfügung:* weitere Aufgaben] betrachte ich in diesem Zusammenhang nicht als inhaltliche Arbeitsgruppe) sollen zusätzlich und eigenständig zu der „Gruppe der 20" eingerichtet werden. Die Vorstellung wurde genannt, daß je ein Mitglied der „Gruppe der 20", gelegentlich auch 2 Mitglieder, die Arbeit der einzelnen Arbeitsgruppen steuern und zusammenfassen und insbesondere aber den Kontakt zwischen den Arbeitsgruppen und der „Gruppe der 20" herstellen. Die Bildung in diese Arbeitsgruppen ist offenbar als Ergebnis der Gespräche mit dem Oberbürgermeister zu sehen und im Rahmen dieser Gespräche auch von der „Gruppe der 20" angeregt worden. Mit diesen Arbeitsgruppen soll der Versuch unternommen werden, so in Absprache bisher mit dem Oberbürgermeister die Zusammenarbeit, Mitarbeit in der Stadtverordnetenversammlung aufzubauen. Dazu wurde mitgeteilt, daß in der Stadtverordnetenversammlung ebenfalls Arbeitsgruppen eingesetzt werden, so daß dort eine, zu den jeweiligen Sachgebieten ausgewiesene Abstimmung der Probleme, Fragen und Forderungen zwischen den Arbeitsgruppen der „Gruppe der 20" und den Arbeitsgruppen der Stadtverordnetenversammlung erfolgen kann.
Die „Gruppe der 20" nimmt zusätzlich zu den Vertretern der Arbeitsgruppen an der Stadtverordnetenversammlung teil. Damit kommt der „Gruppe der 20" eine

gewisse zentrale Kopffunktion im weiteren zu, während die inhaltlichen Dinge in den Arbeitsgruppen erarbeitet und zusammengestellt werden. Es wurde allgemein eingeschätzt, daß zum gegenwärtigen Zeitpunkt die weitere Arbeit der „Gruppe der 20" und der gebildeten Arbeitsgruppen notwendig ist und das in den Kontakten mit der Stadtverordnetenversammlung auch zu prüfen ist, inwieweit die Aufgaben, die aus den Arbeitsgruppen, der „Gruppe der 20" heran getragen werden, von den Arbeitsgruppen der Stadtverordnetenversammlung als identische Ziele und Aufgaben der nächsten Zeit aufgegriffen werden können.
Wenn dies in kurzer Zeit zu einer inhaltlichen Übereinstimmung und gemeinsamen Lösungsansätzen führt, so wurde eingeschätzt, könnte die Arbeit der Arbeitsgruppen (und event. auch der „Gruppe der 20") z. B. in diese vorhandene Einrichtung (gemeint ist die Stadtverordnetenversammlung) einfließen.
Zum Treffen am 24.10.1989 wurde jedoch mehr befürchtet, daß dies in kurzer Zeit nicht der Fall sein könnte, so daß man sich auf eine längere Arbeit in den Arbeitsgruppen und der „Gruppe der 20" einrichtet.
Das Gedankengut, was ich bisher von Kollegen [*handschriftliche Einfügung:* Boltz] zur Arbeit der „Gruppe der 20" entnehmen konnte, fand im wesentlichen auch bei dem provisorischen Leiter der Arbeitsgruppe 9, Herrn Andreas Bartzsch, wieder. Die Kontakte zur Kirche bzw. die Form der Mitarbeit von Kirchenvertretern beschränken sich offenbar auf eine annähernd gleichberechtigte Mitwirkung von Kirchenvertretern in den Arbeitsgruppen (im Detail nicht bekannt) und in der Mitarbeit eines Herrn Brandes in der „Gruppe der 20". Herr Ziemer als Hausherr der Kreuzkirche trat inhaltlich zu dem 1. Treffen der Arbeitsgruppenmitglieder nicht in Erscheinung.
In Verallgemeinerung des Auftretens von Kollegen [*handschriftliche Einfügung:* Boltz] zur APO 8-Versammlung am Montag, den 23.10.1989 hatte ich erwartet, daß die Arbeitsatmosphäre in dieser „Gruppe der 20", nämlich seinem Auftreten, sehr emotional und etwas hektisch geartet ist. Ich konnte mich davon überzeugen, daß offenbar ein ruhiger und ausgeglichener Grundtenor dieses gesamte 1. Treffen bestimmte.

3. Zur Arbeit in den Arbeitsgruppen
Die Zielstellungen wurden nochmals durch Herrn Bartzsch, speziell für die Arbeitsgruppe, der ich mich angeschlossen hatte (Arbeitsgruppe 9, Wirtschaft, Handel und Versorgung) kurz zusammengefaßt:
Erweitern und Gliedern eines Fragen- und Problemkataloges, der im weiteren auf Stadtverordnetenebene bzw. in den Arbeitsgruppen der Stadtverordnetenversammlung dann im Detail abzustimmen und einzufordern ist und des weiteren die Benennung von etwa 2 Vertretern der Arbeitsgruppe, die als Teilnehmer an der Stadtverordnetenversammlung in dieser Woche nominiert bzw. eingeladen werden. Das letztere Problem wurde durch zwei Mitarbeiter in der Arbeitsgruppe gelöst, die es offenbar in ihrem Zeitfonds vereinbaren konnten, an allen bzw. zwei Tagen kurzfristig sich von der Arbeit zu befreien. Da ein gegenseitiges Vorstellen in unserer Arbeitsgruppe nicht erfolgt war, sondern lediglich an drei verschiedenen Stellen die Namen mit den Adressen zusammengetragen worden, kann ich die Namen der aus der Arbeitsgruppe 9 zur Teilnahme an der Stadtverordnetenversammlung delegierten Personen nicht nennen. Die eigentliche Arbeit in der Arbeitsgruppe 9 schätze ich als eine Art ersten informellen Austausch zu grundsätzlichen, zum Teil auch sehr, zu sehr ins Detail gehenden Problemen zwischen

den doch sehr unterschiedlich zusammengewürfelten Personen in dieser Arbeitsgruppe ein. Durch das Kontaktmitglied der „Gruppe der 20", Herrn Bartzsch, wurden unvorbereitet auf einen großen Zettel die auftretenden Probleme, Fragen, grundsätzlichen Ansichten zu den Belangen von Wirtschaft, Handel und Versorgung notiert. Ich schlug mehrfach vor, daß man doch nicht jedes kleine Detailproblem neben großen gravierenden grundsätzlichen Fragestellungen zu diesem Themenkomplex gleichberechtigt stehen lassen könnte, sondern daß es die Arbeit des Herrn Bartzsch oder eines anderen Mitgliedes der Arbeitsguppe sein müßte, dort eine gewisse inhaltliche Ordnung im Sinne von wenigen globalen Überschriften als hauptsächliche Ziele in der Arbeit dieser Arbeitsgruppe und einer Untersetzung durch viele Teilpositionen, die noch mal zu gliedern wären und Aufgaben, die innerhalb des Territoriums Dresden zu lösen wären, z. B. der Stadtverordnetenversammlung und Aufgaben, die über das Territorium Dresden hinausgehen und landesweite Bedeutung erlangen.
Diese Vorgehensweise wurde zwar durch die Mehrzahl der Mitglieder der Arbeitsgruppe und auch durch Herrn Bartzsch zugestimmt, aber offenbar war er in der Kürze der Zeit nicht in der Lage, eine solche Sortierung überhaupt anzufangen. Insgesamt muß ich am Ende der Arbeitsgruppentätigkeit an diesem Abend feststellen, daß ein direktes Protokoll dazu nicht existiert. Es gibt lediglich die Auflistung der Namen und Adressen der Mitarbeiter dieser Arbeitsgruppe und von dem Herrn Bartzsch auf genannten DIN A4-Bogen festgehaltene und inhaltlich unsortierte Probleme und Fragen.
In Erweiterung des Papiers der „Gruppe der 20", wo zunächst drei Positionen zu dieser Arbeitsgruppe genannt waren. Die Ergänzungen erfolgten in einer Vielzahl von Problemen, um wichtige voranzusetzen, die Durchsetzung, insbesondere die konsequente Durchsetzung eines Leistungsprinzips, insbesondere in der Wirtschaft, Probleme der Versorgung der Bevölkerung, eine Vielzahl von Problemen des Einzelhandels, Belange der Preispolitik sowie der Lohn und Gehaltspolitik. Die hauptsächliche Redezeit in der Arbeit dieser Arbeitsgruppe gehörte allerdings drei Personen, die sich auch nach Einschätzung des Herrn Bartzsch und der anderen Mitarbeiter doch zu sehr ins Detail gehend aus ihrer speziellen Sicht in dem einen Falle Einzelhandel, im zweiten Falle selbständig Gewerbetreibender und im dritten Falle Großhandelstätiger konzentrierten. Dadurch wurde meines Erachtens die Qualität in der Arbeit dieser Arbeitsgruppe etwas gemindert, während die anderen Arbeitsgruppenmitglieder doch mehr nach verallgemeinerungsfähigen und globalen Thesen bzw. Problemstellungen drängten. Die zwei ausgewählten Bürger aus dieser Arbeitsgruppe zur Teilnahme an der Stadtverordnetenversammlung waren zwei von diesen genannten Vertretern und betonten ursprünglich, daß sie dort natürlich aus ihrer speziellen Problemsicht, wenn die Möglichkeit besteht, Fragen und Probleme vortragen werden. Dort entgegnete ich, daß das aber sicher nicht im Sinne der gesamten Arbeitsgruppe sein kann, sondern, daß wenn die Arbeitsgruppe dort in die Stadtverordnetenversammlung zwei Mitglieder delegieren kann, daß diese dann auch die Aufgaben haben, das Gedankengut und den erarbeiteten ersten Stand der Arbeitsgruppe streng genommen sogar ungeachtet ihrer persönlichen Wertung in die Stadtverordnetenversammlung einzutragen haben. Es wurde der Vorschlag darauf aufbauend erarbeitet, daß dort nicht 125 Einzelprobleme angesprochen werden können, sondern das zwei bis drei ausgewählte erste Schwerpunkte dieser Arbeitsgruppe durch die zwei Vertreter, wenn die Möglichkeit

besteht, genannt werden sollen und dazu ein erster Arbeitsschritt mit den Arbeitsgruppen der Stadtverordnetenversammlung probiert werden soll.
Ein für mich unverständlicher Tenor wurde durch den Herrn Bartzsch in der Weise eingebracht, daß er etwa zweimal sinngemäß ausdrückte, daß die Stadtverordnetenversammlung und auch die Mitarbeiter in den dort zu bildenden Arbeitsgruppen unsere Gegner seien, denn es gelte nach seiner Meinung die bisherige Arbeitsweise dieser Einrichtung zu überwinden bzw. die eigenen Ziele gegen die bisherigen Ziele der Stadtverordnetenversammlung auf diesen Arbeitsgebieten der Gruppen durchzusetzen. Ich erläuterte dem Herrn Bartzsch nach Abschluß dieser Arbeitsgruppen-Gespräche dazu meinen Standpunkt: Wir können nicht an einer Stelle eine Entmilitarisierung und Abbau von Feindbildern fordern und im kleinen sogar noch in kirchlichen Räumen im übertragenen Sinne natürlich neue Feindbilder aufbauen, indem wir die bisherigen Abgeordneten der Stadtverordnetenversammlung zu solchen erklären.
Er beteuerte, daß das nicht im ursprünglichen Sinne des Begriffes, Gegner oder Feind, zu verstehen gewesen wäre. Ich betonte trotzdem noch mal, daß mir persönlich eine solche Einschätzung bzw. ein solcher Grundtenor mißfällt und mich befremdet.
Insgesamt muß ich nochmals einschätzen, daß einfach durch die Breite des Personenspektrums und damit auch des Qualifizierungsgrades in den jeweiligen Arbeitsgruppen, so sicher auch in unserer Arbeitsgruppe 9, es sicher in einem ersten Treffen insgesamt nicht möglich war, Schwerpunkte der Arbeit herauszuarbeiten, sondern lediglich möglich war, den Problem- und Fragenkatalog zu erweitern und bestenfalls eine gewisse Vorsortierung dieser Probleme vorzunehmen.
Ergänzen will ich noch einen speziellen Aspekt, der bei dem Vortragen der Ergebnisse der Arbeitsgruppe 1 - Recht und Sicherheit - entstand.
Es wurde mehrfach gefordert, die Kontrolle unserer Sicherheitsorgane und dazu ein praktisches Konzept, wie dieses auch für die Bevölkerung darstellbar und überschaubar praktiziert werden kann. Insbesondere wurde auch die Kontrolle der Organe unserer Staatssicherheit gefordert. Dazu gab es am Ende der Arbeitsgruppen Vorstellungen, noch eine kleinere Diskussion in unserer Arbeitsgruppe mit einzelnen Vertretern der Arbeitsgruppe Recht und Sicherheit dahingehend, daß ich am Beispiel Mannschaft des Dresdner Rathauses (gemeint alle Mitarbeiter beim Rat der Stadt, die im Rathaus gegenwärtig tätig sind) erläuterte, daß durch die Änderungen, die im Moment in unserem Land ablaufen, sicher nicht erreicht werden kann und auch nicht erreicht werden sollte, daß bisherige Staatsorgane, wie z. B. Rat der Stadt, in jeder Position neu zu besetzen sind, das ist praktisch nicht möglich. Im weiteren muß die Arbeit im Lande im wesentlichen auch durch die Bürger und Mitarbeiter getragen werden, die sie bisher getragen haben. Es ist sicher in Fällen möglich, einzelne Führungsmannschaften oder einzelne wesentliche Leiter, die durch Fehler in der Vergangenheit ihre Inkompetenz nachgewiesen haben, durch qualifiziertere, den neuen Anforderungen gewachsene Kader zu ersetzen. Es ist aber nicht möglich, den gesamten Mitarbeiterstamm im Staatsapparat verallgemeinert zu ersetzen. Insofern schlußfolgere ich, ist auch mit den Organen der Staatssicherheit im wesentlichen im weiteren weiterhin zu arbeiten. Ungeachtet dessen, ob es in der Führungsspitze oder in einzelnen Leitungsgremien des Ministeriums für Staatssicherheit zu personellen Veränderungen führen wird. Insofern schlußfolgere ich, daß der Staat DDR im weiteren Teile des bisherigen Inhaltes und Teile des neu entstehenden Inhaltes in sich vereinen wird, so daß es

nach meiner Meinung im Sinne der Sicherheit des Staates erforderlich wäre, daß auch das Ministerium für Staatssicherheit in einem bestimmten Fortschrittsstadium der gegenwärtigen Entwicklung zur Sicherheit der eingetretenen Entwicklung mit beiträgt. Das wurde von der Mehrzahl der Arbeitsgruppenmitglieder unserer und einzelnen mit in die Diskussion einbezogen, Mitglieder der Arbeitsgruppe 1 verstanden und akzeptiert.
Insgesamt muß ich auch einschätzen, daß ohne namentliche Nennung nach den ersten Treffen hinzufügen können, in Einzelfällen auch sehr emotionale Beiträge in einzelnen Arbeitsgruppen zu hören waren, zum Teil auch haßerfüllte Äußerungen, die aber in der Gesamtheit und auch in der Darstellung der Ergebnisse der Arbeitsgruppen keinen Niederschlag fanden. Insgesamt schätze ich ein, daß eine gewisse Besonnenheit und Vernunft die Arbeit der „Gruppe der 20" leitet und das man sich offenbar im klaren ist, daß Emotionalität und sporadisches Eingehen auf viele emotionale und zum Teil auch haßerfüllte Äußerungen nicht zur weiteren Arbeit beiträgt. Das wurde zwar nicht explizit ausgesprochen, aber durch das Negieren solcher Einzelmeinungen zum Ausdruck gebracht. Wünschenswert wäre meines Erachtens, daß unsere Staatsorgane, insbesondere zunächst die im Raum Dresden (gemeint ist die Stadtverordnetenversammlung) so auf die Forderungen, Fragen und Problemstellungen in den Arbeitsgruppen der „Gruppe der 20" eingehen kann, daß sich dort in kurzer Zeit ein Konsens findet zu einem weiteren gemeinsamen Lösen dieser, im Raum Dresden und im Lande entstehenden Probleme. Im anderen Falle sehe ich die Gefahr, und das wurde in Gesprächen am Ende der Veranstaltung für mich offenbar, daß, wenn sich die bisherigen staatlichen Organisationsformen, z. B. Stadtverordnetenversammlung oder FDGB oder Partei und Gewerkschaftsgruppen nicht so öffnen, daß die von der Bevölkerung der „Gruppe der 20" eingetragenen Fragen und Probleme gemeinsam gelöst werden und damit die „Gruppe der 20" ihre Zielstellung zu einem noch zu fixierenden Zeitpunkt erreicht hat, dann die Gefahr besteht, daß die „Gruppe der 20" sich möglicherweise in eine Oppositionsrichtung drängen läßt bzw. in eine ähnliche Gruppierung mit einfließt, ohne das dazu bisher Äußerungen oder Ansätze gibt. Am Ende stand ich noch mit zwei weiteren, namentlich mir nicht bekannten Mitgliedern der „Gruppe der 20", dem Herrn Bartzsch und einzelnen Mitarbeitern unserer Arbeitsgruppe in einem Gespräch zusammen, woraus noch einmal deutlich hervorging, daß man sich in gegenwärtiger Sicht in keinerlei Weise zu irgendeiner Partei oder Oppositionsform entwickeln will.
Die Namen der Mitarbeiter der Arbeitsgruppe 9 sind den beigefügten Unterlagen zu entnehmen. Zusätzlich zu den aufgelisteten Personennamen der Mitglieder der Arbeitsgruppe 9 entdeckte ich an diesem ersten Treffen einen aus meiner Studien- und Forschungsstudienzeit mir bekannten Mitarbeiter des damaligen Instituts für Elektronenphysik, Prof. [*geschwärzt*], Dr. [*mehrere Zeilen geschwärzt*]. Offenbar erkannte mich dieser Dr. [*geschwärzt*] nicht, so daß es nur bei einer visuellen Wahrnehmung durch meine Person blieb. Da er in einer anderen Arbeitsgruppe tätig war, gab es keine notwendigen Berührungspunkte zwischen uns. [*mehrere Zeilen geschwärzt*]
Zu weiteren Informations- und Arbeitskontakten gab es bisher keine Absprachen; seitens des Herrn Bartzsch als Mitglied der „Gruppe der 20" wurde die Erwartung geäußert, daß die Arbeitsgruppen nun eigenständig ihre Arbeit im weiteren aufnehmen, aber dazu fehlt bisher jegliche Abstimmung und Orientierung. Es ist offenbar notwendig, daß in Auswertung der Ergebnisse der Stadtverordnetenver-

sammlung zur weiteren Arbeitsweise in den Gruppen und der „Gruppe der 20" neu Stellung zu nehmen ist. Dazu wurde mitgeteilt, daß zum Zeitpunkt des 24.10.1989 abends noch nicht endgültig entschieden sei, wie die weitere Information über die Ergebnisse der Stadtverordnetenversammlung erfolgt. Klar war jedenfalls, daß dazu eine Pressemitteilung am 25.10.1989 erfolgen soll, wo insbesondere Ort und Zeitpunkt für eine öffentliche Bekanntgabe der Ergebnisse der Stadtverordnetenversammlung mitgeteilt werden. Innerhalb der Arbeitsgruppe kam ich mehr ins Gespräch mit den neben mir sitzenden Bürgern, einmal [*geschwärzt*], einem Mitarbeiter der Arbeitsgruppe, Alter ca. Anfang bis Mitte 30, und Dr. [*geschwärzt*], etwa mein Alter. Die Dienststellen sind mir jeweils unbekannt, sind aber offenbar den Telefonnummern zugeordnet. Herr [*geschwärzt*] bot sich an, daß, wenn ich die Adressenliste schreibe bzw. vervielfältigen lasse, diese in Briefumschläge zu sortieren und zu adressieren und zu verschicken. Dazu wurde vereinbart, daß ich ihn am 25.10.1989, gegen 12.00 Uhr, informiere, wie der Stand der Vervielfältigung aussieht. Er arbeitet offenbar in Niedersedlitz, so daß wir als Übergabeort einen von Klotzsche, Niedersedlitz etwa gleich weit entfernt vom Stadtzentrum (Parkplatz am Pirnaischen Platz) gewählt haben. Ich würde also deshalb versuchen, am 25.10.1989, wahrscheinlich irgendwann am Nachmittag, nach einer telefonischen Vereinbarung mit Herrn [*geschwärzt*], die kopierten Adreßlisten in der Anzahl der Mitgliederanzahl ihm zu übergeben. Da die Mitglieder der „Gruppe der 20" sich nicht als Mitglieder in den Arbeitsgruppen verstehen wollen, sind dort diese sogenannten Führungs- und Kontaktpersonen der „Gruppe der 20" nicht mit aufgelistet.

Persönliche Bewertung
Zu meinen Aktivitäten in dieser Arbeitsgruppe, insbesondere in der nahen Zukunft: Wie ich Berichten des Kollegen [*Handschriftlich eingefügt:* Boltz] als auch Aussagen des Herrn Bartzsch am 24.10.1989 und weiteren Mitgliedern der „Gruppe der 20" entnehmen konnte, ist offenbar der zeitliche Belastungsaufwand immens groß, so daß die große Mehrzahl der Mitglieder der „Gruppe der 20" durch Urlaub, Freistellung, zum Teil offizielle, durch Wahrnehmung gesellschaftlicher Tätigkeit über die Betriebe so anerkannt, erfolgen muß, um die anstehenden Aufgaben überhaupt bearbeiten zu können. Ein solches zeitliches Spektrum kann ich bisher sowohl mit meiner dienstlichen Arbeit als auch mit meinen persönlichen Belangen (Wohnungsneuaufbau und Betreuung Eltern) nicht verbinden, dazu sind im weiteren detaillierte Abstimmungen erforderlich zur weiteren Herangehensweise.

24. Oktober 1989 Dok. 62

Bericht des Inoffiziellen kriminalpolizeilichen Mitarbeiters für operative Aufgaben „Scholz" der Kriminalpolizei Dresden über die Veranstaltung in der Kreuzkirche

BStU, ASt. Dresden, BV Dresden, Abt. XX, 9180, Bl. 144–150. – Kopf: BDVP Dresden, Kriminalpolizei, Dezernat I+. – *Vermerk:* Treff: „Scholz" 0/094/89, MA: Hauptmann der K Zwirnmann. – *Fußvermerk:* gesprochen „Scholz", 25.10.1989, F.d.R.d.A. Krosse, K.-Omstr. – *Datiert:* 26.10.1989.

Am 24.10.1989 besuchte ich auf Einladung der Gruppe der 20 die Kreuzkirche in Dresden. 19.30 Uhr begann die Veranstaltung in der Sakristei. Da auch Bürger mitgekommen waren mit Personen, die eine Einladung hatten, langte der Platz in der Sakristei nicht und es wurde in das Schiff der Kirche umgezogen. 5 Minuten später eröffnete dann der Sprecher der Gruppe der 20, der Friedrich Boltz, die Veranstaltung. Es waren ca. 170 Personen anwesend.

Als erstes erklärte er nochmals, wieviel Gruppen es gibt und die Bekanntgabe bzw. Benennung dazu. Dazu liegt ein Schriftstück, ein Abzug, aus der Weiterführung des Dialogs vor, den ich mitgebracht habe. Ebenfalls auch eine Erklärung der Gruppe der 20 in schriftlicher Form.

Von der Erklärung der Gruppe der 20 lag ein ganzer Stapel auf einem Tisch und von dem Auszug aus der Weiterführung des Dialogs, wo im Prinzip die Ziele darauf verankert sind bzw. die Forderungen, die auch identisch sind mit den gebildeten Arbeitsgruppen, lagen 3 Auszüge davon vor. Nach dem Verlesen der Bezeichnung der Gruppen, insgesamt 9, wurde entsprechend der Listen, die auslagen, in der Versöhnungskirche, die Gruppen gebildet. Dazu wurde jede Gruppe einzeln aufgerufen und der Name dazu. In verschiedenen Teilen der Kirche zogen sich dann die Gruppen zurück, so daß untereinander zwischen den Gruppen kein Kontakt bestand.

Die Gruppen bestehen zwischen 10 bis 30 Personen. Das ist zum Teil sehr unterschiedlich. Bei der Aussprache in der Gruppe, der ich angehöre, Wirtschaft-Handel-Versorgung, wurde sofort festgestellt, daß die Gruppe vom Arbeitsgebiet zu umfangreich ist und es kam der Vorschlag des Bürgermeisters zur Trennung der Gruppe, wo man auch einverstanden war, d. h. Wirtschaft für sich und Handel und Versorgung für sich.

Ich möchte noch dazu sagen, daß zu jeder Gruppe noch ein sogenannter Betreuer zugewiesen wurde, der aus der Gruppe der 20 kommt. Die 2 Betreuer, die für Wirtschaft-Handel und Versorgung verantwortlich sind, waren aber gestern aus persönlichen Gründen dort nicht anwesend.

Die Aussprache in meiner Gruppe verlief zum Teil konstruktiv, zum Teil wurden irrige Meinungen geäußert bzw. bei einem, der in meiner Gruppe ist, kam eigentlich die egoistische Meinung zum Ausdruck. Wir haben uns dann so geeinigt, daß wir unabhängig davon, daß es noch nicht offiziell ist, wir die Wirtschaft trennen vom Handel und Versorgung. Aufgrund der Tatsache, daß ich der einzige war, der auf den vorhandenen Listen als Arbeiter oder Mitarbeiter des Handels erkennbar war, wurde ich sofort als Leiter der Gruppe Handel und Versorgung gewählt. Es wurde dort grundsätzlich alles gewählt. Ich bekam gleichzeitig durch Wahl das Mandat, am 26.10.89 an der Stadtverordnetenversammlung teilzunehmen. Das wäre ein Vorschlag des Bürgermeisters, daß die bzw. noch 20 Personen teilnehmen

sollen, die dann später in den Kommissionen, die gebildet werden am 26.10., dort mitarbeiten.
Es war aber keine offizielle Einladung. Es wurde so erklärt, daß die Liste am 25.10. dem OB übergeben wird, und am 26.10. früh am Eingang des Rathauses ausliegt und nach Legitimation mit dem Personalausweis entsprechend eingelassen wird.
Nachdem die Gruppe - besser gesagt, es ging bei der ganzen Beratung in der Gruppe darum, noch mal die Ziele durchzusprechen und evtl. Präzisierungen vorzunehmen. Die Präzisierungen waren meist nur Strukturveränderungen, d. h. Satzumbau bzw. auch kleinere Veränderungen, die aber auf den Gesamtinhalt der gesteckten Ziele, wie sie schriftlich vorliegen, nichts ändern.
Nachdem die Gruppen zusammen gewesen sind, hat jeder Vertreter jeder Gruppe nochmals die Ziele verlesen. (öffentlich vor den 170 Personen) was eigentlich kurz und knapp war, weil das im Prinzip identisch war mit dem, was schriftlich vorlag.
Danach wurde die Veranstaltung als beendet erklärt. Einige Gruppen haben dann noch diskutiert betreffs ihrer Gruppe bzw. es bildeten sich im Vorschiff der Kirche noch kleinere Diskussionsgruppen.
Zu der Gruppe, die ich leiten soll, die Gruppe Handel und Versorgung - man hat dort niemand anderes gefunden, der dort mitarbeiten soll - das sind

- ein privater Gemüsehändler, Mitglied der LDPD
- ein Student für Gastronomie, der aber mit seinem Studium erst am Anfang wäre.

Zu der Gesamtstruktur der Gruppen muß man folgendes sagen: Die Gruppen bestehen zum Teil aus 10 bis 30 Personen, aber an den Gesprächen im Rathaus, wo am 26.10. die großen Gruppen gebildet werden, sind nur 5 Personen anwesend. Die restlichen unterstützen die Gruppe nur fachlich, nehmen aber an keiner Versammlung teil.
Die Gruppe der 20, so wurde eindeutig gesagt, will sich im wesentlichen aus verschiedenen Kommissionen direkt selbst heraus halten und praktisch nur die 5 gewählten Vertreter der Gruppe sprechen lassen, da, wie sie sich eindeutig äußerten, ihnen in vielen Fachgebieten die Kompetenz fehlt bzw. sie nicht aus dem entsprechenden Fach kommen. Diese Frage, der geeigneten Kader für die Arbeitsgruppen, trat nicht nur in der Gruppe Handel und Versorgung auf, die ja notgedrungen nur aus 3 Personen besteht, sondern auch in anderen Gruppen. Deshalb wurde dazu aufgerufen, noch Bürger zu gewinnen, die entsprechende fachliche Kenntnisse haben - einmal die Gruppe in fachlicher Form zu unterstützen oder zum anderen im nachhinein an den Gesprächen selbst teilzunehmen.
In der Kommission, die zur Zeit noch zusammenwirkt - (Handel und Versorgung) speziell was Wirtschaft betrifft muß ich noch hinzu sagen, daß dort u. a. ein Leiter vom DLK ist und ansonsten von der Vorstellung her alles Dipl.-Ing. sind und Leiter in der Volkswirtschaft - mit Namen hat sich nicht einer vorgestellt, nur mit seiner Tätigkeit. Entsprechend der Tätigkeit und der Qualifikation läßt sich dort ablesen, daß dort, Fragen die die Wirtschaft betreffen, kompetente Leute vertreten sind, uns vor allem auch lebenserfahrene - da diese Gruppe keine Jüngeren angehören, sondern ausschließlich Ältere sind zwischen 30 und 50 Jahre. Entsprechend der Aussagen der Gruppe der 20 haben sich zur Zeit 3 Schwerpunkte entwickelt:

- keinen Schwerpunkt bildet mehr die Frage der Medienpolitik und Reisetätigkeit (Ein- und Ausreisen) da dort einmal erkannt wurde, daß in der Medienpolitik sich etwas geändert hat und die Frage der Ein- und Ausreise in Arbeit ist.
- die zur Zeit bestehenden 3 Schwerpunkte sind:

- in erster Linie die Anerkennung der Gruppe der 20 als offizielle Gruppe, um damit eine Legitimation zu haben, daß diese Vertreter arbeiten und eine gesellschaftliche Tätigkeit ausüben
- des weiteren die Frage Recht und Sicherheit
- und als letzter und dritter Schwerpunkt die Frage Stadtentwicklung

Wichtig ist für die Frage der Anerkennung, daß diese Gruppe es nach wie vor in schriftlicher Form und auch mündlich ablehnt, als Opposition zu gelten. Diese Gruppe betont es immer wieder, und meiner Ansicht nach und das sagt man auch sehr offen in der Gruppe, nicht zu vergleichen wäre mit dem „Neuen Forum". Wahrscheinlich bestehen dort auch keine offiziellen Beziehungen, weil man eigentlich eine Arbeit mit dem „Neuen Forum" ablehnt, da das „Forum" offen von sich als Opposition spricht, und die Gruppe der 20 den Begriff strikt ablehnt.
Obwohl ich von der Gruppe der 20 noch nicht viele kenne, und ich, die ich kenne, nicht weiß wie sie mit Namen heißen, habe ich dennoch schon mehrfach mit dem mir bekannten Student Henry Mattheß und Heiko Pstrong - ebenfalls Student gesprochen. Diese beiden bilden für meine Begriffe den „harten Kern" der Gruppe, die auch vor der Hofkirche (betrifft besonders den Heiko Pstrong) mir gesagt hat, „wenn es zu keinem Resultat kommt, dann müssen wir wieder demonstrieren".
Aber der Henry Mattheß erscheint mir dort noch etwas krasser, u. a. machte er gestern vor unserer Gruppe die Äußerung „denkt daran, wenn ihr mit den Leuten an einem Tisch sitzt, vor euch sitzt der Gegner". Damit meint er praktisch, daß man sich nicht „niederdiskutieren" lassen soll und daß, was man fordert, auch durchfordern muß.
Aber er ist auch noch ein typischer Vertreter der „Vom Allgemeinen" was in der Gruppe gesagt wird. Daß das ganze möglicherweise eine „Hinhaltetaktik" ist (die Dialogsache) - das ist eine allgemeine Linie, die in der Gruppe gefahren wird, daß dies möglich wäre - währenddessen der Mattheß davon überzeugt ist, daß dies alles nur „Hinhaltetaktik" ist.
Allgemein kann man sagen, daß der Mattheß auch Stimmung macht, d. h. negative Stimmung in der Gruppe, aber aufgrund seines geistigen Potentials und daß er gut reden kann, doch einen gewissen Stand in der Gruppe besitzt und auch einen relativ großen Einfluß hat.
Jedes Mal, wenn ich dem Mitglied der Gruppe Friedrich [*durchgestrichen:* Wolf, *handschr. ersetzt durch* Boltz] - er ist offiziell der Sprecher der Gruppe - sprechen hörte (offiziell bzw. bei Diskussionen) habe ich den Eindruck gewonnen, daß er überzeugter Freund des Dialogs in der Gruppe ist, daß er eine hohe Intelligenz besitzt und daß er sich in der Gruppe allgemein dem positiven Kern zuwendet bzw. diesen vertritt, da er jeglichen Dialog begrüßt, und er bereits mehrmals schon gesagt hat, daß [...] wenn, solange der Dialog läuft, keine Demonstrationen stattfinden sollen. Er hat sich auch grundsätzlich gegen jegliche Gewalt bei Demonstrationen ausgesprochen. In Diskussionen wurde u. a. über die weitere Arbeit der Gruppe gesprochen. Schwerpunkt in der Diskussion war:

- die Frage der Legalisierung und die Frage als gesellschaftliche Tätigkeit. Dazu will man einen festen Arbeitspunkt schaffen - man kann auch sagen Anlaufpunkt.

Des weiteren kam in der Diskussion wiederum zum Ausdruck, daß man damit nicht in der Kirche irgendwelche Versammlungen durchführen will - das wurde immer wieder gesagt, daß man raus will aus der Kirche, obwohl man von der Kirche viel Unterstützung bekommen hat und auch noch bekommt, aber man will

diese ganze Frage meiner Ansicht nach (raus aus der Kirche) um die Versammlung usw. zu legalisieren.
Des weiteren wurde in der Diskussion gesprochen über die weiteren Organisationsstrukturen. Man hat ja die Sammlung begonnen (Überweisung von 1,- Mark auf das Postscheckkonto) und damit gleichzeitige Bekundung, daß die Gruppe der 20 weiterhin Mandatsträger der Bevölkerung ist. Das soll erst einmal für den Anfang an den Kern bilden für auszugebende Mitgliedskarten, die den entsprechenden Bürgern, die 1,- Mark eingezahlt haben, zugeschickt werden. Das bedeutet aber nicht, daß dort nicht noch mehr eintreten können. Es soll sinngemäß nicht eine Partei oder Organisation werden, sondern ein „Freundeskreis". Die Diskussionen werden zu diesem Problem „Zwiespältig" geführt. Man könnte teilweise von Organisation bis Freundeskreis sprechen.
Hauptsächlich will man sich vom Stamm her am Anfang auf die Frage der „Einzahlungskarten" stützen, da ja auf den Einzahlungskarten die Adressen vermerkt sind, wer hat denn überhaupt 1,- Mark gegeben.
Allgemein kann man sagen, daß innerhalb der Gruppe zum Teil sehr große Niveauunterschiede herrschen bzw. auch größere Meinungsunterschiede. Generell kann man aber sagen, in 2 Punkten ist man sich völlig einig
- das ist die Frage der Anerkennung der Arbeit der Gruppe der 20 - sprich Legalisierung und zu dem Problemkreis Recht und Sicherheit

Zu der Gruppe Recht und Sicherheit noch zur Ergänzung - es ist interessant, daß in dieser Gruppe keine jüngeren Bürger ich gesehen habe, sondern alles ältere, so zwischen 35 und 50 und ältere.
Was die Problematik der Arbeitsgruppe Recht und Sicherheit betrifft noch folgendes - nach wie vor ist bzw. kämpft man verbissen um weitere Berichte betroffener Personen - das wird genannt „Gedächtnisprotokolle", die nach wie vor in dem Jugendpfarramt abgegeben werden sollen - Darauf stützen sich die gesamten Forderungen für die Arbeitsgruppe Recht und Sicherheit. Eine Person, ich vermute, daß es ein Pfarrer ist, hatte angeführt, daß zur Zeit 110 Gedächtnisprotokolle mit Unterschrift und Adresse vorhanden sind. Diese werden zum Teil noch bearbeitet, um etwaige Zeugen mit Unterschrift, Name und Anschrift zu gewinnen. Deshalb informierte er auch, (er gebrauchte den Begriff „unzählige Gedächtnisprotokolle") daß anonym diese Protokolle vorliegen, d. h. ohne Unterschrift.
Im Prinzip (was das „Neue Forum" betrifft) gibt es folgende Tendenz, aber bereits seit Anfang an:
daß man die offizielle Zusammenarbeit mit dem „Forum" ablehnt. Als Hauptgrund würde ich sehen, daß sich das „Forum" als Opposition bezeichnet. Des weiteren ist es in den Kirchen ausschließlich durch das „Neue Forum" zu Angriffen auf die Gruppe der 20 gekommen mit der Begründung, sie wären nicht kompetent, sie wären nicht gewählt, sie hätten keine Spezialisten und demzufolge könnte bei dem Dialog nichts herauskommen. Weiterhin bringen sie zum Ausdruck, daß die Gefahr besteht, daß sie sich „Niederreden", „Einlullen" lassen und dergleichen.
Bei der Zielsetzung der Gruppe für den Dialog, kam eines deutlich zum Ausdruck, das war auch zu spüren bei dem Sprecher Friedrich Boltz (bei der Begrüßung und Einleitung am gestrigen Tag) daß es der Gruppe in erster Linie nicht darum geht, irgendwelche Forderungen durchzusetzen, sondern der Schwerpunkt liegt darauf, Ergebnisse vorweisen zu können. Die Gruppe stützt sich dabei auf Meinungen der Bevölkerung, die dahin tendieren, daß schon wieder zu viel geredet wird und keine Ergebnisse und Veränderungen eintreten. Deshalb drängt eigentlich die Gruppe

auf schnelle und sichtbare Ergebnisse, an denen sie entscheidenden Anteil haben will.
Damit soll die Anerkennung der Gruppe durch staatliche Organe erreicht und das Vertrauen der Bevölkerung gefestigt und ausgebaut werden.
Zur Zeit ist die Kommunikation der Gruppe dadurch gewährleistet, daß die „Union" den größten Teil veröffentlicht. Gestern waren wieder Journalisten der „Union" anwesend. Durch Flugblattaktionen (dort ist mir aber das Organisationsschema noch unklar), wahrscheinlich durch Läufer, durch die evangelische Kirche, die dort Mitglieder aufruft - und wie es bei mir konkret der Fall war, zusätzlich durch Telegramme, wird die Kommunikation durchgeführt. Beispielsweise wie bei der Mitteilung der Gruppe der 20 zur Einzahlung von 1,- Mark Spende.
In Zukunft sieht die Gruppe die Arbeit der Kommunikation so, daß alle Tageszeitungen (also von der „SZ" bis zur „Stadtrundschau") Termine, Informationen usw. veröffentlicht, wann unter anderem eine genehmigte öffentliche Veranstaltung oder Kundgebung stattfindet, die dann (was Demonstration oder Kundgebung betrifft) sogar mit Polizeischutz sein soll, um Ausschreitungen von einer „Minderheit" zu unterbinden, denn es wird immer wieder betont, und man muß das als ehrlich ansehen.. daß Demonstrationen ausschließlich friedlich sein sollen. Nach wie vor werden noch Bürger gesucht, besonders innerhalb der Arbeitsgruppen, die die Möglichkeit haben Texte zu vervielfältigen.
Die Haltung der Gruppe zur Wahl des Egon Krenz als Staatsratsvorsitzenden war im wesentlichen unterschiedlich, allgemein aber ablehnend, aber ein Teil beschwichtigend in der Form, daß man abwarten soll, denn das wäre ja doch nur eine „Übergangslösung".
In der Hauptkritik standen dabei in der Regel die letzten 2 Reden von Egon Krenz, wo nach Meinung der Gruppe nur geredet wurde und praktisch keine Ergebnisse auf den Tisch gekommen sind.
Allgemein ist zu sagen, daß aufgrund meiner Tätigkeit in der Kaufhalle, im Arbeitskollektiv bzw. in Diskussionsgesprächen (wie Bus, Straßenbahn usw.) und allgemein bei Demonstrationen ich sagen muß, daß der größte Teil die Wahl von Egon Krenz als Staatsratsvorsitzenden ablehnt, daß nach wie vor auch von Parteigenossen (auch in der Kaufhalle bei mir) die Rede von Egon Krenz abgelehnt wird, da sie nur Gerede wäre und nichts konstruktives. Das fängt an bei der Verkaufsstellenleiterin - das äußerten auch im Beisein der Frau [*geschwärzt*] (Fachdirektor für Ökonomie bei der HO) die uns heute früh besuchte u. a. die Frau [*geschwärzt*] (Leiterin der Kaufhalle) und der Herr [*geschwärzt*] (Schichtleiter) - beides Parteigenossen - Noch als Ergänzung - es wurde grundsätzlich gesagt, daß man in keine Veranstaltung und Beratung bzw. in den Arbeitsgruppen mit den Stadtverordneten gehen soll, ohne die entsprechende nötige Vorbereitung. Es wurde auch die Meinung geäußert, dann lieber gar nicht erst hingehen. Des weiteren wurde gebeten, ob innerhalb der Gruppen Möglichkeiten zur Vervielfältigung besteht, aber nicht im Interesse der Gruppe der 20, sondern im Interesse der entsprechenden Kommission.
Ein Mitglied der Arbeitsgruppe Wirtschaft/Handel und Versorgung erklärte sich bereit, er hätte die Möglichkeit zu vervielfältigen und nahm sämtliche Adressen mit nach Hause, mit dem Versprechen, daß bis nächsten Dienstag jedes Mitglied der Arbeitsgruppe einen Auszug bekommt von sämtlichen Mitgliedern der Gruppe, den Adressen. Zweck der ganzen Sache ist, die Verbindung untereinander aufrecht zu erhalten.

25. Oktober 1989 Dok. 63

Notiz von Beate Mihály über die Forderungen der Gruppe der 20

Privatbestand Beate Mihály, unpaginiert. - *Form:* Handschriftlich. - *Datiert:* 25.10.1989.

Wir fordern als Voraussetzung für den gewaltfreien Dialog:
- Die uneingeschränkte, sachliche, wahrheitsgetreue und umfassende Berichterstattung in den Medien.
- Die Genehmigung friedlicher Demonstrationen und Kundgebungen zur Unterstützung von Forderungen einschließlich der generellen Nichtanwendung des § 217 STGB und des § 5 OWVO.
- Die Anerkennung der durch die Gruppe imitierten Arbeitsgruppen als kompetente Gesprächspartner zu den entsprechenden Problemkreisen.
- bezahlte Freistellung, Anerkennung als gesellschaftliche Arbeit

Ich möchte noch informieren, daß das für morgen geplante Gespräch beim OB auf Wunsch „der Gruppe der 20" wegen Zeitmangel, betreffs der Vorbereitungen auf Montag den 30.10. um 13.00 Uhr verschoben ist. Die öffentliche Bekanntgabe der Gespräche ist noch ungeklärt. Auf alle Fälle nicht am Montag. Ich möchte euch bitten aktiv gegen Provokateure, Randalierer und Rowdytum sich zu wehren, schmeißt sie raus, schaut euch auch die Krakeler an, sie schaden unseren Anliegen. Auch möchte ich euch bitten die Kerzen nicht auf Kalksteine zu setzen. Haltet sie in der Hand. Kerzenruß und Wachs schädigt die historischen Gebäude. Es ist doch unsere Stadt. Denkt daran!

25. Oktober 1989 Dok. 64

Bericht der BVfS an Hans Modrow über die Bildung von Arbeitsgruppen der Gruppe der 20

BStU, ASt. Dresden, BV Dresden, Abt. XX, 9180, Bl. 94–99. - *Kopf:* Ministerium für Staatssicherheit, Bezirksverwaltung Dresden. - *Adressat:* Gen. Modrow. - *Titel:* Information über Inhalt und Verlauf der Bildung der „Beratergruppen" der „Gruppe der 20" in Vorbereitung der Stadtverordnetenversammlung am 26.10.1989. - *Vermerk:* Streng vertraulich! Um Rückgabe wird gebeten! Der 1. Sekretär der SED-Stadtleitung Dresden wurde analog vom Leiter der KfS[1] Dresden-Stadt, Gen. Oberst Schubert, vom Sachverhalt informiert. Die Information ist bitte innerhalb von 4 Wochen an den Absender zurückzusenden. - *Handschr. Vermerk:* Stellv. Op. - *Stempel:* Nur zur persönlichen Information! - *Datiert:* 25.10.1989.

Wie bereits informiert, fand am 24.10.1989, 19.30 Uhr, in der Dresdner Kreuzkirche eine Zusammenkunft der „Gruppe der 20" mit Vertretern der Kirche, des „Neuen Forums" und von diesen, für die Verwirklichung ihrer Ziele ausgesuchten prominenten Personen statt.
Von der als Veranstaltungsraum vorgesehenen Sakristei der Kreuzkirche, zu der der Zugang nach Kontrolle der computergedruckten Einladungen möglich war,

1 Hier: Kreisdienststelle des MfS.

wurde kurzfristig in das Kirchenschiff übergewechselt, da die Sakristei. mit über 150 Personen überfüllt war.
Nach der Eröffnung durch das Mitglied der „Gruppe der 20" - Dr. Wagner, Herbert - tätig als Ingenieur im Wissenschaftlich Technischen Zentrum Dresden des Kombinates Rundfunk- und Fernsehtechnik konstituierten sich die 9 zu bildenden Arbeitsgruppen.

- Struktur der Bürgervertretungen/Wahlen
- Wirtschaft/Handel
- Recht und Sicherheit
- Medienpolitik
- Reise- und Ausreiseangelegenheiten
- Bildung und Kultur
- Stadtentwicklung
- Ökologie und Ökonomie
- organisatorische Unterstützung,

jeweils unter Leitung eines Mitgliedes der „Gruppe der 20". Dabei war zu erkennen, daß die namentliche Festlegung der Mitarbeit in den einzelnen Arbeitsgruppen bereits vorher erfolgt war.
Durch Wagner wurde danach festgelegt, daß sich die Arbeitsgruppen in verschiedene Bereiche der Kirche begeben und jeweils intern folgende erste Aufgaben realisieren:

- Formulierung eines Arbeitszieles und Festlegung eines ersten Schrittes zur Erreichung dieses Zieles
- Festlegung der Vertreter aus den Arbeitsgruppen, die an der Stadtverordnetenversammlung am 26.10.1989 teilnehmen.

Weiter wurde bekannt, daß durch Wagner in der Arbeitsgruppe Struktur der Bürgervertretungen/Wahlen mitgeteilt wurde, daß er „konsultierende Aufgaben" für diese Arbeitsgruppe übernehmen werde. Ferner wurde informiert, daß Gruppen gebildet werden sollen, die aus jeweils 5 Stadtverordneten sowie 5 Vertretern der Arbeitsgruppen bestehen und nach Vorstellung des Dresdner Oberbürgermeisters durch einen Stadtverordneten geleitet werden sollen. Eine Mitarbeit der Mitglieder der „Gruppe der 20" in diesen Gruppen ist nicht vorgesehen, da sie als selbständige Gruppe bestehen bleiben wollen. Im weiteren Verlauf wurden in Vorbereitung der Bildung der gemischten Gruppen zur Wahlproblematik kontrovers die Thesen

- Änderung des Wahlgesetzes und Einbringen von Vorschlägen dazu und
- strikte Nutzung und Ausschöpfung der vorhandenen Wahlgesetzgebung mit eventuellen Modifizierungen

diskutiert und dabei die zweite strikt abgelehnt. Das Ziel besteht jetzt darin, der Stadtverordnetenversammlung die Vorbereitung einer entsprechenden Gesetzesinitiative vorzuschlagen. Zur Problematik Bürgerinitiativen verständigten sich die Mitglieder der Arbeitsgruppe dahingehend, daß diese auf „demokratischer Grundlage" basieren und nur dann zugelassen werden sollen. Als weitere Mitglieder der Arbeitsgruppe Struktur der Bürgervertretungen/Wahlen, die sich zur nächsten Beratung am 31.10.1989 und danach mindestens im Abstand von 14 Tagen treffen will, wurden bekannt:

[*geschwärzt*]
Dipl.-Ing. [*geschwärzt*]
[*geschwärzt*]

Arzt [*geschwärzt*]
[*geschwärzt*]
Physiker [*geschwärzt*]
[*geschwärzt*]
Dipl.-Ing. [*geschwärzt*]
sowie [*geschwärzt*].

Die Beratung der Arbeitsgruppe Wirtschaft/Handel wurde durch das Mitglied der „Gruppe der 20" Bartzsch, Andreas, tätig als Fahrlehrer [*geschwärzt*], geleitet. In der Diskussion wurden ungeordnet alle aufgeworfenen Fragen und Probleme notiert, wobei unberücksichtigt blieb, ob es um territoriale oder republikweite Fragen geht. Im Mittelpunkt standen Fragen des Leistungsprinzips, der Versorgung der Bevölkerung, des Einzelhandels, der Preis- sowie Lohn- und Gehaltspolitik.

Als Mitglieder dieser Arbeitsgruppe wurden bekannt:

[*11 Namensangaben mit Wohnanschrift* Dresden *geschwärzt*]

Darüber hinaus wurden als weitere Teilnehmer:
[*geschwärzt*]
Vorsitzender des Verbandes Bildender Künstler des Bezirkes Dresden
[*geschwärzt*]
Regisseur Staatsschauspiel Dresden
[*geschwärzt*]
Musikkritiker
[*geschwärzt*]
Medizinische Akademie Dresden

bekannt. Eine Zuordnung zu den genannten Arbeitsgruppen ist für diese Personen zur Zeit nicht möglich.

Nach der ca. 30minütigen Konstituierung wurden die Arbeitsgruppen durch Wagner wieder zusammengerufen und durch die Vertreter der „Gruppe der 20", die an den Konstituierungen teilnahmen, jeweils allgemein die Zielstellungen der Arbeitsgruppen dargelegt, die bis zur Stadtverordnetenversammlung noch exakter formuliert werden sollen.

Auf die Frage nach dem weiteren organisatorischen und technischen Verlauf der Tätigkeit der Arbeitsgruppen antwortete der anwesende Superintendent Ziemer, daß inhaltliche Aufgaben am 26.10.1989 noch nicht geklärt werden können, sondern daß es darum gehe, mit dem Mandat der Dresdner Stadtverordnetenversammlung eine Arbeitsfähigkeit in den gemischten Gruppen herzustellen.

Es war erkennbar, daß sich die Verantwortlichen noch nicht über den weiteren Arbeitsmodus im Klaren sind.

26. Oktober 1989 Dok. 65

Beschlußentwurf der Stadtverordnetenversammlung Dresden zur Bildung zeitweiliger Arbeitsgruppen

BStU, ASt. Dresden, BV Dresden, Abt. XX, 9181, Bl.73–89; Stadtarchiv Dresden, Stadtverordnetenversammlung-Protokolle, Signatur 153. – Titel: Beschluß der Stadtverordnetenversammlung Dresden zur Bildung zeitweiliger Arbeitsgruppen der Stadtverordnetenversammlung für die Ausarbeitung von Vorschlägen zur Weiterentwicklung und Erneuerung des Sozialismus. – *Datiert:* 26.10.1989.

Auf allen Gebieten unseres Lebens sind Erneuerung und Weiterentwicklung des Sozialismus dringend erforderlich. Ausgehend vom Verfassungsgrundsatz, daß die Bürger der DDR ihre politische Macht durch demokratisch gewählte Volksvertretungen ausüben (Artikel 5) und dem Gesetz über die örtlichen Volksvertretungen (§ 13 und § 39) sowie resultierend aus Tausenden Gesprächen am Arbeitsplatz, im Rathaus und auf der Straße, aus den Vorschlägen und Hinweisen in Tausenden Zuschriften von Bürgern, aus den Forderungen der Dialoggruppe des Oberbürgermeisters sowie aus den Gesprächen mit kirchlichen Würdenträgern und aus Erklärungen von Persönlichkeiten der Stadt Dresden auf den Gebieten Politik, Wirtschaft, Wissenschaft, Bildung, Kunst und Kultur beschließt die Stadtverordnetenversammlung zur Führung eines ergebnisorientierten, zur Veränderung beitragenden Dialogs mit allen Bürgern der Stadt Dresden die Bildung zeitweiliger Arbeitsgruppen bei den ständigen Kommissionen der Stadtverordnetenversammlung. Die zeitweiligen Arbeitsgruppen sind der Stadtverordnetenversammlung rechenschaftspflichtig. Alle zeitweiligen Arbeitsgruppen werden von einem Abgeordneten/Nachfolgekandidaten der Stadtverordnetenversammlung geleitet. Die Arbeitsgruppen setzen sich aus durch die Stadtverordnetenversammlung berufene Abgeordnete der verschiedensten Ebenen, Vertretern aller in der Nationalen Front vereinten Parteien und Massenorganisationen, Fachleuten der jeweiligen Sachgebiete und an einer Mitarbeit interessierten Bürgern zusammen. Durch Beschluß der Stadtverordnetenversammlung können auch in der folgenden Zeit weitere Bürger in die Arbeitsgruppen berufen werden. Die Arbeitsgruppen greifen alle Vorschläge und Hinweise der Bürger auf, bearbeiten diese und erarbeiten Entscheidungsvorschläge für die Vorbereitung des XII. Parteitages der SED, die Stadtverordnetenversammlung und übergeordneten Organe. Sie nehmen mit Wirkung vom 27.10.1989 ihre Tätigkeit auf. Die Arbeit der zeitweiligen Arbeitsgruppen ist öffentlich. Die Abrechnung der Ergebnisse der Arbeit der Arbeitsgruppen erfolgt in Form von Rathaus- und Podiumsgesprächen, Presseveröffentlichungen und weiteren Formen politischer Massenarbeit. In der Tagung der Stadtverordnetenversammlung am 23.11.1989 erfolgt die 1. Rechenschaftslegung der zeitweiligen Arbeitsgruppen vor der Stadtverordnetenversammlung.

1. Zeitweilige Arbeitsgruppe „Gesellschaftsstrategie des Sozialismus und Wirtschaftsentwicklung"
Die SED bereitet den XII. Parteitag vor. Unser gemeinsames Programm ist die Ausgestaltung der sozialistischen Gesellschaft. In diesem Sinne erhält die Arbeitsgruppe den Auftrag, Vorschläge zur weiteren Entwicklung unseres sozialistischen Gesellschaftssystems, insbesondere der Wirtschaftsstrategie aus der Sicht des Territoriums, auszuarbeiten, mit dem Ziel, den Sozialismus in unserem Land so attrak-

tiv zu gestalten, daß überall Arbeitsmoral und Leistungswille intensiv motiviert werden, unsere Jugend überzeugt und begeistert die Lösung der Aufgaben mit vorantreibt und sich alle unsere Bürger mit diesem, unserem Sozialismus identifizieren.
Leiter: Prof. Dr. Klaus Garich, Abgeordneter SED, 1. Prorektor der TU Dresden
Mitglieder: Prof. Manfred von Ardenne, Volkskammerabgeordneter; Generalleutnant Manfred Gehmert, Volkskammerabgeordneter, Chef der Militärakademie „Friedrich Engels"; Dr. Günter Hielscher, Volkskammerabgeordneter, Direktor Kombinat Schweißtechnik; Friedrich Wokurka, Generaldirektor des VE-Kombinates Robotron; Dr. Edith Franke, Sekretär der SED-Stadtleitung; Prof. Dr. Ulf Gottschling, Betriebsdirektor VEB Forschungszentrum Mikroelektronik Dresden; Wilfried [*unleserlich*]hardt, Meister, VEB Metalleichtkombinat, Werk Dresden; Prof. Dr. Drägner (Dreger) TU Dresden; Dorothea Göbel, Vorsitzende des Stadtvorstandes LDPD; Dr. Karl-Heinz Tietze, Dozent, Pädagogische Hochschule Dresden; Prof. Dr. Umbreit TU Dresden; Bernd Mikulin, Betriebsdirektor VEB Stadtdirektion Straßenwesen.

2. Zeitweilige Arbeitsgruppe „Komplexe ökonomische und soziale Entwicklung der Stadt Dresden bis zum Jahre 2006"
Die Arbeitsgruppe erhält den Auftrag die Aufgaben zur komplexen ökonomischen und sozialen Entwicklung der Stadt Dresden bis zur 800-Jahr-Feier im Jahre 2006 herauszuarbeiten. Im Mittelpunkt steht die weitere Entwicklung Dresdens als Stadt der Industrie, der Wissenschaft, der Kunst und Kultur, der Naherholung und des Tourismus sowie die umfassende Entwicklung der Arbeits- und Lebensbedingungen der Bürger.
Nachfolgende Problemkreise sind zu bearbeiten:
- Industrie- und Wissenschaftsentwicklung/Standortplanung,
- Entwicklung der technischen und sozialen Infrastruktur,
- rationelle Entwicklung der territorialen und sozialen Infrastruktur,
- Ökologie, Umwelt- und Naturschutz,
- Entwicklung rationeller, ökologischer und menschenfreundlicher Verkehrslösungen für Transit- und Stadtverkehr,
- Entwicklung der Arbeits- und Lebensbedingungen der Bürger sowie des gesellschaftlichen und kulturellen Lebens in der Stadt Dresden

Leitung: Prof. Dr.-Ing. habil Helmut Trauzettel, FDGB
Mitglieder: Abg. Ingolf Roßberg, Forschungsstudent Hochschule für Verkehrswesen, LDPD; Abg. Eberhard Reißig, Laborleiter VEB Robotron Meßelektronik „Otto Schön", LDPD; Abg. Benno Kohla, Berufsschullehrer/Fachberater, CDU; Abg. Dr. Karl Richter, Stellv. Vorsitzender GPG floradres, DBD; Prof. Dr. Gräbner Hochschule für Verkehrswesen, Rektor Pädagogische Hochschule, Vorsitzender der Gesellschaft für Natur und Umwelt; Prof. Dr. Eisentraut TU Dresden; Prof. Dr. Linke TU Dresden; Dr. Schulzki, BD VEB Pentacon Dresden; Dr. Reichhardt BD VEB Mikromat Dresden.

3. Zeitweilige Arbeitsgruppe: „Bauen und Wohnen"
Im Zuge der Stadtreproduktion haben die Prozesse des Bauens, der Wohnungswirtschaft und Wohnungspolitik besondere Bedeutung. Die zeitweilige Arbeitsgruppe erhält den Auftrag, die Bedingungen, Möglichkeiten und rechtlichen Grundlagen einer eingehenden Prüfung und Neuformierung zu unterziehen.

Zielfunktionen sind dabei,
- die den Bauaufgaben zur Reproduktion der Wohnbausubstanz adäqate Bauindustrie zu entwickeln und vernünftige Leitungsstrukturen vorzuschlagen,
- die Wohnungswirtschaft durch Vorschläge zur Lösung langfristiger Instandhaltungsaufgaben an Wohngebäuden und im Wohnumfeld zu fixieren,
- die Auslastung des Wohnraums entsprechend volkswirtschaftlichen Gesichtspunkten zu organisieren.

Leiter der Arbeitsgruppe: Abg. Dr. Scholz, WTZ Landtechnik, NDPD
Mitglieder: Prof. Zimmermann, TU Dresden; Prof. Rühle, Rentner; Prof. Franke, TU, Herr Zöltsch, Abgeordneter, VEB Strömungsmaschinenbau; Herr Peter, Vorsitzender der Ständigen Kommission Wohnungspolitik; Herr Krüger, Bauakademie; Herr Schöbel, Vorsitzender der AWG DR.[1]; Herr Dr. Schmutzler, TU; Herr Rudolph, 1. Stellvertreter des Kombinatsdirektors VE KBM[2]; Herr Hänel, Betriebsdirektor VEB Gebäudewirtschaft; Herr Pilz, Abgeordneter, Vorsitzender der PGH Ausbau Lockwitzgrund; Frau Wondracek, Abgeordnete, Leiter des Feierabendheimes Dresden-Leuben; Herr Schneck Brigadier VE-KOM.

4. Zeitweilige Arbeitsgruppe „Warenangebot, Handel, Dienstleistungen“
Die Verbesserung der Versorgung der Bevölkerung mit Waren und Dienstleistungen erfordert größere Anstrengungen aller dafür Verantwortlichen und mehr Flexibilität zwischen den Kooperationspartnern. Dazu erhält die Arbeitsgruppe den Auftrag zur Ausarbeitung von Vorschlägen für folgende Hauptkomplexe:
- Entwicklung der Produktion und Versorgung mit Frischwaren, insbesondere mit Gemüse, Obst, Brot und Backwaren und Getränken,
- Entwicklung des Handelsnetzes, insbesondere der Gastronomie bis 1995,
- Förderung der privaten Gewerbetätigkeit,
- territoriale Verteilung von Handel und Dienstleistungen,
- Anwendung des Leistungsprinzipes und materielle Stimulierung,
- weites Arbeitsrechtsverhältnis im Handel und in Dienstleistungen,
- Handelskultur

Leiter der Arbeitsgruppe: Abgeordneter Herr Dr. Röhringer, DBD
Mitglieder: Herr Michael, Vorsitzender der PGH Uhrentechnik; Herr Richter, Abgeordneter; Frau Dr. Wünsch, Studiendirektor, Abt.-Leiter der FS für Binnenhandel; Herr Daberstiel, Abgeordneter, Fachdirektor DLK[3]; Herr Appelt, Leiter der Kreisgeschäftsstelle der Handwerkskammer; Herr Fink, Leiter der Kreisgeschäftsstelle der Handels- und Gewerbekammer; Herr Wagner, Direktor VE EHB (HO) Gaststätten, Herr Bellmann, Inhaber der Gaststätte „Maygarten“; Herr Dr. Metzner, Direktor Institut für Kommunalwirtschaft; Frau Bormann, Vorsitzende des Bezirksverbandes der Konsumgenossenschaften; Herr Stephan, Bezirksdirektor der Bezirksdirektion des VE Einzelhandels; Herr Berthold, Vorsitzender der AG Handwerk und Gewerbe beim Stadtausschuß der Nationalen Front; Herr Hamann, Abgeordneter, Anlagenmonteur im VEB Hochvakuum.

---

1 Arbeiter-Wohnungsbau-Genossenschaft „Deutsche Reichsbahn“.
2 Kombinat Bau und Montage. Die richtige Bezeichnung lautete Bau- und Montage-Kombinat (BMK).
3 Dienstleistungskombinat.

5. Zeitweilige Arbeitsgruppe „Gesundheit und soziale Fürsorge“
Frieden und Gesundheit zählen zu den meistgenannten Wünschen unserer Bürger für das kommende Jahrtausend. Soziale Fürsorge, vom Säugling bis zum Bürger im hohen Lebensalter, ist Anliegen der gesamten Gesellschaft. Die zeitweilige Arbeitsgruppe wird beauftragt, daß die sich aus dieser Zielsetzung ergebenden Aufgaben erfaßt, bearbeitet und in Lösungs- und Entscheidungsvorschlägen eingearbeitet werden.
Leiter der Arbeitsgruppe: Abgeordneter Prof. Dr. Thiele
Mitglieder: Dr. Kotte, Stellvertr. Ärztlicher Direktor Bezirkskrankenhaus Dresden-Neustadt; Prof. Dr. Linke, Chefarzt der Frauenklinik Bezirkskrankenhaus Dresden-Friedrichstadt; Herr Tietze, Ökonomischer Direktor Bezirkskrankenhaus Dresden-Friedrichstadt; Dr. Prenzel, Stadtbezirksarzt SB Mitte; Frau Franz, Leiterin Feierabend- und Pflegeheim Prohlis; Frau Billing, Krankenschwester Poliklinik Stadtzentrum; Dr. Netz, Direktor für Ausstellungen des Deutschen Hygiene-museums der DDR.

6. Zeitweilige Arbeitsgruppe „Bürgerverantwortung, Bürgermitbestimmung und Bürgervertretung“
Für unsere Bürger gilt es miteinander zu arbeiten, ihre Perspektiven zu planen und mit Vernunft zu regieren. Abgeleitet aus dieser Aufgabe bearbeitet die zeitweilige Arbeitsgruppe unter anderem folgende Schwerpunkte:
- Komplexe Entwicklung der Bürgerverantwortung,
- Entwicklung einer dem kommenden Jahrzehnt entsprechenden Bürgervertretung,
- Entwicklung weitergehender Maßnahmen für eine umfassende Bürgermitbestimmung,

Leiter der Arbeitsgruppe: Nachfolgekandidat Dr. Hans-Jürgen Karthaus; Prof. Meier, Vorsitzender Stadtausschuß der Nationalen Front; Ferdinand Goldscheidt, Sekretär des Rates SB Ost; Klaus Mückel, Betriebsdirektor Flugzeugwerft.

7. Zeitweilige Arbeitsgruppe „Entwicklung des sozialistischen Rechts“
Die Arbeitsgruppe erhält den Auftrag, Vorschläge zu unterbreiten zur Erhöhung der Rechtssicherheit der Bürger, zur öffentlichen Kontrolle der Durchsetzung bestehender Gesetze und Rechtsvorschriften sowie zur Vervollkommnung des sozialistischen Rechts um den Grundsatz, daß alle Bürger vor dem Gesetz gleich sind und ihre Sicherheit und Geborgenheit uneingeschränkt zu wahren.
Leiter: Abg. Peter Rühling, Justitiar, NDPD
Mitglieder: Abg. Frieder Hofmannn, Angestellter Staatsoper; Abg. Christine Schütt, Abt.-Ltr. Staat/Recht beim LDPD-BV; Abg. Annemarie Steyer, BGL-Vorsitzende VEB Cosid-Kautasit; Herr Steffen Heitmann, Kirchenamtsrat; Herr Prof. Dr. jur. Osterland, em. Institutsdirektor Staat und Recht der TU; Herr Dr. jur. Klaus Reinhold, Vertragsoberrichter beim BV-Gericht[4]; Herr Prof. Dr. jur. habil. Rudi Rödszur, Lehrstuhlleiter an der Offiziershochschule des MdI; Herr Reiner Ruchard, Justitiar; Prof. Dr. Zimmermann TU Dresden.

8. Zeitweilige Arbeitsgruppe „Selbstverwirklichung der Jugend“
Die sozialistische Gesellschaft unseres Landes bietet der Jugend eine sozial gesicherte Zukunft. Es gilt, sie für alle jungen Bürger lebenswert, anziehend und attrak-

4 Bezirksvertragsgericht.

tiv zu gestalten. Durch Kreativität und Leistungsbereitschaft bringt sich die junge Generation aktiv in die Gestaltung der sozialistischen Gesellschaft ein. In diesem Sinne erhält die zeitweilige Arbeitsgruppe den Auftrag, nachfolgend aufgeführte Themenkreise zu bearbeiten:

- Ansprüche der Jugend zur Entwicklung der leistungsorientierten sozialistischen Gesellschaft in der DDR,
- Angebote der Jugend zur Entwicklung der leistungsorientierten Gesellschaft,
- Erhöhung der Mitverantwortung und des Mitspracherechtes der Jugend in den Betrieben, den Bildungseinrichtungen und auf kommunaler Ebene,
- Erwartungen der Jugend an den sozialistischen Jugendverband.

Leiter der Arbeitsgruppe: Abgeordneter Peter Brau, FDJ

Mitglieder: Uwe Scherpe, Abgeordneter, 1. Sekreär der FDJ Stadtleitung; Rex Förster, Abgeordneter, FDJ GO-Sekretär, VEB ZMD[5]; Susanne Roland, Abgeordnete, Fachverkäufer Centrum-Warenhaus; Simone Rüdner, Abgeordnete, Student, päd. FS für Kindergärtner; Christa Luding, Abgeordnete, ehemalige Leistungssportlerin SCE[6], Sachbearbeiter für Verpackungsmaschinenbau; Uta Krebs, Abgeordnete, Sachbearbeiter, VEB Kotasit-Cautasit[7]; Andrea Grande, Abgeordnete, stellv. Sektorenleiter Staatsbank der DDR; Horst Keller, Vorsitzender DTSB.SV; Sabine Neumann, Sekretär Jugend und Sport, FDGB-SV; Joachim Jacob, Vorsitzender GST-SV; Dietmar Kästner, Leiter der Kommission Jugend und Sport SED-SL; Dr. Helga Gans, HS[8] für Verkehrswesen, Sektion ML; Ivo Klatte, Vorsitzender Jugendbeirat, LDPD-SV; Rainer Krätzschmar, Ltr. Abt. BB, Rat der Stadt; Michael Dalibur, Student der Informatik, TU Dresden; Bernd Heider, Leiter Jugendclub Prohlis; Gunter Neustadt, Direktor Zentraler Klub der Jugend; Martin Krähe, Direktor Sonderschule des ZR[9] der FDJ Wachwitz.

9. Zeitweilige Arbeitsgruppe „Bildung und Erziehung"

Die Bildungs- und Erziehungsarbeit ist auf die Zukunft unseres sozialistischen Vaterlandes gerichtet. Die Lebensverbundenheit des Unterrichts und der gesamten pädagogischen Arbeit muß erhöht werden, um die junge Generation zu einer aktiven Lebensposition zu erziehen. Dazu erhält die Arbeitsgruppe den Auftrag, sich u. a. folgenden Inhalten zuzuwenden:

- Qualität und Quantität der Aus- und Weiterbildung der Pädagogen zur Erlangung pädagogischer und psychologischer Souveränität entsprechend realer Bedürfnisse,
- Überprüfung der Lehrplaninhalte besonders im gesellschafts-wissenschaftlichen Bereich hinsichtlich der Wissenschaftlichkeit und Aktualität,
- lebensverbundene Gestaltung der Bildungs- und Erziehungsarbeit, orientiert an den realen Entwicklungsproblemen unserer sozialistischen Gesellschaft,
- Herausnehmen von Aufgaben, die von der Erziehung, der Hauptaufgabe des Bildungswesens, wegführen,

5 Zentrum für Mikroelektronik Dresden.
6 Sportclub „Einheit".
7 Der Betrieb hieß VEB Cosid-Kautasit.
8 Hochschule.
9 Zentralrat.

- Rechte und Pflichten der Eltern im Zusammenwirken mit Kindergarten und Schule; Überprüfung der Verordnung über die Elternvertretungen,
- Mitsprache der Schüler bei der Gestaltung des schulischen Lebens,
- Konzeption zur Lösung der personellen und materiellen Probleme im Bildungswesen der Stadt Dresden.

Leiter: Dr. Rolf-Dieter Stark, Nachfolgekandidat SED;
Mitglieder: Peter Döhnert, Abgeordneter; Prof. Dr. Witlof Vollstädt, Hochschullehrer der PH Dresden; Karin Kröber, Direktorin der EOS „Friedrich Engels"; Hans-Jürgen Glück, Abgeordneter, Lehrer; Andrea Weiß, Stellv. Kindergartenleiterin; Ursula Tanarki, Hortleiterin; Thomas Müller, Sekretär der FDJ-Stadtleitung; Dr. Peter Kandler, TU Hochschullehrer;
Konsultant: Abg. Werner Guder, Stadtschulrat;

10. Zeitweilige Arbeitsgruppe „Kunst und Kultur"
Die Arbeitsgruppe hat die Aufgabe ein langfristiges Konzept der Entwicklung von Kunst und Kultur in Dresden auszuarbeiten und darüber hinaus Vorschläge für Perspektiven und freie Entfaltung von Kunst und Kultur in unserem Lande in die öffentliche Diskussion einzubringen
Leiter: Herr Schubert, Abgeordneter NDPD
Mitglieder: Frau Lattmann, Theater der Jungen Generation; Frau Dr. Nickel, Institut und Museum für Geschichte der Stadt Dresden; Frau Ostrowski, Staatsschauspiel; Herr Otto, Rat des Stadtbezirkes West; Herr Weigle, Dresdner Philharmonie; Frau Müller, Abgeordnete LDPD; Herr Dr. Glaser, Institut für Denkmalpflege; Herr Prof. Heisig, Hochschule für Bildende Kunst, Frau [*unleserlich*]ket,[10] Redaktion der „UNION"; Herr Dr. Zimmermann.

11. Zeitweilige Arbeitsgruppe „Erholung und Tourismus"
Durch die Mitglieder der Zeitweiligen Arbeitsgruppe sind folgende Aufgaben zu lösen:
- Vorschlag von Maßnahmen, wie die Übernachtungskapazitäten in der Stadt Dresden für den Tourismus ausgebaut werden können und die Proportionen der Nutzung zugunsten der Erwirtschaftung freier Devisen verändert worden,
- Erarbeitung einer Konzeption zur Entwicklung gastronomischer Leistungen,
- Erarbeitung einer Studie über die Wirkung subventionierter Preise auf die Effektivität des Tourismus mit Schlußfolgerungen,
- Erarbeitung von Maßnahmen zur Erhöhung der Wirksamkeit touristischer Einrichtungen,
- Ausdehnung des touristischen Angebotes durch Einbeziehung des Umlandes der Stadt Dresden bei Beachtung der Preisbildung (Ausflugsverkehr, Sonderfahrten)
- Erarbeitung einer Konzeption zur Entwicklung des Souvenierangebotes einschließlich Überprüfung der Preiskonzeption,
- Erarbeitung von Vorschlägen für Touristenvereinbarungen mit Partnerstädten,
- Erarbeitung von Vorschlägen zur Einbeziehung der Partnerstädte in die Gestaltung von Volksfesten etc.,
- Erarbeitung von Vorschlägen zur Einbeziehung ökonomischer Maßnahmen in die Gestaltung von Städtepartnerschaften.

10 Wahrscheinlich Ingrid Wenzkat, Ressortchefin Kultur der „Union".

Leiter der Arbeitsgruppe: Herr Spannhaus, DBD, Abgeordneter
Mitglieder: Herr Prof. Dr. Godau, Direktor der Sektion Betriebswirtschaft der HS für Verkehrswesen, Fachrichtung Ökonomie des Tourismus; Herr Menke, Stellvertreter des Leiters des Binnenzollamtes; Herr Priebisch, Leiter Abteilung Paß- und Meldewesen des VPKA; Herr Heinze, Stellv. Direktor der Bezirksdirektion des Reisebüros; Herr Dr. Hoock, Stellv. Direktor Hotel „Bellevue"; Herr Dr. Zimmermann, Direktor Hotel „Dresdner Hof"; Frau Baumgarten, Mitarbeiterin bei Dresden-Information; Herr Simon, Direktor VEB Grünanlagen; Herr Mutscher, Direktor Gartenamt; Herr Dr. Kocksch, TU Dresden, wissenschaftl. Mitarbeiter; Herr Veit, Direktor Naherholungsbetrieb; Frau Smiatok, VEB Robotron, Arbeiterin.

12. Zeitweilige Arbeitsgruppe „Kommunikation und Information"
Nur ein ehrlich, aktuell und offen informierter Bürger wird zum aktiven Bürger. Die Arbeitsgruppe erhält den Auftrag, folgende Problemkreise in den Mittelpunkt ihrer Arbeit zu stellen:
- Kultur des politischen Meinungsstreites im Sozialismus,
- Lebensverbundenheit und Konstruktivität der Medien,
- Zugang der Bürger zu den Medien,
- Werden all unsere Presseerzeugnisse in momentaner Auflagenhöhe benötigt?,
- Zulassung neuer Zeitschriften etc.,
- Regionalprogramm des Dresdner Fernsehens.

Leiter: Abgeordneter Fritz Rick
Mitglieder: Herr Salzmann, Stadtrundschau; Herr Janker, Leiter Bezirksredaktion AK; Dr. Kirchberg, Dozent HfV[11], Historiker; Dr. Kerbus, Pressereferentin OB; Frau Pönitzsch, Leiter Bezirksredaktion ADN; Herr Schütze, Stellv. Chefredakteur SNN[12]; Frau Praksdorf, Zeit im Bild; Herr Eismann, Chefredakteur UNION.

13. Zeitweilige Arbeitsgruppe „Natur und Umwelt"
Die Senkung der Luftbelastung, qualitätsgerechtes Trinkwasser, grüne gepflegte Wälder und Parks sowie eine saubere Stadt sind unsere Ziele und erfordern die aktive Mitarbeit aller. In diesem Sinne erhält die zeitweilige Arbeitsgruppe den Auftrag, sich unter anderem zur Bearbeitung nachfolgend aufgeführten Hauptkomplexen zu widmen:
- Sicherung der lufthygienischen Situation,
- Verhinderung der extensiven Erweiterung industrieller und oder anderer Anlagen mit negativen Umweltauswirkungen,
- Senkung der Gewässerbelastung,
- Rationelle Wasserverwendung und qualitätsgerechte Trinkwasserversorgung,
- Erhaltung und Pflege von Landschaften und Tieren.

Leiter der Arbeitsgruppe: Stadtverordneter (CDU) Herr Dr. Tausch-Marton, VEB Plauener Spitze, Fachbereichsleiter F/E[13]
Mitglieder: Herr Dr. sc. Schindler, Stadtverordneter, TU, Sektion Bauingenieurwesen; Herr Theiß, WWD[14] Obere Elbe-Neiße; Herr Peitz, Betriebsdirektor VEB

11 Hochschule für Verkehrswesen Dresden.
12 Sächsische Neueste Nachrichten.
13 Forschung und Entwicklung.
14 Wasserwirtschaftsdirektion.

WAB[15]; Herr Prof. Dr. Gielow, TU, Sektion Sozialistische Beriebswirtschaft; Herr Dr. Schöne, Kreishygienearzt; Herr Dr. Jacobi, Stadtverordneter, wissensch. Mitarbeiter FZM[16] Schlieben, Außenstelle Dresden; Herr Dr. Bamberg, Stadtverordneter, Gruppenleiter Forschung VEB Hydrogeologie; Herr Dr. Ochmann, Ingenieur, VEB Energiekombinat.

14. Zeitweilige Arbeitsgruppe „Eigenverantwortung, Rechte und Pflichten der Stadtverordnetenversammlung und der Stadtbezirksversammlung“
Die Stadtverordnetenversammlung und die Stadtbezirksversammlung sind die höchsten Machtorgane im jeweiligen Territorium. Gestützt auf das Vertrauen der Wähler setzen sie sich für die Belange der Bürger ein und sind ihnen rechenschaftspflichtig. Die Stadtverordnetenversammlung und die Stadtbezirksversammlungen sind die Vertreter des Volkes. Die Tätigkeit der örtlichen Volksvertretungen muß stets auf der breitesten demokratischen Mitarbeit der Bürger beruhen. Deshalb besteht ein vorrangiges Anliegen darin, die vertrauensvolle Zusammenarbeit der örtlichen Staatsorgane mit allen Abgeordneten zu gewährleisten. In diesem Sinne erhält die Arbeitsgruppe den Auftrag, sich mit nachfolgenden Problemkreisen zu beschäftigen.

- Gesetzlich gesicherte Erhöhung der Eigenverantwortung der Stadtverordnetenversammlung und der Stadtbezirksversammlungen,
- Ausschöpfung aller bisherigen Formen und Entwicklung neuer Formen der parlamentarischen Arbeit,
- Entwicklung neuer Formen breitester Diskussion von Beschlußentwürfen und Sicherung einer umfassenden Beschlußkontrolle,
- Gewährleistung der breiten aktuellen und informativen Berichterstattung und Rechenschaftslegung über die Arbeit der Volksvertretung vor der Öffentlichkeit,
- Aufgabenstellung der Fachorgane zur Lösung der von der Volksvertretung gestellten Aufgaben.

Leiter der Arbeitsgruppe: Herbert Neubecker, FDGB
Mitglieder: Fritz Oehring, Stadtbezirksbürgermeister, Bernd Lange, Stadtbezirksbürgermeister; Siegfried Zillig, stellv, Stadtbezirksbürgermeister ; Rolf Thieme, Abgeordneter; Horst Schwan, Betriebsdirektor VEB TUR.[17]

15 Wasseraufbereitungsbetrieb.
16 Forschungszentrum für Mechanisierung.
17 Transformatoren- und Röntgenwerk.

26. Oktober 1989 Dok. 66
Diskussionsbeitrag von Frank Neubert auf der 3. Tagung der Stadtverordnetenversammlung

Stadtarchiv Dresden, Stadtverordnetenversammlung, Protokolle (1953-1990), Bl. 153. - Datiert: 26.10.1989.

Damen und Herren Abgeordnete, Herr Oberbürgermeister, Werte Gäste!
Unsere heutige Zusammenkunft wäre vor einem Monat noch undenkbar gewesen. Bürger, die wie wir gewaltlos für Veränderungen demonstrierten, wurden zunächst wie Randalierer und Rowdys behandelt. Noch auf der letzten Tagung des ZK der SED [*am 18.10.1989*] erklärte Egon Krenz, daß wir die Straße als Diskussionsforum nicht brauchten, da unsere Gesellschaft über genügend demokratische Form verfüge. Vor zwei Tagen, zu seiner Antrittsrede als Staatsratsvorsitzender schätzte er ein, sie, die Straße möge ihre Funktion gehabt haben. Wir wissen nicht, wie Herr Krenz die Bedeutung von Demonstrationen morgen beurteilt. Aber wir wissen, daß unsere Anwesenheit heute, in diesem Haus nicht ohne die Proteste Dresdner Bürger auf der Prager Straße, auf dem Theaterplatz und an anderen Orten möglich wäre.
Eine der Forderungen der Demonstranten, war die nach Neuwahlen. Und diese Forderung betrifft Sie in diesem Hause direkt. Ihr Mandat wird von vielen Bürgern angezweifelt. Nicht einmal die ohnehin mangelhafte Gesetzlichkeit wurde eingehalten. In über 200 Wahllokalen verfolgten Dresdner Bürger die Auszählung von rund 26 Prozent der abgegebenen Stimmen. Allein wurden über 2 000 Gegenstimmen mehr gezählt, als später im offiziellen Wahlergebnis für sämtliche Wahllokale angegeben. Doch trotz Eingaben, z. B. an den Präsidenten des Nationalrates der Nationalen Front wurde dieser Differenz nicht nachgegangen. Daß Tausende Dresdner Bürger eine Gruppe von Demonstranten uns mit der Vertretung ihrer Interessen beauftragt haben, ist nicht zuletzt eine Folge dieser Wahl, des fehlenden Vertrauens in die Abgeordneten. Unterschiedliche Hoffnungen und Erwartungen der Dresdner konzentrieren sich jetzt auf die „Gruppe der 20". Wir werden sie nur zu einem geringen Teil erfüllen können. Da man uns bis heute die offizielle Anerkennung und damit Rechtsschutz und Arbeitsmöglichkeiten verweigert. Zwischen Ihnen, den aus der Kommunalwahl vom Mai hervorgegangenen Abgeordneten, und uns, den durch Zuruf bestimmten Vertretern der Demonstranten gibt es eine Gemeinsamkeit, unser Mandat kann nur vorläufig sein.
Unsere gemeinsame Pflicht ist es, die Entstehung demokratisch gewählter, von der gesamten Bevölkerung getragener Volksvertretungen zu ermöglichen. Wir sind uns des Ernstes dieser Stunde bewußt, noch immer verlassen täglich hunderte Menschen die DDR. Nicht, weil sie hier nicht satt werden könnten, sondern weil ihnen die Hoffnung fehlt. Weshalb sollten sie auch nach so langer Erfahrung mit unserer Wirklichkeit den Versprechungen zu einer Wende glauben. Sind es nicht dieselben Politiker, die gestern die Notwendigkeit dieser Wende bestritten? Dagegen aber die Massaker an den Demonstranten in China begrüßten? Die heute in der DDR zugelassenen gesellschaftlichen Organisationen haben die jetzige Krise nicht verhindert, hören wir auf, ewig von Verbesserungen zu reden. Mit welchem Recht entscheidet eine staatliche Instanz darüber, wie Demokraten aktiv werden wollen? Neue Formen und Foren politischer Äußerungen sind notwendig. Ihr Arbeitsstil und ihre Organisationsform müssen wachsen. An gesellschaftlicher Entwicklung

können nur Bürger teilnehmen, wenn sie als mündige Bürger anerkannt werden. Zwischen der Entmündigung und der Bürokratie besteht ein enger Zusammenhang. Gefordert werden heute Druckgenehmigung, Veranstaltungsgenehmigung und polizeiliche Anmeldung. Aber nicht nur Beschränkungen werden verwaltet, sondern auch die Initiativen, Neuererwesen, VMI, Wettbewerb usw. Daten über die Schadstoffbelastung unserer Umwelt, die Sauberkeit unseres Trinkwassers dürfen wir nicht kennen. Mit welcher Notwendigkeit, mit welchem Recht werden wir eigentlich ständig bevormundet? Uns geht es nicht um kosmetische Verbesserung am Verwaltungsapparat, die Verwaltung ist dann bürgernah, wenn sie auf das notwendigste beschränkt wird. Die Gewaltanwendung der Sicherheitsorgane gegen friedliche Demonstranten und gegen Unbeteiligte und die Mißhandlung bereits Festgenommener ist nicht allein in politischen Fehlentscheidungen und moralischem Versagen einzelner begründet. Sie ist ein Ausdruck unseres bisherigen staatlichen Systems, daß nicht zuerst den Menschen Raum für eigene Entscheidungen schafft, sondern sie beherrscht und verwaltet.
Es ist Ihre und unsere Pflicht, mitzuwirken, das Land aus der Aussichtslosigkeit heraus zuführen. Auch an Ihrer Arbeit werden die Bürger messen, ob sie der Wende trauen dürfen. Wir erwarten, daß Sie die Wortmeldung der Bürger aufgreifen, ganz gleich, ob diese in Zeitungen, in Arbeitskollektiven oder auf der Straße geäußert werden. Bürokratische Herrschaft und Zentralisierung sind nicht voneinander zu trennen. Die Stadt Dresden kann in vielen Fällen nicht selbst über größere Investitionen und Bauvorhaben oder Aufwendung für die Ökologie befinden. Entschieden wird in Berlin. Wesentliche Mittel, die in Dresden erwirtschaftet werden, gehen an den Staatshaushalt, über deren Verwendung wird zentral entschieden. Welcher Entscheidungsraum verbleibt dann für die Abgeordneten? Wir haben überdies den Eindruck, daß zentrale Entscheidungen von Prestigegründen bestimmt werden. Aber wir können nur dann eine sinnvolle Stadtpolitik erwarten, wenn das Stadtparlament über so viele Mittel verfügt, daß eine Optimierung der Stadterhaltung und -entwicklung möglich wird.
Wir fordern größere kommunale Selbständigkeit, damit nicht Tausende Wohnungen in Dresden weiter verrotten. Damit die Straßen instand gesetzt werden und der öffentliche Nahverkehr ausgebaut werden kann. Damit das städtische Gesundheitswesen in die Lage versetzt wird, seinen Aufgaben nachzukommen. Damit auch für die alten Menschen und Schwerstbehinderten menschenwürdige Lebensbedingungen sicher sind. Es geht nicht länger an, daß Entscheidungen von der Tragweite des Reinstsiliziumwerkes allein in Berlin, ohne Befragung der Dresdner Bevölkerung getroffen werden.
Wir rufen Sie auf, mit uns gemeinsam die Probleme der Stadt anzugehen, aber bedenken Sie auch, daß viele Bürger dieser Stadt in den vergangenen Wochen ihre Ängste abgelegt haben. Daß sie nicht mehr verwaltet werden wollen, unser Auftreten hier vor Ihnen zeugt davon. Zu Ihrer Information noch, auf Wunsch der „Gruppe der 20“ wird das Gespräch mit Herrn Oberbürgermeister nicht am Freitag, sondern erst am Montag stattfinden.
Danke.

26. Oktober 1989 Dok. 67

Diskussionsbeitrag von Henry Mattheß auf der 3. Tagung der Stadtverordnetenversammlung

Stadtarchiv Dresden, Stadtverordnetenversammlung, Protokolle (1953-1990), Bl. 153. - Datiert: 26.10.1989.

Werte Stadtverordneten und werte Gäste!
Ich hoffe, es hat allen geschmeckt, ich hoffe, daß auch das schmeckt, was wir als „Gruppe der 20“ hier weiterhin sagen. Ihnen, Werte Stadtverordnete ist heute vom Rat der Stadt und von den Vorsitzenden der Ständigen Kommissionen die Bildung von 14 zeitweiligen Arbeitsgruppen vorgeschlagen worden. Die Arbeit, die bis zum Funktionieren dieser geleistet werden muß, betrifft die in der gegenwärtigen Zeit wohl alle bewegende Frage, wie gelingt es uns, die von uns allen als notwendig angesehenen Veränderungen in unserer Gesellschaft in Gang zu setzen. Und das dabei alle Bürger die Möglichkeit haben, sich aktiv einzumischen. Einzumischen ist unser aller Sache. Dies erfordert, daß bereits existierende Interessenvertretungen sich mit neu entstandenen zur Zusammenarbeit finden müssen, so ist die Lage derzeit. Wir als „Gruppe der 20“ haben aus den Forderungen 10 000er Demonstranten einen Themenkatalog erstellt, der Grundlage unserer Arbeit ist und folgendes beinhaltet:
Möchte eigentlich noch mal herausstellen, daß es ja heute hier auf dieser Stadtverordnetenversammlung eben darum geht, wie der Dialog geführt werden kann und die eine Seite davon sind wir.
Der erste Punkt in diesem Themenkatalog betrifft Recht und Sicherheit, ich möchte einiges also nicht alles, was darin enthalten ist, aber einiges kurz zur Erläuterung, was darunter von uns verstanden wird, nennen, also Recht und Sicherheit - Sichtung und Abschaffung willkürlich auslegbarer Strafbestände, Kontrolle der Sicherheitsorgane, Kontrolle der Untersuchungshaftanstalten und des Strafvollzuges. Der zweiter Punkt betrifft die Medienpolitik, es beinhaltet Fragen nach der Erarbeitung eines Presse- und Mediengesetzes und, auch jetzt aktuell, die Rehabilitierung von aus politischen Gründen gemaßregelten Journalisten. Drittens die Strukturen der Bürgermitverantwortung, Zulassung aller Bürgerinitiativen und Organisationen, die auf verfassungsmäßiger Grundlage stehen, und ihre breite Einbeziehung in staatliche Entscheidungsprozesse. Weiterhin die Überarbeitung des Wahlgesetzes und unter anderem auch die Zulassung friedlicher Demonstrationen. Als 4. Punkt Ziele der Gesellschaft. Einmal der friedliche Charakter unserer Gesellschaft nach außen und innen, die Herausbildung sozialistischer und humanistischer Wertvorstellungen, das heißt von äußeren materiellen zu inneren geistigen Werten. Und auch als wichtiger Punkt Solidarität mit der 3. Welt. Das heißt, das sozialistische Gesellschaftssystem als Alternative zur kapitalistischen Konsumgesellschaft. Für uns konkret würde das in der Stadt anfangen, bei unserem Umgang mit den bei uns arbeitenden und lebenden Ausländern. Ein 5. Punkt ist Bildung und Kultur. Der Verzicht auf die Vermittlung von Feindbildern in Einrichtungen und Organisationen für Kinder und Jugendliche. Als ein Ziel die Erziehung zum selbständig denkenden mündigen Bürger. Und auch das Überdenken der Aufgaben und Ziele und Methoden der FDJ und der Pionierorganisation, auch in bezug, wieweit sie in die Schule integriert sind. Ich gehe davon aus, daß die Wortmeldungen, die eingereicht worden auch Möglichkeit haben, noch zu sprechen, da das jetzt

schon bei der Ökologie nicht der Fall sein sollte, weil ich hier nämlich vieles weglasse, weil das die dann machen sollten, daß denen dann Raum gegeben wird. Ansonsten müßte ich das hier jetzt noch verlangen, daß ich das mit vorlese. Der 6. Punkt die Stadtentwicklung, Erhaltung stadtbildprägender Altbausubstanz und zwar geht es uns vor allem auch darum, daß keine kurzfristigen über alten Lösungen durchgesetzt werden, die vor allem auf Kosten der Ästhetik gehen. Dazu kann unter anderem ein Baubetrieb zur Erhaltung der Altbausubstanz herhalten, statt der Errichtung z. B. eines Reinstsiliziumwerkes. 7. der Themenkreise Ökologie und Ökonomie. Die Durchsetzung der Verantwortlichkeit bei Umweltschäden, entsprechend dem Verursacherprinzip für Dresden speziell die Bauvorhaben Gittersee und Minoltanklager auf breiter gesellschaftlicher Basis und auch die Fragen Heizkraftwerk Mitte. 8. Reise- und Ausreiseangelegenheiten. Anerkennung völkerrechtlicher Regelungen bei Reiseangelegenheiten, Veröffentlichung und öffentliche Beratung des Entwurfs zum Reisegesetz, das ja jetzt in Vorbereitung sein soll, umgehende Wiederherstellung des visafreien Reiseverkehrs zur ČSSR und die Erarbeitung und Veröffentlichung einer Ausreisestatistik für die Stadt Dresden zwecks Analyse. 9. Wirtschaft einschließlich Handel und Versorgung haben wir noch als einen Punkt, darunter als Kernpunkte die Wirtschaft als Grundlage und Ausgangspunkt der Umgestaltung der Gesellschaft, bedarf der strikten Leistungsorientierung und Dezentralisierung und als 10. Punkt ist von uns aufgenommen worden die Entmilitarisierung der Gesellschaft, wir verstehen darunter auf der einen Seiten Möglichkeiten des zivilen Einsatzdienstes, die Arbeitskräftesituation wurde angesprochen und vor allem was die Bildung betrifft, den Wehrkundeunterricht als fakultatives Fach vorzusehen.
Als derzeit vordringlichst zu lösende Probleme erachten wir erstens Einsetzen einer Untersuchungskommission zu den Ereignissen Mitte Oktober und den damit verbundenen Gesetzesverletzungen durch Sicherheitsorgane. Zweitens die Wiederherstellung des visafreien Reiseverkehrs in die ČSSR. Drittens die Zulassung von Bürgerinitiativen, darunter verstehen wir auch die Statuserklärung unserer Gruppe, bis jetzt hat sich ja noch nichts getan. Viertens Baustopp und Bildung einer unabhängigen Untersuchungskommission für das Bauvorhaben in Gittersee. Fünftens die Möglichkeit friedlicher Demonstrationen, das ist also bei uns wirklich ein Kernpunkt, um an den Bürgermeister anzuschließen, die Möglichkeit zur Demonstration von Bekenntnissen zu geben. Wenn wir die eben genannten Problemkreise mit dem Katalog oder dem Angebot des Rates zur Bildung von 14 Arbeitsgruppen vergleichen, die Sie ja auf dem Tisch haben, können wir weitgehend Übereinstimmung feststellen, wir sehen es auch als notwendig, die Bereiche Bildung und Kultur getrennt zu behandeln, sind jedoch auch der Meinung, daß das Thema Wohnen und Bauen in die Komplexe Entwicklung der Stadt integriert werden kann. Zu der Arbeitsgruppe Natur und Umwelt, diesen Begriff halten wir für zu eng und schlagen Ökologie und Ökonomie vor, um doch präziser den ursächlichen Zusammenhang zu erfassen, um was es in dieser Arbeitsgruppe gehen sollte. Der Inhalt der Arbeitsgruppe Entwicklung des Rechts, der 1. Punkt, muß auf den Begriff Sicherheit ausgedehnt werden, das haben ja die letzten 14 Tage bzw. 3 Wochen gezeigt. Betreffs der Arbeitsgruppen halten wir es für erforderlich, daß der Rat der Stadt und die „Gruppe der 20" paritätisch bei der Besetzung der Arbeitsgruppen zusammenwirken kann. Daß die Arbeitsgruppen anfangs aus einem kleineren Personenkreis zusammensetzen und dann entsprechend den Erfordernissen erweitert werden können, daß auch jederzeit Austausch von Personen möglich ist. So wie ich

jetzt den Vorschlag des Rates der Stadt, oder wie wir den Vorschlag des Rates der Stadt eingesehen haben, und wie jetzt hier die Stadtverordnetenversammlung abläuft, muß ich jedoch feststellen, daß wir uns etwas überrollt sehen von der Entwicklung, also ich möchte noch einmal darauf bestehen, daß es uns darum geht, daß wir also gleichberechtigt mit dem Rat der Stadt hier diese Arbeitsgruppen bilden können, das sollte auch bei der Beschlußfassung berücksichtigt werden. Bei uns holen sich, und ich nehme an, werden sich noch viele, oder haben sich und werden sich noch viele Bürger melden, die sich einmischen und mitbestimmen wollen und wenn wir uns auf einen für beide Seiten annehmbaren Modus der Arbeitsgruppen verständigen können, haben wir die Möglichkeit, ab jetzt all das Potential zu nutzen, daß uns bis jetzt leider verloren gegangen ist, was verschenkt wurde. Ich würde aber noch mal die Möglichkeit der Mitarbeit der Bürger fordern, die auf der Straße waren, für die wir ja hier sind, und das - wie gesagt - auf gleichberechtigter Basis.
Zu den Punkten Ökologie, dann Handel und Versorgung, weiterhin noch ziviler Ersatzdienst und andere, wurden im Rahmen unserer Gruppe Wortmeldungen eingereicht, denen dann bitte noch Raum gegeben wird oder sollte.

26. Oktober 1989 Dok. 68

Diskussionsbeitrag von Herbert Wagner auf der 3. Tagung der Stadtverordnetenversammlung

Stadtarchiv Dresden, Stadtverordnetenversammlung, Protokolle (1953-1990), Bl. 153. Privatbestand H. Wagner, Bl. 54. - Datiert: 26.10.1989.

Werte Anwesende!
Die Zeit der konformen Sprachlosigkeit ist vorbei. Doch wer ist Stimme des Volkes. Sind Sie es, die Abgeordneten dieser Stadt, nach all dem, was wir vor der Pause über die Wahlen gehört haben? Oder sind es die höchsten Vertreter von Partei und Regierung, die sehr wohl um den Vertrauensverlust der Bürger wissen und damit leben müssen, daß jetzt alles, was sie sagen oder tun auch als Falle oder Trick ausgelegt wird. Wer ist die Stimme des Volkes? Ist es die „Gruppe der 20", sind sie es, die spontan, fast zufällig aus der Menge kamen und denen ungezählte Vertrauensbeweise entgegengebracht werden. Die „Gruppe der 20" hat ihre Anfangslegitimation am 8. Oktober auf der Prager Straße erhalten. Sie wurde erneuert, bekräftigt und verstärkt durch Zehntausende zu den Bürgerversammlungen am 9. und 17. Oktober. Ihre moralische Legitimation wurde konkretisiert durch Vollmachten von Einzelpersonen, von Gruppen durch Unterschriftensammlungen in Betrieben und durch Überweisung eines symbolischen Beitrages von 1,00 Mark auf ein Dresdner Postscheckkonto. Ich zitiere nur 3 Beispiele:
Vollmacht: Ich bevollmächtige bis auf Widerruf die Mitglieder der „Gruppe der 20" meine Interessen offiziell und öffentlich zu vertreten sowie in meinem Namen Gespräche und Verhandlungen mit staatlichen Stellen, Vereinigungen, Organisationen und Parteien in der DDR zu führen, um damit eine umfassende und gewaltfreie Veränderung der Gesellschaft zum Guten hin in Dresden und Umgebung zu bewirken.
Datum, Anschrift, Unterschrift

Eine weitere Unterschriftensammlung als Beispiel - eine Unterschriftensammlung aus einem Betrieb: Die „Gruppe der 20“ genießt unser volles Vertrauen und hat unsere volle Unterstützung bei der Fortführung des begonnenen Dialogs, da die bestehenden Parteien und Massenorganisationen die Probleme bisher nicht gelöst haben. Wir bekunden durch unsere Unterschrift, daß die Mitglieder dieser Initiativgruppe auch in unserem Auftrag das Gespräch zu den angesprochenen Problemen mit den Vertretern des Staates führen dürfen und sollen. Wir fordern daher die Anerkennung dieser Gruppe als offizielle Vertreter von Dresdner Bürgern. Wir fordern die Anerkennung ihrer Arbeit als gesellschaftliche Tätigkeit.
Das letzte Beispiel: Machen sie den staatlichen Stellen immer wieder klar, daß hinter ihnen und den Forderungen, die auf der Prager Straße gestellt wurden, Zehntausende oder Hunderttausende oder gar Millionen Bürger stehen.
Nach diesen Beispielen könnte man meinen, die „Gruppe der 20“ ist Stimme des Volkes. Doch ich habe als Gruppenmitglied dabei meine Bauchschmerzen. Denn ich weiß um die Belastungen, Gefährdungen und Zerbrechlichkeit dieser Gruppe. Einer Gruppe ohne festen Arbeitssitz für ihre Beratungen, herumvagabundierend zwischen kirchlichen, öffentlichen und privaten Räumen, ohne Büro, ohne Sekretariat, ohne feste Anschrift. Wer von uns soll wann all diese Briefe beantworten, die unsere Taschen täglich voller werden lassen. Aber noch mehr als die fehlenden materiell-technischen, organisatorischen und juristischen Voraussetzungen für eine normale Arbeit der Gruppe, beschäftigt mich der Gedanke, ob die „Gruppe der 20“ dem hohen Vertrauen, den großen Erwartungen und Hoffnungen, die in sie gesetzt wurden, auf Dauer gerecht werden kann. Die Gruppe war am 9. Oktober uneingeschränkt eine klare Stimme des Volkes. Doch nach dem 2. Rathausgespräch fanden sich die ursprünglichen Forderungen der Demonstranten nicht mehr so in dem erweiterten Themenkatalog wieder, wie sie anfangs formuliert waren. So rutschten die zuerst eigenen Themen Wahlen- und Demonstrationsfreiheit zu Unteranstrichen eines erweiterten Themas herab, zu dem Thema Struktur der Bürgerverantwortung. Die Forderungen zum „Neuen Forum“ fielen weg. Der Zivilersatzdienst wurde vergessen. In den Bürgerversammlungen am 17. Oktober kamen dann auch prompt Anfragen zu diesen Veränderungen und Weglassungen. Wer ist Stimme des Volkes? Ist es noch die „Gruppe der 20“? Oder sind es bereits jene Bürger, die uns auf diese Veränderungen aufmerksam machten, jene Bürger, die nacheinander an das Mikrofon traten und ein recht unterschiedliches Spektrum von Meinungen und Standpunkten erkennen ließen. Da waren der redegewandte Kabarettist, der stotternde Lehrling, das SED-Mitglied, der Christ, der Parteilose, die Alten und die Jungen und viele andere. Nach der 2. Bürgerversammlung am 17. Oktober merkten wir erstmals, daß der Blankoscheck an Vertrauen, den uns die Bürger bisher entgegenbrachten und ich meine auch noch entgegenbringen, sehr schnell wieder zurückgezogen werden kann, wenn wir nicht Stimme des Volkes bleiben. Wer kann Stimme des Volkes sein? Stimme des Volkes kann nur der sein, der die Meinung des Volkes unverfälscht vertritt und in einer Sprache, die das Volk versteht. Wer das nicht kann, sollte lieber schweigen. Ich rufe Sie hier alle auf, werden Sie in dieser Zeit der Erneuerung zu einer klaren Stimme des Volkes in Verantwortung, in Wahrheit, mit Zivilcourage, mit Mut und mit persönlichem Einsatz, Sie, die Abgeordneten der Stadt Dresden und wir, die „Gruppe der 20“. Dankeschön.

26. Oktober 1989 Dok. 69

Diskussionsbeitrag von Christof Ziemer auf der 3. Tagung der Stadtverordnetenversammlung

Stadtarchiv Dresden, Stadtverordnetenversammlung, Protokolle (1953-1990), Bl. 153. - Datiert: 26.10.1989.

Verehrte Anwesende!
Es war nicht leicht, jetzt von oben nach unten immer hin und her geschickt zu werden - hier bis hierher zu kommen. Es ist für mich überhaupt nicht selbstverständlich, zu Ihnen zu sprechen. Ich habe nach der Kommunalwahl am 7. Mai Einspruch gegen die Feststellung des Wahlergebnisses in der Stadt Dresden erhoben. Dieser Einspruch ist bis heute nicht geklärt. Darum ist Ihre Legitimation als Abgeordnete für mich weiterhin fragwürdig. Wenn ich mich dennoch an Sie wende, dann tue ich es, weil Sie faktisch die Verantwortung übernehmen. Ich tue es als Christ und habe deswegen gebeten, hier reden zu können, weil es Dinge gibt, die mich in besonderer Weise in diesem Prozeß bewegen.
Und zwar 2 Anliegen möchte ich vortragen.
Das erste. Ich übergebe dann dem Oberbürgermeister im Auftrage des evangelisch-lutherischen Kirchenamtes Sachsen und auch im Einvernehmen und im Auftrag der „Gruppe der 20“ die vom Jugendpfarramt der Dresdner Kirchenbezirke zusammengestellten 170 Erlebnisberichte Betroffener zu Übergriffen und Gewaltanwendung durch die Sicherheitsorgane gegenüber friedlichen Demonstranten und anderen Bürgern in der Zeit vom 3. bis zum 8. Oktober. Von den Berichten sind lediglich 8 anonym. Es sind hinzugefügt 2 weitere Bereitschaftserklärungen zu Zeugenaussagen. Es liegen dem Stadtjugendpfarramt 60 weitere Berichte vor, deren Freigabe bis jetzt noch nicht geklärt werden konnte. Die Berichte befinden sich in diesen 3 Mappen. Es ist ein erschütterndes, erschreckendes Dokument. Die Berichte machen bestürzend deutlich, daß elementare Rechtsgrundsätze verletzt worden sind und Menschen schweren körperlichen und geistigen Schaden erlitten haben und zwar durch einen allem Anschein nach planmäßig aggressiven und undifferenzierten und rücksichtslosen Einsatz von Polizei und Sicherheitskräften mit Gummiknüppeln, Schilden, Hundestaffeln u. a., durch willkürliche Zuführung und brutale entwürdigende Behandlung auf Mannschaftswagen, in Kasernen und Haftanstalten, durch Verweigerung ärztlicher Behandlung, durch provozierende und menschenunwürdige Beschimpfungen, durch Bedrohung und auch Mißhandlung mit dem Ziel der Erpressung von Geständnissen oder von schriftlicher Einwilligung in sogenannte Erklärungen. Die Kirchen und die „Gruppe der 20“ halten es darum für unbedingt erforderlich, daß die Stadtverordnetenversammlung eine unabhängige Untersuchungskommission einsetzt, die mit allen nötigen Vollmachten ausgerüstet ist, die massiven Übergriffe gegen Bürger zu untersuchen und die Öffentlichkeit fortlaufend und umfassend über alle Ergebnisse der Untersuchung zu unterrichten.
Diese Kommission sollte bestehen aus Vertretern der Rechtsausschüsse der Stadtverordnetenversammlung, des Bezirkstages und der Volkskammer, aus Vertretern der „Gruppe der 20“, aus bekannten Persönlichkeiten des öffentlichen Lebens in Dresden sowie Vertretern der Kirchen unserer Stadt. Eine erste Vorschlagsliste mit Namen für diese Untersuchungskommission übergebe ich Ihnen im Auftrag der „Gruppe der 20“. Aufgabe dieser unabhängigen Untersuchungskommission muß

es sein - ich zitiere aus einem Brief der Landessynode, der jetzt zu dieser Stunde frei ist - „Leitung und Hergang und Umfang des Einsatzes der Polizei und der Sicherheitskräfte im angegebenen Zeitraum zu untersuchen und aufzuklären, Straftaten der Polizei und Sicherheitskräfte, der Untersuchungsorgane und des Personals der Haftanstalten festzustellen und ihre Verfolgung zu veranlassen, Rechenschaft von den Einsatzleitern über Einsatzkonzept, Anweisung und Befehle zu verlangen und auf Konsequenzen zu drängen.“ Es stellt sich z. B. die Frage, wie sind die Sicherheitskräfte auf diesen Einsatz vorbereitet worden, Fälle der Befehlsverweigerung durch Angehörige der Polizei und Sicherheitskräfte im Zusammenhang mit den Einsätzen sind festzustellen. Man hat sich auch um die Einstellung disziplinarischer und gerichtlicher Verfolgung zu bemühen, umfassende Unterstützung der Opfer zu veranlassen, d. h. ihre rechtliche Beratung, ihre vollständige finanzielle Entschädigung, ihre medizinische Betreuung und vor allem ihre juristische Rehabilitierung in der Öffentlichkeit. Das betrifft u. a. auch die Löschung der erkennungsdienstlichen Erfassung und die Feststellung der Rechtsunwirksamkeit aller schriftlichen Erklärungen. Es muß untersucht werden darüber hinaus, welche Ursachen zur Gewaltanwendung durch Demonstranten geführt haben. Dazu ist eine lückenlose Aufklärung über die Vorgänge am 3. und 4. Oktober nötig. Deshalb ist es unbedingt wichtig, daß die abgeschlossenen Verfahren neu aufgenommen werden unter dem Gesichtspunkt der sich jetzt zeigenden erpreßten Geständnisse. Ich zitiere ein Beispiel aus dem Gedächtnisprotokoll oder Bericht von Ronald Gönnert: „Ich wurde weggeworfen beim Verhör und nochmals gegen den Schrank geworfen. Dann nahm ein Mann die Kragenecken meiner Jacke über Kreuz und würgte mich. Er sagte: Sagen Sie das, was wir wollen. Ich nickte, und er ließ mich los. Er sagte, er würde in 15 Minuten wiederkommen und wenn ich dann nicht ausgesagt hätte, würde er mich tot schlagen. Dann ging das Verhör los. Dabei mußte ich auf die Knie. Ich wurde gefragt, was ich auf der Prager Straße und auf dem Bahnhof wollte. Immer wenn ich stockte, dann drohte der Mann mir mit: Gönnert, ich schlage Dich tot. Genauso sagte er es. Die Frage, ob ich denn keine Aufforderung der Organe gehört habe, daß das Gelände von Unbeteiligten zu räumen sei, konnte ich nur mit nein beantworten. Ich hatte doch so etwas nicht gehört. Er sagte, er würde mich totschlagen, wenn ich nicht sage, daß ich es gehört habe. Als ich bei meiner Aussage blieb, ging er zur Tür, rief nach einem Knüppel und schlug mich damit auf den Rücken. Ich kniete immer noch. Vor Angst sagte ich dann, daß ich es einmal gehört hätte. Er schrieb das in das Protokoll und ich mußte unterschreiben.“

Es ist eines von vielen, wenn wir aus diesen 3 Mappen weiterlesen würden, würden Sie möglicherweise auch nicht mehr so gut schlafen können. Es müßte eigentlich auch untersucht werden, in welcher Weise die Staatsanwaltschaft bei Bekanntwerden von Gesetzesverstößen ihrer gesetzlichen Pflicht gerecht geworden ist. Eine Untersuchung der Einzelfälle wird dem Ausmaß des angerichteten Schadens nicht gerecht. Deswegen reicht es nicht, einzelne Fälle der Staatsanwaltschaft vorzulegen.

Es hat ein Dialog begonnen. Der Dialog, der jetzt begonnen hat, muß davor bewahrt bleiben, zum Alibi zu werden für die nötigen Veränderungen. Beim Propheten Jeremias steht das Wort Friede, Friede und ist doch kein Friede, sie heilen den Schaden meines Volkes obenhin. Was nötig ist, ist eine tiefe Erneuerung.

1. Eine Erneuerung wird nicht gehen, ohne daß es zur Erkenntnis und zum Aussprechen von Schuld und Fehlern kommt. Wir fangen nicht beim Nullpunkt an.

Erneuerung ist ein tiefer, schmerzhafter Prozeß, und er wird nur glaubwürdig werden, wenn wir Verantwortung auch für Fehlverhalten, für falsche Entwicklungen übernehmen, wenn das deutlich wird. Jeder von uns steht vor der Herausforderung, jetzt auch für sich selbst die Veränderung zu vollziehen - und das heißt -, die Last des Vergangenen aufzuarbeiten, damit es nicht blockiert den Weg nach vorn.

2. Wir müssen die eigene Tiefe und Abgründigkeit wahrnehmen - die Berichte, die ich Ihnen heute übergebe, lassen mich fassungslos davor werden, daß der fürchterlichste Teil der deutschen Geschichte wieder gegenwärtig war, einer Geschichte, die offiziell ein für allemal als überwunden erklärt worden ist.
3. Das, was Menschen Angst macht - auch in unserem Land, auch in dieser Stadt - muß kontrollierbar, durchschaubar, überprüfbar werden. Das schließt die Kontrolle der Sicherheitsorgane einschließlich der Kontrolle der Organe des Staatssicherheitsdienstes ein. Was sofort geschehen kann ist, daß alle Versuche, nachträglich Bestrafung und Reglementierung vorzunehmen, eingestellt werden. Gestern ist uns bekannt geworden, daß ein Schüler von einem Direktor einer Oberschule wegen Teilnahme an Demonstrationen strafversetzt worden ist aus der Schule. Die konkreten Angaben können wir nachreichen. Ich habe die Namen jetzt nicht hier parat.
4. Für den Dialog wird es wichtig sein, daß die Ungleichheit im Dialog zwischen dem Volk einerseits und der Partei und Regierung andererseits überwunden wird. Es ist glaube ich die Situation der „Gruppe 20“ darum schwierig, weil sie ein ungleichgewichtiger Partner ist. Auf der einen Seite steht doch auch in dem Dialog der Apparat des Staates und der Partei zur Verfügung mit allen Möglichkeiten der Initiative und der Organisation und auf der anderen Seite eine Gruppe von Vertretern von Bürgerinteressen, die sich noch gar nicht organisieren konnten und gar keine Arbeitsmöglichkeiten haben.

Das ist eine Bitte. Der Dialog ist in Gefahr, wenn im Dialog das Machtgefälle direkt oder indirekt wirksam wird. Die Gruppe wird durch das Gewicht und die Macht der staatlichen Strukturen, auch wenn man das nicht wollte, leicht überfahren.

Es reicht nicht, wenn Bürger ihre Meinung sagen dürfen. Bürger müssen die Chance haben, ihre Anliegen in unabhängigen und selbständigen Vereinigungen zu vertreten und zu verwirklichen. Die Anerkennung der „Gruppe der 20“ als Bürgervertretung ist für mich ein Testfall dafür, ob der Dialog ernst gemeint ist, ob die Mitverantwortung der Bürger wirklich gewollt wird. Ich danke Ihnen.

26. Oktober 1989 Dok. 70

Information über den Verlauf und Inhalt des Massendialogs am 26.10.1989

BStU, Archiv der Zentralstelle, MfS - HA XX ZMA Nr. 40239, Bl. 102-109. - *Kopf:* bv dresden - *Adressat:* mfs berlin minister, genossen armeegeneral mielke, stellv. d. ministers, genossen generaloberst mittig, stellv. d. ministers, genossen generalleutnant neiber, leiter zaig, genossen generalleutnant irmler, leiter ha xx, genossen generalleutnant kienberg, leiter zos, genossen oberst sommer. - *Titel:* information ueber den verlauf und inhalt des massendialogs am 26.10.1989. - *Form:* Fernschreiben cfs 2946, flugzeug. - *handschriftlicher Vermerk:* Signen unleserlich, 40239, zu Ziemer - XX/VK/14404/89, XX/E 4495/89, L.Gr. vorgelegt, XX/VP/3041/89, XXV Kr/356/89, XX/AKG/9075/89. - *Fußvermerk:* bv dresden leiter der bv, boehm - generalmajor, cfs 2946 v. abs. - *handschriftlicher Fußvermerk:* 27.10.89 06.10 [*Signum unleserlich*]. - *Datum:* 26.10.89.

wie in meinem fernschreiben vom 24.10.1989 informiert, hat der oberbuergermeister waehrend der dialoggespraeche am 23.10.1989 auf dem theaterplatz in dresden angekuendigt, diesen oeffentlichen dialog am 26.10.1989 fortzusetzen.
in der bezirkspresse erfolgte am 24.10.1989 unter der losung: „miteinander sprechen fuer alle der einzige weg der vernunft“ durch den stadtausschusz der nationalen front und den rat der stadt die einladung zum massendialog mit dem 1. sekretaer der sed-bezirksleitung genossen modrow, und dem oberbuergermeister, genossen berghofer, sowie weiteren persoenlichkeiten auf dem freigelaende in der naehe des fucikplatzes. gleichzeitig wurden 107 veranstaltungsorte (klubs, schulen u. a.) genannt, in denen foren und gespraeche mit abgeordneten und vertretern der nationalen front in den wohngebieten stattfinden.
aus vorliegenden inoffiziellen informationen gab es hinweise, dasz an diesem abend erneut mit weiteren ansammlungen und demonstrationen nach beendigung des oeffentlichen dialogs zu rechnen ist.
in der sitzung der bel am 25.10.1989 habe ich auf die zu erwartenden aktivitaeten hingewiesen und die notwendigen sicherungsmasznahmen vorgeschlagen, welche durch genossen modrow bestaetigt wurden.
durch gesellschaftliche kraefte, den einsatz von 450 genossen der bezirksparteischule sowie gedaeckte kraefte der vp und des mfs folgte die sicherung des veranstaltungsraumes.
am 26.10.1989 tagte in der zeit von 8.00-16.50 uhr die stadtverordnetenversammlung, an welcher 420 abgeordnete, 60 gaeste und die vertreter der „gruppe der 20“ teilnahmen.
weiterhin nahmen 62 journalisten, darunter die des zdf-fernsehteams mit dr. bruessau sowie die journalisten hintze sueddeutsche zeitung, blechschmidt agentur reuter, adolf und schmied „die wahrheit“.
neben der vielfaeltigen diskussion ueber die anstehenden und zu loesenden probleme erfolgte die bildung von arbeitsgruppen. besonders provokatorisch trat der sup. ziemer auf, welcher nachgenannte behauptungen und forderungen erhob:

- nichtrechtmaeszigkeit der abgeordneten wegen wahlbetrugs
- anschuldigungen gegen vp und sicherheitsorgane. dazu verlas er ein gedaechtnisprotokoll und uebergab dem oberbuergermeister 170 weitere derartige protokolle.

- dialog darf kein alibi fuer veraenderungen sein, dazu: erkenntnis und ausspruch von fehlern und schuld, vergleich des vorgehens der vp und sicherheitsorgane mit methoden der nazis
- die menschen haben angst, deshalb forderte er die kontrolle der vp und der staatssicherheit
- einstellung von nachtraeglichen bestrafungen bei bekanntwerden weiterer an ausschreitungen beteiligter personen
- fordert gleichsetzung der „gruppe der 20" mit dem dialogpartner staat
- fordert anerkennung der „gruppe der 20" - gruppe des volkes als unabhaengige, selbstaendige vereinigung von menschen.

ziemer fordert, ebenso wie der vertreter der „gruppe der 20" neubert, neuwahlen und neue funktionaere, weil sie unglaubwuerdig seien. die neue form sei die strasze, sei die „gruppe der 20", welche durch die demonstrierenden massen ihr mandat erhalten habe.

in einem gespraech des ziemer mit vertretern der „gruppe der 20" vertrat z. die meinung, dasz jetzt nicht die zeit fuer ruhe und besonnenheit sei, sondern es gelte, weiterzukaempfen und zu schueren.

die „gruppe der 20" war unzufrieden mit dem gefasztem beschlusz und will eigene vorstellungen am 30.10.1989, 13.00 uhr erneut beim oberbuergermeister unterbreiten.

in der stadtverordnetenversammlung sprach auch der stadtstaatsanwalt braune - analog etwa der ausfuehrungen des genossen hergel auf der staatsratstagung.

in der zeit von 18.55-22.05 uhr fand der massendialog statt, an welchem zu beginn 50 000 und durch einen schnellen zulauf ca. 100 000 personen teilnahmen.

die leitung erfolgte durch den chefdirigenten der dresdner philharmonie, generalmusikdirektor weigle.

staatlicherseits sprachen die genossen berghofer und modrow sowie die vorsitzenden der ndpd, der cdu und der dbd. als dialogredner und fragesteller traten 28 personen auf.

im mittelpunkt der diskussion und fragestellung stand:
- unverstaendnis, dasz nach 40 jahren sich dieser sozialismus nicht bestaetigt
- die sed als fuehrende kraft versagt, wieso war das moeglich, warum wurde von vielen menschen dazu solange geschwiegen
- die massenflucht ist schuld der regierung, die parteifuehrung hat mehr angst vor der losung „wir bleiben hier" als „wir wollen raus"
- das ueberalterte zk musz geaendert werden, der neue kurs und die zu loesenden probleme sind durch die jetzige parteifuehrung nicht zu bewaeltigen, das zk musz sich von hager, reinhold und mielke trennen, die losung von „herrn mielke" „wer nicht fuer uns ist, ist gegen uns" mache deutlich, dasz damit kein neuer weg eingeschlagen werden koenne
- forderung nach freien wahlen, neuansetzung der kommunalwahlen und volkskammerwahlen bereits im maerz 1990
- festlegung der wahlfunktionen nur fuer zwei legislaturperioden
- staatsfunktionaere und minister mit 65 jahren in rente, volkskammerabgeordnete bis maximal 68 jahren
- bildung von unabhaengigen organisationen zur untersuchung und uebertragung der vorgehensweise der vp und des mfs seit 3.10. in dresden

- forderung nach einer unabhaengigen gewerkschaft
- personeller abbau der schutz- und sicherheitsorgane, besonders der staatssicherheit, der hauptamtlichen mitarbeiter der partei und gesellschaftlichen organisationen, um dadurch luecken in der volkswirtschaft, die durch die massenflucht entstanden sind, zu schlieszen
- absetzung der sendung „der schwarze kanal“
- einfuehrung von zivilem wehrersatzdienst
- forderung nach strukturreformen und freier marktwirtschaft sowie frei konvertierbarer waehrung
- schaffung von rentablen kombinaten und oekonomisch gut wirtschaftenden betrieben auf der grundlage der hinweise des prof. m.v. ardenne
- reisefreiheit in alle laender, die valutaeinnahmen des tourismus, der interhotels und des intershops dafuer verwenden

diese angesprochenen probleme wurden durch die genossen modrow und berghofer in sachlicher, ueberzeugender, parteilicher form sowie durch kritische und selbstkritische positionen und orientierungen und festlegungen beantwortet bzw. zurueckgewiesen. dadurch wurden die eingangs durch drei dialogredner in aeuszerst scharfer und negativ - feindlicher form vorgetragenen reden und fragestellungen entkraeftet und im weiteren verlauf eine sachlichere atmosphaere erreicht.
durch die maennliche person laesske (wird noch identifiziert, weitere angaben z. z. nicht bekannt) wurde das zk als ueberaltert dargestellt, und solange der minister fuer saatssicherheit mielke die losung vertritt: tschekisten haben auf ihre fahnen geschrieben „wer nicht fuer uns ist, ist gegen uns“ kann solch ein mann zu unserem dialog nicht bereit sein. weiterhin trat er gegen den aufenthalt und einsatz von auslaendischen arbeitskraeften auf.
dr. tellkamp, frank - geb. 1941, leiter der kreisstelle begutachtungswesen fuer rehabilitation in der abt. gesundheitswesen beim rat des kreises dippoldiswalde, mitglied der ndpd diffamierte die 70jaehrige entwicklung des sozialismus und behauptete, dasz der sozialismus auf deutschem boden nie die lebensinteressen der menschen befriedigen kann. ein staat, der in 40 jahren 1/5 der bevoelkerung verliert, kann nicht mehr anerkannt werden. er stellte die frage, inwieweit die sed ueberhaupt noch die arbeiterklasse repraesentieren kann angesichts der massenflucht und massendemonstrationen. er forderte marktwirtschaft als oekonomische reform.
hoffmann, peter - geb. 1932 wh. dresden, stellmacher, vorher autobahnkombinat potsdam brachte zum ausdruck, dasz krenz mit schuld an der jetzigen situation hat und dasz er als kronprinz schuld an dem wahlbetrug hat und dafuer die volle verantwortung traegt. er fordert, dasz keine bauarbeiter von dresden mehr abgezogen werden, wiederholung der wahl, anzeige gegen wirtschaftsfunktionaere, die sich am volkseigentum bereichert haben.
an der weiteren identifizierung und aufklaerung der redner sowie der aufbereitung der gespraechsinhalte wird z. z. noch gearbeitet.
waehrend des ablaufs kam es neben beifallsbekundungen durch die vielzahl der anwesenden progressiven kraefte zu wiederholten zwischenrufen und pfiffen. auszerdem wurde eine vielzahl von plakaten mit nachgenannten losungen gezeigt:

- das volk ist kein bittsteller
- jetzt erst recht demonstrieren - gesetzliche zulassung der opposition - grundlage der demokratischen umgestaltung des sozialismus
- die macht nicht in eine hand, das schadet unserem land

- ja fuer „neues form“
- der sport schluckt millionen valuta fuer wen?
- olympia platz 10, wir koennen uns die welt ansehn
- neues forum zulassen
- wir fordern zulassung neues forum
- gegen alleinfuehrungsanspruch der sed fuer neues forum
- freie wahlen
- ja zum zivildienst
- egon ist nicht unser mann, wir wollen andere
- jetzt erst recht - wehrdienstverweigerung ist menschenrecht
- wir fordern freiheit fuer alle politgefangenen
- gleiche rechte fuer alle
- neues forum ja, margot honecker nein
- demokratie nur mit neuem forum
- wir brauchen keinen starken mann
- politgefangene frei - verantwortliche vor gericht
- volksentscheid - geht das schon zuweit
- millionen valuta fuer sport - warum?

in ihren abschlieszenden aeuszerungen rief genosse modrow und genosse berghofer die anwesenden auf, sich ruhig und diszipliniert nach hause zu begeben und verstaendnis dafuer aufbringen, dasz der weitere dialog nicht auf der strasze, sondern in den betrieben, in der arbeit und auch im rathaus fortgesetzt wird. die naechste beratung mit der „gruppe der 20“ findet durch den oberbuergermeister am 30.10.1989, 13.00 uhr im rathaus statt. aufgrund der laenge der veranstaltung hatte sich die anzahl der teilnehmer am ende auf ca. 50 000 verringert. waehrend des abgangs bildete sich ein demonstrationszug von zeitweise bis zu 6 000 personen, welcher durch die grunaer str., thaelmann-str., theaterplatz, dimitroff-bruekke, karl-marx-platz, koepckestr., dr. r. friedrichsbruecke, pirnaischer platz bis zum rathaus-vorplatz zog. die aufloesung begann bereits ab koepckestrasze, so dasz am rathaus noch 150 personen ankamen. 23.45 uhr erfolgte die endgueltige aufloesung.
im zug wurden transparente mit o. g. inhalt mitgefuehrt und sprechchoere „wir wollen neues forum“, „stasi in die volkswirtschaft“, „schlieszt euch an, wir brauchen jeden mann“ gerufen. vor der BDVP wurden wiederum 75 und vor dem rathaus 80 brennende kerzen abgestellt.
das zdf-team bruessau hat aufzeichnungen waehrend der veranstaltung und vom demonstrationszug vor dem „bellevue“ gefertigt.

zu den 107 veranstaltungen in der stadt:
die teilnehmerzahlen lagen im durchschnitt bei 30–80 personen, in ausnahmefaellen bei 12 bzw. 250 personen.
vorkommnisse traten keine auf. in verschieden objekten wurden durch einzelpersonen forderungen des „neuen forums“ zum ausdruck gebracht. diese ereichte jedoch kaum resonanz.
zur veranstaltung in der sankt-michaelis-kirchgemeinde in dresden-buehlau:
ab 19.00 uhr fand in der o. g. kirche ein informationsabend zum „neuen forum“ statt. es muszten 2 veranstaltungen mit ca. 1200 bzw. ca. 400 teilnehmern durchgefuehrt werden. bekannte aktivisten informierten die anwesenden ueber inhalt und zielstellung des „neuen forum“ sowie ueber den stand der dialoge mit den

staatlichen vertretern. gleichfalls wurde das verhaeltnis des „neuen forums“ zur „gruppe der 20“ mit eroertert.
vordergruendig wurden strukturelle probleme, verbunden mit der absicht der gruendung vor orts- und arbeitsgruppen, angesprochen sowie absichten hinsichtlich einer instituierung geaeuszert. fuer die teilnehmer der veranstaltung wurde die eintragung in vorbereitete listen ermoeglicht. beide veranstaltungen hatten keine oeffentlichkeitswirksamen ausstrahlungen. die erste veranstaltung war gegen 20.45, die zweite gegen 22.20 uhr beendet. vorkommnisse wurden nicht bekannt.
In der stadt groszenhain fand in der marienkirche von 18.00 bis 21.00 uhr ein rockkonzert mit ca. 500 teilnehmern statt. nach beendigung kam es von ca. 300 ueberwiegend jugendlichen zu einer demonstration um den historischen stadtkern. dabei wurden sprechchoere „schlieszt euch an, wir brauchen jeden mann“, „neues forum“, „visafrei bis nach shanghai“, „wir sind das volk“ gerufen. 2.45 uhr erfolgte nach dem absingen eines kirchenliedes und teile der internationale am rathaus die aufloesung. dort wurden einzelne brennende kerzen abgestellt. es gab keine konfrontation mit dvp.
das zusammenwirken mit der dvp war gewaehrleistet. zu gewaltaktionen kam es nicht, polizeiliche kraefte brauchten nicht eingreifen.
die eingesetzten mitarbeiter haben wiederum verantwortungsbewuszt gearbeitet, 23.55 uhr war der einsatz beendet.

27. Oktober 1989 Dok. 71

Verfügung der Staatsanwaltschaft über den Umgang mit Einzahlungen für die Gruppe der 20

Privatbestand Wolfgang Berghofer, unpaginiert. - Kopf: Der Leiter - Sekr. z.R. - *Adressat:* Volkspolizei, Chef der Bezirksbehörde, Rampische Str., Dresden 8010. - *Titel:* PSpGKto 8299-52-13196. - *Vermerk:* 495 2520, LtrA. - *Fußvermerk:* Hahn, ORst. - *Datiert:* 27.10.1989.

Durch das Ministerium Post- und Fernmeldewesen wurde in Abstimmung mit dem Generalstaatsanwalt am 26.10.1989 entschieden, die Einzahlungen für die „Gruppe der 20“ nicht auf das PSpGKto[1] 8299-52-13196 zu verbuchen, sondern auf ein internes Konto beim PSchA[2] Dresden, für das zunächst keine Verfügungsberechtigung besteht. Die Entscheidung erfolgte auf Grund des Verstoßes gegen die „Sammlungs- und Lotterieverordnung“ vom 18.2.1965 (Gbl II, Nr. 32 v. 17.3.65).

1 Postspargirokonto.
2 Postscheckamt.

29. Oktober 1989 Dok. 72

Beobachtungsbericht des Leiters der Abteilung VIII der Kreisdienststelle Dresden-Land des MfS, Oberstleutnant Meinhard, über die Abendandacht in der Kreuzkirche

Privatbestand Klaus Gaber, Bl. 1-3. - *Kopf:* Ministerrat der Deutschen Demokratischen Republik, Ministerium für Staatssicherheit, Abteilung/Referat VIII. Bezirksverwaltung Dresden, Kreis-/Objektdienststelle KD Dr.-Land des Ministeriums für Staatssicherheit. - *Titel:* Beobachtungsbericht Betr. Gespräche vor der Kreuzkirche nach der Abendandacht am 29.10.1989, 19.00 Uhr. - *Verteiler:* 1x Abt. XX/Lagegruppe, 1x KD Dr.-Land. - *Eingangsstempel:* MfS/Dr 13, Eing. am 02. Nov. 1989, Tgb. Nr. 4145, Weiter an: AI. - *Fußvermerk:* Leiter der Abteilung, [*gez.*] Meinhardt, Oberstleutnant; Referatsleiter, [*ohne Unterschrift*] Hartmann, Major. - *Datiert:* 30.10.1989.

Gegen 19.00 Uhr hatten sich 50 bis 60 Personen vor dem Haupteingang der Kreuzkirche eingefunden. Die schon vom Vorabend bekannte männliche Person Hofmann, Frank [*Einfügung. Stempel:* KD liegt nicht[1] ein. *Handschr. Vermerk:* Wenn id. wh.[2] Malschendorf Nr. 89] in Begleitung der Hofmann, Regina verteilte an die Umstehenden Handzettel mit den Bemerkungen: Wir wurden schon ins Abseits gedrängt im Rathaus, deshalb wollen wir auch eine Bestandsaufnahme machen. Eine Unterschriftensammlung ist verboten, Vollmachten sammeln nicht. Ab heute will er jeden Tag ab 18.00 Uhr versuchen, vor der Kreuzkirche zustehen, gestern waren es 91 Vollmachten, heute ca. 100, er rechnet aber insgesamt mit 1000.

Auf die Frage, ob er zur „Gruppe der Zwanziger" gehöre, erwiderte er, daß er nicht dazu gehöre, sie aber organisatorisch, siehe heute, unterstütze. Seiner Meinung nach, würde die Legalisierung des Neuen Forums nur noch Tage dauern. Darüber äußerte sich auch der

Liebsch, Bernd
Radebeul, Gabelstaplerfahrer [*weitere Personenangaben wurden weggelassen*]
nach eigenen Angaben Mitglied der „Gruppe der 20",
[*handschr. Ergänzung:* erfaßt für KD Dresden-Land/Abt. VIII! liegt nicht ein]

„Wenn wir was erreichen wollen, müssen wir vom Territorium ausgehen, unser Partner ist Hans Modrow oder Oberbürgermeister Berghofer, darauf aufbauend können wir alles andere regeln, also alle Forderungen, die wir schon vorgetragen haben."

Gegen 20.00 Uhr traf der Boltz, Friedrich [*Einfügung. Stempel:* KD liegt nicht ein] ein und nahm sofort die Gesprächsleitung in die Hand. Dabei äußerte er unter anderem meist auf Fragen antwortend:

„Jede Demonstration soll gewaltlos erfolgen, deshalb müssen auch Provokateure, die Steine werfen, konsequent daran gehindert werden". Unter Provokateure wurden von zahlreichen Anwesenden eingeschleuste Personen von der Polizei oder dem MfS bezeichnet.

- zu den Freidenkern: „Wir würden gern in das Gespräch kommen aber wenn sie nichts selbst dazu tun, ein Gegengewicht zu werden."

---

1 „nicht" durchgestrichen.
2 Wenn identisch, wohnhaft.

- Um die Wirtschaft aus der tiefen Krise herauszubringen, ist es unabkömmlich in Richtung Marktwirtschaft über die wirtschaftliche Rechnungsführung zu kommen
- bei OB will er morgen ansprechen, ein Zimmer als Büro für die Arbeit der „Gruppe der 20" zu erhalten
- bei der Stadtverordnetenversammlung hat die Hälfte der Stadtverordneten noch gar nicht begriffen, um was es überhaupt geht,
- die „Union" ist jetzt die begehrteste Zeitung, die Auflage wird aber nicht erhöht. Also muß man Wege finden, sie mehr Personen zugänglich zu machen, wie z. B. in den Betrieben an den Wandzeitungen aushängen, aufpassen, daß niemand sie wieder herunter reißt

Allgemein wurde von zahlreichen unterschiedlichen Personen laut gefordert:
- ob die jetzt alte Führung überhaupt Reformen realisieren kann
- Mielke, Tisch, Margot Honecker müssen abtreten
- Schnitzler dieser Volksvertreter muß endlich gehen
- irgendwann wird die Polizei schon wieder über Demonstranten losfallen
- am 4.11. soll es in Berlin die erste genehmigte Demonstration geben, daß muß auch in Dresden geschehen
- der Staatsratsvorsitzende, der Volkskammerpräsident und Ministerpräsident muß direkt vom Volk gewählt werden

Einschätzung

Zahlreiche Umstehende erklärten sich nicht mit den Ausführungen von Hofmann, Liebsch und Boltz einverstanden, fühlten sich nicht vertreten und machten persönliche Vorschläge, was verändert werden soll. Viele verließen entrüstet die Ansammlung, weil sie viele andere Vorstellungen hatten bzw. vollkommen konfuse Gedanken äußerten. Einige Anwesende waren sichtbar betrunken, äußerten sich immer dasselbe wiederholend und andere überbrüllend sehr lautstark. Zahlreiche geäußerte Meinungen standen sich kontrovers gegenüber und schlossen sich manchmal gegenseitig aus. Es war ein ständiges Kommen und Gehen, zahlreiche Personen äußerten ihre Meinung dahingehend, daß sie vom Niveau der Gesprächsführung, vom Weg und von den Zielen nicht überzeugt sind und sich dadurch keine wirksamen Veränderungen davon versprechen, gleichzeitig aber zum Ausdruck brachten, nicht mit der jetzigen Machtsituation von Partei und Regierung einverstanden zu sein.

Abschließend kann zusammenfassend festgestellt werden, daß alle die sich äußerten eine andere Meinung hatten, jeder Veränderungen will, aber alle, außer teilweise Friedrich Boltz, konzeptionslos destruktiv diskutierten.

30. Oktober 1989 Dok. 73
Verlaufsprotokoll des 3. Rathausgesprächs[1]

Privatbestand Herbert Wagner, unpaginiert. - Titel: Protokoll 3. Rathausgespräch. - *Datiert:* 30.10.1989.

B.: Könnten wir beginnen, es ist 15.00 Uhr. Der Rest, der hier klafft in der Sitzordnung, findet nicht meine Zustimmung - sollten wir das nächste Mal beachten.
Wenn wir in gemeinsamer Verantwortung sind, dann sollten wir das in jeder Frage deutlich machen. Damit habe ich nicht gesagt, daß wir in allen Fragen in Übereinstimmung sind. Also herzlicher Gruß zum 3. Rathausgespräch.
Sie haben hier 6 Tagesordnungspunkte vorgeschlagen:
- Rückblick auf die Stadtverordnetenversammlung,
- Untersuchung der Dresdner Ergebnisse vom 3. bis 8.10.,
- Anzahl, Zusammensetzung, Leitung, Zielstellung und Arbeitsweise der Arbeitsgruppen bei der Stadtverordnetenversammlung,
- Status und Arbeitsmöglichkeiten der Gruppe,
- Sperrung des Postscheckkontos, das übrigens in dieser Minute wieder geöffnet wurde - da brauchen wir vielleicht nicht allzu lange darüber debattieren - ich habe das veranlaßt,
- Kontaktpersonen zur Vorbereitung der nächsten Stadtgespräche, so sie erwünscht sind und sinnvoll,
- Öffentlichkeitsarbeit

und Sie sagten, Sie würden noch einen 7. Punkt ergänzen.
W.: Ja. Wir bitten noch um den Nachtrag eines 7. Punktes - zum Reinstsiliziumwerk - dort bitten wir Herrn Superintendenten Ziemer etwas dazu zu sagen.
B.: Gut, einverstanden. Ich würde sagen, wir verfahren so, damit mich Herr Heitmann nicht wieder kritisieren kann, daß ich monologisiere, bin ich ganz Ohr - Sie haben das Wort:
W.: Ja wir haben uns geeinigt, daß von unserer Seite aus, ich hier die Tagesordnung führe. Wir kommen zum 1. Punkt - Auswertung der Stadtverordnetenversammlung - unserer Standpunkt dazu: Herr Henry Mattheß
M.: Ja, zur Stadtverordnetenversammlung: Es findet erst mal unsere Anerkennung, daß die höchste Vertretung unserer Stadt sich zu einer außerordentlichen Stadtversammlung (Stadtverordnetenversammlung) zusammengefunden hat, es findet auch unsere Anerkennung, daß eine intensive Arbeit zur Bildung der Arbeitsgruppen schon getätigt wurde. Allerdings sind wir letztendlich aus der Stadtverordnetenversammlung doch sehr enttäuscht hinausgegangen, warum? Um diese Frage zu beantworten müßten wir vielleicht noch mal kurz die Entstehung des Dialogs beleuchten.

---

1 Es handelt sich um die Mitschrift des Büros des Oberbürgermeisters. Die Schriftführung wechselte zweimal. Einige Namensabkürzungen wurden später handschriftlich ergänzt und sind kursiv gesetzt. Es bedeuten: B.=Wolfgang Berghofer, Heit.=Steffen Heitmann, M.=Henry Mattheß, W.=Herbert Wagner, Z.=Christof Ziemer. Beim erkennbaren Wechsel zu einem unbekannten Diskussionsteilnehmer wurde ein Fragezeichen *[?:]* eingefügt, um den Wechsel zu markieren. Wenn die Namen sich klar aus dem Zusammenhang ergeben, aber im Dokument fehlen, wurden sie kursiv in eckige Klammern gesetzt *[Berghofer:]*.

Es ist doch allen klar, daß das auslösende und zwingende Moment für die Entstehung des Dialogs war, daß viele also, na doch Zehntausende Menschen gegangen sind - die einen über die Grenze, die anderen auf die Straße. Mit den ersteren kann man leider schlecht einen Dialog führen - was wir alle bedauern - auf der anderen Seite die Menschen, die auf die Straße gegangen sind und die noch auf die Straße gehen, stellen die eine Seite dar, die durch uns zu der Zeit vertreten wurde, durch die Gruppe der Zwanzig, eine Seite des Dialogs und die andere Seite, die Bereitschaft des Rates der Stadt, diesen Dialog anzunehmen, d. h. also ein Zwiegespräch - ein Zwiegespräch, das also auf zwei Seiten beruht. Wenn wir von diesem Fakt noch mal ausgehen, von diesem ursächlichen Fakt, dann bedeutet das für die Weiterführung des Dialogs, diese Zweiseitigkeit zu wahren und diese Zweiseitigkeit sollte vor allem auf Gleichberechtigung beruhen. Und eben dieses Prinzip, dieses entscheidende Prinzip der Gleichberechtigung ist unseres Erachtens mit der Art und Weise des Verlaufs der Stadtverordnetenversammlung erheblich verletzt worden. Wir hatten Ihnen, Herr Oberbürgermeister, rechtzeitig einen Themenkatalog über unsere Ansichten, Meinungen, über die Forderungen der Demonstranten vorgelegt, die also Gegenstand der zukünftigen Arbeit sein sollten, wir mußten deshalb doch etwas mit Befremden feststellen, daß wir erst am Donnerstag früh das von Ihnen eigens erarbeitete Papier, Ihren Themenkatalog erhalten haben, wo wir feststellen mußten, daß wir, daß unsere Vorschläge, das, was wir Ihnen vorher eingereicht hatten, nur zum Teil bzw. gar nicht berücksichtigt wurden. Wir hatten überdies keinen Einfluß, weder auf den Verlauf der Stadtverordnetenversammlung, so daß wir doch etwas dort an den Rand gedrückt wurden, im ganzen Verlauf der Stadtverordnetenversammlung. Wir hatten auch keinen Einfluß, unmittelbaren Einfluß auf diese Erstellung des von Ihnen vorgelegten Papieres. Wir müssen uns da wirklich so ausdrücken, daß wir das so auffassen, daß dort über den Kopf des Dialogpartners, also über unseren Kopf hinweg, entschieden wurde.

Daraus ergibt sich natürlich nun zwangsläufig eine erhebliche Anzahl von Differenzen, einmal zum Inhalt, vor allem aber, das fängt schon bei den Formulierungen an, wo also unsere Auffassung mit dem, in dem was zum Beschluß vorgelegt wurde erarbeiteten Papier, nicht Übereinstimmung, wobei sowieso etwas niveaulos am Ende war, ob nun das ganze Papier, so wie es hier ist, angenommen wurde, oder bloß die Bildung der Arbeitsgruppen, also es ist dann doch etwas nicht gut genug kristallisiert worden am Ende bei der Beschlußfassung.

Wir haben auch Bedenken bei einer Anzahl von Abgeordneten, nicht bei allen, auf keinen Fall aber bei einer Anzahl von Abgeordneten, daß sie sich eben nicht im Klaren war, wer eigentlich die zwei Seiten des Dialoges sind. Die eine Seite ist Ihnen klar, nämlich der Rat der Stadt, aber daß viele, glaube ich, noch nicht erkannt hatten, daß der Dialog eigentlich zwischen den Vertretern der Demonstranten und dem Rat der Stadt, also zwischen Ihnen und unserer Gruppe der Zwanzig geführt wird, daß ist sicherlich auch mit darauf zurückzuführen, daß unsere Statusfrage nun in fast 3 Wochen immer noch nicht geklärt wurde.

Abschließend möchte ich bemerken, wenn der am 9.10. begonnene gemeinsame Weg zwischen uns fortgesetzt werden soll und nicht zum Alleingang ihrerseits werden soll, muß endlich das, was also überall geredet, geschrieben wird von einer Gleichberechtigung, von einer gleichberechtigten Mitgestaltung und Einflußnahme für jeden Bürger auch umgesetzt werden, und das bedeutet, auf unserer Ebene, wenn wir den Dialog führen, daß also Gleichberechtigung auch der Gruppe der Zwanzig nicht nur bei der Arbeit durchgesetzt wird, sondern auch die der Findung

zur Arbeitsweise. Zu konkreten Sachen dann noch der Arbeitsgruppen und vor allem auch werden sich noch einzelne Mitglieder der Gruppe äußern und konkrete Einzelvorschläge für die weitere Arbeit, um das, was ich gerade nannte, in Zukunft auszuschließen, werden wir jetzt auch noch vorbringen. Das wäre der 1. Punkt zur Stadtverordnetenversammlung unsererseits.
B.: Ich darf den unsrigen vortragen, ich glaube, Sie machen einen gedanklichen Fehler zum Ausgangspunkt aller Betrachtungen. Mittlerweile gibt es nicht nur die Gruppe der Zwanzig, die im Dialog sein will - das Spektrum ist viel größer. Und ich kann Sie nicht als Alleinvertretung, so gerne ich das hätte, das würde meine Arbeit viel einfacher machen, einfach akzeptieren. Wir müssen also einen Konsens finden, der breiter geht, ich will dann noch Vorschläge unterbreiten. Sie waren mit mir, oder ich mit Ihnen, auf der Cockerwiese. Auch dort wurde deutlich, daß es sehr differenzierte Meinungen und Standpunkte gibt, von offener Konfrontation bis Billigung und konstruktiv. Nicht alle Ihre Ausführungen haben dort Zustimmung gefunden, genauso wenig wie meine, das ist der Fakt. Deshalb will ich Sie richtig einordnen, gleichberechtigt im Sinne, daß es noch andere neben Ihnen gibt.
2. Solange es neben Ihrer Erklärung nicht eine Absicht gibt, ein Programm, wo es hingeht mit Ihnen, sind Sie für mich nicht berechenbar, ich kann nicht anfangen, außer allgemein Bla-bla ist ja noch nichts passiert, genau dasselbe, was Sie mir vorwerfen. Also jetzt sage ich mal für Sie gesprochen, wenn Sie in die Offensive kommen wollen, dann muß was substantielles auf den Tisch. An mich sind seit dem 9.10., also seit dem wir hier das erste Mal gesessen haben, vor allen Dingen ab 10.10. dann, nachdem die Auswertung in dankenswerter Weise in den Kirchen stattfinden konnte, an mich persönlich etwa 10 000 Meinungsäußerungen schriftlich ergangen. Sehr differenziert, konkrete Vorschläge, bei vielen merkt man, daß sie mit in der Kirche waren und Ihre Meinung teilen. In keinem Fall wird das in Frage gestellt, was ich begonnen habe - auch das betrachte ich als Legitimation, daß wir auf dem richtigen Weg sind. Ein großer Teil sagt sogar vielen Dank! Es war ja am 9. keine einfache Entscheidung, da wir die sogenannte Wende ja noch nicht vollzogen, da spielte ich schon mit der Existenz dieses Stuhls, an den ich nicht gebunden bin, der mir nichts einbringt, außer dem Privileg auf Arbeit.
Die Ingenieure, die unter Ihnen sitzen, die verdienen zumindestens genauso viel oder mehr als ich und ein besonderes Auto habe ich nicht und ein Ferienheim auch nicht und meine Wohnung ist nicht anders als die Ihrige.
Wir sollten, was die Stadtverordnetenversammlung betrifft, Mißverständnisse ausräumen, wenn der Dialog Erfolg haben soll und deshalb seien mir einige Widersprüche gestattet. Aus meiner Sicht war sie ein hoffnungsvoller Beginn, den niemand gering schätzen soll und klein machen darf, ich glaube, so habe ich Sie auch nicht verstanden. Sie haben ja auch die Akzeptanz an die Spitze gesetzt und wenn Sie, das steht mir hier zu, zu sagen, jetzt mal den Blick Dresdens zu verlassen und weiter zugucken, dann werden Sie wissen, was dort eigentlich passiert ist. Es zeigte auch, daß wir nicht nur davon reden dürfen, jede Seite müsse lernen, sondern wir brauchen auch die Bereitschaft, lernen zu wollen - beide Seiten.
Wir haben die Stadtverordnetenversammlung für uns bereits kritisch ausgewertet, sehen manches, was zu verbessern ist, wollen ja in dieser Öffentlichkeit und Offenheit bleiben, die nächste haben wir schon beschlossen für den 22. und 23. Spaßigerweise haben Sie die eigentlichen Fehler, die wir gemacht haben, offensichtlich gar nicht bemerkt, aber Ihre Erwartungen und Vorstellungen zum Maßstab gemacht für das, was dort rauskommen sollte. Ich verstehe das, aber das ist nicht der

Maßstab des Stadtparlaments und deshalb noch einiges mit klarem Blick und ohne Vorurteile: Es war die Tagung der Stadtverordnetenversammlung und nicht ein Treff von Abgeordneten mit der Gruppe der 20. Wenn wir das eines Tages machen wollen, halte ich auch für möglich, da müssen wir es ganz anders anlegen und organisieren.
Die Stadtverordnetenversammlung hat für Ihre Tagung eine von allen Abgeordneten beschlossene Geschäftsordnung, sonst kann man Demokratie nicht spielen, das ist in jedem Parlament der Welt so. Dies wurde Ihnen in Vorbereitung der Stadtverordnetenversammlung übergeben und wenn man irgendwo Gast ist, muß man sich an diese Spielregeln halten oder sagen, wir akzeptieren sie nicht, dann kann man dort nicht Gast sein, da muß man andere Regeln finden. Das hat nichts mit Arroganz der Macht zu tun. Sie können sich ja spaßeshalber mal da vorn hinsetzen und versuchen, eine solche nichthomogene Einheit zu einem Ergebnis zu bringen. Deshalb verwundert mich das, was die Union schreibt, was im übrigen fast wörtlich das ist, was Sie am Abend auf der Cockerwiese vorgetragen haben, weil die Stadtverordnetenversammlung niemals mit ihren Gästen abgestimmt werden muß, kann, soll.
Ich verstehe auch nicht, warum das Auftreten der Mandatsträger, wenn Sie genau hingehört haben, haben Sie gesehen, was sich da, hinter einem Wandel, an Schmerzhaftigkeit, Bitternis verbarg, wieso das formales Abarbeiten ist. Das war der 1. Versuch, das praktisch zu vollziehen, worüber jetzt so oft geredet wird.
3. Wir hatten doch abgesprochen, Sie erhalten 30 Minuten Redezeit, 3 Kollegen kommen zu Wort. Wir hätten auch sagen können, wir reden 60 Minuten und 6 kommen zu Wort. Deswegen verstehe ich nicht, daß das, was Sie erst gut fanden, nun einen negativen Anstrich bekommen soll. Wir haben die Rundfunkmikrofone geöffnet für Sie, wir haben das ZDF in den Raum geholt, wir haben alles, was man offen machen kann, geöffnet, ohne Vorbehalte, auch dort, wo der Rundfunk entschied um 10.00 wegen Sendeorganisation, weil nicht nur Dresden, sondern auch Karl-Marx-Stadt notwendig wurde, ab 11.00 Uhr wieder live dabei zu sein, die Reden wurden 13.00 Uhr nachgereicht.
Also ich bitte Sie herzlich, daß wir uns nicht an Punkten in Konfrontation begeben, weil Vorurteile vorhanden sind. Ich bin bereit, diesen Weg gemeinsam mit Ihnen zu gehen in die nächste Runde, machen wir das nächste Stück besser.
Sie sagen mir und der Stadtverordnetenversammlung Unredlichkeit bei der Gegenbestimmung der Arbeitsgruppen nach. Das hat meines Erachtens wieder etwas mit Ihrem Selbstverständnis zu tun und der nicht ausreichenden Bereitschaft, alle Dialogpartner anzuerkennen. Alle Ihre inhaltlichen Themen können ungeschminkt – und Sie werden noch zu vielem Neuem kommen – auf das Sie noch gar nicht gestoßen sind – in die Arbeit der Arbeitsgruppen einfließen, ohne wenn und aber, und ich werde dafür sorgen, daß das, was am Ende als Produkt entstanden ist, hier oder anderswo auf die Tische gelangt, wo entschieden werden muß.
Die Themen der Arbeitsgruppen, wie sie jetzt ausgeschrieben sind, wiederspiegeln das Denken vieler in der Stadt, nicht nur Ihres, das ist nicht so homogen. Also, es ist nicht gerechtfertigt, nur Ihre Themen zum Nonplusultra zu machen, zu sagen, die sind und keine anderen. Mein Kompromißangebot lautet, alles was Sie an thematischen Dingen vorschlagen, wird bearbeitet, darüber können Sie laut reden, jedes Publikum, das wir schaffen werden für die Arbeitsgruppen, können Sie gebrauchen, um zu sagen, sehen wir anders, sehen wir völlig anders, falsch, unse-

re Alternative lautet so. Ansonsten sind Ihre Interessen beachtet worden und gehen weit darüber hinaus, daran kann ich nichts negatives erkennen.
Konstruktiv wäre jetzt für mich, wenn Sie sagen, also 10–12 soll die Stärke der Arbeitsgruppen etwa sein, sie soll paritätisch zusammengesetzt sein, also Sie bestimmen, ob 5 oder 6 oder 7 - ich bin auch großzügig, wir müssen uns nicht um einen Kopf am Ende streiten, da werden in einer Arbeitsgruppe vielleicht Sie mehr Leute haben, als die, die wir dahin delegiert haben, entscheidend ist am Ende das Ergebnis. Aber wir sollten jetzt anfangen zu arbeiten, weil wir hier in der Runde nicht weiterkommen oder wir müßten jetzt sagen, wir nehmen uns ein Thema heraus und bearbeiten das. Ohne Akzeptanz, daß die Stadtverordnetenversammlung von der Mehrheit der Dresdner gewählt wurde, finden wir aber keine Basis. Und Herr Ziemer, Sie werden mir recht geben, Sie haben selber alles gelesen und gesehen, unter 50 Prozent hat keiner der Abgeordneten zur Disposition gestanden. Wenn wir für notwendig erachten, Neuwahlen auszuschreiben - auch das ist hier recht klar zu sagen - kann ich das nicht entscheiden, dann müssen wir es dorthin geben, wo es hingehört.
Es ist eine Fehleinschätzung, wenn Sie meinen, für alle Dresdner zu reden. Sie reden für viele, aber nicht für alle. Da müssen wir uns einig sein, das müssen Sie akzeptieren und sagen, ja so verstehen wir uns. Wir sind für die da, die uns auf der Straße gewählt haben, das sind heute mehr als am 8., einverstanden. Die Masse auf der Joe-Cocker-Wiese, nein falsch, ein großer Teil waren nicht einmal Dresdner. Also ich habe dort vielen geantwortet, über die ich überhaupt keine Kompetenz habe.
Ich finde es gut, daß Sie für Tausende Dresdner sprechen, und ich will da auch nicht feilschen, wie groß die Zahl ist, für die Sie sprechen. Das Konto und die eingezahlten Markstücke beweisen das ja, daß es eine große Zahl ist. Das akzeptiere ich und deshalb sind Sie für mich Partner, aber es gibt auch noch Andersdenkende außerhalb Ihrer Reihen.
Wie es mit dem Neuen Forum weitergeht, kann ich nicht beurteilen, da wird es auch weitergehen, z.B. der Vorwurf, die Abgeordneten seien nicht Vertreter des Volkes, den halte ich für ungerechtfertigt, auch auf meine Person bezogen, für kränkend. Weil ein großer Teil der Stadtbevölkerung - jedenfalls heute noch - zum Oberbürgermeister steht, weil der nämlich Hoffnungsträger ist für viele und damit sollten wir gemeinsam auch ganz behutsam umgehen. Was gestern über den Sender ging in Berlin, daß natürlich eine handvoll Provokateure eine friedliche Kundgebung oder Demonstration auch mißbrauchen kann, das ist ja nicht von so weit hergeholt.
Also bin ich bereit, wir alle, konstruktiv über Wahl zu diskutieren, aber nicht in Form von Beleidigungen in eigener Selbstüberhöhung, das geht schief und bringt uns alle ins Abseits. Und noch ein Wort zur Stadtverordnetenversammlung und der Öffentlichkeit dazu. Auch das werden wir also lernen, verehrte Kollegen der Presse, offensichtlich wird dann Öffentlichkeit auch kontrovers, nämlich dann, wenn Unwahrheiten geschrieben werden. Da habe ich noch keine Antwort dazu, aber vielleicht sollten wir da auch gemeinsam kritisch bleiben und sagen, das sehen wir in gleicher Weise als unwahr an und distanzieren uns davon.
Ich meine den Artikel „Vor den Augen des Volkes“ in der Union. „Sie wurden auf den Balkon verbannt“ - dort sitzen bei uns die Gäste immer, da sitzen sogar hochrangige Gäste. - „War die Unbeweglichkeit, ja auch die Arroganz der Macht Tages-

ordnung, auf die die Gruppe der 20 keinen Einfluß nehmen konnte, die Geschäftsführung scheint eine ‚heilige Kuh' zu sein, etc."
Ich denke es ist jetzt, ich würde es nicht für sehr sinnvoll halten, jetzt sehr ausführlich über diese Frage zu reden, ich möchte nur etwas sagen zu dem Problem des Dialogpartners. Ich denke, daß die Gruppe nicht beansprucht, für alle Dresdner zu sprechen, aber es ist die einzige Gruppe von Bürgern, die eine Vielzahl von Bürgern dieser Stadt vertritt, die mit ihnen redet und das ist, denke ich, nicht ausreichend in der Stadtverordnetenversammlung zum Ausdruck gekommen, auch in Ihrer Eröffnungsrede nicht deutlich bewußt gemacht worden. Ich habe gesagt es ist eine Art Testfall, an dieser Stelle wird sich entscheiden, ob der Dialog an anderen Stellen auch ernsthaft gemeint ist, und dazu gehört es eben nicht nur, einzelne Bürger wahrzunehmen, sondern auch die Gruppen von Bürgern, dies scheint mir, glaub ich für die Klärung des ganzen nötig zu sein. Ich denke, weder die Gruppe hat einen übertriebenen Anspruch, davon ist sie, glaub ich, ziemlich frei für sich selbst, aber es ist nötig, sich bewußt zu machen, daß es das einzige Modell ist, wenn ich es richtig sehe, im Lande, indem eine solche Gruppe auch eine aus der Menge des Volkes bestimmt ist und akzeptiert als Selbstgesprächspartner und dem muß auch Rechnung getragen werden, das ist nämlich der Punkt, wo auch die Gruppe dann allergisch darauf reagiert, wenn sie nicht ausgesprochen wahrgenommen wird, als das, was sie dort ist.
Damit bin ich einverstanden, weil wir die Frage beantworten müssen, Arbeitsweise, Arbeitsmöglichkeiten, Status der Gruppe, ansonsten drehen wir uns ja im Kreis.
M.: Im Anschluß an diese Ausführung, der Standpunkt der Stadtverordnetenversammlung war doch, wie wird die weitere Arbeit zu gestalten sein mit Hilfe dieser Arbeitsgruppe. So, und im letzten Gespräch sind wir ja zum Einverständnis gekommen, daß das unser weiterer Weg ist. Da müssen wir doch sehen, daß das die zentrale Entscheidung der Stadtverordnetenversammlung war, und die wurde letztendlich beschlossen nur nach ihrem Papier, hatten wir gesagt, daß wir darauf keine Einflußnahme hatten. Also müssen Sie doch hier zugeben, daß das kein Dialog war, sondern daß das eine Entscheidung Ihrerseits ist und auch ein Weg, den Sie notfalls bereit sind, allein zu gehen. Und das haben Sie im vorigen Gespräch auch sinngemäß geäußert - wenn sie nicht mitmachen, dann machen wir das allein - und das verstehen wir eben nicht unter Dialog und da gehört eben auch dazu, daß die Beschlußfassung zu solchen entsprechenden Sachen, die unsere weitere Arbeit betreffen, auch mit uns abgestimmt werden müssen.
B.: Ich würde jetzt sagen wollen, daß unsere bisherigen Gespräche, hier in diesem Raum, in der Öffentlichkeit gleich wo, auch auf den großen Demonstrationen oder auch auf der Stadtverordnetenversammlung bei beiderseitigen ernsten Willen um die Sache, um die es geht, um Erneuerung, Reform und Fortschritt im Sinne des Sozialismus auf der Grundlage der Verfassung, ein bestimmtes Maß an gemeinsamer Verantwortung und gemeinsamen Standpunkten zu Kernfragen erreicht haben.
Das würde ich als einen ganz wichtigen Gesichtspunkt der bisherigen Diskussion, des bisherigen Dialogs halten. Da sind nach meinem Dafürhalten, wenn man alles recht bedenkt, der Ausgangspunkt, die Ursachen und Probleme, ein wesentlicher Fortschritt. Wir haben von unserer Seite aus nie und werden das auch nicht tun, ich denke, da sind wir uns einig, die Absicht oder so etwas, auszusprechen oder zu tun, als sei das eine einseitige Sache. Wir haben auch in der Stadtverordnetenversammlung zuviel Fragen offen gelassen und gesagt, da sind auch wir Lernende,

keine Frage. Ich will hier nur hinzufügen, daß ich den Standpunkt ebenso vertrete, wie der Oberbürgermeister, daß es dabei bleiben muß, die Stadtverordnetenversammlung ist das höchste Machtorgan der Bürger unserer Stadt und die Stadtverordnetenversammlung hat sich, da komme ich zum zweiten Punkt, erstmalig und in den Ausführungen des Oberbürgermeisters wurde formuliert, daß ist unser Standpunkt, mein Standpunkt, das ist ein Neubeginn. Daß wir auf dieser Stadtverordnetenversammlung mit einer breiten Öffentlichkeit Raum gelassen haben - sicher noch nicht ausreichend, vom Inhalt und vom Zeitpunkt - daß viele Auffassungen zu Wort gekommen sind.
Wir sind uns einig, wir haben uns heute darüber unterhalten, zur Vorbereitung der nächsten Stadtverordnetenversammlung, da sind einige nicht zu Wort gekommen, das wird nachgeholt, darüber gibt es keinen Zweifel.
Aber bitte bedenken Sie, diese Stadtverordnetenversammlung hat für beide - und so würde ich das sehen - erhebliche Fortschritte, was den Dialog öffentlich und inhaltlich anbelangt, gebracht.
Eben weil dem so ist, sollten wir vielleicht einmal, den Versuch unternehmen, gemeinsam einige Dinge, die noch nicht geklärt sind - zu einigen kommen wir noch - vielleicht nicht so sehr in den Vordergrund bringen, sondern die Frage zu beantworten, worüber wir uns einig waren, es muß zu einem Arbeitsprozeß kommen, damit wir im Ergebnis dieses Arbeitsprozesses zu weiteren Erkenntnissen und praktischen Ergebnissen gelangen, die wir auch der Öffentlichkeit gemeinsam kundtun können, wo wir Entscheidungen herbeiführen, sonst diskutieren wir viele Fragen immer wieder aufs neue, aus der gleichen Sicht, vom gleichen Standpunkt, und es kommt nicht zu den befriedigenden Ergebnissen.
Also, ich, für meine Person, würde sehr begrüßen, der Leiter der zeitweiligen Arbeitsgruppe, Fragen der Versorgung - übrigens haben wir alles aufgenommen, was an dieser Stelle gesagt wurde von Ihnen - da ist auch alles offen, wir können alle Fragen in dieser Arbeitsgruppe diskutieren, wenn noch weitere hinzukommen. Doktor [...] (event.Röhrer) hat mich gebeten, doch hier auszusprechen, er erwartet auf die amtlichen Vorschläge, damit das jetzt in den nächsten Tagen zielstrebig vorangehen kann, denn darüber sind wir uns einig, die nächste Stadtverordnetenversammlung erwartet, und die Öffentlichkeit erwartet, über die Stadtverordnetenversammlung einige Antworten zu den Fragen, die jetzt beiderseitig aufgeworfen worden sind und da sollten wir zunächst an die wichtigen Fragen herangehen, die uns alle bewegen, und da sind viele und ganz wichtige Fragen drin für unsere Stadt, also insofern würde ich keine direkten unmittelbaren Hemmnisse und Bremsen mehr sehen, in diesen Arbeitsprozeß jetzt gemeinsam unmittelbar überzugehen, um zu praktischen Ergebnissen zu kommen.
Kann ich vielleicht mal ein Vorgriff machen, damit es für Sie leichter wird? Ich bin Realpolitiker, ich halte nichts von allgemeinen Sprüchen. Wir haben Sie de facto als Gruppe der 20 akzeptiert. Sonst hätten wir nie zusammen gesessen.
Ich habe auf der Cockerwiese das erste Mal auch diesen Begriff geprägt. Wir sind bereit, Sie als „Gruppe der Zwanzig" als eine Form Bürgerinitiative zu akzeptieren, entsprechend Ihrer Erklärung, an der man vielleicht noch arbeiten könnte, sollte, müßte. Gesetzlich betrachtet, also das wäre der politische Standpunkt, den ich zu sagen habe. Gesetzlich betrachtet ist es schon etwas schwieriger, weil das Gesetz erfordert, daß Vereinigungen, die geschaffen werden sollen, beantragt werden und in entsprechenden vorgeschriebenen Verfahren kompliziertester Art über die Bühne gehen müssen. Wenn wir also im Kompromiß, der das nicht notwendig

macht, ich bin auch bereit diesen Weg zu gehen, aber der ist ungeheuer kompliziert, dann stell ich mich auch vor das Mikrofon, egal an welcher Stelle und rede von der „Gruppe der Zwanzig", das habe ich in der Stadtverordnetenversammlung nicht machen können, denn bis dahin hatte ich hier die Gruppe als eigenständige Interessenvertretung nicht akzeptiert. Nun weiß ich nicht, dieser Satz: „Wir sind bereit, sie zu akzeptieren" steht. Das schließt ein, das wir Arbeitsmöglichkeiten finden, das wir genau definieren müssen, was heißt gesellschaftliche Arbeit, also sie können nicht mehr Rechte zum Beispiel beanspruchen als die Abgeordneten. Das kann ich nicht tragen, aber bis dahin will ich ja gehen und dort, wo Sie in Arbeitsgruppen mitwirken müssen, wir nicht über die Arbeitsmöglichkeiten reden, weil die da sind. Was da zu schreiben ist oder so, daß muß man eben mit dem Leiter bereden, das wird möglich sein. Nehmen wir mal an, wir werden uns einig über die ganzen Details, die sich dahinter verbergen, die Gruppe der 20 ist akzeptiert, wir werden mit ihr leben, wir betrachten sie, als eine neue Form, Interessen der Bürger wahrzunehmen, sie wird einbezogen ins öffentliche Leben, sie wird ihre Plattform kriegen, wo sie sich artikulieren kann. Die Presse hat sich schon als der erste Punkt ihrer Erklärung uneingeschränkte, sachliche wahrheitsgetreue und umfassende Berichterstattung in den Medien ist für mich nicht immer diskutabel. Das ist erledigt, da muß man über Qualität reden, über den Umfang reden, über Art und Weise reden, also muß diesen Prozeß qualitativ ausfüllen, also ist es keine Frage mehr ob oder ob nicht. Aus dieser Sicht würde ich bitten, daß Herr Dr. Hecht noch einmal seine Position sagt, als der Chef der Redaktionskommission zur Stadtverordnetenversammlung, damit Sie vielleicht einen Konsens finden und dann zum nächsten Punkt übergehen können. Wir sind der Meinung, daß schon sehr vieles zu diesem ersten Punkt gesagt wurde. Wir stimmen grundsätzlich zu, daß mit der Stadtverordnetenversammlung ein hoffnungsvolles Zeichen gesetzt wurde. Wir haben hier unterschiedliche Positionen dargelegt, teilweise beruhen sie auf Mißverständnissen, um eines vielleicht auszuräumen - Herr Altmann[2] wollten Sie noch etwas zu den Wahlen sagen -.

Heit: Ein Wort zu Ihren Äußerungen zum Anzweifeln des Mandats der Volksvertretung und Ihres eigenen Mandats. Ich denke, die persönliche Hochachtung versagt Ihnen speziell Herr Berghofer niemand, und de facto ist die Stadtverordnetenversammlung als Träger der Macht in der Stadt anerkannt. Auch von uns und von der Gruppe der 20, ich denke das kann man eindeutig so sagen, sonst wäre ein Dialog ja gar nicht sinnvoll. Aber ich muß dazu fügen, solange die Unklarheiten über den Wahlgang nicht aufgeklärt sind, wird dieses Thema auf dem Tisch bleiben, bis zu einer Wahl, die fair und offen erfolgt.

Das muß ich einfach so sagen, das kann sicherlich auf der Stadtebene entschieden werden, aber es wird ein Thema bleiben und die bohrende Frage nach dem Mandat wird daher stehenbleiben. Aber ich denke, das ändert nichts daran, daß wir uns gegenseitig akzeptieren.

Ja, von Ihrer Seite wollte noch [...]

?: Ich darf mich erstmal freuen, daß vielleicht meines Wissens erstmalig in der Runde nicht nur der Rat sondern die Stadtverordneten im engeren Sinne oder Stadtverordneten, die nicht zum Rat gehören, einbezogen meiner Person, weil, das wurde eingangs gesagt, tatsächlich bisher richtigerweise gewachsen aufgrund der Initiative unseres Oberbürgermeisters der Dialograt der Gruppe der 20 war. Inso-

---

2 Gemeint ist Heitmann.

fern natürlich, muß es auch so sagen, wir haben ja in der Zwischenzeit mit unseren Abgeordneten in den Ständigen Kommissionen und Vorsitzenden der Ständige Kommission Arbeit/Berufsbildung diskutiert. Zwar ist von allen Abgeordneten, so wie ich das gehört habe, natürlich Presse und alles verfolgt worden, aber die Aufgabenstellung und die Situation, wie wir sie dann vorgefunden haben, war manchem Abgeordneten erstmal völlig neu und auch in der Problemstellung neu. Bis, ich sage auch offen, bis zur Ablehnung. Also da sind auch Prozesse noch unter manchen Abgeordneten zu führen, die noch nicht eindeutig sind, weil sie einfach bestimmte Fragen des Wesensdialogs erst klarer kennenlernen müssen, sag ich auch ganz offen. Und weil das so ist, gab es auch und gibt es bis zuletzt auch nach der Stadtverordnetenversammlung auch unter den Abgeordneten einige Unmutsäußerungen, muß ich auch sagen.
Es wurde die Meinung vertreten, auch bei mir in der Ständigen Kommission: „Ja, wieso sind wir als Ständige Kommission, ich hatte mich darauf vorbereitet, nicht zu Wort zu kommen, und damit produktiven Vorschlägen auch zur Veränderung einiges in unserer Stadt. Ja, war das so, daß die anderen zu Wort kamen? Unverständlich, wir sind doch eigentlich Stadtverordnetenversammlung. Wir haben die Sache so im Sinne des Dialogs versucht zu klären, aber es mußte zunächst geklärt werden. Es war also nicht von vornherein klar, bei jedem so dieses Einverständnis, also auch hier im Prozeß bitte auch das zu beachten und insofern würde ich begrüßen, daß man vielleicht künftig in solche und ähnliche Formen, also auch noch andere Ebenen versucht zu finden, daß, jawohl in den Arbeitsgruppen, aber auch zu diesen Rathausgesprächen im geeigneten Moment auch noch andere Mitglieder der Stadtverordnetenversammlung vor der Ständigen Kommission hinzugezogen werden sollten und was die Ergebnisse betrifft, so sind da eben für uns als Abgeordnete doch zwei Ebenen sichtbar geworden. Ergebnis: Dialog, dazu wurde gesprochen, will ich nichts mehr sagen, da würde ich dem zustimmen, was hier gesagt wurde von der Gesamteinschätzung bei allen Konsens und auch bleibenden zunächst mal bleibenden unterschiedlichen Positionen, aber für uns in vielerlei Fragen der Selbstfindung des stärkeren Positionierens in Fragen Kritik-Selbstkritik und auch der Erkenntnis manches, als Abgeordneter noch mehr bewegen zu können oder überhaupt bewegen zu können, was in der Vergangenheit nicht der Fall war in dem Maße sind wir, das kann ich erklären, mit dieser Stadtverordnetenversammlung einen ganzen wichtigen ersten Schritt vorangekommen. Das kann ich hier so sagen.
Ein erster Schritt, er wird größer und es werden weitere Schritte folgen müssen. Aber auch das, was jetzt vielleicht außerhalb des Dialogs, weil zunächst mal die Dialogfragen im Mittelpunkt standen, auch ein ganz wichtiges Ergebnis der Entwicklung der Demokratie, des Ausbaus der Demokratie, neuer Formen für uns selbst sich gezeigt hat.
Wir haben etwas Verständnis füreinander meine ich gewonnen daraus und ich schlage vor, zum zweiten Tagesordnungspunkt [...]“
Z.: Darf ich noch einen Vorschlag machen? Unsererseits bevor wir mit dem zweiten Tagesordnungspunkt, daß wir uns etwas lockerer hinsetzen und den Riß zumachen.
B.: Das hört sich gut an, übrigens kompromißbereit. Er schließt den [...]
Zweiter Tagesordnungspunkt - Herr Heitmann sagt dazu etwas. Wenn Sie die Absicht haben, zur Stadtverordnetenversammlung am 22. oder 23. als Gruppe wieder in Erscheinung zu treten, jetzt mal unabhängig von den Ergebnissen der Ar-

beitsgruppentätigkeit, dann müßten Sie das in den nächsten Tagen exakt an uns übermitteln, der Partner für Sie wäre Frau Dr. Kerbus, meine Referentin, dann aber exakt definieren, wir kommen mit 20 Leuten, wir wollen das und das machen und nicht mich in die Lage versetzen, aus der Bewegung von 500 Entscheidungen zu treffen, die unten nicht getragen werden. Ich biete Ihnen das wieder an, damit Sie erkennen, Sie sind akzeptiert für das Stadtparlament. Wenn Sie sagen, wir wollen das nicht, das bleibt Ihrer Entscheidung überlassen.
[*?:*] Grundsätzlich müssen wir schon an dieser Stelle zusagen, daß wir daran interessiert sind. Über den Inhalt müßten wir etwas nachreichen.
Herr Heitmann: Ich möchte vier Punkte in aller Kürze sagen, die Rede von Staatsanwalt Braun vor der Stadtverordnetenversammlung haben wir mit Betroffenheit gehört. Sie hat uns kalte Schauer über den Rücken geschickt. Kein Wort des Bedauerns, kein Anflug eines Selbstvorwurfs, wie es etwa von Bezirksstaatsanwalt Lindner zu hören war im Unioninterview vom 24.10.89. Als Ungeheuerlichkeit müssen wir die Behauptung verstehen, die Zuführung von 1303 Personen sei gemäß §15 des VP-Gesetzes zulässig gewesen, denn es sind völlig Unbeteiligte zugeführt, geschlagen und unwürdig behandelt worden. Das kann nicht zulässig sein. Am schlimmsten der selbstgerechte, belehrende und drohende Ton dieser Rede, der an schlimme Zeiten gemahnte. Ich kann das nur als eine Diffamierung der Betroffenen bewerten, ein Vertrauen in die Untersuchung der Einzelfälle durch die Staatsanwaltschaft ist damit nicht begründet worden. Es handelt sich nicht um einzelne Übergriffe sondern um einen erschütternden Gesamtvorgang, der als solcher der Aufarbeitung und der öffentlichen Beleuchtung bedarf.
2. Wir sind enttäuscht über die Behandlung des Antrages von Superintendent Ziemer und der Gruppe der 20 auf Bildung einer unabhängigen Untersuchungskommission und wir protestieren dagegen. Eine Diskussion über diesen Vorschlag hat nicht stattgefunden, der Vorschlag einfacher Weitergabe an die Volkskammer wurde von einer Redaktionskommission unterbreitet, die an sich für ganz andere Aufgaben gebildet worden war.
Warum hat die Stadtverordnetenversammlung nicht selbst Position dazu bezogen? Warum haben auch Sie Herr Oberbürgermeister an dieser Stelle nicht klar Position bezogen? Wieso hat die Stadtverordnetenversammlung keine Untersuchungskommission eingesetzt, denn das kann sie meines Erachtens tun, auch wenn die Kompetenzen einer solchen Untersuchungskommission vielleicht gering sein werden, aber das wird sich ja, würde sich ja gezeigt haben. Die Beteiligung der anderen Abgeordneten etwa von Bezirkstag und Volkskammer, wie vorgeschlagen, hätte man ja erbitten können, darüber kann man natürlich nicht befinden. Dem Vernehmen nach hat jetzt, nein nicht nur dem Vernehmen nach, inzwischen stets auch in der Presse, der Berliner Oberbürgermeister die Bildung einer solchen unabhängigen Kommission zugesagt. Die klare Option für die Einsetzung einer unabhängigen Untersuchungskommission wäre ein überzeugendes Zeichen für die Aufrichtigkeit des Dialogs und des Willens zur Erneuerung unserer Gesellschaft.
3. Die Äußerungen des Staatsanwaltes können unseres Erachtens nicht als das letzte Wort angesehen werden, wir fordern, daß sich Herr Braun dem öffentlichen Gespräch mit den Betroffenen stellt. Wir fordern, daß die verantwortlichen Einsatzleiter von Volkspolizei, NVA und Staatssicherheit im öffentlichen Gespräch mit den Betroffenen sich ebenfalls stellen. Wir schlagen hierfür ein gemeinsam verantwortetes Podiumsgespräch im Kulturpalast vor.

4. Wir haben mit Erleichterung und Freude den Beschluß des Staatsrates über die Amnestie zur Kenntnis genommen, zu fragen ist, was wird mit den in der Vergangenheit im Umfeld der amnestierten mit der Amnestie belegten Straftaten erlassenen Ordnungsstrafen. Also, Trommeln für China, die Protestaktion vor dem Reinstsiliziumwerkgelände in Gittersee. Wir müssen auch hier, denk ich, die Forderung nach einer Aufhebung dieser Ordnungsstrafen erheben, auch die Forderung nach Aufhebung bereits verwirklichter Ordnungsstrafen. Und schließlich möchte ich noch erbitten eine Antwort auf die Frage, die wir Ihnen bereits schon vorgetragen hatten, welche Regelung ist zu treffen für den Ausfall der Arbeitszeit bei Zugeführten, die also keine bezahlte Freistellung dafür angerechnet bekommen von ihrem Betrieb.

Es wurden einige Fragen gestellt. Ich bin gebeten worden, im Namen der Kirchenleitung und der Landessynode und des Landeskirchenamtes Ihnen gleichzeitig eine Stellungnahme zu dem Beschluß der Stadtverordnetenversammlung zu übergeben, darin wird deutlich gemacht, daß diese Entscheidung nicht verstanden wird und nicht gebilligt wird, weil sie der Schwere des Geschehens in Dresden nicht gerecht wird und klar geäußerten Forderungen der Bürger dieser Stadt widerspricht. Die kirchlichen Sutionen[3] stellen sich ausdrücklich dem Vorschlag, den wir ja in der Stadtverordnetenversammlung vorgetragen haben, sie schreiben z. B. die Staatsanwaltschaft als Organ der Gesetzgebungsaufsicht ist eindeutig überfordert, eine ordnungsgemäße und lückenlose Aufarbeitung des schrecklichen Geschehens zu gewährleisten, zumal ihr dabei selbst zahlreiche Pflichtverletzungen zur Last gelegt werden müssen, mit einer Untersuchung einzelner Fälle ist es nicht getan, die gesamte Wahrheit muß an den Tag und bedarf den nötigen Schlußfolgerungen für die Zukunft der Bürger unseres Landes. Nur durch eine solche Verfahrensweise kann der begonnene Dialog vertrauensbildend wirken, wir bitten deshalb mit Nachdruck, die getroffenen Entscheidung aufzuheben und damit unbedingt eine mit allen nötigen Vollmachten versehene unabhängige Kommission zu beauftragen, die Dinge zu klären.

B.: Ich würde drei prinzipielle Bemerkungen machen und dann Herrn Jörke das Wort geben zu detaillierter Auswertung.

1. Wenn Sie genau hingesehen, hingehört haben, dann haben Sie gesehen, daß viele betroffen gemacht hat, was Herr Ziemer gesagt hat. Zu kritisieren wäre lediglich, da haben wir im übrigen Übereinstimmung, Herr Heitmann und da sag ich jetzt zu Ihnen, überall wo wir in dieser Weise auftreten, bitte ich Sie inständigst, auch zur Wahrung Ihrer Identität zu sagen, genau distanzieren wir uns von denen die randalieren, Krawall machen und etwas zerstören und die Sicherheitsorgane angreifen. Sonst finden wir den Konsens nicht, den wir wahren. Kann ich davon ausgehen, daß das so ist?

[*Heitmann:*] Selbstverständlich können Sie davon ausgehen.

[*Berghofer:*] 2. Ich bin für eine Untersuchungskommission unmißverständlich. Ich kann aber die Verfassung des Landes nicht außer Kraft setzen, deswegen werde ich mich mit meiner Autorität dafür einsetzen, egal jetzt auf welcher Ebene, daß so etwas geschieht, nur müssen Sie mir nur mal die Zeit lassen, damit ich das organisieren und in Gang setzen kann. Der Berliner Oberbürgermeister hat eine solche Zusage gemacht, der hat einen anderen Status als ich, der ist Mitglied des Mini-

---

3 *Originalfußnote im Dokument:* Begriff im Duden nicht auffindbar (evtl. von „Sust"), abgestimmt mit Abt. Kirchenfragen R. d. St.

sterrates und leitet den Bezirk, die Hauptstadt, ist wie im Rat des Bezirkes, das unterscheidet uns. Sie haben allerdings schon die Öffnung verspürt dabei, also ich sehe keinen prinzipiellen Einwand. Was ich zu machen habe im Moment entsprechend meiner Kompetenz, das hab ich ausgelöst. Und ich bin natürlich auch nicht bereit jetzt gegenüber der Staatsanwaltschaft zurückzugehen. Herr Braun hat den Auftrag, in der nächsten Stadtverordnetenversammlung wieder zu berücksichtigen oder zu informieren sowie es das Gesetz über derartige Volksvertretungen zuläßt, daß sollten wir ruhig machen. Allerdings dann bitte schön, wenn Sie mir das übergeben, was Sie jetzt an Vorwürfen, Kritiken formuliert haben, wenn ich das offiziell verwenden kann, dann würde ich Ihnen in diesem Sinne in die Vorbereitung bringen. Die Gruppe hat an sich vor, einen offenen Brief an, in diesem Fall an Herrn Braun, zu richten, den würden wir dann auch Ihnen zuleiten. Genau. Dann werde ich meine Autorität in die Waagschale werfen und der Rat wird mich unterstützen, daß wir sagen, in diesem Sinne wird verfahren. Und ich bitte Sie aber auch, in dem Brief diesen Akzent hinein zusetzen, wir sind gegen Übergriffe dawider.

3. Es fehlt das konstruktive Element dabei, also Herr Ziemer, Sie schenken mir mal Vertrauen, wir werden das so in die Wege setzen, wie Sie sich das vorstellen. Das wird schwer genug. Das konstruktive Element fehlt, werden wir das in der Arbeitsgruppe Rechtssicherheit bereden, Ihre Vorschläge was, wie, Verfassung, Gesetze der örtlichen Volksvertretung, Strafgesetzbuch, überhaupt, was ist wie zu verändern. Das müssen wir heute nicht diskutieren, aber ich gehe davon aus, daß das der nächste Schritt ist, damit es konstruktiv wird. Ja, richtig.

[*?:*] Das sind die Unterpunkte bei der Gruppe Recht und Sicherheit, dort ist das alles enthalten.

[*?:*] Na ja, da fehlt sicher noch manches, aber wenn wir uns so verstehen, akzeptiere ich das. Die Vorschläge, die Sie gemacht haben, gehen ja in diese Richtung. Ja, genau. Herr Jörke bitte:

[*Jörke:*] Das wesentlichste ist durch Herrn Oberbürgermeister bereits gesagt worden. Ich kann Ihnen sagen, daß wir noch am Abend der Stadtverordnetenversammlung das Schreiben an den Vorsitzenden des Verfassungs- und Rechtsausschusses der Volkskammer, Herrn Dr. Weichelt, abgesetzt haben. Wir haben Herrn Prof. Dr. Weichelt davon informiert, daß auf der außerordentlichen Stadtverordnetenversammlung der Vorschlag von Herrn Ziemer eingereicht worden ist, daß die Stadtverordnetenversammlung einen Standpunkt der Ständigen Kommission Inneres zur Kenntnis genommen hat, aus der hervorgeht, daß dieser Antrag von Herrn Ziemer praktisch auch durch die gesamte Stadtverordnetenversammlung zur Kenntnis genommen wurde. Und wir haben Herrn Professor Weichelt aufmerksam gemacht, das entsprechend Artikel 97 der Verfassung der DDR die Stadtverordnetenversammlung sich außerstande gesehen hat, dem Vorschlag bis zu Ende zu folgen und dem entsprechend dem Vorsitzenden des Verfassungs- und Rechtsausschusses der Volkskammer bittet, diesen Vorschlag zu überprüfen, die Entscheidung zu fällen und dem Rat der Stadt kurzfristig mitzuteilen. Und wir haben übernommen, ausgehend von der Entscheidung, Sie dann zu informieren, daß heißt, im Text des Schreibens steht drin, daß wir das brauchen, damit wir Herrn Ziemer, der den Antrag gestellt, von der Entscheidung des Verfassungs- und Rechtsausschusses informieren können. Insofern würde ich doch in Ergänzung sagen, daß es in dem Fall nicht um den Standpunkt der Redaktionskommission, die andere Aufgaben hatte, sondern um den Standpunkt der Ständigen Kommission Inneres der Stadtverordnetenversammlung handelt, die entsprechend der Verfassung und des Gesetzes, für die örtlichen Volksvertretungen zuständig ist solche Probleme zu erörtern. Es hat eine solche Erörterung in der Ständigen Kommission gegeben, der schriftliche Standpunkt auf der Ständigen Kommission, war dann das, was Herr Dr. Volker Hecht vorgetragen hat. Im übrigen möchte ich die Gelegenheit nehmen, um Sie vom gegenwärtigen Stand der Bearbeitung der 169 übergebenen Gedächtnisprotokolle zu informieren. Der Herr Staatsanwalt hat mich heute informiert, daß bei einer ersten Sichtung der 169 Gedächtnisprotokolle der Staatsanwalt entsprechend seinen Rechtsvorschriften zu der Erkenntnis gekommen ist, daß 77 der Gedächtnisprotokolle Veranlassung sind, um Anzeige zu erstatten gegen die Personen, die in diesen Protokollen benannt sind. Der Staatsanwalt hat darüber hinaus in weiteren 53 Fällen entschieden, diese Anliegen durch die Staatsanwaltschaft zu untersuchen, so daß die Staatsanwaltschaft der Stadt Dresden sich gegenwärtig mit 130 solcher Anliegen beschäftigt und ganz im Sinne des Artikels 97 der Verfassung, die Staatsanwaltschaft leitet den Kampf gegen Straftaten, und sichert, daß die Personen, die Verbrechen oder Vergehen begangen haben, vor Gericht zur Verantwortung gezogen werden, Rechnung tragen. Insgesamt liegen beim Staatsanwalt der Stadt mit dem heutigen Tag 147 weitere Zuschriften, unter anderem auch die Differenz zu den Gedächtnisprotokollen, die ich hier gesagt habe, wo es darum geht, daß Problem einer mangelhaften Benachrichtigung von Angehörigen, Informationsverluste die eingetreten sind, Beschwerden über nicht ausreichende Gelegenheit zur Verpflegung und anderes enthalten sind. Der Staatsanwalt hat mir erklärt, daß auch diese 147 Zuschriften einer gründlichen Prüfung unterzogen werden und jeder durch den Staatsanwalt dazu Antwort erhält. Was die hier aufgeworfene Frage der Regelung des Schadenersatzes oder der Regelung die, besser formuliert, die Betriebe verfahren sollten, für die Personen, die Ihnen zugeführt wurden, unrechtmäßig etc., kann ich hier sagen, es gibt die Entscheidung, daß auf der Grundlage des Arbeitsgesetzbuches der Deutschen Demokratischen Republik diese Zeit als Freistellung - hier würde ich mal einfach sagen im Durchschnittslohn - zu bezahlen ist. Das ist generell so, sollte es da im Detail Fallprobleme geben, müßten Sie uns das bitte mitteilen, damit wir mit dem jeweiligen Betrieb unsererseits, dort wo es vielleicht anders gehandhabt werden soll, eingreifen können mit unseren Möglichkeiten.

W.: Dankeschön Herr Jörke. Haben Sie eine zeitliche Vorstellung, was die kurzfristige Antwort von Volkskammer betrifft auf die Anfrage zur Bildung einer unabhängigen Untersuchungskommission?

J.: Nun, ich will Ihnen hier sagen, unter kurzfristig würden wir sagen, wir lassen Herrn Dr. Weichelt erst mal eine Woche Zeit, sollte das nicht der Fall sein, werde ich mich persönlich im Auftrag des Oberbürgermeisters, so ist das abgestimmt, mit Herrn Weichelt in Verbindung setzen.

B.: Also Zeit haben wir nicht. Am Ende der Woche werden wir eine Antwort haben müssen. Nicht nur weil wir im Dialog sind, sondern weil mich das genauso bewegt wie Sie. Da Sie meine Position bestimmen wollten. Das ist eindeutig. Über Rechtsstaatlichkeiten muß man nicht reden, die muß man garantieren.

Z.: Gut. Können wir uns bitte - ich hab noch eine Idee dazu - also ich meine, wenn das über die Volkskammer gelaufen ist, vielleicht ist das auch ein Weg, auch möglicherweise noch mal das nachzustoßen, daß man als Angehöriger, daß die Volkskammer vom Rechtsausschuß sozusagen, dies geradezu gefordert wird, und das ist meinerseits undenkbar, daß in einem Ausschuß die gesamten Dinge der DDR untersucht werden. Es ist glaub ich nur denkbar, es wird eine DDR-Kommission geben müssen, da bin ich sicher. Aber es wird in jeder Stadt, wird das extra untersucht werden müssen. Und das ist auch nötig, damit auf der Ebene der Stadt die Verantwortlichen wirklich, daß das umfassend geschieht, denn da muß es doch wieder ins Reine kommen, und das kann doch nur passieren, wenn das also mit voller Offenheit auch in den Städten, sonst wenn dort oben was passiert und wir haben in Dresden sozusagen gar nicht, Angesicht zu Angesicht gestanden, die Betroffenen, dann wird, denk ich, wird da nicht Ruhe werden. Also, vielleicht kann man das als eine Zwischenidee noch einfach damit hineinbringen.

B.: Herr Ziemer, ich seh das so, daß es hier um eine grundsätzliche Entscheidung geht und diese grundsätzliche Entscheidung uns dann auch die Möglichkeit gibt, hier auf Stadtebene, eigene Schritte einzuleiten. Ganz im Sinne wie es, glaube ich, schon gesagt worden ist. Wir haben keine Meinungsverschiedenheiten mit Ihnen. Also ich greife Ihren Vorschlag auf, wir haben ja auch Volkskammerabgeordnete in Dresden, wir haben Bezirkstagsabgeordnete hier, wir brauchen nur die Legitimation dazu, also keinen Widerspruch. Können wir diesen 2. Punkt als bearbeitet betrachten?

Es gibt keine Antwort zu den Ordnungsstraftaten, Aufhebung der Ordnungsstraftaten im Vorfeld, also vor dem Termin.

Also die können wir jetzt natürlich nicht formulieren. Dann bitte, nur daß es festgehalten wird, nehmen wir es in das Protokoll, würde ich auch wieder übernehmen, damit wir nicht alles beim Oberbürgermeister belassen, zur Klärung zu führen.

[*?:*] Da würden wir dann aber die Runde nicht mehr belassen, Herr Ziemer, Sie bekommen die Antwort. Gut.

[*Wagner:*] Wir kommen dann zum 3. Tagesordnungspunkt, zur Arbeitsweise der Arbeitsgruppen. Der Beschluß, der zur Stadtverordnetenversammlung vorgelegt wurde und über den abgestimmt wurde, diesem Beschluß können wir in der Form nicht zustimmen. Hier ist unsere Kompromißfähigkeit überschritten worden. Wir können ihm aber dann zustimmen, wenn zwei Bedingungen erfüllt sind, und ich denke, wir können uns darüber einigen, nachdem was Sie schon vorneweg signalisiert haben. Diese zwei Bedingungen sind:[4]

1. Wir meinen, daß zwei zusätzliche Arbeitsgruppen zu bilden sind, da wichtige Inhalte nicht so einfach in die bestehenden Arbeitsgruppen eingebracht werden können. Wir schlagen deshalb vor, die Bildung einer Arbeitsgruppe 15 mit der Bezeichnung - Entmilitarisierung der Gesellschaft -. Dort wollen wir die Fragen des Zivildienstes, des Wehrkundeunterrichts und ähnliche Dinge unterbringen.

   Als 2. schlagen wir die Themengruppe 16 vor mit der Bezeichnung - Reisen/ Ausreisen -. Wir halten diesen Punkt für so wichtig, da noch hunderte Bürger das Land ja täglich verlassen, daß wir es nicht einfach in eine andere Arbeitsgruppe beispielsweise „Erholung und Tourismus“ unterbringen können oder auch nicht in „Recht und Sicherheit“, die so schon sehr überfrachtet ist.

   Die 2. Bedingung wäre, daß die Arbeitsgruppen so strukturiert sein müssen, daß ein Dialog möglich ist, d.h. eine gleichgewichtige partnerschaftliche Arbeit. Um so etwas zu gewährleisten, schlagen wir 5 Punkte vor, die teilweise auch schon bei Ihnen Zustimmung gefunden haben. Der 1. Punkt wäre Bildung einer

4 Wechsel der Schriftführung. Teilweise Namensangaben.

Kerngruppe, die sich paritätisch zusammensetzt aus Bürgervertretern und Vertretern der Stadt. Über die Zahl müssen wir uns hier nicht einigen, 5 zu 5, 6 zu 6, 7 zu 7, oder auch 4 zu 4.
2. Diese Kerngruppe allein ist stimmberechtigt.
3. Die Kerngruppe wählt ihren Leiter selbst aus ihrer Mitte.
4. Es können beliebig viele, weitere Fachleute, interessierte Bürger, Persönlichkeiten der Stadt hinzugezogen werden, die die Funktion von Beratern haben und kein Stimmrecht besitzen und
5. Es muß eine gewisse Unabhängigkeit und Selbständigkeit in der Arbeit dieser Gruppe gesichert sein, was die Themenformulierung betrifft und auch die Zielstellung. Um daß ein bißchen zu verdeutlichen, will ich mal andeuten, in welche Richtung wir denken, es muß nicht dabei bleiben.

Das würden wir den Arbeitsgruppen wirklich selbst überlassen.
Z.B. die Arbeitsgruppe 1 haben sie „Gesellschaftsstrategie des Sozialismus und Wirtschaft [*unleserlich*]“. Hier würden wir einfacher und klarer sagen: Grundfragen der Erneuerung in Gesellschaft und Wirtschaft. Auch was diese Formulierung betrifft, beispielsweise in der Arbeitsgruppe steht „Entwicklung einer dem kommenden Jahrzehnt“ entsprechenden Bürgervertretung, dort meinen wir können wir deutlich sagen „Wahlrecht“. Die Arbeitsgruppe 7 hat bei Ihnen die Bezeichnung „Entwicklung des sozialistischen Rechts“, wir meinen hier einfach „Recht und Sicherheit“. Die Arbeitsgruppe 13 heißt jetzt „Natur und Umwelt“, wir meinen, daß dies zu eng gefaßt ist. Hier müßte unbedingt noch „Ökologie und Ökonomie“ hinein. Das zur Selbständigkeit dieser Arbeitsgruppen. Ein letztes vielleicht noch dazu, wie sollten diese Arbeitsgruppen arbeiten, das knüpft daran an, daß Ihnen noch keine Namensliste von uns vorliegt. Wir stellen uns das so vor, daß die Arbeitsgruppe dann ihre Arbeit beginnen kann, wenn sie paritätisch besetzt ist von beiden Seiten. Im Augenblick fühlen wir uns von diesem Vorschlag etwas überfahren. Es besteht eine Arbeitsgruppe, zu jeder Arbeitsgruppe sind eine ausreichende Menge von Leuten schon benannt, es ist ein Vorsitzender benannt und unsere Leute sind noch gar nicht dazu gestoßen. Wir wissen, daß sich heute und morgen die ersten Arbeitsgruppen bereits konstituieren und von uns ist niemand dabei. Wir schlagen deshalb vor, daß die von Ihnen vorgeschlagenen Leiter der Arbeitsgruppen so schnell wie möglich mit den Vertretern unserer Gruppe, der Gruppe der 20, zusammenkommen. Wir würden evtl. auch noch einige von uns angesehene Leute aus diesen Kerngruppen, die vielleicht dort die Führung haben könnten, mit einladen. Das ist alles zu diesem Vorschlag.
Genosse Berghofer: Also werden wir versuchen, der Reihe nach durchzugehen und erkennbar werden lassen, daß wir gemeinsam wollen.
1. Ich bin für 2 zusätzliche Arbeitsgruppen, wenn Sie das für zweckmäßig erachten. Ich bin dafür, daß sie ohne Beschlußfassung mit der Arbeit beginnen und das wir dann auf der nächsten Stadtverordnetenversammlung begründen, warum wir uns dazu entschieden haben. Ich sehe keinen Grund, warum das dann nicht beschlossen werden sollte. Allerdings wäre notwendig, und jetzt bringe ich Sie mal in die Pflicht, bei Reisen und Ausreisen kann ich mir relativ wenig darunter vorstellen, daß Sie, mal 3 Anstriche machen, was sollte denn der Hauptinhalt sein.
Vertreter der Gruppe der 20: Ein Hauptinhalt sollte sein, eine Analyse der Ausreisenden hier in der Stadt Dresden, Statistik, soziologische Struktur, Ursachenforschung bis hin zum neu zu erwartenden Reisegesetz.
Genosse Berghofer: Klar, verstanden, einverstanden! Ich sehe da auch keine Tabus.

Vertreter der Gruppe der 20: Vielleicht kann Herr Glosinsky dazu noch etwas sagen, der diese Gruppe etwas betreut.
Herr Glosinsky: Vor allen Dingen geht es auch darum, um die Wiedereinreise ehemaliger DDR-Bürger, weil wir ja in letzter Zeit offen davon reden, daß wir die Leute wieder brauchen. Daher die Frage der ganzen Modalitäten des Wiedereinführens in die Gesellschaft und das ist auch nicht so einfach. Das darf man nicht unter den Tisch wischen, denn es sind Ärzte weg, ob die Ärzte wieder in Krankenhäusern praktizieren, es sind Lehrer weg, ob die Lehrer wieder unterrichten können, die ganzen Fragen, die auch viele Bürger bewegen und die uns immer häufiger in letzter Zeit gestellt werden und wir im Prinzip keine Antwort wissen und darum fordern wir das mit, weil wir das nicht beim sozialistischen Recht irgendwo mit untergliedern kann, denn das ist ein wichtiger Punkt, der die Leute bewegt. Wenn die Leute dann hierher kommen, wenn das schon soweit ist, das sie zurückkommen können, müßte man doch dann dort von Seiten der Stadt gewisse Vorstellungen oder gewissen Einfluß oder Unterstützung, sogar haben.
Genosse Berghofer: Einverstanden, kein Problem, das müssen wir jetzt logisch formulieren und dann am 23. sagen, wir wollen das so machen.
[*?:*] Ich bin mit dem Vorschlag auch einverstanden, 2 Arbeitsgruppen, aber ich werde, das erkläre ich hier, da gibt es für mich keinen Kompromiß. Bei der Thematik „Entmilitarisierung“ werde ich niemals meine Zustimmung geben. Ich bitte, da müßten wir uns auf ein Thema äußern, was der realen Ausgangssituation, und zwar für beide Seiten vertretbar, entspricht.
Vertreter der Gruppe der 20: Was wäre Ihr Vorschlag zur Bezeichnung der Arbeitsgruppe?
[*?:*] Da müßte man sich nochmals verständigen, das habe ich im Moment nicht parat.
Genosse Berghofer: Für ziviler Wehrersatz etc., kann alles dabei sein, bloß das Thema muß tragfähig für alle Seiten sein. Das müssen wir jetzt nicht festlegen, das war nur ein Vorschlag.
Genosse Jörke: z. B. - Militär im Sozialismus - wäre tragfähig.
Genosse Berghofer: Militär im Sozialismus? immer tragfähig. Also wir machen einen Vorschlag.
[*?:*] Das Militärische in der Gesellschaft
Herr Ziemer: Es geht doch ganz deutlich um eine Verringerung des Militärischen in der Gesellschaft und das ist der Punkt. Entmilitarisierung bedeutet nicht, daß wir sagen, es darf keine Polizei, keine Arme mehr geben. Das ist nicht damit gemeint, es ist aber gemeint, die Verringerung des Anteils des Militärischen im Gesamtbereich der Gesellschaft von der Krippenerziehung bis hin zum ...
Genosse Berghofer: Na dann lassen wir es doch bei dem Begriff von „Reduzierung“ oder „Verringerung“, damit nichts hineinzudeuten ist, was wir gar nicht meinen, Herr Ziemer.
Herr Ziemer: Wir denken über diesen Begriff noch nach, vielleicht auch „Abrüstung in der Gesellschaft“
Genosse Berghofer: 3. Ich bin für Ihren Vorschlag, er ist auch der Unsrige, Kerngruppen maximal 12 Personen, damit sie arbeitsfähig bleiben, die stimmberechtigt sind, paritätisch zusammengesetzt. Nun sollten wir den Begriff Parität nicht wieder überstrapazieren, benutzen Sie ihn dort, wo Sie es für angebracht halten. Ich habe gesagt, ja, weil wir wieder mehr Unmut auf den Plan rufen, als not-

wendig ist. Wenn die erst einmal 14 Tage gearbeitet haben, ist es sowieso das Leben dann. Wählt den Leiter selbst.
[?:] Die Frage ist, wie man es praktisch macht. Denn benannt sind ja hier 12 oder wieviele Leute, die auf den Listen stehen. Wir würden an sich erwarten, daß Sie sagen 6 Leute und wir übergeben Ihnen die Liste, dazu 6 Leute.
Genosse Berghofer: Das werden wir morgen im Laufe des Tages machen.
[?:] Und wir werden auch vorbereiten, wir können ja generell mal auf 6 orientieren und dann evtl. einen weglassen.
Genosse Berghofer: Gut machen wir so, es müßte morgen, spätestens übermorgen erledigt sein.
Wählt den Leiter selbst, da sind meine Kompetenzen natürlich wieder beendet, denn die Leiter müssen Stadtverordnete sein oder Nachfolgekandidaten sein, sonst stimmt das Ganze nicht. Was wäre an Kompromiß zu bieten?
a) Gehen Sie bestimmt mit, daß aus Ihrer Gruppe Stellvertreter benannt werden und ich bin bereit an 2 oder 3 Stellen eine Ausnahme zu machen, z.B. an den beiden Stellen, die Sie neu vorgeschlagen haben, denn dort sind wir noch nicht in der Pflicht. Ansonsten müßte ich ja vor die nächste Stadtverordnetenversammlung gehen und sagen „Hallo, das war alles ein großer Irrtum, hier wird geändert". Oder habe ich Sie mißverstanden, dann korrigieren sie mich bitte.
[?:] Ich habe noch einen Einschub, wenn das so wird, dann auf diese Weise, daß Sie auch entsprechend der Festlegung der Stadtverordnetenversammlung rechenschaftspflichtig sind, wie die anderen auch.
[?:] Ja, wir stimmen dem voll zu, daß die Arbeitsgruppen der Stadtverordnetenversammlung rechenschaftspflichtig sein müssen.
[?:] Wir müssen vielleicht nicht jetzt gleich dazu entscheiden.
[?:] Es steht die Frage, welche Kompetenz hat der Leiter und ich denke, wenn man darüber noch mal nachdenken würde, wenn er im Grunde mehr der Einberufer ist, und mehr nicht, dann wird es relativ leicht sein, einen Kompromiß zu finden. Die Vorsicht bei der Gruppe ist natürlich, welche Kompetenz hat der Leiter, deshalb müssen Sie das verstehen und wenn das der Einberufer ist, wäre da ein Kompromiß mit dem stellv. Leiter für uns, für die Gruppe, relativ leicht, da könnten wir, denk ich, zustimmen, wenn das mehr nicht ist und gleichberechtigt bei der Stimmabgabe ...
Genosse Berghofer: Da könnten wir das in der Präambel so formulieren. Ich biete Ihnen erst einmal an, daß 1 Stellvertreter dabei ist, wenn der Leiter mal nicht da ist, leitet er, ganz praktikabel. Sie können einen Leiter benennen für die beiden Arbeitsgruppen, auf die Sie besonderen Wert legen und wir müßten richtig definieren, der Leiter hat den Auftrag, die Arbeit zu organisieren und ansonsten sind die Mitglieder der Arbeitsgruppe gleichberechtigt. Die werden natürlich auch Kompromisse aushandeln und Kontroversen deutlich machen müssen. Also das wir in Alternativen dann zur Entscheidung kommen, nicht ja oder nein, sondern a, b, c, d und dann die Mehrheit kann wählen.
[?:] Oder könnte man es so sagen, Einberufer der Stadtverordneten, Sie wählen sich einen Gesprächsleiter.
[?:] Die Praxis wird zeigen, das zeigt sich im Endeffekt auch bei unserer Ständigen Kommission, daß eine Reihe von Fragen zunächst erst einmal vom Herangehen doch davon leben wird, daß einige der gewählten Spezialisten, die ja durchaus nicht Mitglied der Stadtverordnetenversammlung sind, sondern Fachleute, unabhängige Fachleute zum Teil, auch Parteilose zum Teil, sicherlich auch bestimmte

Gesprächsabschnitte leiten müssen, weil sie inhaltlich die Kompetentesten sind.
Genosse Berghofer: Dort, wo Ardenne mitarbeitet, werden wir nicht allzu viel Widersprüche finden und b...
Herr Ziemer: Wir bedauern sowieso an manchen Stellen, daß Sie schon unsere Leute dort benannt haben.
Genosse Berghofer: Das ist eine ganz wichtige Sache, die Sie jetzt ausgesprochen haben. Ich will eine letzte Bemerkung sagen: über Lernen reden und tatsächlich Lernen sind ja immer noch zwei unterschiedliche Dinge. Irgend jemand Ihrer Interessenten übergab mir auf der Veranstaltung auf der Cockerwiese eine handschriftliche Einladung zum Schweigemarsch, sinngemäß so, Wende vollzieht sich nicht nur äußerlich, sondern auch verinnerlicht. Wenn wir heute schon wieder auf alle Fragen eine Antwort parat haben, dann können wir uns das alles schenken. Wenn das so einfach wäre, hätten wir gestern anfangen können. Ich will damit sagen, daß es bestimmt in den Arbeitsgruppen Auseinandersetzungen geben wird, dann müssen wir uns nicht mißtrauen, dann müssen wir uns am konkreten Gegenstand finden und die Sache wieder in Bewegung bringen. Ich will tun, was man dazu tun kann und meine Amtskollegen auch. Also wollen wir so machen. Beliebig viele können hinzugezogen werden, sicher dort wo tiefgründige Analysen notwendig sein werden, wo ein bestimmter Wirtschaftszweig untersucht werden muß sehe ich keine Tabus. Es bieten sich auch unheimlich viele Leute an. Also die Kunst wird auch tatsächlich darin bestehen, die nun nicht wieder zu verprellen, sondern sie zu fragen, was können sie denn, was ist ihr Sach- und Fachgebiet und wo könnten sie Konkretes übernehmen. Ich gehe sogar soweit, daß es notwendig sein wird, das will ich aber heute noch nicht festlegen, nur sehen, daß man eine Arbeitsgruppe auch mal 14 Tage von der Arbeit freistellen muß, daß sie sich in Klausur zurückzieht und dann plausibles zu Ende formuliert, damit man es tatsächlich entscheidungsreif hat, also wenn das nur ein Forderungsprogramm wird dann hilft das uns nicht weiter.
Große Öffentlichkeit ja, Ihre Vorschläge aufgreifen. Das sollen aber die Arbeitsgruppen dann selber besprechen, Podiumsgespräche, viele Sach- und Fachfragen bieten sich ja an, in der Medizinischen Akademie, bei Ardenne im Institut, an der TU, im Kulturpalast, im Wohngebiet, in einem Betrieb, ZMD etc., da will ich auch nichts einschränken, im Gegenteil, erst dann wird das ja faßlich und führt tatsächlich zur Erneuerung oder zur Veränderung, was uns bewegt. Und klar ist; viele greifen jetzt dieses Herangehen auf. Wenn wir scheitern, wenn wir gemeinsam scheitern, scheitert vieles. Ich bin für grundhafte Erneuerung, ohne Wenn und Aber. Ist das deutlich genug?
Vertreter der Gruppe der 20: Einig zu dem Punkt, daß diese Gruppen eine relative Selbständigkeit besitzen dürfen, was Formulierung der Ziele und Inhalte betrifft.
Genosse Berghofer: Es könnte sein, daß ein Teil der Gruppe dann formuliert, also „wir sind gegen den zivilen Wehrersatzdienst“ und die andere Seite formuliert „wir sind für ihn“ und die Mehrheit wird entscheiden, in diesem Falle wird sie sogar für entscheiden.
[*?:*] Ich würde den konkreten Vorschlag nochmals unterstreichen, ich halte es jetzt eigentlich auf Grund des Gesprächs für das sinnvollste, das sozusagen der Einberufer von der Stadtverordnetenversammlung und einer von der Gruppe benannten Kontaktperson, daß die möglicherweise sich schnell zusammenfinden. Damit die dann auch miteinander Festlegungen treffen, wo es lang geht. Das wäre der einfachste Weg, das zu organisieren.

Genosse Berghofer: Wer könnte der Cheforganisator sein. Frau Dr. Kerbus steht bereit, könnte einen Termin ausmachen im Anschluß und dann trifft man sich.
Vertreter der Gruppe der 20: Ja, wir machen in einer Pause, wenn wir eine machen, einen Termin aus oder im Anschluß.
Frau Dr. Kerbus: Im Anschluß.
Vertreter der Gruppe der 20: Gut.
Ich muß noch etwas nachschicken, daß vielleicht auch die innere Situation bei uns etwas beleuchtet. Wir waren ja zunächst auf 9 oder 10 Arbeitsgruppen eingestellt, jetzt sind es 14 sogar 16 geworden. Wir hatten dort schon unsere Delegierten zusammengestellt und dadurch, daß es einige Gruppen mehr sind, sehen wir nicht so die Dringlichkeit, einige Gruppen sofort mit unseren Delegierten zu beschicken. Das betrifft die Gruppen „Selbstverwirklichung der Jugend", „Erholung und Tourismus" und „Eigenverantwortung der Stadtverordneten", also 8, 11 und 10. Dort werden wir wahrscheinlich erst später dazu kommen, unsere Vertreter dort nachzuschicken.
Genosse Berghofer: Da bin ich einverstanden, aber Sie müßten das zeitlich begrenzen.
Weil die Arbeit muß beginnen, wir haben keine Zeit zu warten, z. B. die „Eigenverantwortung der Stadtverordnetenversammlung" ist eine Schlüsselfrage, wenn wir in der Stadt was lösen wollen. Wenn wir das Hineinregieren, weiter akzeptieren, lösen wir ja nichts.
[*?:*] Das bedeutet faktisch, daß man dort auf die Parität jetzt verzichtet und sie beginnen.
Genosse Berghofer: Ja, aber wir lassen die Mandate offen, oder wie? Das müßten Sie eindeutig sagen. Oder Sie benennen Sie in 14 Tagen, ich weiß nicht.
Vertreter der Gruppe der 20: Nicht in 14 Tagen, wir entscheiden uns eher. Bis Ende der Woche.
Genosse Berghofer: Gut.
[*?:*] Also mir scheint das z. B. wichtig im Blick auf das Problem Selbstverwirklichung der Jugend, da ist die Gruppe jetzt ein bißchen überfordert, man müßte mal fragen, wer aus dem Bereich etwa aus der kirchlichen Jugendarbeit oder so damit hineinkommen könnte, das müßte man noch mal überlegen, ob nicht da es auch sein [...] es gibt ja da schon die ersten Dialoge und das müßte man aufnehmen, was da schon gelaufen ist.
Genosse Berghofer: Also könnten wir ins Protokoll aufnehmen, Sie übermitteln bis Mitte nächster Woche zu den drei noch offenen Gruppen Ihre Vorschläge, entweder paritätisch oder Verzicht oder Einzelpersonen, wie Sie es gerne hätten.
Vertreter der Gruppe der 20: Ja, damit wäre wohl zu diesem 3. Tagesordnungspunkt alles gesagt. Wir kommen zum 4. TOP, Status der Gruppe und Arbeitsmöglichkeiten der Gruppe, Herr Friedrich Boltz.
[*Boltz:*] Ja, also wir brauchen heute sicherlich nicht mehr darüber diskutieren, ob die Gruppe anerkannt wird. Wir müssen uns heute sicherlich darüber verständigen, auf welche Art und Weise das erfolgt und auch wie die Arbeitsmöglichkeiten für die Gruppe gewährleistet werden können. Wir betrachten uns nach wie vor als eine zeitweilige Vereinigung, die keinen ständigen Charakter tragen wird, die nach der Erfüllung ihrer zumindest noch global in der Erklärung genannten Zielstellung sich wieder auflösen wird. Konkret geht es uns um die Festlegung des Status der Gruppe und auch der Gruppenmitglieder, auch im Auftreten in der Öffentlichkeit oder auch gegenüber Institutionen, das wir dort nicht als Einzelpersonen erschei-

nen, sondern als eben Vertreter einer anerkannten Gruppe oder Gruppierung. Das ist der eine Punkt. Der 2. Punkt ist die Sicherung der entsprechenden Arbeitsmöglichkeiten. Wir erwarten, daß die Behinderung in der Arbeit, die es leider in der Vergangenheit gegeben hat, Sie haben vorhin gesagt, das Konto ist wieder freigegeben, wir haben auch einige Probleme gehabt in den Fragen der Räume, daß diese Behinderungen in der Zukunft nicht mehr vorhanden sind, d.h. wir fordern als Arbeitsmöglichkeiten die Möglichkeiten zur Einrichtung eines eigenen Büros, ein Telefonanschluß und das wurde eben gesagt, die Freigabe der finanziellen Mittel, das ist nun offensichtlich erfolgt. Zur praktischen Umsetzung dieser Dinge können durch die Gruppe gegebenenfalls konkrete Vorschläge gemacht werden, die wir Sie bitten zu unterstützen und dann auch mit zu realisieren. Das ist eigentlich im wesentlichen alles zu diesem Punkt.
Genosse Berghofer: Also ich würde vorschlagen, wir machen das kurz und müssen jetzt hier nicht die Organisation bereden. Ich sichere Ihnen das zu, daß das erfolgt. Mein Beauftragter Dr. Viehweger würde sich im Abschluß mit Ihnen zum Termin verständigen und dann die Varianten durchgehen, die wir im Moment anzubieten haben. Wenns Übereinstimmung gibt, gut, wenn nicht, müssen wir weitere Varianten suchen. Aber ich bin dafür, daß schnell entschieden wird, Arbeitsraum, Telefon und praktikabel, damit die philosophischen Ansprüche, die schlecht durchschaubar sind, faßlich werden.
Einschließlich der Tatsache der Anerkennung der gesellschaftlichen Tätigkeit entsprechend den Gesetzlichkeiten. Ist klar. Heute zum Beispiel gebe ich Ihnen eine Freistellung von der Arbeit, da ich diese nicht jedesmal geben will, müßten wir uns zu einem praktikablen Herangehen verständigen. Können wir so verbleiben. Ich bezeichne Sie seit der Kundgebung als „Gruppe der 20". Damit habe ich alles an Kompetenzen eingebracht, was ich besitze.
Darf ich mal was außerhalb des Protokolls sagen. Das bringt mir nicht nur Ruhm und Anerkennung ein. Gut. Sperrung Postscheckkonto ist aufgehoben, das Schreiben wird zurückgezogen und Sie kriegen eine schriftliche Antwort derer, die wieder mit anderen Körperteilen gedacht haben.
[*?:*] Vielen Dank.
Genosse Berghofer: Das Postscheckkonto gehört nicht zu uns. Gut.
Vertreter der Gruppe der 20: Ja, Tagesordnungspunkt 5.
Wir sind am weiteren Dialog interessiert und halten es für zweckmäßig, wenn zwischen den Rathausgesprächen durch eine Kontaktperson die Arbeit etwas effektiver gestaltet werden kann. Ullrich Baumgart wird dazu einen Vorschlag unterbreiten.
Ulrich Baumgart: Wir schlagen vor, daß wir Ihnen, Herr Oberbürgermeister, aus unserer Reihe Kontaktpersonen benennen und wir bitten Sie ebenfalls Kontaktpersonen zu benennen. Wir glauben, daß dadurch die Arbeit besser organisiert werden kann und das unsere Gespräche zielstrebiger vorbereitet werden können. Wir wollen es so einrichten, daß eine gegenseitige Kontaktaufnahme nach Möglichkeit ständig möglich ist. Wir schlagen Ihnen vor, von unserer Seite Herrn Dr. Herbert Wagner und Herrn Heitmann als Kontaktperson. Wie erhoffen uns dadurch einen effektiveren Dialog. Wir bitten Sie auch jemanden zu benennen.
Genosse Berghofer: Ich werde 3 Personen benennen: Herrn Jörke und Herrn Dr. Viehweger und Frau Dr. Kerbus, Rechtsfragen, Sicherheitsfragen, Ausreiseprobleme, alles, Kirchenfragen – Herr Jörke, das liegt in der Natur der Sache, das Zusammenwirken zu Organisationsfragen um ihre Arbeitsfähigkeit Schritt für Schritt

herzustellen oder zu verbessern oder zu qualifizieren - Herr Dr. Viehweger und inhaltliche Fragen zur Vorbereitung der Rathausgespräche mit Frau Dr. Kerbus, das schlösse für mich ein, die Vorbereitung der nächsten Stadtverordnetenversammlung, wenn wir dann noch 3. und 4. Personen dazu brauchen, dann würde sie entscheiden, wer hinzukommt.

Vertreter der Gruppe der 20: Einverstanden, gut. Nächster Tagesordnungspunkt - Öffentlichkeitsarbeit

Herr Friedrich Wolf: Ja, die Veränderungen in der DDR haben begonnen. Wir sind dabei auch Demonstrationen und öffentliche Willenskundgebungen als Möglichkeiten der demokratischen Meinungsäußerung zu akzeptieren und so stehen auch wir vor der Wahl, entweder unorganisierte, mehr oder weniger spontane Demonstrationen mit ihren schwer kalkulierbaren Auswirkungen für das öffentliche Leben zu akzeptieren und mit ihnen zu leben oder selbst Demonstrationen und Kundgebungen zu organisieren und in deren Form, ich will jetzt nichts zum Inhalt sagen, zu kanalisieren. Wir schlagen für Dresden folgende Lösung vor, daß wir ähnlich dem Leipziger Beispiel dafür einen festen Tag in der Woche uns freihalten, das wäre der Freitagabend, nach unserem Vorschlag, 18.00 Uhr, mit dem Ausgangspunkt Altmarkt, Platz vor der Frauenkirche und der Zielrichtung zu einem Platz, wo eine öffentliche Bekanntgabe erfolgen kann. Dort gibt es einige Vorstellungen in der Gruppe, die aber eben auch etwas kontrovers sind. Wir würden uns dann gern zu den genauen Dingen verständigen. Weiterhin geht es um die Öffentlichkeitsarbeit es geht jetzt aber mehr an die Presse.[5]

Wir beabsichtigen durch die Gruppe Pressemitteilungen und Informationen zu bestimmten Anlässen, daß können auch Mitteilungen von Beratern der Gruppe sein, da wir zu vielen Sachfragen nicht kompetent sind, das erfolgt dann natürlich nur nach Bestätigung durch den Pressesprecher oder den Sprecher der Gruppe. Wir bitten darum, daß diese Mitteilungen und Informationen eindeutig als Mitteilung der Gruppe der 20 gekennzeichnet werden und unverfälscht in der Presse dargestellt werden. Wir stellen uns natürlich inhaltlich jeder sachlichen Auseinandersetzung. Wir erwarten nicht, daß die Presseorgane unsere Meinung als ihren eigenen Standpunkt dort veröffentlichen.

[*?:*] Also, ich habe prinzipiell keine Einwände. Wir sollten so angehen. Jetzt müssen Sie mir bloß wieder mal 3 Tage Zeit lassen. Wir sollten uns von solchen Plätzen verabschieden, die das öffentliche Leben in der Stadt stören und wo wir mehr Schaden als Nutzen machen. Der Theaterplatz, z.B. so gut er ist, er ist ungeeignet. Infrage käme für mich der Rathausplatz, wenn wir das über einen längeren Zeitraum machen, wir müssen es auch vernünftig machen, denn Technik und der Einsatz der Technik kostet Geld. Vielleicht haben Sie noch andere Vorstellungen, dann müßten Sie mir die im Anschluß mal geben, damit ich der Reihe nach durchchecken kann und sagen kann wir einigen uns in folgender Weise.

[*Berghofer:*] Im Gespräch war die Wiese, wie gehabt, dort ist ein Anfang gemacht. Die sogenannte Cockerwiese, wie sie nun heißt, weil das an sich ein großer Platz ist, dort wird nichts zerstört, er liegt zentral, der Verkehr wird nicht behindert. Also gut ich würde am Donnerstag antworten an Sie, Herr Wagner.

[*?:*] Diskussionsredner: nicht verständlich

[*?:*] Dieser Hinweis ist uns sehr wertvoll, wir waren in der Gruppe auch nicht einstimmig, sondern nur einmütig, was diesen Freitag betrifft. Montag stand genauso

5 Wechsel der Schriftführung. Keine Namensangaben.

zur Debatte. Vielleicht können wir in der Gruppe mal zuzwinkern, ob wir diesen Termin, vielleicht noch offen halten sollten.
[*?:*] Der Montag ist deshalb besser, weil man immer Technik braucht. Wir müssen auch einmal an den sozialen Status der Leute denken, die für uns dann die Arbeitsbedingungen sichern sollen.
[*?:*] Einen Tag in der Woche.
Schlagen wir also beide Termine noch vor und einigen uns später, Montag oder Freitag.
[*?:*]Gut, Wann würden Sie sich festlegen oder bis wann?
[*?:*] Also ich denke es müßte ja schnell gehen. Sonst haben wir die Leute wieder auf der Straße. Wir müßten die Einigung heute treffen, damit sie auch von Ihnen dann bekanntgegeben werden kann.
[*?:*] Gibt es Probleme gegen den Montag, wollte ich jetzt noch einmal fragen, er war ja auch vorhin im Gespräch, also ich sehe keinen Widerspruch bei der Gruppe, so daß ich denk, also von uns aus Montag.
[*?:*] Nein, heute nicht, ab nächste Woche.
Alles was heute passiert und daß mit Sicherheit, mit Gewißheit so sein, ist nicht Ergebnis unserer Runde, so habe ich es jetzt verstanden.
Ich bin auch für Montag, das hat vielerlei Vorteile.
Gut, wo wir es machen würde ich in den nächsten Stunden prüfen.
Einverstanden, ja.
Damit sind wir mit den zunächst genannten Arbeitspunkten am Ende und kommen zu den Nachgeschobenen, Reinstsiliziumwerk, Herr Ziemer.
[*Ziemer:*] Im Namen des ökologischen Arbeitskreises und der Gruppe der 20 möchte ich gern zum Problembereich Reinstsiliziumwerk Dresden-Gittersee eine Bitte vortragen bzw. insgesamt drei. Nächsten Sonntag wird eine Bittandacht sein, sie wird diesmal in der Kreuzkirche sein, am nächsten Sonntag um 18.00 Uhr, weil die Räume bisher nie ausgereicht haben. Nun möchten wir, da wir das Empfinden haben, daß die neue Situation auch neue Handlungsmöglichkeiten herausfordern und um nicht eine ungeordnete und wilde Demonstration an dieser Stelle zu haben, von vornherein bitten, daß dies in einer geordneten Weise sich vollziehen kann, wir gehen nämlich davon aus, daß selbst, wenn wir Sonntag, dem 5. November, also ca. 19.00 Uhr, die Andacht dauert eine Stunde bis anderthalb Stunden, also 19.00 Uhr frühestens, 19.30 Uhr spätestens ein Zug sein kann, der sich von der Kreuzkirche über die Ernst-Thälmann-Straße, Postplatz, Theaterplatz, Dimitroff-Brücke, Köpkestraße, da die Möglichkeit das beim Rat des Bezirkes, ein Katalog von Fragen oder Forderungen abgegeben werden kann. Dann zur Dr.-Rudolf-Friedrichs-Brücke, Pirnaischen Platz, Rathaus und dort noch einmal die Möglichkeit, daß dort etwas entgegengenommen werden kann von diesem ganzen Problemkomplex, das ist also der erste Punkt, daß wir Sie bitten, daß das jetzt in geordneter Weise so sein kann, wir halten es für sinnvoll dies vorher ordentlich zu regeln und dann nicht dem Selbstlauf zu überlassen.
Das 2. eine Bitte, daß ein Forum zum Thema des Reinstsiliziumwerkes veranstaltet wird im öffentlichen Bereich Kulturpalast oder Hygiene-Museum, dabei die Vorbereitung in Zusammenarbeit Trägerkreis der Bittandachten, Ökologischer Arbeitskreis, die zeitweilige Arbeitsgruppe Natur und Umwelt, die jetzt gebildet ist und die Ständige Umweltschutz beim Rat des Bezirkes, daß die das zusammen vorbereiten ein solches öffentliches Forum. Wir schlagen vor als Termin, 2. November-

hälfte und als 3. das wir, falls es passiert, daß die Kreuzkirche überfüllt ist am nächsten Sonntag, daß wir wieder nach draußen übertragen können, soviel.
[*Berghofer:*] Drei Problemkreise.
Also erstens nehmen wir zur Kenntnis, daß Sie die Bittandacht machen, müssen jetzt erst einmal einen Tag Zeit haben zu ordnen und zu eruieren? Sie erhalten am Mittwoch früh über Herrn Jörke meine Antwort.
[*Ziemer:*] Danke.
[*Berghofer:*] Zweitens
Ich bin für ein Forum für Gittersee, wie das aussehen könnte will ich mich nicht festlegen. Sie haben interessante Vorschläge gemacht, ich sehe noch eine paar Ergänzungen, damit wir die in die Pflicht nehmen, die verantwortlich sind und nicht die Frage, die sollte man dazuholen. Das wäre der Vorbereitungskreis. Ja. Dafür bin ich absolut. Ich bin überall für Foren zu solchen spezifischen Themen, weil dort Zeit ist, eine Sache bis zu Ende auszudiskutieren und tatsächlich zu Erkenntnissen oder Lösungen zu kommen.
Das Problem wird natürlich immer sein, einer der Hauptkritikpunkte, das Leben in der Stadt ist trist, daß wir nicht vorhandene Veranstaltungen lahm legen mit politischen Veranstaltungen, deswegen werden wir wahrscheinlich immer Zeiträume wählen müssen, die beides möglich machen, das müssen wir prüfen.
2. Novemberhälfte halte ich für denkbar und müssen uns die Lücke suchen die nicht allzu viele Probleme macht, Herr Ziemer, einverstanden.
[*Berghofer:*] Und dann habe ich noch eine Bitte, also wenn Sie mich noch eine Weile als Dialogpartner haben wollen, da müssen Sie darauf achten, daß Sie mich nicht verschleißen, ich bin ja zu allem in der Lage und zu vielem bereit, aber wenn der Zug am Rathaus endet, dann fordern Sie bitte nicht mich, sondern einen akzeptablen Vertreter des Rathauses.
[*Ziemer:*] Also, daß akzeptiere ich vollkommen.
[*Berghofer:*] Gut, dann wären wir am Ende der Tagesordnung.
Wenn ich etwas einzuschätzen hätte, dann würde ich mich bedanken für Sachlichkeit und Konstruktivität und aufeinander zugehen und wenn ich noch einen Dank anfügen kann, dann würde ich das an die Kollegin machen, ich habe Ihren Namen nicht pardon für Ihre Bemerkung auf der Kundgebung.
Die waren wichtig und die haben Wirkung.
[*?:*] Wir bedanken uns auch für dieses 3. Rathausgespräch. Ich bin mit mehr Sorgen hineingegangen, als ich jetzt am Ende habe.
[*Berghofer:*] Wir machen wieder ein Protokoll. Es ist im wesentlichen das Wortprotokoll, grammatikalische Fehler sind verändert. Ich würde es Ihnen zukommen lassen, Herr Dr. Wagner und wenn Sie nicht einverstanden sind, dann melden Sie sich, aber mit konkreten Veränderungsvorschlägen, ansonsten verfahren wir dann so.
Einen neuen Termin wollen wir noch nicht fixieren, ja doch ich überlege jetzt. Ich überlege in zweierlei Richtung, heute Abend ist mit Demonstrationen zu rechnen. Die Gefahr, daß es entgleitet, die macht mich unsicher. Wäre von Ihnen jemand bereit gegebenenfalls hierher zu kommen.
[*?:*] Bereit sind wir dazu.
[*Berghofer:*] Dann wäre es zweckmäßig, im Anschluß mit Herrn Jörke noch 2 Worte zu wechseln, wie man sich verständigt.

Zweitens
Das nächste Rathausgespräch, das Vierte. Sie wissen am 8. bis zum 10.11. tagt das Zentralkomitee. Es wäre sicher gut, wenn wir uns danach treffen, weil dann vieles einfacher wird, durchschaubarer wird, so hoffe ich. Also in den 5 oder 6 Tagen nach dem Plenum vor der Stadtverordnetenversammlung. Sie hätten jetzt die Möglichkeit, zwei Terminvorschläge zu unterbreiten und ich würde mir dann einen auswählen.
[*?:*] Ab 13. November habe ich Sie richtig verstanden. Ja.
Geht es schon am 13. November?
[*Berghofer:*] Ein Montag.
Ich würde es für ungünstig halten, wenn am Montagabend eine große Kundgebung ist und wir sind dann nicht in der Lage das qualifiziert vorzubereiten, einigen wir uns bestimmten Fragen machen wir mehr Schaden als Nutzen, denke ich mir.[6]
[*?:*] Stimmt.
[*?:*] Mir wäre am liebsten am 17. November, freitags.
Und wir könnten dann über das 4. Rathausgespräch am Montag, dem 20.11. informieren, ja das wäre günstig.
Dann hätten wir noch ein Wochenende dazwischen.
[*?:*] Montag, dem 20. November, 4. Rathausgespräch und machen vorher über die Kontaktperson eine gründliche Vorbereitung, damit wir hier nicht anfangen müssen, im Urschleim zu bereden, sondern wissen, die Emissäre haben die wichtigsten Fragen ausgehandelt. Ja.
[*?:*] Also sagen wir es noch einmal deutlich.
Können wir es früh machen, ja, 9.00 Uhr.
Montag, 20. November, 9.00 Uhr, 4. Rathausgespräch.
[*Berghofer:*] Gut. Sie bekommen von mir eine Einladung und die gilt als Arbeitsbefreiung. Akzeptiert der Herr Bischof die, Herr Ziemer?
So, damit wären wir offiziell am Ende.

30. Oktober 1989 Dok. 74
Information Berghofers an Modrow über das 3. Rathausgespräch

SächsHStA, BL SED Dresden, 13218, unpaginiert. – Verteiler: Gen. Modrow [*handschriftlich rot unterstrichen*], Gen. Witteck, Gen. Moke, Gen. Berghofer, Gen. Jörke. – *Handschr. Vermerk:* Gen. Modrow. Oberbürgermeister. Dresden, den 30. Okt. 1989. Aktennotiz.

Am 30.10.89, 13.00–15.00 Uhr, fand im Rathaus, Ratssitzungssaal, das 3. Rathausgespräch des Oberbürgermeisters Wolfgang Berghofer mit der „Gruppe der 20“ statt.
Teilnehmer: Gen. Berghofer, Gen. Jörke, Koll. Bärsch, Gen. Dr. Viehweger, Koll. Gängler, Gen. Dr. Hecht, Superintendent Ziemer, Pfarrer Horn, Kirchenamtsrat Heitmann, Vertreter der „Gruppe der 20“

6 Unklarer Sinn.

In einem sachlichen und konstruktiven Dialog wurden die weiteren Arbeitsschritte auf der Grundlage des Beschlusses der Stadtverordnetenversammlung vom 26.10.89 beraten.
Gesprächsthemen waren:
Auswertung der Stadtverordnetenversammlung vom 26.10.89
Untersuchung der Ereignisse vom 6. und 7.10.89
Arbeitsweise der „Gruppe der 20"
Status der „Gruppe der 20"
Benennung von Kontaktpersonen
Öffentlichkeitsarbeit der „Gruppe der 20"
weitergehende Aktivitäten zum Reinstsiliziumwerk
Im Ergebnis des Gesprächs kam es zu folgenden Übereinstimmungen:

1. Im Dialog wurden die gegensätzlichen Standpunkte zur Vorbereitung der StVV am 26.10. 89 dargelegt und Übereinstimmung erzielt, daß die „Gruppe der 20" in der folgenden StVV am 22./23.11.89 einen Vorschlag dem Oberbürgermeister übergibt zur Mitwirkung vor und während der StVV.
2. Herr Superintendent Ziemer übergab dem Oberbürgermeister ein Schreiben der Kirchenleitung zur Bildung einer Untersuchungskommission zu den Ereignissen am 6. und 7.10.89. Ferner wurde darüber informiert, daß die „Gruppe der 20" einen offenen Brief an den Generalstaatsanwalt, Gen. Braun, richtet bezüglich seines Auftretens zur StVV am 26.10.89. Der Oberbürgermeister, Gen. Berghofer, informierte darüber, daß mit Schreiben vom 26.10.89 der Verfassungs- und Rechtsausschuß der Volkskammer gebeten wurde, eine Entscheidung zum Einsatz einer Untersuchungskommission zu treffen.
3. In Ergänzung des Beschlusses der StVV vom 26.10.89 zur Bildung von 14 zeitweiligen Arbeitsgruppen werden 2 weitere Arbeitsgruppen gebildet. Die von der „Gruppe der 20" vorgeschlagenen Themen
   - Entmilitarisierung der Gesellschaft
   - Reisen/Ausreisen

   sind thematisch und inhaltlich bis zum 2.11.89 zu bestimmen.
   Die zeitweiligen Arbeitsgruppen setzen sich aus maximal 12 Mitgliedern zusammen. Die Mitglieder für die Arbeitsgruppen aus der „Gruppe der 20" werden bis 31.10.89 benannt. Die zeitweiligen Arbeitsgruppen 1–14 werden durch einen Abgeordneten geleitet, die Gruppen 15 und 16 durch Vertreter der „Gruppe der 20". Die zeitweiligen Arbeitsgruppen 8, 10 und 11 werden zur Zeit durch die „Gruppe der 20" nicht besetzt. Bis zum 8.11.89 können weitere Mitglieder für diese Arbeitsgruppen benannt werden.
4. Die „Gruppe der 20" ist de facto als Gruppe anerkannt. Zur Sicherung der Arbeitsmöglichkeiten (eigenes Büro, Telefonanschluß usw.) werden die Modalitäten zwischen dem Vertreter der „Gruppe der 20", Herrn Dr. Wagner, und dem Stadtrat, Koll. Dr. Viehweger, beraten.
5. Zur Gewährleistung der Arbeitsfähigkeit der „Gruppe der 20" im Zusammenwirken mit dem Rat der Stadt wurden Kontaktpersonen genannt.
   - „Gruppe der 20" Herr Dr. Wagner, Herr Heitmann
   - Rat der Stadt Gen. Jörke, Koll. Dr. Viehweger, Genn. Kerbus
6. Die „Gruppe der 20" informiert darüber, daß jeweils montags, 18.00 Uhr, beginnend an der Kreuzkirche, die Information der „Gruppe der 20" gegenüber den Bürgern erfolgt. Anschließend soll ein Platz der Stadt Dresden zur öffentlichen Bekanntgabe von Arbeitsergebnissen usw. genutzt werden. Der

Oberbürgermeister übermittelt dazu seinen Standpunkt bis zum 2.11.1989. Der Oberbürgermeister informiert, daß die Sperrung des Postscheckkontos der „Gruppe der 20" mit sofortiger Wirkung durch den Staatssekretär im Ministerium für Post- und Fernmeldewesen aufgehoben wurde.

7. Herr Superintendent Ziemer informiert, daß am Sonntag, den 5.11.89, 18.00 Uhr, in der Kreuzkirche eine Bittandacht zum Reinstsiliziumwerk Dresden-Gittersee stattfindet.
   Anschließend - etwa ab 19.00 Uhr - wird ein Demonstrationszug von der Kreuzkirche über Ernst-Thälmann-Str./Postplatz/Sophienstraße/Georgi-Dimitroff-Brücke/Köpckestr./Dr.-Rud.-Friedrichs-Brücke zum Rathaus sich bewegen. Am Rat des Bezirkes und beim Rat der Stadt ist vorgesehen, ein entsprechendes Papier zu übergeben. In der 2. Hälfte November ist ein Forum zum Thema „Reinstsiliziumwerk" vorgesehen.

30. Oktober 1989 Dok. 75
Auskunftsbericht des MfS über Superintendent Christof Ziemer (Auszug)

BStU, ASt. Dresden, BV, Abt. XII, 503/8. - *Kopf:* Abteilung XX. - *Titel:* Auskunftsbericht. - *Vermerk:* teu-tu/4. - *Datiert:* 30. Oktober 1989.

Name, Vorname	Ziemer, Christof
[*geschwärzt*]	[*geschwärzt*]
wohnhaft	8021 Dresden
[*geschwärzt*]	[*geschwärzt*]
tätig	Pfarrer/Superintendent
Arbeitsstelle	Evangelisch-Lutherische Landeskirche Sachsens, Superintendentur Dresden-Mitte
[*geschwärzt*]	[*geschwärzt*]

[...]

Z. nutzt weiterhin uneingeschränkt alle ihm unterstehenden Organisationsformen innerhalb seiner Superintendentur. Eine exponierte Stellung über alle sogenannten „Basisgruppen" innerhalb der Stadt und aufgrund deren Vernetzung weit darüber hinaus schuf er sich als Leiter über deren Vertretergremium „AG Frieden der drei Dresdner Kirchenbezirke" und deren illegal erscheinendes „Arbeitsmaterial". Um seinen Einfluß auf nichtchristliche Bürger wesentlich zu erweitern, inspiriert und organisiert der Z. maßgeblich die Zielstellungen des „Ökologischen Arbeitskreises" der drei Dresdner Kirchenbezirke, der seit Anfang 1982 besteht und für den der Z. im Anfangsjahr ein Arbeitsprogramm entwarf, um dessen Wirksamkeit zu erhöhen und sich in der Leitung die führende Rolle bis in die Gegenwart zu sichern. Z. ist als „Schirmherr" des Arbeitskreises für dessen theologische Arbeit verantwortlich. Seit Bestehen des „Ökologischen Arbeitskreises" der 3 Dresdner Kirchenbezirke nutzt Z. jede sich bietende Gelegenheit, um sich in staatliche Entscheidungen auf allen Ebenen einmischen zu können und dabei den Staatsorganen angebliche Unfähigkeit bei der Entscheidungsfindung und -realisierung vorzuwerfen.

Unter Mißbrauch der Kirche und Problemen des Umweltschutzes versucht der „Ökologische Arbeitskreis“ durch immer breiter angelegte Öffentlichkeitswirksamkeit eine „Alternativbewegung“ zu formieren und Druck auf staatliche Organe auszuüben. Jüngstes Beispiel sind die Protestaktivitäten gegen den Bau des Minol-Tanklagers in der Dresdner Heide und des Reinstsiliziumwerkes in Dresden-Gittersee.
Seit Beginn dieses Jahres versucht Ziemer stärker als bisher Aktivitäten mit einem hohen öffentlichkeitswirksamen Charakter zu organisieren bzw. derartige Aktivitäten entsprechend zu fördern. Dadurch ist Ziemer an allen negativ-feindlichen Aktivitäten, die in der Stadt Dresden auftraten, direkt beteiligt. So u.a. an den Aktivitäten der Basisgruppen im Zusammenhang der Wahlen, in deren Ergebnis Ziemer eine Wahleingabe an den Oberbürgermeister der Stadt Dresden gesandt hat. In dieser Eingabe versuchte der Genannte das Wahlergebnis und den demokratischen Charakter der Wahlen anzuzweifeln. Bei dieser Aktivität erhielt er durch den Landesbischof der Evangelisch-lutherischen Landeskirche Sachsens, Dr. Hempel, Unterstützung, in dem dieser die Eingabe ausdrücklich billigte. Darüber hinaus unterstützte Ziemer das am 9.7.1989 in der Kreuzkirche stattgefundene „Protesttrommeln“, indem er gegen die staatlichen Reaktionen Einspruch erhob. Weiterhin befürwortet sie den seit Juni 1989 stattfindenden „Fürbittgottesdienst“ in Dresden-Gittersee, der mit der Zielstellung durchgeführt wird, den Bau des Reinstsiliziumwerkes zu unterbinden. Z. machte sich auch im Zusammenhang mit den genannten „Fürbitten“, wo am 2.7. und 6.8. 1989 durch die zuständigen staatlichen Organe wiederum mehrere OSV wegen Störung der öffentlichen Ordnung und Sicherheit ausgesprochen wurden, wieder zum „Verteidiger“ der von den OSV betroffenen Personen, indem er bei den entsprechenden staatlichen Organen gegen die Einleitung der OSV intervenierte. Er ist auch der maßgebliche Initiator der Spendenaktion für die Betroffenen.
[...]
Im Zusammenhang mit der zeitweiligen Einstellung des visafreien Reiseverkehrs zwischen der DDR und der ČSSR kam es am 3.10.1989 auf dem Dresdner Hauptbahnhof bereits zu Protestbekundungen. An diesem Abend hielt sich Ziemer ebenfalls auf dem Hauptbahnhof auf und versuchte die dort befindlichen ASTA und Ausreisewilligen zu Gesprächen in die Kreuzkirche zu bewegen. Im Ergebnis dessen befanden sich am 4.10.1989 45 Personen in der Dresdner Kreuzkirche und verlangten, daß die Kirchenleitung die direkte Ausreise bei den staatlichen Organen bewirkt. Daß es sich nicht zu einer größeren Personenzahl, welche sich in die Kreuzkirche begeben hat, gekommen ist, ist dem Handeln des Einsatzleiters der VP zu verdanken, welcher Ziemer des Hauptbahnhofes verwiesen hatte.
Es muß eingeschätzt werden, daß Ziemer mit dieser Aktion bereits versuchte, die Lage in der Stadt zu eskalieren, da die von ihm gemachten Gesprächsangebote über die Antragstellungen für ihn zwangsläufig in einer Kirchenbesetzung enden mußten, die bei einer größeren Anzahl von Ausreisewilligen nur mit einer Aussiedlung beendet hätte werden können.
[...]
In falscher Einschätzung der gegenwärtigen politischen Situation um den 7. Oktober war Ziemer zunächst weitestgehend passiv und hat sich bei Erkennen der Lage Demonstrationen auf der Prager Straße sofort zu einem Einwirken entschlossen, [*geschwärzt*]
[...]

Im Zusammenhang mit diesen Informationsveranstaltungen und auch mit dem Oberbürgermeister geführten „Unter-Vier-Augen-Gesprächen“ entwickelte Ziemer rege Aktivitäten hinsichtlich der Übermittlung von Informationen an westliche Massenmedien (bis zum 24.10.1989, 15 Interviews). Deutlich wurde in allen von Ziemer geführten Interviews und Gesprächen, daß es dabei nicht um spezifisch kirchliche Probleme im Zusammenhang mit den abendlichen Ereignissen ging, sondern um die Darstellung der jeweiligen Situation aus der Sicht eines Politikers in der Rolle eines Vermittlers zwischen zwei sich feindlich gegenüberstehenden Lagern.
[...]
Ziemer schätzt den Oberbürgermeister als Politiker ein, mit welchem man reden kann, der auch für Veränderungen sei und den man vor allem auch günstig für eigene Zielvorstellungen beeinflussen kann.
Wichtig für die Einschätzung des momentanen Verhältnisses zwischen Oberbürgermeister und Ziemer ist auch, daß durch den Oberbürgermeister am 17.10.1989 dem Ziemer vertraulich mitgeteilt wurde, daß sich am nächsten Tag einige entscheidende Veränderungen im Lande vollziehen werden.
Damit wurde Ziemer erneute Anerkennung als „Oppositionsführer“ der Stadt Dresden gegeben, [*geschwärzt*].
Innerhalb des Leistungskreises des „Ökologischen Arbeitskreises“ der Dresdner Kirchenbezirke, in welcher die [*geschwärzt*] Jacobi, Maria neben Ziemer die maßgebliche Rolle spielt, wertet Ziemer die „Gruppe der 20“ als für die gesamte Republik beispielloses Experiment. Über deren Agieren und auf der Basis des permanenten Druckes auf den Staat in Form von Massendemonstrationen sei es gelungen, das politische Kräfteverhältnis in der Stadt wesentlich zu verschieben. Damit habe die „Gruppe der 20“ bereits jetzt erreicht, was durch andere Gruppen, wie beispielsweise das „Neue Forum“, erst angestrebt werde, bereits jetzt hätten, so Ziemer, die „20“ mehr politische Macht, als die Abgeordneten der Stadtverordnetenversammlung. Jedoch bestehe für die Gruppe die akute Gefahr, über die Mitarbeit in den einzelnen Kommissionen der Stadtverordnetenversammlung „zersplittert“ zu werden und damit am politischen Wirkungsfeld zu verlieren. Für die kirchlichen Basisgruppen, so Ziemer weiter, gelte es nun, die „Gruppe der 20“ mit breitgefächerten „Sachinformationen“ zu unterstützen, damit der Druck auf staatliche Stellen bzw. die Volksvertretung praktisch unterlegt und massiver gestaltet werden könne. Zu diesem Zweck regte Ziemer die Berufung von „Beratern“ aus den einzelnen kirchlichen Basisgruppen an. Aus operativer Sicht ist dieser Schritt als Versuch zu werten, eine Angliederung von Vertretern der PUT im Sinne einer legalen oppositionellen Plattform zu errichten. Dies wird durch die Einschätzung Ziemers im o. g. Gremium untermauert, daß die „Gruppe der 20“ lediglich einen „Überraschungscharakter“ tragen könne; nämlich bis zu dem Zeitpunkt, da staatliche Machtstrukturen soweit „aufgeweicht“ sind, daß eine Etablierung von Vertretern kirchlicher Basisgruppen in entscheidungskompetente Institutionen bzw. Organe möglich ist. Bis dahin, so Ziemer, müsse man „verdeckt“ agieren.
Derzeitig zu verzeichnende Aktivitäten und Bestrebungen von Vertretern der PUT in der DDR, eine Reihe von Vereinigungen bzw. Parteien zu etablieren, lehnt Ziemer unter den gegenwärtigen „günstigen Bedingungen“ ab. Seines Erachtens füge dies dem bisher durch die „Gruppe der 20“ Erreichten nur Schaden zu.
In gleicher Veranstaltung wurde durch Ziemer für den Abend des 23.10.1989 eine erneute Demonstration im Dresdner Stadtzentrum angekündigt, die „friedlichen“

Charakter tragen soll. Diese Veranstaltung fand auf dem Theaterplatz statt, nachdem die Jacobi, Maria in der Kreuzkirche dazu aufgerufen hatte.
Am 24.10.1989 fand unter Mitwirkung von Ziemer in der Kreuzkirche Dresden, eine Zusammenkunft der „Gruppe der 20", in welcher die Stadtverordnetenversammlung am 26.10.1989 thematisch vorbereitet und die Linie der Gruppe festgelegt wurde.
Bei den festgelegten Forderungsthemen handelt es sich um weitestgehend um die gleichen Forderungen, welche Ziemer bereits in einem Vier-Augen-Gespräch dem Oberbürgermeister als Forderungskatalog Dresdner Basisgruppen übergeben hatte. Daraus ist ersichtlich, daß die „Gruppe der 20" in ihrer strategischen Zielstellung wesentlich von Ziemer beeinflußt wurde
[...]
Am 25.10.1989 fand unter Leitung von Ziemer wiederum in der Kreuzkirche ein „Fürbittgottesdienst" statt. Hier wurden durch Ziemer „Gedächtnisprotokolle" über angebliche Repressalien der Schutz- und Sicherheitsorgane entgegengenommen mit der Zielstellung, diese am nächste Tag als Grundlage für seine Rede vor der Stadtverordnetenversammlung zu verwenden. Diese 170 „Gedächtnisprotokolle" wurden vorher durch das Evangelisch-Lutherische Stadtjugendpfarramt gesammelt.
Auf der Stadtverordnetenversammlung am 26.10.1989 ergriff auch Ziemer als Diskussionsredner das Wort. Bereits seine einführenden Worte: „Ich habe nach der Kommunalwahl am 7.5.1989 Einspruch gegen die Feststellung des Wahlergebnisses in der Stadt Dresden erhoben. Dieser Einspruch ist bis heute nicht geklärt. Darum ist ihre Legitimation als Abgeordnete für mich weiterhin fragwürdig", machten deutlich, daß Ziemer in seinem Beitrag keinesfalls an einen konstruktiven Dialog dachte, sondern mit der eindeutig geäußerten Nichtanerkennung der Dresdner Stadtverordneten auch weiterhin Zweifel in deren Kompetenz verbreiten wird. Im Namen der „Gruppe der 20" sowie des LKA Sachsens übergab Ziemer dem Oberbürgermeister 170 „Gedächtnisprotokolle"/Erlebnisberichte „Betroffener" von Übergriffen und Gewaltanwendungen durch die Sicherheitsorgane [...] in der Zeit vom 3. bis 8.10.1989 [...]. „Die Berichte machen bestürzend deutlich, daß elementare Rechtsgrundsätze verletzt worden sind und Menschen schwere körperliche und seelische Schäden erlitten haben und zwar durch einen allen Anschein nach planmäßig aggressiven und undifferenzierten und rücksichtslosen Einsatz von Polizei und Sicherheitskräften mit Gummiknüppel, Schilden, Hundestaffeln und anderen durch willkürliche Zuführung und brutale, entwürdigende Behandlung auf Mannschaftswagen, in Kasernen und Haftanstalten, durch Verweigerung ärztlicher Behandlung, durch provozieren und menschenentwürdigende Beschimpfungen, durch Bedrohung oder auch Mißhandlungen mit dem Ziel der Erpressung von Geständnissen oder von unterschriftlicher Einwilligung in sogenannte Erklärungen".
[...]
Der Beitrag von Ziemer macht deutlich, daß er, obwohl nicht zur „Gruppe der 20" gehörend, nicht nur als deren Berater fungiert, sondern auch die Sprecherfunktion dieser Gruppe inne hat. Ich schlage vor, daß der Oberbürgermeister der Stadt Dresden, Genosse Wolfgang Berghofer, im persönlichen Gespräch nochmals auf der Grundlage der im Auskunftsbericht genannten Fakten und Zusammenhänge informiert wird, damit er sich in seinem taktischen und strategischen Vorgehen auf

Ziemer einstellen kann. Ziel muß es sein, die „Gruppe der 20“ solange wie möglich personell stabil zu halten und keinen weiteren Austausch zuzulassen.

Ende Oktober 1989 Dok. 76
Erklärung der Gruppe der 20 in der Stadt Dresden

Flach: Der Demokratisierungsprozeß, Dokument 3.

Wir, die Gruppe der 20, haben uns aus der gewaltfreien Demonstration am 8.10.89 mit dem Ziel zusammengefunden, den drohenden Kreislauf der Gewalt zu durchbrechen und die Aufgabe übernommen, die Forderungen der Demonstranten an den Oberbürgermeister der Stadt Dresden zu überbringen. Von uns selbst nicht erwartet, haben wir bei vielen Bürgern der Stadt Dresden große Hoffnungen geweckt, daß nun endlich die Lösung dringender Probleme beginnt. Wir haben unsere Verantwortung erkannt und sind bereit, uns den kommenden Aufgaben zu stellen. Wir verstehen uns nicht als neue Partei und lehnen den Begriff Opposition für uns ab. Wir wollen den gewaltlosen Dialog und wir wollen Veränderungen auf der Basis der sozialistischen Gesellschaft. Wir betrachten uns bis auf weiteres als Mittler des Dialoges zwischen den Staats- und Parteiorganen und der Bevölkerung in der Stadt Dresden. Wir wollen mit dafür sorgen, daß die Erwartungen und Vorstellungen der Bürger in den Dialog einfließen und zu deutlich erkennbaren Veränderungen führen. Wir wollen zu diesem Zweck Arbeitsgruppen zu verschiedenen Problemkreisen bilden, die allen Bürgern offen stehen. Wir fordern als Voraussetzung für den gewaltfreien Dialog:

1. Die uneingeschränkte, sachliche, wahrheitsgetreue und umfassende Berichterstattung in den Medien.
2. Die Garantie des Rechts auf freie Meinungsäußerung ohne persönliche Nachteile.
3. Genehmigung und Schutz friedlicher Demonstrationen und Kundgebungen zur Unterstützung von Vorschlägen und Forderungen - generelle Nichtanwendung des § 217 STGB und des § 5 OWVO.
4. Die Anerkennung der durch die Gruppe der 20 initiierten Arbeitsgruppen als kompetente Gesprächspartner zu den entsprechenden Problemkreisen.
5. Die Anerkennung der Arbeit der Gruppe der 20 als gesellschaftliche Tätigkeit.

31. Oktober 1989 Dok. 77

Anmeldung der 1. Montagsdemonstration durch Steffen Heitmann im Auftrag der Gruppe der 20

Privatbestand Herbert Wagner, unpaginiert. - Kopf: Gruppe der 20, 8060 Dresden, Alaunstr. 36/40. - *Adressat:* VPKA, Abt. Erlaubniswesen, Schießgasse 7, Dresden 8010. - *Titel:* Demonstrationen und Kundgebungen in der Stadt Dresden. - *Vermerk:* Original erhalten: 31. Okt. 1989, Durchschlag erhalten: 31.10.89, Rat der Stadt Dresden, Abt. für Innere Angelegenheiten. - *Datiert:* 31.10.1989.

Um die in den letzten Wochen spontan und z. T. unorganisiert entstandenen Demonstrationen und Kundgebungen in der Stadt Dresden zu kanalisieren, soll im Einvernehmen mit dem Rat der Stadt künftig regelmäßig am Montag, erstmalig am 6.11.89, eine Demonstration mit anschließender Kundgebung stattfinden. Sie soll jeweils 18 Uhr von der Kreuzkirche/dem Altmarkt ausgehen, über Ernst-Thälmann-Straße, Postplatz, Theaterplatz, Dimitroffbrücke, Köpckestraße, Dr.-Rudolf-Friedrichs-Brücke, Pirnaischen Platz, Grunaer Straße führen und auf der sogenannten „Cockerwiese" mit einer Kundgebung enden.
Ziel dieser Demonstrationen und Kundgebungen ist die friedliche Meinungsäußerung und der friedliche Dialog zu Veränderungen in Staat und Gesellschaft sowie die Bekanntgabe von Verlauf und Ergebnissen des begonnenen Dialogs zwischen Bürgern einerseits und Staats- und Parteiorganen andererseits. Im Einvernehmen mit dem Rat der Stadt wird hierdurch die Genehmigung beantragt.
Im Auftrag der Gruppe der 20: Heitmann, Berater

31. Oktober 1989 Dok. 78

Telegramm des Leiters der BVfS, Horst Böhm, an das MfS Berlin

BStU, ASt. Dresden, BV Dresden, Abt. XX, 9181, Bl. 16-18. - Kopf: BV Dresden, Leiter. - *Adressat:* MfS Berlin, Minister Genossen Armeegeneral Mielke; MfS Berlin, Stellv. Min., Gen. Generaloberst Mittig; MfS Berlin, Stellv. Min., Gen. Generalleutnant Neiber; MfS Berlin, ZAIG, Leiter, Gen. Generalleutnant Irmler; MfS Berlin, HA XX, Leiter, Gen. Generalleutnant Kienberg; MfS Berlin, ZOS, Leiter, Genossen Oberst Sommer. - *Vermerk:* Telegramm, Dringlichkeit: Ausnahme. - *Datiert:* 31.10.1989.

In den letzten Tagen zeichnet sich eine weitere Ausweitung beabsichtigter Demonstrationen im Stadtgebiet von Dresden ab.
Ausgehend davon, daß der Inhalt der Ansammlungen und Demonstrationen zunehmend sich aggressiver gegen die SED und ihre führende Rolle und auch im besonderen gegen die Schutz- und Sicherheitsorgane richtet, haben die daraus entstehenden Gefahren für die staatliche Sicherheit und Ordnung zugenommen. Beim 3. Rathausgespräch am 30.10.1989 des Oberbürgermeisters, Genossen Berghofer, mit der „Gruppe der 20" unterbreitete die „Gruppe der 20" den „Vorschlag":

1. „Einen festen Tag in der Woche als Möglichkeit öffentlicher Willensbekundungen zu schaffen". Man einigte sich auf den Montag. Daraus ist ersichtlich, daß nunmehr staatlich legalisiert ist, daß jeden Montag Zehntausende Demonstranten durch das Stadtzentrum ziehen.

2. Der Dresdner Superintendent Ziemer informierte beim 3. Rathausgespräch über einen am kommenden Sonntag, dem 5.11.1989, in der Kreuzkirche stattfindenden „Bittgottesdienst gegen den Bau des Reinstsiliziumwerkes in Dresden-Gittersee" und beantragte die Genehmigung einer anschließenden Demonstration durch das Stadtzentrum.
3. Das Staatsschauspiel Dresden, Intendant Genosse Gerhard Wolfram, Mitglied der SED-Bezirksleitung Dresden, beantragte schriftlich beim VPKA Dresden die Genehmigung einer öffentlichen Demonstration am 4.11.1989 in der Stadt Dresden durch alle Kunst- und Kulturschaffenden, ca. 5 000 Personen, in der Zeit von 10 bis 13 Uhr – Marsch durchs Stadtzentrum und anschließend Kundgebung mit den Teilnehmern auf dem Theaterplatz.
4. Da täglich auch in dieser Woche in der Kreuzkirche jeweils von 17 bis 18 Uhr sog. „Bittgottesdienste" stattfinden, besteht die Gefahr, daß sich daraus täglich Demonstrationen entwickeln. Nach bisherigen operativen Erkenntnissen muß vor allem am Freitag, dem 3.11.1989, damit gerechnet werden.

3. November 1989 Dok. 79
Offener Brief der Gruppe der 20 an den Staatsanwalt des Bezirkes Dresden

Die Union vom 3. November 1989.

Herr Staatsanwalt!
Ihre Ausführungen zu den Festnahmen, Strafverfahren und Beschwerden im Zusammenhang mit den Dresdner Ereignissen in der Zeit vom 3. bis 8. Oktober vor der außerordentlichen Stadtverordnetenversammlung am 26. Oktober haben wir mit Betroffenheit gehört. Da war nichts zu hören von einer klaren Differenzierung zwischen den steinewerfenden Ausreisewilligen am Hauptbahnhof und den gewaltlosen Hierbleibewilligen auf der Prager Straße und anderswo. Da war kein Wort des Bedauerns zu hören, da war kein Anflug eines Selbstvorwurfs angesichts des gezielt aggressiven und brutalen Vorgehens der Sicherheitskräfte auf der Straße, in Kasernen und Haftanstalten, wie es immerhin von Ihrem Vorgesetzten, Bezirksstaatsanwalt Lindner, zu hören war (vgl. Union-Interview vom 24.10.1989). Völlig unklar blieb, wie Sie die Zuführungen am 8. Oktober beurteilen. Ungeheuerlich ist die Behauptung, die Zuführung der 1 303 Personen sei gemäß § 15 des VP-Gesetzes zulässig gewesen. Ihnen wird doch nicht erst durch die übergebenen 169 Gedächtnisprotokolle, die Sie als „sogenannte Gedächtnisprotokolle" zu diffamieren sich nicht gescheut haben, bekannt geworden sein, daß am Geschehen am Hauptbahnhof völlig Unbeteiligte zugeführt, geschlagen und entwürdigend behandelt worden sind!
Am meisten erschreckt hat uns aber der selbstgerechte, belehrende, leicht drohende Ton Ihrer Rede, der an schlimme Zeiten unserer Vergangenheit erinnerte. Das mag der Ton Ihrer Plädoyers sein; hier wirkte er als Diffamierung der Betroffenen und ließ ein Vertrauen in die Ankündigung, daß die Staatsanwaltschaft „alle Überschreitungen der Befugnisse unvoreingenommen aufklären" werde, nicht aufkommen. Wie kann auch das staatliche Organ, das den Staat gegenüber den Bürgern

vertritt, zugleich die Bürger gegenüber dem Staat vertreten? Hier zeigt sich ein grundlegender Mangel unseres Rechtssystems.
Es geht nicht um die Untersuchung einzelner Übergriffe der Sicherheitsorgane. Es muß ein erschütternder, komplexer Gesamtvorgang öffentlich erhellt und aufgearbeitet werden. Gewalt kann auf Dauer nur verhindert werden, wenn die Ursachen der Gewaltanwendung untersucht und beseitigt werden. Die Gewaltentfaltung durch Bürger am Hauptbahnhof war schrecklich und darf sich nicht wiederholen. Aber auch die Gewaltentfaltung durch Polizei, Militär und Staatssicherheit am Hauptbahnhof und danach anderswo in dieser Stadt bis zum 8. Oktober war schrecklich und darf sich nicht wiederholen! Wie konnte es zu solcher Gewaltentfaltung kommen? Konnte sie nicht etwa auch verhindert werden? Wer hat die Befehle an die Sicherheitsorgane erteilt und warum hat er sie so erteilt?
Herr Staatsanwalt!
Wir fordern Sie auf,

1. sich für die Bildung einer unabhängigen, mit allen nötigen Kompetenzen ausgestatteten Untersuchungskommission für die Dresdner Ereignisse vom 3. bis 8. Oktober öffentlich einzusetzen:
2. sich in einem Podiumsgespräch im Kulturpalast zusammen mit den verantwortlichen Einsatzleitern von Polizei, Armee und Staatssicherheit dem öffentlichen Gespräch mit den von Übergriffen der Sicherheitsorgane in der Zeit vom 3. bis 8. Oktober Betroffenen zu stellen.

Diese beiden Schritte würden wir als erste Zeichen für die Aufrichtigkeit des begonnenen Dialogs und des Willens zur Erneuerung auch im Bereich von Sicherheit und Justiz verstehen.
Die Gruppe der 20

4. November 1989 Dok. 80

Resolution von Dresdner Bürgerinitiativen und Gruppen

Privatbestand H. Wagner, unpaginiert. Aufbruch. Mitteilungsblatt des Neuen Forums, Dresden. Heft 1, 6. November 1989.

Am 4.11.1989 trafen sich in Dresden Vertreter/innen folgender Bürgerinitiativen und Gruppen zur Koordinierung ihrer Arbeit: Gruppe der Zwanzig, Demokratischer Aufbruch, Demokratie Jetzt, Initiative Demokratische Erneuerung, Neues Forum, SDP, Ökumenische Friedenskreise[1] und der Ökologische Arbeitskreis der Dresdner Kirchenbezirke.
Sie schätzten gemeinsam ein, daß gegenwärtig die Vertrauenskrise zwischen Regierung und Regierten nach wie vor besteht. Die Bevölkerung der DDR drängt auf klare, unwiderrufliche Entscheidungen, die eine Restaurierung bisheriger Macht- und Ohnmachtsverhältnisse unmöglich macht. Diese grundlegenden Veränderungen stehen noch aus. Deshalb fordern wir als Vertreter/innen genannter Gruppen:

1. Die Durchführung einer Volksabstimmung über den in Verfassungsartikel 1 verankerten Führungsanspruch der marxistisch-leninistischen Partei, um eine

1 Hierbei handelte es sich um mehrere ökumenische Friedenkreise, vgl. Interview mit Annemarie Müller.

Gleichberechtigung aller Parteien und gesellschaftlichen Kräfte unseres Landes zu sichern;
2. Die Zulassung sämtlicher Organisationen und Gruppen, die nicht rassistische, nationalistische oder faschistische Ziele verfolgen bzw. solche Mittel benutzen;
3. Den sofortigen Rücktritt der Regierung;
4. Ein neues Wahlgesetz mit dem Ziel einer Wahl zwischen Personen und alternativen Programmen: Herr Krenz, wir warten auf Ihr Wort zum Wahlbetrug vom 7. Mai 1989!
5. Eine verständliche und schonungslose Offenlegung der ökonomischen Situation der DDR einschließlich Devisensituation sowie der Ausgaben im militärischen Bereich und im Sicherheitsapparat;
6. Die Veröffentlichung sämtlicher ökologischer Daten im Zusammenhang mit Vergleichsdaten;
7. Eine Änderung des politischen Strafrechts;
8. Die Aufklärung der Handlungen und Übergriffe der Schutz- und Sicherheitsorgane und die Bestrafung der Verantwortlichen sowie die Klärung der Ursachen dieser Fälle.

Bürger und Bürgerinnen Dresdens!
Wir rufen alle an wirklichen Veränderungen Interessierten auf, an ihren Arbeitsstellen, in ihren Organisationen, in ihren jeweiligen Lebensbereichen mit Zivilcourage mutig einzutreten für Demokratie, für Freundlichkeit und Offenheit im Umgang miteinander. Treten wir konsequent, in jedem einzelnen Fall auf gegen Amtsanmaßung, Machtmißbrauch und Korruption. Beginnen wir, miteinander und füreinander, eine neue politische Struktur in unserem Land als mündige und freie Bürger zu gestalten!
i. A. Uwe Glosinski, Gruppe der 20, Johannes Pohl, DA, Erhard Becke, DJ, Andreas Rönsch, IDE, Michael Zaczek, Neues Forum, Mette Tomaschek, SDP, Werner Ritter, Ök. FK, Hubertus Giebe, Vertr. unabh. Bürger.

4. November 1989 Dok. 81
Pressemitteilung der Gruppe der 20 und des Rates der Stadt Dresden über die gemeinsame Durchführung von Demonstrationen und Kundgebungen

Sächsische Zeitung vom 4. November 1989.

Die „Gruppe der 20" und der Rat der Stadt Dresden sind im Oberbürgermeistergespräch übereingekommen, die freimütige Aussprache auf Straßen und Plätzen künftig jeweils montags durchzuführen. Dem gemeinsamen Vorschlag liegt die verantwortungsbewußte Überlegung zugrunde, das Klima friedlicher Meinungsäußerung nicht durch gewaltbejahende Kräfte zu gefährden und die Funktionsfähigkeit der normalen Lebensprozesse in der Stadt zu gewährleisten. Die erste Demonstration, die genehmigt ist, findet am 6. November statt und beginnt 16.30 Uhr. Sie führt von der Kreuzkirche über Ernst-Thälmann-Straße, Postplatz, Theaterplatz, Dimitroffbrücke, Köpckestraße, Dr.-Rudolf-Friedrichs-Brücke, Pirnaischer Platz,

Grunaer Straße und endet mit einer Kundgebung auf dem Vorplatz der Ausstellungshallen Fučikplatz. Die „Cockerwiese“ erweist sich in der jetzigen Jahreszeit als ungeeignet, da der Erdboden bereits zu durchfeuchtet ist und größere Menschenansammlungen auf teilweise schlammigem Grund Gefahren in sich bergen. Auf der Kundgebung am 6. November werden die außerordentliche Stadtverordnetenversammlung vom 26. Oktober ausgewertet und weitere aktuelle Fragen zur Diskussion stehen. Wie rufen alle Bürgerinnen und Bürger auf in gemeinsamer Verantwortung für solidarische Disziplin Sorge zu tragen. Nach Auswertung erster Erfahrungen werden wir mögliche Abweichungen für Beginn, Zeitplan und Streckenführung der Demonstration rechtzeitig bekanntgeben. Gruppe der 20, Rat der Stadt Dresden, Oberbürgermeister.
Der Koordinierungsausschuß des Neuen Forum Dresden schließt sich diesem Vorschlag an.

6. November 1989 Dok. 82
Rede von Herbert Wagner auf der 1. Dresdner Montagsdemonstration

Privatbestand Herbert Wagner, unpaginiert. - Datiert: 6.11.1989.

Bürger der Stadt
Eine Forderung der Demonstranten von der Prager Straße ist erfüllt: Das Recht auf friedliche Demonstrationen! Zu verdanken haben wir dies all denen, die Anfang Oktober ihre Angst überwanden und - vielleicht noch zitternd - aber doch schon mit neuem Selbstbewußtsein auf die Straße gingen. Besonders denke ich an jene friedlichen Demonstranten, die von den Sicherheitskräften verprügelt wurden und die dann doch wieder auf die Straße gingen mit einem: Jetzt erst recht! Ihnen sollten wir für ihr mutiges Auftreten besonders danken. Danken möchten wir auch jenen, die uns durch Vollmachten und die 1-Mark-Aktion unterstützt haben. Es sind bis heute etwa [...] Mark eingegangen. Und wir haben bisher noch keinen Pfennig ausgegeben. Recht herzlichen Dank auch den Postangestellten.
Noch ein Wort zur Volkspolizei. Heute regelt sie den Verkehr. Dafür danken wir ihr. Ebenso den Verkehrsbetrieben der Stadt. Legen wir nun unsererseits unseren Stolz dahinein, daß die friedlichen Demonstrationen auch friedliche Demonstrationen bleiben. Dulden wir keine Randalierer unter uns. Behindern wir den Stadtverkehr nur so wenig, wie gerade nötig. Hinterlassen wir keine Abfälle und keinen Schmutz. Kerzenstummel kann man wieder mit nach Hause nehmen.
Wir, die Gruppe der 20 wollen Veränderungen. Wir wollen sie gewaltfrei und friedlich und wir halten Demonstrationen für geeignete Mittel, um dem Willen der Bevölkerung Ausdruck zu verleihen. Manch einer wird Angst vor diesen Veränderungen haben und sieht sich als politischer Gegner hinterher ins Abseits gestellt. Wir rufen all denen zu, die Angst vor Veränderungen haben daß wir niemanden, der keine schweren Verbrechen begangen hat, ins gesellschaftliche Abseits stellen wollen. Im Gegenteil: wir wollen möglichst viele wieder gesellschaftlich produktiv werden lassen. Wir trauen jedem eine Erneuerung zu, und wir wollen Recht und nicht Rache. Für manch einen wird aber der Ruhestand die beste Lösung sein, und den wollen wir ihm auch gönnen. Wir haben uns in Dresden das Demonstrationsrecht erkämpft. Doch was machen wir mit dieser neu gewonnen Freiheit? Für den

nächsten Montag ist in Abstimmung mit allen basisdemokratischen Gruppen der Stadt eine Protestdemonstration festgelegt worden, die sich gegen den Führungsanspruch der SED richtet.
Wir rufen alle Bürger, alle zugelassenen und alle noch nicht zugelassenen Organisationen auf, sich diesem Thema zu stellen. Wir meinen, daß es für die Blockparteien eine Überlebensfrage ist, sich von der Bevormundung durch die SED schnellstens zu befreien. Aber wir rufen auch die SED auf, sich öffentlich zu ihrem Führungsanspruch zu äußern. Ich glaube nicht, daß es in Zukunft ohne die SED gehen wird. Aber sie muß nicht führen. Auch in der SED gibt es viele kluge und gute Menschen, die unverzichtbar sind für eine Erneuerung unserer Gesellschaft. Aber die SED muß sich selbst reformieren. Herr Modrow, hier sollten Sie eine aktive Rolle spielen. Und ich denke, Sie haben gute Chancen. Gehen wir gemeinsam ans Werk! Räumen wir die noch bestehenden Steine aus dem Weg! Und geben wir der Bevölkerung wieder eine Perspektive!

8./9. November 1989 Dok. 83
Bericht des IMS „Lindner" über Friedrich Boltz und die Gruppe der 20

BStU, ASt. Dresden, BV Dresden, 2847/91, III, Bl. 443-455. - Kopf: Quelle: IMS „Lindner", Treff: 8.11.1989, 18.30-19.30 Uhr, 9.11.1989, 20.30-22.00 Uhr, MA: Hptm. Bock. - *Titel:* Einschätzung von Aktivitäten von [*handschr. Einfügung:* Boltz, Friedrich][1] im Rahmen der „Gruppe der 20". - *Vermerk:* Tonbandabschrift.

Die Einschätzung erfolgt aufgrund von verschiedenen Gesprächen mit Kollegen Boltz und Mitgliedern der Gruppe CAP 4 in der Zeit vom 4.11. bis 8.11.1989. Insbesondere sind dabei herauszugreifen Gespräche, die ich mit Boltz in dem Zusammenhang mit der Demonstration am 6.11.1989 unmittelbar nach dieser bei einem Abendbrotessen in der Mitropa-Gaststätte des Neustädter Bahnhofes hatte.

1. Bewertung durch Boltz zum Treffen der verschiedenen Gruppierungen im Dresdner Raum am 4.11.1989
Es fand ein Treffen zwischen verschiedenen nichtoppositionellen („Gruppe der 20") und verschiedenen oppositionellen bzw. bisher nicht zugelassenen Gruppen und Gruppierungen im Dresdner Raum statt. Im ZMD, Objekt 1, Haus 337, ist ein entsprechender Aushang gegenüber der Kaffeeküche, der die wesentlichen Positionen dieses Treffens darstellt.
Boltz berichtete von dem Treffen, das offenbar in der „Scheune" stattfand (Jugendclub Alaunstraße). Dabei gab es zwei wesentliche Aspekte, die er mir gegenüber hervorhob:
1. Das die Inhalte und Zielstellungen der Arbeit in den jeweiligen Gruppen, wie z.B. „Gruppe der 20", „Neues Forum", SPD usw. (siehe Aushang), nicht grundsätzlich verschieden sind und die wesentlichen Forderungen zu Veränderungen in den einzelnen Gruppierungen und Gruppen übereinstimmen. Angeblich sind bei diesem Treffen von keiner der Gruppierungen oder Gruppen Äußerungen zur Zerschlagung oder Abschaffung des sozialistischen Systems in der DDR

1 Der Name *Boltz* wurde im gesamten Dokument handschriftlich ergänzt.

geäußert worden, so daß nach seiner Meinung der Grundtenor auf Basis eines Sozialismus in der DDR darin bestand, diesen, mit unterschiedlichen Aspekten, lebenswert zu gestalten. Er betonte, daß nach seiner Meinung vom inhaltlichen Gehalt der Zielstellung der einzelnen Gruppierung und Gruppen die Unterscheidung und Untergliederung in diese vielen Gruppierungen keinen Bestand hat.

2. Er hob hervor, daß ihm besonders negativ auffiel, daß es offenbar in jeder der Gruppierungen und Gruppen Einzelpersönlichkeiten gab, die, um ihr Führungsrecht dieser Gruppierung oder Gruppe, der diese Einzelpersönlichkeiten vorstanden, kämpften. Es erweckte offenbar auf Boltz den Eindruck, als handle sich um einen Kleinparteienstreit in einer bürgerlichen Demokratie, wo subjektive und personelle Aspekte, bisweilen auch vordergründig, vor den inhaltlichen Dingen abgehandelt werden. Insgesamt war er von der Qualität und den inhaltlichen Neuigkeiten dieses 1. Treffens verschiedener Dresdner Gruppierungen und Gruppen offenbar enttäuscht. Nach seinen Aussagen sind auf diesem Treffen keine weiteren Vereinbarungen zur Koordinierung der weiteren Zusammenarbeit zwischen diesen verschiedenen Gruppierungen und Gruppen festgelegt worden, er berichtete lediglich von einem, zunächst noch ohne festen Termin, angesetzten Treffen der Vertreter dieser Gruppierungen und Gruppen im landesweiten Rahmen. Als Ort nannte er Berlin bzw. Leipzig.

Da laut Aussage von Boltz die Zielrichtungen verschiedener Gruppierungen und Gruppen sich nur geringfügig bis gar nicht unterschieden, verstand ich sein Drängen, daß doch verschiedene Gruppierungen und Gruppen in gemeinsamen inhaltlichen Richtungen zusammenschließen sollten, was aber offenbar durch die o. g. subjektiven Bestrebungen in einzelnen dieser Gruppierungen und Gruppen verhindert wird. Er schätzte aufgrund dieser Tatsachen ein, daß sicher sehr starke Formierungen und Gruppen, wie z. B. das „Neue Forum“ oder auch die SPD sich weiter formieren werden und über einen mittelfristigen Zeitraum besehen, die kleineren Gruppen sich in diese großen Gruppierungen verlieren werden.

2. Einschätzung von Boltz zur Demo vom 6.11.1989

Boltz betonte mir gegenüber insgesamt drei Aspekte, die aus seiner Gesamteinschätzung als wesentlich hervorgingen:

1. Die Beteiligung von Gen. Modrow und Gen. Berghofer im Demonstrationszug an der Spitze, wo die üblichen Losungen, die in den letzten Tagen bei Demonstrationen, wie in Berlin, Dresden, bekannt wurden, mitgetragen wurden. Damit, so schätzte Boltz ein (und ich stimme ihm an dieser Stelle völlig zu), hat sich die Dresdner staatliche Leitung (in Form von Gen. Berghofer) und die Parteileitung (in Form von Gen. Modrow) führend vor diese Erhebung und Änderungsbestrebung der Bevölkerung gestellt. Dieser Vorgang ist, so stimmten wir beide überein, noch in keinem der Bezirke der DDR zu diesem Zeitpunkt möglich gewesen.
2. Die gewachsene Qualität dieser Demonstrationen im Dresdner Raum. Insbesondere betonte er, daß aufgrund der Witterungslage (ständiger Regen) er und die „Gruppe der 20“ nicht damit gerechnet hätten, daß derartig viele Demonstrationsteilnehmer seitens der „Gruppe der 20“, geschätzt auf ca. 100 000, sich an der Demonstration beteiligen würden. Des weiteren war der gesamte Ablauf der Demonstration in Anbetracht der Witterungsverhältnisse und aufgrund der fortgeschrittenen Zeit, Dauer etwa bis 22.45 Uhr, nach seiner Meinung hervor-

ragend. Auch die Auflösung der Demonstration auf dem Ausstellungsgelände am Fučikplatz verlief in sehr guter Qualität, so daß keine Ausschreitungen, Randaliererei o. ä., zu beobachten waren. Ergänzung: Auf dem Rückweg vom Fučikplatz auf den Altmarkt, wo ich mein Auto geparkt hatte, traf ich Boltz im Gespräch mit einem mir unbekannten Herrn. Ab diesem Moment gingen wir gemeinsam zu meinem Auto und fuhren gemeinsam zum Neustädter Bahnhof, wo wir noch ein Abendbrot in der Mitropagaststätte zu uns nahmen. Danach setzte ich Boltz vor seinem Haus [*geschwärzt*] ab.

3. Sowohl Boltz als auch andere Teilnehmer der Demonstration/Kundgebung bemängelten, daß nach ihrer Meinung, und das wurde auch durch einzelnen Sprecher der Abschlußveranstaltung angemahnt, offenbar Jugendliche und junge Mitglieder der Staatssicherheitsorgane in einem Absperring um die Bühne herum vor den Ausstellungshallen am Fučikplatz positioniert waren. Diese jüngeren Angehörigen unserer Staatssicherheitsorgane waren, so auch die Aussagen von einem Sprecher an der Bühne, offenbar schon vor der Veranstaltung an dieser Stelle vorhanden. Ihre Beifallsbekundungen verrieten, daß sie offenbar dem Inhalt der Vortragenden nicht richtig folgen konnten. Am Ende der Veranstaltung beklagten sich Teilnehmer der Kundgebung, daß sie durch diesen Ring der Jugendlichen zurückgehalten wurden, von Diskussionsbeiträgen, indem man sie einfach nicht nach vorn zum Mikrofon oder zur Beitragsanmeldung durchdringen ließ. Derartige Diskussionen fanden nach Abschluß der Demonstrationskundgebung in einem kleineren zwischen verschiedenen Mitarbeitern der „Gruppe der 20“ und verschiedenen interessierten Bürgern an der Abschlußkundgebung statt, die offenbar noch das Wort ergreifen wollten. Kurz vor Abschluß der Veranstaltung wurde durch den Sprecher einem Mitglied der „Gruppe der 20“ darauf verwiesen, daß offenbar viele Diskussionsbeiträge hier nicht zu Wort kamen und es wurde angeboten, daß diese Diskussionsbeiträge gemäß der ihm zugegangenen Wortmeldung in der Reihenfolge bei der nächsten Demonstrationskundgebung am kommenden Montag, den 13.11.1989, vorgetragen werden soll.

3. Kritische Positionen in der unmittelbar nächsten Zeit aus Sicht von Boltz und der „Gruppe der 20“

Boltz sieht als dringlichstes und zuerst zu lösendes Problem Fragen der Rechtsstaatlichkeit, unter Aufarbeitung der Obergriffe staatlicher und Sicherheitsorgane auf Demonstranten. Dieses sieht er deshalb an erster Stelle, weil er glaubt, daß aufgrund der Reisen und auch rechtsstaatlich richtigen Aufarbeitung dieser Vorgänge der Vertrauensschwund der Bevölkerung in die Partei und Staatsführung am schnellsten wieder aufgerichtet werden könnte. An zweiter Stelle sieht Kollege Boltz (offenbar aber im Widerspruch zur „Gruppe der 20“, denn er betonte, daß es dort unterschiedliche Bewertungen zu den zwei Positionen gibt) den Apriori-Führungsanspruch der SED. Zu dieser Position äußerte er, daß aufgrund der Vielfalt der vorgetragenen Argumentationen und Losungen und Transparenten gegen diesen gesetzten Führungsanspruch der SED offenbar eine Änderung der Verfassung im Artikel 1 in nächster Zeit unmittelbar bevorstehen müßte, so daß im weiteren Verlauf der DDR-Politik sich die SED ihren Führungsanspruch erringen müßte und nicht, laut Verfassung, vorgegeben bekommt. Ich äußerte ihm dazu meine Meinung, daß aus meiner Sicht dieser 2. Punkt, nämlich die Aufgabe des Apriori-Führungsanspruchs der SED zum gegenwärtigen Zeitpunkt das Kardinalproblem sein wird und sich die Probleme der Rechtsstaatlichkeit erst an zweiter Stelle einordnen, weil deren Lösung, der die Klärung eines solchen Führungsanspruchs nach meiner Meinung voraussetzt. Heutige Beiträge am 9.11.1989 über Rundfunk der DDR bestätigen mir die Richtigkeit dieser Auffassung (meiner Auffassung), daß auch im ZK der SED dieser Apriori-Führungsanspruch als Kardinalproblem der gegenwärtigen Situation erkannt worden ist und in der Form eines demokratischen Koalitionssystems ein Ausweg seitens der SED aus dieser Situation vorgeschlagen wird. Damit sind alle anderen Probleme, so auch das Problem der Durchsetzung einer Rechtsstaatlichkeit auf einer solchen zukünftigen Basis lösbar.

4. Bewertung der weiteren großen Schritte und Einschätzungen durch die „Gruppe der 20" (durch Boltz)
Aus Sicht der „Gruppe der 20" wird, nach Meinung von Boltz, die weitere Entwicklung wie folgt eingeschätzt: Die gegenwärtigen Änderungen in der Staatsführung sind aufgrund der jetzigen Zusammensetzung der Volkskammer nur aufgrund der führenden Funktion der SED in der Volkskammer vorzunehmen, so daß auch die SED die Regierungsneubildung vornimmt. Damit entsteht aber nach seiner Meinung und nach Meinung der „Gruppe der 20" eine Situation, daß im weiteren der Führungsanspruch der SED festgeschrieben wird, der von großen Teilen der progressiven Bevölkerung Demonstrationen, Berlin, Leipzig und Dresden zeigen dies, in Frage gestellt wird. Der Ausweg aus dieser Situation wird durch ihn und offenbar durch die Gruppe der 20 darin gesehen, daß die gegenwärtigen Neubesetzungen zunächst einen Übergangsstatus oder Übergangscharakter haben, bis zu dem Zeitpunkt, wo die verschiedenen Parteien (SED, Blockparteien, möglicherweise gegenwärtig noch nicht zugelassene Parteien) ihre Aktionsprogramme für die nächste Zeit zur Entwicklung von Wirtschaft/Politik und Kultur im Lande aufgeschrieben haben, um der Bevölkerung für eine Wahl (Auswahl aus diesen Parteiprogrammen) eine Voraussetzung zu schaffen. Seinerseits wurde eingeschätzt, daß der Zeitpunkt für eine derartige Neuwahl und damit auch eine neue Wahl der Volkskammer erst Anfang bis Mitte nächsten Jahres liegen kann, damit die SED und auch die anderen Parteien entsprechend ausgereifte Programme zur Wahl anbieten können. Insofern mißt er und auch die „Gruppe der 20" den gegenwärtigen personellen Veränderungen noch keine endgültige Bedeutung bei. Er stellt aber dennoch fest, daß in Einzelfällen die Änderungen dringlich notwendig waren und auch bestimmte personelle Neubesetzungen seine Zustimmung finden. Insbesondere äußert er offenbar auch im Sinne der „Gruppe der 20" scharfen Protest gegen die Besetzung des Staatsratsvorsitzenden und Vorsitzenden des Nationalen Verteidigungsrates und Generalsekretärs der SED, durch Gen. Krenz, Kritik sowohl in der Drei-Einigkeit in dieser Person als auch in der Person selbst, die nach seinen Aussagen aufgrund der bisherigen politischen Entwicklungsgeschichte zur Person unter den gegenwärtigen Umständen für die Bevölkerung in der DDR nicht akzeptabel sei. Insgesamt positive Meinung hat er zur Einschätzung der funktionellen Besetzung des bisherigen Oberbürgermeisters und bisherigen Bezirksparteisekretärs, Berghofer und Modrow und begrüßte auch heute die Tatsache, daß Modrow im Rahmen der ZK-Tagung der SED zum Vorsitzenden des Ministerrates (Ministerpräsident) vorgeschlagen wurde. Dieser Vorschlag wird aber offenbar im Dresdner Raum, und dies nicht, nur aus der „Gruppe der 20" sowohl positiv als auch negativ bewertet. Positiv im Sinne, daß Gen. Modrow die

große Sympathie und Unterstützung der Dresdner Bevölkerung trägt, die ihn für einen bzw. auch eine solche Funktion befürwortet und verpflichtet, andererseits aber der personelle Verlust für den Dresdner Raum durch den Weggang des Gen. Modrow.
Offenbar stimmt diese weitreichende Schrittvorstellung der „Gruppe der 20" mit den Vorstellungen zur weiteren Entwicklung im Lande durch die anderen Gruppierungen und Gruppen, von denen ich oben sprach, weitestgehend überein. Insgesamt wird seitens der „Gruppe der 20" und auch seitens der Mehrzahl der anderen Gruppierungen auf 1. eine Änderung der Verfassung, insbesondere Artikel 1 zu dem dort festgeschriebenen Führungsanspruch der SED orientiert und 2. auf einen Rücktritt und Neuwahl der Volkskammer, und damit auf eine Neuwahl der Regierung insgesamt gedrängt.

5. Bewertung des Reisegesetzes
Das Reisegesetz stand durch Boltz und offenbar auch durch die „Gruppe der 20" sofort unter scharfer Kritik bezüglich der bürokratischen Maßnahmen zur Ausreisevisaerteilung und der Beschränkung auf 30 Reisetage. Bezogen seinerseits (auch im Sinne der „Gruppe der 20") eingeschätzt, daß der Grundcharakter dieses Gesetzes offenbar noch aus der inzwischen nun historischen politischen Ära unserer Gesetzesbildung und des Umganges mit der Bevölkerung herrührt und von ausgeprägter Gängelei und Bevormundung kündet. Er schätzte ein, daß auch im Sinne der „Gruppe der 20" dieser Entwurf des Reisegesetzes ein Zeichen hätte sein können, wo ein Führungsanspruch der SED sich im positiven Sinne behauptet, es mußte aber durch ihn und offenbar auch durch die „Gruppe der 20" insgesamt eingeschätzt werden, daß so was in keinerlei Weise in Form dieses Entwurfs ausgewiesen ist, so daß es völlig erklärlich ist, nach seinen Worten, daß der Inhalt dieses Entwurfs zerrissen wurde (Siehe auch Fernsehdiskussion mit Rechtsanwalt Gysi). Für das Land ist es m. E. insofern bedauerlich, daß durch diesen Entwurf des Reisegesetzes als erstes äußeres Zeichen von festgelegten Änderungen (Maßnahmen) seitens der Partei wiederholt eine Chance vergeben wurde, einen Führungsanspruch in natürlicher Weise zu beanspruchen und zu besetzen. Damit sind weitere Vertrauensverluste entstanden, so daß die Kluft zwischen Partei und Staatsführung auf der einen, und progressiver Bevölkerung auf der anderen Seite durch den Entwurf des Reisegesetzes nicht verringert, sondern eher vergrößert worden ist.

Aktuelles vom 8. und 9.11.1989
1. Am Abend, des 8.11.1989 fand ich das beiliegend übergebene Mitteilungsblatt vom „Neuen Forum", Initiativgruppe Dresden-Nord/Klotzsche, in meinem Briefkasten in meiner Wohnung, [*geschwärzt*] vor. Wie ich von meinen Leitungskollegen, insbesondere auch von [*geschwärzt*], erfuhr, fand er auch ein solches Informationsblatt in seinem Briefkasten, so daß ich annehme, daß dieses im gesamten Neubaugebiet Grenzstraße verteilt worden ist. Inzwischen haben die Ereignisse der letzten zwei Tage den Inhalt dieses Mitteilungsblattes überholt, so daß dazu im weiteren nicht Stellung genommen werden muß.
2. Am Vormittag, des 9.11.1989 erreichte mich ein Anruf von einem Herrn [*geschwärzt*], der unbedingt Boltz sprechen wollte. Ich leitete ihn an mein Sekretariat weiter mit der Bitte um Vermittlung des Gespräches. Aufgrund einer

Niederschrift in meinem Sekretariat konnte ich verfolgen, daß es sich um Herrn [*geschwärzt*], handelt.
[*mehrere Seiten geschwärzt*].
Insgesamt wird in der Gruppe als auch in der Abteilung eingeschätzt, daß Boltz durch die Aktivitäten in der „Gruppe der 20" an Persönlichkeit und Format ungemein gewonnen hat und das es seiner Persönlichkeitsentwicklung, [*geschwärzt*], für ihn eine offenbar positive Entwicklung war, die es geht, beizubehalten im Sinne seiner Persönlichkeitsentwicklung, so daß verschiedene Personen unter ganz verschiedenen Zielstellungen heraus versuchen, seine weitere Mitarbeit dort zu erwirken.

10. November 1989 Dok. 84
Erklärung der Gruppe der 20 über die künftige Durchführung eigener Kundgebungen

Die Union vom 10. November 1989.

Nach den Erfahrungen der Kundgebung von letzten Montag hat sich die „Gruppe der 20" entschlossen, künftige Kundgebungen nicht mehr gemeinsam mit dem Rat der Stadt vorzubereiten. Von ihr beantragte Demonstrationen und Kundgebungen sollen inhaltlich und in ihrem Ablauf ausschließlich von ihr und den anderen Bürgerinitiativen getragen und bestimmt werden. Diesen Entschluß teilte die Gruppe dem Oberbürgermeister der Stadt Dresden mit und forderte gleichzeitig, daß in Zukunft ein freier Zugang zur Tribüne gewährleistet und die Kundgebungen nicht durch die Staatssicherheit gestört wird. Die Bürgerinitiativen werden sich bemühen, selbst geeignete Ordner zu stellen. Da die Vorbereitung einer solchen Kundgebung in wenigen Tagen Möglichkeiten und Kräfte der Bürgerinitiativen übersteigt, ruft die „Gruppe der 20" in ihrem Namen am nächsten Montag lediglich zu einer Demonstration (19 Uhr ab Kreuzkirche) auf. Dem Oberbürgermeister wurde vorgeschlagen, daß Vertreter der Stadt und des Bezirkes auf der Kundgebung am Fučikplatz Fragen der Bürger beantworten.

11./12. November 1989 Dok. 85
Rat der Stadt zur Erklärung der Gruppe der 20 vom 10. November 1989

Die Union vom 11./12. November 1989.

Eine Entscheidung der „Gruppe der 20" künftig Demonstrationen nicht mehr mit dem Rat der Stadt vorzubereiten, akzeptieren wir. Betroffen machen uns jedoch einige Begründungen.
Der Rat der Stadt hat getreulich die vorherigen Absprachen mit der „Gruppe der 20" für die gemeinsame Veranstaltung vom 6. November eingehalten. Alle vorgeschlagenen Diskussionsredner der Gruppe haben gesprochen. Die eingesetzten Ordnungskräfte, auch für die Tribüne, waren keine Angehörigen der Staatssicherheit. Wir halten es für bedenklich, wenn ohne sachliche Prüfung unterstellt

wird, daß jeder öffentlich bekundete Widerspruch von Kundgebungsteilnehmern zu Aussagen von Diskussionsrednern der „Gruppe der 20“ organisierte Störungen seien. Solche Interpretationen sind unseren Erachtens Ausdruck neuer Intoleranzen gegenüber Andersdenkenden. Es ist dem neuen politischen Klima partnerschaftlicher demokratischer Aussprache abträglich, wenn erneut Monopole auf Wahrheit erhoben und Gegenrede diskreditiert wird: Wir sind für das gleiche Recht jedes Teilnehmers von Kundgebungen, sich zu seinen Auffassungen zu bekennen. Wir sind für gegenseitiges, achtungsvolles Anhören und für Kultur im politischen Meinungsstreit. In diesem Sinne werden die Mitglieder des Rates auch weiterhin am Dialog mit allen demokratischen Kräften teilnehmen. An intoleranten Bekundungen gegen eine Partei, Organisation oder Gruppierung, die auf der Grundlage der Verfassung wirkt, beteiligen wir uns nicht. Das widerspricht unserem Demokratieverständnis. Die öffentliche, kritische und selbstkritische Aussprache zur demokratischen Erneuerung aller Parteien auch der SED, und zur Partnerschaft mit neuen Bürgerinitiativen, werden wir mit ganzer Kraft in der Weise unterstützen, die wir als geeignet erachten.
Die Mitglieder des Rates der Stadt Dresden.

20. November 1989 Dok. 86

Diskussionsbeitrag des Chefs der BDVP Dresden, Willi Nyffenegger, auf der 15. Tagung des Bezirkstages Dresden zum VP-Einsatz Anfang Oktober 1989 (Auszug)

SächsHStA, RdB Dresden, 47116, Blatt 60–61. – *Kopf:* Bezirkstag Dresden. – *Titel:* Diskussionsbeiträge der 15. Tagung des Bezirkstages Dresden. Abg. Willi Nyffenegger, Chef der BDVP, Mitglied der StK[1] Inneres und sozialistische Wehrerziehung (Ausführungen zum Polizeieinsatz Anfang Oktober 1989). – *Datiert:* 20.11.1989.

Zunächst möcht ich im Zusammenhang der aufgeworfenen Fragen und Probleme des Einsatzes der Deutschen Volkspolizei im Oktober etwas zur Ausgangslage sagen.
Die polizeiliche Lage in den ersten Oktobertagen dieses Jahres, vor allem bis zum 6. Oktober, stellte sich so dar, daß eine erhebliche Störung der öffentlichen Ordnung und Sicherheit im Bereich des Dresdner Hauptbahnhofes und des Stadtzentrums von Dresden vorlag. Unsere Erkenntnisse aus der gezogenen Analyse beweist gegenwärtig, daß diese Lage in der Bezirksstadt Dresden durch die im höchsten Maße politisch falsche Entscheidung ehemaliger zentraler Organe entstand, weil erstens überraschend Festlegungen getroffen wurden und Festlegungen erfolgten, den visafreien Reiseverkehr unserer Bürger nach der ČSSR zeitweilig auszusetzen, und zweitens, daß die Sonderzüge der Deutschen Reichsbahn mit ehemaligen DDR-Bürgern, die sich in der Prager BRD-Botschaft aufgehalten hatten, über das Territorium der Deutschen Demokratischen Republik und somit in die BRD fuhren. In diesem unmittelbaren Zusammenhang nutzte ein Vielzahl von Personen aus allen Bezirken unserer Republik diese Situation aus, um nach

1 Ständige Kommission des Bezirkstages.

Dresden zu kommen und ihre Interessen nach Ausreise in die BRD auf diese Art hier zu erreichen.
Werte Abgeordnete!
Das Handeln der von mir eingesetzten Angehörigen der Deutschen Volkspolizei war in erster Linie darauf gerichtet, die öffentliche Ordnung und Sicherheit und somit das normale Leben unserer Bevölkerung in Ruhe und Geborgenheit wieder herzustellen und stets zu gewährleisten. Ich muß aber auch hinzufügen, daß innerhalb weniger Stunden sich hier besonders in der Bezirksstadt Dresden eine völlig andere, kompliziertere Lage als in anderen Bezirken unserer Republik entwickelte. Die am 3., 4. aber auch bis zum 5. Oktober vorgenommenen Beschädigungen und Zerstörungen an der größten öffentlichen Einrichtung, dem Hauptbahnhof Dresden und auch Teilen auf der Prager Straße, sind ein konkreter Beweis dafür, daß es bei uns in Dresden nicht immer zu diesem Zeitpunkt friedlich zugegangen ist. Schadensumme am Hauptbahnhof von ca. $^1/_4$ Million, aber auch 77 Verletzte aus den Reihen der Deutschen Volkspolizei, die medizinisch betreut werden mußten, und viel andere Zerstörungen in der Nacht vom 3. zum 4. Oktober stellen das unter Beweis.
Die Demonstrationen in den Folgetagen in Dresden veränderten schnell ihren Charakter. Wenn vorher gerufen wurde „Wir wollen raus", wandelte sich die Artikulierung der Demonstrierenden in „Wir bleiben hier - Reformen wollen wir". Dieser qualitative Umschlag vollzog sich derart schnell und auch so unerwartet, daß zunächst noch nach der zentral vorgegebenen Auffassung und Befehlslage gehandelt wurde, daß alle nicht genehmigten Ansammlungen von Personen und Demonstrationen aufzulösen sind, weil es sich zu diesem Zeitpunkt nach der damaligen Entscheidung der zentralen Organe um antisozialistische Bestrebungen handeln sollte. Auf dieser Grundlage waren auch die von mir gegebenen Befehle zu diesem Zeitpunkt an meine unterstellten Kommandeure und Abschnittsleiter aus heutiger Sicht - wie ich einschätze - nicht richtig, wozu ich mich hier vor unserem Bezirkstag bekenne. Ich war mir darüber im klaren, daß derartige aufgebrochene politische Probleme und Konflikte in unserer Gesellschaft nicht mit polizeilichen Mitteln zu lösen sind. Aus diesem Grunde habe ich mich entschlossen, in den Abendstunden des 8. Oktober, auch nach gründlicher Beratung und Einschätzung der polizeilichen Lage in unserem Territorium, entgegen auch zentraler Festlegungen, keine Personalansammlungen bzw. Demonstrationen durch Zuführung mehr aufzulösen. So kam es dann zu einer veränderten Handlungsweise zwischen den Angehörigen der Deutschen Volkspolizei und Demonstranten beispielsweise auf der Prager Straße. Zu diesem Zeitpunkt waren auch Vertreter der Dresdner Kirchen anwesend, die mit uns als Volkspolizei in das Gespräch kamen und auch über die Lautsprechertechnik der Deutschen Volkspolizei die Möglichkeit erhielten, zu den Demonstranten zu sprechen. Die dort ca. 4 000-5 000 versammelten Personen verließen daraufhin ohne Konfrontation mit den Angehörigen der Volkspolizei - und ich kann auch hier sagen, ohne Anwendung polizeilicher Mittel - diesen Bereich des Zentrums der Prager Straße.
Ich möchte aber auch hier in voller Verantwortung den Abgeordneten des Bezirkstages mitteilen, daß es ab diesem Zeitpunkt und in den folgenden Tagen und Wochen weder bei Demonstrationen noch bei Ansammlungen und anderen Kundgebungen zu einer Konfrontation mit Angehörigen der Deutschen Volkspolizei kam und es auch keine Zuführungen mehr gab. Natürlich waren die Kräfte der Verkehrspolizei oder der Schutzpolizei eingesetzt, um die von jeder Demonstra-

tion ausgehende Beeinträchtigung des öffentlichen Lebens in unserer Stadt in Grenzen zu halten. Was meine ich damit? Ich meine den reibungslosen Verkehrsablauf, oder auch die ungehinderte Durchfahrt des DRK, aber auch notwendige Einsätze der Feuerwehr und ähnliches, um das Leben in unserer Stadt zu jeder Zeit aufrecht zu erhalten. Zu dieser Zeit gab es auch erste Elemente einer sich entwickelnden Sicherheitspartnerschaft, wie sie bereits seit einigen Wochen hier in der Bezirksstadt Dresden praktiziert wird.
Werte Abgeordnete!
Gestatten Sie mir, daß ich mich zu einem weiteren Problem, welches Sie, werte Abgeordnete, viel Bürger, aber auch unsere Angehörigen der Volkspolizei bewegt, äußere. Das betrifft das Handeln der Kräfte der Volkspolizei sowohl bei Zuführungen im Stadtgebiet als auch in den Zuführungspunkten. Zunächst möchte ich feststellen, daß der überwiegende Teil der eingesetzten Angehörigen unserer Deutschen Volkspolizei in den ersten Oktobertagen verantwortungsbewußt, mutig und zum Teil unter Einsatz ihres Lebens - und das ist doch wahrhaftig nicht wenig - gehandelt haben. Es entspricht den Tatsachen, daß es Fälle von Überschreitungen und Befugnissen durch Angehörige der Deutschen Volkspolizei gab, die, wie Ihnen bekannt, in Verantwortung der Staatsanwaltschaft gründlich untersucht werden, und dazu hat heute hier im Plenum der Bezirksstaatsanwalt, Genosse Lindner, gesprochen. Ich vertrete auch im Interesse aller Beteiligten, aber auch unserer Angehörigen die Meinung, daß diese Untersuchungen schneller zum Abschluß gebracht werden müssen. Ich sichere dabei meine volle Unterstützung zu, ohne daß wir hierbei die Kompliziertheit der zu führenden Untersuchungen übersehen. Als Abgeordneter des Bezirkstages und in meiner Eigenschaft als Chef der BDVP Dresden möchte ich hier eindeutig erklären, daß die Überschreitung von Befugnissen durch Angehörige von uns nicht toleriert und geduldet werden. Auch wir verurteilen diese Handlungsweise. Hierbei handelt es sich um eine Grundhaltung unserer Arbeit als Volkspolizei, um eine Grundhaltung zu unseren Bürgern, um die uneingeschränkte Wahrung der Würde des Menschen, ihre Geborgenheit und ihre Rechte stets zu garantieren. Ohne etwas entschuldigen zu wollen bitte ich Sie, dabei aber auch zu bedenken, daß die persönlichen unmittelbaren Erlebnisse in den ersten Oktobertagen auf einen Teil unserer Angehörigen nachgewirkt haben und auch in der Folge nicht unwesentlich hier und da das Handeln beeinflußte.

22./23. November 1989 Dok. 87

Diskussionsbeitrag von Herbert Wagner auf der Dresdner Stadtverordnetenversammlung

Stadtarchiv Dresden, Stadtverordnetenversammlung - Protokolle (1953-1990), 154.

Ich möchte nur zwei Bemerkungen zum Referat des Oberbürgermeisters machen; die erste bezieht sich auf seinen Vorschlag zur Mitarbeit der basisdemokratischen Gruppen in der Stadtverordnetenversammlung. Wir haben uns als Gruppe der 20 in der Pause darüber verständigt, und wir stimmen diesem Vorschlag zu; denn bis zu den nächsten Wahlen wird man überall im Land praktikable Übergangslösungen finden müssen, die eine Erneuerung ohne katastrophale Einbrüche zulassen. Das wird nur gelingen, wenn in breiten Bevölkerungsschichten für die anstehenden

Probleme ein tragfähiger Konsens gefunden wird. Wir konnten uns in der Pause so schnell darüber verständigen, weil wir in der Gruppe der 20 eigentlich eine ähnliche Strategie verfolgen, ohne von diesem Vorschlag des Oberbürgermeisters heute zu wissen. Die Gruppe der 20 ist zufällig zusammengesetzt, und es wären dort natürlicherweise Plätze frei, und wir waren der Meinung, man sollte diese freien Plätze ausfüllen durch Vertreter aus den anderen basisdemokratischen Gruppen und aus den zeitweiligen Arbeitsgruppen. Diesen Vorschlag hatten wir beiden Gremien, also einmal den Leitern der zeitweiligen Arbeitsgruppen und dem Koordinierungsausschuß aller basisdemokratischen Gruppierungen der Stadt Dresden unterbreitet, und er fand dort Zustimmung. Gegenwärtig werden also ganz konkret im Neuen Forum, in der SDP, im Demokratischen Aufbruch und in der Initiative für demokratische Erneuerung bereits Kandidaten gesucht. Die Forderung an diese Kandidaten, die wir gestellt haben, sind Sachkompetenz, Politikfähigkeit und persönliche Integrität. Wir halten also diesen unkonventionellen Vorschlag des Oberbürgermeisters nicht nur für gut und auch großzügig, sondern ich glaube auch richtungsweisend für andere Städte vielleicht und in unserem Land. Die zweite Bemerkung, sie bezieht sich auf die Arbeit der zeitweiligen Arbeitsgruppen. Unsere Einschätzung sieht ähnlich aus, wir hatten uns ja vorher schon einmal darüber abgestimmt, 10 der Gruppen sind gut angelaufen, 3 mäßig, 3 sind noch nicht angelaufen. Diese Einschätzung beziehen wir aufgrund von Aussagen, die uns die Leiter der Sektionen, so nennen wir die stellv. Leiter in diesen Arbeitsgruppen, gemacht haben. Diese Aussagen werden etwas schlechter ausfallen, wenn wir den einen oder anderen Bürger fragen, denn viele wurden bereits verprellt; sowohl indem sie versucht haben, über den Rat der Stadt in diese Arbeitsgruppen hineinzukommen, dort wurde gesagt, die Gruppen sind schon voll, als auch bei uns, bei der Gruppe der 20, indem sie unser Büro aufgesucht haben und dort immer vor verschlossenen Türen standen, denn wir haben noch nicht geöffnet, wir haben lediglich eine Postanschrift zur Zeit. Wenn also interessierte Bürger und Fachleute ihre Mitarbeit wiederum anbieten, dann bitten wir, daß Sie diese Leute nicht nach Hause schicken, sondern zunächst schriftlich an das Büro der Gruppe der 20 in der Alaunstraße 71 verweisen; wir versuchen in unseren Sektionen allen Bürgern die Möglichkeit zu bieten, an der Willens- und Entscheidungsbildung beteiligt zu sein.
Ein letztes zu den Arbeitsmöglichkeiten der zeitweiligen Arbeitsgruppen. Sie haben, Sie werden es morgen noch zu hören bekommen, teilweise schon sehr Gutes geleistet, vor allem in den Abend- und Nachtstunden. In einigen Arbeitsgruppen wird es aber notwendig sein, daß sie sich im Interesse eines konkreten Ergebnisses einige Tage in Klausur zurückziehen. Ich denke da an einen etwas umfangreicheren Gesetzesentwurf oder vielleicht auch eine Entscheidungsvorlage für die Stadtverordnetenversammlung. Ich stelle daher den Antrag an die Stadtverordnetenversammlung, daß in diesen Fällen die Mitarbeiter der Kerngruppe, das sind also die 12 Leute oder 14 Leute, für einige Tage von der Arbeit freigestellt werden und so ein handfestes Ergebnis zustande bringen können.

22./23. November 1989 Dok. 88
Diskussionsbeitrag von Steffen Heitmann auf der Dresdner Stadtverordnetenversammlung

Stadtarchiv Dresden, Stadtverordnetenversammlung - Protokolle (1953-1990), Bl. 154.

Vielen Dank, daß ich jetzt noch zu ihnen sprechen darf, an sich ist ja jeder Beitrag jetzt für Sie schon eine Zumutung nach den vielen Dingen, die Sie zuhören mußten. Ich spreche zu Ihnen als Vertreter der Kirche und im Namen der Gruppe der 20. Ich möchte zu zwei Dingen sprechen. Erstens noch einmal ein paar Worte zur Untersuchungskommission und zweitens ein paar Bemerkungen zu den Ausführungen des Herrn Bezirksstaatsanwaltes.
Wir sind dankbar, daß nunmehr endlich, sehr spät, denn es sind schon 7 Wochen seit den Ereignissen vergangen, ein Vorschlag für eine unabhängige Untersuchungskommission auf dem Tisch liegt. In Berlin, Leipzig und Karl-Marx-Stadt arbeiten solche Kommissionen längst. Der Zeitverzug ist auf das unverständliche Zögern von Volkskammer und Staatsrat zurückzuführen, einen mit allen Kompetenzen ausgestatteten Ausschuß einzusetzen. Jetzt ist ein Ausschuß von der Volkskammer gemäß Artikel 61 der Verfassung für die Untersuchung von Korruption und Amtsmißbrauch von Staatsfunktionären eingesetzt. Ich frage, warum ist das hierfür möglich gewesen, der Antrag aber der Stadtverordnetenversammlung auf Einsetzen einer solchen Kommission für die Untersuchung der Übergriffe der Sicherheitsorgane ist nicht vorgenommen worden.
Wir halten den Beschluß über die Untersuchungskommission, den Sie zu fassen haben werden, für einen der wichtigsten Beschlüsse dieser Tagung. Ich möchte noch einmal sagen, warum an diesem sensiblen Punkt die Bürgervertretungen und die Kirchen so unnachgiebig gefordert haben. Vielleicht wird es deutlicher, wenn ich sage, was wir nicht wollen. Wir wollen mit der Behandlung der Ereignisse vom 3. bis 8. Oktober nicht die Situation anheizen, wie man uns vorgeworfen hat. Sondern wir wollen sie erhellen, um sie abkühlen zu können. Wir wollen keine pauschale Diffamierung der Sicherheitsorgane, sondern wir sind für eine integre Polizei. Uns bewegen keine Rachegedanken, sondern es geht uns um die Heilung einer tiefen Wunde und unserer Gesellschaft. Wir fordern keine drakonischen, strafrechtlichen Maßnahmen gegen die ermittelten Einzeltäter, seien es Bürger, Polizisten, Armeeangehörige, Strafvollzugsmitarbeiter oder Mitarbeiter der Staatssicherheit. Wir wollen nicht, daß die wenigen ermittelten Einzeltäter meist niedriger Dienstgrade zu Prügelknaben für grundlegende Fehlentscheidungen der Verantwortlichen werden. Wir wollen nicht, daß der komplexe Gesamtvorgang durch die staatsanwaltschaftlichen Ermittlungen, deren Berechtigung wir grundsätzlich natürlich nicht in Frage stellen, in lauter einzelne Befugnisüberschreitungen aufgelöst und dadurch der Blick für die Ursache verschleiert wird. Wir stellen fest eine deutliche Änderung der Haltung der Staatsanwaltschaft bei der Beurteilung der Vorgänge. Aber wir glauben nicht, daß die laufenden Ermittlungen ausreichen.
Mir wurde heute berichtet, daß - nur ein Beispiel - die Staatsanwaltschaft das Gedächtnisprotokoll eines Zeugen, der berichtet, wie ein Zugeführter auf einem Lastwagen geschlagen wurde, an die VP zur Behandlung als Eingabe gegeben hat, die nun mündlich bereinigt werden soll. Mit Entschuldigungen, denke ich, ist es nicht getan. Wir wollen nicht, daß die Vorgänge verharmlost oder unter den Tep-

pich gekehrt werden. Die gleiche Formulierung hat heute auch Herr Staatsanwalt Lindner schon gebraucht. Wir sind uns da einig.
Zu den Jahrtausende alten Erfahrungen der Kirche gehört, daß man von Schuld nur frei werden kann durch Schulderkenntnis und Schuldbekenntnis. Nur rückhaltlose Offenlegung wird uns den Weg zu einer wirklichen Erneuerung unserer Gesellschaft möglich machen, so schmerzhaft dieser Prozeß auch ist. Es geht einfach nicht darum, verlorengegangenes Vertrauen wiederzuerlangen, wie man jetzt vielfach hören und lesen kann.
Die Schriftstellerin Helga Königsdorf hat heute im Neuen Deutschland dargelegt, warum sie jetzt doch noch Mitglied der SED bleiben will. Sie schreibt: „Ich bleibe nicht, weil ich zu irgend jemand Vertrauen hätte. Ich glaube, das Wort Vertrauen müssen wir für längere Zeit aus unserem Wortschatz streichen." Soweit das Zitat. Ich denke, Vertrauen kann nur am Ende eines langen, vor uns liegenden Prozesses wieder stehen. Positiv gesagt, wir wollen mit der Untersuchungskommission, daß die unseligen, undurchschaubaren Strukturen der Macht in Staat und Gesellschaft an einem konkreten Ereignis offengelegt und durchschaubar gemacht werden, damit sich Vergleichbares nie wiederholen kann. Damit Strukturen geschaffen werden, die die Würde des Menschen zum Maßstab jedes Handelns der Sicherheitsorgane macht. Wir wollen eine echte und radikale Erneuerung dieser Gesellschaft, und zwar von innen heraus.
Welche unabdingbaren Grundforderungen für die Arbeitsweise der Untersuchungskommission gestellt werden müssen, ist gestern im vierten Rathausgespräch gesagt worden. Ich will das nicht noch einmal wiederholen. Der Herr Oberbürgermeister hat es in seinem Vorschlag nahezu vollständig und wortgleich aufgenommen. Unerläßlich ist, das will ich noch einmal ergänzen und das kam ja auch schon aus Ihrem Plenum: die Erhellung des Anteils, den die Organe des Ministeriums für Staatssicherheit an den Ereignissen hatten. Unerläßlich ist nunmehr auch endlich, das geforderte Podiumsgespräch mit Staatsanwaltschaft und Einsatzleitern der Ereignisse, von Polizei, Armee, Staatssicherheit und Strafvollzug unter Teilnahme von Betroffenen beider Seiten durchzuführen. Wir bitten Sie, dieses Anliegen eindeutig zu unterstützen.
Es liegt ein Personalvorschlag des Rates der Stadt für die Untersuchungskommission vor. Als Leiter ist dort benannt Herr Frank Mättig, Abgeordneter. Ich kenne Herrn Frank Mättig nicht. Uns sind aber heute Proteste dagegen übergeben worden, daß Herr Mättig die Leitung dieser Untersuchungskommission übernimmt, daß er überhaupt Mitglied dieser Untersuchungskommission ist. Eine Erklärung, die im Namen von 230 Mitgliedern der AGL des VEB Kombinat Elektromaschinenbau verfaßt ist, heißt: Wir protestieren auf das Schärfste gegen die Mitarbeit von Kollegen Mättig in der Untersuchungskommission. Wir sind der Meinung, daß bei - ja, ich will das hier nicht alles offen vorlesen - ich möchte gerne dieses Papier und die anderen uns vorliegenden dem Rat der Stadt übergeben, und wir bitten, die Mitgliedschaft von Herrn Mättig in der Untersuchungskommission nochmals zu überprüfen. Uns scheint eine Leitung durch ihn nach diesen vorliegenden Äußerungen nicht möglich zu sein.
Ein Vorschlag - Tage der offenen Tür für Presse und Bürger einführen bei Einrichtungen der VP, der NVA, der Staatssicherheit, des Strafvollzuges im Bereich der Stadt Dresden. Ein Anfang ist ja gemacht. Mitbeteiligung der Mitarbeiter dieser Einrichtungen an solchen Tagen der offenen Tür, die auch die Möglichkeit zu Gesprächen bieten, wäre nötig.

Zweitens zu - nur noch wenige Bemerkungen - wir sind dankbar für die Korrektur, die aus dem Bericht des Herrn Bezirksstaatsanwaltes heute hier sichtbar wurde. Eine Bitte haben wir, der Amnestiebeschluß des Staatsrates vom 27.10.89 ist nicht jedem einsichtig und in seinem Umfang für die Bürger nicht klar beschrieben. Mir ist einmal mündlich beim Rat der Stadt Näheres dazu erläutert worden, es gibt also offenbar dazu internes Material. Wir wären dankbar, wenn dies veröffentlicht werden könnte.
Aufmerksam machen möchte ich noch einmal darauf, daß uns mündlich gesagt worden ist, daß die Ordnungsstrafen, die gewissermaßen in der Folge der amnestierten Straftaten stehen und dic in der Vergangenheit erlassen worden sind, auch aufgehoben werden. Eine Bestätigung liegt noch nicht vor, eine Veröffentlichung in der Presse ist noch nicht erfolgt. Ich würde dringend darum bitten, daß an dieser Stelle Klarheit geschaffen wird.
Ein letztes. Wenn ich das recht gehört habe, haben Sie, Herr Staatsanwalt, als Begründung für die Übergriffe, also für die Verletzung der Würde der Menschen, die zugeführt wurden, u. a. genannt eine falsche Motivation der Angehörigen der Sicherheitsorgane infolge falscher politischer Einschätzung der Lage: Wäre die Motivation richtig gewesen, wenn die Einschätzung der politischen Lage als richtig angesehen worden wäre? Ich danke Ihnen.

22./23. November 1989 Dok. 89
Beschlußentwurf der Stadtverordnetenversammlung über die Einbeziehung der basisdemokratischen Gruppen

Stadtarchiv Dresden, Stadtverordnetenversammlung-Protokolle. Bl. 154. - Kopf: Rat der Stadt Dresden. Stadtverordnetenversammlung. - *Titel:* Entwurf. Beschluß der Stadtverordnetenversammlung vom 22.-23.11.89. - *Handschr. Vermerk:* f. die Redaktionskommission von der Gruppe der 20.

Zur Sicherung der festen Einbeziehung der Mitglieder aller basisdemokratischen Gruppen und Bürgerinitiativen der Stadt Dresden in die Arbeit der örtlichen Volksvertretungen beschließt die Stadtverordnetenversammlung der Stadt Dresden bis zur Neuwahl der Volksvertretungen:

1. Über die Gruppe der 20 haben alle basisdemokratischen Gruppen und Bewegungen die Möglichkeit, Bürger für die Mitarbeit in den Ständigen Kommissionen der Stadtverordnetenversammlung zu benennen.
2. Die vorgeschlagenen Bürger werden auf der nächsten Sitzung der Stadtverordnetenversammlung berufen.
3. Die basisdemokratischen Gruppen erhalten das Recht, in den durch die Stadtverordnetenversammlung gebildeten zeitweiligen Arbeitsgruppen auf paritätischer Grundlage mitzuarbeiten.
4. Unter Beachtung der öffentlichen Durchführung der Tagungen der Stadtverordnetenversammlung wird gesichert, daß nach einer Koordinierung der Gruppe der 20 den basisdemokratischen Gruppen und Bürgerinitiativen die Möglichkeit eingeräumt wird, mit 30 ständigen Gästen im Tagungsraum Platz zu nehmen.

5. Die Vertreter der basisdemokratischen Gruppen und Bewegungen nehmen mit beratender Stimme an den Tagungen der Volksvertretungen teil. Sie erhalten das Recht sich entsprechend der Geschäftsordnung der Stadtverordnetenversammlung an der Diskussion zu beteiligen.
6. Die Vertreter der basisdemokratischen Gruppen und Bewegungen erhalten die Möglichkeiten, aus ihrer Mitte einen Sprecher zu wählen, der ihre Interessen im Zuge der Arbeit der Stadtverordnetenversammlung wahrnimmt und in der Tagungsleitung seinen ständigen Platz hat.

Ohne Datum Dok. 90
Bericht der Zeitweiligen Arbeitsgruppe „Gesellschaftsstrategie des Sozialismus"

Privatbestand Herbert Wagner, unpaginiert.

Ziele der revolutionären Umgestaltung der Gesellschaft
Bericht der zeitweiligen gemeinsamen Arbeitsgruppe „Gesellschaftsstrategie des Sozialismus" der „Gruppe der 20" und der Stadtverordnetenversammlung.
Vorbemerkung: Die Arbeitsgruppe will übergeordnete Ziele für unsere zukünftige Gesellschaft formulieren. Ihre konkrete Untersetzung unter besonderer Berücksichtigung der Kommune wird durch die übrigen Arbeitsgruppen vorgenommen. In diesem ersten Teil sind die allgemeinsten Ziele formuliert. Weitere allgemeine Aussagen zu politischen, rechtlichen, wirtschaftlichen, ökologischen, sozialen, kulturellen, Wissenschafts- und Bildungs-Zielen sollen diesem Beitrag folgen.

1. Einschätzung der gegenwärtigen Situation der Gesellschaft
Der Sozialismus in der DDR ist unter der Führung der SED in eine alle Bereiche umfassende Krise geraten. Diese Krise hat zu schweren Deformationen in der Gesellschaft geführt. Sie hat das Vertrauen der Menschen, sich im Sozialismus in Würde, Freiheit und Gerechtigkeit selbstverwirklichen zu können, tief erschüttert. Auf Dauer wurde der real existierende Sozialismus von den meisten Menschen aller sozialistischen Länder als Zerrbild seiner proklamierten Ideale erfahren. Machtstrukturen verselbständigten sich, Kontrollmechanismen blieben oder wurden ausgeschaltet, und die Diktaturphase konnte nirgends überwunden werden. Bisher ist keine mit Sozialismus bezeichnete gesellschaftliche Struktur bekannt, die Attraktivität besitzt und nicht durch schwere Deformation gekennzeichnet ist. Dabei sind die Begründer dieser Strukturen meist nach verdienstvollen und opferreichen Befreiungskämpfen mit den besten Absichten an die Verwirklichung ihrer Ideale herangegangen. Die sozialistischen Realisierungen entarteten jedoch zwangsläufig, weil offensichtlich grundlegende gesellschaftliche Gesetze verletzt, realitätsferne Ziele angestrebt und ungeeignete Instrumente zu ihrer Verwirklichung verwendet wurden. Stalinismus, Kulturrevolution in China, Despotismus, Personenkult und Perioden der Stagnation mit administrativen Kommandostrukturen forderten millionenfache Opfer und überschatteten alle Errungenschaften. Sogar Krieg zwischen sozialistischen Ländern (China-Vietnam) konnte nicht verhindert werden.

Die DDR ist dabei bisher scheinbar relativ glimpflich davongekommen. Trotz der Auswanderung Hunderttausender bleiben Millionen Menschen im Lande und sind mehrheitlich entschlossen, einen neuen Anfang zu setzen. Der eingetretene Aufbruch ist eine einmalige Chance, eine Gesellschaftsordnung mit solchen Merkmalen aufzubauen, die den Menschheitsidealen am nächsten kommt. Dafür sind nicht nur Reformen, sondern eine revolutionäre Umgestaltung erforderlich.
Die revolutionäre Kraft des Volkes hat bisher erreicht, daß eine Fortführung der vergangenen Entwicklung mit großer Sicherheit nicht stattfinden wird. Außerdem wurde die Aufarbeitung der Vergangenheit begonnen. Viele Diskussionen und Meinungen gibt es jedoch über den einzuschlagenden weiteren Weg. Das Wissen darüber, was nicht sein soll, ist ungleich größer als über das, was sein soll. Die Zahl derer, die öffentlich den Anschluß an die Bundesrepublik und ihr Gesellschaftsmodell fordern, wächst. Sie führen ins Feld, eine erprobte Lösung übernehmen zu können. Viele lehnen aber die einfache und unkritische Übernahme dieser Gesellschaftsordnung ab. Es ist zu befürchten, daß gesellschaftliche Entwicklungen emotional erzwungen werden, die rational nicht sinnvoll sind.
Unbestritten ist, daß es zu einem stärkeren Zusammenwachsen innerhalb Europas und insbesondere der beiden deutschen Staaten kommen wird. Jede Art von Gemeinschaft, ob Konföderation, Föderation oder Vereinigung hat aber nur einen Sinn, wenn dabei alle gewinnen: die DDR <u>und</u>[1] die BRD <u>und</u> unsere benachbarten Völker und Europa. Die Voraussetzungen dafür sind Wert und Eigenständigkeit der Partner. Aus diesem Grunde kann die wichtigste Aufgabe der Gegenwart nicht schnelle Vereinigung heißen, sondern schnellste Gewinnung einer Partnerschaftsfähigkeit. Dabei ist die moralische, auf gegenseitiger Achtung beruhende Partnerschaftsfähigkeit unverzichtbar. Trotz ungleicher Ausgangspositionen ist die wirtschaftliche Zusammenarbeit zum gegenseitigen Vorteil auszubauen.

2. Allgemeine Ziele der Gesellschaft

- Die revolutionäre Umgestaltung in der gesellschaftlichen Entwicklung der DDR muß aus einer Hinwendung zum Menschen bestehen. Seiner Würde, seiner Freiheit und seinen Interessen ist das Primat einzuräumen. Die Gewissensfreiheit ist dafür das wichtigste Grundrecht. Bei dieser Umgestaltung sind <u>alle</u> Erfahrungen der Menschheitsentwicklung mit einzubeziehen, um Mißerfolge von vornherein nicht vorzuprogrammieren. Dazu gehören die Verwirklichung von Freiheit, Gleichheit und Brüderlichkeit, nämlich Freiheit im Geistesleben, Gleichheit im politisch-rechtlichen Leben und Brüderlichkeit im Wirtschaftsleben (R. Steiner)
- „Die freie Entfaltung des Einzelnen ist die Voraussetzung für die freie Entfaltung aller." (Kommunistisches Manifest) Anzustreben ist die FREIE ENTFALTUNG des Einzelnen (Individualität), des Menschen als Glied der Gesellschaft (Sozialität) und des Menschen als Teil seiner natürlichen Umwelt. Diese gegenseitige Bedingtheit: einzelner - Gesellschaft - Umwelt bedeutet sowohl Beschränkung als auch Möglichkeiten.
- Die Freiheit des einzelnen muß dort seine Grenze finden, wo sie die Freiheit anderer in unzulässiger Weise einschränkt. Analoges gilt für Gruppen, für das Verhältnis des Menschen zu seinen Nachfahren und zu seiner natürlichen Umwelt. Nachdem der Mensch zunächst Ausgelieferter der Natur war und

1 Alle Hervorhebungen im Original.

sich danach zum Herrn über die Natur aufschwang, bleibt ihm zum Überleben nur die Partnerschaft mit der Natur.

- Die freie Entfaltung sollte nicht einseitig und ausschließlich auf die allseitige Befriedigung der ständig steigenden Bedürfnisse gerichtet sein, sondern zu einem Lebensstil führen, der eine solidarische Lebensweise in Gemeinschaftlichkeit, Kreativität und einen sorgsamen Umgang mit der Umwelt und den Ressourcen ermöglicht.
- Jedem ist Chancengleichheit für seine Entfaltung einzuräumen. Das gilt ebenso für Gruppen, z. B. für Minderheiten, und auch gegenüber den Nachfahren. Chancengleichheit setzt Rechtsgleichheit voraus. Die formulierte Basis dafür sind die individuellen und kollektiven Menschenrechte.
- Ein Interessenausgleich und auch Konflikte sind grundsätzlich gewaltfrei zu lösen. Eine wichtige Voraussetzung für den dazu notwendigen Dialog ist die Angstfreiheit, die die Gesellschaft zu gewährleisten hat.
- Der Wohlstand der Gesellschaft darf nicht auf Kosten anderer Länder erreicht werden. Dazu ist es erforderlich, nicht nur vom Überfluß abzugeben, wie es die hochindustrialisierten kapitalistischen Staaten praktizieren, sondern die eigenen Ansprüche auf das notwendige und vernünftige Maß zu reduzieren.
- Angesichts einer überwiegend patriarchalischen Entwicklung der überschaubaren Menschheitsgeschichte sind Ungleichgewichte der Geschlechterbeziehung weiter abzubauen. Ebenso sind die freie Entfaltung des Kindes, die Achtung des Alters und der Schutz Leistungsunfähiger und -behinderter immer wieder Herausforderungen für die Gesellschaft.

Die Gesellschaft der DDR sollte sich durch folgende partnerschaftsfähige Merkmale auszeichnen: pluralistische Demokratie und Rechtsstaatlichkeit, politische Stabilität und Berechenbarkeit, vorurteilslose Aufarbeitung der eigenen Geschichte, maximale Transparenz in Zielen, Strukturen und Funktionen, größtmögliche Toleranz und Offenheit im Umgang miteinander, Unbestechlichkeit der Beamten und Amtsträger und wirtschaftliche Kooperationsfähigkeit.

3. Politische Ziele

Die anzustrebende Gesellschaftsordnung sollte eine Demokratie mit pluralistischem Charakter sein, die die humanistischen Ideale verwirklicht, deren Maßstäbe in den UN-Menschenrechten formuliert sind. Dazu gehört die verfassungsmäßige Abgrenzung gegenüber inhumanen Zielen, das heißt Festschreibung von Antifaschismus, Antirassismus, Antimilitarismus, Antistalinismus und Antidespotismus in jeder Form. Der Staat ist ein Instrument der Gesellschaft und der Gesellschaft stets untergeordnet.

3.1. Innenpolitische Ziele

- Weitestgehende Eigenständigkeit der einzelnen Bereiche (Politische Willensbildung [Parteien, Organisationen], Staat, Wirtschaftsleben und Geistesleben [Wissenschaft Kultur und Bildung]). Entflechtung der bestehenden Verfilzungen.
- Verhinderung von Machtmißbrauch durch Teilung der Gewalten: Weitestgehende Unabhängigkeit von Legislative (Gesetzgebung), Exekutive (vollziehende Staatsgewalt) und Jurisdiktion (Rechtssprechung). Dabei Primat der Legislative mit uneingeschränktem Kontrollrecht über die Exekutive.

Dezentralisierung der Macht durch föderative Strukturen (Länderordnung). Neben den Formen der mittelbaren repräsentativen, auf Delegierung aufbauenden Demokratie, sollten vermehrt Formen der unmittelbaren partizipierenden Demokratie eingeführt und praktiziert werden (Volksbegehren, Volksentscheidungen, usw.). Diese könnten in besonderer Weise auf kommunaler Ebene wirksam werden. Dazu ist die Bildung basisdemokratischer Strukuren (Bürgerinitiativgruppen) zu unterstützen und zu legalisieren.

- Erarbeitung einer neuen Verfassung;
- Neufassung des Wahlsystems in einem neuen Wahlgesetz. Allgemeine, freie, gleiche und geheime Wahlen mit Auswahlprinzip. Sicherung breitester Beteiligungsmöglichkeit beim passiven Wahlrecht. Transparenz der Wahlhandlung. Zeitliche Begrenzung der Ausübung staatlicher Wahlfunktionen.
- Demokratisierung des Wirtschaftslebens. Übergang von einem zentral gesteuerten Wirtschaftsmechanismus zu einem am Markt orientierten geregelten Wirtschaftsorganismus. Ganzheitliche Betrachtung von Ökonomie und Ökologie. Sinnvolle Nutzung von Wissenschaft und Technik als Voraussetzung zur Lösung der ökonomischen und ökologischen Aufgaben bei Beachtung damit verbundener Risiken (z. B. Kernkraft, Gentechnologie).
- Bei Dominanz des gesellschaftlichen Eigentums sind vielfältige weitere Eigentumsformen zu nutzen, welche die Identifizierung der Bürger mit dem Eigentum ermöglichen.
- Umfassende Meinungs-, Vereinigungs- und Versammlungsfreiheit, Sicherung der Interessenvertretung der Werktätigen und sonstigen Gruppen der Gesellschaft (Jugend, Minderheiten usw.) sowie Freiheit der Religionsausübung.
- Wettbewerb von Gedanken und Meinungen. Schaffung eines Mediengesetzes, das eine Gleichschaltung der Medien verhindert und weitgehend unbeschränkten Zugang sichert. Sicherung der Unabhängigkeit der Medien durch Medienvielfalt. Überführung bestimmter Medien in öffentlich-rechtliche Körperschaften. Schaffung von Medienbeiräten.
- Entmilitarisiertes öffentliches Leben bei Sicherung der Verteidigungsfähigkeit.
- Einbeziehung von im Lande längerfristig lebenden Ausländern in das gesellschaftliche Leben. Abbau der vorhandenen Ausländerfeindlichkeit.

3.2. Außenpolitische Ziele

- Fortsetzung der aktiven Friedenspolitik. Die DDR sollte in den Fragen der Abrüstung eine Wegbereiterrolle einnehmen mit dem Fernziel der Auflösung der Militärblöcke.
- Internationale Solidarität sollte ein Eckpfeiler der Außenpolitik sein mit klarer Positionierung gegenüber menschenverachtenden Regierungsformen. Angesichts einer gemeinsamen leidvollen Geschichte und gemeinsam erkämpfter revolutionärer Veränderungen sollte sich die DDR in besonderer Weise ihren östlichen Nachbarn verpflichtet fühlen.
- Die DDR hat aus ihrem neuen Demokratieverständnis heraus eine eigenständige Haltung in der UNO und in anderen internationalen Gremien einzunehmen (kein „Fraktionszwang“ der Staaten des Warschauer Paktes).
- Weitere Normalisierung der besonderen Beziehung zwischen den beiden deutschen Staaten unter Nutzung neuer Formen der Zusammenarbeit im Rahmen eines gemeinsamen Hauses Europa.

- Alle hochindustrialisierten Länder erreichen ihren Wohlstand auf Kosten der Dritten Welt. Die gegenwärtig wirkenden und gewachsenen Wirtschaftsmechanismen lassen den Ländern keine Alternative. Der sich daraus ergebende sogenannte „Nord-Süd-Konflikt“ beherrscht zunehmend das Weltgeschehen und drängt den „Ost-West-Konflikt“ in seiner Bedeutung zurück. Er birgt menschheitsgefährdenden Sprengstoff und ist nur durch eine gerechte Weltwirtschaftsordnung zu lösen, bei der sich die DDR beteiligen und ein Europa-Egoismus vermieden werden muß.
- Überwindung trennender Schranken zwischen allen Völkern in Politik, Wirtschaft, Kultur und Wissenschaft. Abbau befestigter Grenzen.
- Die Gefährdung der Umwelt ist grenzüberschreitend und hat inzwischen ein Ausmaß erreicht, daß sie nur durch eine globale Umweltpolitik abgewendet werden kann, Aufgrund ihres nicht unbeträchtlichen Anteils an Umweltbelastung hat die DDR Veranlassung, sich darum besonders zu bemühen.
- Ausbau internationaler Partnerschaften einschließlich Länder der Dritten Welt.
- Dresden als internationales Zentrum für Wissenschaft, Kultur und Tourismus (wird fortgesetzt).

Die allgemeinen ökonomischen, ökologischen, rechtlichen, sozialen, kulturellen, wissenschaftlichen und Bildungsziele folgen in weiteren Veröffentlichungen.

23. November 1989 Dok. 91

Abschlußbericht der Zeitweiligen Arbeitsgruppe „Recht“ der Stadtverordnetenvesammlung

Privatbestand Frank Neubert, unpaginiert. - Datiert: 23.11.1989.

Bericht der durch Beschluß der Stadtverordnetenversammlung Dresden vom 26.10.1989 gebildeten Arbeitsgruppe „Recht der DDR“, der angehören:

Herr Dr. Peter Rühling	Leiter der Arbeitsgruppe, Abgeordneter
Herr Steffen Heitmann	Stellvertreter des Leiters der Arbeitsgruppe Tel. 30929/35379

von der „Gruppe der 20“ Herr Stefan Kehrer, Frau Hannelore Leuthold, Herr Hans-Jürgen Magerstädt, Herr Pötzsch, Herr Dr. Walter Siegemund, Herr Arnold Vaatz; die Stadtverordnete Frau Christine Schütt; sowie die Bürger Herr Dietmar Oehring, Herr Dr. Klaus Reinhold, Herr Prof. Dr. Rudi Rödszus, Herr Rainer Ruchatz, Herr Dr. Willi Vock; als Gutachter wirkten mit Frau Annemarie Steyer, Herr Prof. Dr. Lutz Zimmermann

Nach Klärung einiger personeller Fragen trat die Arbeitsgruppe am 2.11.1989 erstmals zusammen und entschied sich dafür, die Bezeichnung „Recht der DDR“ zu führen und den von der Stadtverordnetenversammlung gestellten Auftrag in drei Untergruppen zu den Rechtsgebieten: Staats- und Verfassungsrecht, Verwaltungsrecht, Strafrecht zu bearbeiten.

Diese Untergruppen haben in der Folgezeit beraten und am 21.11.1989 hat die gesamte Arbeitsgruppe den nachstehenden Bericht gebilligt:

1. Zum Staats- und Verfassungsrecht
Die Verfassung der DDR bedarf grundlegender Überarbeitung. Grundsätze für die Neufassung der Verfassung müssen sein:

1.1. Gewaltentrennung
Die Geschichte, auch die Geschichte der DDR, zeigt, daß die Konzentration der Machtausübung in einer Hand (Personen und Parteien) ohne ausreichende wirksame Kontrolle zu Machtmißbrauch führt. Daher ist das historisch bewährte Prinzip der Gewaltentrennung verfassungsgemäß klar durchzuführen. Die weitgehende Selbständigkeit und Unabhängigkeit der drei Gewalten ist Voraussetzung für das Funktionieren der Machtkontrolle.
Die Legislative (gesetzgebende Gewalt) ist uneingeschränkt durch die Volkskammer auszuüben. Die Gesetzesinitiative liegt bei ihr selber und bei der Regierung. In der Verfassung sind die Bereiche zu nennen, die der Gesetzgebung unterliegen, damit zwischen Legislative und Exekutive deutlich unterschieden werden kann.
Die Exekutive (ausführende Gewalt) ist uneingeschränkt durch die Regierung auszuüben. Der Ministerpräsident wird auf Vorschlag der stärksten Fraktion oder Koalition von der Volkskammer gewählt. Die Regierungsmitglieder werden auf Vorschlag des Ministerpräsidenten von der Volkskammer berufen.
Durch Gesetz sind die Aufgaben, die Struktur, die Kontrolle und die Befugnisse des Amtes für Nationale Sicherheit zu bestimmen. Seine Aufgaben müssen ausschließlich nach außen gerichtet sein. Die innere Sicherheit muß dem Innenministerium obliegen.
Die Jurisdiktion (rechtsprechende Gewalt) wird uneingeschränkt durch unabhängige Gerichte ausgeübt. Die Richter der Kreis- bzw. Stadt- und Landgerichte werden auf Vorschlag des Justizministers durch ein Richterwahlkollegium unbefristet gewählt. Sie dürfen keine Parteiwahlfunktionen ausüben. Mitgliedschaft in einer Partei darf Richtern nur gestattet sein, wenn deren Statut die Unabhängigkeit des Richters gewährleistet. Richter dürfen aus ihren Ämtern nur im Wege eines rechtlich geordneten Verfahrens vor einer unabhängigen Disziplinarkammer entfernbar sein. Legislative und Exekutive sind an die Entscheidungen eines Verfassungsgerichts gebunden, das neu zu schaffen ist. Vor dem Verfassungsgericht sind insbesondere Klagen wegen Verfassungsbruchs und Normenkontrollklagen zulässig. Die Institution des Staatsrates in seiner gegenwärtigen Machtfülle ist abzuschaffen. Dafür ist ein persönliches Präsidentenamt als eine moralische kontinuierliche, den Staat repräsentierende Instanz wieder zu schaffen. Der Präsident wird unmittelbar vom Volk gewählt auf Vorschlag der Volkskammer aus mehreren Kandidaten. Er darf keine Parteiwahlämter innehaben. Der Nationale Verteidigungsrat ist aufzulösen. Seine Funktionen sind je nach Zuständigkeit auf die Legislative und die Exekutive zu verteilen. Ämterhäufung ist verfassungsmäßig auszuschließen. Es muß das Prinzip gelten: Eine Person - ein Amt! Wahlämter können höchstens für zwei Wahlperioden von derselben Person ausgeübt werden. Eine besondere Altersbegrenzung erübrigt sich daher. Die Mitglieder der Regierung, die obersten Richter und der Präsident dürfen nicht zugleich Mitglieder der Volkskammer sein.

1.2. Gleichberechtigung der politischen Kräfte
Die politischen Parteien sind verfassungsmäßig gleichzustellen. Eine Mindestprozentklausel für den Einzug in die Volksvertretungen ist einzuführen. Die

Parteienfinanzierung ist durch Gesetz zu regeln. Das Recht, Kandidaten für die Volksvertretungen aufzustellen, müssen gleichberechtigt die Parteien und unabhängige Wählerinitiativen (für parteilose Kandidaten) haben. Jeder Bürger muß unabhängig davon, ob er einer Partei angehört oder nicht, Zugang zu Wahlämtern haben. Die angemessene Vertretung der nationalen Minderheit der Sorben muß bis hin zur Volkskammer gesichert sein. Die Aufstellung von Kandidaten durch die sogenannten Massenorganisationen muß entfallen. Es ist ein Wahlgesetz zu erlassen, das allen Bürgern sichert, bei geheimer Abstimmung durch freie Willensäußerung zu wählen und gewählt zu werden. Die Rechte der Gewerkschaften sind durch ein Gewerkschaftsgesetz zu sichern. Das Streikrecht ist in die Verfassung aufzunehmen und durch Gesetz auszugestalten.

1.3. Ausbau der Selbstverwaltung in den mittleren und unteren Struktureinheiten
Das Regionalprinzip in Wirtschaft und Verwaltung ist konsequent in der künftigen Verfassung durchzuführen. Dabei ist ein ausgewogenes Verhältnis zwischen Selbstverwaltung und zentraler Verwaltung herzustellen. Es sind Provinzregierungen für die Bereiche der früheren Länder der DDR (Sachsen, Thüringen, Sachsen-Anhalt, Brandenburg, Mecklenburg, Berlin) zu bilden. Die Länder sind mit klar abgegrenzten Zuständigkeiten auszustatten (zum Beispiel hinsichtlich der Polizeigewalt, der Kultur und der Bildung). Dadurch erübrigt sich die Bezirksgliederung. Um die Selbstverwaltung der Kommunen (Städte und Gemeinden) zu stärken, bleiben die Kreise und die Stadtbezirke in den großen Städten lediglich als Verwaltungsbereiche bestehen. Die Kreise sind in ihrer Anzahl zu verringern.

1.4. Neue Gestaltung der Wirtschaftsverfassung
Zentralisierung und Ausschließlichkeit der Planwirtschaft dürfen nicht festgeschrieben sein. Beweglichkeit in den Eigentumsformen muß bei grundsätzlicher Beibehaltung des gesellschaftlichen Eigentums gegeben sein. Das Außenhandelsmonopol des Staates muß entfallen und durch eine Außenhandelsgesetzgebung ersetzt werden, die es den Wirtschaftseinheiten erlaubt, selbständig am internationalen Handel teilzunehmen.

1.5. Transformation der in den Menschenrechtskonventionen und den KSZE-Folgedokumenten enthaltenen Grundrechte.
Die in den Menschenrechtskonventionen und in den KSZE-Dokumenten enthaltenen grundlegenden Menschenrechte müssen konkret Aufnahme in die Verfassung der DDR finden.

2. Verwaltungsrecht
Verwaltungsentscheidungen gegenüber Bürgern und juristischen Personen müssen sich allein auf Rechtsvorschriften gründen. Interne Verwaltungsrichtlinien sind keine Rechtsgrundlage hierfür.
Aufgaben, Befugnisse und Verantwortung der Mitarbeiter und Leiter von Staatsorganen sind durch Gesetz zu regeln. Die Kontrolle der Staatsorgane durch die jeweilige Volksvertretung ist zu gewährleisten.
Jeder Bürger muß das Recht haben, sich direkt an die Volksvertretung zu wenden.
Die Arbeiter- und Bauerninspektion als halbstaatliches Kontrollorgan ist aufzulösen. Überhaupt sind alle gegenwärtig bestehenden Kontrollorgane auf

ihre Zweckmäßigkeit zu überprüfen. Statt dessen sind die Kontrollmöglichkeiten der Volksvertretungen zu erhöhen.

Das Gesetz über die Aufgaben und Befugnisse der Volkspolizei ist zu überarbeiten. Dabei sind folgende Grundsätze durchzusetzen:

- Für die gesamte Arbeit der Deutschen Volkspolizei ist der „Verfassungsauftrag" als bindende Grundlage zu nennen. Dementsprechend ist die volkspolizeiliche Tätigkeit auf die Zielsetzungen des Verfassungsgebers sowie auf die Festigung und den Schutz der Rechtsordnung der DDR zu orientieren. Die „Gewährleistung der staatlichen Ordnung und der öffentlichen Sicherheit" sind im Gesetz zu definieren. Das VP-Gesetz darf nur für die Angehörigen der DVP gelten.
- Aufgaben und Befugnisse der kasernierten Einheiten des MdI, in denen Dienst geleistet wird, der der Ableistung des Wehrdienstes entspricht (z. B. VP-Bereitschaften) sind im VP-Gesetz gesondert zu fixieren. Dabei sind die Besonderheiten sowohl des Einsatzes als geschlossene Einheiten mit spezifischer Einsatztechnik als auch der speziellen Dienstlaufbahnordnung (gem. Wehrgesetzgebung) zum Ausdruck zu bringen.
- Es sind Verpflichtungen für die Gewährleistung einer größeren Transparenz des volkspolizeilichen Dienstes und Einsatzes sowie der Entscheidungen in der vollziehend-verfügenden Tätigkeit für die Öffentlichkeit aufzunehmen. Das sollte die Information über Umfang und Ergebnisse der operativen Tätigkeit der Dienstzweige (wie Zuführungen, Personalienfeststellung, Gewahrsam, Anwendung von Hilfsmitteln, Ausstellung von Dokumenten) einschließen.
- Die Funktion „Minister für Innere Angelegenheiten" und „Chef der DVP" sind zu trennen. Die zentrale Leitung der DVP ist mit der einheitlichen Leitung der Exekutive auf allen örtlichen Ebenen zu verbinden. Uneingeschränkte Kontrolle eines Volkskammerausschusses über die DVP. In Abhängigkeit vom Aufbau der DVP ist eine Kontrollmöglichkeit der DVP durch die örtlichen Volksvertretungen und die Rechenschaftspflicht der Chefs und Leiter von VP-Dienststellen sowie der ABV durch die bzw. gegenüber den Volksvertretungen zu fixieren. Den Vorsitzenden der Räte der Kreise und Oberbürgermeistern ist gegenüber den Leitern der VP-Dienststellen eine Kompetenz zum Einsatz der örtlichen Kräfte der Schutzpolizei (einschließlich der ABV) der Verkehrspolizei und der Feuerwehr einzuräumen.
- Die gerichtliche Überprüfbarkeit ist für alle verwaltungsrechtlichen Entscheidungen, die im Rahmen der vollziehend-verfügenden Tätigkeit der DVP getroffen werden, vorzusehen.
- Die polizeilichen Befugnisse sind konkreter und unmißverständlicher auszugestalten:
  - Personalienfeststellung - Pflicht zur Löschung der Personalien nach Abschluß der Amtshandlung
  - Zuführung - gesetzliche Voraussetzungen einengen, zulässige Zwangsmaßnahmen nennen, Pflicht der DVP zur Information der Angehörigen und Betriebe fixieren
  - Gewahrsam - Belehrungspflicht, Protokollierung der Befragung, Aussageverweigerungsrecht, Gewahrsamsregime
  - Körperliche Einwirkung und Anwendung von Hilfsmitteln - Definition des Widerstandes, Kriterien für die Eskalation der Hilfsmittelanwendung,

Verantwortung für die Entscheidung des Hilfsmitteleinsatzes, Gewährleistung der Nachprüfbarkeit des Hilfsmitteleinsatzes.

- Zulässigkeit der Anwendung von Sicherheitspartnerschaft bei Massenveranstaltungen rechtlich ausgestalten - Anwendungsbereiche, Vereinbarung von Ordnungsmaßnahmen, Formen der Bekundung friedlicher Präsenz der DVP.
- Im Gesetz sind das Recht und die Pflicht eines jeden VP-Angehörigen zu fixieren, die Ausführung von Befehlen, die gegen Normen des Völkerrechts, der Verfassung oder anderer Gesetze verstoßen, zu verweigern. Zur Ahndung von Ungesetzlichkeiten eines VP-Angehörigkeiten im Amt ist auch die strafrechtliche Verantwortlichkeit vorzusehen.

Die Regelung für Vereinigungen ist durch die Volkskammer als Gesetz zu erlassen. Anstelle der bisherigen Veranstaltungsverordnung ist ebenfalls ein Gesetz zu erlassen. Diese Gesetze dürfen die Grundrechte der Bürger hinsichtlich der Rede- und Versammlungsfreiheit nicht unzulässig beeinträchtigen.
Die Personalausweisordnung ist zu überarbeiten. Der vorläufige Personalausweis PM 12 darf nicht mehr zur willkürlichen Einschränkung der Rechte von Bürgern benutzt werden. Der PM 12 darf nur bei Verlust des Personalausweises ausgereicht werden. Die Pflicht zur Aushändigung des Personalausweises durch den Bürger ist auf eindeutige Fälle zu begrenzen und auf das notwendige Maß zu beschränken.
Die Anordnung über das Genehmigungsverfahren für die Herstellung von Druck- und Vervielfältigungserzeugnissen ist aufzuheben. Durch eine Rechtsvorschrift sollte nur bestimmt werden, daß die Herstellung von Druck- und Vervielfältigungserzeugnissen nur untersagt ist, soweit gegen die Verfassung verstoßen wird, insbesondere militaristisches, faschistisches oder rassistisches Gedankengut verbreitet werden soll oder gegen Sitte und Moral verstoßen würde. Die entsprechende Regelung ist im angekündigten Mediengesetz zu berücksichtigen.
Die Meldeordnung ist zu überarbeiten, auch um das Gefühl ständiger Kontrolle beim Bürger abzubauen. Dabei ist auf die Hausbücher zu verzichten.
Für den Schutz des Bürgers gegen den Mißbrauch persönlicher Daten ist ein Gesetz zu erlassen. In diesem Gesetz ist der Schutz persönlicher Daten im Hinblick auf die elektronische Datenverarbeitung als auch nach traditionellen Verfahren in Form von Karteien und Listen festzuschreiben.
Es ist gesetzlich zu regeln, auf welche Weise der Bürger mit rechtlichen Mitteln gegen Verletzungen hinsichtlich des Datenschutzes vorgehen kann.
Es ist gesetzlich zu regeln, welches Recht dem Bürger hinsichtlich seiner bezogenen Daten auf Auskunft zusteht.
Dem Bürger muß ein Berichtigungsrecht zustehen, wenn auf seine Person bezogene Daten unzutreffend gespeichert sind.
Dem Bürger muß ein Recht auf Sperrung und Löschung von personenbezogenen Daten in vom Gesetz bestimmten Fällen zustehen.
Im Strafgesetzbuch sind Sanktionen gegen Datenmißbrauch ebenso zu regeln wie im Ordnungswidrigkeitsgesetz.
Für die Verfolgung von Rechtsverletzungen beim Datenschutz ist der Verwaltungsgerichtsweg zu regeln, wobei zivil- und arbeitsrechtliche Ansprüche auf Schadenersatz unberührt bleiben müssen.
Es wird weiter vorgeschlagen, das Gesetz über die Zuständigkeit und das Verfahren der Gerichte zur Nachprüfung von Verwaltungsentscheidungen neu zu gestalten. Ziel muß eine Verwaltungsgerichtsbarkeit sein, die geeignet ist, Rechtsstaat-

lichkeit, Gesetzlichkeit und Gerechtigkeit auf der Grundlage der Verfassung als dem grundlegenden Gesetz auch im Verwaltungswesen durchzusetzen.
Dabei sind folgende Gedanken zu beachten:

a. Gegenstand der Tätigkeit von Verwaltungsgerichten sind nicht Verfahren gegen den Staat, sondern es geht um die gerichtliche Durchsetzung der vom Staat in Rechtsvorschriften anerkannten Positionen im Einzelfall (Individualakt, subjektive Parteienautonomie).
b. Das Verhältnis zwischen Politik und Recht ist neu zu definieren. Verhaltensweisen, die darauf zielen, eine Entscheidung sei rechtlich falsch, aber politisch richtig, paßt nicht in dic Konzeption des Rechtsstaates.
c. Jedermann ist vor dem Gesetz und der Verwaltungspraxis gleich. Entscheidungen des Verwaltungsorgans sind nur den objektiven Möglichkeiten, den zentralen Rechtsvorschriften und den darauf fußenden Rechtsvorschriften der Volksvertretung unterworfen.
d. Alle Verwaltungsentscheidungen sind gerichtlich nachprüfbar. Über Ausnahmen entscheidet die Volkskammer durch Gesetz.
e. Die Verwaltungsgerichte können Verwaltungsentscheidungen
   - aufheben,
   - zurückverweisen oder
   - in der Sache entscheiden.

   Das Gerichtsverfassungsgesetz ist zu novellieren. Es sind Verwaltungsgerichte nach dem Territorialprinzip aufzubauen, und ein Oberstes Verwaltungsgericht der DDR ist zu bilden.
   Diese Gerichte könnten eigenständig aufgebaut sein oder auch Kammern oder Senate der ordentlichen Gerichtsbarkeit werden. Berufungs- und Kassationsverfahren müssen grundsätzlich zulässig sein. Diesbezügliche Verwerfungen sind zu begründen.
   Die Parteien des Verfahrens müssen das Recht auf rechtliches Gehör, das Recht und die Pflicht zur Mitwirkung im Verfahren sowie das Recht zur Einsicht in die Verwaltungsakten haben.
   Ein Publikationsorgan hat die Entscheidungen zu veröffentlichen. Eine systematische Entscheidungssammlung trägt zur Rechtssicherheit in den Verwaltungsrechtsverhältnissen bei.
   Auch juristische Personen (zum Beispiel Vereinigungen, Genossenschaften, Kirchen) und Ausländer müssen gegen Verwaltungsentscheidungen klagen können. Für sozialistische Wirtschaftseinheiten ist diese Frage zu prüfen. Das Verfahren nach dem Staatshaftungsgesetz ist aus der Zuständigkeit der Verwaltung in die der ordentlichen Gerichtsbarkeit, gegebenenfalls in Sonderheit die des Verwaltungsgerichts zu überführen. Das Oberste Verwaltungsgericht wäre vom Verfassungsgericht abzugrenzen.

Durch die vorgeschlagene Gestaltung der Verwaltungsgerichtsbarkeit würde das Eingabengesetz in den dann in den Zuständigkeitsbereich der Verwaltungsgerichte gehörenden Fällen gegenstandslos werden. Dennoch dürfte das Eingabengesetz in seiner Bedeutung im Bewußtsein der Bürger fortleben, weil es bisher in einem weiten Bereich die einzige und juristische Möglichkeit bot, sich mit Vorschlägen, Hinweisen, Anliegen und Beschwerden an die Volksvertretungen, die Wirtschaftseinheiten, die Abgeordneten und die Einrichtungen zu wenden. Die Bürger werden deshalb weiter von Eingaben Gebrauch machen. Das Eingabenrecht sollte deshalb

im Grunde beibehalten werden, sofern nicht der Verwaltungsgerichtsweg gegeben ist.
Auszeichnungen und Titel sind einer gründlichen Prüfung zu unterziehen. Ihre Zahl ist wesentlich zu reduzieren. Jedem Bürger sollte ein Vorschlagsrecht zustehen. Auszeichnungen und Titel dürfen nicht von der Zugehörigkeit zu einer bestimmter Partei oder Organisation abhängig sein, vielmehr nur nach dem Leistungsprinzip bestimmt werden. Grundsätzlich sollten staatliche Auszeichnungen und Titel nicht mit materiellen Zuwendungen verbunden sein. Es ist zu prüfen, inwieweit nach den bisherigen Vorschriften erworbene Privilegien aufzuheben sind.

3. Strafrecht

Strafgesetzbuch und Strafprozeßordnung sind neu zu fassen, wobei folgende Prinzipien einzuhalten sind:

- Tatbestände und Vorgänge müssen ihres ideologisierenden oder emotionalisierenden Wortwerkes entkleidet und versachlicht abgefaßt werden;
- Der Rechtsbegriff „Staat“ muß klar umrissen und abgegrenzt werden. Statt „Sozialistische Staats- oder Gesellschaftsordnung der DDR“ sollte stets „Deutsche Demokratische Republik“ im Strafgesetzbuch gesetzt werden;
- Unbestimmte Formulierungen wie „oder andere Handlungen“ gehören nicht in strafrechtliche Tatbestände;
- strikte Gewährleistung der Rechte des Geschädigten.

Vorrangig sind die Kapitel 2 - Verbrechen gegen die DDR - und 8 - Straftaten gegen die staatliche Ordnung - des Besonderen Teils des Strafgesetzbuches der DDR durch die Volkskammer zu ändern.
In das Strafgesetzbuch ist ein Tatbestand für Vergehen und Verbrechen im Amte einzufügen, damit künftig Rechtsverletzungen, die durch Staatsfunktionäre begangen werden, umfassend geahndet werden können.
Die Rechte und Pflichten der Staatsanwaltschaft sind durch Gesetz zu bestimmen. Hinsichtlich der Aufsicht über die Gesetzlichkeit sind Vorkehrungen zu treffen, damit diese wichtige Seite staatsanwaltschaftlicher Tätigkeit in allen gesellschaftlichen Bereichen wahrgenommen werden kann.
Die Kriminalstatistik ist vollständig zu veröffentlichen; alle Straftaten sind auszuweisen und in ihrer gesellschaftlichen Bedeutung auch im Hinblick auf die mit ihnen herbeigeführten Schäden, darzustellen.
Urteile einschließlich der Begründungen sind in jedem Falle dem Verurteilten zuzustellen. Die Rechtsmittelfrist ist an die Zustellung zu binden und generell auf zwei Wochen zu erweitern.
Gerichtsverhandlungen müssen auch in Strafsachen öffentlich sein. Ein Ausschluß der Öffentlichkeit darf nur durch Gerichtsbeschluß wegen Offenbarung von Staatsgeheimnissen oder zum Schutz der Person eines Beteiligten zulässig sein. Für den Bereich des Straf- und Strafprozeßrechts ist der Begriff „Öffentliche Ordnung“ im Gesetz zu definieren.
Der Strafvollzug und die Untersuchungshaft sind aus dem Ministerium für Innere Angelegenheiten herauszulösen und als getrennte Einrichtungen dem Ministerium der Justiz zu unterstellen.

4. Zur Tätigkeit der Stadtverordnetenversammlung

Das Gesetz über die örtlichen Volksvertretungen ist neu zu fassen. Das Prinzip der weitgehenden und nur durch Gesetz beschränkbaren Selbstverwaltung der Stadt Dresden erfordert, die Tätigkeit der Stadtverordnetenversammlung künftig vor allem auf die Beschlußfassung in Sachfragen zu richten. Dem Rat als dem Organ der Volksvertretung muß die Durchführung dieser Beschlüsse obliegen. Die Volksvertretung darf nicht mehr Anhängsel des Rates sein. Insoweit muß auch auf örtlicher Ebene das Prinzip der Gewaltentrennung verwirklicht werden. Die Volksvertretung gliedert sich in Fraktionen.

Das erfordert jedoch von der Stadtverordnetenversammlung,

- in kürzeren Abständen als bisher zusammenzutreten, um die Tätigkeit des Rates nicht durch überfällige Beschlüsse zu hemmen.
- die Beschlußvorlagen, die durch den Rat, Fraktionen, Ständige Kommissionen oder Abgeordnete einzubringen sind, gründlich in den Kommissionen zu beraten und im Plenum vor der Abstimmung die Begründungen der Vorlagen zu diskutieren.

Eine solche Arbeitsweise ist jedoch nicht möglich ohne eine ständige Vertretung der Stadtverordnetenversammlung zwischen den Plenartagungen, die die Tagungen mit dem Rat vorbereitet und befugt sein muß, die erforderlichen Festlegungen zur ordnungsgemäßen Arbeit der Volksvertretung zu treffen.

Bisher unterlag der Rat der Stadt, obgleich Organ der Volksvertretung, praktisch nicht der Kontrolle durch die Stadtverordnetenversammlung. Künftig ist eine solche Kontrolle jedoch auszuüben. Die hierzu zweckmäßigsten Formen sind noch zu ermitteln. Zunächst wird jedoch vorgeschlagen

- eine Ständige Kommission für Rechtsfragen und
- eine Ständige Kommission für Eingabenangelegenheiten zu bilden.

Mit diesen Kommissionen, deren einzelne Aufgaben noch auszuarbeiten sind, würden der Volksvertretung Instrumente zur Verfügung stehen, die geeignet wären, die Verantwortungsbereiche der Ständigen Kommissionen in der bisherigen Gliederung überschreitende Probleme sachkundig zu erörtern und die Verbindung zu den Bürgern der Stadt zu verbessern, indem sich diese mit ihren Anliegen, soweit für sie der Gerichtsweg nicht offen ist, direkt an die Volksvertretung wenden könnten.

Die im Mai 1989 ohne gründliche Beratung verabschiedete Geschäftsordnung der Stadtverordnetenversammlung genügt in vielfältiger Richtung nicht mehr den heutigen Ansprüchen. Sie sollte durch Vertreter aller Ständigen Kommissionen unverzüglich überarbeitet werden.

In allen Fragen der städtischen Verwaltung sollten die Erfahrungen früherer Dresdner Volksvertretungen unbedingt berücksichtigt werden, auch um gute Traditionen zu bewahren und zu nutzen. Das gilt für alle hier unterbreiteten Vorschlage zur städtischen Verfassung.

Die Arbeitsgruppe begrüßt, daß einzelne Ratsbereiche schon dazu übergingen, auch außerhalb der bisher üblichen Sprechtage das Rathaus für den Bürger zu öffnen. Diese Regelung ist durch Beschluß der Stadtverordnetenversammlung auf den gesamten Rat der Stadt auszudehnen.

5. Allgemeine Prinzipien auf dem Wege zum Rechtsstaat, die durch die Arbeitsgruppe gelegentlich ihrer Beratungen erkannt wurden

5.1. Die Durchschaubarkeit der Gesetzgebung könnte wesentlich dadurch erhöht werden, daß in der Verfassung ausgewiesen würde, zu welchen Bereichen Gesetze zu erlassen sind. Insoweit dürften dann niederrangige Normativakte nur erlassen werden, soweit das Gesetz es ausdrücklich zuläßt.

5.2. Die Verständlichkeit der Rechtsvorschriften ist durch eine versachlichte Darstellungsweise wesentlich zu verbessern. Präambeln in Gesetzen sollten nur aufgenommen werden, wenn dies aus juristischen Gründen unumgänglich ist.

5.3. Die Veröffentlichung der Rechtsvorschriften ist zu gewährleisten. Nichtveröffentlichte Beschlüsse und Verfügungen dürfen nicht als Rechtsvorschriften gelten. Es handelt sich bei ihnen entweder um interne Verwaltungsentscheidungen oder in Ausübung gesetzlicher Kompetenz getroffene Einzelentscheidungen.

5.4. Das Recht auf rechtliches Gehör ist bei allen Gerichten und in allen Verwaltungen zu gewährleisten.

5.5. Die Entscheidungsbefugnisse und die Verantwortung, die Volksvertretungen und Staatsorganen kraft Gesetzes zustehen, müssen sich decken.

5.6. Der Grundsatz „Was nicht verboten ist, ist erlaubt." muß für die Rechtsverwirklichung gelten.

5.7. Entscheidungen gegenüber Bürgern und juristischen Personen dürfen auf allen Gebieten nur auf der Grundlage von Rechtsvorschriften getroffen werden.

5.8. Die Rechtskultur ist generell zu heben. Den Verfahrensvorschriften ist Aufmerksamkeit zu schenken, Beschlußvorlagen rechtzeitig zugestellt werden, vor der Beschlußfassung Lesungen durchgeführt werden und der Beschlußinhalt auf rechtlich erhebliche Formulierungen beschränkt wird.

5.9. Die internationale Rechtsentwicklung ist für die Rechtsentwicklung in der DDR zu nutzen. Nach Beitritt zu internationalen Abkommen hat die DDR dafür zu sorgen, daß die sich aus den Abkommen ergebenden Rechte und Pflichten vollinhaltlich in innerstaatliches Recht umgesetzt werden.

5.10. Die bindende Auslegung von Gesetzen und anderen Rechtsvorschriften muß den Richtern vorbehalten werden.

5.11. Das Hauptgewicht der Rechtssetzung muß bei den Gesetzen der Volkskammer liegen.

5.12. Die Ausbildung von Juristen hat für alle Einsatzgebiete einheitlich zu erfolgen. Die Hochschulausbildung sollte sich auf fünf Jahre erstrecken. Eine Fachschulausbildung für juristische Mitarbeiter sollte vorgesehen werden.

5.13. In den örtlichen Staatsorganen sind generell Juristen einzusetzen, um die rechtliche Qualität der Verwaltungsentscheidungen zu erhöhen.

6. Schlußbemerkungen

Am 6.11.89 wandte sich die Arbeitsgruppe an das Präsidium der Volkskammer und schlug vor, die seit langem von der DDR anerkannte Internationale Konvention über zivile und politische Rechte zum innerstaatlich verbindlichen Recht zu erklären. Damit, so die Auffassung der Arbeitsgruppe, waren prinzipielle Fragen zu den Grundrechten der Bürger, die in der öffentlichen Diskussion nach wie vor als ungeklärt dargestellt werden, umgehend lösbar. Eine Antwort liegt der Arbeitsgruppe bisher nicht vor.

Die Arbeitsgruppe ist übereingekommen, ihre Tätigkeit in der gegenwärtigen Zusammensetzung fortzusetzen, um in den nächsten Wochen die weitere Entwicklung zum Recht der DDR zu beobachten und gegebenenfalls weitere Stellungnahmen abzugeben.
Die Arbeitsgruppe bittet die Stadtverordnetenversammlung, zum vorgelegten Bericht folgenden Beschluß zu fassen:
Der Bericht wird zur Kenntnis genommen.
Der Rat wird beauftragt, den Bericht zu vervielfältigen, im Rathaus an geeigneter Stelle öffentlich zur Einsichtnahme auszulegen und allen Abgeordneten, der Gruppe der 20 und der Arbeitsgruppe „Rccht der DDR" zuzustellen.
Der Rat wird beauftragt, den Bericht als Ergebnis aus dem Dresdner Dialog der Volkskammer und dem Ministerium der Justiz zur Auswertung für die neue Gestaltung des Rechts der DDR zu übersenden.

5. Dezember 1989 Dok. 92
Aufruf der Gruppe der 20 und des Neuen Forums zur Besetzung der BVfS Dresden

Privatbestand Herbert Wagner, unpaginiert.

Bürgerinnen und Bürger der Stadt Dresden!
Vertreter des Neuen Forums und des Demokratischen Aufbruchs führten heute vormittag ein Gespräch mit Vertretern der Bezirksbehörde der Deutschen Volkspolizei Dresden. Dabei erstatteten die Vertreter der basisdemokratischen Gruppen Anzeige gegen die Bezirksstelle des Amtes für Nationale Sicherheit Dresden wegen des dringenden Verdachts strafbarer Handlungen im Sinne des Tatbestandes der Sabotage. Diese Anzeige hat der zuständige Leiter der Kriminalpolizei entgegengenommen. Er wird unverzüglich die zuständige Staatsanwaltschaft einschalten. Die basisdemokratischen Gruppen dringen auf eine schnelle polizeiliche Maßnahme, da sie eine akute Verdunkelungsgefahr sehen. Wir bitten interessierte Bürger, diese polizeiliche Maßnahme zu unterstützen. Deshalb rufen wir dazu auf, daß Sie sich heute ab 17.00 Uhr vor dem Gebäude des Amtes für Nationale Sicherheit auf der dem Hauptgebäude gegenüberliegenden Seite der Bautzner Straße einfinden. Dies ist eine angemeldete Demonstration. Bitte halten Sie unbedingt die Fahrwege und Einfahrten frei und wahren Sie äußerste Disziplin und beachten Sie die Anweisungen der Initiatoren und der Volkspolizei. Beachten Sie den strikten Grundsatz der Gewaltlosigkeit. Enthalten Sie sich aller Äußerungen, die die Lage verschärfen könnten. Noch ist über den Zeitpunkt und die Art der polizeilichen Maßnahme nicht entschieden, da diese Entscheidung der Staatsanwalt trifft. Es ist aber anzunehmen, daß dazu bis 17.00 Uhr noch genügend Zeit ist. Wer diese unsere Anzeige unterstützt, den bitten wir also
- 17.00 Uhr auf der Bautzner Straße zu sein
- gegenüber dem Hauptgebäude Aufstellung zu nehmen
- alle Fahrwege frei zu halten
- und äußerste Disziplin zu halten

Für die basisdemokratischen Gruppen der Stadt
Arnold Vaatz vom Neuen Forum und Dr. Herbert Wagner von der Gruppe der 20.

6. Dezember 1989 Dok. 93

Schreiben der Gruppe der 20 an den Staatsrat der DDR

Privatbestand Herbert Wagner, unpaginiert. - Kopf: Gruppe der 20, Alaunstr. 71, Dresden 8060. - *Adressat:* Vorsitzender des Staatsrates der DDR, Marx-Engels-Platz, Berlin 1180. - *Fußvermerk:* Für die Gruppe der 20, [*gezeichnet:*] Herbert Wagner. - *Datiert:* 6.12.1989.

Werter Herr Staatsratsvorsitzender!
Wir fordern die sofortige Freilassung und vollständige Rehabilitierung aller politischen Gefangenen in der DDR, die auf Grund politischer oder politisch motivierter Urteile inhaftiert sind. Dies erfordert eine klare rechtliche Unterscheidung von einer Generalamnestie, die wir nicht schon wieder für angebracht halten.

6. Dezember 1989 Dok. 94

Wahlrechtsentwurf der Zeitweiligen Arbeitsgruppe „Bürgerverantwortung, Bürgermitbestimmung und Bürgervertretung"

Privatbestand Herbert Wagner, unpaginiert. - Titel: Grundzüge eines neuen Wahlrechts. Ausarbeitung der Zeitweiligen Arbeitsgruppe „Bürgerverantwortung, Bürgermitbestimmung und Bürgervertretung". - *Fußvermerk:* Für die zeitweilige AG: gez. Dr. Karthaus (Leiter), gez. Dr. sc. techn. Böhme. - *Datiert:* 6.12.1989.

Zentrales Thema der aktuellen gesellschaftlichen Entwicklung und Ausgangspunkt für den Weg aus der Krise ist die erforderliche WAHL. Deshalb stellt die zeitweilige Arbeitsgruppe „Bürgerverantwortung, Bürgermitbestimmung und Bürgervertretung" in Dresden Grundzüge des neuen Wahlrechtes zur öffentlichen Diskussion, Grundlage ist ein Entwurf von Herrn Prof. Dr. sc. jur. J. Misselwitz von der Akademie für Staats- und Rechtswissenschaft Potsdam-Babelsberg.
Künftige Wahlen und auch Volksabstimmungen müssen Ausdruck der realen Volkssouveränität sein. Um das zu gewährleisten, muß das bestehende, diskreditierte Wahlgesetz verworfen und durch eine Neufassung der einschlägigen Verfassungsartikel, des Wahlgesetzes, der Wahlordnung sowie aller wahlberechtigten Normen ersetzt werden.
Von den negativen Erfahrungen der Vergangenheit ausgehend, muß das neue Wahlrecht insbesondere folgende qualitativ neue Grundzüge enthalten:
- Jegliche politische Macht in der DDR wird mittels regelmäßig durchzuführender Wahlen vom Volk ausgeübt;
- Abschaffung von Einheitslisten in jeder Form;
- Massenorganisationen und Bürgerinitiativen können keine Wahllisten aufstellen;
- Wahlmöglichkeit zwischen politischen Programmen;
- Gewährleistung eines Mischwahlrechtes durch Kandidatenlisten von Parteien sowie durch Einzelkandidaten, die parteilos oder einer Partei zugehörig sein können;
- Sicherung der Grundsätze demokratischer Wahlen, insbesondere des Wahlgeheimnisses und der öffentlichen Kontrolle aller amtlichen Wahlhandlungen.

Bei der Ausarbeitung eines Entwurfes für ein neues Wahlgesetz durch die politischen Parteien sind zu berücksichtigen:

1. In allgemeinen, unmittelbaren, freien, gleichen und geheimen Wahlen nehmen die mündigen Staatsbürger Grundrechte und Pflichten gleichermaßen wahr. Wahlen sind eine sehr wichtige Form politischer Willensbekundung des Volkes. Sie vermitteln die personelle und politisch-programmatische Legitimation der staatlichen Macht ausübenden Körperschaften und ihrer Organe auf den verschiedenen Ebenen des Staatsaufbaues auf Zeit (Wahlperiode). Wahlen müssen die politische Meinungsbildung des Volkes repräsentieren. Sie müssen zu einer handlungsfähigen Koalition durch produktive Konsensbildung führen.
   Wahlbeteiligung ist direkte Teilnahme an der staatlichen Machtausübung. Das verlangt freilich die Bindung jedes Abgeordneten an das Vertrauen seiner Wähler. Dazu gehört ein rechtsförmliches Verfahren, einen Abgeordneten erff. auch abberufen zu können.
2. Die aktiv gestaltende Teilnahme der Bürger an der Machtausübung darf nicht auf die Stimmabgabe bei der Wahl reduziert bleiben. Die Bürger müssen uneingeschränkt Gelegenheit erhalten, ihren politischen Willen auch während einer Legislaturperiode zu äußern und in politische Realitäten umzusetzen. Dazu bedarf es bei der demokratischen Gestaltung des Repräsentativsystems des Staates der Ergänzung durch wirksame Formen der unmittelbaren Demokratie. Dazu gehören Bürgerinitiativen, Formen der Selbstverwaltung, plebiszitäre Elemente (Bürgerantrag, Bürgerentscheid, Volksentscheid, Petitionen) usw.
3. Das Wahlsystem mit seinen politischen, organisatorischen und rechtlichen Maßnahmen zur Vorbereitung, Durchführung und Auswertung von Wahlen bedarf einer übersichtlichen und rechtsverbindlichen Neugestaltung. Dazu gehören
   - die Chancengleichheit für die bestehenden und neuen Parteien sowie Direktkandidaten;
   - faireren Wettbewerb und gleichberechtigten Zugang der Parteien und Direktkandidaten zu den Massenmedien;
   - Begrenzung und Offenlegung der finanziellen und sonstigen Aufwendungen für Wahlwerbung;
   - Demokratische Wahlen sind ihrem Wesen nach innere Angelegenheiten der DDR und Bürger.
     Die Einladung ausländischer Parlamentarierdelegationen als neutrale Wahlbeobachter steht der Wahrung der Souveränität im demokratischen Umgang mit Wahlen durch die politischen Kräfte des Volkes nicht entgegen.
4. Für die Wahl der Volkskammer und der kommunalen Vertretungsorgane sind getrennte Gesetze auszuarbeiten. Sie erlangen nach breiter öffentlicher Diskussion höchste Rechtsautorität durch Annahme mittels Volksabstimmung. Änderungen und Ergänzungen der Wahlgesetze sollen nur mit qualifizierter ($^{2}/_{3}$) Mehrheit der Volkskammer zulässig sein.
5. Die Bürger der DDR (und gegebenenfalls weitere Wahlberechtigte bei Kommunalwahlen - Ausländerwahlrecht) wählen die Abgeordneten in allgemeinen, unmittelbaren, freien, geheimen und gleichen Wahlen für alle Vertretungskörperschaften direkt.

Eine Wahlpflicht besteht nicht. Das aktive und passive Wahlrecht ist an die Vollendung des 18. Lebensjahres gebunden. Alle wahlberechtigten Bürger haben das gleiche Recht, zu wählen und gewählt zu werden. Jeder Wahlberechtigte verfügt über zwei Stimmen mit gleichem Zählwert. Das Wahlgeheimnis ist in allen Stufen des Wahlvorganges, insbesondere bei der Kennzeichnung des Stimmzettels und der Stimmabgabe, zu gewährleisten. Das heißt, vom Wähler wird nicht eine passive Zustimmung zu einem Wahlvorschlag, sondern eine seiner wahlrechtlichen Stellung entsprechende aktive Entscheidung verlangt. Die Benutzung der Wahlkabine wird zwingend vorgeschrieben. Offene abgegebene Wahlentscheidungen haben Ungültigkeit des Stimmzettels zur Folge.

6. Zu den grundsätzlichen Regelungen der Wahlorganisation gehören:
   - Die Volkskammer beschließt die Durchführung von Wahlen, die Anzahl der zu bildenden Wahlkreise sowie die Anzahl der in den Wahlkreisen zu wählenden Abgeordneten der Volkskammer;
   - die örtlichen Vertretungskörperschaften beschließen eigenverantwortlich entsprechend der Einwohnerzahl und der Territorialstruktur über die zahlenmäßige Stärke der zu wählenden Vertretungskörperschaften, die Anzahl der zu bildenden Wahlkreise und der in den Wahlkreisen zu wählenden Abgeordneten;
   - die Wahlperiode beträgt einheitlich 4 Jahre. Es wird die Durchführung von Wahlen auf allen Ebenen zu einem gemeinsamen Termin angestrebt. Ausnahmen sind zulässig. Wahlen können an einem Samstag oder Sonntag stattfinden;
   - die Ausübung des Abgeordnetenmandats ist auf 2 Wahlperioden begrenzt. Nach einer Karenzzeit von 1 Wahlperiode ist es möglich, sich erneut um ein Mandat zu bewerben. Mehrfachmandate (Mitglied mehrerer Vertretungskörperschaften) sind unzulässig. Bei Fraktionswechsel tritt Mandatsverlust ein.
   - in die Wahlgesetzgebung sind Klauseln aufzunehmen, die das passive Wahlrecht für Bürger in staatlichen Funktionen verhindern (Unvereinbarkeit von Amt und Mandat). Eine Ausnahme wird für den Vorsitzenden des Rates (Rat der Gemeinde bis Ministerrat) zugelassen. Er ist aus der Vertretungskörperschaft zu wählen. Die anderen Mitglieder des Rates werden durch die Vertretungskörperschaft für eine Wahlperiode in ihr Amt berufen. Die Ausübung dieses Amtes wird auf zwei Wahlperioden begrenzt. Vorzeitige Abberufung durch die Vertretungskörperschaft ist möglich.
   - das Institut des Nachfolgekanditaten wird im Rahmen der vorgeschlagenen wahlrechtlichen Regelungen hinfällig. Erforderliche Nachwahlen werden in den ersten 3 Jahren der Wahlperiode durchgeführt. Im letzten Jahr der Wahlperiode bleiben vakante Mandate unbesetzt.

7. Die sich an den Wahlen beteiligenden Parteien stellen Listenvorschläge für jeweils 3 bis 4 Wahlkreise auf. Daneben können sie als Direktkandidaten für einen Wahlkreis nominieren. Daneben kann sich jeder Wahlberechtigte um ein Direktmandat in einem Wahlkreis bewerben. Listenverbindungen von Parteien sind bei Wahlen zur Volkskammer nicht möglich. Für bisher nicht in Wahlkörperschaften vertretene Parteien setzt die Annahme ihres Listenvorschlages die Beibringung eines Minimums von persönlich und handschriftlich

unterzeichneten Wählerbekundungen zur Unterstützung des Vorschlages voraus ($^1/_{1000}$ der Wahlberechtigten, aber nicht mehr als 5 000). Die zuständige Wahlkommission kann mit $^2/_3$ Mehrheit auf eine solche Bekundung zur Unterstützung eines Listenvorschlages verzichten.

8. Als Bewerber einer Partei kann unter der Bedingung territorialer Bindung nur benannt werden, wer in einer beschlußfähigen Mitgliederversammlung oder in einer Vertreterversammlung (Delegiertenversammlung) als Kandidat in geheimer Abstimmung gewählt worden ist. Die Parteien können durch interne, geheime Vorwahlen, gegebenenfalls mit Hilfe von Briefwahlen, ihre Listen- und Direktbewerber festlegen. Nähere Regelungen sind dazu in den Statuten/Satzungen der Parteien zu treffen. Die Kandidaten sind verpflichtet, sich in ihrem Wahlkreis den Wählern vorzustellen, ihre Fragen zu beantworten und Rechenschaft über ihre bisherige politische Tätigkeit, einschließlich ihrer Abgeordnetentätigkeit, abzulegen. Die Wähler haben das Recht, Anträge zur Absetzung von Kandidaten vom Wahlvorschlag zu stellen, Sie sind berechtigt, den Kandidaten sachbezogene Wähleraufträge zu erteilen. Das Verfahren der Erteilung, Prüfung und Organisation der Erfüllung der Wähleraufträge ist als Bestandteil eines künftigen Gesetzes über den Status des Abgeordneten zu regeln. Die Entscheidung über die Zurückziehung von Listen- bzw. Einzelkandidaturen liegt bei den nominierenden Parteien. Die Einzelregelungen sind so zu treffen, daß die Wähler Einfluß auf die Auswahl der Personen, die zur Kandidatur aufgestellt werden, nehmen können. Eine lediglich Bestätigung der von den Parteien aufgestellten Bewerbern durch den Wähler widerspricht einem demokratischen Wahlrechtsverständnis.

9. Die Abgeordneten der Volkskammer werden von den wahlberechtigten Staatsbürgern nach Grundsätzen des Verhältniswahlrechts und des relativen Mehrheitswahlrechts (Personenwahl) gewählt. Mit der Erststimme wählt der Wahlberechtigte einen Wahlkreisabgeordneten (Direktkandidat), mit der Zweitstimme den Listenvorschlag einer Partei.

9.1. Von den Volkskammerabgeordneten werden etwa $^1/_3$ in Einzelwahlkreisen gewählt. Es ist nur eine Direktkandidatur zulässig. Gewählt ist der Bewerber, der die meisten Stimmen auf sich vereinigt (relative Mehrheit, mindestens 30 Prozent). Das Wahlgebiet (Territorium der DDR) wird dazu in Wahlkreise mit annähernd gleicher Anzahl von Wahlbeteiligten eingeteilt. Die Zahl der Wahlberechtigten pro Wahlkreis darf nur bis zu 25 Prozent vom Mittel abweichen.

9.2. Die weiteren Abgeordneten der Volkskammer werden über Parteilistenvorschläge in territoriale Wahlkreise nach dem Prinzip der Verhältniswahl gewählt. Jede Parteiliste erhält entsprechend ihrem Stimmenanteil Mandate zugeordnet. Dabei gilt die Reihenfolge des eingereichten Listenvorschlages. Die Berechnung erfolgt nach dem sogenannten Niemeyer-Verfahren, das den kleineren Parteien einen geringeren gerechtfertigten Vorteil einräumt. Auf die Einführung einer Sperrklausel wird für die nächste Wahl verzichtet. Bereits die bloße Existenz einer Sperrklausel beeinflußt nachgewiesenermaßen das Wählerverhalten. Die Wähler sollen nicht davon abgehalten werden, ihre Stimme der von ihnen bevorzugten Parteiliste zu geben. Es darf nicht der Eindruck entstehen, daß abgegebene Stimmen verschenkt werden bzw. keine oder eine entgegengesetzte Wirkung, als die vom Wähler gewollte, erzielt wird. Erwägungen betreffend der Herstellung von regierungsfähigen Mehrheiten, die in der Tendenz zur Herausbildung eines Zweiparteiensystems führen können, müssen unter dem Grundrecht der Wähler und dem Anliegen einer ebenso radikalen wie konsequenten demokratischen Grunderneuerung unseres Wahlsystems zurückstehen.

10. Kommunalwahlen sind künftig (unter Beachtung der Sofort- und langfristigen Maßnahmen der Verwaltungsreform) mittels eines Mischwahlsystems durchzuführen. Die Vorzüge der Direktwahl von Einzelbewerbern werden mit dem Prinzip der Verhältniswahl auf der Grundlage von Parteilistenvorschlägen verbunden. Die zu wählenden Vertretungskörperschaften setzen sich aus Direkt- und Listenbewerbern zusammen. In den Städten und Gemeinden sollte die Anzahl der Abgeordneten in Abhängigkeit von der Einwohner- und Wahlberechtigtenzahl neu festgelegt werden. Große Abgeordnetenzahlen haben sich nicht bewährt. Beim Wahlrecht für Ausländer sollte, abweichend von den geltenden Regelungen, eine auf mindestens 2 Jahre verlängerte Ansässigkeit und die ernsthafte, dauernde Begründung des Lebenskreises in der DDR Voraussetzung für das aktive Wahlrecht sein. Bürgermeister und Oberbürgermeister sollten direkt durch die Gesamtheit der jeweils Wahlberechtigten gewählt werden. Angesichts der erheblichen Belastungen, die sich mit dem Abgeordnetenmandat in Kommunalvertretungen, insbesondere bei Übernahme von Funktionen in den Stadtverordnetenversammlungen (Mitglied des Präsidiums, Vorsitzende der Fraktionen, Vorsitzende von Kommissionen usw.) ergeben, wird vorgeschlagen, eine befristete Freistellung von einzelnen Abgeordneten (Schöffenmodell) zu erproben.

11. Die Leitung der Wahlen erfolgt durch demokratisch gebildete, unter Aufsicht der Öffentlichkeit arbeitende Wahlkommissionen. Diese werden auf allen Ebenen auf Vorschlag der Parteien und unter Hinzuziehung weiterer Vertreter von gesellschaftlichen Organisationen besetzt. Ihre konkreten Aufgaben sind in den Wahlgesetzen, weitere Verfahrensregeln in den Wahlordnungen festzulegen. Auf der Grundlage der unterbreiteten Vorschläge werden die Wahlkommissionen durch die Volkskammer bzw. durch die örtlich zuständigen Volksvertretungen berufen und verpflichtet.
Die Wahlkommissionen bleiben bis zum Ende der Wahlperiode bestehen. Unter ihrer Zuständigkeit finden evtl. erforderliche Nachwahlen statt.
Die zuständigen Wahlkommissionen bilden nach Einreichung der Wahlvorschläge die Wahlvorstände für die Stimmbezirke. Die Wahlvorstände sind partei- und organisationsübergreifend zusammengesetzt. Sie wählen aus ihrer Mitte den Wahlvorsteher. Die Wählerlisten werden unter der Verantwortung der Räte der Städte und Gemeinden aufgestellt und öffentlich ausgelegt. Jeder Wahlberechtigte erhält eine schriftliche Benachrichtigung über seine Aufnahme in die Wählerliste. Die ordnungsgemäße Führung der Wählerliste, insbesondere ihre Vollständigkeit, wird von den Wahlkommissionen geprüft. Nach ihrer abschließenden Bestätigung sind Änderungen der Wählerliste zulässig. Auf erforderliche Korrekturen ist im Abschlußprotokoll des Wahlvorstandes hinzuweisen. Für Einsprüche gegen Eintragungen in die Wählerliste oder deren Unvollständigkeit steht der Rechtsweg offen. Das erstinstanzliche Gericht, z.Z. die Kammer für Verwaltungsrechtsangelegenheiten beim Kreisgericht, entscheidet über Einsprüche endgültig. Die Sicherung des Wahlrechts durch Aushändigung eines Wahlscheines bleibt zulässig. Auf Sonderwahllokale wird verzichtet.

Die Einführung des Verfahrens der Briefwahl für die Stimmenabgabe für die Bewerber zur Volkskammer wird empfohlen. Die Wahlentscheidung und die Geheimhaltung bedürfen bei dieser Form der Wahlbeteiligung einer besonderen rechtlichen Gewährleistung. Die Auszählung der Stimmzettel in den Wahllokalen hat ebenso wie die Zusammenfassung der Wahlergebnisse sowie die Zuteilung der Mandate öffentlich zu erfolgen. Um jeden Verdacht von Wahlmanipulation oder Wahlfälschungen auszuschließen, sind die Wahlunterlagen (Wählerlisten, Stimmzettel, Wahlscheine, Protokolle) kontrollfähig mindestens 3 Monate unter Verschluß aufzubewahren.
Den Parteien, Wählergemeinschaften und Einzelbewerbern sind die Unterlagen auf Antrag durch Beschluß des zuständigen Gerichts zugänglich zu machen. Soweit keine Einsprüche beim zuständigen Gericht vorliegen, erfolgt die Vernichtung aller Wahlunterlagen unter Aufsicht des Gerichts, das darüber ein Protokoll anfertigt, nach Ablauf der Frist von 3 Monaten.

Ohne Datum — Dok. 95

Thesen zur Bürgervertretung der Gruppe der 20

Privatbestand Herbert Wagner, unpaginiert.

1. Eine neue Verfassung der DDR ist für die Herstellung von Rechtsstaatlichkeit unabdingbare Voraussetzung.
2. Parallel zur Verfassung sind ein neues Wahlgesetz, ein neues Parteiengesetz und ein neues Mediengesetz zu erarbeiten, um allen gesellschaftlichen Kräften Chancengleichheit zu gewähren. Zur Wahlgesetzgebung hat die Untergruppe „Wahlgesetzgebung" bereits „Grundzüge des neuen Wahlrechts" ausgearbeitet.
3. Das Gesetz über die örtlichen Volksvertretungen ist zu überarbeiten. In der Folge ist ein Gesetz über die kommunale Selbstverwaltung und über die Verantwortung und Stellung der Abgeordneten auszuarbeiten.
4. Neue, der erreichten gesellschaftlichen Entwicklung angepaßte Formen der Bürgermitverantwortung sind durch neue bzw. überarbeitete gesetzliche Bestimmungen rechtlich abzusichern.
5. Zusammenschlüsse und Vereinigungen von Bürgern, die der – gegebenenfalls nur zeitweiligen – Wahrnehmung der Interessen begrenzter Bevölkerungsgruppen außerhalb bestehender Organisationen dienen sollen, werden von uns als „Bürgerinitiative" bezeichnet. Das Recht zu solchen Vereinigungen sollte unmittelbar geltendes Recht der Verfassung, also an keine staatliche Genehmigung gebunden sein. Bestehende und gut funktionierende Wohnbezirksausschüsse sollten den Bürgerinitiativen zugerechnet werden. Bürgerinitiativen sollen keinesfalls auf administrativem Wege ins Leben gerufen werden. Sie bilden sich allein durch das Eigeninteresse der Bürger. Das läßt z. B. auch die Möglichkeit offen, daß sich einander widersprechende Interessen manifestieren können.
6. Bürgerinitiativen und ihre gesellschaftlichen Partner, z. B. Rechtsträger von Grundstücken, müssen gesetzlich klar abgegrenzte Kompetenzen erhalten. Konflikte müssen unter Umständen auf der Grundlage von Gesetzen und

Verordnungen durch Gerichte, z. B. auch gesellschaftliche Gerichte, gelöst werden. Ebenso können Bürgerinitiativen in keiner Weise in fremde Verantwortlichkeiten eingreifen. Hierzu sind immer vertragliche Vereinbarungen erforderlich.
Stets mit Rücksicht darauf, daß die Ziele einer Bürgerinitiative nicht von vornherein mit den Interessen aller Bürger, aber auch nicht in jedem Fall mit denen von gewählten Volksvertretungen konform gehen müssen, kann auch für die Abgeordneten keine grundsätzliche Pflicht zur Unterstützung jeder Bürgerinitiative abgeleitet werden. (Die Abgeordneten müssen stets das Gesamtinteresse ihrer Wähler im Auge haben. Sie treffen also ihre Entscheidung in diesem Sinne nach eigenem Wissen und Gewissen.)

7. Die Abgeordneten aller Ebenen sollten, soweit eine territoriale Zuordnung möglich ist, in dem Wahlkreis kandidieren, in dem sie selbst wohnen. Voraussichtlich trifft das vorzugsweise auf der untersten Ebene zu. Die Wirksamkeit der Abgeordneten ist an den Ergebnissen ihrer Arbeit bzw. an den Ergebnissen der Arbeit ihrer Partei zu messen. Die Anerkennung der Tätigkeit der Abgeordneten bzw. Parteien realisiert sich im Votum der Wähler bei den nächsten Wahlen. Damit entfällt die verordnete Rechenschaftspflicht vor den Wählern.
8. Die materiellen und ideellen Bedingungen der Abgeordneten müssen so gestaltet werden, daß sie ihre Aufgaben ohne jegliche Behinderung und Benachteiligung wahrnehmen können.
9. Die Wahlkreise sollen auf der Grundlage der historisch gewachsenen territorialen Gliederung festgelegt werden.
10. Die Struktur der kommunalen Verwaltung muß der Einteilung der Wahlkreise entsprechen.
11. Der Bürgermeister schlägt der Stadtverordnetenversammlung den Rat zur Berufung vor. Das Ratsmitglied ist kein Abgeordneter.
12. Die Wahlen sind in der Verantwortung der Volksvertretung vorzubereiten und durchzuführen.
13. Volksbegehren und Volksentscheide müssen nach der künftigen Verfassung wieder möglich sein. Kriterien dafür sind zu fixieren.
14. Um die wissenschaftliche Grundlage für die Entscheidungen der Volksvertretung zu verbessern, ist beim Präsidium der Stadtverordnetenversammlung ein wissenschaftlicher Dienst zu schaffen, der auf Beschluß der Abgeordneten u. a. Anhörungen vorbereitet, Gutachten anfordert und Meinungsumfragen in Auftrag gibt.
15. Die Stadtrundschau wird vom Rat im Auftrag der Volksvertretung herausgegeben.
16. Für die Begründung von Arbeitsrechtsverhältnissen von Mitarbeitern der Ratsbereiche dürfen allein ausschlaggebend sein: Fachkompetenz, Leistungsbereitschaft, Kreativität und Unbestechlichkeit.

13. Dezember 1989 Dok. 96

Protokoll Erich Sobeslavskys von einer Sitzung der Gruppe der 20

Privatbestand Erich Sobeslavsky. - Form: Handschriftlich. - *Datiert:* 13.12.1989.

Gruppe der 20, Leitung: Herbert W.
nächstes Treffen: Mi., 18.00
So., 17.00: Standpunkt Gruppe d. 20 zum Kohl-Besuch
14.12., 16.30 Rathaus 4. Stock, Zi. 24: Untersuchungsausschuß für Korruption und Amtsmißbrauch. Lösch [*durchgestrichen:* Lommatzsch]

- Staats-Verlag: Ergebnisse der Zeitweiligen Arbeitsgruppen der Gruppe der 20 in einer Broschüre, „Dresdner Modell“
- morgen NDR-Fernsehen und Rundfunk
- schlechte Arbeitsgruppe: Handel und Versorgung
- Arbeitsgruppe Kunst und Kultur → an Friedrich Boltz; Kulturpolitik in der Stadt Dresden
- Gruppe Ausländer (Baumgart) arbeitet recht gut, Beschickung etwas aus der Hand gelaufen; Treffen: 4. Januar
- Driller! → Lommatzsch?
- Anschreiben an SDP: Vertreter in Medienbeirat angefordert seitens der Gruppe d. 20
- Arbeitsgruppe Entmilitarisierung: wird der Einladung an Militärakademie gefolgt oder nicht? Politabteilung wurde aufgelöst.
- Röthig:
  1. Zeitweilige Arbeitsgruppe der Gruppe d. 20
  2. Ständige Kommission Bauwesen [*durchgestrichen:* beim Rat der Stadt] der Stadtverordnetenversammlung:
     Dr. Schaus, SED (→ Instrukteurin beim Rat der Stadt: Ursula Hubatzsch, 488 2684)
  3. Runder Tisch
- Buh-Rufe bei Demo? „Deutschland, Deutschland“?
- nächste Demo (Resumee): Vaatz, TU, Ardenne über Deutschland-Problematik
- im neuen Jahr: 8.1.? eine Woche später? nicht zu lange warten, sonst Vereinigte Linke Gegendemos
- Baumgart:
  - beim Staatsanwalt
  - bisher keine Maßnahmen bei Polizei
  - Lindner (Polizei)?
  - Konstitution der Untersuchungsgruppe erst am 7.12.
  - Rat der Stadt. Fuchs, Wirth → Befehlsstruktur untersuchen!
  - Leute, die mitarbeiten wollen → wurden zurückgeschickt
    3 Künstler; Donath, Lars Jung, Lars Lange + Neurologe usw.; Basisgruppen (DA, SDP); Pater Kuczera, RA Wirth, Schnur + Kirchenvertreter, Henker, Scheibner als Kirchenjuristen, prominente Dresdner
- Späth-Besuch → einige Leute nach Stuttgart → an Gruppe Recht weitergegeben!

- Runder Tisch beim Bezirk (eingeladen: Stellv. Vorsitzender des Rates des Bezirkes); anwesend: Basisgruppen; wer nimmt überhaupt daran teil? Thema? Wirtschaft?;
  18.12.: 7 aus basisdemokr. Gruppen ↔ 7 vom Rat d. Bezirkes (Generaldirektoren); 1 Vertreter der evang. und der kath. Kirche;
  → Gruppe der 20 nimmt nicht daran teil, das bindet nur die Kräfte
- Hamburg-Aktion:
  Sa., nachmittag, ca. 950 Gäste, Rundkino: Quartiergeberkarten; 14.30 für alle, die sich gemeldet haben?
- Kohl: gemeinsamer, kleiner Kreis

18. Dezember 1989 Dok. 97

Erklärung der Arbeitsgruppe „Entmilitarisierung der Gesellschaft" der Gruppe der 20

Die Union vom 18. Dezember 1989.

Wir stellen uns vor.
Wir mißtrauen der Fähigkeit von Regierenden, die alten Mechanismen und Strukturen zu durchbrechen. Wir erleben noch immer die Ohnmacht der Regierten, daß der einzelne übersehen wird, sein Gewissen, seine Entscheidungsfähigkeit und sein Recht auf Mitgestaltung ignoriert werden.
Wir sind empört darüber, wie unsere Kinder erzogen wurden und werden. Wir erschrecken mitunter über unsere Sprache, die das Militante unserer Gesellschaft widerspiegelt und uns prägt. Wir wehren uns gegen die Durchdringung unseres Schul- bzw. Arbeitslebens und unserer Freizeit mit militärischer Werbung, Übung und dergleichen. Wir fürchten gewalttätige Aktionen neofaschistisch geprägter Gruppierungen und der staatlichen Organe und die immer neue Ablehnung gegen Ausländer.
All das deutet auf eine Gewöhnung an Gewalt bei der Austragung von Konflikten hin, was die „Militarisierung der Gesellschaft" - auch unserer - beschreibt. Wir wollen diese aufspüren und zeigen; deshalb ist unsere Arbeit z. Z. auf folgende Schwerpunkte gerichtet:

- Entmilitarisierung von Bildung und Erziehung (kritische Betrachtung der Lehrinhalte für diese Einrichtungen, Erziehung zum Frieden)
- Demokratisierung und Minimierung der bewaffneten Organisationen. Abschaffung von „Feind-" und „Gegner-"bildern, Reformierung und Umstrukturierung der bewaffneten Organe, Kontrollmöglichkeit
- Abschaffung der paramilitärischen Gruppen und Organisationen (Hinterfragen der Daseinsberechtigung von GST, Kampfgruppen [...])
- mögliche Formen eines Zivilen Wehrersatzdienstes als Übergangslösung zur Abschaffung aller Armeen (Dienst in nichtmilitärischen Strukturen)
- Neofaschismus (Umgang mit Gewalt in unserer Gesellschaft)
- Entmilitarisierung des öffentlichen Lebens (Entmilitarisierung der Sprache, Institutionen, der Werbung, der Medien, sämtlicher Publikationen [...])

Zu diesen Themen arbeiten sicher auch Gruppen und einzelne. Wir sind auf Austausch von Informationen und Meinungen angewiesen und BITTEN UM MITHILFE und/oder MITARBEIT,[1] damit sich unsere Arbeit profilieren kann, um wirkliche Veränderungen anregen und mitgestalten zu können.
Unsere Kontaktadresse: Steffen Hein, Friedensstraße 37, Dresden, 8060.

20. Dezember 1989 Dok. 98
Protokoll Erich Sobeslavskys von einer Sitzung der Gruppe der 20

Privatbestand Erich Sobeslavsky. - Form: Handschriftlich. - *Datiert:* 20.12.1989.

André Lang
Gängler (Stadtrat)
- André Lang: „Vereinigte L." Organisation der SED? unbekannt
- Rathausgespräch, Vorbereitung (Lang): 22.1., Montag, 9.00
- Gansauge, Gruppe Handel (Kaufhallen-Leiter)
  „gesellschaftliche Bedarfsträger" abschaffen? Wird nicht zum Gesetz erhoben. 110 mehr Köche und Kellner, Kapazitäten sind da für eine Ausbildung der Jungen und Mädchen
  Initiative geht vor allem aus: auch von Stadtverordnetenversammlung (IFA usw.)
- Staatsvertrag: Papiere werden veröffentlicht
- (I) Vorbereitung der nächsten Stadtverordnetenversammlung:
  Geschäftsordnung:
  1.) [*durchgestrichen:* neue] Fraktionen, z. B. „Fraktion der Gr. d. 20" bis Anfang Januar (Kolln. Foit als Sekretärin des Rates!)
  kann solch einer Fraktion Stimmrecht gewährt werden?
  Zusammensetzung mit allen basisdemokratischen Kräften (30 Kräfte); d. h.: 1. Schritt von Exekutive und Legislative
  2.) 25.1.: Wahl eines Präsidenten; 13.1.: Geschäftsordnung wird übergeben
  3.) vor dem Rathausgespräch bekommt Gruppe der 20 → 2-3 Exemplare
- (II) *Rathausgespräch:*
  1. Geschäftsordnung
  2. Untersuchungs-Kommission
  3. Stasi-Objekte, Gästehäuser:
  Lang: alle Vorschläge zusammen bei Vorsitzenden der Plankommission Entwurf bis zum 13.1.
  z. B. Bautzner Straße: MedAk, Altersheim, Internat?
  Kostenfrage? Kann nicht sofort als Altersheim oder Krankenhaus genutzt werden; verschiedene Varianten

1 Hervorhebungen im Original.

Stadtverordnetenversammlung soll darüber entscheiden! Unter Einbeziehung der ehem. Eigentümer (aber Stasi: Rechtsnachfolger ist die Regierung)
Lang: bis Ende Januar: ZK-Inst. Pillnitz, Bautzner Straße, 4–5 weitere Objekte
→ vor 25.1. muß Liste aller Gebäude vorliegen
→ Frau Wandel, 2036 (Dr. Klare), Vorsitzende der Stadtplankommission.
auf André Lang berufen!
am Freitag: 1. Gemeinsame Beratung zum Sachverhalt!
22.12.1989, 9.30 im Ratssaal, II. Stock. 8010; Dr.-Külz-Ring
nächste Stadtverordnetenversammlung wird vom Präsidium vorbereitet
13.2. nächstes Gespräch!
4. Arbeitsgruppen: welche Bezeichnungen? Rehabilitationsgruppen
- (III) *wirtsch. Zusammenarbeit:*
  - keine Hilfe mit Vorbedingungen
  - konkrete geschäftl. Beziehungen: *beide* müssen verdienen, kein Ausverkauf von Dresden
  - Hauptprobleme:
    Bauwesen (Bautechnik, Dresdner Bank: 20 Mill. für Städtebau, Kultur)
    Gesundheits- und Sozialwesen (1 Mill. DM von Baden-Württemberg).
    NRW: 3 Mill. DM für Sachsen
    Örtliche Lebensmittelindustrie, moderne Fertigungslinien (Milch, Fleisch usw.)
    Tourismus als Einnahmequelle
    Stadtentwicklung/Ökologie/Verkehrswesen
    Technik der Verkehrsbetriebe
  - Dresdner Bank eröffnet Büro
  - Re-Finanzierung muß gesichert werden!
    z. B.: moderne Dachziegelfabrik, Rohstoffe sind da, Technologie notwendig, über Eigenbedarf hinaus soll Rückzahlung garantiert werden
    → pragmatische Dinge, Hoffnung muß sein
    z. B.: 1 Mill. kompletter Umsatz des Bertelsmann-Ladens soll an Altersheim gehen,
    Interessen zur Gründung des Buchklubs
    „2. Etappe": unmittelbare Verbesserung, nachdem (1.) politische stattgefunden haben.
    „Wahlen sollen dann (3.) endgültige Bestätigung bringen."
    Rekonstruktion der Inneren Neustadt (3 Mill. Hamburg + 2 Mill. DDR), 1 Geviert wird wiederhergestellt
- Kontaktbüro von Baden-Württemberg
- Abrißhäuser sollen stehen bleiben
- Geschäfte mit BRD: welche Prüfungen, welche Kontrollen (Dittmann)?
- Lang: Interesse der BRD zur Hilfe, Dresden ist sehr gefragt
  - Arbeitsgruppe Wirtschaftskommission mit 6 Untergruppen, von Stadtrat geleitet
- bisher ist es nur um Geschenke gegangen
- beide Seiten (auch die BRD) bestimmt, wann die Öffentlichkeit informiert wird

- Diskussionsrunde mit allen Stadträten bei André Lang
- Kreisarzt: Kirche, Fachgruppe zum Komplex I (Gesundheitswesen)
- Dr. Wagner:
  (1.) Wirtschafts-Gruppen zur Vorlesung TU, soziale Marktwirtschaft (Leiter: Prof. Jugel)
  20.1. Dr. Geers: mittelständische Betriebe
  27.1. Fersen: Rolle des Rechts in der soz. Marktwirtschaft, Mathematiklehrsaal TU, Sa. 9-12
  3./5.1.: ABC der sozialen Marktwirtschaft
  (2.) Lichtsatz-Druckereimaschine + Papier → soll allen basisdemokratischen Gruppen zur Verfügung stehen → fachgerechte Wartung?
- Lang:
  - Stadt-Rundschau für Veröffentlichung basisdemokratischer Gruppen: zu $^2/_3$
  - Redaktion ist aber gesamtverantwortlich
  - mit Herrn Salzmann abgesprochen
  - zeitweilige finanzielle Unterstützung
- Kontrolle? Lang, Gängler: Regierung muß handlungsfähig bleiben!
- Gängler:
  - Gespräch mit SPD (Müller, Heltzig)?
  - Angebot zur Ausbildung von Managern, kostenfreie Kurse Versicherungswesen, Betriebsführung usw.)

  Dr. Wagner: dasselbe auch über Prof. Jugel
  → Gruppe Wirtschaft! Eventuell überhaupt für G. d. 20
- Henry: Gespräch mit Voscherau, Plauderei, nächstes Gespräch im Januar
- Dr. Wagner: Gespräch mit Kohl
  - DA, Demokr. Jetzt
  - NF (Reinfried, Vaatz)
  - CSPD, Auffanglager von ehem. CDU
  - RA Schnur

Pressesprecher d. Gr. d. 20 [*Frank Neubert*]:
- Kohl: „Wir machen nichts ohne Ihre Zustimmung"
- Rolle der SU: militärisches Eingreifen wird verneint, innenpolitische Probleme sind zu groß, Schewardnadse soll nur Öffentlichkeit beeinflussen
- Regierung wird bis Juni trotzdem (ohne Legitimierung!) als Gesprächspartner angesehen
- Darstellung der CSPD aufdringlich!
- zum Warschauer Vertrag: keine Gebietsansprüche an Polen, Anerkennung der Oder-Neiße-Grenze

Dr. Wagner:
- anwesend auch Blüm, Seiters, Willms, Frick (Protokoll)
- „Atmosphäre war locker"
- Hochachtung für Dresdner, DDR-Bürger usw.
- polnische Grenze: vertraglich geregelt; nach Einheit Deutschlands muß [man] darüber endgültig befinden
- sofortige Hoffnungszeichen müssen gesetzt werden!
- Zersplitterung? Keine Ratschläge → nur Klärungsprozeß!
  zu Beginn der Bundesrepublik 14 Parteien
- Ängste zur Einheit Deutschlands künstlich gepflegt!

- gemeinsame Arbeitserklärung mit Modrow
- Regierung Modrow darf nicht destabilisiert werden

Pfr. Horn:

- alle schnellen, grundsätzlichen Entscheidungen müssen an 2 Personen der Oppositionellen mitgeteilt werden
- 2 Personen zur Kontrolle (Baumgart); z. B. Prof. Schiller, jemand von der Ökologie;
  Pressesprecher [*Frank Neubert*]: Betriebsräte müssen mitsprechen
  eventuell in Sonnabend-Koordinierungsgruppe?
  eventuell beim Runden Tisch? Achtung! Formfragen-Diskussion
  eventuell kleinere Entscheidungsgruppe von allen basisdemokratischen Gruppierungen (5 Leute für Alternative Liste, Schattenkabinett usw.), eventuell Fraktion in der Stadtverordnetenversammlung

Dr. Wagner: Arbeitsgruppen, z. B. Medienbeirat
Zur Fraktion in der Stadtverordnetenversammlung

SDP, Ökologie, DA (Dr. [*unleserlich*]), Vaatz (NF), AG Frieden (Meusel), Grüne Liga (Jacobi), Dr. Böhme, Klaus Garber, Peter Zacher, Dr. Siegemund + 1. Sprecher NF, DA, SDP + Zeitweilige Arbeitsgruppen (5 Personen! z. B. Heltzig, Reinfried), → d. h. gesamte Außer-Parlamentarische Opposition

Pressesprecher [*Frank Neubert*]

- Gruppe der 20 will sich nicht an der Wahl beteiligen, daher Gruppe der 20 keine Plätze belegen!
  Teilnahme nur auf freiwilliger Basis?
  Berufswechsel?

SDP: Lösch, Heltzig in diese Fraktion → an Dr. Wagner
DA muß hinein, Gruppe der 20 muß hinein
Nächster Termin. 27.12., 18.00

21. Dezember 1989 Dok. 99

Bericht von Erich Sobeslavsky an den Stadtvorstand der SDP über die Gruppe der 20

Privatbestand Erich Sobeslavsky, unpaginiert. - Kopf: Erich Sobeslavsky, Am Dahlienheim 20, Dresden, 8045. - *Datiert:* 21.12.1989.

Ich war gestern bei der Gruppe der 20.
André Lang, Stellvertretender Oberbürgermeister, sagte dort:

- unter den ehem. Stasigebäuden sind auch einige Villen. Die erste gemeinsame Beratung über die Verwendung der Gebäude ist morgen, Freitag, 22.12.1989, 9.30, im Rathaussaal, II. Stock, 8020, Dr.-Külz-Ring
- Verantwortliche: Frau Wandel, Vorsitzende der Stadt-Plankommission, Tel. 2036, es meldet sich Dr. Klare
- Wir sollten seitens der SDP Anspruch auf ein Parteigebäude erheben. Leider bin ich morgen nicht in Dresden.
- Die wirtschaftliche Zusammenarbeit mit der Bundesrepublik hat begonnen. Die Hauptprobleme sind

1. Bauwesen: Die Dresdner Bank hat 20 Mill. für den Städtebau und die Kultur gegeben.
2. Gesundheits- und Sozialwesen: Baden-Württemberg - 1 Mill. NRW - 3 Millionen, aber für Sachsen insgesamt
3. Tourismus/Stadtwirtschaft/Ökologie
4. Rekonstruktion der Inneren Neustadt: Hamburg - 3 Mill.

Diese Zusammenarbeit wird von der Arbeitsgruppe Wirtschaftskommission mit 6 Untergruppen (unter der Leitung von Stadträten) durchgeführt.
Die Gruppe der 20 befürchtet, daß hier jegliche Kontrolle durch die basisdemokratischen Gruppen fehlt. Es besteht die Gefahr, daß die SED diese Zusammenarbeit benutzt, um ihre Position zu stärken und um den Wahlkampf mit günstigen Bedingen zu beginnen.

- Die nächste Stadtverordnetenversammlung ist am 25.1., am 13.1. wird den neuen Parteien und Gruppen die neue Geschäftsordnung zur Prüfung übergeben. Die oppositionellen Gruppen sollen aus 30 Personen eine Fraktion bilden, die als solche Stimmrecht hat. In dieser Fraktion soll die Gruppe der 20 mitarbeiten (nicht alle, sondern ein beschränkter Kreis), die SDP sollte Herrn Heltzig und beispielsweise Herrn Lösch delegieren. Das muß aber noch, z. B. im Koordinierungsausschuß, abgestimmt werden.

Die Gruppe der 20 schlägt vor, 2 Personen von uns und aus anderen oppositionellen Gruppen und Parteien zu benennen, die bei der wirtschaftlichen Zusammenarbeit mit der BRD kontrollieren sollten und bei schnellen Entscheidungen hinzugezogen werden.
[*Handschriftliche Ergänzung:* Vertreter: Lösch, Heltzig, Müller, [*für*] Heltzig eventuell noch ein anderer? Frau Müller?]

27. Dezember 1989 Dok. 100

Protokoll Erich Sobeslavskys von einer Sitzung der Gruppe der 20

Privatbestand Erich Sobeslavsky.- Form: Handschriftlich. - *Datiert:* 27.12.1989.

Gruppe d. 20
erledigen:
- Andreas Horn anrufen wegen der falschen Uhrzeit zum Rathausgespräch bzw. zur nächsten Zusammenkunft der Gruppe der 20 Bescheid sagen!
- Ulrich Baumgart 52871: Telefon
- nächste Termine:

13.1. Geschäftsordnung übergeben
22.1. Vorbereitung des Rathaus-Gesprächs
25.1. Wahl des Präsidenten
ist das schon die Stadtverordnetenversammlung?
13.2 Rathaus-Gespräch
Donnerstag, 4.1., 19.00 Auferstehungskirche,
Stadtversammlung SDP Dresden: Arbeit in der Gruppe der 20
10.1., 18.00: SDP Dr.-Ost
Do., 18.1., [*unleserlich*]; 18.00
25.1., Stadtverordnetenversammlung

12.2.-17.2.: Dr. Wagner, Bönninger → Stuttgart, im Gefolge des Späth-Besuches

Stadtparlament: 15 von der Gruppe der 20 (30 insgesamt)

- Christoff Andrich, Gruppe Stadtentwicklung, Gruppe 2
- Ulrich Baumgart? Aufenthalt in der 3. Welt
- Klaus Garber, Ökologie
- Becke, DA
- Frau Blümel, NF
- Bönninger, DA
- Uwe Glosinski
- Steffen Heitmann, parteilos, Anwalt d. evang. Kirche
- Dr. Heltzig, SDP
- Maria Jacobi, Grüne Liga
- Lösch, SDP
- Johannes Meusel, AG Frieden
- Jörg Naumann
- Müller, SDP
- Frank Neubert, Sprecher d. G. d. 20
- Johannes Pohl, DA
- Dr. Raschke, Arbeitsgruppe 1, parteilos
- Dr. Ritter, Werner, DA
- Dr. Reinfried, NF
- Dr. Schubert, Radebeul
- Dr. Sobeslavsky, SDP
- Dr. Ulrich
- Herr Weltör, NF
- H. Wagner
- A. Vaatz
- P. Zacher, Gruppe Medien
- Wartenberg
- 5. Platz von der SDP: möglichst eine Frau!
- Herr Sperling (AG Reisen) oder Siegemund (Recht!)?
- Maria Leuschner?

- keine Auflösung der Gruppe der 20!?
- Anfang Januar Wahlgesetz

Zeitweilige Arbeitsgruppen
- Sektionsleiter sollen zusammenkommen: Fr., 23.2., ab Mittag bis 24.2. (Sa.) Mittag (ohne Essen)
  Einladender: Dr. Schleinitz, Evangelische Akademie, Meißen
- Broschüre „Gr. d. 20 - Modell [‚Instrument'?] zur Demokratisierung"
- Gruppe Ausländerrecht → nicht Benno Kohler?

Untersuchungskommission (Ulrich Baumgart)
- bisher 3 Befragungen
- Böhm (Stasi), Nyffenegger (VP): Befehl von oben!
- Verfahren gegen Major Klinitschek, Stellvertr. d. 6. VP-Bereitschaft Halle (Straßenbahn) noch nicht anberaumt
  „ [...] mehrere Polizei-Einheiten, Armee usw. [...] : irgend jemand hat Befehl gegeben [...]";
  → gehörte aber zum Kommandobereich von Klimatschek
- Einsatzleitung: Stadt- und Kreisleitungen der SED (Modrow für Bezirk)
- Befehlsstruktur: seit September → zum Jahrestag muß Ruhe und Ordnung herrschen

Künftige Rolle der SED, Heitmann
- SED aus Betrieben heraus? Auflösung der Parteigruppen!
- Offenlegung der Partei-Finanzierung
- 100 000,- vom Rat d. Bez. für neue Gruppierungen?

---

1 Der richtige Name ist Dr. Jörg Wildoer.

Wohin?
- Wahlkampf: Medienrat, Fernsehrat
  Fernsehen wird gezielt gesteuert; → Brief von Gr. d. 20 (SDP, DA, NF, Evang. Kirche, kath. Kirche): MEDIENBEIRAT
- Forderung: Bedingung für Drucken von Zeitungen → Zacher!
- Sofortforderung: Medienrat für das Fernsehen
  3.1. Mi., 18.00
  13.1. Informationstagung (Vorschläge für Gebäude)
  22.1. Rathausgespräch
  10.1. 18.00; Zacher, Frau Dittmann
  Prof. Jugel; TU; 463 3940
- Baumgart: ABI als Volkskammer-Kontrollorgan → Kontakte zur Gr. d. 20; Vorschlag: Verbot der ABI

Ende Dezember 1989 Dok. 101
Anlage zu einem Brief von Werner Moke an Wolfgang Berghofer[1]

Stadtarchiv Dresden, Sekretariat Oberbürgermeister, Allgemeiner Schriftwechsel von A-Z 1988-1990, 1902/11, unpaginiert. - *Form:* Brief handschriftlich, zitierte Anlage maschinenschriftlich. - *Datiert:* Brief undatiert, Poststempel unleserlich.

[...][2]

Seit dem Aufruf des Genossen Hans Modrow in der Nacht vom 2. zum 3. Oktober 1989 habe ich Tag und Nacht (wie mir durch Genossen Modrow bestätigt wurde) als 1. Sekretär der Stadtleitung und Vorsitzender der KEL verantwortungsbewußt meine Aufgaben und selbständigen Entscheidungen für Ordnung und Sicherheit in der Stadt Dresden erfüllt.
Ich habe persönlich dazu beigetragen, daß die Demonstrationen am 7. und 8.10.1989 gewaltfrei verliefen und am 9.10.1989 der Dialog des Oberbürgermeisters mit der „Gruppe der 20" entschieden wurde. In dieser Zeit habe ich unheimlich viel gelernt, ja auch umgelernt, und selbst innerlich eine Wende mit vollzogen. Ich muß akzeptieren, daß ich hinter dem mutigen, klugen und wirkungsvollen Auftreten der Genossen Modrow und Berghofer zuverlässig in zweiter Reihe stand.

---

1 In diesem Brief wird darauf hingewiesen, daß das Dok. 101 auf einer Sitzung der Bezirks- und Stadtleitung der SED am 15. November 1989 entstanden ist. Auf dieser Zusammenkunft stimmten die entsprechenden Funktionäre ihre Antworten auf die Fragen einer erwarteten Untersuchungskommission zu den Ereignissen vom 3. bis zum 7. Oktober aufeinander ab: „Am 14.12. war ich vor die Unabhängige Untersuchungskommission der Stadtverordnetenversammlung geladen. Ich mußte ausführlich zu den Oktoberereignissen Stellung nehmen. Meine Aussagen, die wahrheitsgemäß gemacht wurden, stehen im Widerspruch zu Deiner Darstellung in der ‚SZ', ich bezog mich auf meine vor der BL und SL [*Stadtleitung der SED*] am 14.11.1989 bestätigten Aussagen (siehe Anlage)."

2 Der Brieftext wurde weggelassen.

3. Januar 1990 Dok. 102

Schreiben von Herbert Wagner an die Mitglieder der Basisdemokratischen Fraktion der Dresdner Stadtverordnetenversammlung

Flach: Der Demokratisierungsprozeß, Dokument 12. - Kopf: Gruppe der 20, Alaunstr. 71, Dresden 8060. - *Datiert:* 3.1.1990.

An die 30 Mitglieder der Basisdemokratischen Fraktion in der Stadtverordnetenversammlung!
Sie wurden als ein Mitglied der Basisdemokratischen Fraktion für die Dresdner Stadtverordnetenversammlung vorgeschlagen. Ich erinnere noch einmal daran, daß dies neben Sachkenntnis und Politik-Fähigkeit auch bei den nächsten Wahlen die Bereitschaft zur Kandidatur einschließt. Sie sind zur 1. Fraktionssitzung am 16. Januar 1990, 18.00 Uhr in das Büro der Gruppe der 20 (Alaunstr. 71, Hinterhaus, 1. Etage) eingeladen.
Themen: - Strategie für die Arbeit in der StVV
- Wahl eines Fraktionssprechers
- Wahl eines Vorstandsmitgliedes für die StVV.

10. Januar 1990 Dok. 103

Vorläufiges Statut der Gruppe der 20

Privatbestand Dieter Brandes, unpaginiert. - Datiert: 10.1.1990.

§ 1 Die Gruppe der 20 ist eine Bürgerinitiative. Sie entstand spontan zu den Demonstrationen Anfang Oktober 1989 in Dresden, um im Dialog mit dem Oberbürgermeister der Stadt die Interessen der Bevölkerung zu vertreten. 100 000 Bürger der Stadt sprachen dieser Gruppe ihr Vertrauen aus.

§ 2 Die Gruppe der 20 erarbeitet in 17 zeitweiligen Arbeitsgruppen gemeinsam mit Stadtverordneten konsensfähige Standpunkte und Lösungsvorschläge für die weitere Demokratisierung. Dazu gehören: Verfassung, Wahlrecht, Wirtschaft, Ökologie, Medien, Erziehung/Bildung, gesellschaftliche Zielstellungen, Stadtentwicklung, Wohnungsbau, Gesundheit, Soziale Fürsorge, Rehabilitation, Kommunale Selbstverwaltung, Erholung Tourismus, Entmilitarisierung, Ausländer u. a. m.

§ 3 Die Gruppe der 20 ist eine basisdemokratische Bürgerinitiative. Ihre Mitglieder sind zum größten Teil parteilos. Die Gruppe will keine neue Partei bilden, aber ein Wahlbündnis zwischen demokratischen Kräften der Mitte wie z. B. Neues Forum, Demokratischer Aufbruch und der Sozialdemokratischen Partei befördern. Eine erste Integration dieser politischen Kräfte ist für die Stadtverordnetenversammlung in der Form der Basisdemokratischen Fraktion bereits gelungen.

§ 4 Die Gruppe der 20 tritt ein für - einen freiheitlichen demokratischen Rechtsstaat
- die Einführung einer sozial und ökologisch orientierten Marktwirtschaft
- die Einheit Deutschlands und Europas in Frieden und Freiheit.

§ 5 Die Gruppe der 20 will Bürger ermutigen, politikfähig zu werden. Sie stellt es ihren Mitgliedern frei, dabei parteilos zu bleiben oder in eine der neuen oder alten Parteien der Mitte einzutreten. Links- und Rechtsradikalismus sowie die Lösung politischer Probleme durch Gewalt lehnt die Gruppe ab.

13. Januar 1990 Dok. 104
Diskussionsmaterial zur Vorbereitung der konstituierenden Sitzung der Basisdemokratischen Fraktion der Dresdner Stadtverordnetenversammlung

Privatbestand Erich Sobeslavsky, unpaginiert. - Kopf: Christoff Andrich, Bodenbacher Straße 16, Dresden, 8020, Tel.: 2381839. - *Titel:* Diskussionsmaterial für die Vorbereitung der konstituierenden Sitzung der Basisdemokratischen Fraktion (BDF) in der Dresdener Stadtverordnetenversammlung (SVV). - *Handschr. Vermerk:* Sobeslavsky. - Handschr. *datiert:* 13.1.1990.

Vorbemerkung: Das Material wird von mir lediglich als Fraktionsmitglied zur Diskussion gestellt. Es versteht sich nicht von vornherein als Diskussionsgrundlage für die konstituierende Sitzung. Dazu könnte es nur per Beschluß erhoben werden.

1. Fraktionsarbeit
   hat gleiche politische Zielsetzung zur Voraussetzung (in der SVV, im Wahlkampf).
2. Vorabsprachen, die der Bildung einer Fraktion zwischen der
   - Gruppe der 20 als überparteilicher, basisdemokratischer Bürgerinitiative (vorläufiges Statut vom 10.01.90) - Demokratischer Aufbruch (Programm vom)
   - Neues Forum Dresden (Programm vom)
   - SDP (Programm vom) dienten, müssen von den Stadtleitungsstrukturen bis zur Konstituierung der Fraktion am 18.01.1990 zunächst für den Zeitraum bis zum 06. Mai 1990 bestätigt werden (verbindlicher Beschluß!).
3. Anträge zur Mitarbeit weiterer Parteien und Gruppierungen in der BDF können erst nach Vorlage eines Programmes durch die BDF behandelt werden. Die Mitglieder der BDF müssen ihre Entscheidungskompetenzen durch ihre jeweiligen Stadtleitungsstrukturen klar definieren lassen. Ist es als Übergangslösung denkbar, z. B. der Grünen Partei zwei Sitze in der SVV anzubieten, sie aber vorerst nicht in die BDF aufzunehmen? (Antrag der Grünen Partei liegt vor, aber noch kein Programm)
4. Fraktionsarbeit in einem Bündnis muß eigene Kompetenz des Abgeordneten auf der Grundlage des jeweiligen Programms bzw. der gemeinsamen Wahlplattform einschließen, d. h. Parteistrukturen dürfen nicht direkt in die Fraktion „hineinregieren".
5. Mögliche Funktion und Aufgabe der BDF und des Fraktionsbüros bzw. Koordinierungsbüros des Wahlbündnisses

5.1. für die SVV Informationen und Kontrollmöglichkeiten:
   - Mitarbeit gesellschaftlicher Beirat beim OB
   - Beobachter in ständigen Kommissionen

- Wahrnehmung des Rederechtes und des Rechtes auf Anfragen
- Nutzung der Möglichkeiten laut Gesetz über die örtlichen Volksvertretungen für Abgeordnete in Betrieben, Behörden usw.

Aktivitäten:
- öffentliche Anliegen in die SVV
- Informationen aus SVV in die Öffentlichkeit
- Beschlußvorlagen einbringen
- aktive Arbeit an Beschlußvorlagen, Gesetzgebungsinitiativen usw.
- Stellungnahmen zu politischer Entwicklung in der DDR, zu Gesetzentwürfen usw.
- Anlaufstelle für Bürgeranliegen

5.2. für den Wahlkampf
- Erarbeitung von Wahlplattform, Strategie, Koordination praktischer Fragen
- zentrale Anlaufstelle für alle Bündnispartner
- Zentrale des internen Informations- und Koordinationssystems
- operative Wahlkampfführung aus dem Rathaus (psychologisches Moment)
- Öffentlichkeitsarbeit (Presse, Werbung, Veranstaltungen usw.) koordinieren
- Zusammenführung der fachlichen Kompetenz von parallel arbeitenden Arbeitsgruppen
- Koordinierung und Hilfestellung bei Herausgabe von Zeitungen u. ä.
- Organisation von Hilfe über Partnerschaftsbeziehungen (z. B. Hamburg)

6. Vorschlag für die Struktur der Fraktionsarbeit

6.1 Wahlfunktion

1. Reihe - Vordergrundarbeit

2 Geschäftsführer (1. und 2.)
Abstimmung der Arbeit in der Fraktion, Einfluß auf Geschäftsordnung der SVV, Vorbereitung und Leitung der Fraktionssitzung, Vorbereitung der SVV, Kontakte im Rathaus, Koordinierung der Mitarbeit in den bestehenden ständigen bzw. zeitweiligen Kommissionen, Berufungen für Berufungsfunktionen

4 Sprecherrat
Öffentlichkeitsarbeit organisieren, Koordinieren mit Fraktion und Leitungsstrukturen auf Stadtebene, Berufung eines 1. Sprechers = Pressesprecher sowie evtl. eines Pressereferenten

(1) 1. Sprecher = Pressesprecher
agiert in direkter Abstimmung mit Sprecherrat, ist dem Sprecherrat gegenüber rechenschaftspflichtig, regelmäßige Einberufung der „Basisdemokratischen Pressekonferenz“

(1) Pressereferent
tägliche bzw. wöchentliche Medienauswertung aller interessanten Presseorgane, Rundfunk, Fernsehen; Auswahl und Weitergabe der Auswertungsergebnisse

1 Präsidiumsmitglied der SVV
Mitarbeit im Präsidium der SVV, Direktkoordination mit Geschäftsführern

(1) Leiter des Fraktionsbüros/Leiter Wahlkampforganisation

Zentrale des internen Informations- und Koordinierungssystems
(1)Bürgeranliegen
(1)Sekretärin

2. Reihe - Hintergrundarbeit als Leiter zentraler Arbeitsgruppen, in die weitere Mitarbeiter einbezogen werden

1 Arbeitsgruppenleiter Programmatik des Wahlbündnisses Wahlplattform, Zusammenarbeit mit Fraktionsausschüssen und den Leitungsstrukturen der Stadt der jeweiligen Partei bzw. Gruppierung, die im Wahlbündnis zusammenarbeiten, er besitzt in der „heißen" Phase des Wahlkampfes in programmatischen Streitfragen Weisungskompetenz

4 Koordination arbeitspraktischer Belange
materielle, finanzielle, arbeitsrechtliche, organisatorische Fragen; Kontakt mit Behörden und Institutionen (z. B. Post, Bereitstellung von Räumen), praktische Absicherung der Arbeit der Fraktion und des Wahlbündnisses, Hilfe bei der Herausgabe der Zeitung

4 Koordination der Wahlkampfstrategie und der Öffentlichkeitsarbeit
Einbeziehung der Städtepartnerschaft; Kontakte zu potentiellen Koalitionspartnern

Erläuterungen:
(...) Können Angestellte bzw. Mitarbeiter der Fraktion sein
...1) vom Rat der Stadt bezahlt

6.2. Berufungsfunktionen

- Leiter von Fraktionsausschüssen, die thematisch und sachkompetent arbeiten, die neu zu konstituieren sind, ihre Anzahl ist zu begrenzen. Dazu kommen: Vertreter der jeweiligen Facharbeitskreise NF/DA/SDP bzw. der Sektionen der Gruppe der 20 sowie weitere kompetente Fachleute
  Arbeitsgrundlage sind die in den einzelnen Arbeitsgruppen bereits erarbeiteten Papiere
  Ziel: Profilierung fachlich kompetenter Kandidaten für Wahl und Verwaltungsfunktionen aller Ebenen (Stadt, Land, Zentrale) sowie fachliche Beratung der Fraktion und des Wahlbündnisses
- Beobachter in den bestehenden ständigen und zeitweiligen Kommissionen

6.3. Zusammenfassung

- je Gruppe:

1 Sprecher	= 4
1 Mitglied der Leitungsgruppe der zentralen Arbeitsgruppe für die arbeitspraktische Koordination	= 4
1 Mitglied der Leitungsgruppe der zentralen Arbeitsgruppe für die Wahlkampfkoordination	= 4

- für alle 4 Gruppen:

2 Geschäftsführer	= 2
1 Präsidiumsmitglied	= 1
1 Leiter der zentralen Arbeitsgruppe Wahlplattform	= 1
	16

- Leiter der Fraktionsausschüsse
- Beobachter in bestehenden Kommissionen der SVV

7. Erste Arbeitsschritte

7.1. Konstituierung

- Strukturen, Aufgaben, Kompetenzen

- Arbeitsrhythmus
- Wahlen, Berufungen

T.: bis 25.01.

7.2. Arbeitsfähigkeit herstellen

- Wahlplattform erarbeiten
- erste Aufgaben in der SVV
- Vorbereitung der Fraktionsreise nach Hamburg (Einladung Dr. Voscherau - Terminabstimmung!)
- Vorstellung der Wahlplattform, Beginn der regelmäßigen Öffentlichkeitsarbeit (Agieren und Reagieren)

T.: bis zum 13.02.

7.3. Fraktionsreise nach Hamburg

T.: Ende Februar

19. Januar 1990 Dok. 105
Änderungsantrag der Basisdemokratischen Fraktion über die Anhörung der Arbeitsgruppen der Gruppe der 20 zu wichtigen Entscheidungen

Privatbestand Klaus Gaber, unpaginiert. - Kopf: Basisdemokratische Fraktion in der Stadtverordnetenversammlung Dresden. - *Adressat:* Abgeordnetenkabinett der Stadtverordnetenversammlung, Dr.-Külz-Ring 19, Dresden 8010. - *Vermerk:* m. d. B. um Weiterleitung. - *Fußvermerk:* [*gezeichnet:*] Christoff Andrich, Präsidiumsmitglied und Sekretär der Basisdemokratischen Fraktion. - *Datiert:* 19.1.1990.

Änderungsantrag
zum Antrag auf Beschlußfassung durch die Stadtverordnetenversammlung, eingereicht mit Datum vom 10.01.1990 an das Abgeordnetenkabinett vom Abg. Dr. Tausch-Marton für die zeitweilige Arbeitsgruppe Umweltschutz bei der Stadtverordnetenversammlung.

1. Beschlußvorlagen, wesentliche Entscheidungen und Vertragsabschlüsse des Rates bzw. Mitgliedern des Rates, die materielle Unterstützung, Hilfs- und Spendenangebote in konvertierbarer Währung betreffen und/oder von weiterreichender Bedeutung für die Entwicklung der Stadt Dresden sind, werden der oder den jeweils kompetenten zeitweiligen Arbeitsgruppen der Stadtverordnetenversammlung (ZAG) rechtzeitig (in der Regel 14 Tage) vor Behandlung bzw. Entscheidung zugeleitet.
2. Zu Beratungen des Rates bzw. eines Ratsmitgliedes über die unter Pkt. 1 genannten Aktivitäten sind aus der oder den jeweils kompetenten ZAG je ein Vertreter der Gruppe der 20 und der durch die Stadtverordneten nominierten Mitglieder hinzuzuziehen.
3. Über die unter Pkt. 2 genannten Aktivitäten (Angebote, Kontakte usw.) ist die Gruppe der 20 zu informieren, damit sie mitentscheiden kann, welche der ZAGs hinzuzuziehen sind.
4. Dieser Beschluß tritt mit sofortiger Wirkung in Kraft und gilt bis zur Neuwahl des Stadtparlaments

Der Änderungsantrag soll am 25.01.1990 durch einen Sprecher der Basisdemokratischen Fraktion mündlich begründet werden. Der Änderungsantrag wird für alle Mitglieder der Basisdemokratischen Fraktion eingereicht.

24. Januar 1990 Dok. 106
Statut der Gruppe der 20

Privatbestand Dieter Brandes, unpaginiert. - Datiert: 24.1.1990.

Zur Erlangung der Rechtsfähigkeit hat sich die „Gruppe der 20" durch Beschluß am 24. Januar 1990 das folgende Statut gegeben:

§ 1 Die „Gruppe der 20" ist eine Bürgerinitiative mit Sitz in Dresden. Sie entstand spontan bei der Demonstration am 8. Oktober 1989 in Dresden, um im Dialog mit dem Oberbürgermeister der Stadt die Interessen der Bevölkerung zu vertreten. Inzwischen sprachen mehr als 100 000 Bürger der Stadt dieser Gruppe ihr Vertrauen aus.

§ 2 Die „Gruppe der 20" tritt ein für
- einen freiheitlichen demokratischen Rechtsstaat;
- die Einführung einer sozial und ökologisch orientierten Marktwirtschaft;
- die Einheit Deutschlands und Europas in Frieden und Freiheit.

§ 3 Die „Gruppe der 20" will Bürger ermutigen und qualifizieren, politikfähig zu werden. Links- und Rechtsradikalismus sowie die Lösung politischer Probleme durch Gewalt lehnt die Gruppe ab. Sie erwartet von ihren Mitgliedern hohe Einsatzbereitschaft und moralische Integrität.

§ 4 Die „Gruppe der 20" ist eine basisdemokratische Bürgerinitiative. Die Gruppe will keine neue Partei bilden, aber ein Wahlbündnis zwischen demokratischen Kräften der Mitte wie z. B. NEUES FORUM, Demokratischer Aufbruch und Sozialdemokratische Partei Deutschlands befördern. Sie fördert die Kommunikation zwischen den neuen demokratischen Kräften, indem sie deren Vertreter in ihre Arbeit einbezieht und Querverbindungen zwischen den mit einzelnen Sachfragen befaßten Gremien schafft. Die Gruppe überprüft ihre Existenzberechtigung und ihre Zielstellung nach den ersten freien Wahlen zur Stadtverordnetenversammlung.

§ 5 Die „Gruppe der 20" nimmt Einfluß auf die Kommunalpolitik und den politischen Geist in der Stadt Dresden durch Gespräche mit dem Oberbürgermeister und dem Rat sowie durch die Mitwirkung innerhalb der Basisdemokratischen Fraktion der Stadtverordnetenversammlung.

§ 6 Die „Gruppe der 20" erarbeitet in zeitweiligen Arbeitsgruppen gemeinsam mit Stadtverordneten konsensfähige Standpunkte und Lösungsvorschläge für die weitere Demokratisierung. Dazu gehören folgende Themenbereiche: Verfassung, Wahlrecht, Wirtschaft, Ökologie, Medien, Erziehung/Bildung, gesellschaftliche Zielstellungen, Stadtentwicklung, Wohnungsbau, Gesundheit, Soziale Fürsorge, Rehabilitation, Kommunale Selbstverwaltung, Erholung/ Tourismus, Entmilitarisierung, Ausländer u. a. m.

§ 7 Die „Gruppe der 20" besteht aus 15 bis 25 Mitgliedern. Die Mitgliedschaft wird durch Berufung begründet. Die Berufung von Mitgliedern anderer neuer demokratischer Gruppierungen setzt die Benennung durch ein entscheidungsberechtigtes Organ dieser Gruppierungen voraus. Die Mitgliedschaft endet durch schriftlich erklärten Austritt. Sie kann auch durch Ausschluß enden, wenn ein Mitglied schwerwiegend gegen die Grundsätze dieses Statuts verstößt oder der Arbeit der Gruppe mindestens drei Wochen lang unentschuldigt fernbleibt.

§ 8 Die „Gruppe der 20" wählt aus ihrer Mitte einen Sprecher, einen stellvertretenden Sprecher, einen Finanzbeauftragten und einen Pressebeauftragten. Der Sprecher leitet Sitzungen, vertritt die Gruppe im Rechtsverkehr und unterzeichnet die im Namen der Gruppe abgeschlossenen Verträge und ergehenden Schriftstücke. Er steht dem Büro der Gruppe vor.

§ 9 Die „Gruppe der 20" ist beschlußfähig, wenn mindestens die Hälfte ihrer Mitglieder anwesend ist. Sie faßt ihre Beschlüsse mit einfacher Stimmenmehrheit. Für Beschlüsse über die Berufung neuer Mitglieder und über den Ausschluß von Mitgliedern ist die Anwesenheit von mindestens zwei Dritteln der Mitglieder und eine Mehrheit von zwei Dritteln der Anwesenden erforderlich.

§ 10 Die „Gruppe der 20" kann zeitweilige oder ständige Berater berufen, die ohne Stimmrecht an der Arbeit der Gruppe teilnehmen.

§ 11 Die „Gruppe der 20" erfährt ihre fortgesetzte Legitimierung aus ihrem Unterstützerkreis. Als Unterstützer zählt, wer als Bürger der Stadt Dresden eine Spende von 1,- M auf das Konto der „Gruppe der 20" überwiesen hat. Jeder Bürger kann seine Unterstützung jederzeit durch formlose Erklärung gegenüber der Gruppe zurückziehen. Eine Rückzahlung der 1,- M-Spende erfolgt nicht.

§ 12 Die Arbeit der „Gruppe der 20" wird finanziert durch Spenden. Zur Kontrolle der Kassen- und Finanzgeschäfte wird aus dem Kreis der Unterstützer ein Prüfungsausschuß von drei Mitgliedern berufen, der mindestens zweimal jährlich prüft. Der Prüfungsbericht, aus dem auch die wesentliche Verwendung der Mittel ersichtlich sein muß, kann von jedem Mitglied und Unterstützer eingesehen werden.

§ 13 Die Auflösung der „Gruppe der 20" erfolgt durch Beschluß der Mitglieder gemäß § 9 Satz 3. Kommt trotz erneuter Einladung unter Angabe der Tagesordnung die erforderliche Anwesenheit von zwei Dritteln der Mitglieder nicht zustande, kann der Beschluß über die Auflösung der Gruppe auch bei Anwesenheit der Hälfte der Mitglieder mit zwei Dritteln Mehrheit gefaßt werden. Der nach Begleichung aller Verbindlichkeiten verbleibende Betrag an Finanzmitteln ist einem Altersheim in Dresden zur Verbesserung der Situation der Heimbewohner zur Verfügung zu stellen. Für ein eventuell verbleibendes Defizit haften die Gruppenmitglieder zu gleichen Teilen.

§ 14 Dieses Statut tritt am 24. Jan. 1990 in Kraft. Änderungen des Statuts bedürfen der Beschlußfassung gemäß § 9 Satz 3.

24. Januar 1990 Dok. 107

Gründungsprotokoll der Gruppe der 20

Privatbestand Dieter Brandes, unpaginiert.

Die „Gruppe der 20" hat sich zu ihrer Gründungsversammlung am 24. Januar 1990 einstimmig ihr Statut gegeben.
Zum Vorstand wurden gewählt:

Dr.-Ing. Herbert Wagner	Vorsitzender
Frank Neubert	Stellvertreter u. Pressesprecher
Dieter Brandes	Finanzbeauftragter

Zur Kontrolle der Kassen- und Finanzgeschäfte wurden berufen:
Steffen Heitmann, Goetheallee 41, Dresden, 8053, Tel. 30929 d, 38513 p
Brunhilde Reim, G.-Schumann-Str . 4, Dresden, 8027, 471773 d

Die Mitglieder der Gruppe sind:

	Name	*Mitglied seit*	*Unterschrift*
1.	Andreas Bartzsch	8. Oktober 89	
2.	Ulrich Baumgart CDU	8. Oktober 89	
3.	Dieter Brandes	8. Oktober 89	
4.	Karl-Heinz Denkert	8. Oktober 89	
5.	Henry Mattheß	8. Oktober 89	
6.	Maik Miersch	8. Oktober 89	
7.	Beate Mihaly	8. Oktober 89	
8.	Frank Neubert	8. Oktober 89	
9.	Eberhard Ohst	8. Oktober 89	
10.	Dr. Herbert Wagner	10. Oktober 89	
11.	Jörg Naumann	etwa Dez. 89	
12.	Dr. Erich Sobeslavsky SPD	etwa Dez. 89	
13.	Dr. Werner Ritter DA	etwa Dez. 89	
14.	Arnold Vaatz	etwa Dez. 89	
15.	Maria Leuschner	Januar 89	

Kandidaten

16. Michael Bartsch
17. Klaus-Dieter Scholz
18. Christoff Andrich
19. Irmtraut Riethmüller
20. Renate Franz.

Ohne Datum Dok. 108

Organisation der Basisdemokratischen Fraktion der Dresdner Stadtverordnetenversammlung durch Sektionsleiter der Gruppe der 20

Privatbestand Klaus Gaber, unpaginiert. - Kopf: Basisdemokratische Fraktion im Dresdner Stadtparlament. - *Adressat:* Sektionsleiter der Gruppe der 20. - *Fußvermerk:* [*gezeichnet:*] Mit freundlichem Gruß! Ihr Dipl.Ing. Bauing. Christoff Andrich, Bodenbacher Str.16, Dresden 8020. - *Undatiert.*

Es macht sich erforderlich, zwischen uns, d. h. den Sektionsleitern und der Fraktion, schnellstmöglich einen direkten Kontakt herzustellen. Wir begehen immer stärker den Weg hin zur direkten Übernahme der politischen Mitverantwortung, die zu den Kommunalwahlen durch uns konkret mitgestaltet werden muß. Vorher ist der Wahlkampf für die Stadt und ihre Bürger zu führen. Jetzt müssen schnellstens sachliche und personelle Konzepte her. Was aus den Parteien SPD, DA und dem NF kommt, ist deren Sache. Wir, d. h. die Sektionen der Gruppe der 20 haben frühzeitig angefangen, auf bestimmten Sachgebieten zu arbeiten. Wir dürfen im jetzigen politischen Prozeß nicht draußen bleiben. Bitte, melden Sie sich umgehend bei mir zum persönlichen Kontakt, damit wir uns über die konkrete Situation der jeweiligen Sektion unterhalten können. Ich bin Sektionsleiter 2 (Stadtentwicklung) und Sekretär der Basisdemokratischen Fraktion. Zu erreichen Kreuzstraße 7, 8010, Zi. 404/405, Tel. 4967112, App. 18 und 19. Privat Tel. 2381839 (Bodenbacher Straße 16, 8020). Bitte um vorherige telefon. Anmeldung - Arbeitszeit und -ort sind sehr unregelmäßig. Bitte bereiten Sie eine Liste der Mitarbeiter Ihrer Sektion (auch bei nur einmaliger Mitarbeit) vor, damit evtl. eine „Reaktivierung“ versucht werden kann.

Ohne Datum Dok. 109

Grundsatzerklärung der Basisdemokratischen Fraktion der Stadtverordnetenversammlung

Stadtarchiv Dresden, Stadtverordnetenversammlung - Protokolle (1953-1990), Bl. 157. - Undatiert.

Die neugebildete Basisdemokratische Fraktion versteht sich in der Übergangszeit bis zu neuen Wahlen als Vertretung der Bürger, die sich in der Vergangenheit der diktatorischen Politik der SED verweigert haben und jetzt in offener Opposition zu ihr stehen. Viele dieser Bürger haben Entscheidendes zur Wende beigetragen. Sie drängen jetzt auf durchgreifende Demokratisierung der Gesellschaft.
Angehörige der Basisdemokratischen Fraktion sind neben

> Mitgliedern der Gruppe der 20, die als Initiator der Gewaltfreiheit und des Dialogs im Oktober weit über die Grenzen Dresdens hinaus bekannt geworden sind, Mitglieder der Sozialdemokratischen Partei Deutschlands, des Neuen Forums, des Demokratischen Aufbruchs, der Grünen Liga, der Grünen Partei und der Arbeitsgemeinschaft Frieden der Dresdner Kirchenbezirke.

Dieser Zusammenschluß, der am 18. Januar 1990 erfolgte, signalisiert die Bereitschaft, in der gegenwärtigen Übergangsphase politisch aktiv zu werden. Die Fraktion leitet ihre Legitimation von den über einhunderttausend Mandaten ab, die der Gruppe der 20 über die Eine-Mark-Aktion erteilt wurden. Diesem Auftrag fühlt sich die Fraktion verpflichtet. Wir wissen darum, daß auch in der Vergangenheit Abgeordnete bemüht waren, Bürgerinteressen gegen SED-Vorherrschaft, innerparteiliche Widerstände, Blockzwang und Bürokratie durchzusetzen. Solche Bemühungen in Vergangenheit und Gegenwart erkennen wir ebenso an wie die Versuche zur Neuprofilierung der Parteien gegen die Vorherrschaft der SED. Das scheint uns für die Zukunft die Basis einer möglichen Zusammenarbeit. Die Mitglieder der Basisdemokratischen Fraktion sind bereit, zu den nächsten Wahlen auf unterschiedlichen Ebenen zu kandidieren. Die in der Basisdemokratischen Fraktion zusammengefaßten Gruppierungen sind sich darüber einig, daß

- ein freiheitlich-demokratischer Rechtsstaat
- eine ökologisch und sozial verantwortete Marktwirtschaft und
- die Einheit der deutschen Nation im Rahmen einer europäischen Friedensordnung

ihre Ziele sind.

Für die Stadt Dresden bedeuten diese Ziele

- weitgehende kommunale Selbstverwaltung mit Trennung der legislativen und exekutiven Gewalt, wozu eine Neufassung des Gesetzes über die örtlichen Volksvertretungen oder sein Ersatz eine erste Voraussetzung ist, Ergänzung der Vertretungsdemokratie durch Formen der bürgernahen unmittelbaren Demokratie,
- eine umfassende soziale Sicherung während des Übergangs zur Marktwirtschaft, ein ökologisches Dringlichkeitsprogramm zur Verbesserung der derzeit katastrophalen Umweltsituation, wobei die dazu notwendigen strukturellen, personellen und materiellen Voraussetzungen sofort zu schaffen sind, vorrangige Förderung der kleinen und mittelständischen Betriebe und die Verhinderung von ungerechtfertigten Wettbewerbsvorteilen,
- Ausbau und weitestgehende Nutzung der Städtepartnerschaften, besonders mit Hamburg, und der Gebietspartnerschaft, besonders mit Baden-Württemberg, selbstbewußte und angemessene Wiederherstellung der nationalen und internationalen Bedeutung der Kunst- und Kulturstadt Dresden, auch im Hinblick auf ihre zukünftige Rolle als sächsische Landeshauptstadt.

Die Basisdemokratische Fraktion wird in der Stadtverordnetenversammlung das Rederecht und das Recht auf Anfragen wahrnehmen, öffentliche Anliegen in die Versammlung einbringen und Informationen über die Arbeit der Versammlung nach außen bringen. Sie wird an wichtigen kommunalen Beschlußvorlagen mitarbeiten und Einfluß auf zentrale Gesetzgebungsvorhaben zu nehmen versuchen. Die Fraktion geht davon aus, daß Entscheidungen des Rates nicht mehr ohne Anhörung der zuständigen zeitweiligen Arbeitsgruppen getroffen werden dürfen. Auf die Kompetenz und Aussagefähigkeit dieser Arbeitsgruppen hat sich eine zukünftige Arbeit auf kommunaler Basis zu orientieren.

3. Februar 1990 Dok. 110

Antrag der Basisdemokratischen Fraktion der Stadtverordnetenversammlung zur Erarbeitung eines Kommunalwahlgesetzes und einer Kommunalordnung

Privatbestand Erich Sobeslavsky, Bl. 43. - *Kopf:* Basisdemokratische Fraktion der SVV Dresden. - *Titel:* Antrag zur Erarbeitung eines Kommunalwahlgesetzes und einer Kommunalordnung durch den Rat der Stadt. - *Handschr. Vermerk:*[1] angenommen! - *Fußvermerk:* [*gezeichnet:*] Jürgen Bönninger, Mitglied der BF[2]. - *Datiert:* 3.2.1990.

Für das Jahr 1990 sind in der DDR Kommunalwahlen vorgesehen. Die Kommunen des künftigen Landes Sachsen sollten deshalb ihr Kommunalwahlgesetz und die entsprechende Kommunalwahlordnung selbst erarbeiten und auch selbst darüber beschließen. Der Rat der Stadt Dresden soll dazu sofort eine zeitweilige Arbeitsgruppe bilden, die in Zusammenarbeit mit Experten [Handschr. Vermerk v. E. Sobeslavsky: Z. B. AG Recht der Gruppe der 20] und Vertretern der anderen Kommunen einen Vorschlag ausarbeitet, der der Bevölkerung rechtzeitig vor den Kommunalwahlen zur Diskussion vorgelegt werden kann. Der Antrag soll am 5.2.90 durch einen Vertreter der Basisdemokratischen Fraktion mündlich begründet werden. Der Antrag wird für alle Mitglieder der Basisdemokratischen Fraktion eingereicht.

3. Februar 1990 Dok. 111

Antrag der Basisdemokratischen Fraktion der Stadtverordnetenversammlung zur Erarbeitung einer neuen Gemeindeordnung und eines neuen Stadtrechtes

Privatbestand Erich Sobeslavsky, Bl. 44. - *Kopf:* Basisdemokratische Fraktion der SVV Dresden. - *Titel:* Antrag zur Erarbeitung einer [*durchgestrichen:* neuen Gemeindeordnung und eines neuen Stadtrechtes für die Stadt Dresden und *handschr. ergänzt:* Stadtverordnung]. - *Handschriftl. Vermerk:* Zusatz: die entstehende Arbeit ist der AG Recht zu übertragen. - *Fußvermerk:* [*gezeichnet:*] Jürgen Bönninger, Mitglied der BF. - *Datiert:* 3.2.1990.

In der DDR wird in Zukunft die schrittweise Einführung der kommunalen Selbstverwaltung angestrebt. Die Kommunen des künftigen Landes Sachsen sollten deshalb eine neue Gemeindeordnung erarbeiten. Auf dieser Grundlage muß für die Stadt Dresden ein neues Stadtrecht entstehen.
Der Rat der Stadt Dresden soll dazu sofort eine zeitweilige Arbeitsgruppe bilden, die in Zusammenarbeit mit Experten [*Handschr. Vermerk* v. E. Sobeslavsky: Z. B. AG Recht], Vertretern der anderen Kommunen, den jeweiligen Räten der Bezirke, der Volkskammer und der Regierung einen Vorschlag ausarbeiten, der dann der Bevölkerung zur Diskussion vorgelegt werden kann.

1 Von Erich Sobeslavsky.
2 Basisdemokratische Fraktion.

Der Antrag soll am 5.2.90 durch einen Vertreter der Basisdemokratischen Fraktion mündlich begründet werden.
Der Antrag wird für alle Mitglieder der Basisdemokratischen Fraktion eingereicht.

5. Februar 1990 Dok. 112
Stellungnahme der Basisdemokratischen Fraktion zur „Vorläufigen Geschäftsordnung der Stadtverordnetenversammlung der Stadt Dresden“

Privatbestand Herbert Wagner, unpaginiert. - Titel: Basisdemokratische Fraktion der StVV Dresden, Kreuzstr. 7. - *Titel:* Stellungnahme zur „Vorläufigen Geschäftsordnung der StVV der Stadt Dresden“. - *Fußvermerk:* I.A. [*gezeichnet:*] Heitmann. - *Datiert:* 5.2.1990.

1. Die geltende Geschäftsordnung vom 25.5.1989 ist ein unzureichendes Instrument für eine effektive Arbeit der StVV. Bei der Erarbeitung einer neuen Geschäftsordnung wurde sichtbar, daß nur geringfügige Verbesserungen der Arbeitsfähigkeit zu erreichen sind, solange die Regelungen des GÖV gelten. Darüber hinaus ist der vorliegende Entwurf einer neuen Geschäftsordnung noch nicht ausgreift und enthält zahlreiche gesetzestechnische und Schreibfehler.
2. Eine sachorientierte und effektive Arbeit der StVV ist kurzfristig nur erreichbar durch gravierende Eingriffe in die bisherige Struktur, wie sie in dem in der Anlage beigefügten Beschlußvorschlag enthalten sind. Angesichts des voraussichtlich vorgezogenen Kommunalwahltermins sieht die Fraktion jedoch davon ab, den anliegenden Beschlußvorschlag zur Beratung und Beschlußfassung einzubringen.
3. Die Fraktion schlägt vor, die Zeitweiligen Arbeitsgruppen bei der StVV in Ausschüsse umzuwandeln, die Vorlagen und Anträge zur Beschlußfassung im Plenum vorberaten und vorbereiten (Ziff. 1.5.-1.7. des anliegenden Beschlußvorschlages).
4. Im übrigen wird eine Weiterarbeit an der vorläufigen Geschäftsordnung zur Zeit nicht für notwendig erachtet.
5. Diese Stellungnahme ist als Antrag der Fraktion zu werten und dementsprechend zu behandeln.

Anlage
Beschlußvorschlag der Basisdemokatischen Fraktion für eine sachorientierte und effektive Arbeit der StVV

1 Zur Vorbereitung der Beschlüsse:
1.1. Die Stk[1] und ihre Aktivs werden aufgelöst.
1.2. Es werden an ihrer Stelle folgende ständige Ausschüsse gebildet:
   a) Wahlvorbereitungsausschuß
   b) Wirtschaftsausschuß
   c) Finanzausschuß
   d) Rechtsausschuß

1 Ständige Kommissionen (der StVV).

e) Bildungs- und Erziehungsausschuß
f) Ausschuß für Kultur und Kunst
g) Ökologieausschuß
h) Sozialausschuß
i) Ausschuß für Erholung und Tourismus
j) Eingaben- und Beschwerdeausschuß.

1.3. Die Ausschüsse können sachkundige Bürger zu ihrer Arbeit mit beratender Stimme zuziehen. Ihre Anzahl darf ein Drittel der Mitgliederzahl des Ausschusses nicht übersteigen. Als sachkundige Bürger sollen insbesondere von der Gruppe der 20 benannte Mitglieder der zeitweiligen Arbeitsgruppen zugezogen werden. Die zeitweiligen AG überprüfen hiernach, ob ihre Weiterarbeit in der bisherigen Form noch zweckmäßig ist.

1.4. Die Ausschüsse wählen einen Vorsitzenden und einen Schriftführer sowie jeweils einen Stellvertreter.

1.5. Vorlagen und Anträge (ausgenommen Abänderungs- und Geschäftsordnungsanträge) sind durch den Vorstand grundsätzlich an den sachlich zuständigen Ausschuß zur Vorbereitung zu überweisen. Bei mehreren zuständigen Ausschüssen bestimmt der Vorstand, welcher Ausschuß federführend ist.

1.6. Die Ausschüsse sind antragsberechtigt. Zur Begründung der Anträge sind durch den Ausschuß Berichterstatter zu benennen, die bevorzugt redeberechtigt sind.

1.7. Über Vorlagen und Anträge kann grundsätzlich nur abgestimmt werden, wenn sie den Abgeordneten schriftlich vorliegen.

2. Zur Gewaltenteilung:
Mitglieder des Rates, die zugleich Abgeordnete sind, werden dringend gebeten, ihr Abgeordnetenmandat ruhen zu lassen, solange sie Mitglieder des Rates sind. Damit entfiele auch die Mitgliedschaft des OB in der Tagungsleitung.

3. Zur Tagungsleitung

3.1. Anstelle der Tagungsleitung wird ein Vorstand für die gesamte Legislaturperiode gewählt.

3.2. Der Vorstand besteht aus dem Vorsitzenden, einem 1. und 2. Stellvertreter des Vorsitzenden, einem 1. und 2. Schriftführer sowie je ein Mitglied der Fraktionen, die nicht bereits durch die sogenannten Funktionsträger im Vorstand vertreten sind.

4. Zur Tagesordnung:

4.1. Die Tagesordnung wird vor jeder Sitzung durch den Vorstand in Abstimmung mit dem Rat festgesetzt und den Abgeordneten mit der Einladung zugestellt.

4.2. Änderungen und Ergänzungen der Tagesordnung können nur zu Beginn einer Sitzung beantragt werden, wenn mindestens 20 Abgeordnete den Antrag unterstützen. Über den Antrag entscheidet die StVV mit einfacher Mehrheit. Nach Beginn der Verhandlung der Tagesordnung ist eine Änderung nicht mehr zulässig.

5. Zum Umfang

5.1. Die stimmberechtigten Fraktionen werden dringend gebeten, im Interesse der Arbeitsfähigkeit der SVV eine Reduzierung ihrer Mandate durch freiwilliges Niederlegen des Mandates oder infolge Ausscheidens aus anderen Gründen zu prüfen.

5.2. Die Nachfolgekandidaten erhalten ab sofort Gaststatus (ohne ständiges Rederecht).
5.3. Eine künftige SVV sollte nicht mehr als 100 Mitglieder haben.
6. Zum Büro der SVV:
Der Rat der Stadt ordnet das Stadtverordnetenkabinet dem Vorstand der SVV unter als Büro der SVV und stellt die erforderlichen Mitarbeiter zur Verfügung.
7. Zur Geschäftsordnung:
Die Geschäftsordnung wird entsprechend den vorstehenden Beschlüssen überarbeitet. Die Basisdemokratische Fraktion legt einen entsprechenden Entwurf vor.
8. Zur gesetzlichen Einordnung:
Die StVV legt die durch diesen Beschluß erforderlichen Abweichungen vom GÖV der Volkskammer vor mit dem Antrag, diese Abweichung als Übergangslösung zu sanktionieren.

5. Februar 1990 Dok. 113
Zulassung der Gruppe der 20 als Vereinigung

Privatbestand Beate Mihály, unpaginiert. - *Kopf:* Rat der Stadt Dresden, Bezirk Dresden, Stellv. des Oberbürgermeisters für Inneres. - *Adressat:* Herr Dr. Wagner, Herbert, Hartigstr. 8, Dresden 8023. - *Stempel:* (Siegel des Rates der Stadt Dresden), [*gezeichnet*:] Jörke. - *Datiert:* 5.2.1990.

Die Vereinigung „Gruppe der 20" mit Sitz in Dresden besitzt gemäß der Verordnung vom 06.11.1975 über die Gründung und Tätigkeit von Vereinigungen (GBl. I, Nr. 44 Seite 723) die staatliche Anerkennung. Mit der staatlichen Anerkennung ist die Vereinigung rechtskräftig.

12. Februar 1990 Dok. 114
Notiz zur Tätigkeit der Arbeitsgruppe Recht

Privatbestand Steffen Heitmann, unpaginiert. - *Titel:* Zeitweilige Arbeitsgruppe 7 „Recht der DDR" bei der Stadtverordnetenversammlung Dresden. - *Fußvermerk:* Steffen Heitmann, Kirchenamtsrat, Berater der „Gruppe der 20" und stellvertretender Leiter der zeitweiligen Arbeitsgruppe „Recht der DDR" bei der Stadtverordnetenversammlung Dresden. - *Datiert:* 24.6.1998

Die zeitweiligen Arbeitsgruppen und ihre Aufgabenstellung leiten sich her aus dem heiklen 2. Rathausgespräch am 16. Oktober 1989 zwischen der „Gruppe der 20" und dem Oberbürgermeister und weiteren Mitgliedern des Rates der Stadt. Die „Gruppe der 20" hatte die Themen des Dialogs zur Vorbereitung des Gespräches zu Papier gebracht und dem Oberbürgermeister übergeben. Ein Themenbereich war mit „Recht und Sicherheit" überschrieben und nannte folgende Schwerpunkte:

- Stellung des Rechts in der Gesellschaft der DDR
- willkürliche Auslegbarkeit bestimmter Straftatbestände (bes. 2 u. 8. Kapitel des StGB, z. B. § 217) und anderer Rechtsvorschriften (z. B. § 4 AWVO, VAVO)
- Kontrolle der Sicherheitsorgane (bes. der Staatssicherheit)
- Durchführung und Rechtsmittel in Ordnungsstrafverfahren
- Recht auf Verteidigung bei polizeilichen Maßnahmen in Ermittlungs- und Strafverfahren
- fehlende Verwaltungsgerichtsbarkeit bzw. unzureichende Anfänge
- Entzug der Beweismittel des Bürgers für Übergriffe der Sicherheitsorgane (Behindern des Fotografierens und Wegnahme von Filmen)
- Kontrolle der Untersuchungshaftanstalten und der Strafvollzugsanstalten
- Datenschutz des Bürgers
- Öffentlichkeit der Rechtsprechung in politischen Verfahren.

In der Vorlage für die Stadtverordnetenversammlung am 26. Oktober 1989 war daraus folgendes geworden:

7. Zeitweilige Arbeitsgruppe „Entwicklung des sozialistischen Rechts"
Die Arbeitsgruppe erhält den Auftrag, Vorschläge zu unterbreiten zur Erhöhung der Rechtssicherheit der Bürger, zur öffentlichen Kontrolle der Durchsetzung bestehender Gesetze und Rechtsvorschriften sowie zur Vervollkommnung des sozialistischen Rechts um den Grundsatz, daß alle Bürger vor dem Gesetz gleich sind und ihre Sicherheit und Geborgenheit uneingeschränkt zu wahren ist.
Eine Einflußnahme auf Vorlage und Beschlußfassung war nicht möglich, da die „Gruppe der 20" lediglich Gastrecht bei der Stadtverordnetenversammlung hatte. Erst im 3. Rathausgespräch am 30. Oktober 1989 konnten die Forderungen der „Gruppe der 20" durchgesetzt werden: Paritätische Besetzung der Arbeitsgruppen, selbständige Entscheidung der Arbeitsgruppen über ihre Bezeichnung und Aufgabenstellung, Bildung zweier weiterer Arbeitsgruppen zu Themen, die einfach unter den Tisch gefallen waren.
Die erste Zusammenkunft der Arbeitsgruppe am 2. November 1989 verlief nicht ohne Spannung, aber in fairer Atmosphäre. Dazu hatte ein informelles Treffen des von der Stadtverordnetenversammlung bestimmten Leiters der Arbeitsgruppe, Dr. Peter Rühling, Abgeordneter der NDPD, mit dem Berichterstatter zur Vorbereitung der ersten Sitzung eine gute Grundlage geschaffen. Nach kontroverser Diskussion, insbesondere über das Adjektiv „sozialistisch", wurde als Kompromißformel die Bezeichnung „Recht der DDR" gefunden.
Ihren Aufgabenbereich steckte die Arbeitsgruppe ab anhand des Registers der jüngsten Ausgabe „Das geltende Recht". Gemeinsam wurden die Rechtsbereiche zusammengestellt, die aus damaliger aktueller Sicht heraus als die vordringlich zu ändernden angesehen wurden. Es ergab sich zwanglos eine Zuordnung zu drei Untergruppen: „Staats- und Verfassungsrecht", „Verwaltungsrecht", „Strafrecht" (einschließlich angrenzende Rechtsgebiete, z. B. Strafvollzug). In diesen Untergruppen setzte unverzüglich eine intensive Sacharbeit ein. Zeugnis dieser Arbeit ist der hier abgedruckte Bericht der Arbeitsgruppe für die Stadtverordnetenversammlung, der bereits am 23. November vorgelegt werden konnte.
Der Bericht ist als das bisher beachtlichste Ergebnis der Arbeitsgruppe zu werten. Seine Bedeutung liegt darin, daß zu einem sehr frühen Zeitpunkt ein breiter Konsens zu grundsätzlichen Fragen der künftigen Rechtsgestaltung gefunden und in

den zentralen Meinungsbildungsprozeß eingebracht werden konnte. Es darf ja nicht übersehen werden, daß zu diesem Zeitpunkt die Macht der SED noch ungebrochen und die Entwicklung nicht kalkulierbar war. Für den Berichterstatter gehört es zu den erfreulichsten Erfahrungen dieser Zeit, wie der Konsens in den Grundfragen in der Arbeitsgruppe in kurzer Zeit wuchs. Die Mauer um unsere Gesellschaft war zerbrochen, und als Folge davon stürzten auch die Mauern, die unsere Gesellschaft durchzogen, und die Mauern in uns ein. Über Partei- und Berufszugehörigkeit hinaus entstand ein sachorientiertes und menschliches Beziehungsgeflecht, das gemeinsame Arbeit zum Wohle einer neuen Gesellschaft im Sinne hatte.
Von Anfang an wurde von den Vertretern der „Gruppe der 20" gefordert, daß die Sacharbeit im kleinen Kreis unter Zuziehung von Experten flankiert wird durch Öffentlichkeitsarbeit und basisdemokratische Möglichkeiten der Einflußnahme. So fanden mehrere öffentliche Foren und Podiumsgespräche statt (z. B. zu Verfassungsfragen mit Prof. Dr. Karlheinz Schöneburg, Berlin, und zu Fragen einer künftigen Polizei mit Prof. Dr. Rudi Rödszus, Dresden). Wesentliche Teile des Berichtes sowie Beiträge einzelner Arbeitsgruppenmitglieder (z. B. zum VP-Gesetz und zur Untersuchungshaft) erschienen in der Tagespresse. Eingaben wurden stets sorgfältig im Meinungsbildungsprozeß berücksichtigt. Parallel zur Arbeitsgruppe tagte regelmäßig die Sektion „Recht und Sicherheit" der „Gruppe der 20", die neben den von der „Gruppe der 20" entsandten Arbeitsgruppenmitgliedern eine größere Zahl interessierter Bürger umfaßte. Hierdurch war eine Art basisdemokratischer Legitimierung der Arbeitsgruppenarbeit gegeben, da anfangs die Gefahr einer Vereinnahmung der Vertreter der „Gruppe der 20" durch den etablierten und nicht legitimierten Apparat von Rat und Stadtverordnetenversammlung befürchtet werden mußte.
Die Intensität der Arbeit hat nachgelassen. Sehr oft ist die Gruppe in ihrer Arbeit durch die rasante allgemeine Entwicklung überholt worden. Was gestern noch als neu und wegweisend bedacht worden war, stand heute schon in der Zeitung. Zunehmend deutlich wird auch der Mangel an qualifizierten und zur ehrenamtlichen Mitarbeit bereiten Juristen in unserem Land. Und schließlich wuchs die Einsicht, daß nahezu die gesamte Rechtsordnung der DDR neu gemacht werden muß, wenn ein Rechtsstaat entstehen soll, und die Dynamik der Einigungsbestrebungen der beiden Teile Deutschlands möglicherweise schnell eben angestellte Überlegungen überflüssig machen.
Da der Prozeß der Umgestaltung auf allen Ebenen eine Eigendynamik erlangt hat, die keiner Anregung mehr bedarf, sieht die Arbeitsgruppe ihre Aufgaben jetzt vorwiegend in zweierlei Richtung: Einerseits will sie profilierte Stellungnahmen abgeben zu Gesetzentwürfen oder anderen Rechtsvorschriften (so geschehen z. B. zum 6. Strafrechtsänderungsgesetz, zur Verordnung über Reisen von Bürgern der BRD und Personen mit ständigem Wohnsitz in West-Berlin in und durch die DDR vom 21. Dezember 1989, zum VP-Gesetz). Andererseits will sie die Funktion des fehlenden Rechtsausschusses der Stadtverordnetenversammlung wahrnehmen, indem sie Vorlagen mit rechtlichem Gehalt prüft und zur Beschlußfassung vorbereitet (so geschehen z. B. in der Mitarbeit an einer neuen Geschäftsordnung, in der Prüfung der Ratsvorlage zu einer Sammelstiftung).
Neben den drei genannten Untergruppen haben sich die Untergruppen „Arbeitsrecht" und „Datenschutz" gebildet. Untergruppen „Wirtschaftsrecht" und „Umweltrecht" sind mangels geeigneter Experten bisher nicht zustande gekommen.

Der über der Sacharbeit geschehene Integrationsprozeß wird u. a. daran sichtbar, daß die Sektion „Recht und Sicherheit" der „Gruppe der 20" eine eigene Arbeit aufgegeben und sich in die Untergruppen hinein aufgelöst hat.
Was wird aus der Arbeitsgruppe nach den für den 6. Mai vorgesehenen Kommunalwahlen? Sie wird sich auflösen, wie das ihrem Charakter als zeitweilige Arbeitsgruppe entspricht. Der Berichterstatter möchte aber drei Möglichkeiten weiterer Wirksamkeit nicht unerwähnt lassen:

1. Soweit Mitglieder zu Stadtverordneten gewählt werden, können sie den Kern eines künftigen Rechtsausschusses der Stadtverordnetenversammlung bilden. Weitere Mitglieder könnten - soweit die dann gültige gesetzliche Regelung bzw. Geschäftsordnung dies zuläßt - als Berater zugezogen werden.
2. Ein künftiger Rat der Stadt wird eine Rechtsabteilung benötigen. Die Arbeitsgruppe könnte als Beratergruppe dieser Rechtsabteilung zugeordnet werden.
3. Die erfreulichen kollegialen Kontakte zwischen Juristen verschiedenster Fachgebiete könnten fortgesetzt werden im Rahmen einer zu begründenden „Vereinigung Dresdner Juristen".

16. Februar 1990 Dok. 115

Antrag der Basisdemokratischen Fraktion auf Auflösung der Stadtverordnetenversammlung[1]

Privatbestand Klaus-Dieter Scholz. - Kopf: Basisdemokratische Fraktion, Kreuzstr. 7, 8010 Dresden. - *Adressat:* Ständige Tagungsleitung der Dresdner Stadtverordnetenversammlung. - *Titel:* Standpunkt der Basisdemokratischen Fraktion. - *Fußvermerk:* [*gezeichnet:*] Dr. Herbert Wagner, Fraktionsvorsitzender. - *Datiert:* 16.2.1990.

Am 5.2.90 wurde von der CDU-Fraktion der Antrag gestellt, der Basisdemokratischen Fraktion das Stimmrecht zuzugestehen. Die Basisdemokratische Fraktion kann dieses Stimmrecht nur wahrnehmen, wenn eine grundsätzliche Umgestaltung der augenblicklichen Stadtverordnetenversammlung erfolgt. Deshalb schlägt die Basisdemokratische Fraktion vor, die Stadtverordnetenversammlung aufzulösen und eine geschäftsführende Versammlung zu konstituieren, die bis zu den Kommunalwahlen die Aufgabe einer Stadtversammlung wahrnimmt. Wir schlagen vor, daß die geschäftsführende Versammlung aus 80 Mitgliedern besteht. 50 Prozent werden durch die aus der Kommunalwahl hervorgegangenen Parteien und Gruppierungen und 50 Prozent aus der Basisdemokratischen Fraktion und neuen gesellschaftl. Gruppierungen gestellt. Ein entsprechender Antrag wird vorbereitet.
Begründung: Die Kommunalwahl vom 7. März 1989 ist wegen nachgewiesener Wahlfälschung als ungültig zu betrachten. Die große Anzahl der Abgeordneten macht eine effektive Arbeit der Stadtverordnetenversammlung im Plenum unmöglich.
Auch in Zukunft sollte die Zahl der Sitze in der Stadtverordnetenversammlung auf eine Zahl zwischen 80 und 100 reduziert werden.

1 Nach einer Vorlage von Maria Jacobi. Vgl. Privatbestand Erich Sobeslavsky.

23./24. Februar 1990 Dok. 116
Notizen über die Klausurtagung der Gruppe der 20 zum Thema „Zeitweilige Arbeitsgruppen"

Privatbestand Herbert Wagner, unpaginiert. - Fußvermerk: Dr. D. Schubert, Sektion „Ziele der Gesellschaft" der „Gruppe der 20". - *Undatiert.*

In der Evangelischen Akademie Meißen trafen sich am 23. und 24. Februar 1990 die Leitungen der Sektionen der „Gruppe der 20". Auf der Tagesordnung stand
a) die Querverbindungen zwischen den Sektionen zu vertiefen,
b) Schwerpunkte der gegenwärtigen Arbeit zu diskutieren und
c) über den Fortbestand der Sektionen zu beraten.
Inhaltliche Arbeit wird gegenwärtig in folgenden Sektionen geleistet: Ziele der Gesellschaft, Wirtschaftsentwicklung, Stadtentwicklung, Bauen und Wohnen, Umweltschutz, Gesundheitswesen, Bildung, Recht, Information und Medien, Rechte und Pflichten der Stadtverordnetenversammlung, Soziale Fürsorge und Rehabilitation, Integration von Ausländern, Entmilitarisierung der Gesellschaft.
Als übergreifendes Problem stellte sich für alle Sektionen das Fehlen der Rahmenbedingungen für die Gesamtentwicklung heraus.
In Arbeitsgruppen wurden u. a. folgende Themen behandelt:
1. Für Dresden existiert kein Gesamtkonzept zur Stadtentwicklung, das Grundlage sein könnte für die Entscheidungen des Rates und der Stadtverordneten. Es besteht die Gefahr, daß punktuell Einzellösungen entstehen, die wichtige Gesichtspunkte ignorieren, die Stadt unzulässig überfremden oder sonstige schwer korrigierbare Fehler zur Folge haben. Zur Erarbeitung eines solchen Konzeptes zur Stadtentwicklung sollte deshalb kurzfristig ein internationaler Wettbewerb ausgeschrieben werden. Des weiteren sieht sich die Stadt internationaler Geschäftstätigkeit ausgesetzt, ohne daß ihre Vertreter über entsprechende Ausbildungen und Erfahrungen verfügen. Zwangsläufig wird deshalb in größerem Umfang mit unvorteilhaften Geschäftsabschlüssen zu rechnen sein. Die Stadt sollte deshalb die entgeltliche Mitarbeit international renommierter Beratungsunternehmen in Anspruch nehmen.
2. Für die sozialen Bereiche, insbesondere für Fürsorge und Rehabilitation, bestehen ebenfalls keine Konzepte. Zuarbeiten des Kreisarztes stehen aus. Offensichtlich hat kaum jemand gesamtheitlich Vorstellungen darüber, wie soziale Leistungen mit Marktwirtschaft verbunden werden.
3. Der bisherige Entwurf des Kommunalwahlgesetzes droht die großen Parteien zu begünstigen und die gerade auf kommunaler Ebene wichtige Einbeziehung von kleineren Gruppen, die vor allem sachbezogen arbeiten, zu unterbinden. Weiterhin ist zu befürchten, daß mit einer überstürzten Verabschiedung eines Beamtengesetzes noch vor dem 6. Mai ein unvertretbar hoher Anteil bisheriger, den alten Strukturen verhafteter Staatsdiener in die neuen Exekutivorgane hinübergerettet werden soll, ohne daß eine Prüfung auf Sachkompetenz erfolgt. Zu beiden Punkten will die „Gruppe der 20" aktiv werden.

Zu einer Reihe von Fragen der Stadtentwicklung, der Grundstücke usw. strebt die „Gruppe der 20" zusammen mit anderen eine kurzfristige öffentliche Anhörung des Oberbürgermeisters und des Rates der Stadt an. Sie wird diese dazu benutzen, auch eigene Vorschläge einzubringen und auf die Realisierung bereits verabschiedeter Beschlüsse zu drängen. Diese Anhörung erscheint dringlich, da die nächste

Stadtverordnetenversammlung erst Ende März tagen soll und auf andere Weise die Transparenz der Ratstätigkeit nicht ausreichend gewährleistet ist. Einen breiten Raum nahm die Diskussion zur Weiterarbeit der Sektionen ein. Mehrheitlich sprachen sich die Anwesenden gegen ein Aufhören aus. Inzwischen ist man sich einig, daß sich die „Gruppe der 20" als Freie Wählervereinigung der Kommunalwahl in Dresden stellen wird.

23./24. Februar 1990 Dok. 117

Protokoll der Klausurtagung der Gruppe der 20 in der Evangelischen Akademie Meißen

Privatbestand Herbert Wagner, unpaginiert. - Kopf: Sektion Ziele der Gesellschaft, Dr. Raschke. - *Titel:* Protokoll zur Klausurtagung der Sektionen der „Gruppe der 20". - *Vermerk:* Ort: Evangelische Akademie Meißen, Zeit: 23.2. bis 24.2. 1990, Teilnehmer: siehe Anwesenheitsliste, Leitung: Sektion „Ziele der Gesellschaft" - Dr. Raschke/Dr. Schubert. - *Datiert:* 7.3.1990.

Tagesordnung
1. Begrüßung
2. Bestätigung der Tagesordnung
3. Vorstellung aller Teilnehmer
4. Vorstellung der anwesenden Sektionen
5. Bildung von Gesprächsgruppen
6. Allgemeine Anregungen für die Gruppenarbeit
7. Gruppenarbeit
8. Plenum/Auswertung der Gesprächsgruppen
9. Diskussion über die Zukunft der Sektionen

ToP 4:
Die Vorstellung der Sektionen erfolgte nach den Schwerpunkten
- Ablauf der Sektionsarbeit
- Wesentliche Ergebnisse
- Ungelöste Probleme
- Kontaktwünsche.

Sektion 1 - Ziele der Gesellschaft
- Durch die Bildung der zeitweiligen Arbeitsgruppe (ZAG) „Gesellschaftsstrategie des Sozialismus und Wirtschaftsentwicklung" wurden die Sektionen „Ziele der Gesellschaft" und „Wirtschaft" in diese ZAG mit einbezogen. Eine Trennung der beiden Sektionen wurde jedoch wegen der großen Breite der Thematik wieder vollzogen.
- Die ZAG Gesellschaftsstrategie (Ziele der Gesellschaft) erarbeitete bisher Grundsatzpapiere zu allgemeinen Zielen, politischen Zielen, rechtlichen Zielen.

  In Bearbeitung sind soziale, kulturelle, Bildungs- und Erziehungsziele. Diese Unterlagen wurden in Tageszeitungen veröffentlicht und an die Stadtverordnetenversammlung, den Runden Tisch des Bezirkes und Berlins, sowie an den Volkskammerausschuß übergeben.

- Probleme bestehen in der Koordinierung mit anderen Sektionen.
- Dem Kontakt mit allen anderen Sektionen sollte diese Klausurtagung dienen.

Sektion 1a - Wirtschaft

- Schwerpunkte sind
  die Koordinierung der Wirtschaftskontakte mit Partnerstädten über einen Koordinierungsausschuß, wobei Vertreter der „Gruppe der 20", das Neue Forum, der SPD u. a. einbezogen werden. Mitarbeit im Wirtschafts- und Finanzausschuß, Mitwirkung in der Arbeitsgruppe Gewerbegebiete, Vorschläge zur Umwandlung eines bezirksgeleiteten Kombinates (OGS) in dezentrale markteffiziente Unternehmen als Modellfall.
- Bisherige Ergebnisse sind neben der Koordinierung und Beteiligung an Wirtschaftsgesprächen Vorschläge bzw. Beschlußvorlagen zur Förderung von Handwerk und Gewerbe, zur Subventionspolitik und zur Rolle der Industrie in der Stadt Dresden. Stellungnahmen erfolgten in der Presse.
- Die Vertretung von Handwerk und Gewerbe ist z.Z. nicht durch ein kompetentes Arbeitsgremium gewährleistet.
- Kontaktaufnahme ist besonders mit der BAG Stadtentwicklung notwendig.

Sektion 2 - Stadtentwicklung

- Die ZAG Stadtentwicklung arbeitet mit 6 Untergruppen: Verkehr, soziale Infrastruktur, Stadtentwicklung allgemein, Bauwirtschaft, Baupolitik, Städtische Infrastruktur, Umwelt/Stadtökologie.

Ein Bericht der ZAG liegt vor.

- Durch marktwirtschaftliche Vergabe von Objekten droht soziale Struktur verloren zu gehen. Unterstellung des Stadtarchitekten unter Baudirektor beeinträchtigt sinnvolle Entscheidungen.
- Kontaktaufnahme zur Sektion Bauen und Wohnen.

Sektion 3 - Bauen und Wohnen

- Bis zum 1. Bericht zur Stadtverordnetenversammlung 12/89 gemeinsame Arbeit in der ZAG. Weitere Arbeit nur in der Sektion mit Schwerpunkt Wohnen.
- Unterstützung der Abt. Wohnungspolitik, Förderung der Bürgerinitiative evt. als e. V., Gründung des Dresdner Mieterbundes am 13.3.1990
- Problem leerstehender Wohnungen durch Übersiedler; Rat der Stadt gibt sie für Besetzung frei.
- Kontaktaufnahme zur Sektion Stadtentwicklung, u. a.

Sektion 5 - Gesundheit und Soziales

- ZAG besteht aus 28 Mitgliedern, Ltg.: Prof. Thiele Schwerpunkt ist Gesundheitswesen
- Umfangreiches Arbeitspapier liegt vor
  Vorschläge: Bildung eines Krankenhausrates, bzw. Poliklinikrates
  Öffnung des Betriebsgesundheitswesens
  Reduzierung der Krippen
- Probleme der Sicherung der Grundbetreuung (Schwesternmangel) Kontrolle der abgestimmten Maßnahmen bis zur Kommunalwahl
- Kontaktaufnahme zur Sektion Rehabilitation

Sektion 5a - Rehabilitation

- Mitglieder sind überwiegend Betroffene
- Arbeitspapier wurde der SVV vorgelegt.
  Gründung eines Behindertenverbandes am 5.3.1990

Veröffentlichung zur Lage der Behinderten (5 bis 8 Prozent mit Alten ca. 12 Prozent der Bevölkerung).
- Kein Konzept seitens des Kreisarztes (Vergabe von Gebäuden) Forderung eines zentralen Kommunikations- und Beratungszentrums, einschließlich Rechtsberatung
- Kontaktaufnahme zur Sektion Ökologie u.a.

Sektion 7 - Recht
- Die ZAG Recht arbeitet ohne Differenzen mit der Sektion in Untergruppen
  Staats- und Verfassungsrecht
  Verwaltungsrecht
  Strafrecht, Arbeitsrecht, Datenschutz a. ä.
- nach 3 Wochen lag bereits Grundsatzpapier vor
  Stellungnahmen erfolgten zu Gesetzentwürfen
  Aufträge zur SVV wurden gestellt
- Problematisch ist die weitere Wirksamkeit und Kompetenz für Entscheidungsvorschläge dieser Sektion.
- Kontaktaufnahme zur Sektion Bürgermitverantwortung u. a.

Sektion 12 - Kommunikation und Information
- In der ZAG unter Ltg. von Herrn Rieck gab es schnell Übereinstimmung.
- Neben allgemeinen Vorschlägen zur SVV ist Umwandlung der Dresdner Stadtrundschau als Organ der SVV hervorzuheben.
- Der Einfluß der ZAG ist sehr gering geworden.

Sektion 14 - Rechte und Pflichten der Stadtverordneten
- Die ZAG besteht aus 4 Mitgliedern der StV unter Ltg. von Herrn Neubecker. Ziel der ZAG ist die Diskussion und die Erarbeitung von Vorschlägen für das Verwaltungsrecht, hinsichtlich Kommunalverfassung.
- Arbeitspapier liegt vor mit den Vorschlägen
  keine Stadtbezirksversammlung
  Reduzierung der Anzahl der StV
  Zur nächsten SVV wird ein Modellvorschlag vorgestellt.
- Problemstellung ist Einbeziehen von Bürgerkomitees
- Kontaktaufnahme mit Sektion Recht u. a.

Sektion 15 - Integration der Ausländer
- Die 2 Ausländerinitiativen Ring und Cabana wurden inhaltlich koordiniert.
- Umfragen werden ausgearbeitet und werden 4/90 ausgewertet. Die Gründung des Clubs der Nationen wurde beantragt. Zum Entwurf des Ausländergesetzes wird beigetragen.
- Die ZAG sollte institutionalisiert werden.

Sektion 16 - Entmilitarisierung
- Anliegen der Sektion geht über Entmilitarisierung hinaus und sollte als Arbeitsgremium zeitlich nicht begrenzt werden.

Wichtige Ergebnisse:

Mitarbeit am Zivildienstgesetzentwurf und der Durchführungsbestimmung über Kontrolle
Handreichungen für Lehrer
Beobachtungen bei Musterungen
Handreichungen für Eltern und Erzieher sind geplant
Kontrolle der LVO-Vorhaben
Hinweis zur weiteren Gestaltung der GST ist geplant.

- Projekt Friedenshaus ist geplant, womit Weiterarbeit aller bisherigen Friedensgruppen ermöglicht werden soll.
- Kontaktaufnahme zur Sektion Medien, Erziehung und Bildung.

ToP 5:
Folgende Gesprächsgruppen wurden gebildet:
1. Gruppe: Stadtentwicklung/Wirtschaft/Bauen und Wohnen/Ziele der Gesellschaft
2. Gruppe: Gesundheit/Rehabilitation/Entmilitarisierung Integration der Ausländer/Wirtschaft/Ziele der Gesellschaft
3. Gruppe: Medien/Recht/Stadtverord./Ziele der Gesellschaft

ToP 6:
Für die Gruppenarbeit wurden Hinweise gegeben und auf folgende Aspekte hingewiesen, die beachtet werden sollten:
- Welche Maßnahmen müssen vorbereitet werden?
- Was muß in der Übergangsphase noch administriert werden, was nicht?
- Wo liegen die Grenzen des Einflusses der Sektionsarbeit?

ToP 8:
Vorschläge:
Gruppe 1:
- Für Stadtentwicklung internationale Ausschreibungen
- Basis für Konzept Stadtentwicklung ist Wirtschaftskonzept
- kurzfristige Reaktion auf die Vorstellungen des Abschlußberichtes der ZAG Stadtentwicklung ist durch eine Anhörung zu erzwingen.
- Forderungen der ZAG Bauen und Wohnen
  Rehabilitation
  Umweltschutz
  sind in die Anhörung mit einzubeziehen.
- Gründung eines Wirtschafts- und Finanzausschusses.

Gruppe 2:
- Aufbau des Sozialbereiches
  Rehabilitationsbereich verstärken (Vergabe von Gebäuden)
  Vorschläge zur Anhörung
- Einflußmöglichkeiten des Staates und des Marktes sind im Sozialbereich in Abhängigkeit von Wirtschaftsergebnissen zu bestimmen.

Gruppe 3:
- Standpunkt zur Kommunalverfassung bezüglich Verhältnis mittelbarer und unmittelbarer (Bürgerkomitees) Demokratie. Vorschlag für Anzahl der Abgeordneten.
- Einführung des Anhörungsrechtes
- Erhöhung der Sachkompetenz durch Beratungsgremien

Top 9:
Einige Sektionen, bzw. ZAG werden als Interessenvertretung weiterarbeiten, z. B. als e. V., wie Entmilitarisierung, Integration der Ausländer. Andere Sektionen werden nach der Kommunalwahl in Ausschüssen weiterarbeiten.

Die „Gruppe der 20“ sollte parteiunabhängig als „Freie Wählergemeinschaft“ über die Kompetenz der Sektion die Kommunalpolitik beeinflussen.
gez. Dr. W. Raschke, Ltr. der Sektion Ziele der Gesellschaft
Anwesenheit
Dr. Werner Raschke, Dr. Dieter Schubert, Gerhard Gülzow, Eberhard Scheffel, Dr. Herbert Wagner, Frank Neubert, Klaus-Dieter Scholze, Rainer Went, Gabriele Schönfelder, Benno Kohla, Veneta Hein, Dr. Wolfgang Schubert, Dr. Achim Völker, Peter Bartels, Jürgen Magerstädt, Steffen Heitmann, Joachim Strobel, Dr. Christian Starke, Thomas Gierke, Christoff Andrich, Marita Schieferdecker, Peter Zacher.

28. Februar 1990 Dok. 118

Brief der Grünen Liga zum CDU-Eintritt von Mitgliedern der Gruppe der 20

Privatbestand Klaus Gaber, unpaginiert. - Kopf: Grüne Liga, Kreuzstraße 7, Dresden 8010. - *Adressat:* Herrn Dr. Wagner, Herrn Neubert, Herrn Vaatz, Kreuzstraße 7, Dresden 8010. - *Fußvermerk:* Durchschlag zur Information an alle Mitglieder der Basisdemokratischen Fraktion. - *Datiert:* 28.2.1990.

Sehr geehrte Herren!
Mit Erstaunen und Befremden haben wir in der UNION vom 24./25. 2. gelesen, daß Sie in die CDU eingetreten sind. Als Mitglieder der Gruppe der 20 bzw. der Basisdemokratischen Fraktion sind Sie Vertrauensträger der basisdemokratischen Gruppen gewesen. Sie haben dieses Vertrauen und das Ihnen von der Bevölkerung gegebene Mandat für Ihren Eintritt in eine der alten Parteien benutzt. Daß Sie diesen Schritt ohne Rückkopplung mit den Mitgliedern der Fraktion gegangen sind, stellen wir mit Bedauern fest. Wir gehen davon aus, daß Sie mit Ihrem Übertritt in die CDU nicht länger das Mandat in der Gruppe der 20 und in der Basisdemokratischen Fraktion wahrnehmen können. Wir halten es für notwendig, daß Sie noch vor der nächsten Fraktionssitzung zu einem Gespräch über Ihren Schritt und seine Folgen alle Vertreter der Basisdemokratischen Fraktion einladen.
Hochachtungsvoll Vertreter der Koordinierungsgruppe der Grünen Liga Dresden.

6. März 1990 Dok. 119

Antwort von Arnold Vaatz auf den Brief der Grünen Liga

Privatbestand Steffi Förtsch-Ulbricht, unpaginiert. - Kopf: A. Vaatz, Am Zschoner Berg 1, Ockerwitz 8029. - *Adressat:* Koordinierungsgruppe der Grünen Liga Dresden, Kreuzstraße 7, Dresden 8010. - *Datiert:* 6.3.1990.

Sehr geehrte Damen und Herren!
Bestürzt, aber nicht ganz verständnislos habe ich Ihr Schreiben vom 28.2. gelesen. Ich will Ihnen sagen, daß ich niemandes Vertrauen benutzt habe. Ein Klima der Intoleranz und des Vorurteils ist hierzulande leider nichts Neues. Aber es wider-

strebt mir, unter einem ständigen Rechtfertigungsdruck arbeiten zu müssen (den ich auch Ihnen nicht wünsche). Zudem ist mein Sitz in der Basisdemokratischen Fraktion ein Sitz des Neuen Forums, dem ich nicht mehr mandatstragend angehöre. Herbert Wagner ist deshalb von mir beauftragt, der Fraktion am 8. März meinen Austritt mitzuteilen. Was die Gruppe der 20 betrifft (der Sie übrigens nicht angehören), so bitte ich Sie um Verständnis dafür, wenn ich hier vorerst Mitglied bleibe. Unser Statut schließt Parteieintritte nicht aus. Meinen Übertritt zur CDU haben Sie bereits bewertet. Deshalb machen weitere Gespräche darüber wohl keinen Sinn; auch ohne Ihr Zutun schlägt mir zur Zeit ein so eisiger Wind der Ablehnung ins Gesicht (besonders auch aus den Reihen meiner neuen Partei), daß ich in einer recht resignativen Stimmung bin. Ich weiß nicht, ob das die praktische Art ist „Gegensätze auszuhalten“, wie es Superintendent Ziemer nannte (dessen Meinung zu unserem Übertritt mir auch angedeutet wurde). Vielleicht sollte ich Ihnen für die Zukunft weiter eine so zupackende und von Selbstzweifeln freie Art wünschen, wie sie in Ihrem Brief an mich zutage tritt (den Sie seltsamerweise mit „hochachtungsvoll“ abschließen): Sie werden das brauchen, wenn es in Zukunft Politiker in ihrem Einfluß zu beschränken gilt, die nicht so leicht zu schockieren sind wie ich. In mäßiger Hoffnung auf eine gute Zukunft verbleibt
[*gezeichnet:*] Arnold Vaatz

6. März 1990 Dok. 120

Stellungnahme von Klaus Gaber zum CDU-Eintritt von Mitgliedern der Gruppe der 20

Privatbestand Klaus Gaber, unpaginiert. - Kopf: Klaus Gaber, Basisdemokratische Fraktion, Kreuzstr. 7, 8010 Dresden. - *Datiert:* 6.3.1990.

Liebe Fraktionskolleginnen und -kollegen!
Da ich einer Dienstreise wegen nicht an der Fraktionssitzung teilnehmen kann, möchte ich mich zu einer mir wichtig erscheinenden Frage auf diese Weise äußern. Aus der Zeitung erfuhr ich, daß die Herren Dr. Wagner, Neubert, Dr. Schmitt und Vaatz in die CDU eingetreten sind, um „persönlich Verantwortung in Leitungsgremien dieser Partei zu übernehmen“. Meine Kritik betrifft nicht den Eintritt in eine bestimmte Partei. Ich möchte aber mein Befremden über den dabei praktizierten politischen Stil im Umgang mit einem überparteilichen Mandat der Bürger und mit den Mitgliedern unserer Fraktion ausdrücken. Für die Basisdemokratische Fraktion und die Gruppe der 20 sehe ich folgende Konsequenzen, die sich aus diesem Vorgang ergeben:

- Die Übernahme politischer Verantwortung innerhalb einer Partei, die bisher staatstragend war, in Dresden auch jetzt noch in der Verantwortung steht und mit einer eigenen Fraktion in der Stadtverordnetenversammlung vertreten ist, schließt eine gleichzeitige Mitarbeit in einer sich als Opposition verstehenden, Basisdemokratischen Fraktion aus.
- Ich teile die Meinung nicht (die ich ebenfalls der Zeitung entnehmen mußte), die Gruppe der 20 hätte ihre Aufgabe erfüllt (Neubert). Ich habe großes Verständnis dafür, daß Mitglieder sich nach einem großen Engagement über Monate hin jetzt aus dieser Arbeit zurückziehen und möchte ihnen für das

Geleistete meine Hochachtung ausdrücken. Aber der Auftrag für diese Gruppe reicht bis zur Übernahme der Verantwortung in dieser Stadt durch eine frei gewählte Volksvertretung, also bis zum Mai dieses Jahres. Solange muß sie arbeitsfähig bleiben.

- Unter diesem Auftrag arbeiten Bürger in den Sektionen der Gruppe der 20, die bis zur Kommunalwahl fachbezogen und parteiübergreifend zur Demokratisierung in unserer Stadt beitragen wollen und mit ihrer Kompetenz ein beratendes und kontrollierendes Gegenüber für den Rat der Stadt bleiben müssen. In diesem Sinne existiert die Gruppe der 20 politisch und personell weiter.
- Um die Arbeitsfähigkeit unter den nun eingetretenen Umständen zu erhalten, ist umgehend die Leitung und die geschäftsführende Tätigkeit der Gruppe der 20 neu zu ordnen. Dies muß unter Beteiligung aller Sektionen geschehen.

8. März 1990 Dok. 121
Protokoll der Sitzung der Basisdemokratischen Fraktion

Privatbestand Erich Sobeslavsky, unpaginiert. - Form: Handschriftlich. - *Datiert:* 8.3.1990.

Leitung der Sitzung: Andrich

TOP 0 Tagesordnung, Protokollkontrolle der letzten Sitzung
- Tagesordnung mit 1 Enthaltung beschlossen
- Vergabe: Einfamilienhäuser: auf TOP 8 verlegt
- AG „Recht der DDR" mit Recht der Stadtentwicklung soll sich beschäftigen.

noch nichts erfolgt
- AG „Stadtentwicklung" noch nichts erfolgt
- Gemeindeordnung und Wahlgesetz

Vertreter der AG „Recht" soll außerhalb der Fraktionssitzung Kontakt mit Andrich aufnehmen, um dazu zu arbeiten
Auszuarbeiten ist Aufgabe des Rates der Stadt

TOP 1 Personalfragen
- Vorlesung des Briefes von Arnold Vaatz, Rücktritt Arnold Vaatz

Erklärung Wagner - Rücktritt vom Vorsitz der basisdem. Fraktion, Vorschlag eines parteilosen Vorsitzenden.
Erklärung Neubert: Mitgliedschaft in d. Gr. d. 20 auch weiterhin. Austritt aus der Basisdem. Fraktion.
Heitmann: Volles Vertrauen zu Neubert, Wagner, Vaatz.
Jeder hat die Freiheit, sich einer Partei usw. anzuschließen.
Abzulehnen ist das Taktieren mit dem Parteieintritt.
Heitmann legt das Mandat der basisdem. Fraktion nieder, weil er nicht kandidieren will.
Leuschner: Frage des CDU-Eintritts hätte in der basisdem. Fraktion beraten werden müssen. Neue Strategie der basisdem. Fraktion nötig, daher gegen Rücktritt

Bönninger: Auch neue Qualität der Fraktionsarbeit nötig, daher auch kein strenger Parteiengegensatz.
Lösch: Fraktion aus Situation des Überganges entstanden. Die Fraktion soll weiterarbeiten; Wagner, Neubert und Vaatz sollen in die Pflicht genommen werden, bis zur Kommunalwahl mitzuarbeiten.
Dr. Nedeleff: Falscher Zeitpunkt des Eintritts, Gefahr des Zerfalls der Fraktion und Gr. d. 20. Über Mandat entscheidet die Gr. d. 20
Dr. Sobeslawski: Gr. d. 20: Mandat soll für die 3 beibehalten werden. Vorschlag: keine CDU-Ämter.
Presseerklärung der 3 wird vorgeschlagen.
Scholz: Es droht der Vorwurf der Schleppmandate. Hinweis auf Geschlossenheit der Fraktion.
Wagner: Wir sollten in der Lage sein, mit Toleranz uns zusammenzuhalten.
Lösch: Wenn die 3 sich moralisch der Fraktion verbunden fühlen, bleibt das Mandat erhalten
Grüne (Ulbricht): Intoleranz in der Fraktion
Stellungnahme Gaber wird verlesen
Zacher: Katastrophaler Irrtum ist der Eintritt. Die 3 hätten verhindern sollen, daß die CDU daraus Kapital schlägt. Bitte um Verbleib in der Fraktion wegen menschlicher Integrität.
Dr. Scholz: Nicht nur das Recht, sondern die Pflicht, mitzuarbeiten. Daher nicht nur einfach austreten.
Dr. Schmidt: Annah[...] (?) eines Programms der Grünen Liga, Bitte an 3 weiterzumachen
Meusel: Parteienpolemik
Jacobi: Kritik am spektakulären Übertritt, Kritik daran, daß Name „Gr. d. 20“ für die CDU ausschließlich benutzt wird. Nicht machbar, die CDU erneuern zu wollen und gleichzeitig in der basisdem. Fraktion zu arbeiten
Lösch: zur Geschäftsordnung. Antrag: Abstimmung darüber, die 3 + Heitmann aufzufordern weiter mitzumachen.
Dr. Göbel: Bitte auch über ihn abzustimmen. Ebenso Jörg Naumann.
Antrag: Wir bleiben so, wie wir sind, ansonsten machen wir uns zum Affen.
Dr. Helzig: Antrag folgen, Positionieren zum Stil, begründet öffentlich, warum zusammenbleiben
Heitmann: nicht abstimmungsreif
Vorschlag Andrich: Bedenkzeit, in der Tagesordnung fortfahren

Pause bis 9.16 h

Jacobi: Versuch, etwas zu kitten, was auseinanderfällt. Das ist 40 Jahre nicht gut gelaufen.
Es darf nicht über das Verbleiben von Einzelnen über ihre Köpfe abgestimmt werden.
Frage nach dem Sinn der Fraktion.
Bönninger: Es gibt einen Unterschied zwischen Regierungs- und Kommunalpolitik.
Dr. Schmidt: ich sitze nicht als CDU-Vertreter hier, sondern um etwas zu bewirken
Dr. Heltzig:

Dr. Nedeleff: hat die Gr. d. 20 weiterhin Mandat erteilt.
Andrich: Ja
Heitmann: Jeder kann sein Mandat niederlegen. Weiterarbeit nicht mehr möglich, bleibt beim Niederlegen des Mandats.
Neubert: alte Kräfte bleiben, gute Neue wollen keine Verantwortung übernehmen.
Dr. Nedeleff: Parteipolitische Richtung des CDU-Eintritts Neubert ist klar.
Andrich: Wir sind zusammengekommen, um einen Rat der Stadt zu hindern, vollendete Tatsachen zu schaffen.
Lösch (zur Tagesordnung): 1. über Antrag Münch abstimmen, 2. über Einzelne abstimmen.
Scholz: Parteiinteressen sollen aus der Fraktion herausgehalten werden.
Heitmann: Was ist zu erreichen, was wurde erreicht? In Dresden nichts! Fraktion bleibt bis zur gedachten Auflösung zusammen, um die Auflösung zu erreichen.
Andrich: Es wurde allerhand erreicht, z. B. Offenlegung von Aktivitäten des Rates.
Wagner:
Abstimmung: Fraktion soll weiterexistieren, Appell an Mitglieder, mitzumachen.

Pause

Abstimmung: Soll die basisdem. Fraktion weiterbestehen?
Dafür: Zacher: wir können uns nicht aus formalen, parteipolitischen oder Profilierungszwängen aus der Verantwortung fortstehlen. In Sachfragen waren wir uns einig.
Dagegen: Fraktion ist in dieser Form unglaubwürdig
2 dagegen, 1 Enthaltung
Beschluß: Bleibt bestehen
Dr. Heltzig: Vorstand abwählen, Dr. Wagner als neuer Vorsitzender vorgeschlagen.
Jacobi: Einzeln über Mitglieder und ihren Verbleib in der Fraktion abstimmen. [*durchgestrichen:* Scholz: Die Gr. d. 20]
4 für Jacobi Antrag, 2 Enth.
Antrag: Ablösung des Vorstandes, Neuwahl
Dafür: Jacobi: wir reagieren damit auf CDU-Eintritt
3 gegen 1 Enth.
Neuer Vorstand ist zu wählen.
Vors.
Stv. Vors.
1. Sprecher
2. Sprecher
Sekretär
Heltzig: Meinungsbildung über neuen Vorstand, (Antrag) 15 dafür 5 dagegen
[...] unleserlich Schmiady NF Mandate Vaatz und Schmidt erloschen.
Antrag: [*durchgestrichen:* Demokratie jetzt hat] DJ hat den Antrag gestellt, in basisdem. Fraktion aufgenommen zu werden.
Dr. Nedeleff: Neue Gruppen sollen sich zum nächsten Mal vorstellen, dann wird darüber entschieden.

Wahl des Vorstandes:
Sekretär: Christoff Andrich einstimmig
Sprecher: Dr. Heltzig, Frau Ulbricht, Zacher, Frau Ulbricht lehnt ab.
Dr. Heltzig, Zacher einstimmig
Mitgl. d. ständigen Tagungsleitung. 2 Enth. ebenfalls Andrich
Stell. Vors. Vorschlag: v. Münch, Dr. Schubert, Dr. Siegem., Frau Ulbricht, Frau Vollmer. Dr. Schubert nicht bereit, v. Münch (Vorschlag) zurückgezogen.
Frau Vollmer stimmt nicht zu.
Frau Wegner vorgeschlagen.

Sieg.	Wegner	Ulbricht
8	6	10

1 Enthaltung
Vorsitzender: Dr. Wagner, Dr. Siegem., Bönninger
Bönninger und Siegem. lehnen ab.
2 Gegenstimmen, 6 Enthaltungen, 17 dafür
Antrag: Heltzig: Presseerklärung zu Parteienübertritt wird vom Vorstand abgegeben.
1 Gegen, 4 Enthaltungen
Einschub: Fahrt für basisdem. Frakt. nach Hamburg 25.-27.3.
Infos: Nächste Sitzung 20.3. 19.00 h
Verfassung gemäß Tagesordnung
erw. Vorstand (Lösch, Bönninger, Siegemund) erarbeiten eine Stellungnahme zur Verwaltungsstruktur

- Wirtschafts- und Finanzausschuß: Öffentl. Anhörung des OB und des Rates 22.3. 15.00 Plenarsaal
  Es gibt eine Joint-venture-Kommission, die wöchentlich tagt; Kontakt über Dr. Nedeleff.
- Teilnehmer der Wirtschaftskommission sollen einen Bericht an die BDF geben. Es soll bekanntgegeben werden, wo entsprechende Protokolle einzusehen sind.
- Kreuzstr. 7 - Eigentum der Kreuzkirchgemeinde
- Brief der Jugend wird vorgestellt, vorhandene Jugendzentren sollen auch weiterhin der Jugend vorbehalten bleiben.
- BDF richtet Aufruf an die Bürger zur Mitarbeit, Melden beim Stadtbezirk.
- Nutzung ehemaliges ZK-Institut in Pillnitz: Kontrolle über zukünftige Nutzung durch BDF.

8. März 1990 Dok. 122

Protokoll Erich Sobeslavskys von der Sitzung der Basisdemokratischen Fraktion

Privatbestand Erich Sobeslavsky. - Form: Handschriftlich. - *Datiert:* 8.3.1990.

Basisdemokratische Fraktion.
- Fragen an Berghofer:
  1. gibt es Vorabsprachen? vgl. UNION vom 24./25.2.
  s. Brief an Basisdemokratische Fraktion vom 15.2.1990!
- UNION vom 28.2.1990:
  - 1. Flächennutzungs- und Bebauungspläne sollen bis 30.6. durch die Kommunen erarbeitet werden
  - Wettbewerbsausschreibung?
- Brief der Grünen Liga:
  - Bankpolitiker sind suspekt (SPD-Polemik. Wagner, Vaatz integer!), aber: Schleppmandate!
  - keine CDU-Ämter für Wagner, Vaatz, Neubert
  - öffentliche Erklärung in UNION hinsichtlich CDU-Beitritt
  - sollen in Fraktion bleiben!
- meine Anträge:
  - Umbau der Stasi-Gebäude
  - Aufteilung der Stadtbezirke
- Dienstvillen?
- im „Brief der Basisdemokratischen Fraktion vom 15.2.1990“ fehlen die Vorschläge der Klausurtagung der „Gruppe der 20“ in der Evangelischen Akademie Meißen:
  1. Internationaler Wettbewerb
  2. Beratungsunternehmen
  3. Umwandlung der bisherigen Posten in Beamtenstatus!
- UNION über Meißen mitbringen!

(0.) Punkt 8: Nutzung der Kreuzstr. 7
0: Vergabe → s. Gruppe der 20. → auf 8.
  - Bahnhöfe in Dresden → zum Schluß!
  - AG „Recht der DDR“? Heitmann? Stadtentwicklung? → nein!
  - AG (aus der Basisdemokr. Fraktion) zur Stadtentwicklung → nichts!
  - Grüne Partei: Aufnahme Karl-Heinz Neumann
  - Gemeindeordnung, Wahlgesetz: „Recht der DDR“? → nichts!
  Arnold Vaatz?
  → Vertreter der AG „Recht“ (Heitmann) bekommt den Auftrag, dort mitzuarbeiten!
  Bönninger: Rat der Stadt wird beauftragt!
  dazu: Kommunalwahlrecht

1. Kommunalpolitik kann nicht dem Rat der Stadt überlassen werden!
- Brief Arnold Vaatz, s. 7.3.1990 (Gruppe der 20)
- Wagner: - kein Vorsitz der Basisdemokratischen Fraktion
- Neubert: - Mitgliedschaft in der Gruppe der 20 bleibt!
  - Austritt aus Fraktion, Vermeidung von Schleppmandaten

- Andrich: - nicht ausdrückliches Verbot, in eine „sich erneuernde oder erneuerte Partei der Mitte“
  - bereits früher waren in der Fraktion CDU-Mitglieder!
- Heitmann: - Vertrauen zu allen 3 Mitgliedern
  - keine Trennung von Gruppe der 20, jeder kann sich einer Organisation usw. anschließen
    ein Stück innerer Wahrhaftigkeit ist durch Taktieren und Spektakuläres verloren gegangen;
    Brief der Grünen Liga ist verständlich
    Reputation der Gr. d. 20 wurde benutzt
  - Tätigkeit in der Basisdemokratischen Fraktion wird niedergelegt!
  - auch Funktion des Beraters in der Gruppe der 20 aufgegeben!
- Leuschner: - keine Schwierigkeiten!
  - Frage hätte im Gremium, nicht aber in der Gruppe der 20 beraten werden müssen!
  - gegen Rücktritt aus Basisdem. Fraktion
- Bönninger: - als Person in Fraktion
  - nicht Partei-Politik!
  - kein Fraktionszwang!
  - Rücktritt ist übertriebene Reaktion
  - Gruppe der 20 hätte ohne Parteien in Wahlen große Chancen gehabt!
- Lösch: - Bedauern, daß
- Nedeleff: - Mandatsträgerschaft: Gruppe der 20
- Sobeslavsky:
- Scholz: - Geschlossenheit der Fraktion
- Frau Wegner: - mehr Toleranz! Fraktion soll nicht zerfallen!
- Frau Ulbricht: - jeder ist als Person in der Fraktion → vorher war schon gewisse Intoleranz
  - ein Brief von Gaber → Gruppe der 20 muß bis zur Kommunalwahl weiter arbeiten!
- Zacher: - aus CDU ausgetreten → muß aber Eintritt der Kollegen in CDU tolerieren!
  - CDU hat Bürgerbewegung vor alten Karren der CDU gespannt!
  - zu viel Zeit für Flügelkämpfe → Pflicht zur Mitarbeit in der Fraktion!
  - auch Heitmann!!!
  - keine Einparteienlandschaft!
- Johannes Meusel (Vertreter der Friedensgruppen!): - betroffen von CDU-Eintritt
  - Rechtsruck der CDU wird nicht verstanden!
- Maria Jacobi: - Grüne Liga viele junge Leute
  - Formel „Hochachtungsvoll“ → Leistung verdient Anerkennung
  - spektakulärer Übertritt!

	- zu wenig Öffentlichkeitswirkung der Basisdemokratischen Fraktion
	- auch SPD dürfte nicht (???)
- Dr. Göbel:	- Mitglied der CDU: wegen Sachbezogenheit
- Dirk Naumann (aus der Gruppe der 20):	- auch aus Fraktion!
- ... (DA):	- wir bekennen uns zu den Personen und bleiben bis zu den Kommunalwahlen zusammen! Antrag: bleiben als Fraktion
- Heltzig:	- Antrag zur Publikation der Auseinandersetzungen in der Basisdemokratischen Fraktion
- Andrich:	- Abstimmung nach der Pause? → 5-10 Minuten Pause!
- Maria Jacobi:	- scheinbare Einheit, Kontroversen nicht nach außen → Ergebnis der 40jährigen Vergangenheit
	- Dr. Schmidt nicht mehr für die CDU hier, sondern für NF (hat daraufhin die Sitzung verlassen!)
	- auch Heitmann soll heraus gehen! nach 18.3. gibt es Regierungsparteien, nur Dresden ist einig!?
	- intolerant gegen Unabhängigen Frauenbund, VL usw.
- Bönninger:	- Unterschied Landespolitik - Kommunalpolitik!
- Scholz:	- Fesseln für Rat der Stadt!
- Heltzig:	- unterstützt Maria Jacobi!
- Neubert:	- Basisdemokratische Fraktion ist Werk von Wagner, Neubert
- Nedeleff:	- hat Gruppe der 20 Mandat gegeben?
- Antwort (Sob):	- ja!
- Antrag (Dr. Münch):	- Fraktion bleibt zusammen
- Heitmann:	- jeder kann Mandat niederlegen
	- Pflicht ist moralische Frage: er fühlt sich seinem Gewissen verpflichtet
	- Weiterarbeit ist nicht mehr möglich!
	- bleibt in Arbeitsgruppe „Recht", zieht sich aber aus der politischen Arbeit zurück
- Neubert:	- alte Kräfte sind im Sattel, neue Kräfte ziehen sich zurück
	- Machtausgleich gegen SPD!
- Heitmann:	- Reputation wurde mißbraucht!
- Andrich:	- in anderen Städten macht das der Runde Tisch!
	- Parteipolitik schlägt durch!
	- Rat der Stadt arbeitet sehr aktiv!
- Lösch:	- Abstimmung Dr. Münch
	- Abstimmung über entsprechende Herren einzeln!
- Andrich:	- Auflösung, Übergabe an Runden Tisch!
- Heltzig:	- Weiterexistieren? Moralische Pflicht!
	- Antrag: Öffentliche Erklärung!
- Heitmann:	- Welchen Sinn hat die Basisdemokratische Fraktion?

eigentlich wurde nichts erreicht; alle sitzen auf ihren Posten!
VERLÄSST DIE FRAKTIONSSITZUNG!

s. a. Sitzung der Gruppe der 20 vom 7.3.1990: FAZ

Andrich: - gegen Auflösung der Stadtverordnetenversammlung bei Vorstandssitzung
- Front gegen Rat der Stadt wurde bereits erreicht!
- bis zur Kommunalwahl höchstens 2 Sitzungen!

Wagner: - über Basisdemokr. Fraktion:
Finanzfragen
Mietverträge
→ wir müssen mit Kompromiß leben

- Andrich: Antrag: 1. Im Interesse der Arbeitsfähigkeit wird die Arbeit der Basisdemokratischen Fraktion aufrechterhalten
2. Weiterarbeit bis zur Kommunalwahl, bis zur Konstituierung einer neuen Stadtverordnetenversammlung
3. „Soll die Basisdemokratische Fraktion weiterbestehen?"

1. Abstimmung 2 Gegenstimmen
1 Enthaltung

- Maria Jacobi: - Übertritt CDU schließt Mitgliedschaft aus
- Gruppe der 20 hat Gesicht verändert

Antrag nicht zugelassen: 4 Gegenstimmen
2 Enthaltungen

- Heltzig: - Ablösung des Vorstands und Neuwahl

2. Abstimmung 2 Sprecher: Jacobi, Heltzig
Vorsitzender: Wagner
stellv. Vors.: Heitmann
Sekretär: Andrich
3 Gegenstimmen
1 Enthaltung → alter Vorstand abgewählt!

- Vorschläge für neuen Vorstand

4. Abstimmung Vorsitzender: Wagner, [*durchgestrichen:* Siegemund, Bönninger]; 2x nein, 6 Enth., 17 ja
Stellv. Vors.: [*durchgestrichen:* Münch, Schubert], Wegner (6), Siegemund (8), [*durchgestrichen:* Vollmer (?)], Ulbricht (10)
1. Sprecher: Heltzig, [*durchgestrichen:* Ulbricht], Zacher
2. Sprecher: [*durchgestrichen:* Scholz]
Sekretär: Andrich, Mitgl. d. Ständ. Tagungsleitung (2 Enth.)

- Schmiady, NF: - Mandate für Arnold Vaatz, Dr. Schmidt sind erloschen! Klären, welche neuen Kräfte in die Fraktion

3. Abstimmung 5 dagegen
3 Enthaltungen

- Demokratie Jetzt: eventuell 2 Plätze? → zum nächsten Mal
- Forumpartei: → zum nächsten Mal
- Heltzig: - Presseerklärung zur Basisdemokratischen Fraktion
- Vorstand macht Mitteilung

5. Abstimmung 1 Gegenstimme
3 Enthaltungen

- *Briefe:* 1. Mietverträge MfS: alte Nutzer müssen aus den Stasi-Villen heraus, keine Mietverträge
1-Familienhäuser wurden nach Ermessen des Rates verteilt!
2. 3 Seiten über Stadtentwicklung:
- Bürgerkomitees, Institutionen usw. → Berghofer voll auf diesen Standpunkt
Mitspracherecht der Bürger (ähnlich Bankgesetz in der Bundesrepublik)
- Vorstand: - Gesundheitswesen, Sozialwesen sollen getrennt werden, ähnlich wie in der Bundesrepublik

zu 7.:
1. 22.3., 15.00, Plenarsaal
   - Leitung: Wirtschafts- und Finanzausschuß
   - mangelnde Arbeit im Rathaus
2. Scholz
   - Haushaltsplan von Dresden
3. Nedeleff: joint-venture-Kommission, Zulassung von solchen Gesellschaften geht in der Stadt bis 50 Mann, darüber entscheidet Ministerrat

zu 8.:
- Teilnehmer an Wirtschaftskommission müssen Bericht an uns geben
- für jede Verhandlung gibt es 1 Protokoll (bei Herrn Scholz!), z. B.: Salzburg setzt 7 500 Wohnungen instand
- Gruppe Stadtentwicklung hat verkehrspolitische Zielstellung erarbeitet
- Vorläufiger Abschlußbericht Stadtentwicklung → eventuell in die Presse
- Kreuzstr. 7: in das Eigentum der Kreuzkirchgemeinde (bzw. an die ev. Kirche) zurückgeführt
  → ursprünglicher Beschluß wird in der nächsten Stadtverordnetenvers. geändert
- Brief der Jugendverbände: keine vollendeten Tatsachen schaffen; ehem. FDJ-Gebäude müssen erhalten bleiben, um später nicht extra Jugendzentren aufzubauen!
- Besetzung der Wahllokale kann nicht gewährleistet werden:
  1. an sich Aufgabe der Verwaltung (Heltzig), Basisdemokr. Fraktion sollte unterstützen!
  2. Stadtverwaltung schickt niemand in die Wahllokale → alles an die Wahlkommission

  → Aufruf an die Dresdner, sich im Stadtbezirks-Stützpunkt melden
- aus ZK-Institut Pillnitz Schule für Gartenbau in Sachsen
  Beschluß der Stadtverordnetenversammlung hat dem zugestimmt, Rechtsträgerschaft an WTZ (hat sich aber zum VEB [seit 1. Januar] erklärt) für Landwirtschaft beim Rat des Bezirkes

- *aus Ständiger Tagungsleitung*
  - Finanzen und Preise (Rademacher), Anträge über Verkauf von Gebäuden in Dresden, Pflastersteinverkauf (KoKo), Exportkommission

- Initiative VL, Frauenverband: mit gleichen Rechten wie wir in der Stadtverordnetenversammlung
- Wohnobjekte des MfS, Vorschläge zur Vergabe, 8 Einfamilienhäuser
- Siegemund:
  1. Angebote von BW zur Kommunalpolitik → an Siegemund
  2. neue Leute müssen in die Verwaltung!

11. März 1990 Dok. 123

Presseinformation der Basisdemokratischen Fraktion über ihre Umstrukturierung

Privatbestand Herbert Wagner, unpaginiert. - Titel: Umstrukturierung der Basisdemokratischen Fraktion. - *Fußvermerk:* [*gezeichnet:*] Herbert Wagner. - *Datiert:* 11.3.90,

Auf Initiative der Grünen Liga beriet die Basisdemokratische Fraktion den Eintritt einiger ihrer Mitglieder in die CDU. Die Vertreter von Grüner Liga, Grüner Partei und AG Frieden konnten sich mit diesem Schritt nicht einverstanden erklären, da sich die Basisdemokratische Fraktion als Vertretung neuer oppositioneller Kräfte begreift. Die Mehrheit der Fraktion akzeptierte die Entscheidung, konnte jedoch die publizistische Auswertung zugunsten der CDU als eine der alten Parteien nicht tolerieren.
In diesem Zusammenhang schieden zwei Fraktionsmitglieder durch Mandatsverlust aus, während zwei weitere Mandate ehemals parteiloser Mitglieder durch die Gruppe der 20 bestätigt wurden. Darüber hinaus verließen zwei Parteilose aus persönlichen Gründen die Fraktion.
Freigewordene Mandate wurden durch das Neue Forum neu besetzt bzw. der Bewegung Demokratie Jetzt und der Deutschen Forum Partei zur Verfügung gestellt. Neu in den Vorstand wurden Steffi Ulbricht (Grüne Partei) als stellv. Fraktionsvorsitzende und Peter Zacher (Gruppe der 20) als einer der beiden Sprecher gewählt. Bis zur Konstituierung des neuen Stadtparlaments wird die Basisdemokratische Fraktion ihre sachbezogene kommunalpolitische Arbeit im Interesse der Dresdner Bürger weiterführen.

26. April 1990 Dok. 124
Abschlußbericht der Basidemokratischen Fraktion in der Stadtverordnetenversammlung

Privatbestand Herbert Wagner, unpaginiert. - Fußvermerk: [*gezeichnet:*] Dr.-Ing. Herbert Wagner, Fraktionsvorsitzender. - *Datiert:* 26.4.1990.

Mit dieser letzten Stadtverordnetenversammlung wird auch die Arbeit der Basisdemokratischen Fraktion (BDF) beendet. Das ist Anlaß, einen kritischen Blick auf die Arbeit der vergangenen Monate zu werfen. Hervorgegangen ist die BDF aus der Gruppe der 20, die im Oktober 1989 unter Vermittlung der Kirchen den Dialog mit dem Oberbürgermeister geführt hat. Die Aufgaben der Gruppe der 20, das Vertrauen der Bevölkerung, aber auch die Erwartungen waren ungeheuer groß und viele Schwierigkeiten wurden dabei gemeistert. Das Gelingen des Dialogs setzte Lernfähigkeit und Bereitschaft von allen voraus. Das Dresdner Modell war republikweit Vorbild, und die Arbeit der zeitweiligen Arbeitsgruppen (ZAG) setzte Maßstäbe. Aus den zeitweiligen Arbeitsgruppen, die ja ersatzweise die Funktion von Ausschüssen wahrnahmen, ging vor allem eine hohe Sachkompetenz in die Fraktionsarbeit ein. Sie werden sich erinnern, daß es in den vergangenen Monaten kaum eine Woche gab, in der nicht mehrere Artikel aus diesen Arbeitsgruppen in den Dresdner Tageszeitungen erschienen, in denen Sorgen, Nöte, Ängste, Hoffnungen, Erwartungen und Vorschläge der Bürger artikuliert wurden, von denen der letzte bedeutende Vorschlag wohl der Textentwurf für eine Verfassung des Landes Sachsen ist.
Aber auch die Positionspapiere zur Stadtentwicklung, Verkehrsplanung und zur Gewerberaumlenkung verdienen Beachtung. Die Basisdemokratische Fraktion ging aus einem zu den Rathausgesprächen gemachten Vorschlag hervor, der das Ziel hatte, die nahezu zufällige Zusammensetzung der Gruppe der 20 durch eine repräsentative Bürgervertretung zu ersetzen und fest in der Stadtverordnetenversammlung zu institutionalisieren. Diesen Vorschlag übernahm der Oberbürgermeister und die Stadtverordneten stimmten ihm am 23. November 1989 zu. Seitdem arbeiten parteilose engagierte Bürger gemeinsam mit Mitgliedern von SPD, DA, Neues Forum, Grüner Liga, Grüner Partei und Demokratie Jetzt in dieser Fraktion. Notwendige Voraussetzung für das Gelingen der Zusammenarbeit zwischen Rat und BDF mußten der Wille und die Bereitschaft seitens des Oberbürgermeisters, des Rates der Stadt und der Stadtverordneten sein. Das Nebeneinander alter und neuer Strukturen in einem Parlament setzte notwendigerweise ein ähnlich konstruktives und mutiges Vorgehen wie in den ersten Oktobertagen voraus, d. h. auch öffentlichkeitswirksames und durchschaubares Arbeiten. Seit Jahresbeginn ist unsere Enttäuschung über ungenutzte Chancen der Zusammenarbeit in der Stadtverordnetenversammlung und mit dem Rat der Stadt gewachsen. Obwohl seitens der ZAG und der BDF viele Vorschläge für die weitere Arbeit in unserer Stadt zur Vorlage und z. T. zur Beschlußfassung kamen, fehlte immer mehr das Interesse an Zusammenarbeit und Umsetzung der Beschlüsse. Wo in anderen Städten durch „Runde Tische" administrative Entscheidungen gefällt und auch durchgesetzt werden, diente das Dresdner Modell inzwischen als Alibi.
Der Vorschlag der BDF, durch Auflösung der Stadtverordnetenversammlung, Reduzierung der Plätze auf 80 und gleichberechtigte Teilnahme der BDF eine vorübergehende arbeitsfähige Struktur zu finden, stieß auf den Widerstand der

Tagungsleitung. Statt dessen wurde seit 11 Wochen auf das Zusammentreten der Stadtverordnetenversammlung verzichtet. Die Stadtverordnetenversammlung wurde noch weniger ein Instrument zur Problemlösung für die Stadt, als vor der Wende. Auch die Stadtverordneten machten von ihrem Recht, selbst eine Stadtverordnetenversammlung einzuberufen, keinen Gebrauch. Die Notwendigkeit häufiger Beratungen, Beschlußfassungen und Kontrolle unter Einbeziehung der Öffentlichkeit wurde von uns benannt, aber nicht mit der notwendigen Konsequenz eingefordert. Die Schwierigkeiten innerhalb der BDF, angesichts der in der DDR laufenden Wahlkampagne, wirklich alle neu entstehenden Gruppierungen zu integrieren und selbst als Einheit zu wirken, mögen damit im Zusammenhang stehen. Wir bedauern, daß die anfänglich guten Chancen für unsere Stadt nicht wirklich genutzt wurden, daß alte Strukturen gegen neues Denken erfolgreicher waren. Das lag an der unzureichenden Nutzung aller Möglichkeiten, die die Wende eröffnet hatte, durch die Stadtverordneten, den Rat der Stadt, den Oberbürgermeister, aber auch an den Mitgliedern der BDF selbst, die sich nicht nachdrücklich genug artikuliert hatten. Ein Beispiel für eine ungenügend durchdachte Aktion ist die Reinigung der Dresdner Abwasserkanäle mit Hamburger Spezialgeräten, die mit großem Propagandaaufwand angekündigt war, und deren Scheitern wir nun kleinlaut konstatieren müssen. Oder das Problem der ambulanten Händler, die viel zu lange ohne Genehmigungen und Gebühren- und Steuererfassung wild wuchern konnten. Noch eine Position zum Bereich Soziales: Die vom Kreisarzt vorgelegte Analyse zur Situation der Behinderten bedarf einer Überarbeitung und Präzisierung. Es fehlt der Bereich Senioren und soziale Randgruppen. Die Analyse ist nicht präzise genug. Unterschiedliche Schädigungsgrade, Betreuungsformen und der Ist-Zustand werden nicht erfaßt, und so kann auch keine klare Konzeption entwickelt werden.

Unter dem Druck der BDF wurde der Wirtschafts- und Finanzausschuß gebildet, der in den vielen konkreten Tagesentscheidungen ein wirksames Instrument war. Gut bewertet wird auch die Zusammenarbeit zwischen Rat und Fraktion in den Bereichen Finanzen und Allgemeine Verwaltung. Für die künftige SVV sieht die BDF eine zunächst sehr wichtige Aufgabe in der Durchführung einer Verwaltungsreform mit dem Ziel der kommunalen Selbstverwaltung. Alle Stellen für Amtsleiter und Ortsamtsleiter sind öffentlich auszuschreiben und durch eine Berufungskommission, bestehend aus Ratsmitgliedern und Stadtverordneten, zu berufen. Bei der Berufung der Ortsamtsleiter sind die ansässigen Bürgerkomitees zu hören. Bei Differenzen entscheidet der zu bildende Verwaltungs- und Berufungsausschuß der SVV. Alle höheren Verwaltungsstellen müssen auf Kompetenz und charakterliche Eignung der jetzt beschäftigten überprüft werden, und es sind zunächst nur amtierende Leiter einzusetzen. Die BDF protestiert gegen die Einstellung von Verwaltungsangestellten aus den Bereichen Stasi und anderen stalinistischen Trägerorganisationen. Die Arbeit der Stadtverordneten ist durch eine Reduzierung der Anzahl, Arbeit in Ausschüssen und Nutzung eines erweiterten Büros effektiver zu gestalten. Die neue Stadtverordnetenversammlung muß sich eine neue Geschäftsordnung und die Stadt eine Hauptsatzung im Rahmen einer sächsischen Gemeindeordnung geben. Zusammenfassend bewertet die BDF ihre Existenz als ein brauchbares Demokratisierungsinstrument in der Übergangsphase, das

- Entscheidungsvorgänge in der Stadt beeinflußt
- Bewußtsein gebildet und

- ihre Mitglieder zu den ersten Schritten einer parlamentarischen Arbeit geführt hat.

  Nicht zuletzt war die Studienreise nach Hamburg auf Einladung der dortigen Bürgerschaft ein Gewinn.

Wir danken allen Mitgliedern der BDF für ihre Bereitschaft zur Mitarbeit in dieser Fraktion, ebenso wie den Stadtverordneten und Ratsmitgliedern, die diese Fraktion ernst nahmen. Dank gilt auch den Mitgliedern der Zeitweiligen Arbeitsgruppen. Die künftigen Ausschüsse sollten sich ihrer Kompetenz bedienen, indem sie Mitglieder der ZAG ehrenamtlich in die Ausschußarbeit einbeziehen. Nach den Kommunalwahlen wird die BDF zerfallen und deren Mitglieder in unterschiedlichen Fraktionen wieder aufeinandertreffen. Wir wünschen uns für die Zukunft, daß bei den künftigen Debatten in der neuen SVV über alle Parteischranken hinweg die in der Fraktionsarbeit erfahrene Konstruktivität weiterwirkt zum Wohle der Bürger Dresdens.

Ohne Datum Dok. 125

Presseinformation über die Bildung einer „Freien Wählergemeinschaft parteiloser Dresdner Bürger" durch die Gruppe der 20

Privatbestand Beate Mihály, unpaginiert; Privatbestand Dieter Brandes, unpaginiert. – Kopf: Gruppe der 20, Kreuzstr. 7, Dresden 8010. – *Titel:* Presseinformation. – *Undatiert.*

Die „Gruppe der 20" beteiligt sich an der Kommunalwahl am 6.5.1990. Sie hat eine „Freie Wählergemeinschaft parteiloser Dresdner Bürger" gebildet. In allen 11 Wahlkreisen werden insgesamt 41 Kandidaten sich zur Wahl stellen. Die Auswahl der Kandidaten erfolgt ausschließlich nach der Sachkompetenz. Um überhaupt zur Wahl zugelassen zu werden, mußten pro Wahlkreis 200 Unterstützungserklärungen eingeholt werden. Es konnten über 3 500 Unterschriften den Wahlunterlagen beigefügt werden. Jeder Kandidat bestätigte mit seiner Unterschrift, daß er in keiner Weise für das MfS gearbeitet habe und mit einer Aktenüberprüfung einverstanden ist. Hinsichtlich einer Koalitionsaussage ist festzustellen, daß wir mit all jenen zusammengehen werden, die Parteiinteressen zugunsten von Sachentscheidungen zurückstellen. Die „Gruppe der 20" wird keinen Wahlkampf gegen eine Partei führen und ruft alle Parteien und Bewegungen auf, sich in der Wahlauseinandersetzung fair zu verhalten. Wir rufen alle Bürger auf auch mit darauf zu achten, daß keine Werbeflächen mutwillig zerstört oder verunstaltet werden.

Welche inhaltlichen Ziele verfolgen wir?

1. Bereits jetzt zeichnen sich Betriebsschließungen ab. Wir treten für einen Strukturwandel in der Dresdner Industrie ein, um neue Arbeitsplätze zu schaffen. In die Wirtschaftsfördermaßnahmen muß die Großindustrie ebenso einbezogen werden, wie klein- und mittelständische Unternehmen, aber auch Handwerk und Gewerbe. Dabei ist nicht nur die Stadt Dresden zu betrachten, sondern das industrielle Ballungsgebiet „Oberes Elbtal". Auf Grund des vorhandenen Forschungspotentials ist eine Hinwendung zu intelligenzintensiven Industrien notwendig. Dabei muß klar sein, daß nur mit Hilfe ausländi-

scher Investitionen der erforderliche Aufschwung zu schaffen ist. Die Bedingungen wollen wir schaffen, ohne uns zu verkaufen.

2. Die Förderung von Handwerk und Gewerbe muß so erfolgen, daß in der gegenwärtigen Situation die Dresdner ein Vorrecht auf Bereitstellung von Gewerberaum haben. Jegliche Spekulation von Gewerberaum ist zu unterbinden.
3. Angesichts der vorliegenden 30 000 Wohnungsanträge ist es erforderlich, endlich zielstrebig mit der Altbausanierung zu beginnen. Das muß einhergehen mit einer behutsamen Stadterneuerung, ohne Abriß kulturhistorisch wertvoller Bausubstanz. Das ortstypische Erscheinungsbild unserer Wohnumwelt ist zu erhalten bzw. wieder herzustellen. Wir wollen uns bei der Neugestaltung des Stadtzentrums auf unsere europäische Kulturtradition besinnen und unseren Ruf als Stadt der Gärten und Parks wiederbeleben. Alle wirtschaftlichen Aktivitäten müssen sich in ein städtebauliches Konzept einordnen. Für diese Rahmenplanung werden wir die Erfahrungen erfolgreicher europäischer Städte einbringen um Fehler zu vermeiden.
4. Wir wollen spürbare Verbesserungen des Alltagslebens und ein menschenwürdiges, selbstbestimmtes Leben für alle Bevölkerungsgruppen. Sozial Schwache dürfen nicht zum Almosenempfänger werden, sondern müssen dazu befähigt werden, mit ihren spezifischen Möglichkeiten einen eigenen Beitrag zu leisten. Wir treten dafür ein, daß unsere älteren Bürger endlich auch einmal spüren, daß ihre aufopferungsvolle Arbeit gewürdigt und honoriert wird. Das muß sich auch in der Unterbringung hilfe- und pflegebedürftiger älterer Bürger ausdrücken.
5. Wir unterstützen die Behindertenverbände in der Stadt Dresden. Bei der Planung und Realisierung städtebaulicher Maßnahmen muß auf eine behindertengerechte Ausführung gedrungen werden. Der barrierefreie Zugang zu Bildungseinrichtungen, Kulturstätten und anderen Einrichtungen muß erzwungen werden, um eine volle Integration dieser Bürger zu erreichen.
6. Wir unterstützen mit unserer Arbeit eine umfassende Friedens- und Umwelterziehung unserer Kinder vom Kindergarten bis zur Universität. In der Schul- und Berufsbildung wollen wir die volle Chancengleichheit aller Kinder und Jugendlichen durchsetzen. Wir treten für eine sinnvolle Nutzung aller militärischen Einrichtungen ein. Wir fordern die Abschaffung der Wehrpflicht.
7. Die Umweltsituation im Dresdner Raum muß grundlegend geändert werden. Vorhandene Industriestandorte müssen umweltgerecht modernisiert werden. Die Entsorgung der Stadt Dresden ist grundlegend zu überdenken. Die Elbe darf nicht weiter durch die Abwässer der Stadt belastet werden. Diese Probleme müssen mit Hilfe ausländischer Unterstützung gelöst werden. Angebotene Hilfe muß genutzt werden.
8. Wir wollen Dresden als Stadt der Kultur und Kunst erneuern. Dazu bedarf es einer vielfältigen Medienlandschaft. Wir unterstützen den Aufbau regionaler Rundfunk- und Fernsehstationen auch mit dem Blick auf eine zukünftige Landeshauptstadt Sachsens. Um die technischen Voraussetzungen für den Einsatz modernster Kommunikationstechnik zu schaffen, unterstützen wir das Projekt einer Breitbandverkabelung Dresdens.
9. Eine neue Kommunalpolitik erfordert ihre Entsprechung in einer wirksameren Stadtverwaltung. Für den Bürger müssen sich dabei deutlich sichtbar Verbesserungen ergeben. Durch die Schaffung von Ortsämtern sollen sich die

Wege für den Bürger verkürzen und eine größere Bürgernähe erreicht werden. Für dieses Ziel treten wir bei der gegenwärtigen Verwaltungsreform ein und werden keine Strukturen zulassen, die diesem Ziel zuwiderlaufen.

10. Wir treten dafür ein, Bürgern ausländischer Nationalität in unserer Stadt sichere Aufnahme zu gewährleisten. Jegliche Form von Ausländerhaß und Nationalismus kann von uns nicht geduldet werden. Alle Bürger unserer Stadt rufen wir auf, uns in dieser Frage tatkräftig zu unterstützen.

Was will die „Gruppe der 20" als Freie Wählergemeinschaft erreichen:
- daß allein Leistung und Befähigung Maßstab für eine Funktionsübernahme sind und nicht Parteizugehörigkeit
- daß auch Freie Wählergemeinschaften kommunalpolitisch wirksam werden können, weil sie parteipolitisch nicht gebunden sind wie die Mehrheit der Bevölkerung
- daß Sachverstand von parteipolitisch Unabhängigen auf kommunaler Ebene wirken kann
- daß sie als Kraft des Ausgleichs im Parteienstreit wirken kann
- daß Entscheidungen an örtlichen Gegebenheiten orientiert sind
- daß die kommunale Selbstverwaltung durch nichts eingeschränkt wird
- daß der Mensch im Mittelpunkt aller ihrer Entscheidungen steht
- daß die Bürger erkennen und nachprüfen können

Die „Gruppe der 20" verspricht nichts, was nicht mit ihrer Kraft auch realisiert werden kann.

9. Mai 1990 — Dok. 126
Einladung zur Beratung der Gruppe der 20

Privatbestand Erich Sobeslavsky, unpaginiert. - Kopf: Gruppe der 20, Kreuzstr. 7, Dresden 8010. - *Handschr. Vermerk:*[1] nächster Termin: 16.5.90, 18 h; Abschluß: 16.6.90, wer nicht da ist Auflösung. - *Datiert:* 2.5.1990.

Liebe Mitglieder der Gruppe der 20!
In unserer letzten Versammlung am 25. April 1990 haben wir beschlossen, die nächste Beratung für den 9. Mai 1990 anzuberaumen.
Die Anfangszeit muß auf 19.30 Uhr verlegt werden. Wie immer treffen wir uns im Raum 412.
Hauptthema ist die Konzeption zur Auflösung unseres Büros, deshalb ist die dringende Teilnahme aller Mitglieder der Kerngruppe erforderlich.
Mit freundlichem Gruß Frank Neubert

[*Handschriftliche Ergänzungen:*]
- 16.06. (Sa.)
- Auflösung: nach Kommunalwahlen Existenzberechtigung verloren!
- noch 16 Personen, Dieter Brandes hat Austritt erklärt; Brief von Dieter Brandes: - wenig von Zielen übrig, - CDU überwiegt

1 Die handschriftlichen Ergänzungen stammen von Erich Sobeslavsky.

- Andrich: Stadttententwicklungs-Seminar brauchte 60,- M
  Vaatz: 1. 2 700,-M an Gruppe der 20,
  2. Reiner Kunze: + 1 300,-M
- Vaatz: 1. CDU-Bürgermeister wäre auch ohne Gruppe der 20 gekommen
  2. Zündstoff: Image der Gruppe der 20 wurde in Anspruch genommen
- Scholz: - Wahlbündnis zwischen neuen Kräften vermittelt? CDU nicht zu den neuen Kräften gezählt lt. Statut
  - Bruch im Januar durch CDU-Beitritt
  - freie Wählervereinigung (nach Treffen in Meißen) → kein Wahlkampf gegen eine Partei
  letzter Mittwoch (Kreuzstr.) 2 Fragen von Vaatz:
  1. gegen Bürgermeister seitens der Gruppe der 20
  2. Will Scholz mit PDS-Stimmen OB werden?
  Sonntag-Abend: Vaatz verbreitet Plakat zu Frage 2
  Staatsanwalt: Ermittllung gegen Vaatz wegen Wahlbehinderung
  Dr. Reinfried wurde informiert
- Herbert W.

Henry M.: K.-D. Scholz arbeitet seit Oktober im Wirtschaftsausschuß mit.

25. Mai 1990 Dok. 127

Koalitionsvereinbarung der Fraktionen von Bündnis 90/Grüne Partei, DU, DSU, Die Liberalen, Freie Wählervereinigung Gruppe der 20 und SPD

Privatbestand Herbert Wagner, unpaginiert. - Titel: Koalitionsvereinbarung. *- Datiert:* 25.5.1990.

Präambel

Im Interesse der Stadt Dresden und ihrer Menschen bilden die Fraktionen Bündnis 90/Grüne Partei, Demokratische Union (DU), Deutsche Soziale Union (DSU), Die Liberalen, Freie Wählervereinigung Gruppe der 20 und die Sozialdemokratische Partei Deutschlands für die erste Legislaturperiode eine Koalition. Die Koalitionspartner sind sich der Schwierigkeiten, der vor ihnen liegenden Aufgaben bewußt. Sie machen sich über die schwierige Lage der Stadt, die durch die verfehlte SED-Politik verursacht wurde, keine Illusionen, insbesondere in den Bereichen Wirtschaft, Bausubstanz, Umwelt, Gesundheitswesen und anderen. Angesichts der Strukturkrise sehen sie gegenwärtig besonders das Problem der zu erwartenden Arbeitslosigkeit. Sie erkennen jedoch, daß in dieser Legislaturperiode diese Probleme nur von ihnen gemeinsam gelöst werden können. Unbeschadet unterschiedlicher Grundvorstellungen und auf der Grundlage ihrer unterschiedlichen Wahl- und Parteiprogramme wird eine faire und konstruktive Zusammenarbeit stattfinden. Die Koalitionspartner werden in der Stadtverordnetenversammlung und ihren Ausschüssen bezüglich der in diesem Koalitionspapier getroffenen Vereinbarungen nicht mit wechselnden Mehrheiten abstimmen.

2. Finanzen
Die Koalitionspartner werden mit der neuen Finanz- und Steuerpolitik in der Stadt Dresden folgendes durchsetzen:

1. kommunale Selbstverwaltung und damit die Finanzhoheit der Stadt auf der Grundlage der Landesverfassung von Sachsen und des Kommunalgesetzes.
2. Förderung des freien Unternehmertums und der Privatinitiative, besonders der klein- und mittelständischen Industrie, des Handwerks und Gewerbes
3. Sicherung eines sozial verträglichen und wirtschaftsfordernden Übergangs von der alten zentralistischen Haushaltspolitik zur eigenverantwortlichen Finanzpolitik
4. Mitbeschaffung durch
   - ertragsorientierte Arbeit mit dem kommunalen Eigentum auf der Basis einer Bestandsaufnahme (Grund und Boden, Immobilien, städtische Unternehmen)
   - Initiative fordernde neugestaltete Finanz- und Steuerpolitik
   - Investitionsförderung (z. B. Vergabe von Erbpachten bzw. Erwerb von Grund und Boden, Immobilien) auf der Grundlage von Ausschreibungen und Öffentlichkeitsarbeit
   - Ausbau der intelligenzintensiven Bereiche (Wirtschaft, Forschung, Gewerbe) zum Erhalt und zur Schaffung von Arbeitsplätzen
   - effektive Kreditwirtschaft
   - den staatlichen Finanzausgleich (Bund/Länder/Gemeinden) einschl. einer Anschubfinanzierung
   - Stiftungsfonds
5. Schwerpunkt der Einnahmen werden Anteile aus dem Steueraufkommen sein, z. B. an
   - Realsteuern (Gewerbe-, Grund-, Verbrauchs- und Aufwands- bzw. spezielle Steuern)
   - der Einkommenssteuer
   - der Umsatzsteuer
   - sowie Zuweisungen aus dem Steueraufkommen des Bundes (z. B. Anteile bzw. Direktzuweisungen aus Kfz-Mineralölsteuer)

Anhang

1. Unveröffentlichte Quellen

Archiv der Bürgerbewegung Leipzig (ABL)
- Hefter XV SED, FDJ
- Bestand Arnold (BA)
  - Dresden 4-7: Sächsischer Landtag, 1. Wahlperiode, Drucksache 1/4773, Schlußbericht des Sonderausschusses zur Untersuchung von Amts- und Machtmißbrauch infolge SED-Herrschaft zum 1. Untersuchungsgegenstand,
  - Anlagen zum Minderheitenvotum des Abgeordneten Arnold und der Fraktion Bündnis 90/Grüne,
  - Minderheitenvotum des Vertreters der Fraktion Linke Liste/PDS
  - Dresden 6: Sächsischer Landtag, 1. Wahlperiode, Drucksache 1/4897, Beschlußempfehlung und Bericht des Sonderausschusses zur Untersuchung von Amts- und Machtmißbrauch infolge der SED-Herrschaft, Anlage: Minderheitenvotum des Abgeordneten Arnold und der Fraktion Bündnis 90/Grüne
  - Elektronisches Archiv, Dresden

Archiv des Polizeipräsidiums Dresden (1999 vom SächHStA übernommen) I, 3186

Archiv des SPD-Unterbezirks Dresden-Elbe Röder

Archiv des Bundesbeauftragten für die Unterlagen des Staatssicherheitsdienstes der ehemaligen DDR
- Zentralarchiv (BStU, ZA)

  A 3487/91
  Neiber 72, 181
  RS 677, 678
  Sekretariat des Ministers (SdM) 30, 664
  HA XX 987 u. ZMA 40239
  HA XXII 828
  ZAIG 452/89
- Außenstelle Dresden (BStU, ASt. Dresden, BV)
  - Leiter BV 10000-10003, 10126, 10128
  - 1. Stellv. des Leiters (SdL) 1
  - Stellv. Operativ 1-2 u. 18
  - Büro des Leiters (BdL) 277, 458, 756-759
  - AKG 7001, 7002
  - Abt. XII 786/89
  - Abt. XII 1763/73 AIM 496/90 „Heinz“
  - Abt. XII 429/88 AIM 3293/90 „Peter Wendel“
  - Abt. XII 2348/89 „Schwarzenberg“
  - Abt. XII 2370/88 AIM 2330/91 „Werner Berger“
  - Abt. XII 1923/88 AIM 617/91 „Jens Grabowski“
  - Abt. XIV-2
  - Abt. XV 176/78 AIM 6256/90 „Althaus“
  - Abt. XX 9180-9186, 9195

- AIM 968/90 „Peter Klaus“
- AIM 1632/92 „Karl Hofmann“
- AIM 2360/91 „Erich Wagner“
- AIM 2667/90 „Antonio“
- AIM 2847/91 „Lindner“
- AIM 3191/90 „Albin Wittwer“
- AIM 3499/89 „Frank Schuster“
- AIM 8767/90 „Bernhard“
- AIM 893/91 „Steffen Schuster“
- AOP 422/9
- AOP 3480/91
- AOPK 3612/91

Brandenburgisches Landeshauptarchiv (Brandenburg. LHA) Rep. 530 Nr. 588

Bundesarchiv Berlin (BArch B)
- Militärarchiv (MA)
  - VA-01/37601
- Stiftung Archiv der Parteien und Massenorgansiationen der DDR (SAPMO)
  - MdI
  - 54023 GLKA
  - 52461 Stab Operative Grundsatzarbeit

Hannah-Arendt-Institut für Totalitarismusforschung an der TU Dresden, Dokumentensammlung (HAIT DS)
- Friedliche Revolution in Sachsen (FRS)
- Gruppe der 20
- Koordinierungsausschuß (K)
- Ökologischer Arbeitskreis (ÖAK)
- Regionen

Matthias Domaschk-Archiv (MDA)
- Wende I

Sächsisches Hauptstaatsarchiv (SächsHStA)
- Bestand SED-Bezirksleitung Dresden
- Bestand Rat des Bezirkes Dresden

Sächsische Landesbibliothek
- Flugblattsammlung „Flugblätter der Wendezeit“

Staatsarchiv Leipzig (StAL)
- SED 893

Stadtarchiv Dresden
- Bestand Sekretariat Oberbürgermeister
- Bestand Stadtverordnetenversammlung - Protokolle

Stadtmuseum Dresden

Thüringisches Staatsarchiv Meiningen (ThStAM)
- BDVP 630

Privatbestände

Christoff Andrich
Gerhard Barkleit
Wolfgang Berghofer
Ulrich Böhme
Dieter Brandes
Helmut Flach
Steffi Förtsch-Ulbricht
Christian Führer
Klaus Gaber
Steffen Heitmann
Andreas Horn
Thilo Kramer
Wolfgang Leonhardt, Katholische Pfarrei Dresden-Zschachwitz
Beate Mihály
Frank Neubert
Fritz Pielenz
Frank Richter, Katholische Pfarrei Aue
Matthias Rößler
Winfried Schirotzek
Klaus-Dieter Scholz
Volker Sieber
Walter Siegemund
Erich Sobeslavsky
Lilli Ulbrich
Herbert Wagner (Blattzählung K. Urich)

Unveröffentlichte Interviews

Andrich, Christoff (K. Urich, 11.8.1994)
Berghofer, Wolfgang (K. Urich, 8.9.1996)
Böhme, Ulrich (E. Sobeslavsky, 30.11.1997)
Boltz, Friedrich (K. Urich, 15.8.1994)
Brandes, Dieter (K. Urich, 8./9.8.1994)
Dittmann, Uta (K. Urich, 5.8.1994)
Fellisch, Manfred Artur (K. Urich, 17.3.1998)
Göbel, Peter (K. Urich, 11.8.1994)
Heitmann, Steffen (K. Urich, 11.8.1994)
Horn, Andreas (K. Urich, 16.8.1994)
Jacobi, Maria (K. Urich, 12.6.1997)
Kalex, Roman (E. Sobeslavsky, 30.11.1997)
Kerbus, Roswitha (E. Sobeslavsky, 2.7.1997)
Kramer, Thilo (K. Urich, 3.8.1994)
Lothar Kuczera (K. Urich, 28.3.1996)
Mihály, Beate (1. Int. K. Urich, 22.8.1994)
Mihály, Beate (2. Int. E. Sobeslavsky, 29.11.1996)
Modrow, Hans (K. Urich, 7.9.1996)
Müller, Annemarie (E. Sobeslavsky, 17.3.1999)

Neubert, Frank (K. Urich, 26.2.1992)
Ohst, Eberhard (K. Urich, 27.8.1994)
Pohl, Johannes (K. Urich, 12.8.1994)
Reinfried, Dieter (K. Urich, o. D.)
Richter, Frank (1. Int. K. Urich, 18.8.1994)
Richter, Frank (2. Int. E. Sobeslavsky, 18.3.1997)
Riethmüller, Irmtraut (K. Urich, 16.8.1994)
Scholz, Klaus-Dieter (K. Urich, 9.8.1994)
Siegemund, Walter (K. Urich, 22.8.1994)
Sobeslavsky, Erich (K. Urich, 3.8.1994)
Trommer, Burgi (E. Sobeslavsky, 4.12.1996)
Lilli Ulbrich (M. Richter, 11.9.1997)
Wagner, Herbert (K. Urich, 16.8.1994)
Zacher, Peter (1. Int. K. Urich, 4.8.1994)
Zacher, Peter (2. Int. E. Sobeslavsky, 10.2.1999)
Ziemer, Christof (K. Urich, 7.7.1996)

2. Zeitungen und Zeitschriften

Aufbruch. Mitteilungsblatt des Neuen Forums, Dresden, 1. Jg. 1989.
Bild-Zeitung Dresden, Jg. 1997.
Dresdner Morgenpost, Jg. 1990.
Dresdner Neueste Nachrichten, Jg. 1993ff.
Evangelischer Pressedienst: epd Dokumentation, Jg. 1989/90.
Frankfurter Allgemeine Zeitung, Jg. 1989ff.
Frankfurter Rundschau, Jg. 1989ff.
Leipziger Volkszeitung, Jg. 1989ff.
Neue Zürcher Zeitung, Jg. 1989ff.
Neues Deutschland, Jg. 1989ff.
Sächsische Verwaltungsblätter, 1. Jg. 1993ff.
Sächsische Zeitung, Jg. 1989ff.
Der Sonntag, Jg. 1989ff.
Der Spiegel, Jg. 1989ff.
St. Hedwigsblatt, Katholisches Kirchenblatt im Bistum Berlin, Jg. 1989/90.
Süddeutsche Zeitung, Jg. 1989ff.
Die Union, Jg. 1989/90
Die Welt, Jg. 1989ff.

3. Literatur und veröffentlichte Quellen

Abenteuer Einheit. Zum Aufbau der Bundeswehr in den neuen Ländern. Hg. von Kirchbach, Hans Peter von/Meyers, Manfred/Vogt, Victor, Frankfurt a.M./ Bonn 1992.

Abschlußbericht der Unabhängigen Untersuchungskommission (UUK) an die Stadtverordnetenversammlung von Dresden zu den Handlungen der Schutz- und Sicherheitsorgane im Zusammenhang mit den Ereignissen vom 03. bis 10. Oktober 1989 in Dresden. In: Dokumentation zur politischen Justiz VI, S. 38–44.

Andert, Reinhold/Herzberg, Wolfgang: Der Sturz. Honecker im Kreuzverhör, Berlin/Weimar 1990.

Arbeitsberichte über die Auflösung der Rostocker Bezirksverwaltung des Ministeriums für Staatssicherheit, hg. vom Unabhängigen Untersuchungsausschuß Rostock, Rostock 1990.

Arnold, Karl-Heinz: Die ersten hundert Tage des Hans Modrow, Berlin 1990.

Backerra, Manfred (Hg.): NVA – Ein Rückblick für die Zukunft. Zeitzeugen berichten über ein Stück deutscher Militärgeschichte. Mit einem Vorwort von Jörg Schönbohm, Köln 1992.

Bahr, Eckhard: Sieben Tage im Oktober. Aufbruch in Dresden, Leipzig 1990.

Bahrmann, Hannes/Links, Christoph: Wir sind das Volk. Die DDR zwischen 7. Oktober und 17. Dezember 1989. Eine Chronik, Berlin u.a. 1990.

Barm, Werner: Achtung Sperrgebiet! Insider-Report. Staatsterror an der „Staatsgrenze West". Aussiedlungen. Stasi-Überwachung. „Schwarze Listen", Birken-Honigessen 1990.

Baum, Claudia Ulrike: Von resignativer Duldung zum aktiven Widerspruch. Die Entwicklung der Proteste um das Reinstsiliziumwerk Dresden-Gittersee bis zum ökologisch orientierten Sanierungskonzept der Gegenwart (unveröff. Manuskript), Dresden 1998.

Beckord, Wilhelm (Hg.): Die Kommunen und die Einheit Deutschlands, Münster 1993.

Behrend, Manfred/Meier, Helmut (Hg.): Der schwere Weg der Erneuerung. Von der SED zur PDS. Eine Dokumentation, Berlin 1991.

Berghofer, Wolfgang: Nicht die Fragen bereiten Ärger, sondern die Antworten. In: Neumann, Träumen verboten, S. 42–56.

Biermann, Rafael: Zwischen Kreml und Kanzleramt. Wie Moskau mit der deutschen Einheit rang (Studien zur Politik 30), Paderborn u.a. 1997.

Brauckmann, Roland: Amnesty International als Feindobjekt der DDR (Schriftenreihe des Berliner Landesbeauftragten für die Unterlagen des Staatssicherheitsdienstes der ehemaligen DDR 3), Berlin 1996.

Bruckmeier, K./Haufe, G. (Hg.): Die Bürgerbewegungen in der DDR und in den ostdeutschen Bundesländern, Opladen 1993.

de Bruyn, Günter: Ostdeutsche Irritationen. Ein Vortrag. Europäische Ideen, Sonderheft 1995.

Bürgerbewegungen für Demokratie in den Kommunen, Berlin 1990.

Degenhart, Christoph/Meissner, Claus (Hg.): Handbuch der Verfassung des Freistaates Sachsen, Stuttgart u.a. 1997.

Dichtung und Wahrheit über die Einsatzleitungen, hg. von Abgeordnetengruppe PDS/LL des Bundestages, Fraktion LL-PDS im Sächsischen Landtag, o.O. 1993

Döhnert, Albrecht/Rummel, Paulus: Die Leipziger Montagsdemonstrationen. In: Leipzig im Oktober, S. 147-158.

Dokumentation zur politischen Justiz in der ehemaligen DDR und Aufarbeitung ihrer Vergangenheit in 6 Teilen. November 1989 - Mai 1991, Teil VI, hg. vom Gesamtdeutschen Institut, Bundesanstalt für gesamtdeutsche Aufgaben, Referat IV/4, Berlin 1991.

Dokumente zur Deutschlandpolitik. Deutsche Einheit. Sonderedition aus den Akten des Bundeskanzleramtes. Bearbeitet von Hanns Jürgen Küsters und Daniel Hofmann, München 1998.

Drehwald, Suzanne/Jestaedt, Christoph: Sachsen als Verfassungsstaat, hg. von Thomas Pfeiffer, Leipzig 1998.

Findeis, Hagen/Pollack, Detlef/Schilling, Manuel: Die Entzauberung des Politischen. Was ist aus den politisch alternativen Gruppen geworden? Interviews mit ehemals führenden Vertretern, Berlin 1994.

Fischer, Alexander/Heydemann, Günther (Hg.): Die politische „Wende" in Sachsen - Rückblick und Zwischenbilanz (Schriften des Hannah-Arendt-Institutes 1), Weimar u.a. 1995.

Flach, Helmut: Die Gruppe der 20 oder: Der Dresdner Weg - eine Chronologie (unveröffentlichtes Manuskript), Dresden 1994.

- Der Demokratisierungsprozeß in der DDR als Gegenstand der politischen Bildung. Eine Fallstudie zur „Gruppe der 20" in Dresden. Wissenschaftliche Hausarbeit. TU Dresden, Philosophische Fakultät, Institut für Politikwissenschaft, Dresden 1995.

Geisler, Hans: Rückblick auf 1989. Das Jahr der Wende. In: Christliche Demokraten in der Herbstrevolution. Zeitschrift für politische Bildung, Heft 1/1991, S. 61-66.

Gerechtigkeit. Frieden. Bewahrung der Schöpfung. Die Ergebnisse der Ökumenischen Versammlung von Dresden, Magdeburg und Basel, Leipzig 1990.

Gestaltgewordene Hoffnung. Die Arbeit der Ökumenischen Versammlung ist beendet. In: Kirche im Sozialismus, Heft 3/89, S. 85f.

Gransow, Volker/Jarausch, Konrad (Hg.): Die deutsche Vereinigung. Dokumente zu Bürgerbewegung, Annäherung und Beitritt, Köln 1991.

Das Grüne Kreuz. Geschichte des Ökologischen Arbeitskreises der Dresdner Kirchenbezirke 1980 bis 1993, hg. vom Bildungswerk Weiterdenken in der Heinrich-Böll-Stiftung/Grüne Liga Sachsen (nicht im Buchhandel), Dresden 1999.

Gysi, Gregor/Falkner, Thomas: Sturm aufs Große Haus. Der Untergang der SED, Berlin 1990.

Habicht, Thomas: Wer war das Volk? Gesichter der Revolution. In: Christliche Demokraten in der Herbstrevolution. Zeitschrift für politische Bildung, Heft 1/1991, S. 1-12.

Hartmann, Matthias: Bedeutungsverlust oder Bedeutungsgewinn. Die Rolle der Kirche unter veränderten Umständen. In: Wewer, DDR, S. 89-105.

Hein, Christoph: Die fünfte Grundrechenart, Aufsätze und Reden 1987-1990, Frankfurt a.M. 1990.

Heitmann, Steffen: Zur Entstehung des „Gohrischer Entwurfs" der Sächsischen Verfassung. In: Reden zum 4. Jahrestag der Gründung des Koordinierungsausschusses, S. 18ff. Nachdruck in: Ders., Die Revolution in der Spur des Rechts, S. 33-52.

- Die neue Sächsische Verfassung zwischen Aufbruch und Bewahrung. In: Sächsische Verwaltungsblätter 1 (1993), S. 2-24.
- Die Revolution in der Spur des Rechts. Verdienst und Schwäche des Umbruchs in der früheren DDR, Hamburg 1996.
- Geschichtliche Entwicklung. In: Degenhart/Meissner, Handbuch der Verfassung des Freistaates Sachsen, S. 33-50.

Henkys, Reinhard: Die Bedeutung und Rolle der evangelischen Kirche im demokratischen Reformprozess. In: Christliche Demokraten in der Herbstrevolution, Zeitschrift für politische Bildung, Heft 1/1991, S. 13-19.

Herbst, Andreas/Ranke, Wilfried/Winkler, Jürgen: So funktionierte die DDR, Reinbek 1994.

Herles, Helmut/Rose, Ewald (Hg.): Vom Runden Tisch zum Parlament, Bonn 1990.

Hertle, Hans-Hermann: Chronik des Mauerfalls. Die dramatischen Ereignisse um den 9. November 1989, Berlin 1996.
- Der Fall der Mauer. Die unbeabsichtigte Selbstauflösung des SED-Staates, Opladen 1996.

Hertle, Hans-Hermann/Stephan, Gerd-Rüdiger (Hg.): Das Ende der SED. Die letzten Tage des Zentralkomitees, 2. durchges. Auflage Berlin 1997.

Heydemann, Günter (Hg.): Die Wende 1989/90 - Studien in der Region, Berlin 1999 (im Druck).

Hildebrandt, Jörg/Thomas, Gerhard: Unser Glaube mischt sich ein, Berlin 1990.

Holzweißig, Gunter: Massenmedien in der DDR, 2. Auflage West-Berlin 1989.

Jacobi, Maria: Der Ökologische Arbeitskreis der Dresdner Kirchenbezirke 1980 bis 1993. In: Das Grüne Kreuz, S. 1-146.

Jansen-de-Graaf, Beatrice: Eine protestantische Revolution? Die Rolle der ostdeutschen evangelischen Kirche in der „Wende" 1989/1990. In: Deutschland Archiv 32 (1999), S. 264-270.

Jarausch, Konrad J.: Die unverhoffte Einheit. 1989-1990, Frankfurt a.M. 1995.

Jelitto, Uta: Die Sicht von Außen auf den Ökologischen Arbeitskreis der Dresdner Kirchenbezirke. In: Das Grüne Kreuz, S. 147-218.

Jesse, Eckhard: „Wir sind das Volk!" Neues Selbstbewußtsein, Vielfältigkeit und Gefährdungen der Opposition. In: Wewer, DDR, S. 47-67.

Joas, Hans/Kohli, Martin (Hg.): Der Zusammenbruch der DDR, Frankfurt a.M. 1993.

John, Antonius: Rudolf Seiters. Einsichten in Amt, Person und Ereignisse, Bonn/Berlin 1991.

Kaulfuß, Werner/Schulz, Johannes: Dresdner Lebensläufe. Zeitzeugen berichten vom Leben und vom Umbruch im ehemaligen Bezirk Dresden, Schkeuditz 1993.

Keßler, Heinz: Zur Sache und zur Person. Erinnerungen, 2. Auflage Berlin 1997.

Klameth, Steffen: Von 20, die aufstanden, eine Welt zu verändern. In: Sächsische Zeitung (Dresden) vom 6./7.10.1990.

Klemens, Gregor (Hg.): Geheime Verschlußsache. Aus Akten und Dokumenten der SED, Berlin 1990.

Klemm, Volker: Korruption und Amtsmißbrauch in der DDR, Stuttgart 1991.

Kluger, Lars-Detlev: Der Selbstfindungsprozeß des Blockparteiorgans „Die Union“ zur unabhängigen und überparteilichen Dresdner Tageszeitung zwischen Herbst 1989 und Herbst 1990, Wissenschaftliche Arbeit im Fach Neuere/Neueste Geschichte, TU Dresden, Philosophische Fakultät (masch.), Dresden 1997.

Kohl, Helmut: Ich wollte Deutschlands Einheit. Dargestellt von Kai Diekmann und Ralf Georg Reuth, Berlin 1996.

Kopp, Eduard: Theologisches aus Ost und West. In: Kirche im Sozialismus, Heft 3/1989, S. 87-90.

Krenz, Egon: Wenn Mauern fallen. Die Friedliche Revolution. Vorgeschichte - Ablauf - Auswirkungen. Unter Mitarbeit von Hartmut König und Gunter Rettner, Wien 1990.

Kromer, Hans: Dresden. Die friedliche Revolution: Oktober 1989 - März 1990. Dokumentation der Zeitung „Die Union“. Mit einem Geleitwort von Ministerpräsident Lothar Späth und Oberbürgermeister Herbert Wagner, Böblingen 1990.

Küttler, Thomas: Die Wende in Plauen. In: Fischer/Heydemann, Die Politische „Wende“ 1989/90 in Sachsen, S. 147-155.

Kuhn, Ekkehard: Der Tag der Entscheidung. Leipzig, 9. Oktober 1989, Frankfurt a.M. 1992.

Leipzig im Oktober. Kirchen und alternative Gruppen im Umbruch der DDR. Analysen zur Wende. Hg. von Grabner, Wolf-Jürgen/Heinze, Christine/Pollack, Detlef, Berlin 1990.

Liebsch, Heike: Dresdner Stundenbuch. Protokoll einer Beteiligten im Herbst 1989, Wuppertal 1991.

Links, Christoph/Bahrmann, Hannes: Wir sind das Volk. Die DDR im Aufbruch. Eine Chronik, Wuppertal u.a. 1990.

Löw, Konrad (Hg.): Ursachen und Verlauf der deutschen Revolution 1989 (Schriftenreihe der Gesellschaft für Deutschlandforschung 33), Berlin 1993.

Maaz, Hans-Joachim: Der Gefühlsstau. Ein Psychogramm der DDR, Berlin 1990.

Mangoldt, Hans von: Die Verfassung des Freistaates Sachsen, Entstehung und Gestalt. In: Sächsische Verwaltungsblätter 1 (1993), S. 25-35.

Mannsfeld, Karl: Bürgerprotest aus ökologischer Verantwortung. In: Christliche Demokraten in der Herbstrevolution. Zeitschrift für politische Bildung, Heft 1/1991, S. 51-59.

Menge, Marlies: „Ohne uns läuft nichts mehr“. Die Revolution in der DDR, Stuttgart 1990.

Meyer, Olaf: Vom Leiden und Hoffen der Städte. Öffentliches Gedenken an die Kriegszerstörungen in Dresden, Coventry, Warschau und St. Petersburg (Urbane Theologie 1), Hamburg 1996.

MfS-Bezirksverwaltung Dresden - eine erste Analyse, hg. vom Bürgerkomitee Bautzner Straße e.V., Dresden 1992.

Mitter, Armin/Wolle, Stefan (Hg.): Ich liebe euch doch alle! Befehle und Lageberichte des MfS. Januar-November 1989, Berlin 1990.

Modrow, Hans: Aufbruch und Ende, Hamburg 1991.

- Ich wollte ein neues Deutschland. Mit Hans-Dieter Schütt, 2. Auflage Berlin 1998.
- Die Perestroika. Wie ich sie sehe. Persönliche Erinnerungen und Analysen eines Jahrzehntes, das die Welt veränderte, 2. korr. Auflage Berlin 1998.

Moreau, Patrick: Die SED in der Wende. In: Die SED-Herrschaft und ihr Zusammenbruch, Opladen 1996, S. 289-339.

Neubert, Ehrhart: Geschichte der Opposition in der DDR 1949-1989 (Schriftenreihe der Bundeszentrale für politische Bildung 346), Bonn 1997.

Neubert, Frank/Urich, Karin: Gruppe der 20 - das Dresdner Modell. In: CDU in Dresden. Mitteilungen des Kreisverbandes Nr. 12/1994-1/1995, S. 14.

Neumann, Peter (Hg.): Träumen verboten. Aktuelle Stellungnahmen aus der DDR, Göttingen 1990.

1989. Chronologie der Wende in Sachsen. Bearbeiter: Aline Fiedler und Frank Tiesler, hg. von der Sächsischen Staatskanzlei, Dresden 1999.

Niethammer, Lutz: Das Volk der DDR und die Revolution. Versuch einer historischen Wahrnehmung der laufenden Ereignisse. In: Schüddekopf, Wir sind das Volk, S. 251-279.

Oktober 1989. Wider den Schlaf der Vernunft, Ost-Berlin 1989.

Opp, Karl-Dieter: DDR '89. Zu den Ursachen einer spontanen Revolution. In: Joas/Kohli, Der Zusammenbruch der DDR, S. 194-221.

Pechmann, Roland/Vogel, Jürgen (Hg.): Abgesang der Stasi. Das Jahr 1989 in Presseartikeln und Stasi-Dokumenten, Braunschweig 1991.

Pirker, Theo/Hertle, Hans-Hermann/Kädtler, Jürgen/Weinert, Rainer: FDGB - Wende zum Ende. Auf dem Weg zu unabhängigen Gewerkschaften? Köln 1990.

Pollack, Detlef: Religion und gesellschaftlicher Wandel. Zur Rolle der evangelischen Kirche im Prozeß des gesellschaftlichen Umbruchs in der DDR. In: Joas/Kohli, Der Zusammenbruch der DDR, S. 246-266.

Przybylski, Peter: Tatort Politbüro. Die Akte Honecker, Berlin 1991.

- Tatort Politbüro Band 2: Honecker, Mittag und Schalck-Golodkowski, Berlin 1992.

Reden zum 4. Jahrestag der Gründung des Koordinierungsausschusses zur Bildung des Landes Sachsen am 6. Mai 1994, hg. vom Sächsischen Landtag, Dresden 1994.

Rein, Gerhard (Hg.): Die Opposition in der DDR. Entwürfe für einen anderen Sozialismus, West-Berlin 1989.

Richter, Frank: Worte wachsen langsam. Persönliches aus dem Herbst '89. Gedichte und Kurzprosa. Kirchweih, Dresden 1997.

Richter, Manfred/Zylla, Elsbeth: Mit Pflugscharen gegen Schwerter, Bremen 1991.

Richter, Michael: Rolle, Bedeutung und Wirkungsmöglichkeiten der Blockparteien - Die CDU. In: Materialien der Enquete-Kommission „Aufarbeitung von Geschichte und Folgen der SED-Diktatur in Deutschland" (12. Wahlperiode des Deutschen Bundestages), hg. vom Deutschen Bundestag, Baden-Baden 1995, Band II, 4, S. 2587-2638.

- Räte, „Volksvertretungen", Runde Tische. Die Entwicklung der staatlichen Struktur im Bezirk Dresden bis zur Wahl des sächsischen Landtages im Oktober 1990. In: Fischer/Heydemann, Die politische „Wende" in Sachsen, S. 157-188.

- Die Staatssicherheit im letzten Jahr der DDR (Schriften des Hannah-Arendt-Instituts für Totalitarismusforschung 4), Weimar u.a. 1996.

Riecker, Ariane/Schwarz, Annett/Schneider, Dirk: Stasi intim. Gespräche mit ehemaligen MfS-Angehörigen, 2. Auflage Leipzig 1991.

Ronge, Volker: Loyality, Voice or Exit? Die Fluchtbewegung als Anstoß und Problem der Erneuerung in der DDR. In: Wewer, DDR, S. 29-46.

Rosenlöcher, Thomas: Die verkauften Pflastersteine. Dresdner Tagebuch, Frankfurt a.M. 1990.

Rüdenklau, Wolfgang: Störenfried. DDR-Opposition 1986-1989, Berlin 1992.

Runge, Irene/Stelbrink, Uwe: Markus Wolf: „Ich bin kein Spion", Berlin 1991.

Schabowski, Günter: Der Absturz, Berlin 1991.

Schäfer, Bernd: Staat und katholische Kirche in der DDR, 2. Auflage Köln 1999.

Schell, Manfred/Kalinka, Werner: Stasi und kein Ende. Die Personen und Fakten, Frankfurt a.M./Berlin 1991.

Scheytt, Oliver: Die Kommunen der neuen Bundesländer im Umbau. Probleme und Perspektiven. In: Beckord, Die Kommunen und die Einheit Deutschlands, S. 1-10.

Schlegelmilch, Cornelia: Die politische Wende in der DDR am Beispiel der sächsischen Stadt Wurzen. In: Fischer/Heydemann, Die Politische „Wende" 1989/90 in Sachsen, S. 117-146.

- Für das Volk oder mit dem Volk? Über Schwierigkeiten mit der Demokratie in der sächsischen Kleinstadt Wurzen. In: Deutschland Archiv 29 (1996), S. 535-542.

Schmid, Josef: Kirchen, Staat und Politik in Dresden zwischen 1975 und 1989 (Geschichte und Politik in Sachsen 7), Köln u.a. 1998.

Schmidt, Ute: Von der Blockpartei zur Volkspartei? Die Ost-CDU im Umbruch 1989-1994 (Schriften des Zentralinstituts für sozialwissenschaftliche Forschung der Freien Universität Berlin 81), Opladen 1997.

Schnauze! Gedächtnisprotokolle 7. und 8. Oktober. Berlin Leipzig Dresden, Berlin 1990.

Schneider, Wolfgang: Leipziger Demontagebuch, Leipzig/Weimar 1990.

Schüddekopf, Charles (Hg.): „Wir sind das Volk" Flugschriften, Aufrufe und Texte einer deutschen Revolution, Hamburg 1990.

Die SED-Herrschaft und ihr Zusammenbruch (Am Ende des realen Sozialismus 1). Hg. von Kuhrt, Eberhard/Buck, Hannsjörg F./Holzweißig, Gunter, Opladen 1996.

Seifert, Katharina: Durch Umkehr zur Wende. Zehn Jahre „Ökumenische Versammlung in der DDR" - eine Bilanz, Leipzig 1999.

Sobeslavsky, Erich: Der Wirtschafts- und Finanzausschuß der Dresdner Stadtverordnetenversammlung in der Umgestaltung des Bezirkes Dresden 1989/90. In: Heydemann, Die Wende 1989/90 (im Druck).

Stephan, Gerd-Rüdiger (Hg.): „Vorwärts immer, rückwärts nimmer!" Interne Dokumente zum Zerfall von SED und DDR 1988/89, Berlin 1994.

Strafgesetzbuch der Deutschen Demokratischen Republik - StGB - und angrenzende Gesetze und Bestimmungen. Textausgabe mit Anmerkungen, Hinweisen und Sachregister, hg. vom Ministerium der Justiz, Ost-Berlin 1978.

Süß, Walter: Staatssicherheit am Ende. Warum es den Mächtigen nicht gelang, 1989 eine Revolution zu verhindern (Analysen und Dokumente 15, Wissenschaftliche Reihe des Bundesbeauftragten für die Unterlagen des Staatssicherheitsdienstes der ehemaligen Deutschen Demokratischen Republik), Berlin 1999.

Swoboda, Jörg: Die Revolution der Kerzen, Wuppertal/Kassel 1990.

Teltschik, Horst: 329 Tage. Innenansichten der Einigung, Berlin 1991.

Tetzner, Reiner: Leipziger Ring. Aufzeichnungen eines Montagsdemonstranten Oktober 1989 bis 1. Mai 1990, Frankfurt a.M. 1990.

Thaysen, Uwe: Der Runde Tisch. Oder: Wo blieb das Volk? Opladen 1990.
- Wege des politischen Umbruchs in der DDR. Der Berliner und der Dresdener Pfad der Demokratiefindung. Vortrag im Rahmen der 19. wissenschaftlichen Jahrestagung der Gesellschaft für Deutschlandforschung (GfD) und der Gerhard Mercator-Universität Duisburg am 6./7. März 1997 im Berliner (Roten) Rathaus (unveröffentl. Manuskript).
- Rückzug, Verschleierung - und Rückkehr? Das Meisterstück der Regierung Modrow im Transformationsprozeß der DDR (1989/90). In: Recht und Politik 30 (1994), S. 143-149.

Timmermann, Heiner (Hg.): DDR-Forschung. Bilanz und Perspektiven (Dokumente und Schriften der Europäischen Akademie Otzenhausen 76), Berlin 1995.

Ulrich, Holde-Barbara: Dresdner Aufbruch. Eine neue Form demokratischer Mitbestimmung. In: Für Dich, Heft 45/1989, S. 18f.

„Und diese verdammte Ohnmacht". Report der unabhängigen Untersuchungskommission zu den Ereignissen vom 7./8. Oktober in Berlin, Berlin 1991.

Urich, Karin: Der Umbruch in Dresden (Herbst 1989 bis Frühjahr 1990), Magisterarbeit an der Universität Mannheim, Lehrstuhl für politische Wissenschaft und Zeitgeschichte (masch.), Mannheim 1995.
- Von der Straße ins Parlament. Die „Gruppe der 20" als Dresdner Eigenweg während des Umbruchs 1989/90. In: Fingerzeige(r), Zeitschrift für Lehrerinnen und Lehrer in Sachsen, hg. vom Sächsischen Staatsministerium für Kultus, 4 (1997), S. 19-22.
- Die Bürgerbewegung 1989/90 in Dresden und ihre Ziele. In: Dresdner Hefte 57, 1/1999, S. 75-82.
- Die Besonderheiten der Bürgerbewegung in Dresden 1989/90 dargestellt am Beispiel der „Gruppe der 20". Vortrag für die internationale DDR-Forschertagung der Europäischen Akademie Otzenhausen „Neue Analysen und Erkenntnisse zur DDR-Geschichte" 19. bis 22. November 1998 (Dokumente und Schriften der Europäischen Akademie Otzenhausen), Berlin 1999 (im Druck).

Verfassung des Freistaates Sachsen, Baden-Baden 1993.

Voigt, Dieter/Gries, Sabine: Hat die DDR-Forschung versagt? In: Timmermann, DDR-Forschung, S. 41-57.

Wagner, Herbert: Gruppe der 20 vertritt Interessen der Dresdner Bürger. In: Bürgerbewegungen für Demokratie in den Kommunen, S. 13-21.
- Zwanzig gegen SED-Willkür in Dresden. In: Christliche Demokraten in der Herbstrevolution. Zeitschrift für politische Bildung, Heft 1/1991, S. 90-94.
- Die Novemberrevolution 1989 in Dresden. Ein Erlebnisbericht. In: Löw, Ursachen und Verlauf der deutschen Revolution, S. 9-15.

Weber, Hans-Werner: Gläubigkeit, Opportunismus und späte Zweifel. Anmerkungen zu den Veränderungen im politisch-moralischen Bewußtsein des Offizierskorps der NVA. In: Backerra, NVA, S. 43-66.

Wehnert, Detlef/Graff, Andreas: Stürmischer Herbst 1989. Chronik der Ereignisse in Dresden eingebettet in den gesellschaftlichen Umbruch der DDR. (Zeitraum September 1989 bis Dezember 1989), Dresden 1994.

Wendezeiten. Vom 09.10. 1989 „Jeder hat in der DDR seinen Platz" bis 24.03.1990 „Vierzig Jahre Schlaf, vier Monate Traum und ein böses Erwachen". Berichte, Ausrufe, Stellungnahmen, Offene Briefe aus der DDR-Zeitung Die

Union (Landesinstitut für Schule und Weiterbildung in Nordrhein-Westfalen), hg. von Masberg, Elke/Rogge, Klaus I./Schraub, Walter, o.O. 1990.
Wenzel, Otto: Kriegsbereit. Der Nationale Verteidigungsrat der DDR 1960 bis 1989, Köln 1995.
Wettig, Gerhard: Niedergang, Krise und Zusammenbruch der DDR. In: Kuhrt/Buck/Holzweißig, Die SED-Herrschaft und ihr Zusammenbruch, S. 379-455.
Wewer, Gottrick (Hg.): DDR. Von der friedlichen Revolution zur deutschen Vereinigung, Opladen 1990.
Widerstand und Opposition in der DDR, hg. von Henke, Klaus-Dietmar/Steinbach, Peter/Tuchel, Johannes, Köln 1999.
Wielgohs, Jan/Schulz, Marianne: Von der „friedlichen Revolution" in die politische Normalität. Entwicklungsetappen der ostdeutschen Bürgerbewegung. In: Joas/Kohli, Der Zusammenbruch der DDR, S. 222-245.
Wir sind das Volk. Teil 2: Die Bewegung Oktober/November 1989, Halle/Leipzig 1989.
Ziemer, Christof: Wachen und Beten für die Stadt. Christen- und Bürgergemeinde am Beispiel Dresdens. In: Hildebrandt/Thomas, Unser Glaube mischt sich ein, S. 100-110.
- Man ging einfach nicht den Weg aller mit. In: Richter/Zylla, Mit Pflugscharen gegen Schwerter, S. 234-244.
Zimmerling, Zeno und Sabine (Hg.): Neue Chronik DDR. Berichte. Fotos. Dokumente. 1.-7./8. Folge, Ost-Berlin 1989/1990.
Zwahr, Hartmut: Die Revolution in der DDR 1989/1990 - eine Zwischenbilanz. In: Fischer/Heydemann, Die politische „Wende", S. 205-252.

4. Abkürzungen

ABL	Archiv der Bürgerbewegung Leipzig
ABL BA	Archiv der Bürgerbewegung Leipzig, Bestand Arnold
Abt.	Abteilung (hier des MfS)
Abt. 26	MfS-Abteilung Telefonüberwachung
Abt. M	MfS-Abteilung Postkontrolle (zur Hauptabteilung II)
ABV	Abschnittsbevollmächtigter der Deutschen Volkspolizei
ADN	Allgemeiner Deutscher Nachrichtendienst
AG	Arbeitsgruppe
AGL	Arbeitsgruppe des Leiters (MfS)
AIM-VL	Archivierter IM-Vorgang, Vorlauf
AK	Aktuelle Kamera
APO	Abteilungsparteiorganisation der SED
ASTA	Antragsteller auf ständige Ausreise aus der DDR
AWG	Arbeiter-Wohnungsbau-Genossenschaft
BAfNS	Bezirksamt für Nationale Sicherheit
BArch B	Bundesarchiv Berlin
BD	Betriebsdirektor
BDF	Basisdemokratische Fraktion (der StVV Dresden)
BdL	Büro des Leiters
BDVP	Bezirksbehörde der Deutschen Volkspolizei
BEL	Bezirkseinsatzleitung
BePo/Bepo	Bereitschaftspolizei

BGL	Betriebsgewerkschaftsleitung (FDGB)
Bhf.	Bahnhof
BL	Bezirksleitung
BStA	Bezirksstaatsanwalt
BStU	Bundesbeauftrager für die Unterlagen des Staatssicherheitsdienstes der ehemaligen DDR
BT	Bezirkstag
BV	Bezirksverwaltung (MfS)
	Besonderes Vorkommnis
	Bevölkerung
	Bezirksvorstand
BVfS	Bezirksverwaltung für Staatssicherheit
DA	Demokratischer Aufbruch
DBD	Demokratische Bauernpartei Deutschlands
Ddn.	Dresden
DJ	Demokratie Jetzt
DLK	Dienstleistungskombinat
DR./Dr.	Dresden
DSU	Deutsche Soziale Union
DU	Demokratische Union
DVP	Deutsche Volkspolizei
EHB	Einzelhandelsbetrieb
Ena	Evangelischer Nachrichtendienst in der DDR
EOS	Erweiterte Oberschule
FIM	Führungs-IM (MfS)
FS	Fernschreiben
Gen.	Genosse
GK	Gesellschaftliche Kräfte
GL	Generalleutnant
GM	Geheimer Mitarbeiter des MfS
	Generalmajor
GMS	Geheimer Mitarbeiter des MfS für Sicherheit
GO	Generaloberst
	Grundorganisation
GPG	Gärtnerische Produktionsgenossenschaft
GST	Gesellschaft für Sport und Technik
GVS	Geheime Verschlußsache
HA	Hauptabteilungen des MfS
HA II	Hauptabteilung Spionageabwehr
HA VII	Hauptabteilung Abwehrarbeit MdI/DVP
HA VIII	Hauptabteilung Beobachtung/Ermittlung
HA IX	Hauptabteilung Untersuchungsorgan
HA XVIII	Hauptabteilung Volkswirtschaft
HA XIX	Hauptabteilung Verkehr, Post, Nachrichtenwesen
HA XX	Hauptabteilung Staatsapparat, Kunst, Kultur, Kirche, Untergrund
HAIT DS FRS	Hannah-Arendt-Institut, Dokumentensammlung, Bestand Friedliche Revolution in Sachsen
HfV	Hochschule für Verkehrswesen
HO	Handelsorganisation

Hptm.	Hauptmann
IDE	Initiative Demokratische Erneuerung
IKMO	Inoffizieller kriminalpolizeilicher Mitarbeiter für operative Aufgaben
IM	Inoffizieller Mitarbeiter des MfS
IMS	Inoffizieller Mitarbeiter für Sicherheit des MfS
IM-VL	IM-Vorlauf
KAfNS	Kreisamt für Nationale Sicherheit
KD	Kreisdienststelle
KEL	Kreiseinsatzleitung
KMS/Kms.	Karl-Marx-Stadt
KOM	Kraftomnibus
Komp.	Kompanie
Kp.	Kompanies
LBV	Leiter der Bezirksverwaltung (MfS)
LDPD	Liberaldemokratische Partei Deutschlands
LKA	Landeskirchenamt
Ltr.	Leiter
LVO	Landesverteidigungsobjekt
MA	(Hauptamtlicher) Mitarbeiter des MfS
MB	Militärbezirk
MDA	Matthias-Domaschk-Archiv
MdI	Ministerium des Innern
MfIA	Ministerium für Innere Anhelegenheiten
MfNV	Ministerium für Nationale Verteidigung
Mj.	Major
ML	Marxismus/Leninismus
MZAP	Militärisches Zwischenarchiv Potsdam
NDPD	Nationaldemokratische Partei Deutschlands
NVR	Nationaler Verteidigungsrat
Ob.	Oberst
OB	Oberbürgermeister
OBL	Oberleutnant
OES	Operativer Einsatzstab (MfS)
OHS	Offiziershochschule
OLKR	Oberlandeskirchenrat
Op.	operativ (MfS)
OSL	Oberstleutnant
OSV	Ordnungsstrafverfahren
OWG	Ordnungswidrigkeiten-Gesetz
OWVO	Ordnungswidrigkeiten-Verordnung
PB	Politbüro des ZK der SED
PGH	Produktionsgenossenschaft des Handwerks
PH	Pädagogische Hochschule
PHV	Politische Hauptverwaltung (der NVA)
PUT	Politische Untergrundtätigkeit (MfS)
PKZ	Personenkennzahl
RdB/R.d.B.	Rat des Bezirkes
RdS	Rat der Stadt

Rtg.	Richtung
SächHStA	Sächsisches Hauptstaatsarchiv Dresden
SAPMO	Stiftung Archiv der Parteien und Massenorganisationen der DDR
SB	Stadtbezirk
SdL	Stellvertreter des Leiters
SdM	Sekretariat des Ministers
SDP	Sozialdemokratische Partei der DDR
SLB	Sächsische Landesbibliothek
SNN	Sächsische Neueste Nachrichten (LDPD)
Sta.	Staatsanwalt/Staatsanwaltschaft
StAL	Staatsarchiv Leipzig
StGB	Strafgesetzbuch
StVV/SVV	Stadtverordnetenversammlung
SV	Stadtverband
ThHStA	Thüringisches Hauptstaatsarchiv Weimar
TraPo/Trapo	Transportpolizei
TU	Technische Universität
UAG	Unterarbeitsgruppen der ZAG der StVV Dresden
UK	Untersuchungskommission
unpag.	unpaginiert
VA	Volksarmee
VAV/VAVO	Veranstaltungs-Verordnung
VK	Vorkommnis
VMI	Volkswirtschaftliche Masseninitiative
VP	Volkspolizei
VPB	Volkspolizei-Bereitschaft
VPKA	Volkspolizei-Kreisamt
VVS	Vertrauliche Verschlußsache
WSE	Wach- und Sicherungseinheit (MfS)
WTsch	Wyssoko-Tschastotnaja Swjas (deutsch: Hochfrequenzleitung) russ. Abkürzung für das geheime Telefonsondernetz zwischen den Führungen von MfS, SED, der NVA, des MdI und der Zollverwaltung
WTZ	Wissenschaftlich-Technisches Zentrum
ZA	Zentralarchiv
ZAG	Zeitweilige Arbeitsgruppe (der StVV Dresden)
ZAIG	Zentrale Auswertungs- und Informationsgruppe (MfS)
ZMD	Zentrum für Mikroelektronik Dresden
ZPA	Zentrales Parteiarchiv
ZZP	Zentraler Zuführungspunkt

5. Erwähnte Straßen, Plätze und Brücken, die umbenannt wurden

Brücke der Einheit	Albertbrücke
Dr. Kurt-Fischer-Allee	Stauffenbergallee
Dr. Rudolf-Friedrichs-Brücke	Carolabrücke
Ernst-Thälmann-Straße	Wilsdruffer Straße
Fučikplatz	Straßburger Platz
Georgi-Dimitroff-Brücke	Augustusbrücke

Georgi-Dimitroff-Platz	Schloßplatz
Leningrader Straße	St. Petersburger Straße
Leninplatz	Wiener Platz
Platz der Einheit	Albertplatz
Straße der Befreiung	Hauptstraße

6. Kurzbiographien von Mitgliedern und Beratern der Gruppe der 20[1]

Andrich, Christoff: Bauingenieur, Anfang 1989 Tätigkeit in einer Initiative für den Erhalt der Altstädte innerhalb des Ökologischen Arbeitskreises der Dresdner Kirchenbezirke, Mitglied der ZAG „Stadtentwicklung", Mitglied der Gruppe der 20 von Dezember 1989 bis Mai 1990, Mitglied der Basisdemokratischen Fraktion bis Mai 1990, danach kurzzeitig im Stadterneuerungsamt (Wohnungsbauförderung), dann Arbeit in der freien Wirtschaft, bis Ende 1993 Mitglied der Freien Wählervereinigung.

Bachmann, René: geb. 26.9.1971, 1989 wohnhaft in Dresden, Urmitglied der Gruppe der 20, Austritt am 10.10.1989.

Bartzsch, Andreas, geb. 1.12.1956, 1989 wohnhaft in Dresden, Fahrschullehrer, Urmitglied der Gruppe der 20.

Baumgart, Ulrich: geb. 18.11.1944, 1989 wohnhaft in Dresden, Dipl.-Ingenieur im VEB Schnittholz und Holzwaren, 1971 Gründer des kirchlichen „INKOTA-Netzwerkes" für Entwicklungshilfe, Vorsitzender einer CDU-Ortsgruppe, Urmitglied der Gruppe der 20, ab April 1993 als Entwicklungshelfer im Camp „Centro sozial de Cardonal" in Mexiko, später Rückkehr nach Dresden.

Böhme, Dr. Ulrich: Oberlandeskirchenrat, Leiter der Baubehörde, Leiter der Sektion der Gruppe der 20 und ZAG Bürgerverantwortung, Bürgervertretung, Bürgermitverantwortung.

Bönninger, Jürgen: Ab Dezember 1989 für den Demokratischen Aufbruch Mitglied der Gruppe der 20, Mitglied der BDF (Demokratischer Aufbruch).

Boltz, Friedrich: geb. 19.3.1953, 1989 wohnhaft in Dresden, Entwicklungsingenieur, seit 1971 SED, 1974–78 Studium der Technischen Kybernetik und Automatisierungstechnik an der TH Ilmenau, danach in Dresden u.a. im Zentrum für Mikroelektronik, Urmitglied der Gruppe der 20, Oktober 1989 Initiator der „Eine-Mark-Aktion", 1. Pressesprecher der Gruppe der 20, Ausschluß November 1989, Mai 1990 für die PDS parteiloses Mitglied der ersten freigewählten Stadtverordnetenversammlung, 1990 Herausgeber einer alternativen Zeitung, bei der Kommunalwahl 1994 nicht wiedergewählt, April 1991 Austritt aus der PDS, heute alternativer Landwirt.

Brandes, Dieter: geb. 4.11.1930, Katechet, 1989 wohnhaft in Dresden, Urmitglied der Gruppe der 20, Austritt am 23.4.1990, nach den Kommunalwahlen 1990 Eintritt in die SPD, bis Dezember 1995 Katechet in der Auferstehungskirche Dresden-Plauen, nach der Pensionierung Beisitzer für Kriegsdienstverweigerer beim Kreiswehrersatzamt.

1 Als „Urmitglieder" werden die Mitglieder der Gruppe der 20 bezeichnet, die zur Gruppe der Vertreter der Demonstranten am 8. Oktober 1989 auf der Prager Straße gehörten.

Denkert, Karl-Heinz: geb. 12.2.1945, 1989 wohnhaft in Dresden, Tischlermeister, Urmitglied der Gruppe der 20, nach 1990 Freiberufl. Tischler, März 1994 Selbstmord.

Dittmann, Uta: geb. 21.2.1943, CDU, Journalistin bei der Tageszeitung „Die Union" in Dresden, Beraterin der Gruppe der 20 von Oktober 1989 bis Januar 1990, später CDU-Austritt.

Gaber, Klaus: geb. 19.6.1941, Dipl.-Ing. für Elektrotechnik, Mitbegründer des Ökologischen Arbeitskreises der Dresdner Kirchenbezirke, Leiter ZAG „Umweltschutz", Mitglied der BDF für die Gruppe der 20, ab Oktober 1990–1994 MdL (Bündnis 90/Grüne, Dresden), seit 1993 Fraktionsvorsitzender, seit 1994 Beigeordneter für Umwelt und Kommunalwirtschaft in der Stadt Dresden.

Glosinski, Uwe: geb. 28.01.1965, 1989 wohnhaft in Dresden, Busfahrer, Urmitglied der Gruppe der 20, Austritt aus der Gruppe der 20 im Herbst 1989, Umzug nach Koblenz, Lkw-Fahrer.

Göbel, Dr. Peter: geb. 28.6.1955, Kinderchirurg im Universitätsklinikum Dresden. Mitglied der CDU, Mitglied der BDF für die Gruppe der 20, Mitglied der ZAG „Gesundheit", für die CDU in der ersten freigewählten Stadtverordnetenversammlung von 1990 bis 1994.

Grüttner, René: geb. 23.11.1964, Ausschluß aus der SED, keine Zulassung zum Studium als Mathematiklehrer, 1989 wohnhaft in Dresden, Schlosser, Urmitglied der Gruppe der 20, Januar 1990 Umzug nach Krefeld, Schlosser bei der DUEWAG-AG.

Heitmann, Steffen: geb. 8.9.1944, Theologe, Kirchenjurist und Oberkirchenrat, seit 1975 kirchenjuristische Ausbildung, zugleich Pfarrer und Rechtsreferent in der Kirchenverwaltung, seit 1982 Leiter des Bezirkskirchenamtes Dresden, Rechtsberater der Gruppe der 20, Leiter der ZAG „Recht und Verfassung", Mitglied der BDF für die Gruppe der 20, Mitverfasser des Gohrischer Entwurfs für eine sächsische Landesverfassung, seit Dezember 1991 Mitglied der CDU, seit 1990 Sächsischer Staatsminister der Justiz, 1993 im Gespräch als Kandidat der CDU/CSU für das Amt des Bundespräsidenten.

Horn, Andreas: geb. 27.9.1952, Gemeindepfarrer in der Versöhnungskirche, Berater der Gruppe der 20, ab 1991 zeitweilig Landesjugendpfarrer in Dresden.

Kinscher, Markus: geb. 24.10.1970, 1989 wohnhaft in Dresden, Kfz-Schlosser-Lehrling beim Verkehrs- und Tiefbaukombinat Dresden, Urmitglied der Gruppe der 20, ab Juni 1990 Rohrschlosser beim VEB Strömungsmaschinenbau Pirna, 1991 Entlassung, später Heizungsmonteur beim Montagewerk Leipzig, Zivildienst, ab 1993 Angestellter auf dem St.-Markus-Friedhof in Dresden.

Kuczera, Lothar: geb. 30.9.1939, Katholischer Priester; 1989 Berater der Gruppe der 20, Mitglied der Unabhängigen Untersuchungskommission.

Leuschner, Andreas: geb. 14.7.1951, katholischer Priester, geweiht am 26.6.1982 in Dresden, Mitinitiator der Gründung der Gruppe der 20 am 8. Oktober 1989 auf der Prager Straße, seit 1991 Pfarrer in Waldheim und Colditz, 1993 Seelsorger in der Justizvollzugsanstalt Waldheim, seit 1997 zugleich Pfarrer in Leisnig.

Linke, Sabine: geb. 10.5.1966, 1989 wohnhaft in Dresden, Schwesternschülerin an der Medizinischen Akademie Dresden, Urmitglied der Gruppe der 20, 1992

Kibbuz in Israel, später Umzug nach Bristol (Großbritannien), Arbeit als Krankenschwester.

Mattheß, Henry: geb. 3.10.1963, 1989 wohnhaft in Dresden, Straßenbahnfahrer, Urmitglied der Gruppe der 20, 1989–1990 Studium, Abbruch, Lkw-Fahrer, Umzug ins Ausland.

Miersch, Maik: geb. 10.5.1966, 1989 wohnhaft in Dresden, Dreher, Urmitglied der Gruppe der 20, Juni 1990 arbeitslos, Computer-Lehrgang, ab Februar 1991 Arbeit in Eßlingen.

Mihály, Beate: geb. 29.10.1944, 1989 wohnhaft in Freital, Erzieherin, Urmitglied der Gruppe der 20, Mitglied der ZAG „Medien", tätig bis zur Auflösung im Mai 1990, 1994 Entlassung aus ihrer Kinderkrippe, danach drei Jahre arbeitslos, Eröffnung eines Tages-Cafés.

Münch, Klaus: geb. 15.10.1955, 1989 wohnhaft in Dresden, Urmitglied der Gruppe der 20, Mitte Oktober Ausscheiden aus der Gruppe der 20 wegen Übersiedlung in die Bundesrepublik.

Naumann, Jörg: Ingenieur, Mitglied der BDF für die Gruppe der 20, Wechsel zu Greenpeace.

Neubert, Frank: geb. 28.8.1953, 1989 wohnhaft in Dresden, Schichtleiter/Ingenieur, Urmitglied der Gruppe der 20, nach Ausschluß von F. Boltz Pressesprecher, später Leiter des Büros der Gruppe der 20, tätig bis zur Auflösung im Mai 1990, Mitglied der BDF für die Gruppe der 20, Februar 1990 CDU-Eintritt, seit Mai 1991 Leiter des Standesamtes von Dresden.

Nikolaus, Kerstin: geb. 25.2.1967, 1989 wohnhaft in Dresden, Beiköchin, Urmitglied der Gruppe der 20, frühes Ausscheiden aus der Gruppe der 20.

Ohst, Eberhard: geb. 10.1.1940, Diplom-Chemiker, Urmitglied der Gruppe der 20, tätig bis zur Auflösung im Mai 1990, Mitglied im Korruptionsausschuß der Stadtverwaltung Dresden, heute Sachbearbeiter für Siedlungsabfall im Landesamt für Umwelt und Ökologie, Vorsitzender des Personalrats des Landesamts.

Petry, Mario: geb. 23.8.1971, Schüler, 1989 wohnhaft in Dresden, Urmitglied der Gruppe der 20, frühes Ausscheiden aus der Gruppe.

Pstrong, Heiko: geb. 22.10.1967, 1989 wohnhaft in Dresden, Student für Verkehrswesen Dresden, Urmitglied der Gruppe der 20, 1. Sprecher der Gruppe der 20, ab 1991 Studium der Sozialwissenschaften an der Fachhochschule Bremen, seit 1995 Haft-Pädagoge im Rheinland.

Raschke, Dr. Werner: Konstrukteur, Leiter der ZAG „Ziele der Gesellschaft", Mitglied der BDF für die Gruppe der 20.

Richter, Frank: geb. 20.4.1960, katholischer Priester, 1989 Kaplan im Dompfarramt, Initiator der Gruppe der 20 am Abend des 8. Oktober 1989 auf der Prager Straße, am 10. Oktober durch Dr. Herbert Wagner ersetzt, Berater der Gruppe der 20 bis Dezember 1989, seit Januar 1997 Pfarrer in Aue.

Richter, Steffen: geb. 1972, 1989 wohnhaft in Pirna, Lehrling, Urmitglied der Gruppe der 20, frühes Ausscheiden aus der Gruppe der 20, Umzug nach Bayern.

Riethmüller, Irmtraut: geb. 21.6.1943, Polygraphie-Ingenieurin, früher Baureferat des Ordinariats des Bistums Dresden-Meißen, Mitglied der Gruppe der 20 von

Dezember 1989 bis Mai 1990, tätig im Büro der Gruppe und zuständig für die Wochenzeitung „Der Sachsenspiegel“, heute persönliche Referentin des Oberbürgermeisters Dr. Herbert Wagner und Leiterin der Abteilung Protokoll des Dresdner Rathauses.

Rößler, Bringfriede: geb. ca. 1955, 1989 wohnhaft in Radebeul, Krankenschwester, Urmitglied der Gruppe der 20.

Rosenberg, Peter: geb. ca. 1952, 1989 wohnhaft in Dresden, Bäcker, Urmitglied der Gruppe der 20, 1990 Entlassung aus dem Kombinat Backwaren, Umzug in den Westen, Selbstmord.

Scholz, Klaus-Dieter: geb. 18.8.1947, Diplom-Ingenieur für Energiewirtschaft, seit 1984 Sicherheitsingenieur in der Dresdner Zigarettenfabrik, LDPD-Mitglied von 1973-1975, Mitglied der Gruppe der 20 von Dezember 1989 bis Mai 1990, Leiter der ZAG „Wirtschaft“. Mitglied der BDF für die Gruppe der 20, Gründer der „Freien Wählervereinigung Gruppe der 20“, Mitglied der ersten freigewählten Stadtverordnetenversammlung, Zweimalige Kandidatur um den Posten des Oberbürgermeisters 1990 und 1994, seit 1997 Sicherheitsinspekteur in den Vereinigten Zigarettenfabriken Dresden.

Schubert, Dieter: geb. 31.8.1940, Biomedizinischer Techniker, Mitglied der BDF für die Gruppe der 20, heute Kulturamtsleiter in Radebeul.

Schwarz, Olivia: geb. 21.6.1971, 1989 wohnhaft in Dresden, Lehrling/Fleischverkäuferin, Urmitglied der Gruppe der 20, 1991 Umzug nach Bayern, 1995 Rückkehr nach Sachsen.

Siegemund, Dr. Walter: geb. 14.1.1943, Konstrukteur, Mitbegründer des Sächsischen Städte- und Gemeindetags, hier später Referent für Öffentlichkeitsarbeit, Mitglied der ZAG „Recht und Verfassung“, Mitglied der BDF für die Gruppe der 20, Kandidat der „Freien Wählervereinigung Gruppe der 20“ bei den Kommunalwahlen 1990, heute Pressesprecher im Sächsischen Staatsministerium für Kultus.

Sobeslavsky, Dr. Erich: geb. 30.5.1942, Diplom-Physiker, Mitbegründer der SDP in Dresden, von Dezember 1989 bis Mai 1990 für die SDP/SPD Mitglied der Gruppe der 20, Mitglied der BDF von Januar bis Mai 1990, 1995-1997 Mitarbeiter am Hannah-Arendt-Institut, ab 1997 Referent beim Sächsischen Landesbeauftragten für die Stasi-Unterlagen.

Steudner, Maria: geb. 5.6.1954, 1989 wohnhaft in Dresden, Urmitglied der Gruppe der 20, frühzeitiges Ausscheiden aus der Gruppe der 20.

Trommer, Burgi: geb. 8.2.1941, freischaffende Journalistin, Urmitglied der Gruppe der 20, frühzeitiges Ausscheiden aus der Gruppe der 20.

Vaatz, Arnold: geb. 9.8.1955, Dipl.-Mathematiker und Theologe, 1982/83 Haft wegen Verweigerung des Reservewehrdienstes, Oktober 1989 bis Februar 1990 Neues Forum, seit November 1989 Pressesprecher des Neuen Forums Dresdens, seit Oktober 1989 Mitglied der Sektion „Recht der DDR“ der Gruppe der 20, ab Dezember für das Neue Forum Mitglied der Gruppe der 20, Dezember 1989 bis Februar 1990 Mitglied der AG zur Auflösung des MfS/AfNS der Bezirksverwaltung Dresden, ab Februar 1990 CDU-Mitglied, ab März 1990 CDU-Landesvorstand Sachsen, Juni-November 1990 Stellvertreter des Regierungsbeauftragten für den Bezirk Dresden, Leiter des Koordinierungsausschusses zur Bildung des Freistaates Sachsen, MdL, Oktober/November 1990 Stellvertreter des Ministerpräsidenten, dann Minister und Leiter der Staatskanzlei des Freistaates Sachsen, 1992–1998 Sächsischer Staatsminister für Umwelt und Landesentwicklung, Stellv. Vorsitzender der CDU-Programmkommission bis Januar 1993, Rücktritt wegen Honecker-Freilassung, 1997 Mitglied des Bundesvorstandes der CDU, ab 1998 MdB.

Wagner, Dr. Herbert: geb. 21.9.1948, 1989 wohnhaft in Dresden, Elektronik-Ingenieur, Mitglied der Gruppe der 20 vom 10. Oktober 1989 bis Mai 1990, nach Ausscheiden von Heiko Pstrong (Nov. 89) Sprecher der Gruppe der 20, Fraktionsvorsitzender der BDF, Februar 1990 Eintritt in die CDU, 1990 Kandidat der „Demokratischen Union“ für das Amt des Oberbürgermeisters, seit 1990 Oberbürgermeister von Dresden.

Zacher, Peter: geb. 10.11.1939, Dolmetscher, Musikwissenschaftler, Theologe und freier Journalist, vor allem für die Kulturseite der Zeitung „Die Union“, 1965–1989 CDU-Mitglied, Mitglied der Gruppe der 20 von November 1989 bis Mai 1990, Mitglied der ZAG „Medien“, Mitglied der BDF für die Gruppe der 20, Ende 1989 Austritt aus der CDU, Mai 1990 für die „Alternative Fraktion“ (Demokratie Jetzt) in die Stadtverordnetenversammlung gewählt, seit 1990 Bündnis 90/Die Grünen.

Ziemer, Christof: geb. 7.2.1941, evangelischer Pfarrer, Theologiestudium in Halle und Berlin, 1965 beim Sprachenkonvikt in Halle, 1968 Pfarrer in Pirna, 1974 Leiter der Theologischen Studienabteilung beim Evangelischen Kirchenbund in Berlin, seit 1980 Pfarrer an der Dresdner Kreuzkirche und Superintendent, Oktober/November 1989 Berater der Gruppe der 20, heute Entwicklungshelfer in Sarajevo (Bosnien).

Personenregister

Seitenangaben mit Stern beziehen sich auf eine Fußnote. Seiten mit Biogramm sind fett markiert.

Hannah-Arendt-Institut

für Totalitarismusforschung e.V. an der Technischen Universität Dresden

Schriften des Hannah-Arendt-Instituts

Nr. 1: Die politische „Wende" 1989/90 in Sachsen. Rückblick und Zwischenbilanz. Hg. von Alexander Fischer (†) und Günther Heydemann, 1995

Nr. 2: Die Ost-CDU. Beiträge zu ihrer Entstehung und Entwicklung. Hg. von Michael Richter und Martin Rißmann, 1995

Nr. 3: Stefan Creuzberger: Die sowjetische Besatzungsmacht und das politische System der SBZ, 1996

Nr. 4: Michael Richter: Die Staatssicherheit im letzten Jahr der DDR, 1996

Nr. 5: Die Tragödie der Gefangenschaft in Deutschland und in der Sowjetunion 1941-1956. Hg. von Klaus-Dieter Müller, Konstantin Nikischkin und Günther Wagenlehner, 1998

Nr. 6: Lothar Fritze: Täter mit gutem Gewissen. Über menschliches Versagen im diktatorischen Sozialismus, 1998

Nr. 7: Totalitarismustheorien nach dem Ende des Kommunismus. Hg. von Achim Siegel, 1998

Nr. 8: Bernd Schäfer: Staat und katholische Kirche in der DDR, 1998

Nr. 9: Widerstand und Oppositon in der DDR. Hg. von Klaus-Dietmar Henke, Peter Steinbach und Johannes Tuchel, 1999

Nr. 10: Peter Skyba: Vom Hoffnungsträger zum Sicherheitsrisiko. Jugend in der DDR und Jugendpolitik der SED 1949-1961, 1999

Nr. 11: Heidi Roth: Der 17. Juni 1953 in Sachsen. Mit einem einleitenden Kapitel von Karl Wilhelm Fricke, 1999

Nr. 12: Michael Richter / Erich Sobeslavsky: Die Gruppe der 20. Gesellschaftlicher Aufbruch und politische Opposition in Dresden 1989/90, 1999

Böhlau Verlag Köln / Weimar

Berichte und Studien

Nr. 1: Gerhard Barkleit, Heinz Hartlepp: Zur Geschichte der Luftfahrtindustrie in der DDR 1952-1961, 1995

Nr. 2: Michael Richter: Die Revolution in Deutschland 1989/90. Anmerkungen zum Charakter der „Wende", 1995

Nr. 3: Jörg Osterloh: Sowjetische Kriegsgefangene 1941-1945 im Spiegel nationaler und internationaler Untersuchungen. Forschungsüberblick und Bibliographie, 1995

Nr. 4: Klaus-Dieter Müller / Jörg Osterloh: Die Andere DDR. Eine studentische Widerstandsgruppe und ihr Schicksal im Spiegel persönlicher Erinnerungen und sowjetischer NKWD-Dokumente, 1995

Nr. 5: Gerhard Barkleit: Die Rolle des MfS beim Aufbau der Luftfahrtindustrie der DDR, 1996

Nr. 6: Christoph Boyer: „Die Kader entscheiden alles ... " Kaderpolitik und Kaderentwicklung in der zentralen Staatsverwaltung der SBZ und der frühen DDR (1945-1952), 1996

Nr. 7: Horst Haun: Der Geschichtsbeschluß der SED 1955. Programmdokument für die „volle Durchsetzung des Marxismus-Leninismus" in der DDR-Geschichtswissenschaft, 1996

Nr. 8: Erich Sobeslavsky / Nikolaus Joachim Lehmann: Zur Geschichte von Rechentechnik und Datenverarbeitung in der DDR 1946-1968, 1996

Nr. 9: Manfred Zeidler: Stalinjustiz kontra NS-Verbrechen. Die Kriegsverbrecherprozesse gegen deutsche Kriegsgefangene in der UdSSR in den Jahren 1943-1952. Kenntnisstand und Forschungsprobleme, 1996

Nr. 10: Eckhard Hampe: Zur Geschichte der Kerntechnik in der DDR 1955-1962. Die Politik der Staatspartei zur Nutzung der Kernenergie, 1996

Nr. 11: Johannes Raschka: „Für kleine Delikte ist kein Platz in der Kriminalitätsstatistik." Zur Zahl der politischen Häftlinge während der Amtszeit Honeckers, 1997

Nr. 12: Die Verführungskraft des Totalitären. Saul Friedländer, Hans Maier, Jens Reich und Andrzej Szczypiorski auf dem Hannah-Arendt-Forum 1997 in Dresden. Herausgegeben von Klaus-Dietmar Henke, 1997

Nr. 13: Michael C. Schneider: Bildung für neue Eliten. Die Gründung der Arbeiter-und-Bauern-Fakultäten in der SBZ/DDR, 1998

Nr. 14: Johannes Raschka: Einschüchterung, Ausgrenzung, Verfolgung. Zur politischen Repression in der Amtszeit Honeckers, 1998

Nr. 15: Gerhard Barkleit/Anette Dunsch: Anfällige Aufsteiger. Inoffizielle Mitarbeiter des MfS in Betrieben der Hochtechnologie, 1998

Nr. 16: Manfred Zeidler: Das Sondergericht Freiberg. Zu Justiz und Repression in Sachsen 1933-1940, 1998

Nr. 17: Über den Totalitarismus. Texte Hannah Arendts aus den Jahren 1951 und 1953. Aus dem Englischen übertragen von Ursula Ludz. Kommentar von Ingeborg Nordmann, 1998

Nr. 18: Totalitarismus. Sechs Vorträge über Gehalt und Reichweite eines klassischen Konzepts der Diktaturforschung. Herausgegeben von Klaus-Dietmar Henke, 1999

Nr 19: Henry Krause: Wittichenau. Eine katholische Kleinstadt und das Ende der DDR, 1999

Nr. 20: Repression und Wohlstandsversprechen. Zur Stabilisierung von Parteiherrschaft in der DDR und der ČSSR. Hg. von Christoph Boyer und Peter Skyba, 1999

Einzelveröffentlichungen:

Nr. 1: Lothar Fritze: Innenansicht eines Ruins. Gedanken zum Untergang der DDR, München 1993 (Olzog)

Nr. 2: Lothar Fritze: Panoptikum DDR-Wirtschaft. Machtverhältnisse. Organisationsstrukturen, Funktionsmechanismen, München 1993 (Olzog)

Nr. 3: Lothar Fritze: Die Gegenwart des Vergangenen. Über das Weiterleben der DDR nach ihrem Ende, Köln 1997 (Böhlau)

Nr. 4: Jörg Osterloh: Ein ganz normales Lager. Das Kriegsgefangenen-Mannschafts-stammlager 304 (IV H) Zeithain bei Riesa/Sa. 1941-1945, Leipzig 1997 (Kiepenheuer)

Nr. 5: Manfred Zeidler: Kriegsende im Osten. Die Rote Armee und die Besetzung Deutschlands östlich von Oder und Neiße 1944/45, München 1996 (Oldenbourg)

Nr. 6: Michael Richter/Mike Schmeitzner: „Einer von beiden muß so bald wie möglich entfernt werden". Der Tod des sächsischen Ministerpräsidenten Rudolf Friedrichs vor dem Hintergrund des Konflikts mit Innenminister Kurt Fischer 1947, Leipzig 1999 (Kiepenheuer)

Nr. 7: Johannes Bähr: Der Goldhandel der Dresdner Bank im Zweiten Weltkrieg. Unter Mitarbeit von Michael C. Schneider. Ein Bericht des Hannah-Arendt-Instituts, Leipzig 1999 (Kiepenheuer)

Hannah-Arendt-Institut
für Totalitarismusforschung e. V.
an der Technischen Universität Dresden
Mommsenstraße 13
01062 Dresden

Telefon: 0351 / 463 2802
Telefax: 0351 / 463 6079

E-Mail: hait@rcs.urz.tu-dresden.de
Homepage: www.tu-dresden.de/hait